1 MONTH OF
FREE
READING

at

www.ForgottenBooks.com

By purchasing this book you are eligible for one month membership to ForgottenBooks.com, giving you unlimited access to our entire collection of over 700,000 titles via our web site and mobile apps.

To claim your free month visit:

www.forgottenbooks.com/free479659

ISBN 978-0-483-16709-4
PIBN 10479659

This book is a reproduction of an important historical work. Forgotten Books uses
state-of-the-art technology to digitally reconstruct the work, preserving the original format
whilst repairing imperfections present in the aged copy. In rare cases, an imperfection in
the original, such as a blemish or missing page, may be replicated in our edition. We do,
however, repair the vast majority of imperfections successfully; any imperfections that
remain are intentionally left to preserve the state of such historical works.

Verordnungsblatt

für den

Dienstbereich

des

Ministeriums für Cultus und Unterricht.

Jahrgang 1884.

Redigiert im k. k. Ministerium für Cultus und Unterricht.

Wien.

Verlag des k. k. Ministeriums für Cultus und Unterricht.

L361
A5

Druck von Karl Gorischek in Wien.

Chronologisches Normalien-Register.

Alphabetisches Register

zu den

Normalien und Kundmachungen.

———•+•+•———

Alphabetisches Verzeichnis

über

Lehrbücher und Lehrmittel.

Verordnungsblatt

des

Ministeriums für Cultus und Unterricht.

Jahrgang 1884.

Verzeichnis

der in den

Programmen der österreichischen Gymnasien, Realgymnasien und Realschulen

für das Schuljahr 18⁸³/₈₄

veröffentlichten Abhandlungen.

I. Gymnasien und Realgymnasien.

Österreich unter der Enns.

Wien.

a) Akademisches Staatsgymnasium im I. Bezirke.

1. Blume Ludwig: Goethe als Student in Leipzig. 17 S.
2. Schmidt Karl: Zur Erinnerung an Schulrath Heinrich Ficker. 3 S.

b) K. k. Franz Joseph-Gymnasium im I. Bezirke (Hegelgasse 3).

1. Rieger Karl: Zu Goethes Gedichten. 14 S.
2. Alth, Guido Ritter von: Über das absolute Maßsystem und die Theorie der Dimensionen. 30 S.

c) K. k. Gymnasium zu den Schotten im I. Bezirke.

Gabely, Dr. Emerich: Das Polarlicht. 38 S. und 2 Abbildungen.

d) Staatsgymnasium im II. Bezirke (Taborstraße 24).

Wiedenhofer Franz: Antiphontis esse orationem, quam editiones exhibent primam. 27 S.

e) Communal-Real- und Obergymnasium im II. Bezirke (Leopoldstadt).

Ziwsa Karl: Proben lateinischer Gedichte des XVII. Jahrhunderts über Wiens Befreiung von der zweiten Türkenbelagerung. 38 S.

f) Staatsgymnasium im III. Bezirke (Landstraße).

Schmidt Johann: Zu Isidorus. 16 S.

g) Gymnasium der k. k. theresianischen Akademie.

H ö f l e r Alois: Zur Propädeutik-Frage. 98 S.

h) Communal-Real- und Obergymnasium im VI. Bezirke (Mariahilf).

P o m m e r, Dr. Josef: Beispiele und Aufgaben zur Lehre vom kategorischen Syllogismus. 35 S.

i) Staatsgymnasium im VIII. Bezirke (Josefstadt).

P r a m m e r Ignaz: Zur Lexikographie von Caesar de bello Gallico. 28 S.

k) Staatsgymnasium im IX. Bezirke (Alsergrund).

W a l l e n t i n, Dr. J. G.: Über das Verhalten leitender und dielektrischer Kugeln im homogenen elektrischen Felde. 18 S.

Baden.
Landes-Real- oder Obergymnasium.

R o c h Franz: De Cornificio et Cicerone artis rhetoricae praeceptoribus. 40 S.

Hernals.
Staatsgymnasium.

1. P e r k m a n n, Dr. Rochus: Zum geographischen Unterrichte in der Mittelschule. 18 S.
2. P a u l i t s c h k e, Dr. Philipp: Über die Etymologie und Schreibweise einiger geographischer Namen Ost-Afrikas. 10 S.

Horn.
Landes-Real- und Obergymnasium.

F r i t z August: Zur Illustration der Etymologie einiger lateinischer Ausdrücke. 44 S.

Krems.
Staatsgymnasium.

S t i t z Anton: Die Metapher bei Tacitus. (Zweiter Theil der im Jahresberichte 1883 begonnenen Abhandlung.) 26 S.

Melk.
K. k. Gymnasium der Benedictiner.

U l b r i c h Hermann: Der literarische Streit über Tacitus' Agricola. 59 S.

Oberhollabrunn.
Staatsgymnasium.

P r ö l l Laurenz: Die Herren von Sunnberg. 40 S. (Wird fortgesetzt).
Übersicht der meteorologischen Verhältnisse von Oberhollabrunn im Jahre 1883. 2 S.

St. Pölten.

Landes-Real- und Obergymnasium.

S o m m e r Gustav: Über Morgen- und Abendroth, insbesondere die in letzterer Zeit beobachteten merkwürdigen Dämmerungs-Erscheinungen. 41 S.

Seitenstetten.

K. k. Gymnasium (der Benedictiner).

S t r a s s e r Pius: Das Kreuz als Strafwerkzeug der alten Völker mit besonderer Rücksichtnahme auf das Kreuz Christi. 72 S.

Stockerau.

Landes-Realgymnasium.

K u b i n Franz: Bemerkungen zum Unterricht in der Geographie. 21 S.

Waidhofen an der Thaja.

Landes-Realgymnasium.

R i e d e l Karl: Der Epitaphios bei Thukydides, übersetzt und erklärt. 30 S.

Wiener-Neustadt.

Staatsgymnasium.

K l i n g e r Josef: Hippias minor und Hippias Maior. I. Theil, 18 S.

Österreich ob der Enns.

Linz.

Staatsgymnasium.

L a R o c h e Jakob: Die Comparation in der griechischen Sprache. I. Theil, 23 S.

Freistadt.

Staatsgymnasium.

1. S t o w a s s e r Josef: Noniana. 18 S.
2. K n ö p f l e r Josef: Über Extemporalien. 8 S.

Kremsmünster.

K. k. Obergymnasium (der Benedictiner).

Z i e g l e r Adalbert: Die Regierung des Kaisers Claudius I., mit Kritik der Quellen und Hilfsmittel. II. Theil, 49 S. (Fortsetzung vom Jahre 1882, 1881, 1880 u. 1879).

Ried.

Staatsgymnasium.

R e i s Johann: Ein Beitrag zur Geschichte des Kaisers L. Septimius Severus. 20 S.

Salzburg.

Salzburg.

a) Staatsgymnasium.

P u r n e r Christian: Über die Entwicklung des Zahlenbegriffes unter Berücksichtigung der Hamiltonschen Quaternionen. 38 S.

b) Fürsterzbischöfliches Privatgymnasium „Collegium Borromaeum" (mit dem Öffentlichkeitsrechte).

J ä g e r Matthias: De C. Salusti Crispi moribus et scriptis. 42 S.

Steiermark.

Graz.

a) Erstes Staatsgymnasium.

P a u l y Franz: Sancti Eucherii Lugdunensis episcopi libellus „de formulis spiritualis intelligentiae." 54 S.

b) Zweites Staatsgymnasium.

K h u l l, Dr. Ferdinand: Zum mittelhochdeutschen Wörterbuche. 38 S.

Cilli.

Staatsgymnasium.

G u b o Andreas: Odovacar und die Kirche. 16 S.

Leoben.

Landesgymnasium.

C a f a s s o Arthur: Das Bild in der dramatischen Sprache Grillparzers. 52 S.

Marburg.

Staatsgymnasium.

S t e i n w e n t e r, Dr. Arthur: Aus dem Leben des steirischen Landeshauptmannes Hans III. Ungnad-Weissenwolf, Freiherrn von Sonneck. 42 S.

Kärnten.

Klagenfurt.

Staatsgymnasium.

H a n n, Dr. Franz: Die Schicksalsidee in Schillers Wallenstein. Eine ästhetische Abhandlung. 15 S.

Villach.

Staatsgymnasium.

A r t e l Anton: Die drei Hauptvertreter der Satire bei den Römern. 23 S.

Krain.

Laibach.

Staatsgymnasium.

Žakelj Friedrich: Homerische Euphemismen für „Tod" und „Sterben". 57 S.

Rudolfswert.

Staatsgymnasium.

Brežnik Franz: Erziehung und Unterricht bei den Römern zur Zeit der Könige und des Freistaates. 30 S.

Küstenland mit Triest.

Triest.

a) Staatsgymnasium.

Hofmann Georg: Sämmtliche bei griechischen und lateinischen Schriftstellern des Alterthums erwähnte Sonnen- und Mondesfinsternisse, neu berechnet. 60 S.

b) Communal-Gymnasium.

Puschi Albert: La zecca de' Patriarchi d' Aquileja. 63 S.

Capodistria.

Staatsgymnasium.

Babuder Jakob: Un cenno storico sulle recenti riforme delle scuole medie in alcuni stati d' Europa. 46 S.

Görz.

Staatsgymnasium.

Nussbaumer Konrad: Darstellung des gegenseitigen Verhältnisses der platonischen Haupttugenden und Begründung desselben durch Platons Psychologie und Physiologie. 19 S.

Mitterburg.

Staatsgymnasium.

Steffani Stephan: Archaismen und Vulgarismen in den Vergilianischen Eclogen. 30 S.

Tirol.

Innsbruck.

Staatsgymnasium.

Egger, Dr. Josef: Bischof Heinrich II. von Trient (1274—1289) insbesondere sein Streit mit Meinhard II., seit 1254 Grafen von Tirol und seit 1286 Herzog von Kärnten. 37 S.

Bozen.

Staatsgymnasium.

Stadler, Max von Wolffersgrün: Die Vandalen von ihrem Einbruche in Gallien bis zum Tode Geiserichs. (406—477.) 44 S.

Brixen.

a) K. k. Gymnasium der Augustiner Chorherren von Neustift.

Jochum Eduard: Die von Aristoteles in der Poetik für die Tragödie aufgestellten Normen angewendet auf die Antigone des Sophokles. 28 S.

b) Fürstbischöfliches Privat-Gymnasium am Seminarium Vincentinum (mit dem Öffentlichkeitsrechte).

Seeber Josef: Über Wolframs Willehalm. 34 S.

Hall.

K. k. Gymnasium der Franziscaner.

Mayr Matthäus: Tabellen zum Bestimmen der Familien und Gattungen der Cicadinen von Centraleuropa, nebst Angabe der aus diesem Gebiete bekannten Arten. 19 S.

Meran.

K. k. Gymnasium der Benedictiner von Marienberg.

Stampfer Cölestin: Vorgeschichte von Meran. 36 S.

Rovereto.

Staatsgymnasium.

Bonomi Augustin·: Avifauna Tridentina. Catalogo degli uccelli dei nostri paesi con osservazioni relative al loro passagio ed alla loro nidificazione. 65 S.

Trient.

Staatsgymnasium.

Reich Desiderius: I. Documenti e notizie intorno al Convento delle Clarisse nel sobborgo di S. Croce presso Trento. (1229—1809.) 26 S.
— II. Cronichetta Michelina (1521—1809). 22 S.

Vorarlberg.

Feldkirch.

Staats-Real- und Obergymnasium.

Brunner Johann: Über die Constanten einiger galvanischen Elemente. 27 S. und 1 Tafel.

Böhmen.

Prag.

a) Akademisches Staatsgymnasium in der Altstadt.

Loukotka Franz: Překlad polovice drubé Promethea spoutaneho, vv. 555—1092. (Übersetzung der zweiten Hälfte des gefesselten Prometheus.) 18 S.

b) Deutsches Staatsgymnasium in der Altstadt.

Horčička, Dr. Adalbert: Die Kunstthätigkeit fü Prag zur Zeit Karls IV. (Fortsetzung). 63 S.

c) Deutsches Staatsgymnasium auf der Kleinseite.

Schubert, Dr. Friedrich: Textkritische Bemerkungen zum Philoktet des Sophokles. 26 S.

d) Deutsches Staatsgymnasium in der Neustadt.

Toischer, Dr. Wendelin: Die altdeutschen Bearbeitungen der Pseudo-Aristotelischen Secreta-Secretorum. 36 S.

e) Böhmisches Staatsgymnasium in der Neustadt.

Cumpfe, Dr Karl: Příspěvky ku scenické úpravě Euripidovy Andomedy. (Beiträge zur scenischen Ausstattung der Andromeda von Euripides.) 10 S.

f) Deutsches Staats-Untergymnasium in der Neustadt.

Nowak, Dr. Gustav: Die Spongien. 26 S.

g) Böhmisches Staats-Real- und Obergymnasium.

Sládek Wenzel: Jak tragikové řečtí přispívali ku tříbení názorův o božství. (Über den Beitrag der griechischen Tragiker zur Läuterung der Ansichten von der Gottheit.) 19 S.

h) Communal-Realgymnasium mit Obergymnasial- und Oberrealschulclassen.

1. Augustin, Dr. Franz: O poměru skvrn slunečních k teplotě pozemské. (Über das Verhältnis der Sonnenflecken zur Temperatur der Erde.) 16 S.
2. Panek Aug.: O zvláštním integralu omezemén. (Über ein besonderes bestimmtes Integral.) 2 S.

Braunau.

Öffentliches Stiftsgymnasium der Benedictiner.

Chalupka Stanislaus: Demeter und Persephone. Ein Beitrag zur griechischen Mythologie. 55 S.

Brüx.

Communal-Gymnasium.

Rebhann Anton: Einfluss der französischen Literatur auf die große Revolution Frankreichs im 18. Jahrhundert. 51 S.

Budweis.

a) Deutsches Staatsgymnasium.

1. E s s l Wenzel: Über das Blut- und Wassergefäßsystem der Echinodermen. II. Theil. 13 S.

2. K u b i š t a, Dr. Josef: Zur methodischen Behandlung der Urtheilsverhältnisse. 26 S.

b) Böhmisches Staatsgymnasium.

T û m a Franz: Pokus o theorii elektřiny. (Versuch einer Eletricitätstheorie.) 26 S.

Časlau.

Communal-Untergymnasium.

1. S t r á n s k y, Dr. Reinhard: Kterak bylo založeno gymnasium v Čáslavi. (Über Gründung des Gymnasiums zu Časlau.) 6 S.

2. T a r á n e k, Dr. K.: O amoebách vod českých. S ohledem na vody časlavké. (Über die Amoeben der Gewässer in Böhmen. Mit Rücksicht auf die Gewässer von Časlau.) 36 S. und 1 Tafel.

Chrudim.

Staats-Real- und Obergymnasium.

1. M a r k a l o u s Wenzel: Z přírodopisu K. Plinia Secunda kn. 35: O malířství a barvach. (Aus der Naturgeschichte des C. Plinius Secundus, 35. Buch: Über Malerei und Farben.) 29 S.

2. B e r n h a r d Jos.: Výsledky měření zraku žactva všech škol chrudimskych. (Ergebnisse der an sämmtlichen Schulen Chrudims vorgenommenen Messung des Sehvermögens der Schüler.) 11 S.

Deutschbrod.

Real- und Obergymnasium der Prämonstratenser von Seelau und der Stadtgemeinde.

N o v á k Josef: Klíč k určování lupenitých lišejníkův okolí Německobrodského. (Schlüssel zur Bestimmung der blätterigen Flechten in der Umgebung von Deutschbrod.) 17 S. und 2 Blätter mit 10 aufgelegten Objecten.

Eger.

Staatsgymnasium.

1. L ö w n e r Heinrich: Der literarische Charakter des Agricola von Tacitus. 14 S.

2. S t a i n h a u s s e n, Dr. Ottomar von: Die metereologischen Verhältnisse von Eger im Jahre 1833. 20 S.

Hohenmauth.

Communal-Gymnasium.

Petr Karl: Jaký pokrok učinilo lidstvo v osvětlováni od časů nejstarších až na naše doby? (Welchen Fortschritt hat die Menschheit in Betreff der Beleuchtung von den ältesten Zeiten bis auf unsere Tage gemacht?) 26 S.

Jungbunzlau.

Staatsgymnasium.

Placek Johann: Příspěvky k výkladu περί v Homerově Iliadě. (Beiträge zur Erklärung von περί in Homers Ilias.) 30 S.

Kaaden.

Communal-Gymnasium.

Plahl Moriz: Geschichte der Anstalt. 15 S.

Klattau.

Staatsgymnasium.

Ošťádal Josef: O národní epice přirozené, zvláště o hrdinských zpěvích Ruk. Zel. a Král. proti zpěvům Homérovým z jedné a proti Aeneidě ze strany druhé. (Das natürliche Volksepos, insbesondere die Heldengedichte der Grünberger und Königinhofer Handschrift gegenüber den Homerischen Gedichten einerseits und der Aeneide andererseits.) 30 S.

Kolín.

Communal-Gymnasium.

Vančura Heinrich: Pokud v kronice tak řečeného Dalimila užito jest podání ústního? (Inwiefern ist in der sogenannten Chronik Dalimils die mündliche Überlieferung benutzt worden?) 16 S.

Komotau.

Communal-Gymnasium.

Lerch, Dr. Matthäus: Das Traumleben und seine Bedeutung. 43 S.

Königgrätz.

Staatsgymnasium.

Duda Ladislaus: Soustavný přehled hmyzu polokřídlého (Hemiptera Heteroptera) v Čechách až dosud pozorovaného. [Systematische Übersicht der in Böhmen bisher beobachteten Ungleichflügler (Hemiptera Heteroptera).] 39 S.

Krumau.

Staatsgymnasium.

Allram Raimund: Die Phanerogamen-Flora um Krumau. Analytische Tabellen zur Bestimmung der Familien. (Anschluss an die Aufsätze v. 1881—1883.) 11 S. d. i. Seite 101—111.

Kuttenberg.

K. k. Realgymnasium mit Oberrealschulclassen.

Zach Georg und Braniš Josef: Umění řezbářské v Hoře Kutné. (Die Bildhauerkunst in Kuttenberg. Gemeinschaftliche Studie.) 17 S. und 1 Abbildung.

Landskron.

Staatsgymnasium.

Sigmund Alois: Die amorphen Einschlüsse der Granitquarze. 16 S.

Böhmisch-Leipa.

Staatsgymnasium.

Krispin Karl: Horatiana. 17 S.

Leitmeritz.

Staatsgymnasium.

Vogrinz Gottfried: Gedanken zu einer Geschichte des Casussystems, mit zwei Excursen. 33 S.

Leitomischl.

Staats- Realgymnasium mit Obergymnasial- und Oberrealschulclassen.

Šimek Josef: O stezce trstenické. Místopisná studie. (Über den Trstenicer Weg. Eine topographische Studie.) 11 S. und 1 Karte.

Mies.

Staatsgymnasium.

Braungarten Ferdinand: Die sittliche Anschauung und die Charakterzeichnung nach ihren Motiven und Tendenzen in Sophokles' Elektra. 27 S.

Neubydžov.

Communal-Gymnasium.

Jandečka Ótakar: Jak zobrazují se některé funkce complexní proměnné. (Über die Darstellung einiger Functionen complexer Variablen). 16 S. und 1 Figurentafel.

Neuhaus.

Staatsgymnasium.

Novák, Dr. Josef: Výklad Langlových obrazů k dějinám. (Erklärung der Langl'schen Bilder zur Geschichte). 28 S.

Plsen.

a) K. k. Gymnasium (der Prämonstratenser zu Tepl).

Kyovský Karl: Stilistisch - rhetorische Eigenthümlichkeiten in Xenophons „Agesilaos." 46 S.

b) Böhmisches Staats- Realgymnasium mit Obergymnasial- und Oberrealschulclassen.

1. Bursík Wenzel: Některé didaktické a paedagogické pokyny Platonovy hlavně ve spise jeho „o státu". (Einige didaktische und pädagogische Winke von Plato, insbesondere in seiner Schrift „Über den Staat".) 12 S.
2. Strnad Josef: Arciděkanský chram svt. Bartoloměje v Plzni. (Die Erzdecanalkirche zu St. Bartholomäus in Pilsen.) 12 S.

Pisek.
Staatsgymnasium.

Nedvídek Josef: Úkol náboženství na škole střední. (Die Aufgabe der Religion in der Mittelschule.) 18 S.

Reichenau.
Staatsgymnasium.

Kopecký Karl: Analytická květena okolí mesta Rychnova n. K. (Die analytische Flora in der Umgebung der Stadt Reichenau a. d. K.) 39 S.

Reichenberg.
Staatsgymnasium mit Realschulclassen.

Huyer Reinhold: Über Combinationstöne (Schluss). 28 S.

Saaz.
Staatsgymnasium.

Mair Georg: Das Land der Skythen bei Herodot. Eine geographische Untersuchung. I. Theil. 37 S.

Schlan.
Communal-Gymnasium.

Bílek Franz: Soustavný přehled rostlin cévnatých v okolí Slaneho samorostlých a obecně pěstovaných. Část I. (Systematische Übersicht der in der Umgebung von Schlan freiwachsenden und allgemein cultivierten Zellenpflanzen. I. Theil.) 40 S.

Smichov.
Deutsches Staats-Untergymnasium.

Ullsperger Franz: Über den Modusgebrauch in mittelhochdeutschen Relativsätzen. (Fortsetzung folgt). 34 S.

Tábor.

Staats-Realgymnasium mit Obergymnasial- und Oberrealschulclassen.

Bayer, Dr. Franz: O pánvi plazův a ptáků. Studie z oboru srovnávácí anatomie obratlovců. (Über das Becken der Reptilien und Vögel. Eine Studie aus dem Gebiete der vergleichenden Anatomie der Wirbelthiere.) 16 S. und 1 Tafel.

Taus.

Communal-Gymnasium.

Škoda Antonín: Metrický překlad 18. zpěvu Iliady. (Metrische Übersetzung des 18. Gesanges der Iliade.) 15 S.

Wittingau.

Staatsgymnasium.

Kasparides Josef: Příspěvek k theorii křivek a ploch stupně druhého. (Beitrag zur Theorie der Curven und Flächen des zweiten Grades.) 14 S. und 1 Tafel.

Mähren.

Brünn.

a) Erstes deutsches Staatsgymnasium.

Smolle, Dr. Leo: Zur Einführung in das Studium der Psychologie als propädeutischen Unterrichtsgegenstandes. 19 S.

b) Zweites deutsches Staatsgymnasium.

1. Würfl Christoph: Ein Beitrag zur Kenntnis des Sprachgebrauches Klopstocks. 56 S.
2. Pajk Johann: Prolog zur Schulfeier am 10. Mai 1884. 3 S.

c) Slavisches Staatsgymnasium.

Vávra Vincenz: Co soudil a učil Plato u umění řečnickém. (Urtheil und Lehre Platons über die Rednerkunst.) 25 S.

Ungarisch-Hradisch.

Staatsgymnasium.

Pokorný Josef: Die Amphibolie bei Aeschylos und Sophokles. (Schluss folgt.) 35 S.

Iglau.

Staatsgymnasium.

Wallner Julius: Geschichte des Gymnasiums zu Iglau. II. Theil. Geschichte des Gymnasiums unter den Jesuiten, 1626—1773. (Fortsetzung der in den Jahren 1880, 1881, und 1883 erschienenen Aufsätze.) 75 S.

Kremsler.

Deutsches Staatsgymnasium.

Struschka Hermann: Über einige (zumeist) prähistorische bei und in Kremsier gemachte Funde. 28 S. und 2 Tafeln.

Wallachisoh-Meseritsch.

Staatsgymnasium.

Novák, Dr. Johann: O básnické stránce slohu legendy o sv. Kateřině a epických písní rukopisu Královédvorského. (Über die Poesie und den Stil der Legende von der heil. Katharina und der epischen Gedichte der Königinhofer Handschrift.) 22 S.

Mährisch-Neustadt.

Landes-Realgymnasium.

1. Smekal Josef: Beobachtungsresultate der meteorologischen Station Mähr.-Neustadt in den Jahren 1882 und 1883 nebst einer kurzen Zusammenstellung der bisherigen Resultate überhaupt. 6 S.
2. Kindlmann Thomes: Utrum litterae, quae ad Claudium Tiberium imperatorem apud Josephum referuntur, ad eum referendae sint nec ne, quaeritur. 26 S.

Nikolsburg.

Staatsgymnasium.

Hažmuka Wenzel: Zur Theorie der unendlichen Reihen. (Fortsetzung und Schluss der Abhandlung v. J. 1883.) 48 S.

Olmütz.

a) Deutsches Staatsgymnasium.

Koller Johann: Worin äußerte sich am deutlichsten das Wesen des Husitismus, und wie verhielten sich die Deutschstädte Mährens zu demselben (bis 1438)? [Schluss.] 34 S.

b) Slavisches Staatsgymnasium.

Vodička Theodor: Kritické i exegetické poznámky k stč. textu Kniežek o šašiech. (Kritische und exegetische Bemerkungen zum altböhmischen Texte einer Schrift über das Schachspiel.) 24 S.

Prerau.

Staatsgymnasium mit Obergymnasial- und Oberrealschulclassen.

Fischer Alois: Stát a škola v klassikém starověku. Část' druhá. (Der Staat und die Schule im classischen Alterthume. II. Theil.) 21 S.

14

Trebitsch.

Staats-Untergymnasium.

Gallina Johann: Über die Tradition des Processes, welchen Jophon gegen seinen Vater Sokrates angestrengt haben soll. 7 S.

Mährisch-Trübau.

Staatsgymnasium.

Wenzel Leodegar: Über Flächen zweiter Ordnung im Allgemeinen und das hyperbolische Paraboloid im Besonderen. 35 S.

Znaim.

Staatsgymnasium.

Reichenbach, Karl von: Ist die Copa ein Jugendgedicht des Vergil? 16 S.

Schlesien.

Troppau.

Staatsgymnasium.

Neumaier Alexander: Der Lanzelet des Ulrich von Zatzikhoven. (Schluss.) 24 S.

Bielitz.

Staatsgymnasium.

Kolbenheyer Karl: Gang der Wärme in Bielitz nach zehnjährigen Beobachtungen. (1. Dec. 1773 bis 30. Nov. 1883.) 26 S. und 1 Tafel.

Teschen.

Staatsgymnasium (vereinigtes).

Smita Josef: Singen und Sprechen. Ein Beitrag zum Gesangsunterrichte an Gymnasien mit Rücksicht auf den neuesten Aufschwung auf musikalischem Kunstgebiete. 24 S.

Weidenau.

Staatsgymnasium.

1. Schauer Franz: Geschichte der Pfarre Weidenau. 37 S.
2. Wrzal, Dr. Friedrich: Wärmecapacität der Wasserdünste und Wasserdämpfe bei constanter Sättigung. 13 S.

Galizien.

Lemberg.

a) Zweites Staatsgymnasium (deutsch).

Majchrowicz Franciscus: Historia anni 1683 ex annalibus Stanislai Josephi Bieżanowski excerpta. Ex codice manuscripto bibliothecae Ossolinensis nunc primum edidit — —. 32 S.

b) Franz-Joseph Staatsgymnasium (polnisch).

Konarski Franz: Metodyczny rozbiór satyry Ignacego Krasickiego p. t. Marnotrawstwo; istotą satyry. (Methodische Analyse der Satire „Marnotrawstwo"
[Verschwendung] von Ignaz Krasicki; Wesen der Satire.) 31 S.

c) Viertes Staatsgymnasium (polnisch).

Uhma Roman: O życiu i pismach Sebastyana Fabiana Klonowicza. (Über das
Leben und die Schriften des Seb. Fab. Klonowicz.) 37 S.

Krakau.

a) Staatsgymnasium bei St. Anna.

Czubek Johann: O tłomaczeniu. Kilka uwag i myśli. (Einige Betrachtungen und
Gedanken über Übersetzungen.) 74 S.

b) Staatsgymnasium bei St. Hyacinth.

Stahlberger Theodor: Zur Säcularfeier des polnischen Dichterfürsten Jan
Kochanowski (1530—1584). Ein Übersetzungsversuch aus dessen Klageliedern
auf den frühen Tod seines Töchterleins Ursulka. 6 S.

Brody.
Staats- Real- und Obergymnasium.

Zoeller Karl: Über den Einfluss der geographischen Lage auf die Entstehung
und die Bedeutung der Städte. An Verhältnissen einiger Städte Europas dargestellt. I. Theil, die Lage am Meeresgestade. 58 S.

Brzezany.
Staatsgymnasium.

Garlicki Thomas: Uwagi nad Sebastiana Fabiana Klonowicza poematem: Victoria
Deorum. (Betrachtungen über das Gedicht Victoria Deorum von Sebastian
Fabian Klonowicz.) 25 S.

Drohobycz.
Staatsgymnasium.

Wagilewicz Michael: Pierwotne urządzenia Germanów, na podstawie pisma
C. Tacyta: „De origine, situ, moribus ac populis Germaniae". (Über die
ursprünglichen politischen und socialen Einrichtungen der Germanen, auf Grundlage der Schrift des C. Tacitus: De origine etc. Germaniae.) 63 S.

Jasło.
Staatsgymnasium.

Sękiewicz Josephus: Da satira Romana ejusque auctoricus praecipuis. 44 S.

Rzeszów.

Staatsgymnasium.

W i n k o w s k i Josef: O wróżbach i zabobonach u starożytnych Greków i Rzymian. (Über Weissagungen und Aberglauben bei den alten Griechen und Römern.) 32 S.

Stanislau.

Staatsgymnasium.

P a r y l a k Peter: Ifigenia na Taurydzie, dramat w 5 aktach Goethego-przekład wiérszem miarowym. (Iphigenie auf Tauris, Drama in 5 Aufzügen von Goethe — eine Übersetzung im metrischen Versmaße.) 48 S.

Stryj.

Staatsgymnasium.

L e m o c h Leo: O rozwiązywaniu równań jakiegokolwiek ʼstopnia, podlug metody Fouriera. (Über die Auflösung der Gleichungen beliebigen Grades nach der Faurierschen Methode.) 32 S.

Tarnopol.

Staatsgymnasium.

K o s i b a Anton: O namietnościach. Studyum psychologiczne. (Über die Leidenschaften. Eine psychologische Studie.) 48 S.

Tarnow.

Staatsgymnasium.

M o r a w s k i Sigmund: Myt roślinny w Polsce i na Rusi. (Der Pflanzen-Mythus in Polen und Russland.) 39 S.

Wadowioe.

Staatsgymnasium.

L i z a k Julian: Sposób powtarzania matematyki w klasie VIII. (Die Art und Weise, wie die Mathematik in der VIII. Classe zu wiederholen ist.) 26 S.

Złoozow.

Staatsgymnasium.

U r b a ń s k i Felix: Aesthetische Erläuterungen zu Vossens „Luise" vom Standpunkte des Schulunterrichtes. (Fortsetzung und Schluss.) 54 S.

Bukowina.

Czerʼnowltz.

Staatsgymnasium.

N e u n t e u f e l Franz: Zu Friedrichs von Hausen Metrik, Sprache und Stil. 32 S.

Suczawa.

Griechisch-orientalisches Gymnasium.

B u m b a c u Basil: Die Conjugation im Rumänischen in ihrem Verhältnisse zum Lateinischen. 30 S.

Dalmatien.

Zara.

Staatsgymnasium.

P r e g l, Baldassare de: Della fauna dei dintorni di Zara: I Rhopalocera e gli Heterocera; e le piante sulle quali rivengonsi i bruchi. (Aggiunte al lavoro del Programma ginnasiale 1882—1883.) 19 S.

Cattaro.

Staatsgymnasium.

B r a j k o v i ć Thomas: Iz druge knjige Horatijevich satira. I., V. i VIII. sat. (Aus dem zweiten Buche der Satiren von Horaz. I., V. und VIII. Satire.) 15 S.

Ragusa.

Staatsgymnasium.

B o r š t n i k Franz: O razstavbi algebrajskih izraza na činbenike. (Über die Zerlegung algebraischer Ausdrücke in Factoren.) 29 S.

II. Realschulen.

Österreich unter der Enns.

Wien.

a) Communal-Realschule im I. Bezirke.

W a l s e r Eduard: Beitrag zur Erzielung einer rationellen Unterrichtsmethode beim Zeichnen räumlicher geometrischer Gebilde aus freier Hand nach den Grundsätzen der Perspective. 25 S.

b) Staats-Oberrealschule im II. Bezirke (Leopoldstadt).

M a r s c h n e r, Dr. Franz: Kritik der Geschichtsphilosophie J. G. Fichtes in Bezug auf deren Methode. 32 S.

2

c) Staats-Unterrealschule im II. Bezirke (Leopoldstadt).

Oesterreicher Jakob: Der Feuerbach'sche Kreis. 42 S.

d) Staats-Realschule im III. Bezirke (Landstraße).

Wagner Karl: Beiträge zur elementaren Behandlung von Aufgaben über Maxima und Minima. 16 S.

e) Communal-Realschule im IV. Bezirke (Wieden).

Göhr Wilhelm: Victoria und Neu-Süd-Wales. Eine geographische Skizze. 39 S.

f) Staats-Unterrealschule im V. Bezirke (Margarethen).

Heger Friedrich: Sprache. Geberdensprache. 24 S.

g) Communal-Realschule im VI. Bezirke (Mariahilf).

Redtenbacher Josef: Die Lebensweise der Ameisenlöwen. 29 S.

h) Staats-Realschule im VII. Bezirke (Neubau).

Rothe, Dr. Karl: Über die Entdeckung von Elementen. 16 S.

i) Öffentliche Realschule im VIII. Bezirke (Josefstadt.)

Tarmann Cantian: Über die Krümmung räumlicher Curven. 26 S.

k) Staatsrealschule in Sechshaus.

Schaufler Bernhard: Bau, Lebensweise und Entwicklung der Schlupfwespen. 29 S. und 1 Tafel.

Krems.

Landes-Realschule.

Ehrenberger Anton: Herbart und die Eleatische Schule. Eine kritische Vergleichung. 40 S.

Wiener-Neustadt.

Landes-Realschule.

1. Grögler Karl: Entwurf eines Lehrganges für das technische Fachzeichnen der Maschinengewerbe. 6 S. und 3 Tafeln.
2. Schmeisser Wenzel: Zur Behandlung der englischen starken Verben an der Oberrealschule. 6 S.

Waidhofen an der Ybbs.

Landes-Unterrealschule.

Kienmann Emerich: Über die wichtigsten Anwendungen der Invarianten und Covarianten auf die Theorie der ebenen algebraischen Curven. (Fortsetzung.) 35 S.

Österreich ob der Enns.

Linz.

Staats-Realschule.

Kirchlechner Karl: Aus den Tagen Herzog Sigmunds des Münzreichen und Kaiser Maximilians I. Ein Beitrag zur Culturgeschichte Österreichs mit besonderer Rücksicht auf Tirol in der Übergangsperiode vom Mittelalter auf die Neuzeit. 53 S.

Steyr.

Staats-Realschule.

Zimmeter Albert: Die europäischen Arten der Gattung Potentilla. Versuch einer systematischen Gruppierung und Aufzählung nebst kurzen Notizen über Synonymik, Literatur und Verbreitung derselben. 29 S.

Salzburg.

Salzburg.

Staats-Realschule.

Fugger Eberhard und Kastner Karl: Verzeichnis der Gefäßpflanzen des Herzogthumes Salzburg. (Schluss.) 65 S. und ein Register.

Steiermark.

Graz.

a) Staats-Realschule.

Zaunschirm, Dr. Ignaz: Über kirchliche Verhältnisse Steiermarks bis zur Errichtung der Diöcese Seckau im Jahre 1218. 26 S.

b) Landes-Realschule.

Pogatscher Alois: Zur Volksetymologie. Nachträge und Bemerkungen zu Andresens und Palmers volksetymologischen Schriften. 34 S.

Marburg.

Staats-Realschule.

1. Knobloch Gustav: Über Transformation in der orthogonalen Axonometrie. 10 S. und 2 Tafeln.
2. Spiller Robert: Beitrag zur Kenntnis der Marburger Brunnenwässer. 5 S.

Kärnten.

Klagenfurt.

Staats-Realschule.

1. Mitteregger, Dr. Josef: Beiträge zur Quellenkunde Kärntens. 26 S.
2. Dürnwirth Raimund: Die Fabel von Schillers Ballade „Die Bürgschaft" in dem Schachbuche des Jacobus de Cessolis. 3 S.

Krain.

Laibach.

Staats-Realschule.

Voss Wilhelm: Versuch einer Geschichte der Botanik in Krain. (1754—1883.)
I. Hälfte. 57 S.

Küstenland mit Triest.

Triest.

a) Staats-Realschule.

Lindenthal Ernst: Ein Beitrag zur Bestimmung von gemeinschaftlichen Berührenden
an zwei Linien zweiter Ordnung. 33 S.

b) Communal-Realschule.

Mussafia Moriz: Della prosodia francese. 56 S.

Görz.

Staats-Realschule.

Taurer, H. K. von Gallenstein: Beiträge zur Flussmuschelfauna Kärntens. 48 S.

Pirano.

Staats-Realschule.

Stefani Attilio: Contribuzione alla Flora di Pirano. 54 S.

Tirol.

Innsbruck.

Staats-Realschule.

1. Mor, Dr. Karl von: Anwendung der Horner'schen Methode zur Berechnung der
   imaginären Wurzeln numerischer Gleichungen. 17 S.
2. — — Zur Bestimmung der linearen Vergrößerung eines Fernrohres. 10 S.

Bozen.

Staats-Unterrealschule.

Heyl Johann Adolf: Das Gerichtswesen und die Ehehaft-Tädigungen des Gerichtes
zum Stein auf dem Ritten. 63 S.

Rovereto.

Staats-Realschule (Elisabettina).

Rella, Dr. Pietro: I sistemi delle misure elettriche e le loro unità. 50 S.

Böhmen.

Prag.

a) Erste deutsche Staats-Realschule.

H r u s c h k a Alois: Zur angelsächsischen Namensforschung. 48 S.

b) Zweite deutsche Staats-Realschule.

1. S e e g e r Alois: Systematisch-praktische Darstellung des neufranzösischen Verbs für den Schulgebrauch. 51 S.
2. R e i n i s c h Emanuel: Über die Einwirkung von Essigsäure-Anhydrid auf Phenole bei Gegenwart von conc. Schwefelsäure. 4 S.

c) Böhmische Staats-Realschule.

1. S t u d n i č k a Alois: Příspěvek ku kreslířské nauce o stíuování. (Beitrag zum Zeichenunterrichte im Schattieren.) 5 S.
2. Vzpomínka zemřelým professorům P. Josefu Laužeckému, V. Kotalovi, J. Wenzlovi. (Erinnerung an die verstorbenen Professoren P. Josef Laužecký, Vinc. Kotal und Jos. Wenzl.) 15 S.

d) Deutsche Staats-Realschule in Karolinenthal.

1. K r a u s Franz: Die Elemente der Lehre vom Galvanismus auf der Unterstufe des physikalischen Unterrichtes. 6 S.
2. I h l Anton und P e c h m a n n Anton: Beiträge zur Natur des Colophoniums, des Harzöls und einiger anderer Harze. 10 S.

e) Böhmische Staats-Realschule in Karolinenthal.

M a c h o v e c Franz: Studie o kuželosečkách. (Eine Studie über Kegelschnittslinien.) 27 S.

Budweis.

Staats-Realschule.

O t t o Heinrich: Über den Antheil der Stadt Budweis an den Kriegsereignissen des Jahres 1683. 32 S.

Elbogen.

Staats-Realschule.

W i l h e l m Franz: Untersuchung gewisser zusammengesetzter Reihen. 14 S.

Böhmisch-Leipa.

Communal-Realschule.

1. Z i m m e r h a c k e l Prokop: Klimatische Verhältnisse von Böhmisch-Leipa. 14 S.
2. W u r m Franz: Phaenologische Beobachtungen. 6 S.
3. Z i m m e r h a c k e l Prokop: Übersichtliche Zusammenstellung der meteorologischen Beobachtungen von Böhmisch-Leipa für das Jahr 1883. 13 S.

Leitmeritz.

Communal-Realschule.

1. M a n n Franz: Construction axanometrischer Bilder. 12 S. und 2 Tafeln.
2. M a s c h e k Johann: Meteorologische Beobachtungen in Leitmeritz für die Periode vom 1. Juli 1883 bis 30. Juni 1884. 4 S.

Pardubitz.

Staats-Realschule.

1. M r ň á v e k Josef: Dr. Karel V. Seydler. Přátelska upomínka. (Dr. Karl V. Seydler. Freundschaftliche Erinnerung.) 9 S.
2. S e y d l e r, Dr. Karl: O sv. Václavu. (Über den heiligen Wenzel.) 10 S.
3. Č e j k a Emanuel: Jak se dá užiti geometrického při řešení určitých rovnic 2. stupně o dvou neznámých. (Über die Benutzung der geometrischen Bedeutung bei Auflösung der bestimmten Gleichungen des 2. Grades mit zwei Unbekannten.) 14 S.

Pilsen.

Staats-Realschule.

G r ü n b e r g e r Emil: Isophoten-Construction für windschiefe Flächen. 8 S. und 2 Tafeln.

Pisek.

Communal-Realschule.

M a t z n e r Johann: Privilegia, obdarování, milosti atd. a jiné důležité listiny týkající se král. města Písku (Dokončení). (Privilegien, Geschenke, Gnaden u. s. w. und andere die königl. Stadt Pisek betreffende wichtige Urkunden. (Schluss). 31 S.

Trautenau.

Staats-Realschule.

H a l u s c h k a Franz: Definition und Construction von Kegelschnitten; — Deckbeziehungen von Puncten, Geraden, Ebenen; — Darstellung der Kettenbrüche nach Scheibner; die Tafelfunctionen S und T. — 15 S.

Mähren.

Brünn.

a) Deutsche Staats-Realschule.

S e i f e r t Julius: Alexander Barcelay's „Ship of Fools". 13 S.

b) Böhmische Staats-Realschule.

N e o r a l Josef: Příspěvek ku dialektologii moravské. II. (Beitrag zur mährischen Dialektologie. II. Theil). 11 S.

Kremsier.

Landes-Realschule.

D w o r ž á k, Dr. Hugo: Über den Nutzeffect von Feuerungsanlagen. 22 S.

Olmütz.

Staats-Realschule.

F r i e s s, Dr. Julius: „Prokop Divisch". Ein Beitrag zur Geschichte der Physik. 24 S.

Jahrgang 1884.   Stück I.

Verordnungsblatt

für den Dienstbereich des

Ministeriums für Cultus und Unterricht.

Redigiert im k. k. Ministerium für Cultus und Unterricht.

Ausgegeben am 1. Jänner 1884.

Kundmachung.

Mit 1. Jänner 1884 beginnt der sechzehnte Jahrgang des Verordnungsblattes für den Dienstbereich des Ministeriums für Cultus und Unterricht, dessen Inhalt die einschlägigen Gesetze, Verordnungen, Erlässe, Kundmachungen, ferner Verfügungen betreffend Lehrbücher und Lehrmittel, Personalnachrichten und schließlich Concurs-Ausschreibungen zum Zwecke der Besetzung von Dienststellen bilden.

Zum Abnehmen desselben sind die Landesschulbehörden beziehungsweise Statthaltereien und Landesregierungen, die Bezirksschulbehörden beziehungsweise Bezirkshauptmannschaften, die Universitäten, die außer dem Verbande mit letzteren stehenden theologischen Facultäten, die höheren Fachschulen, insoweit sie dem Unterrichtsministerium unterstehen, die Universitäts- und Studienbibliotheken, die sonstigen dem genannten Ministerium unterstehenden Institute, ferner die Mittelschulen und die Lehrer- und Lehrerinnen-Bildungsanstalten verpflichtet.

Für die Behörden und die Lehrkörper jener Lehranstalten, welche aus Staatsmitteln oder aus öffentlichen Fonden erhalten werden, ist eine Verfügung des Ministeriums für Cultus und Unterricht, sobald sie in das Verordnungsblatt aufgenommen und ihnen dieses zugestellt worden ist, als intimiert anzusehen.

Ein vollständiges Exemplar desselben kostet loco Wien für das Jahr 1884 2 fl. 30 kr., nach auswärts mit Postzusendung 2 fl. 50 kr.

Die Pränumerationen werden von der k. k. Schulbücher-Verlags-Direction (I., Johannesgasse 4) entgegen genommen, wohin die frankierten und mit dem Pränumerationsbetrage versehenen Briefe beziehungsweise Postanweisungen, unmittelbar zu richten sind.

Verfügungen, betreffend Lehrbücher und Lehrmittel.

Lehrbücher.

a) Für Volks- und Bürgerschulen.

Hofer J o s e f, Professor, Grundriss der Naturlehre. I. Stufe. 10. revidierte Auflage. Wien. Verlag von K a r l G r ä s e r. Preis, gebunden 32 kr.

Dieses Lehrbuch wird zum Unterrichtsgebrauche in allgemeinen Volks- und Bürgerschulen für zulässig erklärt.

(Ministerial-Erlass vom 9. December 1883, Z. 18179.)

Tritremmel F e r d i n a n d, Treffübungen für den Gesangunterricht an Volks- und Bürgerschulen. 1. und 2. Heft à 8 kr., 3. Heft 12 kr. Wiener-Neustadt bei A l b e r t L e n t n e r.

Dieses Werk wird zum Unterrichtsgebrauche in allgemeinen Volksschulen für zulässig erklärt.

(Ministerial-Erlass vom 9. December 1883, Z. 18981.)

Nápravník F r a n z, Nauka o geometrických tvarech. II. Theil. Mit 35 Illustrationen. Prag 1883. Preis eines Exemplares, broschiert 30 kr.

Dieser zweite Theil der geometrischen Formenlehre wird zum Lehrgebrauche in den Mädchen-Bürgerschulen und in den betreffenden allgemeinen Volksschulen mit böhmischer Unterrichtssprache in gleicher Weise, wie dies bezüglich des ersten Theiles laut Ministerial-Erlass vom 9. August 1883, Z. 14687 *) der Fall war, für zulässig erklärt.

(Ministerial-Erlass vom 8. December 1883, Z. 20974.)

Jeremievic N i k o l a u s, Gramatica elementară pentru anul alu II. alu scólelor poporale. Czernowitz 1883. Selbstverlag des Verfassers. Preis eines Exemplares, broschiert, 25 kr.

Dieses romanische Sprachbuch wird zum Lehrgebrauche an Volksschulen mit romanischer Unterrichtssprache für zulässig erklärt.

(Ministerial-Erlass vom 14. December 1883, Z. 19199.)

b) Für Mittelschulen.

Bibliotheca scriptorum graecorum et romanorum, edita curantibus J o a n n e K v i č a l a et C a r o l o S c h e n k l **).

Von dieser bei F r i e d r. T e m p s k y in Prag erscheinenden Bibliothek ist ein neues Heft veröffentlicht worden, und zwar:

P. Ovidi Nasonis fasti, scholarum in usum edidit O t t o G ü t h l i n g. Preis, 45 kr.

Die Lehrkörper der Gymnasien werden auf das Erscheinen dieses Buches aufmerksam gemacht.

(Ministerial-Erlass vom 12. December 1883, Z. 22999.)

---

*) Ministerial-Verordnungsblatt vom Jahre 1883, Seite 207.
**) Ministerial-Verordnungsblatt vom Jahre 1882, Seite 241.

Kauer, Dr. Anton, Elemente der Chemie (gemäß den neueren Ansichten) für die unteren Classen der Mittelschulen. 7. Auflage. Wien 1884. A. Hölder. Preis, gebunden 1 fl. 44 kr.

Diese neueste Auflage des vorbezeichneten Lehrbuches wird ebenso, wie die sechste Auflage desselben *) zum Lehrgebrauche in den Unterclassen der Realschulen mit deutscher Unterrichtssprache allgemein zugelassen.
(Ministerial-Erlass vom 11. December 1883, Z. 22987.)

Mourek V. E., Dr.. Cvičebná kniha ku překládání z jazyka českého na jazyk německý pro vyšší třídy středních škol. Část I. pro třídu 5. a 6. 2. Auflage. Budweis 1883. R. Benninger. Preis, 80 kr.

Diese neue Auflage des vorbenannten Übungsbuches wird ebenso, wie die erste Auflage desselben **) zum Lehrgebrauche in den bezeichneten Classen der Mittelschulen mit böhmischer Unterrichtssprache allgemein zugelassen.
(Ministerial-Erlass vom 7. December 1883, Z. 22737.)

Erjavec Franz, Prirodopis rudninstva ali Mineralogija. V porabo nižjim razredom gimnazije in realke. Laibach 1883. Ig. v. Kleinmayr und F. Bamberg. Preis, 70 kr., in Leinwand gebunden, 85 kr.

Dieses Lehrbuch wird in den Unterclassen derjenigen Mittelschulen, an denen der mineralogische Unterricht unter Gebrauch der slovenischen Unterrichtssprache ertheilt wird, zum Lehrgebrauche allgemein zugelassen.
(Ministerial-Erlass vom 7. December 1883, Z. 22578.)

c) Für Lehrer- und Lehrerinnen-Bildungsanstalten.

Bauer Friedr., Grundzüge der neuhochdeutschen Grammatik für höhere Bildungsanstalten und zur Selbstbelehrung für Gebildete. 22. für Österreich bestimmte und mit Rücksicht auf die in Österreich amtlich eingeführte Orthographie bearbeitete Auflage, herausgegeben von August Hofer. Nördlingen 1883. C. H. Beck. Preis, 1 fl. 10 kr.

Diese neueste Auflage des vorbenannten Lehrbuches wird ebenso, wie die 21. Auflage desselben ***) zum Lehrgebrauche in Lehrer- und Lehrerinnen-Bildungsanstalten für zulässig erklärt.
(Ministerial-Erlass vom 9. December 1883, Z. 17205.)

Seredyński Wlad., Ogólne zasady nauki wychowania. Wien 1882. Pichler's Witwe und Sohn. Preis eines Exemplares, broschiert, 1 fl.

— — Zasady logiki i dydaktyki ogólnej. Wien 1880. Pichler's Witwe und Sohn. Preis eines Exemplares, broschiert, 1 fl.

Diese polnische Ausgabe von Dr. Lindner's Allgemeine Erziehungs-, beziehungsweise Unterrichtslehre, wird zum Lehrgebrauche an Lehrer- und Lehrerinnen-Bildungsanstalten mit polnischer Unterrichtssprache für zulässig erklärt.
(Ministerial-Erlass vom 9. December 1883, Z. 21640.)

---

*) Ministerial-Verordnungsblatt vom Jahre 1880, Seite 175.
**) Ministerial-Verordnungsblatt vom Jahre 1882, Seite 241.
***) Ministerial-Verordnungsblatt vom Jahre 1882, Seite 160.

Lehrmittel.

Trampler R., Professor, Atlas für die österreichischen Landschulen. Wien. K. k. Hof- und Staatsdruckerei. Preis, 70 kr.

Dieses Lehrmittel wird zum Unterrichtsgebrauche in allgemeinen Volksschulen für zulässig erklärt.

(Ministerial-Erlass vom 9. December 1883, Z. 21173.)

Haardt, V. v., Schulwandkarte von Amerika, Politische Schulwandkarte von Europa, Orohydrographische Wandkarte von Europa. Preis jeder der drei Wandkarten, unaufgespannt, 4 fl., aufgespannt auf Leinwand in Mappe, 6 fl. 50 kr., mit Stäben, 7 fl. 50 kr.

Diese Lehrmittel werden zum Unterrichtsgebrauche in allgemeinen Volks- und Bürgerschulen, dann in Lehrer- und Lehrerinnen-Bildungsanstalten für zulässig erklärt.

(Ministerial-Erlass vom 8. December 1883, Z. 20162.)

Pokorný F r a n z, Obrazy rostlin. K názornému vyučování kreslil. Prag. Verlag von J. Otto. Preis der ersten Serie in Farbendruck (Flachs, Feuerlilie, Spitzahorn) ohne Adjustierung der einzelnen Blätter, im Umschlag 3 fl., Preis eines einzelnen Blattes, 1 fl.

Dieses Lehrmittel zum Anschauungsunterrichte wird zum Lehrgebrauche an Volks- und Bürgerschulen, wie auch an Lehrerbildungsanstalten für zulässig erklärt. (Ministerial-Erlass vom 9. December 1883, Z. 19410.)

Hillardt G a b r i c l e, Handarbeitskunde für Lehrcrinnenbildungsanstalten und zum Selbstunterrichte. 2. Abtheilung: Das Stricken. 2. verbesserte und vermehrte Auflage. Wien. Verlag von Bloch und Hasbach. Preis, 64 kr.

Dieses Lehrmittel wird zum Unterrichtsgebrauche in Lehrerinnenbildungsanstalten und in den Bildungscursen für Arbeitslehrerinnen für zulässig erklärt. (Ministerial-Erlass vom 9. December 1883, Z. 18889.)

Kundmachungen.

Der verstorbene Pfarrer von T i s c h n o w i t z P. J o s e f **Fetter** hat letztwillig ein Capital von 840 fl. zur Gründung eines S t u d e n t e n - S t i p e n d i u m s zunächst für seine Anverwandten in D e u t s c h b r o d gewidmet.

Diese Stiftung ist mit einem Capitale von 1000 fl. ins Leben getreten.

(Stiftbrief vom 30. November 1883. — Ministerial-Act Z. 22739.)

Der Minister für Cultus und Unterricht hat das d e m C o m m u n a l - U n t e r g y m n a s i u m zu Časlau im Schuljahre 1880/81 vorläufig auf 3 Jahre verliehene Ö f f e n t l i c h k e i t s r e c h t nunmehr auf solange verlängert, als diese Anstalt den gesetzlichen Bedingungen entspricht.

(Ministerial-Erlass vom 11. December 1883, Z. 22600.)

Der Minister für Cultus und Unterricht hat der P r i v a t - M ä d c h e n - V o l k s s c h u l e der S c h u l s c h w e s t e r n zu A l g e r s d o r f bei G r a z das Ö f f e n t l i c h k e i t s r e c h t ertheilt.

(Ministerial-Erlass vom 9. December 1883, Z. 22536.)

Vom S c h u l d i e n s t e wurden e n t l a s s e n:

F r a n z **Abenthung,** zuletzt provisorischer Lehrer an der Volksschule zu B i r g i t z in Tirol (Ministerial-Erlass vom 16. December 1883, Z. 23150) und

M a r i e **Wißböck,** zuletzt Arbeitslehrerin an der Volksschule zu O r t in Oberösterreich.

(Ministerial-Erlass vom 15. December 1883, Z. 22916.)

Verlag des k. k. Ministeriums für Cultus und Unterricht. — Druck von Karl Gorischek in Wien.

Jahrgang 1884.   Stück II.

Verordnungsblatt

für den Dienstbereich des

Ministeriums für Cultus und Unterricht.

Redigiert im k. k. Ministerium für Cultus und Unterricht.

Ausgegeben am 15. Jänner 1884.

Kundmachung.

Mit 1. Jänner 1884 beginnt der sechzehnte Jahrgang des Verordnungsblattes für den Dienstbereich des Ministeriums für Cultus und Unterricht, dessen Inhalt die einschlägigen Gesetze, Verordnungen, Erlässe, Kundmachungen, ferner Verfügungen betreffend Lehrbücher und Lehrmittel, Personalnachrichten und schließlich Concurs-Ausschreibungen zum Zwecke der Besetzung von Dienststellen bilden.

Zum Abnehmen desselben sind die Landesschulbehörden beziehungsweise Statthaltereien und Landesregierungen, die Bezirksschulbehörden beziehungsweise Bezirkshauptmannschaften, die Universitäten, die außer dem Verbande mit letzteren stehenden theologischen Facultäten, die höheren Fachschulen, insoweit sie dem Unterrichtsministerium unterstehen, die Universitäts- und Studienbibliotheken, die sonstigen dem genannten Ministerium unterstehenden Institute, ferner die Mittelschulen und die Lehrer- und Lehrerinnen-Bildungsanstalten verpflichtet.

Für die Behörden und die Lehrkörper jener Lehranstalten, welche aus Staatsmitteln oder aus öffentlichen Fonden erhalten werden, ist eine Verfügung des Ministeriums für Cultus und Unterricht, sobald sie in das Verordnungsblatt aufgenommen und ihnen dieses zugestellt worden ist, als intimiert anzusehen.

Ein vollständiges Exemplar desselben kostet loco Wien für das Jahr 1884 2 fl. 30 kr., nach auswärts mit Postzusendung 2 fl. 50 kr.

Die Pränumerationen werden von der k. k. Schulbücher-Verlags-Direction (I., Johannesgasse 4) entgegen genommen, wohin die frankierten und mit dem Pränumerationsbetrage versehenen Briefe beziehungsweise Postanweisungen, unmittelbar zu richten sind.

Verfügungen, betreffend Lehrbücher und Lehrmittel.

Lehrbücher.

a) Für Volks- und Bürgerschulen.

Šťastný J., Lepař J. a Sokol J., Mluvnice pro školy obecné. I. Theil. Neubearbeitete Ausgabe des bisherigen ersten Theiles der „Nauky mluvnické". Prag 1883. K. k. Schulbücher-Verlag. Preis, 10 kr.

Dieser erste, zunächst für den zweiten Theil des achttheiligen Lesebuches bestimmte Theil des böhmischen Sprachbuches wird in der gegenwärtigen Gestalt zum Lehrgebrauche an Volksschulen mit böhmischer Unterrichtssprache als zulässig erklärt, wie dies bezüglich des zweiten Theiles laut Ministerial-Erlass vom 17. November 1883, Z. 20405 *) der Fall war.

(Ministerial-Erlass vom 22. December 1883, Z. 23829.)

b) Für Mittelschulen.

Villicus Franz, Lehr- und Übungsbuch der Arithmetik für Unterrealschulen. Auf Grundlage des neuen Lehrplanes für Realschulen verfasst. I. Theil: Für die 1. Classe. 8. Auflage. Wien 1883. L. W. Seidel und Sohn. Preis, 60 kr.

Diese neueste Auflage des genannten Lehrbuches wird ebenso, wie die siebente Auflage desselben **) zum Lehrgebrauche an Realschulen mit deutscher Unterrichtssprache allgemein zugelassen.

(Ministerial-Erlass vom 20. December 1883, Z. 23690.)

Ningerovy děje všeobecné pro nižší třídy středních škol. Díl I. Starý věk. 3. Auflage. Bearbeitet von Joh. B. Novák. Prag 1884. J. L. Kober. Preis, 60 kr., gebunden in Leinwand, 80 kr.

Diese neue Auflage des vorbenannten Lehrbuches wird ebenso, wie die zweite Auflage desselben ***) zum Lehrgebrauche an Mittelschulen mit böhmischer Unterrichtssprache allgemein zugelassen.

(Ministerial-Erlass vom 4. Jänner 1884, Z. 33.)

---

*) Ministerial-Verordnungsblatt vom Jahre 1883, Seite 280.
**) Ministerial-Verordnungsblatt vom Jahre 1880, Seite 150.
***) Ministerial-Verordnungsblatt vom Jahre 1874, Seite 55.

Kundmachungen.

Die im Jahre 1882 zu Enns verstorbene Frau Theresia **Hössl** Edle von Ehrenfeld hat letztwillig ein Capital von 3000 fl. zur Gründung einer Stipendienstiftung gewidmet, zu deren Genuss ein dürftiger, fleißiger, aus dem Pfarrsprengel von Enns gebürtiger Student berufen ist. Das Stiftungscapital beziffert sich dermal mit 3800 fl. in Notenrente.

Diese Stiftung ist mit dem Genehmigungstage des Stiftbriefes in Wirksamkeit getreten.

(Stiftbrief vom 27. November 1883. — Ministerial-Act Z. 23499 ex 1883.)

Nach dem Wunsche des verstorbenen Katecheten des I. böhmischen Staats- Real- und Obergymnasiums in Prag P. Anton **Mužík** wurde der Erlös des von ihm herausgegebenen Gebetbuches für Studierende zur Gründung einer Stipendienstiftung verwendet, deren Ertrag für einen dürftigen katholischen Schüler der obbenannten Lehranstalt bestimmt ist.

Diese Stiftung ist mit einem Capitale von 1150 fl. in Staatspapieren activiert worden.

(Stiftbrief vom 6. Juni 1879. — Ministerial-Act Z. 24097 ex 1883.)

Der im Jahre 1882 zu Meran verstorbene Chorregent Stephan **Stocker** hat letztwillig ein Capital von 500 fl. zur Gründung eines Stipendiums am Gymnasium von Meran hinterlassen.

Diese Stiftung ist mit einem Capitale von 550 fl. ins Leben getreten.

(Stiftbrief vom 15. December 1883. — Ministerial-Act Z. 23761 ex 1883.)

Der im Jahre 1881 zu Dölsach in Tirol verstorbene praktische Arzt und Realitätenbesitzer Anton **Karabacher** hat letztwillig eine Stipendienstiftung mit dem Jahresertrage von 150 fl. gegründet. Zum Genusse dieser Stiftung sind Angehörige der Familie Karabacher, die sich einem Fachstudium widmen, bis zur Erreichung der Selbständigkeit berufen.

Die Stiftung ist mit dem Genehmigungstage des Stiftbriefes ins Leben getreten.

(Stiftbrief vom 15. December 1883. — Ministerial-Act Z. 23762 ex 1883.)

Seine k. u. k. Apostolische Majestät haben mit Allerhöchster Entschließung vom 23. December 1883 a. g. zu genehmigen geruht, dass die drei oberen Classen der Staats-Realschule in Graz mit Schluss des Schuljahres 1883/84 aufgehoben werden.

(Ministerial-Erlass vom 30. December 1883, Z. 24198.)

Statistik

der mit dem Öffentlichkeitsrechte beliehenen Gymnasien und Realschulen in Betreff ihres Umfanges, ihrer Erhalter und in Betreff der Unterrichtssprache im Schuljahre 1883/84.

A. Gymnasien:

Kronland:	Zahl im Ganzen:	Kategorien nach Umfang:				Erhalter:							Unterrichtssprache:						
		Untergymn.	Realgymn.	Obergymn.	Real-u.Ob.-G.	Staat	Land	Stadt	Bischof	Orden	Fonds	Private	deutsch	böhmisch	polnisch	italienisch	ruthenisch	serbo-croat.	utraquistisch (zweierlei)
Niederösterreich	23	1	2	14	6	11	5	2	—	3	1	1	23	—	—	—	—	—	—
Oberösterreich	4	—	—	4	—	3	—	—	—	1	—	—	4	—	—	—	—	—	—
Salzburg	2	—	—	2	—	1	—	—	1	—	—	—	2	—	—	—	—	—	—
Tirol	9	1	—	8	—	4	—	—	1	4	—	—	7	—	—	1	—	—	1
Vorarlberg	1	—	—	—	1	1	—	—	—	—	—	—	1	—	—	—	—	—	—
Steiermark	6	1	—	5	—	4	2	—	—	—	—	—	6	—	—	—	—	—	—
Kärnten	3	1	—	2	—	2	—	—	1	—	—	—	3	—	—	—	—	—	—
Krain	4	2	—	2	—	4	—	—	—	—	—	—	1	—	—	—	—	—	3
Görz	1	—	—	1	—	1	—	—	—	—	—	—	1	—	—	—	—	—	—
Triest	2	—	—	2	—	1	—	1	—	—	—	—	1	—	—	1	—	—	—
Istrien	2	—	—	2	—	2	—	—	—	—	—	—	1	—	—	1	—	—	—
Dalmatien	4	—	—	4	—	4	—	—	—	—	—	—	—	—	—	1	—	3	—
Böhmen	53	7	5	28	13	35	—	16	—	2	—	—	22	31	—	—	—	—	—
Mähren	22	6	2	12	2	19	2	1	—	—	—	—	15	6	—	—	—	—	1
Schlesien	5	1	—	4	—	5	—	—	—	—	—	—	5	—	—	—	—	—	—
Galizien	25	2	—	22	1	24	—	—	—	1	—	—	2	—	22	—	1	—	—
Bukowina	3	—	—	3	—	2	—	—	—	—	1	—	1	—	—	—	—	—	1
Summe . .	169	22	9	115	23	123	9	20	2	12	2	1	96	37	22	4	1	3	6

B. Realschulen:

Kronland:	Zahl im Ganzen:	Kategorien nach Umfang:		Erhalter:					Unterrichtssprache:				
		Unterreal-schulen	Oberreal-schulen	Staat	Land	Stadt	Fonds	Private	deutsch	böhmisch	polnisch	italienisch	serbo-croat.
Niederösterreich	17	6	11	7	3	3	—	4	17	—	—	—	—
Oberösterreich	2	—	2	2	—	—	—	—	2	—	—	—	—
Salzburg	1	—	1	1	—	—	—	—	1	—	—	—	—
Tirol	4	2	2	4	—	—	—	—	3	—	—	1	—
Vorarlberg	1	1	—	—	—	1	—	—	1	—	—	—	—
Steiermark	3	—	3	2	1	—	—	—	3	—	—	—	—
Kärnten	1	—	1	1	—	—	—	—	1	—	—	—	—
Krain	1	—	1	1	—	—	—	—	1	—	—	—	—
Görz	1	—	1	1	—	—	—	—	1	—	—	—	—
Triest	2	—	2	1	—	1	—	—	1	—	—	1	—
Istrien	2	1	1	2	—	—	—	—	1	—	—	1	—
Dalmatien	2	1	1	2	—	—	—	—	—	—	—	1	1
Böhmen *)	22	2	20	15	—	7	—	—	10	12	—	—	—
Mähren	16	3	13	4	11	1	—	—	12	4	—	—	—
Schlesien	4	—	4	4	—	—	—	—	4	—	—	—	—
Galizien	5	1	4	5	—	—	—	—	—	—	5	—	—
Bukowina	2	1	1	1	—	—	1	—	2	—	—	—	—
Summe . .	86	18	68	53	15	13	1	4	60	16	5	4	1

*) An der ... Realschule zu Elbogen werden die Oberclassen von der Gemeinde erhalten.

C. Umfang und Unterrichtssprache der Mittelschulen in Beziehung auf deren Erhalter:

	Erhalter:	Zahl im Ganzen	Kategorien nach Umfang:		Unterrichtssprache:						
			unvollständige	vollständige	deutsch	böhmisch	polnisch	italienisch	ruthenisch	serbo-croat.	utraquistisch (zweierlei)
Gymnasien:	Staat	123	15	108	65	25	21	3	1	3	5
	Land	9	6	3	9	—	—	—	—	—	—
	Stadt	20	6	14	7	12	—	1	—	—	—
	Bischof	2	—	2	2	—	—	—	—	—	—
	Orden	12	3	9	11	—	1	—	—	—	—
	Fonds	2	—	2	1	—	—	—	—	—	1
	Private	1	1	—	1	—	—	—	—	..	—
Summe:		169	31	138	96	37	22	4	1	3	6
Realschulen:	Staat	53	10	43	34	7	5	3	—	1	—
	Land	15	4	11	13	2	—	—	—	—	—
	Stadt	13	2	11	8	7	—	1	—	—	—
	Fonds	1	—	1	1	—	—	—	—	—	—
	Private	4	2	2	4	—	—	—	—	—	—
Summe:		86	18	68	60	16	5	4	—	1	—

D. Gesammt-Übersicht:

Mittelschulen:	Zahl im Ganzen	Kategorien nach Umfang:		Erhalter:							Unterrichtssprache:						
		unvollständige	vollständige	Staat	Land	Stadt	Bischof	Orden	Fonds	Private	deutsch	böhmisch	polnisch	italienisch	ruthenisch	serbo-croat.	utraquistisch (zweierlei)
Gymnasien:	169	31	138	123	9	20	2	12	2	1	96	37	22	4	1	3	6
%		18.34	81.66	72.78	5.33	11.83	10.06				56.41	21.89	13.02	8.28			
Realschulen:	86	18	68	53	15	13	—	—	1	4	60	16	5	4	—	1	—
%		20.93	79.07	61.63	17.44	15.12	5.81				69.77	18.60	11.63				
Summe:	255	49	206	176	24	33	2	12	3	5	156	53	27	8	1	4	6
%		19.22	80.78	69.02	9.41	12.94	8.63				61.18	20.79	10.58	7.45			

Anmerkungen:

1. Unter den 86 Realschulen sind die Oberrealschulclassen von 6 combinierten Mittelschulen (nämlich: von den mit Obergymnasial- und Oberrealschulclassen verbundenen Real-

gymnasien zu Leitomischl, Pilsen, Prag (Stadt), Tábor und Prerau, sowie von dem
lediglich mit Oberrealschulclassen verbundenen Realgymnasium zu Kuttenberg, dann die
Unterrealclassen der Staatsmittelschule zu Reichenberg mit inbegriffen. Da somit die combinierten
Mittelschulen sowohl unter den Gymnasien, als auch unter den Realschulen mitgezählt wurden, so
ist, wenn diese Schulen als Einheiten aufgefasst werden, die Gesammtzahl der Mittelschulen um 7
zu vermindern, daher auf 248 richtig zu stellen.

2. Mittelschulen, welche in einer Umwandlung oder in Erweiterung begriffen sind,
wurden jener Kategorie beigezählt, welcher sie nach Vollendung der Umgestaltung angehören werden.

Umgewandelt werden:

a) das Gymnasium und die Realschule zu Spalato aus Anstalten mit italienischer in
solche mit serbo-croatischer Unterrichtssprache, welch' letztere bisher je in den
vier untersten Classen zur Anwendung gelangte;

b) die Staatsmittelschule zu Reichenberg durch Auflassung der Oberrealclassen und
durch Scheidung der Real-Gymnasialclassen in reine Gymnasial- und Realschulclassen; es
bestehen die I. und II., dann die V.—VIII. Gymnasialclasse, die III. und IV. Classe
des Realgymnasiums und die I. und II. Realschulclasse;

c) das Staats-Gymnasium und die Communal-Realschule zu Leitomischl in eine aus einem
Realgymnasium mit Obergymnasial- und Oberrealschulclassen zusammengesetzte Staats-
Mittelschule; es bestehen die I.—III. Realgymnasialclasse, die IV.—VIII. Gymnasialclasse
und die IV.—VII. Realschulclasse;

d) die Realschule zu Stryi in ein Gymnasium; es bestehen die I.—IV. Gymnasialclasse
und die V.—VII. Realschulclasse.

In Erweiterung begriffen sind:

a) die Untergymnasien;
zu Kremsier, böhm. (I. und II. Classe);
zu Smichow, böhm. (I. und II. Classe);

b) die Gymnasien:
zu Baden (I.—VI. Classe);
zu Wien — Wieden (Staats-Gymnasium; I.—VI. Classe);
zu Leoben (I.—VII. Classe);
zu Arnau (I.—VI. Classe);
zu Hohenmauth (I.—V. Classe);
zu Neubydžow (I—VI. Classe);
zu Raudnitz (I.—VII. Classe);
zu Schlan (I.—VII. Classe);
zu Mährisch-Trübau (I.—VI. Classe);
zu Sanok (I.—IV. Classe);
zu Radautz (I.—VII. Classe).

Ausweis

über die

Anzahl der öffentlichen Schüler an den mit dem Öffentlichkeitsrechte beliehenen Mittelschulen

zu Anfang des Schuljahres 1883/84.

A. Gymnasien.

Niederösterreich.

Wien,	I. Bez., akad. G. . . .	473
„	I. „ Schotten-G. . .	373
„	I. „ Franz Joseph-G.	302
„	II. „ Comm.-R.-u.O.-G.	454
„	II. „ Staats-G. . . .	613
„	III. „ „ . .	524
„	IV. „ Theresian.-G. .	319
„	IV. „ Staats-G. (6 Cl.)	254
„	VI. „ Comm.-R.-u.O.-G.	483
„	VIII. „ Staats-G. . . .	519
„	VIII. „ Meixner, Privat- U.-G. mitÖffent- lichkeitsrecht .	65
„	IX. „ Staats-G. . . .	421
Baden, Landes-R.- u. O.-G. (6 Cl.)		182
Hernals, Staats-G.		369
Horn, Landes-R.- u. O.-G. . . .		168
Krems, Staats-G.		219
Melk, Stifts-G.		200
Wr.-Neustadt, Staats-G.		221
Oberhollabrunn, Staats-R.- u. O.-G.		242
St. Pölten, Landes-R.- u. O.-G. .		205
Seitenstetten, Stifts-G.		304
Stockerau, Landes-R.-G. . . .		107
Waidhofen a. d. Thaya, Land.-R.-G.		73
		7090

Oberösterreich und Salzburg.

Linz, Staats-G.	569
Freistadt, Staats-G.	160
Kremsmünster, Benedictiner-G. .	370
Ried, Staats-G.	166
Salzburg, Staats-G.	265
„ F.e.Priv.-G. (Borromäum)	186
	1716

Steiermark.

Graz, I. Staats-G.	670
„ II. „	314
Cilli, Staats-G.	313
Leoben, Landes-G. (7 Cl.) . . .	166
Marburg, Staats-G.	326
Pettau, Landes-U.-G.	119
	1908

Kärnten.

Klagenfurt, Staats-G.	389
St. Paul, Benedictiner-U.-G. . .	96
Villach, Staats-G.	178
	663

Krain.

Laibach, Staats-G.	736
Gottschee, Staats-U.-G.	100
Krainburg, Staats-U. G. . . .	110
Rudolfswerth, Staats-G.	139
	1085

Tirol und Vorarlberg.	
Innsbruck, Staats-G.	411
Bozen, Staats-G. . . .	184
„ Franziskaner-U.-G. . . .	183
Brixen, Augustiner-O.-G. . .	257
„ F. b. Privatanstalt . . .	274
Hall, Franziskaner-G. . . .	250
Meran, Benedictiner-G. . . .	320
Reverete, Staats-G.	177
Trient, Staats-G.	377
Feldkirch, Staats-R.- u. O.-G. .	150
	2583

Görz, Istrien und Triest.	
Görz, Staats-G.	358
Capo d' Istria, Staats-G. . . .	188
Mitterburg, Staats-G.. . . .	105
Triest, Staats-G.	417
„ Comm.-G.	425
	1493

Böhmen (mit deutscher Unterrichtssprache).	
Arnau, Staats-G. (6 Cl.) . . .	137
Braunau, Benedictiner-G. . . .	221
Brüx, Comm.-G.	242
Budweis, Staats-G.	342
Eger, Staats-G.	297
Kaaden, Comm.-G.	211
Komotau, Comm.-G.	278
Krumau, Staats-G.	141
Landskron, Staats-G..	222
Böhm.-Leipa, Staats-G.	296
Leitmeritz, Staats-G..	424
Mies, Staats-G..	226
Pilsen, Prämonstratenser-G. . .	529
Prachatitz, Staats-R.-G.	88
Prag, Staats-G. (Kleinseite) . .	386
„ „ (Neustadt) . . .	548
„ „ (Altstadt) . . .	481
„ Staats-U.-G. (Neustadt) .	356
Reichenberg, {Staats-G. . . 226 / I. u. II. Real-schulcl. . . 118}	344
Saaz, Staats-G..	174
Smichow, Staats-U.-G.	131
Teplitz, Comm.-R.-G.	144
	6218

Böhmen (mit böhmischer Unterrichtssprache).	
Beneschau, Comm.-U.-G. . . .	110
Budweis, Staats-G.	561
Chrudim, Staats-R.- u. O.-G. . .	424
Čáslau, Comm.-U.-G.	166
Deutschbrod, Comm.-R.- u. O.-G.	413
Hohenmauth, Comm.-G. (5 Cl.) .	249
Jičin, Staats-G.	449
Jungbunzlau, Staats-G.	467
Klattau, Staats-R.- u. O.-G. . .	403
Kolin, Comm.-R.- u. O.-G.. . .	343
Königgrätz, Staats-G.	596
Kuttenberg, {Staats-R.-G. . 230 / Oberrealschulcl. 41}	271
Leitomischl, comb. Staats-Mittelsch.	
R.- u. O.-G. . . . 295 / IV.—VI. Realschule 34	329
Neubydžov, Comm.-R.u.O.-G.(6 Cl.)	267
Neuhaus, Staats-G.	354
Pilgram, Comm.-R.-G.	135
Pilsen, combin. Staats-Mittelsch.	
R.- u. O.-G. . . . 481 / Oberrealschulcl. . . . 39	520
Pisek, Staats-G.	407
Prag, akad. Staats-G. (Altstadt) .	560
„ Staats-R. u. O.-G. (Neustadt)	547
„ Staats-G. (Neustadt) . . .	613
„ Staats-U.-G. (Neustadt) . .	309
„ combin. Communal-Mittelsch.	
R. u. O.-G. . . . 504 / Oberrealcl. . . . 59	563
Příbram, Comm.-R. u. O.-G. . .	375
Raudnitz, Comm.-R. u. O.-G. (7 Cl.)	228
Reichenau, Staats-G.	381
Schlan, Comm.-G. (7 Cl.) . . .	249
Smichov, Staats-U.-G. (2 Cl.) . .	56
Tábor, combin. Staats-Mittelschule	
R.- u. O.-G. . . 329 / Oberrealcl. . . 18	347
Taus, Comm.-G.	275
Wittingau, Staats-R.-G.. . . .	87
	11054

Mähren (mit deutscher Unterrichtssprache).

Brünn, I. Staats-G.	638
„ II. Staats-G.	388
Freiberg, Staats-U.-G. . . .	113
Gaya, Comm.-U.-G.	61
Ung.-Hradisch, Staats-R. u. O.-G. .	253
Iglau, Staats-G.	354
Kremsier, Staats-G.	267
Mährisch-Neustadt, Landes-R.-G. .	151
Nikolsburg, Staats-G.	200
Olmütz, Staats-G.	375
Schönberg, Landes-R.-G. . . .	120
Strassnitz, Staats-U.-G. (3 Cl.) . .	47
Trebitsch, Staats-U.-G. mit böhm.	
Parallelcl. {deutsche Cl. 58 / böhm. Cl. 157}	215
Mährisch-Trübau, Staats-G. (6 Cl.)	187
Weißkirchen, Staats-G.	215
Znaim, Staats-G.	229
	3813

Mähren (mit böhmischer Unterrichtssprache).

Brünn, Staats-G.	564
„ Zweiganstalt (4 Cl.) . . .	185
Kremsier, Staats-U.-G. (2 Cl.) . .	221
Wall.-Meseritsch, Staats-G. . . .	309
Olmütz, Staats-G.	589
Prerau. combin. Staats-Mittelschule	
R.- u. O.-G. . . . . 535 / Oberrealcl. 21	556
	2424

Schlesien.

Bielitz, Staats-G.	343
Freudenthal, Staats-U.-G. . . .	77
Teschen, Staats-G.	366
Troppau, Staats-G.	416
Weidenau, Staats-G.	173
	1375

Galizien.

Bochnia, Staats-U.-G.	192
Brody, Staats-R. u. O.-G. (deutsch)	376
Brzezany, Staats-G.	360
Buczacz, Basilianer-U.-G. . . .	187
Drohobycz, Staats-G.	323
Jasło, Staats-G.	420
Kolomea, Staats-G.	409
Krakau, (bei St. Anna), Staats-G. .	669
„ (bei St. Hyacinth) Staats-G.	619
„ III. Staats-G.	554
Lemberg, akad. Staats-G. (ruthen.)	434
„ II. Staats-G. (deutsch) .	721
„ Franz Joseph-Staats-G. .	712
„ IV. Staats-G.	828
Neu-Sandec, Staats-G.	552
Przemysl, Staats-G.	780
Rzezów, Staats-G.	602
Sambor, Sambor	301
Sanok, Staats-G. (4 Cl.)	233
Stanislawów, Staats-G.	507
Stryj, St.-G. {I.—IV.Cl. Gymn. 229 / V.—VII.Realsch. 36}	265
Tarnopol, Staats-G.	551
Tarnów, Staats-G.	637
Wadowice, Staats-G.	246
Złoczów, Staats-G.	279
	11757

Bukowina.

Czernowitz, Staats-G.	832
Radautz, Staats-G. (7 Cl.) . . .	196
Suczawa, griech.-orient. G. . . .	368
	1396

Dalmatien.

Cattaro, Staats-G.	111
Ragusa, Staats-G.	153
Spalato, Staats-G.	236
Zara, Staats-G.	172
	672

Gymnasien: zusammen 55247.

B. Realschulen.

Niederösterreich.

Wien,	I. Bez., Comm.-R.	. . .	472
„	II. „ Staats-R.	. . .	363
„	II. „ Staats-U.-R.	. . .	223
„	III. „ Staats-R.	. . .	360
„	IV. „ Comm.-R.	. . .	458
„	V. „ Staats-U.-R.	. . .	162
„	VI. „ Comm.-R.	. . .	379
„	VII. „ Staats-R.	. . .	390
„	I. „ Döll, Privat-U.-R. mit Öffentlichkeitsrecht (5 Cl.)		78
„	III. „ Weißer, Priv.-U.-R. m. Öffentlichkeitsrecht	. .	94
„	VII. „ Speneder, Privat-U.-R. m. Öffentlichkeitsrecht	.	82
„	VIII. „ Meixner, Priv.-R. mit Öffentlichkeitsrecht	. .	101
Sechshaus, Staats-R.		. . . . .	402
Währing, Staats-U.-R.		. . . .	241
Krems, Landes-R.		. . . . . .	120
Wr.-Neustadt, Landes-R.		. . .	101
Waidhofen a. d. Ybbs, Landes-U.-R.			48
			4074

Oberösterreich und Salzburg.

Linz, Staats-R.	. . . .	160
Steyr, Staats-R.	. . . . . .	138
Salzburg, Staats-R.	. . . . . .	149
		447

Steiermark.

Graz, Landes-R.	. . . .	288
„ Staats-R.	. . . .	144
Marburg, Staats-R.	. . . . .	129
		561

Kärnten und Krain.

Klagenfurt, Staats-R.	. . . .	138
Laibach, Staats-R.	. . . . . .	227
		365

Tirol und Vorarlberg.

Bozen, Staats-U.-R.	. . . . .	67
Imst, Staats-U.-R.	. . . . .	37
Innsbruck, Staats-R.	. . . .	176
Rovereto, Staats-R.	. . . . .	95
Dornbirn, Comm.-U.-R. (2 Cl.)	.	56
		431

Görz, Istrien und Triest.

Görz, Staats-R.	. . . .	184
Pirano, Staats-R.	. . . . . .	62
Pola, Marine-U.-R.	. . . . .	92
Triest, Staats-R.	. . . . . .	254
„ Comm.-R.	. . . . . .	374
		966

Böhmen (mit deutscher Unterrichtssprache).

Budweis, Staats-R.	. . . . .	211
Elbogen, Staats-U.-R. . . . 96 / Oberrealcl. (Comm.-) 21		117
Karolinenthal, Staats-R.	. . . .	252
Böhm.-Leipa, Comm.-R.	. . . .	219
Leitmeritz, Comm.-R.	. . . .	361
Pilsen, Staats-R.	. . . . . .	294
Prag, I. Staats-R.	. . . . . :	421
„ II. „	. . . . . .	281
Trautenau, Staats-R.	. . . . .	263
		2419

Böhmen (mit böhmischer Unterrichtssprache).

Jičin, Comm.-U.-R.	. . . . .	219
Karolinenthal, Staats-R.	. . . .	300
Königgrätz, Comm.-R.	. . . .	208
Pardubitz, Staats-R.	. . . . .	330
Pisek, Comm.-R.	. . . . . .	171
Prag, Staats-R.	. . . . . .	553
Rakonitz, Comm.-R.	. . . . .	219
		2000

Mähren (mit deutscher Unterrichtssprache).

Auspitz, Landes-U.-R.	. . . .	75
Brünn, Staats-R.	. . . . .	303
„ Comm.-R.	. . . . . .	401
Iglau, Landes-R.	. . . . . .	227
Kremsier, Landes-R.	. . . . .	156
Neutitschein, Landes-R.	. . . .	186
Olmütz, Staats-R.	. . . . . .	185
Mähr.-Ostrau, Landes-R. (6 Cl.)	.	324
Prossnitz, Landes-R.	. . . . .	193
Römerstadt, Landes-U.-R.	. . .	84
Sternberg, Landes-U.-R.	. . .	111
Znaim, Landes-R.	. . .	215
		2460

Mähren (mit böhmischer Unterrichtssprache).

Brünn, Staats-R.	. . . . . .	262
Prossnitz, Landes-R.	. . . . .	191
Teltsch, Landes-R.	. . . . .	220
		673

Schlesien.

Bielitz, Staats-R.	. . . . . .	266
Jägerndorf, Staats-R.	. . . .	191
Teschen, Staats-R.	. . . . . .	200
Troppau, Staats-R.	. . . . . .	241
		898

Galizien.

Jaroslau, Staats-R.	. . . . .	160
Krakau, Staats-R.	. . . . . .	208
Lemberg, Staats-R.	. . . . .	212
Stanislawów, Staats-R.	. . . .	161
Tarnopol, Staats-U.-R.	. . . .	109
		850

Bukowina.

Czernowitz, gr.-or. R.	. . . .	206
Sereth, Staats-U.-R.	. . . . .	75
		281

Dalmatien.

Spalato, Staats-R.	. . . . . .	85
Zara, Staats-U.-R.	. . . . .	64
		149

Realschulen: zusammen **16574.**

Wird bei den combinierten und bei den in der Umwandlung begriffenen Mittelschulen die Zahl der Gymnasialschüler von jenen der Realschüler geschieden, so beträgt die Gesammtzahl der Gymnasialschüler 54911,
der Realschüler . 16910,
Zusammen . 71821.

Der Minister für Cultus und Unterricht hat das dem Landes-Realgymnasium zu B a d e n im Jahre 1864 unter Anerkennung des Reciprocitätsverhältnisses, betreffend die Behandlung des Lehrpersonales im Sinne des Gesetzes vom 9. April 1870, R.-G.-Bl. Nr. 46 ertheilte Ö f f e n t - l i c h k e i t s r e c h t auch auf die neu errichtete V. und VI. Obergymnasialclasse für das Schuljahr 1883/84 ausgedehnt.

(Ministerial-Erlass vom 22. December 1883, Z. 23562.)

Der Minister für Cultus und Unterricht hat dem mit dem Öffentlichkeitsrechte ausgestatteten C o m m u n a l - R e a l - u n d O b e r g y m n a s i u m z u K o l i n das Recht zuerkannt, Maturitätsprüfungen abzuhalten und staatsgiltige Maturitätszeugnisse auszustellen.

(Ministerial-Erlass vom 21. December 1883, Z. 23464.)

— ◄─┼ ● ┼─► —

Verlag des k. k. Ministeriums für Cultus und Unterricht. — Druck von Karl Gorischek in Wien.

Jahrgang 1884.   Stück III.

Verordnungsblatt

für den Dienstbereich des

Ministeriums für Cultus und Unterricht.

Redigiert im k. k. Ministerium für Cultus und Unterricht.

Ausgegeben am 1. Februar 1884.

Nr. 1.

Gesetz vom 12. December 1883 *),

wirksam für die Markgrafschaft Mähren, womit die §§. 38, 41, 47, 49, 50, 51, 53, 54, 55 und 56 des Gesetzes vom 24. Jänner 1870, L.-G.-Bl. Nr. 17 für die Markgrafschaft Mähren, zur Regelung der Errichtung, der Erhaltung und des Besuches der öffentlichen Volksschulen in Mähren abgeändert werden.

Mit Zustimmung des Landtages Meiner Markgrafschaft Mähren finde Ich anzuordnen, wie folgt:

Artikel I.

Die §§. 38, 41, 47, 49, 50, 51, 53, 54, 55 und 56 des Gesetzes von 24. Jänner 1870 **), L.-G.-Bl. Nr. 17 für die Markgrafschaft Mähren, zur Regelung der Errichtung, der Erhaltung und des Besuches der öffentlichen Volksschulen in Mähren, haben in ihrer bisherigen Fassung außer Wirksamkeit zu treten und künftig zu lauten:

§. 38.

Wenn stiftungsgemäß oder auf Grund von Privatrechtstiteln einzelne Zuflüsse bestimmten Schulen gewidmet wurden, ist diese Widmung unter thunlichster Aufrechthaltung ihrer etwaigen speciellen Bestimmung zu wahren.

---

*) Kundgemacht am 24. December 1883 im Landesgesetz- und Verordnungsblatte für die Markgrafschaft Mähren unter Nr. 77 Seite 117.

**) Ministerial-Verordnungsblatt vom Jahre 1870, Nr. 24, Seite 72.

Die auf Grund dauernder Widmungen zum Diensteinkommen eines Lehrers gehörigen Grundstücke haben auch weiterhin im Genusse der Lehrer zu verbleiben (§. 28 und 29 des Gesetzes vom 24. Jänner 1870 *), L.-G.-Bl. Nr. 18).

§. 41.

Die Kosten für die sachlichen Bedürfnisse der Schule, insbesondere also die Kosten für die Errichtung und Erhaltung des Schulgebäudes, für die Anschaffung und Erhaltung der zum Schulgebrauche bestimmten Einrichtungsstücke, für die Lehrmittel und sonstigen Unterrichts-Erfordernisse, daher auch für die bezüglich des Volksschulwesens erlassenen Schulgesetze, Verordnungen und Vorschriften und für Armenschulbücher, dann die Kosten für die Beheizung, Beleuchtung und Reinigung der Schullocalitäten, endlich die Auslagen für die Lehrerwohnungen, sind nach Maßgabe des Gesetzes und des wirklichen Bedürfnisses vom Ortsschulrathe zu präliminieren und zu bestreiten.

§. 47.

Die Geldsummen zur Bestreitung der Bezüge des Lehrerpersonales, ferner die Remunerationen für Substitutionen, Aushilfslehrer und für Mehrleistungen im Unterrichte werden, insoweit sie nicht durch die in den §§. 37 und 38 erwähnten, für das Diensteinkommen des Lehrerpersonales gewidmeten Beiträge und Leistungen einzelner Verpflichteten, sowie durch das Schulgeld ihre Bedeckung finden, von den Ortsgemeinden des Schulsprengels bis zur Höhe von acht Percent der in den Gemeinden des Schulsprengels vorgeschriebenen ordentlichen directen Steuern aufgebracht und durch die Gemeindevorsteher an die Schulbezirkscassa abgeführt. Der erforderliche Mehrbetrag ist aus Landesmitteln zu bestreiten und die bezügliche Bedeckung aus dem Landesfonde durch den Landesschulrath zu erwirken.

Die Gesetze vom 11. April 1873 **), L.-G.-Bl. Nr. 39, und vom 8. December 1881, L.-G.-Bl. ai. 1882, Nr. 1, bleiben unberührt.

§. 49.

Die Ortsgemeinde zahlt das Schulgeld an die Bezirksschulcassa.

Die Einhebung des Schulgeldes von den zahlungspflichtigen Eltern oder deren Stellvertretern findet ohne Intervention der Lehrer und außerhalb der Schule wöchentlich oder monatlich, und zwar für 48 Wochen in jedem Jahre seitens der Ortsgemeinde für die Gemeindecassa statt.

Schulgeldrückstände sind nach den Vorschriften über Einhebung rückständiger Gemeindeumlagen zu behandeln.

Wenn die Einhebung erfolglos bleibt, hat der Vorstand der politischen Bezirksbehörde die Einbringung der Schulgeldrückstände durch die Organe und Mittel zu veranlassen, wie sie für die Einbringung von Gebüren zu Staats- und Landeszwecken vorgeschrieben sind (Artikel 2 des Gesetzes vom 11. April 1873, L.-G.-Bl. Nr. 39).

---

*) Ministerial-Verordnungsblatt vom Jahre 1870, Nr. 25, Seite 79.
**) Ministerial-Verordnungsblatt vom Jahre 1873, Nr. 62, Seite 283.

§. 50.

In Bezug auf den Betrag des Schulgeldes werden die Gemeinden nach ihren Verhältnissen vom Landesschulrathe in 3 Classen getheilt und wird das Schulgeld mit 12, 8 und 4 kr. wöchentlich für jedes schulbesuchende Kind festgesetzt; die Eintheilung revidiert der Landesschulrath von zehn zu zehn Jahren, ohne dass dadurch zwischenweilige Berichtigungen ausgeschlossen sind.

In besonders berücksichtigungswürdigen Fällen kann der Landesschulrath über Ansuchen der Gemeindevertretung das Schulgeld über oder unter dieses gesetzliche Ausmaß für eine bestimmte Zeitdauer festsetzen.

Zu der Eintheilung der Gemeinden in Schulgeldclassen, als auch zu den zwischenweiligen Berichtigungen der Schulgeldclassen, sowie zu der Herabsetzung des Schulgeldes ist die Zustimmung des Landesausschusses erforderlich.

§. 51.

Dem Ortsschulrathe (in Stadtschulbezirken dem Bezirksschulrathe) steht es zu, die schulbesuchenden Kinder unbemittelter Eltern, ohne Rücksicht auf ihren Fortgang, ganz oder theilweise von der Schulgeldentrichtung zu befreien.

Gegen ihre Entscheidung geht die Berufung an die höheren Schulbehörden. Gegen gleichlautende Entscheidungen der zwei ersten Instanzen ist ein weiterer Recurs nicht zulässig.

Ein Rückersatz des Schulgeldes durch die Heimatgemeinde findet nicht statt.

§. 53.

1. Der von der Ortsgemeinde an die Schulbezirkscassa für das Solarjahr zu zahlende Schulgeldbeitrag wird vom 1. Jänner 1884 angefangen für alle Gemeinden mit Ausnahme jener, welche einen eigenen Schulbezirk bilden und den Gesammtaufwand für die Volksschulen ohne Inanspruchnahme der Landesmittel bestreiten, vom k. k. Landesschulrathe von amtswegen auf die Dauer von drei zu drei Jahren mit einer Pauschalsumme bemessen.

Die Bemessung dieser Pauschalsumme erfolgt auf Grund des §. 50 (neu) nach der Durchschnittszahl der in den letztverflossenen drei Schuljahren zum Besuche der Ortsschule verpflichteten, von der Schulgeldentrichtung nicht schon durch das Gesetz befreiten Kinder, unter Gewährung eines entsprechenden Nachlasses behufs theilweiser Entschädigung für die Schulgeldeinhebungskosten und theilweiser Deckung des Schulgeldausfalles für die befreiten, fremdzuständigen Kinder.

Der Nachlass wird mit Rücksicht auf die Verhältnisse der Ortsgemeinden, dann auf die Zahl der in den letzten 3 Schuljahren von der Schulgeldentrichtung befreiten einheimischen und insbesondere fremdzuständigen Kinder mit zehn bis fünfundzwanzig Percent des nach der dreijährigen Durchschnittszahl der Kinder sich ergebenden Schulgeldbetrages gewährt.

Zur Gewährung eines mehr als 20percentigen Nachlasses ist die Zustimmung des Landesausschusses erforderlich.

2. Die Ortsgemeinde ist verpflichtet, das von derselben zu zahlende Schulgeld stets für 3 Monate im Vorhinein abzuführen.

Wenn die neue Bemessung der von der Ortsgemeinde zu zahlenden Jahressumme nicht rechtzeitig erfolgt, so hat die Ortsgemeinde bis auf weiteres gegen nachherige Abrechnung die Abfuhr nach der Bemessung für das Vorjahr zu leisten.

Bezüglich der Eintreibung des nicht rechtzeitig an die Schulbezirkscassa abgeführten Schulgeldbetrages gelten die Bestimmungen des Artikel I. des Gesetzes vom 11. April 1873, L.-G.-Bl. Nr. 39.

3. Die auf Grund des §. 53 des Landesgesetzes vom 24. Jänner 1870, L.-G.-Bl. Nr. 17 bewilligten Schulgeld-Pauschalierungen treten mit Ende December 1883 außer Kraft.

Bis zur neuen Bemessung der Pauschalsumme zahlen die betreffenden Ortsgemeinden das Schulgeld an die Schulbezirkscassa gegen nachherige Abrechnung in den oben bestimmten Raten der ihnen zuletzt bewilligten Pauschalsumme.

4. Die Ortsgemeinden, in welchen eine Pauschalierung des Schulgeldes bisher nicht stattgefunden hat, zahlen bis zur Bemessung der Pauschalsumme das Schulgeld an die Schulbezirkscassa gegen nachherige Abrechnung in den oben bestimmten Raten nach Maßgabe der letzten Schulgeld-Vorschreibung.

5. Falls im Jahre 1884 eine Gemeinde vor der neuen Bemessung der Pauschalsumme in eine höhere Schulgeldclasse als bisher versetzt werden sollte, ist bei der Pauschalierung für das Jahr 1884 die bisherige niedrigere Schulgeldclasse zur Grundlage zu nehmen.

§. 54.

Den Gemeinden, welche einen eigenen Schulbezirk bilden und den Gesammtaufwand der nothwendigen Volksschulen ohne Inanspruchnahme der Landesmittel bestreiten, wird behufs theilweiser Entschädigung für die von der Schulgeldentrichtung befreiten fremdzuständigen Kinder ein entsprechender Betrag aus Landesmitteln gewährt.

Dieser Betrag wird von dem Landesschulrathe im Einvernehmen mit dem Landes-Ausschusse auf die Dauer von 3 zu 3 Jahren nach den im §. 53 dieses Gesetzes für die Bemessung des den übrigen Gemeinden zu gewährenden Schulgeldnachlasses geltenden Bestimmungen festgestellt und hat bei der ersten Pauschalierung das bis jetzt in Wirklichkeit ersetzte Schulgeld als Berechnungsbasis zu dienen.

Die Flüssigmachung dieses Betrages erfolgt in vierteljährlichen Decursivraten.

§. 55.

Neben dem Schulgelde darf weder eine Aufnahmsgebür, noch eine besondere Zahlung für den Unterricht in irgend einem der obligaten Gegenstände, für Benützung der zum Schulgebrauche bestimmten Einrichtungsstücke, Lehrmittel oder Unterrichts-Erfordernisse, für Beheizung, Beleuchtung oder Reinigung der Schullocalitäten und dergleichen abgefordert werden. Die Schulbücher und andere Lehrmittel sind den Kindern durch die Eltern oder deren Stellvertreter, und im Falle erwiesener Dürftigkeit derselben durch den Ortsschulrath beizuschaffen.

§. 56.

Die Bezirksschulcassa deckt aus Landesmitteln:

a) die Dotation der Lehrer-Bibliothek;

b) die Kosten der Abhaltung von Bezirks-Lehrerconferenzen einschließlich der den Mitgliedern zu gewährenden Reisekosten-Entschädigungen;

c) die Reisekosten - Entschädigungen und Taggelder für die Abgeordneten der
. Bezirks-Conferenzen zu den Landes-Conferenzen ;

d) die Übersiedlungskosten der Lehrer bei nicht strafweisen Versetzungen aus
Dienstesrücksichten.

Artikel II.

Dieses Gesetz tritt mit dem 1. Jänner 1884 in Wirksamkeit.

Artikel III.

Mit der Durchführung dieses Gesetzes ist der Minister für Cultus und Unterricht
beauftragt.

Gödöllö, am 12. December 1883.

Franz Joseph m./p.

Conrad - Eybesfeld m./p.

Nr. 2.

Erlass des Ministers für Cultus und Unterricht vom
15. Jänner 1884, Z. 23418 ex 1883,

an alle Landeschefs,

**betreffend die Vereinfachung der Verrechnung der Gebüren für die Beförderung
amtlicher Staffetten und für die Versicherung der mit Lloydschiffen zu befördernden
amtlichen Fahrpostsendungen.**

Das Handelsministerium hat mit der Verordnung vom 5. December 1883, Z. 43079
behufs Vereinfachung der Verrechnung der Gebüren für die Beförderung amtlicher
Staffetten, und für die Versicherung der mit Lloydschiffen zu befördernden amtlichen
Fahrpostsendungen im Einvernehmen mit den übrigen k. k. Ministerien und Central-
stellen folgendes angeordnet :

1. Vom 1. Jänner 1884 angefangen hat die Creditierung der erwähnten Gebüren
nicht mehr stattzufinden.

Dieselben sind von der aufgebenden Behörde gleich bei der Aufgabe an das
betreffende Postamt bar zu entrichten, und von dem letzteren im Sinne des §. 52
des Unterrichtes über das bei Staffetten zu beobachtende Verfahren vom 17. März 1883,
Verordnungsblatt Nr. 35 zu verrechnen.

2. Die Gebüren für die Versicherung der mit Lloydschiffen zu befördernden
amtlichen Fahrpostsendungen werden bei Sendungen nach österreichisch-ungarischen
Hafenorten mit 10 kr., bei Sendungen nach ausländischen Hafenorten dagegen, mit
15 kr. für je 100 fl. des declarierten Wertes festgesetzt. Beträge unter 100 fl.
sind als voll anzurechnen.

Hiervon setze ich Ew. . . . . zur Darnachachtung und Verständigung der
unterstehenden Anstalten des hierortigen Ressorts in Kenntnis.

Nachstehend bezeichnete **Gipsabgüsse** werden mit Beziehung auf das mit Ministerial-Erlass vom 10. December 1879, Z. 18774 *) hinausgegebene Gesammt-Verzeichnis der für den Unterricht im Freihandzeichnen zulässigen Apparate und Modelle, Serie IV und V, für den Zeichen- und Modellierunterricht an den betreffenden Lehranstalten für zulässig erklärt:

A.

Für den Unterricht an Mittelschulen, Gewerbeschulen, Fachschulen und gewerblichen Fortbildungsschulen.

Nummer des Preisverzeichnisses	Gegenstand	Höhe	Breite	Preis	
		Centimeter		fl.	kr.
	a) Gipsabgüsse des k. k. österreichischen Museums für Kunst und Industrie in Wien.				
381	Porträt einer Dame aus dem Hause Contarini, halbe Figur, venetianisch, 17. Jahrhundert (Marmor-Original im österr. Museum)	70	—	10	·—·
806	Büste Kaiser Josephs II., von Grassi, Arbeit der ehemaligen Wiener Porzellanfabrik, Biscuite	—	—	8	—
827	Engelskopf von Paul Strudel, von der Dreifaltigkeits-Säule auf dem Graben in Wien (1680—1690) . .	35	·—·	2	—
828	Engelskopf, desgl. detto	35	—	2	50
834	Standartenträger, florentinische Bronze, 16. Jahrhundert .	65	30	2	50
846	Venuskopf, Original. griechisch, gefunden im Piräus 1880, im Besitze des Freiherrn von Warsberg in Wien .	35	·—·	2	·—·
	b) Aus der Preisliste der Gipsformer Gebrüder Weschke in Dresden, Circusstraße Nr. 24.			Mark	Pf.
XV. Nr. 5	Füllung mit Vase und Vögeln aus der Kirche St. Michele in Venedig	68	50	4	—
XVI. Nr. 47	Abguss eines Holzreliefs aus dem kunstgewerblichen Museum in Dresden	57	16	1	80
	Adlerkopf, stilisiert von Rauch	27	—	2	40
	Löwenkopf	25	—	2	40
	Pantherkopf	25	·—·	2	40
	Hermes, antike Büste von Praxiteles, neuester Fund aus Olympia	80	—	15	—
	Brunonia, neuere Büste von Prof. Rietschel	60	—	10	50
	Rauch, Porträtbüste von Prof. Rietschel	68	—	12	—
	2 Kinderköpfe, Hautrelief von Fiamingo, à 1 M. 50 Pf.	25	—	3	—
	Reliefköpfchen der Victoria von der Trajanssäule . . .	34	—	1	20
	(Verpackungskosten für sämmtliche vorstehende Gipsabgüsse zusammen 8 Mark 50 Pf.				

*) Ministerial-Verordnungsblatt vom Jahre 1879, Seite 449.

B.

Für den Unterricht an Gewerbeschulen, gewerblichen Fachschulen und Fortbildungs-schulen.

Nummer des Preis-verzeichnisses	Gegenstand	Höhe	Breite	Preis	
		Centimeter		Mark	Pf.
	a) Aus dem kön. baierischen National-Museum in München. Formator Jos. Kreittmayr.				
88	Holzschnitzereien der deutschen Renaissance. Verschiedene Details aus dem „Fugger-Stübchen" im National-Museum in München, und zwar:				
	1 consolenartige Spange mit Akanthusblatt	30	12	1	20
	1 breites geflochtenes Band	27	18	—	80
	1 Friesfüllung (gebogen) mit Wellenlinie, Rosetten und Palmetten	28	10		60
		22	6		
	3 Stück verzierte Profile (Kreissegmente)	19	6	2	40
		15	6		
	1 „ Eierstab, Eckstück	15	6	—	50
	1 breiter Architrav mit 3 verzierten Gliedern	8	20	—	40
	1 Pilaster-Kapitäl (dorisch) mit abgeschrägten Seitenflächen	12	12	1	40
	2 Stück Rosetten (eine kleine und eine große). . .	7	Durch-messer	—	70
		17			
	1 schmale Leiste mit feiner Laubverzierung . . .	3½	25	—	30
411	2 Stück Friese, horizontal, klein	8	25	1	40
412	1 „ Fries „ „ mit Vase in der Mitte .	8	46	1	80
	(S. Ornamente der Holzsculptur von Hefner-Alteneck.)				
311	Schlossblech im Vierpass, gothisch	40	40	2	—
detto	1 Thürband und 1 Schlossband, beide gothisch . . .	38	13	1	20
		30	15	—	80
	(Für Verpackung dürfte der Betrag von 4 Mark 50 Pf. anzunehmen sein.)				
	b) Aus der Sammlung des Bildhauers Jakob Rotermundt in Nürnberg, Burgstraße Nr. 4.				
40	Abgüsse vom Sebaldusgrabe Peter Vischer's, und zwar: Detail C Leuchterhalter Nr. 4 (weibliche Figur mit Fisch)	35	35	10	—
	„ i 4 Wasserspeier, 1 Stück	—	24	4	—
	„ m 8 ornamentierte Candelaber-Säulchen, 1 Stück . .	60	—	5	50
	„ 8 Kapitäle hiezu, 1 Stück	17	—	3	50
10	Großes gothisches Schlossblech, ⎫ Abgüsse von Privatbauten	35	38	7	—
13	Gothisches Schlossblech, ⎬ Nürnbergs	31	34	4	—
93	Epitaphium, Wappen des Joach. Tetzel im Dreipass, gothisch	43	43	6	—
97	Epitaphium, Wappen von Johannes Kirchhof in Nürnberg	34	26	5	—
	Summe .	—	—	45	—
	(In dieser Summe von 45 Mark ist zugleich gute Verpackung mit inbegriffen. Jede Bestellung kann innerhalb längstens 14 Tagen abgeschickt werden.)				

Die Directoren und Leiter der betreffenden Lehranstalten werden aufmerksam gemacht, dass laut Note des k. k. Finanzministeriums vom 6. December 1883, Z. 38863 die zollfreie Behandlung der von den öffentlichen Mittelschulen, Gewerbeschulen, Fachschulen etc. aus dem Auslande zu beziehenden Gipsabgüsse, insoferne diese Gegenstände unter die Bestimmung des Artikels VIII, Z. 9 des allgemeinen Zolltarifs vom 25. Mai 1882 fallen, und die im §. 25 der Durchführungsvorschrift zu diesem Zolltarife vorgeschriebene Bestätigung der betreffenden Anstalten beigebracht wird, nach §. 27 der bezogenen Durchführungsvorschrift von den k. k. Finanzbehörden erster Instanz bewilligt werden kann.

(Ministerial-Erlass vom 21. Jänner 1884, Z. 22176 ex 1883.)

Verfügungen, betreffend Lehrbücher und Lehrmittel.

Lehrbücher.

a) Für Volks- und Bürgerschulen.

Navod k naučenju italijanskega jezika za slovenske ljudske šole (Avviamento ad imparare l' italiano per le scuole popolari slovene.) I. Theil. Wien 1883. K. k. Schulbücherverlag. Preis eines Exemplars, steif gebunden, 20 kr.

Dieses Lehrbuch wird zum Lehrgebrauche an Volksschulen mit slovenischer Unterrichtssprache im Küstenlande als zulässig erklärt.

(Ministerial-Erlass vom 14. Jänner 1884, Z. 679.)

b) Für Mittelschulen.

Rätsch Heinrich, Kurzer Lehrgang der Stenographie (Correspondenz- und Debattenschrift) nach F. X. Gabelsberger's System. Durchgesehen und bearbeitet von Dr. J. Richard Rätsch. 42. Auflage. Dresden 1883. Gustav Dietze. Preis, 1 Mark 50 Pf.

Lesebuch zum kurzgefassten Lehrbuch (Preisschrift) der Gabelsberger'schen Stenographie. Nach den Beschlüssen der stenographischen Commission zu Dresden herausgegeben vom kön. sächsischen stenographischen Institute. Durchgesehen und umgearbeitet von Prof. Dr. Heyde und Dr. jur. Rätsch. 54. Auflage. Dresden 1883. Gustav Dietze. Preis. 2 Mark.

Diese neuesten Auflagen der vorbenannten zwei Bücher werden ebenso, wie die früheren Auflagen derselben *) zum Lehrgebrauche an den österreichischen Mittelschulen mit deutscher Unterrichtssprache allgemein zugelassen.

(Ministerial-Erlass vom 30. December 1883, Z. 24070.)

---

*) Ministerial-Verordnungsblatt vom Jahre 1883, Seite 171.

Kořínek Josef, Latinská mluvnice ku potřebě žáků zvlaště nižších a středních tříd gymnasijních. 4. verbesserte Auflage. Prag 1884. Kober. Preis, 1 fl. 80 kr., in Leinwand gebunden, 2 fl. 10 kr.

Diese neue Auflage des vorbenannten Buches wird ebenso, wie die dritte Auflage desselben *) zum Lehrgebrauche an Gymnasien und Realgymnasien mit böhmischer Unterrichtssprache allgemein zugelassen.

(Ministerial-Erlass vom 5. Jänner 1884, Z. 34.)

Čebular Jakob, Fizika za nižje gimnazije, realke in učeteljišča. I. und II. Theil. Görz 1882. Preis, 1 fl. 30 kr.

Dieses Buch wird zum Lehrgebrauche an denjenigen Gymnasien, wo der physikalische Unterricht unter Gebrauch der slovenischen Sprache ertheilt wird, allgemein zugelassen.

(Ministerial-Erlass vom 5. Jänner 1884, Z. 24495 ex 1883.)

Divković Mirko, Oblici staroslovjenskoga jezika za školu. Po Franji Miklošiću napisao —. Agram 1883. Verlag der kön. Landesregierung. Preis, 25 kr.

Dieses Lehrbuch wird zum Unterrichtsgebrauche an den Mittelschulen mit serbo-croatischer Unterrichtssprache allgemein zugelassen.

(Ministerial-Erlass vom 31. December 1883, Z. 24193.)

Wassmuth Ant., Fizika za niže razrede srednjih škola, nach der zweiten deutschen Auflage croatisch bearbeitet von J. Stožir. Agram 1884. Albrecht und Fiedler. Preis, 1 fl.

Dieses Lehrbuch wird zum Unterrichtsgebrauche an Mittelschulen mit serbo-croatischer Unterrichtssprache allgemein zugelassen.

(Ministerial-Erlass vom 31. December 1883, Z. 24195.)

Lehrmittel.

Sydow, E. v., Schulatlas in 42 Karten. 36. Auflage. Gotha und Wien 1884. Justus Perthes. Preis, geheftet 4 Mark 60 Pf.

Diese neueste Auflage des genannten Atlas wird ebenso, wie die 35. Auflage desselben **) zum Lehrgebrauche an den Mittelschulen mit deutscher Unterrichtssprache allgemein zugelassen.

(Ministerial-Erlass vom 13. Jänner 1884, Z. 618.)

Bucher Bruno, Real-Lexikon der Kunstgewerbe. Wien 1884. Georg Paul Faesy. Ladenpreis, 5 fl.

Die Directionen der Staats-Gewerbeschulen, Zeichenschulen, gewerblichen Fortbildungsschulen etc. werden auf das Erscheinen dieses zur Anschaffung für Lehrerbibliotheken besonders geeigneten Werkes aufmerksam gemacht.

(Ministerial-Erlass vom 9. Jänner 1884, Z. 21488 ex 1883.)

*) Ministerial-Verordnungsblatt vom Jahre 1880, Seite 175.
**) Ministerial-Verordnungsblatt vom Jahre 1883, Seite 17.

Hesky Karl, Einfache Objecte des Bau- und Maschinenfaches. Vorlagen für das angewandte geometrische Zeichnen an Volks- und Bürgerschulen, gewerblichen Fortbildungsschulen etc. Herausgegeben über Veranlassung des k. k. Ministeriums für Cultus und Unterricht. Wien. **Karl Gräser**.

Von diesem Werke ist die IV. (letzte) Lieferung erschienen, worauf die betreffenden Lehranstalten mit Beziehung auf den Ministerial - Erlass vom 12. April 1883, Z. 6453 *) aufmerksam gemacht werden.

Preis der Lieferung sammt erklärendem Text 3 fl. 50 kr., Ladenpreis des ganzen Werkes (2 Theile) 14 fl. 80 kr.

(Ministerial-Erlass vom 5. Jänner 1884, Z. 22831 ex 1883.)

Das Schnittmusterbuch, herausgegeben vom Wiener Frauen-Erwerb-Verein. 4. revidierte und vermehrte Auflage. Wien. Verlag von R. **von Waldheim**. Preis 90 kr.,

wird als Lehrmittel für Volks- und Bürgerschulen, für Lehrerinnen-bildungsanstalten, für Schulen für weibliche Handarbeiten, für Bildungscurse der Arbeitslehrerinnen und für gewerbliche Fortbildungsschulen für Mädchen zulässig erklärt.

(Ministerial-Erlass vom 5. Jänner 1884, Z. 20371 ex 1883.)

Di Haardt V., Atlante geografico ad uso delle scuole popolari italiane del Tirolo. Edizione II in 13 carte. Vienna presso E. **Hölzel**. Prezzo, 60 kr.

Dieses Lehrmittel wird zum Unterrichtsgebrauche in allgemeinen Volks- und in Bürgerschulen für zulässig erklärt.

(Ministerial-Erlass vom 3. Jänner 1884, Z. 22141 ex 1883.)

Kundmachungen.

Seine k. und k. Apostolische Majestät haben mit Allerhöchster Entschließung vom 19. Jänner d. J. die Aufhebung der Staats-Realschule zu Pirano und der Staats-Unterrealschule zu Imst a. g. zu genehmigen geruht.

(Ministerial-Erlass vom 25. Jänner 1884, Z. 1290.)

Der Kanzleidirector der Benedictinerabtei Admont P. Florian **Kinnast** hat den Ertrag der von ihm gesammelten und herausgegebenen Dichtungen des verstorbenen Gymnasialdirectors in Graz P. Dr. Richard Peinlich zur Gründung einer Studentenstiftung bestimmt, zu deren Genuss würdige und dürftige Schüler des I. Staats-Gymnasiums zu Graz berufen sind. Die Stiftung ist mit dem Capitale von 400 fl. in Silberrente activiert worden.

(Stiftbrief vom 1. Jänner 1884. — Ministerial-Act Z. 681.)

Anlässlich eines vorgekommenen Falles wird hiemit erklärt, dass die k. k. Marine-Unterrealschule zu Pola, (nach §. 5 des Landesgesetzes für Istrien vom 19. December 1872) zu den öffentlichen Realschulen gehört und stets als solche behandelt worden ist.

Die an dieser Anstalt zurückgelegte Dienstzeit ist im Sinne der §§. 3 und 11 des Gesetzes vom 9. April 1870 (R.-G.-Bl. Nr. 46), als an einer Mittelschule des Staates zugebracht, anzusehen.

(Ministerial-Erlass vom 20. Jänner 1884, Z. 22121 ex 1883.)

---

*) Ministerial-Verordnungsblatt vom Jahre 1883, Seite 103.

Verzeichnis der von der k. k. Prüfungscommission für das Lehramt des Turnens an Mittelschulen und Lehrerbildungsanstalten in Prag

im Studienjahre 188½ und 188⅔

approbierten Candidaten.

Name und Stellung	Approbiert für	Unterrichts-sprache
Hausmann Julius, Lehrer an der deutschen Bürgerschule in Smichov	Mittelschulen und Lehrerbildungs-anstalten	deutsch
Hergel Gustav, Lehramtscandidat	detto	detto
Phil. Dr. **Pietrzikowski** Ferdinand, Lehramtscandidat	detto	detto
Siepelt Hermann, Turnlehrer im deutschen Turnverein zu Prag	detto	detto
Wilhelm Franz, Supplent an der Com-munal-Realschule in Elbogen	detto	detto
Nietsch Victor, Lehramtscandidat und prov. Turnlehrer an der k. k. Lehrer-bildungsanstalt zu Prag	detto	detto
Maero Martin, prov. Turnlehrer am Gym-nasium zu Klattau	Mittelschulen	böhmisch
Špergel Wenzel, Lehrer am k. k. Real-Gymnasium in Wittingau	Mittelschulen und Lehrerbildungs-anstalten	detto
Kokíšek Franz, Lehramtscandidat	detto	detto
Berák Johann, Supplent an der Staats-Mittelschule zu Prerau	Mittelschulen	detto
Regal Karl, Supplent an der slavischen Staats-Realschule in Brünn	Mittelschulen und Lehrerbildungs-anstalten	detto

Der Minister für Cultus und Unterricht hat der I. Classe des Communal-Gymnasiums zu Untermeidling unter Anerkennung des Reciprocitäts-Verhältnisses im Sinne des §. 11 des Gesetzes vom 9. April 1870 das Recht der Öffentlichkeit vorläufig für die Dauer des Schuljahres 1883/84 verliehen.

(Ministerial-Erlass vom 24. Jänner 1884, Z. 1096.)

———

Der Minister für Cultus und Unterricht hat der evangelischen Privat-Volksschule zu Orlau in Schlesien das Öffentlichkeitsrecht verliehen.

(Ministerial-Erlass vom 8. Jänner 1884, Z. 22809 ex 1883.)

———

Vom Schuldienste wurden entlassen:

Augustin **Hausdorf**, zuletzt Lehrer an der Volksschule zu Hlaska in Böhmen,
(Ministerial-Erlass vom 12. Jänner 1884, Z. 11080 ex 1883)

Bronislaus **Romanowicz**, Lehrer an der Volksschule zu Proniatyn, zuletzt in provisorischer Verwendung an der Volksschule in Stryjówka in Galizien
(Ministerial-Erlass vom 20. Jänner 1884, Z. 947) und

Josef **Haidvogl**, zuletzt Oberlehrer an der Volksschule zu St. Georgen ob Murau in Steiermark.

(Ministerial-Erlass vom 3. Jänner 1884, Z. 23670.)

Verlag des k. k. Ministeriums für Cultus und Unterricht. — Druck von Karl Gorischek in Wien.

Jahrgang 1884.   **Stück IV.**

Verordnungsblatt

für den Dienstbereich des

Ministeriums für Cultus und Unterricht.

Redigiert im k. k. Ministerium für Cultus und Unterricht.

Ausgegeben am 15. Februar 1884.

Nr. 3.

Verordnung des Ministers für Cultus und Unterricht vom 7. Februar 1884, Z. 2117,

betreffend die Prüfung der Candidaten des Gymnasial- und des Realschul-Lehramtes.

Auf Grund der Allerhöchsten Entschließung vom 1. Februar 1884 wird über die Prüfung der Candidaten des Lehramtes an Gymnasien und Realschulen die folgende Vorschrift erlassen. Den neuen Bestimmungen gemäß werden an die Stelle der für das Gymnasial- und das Realschul-Lehramt nach den Vorschriften vom 24. Juli 1856, R.-G.-Bl. Nr. 143, beziehungsweise vom 24. April 1853, R.-G.-Bl. Nr. 76 und vom 6. October 1870 *) R.-G.-Bl. Nr. 122 eingesetzten zweierlei Commissionen nunmehr einheitliche Commissionen zu treten haben.

---

*) Ministerial-Verordnungsblatt vom Jahre 1870, Nr. 142, Seite 585.

Vorschrift über die Prüfung der Candidaten des Lehramtes an Gymnasien und Realschulen.

Artikel I. — Prüfungs-Commissionen.

1. Die wissenschaftliche Befähigung für das Lehramt an Gymnasien und Real-schulen wird durch eine Prüfung ermittelt, zu deren Vornahme das Ministerium für Cultus und Unterricht Prüfungs-Commissionen in verschiedenen Hauptstädten der im Reichsrathe vertretenen Königreiche und Länder ernennt.

Inwieweit bei der einen oder der anderen Commission eine Beschränkung in der Zahl der Prüfungsgruppen eintritt oder in der Zahl jener Unterrichtssprachen, auf deren Gebrauch die Befähigung der Candidaten sich bezieht, bestimmt der Minister für Cultus und Unterricht.

2. Die Bestimmungen über die Befähigung den Religions-Unterricht zu ertheilen sind kein Gegenstand dieser Vorschrift.

3. In welcher Weise die Lehrer des Zeichnens, des Singens und des Turnens ihre Befähigung nachzuweisen haben, ist durch besondere Bestimmungen festgestellt.

4. Die Prüfungs-Commissionen werden zusammengesetzt aus Männern, welche die verschiedenen Hauptzweige des Gymnasial- und Realschul-Unterrichtes nach seiner gegenwärtigen Organisation wissenschaftlich vertreten. Jedes Mitglied einer Prüfungs-Commission erhält seinen Auftrag auf Ein Jahr, doch kann derselbe nach Verlauf dieses Zeitraumes erneuert werden.

5. Zum Director der Prüfungs-Commission und zum Stellvertreter desselben ernennt das Ministerium in der Regel nur ein M i t g l i e d der Commission. Der Director, im Verhinderungsfalle sein Stellvertreter, ist mit dem Vorsitze bei den Prüfungen und Verhandlungen, der Führung der erforderlichen Correspondenz und der Auf-bewahrung der in geschäftsmäßiger Ordnung zu haltenden Acten beauftragt.

6. Die mit der didaktischen Oberleitung der Gymnasien und Realschulen beauftragten Landes-Schulinspectoren in den Orten der Prüfungs-Commissionen sind berechtigt den mündlichen Prüfungen beizuwohnen, um die den Gymnasien und Real-schulen zuwachsenden Lehrkräfte kennen zu lernen. Die Directoren der Prüfungs-Commissionen haben daher die bezeichneten Landes-Schulinspectoren von der Vornahme solcher Prüfungen in Kenntnis zu setzen.

Artikel II. — Meldung zur Prüfung.

1. Inländer können sich der Lehrbefähigungs-Prüfung in der Regel nur bei einer einheimischen Prüfungs-Commission wirksam unterziehen. Befähigungs-Zeugnisse, welche sie von einer auswärtigen Prüfungs-Commission erworben haben, benöthigen zu ihrer Giltigkeit die nachträgliche Anerkennung des Unterrichts-Ministers.

2. Um zur Prüfung zugelassen zu werden, hat der Candidat sein Gesuch an die Direction derjenigen Prüfungs-Commission zu richten, vor welcher er die Prüfung zu bestehen beabsichtiget.

In diesem Gesuche hat er die Lehrgegenstände und die Classen des Gymnasiums oder der Realschule, für welche er sich die Berechtigung zum Unterrichte erwerben will, ferner die Unterrichtssprache zu bezeichnen, in welcher er zu lehren wünscht.

Beizulegen hat er dem Gesuche:

a) das Zeugnis der Maturität für Universitätsstudien, beziehungsweise für Studien an der technischen Hochschule (vergl. unten Punkt 3).

b) ein, auch das legale Verhalten bestätigendes Abgangszeugnis von der Universität welches darthut, dass er mindestens vier Jahre an einer Universität und hiervon wenigstens drei Jahre in der philosophischen Facultät als ordentlicher Studierender zugebracht und während dieser Zeit seine Fachstudien betrieben habe. Auch wird erwartet, dass er außerdem über Philosophie, über seine Unterrichts- sprache und über deutsche Sprache Studien gemacht habe (vergl. Art. XIX, 3.), um die nothwendige didaktische und pädagogische Bildung zu erwerben und den im Art. V gestellten Forderungen zu entsprechen.

Candidaten, welche das Abgangszeugnis nicht beibringen können, weil sie nach Zurücklegung des vorgeschriebenen Quadrienniums noch ferner an der Universität als ordentliche Studierende verbleiben, haben anstatt dieses Zeugnisses das Meldungsbuch vorzulegen und sich zugleich auszuweisen, dass ihr sittliches Verhalten während der Universitätsstudien ordnungsgemäß war.

Candidaten der naturwissenschaftlichen Lehrfächer haben sich über die Theilnahme an den praktischen Arbeiten in den betreffenden Instituten und Laboratorien auszuweisen. (Art. XIII, XIV und XVIII.)

Candidaten des Lehrfaches der darstellenden Geometrie haben sich mit mindestens zweijährigem regelmäßigem Besuche von Collegien über darstellende Geometrie an einer technischen Hochschule auszuweisen und auch die im Art. XVII erwähnten Zeichnungen beizulegen.

Hat ein Candidat an seminaristischen Übungen regelmäßig theilgenommen, so liegt es in seinem Interesse hierüber einen Nachweis vorzulegen.

c) falls seit seiner Universitätszeit mehr als ein Jahr verflossen ist, hat er über sein Verhalten während dieser Zeit glaubwürdige und ausreichende Nachweise — womöglich das Zeugnis einer öffentlichen Behörde — beizubringen;

d) eine Darstellung seines Lebenslaufes, worin er vorzüglich den Gang seiner Bildung, die Richtung, den Umfang und die literarischen Hilfsmittel seiner speciellen Studien mit derjenigen Genauigkeit anzugeben hat, durch welche die Prüfungs- Commission in den Stand gesetzt wird zu entscheiden, ob die wissenschaftliche Vorbereitung des Candidaten den gesetzlichen Anforderungen entspricht;

e) etwa früher erworbene approbierende oder reprobierende Zeugnisse von Prüfungs-Commissionen.

3. Das Realschul-Maturitätszeugnis (für Studien an der technischen Hochschule) sammt dem Nachweise vierjähriger Universitätsstudien an der philosophischen Facultät in der Eigenschaft eines außerordentlichen Studierenden (vergl. oben 2, b) begründet

für einen Candidaten nur einen beschränkten Anspruch auf Zulassung zur Prüfung, nämlich bloß für das Lehramt an Realschulen und hier mit der Beschränkung auf die mathematisch-naturwissenschaftlichen Fächer (Mathematik, geometrisches Zeichnen, darstellende Geometrie, Physik, Naturgeschichte, Chemie, Geographie).

Jeder Candidat dieser Kategorie hat sich für jedes Semester über den Besuch von mindestens zehn Vortragsstunden der Woche auszuweisen.

4. Bei Candidaten für das Lehrfach der modernen Sprachen kann ein in Frankreich, England oder Italien zum Zwecke der Spracherlernung zugebrachtes Jahr in das Quadriennium eingerechnet werden.

Bei Candidaten für das Lehrfach der darstellenden Geometrie in Verbindung mit Mathematik können drei, bei Candidaten des Lehrfaches der Mathematik und Physik zwei Studienjahre, welche sie an einer technischen Hochschule als ordentliche Studierende mit regelmäßigem Besuche in der Ingenieur-, Hochbau- oder Maschinenbau-Fachschule oder in der allgemeinen Abtheilung zugebracht haben, in das Quadriennium eingerechnet werden.

Desgleichen können bei Candidaten des Lehrfaches der Chemie drei Studienjahre, welche sie an einer technischen Hochschule als ordentliche Studierende mit regelmäßigem Besuche in der chemischen Fachschule zugebracht haben, in das Quadriennium eingerechnet werden.

5. Wenn eines der unter Nr. 2, beziehungsweise Nr. 3 bezeichneten Zeugnisse nicht beigebracht werden kann oder von der Prüfungs-Commission beanstandet wird, so hat diese die Entscheidung des Ministeriums über die Zulassung zur Prüfung einzuholen, indem sie ihrer Anfrage zugleich ihr Gutachten beifügt.

6. Ausländische Candidaten, selbst wenn sie allen oben bezeichneten Anforderungen entsprechen, können zur Prüfung nur mit Genehmigung des Ministeriums auf Antrag der Prüfungs-Commission zugelassen werden.

Artikel III. — Unterschied der Lehrbefähigung für Gymnasien und Realschulen.

Der geringe Unterschied in den Lehrzielen jener Gegenstände, welche dem Gymnasium und der Realschule gemeinsam sind, *) begründet keine Verschiedenheit in der wissenschaftlichen Prüfung. Diese richtet sich im Allgemeinen nach den Anforderungen des Gymnasiums. Daher gilt eine für das Gymnasium erworbene Lehrbefähigung auch für die Realschule.

Sobald aber einem Candidaten mit Rücksicht auf die Art seiner Vorstudien (Art. II, 3) oder die Natur seiner Lehrfächer (Art. VI) die Qualification bloß für den Realschulunterricht zuerkannt werden kann, ist im Prüfungszeugnisse die Lehrbefähigung ausdrücklich nur für Realschulen auszusprechen.

---

*) Die Gegenstände des Gymnasial-Unterrichtes sind: Religion, Latein, Griechisch, deutsche Sprache (Unterrichtssprache), Geographie und Geschichte, Mathematik, Physik, Naturgeschichte, philosophische Propädeutik. (Zeichnen, Turnen.) Die Gegenstände des Realschul-Unterrichtes sind: Religion, zwei moderne Sprachen (Französisch, Englisch, Italienisch), Unterrichtssprache, Geographie, Geschichte, Mathematik, Physik, Naturgeschichte, Chemie, geometrisches Zeichnen, darstellende Geometrie, Zeichnen, Turnen.

Artikel IV. — Forderungen an jeden Examinanden.

1. Um überhaupt die **wissenschaftliche** Befähigung für die Stelle eines ordentlichen Lehrers an einem Gymnasium oder einer Realschule darzuthun, muss jeder Examinand **erstens** in Bezug auf seine philosophische und pädagogische Vorbildung, dann in Bezug auf die Sprache, deren er sich bei dem Unterrichte bedienen will, und, wenn diese nicht die deutsche ist, außerdem auch in Bezug auf die deutsche Sprache den im Art. V angegebenen Forderungen genügen, und muss **zweitens** durch das Examen in einem Prüfungsgebiete des Gymnasial- oder Realschulunterrichtes (Art. VI) dasjenige Maß von Kenntnissen nachweisen, welches in den Art. VIII—XVIII näher bezeichnet ist.

2. Das Bestehen der Prüfung aus einem Hauptfache befähigt zum Lehren der betreffenden Disciplin im ganzen Gymnasium oder in der ganzen Realschule, dagegen das Bestehen der Prüfung aus einem Nebenfache zum Unterrichte bloß im Untergymnasium oder in der Unterrealschule.

3. Zur **Anstellung** ist ein Candidat erst dann geeignet, wenn er das **Probe-jahr** bestanden und dadurch seine **praktische** Befähigung nachgewiesen hat. (Art. XXV.)

Artikel V. — Allgemeine Studien.

Jeder Candidat hat während seiner Studienzeit sich diejenige allgemeine **philosophische** und **pädagogische** Bildung anzueignen, die dem Lehrer was immer für eines Faches unentbehrlich ist (Art. II, 2, b), und hat den Erfolg dieses Studiums durch die häusliche Bearbeitung eines Themas darzuthun (Art. XIX, 3).

Ferner hat jeder Candidat in der mündlichen Prüfung (Art. XXI) Correctheit des Gebrauches seiner **Unterrichtssprache** und Kenntnis ihrer wichtigsten grammatischen Gesetze sowie Bekanntschaft mit den Hauptwerken ihrer schönen Literatur nachzuweisen, möge er auf das Lehren seiner Unterrichtssprache Anspruch machen oder nicht. Wenn die Unterrichtssprache nicht die deutsche ist, so ist von dem Examinanden in Bezug auf die deutsche Sprache Correctheit im Gebrauche derselben zu verlangen, damit seine Fähigkeit, in deutscher Sprache geschriebene wissenschaftliche Werke seiner Fächer zu verstehen, außer Zweifel gestellt werde. Auch ist die Correctheit des Ausdruckes in denjenigen schriftlichen Arbeiten, welche in deutscher Sprache abgefasst sind, zu beachten.

Artikel VI. — Gruppen der Prüfungsgegenstände.

1. Die specielle Prüfung des Candidaten betrifft eine der folgenden Gruppen von Gegenständen nach den in Art. VIII—XVIII bezeichneten Forderungen.

a) Classische Philologie, d. i. lateinische und griechische Sprache und Literatur als Hauptfächer, dazu die Unterrichtssprache als Nebenfach.

b) Deutsche Sprache oder irgend eine andere Landessprache (Unterrichts-sprache) als Hauptfach, dazu
   Latein und Griechisch als Nebenfächer.

c) Geographie und Geschichte als Hauptfächer.

d) Mathematik und Physik als Hauptfächer.

e) Naturgeschichte als Hauptfach, dazu
　　　Mathematik und Physik als Nebenfächer.

f) Philosophie, in Verbindung
　　　entweder mit Griechisch als Hauptfach und Latein als Nebenfach,
　　　oder mit Mathematik als Hauptfach und Physik als Nebenfach.

(Mit Beschränkung auf Realschulen:)

Außer der Gruppe *d)* noch folgende:

g) Moderne Philologie — d. i. zwei der modernen Cultursprachen: Fran-
zösich, Italienisch, Englisch, für gewisse Anstalten mit nichtdeutscher Unterrichtssprache auch Deutsch — als Hauptfächer und die deutsche Sprache
oder irgend eine Landessprache (Unterrichtssprache) als Nebenfach.

h) Deutsche Sprache oder irgend eine Landessprache (Unterrichtssprache)
als Hauptfach, dazu eine moderne Sprache als Hauptfach und eine andere
moderne Sprache als Nebenfach.

i) Mathematik als Hauptfach in Verbindung
　　　entweder mit darstellender Geometrie,
　　　oder mit geometrischem Zeichnen und mit Physik als Nebenfächern.

k) Naturgeschichte und Chemie
　　　entweder als Hauptfächer mit einander verbunden,
　　　oder eines von ihnen als Hauptfach in Verbindung mit zwei Nebenfächern,
　　　als welche Mathematik, Physik, Chemie, Naturgeschichte und Geographie
　　　beliebig combinirt, geometrisches Zeichnen aber nur mit Mathematik ver-
　　　bunden werden kann.

2. Eine Änderung dieser Gruppen ist insofern nicht zulässig, als weder eine
geringere Zahl von Lehrgegenständen noch eine andere Verbindung derselben als
die hier angegebene den Anspruch auf Zulassung zur Prüfung gewähren kann.
Dagegen steht es dem Candidaten frei, gleichzeitig oder später sowohl aus Gegenständen der von ihm gewählten Gruppe statt nach den Anforderungen für das
Nebenfach sich nach den für das Hauptfach normirten Forderungen als auch noch
aus irgend einem anderen Gegenstande oder mehreren Gegenständen der Prüfung
zu unterziehen.

3. Auch in den Fällen, wo ein weiteres Fach zu der gewählten Gruppe hinzutritt,
kann jedoch Geschichte nicht selbständig erscheinen, sondern es ist diese Disciplin
mit Geographie in der Art zu verbinden, dass die Prüfung in beiden Fächern zugleich
bestanden werden muss; wohl aber kann Geographie selbständig als Erweiterungs-
fach (für das Gymnasium wie für die Realschule) gewählt werden.

Für das Bestehen der Prüfung aus Physik als Hauptfach sowie aus der darstellenden Geometrie ist das Bestehen der Prüfung aus Mathematik als Hauptfach
erforderlich; wogegen die Prüfung aus Mathematik als Hauptfach in Verbindung
mit einer selbständigen Gruppe gestattet ist.

4. Ausnahmsbestimmung. Die Lehrbefähigung für die deutsche u n d eine andere Landessprache als Hauptfächer gewährt die Eignung zur definitiven Anstellung im Lehramte an einem Gymnasium oder an einer Realschule, wenn der Candidat zugleich im mündlichen Examen eine gründliche und sichere Kenntnis der Grammatik beider classischen Sprachen nebst der Fähigkeit bewiesen hat, Stellen römischer und griechischer Autoren, welche keine besondere sprachliche Schwierigkeit enthalten, richtig zu übersetzen.

Artikel VII. — Theilung der Prüfung.

Denjenigen Candidaten, welche sich der Prüfung aus einer anderen als der Gruppe *d* oder *i* (Art. VI) unterziehen, kann — nach Approbation sämmtlicher Hausarbeiten — ohneweiters gestattet werden, die übrige Prüfung in zwei verschiedenen Terminen innerhalb der zulässigen Frist (Art. XIX, 9.) in der Weise getheilt abzulegen, dass die Prüfung aus den Nebenfächern sowie die aus der Unterrichtssprache und der deutschen Sprache jener aus den Hauptfächern vorangeht. Umfasst die gewählte Gruppe nur Hauptfächer, so ist die Ordnung beliebig.

Eine von vorneherein abgestufte Theilung der Prüfung aus einem Hauptfache in der Weise, dass der Candidat sich zunächst zur Prüfung für das Untergymnasium oder die Unterrealschule (Nebenfach) melde, ist unstatthaft. Dagegen ist es zulässig, dass die Commission nach dem Ergebnisse des Clausur- und mündlichen Examens (Art. XX und XXI) die Entscheidung treffe, der Candidat habe nur insoweit genügt um den bezüglichen Gegenstand in den unteren Classen zu lehren.

Forderungen der Prüfung im besonderen.

Artikel VIII. — Classische Philologie.

a) Als Hauptfach.

1. Zur Befähigung für den philologischen Unterricht d u r c h d a s g a n z e G y m n a s i u m ist vom Examinanden nicht nur gründliche und sichere Kenntnis der Grammatik beider classischen Sprachen, und für die lateinische Sprache eine durch die lateinischen schriftlichen Arbeiten (Art. XIX—XX) zu beweisende stilistische Gewandtheit, sondern vornehmlich u m f a s s e n d e B e l e s e n h e i t in den dem Gymnasium angehörenden Classikern beider Sprachen zu fordern, also im Lateinischen: Belesenheit in Caesar, Livius, Sallustius, Cicero, Tacitus, Ovidius, Vergilius, Horatius; im Griechischen: in Xenophon, Herodot, den Staatsreden des Demosthenes, den zugänglicheren Dialogen Platons (also, außer den kleineren namentlich Protagoras, Gorgias, Phaedon, Symposion), Homer, Sophokles. Daneben theilweise Belesenheit in Plautus oder Terenz und Tibullus, in den griechischen Lyrikern, in Aeschylos, Euripides und Lysias. Das Thema der Hausarbeit ist auf den Kreis dieser Autoren nicht beschränkt.

2. In der griechischen und römischen Geschichte ist gründliche Kenntnis der historischen Thatsachen, und in den philologischen Disciplinen der Mythologie, der

Staats- und Privat-Alterthümer, der Literaturgeschichte, der Metrik ist zwar nicht ein systematisch umfassendes Wissen, wohl aber, außer einer übersichtlichen Kenntnis des Wesentlichen und einer Bekanntschaft mit den besten Hilfsmitteln nach dem gegenwärtigen Standpunkte der Wissenschaft, eine soweit gediehene Vertrautheit mit ihnen, namentlich mit den Alterthümern, zu fordern, dass zu erwarten steht, der Examinand werde bei seiner Erklärung der Classiker nicht nur in formaler, sondern auch in realer Hinsicht Gründlichkeit erstreben und das Einzelne zum Gesammtbilde des antiken Lebens zu verbinden im Stande sein. Dieses Gesammtbild muss sich der Candidat selbst und im Wesentlichen durch wiederholte und eindringende Lectüre der Classiker angeeignet haben, deren Vertiefung und Umfang vorzugsweise durch die Prüfung zu erproben ist.

b) Als Nebenfach.

Zur Befähigung für den Unterricht im Unter-Gymnasium ist dieselbe Gründlichkeit in den grammatischen Kenntnissen zu fordern, wie für den Unterricht durch das ganze Gymnasium, und sie ist für die lateinische Sprache ebenfalls durch lateinische schriftliche Arbeiten, für das Griechische durch eine Übersetzung aus der Unterrichtssprache — bei der Clausurprüfung — darzuthun; doch sind an stilistische Fertigkeit geringere Ansprüche zu machen.

Was die Lectüre betrifft, so soll der Candidat sich eingehend mit Caesar, Livius, Sallustius, Cicero, Ovidius, mit Homer, Xenophon (oder Herodot) beschäftigt haben, mit den anderen Autoren aber, deren Lectüre den oberen Classen des Gymnasiums zugewiesen ist, insoweit bekannt sein, dass er von den umfangreicheren und schwierigeren, ausgedehntere Abschnitte oder eine Anzahl von Hauptwerken (z. B. zwei Tragödien des Sophokles, zwei größere Staatsreden des Demosthenes und des Cicero u. dgl.) mit Einsicht und Verständnis gelesen habe, durch deren lebendige Auffassung und entsprechende Erklärung er darthun kann, dass er die classische Literatur als Lehrer des Deutschen oder einer Landessprache für die Erklärung der Geisteswerke dieser seiner Sprache oder als Lehrer der philosophischen Propädeutik zur Auswahl treffender Beispiele mit richtigem Verständnis verwerten werde.

Außerdem muss er eine übersichtliche Kenntnis der griechischen und römischen Geschichte und Literaturgeschichte nachweisen, dagegen sind in den anderen Disciplinen — Mythologie, Alterthümer, Metrik — die Forderungen in Betreff des Umfanges der Kenntnisse zu ermäßigen.

Artikel IX. — Deutsche Sprache und Landessprachen.

. a) Als Hauptfach.

Zur Berechtigung, die deutsche Sprache oder eine Landessprache durch das ganze Gymnasium oder die ganze Realschule zu lehren, wird außer den Forderungen, die hinsichtlich der deutschen und der beim Unterrichte gebrauchten Landessprache an jeden Examinanden in Gemäßheit des Art. V gestellt werden müssen, noch gründliche Kenntnis der Grammatik, Correctheit des Ausdruckes in den schriftlichen Arbeiten, Kenntnis der Literatur und ihrer Geschichte, namentlich in ihrer Verbindung mit der politischen und Culturgeschichte des betreffenden Volkes, dann Kenntnis der älteren Zustände der Sprache und der wichtigsten älteren Sprachdenkmäler, überdies aber Bekanntschaft mit solchen ästhetisch-kritischen Leistungen anerkannt classischer Schriftsteller verlangt, durch welche die Einsicht in den organischen Bau und künstlerischen Wert von Werken der schönen Literatur praktisch gefördert wird.

So ist für den Unterricht in der deutschen Sprache die grammatisch genaue Kenntnis des Mittelhochdeutschen und namentlich die Fähigkeit erforderlich, die wichtigsten Werke der Literatur des Mittelalters: das Nibelungenlied, Kudrun, die Dichtungen Hartmanns von Aue, Walthers von der Vogelweide und der älteren Lyriker in der Ursprache mit gründlichem Verständnis zu lesen. Die deutsche Literatur vom 14. bis zum 18. Jahrhunderte muss dem Candidaten in ihren Hauptzügen bekannt sein. Auf die Kenntnis der neueren classischen Literatur ist vorzugsweise Gewicht zu legen. Der Examinand muss die bedeutendsten Werke derselben in Beziehung auf Sprache und Inhalt zu erklären und den Bildungsgang der hervorrägendsten Schriftsteller zu entwickeln im Stande sein. Diese beiden Momente sind bei der dem Examinanden obliegenden Interpretation von prosaischen und dichterischen Werken oder von einzelnen Stellen derselben besonders ins Auge zu fassen. Auch soll hier die ästhetische Analyse nicht vernachlässigt werden.

Was das Italienische betrifft, so muss — da die ältere Sprache von der neueren nicht wesentlich verschieden, die Entstehung der Sprache aber in grammatischer Hinsicht vollständig und in lexicalischer Hinsicht größtentheils vom Lateinischen abhängig ist — verlangt werden, dass der Candidat genügende Kenntnisse in der historischen Grammatik besitze, d. h. einerseits die Gesetze kenne, nach welchen sich lateinische Laute und Formen im Italienischen gestalteten, andererseits die Modificationen, welche sich innerhalb des Italienischen ergaben, in ausreichendem Maße innehabe. Ebenso hat der Candidat gründliche Kenntnisse aus der Syntax nachzuweisen, mit genauer Berücksichtigung der — auf diesem Gebiete zahlreicheren — Unterschiede zwischen älterem und neuerem Gebrauche. Die bedeutendsten Werke der Classiker aller Perioden müssen dem Candidaten aus eigener Lectüre hinlänglich bekannt sein; auch ist von ihm eine genaue Kenntnis der Geschichte der Literatur von ihren Anfängen an zu verlangen. Bezüglich der Befähigung, die erworbenen Kenntnisse zur Erklärung der classischen Muster zu benutzen, gilt das (oben) in Betreff der deutschen Sprache Geforderte.

Für den Unterricht in was immer für einer slavischen Sprache ist vom Candidaten zu verlangen, dass er den im Eingange dieses Abschnittes gestellten Forderungen hinsichtlich derjenigen slavischen Sprache, die er zu lehren beabsichtiget, Genüge leiste, und dass er mit der altslovenischen Grammatik vertraut, und fähig sei, altslovenische Texte zu übersetzen und zu erklären.

Für das Rumänische sind die oben im allgemeinen bezeichneten Forderungen festzuhalten.

b) Als Nebenfach.

Will ein Candidat die Befähigung aus der deutschen Sprache als Nebenfach
erlangen, so hat er die für das Hauptfach gestellten Anforderungen zu erfüllen, mit
der Beschränkung, dass von der Kenntnis der mittelhochdeutschen und der älteren
Sprache und Literatur abgesehen werde.

In den übrigen Landessprachen soll diese Befähigung dann ertheilt werden,
wenn der Candidat eine aus eigener Lectüre geschöpfte, zu angemessener Erklärung
ausreichende Kenntnis gediegener Werke der neueren schönen Literatur nachweist
und in Beziehung auf Interpretation und ästhetische Analyse den im Eingange des
vorigen Abschnittes *(a)* gestellten Forderungen genügt.

Artikel X. — Geschichte.

a) Als Hauptfach.

In der Geschichte muss der Examinand, um für den Unterricht in allen
Classen des Gymnasiums oder der Realschule die Befähigung zu erlangen, eine
chronologisch sichere Übersicht über die Weltgeschichte, eine Einsicht in den
pragmatischen Zusammenhang der Hauptbegebenheiten und in den culturgeschichtlichen Gehalt der maßgebenden Epochen, eine literarhistorische Bekanntschaft mit
den bedeutendsten Geschichtschreibern besonders der griechischen und römischen
Zeit, und in Bezug auf irgend eine Hauptepoche eine durch eigene Benutzung
gewonnene Vertrautheit mit den Quellen und den besten historischen Hilfsmitteln
zur Kenntnis der gewählten Epoche, außerdem aber eine umfassendere gründliche
Kenntnis der antiken Geschichte und Geographie und wenigstens soviel philologische
Bildung beweisen, dass er aus Cæsar und Livius, aus Xenophon und Herodot, Stellen,
welche keine besonderen sprachlichen Schwierigkeiten enthalten, richtig zu übersetzen und grammatisch zu erklären wisse. Ferner ist in der Geschichte und Landes-
kunde des österreichischen Staates auf Gründlichkeit und Umfang der Kenntnisse
und Bekanntschaft mit den gediegensten neueren Forschungen ein besonderes
Gewicht zu legen. (Zugehörige Forderungen aus Geographie s. Art. XI.)

b) Als Nebenfach.

Zur Berechtigung für den historischen Unterricht im Untergymnasium oder
in der Unterrealschule ist eingehendere auf Benutzung der Fachliteratur gegründete
Kenntnis einer Hauptepoche zu erlassen und sind die Forderungen in Betreff des
Umfanges der Detailkenntnisse zu ermäßigen; dagegen bleiben die Forderungen in
Betreff der Geographie und in Betreff der philologischen Kenntnisse dieselben.

Artikel XI. — Geographie.

Zur Befähigung für das Lehrfach der Geographie wird gefordert eine sichere
Kenntnis der Erde in mathematischer, topischer, physikalischer und politischer
Beziehung, und eine genaue Bekanntschaft mit den europäischen Ländern,

zumal mit der Geographie Mittel-Europas und insbesondere der österreichisch-ungarischen Monarchie.

Mit den statistischen Verhältnissen soll sich der Examinand in Bezug auf die österreichisch-ungarische Monarchie genau, in Bezug auf die anderen Länder in den Hauptpunkten bekannt gemacht haben.

Die Gegenstände, Arten und Wege des Welthandels sollen ihm in sicheren Grundzügen bekannt sein.

In jenen Arten graphischer Darstellung, deren sich der Unterricht bedient, soll der Examinand Sicherheit und Fertigkeit sich angeeignet haben.

Artikel XII. — Mathematik.

a) Als Hauptfach.

Kenntnis der allgemeinen Arithmetik, der synthetischen und der analytischen Geometrie.

Kenntnis der Differential- und Integralrechnung und deren Anwendung auf die Geometrie, ferner der Elemente der Variationsrechnung.

Vertrautheit mit den Grundzügen der neueren Functionentheorie.

b) Als Nebenfach.

Kenntnis der Elementar-Mathematik, insbesondere derjenigen Theile, welche am Gymnasium und an der Realschule zu lehren sind; vollkommene Sicherheit und Fertigkeit in der Anwendung der auf diesem Gebiete vorkommenden Methoden der Rechnung und Construction.

Artikel XIII. — Physik.

a) Als Hauptfach.

Kenntnis der wichtigsten Thatsachen und Methoden der experimentellen Physik.

Kenntnis der Grundlehren der analytischen Mechanik und principielles Verständnis der übrigen Partien der mathematischen Physik, und die Fähigkeit, die betreffenden Sätze zur Lösung einfacherer Aufgaben anzuwenden.

Kenntnis der Hauptlehren der Chemie, der Astronomie und mathematischen Geographie. Von einer besonderen Prüfung aus diesen Fächern kann nach dem Ermessen der Prüfungscommission abgesehen werden, wenn der Candidat günstige Zeugnisse über Colloquien vorlegt, welchen er sich eigens zu diesem Zwecke unterzogen hat.

Nachweis praktischer Beschäftigung durch mindestens zwei Semester im physikalischen und ein Semester im chemischen Laboratorium. Der Erfolg dieser Beschäftigung ist durch Vorlegung des Laboratoriums-Journals oder durch ein Zeugnis des Laboratoriums-Vorstandes nachzuweisen.

Eingehendere Kenntnis von dem Gebrauche und der Conservierung der Apparate und von den besten Methoden der Demonstration.

b) Als Nebenfach.

Principielle Kenntnis der Experimental- und der elementaren mathematischen Physik mit Einschluss der mathematischen Geographie.

Nachweis praktischer Beschäftigung durch je ein Semester im chemischen und physikalischen Laboratorium.

Praktische Kenntnis der chemischen und physikalischen Schul-Experimente.

Artikel XIV. — Naturgeschichte.

a) Als Hauptfach.

Gründliche Kenntnis der wichtigsten Thatsachen aus der Morphologie, Anatomie, Physiologie und Paläontologie der Pflanzen und Thiere, sowie deren geographischer Verbreitung. Kenntnis derjenigen naturhistorischen Systeme, welche eine allgemeine Geltung gefunden haben. Kenntnis der praktisch wichtigeren sowie der durch besonders merkwürdige Eigenschaften oder häufiges Vorkommen auffälligen Natur-körper. Der Candidat muss die ihm vorgelegten Naturkörper dieser Art erkennen und zu bestimmen vermögen.

Kenntnis der wichtigsten Thatsachen aus der Morphologie und Physiologie der Minerale, und des gesetzmäßigen Zusammenhanges der Eigenschaften, ferner die Unterscheidung der gewöhnlichen Felsarten, und eine allgemeine Kenntnis der Lehren vom Baue und von der Veränderung der Erdrinde.

Der Candidat soll wenigstens in einem der drei Fächer: Zoologie, Botanik, Mineralogie durch gründliche Studien und eigene in einem Institute ausgeführte Arbeiten umfassendere Kenntnisse sich erworben, jedoch auch in jedem der beiden anderen Fächer mindestens ein Semester hindurch an praktischen Übungen theil-genommen haben.

b) Als Nebenfach.

Auf Anschauung gegründete Kenntnis der bekannteren Naturproducte und ihrer charakteristischen Merkmale; Vertrautheit mit den gangbaren naturhistorischen Systemen und denjenigen Thatsachen der allgemeinen Zoologie, Botanik und Mineralogie, welche zum Verständnis der systematischen Anordnung unentbehrlich sind.

Artikel XV. — Philosophie.

Von denjenigen Candidaten, welche den philosophischen Unterricht zu ertheilen beabsichtigen, ist zu verlangen Vertrautheit mit den Hauptproblemen der Philosophie und ihrem historischen Ursprunge überhaupt, ferner mit einem der hervorragenden Lösungsversuche auf Grund des Studiums der Hauptwerke irgend eines Philosophen der neueren Zeit (z. B. Descartes, Leibnitz, Locke, Hume, Kant). Außerdem müssen sie für die propädeutischen Gegenstände (empirische Psychologie und Logik) wissen-schaftliche Beherrschung dieser Gebiete und auch die Fähigkeit nachweisen, die wesentlichsten Punkte derselben zum Zwecke des Unterrichtes klar und verständlich zu entwickeln.

Artikel XVI. — Moderne Cultursprachen:

Französisch, Italienisch, Englisch.

a) Als Hauptfach.

Zur Befähigung, die französische, italienische oder englische Sprache an der ganzen Realschule zu lehren, wird gefordert:

1. Fähigkeit, einen Abschnitt aus einem deutschen Schriftsteller ohne Hilfsmittel correct in die fremde Sprache zu übersetzen, sowie unter denselben Bedingungen einen Aufsatz über ein leichteres literarhistorisches oder historisch-grammatisches Thema in der fremden Sprache zu schreiben.

2. Fähigkeit, eine größere Abhandlung über ein gegebenes Thema in der fremden Sprache zu schreiben (Hausarbeit), wobei der Candidat einerseits seine wissenschaftliche Befähigung zur Ausführung einer vollständigen Arbeit aus dem Gebiete der französischen, italienischen oder englischen Philologie, anderseits grammatische Correctheit und Vertrautheit mit den stilistischen Eigenthümlichkeiten der fremden Sprache nachzuweisen hat.

3. Gründliche Kenntnis der französischen, italienischen oder englischen Grammatik in ihrer historischen Entwickelung.

Für das Englische bezieht sich diese Forderung auf die Kenntnis der angelsächsischen, altenglischen und neuenglischen Sprachformen in ihrem historischen Zusammenhange.

4. Bekanntschaft mit den hauptsächlichsten Gesetzen und Formen der älteren und neueren Metrik.

5. Fähigkeit, vorgelegte Abschnitte aus classischen Schriftstellern verschiedener Perioden der fremden Literatur gewandt ins Deutsche zu übersetzen und eingehend und richtig zu interpretieren. Diese Forderung gilt beim Französischen und Englischen namentlich für die neuere Literatur, während hinsichtlich des Altfranzösischen, Angelsächsischen und Altenglischen die Fähigkeit, einen nicht besonders schwierigen Abschnitt richtig zu verstehen und grammatisch zu erklären, genügen kann.

Bezüglich des Italienischen gilt die obige Forderung für den ganzen Umfang der Literatur.

6. Gründliche Kenntnis der modernen französischen oder englischen Literatur und ihrer Geschichte seit dem Beginne des sechzehnten Jahrhundertes, sowie hinlängliche Bekanntschaft mit der altfranzösischen, beziehungsweise angelsächsischen und altenglischen Literatur in ihren Haupterscheinungen.

Für das Italienische gilt die Forderung für den ganzen Umfang der Literatur.

7. Correctheit und Sicherheit im mündlichen Gebrauche der fremden Sprache, sowie gute Aussprache. Zur Ermittelung dieser soll ein Theil der mündlichen Prüfung in der betreffenden Sprache vorgenommen werden.

b) Als Nebenfach (Französisch und Italienisch).

Bei dieser Prüfung wird vom Candidaten gefordert:

1. Fähigkeit, einen Abschnitt einfacheren Inhaltes aus einem deutschen Schriftsteller correct in das Französische oder Italienische zu übersetzen, sowie einen selbständigen französischen oder italienischen Aufsatz über ein gegebenes Thema zu schreiben.

2. Gründliche Kenntnis der neufranzösischen oder der italienischen Grammatik.

3. Bekanntschaft mit den hauptsächlichsten Gesetzen der französischen oder italienischen Metrik.

4. Bekanntschaft mit den bedeutendsten classischen Schriftstellern der neufranzösischen oder der italienischen Literatur und Fähigkeit, einen vorgelegten Abschnitt gewandt ins Deutsche zu übersetzen und richtig zu interpretieren.

5. Hinreichende Kenntnis der französischen Literaturgeschichte seit dem Beginne des siebzehnten Jahrhunderts.

Hinsichtlich des Italienischen erstreckt sich die Forderung auf übersichtliche Kenntnis der ganzen Literaturgeschichte, jedoch mit Beschränkung auf die bedeutendsten Schriftsteller.

6. Hinreichende Fertigkeit und Correctheit im mündlichen Gebrauche der französischen oder italienischen Sprache, sowie richtige Aussprache. Zur Ermittelung dieser soll die mündliche Prüfung zumtheile in der betreffenden Sprache vorgenommen werden.

Artikel XVII. — Darstellende Geometrie und geometrisches Zeichnen.

a) Darstellende Geometrie.

Die Lehre von der orthogonalen, schiefen und centralen Projection in vollem Umfange mit Einschluss der Axonometrie und der Raumprojection.

Die geometrischen Constructionen, welche die krummen Linien und Flächen betreffen, insbesondere die Curven zweiter Ordnung, die Raumcurven dritter und vierter Ordnung, die Schraubenlinien, die ebenen und sphärischen Cycloiden, die Rotationsflächen, die Regelflächen, die Umhüllungsflächen und die Flächen zweiter Ordnung.

Die Beleuchtungsconstructionen, die wichtigsten Partien der Stereotomie, hauptsächlich das Wesentlichste aus der Lehre vom Steinschnitte, von den Dachausmittelungen und der Gnomonik, ferner die cotirten Projectionen und die wichtigsten Kartenprojectionen.

Die synthetische neuere Geometrie in demjenigen Umfange, in welchem sie in der darstellenden Geometrie zur Anwendung kommt.

Der Candidat hat auch die nöthige Sicherheit und Gewandtheit im constructiven Zeichnen nachzuweisen. Dieser Nachweis ist theils durch die Zeugnisse der technischen Hochschule, in welchen jederzeit das constructive Zeichnen speciell classificiert erscheint, theils durch beglaubigte selbständig ausgeführte Constructionen aus der darstellenden Geometrie und den technischen constructiven Lehrfächern zu liefern. (Solche Zeichnungen sind dem Gesuche beizuschließen, Art. II. 2, *b*, vorletztes Alinea.)

b) Geometrisches Zeichnen.

Die Elemente der darstellenden Geometrie in dem Umfange, wie sie in den Oberclassen der Realschule zu lehren sind; die Darstellungen in axonometrischer Projection; die Elemente der Schattenlehre und Linearperspective; die geometrischen Constructionen von und an Polygonen, ebenen Curven, besonders aber Kegelschnittslinien.

Sicherheit und Gewandtheit im geometrischen Zeichnen.

Artikel XVIII. — Chemie.

a) Als Hauptfach.

Gründliche Kentnis der allgemeinen anorganischen und organischen Chemie, und die Anwendung der chemischen Grundsätze auf die darauf beruhenden Fabricationszweige. Kenntnis der neueren chemischen Theorien, einschließlich der elektrochemischen Theorie des Berzelius.

Gründliche Kenntnis der analytischen Chemie, sowohl in qualitativer als in quantitativer Hinsicht, und der technischen Proben auf den Wert der wichtigsten im Handel vorkommenden Materialien mit steter Beziehung auf die Technik.

Vertrautheit mit der praktischen Durchführung analytischer Operationen, nachzuweisen durch je eine Probearbeit aus dem Gebiete der qualitativen und der quantitativen Analyse, sowie der technischen Proben (letztere gleichzeitig neben der qualitativen Analyse durchzuführen).

Vertrautheit mit der Ausführung der Schulversuche, nachzuweisen durch einige Probeexperimente gelegentlich der praktischen Prüfung im Laboratorium oder auf eine andere Weise nach Vereinbarung zwischen dem Director und dem Examinator.

b) Als Nebenfach.

Bei dieser Prüfung wird gleichfalls gründliche Kenntnis der allgemeinen Chemie gefordert, dagegen von einer vollständigen Orientirung auf dem Gebiete der quantitativen Analyse und der technischen Wertbestimmung chemischer Hilfsstoffe abgesehen.

Form der Prüfung.

Jede Prüfung umfasst drei Abtheilungen;
Die Hausarbeiten, — die Clausurarbeiten, — die mündliche Prüfung.

Artikel. XIX. — Hausarbeiten.

1. Wenn die in Art. II. bezeichneten Bedingungen der Zulassung erfüllt sind, so stellt die Prüfungs-Commission die Aufgaben zur häuslichen Bearbeitung dem Candidaten zu.

Die häuslichen Aufgaben haben die speciellen Gegenstände der Prüfung in der Art zu umfassen, dass dem Candidaten Anlass geboten werde, die

Befähigung zu wissenschaftlicher Arbeit und die Gründlichkeit seiner Fach-
kenntnisse zu beweisen.

Candidaten, welche die Lehrfähigkeit für die classische Philologie erlangen
wollen, haben Eine dieser Aufgaben in lateinischer Sprache zu bearbeiten.

Candidaten für eine Landessprache haben die häusliche, oder, wenn dies
zweckmäßiger erscheint, wenigstens die Clausuraufgabe in der betreffenden Landessprache auszuarbeiten.

2. Für die Bestimmung der Anzahl der auf eine Fachgruppe (Art. VI) ent-
fallenden Hausaufgaben gelten folgende Grundsätze:

Für jedes Hauptfach ist eine Hausaufgabe zu stellen.

Aus den zu einer Gruppe (Art. VI) gehörenden Nebenfächern ist im
Allgemeinen bloß eine Hausaufgabe zu ertheilen; bei der Unterrichtssprache hat
sie immer zu entfallen, dagegen entfällt sie niemals bei den anderen Sprachen,
bei Mathematik und bei Geographie. (Art. VI, 1, k.)

Die Hausaufgabe aus classischer Philologie als Nebenfach betrifft ein griechisches
Thema, welches in lateinischer Sprache zu bearbeiten ist.

3. Jedem Candidaten wird außerdem ein Thema allgemeineren philosophischen,
pädagogischen oder didaktischen Inhaltes zur häuslichen Bearbeitung gegeben, um
ihm Gelegenheit zu bieten, die erworbene philosophische Vorbildung zu bekunden
und andererseits darzuthun, dass er den Zusammenhang seiner Gegenstände mit
der Aufgabe der allgemeinen Bildung richtig aufgefasst und über deren Behandlung
im Schulunterrichte mit Erfolg nachgedacht habe.

4. Zur Bearbeitung der Hausaufgaben wird dem Examinanden ein Zeitraum
von drei Monaten für jede Aufgabe gewährt. Diese Frist kann, wenn der Candidat
vor ihrem Ablaufe um Verlängerung nachsucht, von der Prüfungs-Commission höchstens
auf das Doppelte erstreckt werden.

5. Bei der Ausarbeitung der häuslichen Aufgaben ist dem Candidaten nicht
nur die Benutzung der ihm bekannten literarischen Hilfsmittel gestattet, sondern es
ist die nothwendige Kenntnis der Literatur des Gegenstandes zu fordern. Der Candidat
hat daher nicht nur jedem Elaborate ein genaues Verzeichnis der von ihm vornehmlich
benutzten Hilfsmittel voranzustellen, sondern in dem Elaborate selbst die Werke
gewissenhaft an denjenigen Stellen namhaft zu machen, wo er sich ihrer bedient
hat. Schließlich hat er schriftlich die Erklärung anzufügen, dass das eingelieferte
Elaborat von ihm selbst verfasst sei, und er außer den bezeichneten Quellen und
Hilfsmitteln nichts benutzt habe.

6. Wenn der Examinand zugleich mit seinem Lebenslaufe eine von ihm bereits
in Druck erschienene Arbeit oder eine approbierte Doctorsdissertation einreicht, so
ist es dem Ermessen der Prüfungs-Commission überlassen, diese statt einer häuslichen
Prüfungsarbeit gelten zu lassen und als solche zu beurtheilen, oder bei den sonst
gesetzlichen Forderungen zu beharren.

———————————

7. Die eingelieferten Arbeiten weist der Director den betreffenden Fachexaminatoren zur Abgabe ihres Urtheiles zu. Jedem Mitgliede der Commission steht
es frei, im Amtslocal des Directors in die Hausarbeiten selbst Einsicht zu nehmen.

Bei der Beurtheilung ist ebensosehr auf Selbständigkeit der Bearbeitung und auf die den Forderungen der Art. VIII—XVIII entsprechende Gründlichkeit der Kenntnisse, als auf die Klarheit in Gedanken und Darstellung und auf die stilistische Correctheit und Gewandtheit zu sehen. In Betreff der Arbeit in lateinischer Sprache vergl. Art. VIII.

Dem Beurtheiler der didaktisch-pädagogischen Hausarbeit (oben Punkt 3) steht es frei, sie mit dem Candidaten im Anschlusse an die mündliche Prüfung zu besprechen. In jedem Falle, in welchem er eine solche Besprechung sich vorbehält, hat er dies bei Abgabe des schriftlichen Urtheiles über das Elaborat des Candidaten durch einen entsprechenden Beisatz zu bekunden. Von diesem Vorbehalte ist der Candidat bei seiner Vorladung zur Clausur- und mündlichen Prüfung in Kenntnis zu setzen.

Dem charakterisierenden Gutachten über den Wert der Leistungen des Candidaten ist der bestimmte Ausspruch anzufügen, ob die Arbeit zur Fortsetzung der Prüfung in dem bei der Anmeldung in Aussicht genommenen Umfange (Hauptfach oder Nebenfach) genüge.

8. Wenn diese schriftlichen Arbeiten bereits genügend erweisen, dass der Candidat den gesetzlichen Forderungen nicht entspricht, so hat ihn die Prüfungs-Commission durch eine einfache Mittheilung, und bloß wenn er es ausdrücklich begehrt, durch Ertheilung eines förmlichen Zeugnisses von der Fortsetzung der Prüfung auszuschließen und auf eine bestimmte Zeit hin (Art. XXII) abzuweisen, wovon die übrigen Prüfungs-Commissionen des Staates, sowie die kön. croatische Gymnasial-Prüfungs-Commission zu Agram amtlich in Kenntnis zu setzen sind.

Wenn ein Theil der Hausarbeiten genügend, ein anderer ungenügend befunden worden ist, so hat die Prüfungs-Commission sogleich bei der Reprobation zu entscheiden, ob der Candidat aus allen oder aus einzelnen Prüfungsfächern neue Hausaufgaben zu bearbeiten habe.

Haben die schriftlichen Hausarbeiten Anlass zur Zurückweisung nicht gegeben, so erhält der Examinand die Vorladung zur Clausurarbeit und zur mündlichen Prüfung.

9. Die Giltigkeit der Hausaufgaben erlischt, wofern der Candidat nicht innerhalb der nächsten zwei Jahre nach deren Approbation sich zur Clausur- und mündlichen Prüfung gestellt hat.

Artikel XX. — Clausurarbeiten.

Die Clausurarbeiten dienen vornehmlich dazu, zu ermitteln, wie weit der Examinand in seinem Studienkreise auch ohne alle Hilfsmittel ein promptes und sicheres Wissen besitzt.

1. Für jeden Gegenstand der Prüfung — die Unterrichtssprache als Nebenfach ausgenommen — ist eine Clausurarbeit unter unausgesetzt strenger Aufsicht durchzuführen. Von der Übernahme der Aufgabe bis zur Einlieferung des Elaborates soll der Candidat das Zimmer nicht verlassen.

· Die Arbeitszeit beträgt zehn Stunden für ein Hauptfach, fünf für ein Nebenfach. Die fünfstündige Arbeitszeit fällt ununterbrochen entweder in den Vor- oder in den Nachmittag. Die zehnstündige Arbeitszeit wird Mittags durch eine zweistündige Pause, während deren die Candidaten sich entfernen dürfen, derart unterbrochen, dass Vor- und Nachmittags ein Zeitraum von je fünf Stunden für die Bearbeitung der Themata zur Verfügung steht. Dem entsprechend besteht die Clausuraufgabe bei den Hauptfächern aus zwei Theilen, deren jeder so bemessen ist, dass er in fünf Stunden bearbeitet werden kann. Die Partialaufgaben werden dem Candidaten nicht gleichzeitig sondern je eine bei Beginn der fünfstündigen Frist eingehändigt.

2. In Betreff des Hauptfaches „Geschichte" (Art. VI, 1, c) gilt die besondere Bestimmung, dass für jede der beiden Disciplinen: a l l g e m e i n e G e s c h i c h t e und ö s t e r r e i c h i s c h e G e s c h i c h t e eine Clausurprüfung vorzunehmen ist, u. zw. eine bloß fünfstündige für diejenige Disciplin, deren Gebiete die Hausaufgabe entnommen war, hingegen eine zehnstündige für die andere. Auf das die Geschichte begleitende Fach der Geographie entfällt eine fünfstündige Clausurprüfung.

Für die Naturgeschichte gilt die Bestimmung, dass die Clausurprüfung jene zwei Reiche betrifft, von welchen bei der häuslichen Aufgabe abgesehen worden ist.

Chemiker haben statt der Clausurarbeit vollständige Analysen im Laboratorium durchzuführen (XVIII).

3. An die Klarheit der Gedanken und Darstellung sind, da die Aufgaben mit Rücksicht auf das Ausmaß der Zeit und die Ausschließung aller literarischen Hilfsmittel bestimmt werden, dieselben Forderungen zu stellen, wie bei den häuslichen Arbeiten, wenn auch die stilistische Form auf Grund der beschränkten Zeit einige Nachsicht beanspruchen darf.

Philologen haben die eine Clausurarbeit in lateinischer Sprache, Candidaten für das Lehramt der modernen Sprachen je eine Clausurarbeit in jeder dieser Sprachen zu arbeiten, ohne Gebrauch eines Lexikons oder einer Grammatik.

4. Für die Beurtheilung der Clausurarbeiten gelten dieselben Bestimmungen, wie für die häuslichen schriftlichen Arbeiten, insbesondere auch hinsichtlich der Abweisung in Folge ungenügender Leistungen. (Art. XIX, 7, 8.)

Der Examinator ist verpflichtet sein Urtheil über die Clausurarbeit dem Director v o r dem für die mündliche Prüfung angesetzten Tage mitzutheilen, und nur wenn sämmtliche Clausurarbeiten des Candidaten genügend befunden worden sind, darf zur mündlichen Prüfung geschritten werden.

5. Die Zahl der Candidaten, welche in einer Clausurprüfung vereiniget werden mögen, hangt davon ab, wie viele zu gleicher Zeit mit voller Sicherheit beaufsichtiget werden können.

Artikel XXI. — Mündliche Prüfung.

1. Die mündliche Prüfung betrifft zunächst die Gegenstände, für welche der Candidat die Lehrbefähigung zu erwerben wünscht, und hat in diesen das Ergebnis der vorhergehenden Prüfungsstadien zu vervollständigen und zu sichern. Überdies ist für alle Candidaten die deutsche Sprache und die Unterrichtssprache (Art. V) und nebstdem für Candidaten des philologischen Gebietes die griechische und römische Geschichte (Art. VIII), für jene des geschichtlich-geographischen Gebietes

und für die unter die Ausnahmsbestimmung des Art. VI, 4 fallenden Candidaten die Philologie in dem (Art. X und VI, 4) bezeichneten Umfange, Gegenstand der mündlichen Prüfung. Die Prüfungen aus den erwähnten Gegenständen sind von den betreffenden Fachmitgliedern der Commission, nämlich denen für deutsche Sprache, Unterrichtssprache, Geschichte, Philologie vorzunehmen.

2. Wünscht ein Candidat, welcher bereits eine volle Approbation erworben hat, nachträglich auch die Befähigung zu erlangen, sich beim Unterrichte einer anderen Sprache als der ursprünglich gewählten zu bedienen, so hat er sich, wofern er nicht früher wenigstens eine Clausurarbeit in dieser anderen Sprache geliefert hat, vor der mündlichen Prüfung (Punkt 1) noch einer dreistündigen Clausur-Prüfung zu unterziehen. Hierbei hat der Candidat entweder ein seine Lehrfächer betreffendes Thema frei zu bearbeiten oder einige Stellen aus Lehrbüchern dieser Fächer zu übersetzen.

3. Es steht den Prüfungs-Commissionen zu, zwei Examinanden zu derselben Zeit in mündlicher Prüfung vorzunehmen, jedoch nur, wenn diese für dasselbe Gebiet des Unterrichtes die Lehrbefähigung nachsuchen. Wo es nur immer angeht, sollen die Candidaten einzeln geprüft werden.

4. Bei dem mündlichen Examen muss der Director der Prüfungs-Commission ununterbrochen, und außer ihm müssen stets wenigstens zwei andere Mitglieder zugegen sein. Über jede mündliche Prüfung ist ein Protokoll zu führen, und zwar, wenn zwei zugleich geprüft werden, für jeden der Examinanden gesondert.

5. Es steht den Prüfungs-Commissionen frei, die mündliche Prüfung insofern öffentlich abzuhalten, dass der Zutritt jedem gegen eine beim Vorsitzenden anzusprechende auf Namen lautende Eintrittskarte gestattet wird.

Artikel XXII. — Entscheidung, ob der Examinand die Prüfung bestanden habe.

1. Nach Beendigung sämmtlicher Theile des Examens entscheiden diejenigen Commissionsmitglieder, welche die Prüfung vorgenommen haben, in einer zu diesem Zwecke in kürzester Frist abzuhaltenden Sitzung auf Grund der über die einzelnen Leistungen vorliegenden Urtheile, ob der Candidat die Prüfung bestanden habe oder nicht. Diese Entscheidung wird, nöthigenfalls mit den Motiven, dem über die mündliche Prüfung aufgenommenen Protokolle beigefügt (Art. XXI, 4).

Die Prüfung ist für bestanden zu erachten, wenn der Examinand den Forderungen in den Art. IV—XVIII für j e d e n der zu seinem Prüfungsgebiete gehörigen Gegenstände genügt hat. In keinem der Prüfungsstadien können vorzügliche Leistungen in einem Gegenstande als Ersatz für Mängel in einem anderen betrachtet werden.

Gegen den Antrag des speciellen Examinators darf die Befähigung nicht ausgesprochen werden. Sonst entscheidet bei Stimmengleichheit die Stimme des Vorsitzenden.

Die Entscheidung wird dem Candidaten, unmittelbar nachdem sie getroffen worden ist, mitgetheilt.

2. Wenn die wissenschaftlichen Leistungen des Examinanden den gesetzlichen Forderungen nicht entsprechen, aber zugleich hoffen lassen, dass es ihm bei fortgesetztem

Studium gelingen werde, dies zu erreichen, so hat ihn die Prüfungs-Commission unter Ertheilung eines bestimmten Zeugnisses über seine Leistungen für jetzt abzuweisen und zugleich die Zeit zu bestimmen, nach welcher frühestens er sich wieder zum Examen vor einer Prüfungs-Commission melden dürfe. Nach erfolgter Zurückweisung kann die Wiederholung in der Regel nicht früher als nach Verlauf eines ganzen Jahres, und nur in rücksichtswürdigen Fällen darf sie ausnahmsweise schon nach Verlauf eines halben Jahres stattfinden.

Candidaten, welche bei nochmaliger Prüfung nicht bestehen, sind nur mit Erlaubnis des Ministeriums für Cultus und Unterricht zu einer weiteren Prüfung zuzulassen. Eine dritte Wiederholung der Prüfung ist nicht zulässig. Von jeder Abweisung sind die übrigen Prüfungs-Commissionen des Staates, sowie die königlich croatische Gymnasial-Prüfungs-Commission zu Agram amtlich in Kenntnis zu setzen.

3. Wird ein Candidat auf Grund der mündlichen Prüfung zurückgewiesen, so entscheidet die Prüfungs-Commission sogleich im vorhinein, ob er die Prüfung aus allen oder nur aus einigen und welchen Prüfungsfächern zu wiederholen habe, ferner ob ihm bei Wiederholung der Prüfung eine Erleichterung in der Art zu gewähren sei, dass ihm die Hausarbeiten ganz oder theilweise erlassen werden. Von der Clausur- und der mündlichen Prüfung wird in keinem Falle Dispens ertheilt.

4. Wenn endlich die ungenügende wissenschaftliche Bildung des Examinanden nicht einmal der Hoffnung Raum gibt, dass er im weiteren Studium das Fehlende werde ersetzen können, so hat die Prüfungs-Commission den Examinanden durch ein diese Entscheidung begründendes Zeugnis schlechthin, ohne Erlaubnis zu einem später zu wiederholenden Examen, abzuweisen und hievon die übrigen Prüfungs-Commissionen des Staates sowie die königlich croatische Gymnasial-Prüfungs-Commission zu Agram amtlich in Kenntnis zu setzen; dem Examinanden steht in solchem Falle der Recurs an das Unterrichtsministerium zu.

5. Wenn ein Candidat für das Lehramt der classischen Philologie den gesetzlichen Forderungen aus dem Lateinischen und Griechischen zwar genügeleistet, jedoch bei der mündlichen Prüfung aus der griechischen und römischen Geschichte der Anordnung der Vorschrift (Art. VIII, 2) nicht entspricht; desgleichen wenn ein Candidat für das Lehramt der Geschichte und Geographie bei günstigem Ausfalle der Prüfung aus diesen Fächern, oder ein unter die Ausnahmsbestimmungen (Art. VI, 4,) fallender Candidat das vom Gesetze geforderte Maß des Wissens aus dem Lateinischen oder Griechischen (Art. X. *a*, bezw. VI, 4) bei der mündlichen Prüfung nicht nachweiset; ebenso wenn ein Candidat lediglich den allgemeinen Forderungen nicht entspricht, welche er hinsichtlich seiner Unterrichtssprache zu erfüllen hat (Art. V, Alin. 2) - so soll ihm die Ausstellung des Zeugnisses der Approbation solange verweigert werden, bis er in einer neuerlichen mündlichen Prüfung das Fehlende nachgetragen hat. In der Zwischenzeit kann über den Candidaten keine andere Auskunft gegeben werden, als dass er in der Prüfung begriffen ist.

Artikel XXIII. — Inhalt des Zeugnisses.

1. Das von dem Director der Prüfungs-Commission und den Examinatoren der Hauptfächer (oder bei deren Verhinderung von zwei anderen Mitgliedern der Commission) zu unterschreibende Prüfungszeugnis enthält:

a) das vollständige Nationale des Examinanden: Name, Ort, Tag und Jahr der Geburt, Religion, Schule, Universität, (technische Hochschule), Erwähnung der Atteste über die Theilnahme an seminaristischen Übungen, beziehungsweise an praktischen Arbeiten in Instituten und Laboratorien (Art. II. 2. b, Alinea 3, 4, 5.) etwa erworbene frühere approbierende oder reprobierende Zeugnisse von Prüfungs-Commissionen;

b) die Angabe der Gegenstände der häuslichen und der Clausurarbeit, dann der gesammten mündlichen Prüfung, jedes zugleich mit den über die Leistungen gefällten Urtheilen;

c) am Schlusse das Gesammturtheil der Commission, ob der Candidat als lehrfähig erkannt worden sei oder nicht; und im ersten Falle, für welche Gegenstände, welche Höhe der Gymnasial- oder Realschul-Classen (Hauptfach oder Nebenfach), mittelst welcher Unterrichtssprache. Wird die Befähigung in Anspruch genommen, sich mehr als einer Sprache beim Unterrichte zu bedienen, so hat sich das Zeugnis hinsichtlich jeder derselben auszusprechen.

Wenn der Candidat nicht als lehrfähig erkannt wird, so ist zu bemerken, auf wie lange Zeit er, oder dass er für immer zurückgewiesen ist.

Da die Abstufungen der erreichten Höhe der Befähigung im Contexte des Zeugnisses ersichtlich gemacht sind, so ist die Approbation am Schlusse desselben einfach ohne weiteren Beisatz auszusprechen, also auch weder durch eine Bedingung oder eine Voraussetzung einzuschränken, noch durch eine charakterisierende Bezeichnung irgendwie abzustufen.

2. Wenn ein Examinand das Examen, sei es für die unteren oder oberen Classen bestanden hat, so hat er das Recht, zu einer Ausdehnung seiner Lehrbefähigung auf die höheren Classen oder zur Erwerbung der Lehrbefähigung in noch anderen Gegenständen, eine weitere Prüfung nachzusuchen, falls er der Prüfungs-Commission in der (Art. II 2, d) bezeichneten Weise die Überzeugung verschafft, dass er die erforderlichen Studien gemacht habe. Die neue Prüfung ist durch sämmtliche Stadien durchzuführen.

Artikel XXIV. — Wirkung des Zeugnisses.

1. Das Zeugnis, dass ein Examinand die Prüfung vollständig bestanden habe, berechtigt ihn zunächst das Probejahr (vergl. Art. XXV) an einer Anstalt (Gymnasium, Realschule) zu bestehen, an welcher die Unterrichtssprache, für welche der Candidat approbiert wurde, in Anwendung ist, und macht ihn dann fähig, falls die für jedes Gebiet der Prüfungsgegenstände gestellten Bedingungen v o l l s t ä n d i g erfüllt sind, an Gymnasien oder Realschulen der bezeichneten Art angestellt zu werden.

2. Die Giltigkeit des Zeugnisses erlischt, sowohl wenn der Candidat während der nächsten fünf Jahre in die Probepraxis nicht eintritt, als auch wenn die Lehrthätigkeit an einer öffentlichen Schule durch mehr als fünf Jahre unterbrochen ist.

Die Giltigkeit kann wieder hergestellt werden durch den Nachweis, dass der Betreffende in der Zwischenzeit fortwährend wissenschaftlich oder didaktisch thätig war. Dieser Nachweis ist vor einer Prüfungs-Commission zu führen, welche, wenn sie ihn genügend befindet, das früher ertheilte Zeugnis durch eine demselben anzuschließende Bemerkung noch fernerhin für giltig erklärt. Wird der Nachweis nicht oder in nicht genügender Weise geliefert, so ist die Prüfung zu erneuern, wobei die häuslichen Arbeiten erlassen werden können, die Nachsicht der Clausurarbeiten oder der mündlichen Prüfung dagegen niemals stattfinden kann. Das Probejahr ist nicht zu erneuern.

Artikel XXV. — Probejahr.

1. Nach bestandenem Examen hat jeder Candidat sich Ein Jahr lang an einem Gymnasium oder einer Realschule zur praktischen Ausbildung seiner Lehrfähigkeit beschäftigen zu lassen.

2. Das Probejahr kann nur an einer öffentlichen Lehranstalt (Gymnasium oder Realschule) bestanden werden, welche gleichartig ist mit derjenigen, für welche der Candidat die wissenschaftliche Lehrbefähigung besitzt.

Der Candidat kann das Kronland dazu wählen, die Lehranstalt aber wird von der Landes-Schulbehörde des Kronlandes bestimmt. Diese hat dabei vor allem den pädagogischen Zweck des Probejahres — die praktische Ausbildung des Candidaten — zu beachten; nur nebenbei können die Bedürfnisse der einzelnen Lehranstalten und billige Wünsche des Candidaten Berücksichtigung finden.

3. Der Probecandidat wird unter die besondere fachmännische Leitung eines Professors gestellt. Einem und demselben Professor dürfen zu gleicher Zeit nicht mehr als zwei Candidaten zugewiesen werden.

4. Im ersten Semester des Probejahres wohnt der Candidat anfänglich dem Unterrichte des ihn leitenden Professors, nach Thunlichkeit und nach dem Ermessen des Directors auch dem Unterrichte anderer Lehrer hospitierend bei, hierauf nimmt er in einzelnen Lehrstunden in Gegenwart und unter Aufsicht des Professors, welchem er zugewiesen ist, am Unterrichte selbst Theil und zwar in so viel Classen als möglich. Hat er sich hierbei an die Weisungen des Professors zu halten, so hat dieser seinerseits während der Lehrstunden alles zu vermeiden, was die Autorität des Candidaten bei den Schülern beeinträchtigen könnte.

5. Die sich darbietenden Erscheinungen des Schullebens, das in den Lehrstunden Behandelte, sowie das demnächst Vorzunehmende, die methodische Behandlung der einzelnen Abschnitte des Gegenstandes mit Rücksicht auf die Lehrstufe, die dem Lehrplane und der Unterrichtszeit angemessene Vertheilung des gesammten Lehrpensums, die Anlage und Behandlung der Lehrmittelsammlungen, die Schuldisciplin, die Schulliteratur des Gegenstandes, beachtenswerte pädagogisch-didaktische Abhandlungen, insbesondere auch der Organisationsplan der Gymnasien (und Real-

schulen) und dergleichen zur Sache Gehöriges bilden außerhalb der Schulzeit in beiden Semestern den Gegenstand theils gelegentlicher theils regelmäßiger — etwa wöchentlicher — Besprechungen zwischen Professor und Candidat, nach Umständen auch den Stoff zu schriftlichen Elaboraten.

Der Director hat zeitweilig aus eigener Anschauung die specielle Unterweisung des Candidaten kennen zu lernen und sich von dem geregelten Vorgehen Überzeugung zu verschaffen.

6. Der Director der Anstalt ist berechtigt unter sorgfältiger Wahrung der Interessen der Anstalt dem Candidaten im zweiten Semester der Probezeit den selbständigen Unterricht in einer Classe zu übertragen, ohne dass jedoch der Candidat der Leitung und Aufsicht seines Führers ganz entnommen würde, vielmehr und insbesondere in Betreff der Semestral-Classification unter der Controle seines Leiters stehe, damit die Gleichmäßigkeit der Beurtheilung der Schülerleistungen in beiden Semestern gewahrt bleibe. Verwehren jedoch besondere an der Anstalt obwaltende Schwierigkeiten die Vertheilung des Unterrichtes unter eine größere als die normale Anzahl von Lehrern, so hat es, namentlich wenn mehr als e i n Probecandidat zur Stelle ist, auch im zweiten Semester bei jener Thätigkeit des Candidaten sein Bewenden, welche gegen Ende des ersten Semesters platzgreift. (Sieh Punkt 4.)

Übersteigen aber nothwendige Supplierungen die Kräfte des Lehrercollegiums, so kann jeder Candidat, dessen Eignung hiezu außer Zweifel steht, auch für mehr als e i n e Classe in Anspruch genommen werden. Auch in diesem Falle bleibt es Aufgabe jenes Professors, dessen Leitung der Candidat anvertraut worden, diesem rathend und weisend zur Seite zu stehen. Überhaupt wird der ganze Lehrkörper es als eine Pflicht gegen seine Schule und gegen seinen Berufsgenossen ansehen, durch collegialisches Verhalten zu dem Candidaten dessen Stellung an der Anstalt zu erleichtern und zu befestigen.

7. Übrigens ist der Probecandidat den Bestimmungen der allgemeinen Schulgesetze und der speciellen Schulordnung seiner Anstalt, sowie den Anordnungen des Directors in gleicher Weise zum Gehorsam verpflichtet wie jeder angestellte Lehrer; namentlich hat er die Lehrerconferenzen regelmäßig zu besuchen und ist dort, sobald er selbständigen Unterricht ertheilt, zum Abgeben seiner Stimme über Leistungen und sittliches Verhalten der Schüler in seinem Gegenstande und seinen Lehrstunden, sowohl im Laufe des Schuljahres, als bei der Frage nach Versetzung und Classification, so verpflichtet wie berechtiget. In allen übrigen Fällen hat der Candidat in der Conferenz nur eine berathende Stimme.

---

8. Wenn die didaktischen oder pädagogischen Fehler des Probecandidaten oder sein sonstiges Verhalten der Lehranstalt, an welcher er beschäftiget ist, nachtheilig zu werden drohen, so hat der Director das Recht, in dringenden Fällen sogleich der Thätigkeit des Candidaten an seiner Anstalt ein Ende zu setzen. Er hat darüber die Ansicht des Lehrkörpers anzuhören, dann nach seiner Überzeugung zu entscheiden und die geschehene Entlassung eines Candidaten unter Beilegung des Protokolles über die Ansichten des Lehrkörpers sofort an die vorgesetzte Landes-

Schulbehörde zu berichten. Diese hat je nach Art der Gründe, welche die Entfernung des Candidaten veranlassten, entweder ihn unter den geeigneten Weisungen an eine andere Lehranstalt zur Fortsetzung seines Probejahres zu schicken oder erforderlichen Falles wegen seiner Zurückweisung vom Lehramte einen Antrag an das Ministerium zu stellen.

9. Nach Ablauf des Probejahres hat der Director, je nach der Sachlage, auf Grund einer Berathung mit dem leitenden Professor oder mit den Classenlehrern der Classen, in welchen der Probecandidat allenfalls beschäftiget war, ein von ihm und jenem Professor oder diesen Classenlehrern zu unterschreibendes Zeugnis auszustellen, in welchem die Thätigkeit des Candidaten beziehungsweise die Gegenstände und Classen, worin der Candidat zeitweilig oder selbständig unterrichtet hat, bezeichnet und der Grad der von ihm bewiesenen Fertigkeit im Unterrichten und im Aufrechthalten der Zucht unverholen beurtheilt wird. Eine Abschrift des Zeugnisses ist dem zu erstattenden Jahresberichte über die Lehranstalt beizulegen. Erst durch dieses Zeugnis wird die Befähigung zur Anstellung als ordentlicher Lehrer vollständig erworben.

10. Die Leistung des Probejahres gibt dem Candidaten nur in dem Falle einen Anspruch auf Remuneration für die von ihm ertheilten Stunden, wenn er über die Zahl von sechs wöchentlichen Stunden beim Unterrichte beschäftiget war. In diesem Falle kann der Director bei der Landes-Schulbehörde eine Remuneration beantragen.

Artikel XXVI. — Gebüren.

Jeder Candidat, welcher sich zur Prüfung aus einem der in Art. VI bezeichneten Fachgebiete gemeldet hat, hat bei der Zulassung zur Prüfung fünfzehn Gulden, bei der Vorladung zu den Clausurarbeiten (beziehungsweise zur mündlichen Prüfung) gleichfalls fünfzehn, somit im Ganzen dreißig Gulden als Prüfungstaxe zu entrichten.

Dieselbe Taxe gilt auch für den Fall, dass ein Candidat sich gleichzeitig der Prüfung aus einem solchen Fachgebiete und aus einem zu einer anderen Gruppe gehörigen Gegenstande unterzieht.

Für jede Ergänzungs- und Erweiterungsprüfung ist eine Taxe von zwanzig Gulden in zwei gleichen Raten zu entrichten.

Candidaten, welche die Lehrbefähigung bereits besitzen, und sich einer weiteren Prüfung bloß zu dem Behufe unterziehen, um den Unterricht auch mittelst einer anderen als der ursprünglich gewählten Unterrichtssprache ertheilen zu können, haben eine Taxe von zehn Gulden zu zahlen.

Die im Vorstehenden festgesetzten Taxen müssen bei der Wiederholung der Prüfung neuerlich entrichtet werden.

Ebenso ist die erste Rate der Taxe in dem Falle neuerlich einzuzahlen, wenn einem Candidaten gestattet wird, die bei einer Prüfungs-Commission begonnene Prüfung bei einer anderen fortzusetzen.

Artikel XXVII. — Geschäftsführung.

1. Sämmtliche Prüfungs-Commissionen stehen unmittelbar unter dem Ministerium für Cultus und Unterricht.

2. Der Director der Prüfungs-Commission hat die Correspondenz mit dem Ministerium und den Candidaten zu führen, und die Acten der Prüfungs-Commission in geschäftsmäßiger Ordnung zu halten.

3. Diese Acten sind:

a) allgemeine, enthaltend die allgemeinen Verordnungen des Ministeriums auf Anfragen der Prüfungs-Commission und ähnliche;

b) Personalacten.

Über jeden Candidaten, welcher sich dem Examen vor einer Prüfungs-Commission unterzieht, wird ein eigenes Actenstück angelegt, welches enthalten muss: das Gesuch des Candidaten nebst Angabe der Zeugnisse und ihres Inhaltes, den Lebenslauf desselben, die allfälligen Entscheidungen des Ministeriums bei Zweifeln über Zulassung des Candidaten zum Examen, die Zuschriften der Prüfungs-Commission an den Candidaten, dessen schriftliche Arbeiten, das Urtheil der Prüfungs-Commission über die schriftlichen Arbeiten, das Protokoll über die mündliche Prüfung und über die Schlussberathung der Prüfungs-Commission, das dem Candidaten ertheilte Zeugnis.

4. Von den Personalacten sind am Ende eines jeden Schuljahres an das Unterrichts-Ministerium nur jene zur Einsicht zu senden, welche speciell verlangt werden.

Artikel XXVIII. — Übergangsbestimmungen.

1. Für diejenigen Candidaten, welche vor dem Erlasse dieser Prüfungsvorschrift ihre Studien bereits beendigt haben, verbleibt das (vormalige) Triennium in Geltung.

2. Diejenigen, welche mit dem Studienjahre 1883/4 das Triennium absolvieren, behalten bis zum Schlusse des Studienjahres 1884/5 das Recht, sich zur Prüfung nach den bisher geltenden Normen zu melden.

3. Nach dem Studienjahre 1886/7 findet die neue Prüfungsvorschrift ausnahmslos Anwendung.

Die „**Vorschrift über die Prüfung der Candidaten des Lehramtes an Gymnasien und Realschulen**" ist im k. k. Schulbücher-Verlage in einer Separat-Ausgabe erschienen und zu dem Preise von 12 kr. daselbst zu beziehen.

Verfügungen, betreffend Lehrbücher und Lehrmittel.

Lehrbücher.

Für Mittelschulen.

Schulausgaben griechischer und lateinischer Classiker:

1) C. Sallusti Crispi de Catilinae coniuratione liber, von J. H. Schmalz. Preis, 60 kr.

2) Cicero's Rede für Sex. Roscius aus Ameria, von Dr. G. Landgraf. Preis, 60 kr.

3) Titi Livii ab urbe condita, liber XXI, von Franz Luterbacher. Preis, 72 kr.

4) Xenophons Hellenika, von Dr. H. Zurborg. I. Bändchen. Buch 1 und 2. Preis, 60 kr.

5) Sophokles' Oedipus auf Kolonos, von Franz Sartorius. Preis, 48 kr.

6) Platons Vertheidigungsrede des Sokrates und Kriton, von Dr. H. Bertram. Preis, 60 kr.

7) Cornelii Taciti Annales, von Dr. W. Pfeitzner. I. Bändchen. Buch 1 und 2. Preis, 72 kr.

8) C. Sallusti Crispi de bello Jugurthino liber, von J. H. Schmalz. Preis, 72 kr.

9) Xenophons Anabasis, von R. Hansen. I. Bändchen. Buch 1 und 2. Preis, 72 kr.

10) M. Tullii Ciceronis Tusculanarum disputationum libri quinque, von Dr. L. W. Hasper. I. Bändchen. Buch 1 und 2. Preis, 72 kr.

11) C. Julii Caesaris commentarii de bello Gallico, von Rud. Menge. I. Bändchen. Buch 1 und 2 mit einer Karte von Gallien. Preis, 78 kr.

12) P. Vergili Maronis Aeneis, von Dr. Oskar Brosin. I. Bändchen. Buch 1—3. Preis, 1 fl. 44 kr.

13) Cicero's Reden gegen L. Sergius Catilina, von Dr. Karl Hachtmann. Preis, 60 kr.

14) Ausgewählte Reden des Demosthenes von J. Sörgel. I. Bändchen. Preis, 72 kr.

15) Die Oden und Epoden des Q. Horatius Flaccus, von Dr. Emil Rosenberg. Preis, 1 fl. 35 kr.

16) Titi Livii Ab urbe condita liber XXII, von Franz Luterbacher. Preis, 72 kr.

17) Xenophons Anabasis, von R. Hansen. II. Bändchen. Buch 3—5. Preis, 72 kr.

Die Lehrkörper der Gymnasien werden auf diese bei K. Graeser in Wien im Jahre 1883 erschienene Sammlung commentierter Schulausgaben von griechischen und lateinischen Classikern aufmerksam gemacht.

(Ministerial-Erlass vom 23. Jänner 1884, Z. 1039.)

Schwarz Anton, Lateinisches Lesebuch mit sachlichen Erklärungen und grammatischen Verweisungen versehen. 4. verbesserte Auflage. Paderborn 1884. Ferdinand Schöningh. Wien. Friese und Lang. Preis, 1 Mark 35 Pf.

Diese neue Auflage des vorbenannten Buches wird ebenso, wie die dritte Auflage *) desselben zum Lehrgebrauche in der dritten Classe der Gymnasien mit deutscher Unterrichtssprache allgemein zugelassen.

(Ministerial-Erlass vom 25. Jänner 1884, Z. 1298.)

Lehrmittel.

Die nachstehend bezeichneten **Gipsabgüsse** aus dem k. k. österreichischen Museum für Kunst und Industrie in Wien werden mit Beziehung auf den Ministerial-Erlass vom 21. Jänner 1884 **), Z. 22176 für den Unterrichtsgebrauch an Gewerbeschulen, gewerblichen Fach- und Fortbildungsschulen für zulässig erklärt:

Nummer des Preisverzeichnisses	Gegenstand	Höhe	Breite	Preis	
		Centimeter		fl.	kr.
	Abgüsse nach Holz geschnitzten Details aus dem ehemaligen Benedictinerkloster Ochsenhausen. Deutsche Renaissance, 2. Hälfte des XVI. Jahrhunderts.				
881—886	6 Stück Masken in Medaillonform à Durchmesser . . .	30	—	1	30
887—888	2 Thüraufsätze als Pendants mit Reliefköpfen à . . . (887 ein bartloser, 888 ein bärtiger Mann)	60	38	2	50
889—890	2 Thüraufsätze als Pendants à . . . . (890 mit männlichem, 889 mit weiblichem Brustbild.)	25	60	2	—
891	1 Thüraufsatz (mit Pferdekopf) à	52	30	1	80

(Ministerial-Erlass vom 27. Jänner 1884, Z. 673.)

Kundmachungen.

Die Militär-Rechnungsofficialswitwe Frau Anna **Samper**, geborne Baudisch, hat mit einem Capitale von 2000 fl. eine Stipendienstiftung auf den Namen Johanna Baudisch gegründet, zu deren Genuss Hörer der Rechte an der Wiener Universität berufen sind, welche aus Prag und in zweiter Linie überhaupt aus dem Königreiche Böhmen gebürtig, der katholischen Religion angehören und Söhne verarmter braver Eltern sind.

Die Stiftung ist mit dem Genehmigungstage des Stiftbriefes ins Leben getreten.

(Stiftbrief vom 11. Jänner 1884. — Ministerial-Act Z. 1562.)

*) Ministerial-Verordnungsblatt vom Jahre 1882, Seite 55.

**) Ministerial-Verordnungsblatt vom Jahre 1884, Seite 22.

Das Ministerium für Cultus und Unterricht hat aus dem den evangelischen Glaubensgenossen Helvetischer Confession innerhalb des Amtsbereiches des k. k. evangelischen Oberkirchenrathes Allerhöchst bewilligten Staats-Unterstützungs-Pauschale pro 1883 den Betrag von sechshundert Gulden zu einem Stipendium für Candidaten des evangelischen Kirchen- und Schuldienstes bestimmt, welche zum Zwecke ihrer weiteren wissenschaftlichen Ausbildung ausländische Hochschulen und Seminare besuchen.

Dieses Stipendium wird einem Candidaten Helvetischer Confession auf die Dauer eines Jahres vom zweiten Semester des laufenden Studienjahres angefangen, unmittelbar durch das Ministerium für Cultus und Unterricht verliehen.

Diejenigen Candidaten, welche sich um dieses Stipendium bewerben wollen, können ihre Gesuche entweder im Wege ihrer zuständigen Superintendentur oder der akademischen Behörde jener Lehranstalt, an welcher sie studieren oder auch unmittelbar bei diesem Ministerium einbringen.

Die Bewerber haben ihre Gesuche mit

a) dem Taufscheine,
b) den Schul- und Studienzeugnissen,
c) einem in lateinischer oder deutscher Sprache verfassten curriculum vitae zu belegen.

Die bezüglichen Gesuche müssen bis längstens 29. Februar d. J. an das Ministerium gelangen.

Der Minister für Cultus und Unterricht hat das dem Communal-Gymnasium zu Příbram mit dem Erlasse vom 3. Jänner 1881, Z. 18731 ertheilte Öffentlichkeitsrecht unter Anerkennung des Reciprocitäts-Verhältnisses im Sinne des §. 11 des Gesetzes vom 9. April 1870 (R.-G.-Bl. Nr. 46) auch auf die neu eröffnete VIII. Gymnasialclasse ausgedehnt.

Zugleich ist dieser Anstalt das Recht verliehen worden, vom Schuljahre 1883/84 angefangen Maturitätsprüfungen abzuhalten und staatsgiltige Maturitätszeugnisse auszustellen.

(Ministerial-Erlass vom 6. Februar 1884, Z. 1952.)

Verlag des k. k. Ministeriums für Cultus und Unterricht. — Druck von Karl Gorischek in Wien.

Jahrgang 1884.   Stück V.

Verordnungsblatt

für den Dienstbereich des

Ministeriums für Cultus und Unterricht.

Redigiert im k. k. Ministerium für Cultus und Unterricht.

Ausgegeben am 1. März 1884.

Nr. 4.

Verordnung des Ministers für Cultus und Unterricht vom 12. Februar 1884, Z. 23122,

betreffend die Verminderung der Schreibgeschäfte an Volksschulen und Abänderung einiger diesbezüglichen Bestimmungen der Schul- und Unterrichtsordnung vom 20. August 1870, Z. 7648 *).

Wiederholt und von verschiedenen Seiten wurden Klagen laut, dass die Schulleiter und Lehrer an Volksschulen mit Schreibgeschäften überbürdet sind. Da dieser Uebelstand geeignet ist, die Lehrer in der ihnen zunächst obliegenden Erziehungs- und Lehrthätigkeit zu beeinträchtigen, fordere ich die Schulbehörden auf, die bestehenden Anordnungen in Betreff der Führung der Amtsschriften an den allgemeinen Volksschulen und an den Bürgerschulen, sowie die bezüglichen Formularien einer Revision zu unterziehen und hiebei, sowie fortan bei jeder Gelegenheit auf Beseitigung der unwesentlichen und Vereinfachung der unvermeidlichen Schreibgeschäfte bedacht zu sein.

Zur Förderung dieses Zweckes finde ich in Abänderung einiger Bestimmungen der Schul- und Unterrichtsordnung vom 20. August 1870, Z. 7648 Folgendes anzuordnen:

1. In die Schulmatrik sind nicht allein die schulbesuchenden, sondern sämmtliche im schulpflichtigen Alter stehenden Kinder, welche in der Schulgemeinde wohnen, einzutragen.

---

*) Ministerial-Verordnungsblatt vom Jahre 1870, Nr. 119, Seite 501.

Die Schulmatrik ist nicht an den einzelnen Schulen, sondern vom Ortsschulrathe, überhaupt von denjenigen Organen zu führen, welchen die Evidenzhaltung
der schulpflichtigen Kinder obliegt (§§. 1 und 33 der Schul- und Unterrichtsordnung).

2. Das Classenbuch und das Wochenbuch (§§. 6 und 33 der Schul- und
Unterrichtsordnung) sind unter dem Namen Classenbuch zu einer Amtsschrift zu
vereinigen, und es sind darin insbesondere die Schulversäumnisse an jedem Schul-
halbtage und der abgehandelte Lehrstoff wöchentlich, sowie die Hausaufgaben zu
verzeichnen.

3. Der Schulbesuch ist in den Katalogen, Schulnachrichten, Zeugnissen etc.
nicht mit Worten zu bezeichnen (§. 20 der Schul- und Unterrichtsordnung), sondern
es ist nur die Anzahl der versäumten entschuldigten und nicht entschuldigten halben
Schultage anzugeben.

4. Die Führung eines Entlassungsbuches (§. 18 der Schul- und Unterrichtsordnung) hat zu entfallen. Die Entlassung des Kindes ist in der Schulmatrik und
im Schulkataloge anzumerken. Im Schulkataloge sind auch die in das Entlassungszeugnis aufgenommenen Schlussurtheile zu verzeichnen.

Die Ergebnisse der mit den Privatschülern vorgenommenen Entlassungs-
prüfungen (§. 16 der Schul- und Unterrichtsordnung) sind im Kataloge der obersten
Classe des betreffenden Jahres zu verzeichnen.

5. Als Schulzeugnisse (Frequentationszeugnisse), insbesondere beim Übertritt
eines Kindes an eine andere Schule, sind die „Schulnachrichten" auszufolgen; der
Zweck der Ausfolgung ist auf denselben und im Kataloge ersichtlich zu machen.
(§. 66 der Schul- und Unterrichtsordnung.)

Nr. 5.

Erlass des Ministers für Cultus und Unterricht vom 23. Jänner 1884, Z. 663,

an den k. k. Landesschulrath für Salzburg,

**betreffend die Schulbesuchserleichterungen für Kinder aus Landgemeinden, welche
in Städten oder Märkten eingeschult sind.**

In Erledigung des Berichtes vom 2. Jänner 1884, Z. 1819 wird dem k. k. Landesschulrathe Folgendes eröffnet:

Da nach §. 21 des Gesetzes vom 2. Mai 1883, R.-G.-Bl. Nr. 53 *) in Städten
und Märkten nicht allen Kindern der zwei obersten schulpflichtigen Altersstufen,
sondern nur einzelnen Kindern, und zwar nur denen der unbemittelten Volksclassen
aus rücksichtswürdigen Gründen Erleichterungen in Bezug auf das Maß des regelmäßigen Schulbesuches zuzugestehen sind, und da solche Erleichterungen für alle

---

*) Ministerial-Verordnungsblatt vom Jahre 1883, Nr. 15, Seite 117.

Kinder der betreffenden Altersstufen nur ganzen S c h u l gemeinden auf dem Lande, und zwar unter bestimmten Bedingungen zu gewähren sind, so können an Schulen in Städten und Märkten generelle, das heißt für alle Kinder der zwei obersten Altersstufen geltende Schulbesuchserleichterungen nicht bewilligt werden. In Betreff der Schulbesuchserleichterungen an Schulen in Städten und Märkten sind daher die Anordnungen des Artikels V, Punkt 9 der hieramtlichen Verordnung vom 8. Juni 1883, Z. 10618 *) maßgebend.

Bei Anwendung dieser Bestimmungen in Fällen, wenn Landgemeinden oder Theile derselben in Markt- oder Stadtschulen eingeschult sind, ist aber genau zu beachten, dass nach §. 21, Absatz 3 des erwähnten Gesetzes Schulbesuchserleichterungen den Kindern auf dem Lande zu gewähren sind, und dass bei Entscheidungen über die bezüglichen Ansuchen im Sinne des Gesetzes die wirtschaftlichen Verhältnisse in thunlichst entgegenkommender Weise zu berücksichtigen sind. Ferner bemerke ich, dass kein gesetzliches Hindernis entgegensteht, sondern beachtenswerte ökonomische und pädagogisch-didaktische Gründe dafür sprechen, dass für solche Schulen die Bestimmungen in Betreff der Einrichtung einer besonderen Schülerabtheilung für die Kinder. welchen Schulbesuchserleichterungen gewährt sind (Art. V, Punkte 7, 8, 11, 12 und 13 der hieramtlichen Verordnung vom 8. Juni 1883, Z. 10618) in Anwendung kommen.

Ich ersuche den k. k. Landesschulrath, von diesem Erlasse die Orts- und Bezirksschulräthe, sowie die Landgemeinden, welche ganz oder zum Theile in Städten oder Märkten eingeschult sind, in Kenntnis zu setzen.

Nr. 6.

Erlass des Ministers für Cultus und Unterricht vom 29. Jänner 1884, Z. 1825,

an alle Landesschulbehörden,

betreffend die Neujahrsgeschenke an Volksschulen.

Es ist zu meiner Kenntnis gelangt, dass an einzelnen Volksschulen die Kinder direct oder indirect veranlasst werden, den Schulleitern oder Lehrern zu Neujahr Geschenke zu machen.

Ich fordere die Schulbehörden auf, dieser unzulässigen Gepflogenheit, welche eine ungerechtfertigte Belastung der Eltern in sich schließt, im Sinne und nach den Anordnungen des hieramtlichen Erlasses vom 17. Juni 1873, Z. 7702 **) mit aller Entschiedenheit entgegenzutreten.

---

*) Ministerial-Verordnungsblatt vom Jahre 1883, Nr. 17, Seite 173.
**) Ministerial-Verordnungsblatt vom Jahre 1873, Nr. 75, Seite 359.

Nr. 7.

Erlass des Ministers für Cultus und Unterricht vom 7. Februar 1884, Z. 21987 ex 1883,

enthaltend erläuternde Bestimmungen über den Vorgang bei der Lehrbefähigungsprüfung für Bürgerschulen.

Um vorgekommenen Zweifeln zu begegnen, wird der Artikel VIII, Punkt 7 der hieramtlichen Verordnung vom 8. Juni 1883, Z. 10618 *), betreffend die Lehrbefähigungsprüfung für Bürgerschulen, dahin erläutert,

1) dass es den Candidaten für Bürgerschulen nicht mehr freisteht, sich der Prüfung aus einem Gegenstande, welcher zu einer anderen, als der von ihnen gewählten Gruppe gehört, zu unterziehen, dass demnach der zweite, ebenso wie der dritte Absatz des §. 6 der Prüfungsvorschrift vom 5. April 1872 **) außer Kraft gesetzt sind und

2) dass die Pädagogik im Sinne des nach seinem vollen Inhalte in Kraft bestehenden §. 5 der Prüfungsvorschrift Prüfungsgegenstand einer jeden Gruppe zu bleiben und nur in dem Falle des §. 20 der Prüfungsvorschrift zu entfallen hat.

Nr. 8.

Erlass des Ministers für Cultus und Unterricht vom 9. Februar 1884, Z. 1698,

an das Rectorat der k. k. Universität mit böhmischer Vortragssprache in Prag,

betreffend die Auslegung einer Bestimmung des §. 5 des Gesetzes über die akademischen Behörden vom 27. April 1873, R.-G.-Bl. Nr. 63 ***).

Das Rectorat hat mit Bericht vom 24. Jänner 1884, Z. 464 anher die Anfrage gerichtet, wie in dem Falle, als die Anzahl der in einem Professoren-Collegium befindlichen ordentlichen Professoren eine ungerade ist, die Zahl der in das Collegium zu berufenden außerordentlichen Professoren zu berechnen sei.

Da durch §. 5 des Gesetzes über die Organisation der akademischen Behörden ausdrücklich bestimmt wird, dass die Zahl der außerordentlichen Professoren die Hälfte der Zahl der ordentlichen Professoren nicht übersteigen dürfe, so kann im vorausgesetzten Falle, nur die Hälfte der nächst niederen geraden Zahl der

---

*) Ministerial-Verordnungsblatt vom Jahre 1883, Nr. 17, Seite 173.
**) Ministerial-Verordnungsblatt vom Jahre 1872, Nr. 28, Seite 144.
***) Ministerial-Verordnungsblatt vom Jahre 1873, Nr. 54, Seite 231.

ordentlichen Professoren als die Anzahl der in das Collegium zu berufenden außerordentlichen Professoren angesehen werden.

Es werden sonach im vorliegenden Falle, wo die Anzahl der ordentlichen Professoren dr e i z e h n beträgt, nur se c h s außerordentliche Professoren in das Collegium einzuberufen sein.

Verfügungen, betreffend Lehrbücher und Lehrmittel.

Lehrbücher.

Für Mittelschulen.

Mach F r. J., Geschichte der Offenbarung des alten Bundes zum Unterrichtsgebrauche an Mittelschulen und verwandten Lehranstalten. Wien und Regensburg 1883. G. J. M a n z. Preis, 1 fl. 5 kr.

— — Geschichte der Offenbarung des neuen Bundes zum Unterrichtsgebrauche an Mittelschulen und verwandten Lehranstalten. Wien und Regensburg 1883. G. J. M a n z. Preis, 1 fl. 5 kr.

Diese beiden Lehrbücher werden zum Lehrgebrauche in der III., beziehungsweise in der IV. Classe der Gymnasien mit deutscher Unterrichtssprache im Bereiche der Leitmeritzer Diöcese allgemein zugelassen.

Die Zulassung zum Lehrgebrauche an anderen Gymnasien mit deutscher Unterrichtssprache ist von dem (vom Antragsteller zu erbringenden) Nachweise der Approbation seitens der competenten kirchlichen Oberbehörde abhängig zu machen.

(Ministerial-Erlass vom 1. Februar 1884, Z. 1618.)

Šanda F r a n z, Měřictví a rýsování pro II., III. a IV. třídu realných škol a realných gymnasií. 4. verbesserte Auflage. Prag 1884. J. L. K o b e r. Preis, 1 fl., gebunden in Leinwand, 1 fl. 20 kr.

Diese neue Auflage des vorbenannten Lehrbuches wird, ebenso wie die dritte Auflage *) desselben zum Lehrgebrauche an R e a l g y m n a s i e n mit böhmischer Unterrichtssprache allgemein zugelassen.

(Ministerial-Erlass vom 5. Februar 1884, Z. 1960.)

---

*) Ministerial-Verordnungsblatt vom Jahre 1881, Seite 99.

Kundmachungen.

Der im Jahre 1880 verstorbene Kreisingenieur Johann **Hacker** hat letztwillig ein Capital von 4000 fl. zur Gründung von zwei Stipendien am polytechnischen Institute zu Prag gewidmet. Zum Genusse dieser Stiftung sind brave, mit Auszeichnung den technischen Studien obliegende Söhne armer Eltern ohne Unterschied der Confession berufen, doch haben Nachkommen aus den Familien Hacker und Spitra den Vorrang.

Die Stiftung ist mit einem Capitale von 4800 fl. activiert worden und wird mit je Einem der beiden Stipendien ein Hörer der deutschen und ein Hörer der böhmischen technischen Hochschule in Prag betheilt.

Das Verleihungsrecht steht dem Magistrate der kön. Hauptstadt Prag zu.

(Stiftbrief vom 5. November 1883. — Ministerial-Act Z. 2177.)

Die im Jahre 1880 verstorbene Frau Theresia **Suchanek**, Hausbesitzerin in Pilsen, hat letztwillig ein Capital von 2000 fl. zur Gründung einer Stipendienstiftung gewidmet, zu deren Genusse vier Studierende des deutschen Staats-Obergymnasiums in Pilsen, katholischer Religion, berufen sind.

Diese Stiftung ist mit einem Capitale von 2746 fl. 15 kr. activiert worden.

(Stiftbrief vom 6. Juli 1883. — Ministerial-Act Z. 1835 ex 1884.)

Der Minister für Cultus und Unterricht hat das Öffentlichkeitsrecht ertheilt:

der Privat- allgemeinen Volks- und Bürgerschule für Mädchen der Fanni **Petritsch** in Wien

(Ministerial-Erlass vom 7. Februar 1884, Z. 2084) und

der von dem Vereine „Ústřední matice školská" in Prag erhaltenen böhmischen Privat-Volksschule in Leitmeritz.

(Ministerial-Erlass vom 5. Februar 1884, Z. 1837.)

Anton **Herrmann**, zuletzt provisorischer Lehrer an der Volksschule zu Schumburg bei Gablonz in Böhmen wurde vom Schuldienste entlassen.

(Ministerial-Erlass vom 3. Februar 1884, Z. 1712.)

Berichtigung. In der „Vorschrift über die Prüfung der Candidaten des Lehramtes an Gymnasien und Realschulen" (Ministerial-Verordnungsblatt 1884, Stück IV) ist auf Seite 51 im Art. XXV, 6 statt des Satzes „ohne dass jedoch der Candidat der Leitung und Aufsicht seines Führers ganz entnommen würde" zu setzen „jedoch so dass der Candidat . . . . nicht ganz entnommen würde."

Verlag des k. k. Ministeriums für Cultus und Unterricht. — Druck von Karl Gorischek in Wien.

Jahrgang 1884.   Stück VI.

Verordnungsblatt

für den Dienstbereich des

Ministeriums für Cultus und Unterricht.

Redigiert im k. k. Ministerium für Cultus und Unterricht.

Ausgegeben am 15. März 1884.

Nr. 9.

Verordnung des Ministers für Cultus und Unterricht und des Finanzministers vom 2. Februar 1884, Z. 22423 ex 1883 [*]),

betreffend die Frist zur Erstattung der in den §§. 7 und 8 der Verordnung vom 21. August 1881 [**]), R.-G.-Bl. Nr. 112 vorgesehenen Nachtragsbekenntnisse zur Bemessung der Religionsfondsbeiträge.

In Ausführung der Bestimmung des 3. Absatzes des §. 7, dann des Punktes 1 des §. 9 der Verordnung vom 21. August 1881, R.-G.-Bl. Nr. 112 wird verfügt:

In jenen Fällen, wo der Religionsfondsbeitrag für das Decennium 1881—1890 bereits bemessen oder doch das im §. 4 dieser Verordnung vorgesehene Einbekenntnis bereits eingebracht wurde, haben die Beitragspflichtigen zum Zwecke der Veranschlagung des Erträgnisses von Grund und Boden nach den neuen Katastralansätzen und der neu bemessenen Grundsteuer nebst bezüglichen Umlagen die Nachtragsbekenntnisse längstens binnen zwei Monaten vom Eintritte der Wirksamkeit dieser Verordnung bei der Bemessungsbehörde zu überreichen.

Wenn bisher weder der Religionsfondsbeitrag bemessen, noch zum Zwecke dieser Bemessung ein Einkommensbekenntnis erstattet worden ist, haben die Betheiligten,

---

[*]) Kundgemacht am 12. März 1884 im Reichsgesetzblatt unter Nr. 30, Seite 55.

[**]) Ministerial-Verordnungsblatt vom Jahre 1881, Nr. 37, Seite 221.

um des ihnen in den citierten Paragraphen der Verordnung vom 21. August 1881 vorbehaltenen Rechtes nicht verlustig zu werden, schon in dem auf Grund des §. 4 einzubringenden Einbekenntnisse die das neue Katastralerträgnis, beziehungsweise die neue Grundsteuer sammt Umlagen nachweisenden Behelfe beizubringen.

Conrad-Eybesfeld m. p.   **Dunajewski** m. p.

Nr. 10.

Erlass des Ministers für Cultus und Unterricht vom 12. Februar 1884, Z. 20720 ex 1883,

betreffend die Befreiung von der Entrichtung des Unterrichtsgeldes und der Laboratorientaxen, sowie über die Erlangung und den Fortbezug von Stipendien an der k. k. Hochschule für Bodencultur in Wien.

Ich finde mich bestimmt, nachstehende Bestimmungen über die Befreiung von der Entrichtung des Unterrichtsgeldes und der Laboratorientaxen, sowie über die Erlangung und den Fortbezug von Stipendien an der k. k. Hochschule für Bodencultur in Wien zu erlassen:

A. Bedingungen für die Befreiung.

§. 1.

Anspruch auf Befreiung von der Zahlung des Unterrichtsgeldes hat nur der ordentliche Hörer.

§. 2.

Die volle Befreiung vom Unterrichtsgelde kann dem aus der Oberrealschule oder dem Obergymnasium Eintretenden dann gewährt werden, wenn derselbe

1. ein Maturitäts-Zeugnis erworben hat, in welchem neben einer besonders günstigen Sittennote die Mehrheit der obligaten Lehrgegenstände mit der Note „lobenswert" belegt ist;

2. den Nachweis liefert, dass sowohl er, als diejenigen, welche ihn zu erhalten haben, wahrhaft dürftig sind.

Das Zeugnis über die Dürftigkeit (Armuths- oder Mittellosigkeits-Zeugnis) ist von derjenigen Ortsgemeinde, in welcher die Partei ihren bleibenden Wohnsitz hat, auszustellen und muss von der politischen Behörde bestätigt sein. Dasselbe muss die ausführliche Begründung der über die Vermögensumstände ausgesprochenen Ansicht enthalten und darf nicht länger als ein Jahr zurückdatieren.

Die halbe Befreiung kann dem aus der Mittelschule Übertretenden gewährt werden, wenn dessen Maturitäts-Zeugnis nebst der besonders günstigen Sittennote wenigstens in einem der obligaten Lehrgegenstände die Note „lobenswert" ausweist.

§. 3.

Studierende, welche die Studien an der Hochschule für Bodencultur entweder fortsetzen, oder in dieselbe aus einer ihr gleichstehenden Hochschule übertreten, können im Falle eines tadellosen sittlichen Verhaltens vom ganzen Unterrichtsgelde befreit werden, wenn sie nebst dem Nachweise ihrer Dürftigkeit (§. 1 Punkt 2) nach ihren Fortgangs-Zeugnissen aus dem letztverflossenen Studienjahre oder nach ihren bei der I. Staatsprüfung erworbenen Noten einen guten Studienerfolg nachweisen.

§. 4.

Für die Beurtheilung der Studienerfolge haben nachstehende Normen zu gelten:

1. die Ergebnisse der Fortgangsprüfungen für jedes Semester (respective der Staatsprüfung) werden nach Einheiten und zwar in folgenden Abstufungen bewertet:

vorzüglich   =   4 Einheiten,
sehr gut   =   3   „
gut . . . =   2   „
genügend   =   1   „

2. die wochentliche Vorlesungsstundenzahl eines Lehrgegenstandes mit der der erlangten Prüfungsnote entsprechenden Anzahl Einheiten multipliciert, ergibt den Gesammtcalcül für denselben,

3. Practica werden mit der halben Stundenzahl des mit ihnen verbundenen Vortragsgegenstandes in Anrechnung gebracht,

4. der gute Studienerfolg eines abgelaufenen Studienjahres wird als erwiesen betrachtet, wenn die Summe der erlangten Werteinheiten die Zahl 60 erreicht.

Zeugnisse über wiederholt gehörte Unterrichtsgegenstände, aus welchen der Studierende schon in einem früheren Studiensemester Prüfungen mit mindestens gutem Erfolge abgeleget hat, sind bei Anrechnung der Prüfungsnoten nicht zu berücksichtigen.

§. 5.

Die Befreiung vom halben Unterrichtsgelde kann eintreten:

a) wenn bei nachgewiesener Dürftigkeit des Studierenden die Summe der auf obige Art bestimmten Einheiten mindestens 40 erreicht, wobei jedoch über mindestens zwei Staatsprüfungsgegenstände Zeugnisse vorliegen müssen;

b) wenn zwar der Studienerfolg den Bedingungen der ganzen Befreiung genügt, aber die Vermögensverhältnisse des Studierenden nur für die halbe Befreiung sprechen.

§. 6.

Die Noten der Zeugnisse über die erste Staatsprüfung werden für alle Gegenstände nach den vorstehenden Wertziffern in die Einheitenzahl eingerechnet, soferne nicht bereits früher erworbene Fortgangszeugnisse aus denselben Gegenständen zur Erlangung der Befreiung vom Unterrichtsgelde berücksichtigt worden sind.

§. 7.

Vorstehende Bestimmungen (§. 1—6) gelten auch für die volle oder halbe Befreiung von der Entrichtung der Taxen für Benützung chemischer Laboratorien.

§. 8.

Der Genuss einer Stiftung oder eines Stipendiums begründet keinen Anspruch auf Befreiung von der Zahlung des Unterrichtsgeldes; gleichwohl können Stipendisten und andere aus Privat- oder öffentlichen Stiftungen und Fonden unterstützte Studierende vom Unterrichtsgelde ganz oder zur Hälfte befreit werden, wenn bei Berücksichtigung des Betrages des Stipendiums die in den §. 1—6 angegebenen Bedingungen im ganzen Umfange auf sie Anwendung finden.

§. 9.

In besonders rücksichtswürdigen Fällen kann die ganze oder halbe Befreiung vom Unterrichtsgelde und von den Laboratorientaxen auch dann eintreten, wenn das Studium an der Hochschule für Bodencultur während eines Jahres, aber nicht länger, unterbrochen worden ist.

In diesem Falle kann die ganze Befreiung insbesondere auch nach der Leistung des einjährig-freiwilligen Militärdienstes ausgesprochen werden, wenn der Bewerber die Officiersprüfung mit Erfolg bestanden hat.

§. 10.

Befreiungen vom Unterrichtsgelde und von den Laboratorientaxen haben nur Bezug auf das einschlägige Studienjahr.

Studierende, welche ein Maturitäts-Zeugnis erworben haben, in welchem die Mehrheit der obligaten Lehrgegenstände mit der Note „vorzüglich" belegt ist, können beim Eintritte in die Hochschule für Bodencultur für drei Studiensemester, beziehungsweise bis zum ordentlichen Termine der I. Staatsprüfung; solche, welche die erste Staatsprüfung im ordentlichen Termine mit Auszeichnung bestanden haben — für den Rest ihrer Studienzeit an der Hochschule für Bodencultur von der Zahlung des Unterrichtsgeldes befreit werden. Im Maturitäts-Zeugnisse werden zwei Noten „lobenswert" für eine Note „vorzüglich" gerechnet.

B. Einbringung der Gesuche.

§. 11.

Die Befreiungsgesuche sind an das Professoren-Collegium der Hochschule für Bodencultur zu richten und in der Rectoratskanzlei spätestens am 14. October, beziehungsweise spätestens am 14. Tage nach dem officiellen Beginn des Sommersemesters zu überreichen.

Dieselben müssen mit den Ausweisen über die Studienerfolge und Vermögensverhältnisse (§. 2, 3, 4) belegt sein. Sie haben nebst dem Nationale auf einem gesonderten Blatte ein Verzeichnis der vom Bittsteller mit Erfolg gehörten Gegenstände und eine Berechnung der den Studienerfolgen entsprechenden Werteinheiten zu enthalten. In dem Gesuche ist anzugeben, ob der Bittsteller im Vorjahre von der Zahlung des Unterrichtsgeldes befreit gewesen, und ob er ein Stipendium oder irgend eine andere Unterstützung genossen hat.

Gesuche ohne Beilagen oder solche mit Beilagen in fremden Sprachen, bei denen eine beglaubigte Übersetzung in deutscher Sprache fehlt, werden nicht berücksichtiget *).

§. 12.

Die für die Einbringung der Gesuche bestimmte Frist ist eine Fallfrist, so dass ein aus was immer für einer Ursache verspätet eingebrachtes Gesuch weder anzunehmen, noch zu berücksichtigen ist.

C. Erledigung der Gesuche.

§. 13.

Eine aus der Mitte des Professoren-Collegiums zu wählende Commission, bestehend aus einem Vorsitzenden und zwei Mitgliedern unterzieht die Gesuche einer vorläufigen Prüfung in der Richtung, ob nach den bestehenden Vorschriften die ganze oder halbe Befreiung von der Zahlung des Unterrichtsgeldes zu erwarten steht. Das vorläufige Ergebnis dieser Prüfung begründet keinen Anspruch auf die angesuchte Befreiung. Ist das Ergebnis günstig, so erfolgt die Aufnahme ohne Vorauszahlung des ganzen oder halben Unterrichtsgeldes.

Alle anderen Bewerber um die Aufnahme haben ohne Rücksicht auf das überreichte Befreiungsgesuch das semestrale Unterrichtsgeld, beziehungweise die Laboratorientaxe ganz zu bezahlen, ehe die Aufnahme oder Immatriculation durch den Rector geschehen kann.

*) Gesuche mit Armuths- und Mittellosigkeits-Zeugnissen sind wie diese stempelfrei. (Ministerial-Erlass vom 26. December 1879, Z. 19297.)

§. 14.

Nach eingehender Prüfung der Gesuche, erstattet die Commission ihren Vorschlag an das Professoren-Collegium, welches die Erledigung mit aller möglichen Beschleunigung vorzunehmen hat. Gegen dieselbe ist weder eine Vorstellung noch eine Berufung statthaft.

§. 15.

Die erfolgte Erledigung der Befreiungsgesuche ist ohne Verzug am schwarzen Brette mit dem Beifügen kund zu machen, dass die Gesuchsteller behufs Eintragung der Befreiung in das Meldungsbuch, beziehungsweise um von dem abweisenden Bescheide in Kenntnis gesetzt zu werden, sofort in der Rectoratskanzlei zu erscheinen und die Nichtbefreiten längstens binnen 14 Tagen nach dieser Kundmachung die Zahlung des (ganzen oder halben) Unterrichtsgeldes zu leisten haben, widrigens sie für das laufende Semester als der Hochschule für Bodencultur angehörig, nicht mehr betrachtet werden.

Die erledigte Immatriculationstaxe wird auch in diesem Falle nicht zurückerstattet.

D. Bestimmungen über die Erlangung und den Fortbezug von Stipendien.

§. 16.

Für die Erlangung von Stipendien sowohl, als für deren Fortbezug während der eigentlichen Studienzeit können, insoweit der Stiftbrief hievon nicht ausdrücklich eine Ausnahme bedingt, von Seite der Hochschule für Bodencultur nur solche Studierende vorgeschlagen werden, welche den für die Befreiung vom Unterrichtsgelde vorgeschriebenen Bedingungen (§. 1 und 2, Punkt 1 und 2 oder §. 1, 3, 4 und 6) entsprechen.

Dasselbe gilt hinsichtlich der Stipendien, welche von dem Professoren-Collegium selbst verliehen werden.

Enthält der Stiftbrief keine Bestimmung rücksichtlich der Zahl von Jahren, auf welche das Stipendium verliehen werden kann, so hat sich die Verleihung nur auf so viele Studienjahre zu erstrecken, als der Stipendist nach Abzug der seit seiner Immatriculation verflossenen Jahre gemäß des empfohlenen Lehrplanes noch zurückzulegen hat.

§. 17.

Die Stipendisten haben sich bei dem Rectorate behufs Vidierung ihrer Stipendien-Quittungen über den regelmäßigen Besuch des Unterrichtes und über den guten Studienerfolg rücksichtlich aller ordentlichen Lehrgegenstände, für welche sie eingeschrieben sind, durch die Bestätigung der betreffenden Professoren und Lehrer auszuweisen.

Der Fortbezug eines Stipendiums ist einzustellen, wenn der Stipendist durch sein Verhalten während des Studienjahres den akademischen Gesetzen entgegen handelt, oder durch Nachlässigkeit im Studium sich als des ferneren Bezuges eines Stipendiums unwürdig gezeigt hat.

§. 18.

Wer im letzten Jahre seiner Studien an der Hochschule für Bodencultur ein Stipendium bezogen hat, kann auch im darauffolgenden Studienjahre als Candidat der II. Staatsprüfung oder der Diplomprüfung jenes Stipendium beziehen, wenn die im §. 16 angeführten Bedingungen des Fortbezuges erfüllt sind, und sowohl der Zweck der Stiftung, als die einzelnen Bestimmungen des Stiftbriefes eine solche Ausdehnung des Stipendiengenusses über die eigentliche Studienzeit hinaus in unzweifelhafter Weise gestatten.

Candidaten der II. Staatsprüfung wird die diesfällige Stipendienrate erst nach mit Erfolg bestandener Staatsprüfung flüssig gemacht.

Nr. 11.

Erlass des Ministers für Cultus und Unterricht vom 28. Februar 1884, Z. 3541 *),

betreffend die Auflassung der Direction der administrativen Statistik und Vereinigung ihrer Agenden mit jenen der statistischen Central-Commission.

Seine k. und k. Apostolische Majestät haben mit Allerhöchster Entschließung vom 22. Februar d. J. a. g. zu genehmigen geruht, dass die Direction für administrative Statistik aufgelassen, die Agenden derselben mit jenen der statistischen Central-Commission unter der Leitung des Präsidenten, sowie in sinngemäßer Anwendung der diesbezüglichen Bestimmungen der Statuten dieser Commission vereinigt und dass die Beamten der erwähnten Direction, unbeschadet ihres Ranges und ihrer Bezüge, unmittelbar dem Präsidenten der Central-Commission unterstellt werden.

-----

*) Kundgemacht am 12. März 1884 im Reichsgesetzblatte unter Nr. 28, Seite 51.

Verfügungen, betreffend Lehrbücher und Lehrmittel.
Lehrbücher.
Für Mittelschulen.

Lampel Leopold, Deutsches Lesebuch für die III. Classe österreichischer Mittelschulen. Wien 1884. A. Hölder. Preis, 1 fl. 20 kr., gebunden, 1 fl. 36 kr.

Dieses Lehrbuch wird zum Lehrgebrauche in der bezeichneten Classe der
Mittelschulen mit deutscher Unterrichtssprache allgemein zugelassen.

(Ministerial-Erlass vom 14. Februar 1884, Z. 2589.)

Schulausgaben classischer Werke, unter Mitwirkung mehrerer Fachmänner herausgegeben von Professor J. Neubauer.

Von dieser Sammlung sind bei K. Gräser in Wien folgende 3 Theile
erschienen:

Goethe W. v., Iphigenie auf Tauris, herausgegeben von J. Neubauer.
Preis, 30 kr.

Shakespeare W., Julius Cäsar, herausgegeben von Josef Resch. Preis, 30 kr.

— — Coriolanus, herausgegeben von Dr. Engelbert Nader.
Preis, 30 kr.

Die Lehrkörper der Mittelschulen werden auf das Erscheinen dieser
Bücher aufmerksam gemacht.

(Ministerial-Erlass vom 29. Februar 1884, Z. 3780.)

Koziol Heinrich, Lateinische Schulgrammatik. Prag 1884. Tempsky. Preis,
1 fl. 20 kr., gebunden 1 fl. 40 kr.

Dieses Lehrbuch wird zum Lehrgebrauche an Gymnasien mit deutscher
Unterrichtssprache allgemein zugelassen.

(Ministerial-Erlass vom 8. März 1884, Z. 3938.)

— — Lateinisches Übungsbuch. I. Theil. Prag 1884. Tempsky. Preis, 50 kr.,
gebunden, 60 kr.

Dieses Buch wird zum Lehrgebrauche an Gymnasien mit deutscher Unterrichtssprache allgemein zugelassen.

(Ministerial-Erlass vom 8. März 1884, Z. 3939.)

Hauler, Dr. Johann, Lateinisches Übungsbuch für die zwei unteren Classen der
Gymnasien und verwandter Lehranstalten nach den Grammatiken von K. Schmidt,
Ellendt-Seyffert und F. Schulz. Abtheilung für das erste Schuljahr.
9. Auflage. Wien 1884. Bermann und Altmann. Preis, 60 kr.

Diese neueste Auflage des genannten Lehrbuches wird ebenso, wie die
achte Auflage *) desselben zum Lehrgebrauche an Gymnasien mit deutscher
Unterrichtssprache allgemein zugelassen.

(Ministerial-Erlass vom 13. Februar 1884, Z. 2493.)

---

*) Ministerial-Verordnungsblatt vom Jahre 1881, Seite 104.

Lehrmittel.

Guttenbrunner Georg, k. k. Lieutenant im Infanterie-Regimente Nr. 91, derzeit in Budweis stationiert, veröffentlicht eine Reliefkarte des Tatragebietes im Maßstabe 1 : 100.000, deren Preis, sammt Etui und Karte, sich im Pränumerationswege (je nach der Anzahl der Abnehmer) auf 10 bis 12 fl. stellen wird.

Die Lehrkörper der Mittelschulen werden auf dieses für den geographischen Unterricht brauchbare Lehrmittel aufmerksam gemacht.

(Ministerial-Erlass vom 29. Februar 1884, Z. 3148.)

Das Werk: Theoretisch-praktische Violinschule in zwei Abtheilungen von V. A. B a r t a k, bearbeitet von A d a l b e r t H r i m a l y. Verlag von Em. W e t z l e r. (Ausgabe mit deutschem Text und Ausgabe mit böhmischem Text) wird im Sinne der hieramtlichen Verordnung vom 2. Juli 1880, Z. 652, Punkt 4 *) als geeignet zum Unterrichtsgebrauche in Lehrerbildungsanstalten erklärt.

(Ministerial-Erlass vom 9. März 1884, Z. 225.)

Kundmachungen.

Der im Jahre 1874 verstorbene Bürger M a t h i a s **Tuma** in L i b á ň hat letztwillig ein Capital von 2500 fl. z u r G r ü n d u n g e i n e r S t i p e n d i e n s t i f t u n g gewidmet, zu deren Genuss ein dürftiger Studierender aus des Stifters Verwandtschaft, eventuell ein Studierender der Mittelschulen oder der Technik aus V e s e c oder L i b á ň, katholischer Religion, berufen sein soll.

Diese Stiftung ist mit dem Capitale von 3600 fl. in Staatspapieren activiert worden.

(Stiftbrief vom 31. Jänner 1884. — Ministerial-Act Z. 2920.)

Die Tischgesellschaft „S c h l u r k s" in Reichenberg hat mit einem Capitale von 1000 fl. eine S t i p e n d i e n s t i f t u n g gegründet, zu deren Genusse abwechselnd ein Schüler deutscher Nationalität ohne Unterschied der Confession am Staats-Gymnasium, an der Staats-Gewerbeschule, der städtischen Bürgerschule und der Staats-Unterrealschule in R e i c h e n b e r g berufen ist.

Diese Stiftung ist nach Genehmigung des Stiftsbriefes ins Leben treten.

(Stiftbrief vom 3. Februar 1884. — Ministerial-Act Z. 2673.)

Der Minister für Cultus und Unterricht hat das Ö f f e n t l i c h k e i t s r e c h t ertheilt:

der Privat-Volksschule für Mädchen der armen Schulschwestern in Stadt J a u e r n i g in Schlesien,

(Ministerial-Erlass vom 23. Februar 1884, Z. 3126) und

der böhmischen Privat-Volksschule des Freiherrn v o n R o t h s c h i l d am Tiefbau-Salomon-Schachte in M ä h r i s c h - O s t r a u

(Ministerial-Erlass vom 16. Februar 1884, Z. 2573).

---

*) Ministerial-Verordnungsblatt vom Jahre 1880, Nr. 22, Seite 153.

Dem vom Schuldienste entlassenen Jakob **Žebre**, gewesenem Volksschullehrer zu Šiška in Krain (Ministerial-Verordnungsblatt vom Jahre 1883, Stück Nr. XIV) wurde die Eignung zur Wiederanstellung auf Grund der Allerhöchsten Entschließung vom 12. Februar 1884 zuerkannt. (Ministerial-Erlass vom 25. Februar 1884, Z. 3374.)

Vom Schuldienste wurden entlassen:

Wenzel **Pokorny**, zuletzt Schulleiter zu Els in Niederösterreich, (Ministerial-Erlass vom 27. Februar 1884, Z. 2880)

Auguste **Eberl**, zuletzt Unterlehrerin an der Volksschule zu Audorf in Oberösterreich, (Ministerial-Erlass vom 23. Februar 1884, Z. 1053)

Karl H. **Benedicter**, Volksschullehrer in Turnau in Steiermark (Ministerial-Erlass vom 23. Februar 1884, Z. 1212) und

Gregor **Strumieński**, zuletzt Lehrer an der Volksschule zu Łanczyn in Galizien (Ministerial-Erlass vom 22. Februar 1884, Z. 3108).

Verlag des k. k. Ministeriums für Cultus und Unterricht. — Druck von Karl Gorischek in Wien.

Jahrgang 1884. **Stück VII.**

Verordnungsblatt

für den Dienstbereich des

Ministeriums für Cultus und Unterricht.

Redigiert im k. k. Ministerium für Cultus und Unterricht.

Ausgegeben am 1. April 1884.

Verfügungen, betreffend Lehrbücher und Lehrmittel.

Lehrbücher.

a) Für Volks- und Bürgerschulen.

Kretschmeyer, Dr. Franz Josef, Deutsches Lesebuch für Mädchen-Bürgerschulen. I. Theil. 4. durchgesehene und theilweise veränderte Auflage. Prag. Verlag von F. Tempsky. Gebunden 60 kr.

Dieses Lesebuch wird zum Lehrgebrauche an Mädchen-Bürgerschulen für zulässig erklärt.

(Ministerial-Erlass vom 9. März 1884, Z. 982.)

Pokorny A., Jehlička P., Přírodopis pro školy měšťanské. I. Stufe. 5. gekürzte und revidierte Ausgabe mit 97 Illustrationen. Prag 1884. Tempsky. Preis eines Exemplares, broschiert, 50 kr., steif gebunden, 60 kr.

Diese Ausgabe des Lehrbuches der Naturgeschichte wird zum Lehrgebrauche an Bürgerschulen mit böhmischer Unterrichtssprache als zulässig erklärt.

(Ministerial-Erlass vom 7. März 1884, Z. 24494 ex 1883.)

Gindely A., Učebnice dějepisu pro školy měšťanské. Bearbeitet von Josef Vávra. I. Theil. 5. revidierte Auflage. Mit 20 Illustrationen. Prag 1884. Tempsky. Preis eines Exemplars, broschiert, 40 kr.

Dieser Theil von Gindely's „Lehrbuch der Geschichte" wird in der gegenwärtigen revidierten Auflage zum Lehrgebrauche an Bürgerschulen mit böhmischer Unterrichtssprache als zulässig erklärt.

(Ministerial-Erlass vom 11. März 1884, Z. 3549.)

b) Für Mittelschulen.

Bibliotheca scriptorum graecorum et romanorum edita curantibus **I o a n n e K v i č a l a**
et **C a r o l o S c h e n k l** *).

Von dieser bei **F r i e d r i c h T e m p s k y** in Prag erscheinenden Bibliothek
sind zwei neue Bändchen veröffentlicht worden, und zwar:

Sophoclis Electra, scholarum in usum, edidit **F r i d e r i c u s S c h u b e r t.** Preis,
24 kr. und

Cornelii Nepotis vitae, edidit **G e o r g i u s A n d r e s e n.** Preis, 40 kr.

Die Lehrkörper der Gymnasien werden auf das Erscheinen dieser Bücher
aufmerksam gemacht.

(Ministerial-Erlass vom 28. Februar 1884, Z. 3510 und 2. März 1884, Z. 3835.)

Homeri Odysseae epitome in usum scholarum, edidit **F r a n c i s c u s P a u l y.** Pars I.
Odysseae lib. I.–XII. 5. verbesserte Auflage. Prag 1884, **T e m p s k y.** Preis, 82 kr.

Diese neueste Auflage des genannten Buches wird ebenso, wie die vierte
Auflage desselben **) zum Lehrgebrauche an Gymnasien allgemein zugelassen.

(Ministerial-Erlass vom 12. März 1884, Z. 4539.)

Neumann A l o i s und **Gehlen** O t t o, Deutsches Lesebuch für die zweite Classe der
Gymnasien und verwandter Anstalten mit sachlichen und sprachlichen Erklärungen.
8. Auflage. Wien 1884. **B e r m a n n** und **A l t m a n n.** Preis, 1 fl.

Diese neueste Auflage des vorbenannten Lesebuches wird ebenso, wie die
siebente Auflage ***) desselben zum Lehrgebrauche an Mittelschulen mit deutscher
Unterrichtssprache allgemein zugelassen.

(Ministerial-Erlass vom 23. Februar 1884, Z. 3228.)

Umlauft, D r. F r i e d r i c h, Lehrbuch der Geographie für die unteren und mittleren
Classen österreichischer Gymnasien und Realschulen. I. Cursus: Grundzüge der
Geographie (für die erste Classe). Wien 1884. A. **H ö l d e r.** Preis, 32 kr.

Dieses Lehrbuch wird für die erste Classe der Mittelschulen mit deutscher
Unterrichtssprache allgemein zugelassen.

(Ministerial-Erlass vom 12. März 1884, Z. 4600.)

Zahradník, D r. K a r l, Analytická geometrie v rovině. Prag 1884. **B e l l m a n n.**
Preis 84 kr.

Dieses Buch wird zum Lehrgebrauche an Mittelschulen mit böhmischer
Unterrichtssprache allgemein zugelassen.

(Ministerial-Erlass vom 23. Februar 1884, Z. 2899.)

---

*) Ministerial-Verordnungsblatt vom Jahre 1882, Seite 241.
**) Ministerial-Verordnungsblatt vom Jahre 1879, Seite 460.
***) Ministerial-Verordnungsblatt vom Jahre 1879, Seite 450.

Močnik, Dr. Franz Ritter von, Aritmetika za nižje gimnazije. II. Theil. Nach der 20. (deutschen) Auflage slovenisch bearbeitet von J. Celestina. Laibach 1884. Kleinmayr und Bamberg. Preis, 90 kr., gebunden in Leinwand 1 fl. 10 kr.

Der zweite Theil des vorbenannten Lehrbuches wird ebenso, wie der erste Theil desselben *) zum Lehrgebrauche in den Unterclassen der Gymnasien, an denen der arithmetische Unterricht unter Gebrauch der slovenischen Unterrichtssprache ertheilt wird, allgemein zugelassen.

(Ministerial-Erlass vom 12. März 1884, Z. 4557.)

Bechtel A., Französisches Elementarbuch für Mittelschulen. Mit dem für die zwei ersten Jahrgänge nöthigen Übungs- und Lesestoff. Wien 1884. Klinkhardt. Preis, 75 kr.

Dieses Elementarbuch wird zum Lehrgebrauche in den bezeichneten Classen der Realschulen mit deutscher Unterrichtssprache allgemein zugelassen.

(Ministerial-Erlass vom 28. Februar 1884, Z. 3346.)

c) Für Lehrerbildungsanstalten.

Welter, Dzieje powszechne skrócone, bearbeitet von Sigmund Sawczyński. 4. revidierte Auflage. Krakau. Verlag von Himmelblau. I. Theil, 1878. Preis 70 kr., II. Theil, 1880. Preis, 75 kr., III. Theil, 1879. Preis, 90 kr.

Dieses Lehrbuch der Weltgeschichte wird in der gegenwärtigen vierten Auflage zum Lehrgebrauche an Lehrerbildungsanstalten mit polnischer Unterrichtssprache als zulässig erklärt.

(Ministerial-Erlass vom 14. März 1884, Z. 860.)

d) Für gewerbliche Fortbildungsschulen.

Průmyslová čítanka pro školu i dům. Von Karl Bulíř und vom Schulausschusse der gewerblichen Fortbildungsschulen in Prag. 2. Auflage. Prag 1884. Verlag des Vereines zur Ermunterung des Gewerbsgeistes in Böhmen. Preis, 90 kr.

. Dieses Lesebuch wird zum Lehrgebrauche an den gewerblichen Fortbildungsschulen mit böhmischer Unterrichtssprache allgemein zugelassen.

(Ministerial-Erlass vom 13. März 1884, Z. 4088.)

Lehrmittel.

Fellner Alois und **Steigl** Franz, Schule des Freihandzeichnens.

Der Verlag dieses mit Ministerial-Erlass vom 10. Mai 1882, Z. 15196 **) für die Hand des Lehrers für zulässig erklärten Lehrmittels ist an die Buchhandlung A. Pichler's Witwe und Sohn übergegangen, welche die Preise der einzelnen Hefte in nachstehender Weise ermäßigt hat.

Heft I, Preis, 60 kr.,	Heft IV und V, je 80 kr.,
Heft II und III, je 70 kr.	Heft VI und VII, je 1 fl. 20 kr.

(Ministerial-Erlass vom 8. März 1884, Z. 3693.)

---

*) Ministerial-Verordnungsblatt vom Jahre 1882, Seite 226.
**) Ministerial-Verordnungsblatt vom Jahre 1882, Seite 129.

Kundmachungen.

Der Minister für Cultus und Unterricht hat das Öffentlichkeitsrecht ertheilt:

der vom Handelsgremium errichteten und erhaltenen Handelsakademie in Linz,
(Ministerial-Erlass vom 28. Februar 1884, Z. 2356) und

der vom Gemeinderathe der Stadt Chrudim erhaltenen Handelsakademie in Chrudim
(Ministerial-Erlass vom 14. März 1884, Z. 3413).

Anna Baldić, zuletzt provisorische Lehrerin an der Volksschule zu Baosić in Dalmatien
wurde vom Schuldienste entlassen.
(Ministerial-Erlass vom 6. März 1884, Z. 3903.)

Zu dem vom k. k. Handelsministerium im verflossenen Jahre herausgegebenen

Verzeichnisse der Fahrtaxen, respective der ortsüblichen Fuhrlöhne *),

welche für die Benützung von zweispännigen Wagen von den einzelnen Eisenbahnstationen oder
Dampfschifffahrts-Landungsplätzen der im Reichsrathe vertretenen Königreiche und Länder bis
zu den zunächst gelegenen Orten zu entrichten sind, ist ein Anhang I über die seit dem Erscheinen
obigen Verzeichnisses eingetretenen Änderungen in den Fahrtaxen erschienen, dessen Verschleiss
der k. k. Hof- und Staatsdruckerei übertragen wurde, von welcher dasselbe um den Selbstkosten-
preis von 5 Kreuzer pr. Exemplar bezogen werden kann.

---

*) Ministerial-Verordnungsblatt vom Jahre 1883, Seite 128.

Verlag des k. k. Ministeriums für Cultus und Unterricht. — Druck von Karl Gorischek in Wien.

Jahrgang 1884.   **Stück VIII.**

Verordnungsblatt

theilt

für den Dienstbereich des

Ministeriums für Cultus und Unterricht.

di m

Redigiert im k. k. Ministerium für Cultus und Unterricht.

Ausgegeben am 15. April 1884.

Nr. 12.

Verordnung des Ministers für Cultus und Unterricht vom 23. März 1884, Z. 2236,

der

bis

betreffend die Abänderung der Formulare der Lehrbefähigungszeugnisse für Bürgerschulen.

inen

leiss

ten-

Mit Beziehung auf Art. VIII der hierortigen Verordnung vom 5. Juni 1883, Z. 10618 *), nach welchem die Lehrbefähigung für allgemeine Volksschulen und für Bürgerschulen fortan nicht mehr in einem und demselben Prüfungstermine erworben werden kann und die Lehrbefähigungsprüfung für Bürgerschulen bloss auf die zur gewählten Gruppe (einschließlich der Pädagogik) gehörigen Gegenstände und nicht auch auf die übrigen Gegenstände des Volksschulunterrichtes sich erstreckt, ordne ich an, dass die mit hieramtlicher Verordnung vom 5. April 1872 **) im Anhange sub „II. für Lehrer und Lehrerinnen an Bürgerschulen", vorgeschriebenen Zeugnisformulare, wie folgt, abzuändern sind:

a) Die Aufschrift hat zu lauten: „Lehrbefähigungszeugnis (beziehungsweise Prüfungszeugnis) für Bürgerschulen".

b) Der vorletzte Absatz vor den Anmerkungen: „Aus den Gegenständen . . . . dargethan" hat zu entfallen.

c) Der letzte Absatz vor den Anmerkungen hat zu lauten: „Auf Grund dieser Leistungen wurde . . . . ein Zeugnis Nr. . . . . . zuerkannt, und wird . . . . zum selbständigen Lehramte an Bürgerschulen mit . . . . Unterrichtssprache für . . . . etc".

---

*) Ministerial-Verordnungsblatt vom Jahre 1883, Nr. 17, Seite 173.
**) Ministerial-Verordnungsblatt vom Jahre 1872, Nr. 28, Seite 144.

Nr. 13.
Erlass des Ministers für Cultus und Unterricht vom 28. März 1884, Z. 6024,

betreffend die Veröffentlichung eines neuen Verzeichnisses der für die österreichischen Mittelschulen allgemein zulässigen Lehrtexte und Lehrmittel.

Mit Beziehung auf den Erlass vom 31. März 1880, Z. 5085 *) und auf die Verordnung vom 15. August 1880, Z. 7320 **), deren Bestimmungen auch fernerhin maßgebend bleiben, wird im Folgenden das neue Verzeichnis der zum Lehrgebrauche an Mittelschulen allgemein zulässigen Lehrtexte und Lehrmittel veröffentlicht.

Hiebei wird den Directoren und Lehrern dieser Anstalten der Unterrichts-Ministerial-Erlass vom 12. April 1855, Z. 127 (Gymnasialzeitschrift vom Jahre 1855, 6. Band, Seite 501) mit dem Ersuchen in Erinnerung gebracht, die beim Unterrichte in einzelnen Lehrbüchern und Lehrmitteln wahrgenommenen Mängel und Unrichtigkeiten anher bekannt zu geben, damit wegen ihrer Beseitigung, beziehungsweise Berichtigung das Erforderliche verfügt werden könne.

Verzeichnis ***)
der für die österreichischen Mittelschulen zum Unterrichtsgebrauche allgemein zulässigen

Lehrtexte und Lehrmittel
nach den zuletzt approbierten Auflagen.

(Geschlossen am 15. März 1884. — Noch einbezogen Verordnungsblatt vom Jahre 1884, Stück VI).

A.
Für Gymnasien mit deutscher Unterrichtssprache.

Die mit einem Sternchen (*) bezeichneten Werke sind zugleich für Realschulen approbiert.

a) Lehrtexte.
Lateinische Sprache.

Ellendt, Dr. Friedrich, Lateinische Grammatik, bearbeitet von Dr. Moriz Seyffert. 26. Auflage, von Dr. M. A. Seyffert und Prof. K. Busch. Berlin 1882. Weidmann. 2 Mark 40 Pf. (Verordnungs-Blatt 1883, Seite 192).

Schmidt Karl, Lateinische Schulgrammatik. 6. verbesserte und verkürzte Auflage. Wien 1883. A. Hölder. 1 fl. 45 kr. (Vdgs.-Bl. 1883, Seite 284).

Goldbacher, Dr. Alois, Lateinische Grammatik für Schulen. Wien 1883. Schworella und Heick. 1 fl. 40 kr., geb. 1 fl. 64 kr. (Vdgs.-Bl. 1883, Seite 73).

Nahrhaft Josef, Lateinisches Übungsbuch zu der Grammatik von Dr. Al. Goldbacher. I. Theil. Wien 1883. Schworella u. Heick. 60 kr., geb. 80 kr. (Vdgs.-Bl. 1883, Seite 73).

---

*) Ministerial-Verordnungsblatt vom Jahre 1880, Seite 48.
**) Ministerial-Verordnungsblatt vom Jahre 1880, Seite 193.
***) Separatabdrücke dieses Verzeichnisses sind im k. k. Schulbücher-Verlage in Wien zu 15 kr. zu bekommen.

Kosiol Heinrich, Lateinische Schulgrammatik. Prag 1884. Tempsky. 1 fl. 20 kr., geb. 1 fl. 40 kr. (Vdgs.-Bl. 1884, Seite 70).

— — Lateinisches Übungsbuch. I. Theil. Prag 1884. Tempsky. 50 kr., geb. 60 kr. (Vdgs.-Bl. 1884, S. 70).

Schultz, Dr. Ferdinand, Kleine lateinische Sprachlehre, zunächst für die unteren und mittleren Classen der Gymnasien. 18. verbesserte Auflage. Paderborn 1882. Schöningh. 1 Mark 85 Pf. (Vdgs.-Bl. 1882, Seite 170).

— — Übungsbuch zur lateinischen Sprachlehre, zunächst für die unteren Classen der Gymnasien. 12. verbesserte und vermehrte Auflage. Paderborn 1879. Schöningh. 2 Mark (Vdgs.-Bl. 1880, Seite 226).

— — Aufgabensammlung zur Einübung der lateinischen Syntax, zunächst für die mittlere Stufe der Gymnasien. 9. berichtigte Auflage. Paderborn 1882. Schöningh. 2 Mark 50 Pf. (Vdgs.-Bl. 1882, Seite 170).

Hauler, Dr. Johann, Lateinisches Übungsbuch für die zwei untersten Classen der Gymnasien und verwandter Lehranstalten.

a) Abtheilung für das erste Schuljahr. 9. Auflage. Wien 1884. Bermann und Altmann. 60 kr. (Vdgs.-Bl. 1884, Seite 70).

b) Abtheilung für das zweite Schuljahr. 8. Auflage. Wien 1883. Bermann und Altmann. 95 kr. (Vdgs.-Bl. 1883, Seite 28).

— — Aufgaben zur Einübung der lateinischen Syntax. Wien. Hölder.

I. Theil, Casuslehre. 4. Auflage. 1882. 68 kr. (Vdgs.-Bl. 1882, Seite 170).

II. Theil, Moduslehre. 3. Auflage. 1882. 75 kr. (Vdgs.-Bl. 1882, Seite 170).

Rožek J. A., Lateinisches Lesebuch für die unteren Classen der Gymnasien.

I. Theil. 7. Auflage. Wien 1881. Gerold. 45 kr. (Vdgs.-Bl. 1881, Seite 258).

II. Theil. 5. Auflage. Wien 1880. Gerold's Sohn. 65 kr. (Vdgs.-Bl. 1880, Seite 220).

— — Wörterverzeichnis zum lateinischen Lesebuche.

I. Theil. 7. Auflage. Wien 1882. Gerold's Sohn. 45 kr. (Vdgs.-Bl. 1882, Seite 172).

II. Theil. 5. Auflage. Wien 1882. Gerold's Sohn. 45 kr. (Vdgs.-Bl. 1882, Seite 178).

— — Beispiel- und Aufgabensammlung zur Einübung der lateinischen Syntax. Wien. Gerold.

I Theil. Für die 3. Classe der Gymnasien. 1875. 80 kr. (Vdgs.-Bl. 1878, Seite 80).

II. Theil. Für die 4. Classe. Verbesserte Auflage des Übungsbuches, 1878. 80 kr. (Vdgs.-Bl. 1878, Seite 80).

Vielhaber Leopold, Übungsbuch zur Einübung der Formenlehre und der Elementar-Syntax. Wien. Hölder.

I. Heft. Für die 1. Gymnasialclasse. 3. gekürzte, und der lateinischen Schulgrammatik von Karl Schmidt angepasste Auflage, besorgt von K. Schmidt. Wien 1880. 45 kr. (Vdgs.-Bl. 1880, Seite 211.)

II. Heft. Für die 2. Gymnasialclasse. 2. gekürzte Auflage, besorgt von K. Schmidt. Wien 1878. Hölder. 72 kr. (Vdgs.-Bl. 1878, Seite 151).

Vielhaber Leopold, Aufgaben zum Übersetzen ins Lateinische zur Einübung der Syntax. Wien. Hölder.

    I. Heft. Casuslehre, für die 3. Gymnasialclasse. 4. Auflage, besorgt von Karl Schmidt. 1882. 60 kr. (Vdgs.-Bl. 1882, Seite 26).

    II. Heft. Verbale Rection, für die 4. Gymnasialclasse. 3. Auflage, besorgt von Karl Schmidt. 1876, 72 kr. (Vdgs.-Bl. 1878, Seite 81).

Hübl Franz, Übungsbuch für den Lateinunterricht in den unteren Classen der Gymnasien. I. Theil. Für die 1. Classe. Brüx 1879. Selbstverlag des Verfassers. 56 kr. (Vdgs.-Bl. 1879, Seite 229.)

Berger, Dr. Ernst, Stilistische Vorübungen der lateinischen Sprache für mittlere Gymnasialclassen. 4. Auflage. Coburg und Leipzig 1875. Karlowa. 1 fl. 33 kr. (Vdgs.-Bl. 1878, Seite 81).

Süpfle K. Fr., Aufgaben zu lateinischen Stilübungen. Karlsruhe. Groos.

    I. Theil. 18. Auflage, 1882. 2 Mark 80 Pf. (Vdgs.-Bl. 1883, Seite 196).

    II. Theil. 18. Auflage, 1880. 3 Mark 40 Pf. ⎫
    III. Theil. 9. Auflage, 1879, 3 Mark 20 Pf. ⎬ (Vdgs.-Bl. 1881, Seite 65).

Hauler, Dr. Johann, Lateinische Stilübungen für die oberen Classen der Gymnasien und verwandter Lehranstalten. Nach den Grammatiken von K. Schmidt und Ellendt-Seyffert. Abtheilung für die V. und VI. Classe. 2. Auflage. Wien 1881. Hölder. 1 fl. 30 kr. (Vdgs.-Bl. 1880, Seite 226).

— — Lateinische Stilübungen für die oberen Classen der Gymnasien und verwandter Lehranstalten. Nach den Grammatiken von K. Schmidt und Ellendt-Seyffert. Abtheilung für die VII. Classe. Wien 1880. A. Hölder. 60 kr. (Vdgs.-Bl. 1880, Seite 81).

— — Lateinische Stilübungen für die oberen Classen der Gymnasien und verwandter Lehranstalten. Abtheilung für die VIII. Classe. Wien 1882. A. Hölder. 60 kr. (Vdgs.-Bl. 1882, Seite 150).

Seyffert M., Übungsbuch zum Übersetzen aus dem Deutschen ins Lateinische für Secunda. 8. Auflage. Leipzig 1864. Holtze. 60 kr. (Vdgs.-Bl. 1878, Seite 81).

Historiae antiquae usque ad Caesaris Augusti obitum libri XII. Scholarum in usum edidit E. Hoffmann. Editio retractata passimque immutata. Wien 1880. Gerold's Sohn. 80 kr. (Vdgs.-Bl. 1880, Seite 271).

Memorabilia Alexandri Magni et aliorum virorum illustrium. Phaedri fabulae selectae. Ed. C. Schmidt, O. Gehlen. 4. verbesserte Auflage. Wien 1882. Hölder. 1 fl. (Vdgs.-Bl. 1882, Seite 171.)

Schwarz, Ant., Lateinisches Lesebuch mit sachlichen Erklärungen und grammatischen Verweisungen versehen. 4. verbesserte Auflage. Paderborn 1884. Ferd. Schöningh. Wien. Friese und Lang. 1 Mark 25 Pfennig. (Vdgs.-Bl. 1884, Seite 55).

Rožek J. A., Kurze Chrestomathie aus lateinischen Dichtern zusammengestellt und mit Anmerkungen versehen. 4. Auflage. Hermannstadt 1878. A. Schmiedicke. 32 kr. (Vdgs.-Bl. 1878, Seite 82).

P. Ovidii Nasonis carmina selecta. In usum scholarum edidit J. C. Grysar. Wien. Gerold. 65 kr. (Vdgs.-Bl. 1878, Seite 82).

P. Ovidii Nasonis carmina selecta. Scholarum in usum edidit Herm. Steph. Sedlmayer. Prag 1883. Temsky. 48 kr. (Vdgs.-Bl. 1883, Seite 171).

— — carmina. Vol. II. Metamorphoses. Scholarum in usum edidit Ant. Zingerle. Prag 1884. Tempsky. 85 kr. (Vdgs.-Bl. 1883, Seite 285).

Ovidii Nasonis Metamorphoses. Auswahl für Schulen, mit erläuternden Anmerkungen und einem mythologisch-geographischen Register versehen von J. Siebelis.
I. Heft, Buch I—IX und Einleitung enthaltend. Leipzig. Teubner. 15 Sgr. (Vdgs.-Bl. 1878, Seite 82).
II. Heft, Buch X—XV und das mythologisch-geographische Register enthaltend. 15 Sgr. (Vdgs.-Bl. 1878, Seite 82).

Gehlen Otto und **Schmidt** Karl, P. Ovidii Nasonis carmina selecta mit erläuternden Anmerkungen zum Schulgebrauche. 3. verbesserte Auflage. Wien 1883. Bermann und Altmann. 76 kr. (Vdgs.-Bl. 1882, Seite 163).

T. Livii ab urbe condita librorum partes selectae. In usum scholarum iterum edidit J. C. Grysar. Wien. Gerold.

Volumen prius. 90 kr. ⎫
·Volumen alterum. 90 kr. ⎬ (Vdgs.-Bl. 1878, Seite 82).

P. Vergilii Maronis Aeneidos epitome. Accedit ex Georgicis et Bucolicis delectus. Scholarum in usum edidit E. Hoffmann. Wien. Gerold. 55 kr. (Vdgs.-Bl. 1878, Seite 82).

Cornelii Taciti Epitoma. In usum scholarum conc. Al. Capellmann. Germaniam, Agricolam, historias complectens. Wien. Gerold. 70 kr. (Vdgs.-Bl. 1878, Seite 82).

— — Germaniae et Agricolae Epitoma. Conc. Al. Capellmann. Wien. Gerold. 20 kr. (Vdgs.-Bl. 1878, Seite 82). ˏ

Horatius Flaccus, scholarum in usum edidit G. Linkerus. Wien. Gerold. 1 fl. (Vdgs.-Bl. 1878, Seite 82).

Huemer, Dr. Joh. O. Horatii Flacci carmina selecta. Für den Schulgebrauch herausgegeben. Wien 1882. Hölder. 70 kr. (Vdgs.-Bl. 1882, Seite 171).

Griechische Sprache.

Curtius G., Griechische Schulgrammatik. 14. unter Mitwirkung von Prof. Dr. Bernh. Gerth verbesserte Auflage. Prag 1880. Tempsky. 1 fl. 60 kr. (Vdgs.-Bl. 1881, Seite 232).

Hintner, Dr. Valentin, Griechische Schulgrammatik. 2. verbesserte Auflage. Wien 1883. Hölder. 1 fl. 10 kr. (Vdgs.-Bl. 1883, Seite 94).

— — Griechisches Übungsbuch nach den Grammatiken von Hintner und Curtius. Wien 1883. Hölder. 1 fl. (Vdgs.-Bl. 1883, Seite 170).

— — Griechisches Elementarbuch, zunächst für die 3. und 4. Classe der Gymnasien. Nach der Grammatik von Curtius bearbeitet. 3. verbesserte Auflage. Wien 1880. Hölder. 1 fl. 10 kr. (Vdgs.-Bl. 1880, Seite 170).

Schenkl, Dr. Karl, Griechisches Elementarbuch nach den Grammatiken von Curtius und Kühner. 11. verbesserte Auflage. Prag 1881. Tempsky. Geb. 1 fl. 16 kr. (Vdgs.-Bl. 1880, Seite 236).

Schenkl, Dr. Karl, Übungsbuch zum Übersetzen aus dem Deutschen und Lateinischen ins Griechische. 5. Auflage. Prag 1882. Tempsky. Geb. 1 fl. 16 kr. (Vdgs.-Bl. 1882, Seite 31).

— — Chrestomathie aus Xenophon mit erklärenden Anmerkungen und einem Wörterbuche. 7. Auflage. Wien 1882. Gerold's Sohn. 1 fl. 50 kr. (Vdgs.-Bl. 1882, Seite 26).

Homeri Iliados epitome. Francisci Hocheggeri. In usum scholarum iterum edidit. Josephus Zechmeister. Pars prior. Iliadis I—X. Wien 1880. Gerold's Sohn. 55 kr. (Vdgs.-Bl. 1881, Seite 108).

— — Pars altera. Iliadis XI—XXIV. In usum scholarum iterum edidit August. Scheindler. Wien 1882. Gerold's Sohn. 75 kr. (Vdgs.-Bl. 1883, Seite 285).

— — Odysseae epitome. Ed. Dr. Fr. Pauly. Prag. Tempsky.

    1. Band. 1880. 4. Auflage. 72 kr. (Vdgs.-Bl. 1879, Seite 460).

    2. Band. 1880. 3. Auflage. 72 kr. (Vdgs.-Bl. 1880, Seite 18).

Herodoti De bello persico librorum epitome. Edidit And. Wilhelm. 4. Auflage. Wien. Gerold. 90 kr. (Vdgs.-Bl. 1878, Seite 83).

Deutsche Sprache.

*Bauer Fried., Grundzüge der neuhochdeutschen Grammatik. 22. Auflage. (Für Österreich bestimmte Ausgabe.) Nördlingen 1883. Beck. 1 fl. 10 kr. (Vdgs.-Bl. 1883, Seite 237).

*Hoffmann K. A. J., Neuhochdeutsche Elementar-Grammatik. Mit Rücksicht auf die Grundsätze der historischen Grammatik bearbeitet. 9. Auflage, besorgt von Dr. Albert Schuster. Clausthal 1875. Grösse. 1 Mark 80 Pf. (Vdgs.-Bl. 1878, Seite 107).

*Gurcke G., Deutsche Schulgrammatik. 17. Auflage. Ausgabe A. In neuer Bearbeitung von Dr. Hermann Glöde. Hamburg 1882. Meissner. 60 kr. (Vdgs.-Bl. 1882, Seite 225).

* — — Übungsbuch zur deutschen Grammatik nach Jahrescursen geordnet. 29. Auflage. Ausgabe A, neu bearbeitet von Dr. Hermann Glöde. Hamburg 1882. Meissner. 50 kr. (Vdgs.-Bl. 1882, Seite 241).

*Wilmann, Dr. W., Deutsche Grammatik für die Unter- und Mittelclassen höherer Lehranstalten. Berlin 1877. Wiegand und Comp. 2 Mark. (Vdgs.-Bl. 1878, Seite 83).

*Hermann Edw., Lehrbuch der deutschen Sprache. 5. abgekürzte und verbesserte Auflage. Wien 1875. Hölder. 1 fl. 20 kr. (Vdgs.-Bl. 1878, Seite 83).
    (Die 6. Auflage ist nicht zugelassen.)

*Heinrich Anton, Grammatik der neuhochdeutschen Sprache für Mittelschulen in mehrsprachigen Ländern. 8. Auflage. Laibach 1881. Kleinmayer und Bamberg. 1 fl. 10 kr. (Vdgs.-Bl. 1881, Seite 271).
    Nur an Lehranstalten in mehrsprachigen Ländern zulässig.

*Willomitzer, Dr. Fr., Deutsche Grammatik für österreichische Mittelschulen. 3. Abdruck der 3. Auflage. Wien 1883. Julius Klinkhardt. 1 fl. (Vdgs.-Bl. 1883. Seite 238).

Mozart J., Deutsches Lesebuch für die unteren Classen der Gymnasien.

I. Band. 20. Auflage. Wien 1873. Gerold. Geb. 70 kr. ⎫ (Vdgs.-Bl. 1878,
II. „ 14. „ „ 1872. „ „ 90 kr. ⎬ Seite 83).
III. „ 12. „ „ 1874. „ „ 75 kr. ⎭

IV. „ 10. „ „ 1875. Gerold's Sohn. Geb. 70 kr. (Vdgs.-Bl. 1881, Seite 154).

Pfannerer, Dr. Maurus, Deutsches Lesebuch für die unteren Classen der Gymnasien. Prag. Tempsky.

I. Band. 6. Auflage, 1884. Geb. 1 fl. (Vdgs.-Bl. 1883, Seite 285).
II. „ 4. „ 1879. 88 kr. (Vdgs.-Bl. 1879, Seite 12).
III. „ 4. „ 1884. Geb. 1 fl. (Vdgs.-Bl. 1883, Seite 216).
IV. „ 3. „ 1880. 85 kr. (Vdgs.-Bl. 1879, Seite 478).

*Neumann Alois und Gehlen Otto, Deutsches Lesebuch für die 1. Classe der Gymnasien und verwandter Anstalten. 8. Auflage. Wien 1883. Bermann und Altmann. 90 kr. (Vdgs.-Bl. 1883, Seite 126).

* — — Deutsches Lesebuch für die 2. Classe der Gymnasien und verwandter Anstalten. 7. Auflage. Wien 1880. Bermann und Altmann. 1 fl. (Vdgs.-Bl. 1879. Seite 450).

* — — Für die 3. Classe. 7. Auflage. Wien 1883. Hölder. 1 fl. 12 kr. (Vdgs.-Bl. 1883, Seite 273).

* — — Für die 4. Classe. 6. Auflage. Wien 1883. Hölder. 1 fl. 20 kr. (Vdgs.-Bl. 1883, Seite 273).

*Egger, Dr. Alois, Deutsches Lesebuch für die österr. Mittelschulen. Wien. Hölder.
. Für die 1. Classe. 4. Auflage, 1883. Geb. 1 fl. 5 kr. (Vdgs.-Bl. 1883, Seite 101).
Für die 2. Classe. 3. Auflage, 1883. Geb. 1 fl. 5 kr. (Vdgs.-Bl. 1883, Seite 195).
Für die 3. Classe. 2. Auflage, 1881. 90 kr. Geb. 1 fl. 5 kr. (Vdgs.-Bl. 1881, Seite 154).
Für die 4. Classe. 2. Auflage, 1882. Geb. 1 fl. 5 kr. (Vdgs.-Bl. 1882, Seite 159).

*Lampel Leopold, Deutsches Lesebuch für die 1. Classe österr. Mittelschulen. Wien. 1883. Hölder. 1 fl. 10 kr. (Vdgs.-Bl. 1883. Seite 93).

* — — Für die 2. Classe österr. Mittelschulen. Wien 1883. Hölder. 1 fl. 16 kr. (Vdgs.-Bl. 1883, Seite 196).

* — — Für die 3. Classe österr. Mittelschulen, Wien 1884. Hölder. 1 fl. 20 kr. Geb. 1 fl. 36 kr. (Vdgs.-Bl. 1884, Seite 70).

Kummer Dr. Karl Ferd. und Stejskal Dr. Karl, Deutsches Lesebuch für österr. Gymnasien. Wien 1883. Jul. Klinkhardt.

I. Band 1 fl. ⎫ (Vdgs.-Bl. 1883, Seite 203).
V. „ 1 fl. 50 kr. ⎭

Mozart J., Deutsches Lesebuch für die oberen Classen der Gymnasien.

I. Band. 9. Auflage. Wien 1869. Gerold. 1 fl. 30 kr. (Vdgs.-Bl. 1878, Seite 84).
II. „ 10. „ „ 1873. „ 2 fl. „ „ „ „
III. „ 5. „ „ 1877. „ 1 fl. 50 kr. „ „ „ „

Egger, D r. A l o i s, Deutsches Lehr- und Lesebuch für höhere Lehranstalten. Wien.
H ö l d e r.

    I. Theil. Einleitung in die Literaturkunde. 7. verbesserte Auflage, 1882.
       1 fl. 50 kr. (Vdgs.-Bl. 1882, Seite 133).

    II. Theil, 1. Band. Literaturkunde. 7. Auflage. 1880. 1 fl. 88 kr. (Vdgs.-Bl. 1880,
       Seite 220).

    II. Theil, 2. Band. Literaturkunde 5. Auflage. 1882. 1 fl. 50 kr. (Vdgs.-Bl. 1882,
       Seite 171).

Reichel K., Mittelhochdeutsches Lesebuch mit Glossar für Gymnasien. 4. Auflage,
besorgt von R. R e i c h e l. Wien 1881. G e r o l d's Sohn. 1 fl. 50. kr. (Vdgs.-Bl.
1882, Seite 31).

Weinhold K a r l, Mittelhochdeutsches Lesebuch mit einer kurzen Grammatik des
Mittelhochdeutschen und einem Glossar. 3. Auflage. Wien 1875. B r a u m ü l l e r.
1 fl. 50 kr. (Vdgs.-Bl. 1878, Seite 84).

Geographie und Geschichte.

Kozenn-Jarz, Leitfaden der Geographie für die Mittelschulen der österr.-ungar.
Monarchie. I. Theil: Allgemeine Grundzüge für den ersten geographischen
Unterricht. 8. revidierte Auflage. Wien 1883. E. H ö l z e l. 50 kr. (Vdgs.-Bl.
1883. Seite 217).

Kozenn B., Leitfaden der Geographie für Mittelschulen. II. Theil: Specielle Geographie.
7. Auflage. Wien 1882. E. H ö l z e l. 1 fl. 30 kr. (Vdgs.-Bl. 1882, Seite 141).

* — — III. Theil. Geographie und Statistik der österr.-ungar. Monarchie. Mit
einem geschichtlichen Abriss und Anhang. Von D r. C o n r a d J a r z. 2. revidierte
Auflage. Wien 1881. E. H ö l z e l. 80 kr. (Vdgs.-Bl. 1881, Seite 104).

Herr G u s t a v, Lehrbuch der vergleichenden Erdbeschreibung für die unteren und
mittleren Classen der Gymnasien, Realschulen und verwandten Lehranstalten.
Wien. G r ä s e r,

    I. Cursus. Grundzüge für den ersten Unterricht in der Erdbeschreibung.
      13. revidierte Auflage, 1883. Geb. 73 kr. (Vdgs.-Bl. 1883, Seite 285).

    II. Cursus, Länder- und Völkerkunde. 9. revidierte Auflage, 1883.
      Geb. 1 fl. 52 kr. (Vdgs.-Bl. 1883, Seite 285).

    III. Cursus. Die österr.-ungar. Monarchie mit einem kurzen geschichtlichen
      Abrisse. 1882. 2. verbesserte Auflage. Geb. 92 kr. (Vdgs.-Bl. 1882,
      Seite 54).

Seydlitz E r n s t v., Kleine Schulgeographie. Separatausgabe für Österrreich-Ungarn,
bearbeitet von Prof. Dr. R. P e r k m a n n. 19. Bearbeitung, erste für Österreich-
Ungarn. Breslau 1882. F e r d. H i r t. Wien. F r i e s e und L a n g. 1 fl. 20 kr.
(Vdgs.-Bl. 1882, Seite 134).

* — — Grundzüge der Geographie. Separatausgabe für Österreich-Ungarn, bearbeitet von Prof. Dr. R. P e r k m a n n. Breslau 1881. F e r d. H i r t. 1 Mark.
(Vdgs.-Bl. 1881, Seite 185).

* — — Größere Schulgeographie. 18. Bearbeitung. Breslau 1880. H i r t. 3 Mark
75 Pf. (Vdgs.-Bl. 1880, Seite 138).

***Supan**, D r. A. G., Lehrbuch der Geographie nach den Principien der neueren Wissenschaft für österreichische Mittelschulen und verwandte Lehranstalten. 5. revidierter Neudruck. Laibach 1883. K l e i n m a y e r und B a m b e r g. 1 fl. 20 kr. Geb. 1 fl. 40 kr. (Vdgs.-Bl. 1883, Seite 217).

***Hannak**, D r. E m a n u e l, Österreichische Vaterlandskunde für die unteren Classen der Mittelschulen (Unterstufe). 7. verbesserte Auflage. Wien 1881. H ö l d e r. 72 kr. (Vdgs.-Bl. 1881, Seite 270).

***Klun**, D r. V. F., Leitfaden für den geographischen Unterricht an Mittelschulen. 19. Auflage umgearbeitet von G u s t a v A d o l f S c h i m m e r. Wien 1878. G e r o l d. 1 fl. 20 kr. (Vdgs.-Bl. 1878, Seite 164).

Ptaschnik J., Leitfaden beim Lesen der geographischen Karten. 8. Auflage. Wien 1881. B e c k. 90 kr. Drahtband 1 fl. 5 kr. (Vdgs.-Bl. 1880, Seite 235).

***Gindely**, D r. A n t o n, Lehrbuch der allgemeinen Geschichte für die unteren Classen der Mittelschulen. Prag. T e m p s k y.

> I. Band. Das Alterthum. 7. verbesserte Auflage, 1880. 60 kr. (Vdgs.-Bl. 1881, Seite 10).

> II. Band. Das Mittelalter. 7. umgearbeitete Auflage, 1884. Mit 25 Abbildungen und 8 Karten in Farbendruck. 80 kr. (Vdgs.-Bl. 1883, Seite 216).

> III. Band. Die Neuzeit. 7. umgearbeitete Auflage, 1884. Mit 16 Abbildungen und 9 Karten in Farbendruck. 80 kr. Geb. 93 kr. (Vdgs.-Bl. 1883, Seite 264).

***Hannak**, D r. E m a n u e l, Lehrbuch der Geschichte für die unteren Classen der Mittelschulen. Wien. H ö l d e r.

> Alterthum. 6. verbesserte und gekürzte Auflage, 1881. 75 kr. ⎫ (Vdgs.-Bl. 1880, Mittelalter. 5. verbesserte und gekürzte Auflage, 1881. 60 kr. ⎭ Seite 227).

> Neuzeit. 5. verbesserte und gekürzte Auflage, 1883. Geb. 80 kr. (Vdgs.-Bl. 1883, Seite 126).

Pütz W., Grundriss der Geographie und Geschichte für die mittleren Classen höherer Lehranstalten. Lediglich der I. Band: Das Alterthum. 15. Auflage. Coblenz 1873. B ä d e k e r. 1 Mark. (Vdgs.-Bl. 1878, Seite 86).

***Schindl** R u d o l f, Lehrbuch der Geschichte des Alterthums für die unteren Classen der Mittelschulen. 3. Auflage. Wien 1884. P i c h l e r' s Witwe und Sohn. 60 kr. (Vdgs.-Bl. 1883, Seite 264).

*— — Lehrbuch der Geschichte des Mittelalters für die unteren Classen österr. Mittelschulen. 2. verbesserte Auflage. Wien 1882. A. P i c h l e r' s Witwe und Sohn. 50 kr. (Vgds.-Bl. 1882, Seite 68).

*— — Lehrbuch der Geschichte der Neuzeit für die unteren Classen österr. Mittelschulen. Wien 1883. A. P i c h l e r' s Witwe und Sohn. 60 kr. (Vdgs.-Bl. 1883, Seite 73).

Gindely, Dr. Anton, Lehrbuch der allgemeinen Geschichte für Obergymnasien, Prag. Tempsky.

    I. Band. Das Alterthum. 5. verbesserte Auflage, 1879. 1 fl. 50 kr. (Vdgs.-Bl. 1879, Seite 426).

    *II. Band. Das Mittelalter. 5. verbesserte Auflage, 1879. 1 fl. 20 kr. (Vdgs.-Bl. 1879, Seite 99).

    *III. Band. Die Neuzeit. 6. durchgesehene Auflage, 1880. 1 fl. 20 kr. (Vdgs.-Bl. 1830, Seite 174).

        (II. und III. Band unter dem Titel: „Lehrbuch der allgemeinen Geschichte für die oberen Classen der Gymnasien, Real- und Handelsschulen.")

Pütz W., Grundriss der Geographie und Geschichte für die oberen Classen höherer Lehranstalten. Lediglich der I. Band: Das Alterthum. 16. Auflage. Bearbeitet von Dr. H. Czemans. Leipzig 1881. Bädecker. 2 Mark 50 Pf. (Vdgs.-Bl. 1881, Seite 259).

***Hannak,** Dr. Emanuel, Lehrbuch der Geschichte des Alterthums für Oberclassen der Mittelschulen. 2. verbesserte und gekürzte Auflage. Wien 1883. Hölder. 1 fl. 20 kr. (Vdgs.-Bl. 1883, Seite 126).

*— — Lehrbuch der Geschichte des Mittelalters für Oberclassen der Mittelschulen. 2. verbesserte und gekürzte Auflage. Wien 1879. Hölder. 1 fl. (Vdgs.-Bl. 1879, Seite 293).

    (Mit Ausschluss der ersten Auflage.)

*— — Lehrbuch der Geschichte der Neuzeit für Oberclassen der Mittelschulen. 2. verbesserte Auflage. Wien 1881. Hölder. 1 fl. 20 kr. (Vdgs.-Bl. 1881, Seite 167).

    (Mit Ausschluss der ersten Auflage.)

***Loserth,** Dr. J., Grundriss der allgemeinen Weltgeschichte für Obergymnasien, Oberrealschulen und Handelsakademien. Wien. Graeser.

    I. Theil. Das Alterthum. 2. verbesserte Auflage. 1881. Geb. 1 fl. 32 kr. (Vdgs.-Bl. 1881, Seite 98).

    II. Theil. Das Mittelalter. 2. Ausgabe. 1880. 1 fl. 20 kr. (Vdgs.-Bl. 1879, Seite 450).

    III. Theil. Die Neuzeit. 1881. 1 fl. 20 kr. (Vdgs.-Bl. 1881, Seite 166).

***Steinhauser** A., Geographie von Österreich-Ungarn. Mit 112 Holzschnitten. Prag 1872. Tempsky. 1 fl. 50 kr. (Vdgs.-Bl. 1878, Seite 86).

    (Aus dem überreichen Stoffe ist die dem Lehrplane entsprechende Auswahl zu treffen.)

*— — Lehrbuch der Geographie für Mittelschulen. I. Theil. II. Auflage. Bearbeitet von Karl Rieger. Prag 1884. Tempsky. 36 kr. (Vdgs.-Bl. 1883, Seite 264.)

***Tomek,** Geschichte des österreichichen Kaiserstaates. 3. Auflage. Prag 1875. Tempsky. 60 kr. (Vdgs.-Bl. 1878, Seite 86).

Pölitz, Österreichische Geschichte. Neue Ausgabe von O. Lorenz. 2. Auflage. Wien 1871. Gerold. 1 fl. 50 kr. (Vdgs.-Bl. 1878. Seite 86).

***Hannak,** Dr. Emanuel, Österreichische Vaterlandskunde für die höheren Classen der Mittelschule (Oberstufe). 7. verbesserte Auflage. Wien 1881. Hölder. 96 kr. (Vdgs.-Bl. 1881, Seite 258.)

***Trampler** Richard, Geographie und Statistik der österreichisch-ungarischen Monarchie. Wien 1874. Gerold. 80 kr. (Vdgs.-Bl. 1878, Seite 86).

Mathematik.

Heis, D r. E., Rechenbuch für die Gymnasien in Österreich (für die I. und II. Classe). 6. Auflage. Köln 1872. D u m o n t. (Wien. G e r o l d, B r a u m ü l l e r). 1 fl. 35 kr. (Vdgs.-Bl. 1878, Seite 87).

Harms C h r i s t., Die erste Stufe des mathematischen Unterrichtes. 1. Ahtheilung. Arithmetische Aufgaben (für die III. und IV. Classe). 3. Auflage. Oldenburg 1873. S t a l l i n g (Vdgs.-Bl. 1878, Seite 87).

Močnik, D r. F r a n z R i t t e r v o n, Lehrbuch der Arithmetik für Untergymnasien. Wien. G e r o l d's Sohn.

       1. Abtheilung für die I. und II. Classe. 28. Auflage, 1884. 90 kr. (Vdgs-Bl. 1883, Seite 264).

       2. Abtheilung für die III. und IV. Classe. 20. Auflage, 1883. 75 kr. (Vdgs.-Bl. 1882. Seite 178).

Schram J o s., Lehrbuch der Arithmetik für die zwei ersten Gymnasialclassen. Wien 1877. H ö l d e r. 90 kr. (Vdgs.-Bl. 1878, Seite 87).

*****Glöser** M o r i z, Lehrbuch der Arithmetik für die I. und II. Classe der österreichischen Mittelschulen. 2. verbesserte Auflage. Wien 1883. A. P i c h l e r's Witwe und Sohn. 80 kr. (Vdgs.-Bl. 1883, Seite 66).

Knirr J o s e f und **Schenk** J o h a n n, Lehrbuch der Arithmetik für Untergymnasien und verwandte Lehranstalten. Wien. H ö l d e r.

       I. Theil. Für die 1. Gymnasialclasse 1881. 60 kr.) (Vdgs.-Bl. 1882,
       II. „ „ „ 2. „ 1882. 40 „) Seite 154).

Gajdecska J o s e f, Lehrbuch der Arithmetik für die 1. Gymnasialclasse. Ungarisch-Hradisch 1883. L. R. K r a č e l í k. 70 kr. (Vdgs.-Bl. 1883, Seite 126).

— — Lehrbuch der Arithmetik für die 2. Gymnasialclasse. Ungarisch-Hradisch 1883. L. R. K r a č e l í k 36 kr. (Vdgs.-Bl. 1883, Seite 126).

— — Lehrbuch der Arithmetik für die 3. und 4. Gymnasialclasse. Brünn 1883. C. W i n i k e r. 76 kr. (Vdgs.-Bl. 1883, Seite 126).

*****Wittstein,** D r. T h e o d o r, Lehrbuch der Elementar-Mathematik. Hannover 1877, 1879. H a h n.

       I. Band. 1. Abtheilung: Arithmetik. 7. Auflage. 2 Mark. (Vdgs.-Bl. 1880, Seite 248).

       (Die Auswahl des Stoffes ist nach den Bestimmungen des Lehrplanes zu treffen.)

*****Frischauf,** D r. J o h., Lehrbuch der allgemeinen Arithmetik (Größenlehre). 4. Auflage. Graz 1881. L e u s c h n e r und L u b e n s k y. 1 fl. 20 kr. (Vdgs.-Bl. 1881, Seite 112).

*****Močnik,** D r. F r a n z R i t t e r v o n, Lehrbuch der Arithmetik und Algebra für die oberen Classen der Mittelschulen. 20. Auflage. Wien 1884. G e r o l d's Sohn. 1 fl. 60 kr. (Vdgs.-Bl. 1883, Seite 281.)

*****Heis,** D r. E., Sammlung von Beispielen und Aufgaben aus der allgemeinen Arithmetik und Algebra. 61. Auflage. Köln 1882. D u M o n t-S c h a u b e r g. 3 Mark. (Vdgs.-Bl. 1882, Seite 178).

*Thannabaur Jos., Geordnete Aufgaben-Sammlung (über 3000 algebraische Aufgaben über die vier Species und die Gleichungen des 1. Grades mit 1 oder 2 Unbekannten). 2. verbesserte Auflage. Olmütz 1877. Slawik 1 fl. (Vdgs.-Bl. 1878, Seite 87).

*Wallentin, Dr. Franz, Methodisch geordnete Sammlung von Beispielen und Aufgaben aus der Arithmetik für die unteren Classen der Mittelschulen. Wien 1877. Gerold. 1 fl. 50 kr. (Vdgs.-Bl. 1878, Seite 87).

*— — Resultate zu den Beispielen und Aufgaben aus der Arithmetik. Wien 1877. Gerold. 50 kr. (Vdgs.-Bl. 1878, Seite 87).

*— — Methodisch geordnete Sammlung von Beispielen und Aufgaben aus der Algebra und allgemeinen Arithmetik. Wien 1878. Gerold. I. Theil 1 fl. 20 kr., II. Theil 1 fl. 60 kr. (Vdgs.-Bl. 1878, Seite 87).

Villicus Franz, Arithmetische Aufgaben mit theoretischen Erläuterungen für Untergymnasien. I. Theil. Für die 1. und 2. Gymnasialclasse. Wien 1883. A. Pichler's Witwe und Sohn. 1 fl. (Vdgs.-Bl. 1883, Seite 170).

Gernerth Aug., Grundlehren der ebenen Geometrie nebst zahlreichen Constructions- und Rechnungsaufgaben für die unteren Classen höherer Lehranstalten. 4. von Dr. Franz Wallentin umgearbeitete Auflage. Wien 1880. Gerold's Sohn. 1. fl. 20 kr. (Vdgs.-Bl. 1880, Seite 43).

Wallentin, Dr. Franz, Grundlehren der räumlichen Geometrie nebst zahlreichen Constructions- und Rechnungsaufgaben für die unteren Classen höherer Lehranstalten. Wien 1880. Gerold's Sohn. 80 kr. (Vdgs.-Blatt 1880, Seite 43).

Močnik, Dr. Franz Ritter von, Geometrische Anschauungslehre für Untergymnasien. Wien. Gerold's Sohn.

    1. Abtheilung. 20. Auflage. 1884. 55 kr. (Vdgs.-Bl. 1883, Seite 263).

    2. Abtheilung. 14. Auflage. 1883. 55 kr. (Vdgs.-Bl. 1883, Seite 217).

Wittek Hans, Lehr- und Übungsbuch für den geometrischen Unterricht in den unteren Gymnasialclassen. Wien. A. Pichler's Witwe und Sohn.

    1. Abtheilung. Die geradlinige ebene Geometrie. (Für die 1. und 2. Gymnasialclasse.) 2. umgearbeitete Auflage. 1881. 55 kr. (Vdgs.-Bl. 1881, Seite 185).

    2. Abtheilung. Die Kreislehre. (Für die 3. Gymnasialclasse.) 2. umgearbeitete Auflage. 1881. 30 kr. (Vdgs.-Bl. 1881, Seite 185).

    3. Abtheilung. Die räumliche Geometrie. (Für die 4. Gymnasialclasse.) 2. umgearbeitete Auflage. 1883. 45 kr. (Vdgs.-Bl. 1883, Seite 66).

*Wittstein, Dr. Theodor, Lehrbuch der Elementar-Mathematik. Hannover. Hahn.

    I. Band. 2. Abtheilung: Planimetrie. 13. Auflage. 2 Mark. (Vdgs.-Bl. 1883. Seite 217).

    II. Band. 1. Abtheilung: Ebene Trigonometrie. 4. und 5. Auflage. 1 Mark 50 Pf. (Vdgs.-Bl. 1878, Seite 234).

    II. Band. 2. Abtheilung: Stereometrie. 5. Auflage. 2 Mark 10 Pf. (Vdgs.-Bl. 1880, Seite 249).

    III. Band. 1. Abtheilung: Analysis. 2. Auflage. 2 Mark 40 Pf. (Vdgs.-Bl. 1880, Seite 249).

*Wiegand, Dr. August, Lehrbuch der Mathematik. Halle. Schmidt.

   a) Planimetrie. I. Cursus. 12. Auflage. 1880. 1 Mark.

      „   II. Cursus. 10. Auflage. 1880. 1 Mark.

   b) Lehrbuch der ebenen Trigonometrie. 7. Auflage, 1880. 1 Mark.

   c) Lehrbuch der Stereometrie und sphärischen Trigonometrie. 9. Auflage.
      1880. 1 Mark 50 Pf. (Vdgs.-Bl. 1880, Seite 22).

*Močnik, Dr. Franz Ritter von, Lehrbuch der Geometrie für die oberen Classen
   der Mittelschulen. 17. umgearbeitete Auflage. Wien 1884. Gerold's Sohn.
   1 fl. 60 kr. (Vdgs.-Bl. 1883, Seite 264).

*Frischauf, Dr. Joh., Einleitung in die analytische Geometrie. Mit Holzschnitten.
   2. Auflage. Graz 1880. Leuschner und Lubensky. 60 kr. (Vdgs.-Bl. 1881, S. 10).
      (Die Auswahl des Lehrstoffes ist nach den Bestimmungen des Lehrplanes zu treffen.)

*Sonndorfer, Dr. Rud. und Anton Herm. Lehrbuch der Geometrie für die oberen
   Classen der Mittelschulen. I. Theil: Die Geometrie der Ebene. 2. Abtheilung:
   Ebene Trigonometrie. 3. verbesserte Auflage. Wien 1883. W. Braumüller.
   60 kr. (Vdgs.-Bl. 1883, Seite 214).

Naturgeschichte.

*Pokorny, Dr. Alois. Illustrierte Naturgeschischte des Thierreiches. 16. Auflage.
   Mit 522 Abbildungen und 1 Tafel in Farbendruck. Prag 1883. Tempsky.
   Geb. 1 fl. 16 kr. (Vdgs.-Bl. 1882, Seite 226).

*Hayek, Dr. Gust. v., Illustrierter Leitfaden der Naturgeschichte des Thierreiches.
   Für die unteren Classen der Mittelschulen. Mit 470 Abbildungen. Wien 1876.
   Gerold. 1 fl. (Vdgs.-Bl. 1878, Seite 88).

*Kukula Wilhelm, Naturgeschichte des Thierreiches. Für die unteren Classen der
   Realschulen und Gymnasien. 5. umgearbeitete Auflage. Mit 263 Holzschnitten.
   Wien 1880. Braumüller. 1 fl. 30 kr. (Vdgs.-Bl. 1881, Seite 162.).

*Rothe, Dr. Karl, Das Thierreich. Leitfaden für die untern Classen der Real-
   schulen und Gymnasien. 2. verbesserte Ausgabe. Wien 1882. A. Pichler's Witwe
   und Sohn. 90 kr. Geb. 1 fl. 10 kr. (Vdgs.-Bl. 1882, Seite 54).
      (Mit Ausschluss der 1. Ausgabe.)

*Pokorny, Dr. Alois, Illustrierte Naturgeschichte des Pflanzenreiches. Für die
   unteren Classen der Mittelschulen. 12. Auflage. Mit 354 Abbildungen. Prag
   1881. Tempsky. Geb. 1 fl. 16 kr. (Vdgs.-Bl. 1881, Seite 108).

*Kukula Wilhelm, Lehrbuch der Botanik. Für die unteren Classen der Real-
   schulen und Gymnasien. 3. Auflage. Mit 188 Holzschnitten. Wien 1879.
   Braumüller. 1 fl. 20 kr. (Vdgs.-Bl. 1879, Seite 142).

*Pokorny, Dr. Alois, Illustrierte Naturgeschichte des Mineralreiches. 11. veränderte
   Auflage. Prag 1882. Tempsky. Geb. 76 kr. (Vdgs.-Bl. 1882, Seite 50).

*Kenngott, Dr. A., Erster Unterricht in der Mineralogie. 2. verbesserte Auflage.
   Darmstadt 1879. J. Ph. Diehl. 50 Pf. (Vdgs.-Bl. 1879, Seite 228).

*Penl Karl, Leitfaden für die erste Stufe des mineralogischen Unterrichtes. Zum
   Gebrauche an den unteren Classen der Mittelschulen. Wien 1881. Klinkhardt.
   48 kr. Geb. 60. (Vdgs.-Bl. 1881, Seite 190).

*Dörfler Franz, Leitfaden der Mineralogie für die unteren Classen der Mittelschulen. 2. verbesserte Auflage. Wien 1883. A. Pichler's Witwe und Sohn. 56 kr. (Vdgs.-Bl. 1883, Seite 27).
(Mit Ausschluss der 1. Auflage.)

*Bisching, Dr. A., Grundriss der Mineralogie für die unteren Classen der Mittelschulen. Wien 1883. Hölder. 42 kr. (Vdgs.-Bl. 1883, Seite 203).

*Schmidt, Dr. Oskar, Leitfaden der Zoologie zum Gebrauche an Gymnasien und Realschulen. 4. Auflage. Mit 190 Holzschnitten. Wien 1883. Gerold's Sohn. 1 fl. 50 kr. (Vdgs.-Bl. 1883, Seite 170).

*Woldřich, Dr. Johann, Leitfaden der Zoologie für den höheren Schulunterricht. Mit 585 in den Text gedruckten Abbildungen. 4. gekürzte Auflage. Wien 1882. Hölder. 1 fl. 45 kr. (Vdgs.-Bl. 1882, Seite 46).

*Hayek, Dr. Gustav von, Leitfaden der Zoologie für die oberen Classen der Gymnasien, Realschulen und verwandten Anstalten. 2. verbesserte Auflage. Mit 324 Abbildungen. Wien 1882. A. Pichler's Witwe und Sohn. 1 fl. 20 kr. Geb. 1 fl. 40 kr. (Vdgs.-Bl. 1882, Seite 54).
(Mit Ausschluss der 1. Auflage.)

*Bill, Dr. Joh. Georg, Grundriss der Botanik für Schulen. 7. Auflage, umgearbeitet von Gust. v. Hayek. Wien 1881. Gerold's Sohn. 1 fl. 50 kr. (Vdgs.-Bl. 1881, Seite 105).

*Wretschko, Dr. Math., Vorschule der Botanik für den Gebrauch an höheren Classen der Mittelschulen und verwandten Lehranstalten. 3. Auflage. Wien 1880. Gerold's Sohn. 1 fl. 30 kr. (Vdgs.-Bl. 1880, Seite 210).

*Burgerstein, Dr. Alfred, Leitfaden der Botanik für die oberen Classen der Mittelschulen. Wien 1882. Hölder. 1 fl. 10 kr. (Vdgs.-Bl. 1882, Seite 160).

*Pokorny, Dr. Al. und Rosicky Fr., Leitfaden der Botanik für die oberen Classen der Mittelschulen. 2. revidierte und gekürzte Auflage. Prag 1883. Tempsky. 90 kr. (Vdgs.-Bl. 1883, Seite 7).
(Mit Ausschluss der 1. Auflage.)

*Kenngott, Dr. A., Lehrbuch der Mineralogie zum Gebrauche beim Unterrichte an Schulen etc. 5. vermehrte und verbesserte Auflage. Mit Abbildungen. Darmstadt, 1880. Diehl. 2 Mark 10 Pf. (Vdgs.-Bl. 1880, Seite 150).

*Hochstetter, Dr. Fr. v. und Bisching, Dr. A., Leidfaden der Mineralogie und Geologie für die oberen Classen an Mittelschulen. 5. Auflage. Wien 1884. Hölder. 1 fl. 20 kr. (Vdgs.-Bl. 1883, Seite 286).

*Standfest, Dr. Fr., Leitfaden für den mineralogischen Unterricht an den oberen Classen der Mittelschulen. Graz 1882. Leuschner und Lubensky. 80 kr. (Vdgs.-Bl. 1882, Seite 149).

Naturlehre.

Krist, Dr. Josef, Anfangsgründe der Naturlehre für die unteren Classen der Mittelschulen, besonders der Gymnasien. 13. Auflage. Wien 1883. W. Braumüller. 1 fl. 70 kr. (Vdgs.-Bl. 1883, Seite 203).

Pisko, Dr. Franz Jos., Grundlehren der Physik. 11. neu verfasste Auflage der Physik für Unterrealschulen. Brünn 1879. Karl Winiker. 1 fl. 30 kr. (Vdgs.-Bl. 1879, Seite 198).

Wallentin, Dr. Ignaz G., Grundzüge der Naturlehre für die unteren Classen der Gymnasien, Realschulen und verwandten Anstalten. B. Ausgabe für Gymnasien. Mit 242 in den Text gedruckten Holzschnitten. Wien 1881. A. Pichler's Witwe und Sohn. 1 fl. 30 kr. Geb. 1 fl. 50 kr. (Vdgs.-Bl. 1881, Seite 180).

Wassmuth, Ant., Lehrbuch der Physik für die unteren Classen der Mittelschulen. 2. verbesserte Auflage. Wien 1882. Hölder. 1 fl. 20 kr. (Vdgs.-Bl. 1882, Seite 86).
(Mit Ausschluss der 1. Auflage.)

Höfler Alois, Schabus Anfänge der Naturlehre. Zum Gebrauche an den unteren Classen der Mittelschulen. 14. Auflage, neu bearbeitet und mit Übungen versehen. Wien 1881. Gerold's Sohn. 1 fl. 80 kr. (Vdgs.-Bl. 1882, Seite 172).

Handl, Dr. Alois, Lehrbuch der Physik für die oberen Classen der Mittelschulen. 3. umgearbeitete Auflage. Ausgabe für Gymnasien. Wien 1884. Hölder. 1 fl. 64 kr. (Vdgs.-Bl. 1883. Seite 273).

Münch Peter, Lehrbuch der Physik. 7. Auflage. Freiburg im Breisgau 1882. Herder. 4 Mark. (Vdgs.-Bl. 1882, Seite 142).

Wallentin, Dr. Ignaz G., Lehrbuch der Physik für die oberen Classen der Mittelschulen und verwandter Lehranstalten. 3. verbesserte Auflage. Ausgabe für Gymnasium. Mit 235 in den Text gedruckten Holzschnitten und einer Spectraltafel in Farbendruck. Wien 1882. Pichler's Witwe und Sohn. 1 fl. 80 kr. Geb. 2 fl. (Vdgs.-Bl. 1882, Seite 142).

Chemie (für Realgymnasien).

Lielegg Andreas, Erster Unterricht aus der Chemie an Mittelschulen. Ausgabe für Realgymnasien. 3. Auflage. Wien 1879, Hölder. 50 kr. (Vdgs.-Bl. 1879, Seite 481).

Philosophische Propaedeutik.

Drbal, Dr. M. A., Propädeutische Logik. 3. Auflage. Mit 55 Holzschnitten. Wien 1874. Braumüller. 1 fl. (Vdgs.-Bl. 1878, Seite 90).

Lindner, Dr. G. A., Lehrbuch der formalen Logik. 5. Auflage. Wien 1881. Gerold's Sohn. 1 fl. 30 kr. (Vdgs.-Bl. 1880, Seite 271).

Konvalina, Dr. Leop., Lehrbuch der formalen Logik. Wien 1876. Hölder. 1 fl. 36 kr. (Vdgs.-Bl. 1878, Seite 90).

Lindner, Dr. G. A., Lehrbuch der empirischen Psychologie als inductiver Wissenschaft. 7. Auflage. Wien 1883. Gerold's Sohn. 1 fl. 40 kr. (Vdgs.-Bl. 1883, Seite 204).

Drbal, Dr. M. G., Lehrbuch der empirischen Psychologie. 3. Auflage. Wien 1882. Braumüller. 2 fl. (Vdgs.-Bl. 1882, Seite 142).

Zimmermann, Dr. Robert, Philosophische Propädeutik. 3. Auflage. Wien 1867. Braumüller. 3 fl. (Vdgs.-Bl. 1878, Seite 90).

Französische Sprache.

*Ploetz, Dr. K., Elementar-Grammatik der französischen Sprache. 14. Auflage. Berlin 1883. Herbig. 1 Mark 25 Pf. (Vdgs.-Bl. 1883, Seite 172).

*Magnin-Dillmann, Praktischer Lehrgang zur Erlernung der französischen Sprache. 3 Theile. Wiesbaden. Bischkopff. (Vdgs.-Bl. 1878, Seite 91).

*Ploetz, Dr. K., Schulgrammatik der französischen Sprache. 28. Auflage. Berlin 1882. Herbig. 2 Mark 50 Pf. (Vdgs.-Bl. 1882, Seite 164).

*Benecke Albert, Französische Schulgrammatik. Potsdam. August Stein.
     1. Theil. 8. Auflage, 1880. 2 Mark. (Vdgs.-Bl. 1881, Seite 98).

— — Französische Schulgrammatik. Ausgabe B. Potsdam. August Stein.
     I. Abtheilung. 2. Auflage, 1880. 1 Mark 59 Pf. (Vdgs.-Bl. 1881, Seite 98).
     II. Abtheilung. 1878. 1 Mark. (Vdgs.-Bl. 1879, Seite 351).
     (Die gleichzeitige Benützung der Ausgabe B mit den an sich gleichfalls zulässigen älteren Auflagen dieser Schulgrammatik ist nicht statthaft.)

*Ploetz, Dr. Charles, Lectures choisies. Französische Chrestomathie mit Wörterbuch. 20. Auflage. Berlin 1880. Herbig. 2 Mark. (Vdgs.-Bl. 1881, Seite 24).

*Filek, Edler von Wittinghausen, Dr. E., Französische Crestomathie für höhere Lehranstalten. Mit sprachlichen und sachlichen Bemerkungen und einem vollständigen Wörterbuche. 3. Auflage. Wien 1881. Hölder. 1 fl. 50 kr. Für die 2., 3. und 4. Classe. (Vdgs.-Bl. 1880, Seite 248).

*Gruner und Wildermuth. Französische Chrestomathie für Real- und gelehrte Schulen. Stuttgart. Metzler. (Vdgs.-Bl. 1878, Seite 91).

*Ricard Ans., Leçons françaises graduées etc. 2. édition augmentée d' un vocabulaire française-allemand. Prag 1877. Fuchs. 2 fl. (Vdgs.-Bl. 1878, Seite 91).

Ploetz, Dr. Karl, Syntax und Formenlehre der neufranzösischen Sprache. 5. Auflage. Berlin 1882. Herbig. 2 Mark 85 Pf. (Vdgs.-Bl. 1882, Seite 172).

— — Übungen zur Erlernung der französischen Syntax. 7. Auflage. Berlin 1883. Herbig. 1 Mark 25 Pf. (Vdgs.-Bl. 1883, Seite 265).

— — Nouvelle grammaire française basée sur le latin. 5. Auflage. Berlin 1882. Herbig. 2 Mark 50 Pf. (V.-Bl. 1878, Seite 91).

— — Cours gradué et methodique de thèmes. 3. Auflage. Berlin. Herbig. 60 Pf. (Vdgs.-Bl. 1882, Seite 143).

*Bechtel A., Französische Grammatik für Mittelschulen. I. Theil. 5. Auflage. 1 fl. II. Theil. 3. Auflage. 1 fl. 20 kr. Wien 1883. Jul. Klinkhardt. (Vdgs.-Bl. 1883, Seite 237).

* — — Übungsbuch zur französischen Grammatik für Mittelschulen. Mittelstufe (Classe 3 und 4). 3. Auflage. Wien 1883. Klinkhardt. 40 kr. (Vdgs.-Bl. 1883, Seite 286).

* — — Übungsbuch zur französischen Grammatik für Mittelschulen. Oberstufe (Classe 5—7). Wien 1880. Klinkhardt. 60 kr. (Vdgs.-Bl. 1880, S. 170).

* — — Französisches Lesebuch für die unteren und mittleren Classen der Mittelschulen. Mit einem Wörterbuche. Wien 1880. Klinkhardt. 1 fl. (Vdgs.-Bl. 1881, Seite 76).

*Bechtel A., Französische Chrestomathie für die oberen Classen der Mittelschulen, mit sprachlichen und sachlichen Erläuterungen, sowie mit literarischen und biographischen Einleitungen. 2. verbesserte Auflage. Wien 1881. Julius Klinkhardt. 2 fl. (Vdgs.-Bl. 1881, Seite 190).

*Filek, Edl., von Wittinghausen, Dr. E., Französische Schulgrammatik. 3., dem Normallehrplane für Realschulen und der dazu gehörigen Instruction angepasste Auflage. Wien 1882. Hölder. 1 fl. 6 kr. (Vdgs.-Bl. 1882, Seite 154).

*— — Übungsbuch für die Unterstufe des französischen Unterrichtes. Wien 1880. Hölder. 64 kr. (Vdgs.-Bl. 1880, S. 166).

*— — Übungsbuch für die Mittelstufe des französischen Unterriches. 2. gekürzte und verbesserte Auflage. Wien 1882. Hölder. 66 kr. (Vdgs.-Bl. 1882, Seite 154).

*— — Übungsbuch für die Oberstufe des französischen Unterrichtes. Wien 1881. Hölder. 68 kr. (Vdgs.-Bl. 1881, Seite 167).

*— — Leçons de littérature française. Choix de morceaux en prose et en vers, accompagnés de préceptes sur chaque genre de composition, de notices biographiques et littéraires et de notes explicatives. 2. revidierte und verbesserte Ausgabe. Wien 1883. Hölder. 2 fl. (Vdgs.-Bl. 1883, Seite 172).

Böhmische Sprache.

*Masařík Josef, Böhmische Schulgrammatik für deutsche Mittelschulen und Lehrerbildungsanstalten. 3. verbesserte Auflage. Prag 1883. Tempsky. 1 fl. 80 kr. (Vdgs.-Bl. 1883, S. 16).

*Tieftrunk Karl, Böhmisches Lesebuch für Schüler der Mittelschulen. I. Theil. 4. Auflage. Prag 1881. Kober. 1 fl. (Vdgs.-Bl. 1881, Seite 232).

*— — Böhmisches Lesebuch. II. Theil. 3. verbesserte Auflage. Mit einem Wörterbüchlein. Prag 1884. Kober 90 kr., geb. 1 fl. 14 kr. (Vdgs.-Bl. 1883, Seite 265).

Italienische Sprache.

*Mussafia, Dr. Adolph, Italienische Sprachlehre in Regeln und Beispielen für den ersten Unterricht bearbeitet. 18. Auflage. Wien 1883. Braumüller 1 fl. 70 kr. (Vdgs.-Bl. 1883, Seite 238).

Stenographie.

*Kurzgefasstes Lehrbuch der Gabelsberger'schen Stenographie. Preisschrift. 10. Auflage. 10. Abdruck. München 1875. 1 Mark 5 Pf. (Vdgs.-Bl. 1878. Seite 90).

*Lesebuch zum kurzgefassten Lehrbuche der Gabelsberger'schen Stenographie. Durchgelesen und umgearbeitet von Prof. Dr. Heyde und Dr. Jur. Rätsch. 54. Auflage. Dresden 1883. Dietze. 2 Mark. (Vdgs.-Bl. 1884, Seite 24).

*Fischer Robert, Theoretisch-praktischer Lehrgang der Gabelsberger'schen Stenographie. 23. Auflage. Altenburg 1881. Pierer. 1 Mark 20 Pf. (Vdgs.-Bl. 1881, Seite 167).

*Rätsch H., Kurzer Lehrgang der Stenograhie nach Gabelberger's System. Durchgesehen und bearbeitet von Dr. Jur. Richard Rätsch. 42. Auflage. Dresden 1883. Dietze. 1 Mark 50 Pf. (Vdgs.-Bl. 1884, Seite 24).

*Kühnelt Anton, Lehrbuch der deutschen Stenographie nach Fr. X. Gabelsberger's System. 6. Auflage. Wien 1877. Braumüller. 1 fl. 50 kr. (Vdgs.-Bl. 1878, Seite 90).

*Faulmann Karl, Gabelsberger's stenographisches Lehrgebäude. 22. (Stereotyp-) Auflage. Wien 1882. Bermann und Altmann. 30 kr. (Vdgs.-Bl. 1881. Seite 233).

*— — Die Schule der stenographischen Praxis, Anleitung zur Anwendung der Satzkürzung in der Praxis. 2. Auflage. Wien 1875. Bermann und Altmann. 2 fl. (Vdgs.-Bl. 1878, Seite 90).

*Albrecht, Dr. Karl, Lehrbuch der Gabelsberger'schen Stenographie für Schul-, Privat- und Selbstunterricht. Hamburg. Händcke und Lehmkuhl.
    I. Cursus. Vollständiger praktischer Lehrgang. 39. Auflage, 1882. 1 Mark 60 Pf.
    II. Cursus. Wissenschaftliche Darstellung des Lehrgebäudes. 8. Auflage, 1877. 2 Mark 40 Pf. (Vdgs.-Bl. 1881, Seite 23).

*Engelhard Karl, Lesebuch für angehende Gabelsberger'sche Stenographen. Wien 1876. Hölder. 1 fl. 80 kr. (Vdgs.-Bl. 1878, Seite 90).

*Faulmann Karl, Stenographische Anthologie. Lesebuch zur Einübung der stenographischen Schrift für Mittelschulen. 5. Auflage. Wien 1881. Bermann und Altmann. 1 fl. (Vdgs.-Bl. 1878, Seite 91).

*Fischer Robert, Stenographisches Schiller- und Goethe-Album. 3. Auflage. Altenburg. Pierer. (Vdgs.-Bl. 1881, Seite 233).

*Conn Leopold, Lehrbuch der deutschen Kammerstenographie nach dem Systeme Franz X. Gabelsberger's. 3. Auflage. Revidiert von K. Faulmann. Wien 1879. Bermann und Altmann. 2 fl. (Vdgs.-Bl. 1879, Seite 351).
    (Mit dem Hinweise auf die nach der Ministerial-Verorordnung vom 17. Juli 1873, Z. 4972. beim stenographischen Unterrichte an den österr. Mittelschulen festzuhaltenden Lehrziele zugelassen.)

*Scheller Franz, Lehr- und Lesebuch der Gabelsberger'schen Stenographie. Wien. 1881. Vinc. Zwierzina 1 fl. 80 kr. (Vdgs.-Bl. 1882. Seite 150).

b) Lehrmittel.

Atlanten und Handkarten.

*Simony Fr.. Kleiner Schulatlas für den Elementar-Unterricht. 2. Auflage. Wien 1867. Gerold. 90 kr. (Vdgs.-Bl. 1878, Seite 85).

*Sydow, E. v., Schulatlas in 42 Karten. 36. Auflage. Gotha und Wien 1884. Perthes. Geh. 4 Mark 60 Pf. (Vdgs.-Bl. 1884, Seite 25).

*Stieler, Schulatlas der neuesten Erdkunde. Ausgabe für die österreichisch-ungarische Monarchie. 61. Auflage. Vollständig neu bearbeitet von Dr. Hermann Berghaus. Gotha und Wien 1882. Justus Perthes.
    Ausgabe in 41 Karten, cartoniert 5 Mark, geb. 6 Mark. (Vdgs.-Bl. 1882, Seite 164).

*Kozenn B., Geographischer Schulatlas für Gymnasien, Real- und Handelsschulen. 28. Auflage. Vollständig neu bearbeitet von Vincenz von Haardt, revidiert von Prof. Dr. Friedr. Umlauft. Wien 1883. Hölzel.

Ausgabe in 38 Karten, cartoniert 2 fl. 80 kr.

Ausgabe in 50 Karten, geb. 3 fl. 60 kr. (Vdgs.-Bl. 1883, Seite 219).

*Steinhauser A., Atlas für die erste Stufe des geographischen Unterrichtes in den österr.-deutschen Schulen. 48 Karten und Text. Wien. Artaria. 4 fl. 60 kr.

*— — Atlas für den Unterricht in Mittelschulen. 20 Blätter. Wien. Artaria. 2 fl.

*— — Atlas zum Unterrichte in der Vaterlandskunde. 12 Blätter. Wien. Artaria. 1 fl. 50 kr.

*— — Hypsometrische Karte der Alpen, in 4 verschiedenen Ausgaben. Wien. Artaria. (Vdgs.-Bl. 1878, Seite 85).

*— — Gradnetzatlas, Repetitionsatlas, orohydrographischer Atlas, orographischer Atlas, Gerippkarten-Atlas. Wien. Artaria. (Vdgs.-Bl. 1878, Seite 85).

(Einzelne Karten daraus nach Maßgabe des Bedürfnisses zum Lehrgebrauche zulässig.)

*Scheda, J. R. v., und Steinhauser A., Handatlas der neuesten Geographie. Wien. Artaria. (Vdgs.-Bl. 1878, Seite 85).

(Einzelne Karten daraus dürfen nach Maßgabe des Bedürfnisses zum Lehrgebrauche verwendet werden.)

*Trampler R., Atlas der österreichisch-ungarischen Monarchie für Mittel- und verwandte Schulen. Ausgabe in 31 Blättern. Brosch. 1 fl. 50 kr., flach geb. 1 fl. 70 kr., in Buchform, 1 fl. 80 kr. Wien 1822. Hof- und Staatsdruckerei. (Vdgs.-Bl. 1882, Seite 27.)

*— — Physikalisch-politischer Atlas der österreichisch-ungarischen Monarchie für Mittel- und verwandte Schulen. Ausgabe in 19 Blättern. 80 kr., flach geb. 1 fl., in Buchform 1 fl. 10 kr. Wien 1882. Hof- und Staatsdruckerei.(Vdgs.-Bl. 1882, Seite 27).

*— — Orohydrographischer Atlas der österreichisch-ungarischen Monarchie für Mittel- und verwandte Schulen. Ausgabe in 14 Blättern. 60 kr. Wien 1882. Hof- und Staatsdruckerei. (Vdgs.-Bl. 1882, Seite 27).

*— — Mittelschul-Atlas a) Große Ausgabe in 51 Karten. Geb. in Leinwand 3 fl. b) Kleine Ausgabe (ohne Österreich-Ungarn) in 34 Karten. Geb. 2 fl. 20 kr. Wien 1883. Hof- und Staatsdruckerei. (Vdgs.-Bl. 1883, Seite 103).

*Haardt Vincenz von, Geographischer Atlas der österreichisch-ungarischen Monarchie für Mittel- und Fachschulen. Wien 1882. Hölzel. I. Orohydrograph. Ausgabe in 12 Karten. 50 kr. II. politisch-topograph. Ausgabe in 12 Karten. 50 kr. III. Vollständige Ausgabe in 24 Karten. 1 fl. (Vdgs.-Bl. 1882. S. 227).

Kiepert H., Historisch-geographischer Schulatlas der alten Welt. 16 Karten. Weimar. Geogr. Institut. 3 Mark 75 Pf. (Vdgs.-Bl. 1878, Seite 86).

— — Atlas antiquus. 12 Karten zur alten Geschichte. 6. neu bearbeitete Auflage. Berlin 1876. Reimer. Geh. 5 Mark, geb. 6 Mark 5 Pf. (Vdgs.-Bl. 1878, Seite 86).

Menke Th., Orbis antiqui descriptio. 4. Auflage. Gotha 1865. Perthes. Geh. 3 Mark 60 Pf., geb. 4 Mark 50 Pf. (Vdgs.-Bl. 1878, Seite 86).

*Spruner, Dr. K. v., Historisch-geographischer Schulatlas zur mittleren und neueren Geschichte. 22 colorierte Karten in Kupferstich. 10. Auflage. Gotha und Wien 1880. Perthes. Geh. 4 fl. 56 kr. (Vdgs.-Bl. 1881, Seite 66).

*Putzger F. W., Historischer Schulatlas zur alten, mittleren und neueren Geschichte in 32 Haupt- und 51 Nebenkarten. 5. Auflage. Wien 1883. Pichler's Witwe und Sohn. 1 fl. 30 kr. (Vdgs.-Bl. 1883, Seite 219).

*Rhode C. E., Historischer Schulatlas zur alten, mittleren und neueren Geschichte. 9. Auflage. Glogau. Flemming. 2 fl. 40 kr. (Vdgs.-Bl. 1878, Seite 86).

*Jausz Georg, Historisch-geographischer Schulatlas für Gymnasien, Realschulen und verwandte Lehranstalten. Wien. Hölzel.

　　I. Abtheilung. Die alte Welt. 10 Karten mit Erläuterungen. 1 fl.

　　II. Abtheilung. Das ·Mittelalter. 10 Karten mit Erläuterungen. 1 fl. 20 kr.

　　III. Abtheilung. Die Neuzeit. 12 Karten mit Erläuterungen. 1 fl. 40 kr.,

　　　　Complet, geb. 4 fl. (Vdgs.-Bl. 1878, Seite 86).

Kampen, Alb. v., Descriptiones nobilissimorum apud classicos locorum. Series I. Quindecim ad Caesaris de bello Gallico commentarios tabulae. 1.—5. Lieferung. Gotha 1878—1879. Justus Perthes. 1 fl. 8 kr. Jedes einzelne Blatt 8 kr. (Vdgs.-Bl. 1879, Seite 478).

*Kiepert Heinrich und Wolf Karl, Historischer Schulatlas zur alten, mittleren und neueren Geschichte in 36 Karten. Berlin 1879. D. Reimer. Geb. 3 Mark 60 Pf. (Vdgs.-Bl. 1880, S. 94).

*Trampler R., Eisenbahnkarte der österreichisch-ungarischen Monarchie. Wien. Hof- und Staatsdruckerei. 20 kr. (Vdgs.-Bl. 1881, Seite 252).

Wandkarten.

*Wetzel Eduard, Wandkarte für den Unterricht in der mathematischen Geographie, in 9 Blättern mit erläuterndem Texte. 3. verbesserte und vermehrte Auflage. Berlin 1876. Reimer. Auf Leinwand in Mappe 20 Mark. (Vdgs.-Bl. 1878, Seite 91).

*Sydow, E. v., Europa, in 4 Farben lithographiert, nebst Begleitworten. 4. verbesserte Auflage. Gotha 1875. Perthes. Aufgezogen in Mappe 10 Mark. (Vdgs.-Bl. 1878, Seite 92).

*— — Asien. 3. Auflage, vom Jahre 1879. 9 Mark 60 Pf.⎫

*— — Afrika. 3. Auflage, vom Jahre 1879. 8 Mark. ⎬(Vdgs.-Bl. 1879, Seite 294).

*— — Nord- und Süd-Amerika, in 4 Farben coloriert, nebst Begleitworten. 3. verbesserte Auflage. Gotha 1876. Perthes. Aufgez. in Mappe 10 Mark.

*— — Australien, in 4 Farben coloriert, nebst Begleitworten. Gotha 1875. Perthes. Aufgezogen in Mappe 8 Mark 60 Pf.

*— — Erdkarte (12 Sectionen). 5. verbesserte Auflage. Gotha 1876. Perthes. Aufgezogen in Mappe 10 Mark 60 Pf. (Vdgs.-Bl. 1878, Seite 92).

*Berghaus Herm., Wandkarte der Erde in Mercators Projection. Gotha 1874. Perthes. Aufgezogen in Mappe 8 fl. 40 kr.

*— — Chart of the world. 8. Auflage. Gotha 1876. Perthes. Aufgezogen in Mappe 17 Mark.

*— — Physikalische Wandkarte von Europa. 9 Sectionen. Gotha 1875. Perthes. Aufgezogen in Mappe 11 Mark. (Vdgs-Bl. 1878, Seite 92).

*— — Dr. Herm., Physikalische Wandkarte von Afrika in 6 Blättern. Gotha 1881. Justus Perthes. 3 fl. 60 kr. Aufgezogen in Mappe 6 fl. (Vdgs.-Bl. 1881, Seite 99).

*Kiepert Heinr., Physikalische Wandkarten. Berlin. Reimer. Östlicher und west-
licher Planiglob. 10 Blätter in Farbendruck. Auf Leinwand in Mappe 18 Mark.

*— — Europa. 9 Blätter. Auf Leinwand in Mappe 16 Mark. (Vdgs.-Bl. 1878, S. 92).

*— — Asien. 9 Blätter. Neue Ausgabe. Auf Leinwand in Mappe 19 Mark.
(Vdgs.-Bl. 1880, Seite 95).

*— — Afrika. 6 Blätter. Auf Leinwand in Mappe 14 Mark.

*— — Nord-Amerika. 5 „ „ „ „ „ 12 „

*— — Süd-Amerika. 4 „ „ „ „ „ 10 „

*— — Der große Ocean (Australien und Polynesien). 8 Blätter. Auf
Leinwand in Mappe 20 Mark. (Vdgs.-Bl. 1878, Seite 92).

*— — Politische Schulwandkarte von Asien. 9 Blätter. Berlin 1879. Aufgezogen
in Mappe 19 Mark. (Vdgs.-Bl. 1880, Seite 95).

*Chavanne, Dr. Josef, Physikalische Wandkarte von Afrika. Maßstab: 1 : 8,000.000.
4 Blätter in Farbendruck, nebst einem Texthefte. 2. gänzlich umgearbeitete
Auflage. Wien. Hölzel. Unaufgezogen 6 fl., aufgezogen in Mappe 8 fl., mit
Stäben 9 fl. (Vdgs.-Bl. 1882, Seite 56).

*— — Physikalische Wandkarte von Asien. 6 Blätter in Farbendruck nebst
Texheft. Wien. Hölzel. 8 fl. Aufgespannt in Mappe 11 fl., mit Stäben 12 fl.
(Vdgs.-Bl. 1881, Seite 259).

*Haardt V. von, Schulwandkarte von Asien. Nach Dr. Chavanne's physi-
kalischer Wandkarte. 6 Blätter in Farbendruck. Wien. Hölzel. 6 fl. Aufgespannt in Mappe 9 fl., mit Stäben 10 fl. (Vdgs.-Bl. 1881, Seite 260).

*Steinhauser A., Wandkarte der gesammten Alpen. 9 Blätter. Neue Auflage vom
Jahre 1880. 7 fl. 50 kr.

*— — Die österreichischen Alpen. Wandkarte. 4 Blätter in Farbendruck 3 fl.

*— — Übersichtskarte der Alpen. 1 kleines Blatt. Neue Auflage vom Jahre 1881.
30 kr. Wien. Artaria und Comp. (Vdgs.-Bl. 1881. Seite 163).

*Haardt V. von, Wandkarte der Alpen. Maßstab: 1 : 600.000. 6 Blätter mit Text-
heft. Wien 1882. Hölzel.

    I. detaillierte Ausgabe 15 fl. Aufgespannt in Mappe 20 fl., mit Stäben 22 fl.

    II. Schulausgabe 12 „ „ „ „ 17 „ „ „ 19 „

    III. stumme Ausgabe 10 „ „ „ „ 15 „ „ „ 17 „
    (Vdgs.-Bl. 1882, Seite 174).

*— — Schulwandkarte von Amerika.   4 Blätter in Farbendruck.

*— — politische Schulwandkarte von Europa. 4 „ „ „

*— — oro-hydrographische Wandkarte von Europa. 4 „ „ „
    Preis einer jeden dieser drei Karten 4 fl. Aufgespannt in Mappe 6 fl.
    50 kr., mit Stäben 7 fl. 50 kr. (Vdgs.-Bl. 1883, Seite 274).

*Streffleur, Steinhauser, Hauslab, Hypsometrische Übersichtskarte der österr.-ungar.
Monarchie. Wien. K. k. Schulbücher-Verlag. Auf Leinwand aufgezogen 4 fl. 60 kr.
(Vdgs.-Bl. 1878, Seite 92).

*Stülpnagel, Fr. v., Wandkarte von Europa. Zur Übersicht der staatlichen Verhältnisse.
9 Blätter. 3. Auflage. Neu gezeichnet von V. Geyer. Gotha 1880. Perthes.
2 fl. 16 kr. Aufgezogen in Mappe 4 fl. 80 kr. (Vdgs.-Bl. 1880, Seite 250).

*Sydow, E. v., Nord- und Südamerika, nach der politischen Eintheilung coloriert, nebst Begleitworten. Gotha 1876. P e r t h e s. Aufgezogen in Mappe 10 Mark. (Vdgs.-Bl. 1878, Seite 92).

*Kiepert H., Wandkarte des deutschen Reiches. 5. vollständig berichtigte Auflage. 9 Blätter. Maßstab: 1 : 750.000. Berlin 1878. R e i m e r. Unaufgezogen 10 Mark, aufgezogen in Mappe 18 Mark, mit Stäben 20 Mark. (Vdgs.-Bl. 1878, Seite 93).

*Wagner Dr. Hermann, Wandkarte des deutschen Reiches und seiner Nachbargebiete. 3. Auflage. 12 colorierte Sectionen. Gotha 1883. P e r t h e s. 10 Mark. Auf Leinwand in Mappe 17 Mark. (Vdgs.-Bl. 1883, Seite 94).

*Petermann A., Wandkarte von Deutschland. 9. Auflage. 9 Blatt in Farbendruck. Gotha 1882. P e r t h e s. 5 Mark. Auf Leinwand in Mappe 10 Mark 60 Pf. (Vdgs.-Bl. 1883, Seite 94).

*Baur C. F., Wandkarte von Österreich-Ungarn, nach den statistischen Angaben von A. Doležal, gezeichnet von H. Ahrends, neu bearbeitet. Maßstab 1 : 700.000. 12 Blätter. Wien. H ö l z e l. (Vdgs.-Bl. 1878, Seite 93).

*Kozenn B., Wandkarte von B ö h m e n (deutsche Ausgabe). Wien. H ö l z e l. (Vdgs.-Bl. 1878, Seite 93).

*Steinhauser A., Ö s t e r r e i c h o b u n d u n t e r d e r E n n s. in 6 Blättern. Wien. A r t a r i a. Aufgezogen auf Leinwand in Mappe 5 fl.

Nieder- und Ober-Österreich, separat in je 4 Blättern, 4 fl. (Vdgs.-Bl. 1878, Seite 93).

*Czörnig K a r l, Freih. v., Ethnographische Karte der österr.-ungar. Monarchie, reducirt nach der Karte in 4 Blättern. Wien 1868. (Vdgs.-Bl. 1878, Seite 93).

*Doležal A., Schulwandkarte der österr.-ungar. Monarchie. 9 Sectionen. 2. Auflage. Gotha und Wien 1879. P e r t h e s. 7 Mark. Aufgezogen in Mappe 12 Mark. (Vdgs.-Bl. 1880, Seite 171).

*Spaleny N o r b e r t und Ivinger K a r l, Wandkarte der österr.-ungar. Monarchie. 3. verbesserte Auflage, reproduciert vom k. k. militärisch-geographischen Institute in Wien. 3 fl. 20 kr. (Vdgs.-Bl. 1880, Seite 251).

Folgende bei E. H ö l z e l in Wien erschienenen Wandkarten werden:

a) Allgemein zugelassen :

*Kozenn B., Wandkarte der Planigloben. 2. Ausgabe in 4 Blättern mit Mercatorsprojection 4 fl.

* — — Schulwandkarte von P a l ä s t i n a 4 fl.

*Haardt V. v., Wandkarte von A f r i k a. Nach Dr. J o s. C h a v a n n e's pyhsikalischen Wandkarte für den Schulgebrauch bearbeitet. 4 Blätter in Farbendruck 5 fl.

*Baur C. F., Oro-hydrographische Wandkarte von Ö s t e r r e i c h - U n g a r n 6 fl.

* - - — Wandkarte von Ö s t e r r e i c h - U n g a r n 7 fl.

b) Mit Beschränkung auf die Mittelschulen der betreffenden Kronländer :

*Baur C. F., Schulwandkarte vom Königreiche B ö h m e n. Nach Prof. J. Z d e n ě k's Situationsentwurf und Prof. Dr. K o ř i s t k a's Höhenschichtenkarte 4 fl. 80 kr.

* — — Dieselbe oro-hydrographische Wandkarte 3 fl. 80 kr.

*Baumgarten Max. v., Wandkarte des Herzogthums Bukowina 6 fl.

*Kozenn B., Wandkarte vom Herzogthume Kärnten 3 fl. 50 kr.

*— — Wandkarte vom Herzogthume Krain 8 fl.

*— — Wandkarte von Steiermark. Auf Leinwand gespannt 7 fl. 40 kr.

*Kiepert Heinr., Wandkarte der alten Welt, in 6 Blättern. Berlin 1875. Reimer. Auf Leinwand in Mappe 15 Mark.

*— — Wandkarte von Alt-Griechenland, in 9 Blättern. 3. verbesserte Auflage. Berlin 1875. Reimer. Auf Leinwand in Mappe 20 Mark.

— — — Wandkarte von Alt-Italien, in 6 Blättern. Berlin 1875. Reimer. Auf Leinwand in Mappe 15 Mark.

*— — Wandkarte des römischen Reiches, in 9 Blättern. Berlin 1876. Reimer. Auf Leinwand in Mappe 20 Mark.

*— — Volksschul-Wandkarte von Palästina, in 4 Blättern. Berlin 1875. Reimer. Auf Leinwand in Mappe 8 Mark.

*— — Neue Wandkarte von Palästina für den Schulgebrauch. 4. ganz umgearbeitete Auflage, in 8 Blättern. Berlin 1876. Reimer. Auf Leinwand in Mappe 15 Mark. (Vdgs.-Bl. 1878, Seite 93).

*Bretschneider C. A., Historisch-geographischer Wandatlas nach K. v. Spruner. 10 Karten, zur Geschichte Europas im Mittelalter bis auf die neueste Zeit. 2. Auflage. Gotha 1876/77. Perthes. Auf Leinwand aufgezogen 57 fl. (Vdgs.-Bl. 1878, Seite 93).

Rheinhard Herm., Athenae. Stuttgart. C. Hoffmann. Aufgezogen in Mappe 9 fl.

— — Roma vetus. Stuttgart. C. Hoffmann. Aufgezogen in Mappe 9 fl. (Vdgs.-Bl. 1878, Seite 93).

Wandtafeln.

*Ruprecht H. J., Wandatlas für den Unterricht in der Naturgeschichte aller drei Reiche. 3. Auflage. 40 Blätter. Dresden. C. C. Meinhold und Söhne. 24 Mark. (Vdgs.-Bl. 1878, Seite 93).

*Voigtländer, Wandtafeln zu Ruprecht's Wandatlas der Naturgeschichte aller drei Reiche. 8 Tafeln. Dresden. C. C. Meinhold und Söhne. 6 Mark. (Vdgs.-Bl. 1878, Seite 93).

*Leukart, Dr. R. und Nitsche, Dr. H., Zoologische Wandtafeln zum Gebrauche an Universitäten und Schulen. Cassel. Theodor Fischer. (Lieferungsweise). (Vdgs.-Bl. 1878, Seite 93).

*Fiedler, Dr. A., Anatomische Wandtafeln für den Schulunterricht. 4 Tafeln. 5. Auflage. Dresden. C. C. Meinhold und Söhne. 9 Mark. (Vdgs.-Bl. 1878, Seite 93).

*Blochwitz, Dr. J., Der Bau des menschlichen Körpers (Text zu den anatomischen Wandtafeln von Dr. A. Fiedler). 2. Auflage. Dresden. C. C. Meinhold und Söhne. 1 Mark 25 Pf. (Vdgs.-Bl. 1878, Seite 93).

*Ables, Dr., Unsere wichtigeren Giftgewächse mit ihrer Zergliederung und erläuterndem Texte. Esslingen 1874 und 1876. Schreiber.

1. Theil. Samenpflanzen. 19 Tafeln.

2. Theil. Pilze (Schwämme). 30 Tafeln.

Preis eines jeden Theiles gebunden mit Text in Folio 5 Mark 50 Pf. Auf je 3 Tafeln auf Leinwand gezogen, lackiert, mit Stäben, 10 Mark 40 Pf. Text zu den Wandtafeln 1 Mark. (Vdgs.-Bl. 1878, Seite 94).

*Zippel Herm. und Bollmann Karl, Ausländische Culturpflanzen in bunten Wandtafeln mit erläuterndem Texte. Braunschweig 1876 und 1877. Vieweg.

2 Abtheilungen zu je 11 Tafeln mit Text, je 12 Mark.

Text zu jeder Abtheilung (X. 96 S., VI. 90 S., 4⁰) auch für sich je 2 Mark. (Vdgs.-Bl. 1878, Seite 94).

*Zepharovich, Dr. Vict. R. v., Krystallographische Wandtafeln für Vorträge über Mineralogie. 70 Blätter Groß-Folio. Prag 1877. Dominicus. In Umschlag 9 fl. 50 kr.; aufgezogen auf Pappe 15 fl. 50 kr. (Vdgs.-Bl. 1878, Seite 94).

*Langl Jos., Denkmäler der Kunst. Bilder zur Geschichte. Wien. Hölzel. (Vdgs.-Bl. 1878, Seite 94).

Launitz, Ed. von der, Wandtafeln zur Veranschaulichung antiken Lebens und antiker Kunst. Cassel. Fischer.

Tafel 1—19. Ausgabe A. 200 Mark 50 Pf.

„   B. 148 Mark. (Vdgs.-Bl. 1878, Seite 94).

Tafel 20—22 à 3 fl. 60 kr. (Vdgs.-Bl. 1883, Seite 266).

*Phänomenentafeln, Ein Beitrag zum Anschauungsunterrichte in den Naturwissenschaften. Wien. Verlag von Lenoir und Forster. Jede der 4 Tafeln 4 fl.. bei directer Bestellung für österr. Schulen 3 fl. (Vdgs.-Bl. 1879, Seite 13).

*Leteschek Emil, Tableau der wichtigsten physikalisch-geographischen Verhältnisse. Wien 1879. Hölder. Ein unaufgespanntes Exemplar 3 fl. 50 kr. (Vdgs.-Bl. 1879, Seite 229).

*— — Tableau der wichtigsten meteorologisch-geographischen Verhältnisse. Wien 1881. Pichler's Witwe und Sohn. 3 fl. 50 kr. (Vdgs.-Bl. 1881, Seite 253).

*Brezina, Dr. A., Tafeln der Interferenz-Erscheinungen an Krystallplatten, mit begleitendem Texte. I. Serie, 4 Tafeln à 2 fl. Wien 1879. Lenoir und Forster. (Vdgs.-Bl. 1879, Seite 447).

*Wettstein H., Wandtafeln für den Unterricht in der Naturkunde. 2. Auflage. 106 Tafeln; theils schwarz, theils in Farben. Breite 60 *cm*, Höhe 80 *cm*. Zürich 1878. J. Wurster und Comp. 48 Mark. (Vdgs.-Bl. 1880, Seite 3).

*Simony, Dr. Friedrich, Gletscher-Phänomene. Wien 1882 Hölzel. Sammt Text 2 fl. (Vdgs.-Bl. 1883, Seite 127).

B.

Für Realschulen mit deutscher Unterrichtssprache.

Die im Verzeichnisse A mit einem Sternchen (*) bezeichneten Lehrtexte und Lehrmittel sind zugleich für Realschulen approbiert.

Außerdem sind für Realschulen allgemein zugelassen:

a) Lehrtexte.

Deutsche Sprache.

Schiller K a r l, deutsches Lesebuch für Mittelschulen. Wien. P i c h l e r's Witwe und Sohn.
  I. Theil. 3. unveränderte Auflage 1881. 90 kr. (Vdgs.-Bl. 1881, Seite 154).
  II. „ 3. Auflage 1883. 1 fl. 10 kr. (Vdgs.-Bl. 1883, Seite 216).
  III. „ 2. Auflage 1881. 1 fl. 30 kr. (Vdgs.-Bl. 1881, Seite 208).
Schiller und Willomitzer, Deutsches Lesebuch für Mittelschulen. IV. Band. Wien 1875).
  H ü g e l. 1 fl. 60 kr. (Vdgs.-Bl. 1878, Seite 96).
Scheiner P., Deutsches Lesebuch für Oberrealschulen. 2. gänzlich umgearbeitete
  Auflage von A l b. R i l l e. I. Theil: Die Literatur der Griechen und Römer,
  nebst Anhang aus der neueren deutschen Literatur. Brünn 1875. W i n i k e r.
  1 fl. (Vdgs.-Bl. 1878, Seite 96).
Jauker K. und Noč H., Deutsches Lesebuch für die oberen Classen der Realschulen.
  Wien. G r ä s e r.
  I. Theil. 2. verbesserte Auflage. Wien 1881. 1 fl. 32 kr. (Vdgs.-Bl.1881,S.158).
  II. Theil, für die 6. und 7. Classe. 3. verbesserte Auflage. 1883. Geb.,
    2 fl. 80 kr. (Vdgs.-Bl. 1883, Seite 101).
— — Mittelhochdeutsches Lesebuch für Oberrealschulen. 2. verbesserte und
  vermehrte Auflage. Wien 1881. G r ä s e r. Geb., 92 kr. (Vdgs.-Bl. 1881, Seite 252).
Pölzl I g n a z, Deutsches Lesebuch für die oberen Classen österreichischer Real-
  schulen. Wien. H ö l d e r.
  I. Band, für die 5. Classe 1881. 1 fl. 25 kr. (Vdgs.-Bl. 1881, Seite 112).
  II. „ „ „ 6. „ 1882. 1 fl. 25 kr. (Vdgs.-Bl. 1882, Seite 128).
  III. „ „ „ 7. „ 1883. 1 fl. 50 kr. (Vdgs.-Bl. 1883, Seite 170).
— — Mittelhochdeutsches Lesebuch für Oberrealschulen. Wien 1882. H ö l d e r.
  70 kr. (Vdgs.-Bl. 1882, Seite 50).
Neumann F r a n z, Deutsches Lesebuch für die unteren und mittleren Classen der
  Realschulen. I. und II. Theil, für die 1. und 2. Classe. 2. verbesserte Auflage.
  Wien 1880. G r ä s e r. Je ein Theil 84 kr. (Vdgs.-Bl. 1880. Seite 31).
    (Mit Ausschluss der 1. Auflage beider Theile.)
  III. und IV. Theil, für die 3. und 4. Classe. Wien 1881. G r ä s e r. Je ein
    Theil gebunden. 1 fl. (Vdgs.-Bl. 1881, Seite 159.)

Französische Sprache.

Filek, E d l. v. W i t t i n g h a u s e n, D r. E., Elementarbuch der französischen Sprache.
  2. verbesserte Auflage. Wien 1881. H ö l d e r. 85 kr. (Vdgs.-Bl. 1881, Seite 163).

Geographie und Geschichte.

Gindely A., Lehrbuch der allgemeinen Geschichte für die oberen Classen der Real- und Handelsschulen. Prag. Tempsky.

    I. Band. Das Alterthum. 4. umgearbeitete Auflage, 1880. 1 fl. 50 kr. (Vdgs.-Bl. 1879, Seite 511).

Strzemcha Paul. Geschichte, Geographie und Statistik der österreichisch-ungarischen Monarchie für die Zwecke der Schule bearbeitet. Brünn 1883. R. Knauthe. 60 kr. (Vdgs.-Bl. 1883, Seite 211).

Mathematik.

Močnik, Dr. Franz Ritter von, Lehr- und Übungsbuch der Arithmetik für Unterrealschulen. 17. mit Rücksicht auf den Normallehrplan für die österreichischen Realschulen umgearbeitete Auflage. Prag 1880. Tempsky. 1. Heft 30 kr., 2. Heft 36 kr., 3. Heft 30 kr. (Vdgs.-Bl. 1880, Seite 137).

Villicus Franz, Lehr- und Übungsbuch der Arithmetik für Unterrealschulen. Wien. Seidel und Sohn.

    I. Theil, für die 1. Classe. 8. Auflage, 1883, 70 kr. (Vdgs.-Bl. 1884, Seite 6).

    II. „ „ „ 2. „ 6. „ 1882, 60 kr. (Vdgs.-Bl. 1882, Seite 196).

    III. „ „ „ 3. „ 4. „ 1876, 90 kr. (Vdgs.-Bl. 1879, Seite 350).

    IV. „ „ „ 4. „ Lehrbuch der Arithmetik und Algebra, zum Gebrauche in Realschulen. 2. Auflage, 1870; 1 fl. (Vdgs.-Bl. 1879, Seite 24).

Glöser Moritz, Grundzüge der allgemeinen Arithmetik für die dritte Classe der österreichischen Mittelschulen. 2. umgearbeitete Auflage. Wien 1880. Pichler's Witwe und Sohn. 50 kr. (Vdgs.-Bl. 1880, Seite 170).

    (Mit Ausschluss der ersten Auflage.)

Knirr Josef, Lehrbuch der Arithmetik für die zwei ersten Classen der Realschule. Nach dem Normallehrplane verfasst. Wien 1880. Hölder. 1 fl. (Vdgs.-Bl. 1880, Seite 133).

— — Elemente der allgemeinen Arithmetik in systematischer, für die Schüler der 3. und 4. Classe der österr. Realschulen fasslich dargestellter Form. Wien 1879. Hölder. 75 kr. (Vdgs.-Bl. 1879, Seite 198).

Haberl Jos., Lehrbuch der allgemeinen Arithmetik und Algebra. 4. Auflage. Wien 1883. Braumüller. 2 fl. 60 kr. (Vdgs.-Bl. 1883, Seite 211.)

Geometrisches Zeichnen und darstellende Geometrie.

Streissler Jos., Die geometrische Formenlehre. Triest. Schimpff.

    I. Abtheilung, für die 1. Realclases. 6. Auflage, mit 115 Figuren und 3 Tafeln; 1880. 60 kr. (Vdgs.-Bl. 1880, Seite 197).

    II. Abtheilung, für die 2., 3., 4. Realclasse. 5. Auflage, mit 116 Figuren und 1 Tafel; 1881. 80 kr. (Vdgs.-Bl. 1881, Seite 162).

Streissler Jos., Elemente der darstellenden Geometrie für Realschulen. 2. verbesserte Auflage. Brünn 1879. Karl Winiker. 1 fl. 70 kr. (Vdgs.-Bl. 1879, Seite 36). (Aus dem überreichen Materiale des Buches ist die dem Lehrplane entsprechende Auswahl zu treffen.)

Močnik, Dr. Franz Ritter von, Geometrische Formenlehre für die erste Classe der Realschulen. Prag 1883. Tempsky. 30 kr. (Vdgs.-Bl. 1882, Seite 215).

— — Anfangsgründe der Geometrie für die 2., 3. und 4. Classe der Realschulen. 17. mit Rücksicht auf den neuen Lehrplan umgearbeitete Auflage. Prag 1881. Tempsky. Geb., 75 kr. (Vdgs.-Bl. 1881, Seite 190).

Fialkowski Nicolaus. Wien 1882. Klinkhardt.

    I. Cursus. Lehrbuch der Geometrie und des Zeichnens geometrischer Ornamente. 5. Auflage. 80 kr.

    II. Cursus. Lehrbuch der Planimetrie für Unterrealschulen. I. Theil. 5. Auflage 30 kr.

    III. Cursus. Lehrbuch der Planimetrie für Unterrealschulen. II. Theil. 30 kr. (Vdgs.-Bl. 1882, Seite 154).

Rossmanith Constantin, Geometrische Formenlehre. Zunächst für die I. Realschulclasse. Bielitz 1879. Selbstverlag. 60 kr. (Vdgs.-Bl. 1879, Seite 460).

— — die Elemente der Geometrie im constructiven Sinne. Lehr- und Übungsbuch für die 2., 3., und 4. Realclasse. Wien 1883. Pichler's Witwe und Sohn. 1 fl. (Vdgs.-Bl. 1883, Seite 93).

Villicus Franz, Geometrische Formenlehre in Verbindung mit dem Zeichnen ornamentaler Gebilde. Für die 1. Realclasse. 3. Auflage. Wien 1882. Pichler's Witwe und Sohn. 70 kr. (Vdgs.-Bl. 1882, Seite 159).

— — Lehrbuch der ebenen Geometrie in Verbindung mit dem geometrischen Zeichnen für die 2. und 3. Realclasse. 2. verbesserte Auflage. Wien 1881. L. W. Seidl und Sohn. 90 kr. (Vdgs.-Bl. 1881, Seite 104).

Menger Josef, Geometrische Formenlehre in Verbindung mit dem Freihandzeichnen für die I. Classe der Realschulen. Wien 1882. Hölder. 40 kr. (Vdgs.-Bl. 1882, Seite 141).

— — Grundlehren der Geometrie. Ein Leitfaden für den Unterricht in der Geometrie und im geometrischen Zeichnen an Realschulen. 2. vermehrte und verbesserte Auflage. Wien 1881. Hölder. 1 fl. (Vdgs.-Bl. 1881, Seite 159).

— — Lehrbuch der darstellenden Geometrie für Oberrealschulen. Wien 1882. Hölder. 1 fl. 80 kr. (Vdgs.-Bl. 1883, Seite 73).

Kreussel Irenäus, Lehrbuch der darstellenden Geometrie für Mittelschulen und zum Selbstunterrichte. Mit 398 in den Text gedruckten Abbildungen. Brünn 1876. Karafiat. 3 fl. 10 kr. (Vdgs.-Bl. 1878, Seite 101).

Güntner Karl, Lehrbuch der darstellenden Geometrie für Realschulen und zum Selbstunterrichte. 2. verbesserte Auflage. Wien 1878. Karl Gräser. 1 fl. 60 kr. (Vdgs.-Bl. 1879, Seite 142).

Smolík Franz, Elemente der darstellenden Geometrie. Ein Lehrbuch für Oberrealschulen im Sinne des Normallehrplanes und der Instruction. Prag 1882 Tempsky 1 fl. 80 kr. (Vdgs.-Bl. 1882, Seite 54).

Naturgeschichte.

Standfest, Dr. Fr., Leitfaden für den geologischen Unterricht in der obersten Classe der Realschulen. Graz 1883. Leuschner und Lubensky. 80 kr. (Vdgs.-Bl. 1883, Seite 265).

Naturlehre.

Krist, Dr. Jos., Anfangsgründe der Naturlehre für die unteren Classen der Real-schulen. 2. Auflage. Mit 213 Holzschnitten. Wien 1884. W. Braumüller. In Leinwand gebunden. 1 fl. 80 kr. (Vdgs.-Bl. 1883, Seite 237).

Wallentin, Dr. Ignaz, Grundzüge der Naturlehre für die unteren Classen der Gymnasien, Realschulen und verwandten Anstalten. A. Ausgabe für Realschulen. Wien 1881. Pichler's Witwe und Sohn. 1 fl. 20 kr. Geb. in Leinwand 1 fl. 40 kr. (Vdgs.-Bl. 1881, Seite 180).

Chemie.

Lielegg Andr., Erster Unterricht aus der Chemie an Mittelschulen. Ausgabe für Realschulen. 3. Auflage. Wien 1883. Hölder. 1 fl. 28 kr. (Vdgs.-Bl. 1883, Seite 170).

Kauer, Dr. A., Elemente der Chemie. (Gemäß den neueren Ansichten.) Für die unteren Classen der Mittelschulen. 7. Auflage. Wien 1884. Hölder. Geb. 1 fl. 44 kr. (Vdgs.-Bl. 1884, Seite 4.)

Flögel Gregor, Leitfaden für den ersten Unterricht in der Chemie. Wien 1882. Toeplitz und Deuticke. Geb. 1 fl. (Vdgs.-Bl. 1882, Seite 167).

Mitteregger, Dr. Jos., Lehrbuch der Chemie für Oberrealschulen. Wien. Hölder.
     I. Theil. Anorganische Chemie. 2. Auflage. 1 fl. 50 kr. (Vdgs.-Bl. 1883, Seite 16).
     II. Theil. Organische Chemie. 90 kr. (Vdgs.-Bl. 1879, Seite 260).

b) Lehrmittel.

Technologische Wandtafeln, unter Mitwirkung von Professoren und Technologen des In- und Auslandes herausgegeben von Lenoir und Forster. Wien. Eine Tafel sammt Text in deutscher, französischer, italienischer und englischer Sprache; 5 fl. in Gold. (Vdgs.-Bl. 1878, Seite 76).
    (Soweit der lehrplanmäßige Unterricht derartiger Lehrmittel bedarf, zum Lehrgebrauche an Realschulen zulässig.)

C.

Für Mittelschulen mit böhmischer Unterrichtssprache.

a) Lehrtexte.

Lateinische Sprache.

Kořínek Jos., Latiuská mluvnice ku potřebě žáků zvláště nižších a středních tříd gymnasijních. 4. verbesserte Auflage. Prag 1884. K o b e r. 1 fl. 80 kr., in Leinwand geb. 2 fl. 10 kr. (Vdgs.-Bl. 1884, Seite 25).

Riss Jos., Latinská cvíčebná kniha pro I. gymn. třídu. 3. Auflage. Prag 1873. K o b e r. 90 kr. (Vdgs.-Bl. 1873, Seite 364).

— — Latinská cvíčebná kniha pro II. třídu gymn. 2. Auflage. Prag. K o b e r. 1 fl. 12 kr. (Vdgs.-Bl. 1872, Seite 173).

— — Cvíčebná kniha ku překládání z jazyka českého na jazyk latinský pro třídu VII. a VIII. gymnasijní. Prag 1878. Verlag des Vereins böhmischer Philologen. 80 kr. (Vdgs.-Bl. 1878, Seite 151).

Novotný-Doucha, Latinská kniha cvíčebná pro I. třídu gymnasijní. 4. Auflage. Prag 1881. K. Kellermann. 60 kr. (Vdgs.-Bl. 1880, Seite 271).

Novotný-Patočka, Latinská cvíčebná kniha pro II. gymnasialni třídu. 3. Auflage. Prag 1881. Bellmann. 1 fl. 12 kr. (Vdgs.-Bl. 1880, Seite 198).

Klumpar J. K., Cvíčebná kniha ku překládání z češtiny na jazyk latinský pro III. gym. třídu. 5. Auflage. (Vdgs.-Bl. 1880, Seite 81.)

— — Cvíčebná kniha ku překládání z češtiny na jazyk latinský pro IV. gym. třídu. 2. Auflage. 1 fl. (Vdgs.-Bl. 1880, Seite 81).

Franta Andreas, Úkoly k překladům z jazyka českého na jazyk latinský. I. Theil für die 1. Classe des Obergymnasiums. 3. verbesserte Auflage. Prag 1881. K o b e r. 60 kr. (Vdgs.-Bl. 1881, Seite 283).

Patočka Fr., Stručná mluvnice jazyka latinského. 2. Auflage. Prag 1874. K o b e r. 90 kr., geb. 1 fl. (Vdgs.-Bl. 1874, Seite 316).

— — Cornelii Nepotis liber de excellentibus ducibus exterarum gentium. 3. Auflage. Prag 1882. K o b e r. 36 kr. (Vdgs.-Bl. 1882, Seite 171).

— — Titi Livi ab urbe condita librorum partes selecta. Prag 1881. Bellmann. 80 kr. (Vdgs.-Bl. 1881, Seite 109).

Podstatný Jos., P. Ovidii Nasonis vybrané básně. Prag 1880. Urbánek. 1 fl. 50 kr., geb. 1 fl. 70 kr. (Vdgs.-Bl. 1880, Seite 32).

Doucha Fr., Sbírka příkladův a úloh ku cvičbě ve skladbě latinské. Prag. Bellmann.
I. Theil, für die 3. Gymnasialclasse. 1881. 60 kr. (Vdgs.-Bl. 1881, Seite 181).
II. „ „ „ 4. „ 1882. 60 kr. (Vdgs.-Bl. 1882, Seite 160).

Slavík V. O., Julii Caesaris commentarii de bello Gallico. Prag 1881. K o b e r. 72 kr. (Vdgs.-Bl. 1881, Seite 185).

Podstatný Josef, P. Vergila Marona vybrané básně. Klattau 1882. M. Čermák. 1 fl. 20 kr. (Vdgs.-Bl. 1882, Seite 134).

Kastner Eduard, Výbor řečí Demosthenových. K potřebě škol upravil a poznámkami opatřil. Prag 1883. Verlag des böhm. Philologen-Vereines. Preis beim Verleger 60 kr. Ladenpreis 75 kr. (Vdgs.-Bl. 1883, Seite 102).

Mikenda Ant., C. Sallusti Crispi liber de bello Jugurtino. K potřebě školní upravil a poznámkami opatřil. Prag 1884. A. Storch's Sohn. 90 kr. (Vdgs.-Bl. 1883, Seite 212).

Griechische Sprache.

Dr. **Curtius,** Grammatika řecká. 2. Auflage. Prag 1869· Tempsky. 1 fl. 50 kr. (Vdgs.-Bl. 1874, Seite 316).

Kořínek, Cvičebná kniha ku překládaní z češtiny na jazyk řecký. Prag. Kober. 1 fl. (Vdgs.-Bl. 1873, Seite 53).

Niederle H., Mluvnice řeckého jazyka pro gymnasia česká. I. Theil, Formenlehre. Für die 3. und 4. Classe der Gymnasien und Realgymnasien. Prag. Grégr und Dattel. 96 kr. (Vdgs.-Bl. 1873, Seite 240).

— — II. Theil, Syntax. Prag 1873. Grégr und Dattel. 1 fl. 40 kr. (Vdgs.-Bl. 1874, Seite 2).

Lepař Fr., Řecká cvičebná kniha pro gymnasia česká. 4. Auflage. Prag 1882. Tempsky. Geb. 1 fl. 80 kr. (Vdgs.-Bl. 1881, Seite 232).

Steinmann Wilhelm, Výbor ze spisů Xenophontových. Prag 1880. Verlag des böhm. Philologen-Vereines. Preis beim Verleger 1 fl. 10 kr. Ladenpreis 1 fl. 30 kr. (Vdgs.-Bl. 1880, Seite 175).

Anmerkung. Überdies steht die für deutsche Gymnasien approbierte Chrestomathie von Dr. Karl Schenkl auch an den Gymnasien mit böhmischer Unterrichtssprache in Verwendung.

Böhmische Sprache (Unterrichtssprache).

Kunz Karl, Nauka o větách. 7. Auflage. Prag 1874. Kober. 64 kr. (Vdgs.-Bl. 1877, Seite 118).

Čelakovský, Dr. F. L., Česká čítací kniha pro 2. třídu nižšího gym. 7. Auflage. Prag 1880. Tempsky. 90 kr. (Vdgs.-Bl. 1880, Seite 12).

Jireček Jos., Čítanka pro I. třídu. 7. Auflage. Prag 1880. Tempsky. 60 kr. (Vdgs.-Bl. 1879, Seite 481).

·— — Čítanka pro III. třídu nižšího gymnasia. 5. Auflage. Prag 1882. Tempsky. Geb. 80 kr. (Vdgs.-Bl. 1882, Seite 51).

— — Obrazy ze zemí, národův a dějin Rakouských. 3. Auflage. Prag 1876. Tempsky. 64 kr. (Vdgs.-Bl. 1876, Seite 130).

— — Anthologie z literatury české. I. Theil. 4. Auflage. Prag 1879. Tempsky. 1 fl. 40 kr. (Vdgs.-Bl. 1879, Seite 461).

— — II. Theil. 4. Auflage. Prag 1881. Tempsky. Geb. 2 fl. (Vdgs.-Bl. 1880, Seite 249).

— — III. Theil. 5. Auflage. Prag 1881. Tempsky. Geb. 1 fl. 70 kr. (Vdgs.-Bl. 1880, Seite 271).

Kesina J o h. und **Bartoš** F r., Malá slovesnosť. 3. Auflage. Brünn 1883. **W i n i k e r.** 1 fl. 70 kr. (Vdgs.-Bl. 1883, Seite 217).

Bartoš F r a n z, Česká čítanka pro I. třídu škol středních. 3. Auflage. Prag 1883. F. U r b á n e k. Geb. 82 kr. (Vdgs.-Bl. 1883, Seite 274.)

— — Česká čítanka pro II. třídu škol středních. Brünn 1883. **W i n i k e r.** 90 kr. (Vdgs.-Bl. 1883, Seite 101.)

— — Česká čítanka pro IV. třídu škol středních. Brünn 1881. **W i n i k e r.** 90 kr. (Vdgs.-Bl. 1881, Seite 82).

Blažek M. und **Bartoš** F., Mluvnice jazyka českého pro školy střední a ústavy učitelské. Díl I. Nauka o slově (Tvarosloví). 3. Auflage. Brünn 1882. **W i n k l e r.** 1 fl. (Vdgs.-Bl. 1882, Seite 129).

Bartoš F r., Skladba jazyka českého pro školy střední a ústavy učitelské. 4. durchgesehene Auflage. Brünn 1883. **W i n i k e r.** 1 fl. 20 kr. (Vdgs.-Bl. 1883, Seite 214).

Französische Sprache.

Škoda J a k., Grammatika francouzská pro střední školy. 2. Auflage. Prag 1878. U r b á n e k. 70 kr. (Vdgs.-Bl. 1878, Seite 45).

— — — Francouzská cvičebná kniha pro nižší školy realné a realná gymnasia. 2. Auflage. Prag 1878. U r b á n e k. 1 fl. 30 kr. (Vdgs.-Bl. 1878, Seite 45).

Herzer, Dr. J o h a n n, Učebná kniha jazyka francouzského. I. Theil. 2. Auflage. Prag 1884. A. S t o r c h's Sohn. 96 kr. (Vdgs.-Bl. 1883, Seite 171).

Appelt W i l h e l m. První čítanka francouzská pro realky a realná gymnasia česko-slovanská. Prag 1877. Selbstverlag. 1 fl. 20 kr. (Vdgs.-Bl. 1876, Seite 176).

Ricard, Dr. A n s e l m, Francouzská čítanka. Poznámkami a slovníčkem opatřil Frant. Š u b r t. Prag 1883. G. N e u g e b a u e r. 80 kr. (Vdgs.-Bl. 1883, Seite 286).

Überdies das für deutsche Mittelschulen approbierte Buch:

Ploetz, D r. K., Lectures choises. Französische Chrestomathie. 20. Auflage. Berlin 1880. H e r b i g. 2 Mark. (Vdgs.-Bl. 1881, Seite 24).

Deutsche Sprache.

Kunz K a r l, Německa cvičebná kniha pro I. třídu škol středních. I. Theil. Pilsen 1877. M a a s c h e. (Vdgs.-Bl. 1878, Seite 154).

— — Učebná a cvičebná kniha jazyka německého pro nižší třídy škol středních. II. Theil. 4. Auflage. Pilsen 1878. M a a s c h e. 1 fl. 8 kr. (Vdgs.-Bl. 1879, Seite 260).

Roth J u l i u s, Nauky mluvnické jazyka německého pro nižší třídy škol středních. 2. verbesserte und vervollständigte Auflage. Prag 1883. T e m s p k y. 48 kr. (Vdgs.-Bl. 1882, Seite 215).

Roth Julius, Cvičebná kniha jazyka německého pro první a druhou třídu škol středních. 2. gekürzte und umgearbeitete Auflage. Prag 1883. Tempsky. 1 fl., geb. 1 fl. 15 kr. (Vdgs.-Bl. 1883, Seite 66).

—   — Cvičebná kniha jazyka německého pro třetí a čtvrtou třídu škol středních. 2. verbesserte Auflage. Prag 1884. Tempsky. Geb. 1 fl. (Vdgs.-Bl. 1883, Seite 274).

Mourek V. E., Cvičebná kniha ku překládání z jazyka českého na jazyk německý pro vyšší třídy středních škol. I. Theil, für die 5. und 6. Classe. 2. Auflage. Budweis 1883. R. Benninger. 80 kr. (Vdgs.-Bl. 1884, Seite 3).

Madiera K. A., Deutsches Lesebuch für die unteren Classen an Obergymnasien und Oberrealschulen. Prag 1870. Kober. 1 fl. 80 kr., geb. 2 fl. Für Oberrealschulen zugelassen. (Vdgs.-Bl. 1870, Seite 572).

Pospichal Eduard, Deutsches Lesebuch für Mittelschulen mit böhmischer Unterrichtssprache. I. Band für die 3. und 4. Classe der Gymnasien.

—   — I. Band, 1. Abtheilung für die 3. Classe. 3. Auflage. Prag 1881. Bellmann. 1 fl. 36 kr. (Vdgs.-Bl. 1880, Seite 198).

—   — I. Band, 2. Abtheilung für die 4. Classe. 2. Auflage. Prag 1876. Mourek. 1 fl. 36 kr. (Vdgs.-Bl. 1878, Seite 28.)

—   — II. Band für die 5. und 6. Classe der Gymnasien. 2. Auflage. Prag 1881. Bellmann. 2 fl. 60 kr. (Vdgs.-Bl. 1881, Seite 283).

—   — III. Band für Septima und Octava der Gymnasien und analoge Jahrgänge anderer Anstalten. Prag 1881. Bellmann. 1 fl. 80 kr. (Vdgs-Bl. 1880, Seite 207).

Ferner das auch für deutsche Anstalten approbierte Buch:

Heinrich A., Grammatik der neuhochdeutschen Sprache für Mittelschulen in mehrsprachigen Ländern. 8. Auflage. Laibach 1881. Kleinmayr und Bamberg. 1 fl. 10 kr. (Vdgs.-Bl. 1881, Seite 271).

Geographie.

Tille, Dr. Ant., Učebnice zeměpisu obecného i rakousko-uherského pro školy střední a ústavy učitelské. Prag. Kober.

     Svazek. I. Zeměpis obecný. 6. Auflage. 1 fl. 30 kr. (Vdgs.-Bl. 1882, Seite 150).

     Svazek. II. Zeměpis rakousko-uherský. 2. Auflage. 80 kr. Geb. 92 kr. (Vdgs.-Bl. 1880, Seite 272).

Cimrhanzl Tom., Zeměpis pro I. třídu středních škol. 6. neu bearbeitete Auflage. Prag 1883. Tempsky. 55 kr. (Vdgs.-Bl. 1882, Seite 226).

—   — Zeměpis pro II. třídu středních škol. 6. neu bearbeitete Auflage. Prag 1883. Tempsky. 55 kr. (Vdgs.-Bl. 1882, Seite 226).

—   — Zeměpis pro III. třídu středních škol. 6. neu bearbeitete Auflage. Prag 1883. Tempsky. 55 kr. (Vdgs.-Bl. 1883, Seite 28).

—   - Zeměpis mocnářství rakousko-uherského pro IV. třídu středních škol. 6. neu bearbeitete Auflage. Prag 1883. Tempsky. 55 kr. (Vdgs.-Bl. 1883, Seite 193).

Sobek Frz., Všeobecný zeměpis. Díl. I. Pro 1. třídu škol středních. Prag 1883. Kober. 68 kr. Geb. 88 kr. (Vdgs.-Bl. 1883, Seite 286).

Lepař Johann, Popis mocnářství rakousko-uherského ku potřebě středních škol. 3. Auflage. Prag 1875. Kober. 1 fl. (Vdgs.-Bl. 1877, Seite 56).

Křížek Wenzel, Učebná kniha statistiky říše rakousko-uherské pro vyšší třídy středních škol. Prag 1878. Kober. 92 kr., geb. 1 fl. 4 kr. (Vdgs.-Bl. 1877, Seite 40).

Geschichte.

Ninger, Děje všeobecné pro nižší třídy škol středních. Díl I. Starý věk. 3. Auflage, bearbeitet von J. B. Novák. Prag 1884. Kober. 60 kr., geb. 80 kr. (Vdgs.-Bl. 1884, Seite 6).

— — Díl II. Střední věk. Prag 1874. Kober. 60 kr. (Vdgs.-Bl. 1880, Seite 85).
(Die 2. Auflage ist nicht allgemein zugelassen.)

— — Díl III. Nový věk. 3. Auflage. Prag 1880. Kober. 70 kr. (Vdgs.-Bl. 1879, Seite 511).'

Gindely, Dr. Anton, Dějepis všeobecný pro nižší třídy škol středních. Přeložil Jos. Erben. I. Theil. Das Alterthum. 3. verbesserte Auflage. Prag 1880. Tempsky. 70 kr. (Vdgs.-Bl. 1879, Seite 460).

— — II. Theil. Das Mittelalter. 3. verbesserte Auflage. Prag 1880. Tempsky. 70 kr. (Vogs.-Bl. 1879, Seite 460).

— — III. Theil. Die Neuzeit. 3. verbesserte Auflage. Prag 1883. Tempsky. 70 kr. (Vdgs.-Bl. 1882, Seite 178).

— — Dějepis všeobecný pro vyšší třídy škol středních. Česky upravil dr. Konst. Jireček. Díl. I. Věk starý. 2. umgearbeitete Auflage. Prag 1877. Tempsky. 1 fl. 50 kr. (Vdgs.-Bl. 1877, Seite 128).

— — Díl II. Středověk. Prag 1878. Tempsky. 1 fl. 20 kr. (Vdgs.-Bl. 1878, Seite 202).

— — Díl III. Nový věk. Prag 1879. Tempsky. 1 fl. 20 kr. (Vdgs.-Bl. 1879, Seite 451).

Lepař Johann, Všeobecný dějepis ku potřebě žáků na vyšších gymnasiích českoslovanských. Díl I. Starý věk. 2. Auflage. Prag 1870. Kober. 1 fl. 80 kr. (Vdgs.-Bl. 1877, Seite 118).

— — Díl II. Středověk. Prag 1869. Kober. 1 fl. 60 kr. (Vdgs.-Bl. 1869, Seite 249 und 1870, Seite 537).

— — Díl III. Nový věk. Prag 1871. Kober. 1 fl. 50 kr. (Vdgs.-Bl. 1871, Seite 191).

Kovář M. B., Všeobecný dějepis pro vyšší realné školy českoslovanské. I. Theil. 2. Auflage, bearbeitet von Řehák und Seydler, für Oberrealschulen. Prag 1874. Kober. 1 fl. 40 kr., geb. 1 fl. 54 kr. (Vdgs.-Bl. 1874, Seite 334).

— — II. Theil, für Oberrealschulen. Prag 1870. Kober. 1 fl. 40 kr. (Vdgs.-Bl. 1870, Seite 537).

Tomek W. W., Děje mocnářství rakouského. Ku potřebě na gymnasiích a školách realných. 3. Auflage. Prag 1881. Tempsky. 60 kr. (Vdgs.-Bl. 1881, Seite 208).

Sobek Frz., Děje císařství rakousko-uherského pro střední školy. Prag 1883. Kober. 96 kr., geb. 1 fl. 16 kr. (Vdgs.-Bl. 1883, Seite 192).

3

Mathematik (Arithmetik).

Fischer Franz, Arithmetika pro nižší třídy středních škol. I. Theil. 5. Auflage.
Prag 1884. Rohliček und Sievers. 1 fl. 40 kr. (Vdgs.-Bl. 1883, Seite 286).
— — II. Theil. 4. Auflage. Prag 1884. Rohliček und Sievers. 1 fl. 30 kr.
(Vdgs.-Bl. 1883, Seite 286).

Jarolímek Vincenz, Počtářství pro I. třídu škol realných. I. Theil. 4. Auflage.
Prag 1873. Kober. 50 kr., geb. 62 kr. (Vdgs.-Bl. 1874, Seite 317).
— — Počtářství pro II. třídu škol realných. II. Theil. 4. Auflage. Prag 1874.
Kober. 50 kr., geb. 62 kr. (Vdgs.-Bl. 1874, Seite 317).

Starý Wenzel, Arithmetika pro první, druhou a třetí třídu škol realných. 4. Auflage.
Prag 1882. Tempsky. 1 fl. 20 kr. (Vdgs.-Bl. 1882, Seite 143).

Smolík Josef, Početní kniha pro nižší gymnasium. I. Theil. Für die 1. und 2. Classe.
4. Auflage. Prag 1873. Kober. 1 fl. (Vdgs.-Bl. 1875, Seite 150).
— — II. Theil. Für die 3. und 4. Classe. 2. Auflage. Prag 1874. Kober.
1 fl. (Vdgs.-Bl. 1875, Seite 150).
— — Algebra pro střední školy. Prag 1870. Für Oberrealschulen. Kober.
1 fl. 50 kr. (Vdgs.-Bl. 1869, Seite 286).

Šikola Josef, Základové arithmetiky obecné pro třetí třídu středních škol. Tabor 1881.
Selbstverlag des Verfassers. 50 kr. (Vdgs.-Bl. 1882, Seite 164).
— — Arithmetika pro 4. třídu gymnasii a realných gymnasii. Tabor 1882
Selbstverlag der Verfassers. 48 kr. (Vdgs.-Bl. 1882, Seite 164).

Šimerka W., Algebra čili Počtářství obecné pro vyšší gymnasia a realné školy.
3. Auflage. Prag 1874. Grégr. 1 fl. (Vdgs.-Bl. 1875, Seite 267).

Studnička, Dr. Franz J., Algebra pro vyšší třídy škol středních. Prag 1877. Im Verlage
des Verfassers. 1 fl. 50 kr., bei Massenabnahme 1 fl. (Vdgs.-Bl. 1877, Seite 83).

Močnik, Dr. Franz Ritter von, Arithmetika i algebra pro vyšší třídy škol středních.
Od F. A. Hory. Prag 1875. Tempsky. 1 fl. 60 kr. (Vdgs.-Bl. 1876, Seite 62).

Taftl, Dr. Emanuel, Algebra, vyšším třídám středních škol českých upravil —
Klattau 1883. M. Čermák. 1 fl. 30 kr. (Vdgs.-Bl. 1883, Seite 218).

Hromádko Franz und **Strnad** Alois, Sbírka úloh z algebry pro vyšší třídy
středních škol. I. Theil. 2. Auflage. Prag 1879. 1 fl. 20 kr. (Vdgs.-Bl. 1879, Seite 294).

Mathematik (Geometrie).

Dřizhal Johann. Měřictví pro nižší gymnasia. I. Theil. 5. Auflage. Prag 1883.
Kober. 56 kr. (Vdgs.-Bl. 1883, Seite 286).
— — II. Theil. 3. Auflage. Prag 1880. Kober. 70 kr. (Vdgs.-Bl. 1880, Seite 249).

Jandečka Wenzel, Geometria pro vyšší gymnasia. I. Planimetria. 3. Auflage.
Prag 1880. Kober. 90 kr. (Vdgs.-Bl. 1879, Seite 511).
— — II. Stereometria. 3. Auflage. Prag 1880. Kober. 60 kr. (Vdgs.-Bl. 1880,
Seite 198).
— — III. Trigonometria. 3. Auflage. Prag 1880. Kober. 52 kr. (Vdgs.-Bl. 1881,
Seite 155).
— — IV. Analitická geometria v rovině. 2. Auflage. Prag 1870. Kober.
1 fl. 20 kr. (Vdgs.-Bl. 1872, Seite 416).

Šanda Franz, Měřictví pro vyšší třídy středních škol. I. Theil. Planimetrie. Trigonometrie. Stereometrie. 2. Auflage. Prag 1876. Kober. 2 fl. 40 kr. (Vdgs.-Bl. 1876, Seite 105).

— — Měřictví pro vyšší třídy středních škol a k vlastnímu studium. II. Theil. I. Analytické měřictví v rovině. II. Sférická trigonometrie. Prag 1870. Kober. 84 kr. (Vdgs.-Bl. 1870, Seite 573).

Geometrie mit dem geometrischen Zeichnen und darstellende Geometrie.

Šanda Franz, Měřické základy kreslení pro I. třídu středních škol. 5. Auflage. Prag 1881. Kober. 48 kr. (Vdgs.-Bl. 1881, Seite 283).

— — Měřictví a rýsování pro II., III. a IV. třídu realných škol a realných gymnasií. 4. verbesserte Auflage. Prag 1884. Kober. 1 fl., geb. 1 fl. 20 kr. Für die 2., 3. und 4. Classe der Realgymnasien zugelassen. (Vdgs.-Bl. 1884, Seite 61).

Hoza Franz, Měřické tvaroznalství spojené s kreslením po prvou třídu středních škol. Prag 1881. Slavík und Borový. 65 kr. (Vdgs.-Bl. 1881, Seite 259).

— — Základové měřictví v rovině pro nižší třídy středních škol. Prag 1880. Slavík und Borový. 1 fl. 40 kr. (Vdgs.-Bl. 1881, Seite 99).

— — Základové měřictví v prostoru. Pro nižší třídy středních škol. Prag 1878. Slavík und Borový. 96 kr. (Vdgs.Bl. 1879, Seite 198).

Jarolímek Vincenz, Geometrie pro IV. třídu škol realných. 3. Auflage. Prag 1881. Verlag: Jednota českých mathematiků. Beim Verleger geb. 80 kr., im Buchhandel 1 fl. 10 kr. (Vdgs.-Bl. 1874, Seite 317).

— — Deskriptivní geometrie pro vyšší školy realné. I. Theil. Für die IV. Classe der Realschulen. Prag 1875. Verlag: Jednota českých mathematiků. Beim Verleger 1 fl. 10 kr., im Buchhandel 1 fl. 30 kr. (Vdgs.-Bl. 1877, Seite 66).

— — Deskriptivní Geometrie pro vyšší školy realné. II. Theil. Für die VI. Classe der Realschulen. Prag 1876. Verlag: Jednota českých mathematiků. 1 fl. 20 kr., im Buchhandel 1 fl. 40 kr. (Vdgs.-Bl. 1877, ' Seite 66).

— — Deskriptivní Geometrie pro vyšší školy realné. III. Theil. Für die VII. Classe der Realschulen. Prag 1878. Verlag: Jednota českých mathematiků. Beim Verleger 1 fl. 10 kr., im Buchhandel 1 fl. 30 kr. (Vdgs.-Bl. 1878, Seite 36).

Naturgeschichte.

Pokorný, Dr. Alois, Názorný přírodopis živočišstva, pro nižší oddělení středních škol českoslovanských von Paul Jehlička und Dr. Vinc. Kotal. 5. Auflage. Prag 1883. Tempsky. Geb. 1 fl. 40 kr. (Vdgs.-Bl. 1882, Seite 197).

— — Názorný přírodopis rostlinstva. Vzdělal dr. Lad. Čelakovský. 4. Auflage. Prag 1882. Tempsky. Geb. 1 fl. 16 kr. (Vdgs.-Bl. 1881, Seite 208).

— — Názorný nerostopis. Pro nižší oddělení středních škol českoslovanských vzdělal dr. M. Bořický. 4. Auflage, 1880. Prag. Tempsky. 70 kr. (Vdgs.-Bl. 1880, Seite 12).

3 *

Rosický Franz, Nerostopis pro nižší třídy středních škol. Prag 1883. Tempsky. 40 kr. (Vdgs.-Bl. 1883, Seite 171).

Frič, Dr. Anton, Přírodopis živočišstva pro vyšší gymnasia a realné školy. 2. abgekürzte Auflage. Prag 1882. Tempsky. 2 fl. (Vdgs.-Bl. 1882, Seite 86).

Rosický Franz, Botanika pro vyšší třídy středních škol. Prag 1880. Tempsky. Geb. 1 fl. 15 kr. (Vdgs.-Bl. 1880, Seite 198).

Fischer Franz, Nerostopis pro vyšší gymnasia. 2. Auflage. Prag 1877. Kober. 1 fl. 20 kr. (Vdgs.-Bl. 1877, Seite 32).

Bořický, Dr. Emanuel, Nerostopis pro vyšší gymnasialné a realné školy. Prag 1876. Tempsky. 1 fl. 80 kr. (Vdgs.-Bl. 1876, Seite 115).

Physik.

Majer, Dr. Anton, Fysika pro nižší školy. 4. Auflage. Prag 1880. Selbstverlag. 1 fl. 40 kr. (Vdgs.-Bl. 1880, Seite 92).

— — Fysika pro vyšší školy. Revidierte Ausgabe. Prag 1874. Selbstverlag des Verfassers. 3 fl. (Vdgs.-Bl. 1874, Seite 55).

Klika Josef, Fysika pro nižší třídy škol středních. Vzdělal Em. Leminger. 3. Auflage. Prag 1881. Kober. 1 fl. 40 kr. (Vdgs.-Bl. 1881, Seite 271).

— — Fysika pro gymnasia a realné školy dle knihy Dr. Fr. Jos. Piska. Prag 1870. Kober. 3 fl. Für Oberrealschulen zugelassen. (Vdgs.-Bl. 1870, Seite 92).

Lemminger Emanuel, Fysika pro nižší třídy škol středních. I. Pro gymnasia. 4. Auflage. Prag 1882. Kober. 1 fl. 40 kr. (Vdgs.-Bl. 1882, Seite 196).

Müller P. J. und **Simonides** J., Fysika pro vyšší třídy škol středních. Prag 1884. Borový.

    Vydání pro gymnasia. Geb. 3 fl. (Vdgs.-Bl. 1883, Seite 268).

    Vydání pro školy realné. Geb. 2 fl. 76 kr. (Vdgs.-Bl. 1883, Seite 268).

Chemie.

Jahn Egid, Stručná chemie pro nižší třídy českých gymnasií a realných gymnasií. Prag 1878. Urbánek. 80 kr. (Vdgs.-Bl. 1878, Seite 21).

— — Chemie čili lučba. Dle 16. vydání Schoedlerovy „Knihy přírody". 3. Auflage. Prag 1872. Kober. 1 fl. 40 kr. (Vdgs.-Bl. 1872, Seite 437).

— — Počátkové chemie. Pro nižší třídy českých škol středních etc. Prag 1877. Urbánek. 1 fl. 20 kr. (Vdgs.-Bl. 1877, Seite 17).

— — Chemie nerostná pro vyšší školy české. 2. Auflage. Prag 1874. Kober. 3 fl. 20 kr. Geb. 3 fl. 40 kr. (Vdgs.-Bl. 1874, Seite 334).

Hejzlar, Dr. Franz, und **Hofmann** Nik. Chemie zkušebná pro čtvrtou školu gymnasií a realných gymnasií. Prag 1880. Tempsky. 44 kr. (Vdgs.-Bl. 1880, Seite 13).

Hofmann Nik., und **Hejzlar,** Dr. Franz, Chemie zkušebná pro 4. školu realnou a pro ústavy učitelské. Prag 1879. Tempsky. 60 kr. (Vdgs.-Bl. 1879, Seite 447).

Procházka Prokop. Chemie, učebná kniha pro 4 třídu škol realních, založená na pokusech. Prag 1882. Slavík und Borový. 64 kr. (Vdgs.-Bl. 1882, Seite 155).

Hofmann Nik., Chemie mineralná na základě pokusů, pro vyšší třídy středních škol československých. Prag 1878. Tempsky. 1 fl. 40 kr. (Vdgs.-Bl. 1878, Seite 202).

— — Chemie organická pro vyšší školy realné. Prag 1880. Tempsky. Geb. 70 kr. (Vdgs.-Bl. 1881, Seite 66).

Philosophische Propaedeutik.

Dastich, Dr. J., und **Jandečka** V., Logika pro vyšší gymnasia. 3. Auflage. Prag 1880. J. L. Kober. 64 kr. (Vdgs.-Bl. 1880, Seite 32).

Durdík, Dr. Josef, Psychologie pro školu. Prag 1872. Mourek. 1 fl. 20 kr. (Vdgs.-Bl. 1872, Seite 417).

Stenographie.

Pražák Johann O., Česká čítanka těsnopisná pro střední školy. Prag 1876. Verlag des Gabelsberger Stenographenvereins. Geb. 1 fl. 80 kr. (Vdgs.-Bl. 1877, Seite 8).

Těsnopis český dle soustavy Gabelsbergerovy. Sestaven kommissí I. pražského spolku stenografů Gabelsbergských. 4. Auflage. Prag 1879. 1 fl. (Vdgs. Bl. 1879, Seite 229).

b) Lehrmittel.

Kozenn B., Zeměpisný atlas pro školy střední. Českým názvoslovím opatřil Jos. Jireček. 9. vermehrte und revidierte Auflage. Wien 1884. Hölzel. 2 fl. 80 kr. (Vdgs.-Bl. 1883, Seite 274).

Lepař Johann, Politický atlas k všeobecným dějinám středního a nového věku. Prag 1869. Kober. 1 fl. 50 kr., geb. 2 fl. (Vdgs.-Bl. 1870, Seite 34).

Kozenn B., Visecí mapa zeměkoulí, bearbeitet von M. R. Kovář. Wien. Hölzel. 4 fl. 80 kr.

— — Visecí mapa Evropy, bearbeitet von M. R. Kovář. Wien. Hölzel. 5 fl. 40 kr.

— — Visecí mapa: Palestina, dějiště biblické historie, bearbeitet von M. R. Kovář. Wien. Hölzel. 4 fl. 60 kr.

Baur F. C., Rakousko-Uherské mocnářství. Wien. Hölzel. 7 fl.

Zdeněk Jaroslav, Školní mapa království českého. Terain dle Kořístkovy mapy kreslil Baur. Wien. Hölzel. 4 fl. 80 kr.

— — Tatáž mapa horo-vodopisná. 4 fl. 80 kr.

Kozenn B., Visecí mapa markrabství moravského a vévodství slezského, neubearbeitet von C. T. Baur und J. Havelka. Wien. Hölzel. 5 fl. 50 kr.

Letoschek Emil, Znázornění nejdůležitějších poměrů astronomických a fysikalních. Für böhmische Schulen bearbeitet von Jaroslav Zdeněk. Wien 1881. Hölzel. Preis eines unaufgespannten Exemplars 4 fl. Auf Leinwand gespannt mit Stäben 6 fl. 50 kr. (Vdgs.-Bl. 1881, Seite 253).

Anmerkung: Überdies werden an den Mittelschulen mit böhmischer Unterrichtssprache vielfach Atlanten, Wandkarten und Wandtafeln verwendet, welche für Mittelschulen mit deutscher Unterrichtssprache approbiert sind.

D.

Für Mittelschulen mit italienischer Unterrichtssprache.

Lateinische Sprache.

Schultz, Dr. Ferd., Grammatichetta della lingua latina, tradotta ad uso delle classi inferiori dei ginnasi. 6. Auflage. Wien 1868. C. Gerold's Sohn. 65 kr. (Vdgs.-Bl. 1880, Seite 262).

— — Piccola grammatica latina, nuova edizione autorizzata, riveduta sulla sedicesima originale dal Prof. Raffaello Fornaciari. Torino e Roma 1880. E. Loescher. 2 Lire. (Vdgs.-Bl. 1880, Seite 262).

Libro di esercizi per tradurre dal latino nell' italiano e viceversa. Edizione II. Wien 1868. C. Gerold's Sohn. 60 kr. (Vdgs.-Bl. 1880, Seite 262).

Schinnagl Maur., Libro di lettura latina per la II. classe ginnasiale. Ridotto ad uso dei ginnasi italiani della monarchia di Antonio Zongada. Edizione III. Wien 1871. C. Gerold's Sohn. 70 kr. (Vdgs.-Bl. 1880, Seite 262).

Schultz, Dr. Ferd., Raccolta di tempi per esersizio della sintassi latina. Tradotta da Raffaello Fornaciari. Edizione II. Torino 1874. E. Loescher. 3 Lire. (Vdgs.-Bl. 1880, Seite 262).

— — Esercizi per la grammatica latina di Raffaello Fornaciari. Edizione III. Torino 1877. E. Loescher. 2 Lire. (Vdgs.-Bl. 1880, Seite 262).

Griechische Sprache.

Curtius, Dr. G., Grammatica greca. Parte I. Etimologia. 65 kr., Parte II. Sintassi. 55 kr. Wien 1868. C. Gerold's Sohn. (Vdgs.-Bl. 1880, Seite 262).

Kühner Raf., Grammatica elementare della lingua greca. Parte I. Etimologia. Edizione III. 70 kr., Parte II. Sintassi. Edizione III. 60 kr. Wien 1871. C. Gerold's Sohn. (Vdgs.-Bl. 1880, Seite 262).

Curtius, Dr. G., Grammatica della lingua greca. Dodicesima edizione originale, riveduta e migliorata colla cooperazione del Prof. Bernardo Gerth da Giuseppe Müller. Torino e Roma 1880. E. Loescher. 3·50 Lire. (Vdgs.-Bl. 1880, Seite 263).

Schenkl, Dr. C., Esercizi greci composti dietro le grammatiche del Curtius e del Kühner. Edizione III. della versione italiana per cura di Fortun. Demattio. Wien 1877. C. Gerold's Sohn 1 fl. (Vdgs.-Bl. 1880, Seite 263).

— — Esercizi greci. Parta I. ad uso dei ginnasi. Versione italiana riveduta sulla nona edizione originale da Giuseppe Müller. Seconda edizione riveduta. Roma, Torino, Firenze 1878. E. Loescher. 2 Lire. (Vdgs.-Bl. 1880, Seite 263).

— — Esercizi greci. Parte II. Torino 1872. E. Loescher. 2·80 Lire. (Vdgs.-Bl. 1880, Seite 263).

Schenkl, Dr. C., Crestomazia di Senofonte tratta dalla Ciropedia, dall' Anabasi e dai detti memorabili di Socrate, composta, annotata e provveduta d' un dizionario. Edizione II. Wien 1866. C. Gerold's Sohn. 1 fl. 30 kr. (Vdgs.-Bl. 1880, Seite 263).

— — Crestomazia di Senofonte. Nuova edizione riveduta sulla quarta originale da Giuseppe Müller. Roma, Torino, Firenze 1876. E. Loescher. 3 Lire. (Vdgs.-Bl. 1880, Seite 263).

Casagrande Alb., Raccolta di esercizi greci per i ginnasi e licei in correlazione alle grammatiche di G. Curtius e V. Inama. Parte I. Morfologia. Torino 1881. G. B. Baravia et Comp. 3 Lire. (Vdgs.-Bl. 1882, Seite 155).

— — Raccolta di esercizi greci ad uso dei ginnasi e licei. Parte II. Sintassi. Torino 1879. E. Loescher. 3 Lire. (Vdgs.-Bl. 1880, Seite 263).

Italienische Sprache.

Demattio, Dr. Fortun., Grammatica elementare della lingua italiana. Wien. K. k. Schulbücher-Verlag. 60 kr. (Vdgs.-Bl. 1880, Seite 263).

— — Sintassi della lingua italiana ad uso dei ginnasi. Innsbruck-Verona. Wagner e Münster. (Vdgs.-Bl. 1880, Seite 263).

— — Grammatica della lingua italiana ad uso delle scuole reali, commerciali e magistrali. Parte prima. Innsbruck 1879. Wagner. 80 kr. (Vdgs.-Bl. 1880, Seite 263).

(Zulässig für Mittelschu'en.)

— — Parte seconda: Sintassi. Seconda edizione inalterata. Innsbruck 1879, Wagner. 60 kr. (Vdgs.-Bl. 1880, Seite 263).

(Zulässig für Realschulen.)

— — Grammatica storica della lingua italiana ad uso dei ginnasi e dei candidati allo insegnamento. Parte terza. Sintassi della lingua italiana con riguardo alle principali attinenze della sintassi latina e greca. Seconda edizione. Innsbruck 1882. Wagner 80 kr. (Vdgs.-Bl. 1882, Seite 143).

(Zulässig für Gymnasien.)

— — Libro di lettura. Innsbruck. Wagner.

    I. ad uso della prima classe di tutte le scuole secondarie austro-italiane 1882. 60 kr. (Vdgs.-Bl. 1882, Seite 160).

    II. ad uso della seconda classe di tutte le scuole secondarie austro-italiane 1882. 70 kr. (Vdgs.-Bl. 1882, Seite 196).

    III. ad uso della terza classe di tutte le scuole secondarie austro-italiane 1883. 90 kr. (Vdgs.-Bl. 1883, Seite 192).

    IV. ad uso della quarta classe di tutte le scuole secondarie austro-italiane 1883. 75 kr. (Vdgs.-Bl. 1883, Seite 211).

Letture italiane per le classi inferiori delle scuole medie. Wien 1883. Hölder.

Parte prima. 54 kr.	
Parte seconda. 76 kr.	(Vdgs.-Bl. 1883, Seite 171.)
Parte terza. 84 kr.	
Parte quarta. 76 kr.	(Vdgs.-Bl. 1883, Seite 197.)

Libro di lettura per le classi del ginnasio inferiore. Wien. C. Gerold's Sohn.

    Parte I. 1879. 65 kr.   Parte III. 1877. 75 kr. } (Vdgs.-Bl. 1880.

    Parte II. 1878. 85 kr.   Parte IV. 1879. 80 kr. '   Seite 263.)

Carrara Franc., Antologia italiana proposta alle classi de' ginnasi superiori. Wien. C. Gerold's Sohn.

    Vol. I. 1857. Il Trecento e il Quattrocento. 80 kr. }

    Vol. II. 1859. Il Cinquecento. 85 kr.   (Vdgs.-B. 1880,

    Vol. III. 1858. Il Seicento. 50 kr.   Seite 263.)

    Vol. IV. 1859. Il Settecento. 80 kr.

    Vol. V. L' Ottocento. 75 kr. }

Pellegrini Franc., Antologia italiana per le scuole commerciali, nautiche e reali superiori. Edizione III. Triest 1873. Col. Coen. 2 Theile. 2 fl. (Vdgs.-Bl. 1880, Seite 263).

Bolza, Dr. G. B., Orlando furioso di Ludovico Ariosto, edito ad uso della gioventù. Wien 1853. C. Gerold's Sohn. 1 fl. 0 kr. (Vdgs.-Bl. 1880, Seite 263).

Deutsche Sprache.

Cobenzl Gius., Corso completo di lingua tedesca ad uso degl' Italiani. III. edizione interamente rifusa. A spese dell' autore. Trieste 1873. 1 fl. 80 kr. (Vdgs.-Bl. 1880, Seite 264).

Filippi, D. A., Grammatica della lingua tedesca. 16. Auflage. Wien 1875. Carl Gerold's Sohn. 1 fl. (Vdgs.-Bl. 1880, Seite 264).

Müller Gius., Corso pratico di lingua tedesca. Torino 1874. E. Loescher.

    Parte I. Teorica dei suoni. Declinazione. Lire 2.

    Parte II. Coniugazione. Particelle. Lire 2·50. (Vdgs.-Bl. 1880. Seite 264).

    (Zulässig für die unteren Classen der Gymnasien.)

Fritsch Maur., Grammatica della lingua tedesca. Edizione III. Torino 1876. E. Loescher. Lire 3. (Vdgs.-Bl. 1880, Seite 264).

    (Zulässig für die Oberclassen der Mittelschulen.)

Claus Nicol., Nuova grammatica teorico-pratica della lingua tedesca. Edizione 6. Mailand 1877. Briola et Comp. Lire 3. (Vdgs.-Bl. 1881, Seite 259).

    (Zulässig für die I. und II. Classe der Realschulen.)

— — Antologia tedesca. 1881. Mailand. Briola et Comp.

    Parte I. Edizione 3. Lire 1·50. (Vdgs.-Bl. 1881, Seite 259).

    Parte II. Edizione 2. 1877. (Vdgs.-Bl. 1880, Seite 264).

    (Zulässig für die I. und II. Classe der Realschulen.)

Noë Enrico, Antologia tedesca. Wien 1880. Karl Graesser,

    Parte prima con un vocabolario delle parole contenute in ambo le parti. 1 fl. 84 kr.

    Parte seconda Sunto della letteratura tedesca con saggi dei migliori scrittori. 1 fl. 60 kr.

    Vocabolario dell' antologia tedesca. (Separat-Ausgabe des dem I. Theile angeschlossenen Vocabulars.) 1 fl.

    (Vdgs.-Bl. 1880, Seite 264).

Serbo-croatische Sprache.

Budmani Pietro, Grammatica della lingua serbo-croata (illirica). Fasc. I. II. Wien 1866, 1867. 1 fl. 25 kr. (Vdgs.-Bl. 1880, Seite 264).

Parčić C. A., Grammatica della lingua slava (illirica). Edizione II. Zara 1878. Spir. Artale. Soldi 80. (Vdgs.-Bl. 1880, Seite 264).

Cobenzl Giuseppe, Corso completo (teorico-pratico) delle lingua serbo-croata. Ragusa 1878. C. Pretner. 2 fl. (Vdgs.-Bl. 1880, Seite 264).

Geographie und Geschichte.

Bellinger G., Elementi di Geografia. 5. Ausgabe. Wien 1872. C. Gerold's Sohn. 30 kr. (Vdgs.-Bl. 1880, Seite 264).

Schubert Fr. G., Elementi di geografia universale per le classi inferiori dei ginnasi e delle scuole reali. Wien 1866. C. Gerold's Sohn. 40 kr. (Vdgs.-Bl. 1880, Seite 264).

Klun, Dr. V. F., Geografia universale. Wien. C. Gerold's Sohn:
Parte I. Edizione IV. 1879. 45 kr.
Parte II. Edizione III. 1878. 40 kr. } (Vdgs.-Bl. 1880, Seite 264).
Parte III. Edizione III. 1879. 80 kr.

Seydlitz, Ernesto di, Elementi di geografia ad uso delle scuola. 2. Auflage. Breslau 1883. Ferd. Hirt. 60 kr. (Vdgs.-Bl. 1883. Seite 27).

Welter F. B., Compendio di storia universale. Wien. C. Gerold's Sohn.
Fasc. I. Storia dei tempi antichi. 1877. 40 kr.
Fasc. II. Storia del medio evo. 1879. 35 kr. } (Vdgs. - Bl. 1880, Seite 265).
Fasc. III. Storia dei tempi moderni. 1879. 40 kr.

Gindely A., Compendio di storia universale per le classe inferiori delle scuole medie, tradotta dal Tedesco da Romeo Vielmetti. Prag. Tempsky.
Parte I. L' Antichità. Con 31 illustrazione. 1881. 80 kr. (Vdgs.-Bl. 1881, Seite 190.)
Parte II. Medio Evo. Con 23 illustrazioni. 1882. 80 kr. (Vdgs.-Bl. 1882, Seite 50).
Parte III. L' età moderna. Con 17 illustrazioni. 1882. 80 kr. (Vdgs.-Bl. 1882, Seite 173).

— — Manuale di storia universale per i ginnasii superiori. Volume I. Storia antica. Prag 1883. Tempsky. 1 fl. 80 kr. (Vdgs.-Bl. 1883, Seite 101).

Pütz G., Rudimenti di geografia e storia del evo antico, medio e moderno. Per uso delle classi ginnasiali superiori. Wien. C. Gerold's Sohn:
Parte I. 1857. Evo antico. 1 fl. 60 kr.
Parte II. 1857. Evo medio. 1 fl. 60 kr. } (Vdgs.-Bl. 1880, Seite 265).
Parte III. 1858. Evo moderno. 2 fl. 20 kr.

Tomek V., Storia dell' impero austriaco. Ad uso dei ginnasî e delle scuole reali. Wien 1855. C. Gerold's Sohn. 55 kr. (Vdgs.-Bl. 1880, Seite 265).

Hannak, Dr. Em., Compendio di Storia, Geografia e Statistica della monarchia austro-ungarica per le classi inferiori e superiori delle scuole medie. Seconda impressione italiana sulla settima edizione tedesca. Wien 1884. A. Hoelder. 90 kr. (Vdgs.-Bl. 1883, Seite 265).

Mathematik.

Močnik, caval. Dr. Fr., Manuale di aritmetica ad uso dei ginnasi inferiori. Versione italiana del Dr. Giuseppe Zampieri. Wien. C. Gerold's Sohn.

  Parte I. per le classi I. e II. Edizione quinta 1876. 90 kr. (Vdgs.-Bl. 1880, Seite 265).

  Parte II. per le classi III. e IV. Edizione quarta 1877. 70 kr. (Vdgs.-Bl. 1880, Seite 265).

— — Geometria intuitiva per il ginnasio inferiore. Wien. C. Gerold's Sohn:

  Parte I. per le classi I. e II. Edizione quinta 1879. 50 kr. (Vdgs.-Bl. 1880, Seite 265).

  Parte II. per le classi III. e IV. Edizione quarta 1881. 50 kr. (Vdgs.-Bl. 1881, Seite 276).

— — Manuale di aritmetica ed algebra per le classi superiori delle scuole medie. Traduzione dal tedesco in italiano, eseguita sulla quindicesima edizione. Wien 1878. C. Gerold's Sohn. 1 fl. 60 kr. (Vdgs.-Bl. 1880, Seite 265).

— — Elementi di geometria in combinazione col disegno ad uso delle scuole reali inferiori e delle scuole civiche. Nuova edizione. Vienna 1877. C. Gerold's Sohn. 90 kr. (Vdgs.-Bl. 1880, Seite 265).

— — Trattato di aritmetica. Nuova edizione invariata. (Für die Unterclassen der Realschulen). Vienna 1881. C. Gerold's Sohn. 1 fl. (Vdgs.-Bl. 1880, Seite 265).

Heis, Dr. Ed., Raccolta di esempi i quesiti di aritmetica ed algebra ordinati ad uso de' ginnasi etc. etc. Versione dal tedesco di Antonio Budinich. Torino 1876. E. Loescher. Lire 5. (Vdgs.-Bl. 1880, Seite 265).

Wittstein, Dr. Teodoro, Prof., Trattato di matematica elementare. Vienna. A. Hoelder:

  Parte I. Planimetria. Traduzione eseguita sulla decima edizione tedesca da Stefano Scarizza, direttore etc. 1879. 1 fl.

  Parte II. Trigonometria piana. Traduzione eseguita sulla quarta edizione tedesca da Stef. Scarizza. 1880. 80 kr.

  Parte III. Stereometria. Traduzione eseguita sulla quarta edizione tedesca da Stef. Scarizza. 1880. 96 kr. (Vdgs.-Bl. 1880, Seite 265).

Frischauf, Dr. G., Introduzione alla geometria analitica. Traduzione eseguita sulla seconda edizione tedesca da Francesco Postet. Wien 1883. Hoelder. 60 kr. (Vdgs.-Bl. 1883, Seite 208).

Naturgeschichte.

Lanza, Dr. Fr., Elementi di zoologia ad uso delle prime classi ginnasiali e delle scuole reali. Edizione III. Wien 1867. C. Gerold's Sohn. 90 kr. (Vdgs.-Bl. 1880, Seite 266).

— — Elementi di mineralogia. Edizione V. Triest 1864. Lloyd. 1 fl. 20 kr. (Vdgs.-Bl. 1880, Seite 266).

Pokorny, Dr. Al., Storia illustrata dei tre regni della natura. Versione dal tedesco di Caruel, Lessona, Salvadozi e Struever. Torino. E. Loescher.

Parte I. Regno animale, Edizione II. 1876. Lire 3.　(Vdgs.-Bl. 1880,
Parte II. Regno vegetale, Edizione II. 1876. Lire 2·60.　Seite 266).
Parte III. Regno minerale, Edizione II. 1877. Lire 2.

Schmarda, L. K., Elementi di zoologia. Per uso degli i. r. ginnasî superiori. Zoologia sistematica. Wien 1854. C. Gerold's Sohn. 1 fl. 5 kr. (Vdgs.-Bl. 1880, Seite 266).

Bill, Dr. Giorg., Elementi di Botanica. Versione italiana con note del Prof. Dr. Franc. Lanza. Wien 1857. D. Gerold's Sohn 1 fl. 30 kr. (Vdgs.-Bl. 1880, Seite 266).

Fellöcker Sigism. Principî di mineralogia. 3. Auflage. Wien 1872. C. Gerold's Sohn. 45 kr. (Vdgs.-Bl. 1880, Seite 266).

Bennizzi, Dr., P., Compendio di mineralogia. Modena 1877. P. Toschi. (Vdgs.-Bl. 1880, Seite 266).

Hochstetter, Dr. F. und **Bisching,** Dr. A., Elementi di mineralogia e geologia per le classi superiori delle scuole medie. Nach der 4. deutschen Auflage ins Italienische übersetzt von E. Girardi und E. Giacometti. Wien 1882. Hölder 1 fl. 20 kr. (Vdgs.-Bl. 1882, Seite 173.)

Naturlehre.

Schabus, Dr. Giac., Principii elementari di fisica ad uso delle scuole reali e dei ginnasii inferiori. — Traduzione italiana rifatta sulla 13. edizione tedesca da Fr. Dr. Rossetti. Wien 1874. C. Gerold's Sohn. 1 fl. 20 kr. (Vdgs.-Bl. 1880, Seite 266).

Vlacovich Nicol., Elementi di fisica sperimentale. Ad uso dei corsi inferiori delle scuole medie. Triest 1880. G. Caprin. 1 fl. 60 kr. (Vdgs.-Bl. 1880, Seite 266).

Ganot, Trattato elementare di fisica sperimentale. 17. Auflage. Mailand. 2 fl. 50 kr. (Vdgs.-Bl. 1880, Seite 266).

Münch Pietro, Trattato di fisica. Traduzione eseguita sulla terza edizione da Giuseppe Mora. Wien 1877. A. Hoelder, 2 fl. 20 kr. (Vdgs.-Bl. 1880, Seite 266).

Chemie.

Tassinari P., Avviamento allo studio della chimica. Pisa 1868. Lire 2·50. (Vdgs.-Bl. 1880, Seite 266).

— — Manuale di chimica. Chimica inorganica. II. edizione. Pisa 1868. Lire 3·50. (Vdgs.-Bl. 1880, Seite 266).

Tessari Nicol., Compendio di Chimica generale. Rovereto 1869. 2 fl. 50 kr. (Vdgs.-Bl. 1880, Seite 266).

Roscoë H. E., Lezioni di chimica elementare inorganica ed organica. Prima traduzione italiana per cura di Orazio Silvestri. Milano 1873. Vallardi. 1 fl. 60 kr. (Vdgs.-Bl. 1880, Seite 266).

Philosophische Propaedeutik.

Beck, Dr. Gius., Elementi die logica. Versione italiana per cura di L. C. cav. de Pavissich. 2. Auflage. Triest 1883. Jul. Dase. 40 kr. (Vdgs.-Bl. 1883, Seite 273).

Lindner, Dr. Gust., Compendio di logica formale per istituti superiori. Quinta edizione. Prima versione dal tedesco per cura di Tullio Erber. Zara 1882. Woditzka. 1 fl. 40 kr. (Vdgs.-Bl. 1882, Seite 164).

Zimmermann, Dr. Rob., Psicologia empirica ad uso de' ginnasi superiori. Ridotta ad uso degli Italiani per cura del Dr. L. Pavissich. Triest 1864. Lloyd. 90 kr. (Vdgs.-Bl. 1880, Seite 266).

Wandkarten.

Kozenn B., L' Europa. Wien, Hölzel. 5 fl. 80 kr.

— — La Palestina, teatro della storia sacra. Wien. Hölzel. 5 fl. 40 kr.

Baur C. F. La Monarchia Austro-Ungarica. Wien. Hölzel. 9 fl.

E.

Für Mittelschulen mit serbo-croatischer Unterrichtssprache.

Lateinische Sprache.

Veber Ad., Slovnica latinska za male gimnazije. 2. Auflage. Agram 1872. Hartmann. Preis 1 fl. 10 kr. (Vdgs.-Bl. 1880, Seite 267).

Zore Lucas, Gramatika latinska.

     I. Theil. Ragusa 1871. Pretner.

     II. Theil. Spalato 1872. Zanoni. (Vdgs.-Bl. 1880, Seite 267).

Dünnebier, Latinski i hrvatski priměri za prevodjenje iz klassičnih pisacah. Wien. K. k. Schulbücher-Verlag. Preis 30 kr. (Vdgs.-Bl. 1880, Seite 267).

Jurković J., Hrvatske zadaće o skladnji latinskoga jezika. Agram 1867. Albrecht. I. Theil, 1867. Preis 60 kr. II. Theil, 1868. Preis 90 kr. (Vdgs.-Bl. 1880, Seite 267).

Divković Mirko, Latinske vježbe za I. gimnazijski razred. 2. verbesserte Auflage. Agram 1882. K. Landes-Verlag. Geb. 40 kr. (Vdgs.-Bl. 1883, Seite 102).

— — Latinske vježbe za II. gymnazijski razred. Agram 1876. K. Landes-Verlag. Preis 52 kr. (Vdgs.-Bl. 1880, Seite 267).

Rožek J. A., Chrestomatia iz latinskih piesnikah. Agram. Preis 23 kr. (Vdgs.-Bl. 1880, Seite 267).

Maixner, Dr. Fr., Latinska věžbenica za više razrede hrvatskih gimnazija. I. Theil für die 5. und 6. Classe. Agram 1876. Hartmann. (Vdgs.-Bl. 1880, Seite 267).

— — Latinska vježebnica za VII. i VIII. gimnazijski razred. Agram 1882. Verlag der Landesregierung. Geb. 90 kr. (Vdgs.-Bl. 1883, Seite 102).

Lhomond, Urbis Romae viri illustres. Bearbeitet von Fr. Marn. Agram 1878. K. Landes-Verlag. Preis 70 kr. (Vdgs.-Bl. 1880, Seite 267).

Pavec Ivan, Latinska slovnica za gimnazije. Agram 1881. Verlag der Landesregierung. Geb. 1 fl. 30 kr. (Vdgs.-Bl. 1882, Seite 51).

Griechische Sprache.

Curtius Slovnica jezika grčkoga. Preveo F. Petračić. 3. Auflage. Agram 1881. Verlag der Landesregierung. Geb. 1 fl. 40 kr. (Vdgs.-Bl. 1882, Seite 51.)

Schenkl, Grčka početnica za III. i IV. gimn. razred. Preveo Aug. Musić. 3. Auflage. Agram 1882. K. Landes-Verlag. Geb. 85 kr. (Vdgs.-Bl. 1883, Seite 93).

— — Chrestomatija iz Xenophonta, nach der 6. deutschen Auflage croatisch bearbeitet von Leonard Jurnić. Agram 1881. Verlag der Landesregierung. Geb. 1 fl. 20 kr. (Vdgs.-Bl. 1881, Seite 181).

Serbo-croatische Sprache.

Veber A., Slovnica hrvatska za srednja učilišta. Agram 1871. Fidler und Albrecht. Preis 1 fl. (Vdgs.-Bl. 1871, Seite 335).

— — Skladnja ilirskoga jezika za niže gimnazije. Preis 37 kr. (Vdgs.-Bl. 1880, S. 267).

Danilov Iv., Slovnica za srednja učilišta nižega reda. Zara 1873. Wagner. Preis 70 kr. (Vdgs.-Bl. 1880, Seite 267).

Mažuranić Ant., Slovnica hrvatska. Za gimnazije i realne škole. Dio I. Rěčoslovje. 4. Auflage. Agram 1869. Župan. (Vdgs.-Bl. 1880, Seite 267).

Novaković Stojan, Srpska sintaksa u izvodu. Belgrad 1869. Preis 30 kr. (Vdgs.-Bl. 1880, Seite 267).

Divković Mirko, Oblici staroslovjenskoga jezika za školu, nach Fr. Miklosich. Agram 1883. Verlag der Landesregierung. 25 kr. (Vdgs.-Bl. 1884, Seite 25).

Smičiklas P., Čitanka za I. razred gimnazijski. 3. Auflage. Agram 1881. Verlag der Landes-Regierung. Preis, geb. 45 kr. (Vdgs.-Bl. 1882, Seite 68).

— — Čitanka za II. razred gimnazijski. 2. Auflage. Agram 1879. Verlag der Landesregierung. Preis, geb. 55 kr. (Vdgs.-Bl. 1881, Seite 76).

— — Čitanka za III. razred gimnazijski. Agram 1880. Verlag der Landesregierung. Preis, geb. 75 kr. (Vdgs.-Bl. 1881, Seite 76).

Marković, Dr. Fr., Hrvatska čitanka za IV. razred gimnazijski. 2. Auflage. Agram 1880. Verlag der Landesregierung. Preis, geb. 85 kr. (Vdgs.-Bl. 1881, Seite 108).

Petračić Fr., Hrvatska čitanka za više gimnazije i nalike im škole. Agram. K. Landes-Verlag.

I. Theil. 1877. Preis 1 fl.
II. Theil. 1880. Preis 1 fl. 70 kr. } (Vgs.-Bl. 1880, Seite 268.)

Subbotić, Српска Читанка за гимназіе. II. Theil, für die 3. und 4. Classe. K. k. Schulbücher-Verlag. Preis 91 kr. (Vdgs.-Bl. 1880, Seite 268).

— — Цвѣтникъ српске словесности. Читанка за више гимназіе. Wien. K. k. Schulbücher-Verlag. I. Theil. Preis 1 fl. 9 kr., II. Theil. 1 fl. 9 kr. (Vdgs.-Bl. 1880, Seite 268).

Deutsche und italienische Sprache.

Kobenzl J o s., Njemačka palestra ili Teoretično-praktična grammatika njemačkog jezika za srednje učione. Wien 1880. G r a e s e r. Preis 2 fl. (Vdgs.-Bl. 1880, Seite 268).

Mussafija, D r. A d. i Šverljuga J., Talianska slovnica za početnike. Agram 1878. A l b r e c h t und F i d l e r. Preis 1 fl. 60 kr. (Vdgs.-Bl. 1880, Seite 268).

Vučetić A n t., Razgovorna slovnica talijanska. I. Tečaj. Ragusa 1880. D. P r e t n e r. Preis 1 fl. 40 kr. (Vdgs.-Bl. 1880, Seite 268).

Geographie und Geschichte.

Streer E d., Zemljopisna početnica za I. razred srednjih učilišta. 2. umgearbeitete Auflage. Agram 1882. K. Landes-Verlag. Preis, geb. 30 kr. (Vdgs.-Bl. 1883, Seite 93).

Matković, D r. P e t., Zemljopis za niže razrede srednjih učilišta. 2. Auflage. Agram 1878. K. Landes-Verlag. Preis 1 fl. (Vdgs.-Bl. 1880, Seite 268).

— — Zemljopis austrijsko-ugarske monarchie za niže razrede srednih učilišta. Agram 1882. Verlag der Landesregierung. Geb. 60 kr. (Vdgs.-Bl. 1883, Seite 16).

Hannak-Klaić V., Pověst staroga věka za niže razrede srednjih učilišta. 2. verbesserte und verkürzte Auflage. Agram 1882. K. Landes-Verlag. Preis, geb. 60 kr. (Vdgs.-Bl. 1882, Seite 216).

Klaić V., Pověst srednjega věka za niže razrede srednjih učilišta. Agram 1878. K. Landes-Verlag. Preis 70 kr. (Vdgs.-Bl. 1880, Seite 268).

Hoić I v., Poviest novoga věka za niže razrede srednjih učilišta. Agram 1878. K. Landes-Verlag. Preis 65 kr. (Vdgs.-Bl. 1880, Seite 268).

Gindely D r. A n t., Poviest staroga vieka za više gymnazije. Nach der 5. deutschen Auflage croatisch bearbeitet von V. K l a i ć. Agram 1881. Verlag der Landesregierung. Geb. 1 fl. 40 kr. (Vdgs.-Bl. 1881, Seite 181).

Škurla S t e f., Historijska geografija Palestine. Wien 1873. K. k. Schulbücher-Verlag. Preis 36 kr. (Vdgs.-Bl. 1880, Seite 268).

Kořinek F. B., Obča poviestnica za srednje škole. Agram 1866, 1867. K. Landes-Verlag.

    I. Dio: Stari věk. Preis 1 fl. 90 kr

    II. Dio: Sredni věk. Preis 1 fl. 20 kr.   }   (Vdgs.-Bl. 1880, Seite 268.)

    III. Dio: Novi věk. Preis 1 fl. 40 kr.

Tomek i Mesić, Pověstnica austrijanske države. Wien. K. k. Schulbücher-Verlag. Preis 42 kr. (Vdgs.-Bl. 1880, Seite 268).

Mathematik.

Močnik, D r. F r., Pouka u računici za niže razrede gimnasijá. Agram 1880. Landes-Verlag.

    I. razdio. 4. Auflage (nach der 26. deutschen Auflage). Geb. 75 kr. (Vdgs.-Bl. 1880, Seite 82).

    II. razdio. 3. Auflage (nach der 19. deutschen Auflage). Geb. 65 kr. (Vdgs.-Bl. 1880, Seite 108).

Močnik, Dr. Fr., Računica za niže razrede realkâ. (Nach der 16. und 17. deutschen Auflage) bearbeitet von J. Stražnicki. Agram 1880. Geb. 90 kr. (Vdgs.-Bl. 1881, Seite 113).
(Zulässig für Realschulen.)

Tušek J., Računica za male realke i za samouke. Agram 1869. Gaj.
    I. Theil, für die erste Classe. Preis 60 kr. (Vdgs.-Bl. 1880, Seite 268).
    II. Theil, für die zweite Classe. Agram 1869. Preis 60 kr. (Vdgs.-Bl. 1880, Seite 268).

Pexider Iv., Měrstvo za male gimnazije. 2. Auflage. Agram 1872.
    1. Theil. Zupan. Preis 90 kr.   II. Theil, 1868. Preis 70 kr. (Vdgs.-Bl. 1880, Seite 269).

Močnik, Dr. Fr., Pouka u računici i algebri za više razrede srědnjih učilišta. 3. Auflage. Agram 1876. Verlag der k. Landes-Regierung. Preis 1 fl. 50 kr. (Vdgs.-Bl. 1880. Seite 269).

— — Pouka u měrstvu za više gimnazije i više realke. K. Landes-Verlag. Preis 2 fl. (Vdgs.-Bl. 1880, Seite 269).

Naturgeschichte.

Pokorny A., Dr., Prirodopis životinjstva sa slikami. 3. Auflage, bearbeitet von Fr. Furlić. Agram 1881. K. Landes-Verlag. Preis, geb. 1 fl. 20 kr. (Vdgs.-Bl. 1882, Seite 51).

— — Prirodopis bilinstva sa slikami. 3. Auflage, bearbeitet von J. Janda. Agram 1883. K. Landes-Verlag. Preis 1 fl. (Vdgs.-Bl. 1880, Seite 269).

— — Prirodopis rudstva sa slikami. Agram 1875. K. Landes-Verlag. Preis 70 kr. (Vdgs.-Bl. 1880, Seite 269).

Torbar J., Životinjarstvo. Agram 1863. Preis 1 fl. 50 kr. (Vdgs.-Bl. 1880, Seite 269).

Vukasović Ž., Rudoslovje i zemljoznanstvo za više gimnazije. Agram 1864. Jakić. Preis 75 kr. (Vdgs.-Bl. 1880, Seite 269).

Kišpatić M., Rudstvo za niže razrede srednjih škola. Agram 1880. Albrecht und Fiedler. Preis 35 kr. (Vdgs.-Bl. 1881, Seite 105).

Naturlehre.

Majer A.-Folprecht, Fizika za niže razrede srednjih učilišta. 3. Auflage. Agram 1878. K. Landes-Verlag. Preis 1 fl. (Vdgs.-Bl. 1880, Seite 269).

Žulić Pav., Obća kemija za male realke. Agram 1866. K. Landes-Verlag. Preis 50 kr. (Vdgs.-Bl. 1880, Seite 269).

Wassmuth Ant., Fizika za niže razrede srednjih škola. Nach der 2. deutschen Auflage, bearbeitet von J. Stožir. Agram 1884. Albrecht und Fiedler. Preis 1 fl. (Vdgs.-Bl. 1884, Seite 25).

Majer A., Fizika za više škole. Preveo Pexider. Agram 1871. K. Landes-Verlag. Preis 3 fl. (Vdgs.-Bl. 1880, Seite 269).

Philosophische Propaedeutik.

Drbal, Dr. M., Propaideutična logika. Poučna knižica za gimnazijalnu i privatnu porabu. Nach der 3. deutschen Auflage bearbeitet von P. Joković. Zara 1882. Preis 1 fl. (Vdgs.-Bl. 1883, Seite 172).

Basariček St., Kratko izkustveno dušeslovje. 2 Auflage. Agram 1878. Preis 50 kr. (Vdgs.-Bl. 1880, Seite 269).

F.

Lehrbücher für Mittelschulen, an denen in slovenischer Sprache gelehrt wird.

Lateinische Sprache.

Hrovat Lad., Latinska slovnica za slovensko mladež. Neustadtl-Rudolfswerth 1874. Landes-Verlag. Preis 1 fl. 50 kr. (Vdgs.-Bl. 1880, Seite 269).

Žepič Seb., Latinsko-slovenske vaje za I. in II. gimn. razred. Neustadtl-Rudolfswerth 1875. Landes-Verlag. Preis 2 fl. (Vdgs.-Bl. 1880, Seite 269).

Kermavner V., Vadbe v skladnji latinski. Laibach. Ig. v. Kleinmayr und F. Bamberg. I. del za 3. gimnasijski razred 1882. Preis 80 kr. (Vdgs.-Bl. 1882, Seite 226). II. del za 4. „ „ 1883. „ 80 kr. (Vdgs.-Bl. 1883, Seite 218).

－ － Latinsko-slovenski slovnik za 3. in 4. gimnasijski razred, bearbeitet nach J. A. Rožek's lateinisch-deutschem Wörterverzeichnisse. Laibach 1882. Ig. v. Kleinmayr und F. Bamberg. 2 fl. 50 kr. (Vdgs.-Bl. 1882, Seite 226).

Slovenische Sprache.

Janežič Ant., Slovenska slovnica za domačo in šolsko rabo. 5. Abdruck. Klagenfurt 1876. Verlag des St. Hermagoras-Vereines. Preis 1 fl. 20 kr.

－ － Cvetnik. Berilo za slovensko mladino.

　　I. Theil, 4. Auflage. Klagenfurt 1881. Verlag des St. Hermagoras-Vereines. Preis 70 kr. (Vdgs.-Bl. 1881, Seite 252).

　　II. Theil. Klagenfurt 1867. Liegel. — 2. Abdruck. Klagenfurt 1876. Verlag des St. Hermagoras-Vereines. Preis 74 kr. (Vdgs.-Bl. 1880, Seite 269)

－ － Cvetnik slovenske slovstnosti. Berilo za niže gimnazije in realke. 2. umgearbeitete Auflage. Klagenfurt 1868. Selbstverlag des Verfassers. Preis 1 fl. 35 kr. — 3. revidierte Auflage. Klagenfurt 1870. E. Liegel. Preis 1 fl. 50 kr. (Vdgs.-Bl. 1880, Seite 269).

Miklosich, Dr. Fr., Slovensko berilo. Wien. K. k. Schulbücherverlag.

　　Für die 5. Gymnasialclasse. Preis 42 kr. ⎫
　　Für die 6. 　 „ 　 　 „ 　 Preis 42 kr. ⎬ (Vdgs.-Bl. 1880, Seite 270).
　　Für die 7. 　 „ 　 　 „ 　 Preis 42 kr. ⎭
　　Für die 8. 　 „ 　 　 „ 　 2. Auflage, herausgegeben von J. Navratil. Wien 1881. K. Graeser. Geb. 72 kr. (Vdgs.-Bl. 1881, Seite 233).

Janežič A n t., Slovenisches Sprach- und Übungsbuch für Anfänger zum Schul- und Privatunterrichte. 8. Auflage. Laibach 1872. Till und Z e s c h k o. Preis 1 fl. 20 kr. (Vdgs.-Bl. 1880, Seite 270).

Sket, D r. J a k o b., Slovenisches Sprach- und Übungsbuch nebst einer Chrestomathie und einem slovenisch-deutschen und deutsch-slovenischen Wörterverzeichnisse. 2. Auflage. Klagenfurt 1882. Verlag des St. Hermagoras - Vereines. Preis 1 fl. 30 kr. (Vdgs.-Bl. 1882, Seite 179).

Deutsche Sprache.

Heinrich A n t., Grammatik der neuhochdeutschen Sprache für Mittelschulen in mehrsprachigen Ländern. 8. Auflage. Laibach 1881. K l e i n m a y r und B a m b e r g. Preis 1 fl. 10 kr. (Vdgs.-Bl. 1881, Seite 271).

Madiera K. A., Deutsches Lesebuch für die erste Classe an Gymnasien und Realschulen. 4. Auflage. Prag 1872. K o b e r. Preis 66 kr. (Vdgs.-Bl. 1880, Seite 270).

— — Für die zweite Classe der Gymnasien und Realschulen. 3. Auflage. Prag 1874. K o b e r. Preis 78 kr.] (Vdgs.-Bl. 1880, Seite 270).

Šolar J o h., Deutsch-slovenisches Wörterbuch zu M a d i e r a's deutschen Lesebüchern für die I. und II. Classe der Mittelschulen. Laibach 1873. Selbstverlag des Verfassers. Preis 68 kr. (Vdgs.-Bl. 1880, Seite 270).

Geographie und Geschichte.

Jesenko Joh., Zemljepis za prvi razred srednjih šol. Laibach 1882. Narodna tiskarna. 45 kr. (Vdgs.-Bl. 1882, Seite 173).

— — Zemljepis za 2. in 3. razred srednjih šol. Laibach 1883. Narodna tiskarna. 90 kr. (Vdgs.-Bl. 1883, Seite 218).

— — Občna zgodovina. Laibach. Narodna tiskarna.

    I. Theil: Alterthum. 2. verbesserte Auflage 1883. 55 kr. (Vdgs.-Bl. 1883, Seite 171).

    II. Theil: Mittelalter. 1878. 50 kr.   } (Vdgs.-Bl. 1882, Seite 155).
    III. Theil: Neue Zeit. 1880. 80 kr. }

Mathematik.

Močnik, D r. F r., Aritmetika za nižje gimnazije. Nach der 26. deutschen Auflage bearbeitet von J. C e l e s t i n a. I. Theil. Laibach 1882. K l e i n m a y r und B a m b e r g. 1 fl. 10 kr. (Vdgs-Bl. 1882, Seite 226).

— — Geometrija za nižje gimnazije. Nach der 19. deutschen Auflage bearbeitet von J. C e l e s t i n a. I. Theil. Laibach 1883. K l e i n m a y r und B a m b e r g. 55 kr., geb. 70 kr. (Vdgs.-Bl. 1883, S. 28).

Naturgeschichte.

Pokorny, Prirodopis živalstva s podobami von F r. E r j a v e c. 3. Auflage. Laibach 1881. Matica Slovenska. Preis geb. 1 fl. 16 kr. (Vdgs.-Bl. 1881, Seite 162).

— — Prirodopis rastlinstva s podobami. Prag 1872. 85 kr. (Vdgs.-Bl. 1880, S. 270).

Erjavec, F r., Prirodopis rudninstva ali Mineralogija. Laibach 1883. K l e i n m a y r und B a m b e r g. 70 kr., geb. 85 kr. (Vdgs.-Bl. 1884, Seite 3).

4

Naturlehre.

Seneković Andreas, Fizika za nižje razrede srednjih šol. Laibach 1883. K l e i n m a y r und B a m b e r g. 1 fl. 80 kr. (Vdgs.-Bl. 1883, Seite 186).

Čebular Jakob, Fizika za nižje gimnazije, realke in učiteljšča. I. und II. Theil. Görz 1882. 1 fl. 30 kr. (Vdgs.-Bl. 1884, Seite 25).

G.

Lehrbücher für Mittelschulen, an denen in rumänischer Sprache gelehrt wird.

Pumnul A r o n, Grammatik der rumänischen Sprache für Mittelschulen. Neu bearbeitet von S. I s o p e s c u l. Czernowitz 1882. H. P a r d i n i. 80 kr. (Vdgs.-Bl. 1881, Seite 233).

— — Lepturariŭ rumînesc. Verlag des gr.-or. Buk. Religionsfondes. }
— — I. Theil für die 1. und 2. Classe. Preis 60 kr. }
— — II. Theil, 1. Heft für die 3. Classe. Preis 50 kr. } (Vdgs.-Bl. 1880,
— — II. Theil, 2. Heft für die 4. Classe. Preis 60 kr. } Seite 270).
— — III. Theil, für die 5. und 6. Classe. Preis 1 fl. 20 kr. }
— — IV. Theil, 1. Heft für die 7. Classe. Preis 1 fl. }
— — IV. Theil, 2. Heft für die 8. Classe. Preis 1 fl. }

Pokorny, Istoriea natural (B o t a n i k). Preis 60 kr.
— — Istoriea natural (M i n e r a l o g i e). Preis 40 kr.
Verlag des Bukowinaer griech.-orient. Religionsfonds.

Manualŭ de Aritmeticĭ pe'ntru gimnasiĭ inferióre de Drul. Fr. cav. de M o č n i k. Bearbeitet von Samuel v. I s o p e s c u l. Czernowitz 1881. Verlag der Gesellschaft für Pflege der rumänischen Literatur in der Bukowina. (Vdgs.-Bl. 1882, Seite 45).

Verfügungen, betreffend Lehrbücher und Lehrmittel.

Lehrbücher.

a) Für Volks- und Bürgerschulen.

Kemčnik Peter, Slovenska slovnica z naukom, kako se pišejo pisma in opravilni sestavki. Wien 1883. K. k. Schulbücherverlag. Preis eines Exemplares, steif gebunden, 50 kr.

Dieses slovenische Sprachbuch mit einer Anleitung zu Briefen und Geschäftsaufsätzen wird zum Lehrgebrauche an den Oberclassen der Volksschulen mit slovenischer Unterrichtssprache als zulässig erklärt.

(Ministerial-Erlass vom 28. März 1884, Z. 5497.)

Prva praktična slovnica talijanskoga jezika za hrvatske pučke učione. Wien 1884. K. k. Schulbücherverlag. Preis eines Exemplares, steif gebunden, 22 kr.

Dieses italienische Sprachbuch wird zum Lehrgebrauche an Volksschulen mit croatischer Unterrichtssprache als zulässig erklärt.

(Ministerial-Erlass vom 28. März 1884, Z. 5578.)

b) Für Mittelschulen.

Jandaurek Anton. Katholischer Katechismus zum Gebrauche für Schule und Haus. 2. unveränderte Auflage. Prag 1884. Rohliček und Sievers. Preis, gebunden, 58 kr.

Diese neue Auflage des genannten Lehrbuches wird, — die Approbation der bezüglichen kirchlichen Oberbehörde vorausgesetzt, — ebenso wie die erste Auflage desselben *) zum Lehrgebrauche in der ersten und zweiten Classe der Realschulen mit deutscher Unterrichtssprache allgemein zugelassen.

(Ministerial-Erlass vom 27. März 1884, Z. 5485.)

Kummer, Dr. Karl Ferdinand und **Stejskal**, Dr. Karl, Deutsches Lesebuch für österreichische Gymnasien. II. Band. Wien 1884. Julius Klinkhardt. Preis, 1 fl. 10 kr.

Dieser zweite Band des genannten Lesebuches wird ebenso, wie der erste Band desselben **), zum Lehrgebrauche an Gymnasien mit deutscher Unterrichtssprache allgemein zugelassen.

(Ministerial-Erlass vom 27. März 1884, Z. 5540.)

---

*) Ministerial-Verordnungsblatt vom Jahre 1883, Seite 192.
**) Ministerial-Verordnungsblatt vom Jahre 1883, Seite 203.

Schulausgaben classischer Werke, unter Mitwirkung mehrerer Fachmänner, herausgegeben von Professor J. Neubauer.

Von dieser Sammlung *) sind bei K. Gräser in Wien fernere 2 Theile erschienen, und zwar:

Lessing, Minna von Barnhelm oder das Soldatenglück, herausgegeben von J. Neubauer. Preis, 30 kr.

Goethe, Hermann und Dorothea, herausgegeben von Dr. Ad. Lichtenheld. Preis, 24 kr.

Die Lehrkörper der Mittelschulen werden auf das Erscheinen dieser Bücher aufmerksam gemacht.

(Ministerial-Erlass vom 31. März 1884, Z. 5852.)

Ptaschnik J., Leitfaden beim Lesen der geographischen Karten. 9. Auflage, Wien 1884. Friedrich Beck. Preis, broschiert, 90 kr., Drahtband, 1 fl. 5 kr.

Diese neueste Auflage des genannten Buches wird ebenso, wie die achte Auflage **) desselben zum Lehrgebrauche in den Unterclassen der Gymnasien mit deutscher Unterrichtssprache allgemein zugelassen.

(Ministerial-Erlass vom 23. März 1884, Z. 5320.)

Kundmachungen.

Die im Jahre 1882 in Neubydžow verstorbene Frau Barbara **Schwarz** hat letztwillig ein Capital von 1000 fl zur Gründung einer Stipendienstiftung gewidmet, zu deren Genuss ein angehender Studierender katholischer Religion aus der Zbér-Veležic-Hrobyčan'er Volksschule mit Bevorzugung der Verwandten der Stifterin berufen ist.

Die Stiftung ist mit einem Capitale von 1030 fl. activiert worden.

(Stiftbrief vom 26. November 1883. — Ministerial-Act Z. 5975.)

Die im Jahre 1882 in Olmütz verstorbene Apollonia **Werner** hat letztwillig ein Capital von 1000 fl. zur Gründung eines für dürftige Studierende der Olmützer Mittelschulen (deutsches und böhmisches Gymnasium und Oberrealschule) auf die Dauer dieser Studien bestimmten Stipendiums gewidmet.

Diese Stiftung ist mit dem Capitale von 1100 fl. activiert worden.

(Stiftbrief vom 14. März 1884. — Ministerial-Act Z. 5404.)

Vom Schuldienste wurden entlassen:

Gustav **Schoepf**, zuletzt Volksschullehrer an Zwickau in Böhmen,
(Ministerial-Erlass vom 25. März 1884, Z. 23513 ex 1883)

Jaroslava **Čížek**, zuletzt Lehrerin an der Volksschule zu Starkenbach in Böhmen,
(Ministerial-Erlass vom 25. März 1884, Z. 23287 ex 1883) und

Felix **Peterato**, zuletzt provisorischer Lehrer an der Volksschule zu Siedliska (Galizien)
(Ministerial-Erlass vom 31. März 1884, Z. 5677).

———————

*) Ministerial-Verordnungsblatt vom Jahre 1884, Seite 70.
**) Ministerial-Verordnungsblatt vom Jahre 1880, Seite 235.

Verlag des k. k. Ministeriums für Cultus und Unterricht. — Druck von Karl Gorischek in Wien.

Jahrgang 1884.   Stück IX.

Verordnungsblatt

für den Dienstbereich des

Ministeriums für Cultus und Unterricht.

Redigiert im k. k. Ministerium für Cultus und Unterricht.

Ausgegeben am 1. Mai 1884.

Nr. 14.

Instruction

für die Ablegung der praktischen Prüfung bei der II. Staatsprüfung für das chemisch-technische Fach an der k. k. technischen Hochschule in Wien, durch welche festgestellt wird, was den Candidaten im chemischen Laboratorium an Hilfsmitteln zur Verfügung zu stellen ist.

(Genehmigt mit Ministerial-Erlass vom 10. April 1884, Z. 5051.)

Die Aufgaben zur praktischen Prüfung sind dem Candidaten 48 Stunden vor dem factischen Beginne der Arbeit schriftlich mitzutheilen oder behufs Aufschreibung durch den Candidaten selbst diesem zu dictiren. Der schriftlich aufgezeichnete Wortlaut der Aufgaben ist unter allen Umständen mit dem „Vidi" des die praktische Prüfung leitenden Fachprofessors zu versehen.

Gleichzeitig ist dem Candidaten der Platz anzuweisen, welcher für seine Arbeiten bestimmt ist, und es sind ihm die zu dieser Arbeit nöthigen Utensilien und Präparate, welche die im nachfolgenden Verzeichnisse namhaft gemachten Objecte betreffen, über Verlangen zur Verfügung zu stellen.

Binnen 24 Stunden hat der Candidat dem die praktische Prüfung leitenden Professor schriftlich diejenigen Utensilien etc. anzugeben, welcher er außer den in dieser Tabelle namhaft gemachten Objecten bedarf, worauf der betreffende Prüfungsleiter, wenn er die gestellten Anforderungen gerechtfertigt findet, für deren rechtzeitige Beistellung sorgt. Findet er jedoch die gestellten Anforderungen nicht zu bewilligen, so ist ohne Verzug eine Sitzung der Professoren der chemischen Fächer, welche zugleich Mitglieder der Prüfungscommission sind, einzuberufen, welche unter Vorsitz des Präses der Commission, oder in dessen Verhinderung des Seniors entscheidet, ob den Anforderungen des Candidaten Folge zu geben ist oder nicht.

Bei der Entscheidung einer solchen Frage ist festzuhalten, dass der Kostenpunkt nicht maßgebend ist und der Candidat nur dann, wenn er eine theuerere Methode durchzuführen beabsichtigt, welche auf erhebliche Schwierigkeiten stößt und ohne Schädigung des Resultates durch eine billigere ersetzt werden kann, zur Befolgung der billigeren Methode zu verhalten ist.

Machen sich während der Arbeit Bedürfnisse geltend, die der Candidat vor Beginn derselben nicht vorgesehen hat, so haben obige Vorschriften sinngemäße Anwendung zu finden, wobei nach Thunlichkeit dahin zu wirken ist, dass die Dauer der Prüfung dadurch nicht beeinflusst wird.

Verzeichnis

der den Candidaten der II. Staatsprüfung für das chemisch-technische Fach bei der praktischen Prüfung zur Verfügung zu stellenden Reagentien und Geräthschaften.

A. Reagentien.

a) Gelöste Reagentien.

Schweflige Säure,	Gelbes Blutlaugensalz,	Bittersalz,
Schwefelsäure,	Kohlensaures Natron,	Eisenchloryd,
Salzsäure,	Phosphorsaures Natron,	Salpetersaurer Kobalt,
Salpetersäure,	Salmiak,	Zinnchlorür,
Essigsäure,	Schwefelammonium,	Bleizucker,
Schwefelwasserstoffw.	Kohlensaures Ammonium,	Quecksilberchlorid,
Kalilauge,	Molybdänsaures Ammonium.	Salpetersaures Silber,
Ätzammoniak,	Oxalsaures Ammonium,	Platinchlorid,
Barytwasser,	Schwefelnatrium,	Rhodankalium,
Unterbromigsaures Kali,	Gipswasser,	Alkohol,
Salpetrigsaures Kali,	Strontianwasser,	Äther,
Rothes Blutlaugensalz,	Salpetersaure Baryt,	Lackmustinktur.

b) Feste Reagentien.

Salpeter,	Essigsaures Natron,
Ätzkali,	Ätzkalk,
Saures schwefelsaures Kali,	Kohlensaures Baryt,
Chlorsaures Kali,	Zink,
Kohlensaures Natronkali,	Kupfer,
Gemenge von Soda und Cyankalium,	Eisenvitriol,
Gemenge von Soda und Schwefel,	Borax,
Kohlensaures Ammonium (käuflich),	Phosphorsalz,
Essigsaures „	Kohle.

B. Geräthschaften.

2 Spritzflaschen,	1 Tiegelzange,
2 Dutzend Eprouvetten,	1 Platinblech,
4 Trichter,	Lackmuspapier (blau und roth),
4 Kolben,	Kurkumapapier,
2 Paar Uhrgläser mit Spangen,	Filter (gewaschen und ungewaschen),
6 Bechergläser,	4 Glasplatten,
4 Glasstäbe,	2 Porzellanschalen,
1 Thonring,	2 Porzellantiegel mit Deckel,
2 Drahtdreiecke,	1 Stück Kautschukschlauch,
2 Drahtnetze oder Asbestpappen,	Löthrohr.

Verfügungen, betreffend Lehrbücher und Lehrmittel.

Lehrbücher.

a) Für Volks- und Bürgerschulen.

Kliepera Josef, Třetí čítanka a mluvnice pro obecné školy jedno- í vícetřídní. Prag 1883. Tempsky. Preis eines Exemplars, steif gebunden, 85 kr.

Dieses dritte Sprach- und Lesebuch wird zum Lehrgebrauche an den allgemeinen Volksschulen mit böhmischer Unterrichtssprache als zulässig erklärt. (Ministerial-Erlass vom 22. April 1884, Z. 4200.)

b) Für Mittelschulen.

Seydlitz, Ernst von, Grundzüge der Geographie. Separat-Ausgabe für Österreich-Ungarn, bearbeitet von Professor Dr. R. Perkmann in Wien. Illustriert durch 51 Karten und erläuternde Holzschnitte. 19. Bearbeitung, 2. für Österreich-Ungarn. Breslau 1884. Ferdinand Hirt. Wien. Friese und Lang. Preis, 60 kr. (1 Mark).

Diese neue Ausgabe des genannten Buches wird, ebenso wie die erste Ausgabe desselben *), zum Lehrgebrauche in der ersten Classe der Mittelschulen mit deutscher Unterrichtssprache allgemein zugelassen. (Ministerial-Erlass vom 12. April 1884, Z. 6821.)

Tille, Dr. Anton, Učebnice zeměpisu obecného i rakousko-uherského pro školy střední a ústavy učitelské. II. Svazek: Zeměpis rakousko-uherský. 3. verbesserte Auflage. Prag 1884. Kober. Preis, 80 kr., in Leinwand gebunden, 1 fl.

Diese neue Auflage des vorbenannten Lehrbuches wird, ebenso wie die zweite Auflage desselben **) zum Lehrgebrauche an Mittelschulen mit böhmischer Unterrichtssprache allgemein zugelassen. (Ministerial-Erlass vom 9. April 1884, Z. 6502.)

Bibliotheca scriptorum graecorum et romanorum, edita curantibus Ioanne Kvičala et Carolo Schenkl ***).

Von dieser bei Friedrich Tempsky in Prag erscheinenden Bibliothek ist ein neues Bändchen veröffentlicht worden, und zwar:

M. Tulli Ciceronis, Cato maior de senectute, Laelius de amicitia, scholarum in usum edidit Theodorus Schiche. Preis, 30 kr.

Die Lehrkörper der Gymnasien werden auf das Erscheinen dieses Büchleins aufmerksam gemacht. (Ministerial-Erlass vom 12. April 1884, Z. 6755.)

*) Ministerial-Verordnungsblatt vom Jahre 1881, Seite 185.
**) Ministerial-Verordnungsblatt vom Jahre 1880, Seite 272.
***) Ministerial-Verordnungsblatt vom Jahre 1882, Seite 241.

Lehrmittel.

Hartinger A u g u s t, Wandtafeln für den naturgeschichtlichen Anschauungsunterricht in Volks- und Bürgerschulen. III. Abtheilung : Bäume. 2. Lieferung (Sommerlinde, Birnbaum, Rosskastanie, Wallnussbaum, Akazie). Verlag von K a r l G e r o l d's Sohn in Wien. Preis, 4 fl.

Dieses Lehrmittel wird zum Unterrichtsgebrauche in allgemeinen Volks- und Bürgerschulen für zulässig erklärt.

(Ministerial-Erlass vom 12. April 1884, Z. 6695.)

Spruner-Bretschneider, v o n, Historischer Wandatlas. 10 Karten zur Geschichte Europas im Mittelalter bis auf die neuere Zeit. Maßstab 1 : 4,000.000. 3. Auflage. Gotha 1884. J u s t u s P e r t h e s. Preis, complet, 56 Mark, aufgezogen und zusammengelegt in Mappe, 90 Mark, aufgezogen mit Stäben, 130 Mark, desgleichen lackiert, 155 Mark.

Diese neue Auflage des genannten Atlas wird ebenso, wie die zweite Auflage desselben *) zum Lehrgebrauche an Mittelschulen allgemein zugelassen.

(Ministerial-Erlass vom 15. April 1884, Z. 6762.)

Herdtle H., Mustergiltige Vorlageblätter zum Studium des Flachornaments der italienischen Renaissance. Original-Aufnahmen in natürlicher Größe. Vollständig in 10 Lieferungen, à 3 Blatt, Groß-Folio. Preis einer Lieferung 4 Mark 50 Pf. Stuttgart. P a u l N e f f.

Dieses Werk wird für den Zeichenunterricht an den gewerblichen Lehranstalten allgemein zugelassen.

Vorbilder für die Kleinkunst in Bronce. Abbildungen verschiedener Objecte aus der Antike, dem Mittelalter und der Renaissance. Unter Leitung vom Professor H. H e r d t l e, aufgenommen von Schülern der Kunstgewerbeschule des k. k. österreichischen Museums. Wien 1884. Verlag von A l f r e d H ö l d e r. Preis, 5 fl. 40 kr., in Mappe, 6 fl.

Dieses Werk wird an den Staats-Gewerbeschulen, an den der Metallindustrie gewidmeten Fachschulen und an den gewerblichen Fortbildungsschulen, und zwar vorwiegend als Anschauungsmittel zum Gebrauche zugelassen.

(Ministerial-Erlass vom 14. April 1884, Z. 7258.)

Modell des Wappens Erzherzog Ferdinands von Tirol, ausgeführt von Professor H e i n r i c h F u s s. Preis, 1 fl. 50 kr.

Dieser in das Preisverzeichnis des k. k. österreichischen Museums für Kunst und Industrie unter Nummer 896 aufgenommene Gipsabguss wird als A n s c h a u u n g s m i t t e l für den Unterricht an allen gewerblichen Lehranstalten zugelassen.

Ministerial-Erlass vom 14. April 1884, Z. 6465.)

---

*) Ministerial-Verordnungsblatt vom Jahre 1877, Seite 178.

Kundmachungen.

Nach dem mit dem Finanzgesetze vom 8. April d. J. *) genehmigten Staatsvoranschlage für das Jahr 1884 beträgt der **Etat des Ministeriums für Cultus und Unterricht**, und zwar:

1. Theil. — Erfordernis.

Capitel	Titel	Paragraph	Ausgaben	ordentliche	ausserordentliche, u. zw. mit der Verwendungsdauer bis Ende März 1885	1886	Summe
				Gulden in österreichischer Währung			
9			**IX. Ministerium für Cultus und Unterricht.**				
			A. *Centrale.*				
	1		Central-Leitung	258.000	43.000	. . . .	301.000
	2		Schulaufsicht	606.900	. . . . .	. . . .	606.900
	3		Akademien der Wissenschaften	75.000	2.000	. . . .	77.000
	4		Museum für Kunst und Industrie und chemisch-technische Versuchsanstalt:				
		1	Museum für Kunst und Industrie . .	75.300	300	. . . .	75.600
		2	Chemisch-technische Versuchsanstalt . .	9.500	. . . . .	. . . .	9.500
	5		Subvention an den niederösterr. Gewerbeverein für das technologische Gewerbe-Museum in Wien	. . . . .	30.000	. . . .	30.000
	6		Central-Commission und Direction der administrativen Statistik	74.900	. . . . .	. . . .	74.900
	7		Geologische Reichsanstalt	54.800	. . . . .	. . . .	54.800
	8		Central-Anstalt für Meteorologie und Erdmagnetismus	24.900	2.050	. . . .	26.950
	9		Auslagen für Kunst- u. archäologische Zwecke:				
			a) Für Kunstzwecke:				
		1	Akademie der bildenden Künste in Wien . .	113.000	700	. . . .	113.700
		2	Kunstschule in Krakau	18.500	. . . . .	. . . .	18.500
		3	Subventionen für Musikinstitute zur Erhaltung ihrer Schulen	. . . . .	18.600	. . . .	18.600
		4	Kunststipendien, Kunstaufträge, Subventionen künstlerischer Unternehmungen und sonstige Auslagen	29.550	. . . .	. . . .	29.550
			Summe (Titel 9, §§. 1—4) .	161.050	19.300	. . . .	180.350
			b) Für archäologische Zwecke:				
		5	Central-Commission zur Erforschung und Erhaltung der Kunst- und historischen Denkmale	11.030	400	. . . .	11.430
		6	Restaurierung alter Baudenkmale	4.000	. . . . .	. . . .	
			Zur Restaurierung des Domes in Spalato . . .	. . . .	. . . .	10.000	
			Zur Eingerüstung des Glockenthurmes in Spalato (2. und letzte Rate)	. . . .	. . . .	25.000	59.000
			Zur Restaurierung desselben (1. Rate)	. . . .	. . . .	10.000	
			Zum Ausbau des Prager Domes	. . . .	. . . .	10.000	
		7	Zu Ausgrabungen, dann Subventionen für archäologische Unternehmungen	5.500	. . . .	. . . .	5.500
			Summe (Titel 9, §§. 5—7) .	20.530	400	55.000	75.930
			Summe (Titel 9, §§. 1—7) .	181.580	19.700	55.000	256.280
			Zusammen (Capitel 9, Titel 1—9) .	1,360.880	97.050	55.000	1,512.930

*) Enthalten im Reichsgesetzblatte vom Jahre 1884 unter Nr. 45, Seite 105.

Capital	Titel	Paragraph	Ausgaben	ordentliche	ausserordentliche, u. sw. mit der Verwendungs-dauer bis Ende März 1885	1886	Summe
				Gulden in österreichischer Währung			
			B. Cultus.				
9	10	13	Erfordernis der Religionsfonde:				
			a) Ausgaben der Fonde:				
		1	Österreich unter der Enns	427.000	. . . . .	. . .	431.200
			Neu-, Um- und Zubauten	. . . .	4.200	. . .	
		2	Österreich ob der Enns	104.000	. . .	. . .	104.000
		3	Salzburg	79.000	. . .	. . .	79.000
		4	Tirol	132.000	1.000	. . .	135.400
			Neu-, Um- und Zubauten	. . . .	. . .	900	
			Baubeiträge	. . . .	. . .	1.500	
		5	Vorarlberg	10.500	. . .	. . .	10.500
		6	Steiermark	240.000	. . .	. . .	245.150
			Neu-, Um- und Zubauten	. . . .	. . .	3.433	
			Baubeiträge	. . . .	. . .	1.717	
		7	Kärnten	78.300	. . .	. . .	78.300
		8	Krain	114.000	. . .	. . .	114.000
		9	Triest	50.000	. . .	. . .	50.000
		10	Görz	71.000	. . .	. . .	71.000
		11	Istrien	59.500	. . .	. . .	61.390
			Neu-, Um- und Zubauten	. . . .	. . .	1.890	
		12	Dalmatien	247.500	4.000	. . .	307.900
			Neu-, Um- und Zubauten	. . . .	. . .	46.500	
			Baubeiträge	. . . .	. . .	9.900	
		13	Böhmen	691.000	. . .	. . .	715.500
			Neu-, Um- und Zubauten	. . . .	. . .	19.500	
			Baubeiträge	. . . .	. . .	5.000	
		14	Mähren	294.000	. . .	. . .	294.000
		15	Schlesien	59.700	. . .	. . .	59.700
		16	Galizien	956.000	. . .	. . .	956.000
		17	Krakau	53.000	. . .	. . .	53.000
		18	Bukowina	36.500	. . .	. . .	38.500
		19	Neu-, Um- und Zubauten	. . . .	. . .	2.000	
			Sämmtliche im Reichsrathe vertretene Königreiche und Länder:				
			Unterstützungen katholischer Seelsorger	. . . .	600.000	. . .	600.000
			Summe (Titel 10, §§. 1—19)	3,703.000	605.000	96.540	4,404.540
		20	b) Ausgaben der Fondsforste und Domänen	230.570	. . .	. . .	269.400
			Neubauten und Realitäten-Ankauf	. . .	. . .	34.030	
			Vermessung, Vermarkung und Betriebs-einrichtung	. . .	3.830	. . .	
			Servituten-Regulierung und Ablösung	. . .	570	. . .	
			Sonstige außerordentliche Auslagen	. . .	400	. . .	
			Summe (Capitel 9, Titel 10, §§. 1—20)	3,933.570	609.800	130.570	4,673.940
	11		Stiftungen u. Beiträge su kathol. Cultuszwecken:				
		1	Stiftungen	31.500	. . .	. . .	31.500
		2	Beiträge	121.500	. . .	. . .	123.500
			Zum Kirchenbaue in Flimicello	. . .	. . .	2.000	
			Summe (Titel 11, §§. 1 und 2)	153.000	. . .	2.000	155.000
	12		Beiträge su evangelischen Cultus-Zwecken:				
		1	Evangelischer Oberkirchenrath	30.300	700	. . .	31.000
		2	Unterstützungspauschale der evangelischen Kirche Augsburger und Helvetischen Be-kenntnisses	75.000	. . .	. . .	75.000
			Summe (Titel 12, §§. 1 und 2)	105.300	700	. . .	106.000

Capitel	Titel	Paragraph	Ausgaben	ordentliche	ausserordentliche, u. sw. mit der Verwendungs- dauer bis Ende März		
					1885	1886	
				Gulden in österreichischer Währu			
9	13		Beiträge zu griechisch-orientalischen Cultus- Zwecken :				
		1	Dalmatien	62.000	. . . .	. . . .	
			Neubauten	. . . .	. . . .	16.500	
			Baubeiträge	. . . .	. . . .	3.000	87.
		2	Zur Unterstützung des griechisch-orientali- schen Curat-Clerus in Dalmatien	. . . .	6.000	. . . .	
			Summe (Titel 13, §§. 1 und 2) .	62.000	6.000	19.500	
			Summe (Capitel 9, Titel 10—13) .	4,253.870	616.500	152.070	
	14		*C. Unterricht.*				
			Hochschulen.				
			a) Universitäten :				
		1	Universität in Wien	785.000	. . . .	. . . .	
			Bau des Hauptgebäudes d.Universität, (2.Rate)	. . . .	. . . .	500.000	
			Innere Einrichtung für dasselbe (1. Rate) . .	. . . .	. . . .	160.000	
			Herstellung eines Zu- und Aufbaues am pathologisch-anatomischen Institutsgebäude (3. und letzte Rate)	. . . .	. . . .	17.000	1,476.
			Innere Einrichtung u. wissenschaftliche Aus- stattung dieses Institutes (2. u. letzte Rate)	. . . .	. . . .	12.000	
			Einrichtung und Ausstattung des Laborato- riums der Lehrkanzel der Hygiene (2. Rate)	. . . .	. . . .	2.000	
		2	Universität in Innsbruck	207.000	. . . .	. . . .	207.
		3	Universität in Graz	274.700	. . . .	. . . .	274.70
		4	Universitäten in Prag	692.000	. . . .	. . . .	
			Deutsche Universität :				
			Annuitäten	. . . .	1.448	. . . .	
			Böhmische Universität :				
			Einrichtung und Unterrichts-Erfordernisse :				
			Dotation zum Zwecke der Gründung einer Bibliothek für das Seminar der rechts- und staatswissenschaftlichen Facultät (2. Rate)	. . . .	1.000	. . . .	
			Dotation zur Completierung des Lehrapparates für die Lehrkanzel der Physik (2. Rate) .	. . . .	4.000	. . . .	
			Mehrerfordernis aus Anlass der Activierung d. medicinisch. Facultät für die Einrichtung und Ausstattung d. medicinischen Institute, sowie zur Bestreitung der sonstigen sich ergebenden Auslagen	. . . .	70.000	. . . .	790.99
			Annuitäten				
			Zur Tilgung und Verzinsung des Kauf- schillings für den Baugrund zur Herstel- lung eines Gebäudes für die medicinischen Institute (2. Rate)	. . . .	20.000	. . . .	
			Gemeinschaftlicher Aufwand :				
			Zur Completierung d.Universitäts-Bibliothek, insbesondere mit Werken aus dem Bereiche der medicinischen Literatur (2. Rate) .	. . . .	1.000	. . . .	
			Zum Ankaufe des in der Karolinen-Kapelle aufzustellenden Crucifixes aus carrarischem Marmor (3. Rate)	. . . .	1.000	. . . .	
			Universitätsgüter Michle und Malešic :				
			Entschädigung an den Domänenpächter . .	. . . .	550	. . . .	
			Fürtrag ·	1,958.700	98.998	691.000	2,748.69

Capitel	Titel	Paragraph	Ausgaben	Ausgaben			
				ordentliche	ausserordentliche, u. sw. mit der Verwendungsdauer bis Ende März		Summe
					1885	1886	
				Gulden in österreichischer Währung			
			Übertrag .	1,958.700	98.998	691.000	2,748.698
9	14	5	Universität in Lemberg	147.000	. . . . .	. . . . .	
			Zum Ankauf der Glowinsky'schen Realität sammt 5% Zinsen vom Kaufschillingsreste (3. Rate)	. . . . .	29.700	. . . . .	176.700
		6	Universität in Krakau	246.000	. . . . .	. . . . .	
			Anschaffung von Mikroskopen für das pathologisch-anatomische Institut	. . . . .	900	. . . . .	
			Weitere wissenschaftliche Ausstattung des physikalischen Kabinetes	. . . . .	2.000	. . . . .	
			Anschaffung neuer, sowie Adaptierung mehrerer alter Bibliotheksschränke	. . . . .	2.550	. . . . .	
			Zur Erweiterung des im Bau begriffenen Universitätsgebäudes (1. Rate)	. . . . .		70.000	327.600
			Herstellung der Façade am astronomischen Observatorium, Dacheindeckung mit Zinkblech auf dem Collegium physicum und Herstellung des Hofes	. . . . .		5.000	
			Asphaltierung des Hofes der Universitäts-Bibliothek	. . . . .		1.150	
		7	Universität in Czernowitz	103.800	. . . . .		
			Herstellung eines Neubaues für die Lehrerbildungsanstalt an Stelle des der Universität abgetretenen Gebäudes (1. Rate) . .	. . . . .		40.000	143.800
		8	Sämmtliche Universitäten	4.872	. . . . .	. . . . .	4.872
			Summe (Titel 14, §§. 1—8) .	2,460.372	134.148	807.150	3,401.670
			b) Theologische Facultäten außer dem Verbande mit einer Universität:				
		9	Katholisch-theologische Facultät in Salzburg .	14.400	. . . . .	. . . . .	14.400
		10	„ „ „ „ Olmütz .	14.200	. . . . .	. . . . .	14.200
		11	Evangelisch-theologische Facultät in Wien .	28.400	. . . . .	. . . . .	28.400
			Summe (Titel 14, §§. 9—11) .	57.000	. . . . .	. . . . .	57.000
			c) Technische Hochschulen.				
		12	Technische Hochschule in Wien	257.900	. . . . .	. . . . .	257.900
		13	Technische Hochschule in Graz	111.300	. . . . .	. . . . .	
			Unterrichts-Erfordernisse	. . . . .	1.100		265.400
			Neubau (1. Rate)	. . . . .		150.000	
			Annuitäten (4. Rate)	. . . . .	3.000		
		14	Technische Hochschulen in Prag	220.800	. . . . .	. . . . .	224.100
			Unterrichts-Erfordernisse	. . . . .	3.300		
		15	Technische Hochschule in Brünn	84.400	. . . . .	. . . . .	86.400
			Unterrichts-Erfordernisse	. . . . .	2.000		
		16	Technische Hochschule in Lemberg	89.100	. . . . .	. . . . .	89.100
		17	Sämmtliche technische Hochschulen . . .	1.050	. . . . .	. . . . .	1.050
			Summe (Titel 14, §§. 12—17) .	764.550	9.400	150.000	923.950
		18	d) Hochschule für Bodencultur in Wien .	119.900	. . . . .	. . . . .	
			Honorar für Vorträge von Professoren und Docenten anderer Hochschulen	. . . . .	2.700	. . . . .	122.900
			Unterrichts-Erfordernisse	. . . . .	300	. . . . .	
		19	e) Heranbildung von Lehrkräften an Hochschulen	. . . . .	20.000	. . . . .	20.000
		20	f) Unterstützungen für Studierende sämmtlicher Hochschulen	4.000	. . . . .	. . . . .	4.000
			Summe (Titel 14, §§. 1—20) .	3,405.822	166.548	957.150	4,529.520

Capitel	Titel	Paragraph	Ausgaben	ordentliche	ausserordentliche, u. zw. mit der Verwendungsdauer bis Ende März 1885	1886	Summe
				Gulden in österreichischer Währung			
9	15		Mittelschulen.				
			a) Gymnasien und Real-Gymnasien :				
		1	Österreich unter der Enns	393.300	. . . . .	. . . .	393.300
		2	Österreich ob der Enns	71.500	. . . . .	. . . .	71.500
		3	Salzburg	25.900	. . . . .	. . . .	25.900
		4	Tirol	100.800	. . . . .	. . . .	102.300
			Subventionen	. . . . .	1 500	. . . .	
		5	Vorarlberg	22.800	. . . . .	. . . .	22.800
		6	Steiermark	131.100	. . . . .	. . . .	131.100
		7	Kärnten	42.100	. . . . .	. . . .	42.100
		8	Krain	92.800	. . . . .	. . . .	102.800
			Ankauf des Lyceal- und Hauptwache-Gebäudes in Laibach (1. Rate)	. . . . .	10.000	. . . .	
		9	Triest	29.800	. . . . .	. . . .	29.800
		10	Görz	25.600	. . . . .	. . . .	25.600
		11	Istrien	48.000	. . . . .	. . . .	48.000
		12	Dalmatien	92.900	. . . . .	. . . .	98.200
			Reconstruction des Daches und der Decken am Gymnasialgebäude in Ragusa . . .	. . . . .	. . . .	5.300	
		13	Böhmen	977.600	. . . . .	. . . .	1,006.267
			Subventionen	. . . . .	28.667	. . . .	
		14	Mähren	430.000	. . . . .	. . . .	509.473
			Neubau des Gymnasialgebäudes in Olmütz (böhmisch) (4. und letzte Rate) . . .	. . . . .	. . . .	44.393	
			Innere Einrichtung für dasselbe	. . . . .	. . . .	12.880	
			Reconstruction der Dächer und Oberböden des Gymnasialgebäudes in Nikolsburg (4. und letzte Rate)	. . . . .	. . . .	4.000	
			Annuität und Nebengebüren für den Bau des Gymnasialgebäudes in Brünn (II deutsch)	. . . . .	8.200	. . . .	
			Passivzinsen, Annuität und Nebengebüren für den Bau des Gymnasialgebäudes in Brünn (böhmisch)	. . . . .	10.000	. . . .	
		15	Schlesien	116.600	. . . . .	. . . .	116.600
		16	Galizien	629.700	. . . . .	. . . .	638.100
			Reconstruction der Decken am Gymnasialgebäude in Rzeszow	. . . . .	. . . .	8.400	
		17	Krakau	105.000	. . . . .	. . . .	105.000
		18	Bukowina	59.900	. . . . .	. . . .	60.900
			Unterrichts-Erfordernisse für das Ober-Gymnasium in Radautz	. . . . .	1.000	. . . .	
		19	Sämmtliche im Reichsrathe vertretenen Königreiche und Länder :				
			Vervollständigung der Lehrmittelsammlungen	. . . . .	4.000	. . . .	4.000
			Summe (Titel 15, §§. 1—19) .	3,395.400	63.367	74.973	3,533.740
			b) Realschulen :				
		20	Österreich unter der Enns	246.900	. . . . .	. . . .	246.900
		21	Österreich ob der Enns	45.900	. . . . .	. . . .	45.900
		22	Salzburg	24.200	. . . . .	. . . .	24.200
		23	Tirol	67.800	. . . . .	. . . .	67.800
		24	Steiermark	43.000	. . . . .	. . . .	43.000
		25	Kärnten	23.500	. . . . .	. . . .	23.500
		26	Krain	26.000	. . . . .	. . . .	26.000
		27	Triest	27.100	. . . . .	. . . .	27.100
		28	Görz	24.400	. . . . .	. . . .	24.400
			Fürtrag .	528.800	. . . . .	. . . .	528.800

Capitel	Titel	Paragraph	Ausgaben	Ausgaben			
				ordentliche	ausserordentliche, u. zw. mit der Verwendungsdauer bis Ende März		Summe
					1884	1885	
				Gulden in österreichischer Währung			
			Übertrag .	528.800			528.800
9	15	29	Istrien	20.000			20.000
		30	Dalmatien	34.400			34.400
		31	Böhmen	288.000			
			Subventionen		14.667		
			Annuitäten		735		307.902
			Adaptierung und Einrichtung für die Oberrealschule in Karolinenthal (deutsch) .			4.500	
		32	Mähren	88.900			92.900
			Subventionen		4.000		
		33	Schlesien	97.500			97.500
		34	Galizien	92.700			92.700
		35	Krakau.	36.200			36.200
		36	Bukowina	11.600			11.600
		37	Sämmtliche im Reichsrathe vertretenen Königreiche und Länder: Vervollständigung der Lehrmittelsammlungen		1.000		1.000
			Summe (Titel 15, §§. 20—37) .	1,198.100	20.402	4.500	1,223.002
		38	c) Prüfungscommissionen	5.800			5.800
		39	d) Turnlehrer-Bildungscurse	2.200			2.200
		40	e) Verdienstzulagen der Professoren . . .	6.400			6.400
		41	f) Unterstützungen u. Stipendien für Lehramts-Candidaten, dann Remunerationen für die Leitung der praktischen Ausbildung der Candidaten		11.700		11.700
			Summe (Titel 15, §§. 1—41) .	4,607.900	95.469	79.473	4,782.842
	16		Studien-Bibliotheken	22.600			22.600
	17		**Industrielle's Bildungswesen.**				
		1	Gewerbliche Schulen	1,020.000			
			Bau und Einrichtung des Gebäudes der Probieranstalt für Gewehrläufe in Ferlach .			3.000	
			Baubeiträge		500		1,079.800
			Annuitäten		5.425		
			Miethzinse		3.465		
			Einrichtung und Unterrichts-Erfordernisse .			44.500	
			Subventionen		3.000		
		2	Hilfs- und Förderungsmittel des gewerblichen Bildungswesens	83.000			83.000
		3	Commercielle Schulen	17.800			17.800
			Summe (Titel 17, §§. 1—3) .	1,120.800	12.390	47.500	1,180.690
	18		**Special-Lehranstalten.**				
		1	Hebammen-Schulen	19.700			19.700
		2	Thierarznei- und Hufbeschlagschule in Lemberg	22.800			22.800
		3	Lehranstalt für orientalische Sprachen in Wien	3.600			3.600
		4	Nautische Unterrichtsanstalten	78.400			
			Ergänzung von Lehrmittelsammlungen, Herstellung von Lehrtexten etc.		1.000		81.400
			Einrichtung und Unterrichtserfordernisse für die Handels- u. nautische Akademie in Triest		2.000		
			Summe (Titel 18, §§. 1—4) .	124.500	3.000		127.500

Capitel	Titel	Paragraph	Ausgaben	Ausgaben ordentliche	ausserordentliche, u. zw. mit der Verwendungsdauer bis Ende März 1885	1886	Summe
					Gulden in österreichischer Währung		
9	19		**Volksschulen.**				
		1	Lehrer- und Lehrerinnen-Bildungsanstalten .	1,240.000	. . . . .	. . . . .	
			Neubau für die Lehrer- und Lehrerinnen-Bildungsanstalt in Laibach (3. Rate) .	. . . . .	. . . . .	80.000	
			Einrichtung für dieselbe	. . . . .	. . . . .	13.000	
			Erweiterung des Aerarialgebäudes der Lehrerbildungsanstalt in Borgo-Erizzo (1. Rate)	. . . . .	. . . . .	4.000	
			Neubau zur Unterbringung der böhmischen Lehrerinnen-Bildungsanstalt, dann der Kunst-Akademie und der Kunst-Gewerbeschule in Prag (3. Rate)	. . . . .	. . . . .	195.000	1,544.294
			Annuitäten und Nebengebüren für die Gebäude der böhmischen Lehrerinnen-Bildungsanstalt in Brünn (7. Rate)	. . . . .	12.294	. . . . .	
		2	Stipendien für Lehramtszöglinge	. . . . .	80.000	. . . . .	80.000
		3	Verdienstzulagen für Lehrpersonen an Lehrer- und Lehrerinnen-Bildungsanstalten .	1.900	. . . . .	. . . . .	1.900
		4	Staatszuschüsse zu Normalschulfonden . . .	151.112	. . . . .	. . . . .	151.112
		5	Zur Hebung des Volksschulwesens in Tirol .	. . . . .	. . . . .	38.000	38.000
		6	Remunerierung der Volksschullehrer für besondere Verdienste um die Förderung des Musikunterrichtes	1.000	. . . . .	. . . . .	1.000
		7	Beiträge für Volks- und Bürgerschulen . .	79.000	. . . . .	. . . . .	94.000
			Zur Förderung des deutschen Volksschulwesens in Südtirol	. . . . .	15.000	. . . . .	
			Summe (Titel 19, §§. 1—7) .	1,473.012	107.294	330.000	1,910.306
	20		**Stiftungen und Beiträge.**				
		1	Stiftungen	35.056	. . . . .	. . . . .	35.056
		2	Beiträge	88.676	. . . . .	. . . . .	100.176
			Beitrag zum Neubau des Museums Francisco-Carolinum in Linz (3. und letzte Rate) .	. . . . .	5.000	. . . . .	
			Europäische Gradmessung	. . . . .	. . . . .	6.500	
			Summe (Titel 20, §§. 1—2) .	123.732	5.000	6.500	135.232
	21		**Administration der Studienfonde:**				
		1	Ausgaben der Fonde	39.200	. . . . .	. . . . .	
		2	Restaurierung der St. Barbarakirche in Kuttenberg (2. Rate)	. . . . .	. . . . .	12.000	56.200
		3	Subvention zur theilweisen Bedeckung der für die Jesuitenkirche in Lemberg auflaufenden Renovierungskosten	. . . . .	5.000	. . . . .	
		4	Ausgaben der Fondsforste und Domänen . .	17.160	. . . . .	. . . . .	17.460
			Vermessung, Vermarkung und Betriebseinrichtung	. . .	300	. . . . .	
			Summe (Titel 21, §§. 1—4) .	56.360	5.300	12.000	73.660
			Zusammen (Capitel 9, Titel 14—21) .	10,934.726	395.001	1.432.623	12,762.350
			Gesammt-Summe (Capitel 9, Titel 1—21) .	16,549.476	1,108.551	1,639.693	19,297.720

II. Theil. — Bedeckung.

Capitel	Titel	Paragraph	Einnahmen	Einnahmen		
				ordentliche	ausser-ordentliche	Summe
				Gulden in österreichischer Währung		
9	1		**A. Centrale.** Schulaufsicht	25	. . . . .	25
	2		Museum für Kunst und Industrie und chemisch-technische Versuchsanstalt:			
		1	Museum für Kunst und Industrie · · ·	12.000	. . . . .	12.000
		2	Chemisch-technische Versuchsanstalt · · ·	300	. . . . .	300
	3		Central-Commission und Direction der administrativen Statistik	4.225	925	5.150
	4		Geologische Reichsanstalt	2.200	. . . . .	2.200
	5		Centralanstalt für Meteorologie und Erdmagnetismus	1.080	. . . . .	1.080
	6		Einnahmen für Kunst- u. archäologische Zwecke: a) Einnahmen für Kunstzwecke:			
		1	Akademie der bildenden Künste in Wien .	5.660	. . . . .	5.660
		2	Kunstschule in Krakau · · ·	400	. . . . .	400
		3	Pavillon des Amateurs auf dem Wiener Weltausstellungsplatze: Miethzinse	1.320	. . . . .	1.320
		4	b) Einnahmen für archäologische Zwecke: Staatsmuseum in Aquileja: Beitrag der Gemeinde zur Errichtung desselben (4. Rate)	. . . . .	300	300
			Summe (Capitel 9, Titel 1—6) ·	27.210	1.225	28.435
	7		**B. Cultus.** Einnahmen der Religionsfonde: a) Einnahmen der Fonde:			
		1	Österreich unter der Enns · · · · · ·	724.300	1.000	725.300
		2	Österreich ob der Enns · · · · · · ·	146.100	. . . . .	146.100
		3	Salzburg · · · · · · · · · ·	11.000	. . . . .	11.000
		4	Tirol · · · · · · · · · ·	106.000	. . . . .	106.000
		5	Vorarlberg · · · · · · · · ·	700	. . . . .	700
		6	Steiermark · · · · · · · · ·	222.200	. . . . .	222.200
		7	Kärnten · · · · · · · · · ·	96.600	. . . . .	96.600
		8	Krain · · · · · · · · · ·	77.100	. . . . .	77.100
		9	Triest · · · · · · · · · ·	12.000	. . . . .	12.000
		10	Görz · · · · · · · · · ·	23.900	. . . . .	23.900
		11	Istrien · · · · · · · · · ·	12.000	. . . . .	12.000
		12	Dalmatien · · · · · · · · ·	17.500	. . . . .	17.500
		13	Böhmen · · · · · · · · ·	961.800	2.026	963.826
		14	Mähren und Schlesien · · · · · ·	625.800	. . . . .	625.800
		15	Galisien · · · · · · · · ·	434.100	. . . . .	434.100
		16	Krakau · · · · · · · · ·	24.700	. . . . .	24.700
		17	Bukowina · · · · · · · ·	500	. . . . .	500
			Summe (Titel 7, §§. 1—17) ·	3,496.300	3.026	3,499.326
		18	b) Einnahmen der Fonds-Forste und Domänen · · · · · · ·	348.260	2.170	350.430
			Summe (Titel 7, §§. 1—18) ·	3,844.560	5.196	3,849.756
	8		Stiftungen und Beiträge zu katholischen Cultuszwecken: Beiträge · · · · · · · · · ·	14.500	1.123	15.623
			Zusammen (Capitel 9, Titel 7 und 8) ·	3,859.060	6.319	3,865.379

Capitel	Titel	Paragraph	Einnahmen	Einnahmen		
				ordentliche	ausser-ordentliche	Summe
				Gulden in österreichischer Währung		
			C. Unterricht.			
9	9		Hochschulen.			
		1	Universitäten · · · · · · · · · · · ·	107.650	· · · · ·	
			Beitrag des Bukowinaer gr.-orient. Religions-fondes zur Herstellung eines eigenen Gebäudes für das naturwissenschaftliche Institut, sowie zur Aufführung eines Neubaues für die Lehrerbildungsanstalt (2.Rate)	· · · · ·	10.000	117.650
		2	Theologische Facultäten · · · · · · · · ·	11.200	· · · · ·	11.200
		3	Technische Hochschulen · · · · · · · · ·	109.400	· · · · ·	259.400
			Vom Lande Steiermark für den Bau der technischen Hochschule in Graz (1. Rate) ·	· · · · ·	150.000	
		4	Hochschule für Bodencultur in Wien · · · ·	12.000	· · · · ·	12.000
			Summe (Titel 9, §§. 1—4) ·	240.250	160.000	400.250
	10		Mittelschulen.			
		1	Gymnasien und Realgymnasien · · · · · ·	728.570	1.150	
			Beiträge zur successiven Errichtung von Obergymnasialclassen am Staats-Gymnasium in Radautz, und zwar:			735.220
			vom Landesfonde · · · · · · · · ·	· · · · ·	3.000	
			von der Stadtgemeinde · · · · · · · ·	· · · · ·	2.500	
		2	Realschulen · · · · · · · · · · · · · ·	155.888	· · · · ·	156.989
			Beiträge zur Errichtung der Staats-Realschule in Sechshaus · · · · · · · · · · ·	· · · · ·	1.101	
			Summe (Titel 10, §§. 1 und 2) ·	884.458	7.751	892.209
	11		Industrielles Bildungswesen.			
		1	Gewerbliche Schulen · · · · · · · · ·	26.300	· · · · ·	26.300
		2	Hilfs- und Förderungsmittel des gewerblichen Bildungswesens · · · · · · · · ·	500	· · · · ·	500
			Summe (Titel 11, §§. 1 und 2) ·	26.800	· · · · ·	26.800
	12		Special-Lehranstalten.			
		1	Hebammen-Schulen · · · · · · · · · · · ·	252	· · · · ·	252
		2	Thierarznei- u. Hufbeschlagsschule in Lemberg	2.000	· · · · ·	2.000
		3	Nautische Unterrichtsanstalten · · · · · ·	10.400	· · · · ·	10.400
			Summe (Titel 12, §§. 1—3) ·	12.652	· · · · ·	12.652
	13		Volksschulen.			
		1	Lehrer- und Lehrerinnen-Bildungsanstalten ·	80.600	· · · · ·	80.600
		2	Stipendien für Lehramtszöglinge, Rückersätze ·	275	· · · · ·	275
		3	Zur Hebung des Volksschulwesens, Vorschuss-Rückersätze · · · · · · · · · · · ·	· · · · ·	960	960
		4	Staats-Volksschulen · · · · · · · · · ·	6.500	· · · · ·	6.500
			Summe (Titel 13, §§. 1—4) ·	87.375	960	88.335

Capitel	Titel	Paragraph	Einnahmen	Einnahmen		
				ordentliche	ausser- ordentliche	Summe
				Gulden in österreichischer Währung		
9	14		**Stiftungen und Beiträge.**			
		1	Beiträge: Betriebseinnahmen der zoologisch-zootomischen Übungs- und Beobachtungsstation in Triest	320	· · · · ·	320
			Summe (Titel 14) ·	320	· · · · ·	320
	15		**Studienfonde:**			
		1	Einnahmen der Fonde · · · · · · · · · · ·	45.600	· · · · ·	47.297
			Robotreluitions- und Grundzinsrückstände (6. Rate) · · · · · · · · · · ·	· · · · ·	1.697	
		2	Einnahmen der Fonds-Forste und Domänen ·	13.980	· · · · ·	13.980
			Summe (Titel 15, §§. 1 und 2) ·	59.580	1.697	61.277
			Zusammen (Capitel 9, Titel 9—15) ·	1,311.435	170.408	1,481.843
			Gesammt-Summe (Capitel 9, Titel 1—15) ·	5,197.705	177.952	5,375.657

Der Verweser der israelitischen Schule in Przemysl Leisor **Gans** hat mit einem Capitale von 500 fl. eine den Namen Ihrer k. und k. Hoheiten des durchlauchtigsten Kronprinzen Rudolf und der Kronprinzessin Stephanie führende Stipendienstiftung gegründet, deren Ertrágniss für zwei dürftige Schüler der Volksschulen in Przemysl zu gleichen Theilen bestimmt ist.

Diese Stiftung ist ins Leben getreten.

        (Stiftbrief vom 4. April 1884. — Ministerial-Act Z. 7231.)

Der im Jahre 1881 zu Taufers verstorbene Decan und Titular-Domherr Josef **Seyer** hat letztwillig ein Capital von 2000 fl. zur Gründung einer Stipendienstiftung gewidmet, deren Ertrag für einen dürftigen Studierenden, abwechselnd aus der Pfarre Taufers und aus der Localie Reischach, bestimmt ist.

Der Genuss dauert bis zum Abschluss der theologischen, sonst nur bis zum Abschluss der Gymnasialstudien.

Die Stiftung ist mit dem Genehmigungstage des Stiftbriefes ins Leben getreten.

        (Stiftbrief vom 31. März 1884. — Ministerial-Act Z. 6791.)

Die im Jahre 1883 in Innsbruck verstorbene Frau Katharina **Wolff**, geborne Meyr, hat letztwillig ein Capital von 2000 fl. in Gold-Prioritäten zur Gründung einer Stipendienstiftung gewidmet, deren Ertrag für zwei würdige Studierende des Staats-Gymnasiums in Innsbruck bestimmt ist.

Diese Stiftung ist mit dem Tage des Stiftbriefes ins Leben getreten.

        (Stiftbrief vom 1. April 1884. — Ministerial-Act Z. 6657 ex 1884.)

Die Bestimmungen des Stiftbriefes über die Karl **Bergmann**'sche Stipendienstiftung in Graz *) sind nach Aufhebung der drei Oberclassen der Staats-Oberrealschule in Graz dahin präcisiert worden, dass das eine, für die Oberclassen der Staats-Oberrealschule bestimmte Stipendium fortan an solche Schüler der Landes-Oberrealschule in Graz zu verleihen sein wird, welche die unteren vier Classen an der Staats-Unterrealschule in Graz absolviert haben. Das Präsentations-recht steht dem Lehrkörper der Landes-Oberrealschule zu.

(Statthalterei-Bericht vom 20. März 1884. — Ministerial-Act Z. 6796.)

Der Minister für Cultus und Unterricht hat mit Erlass vom 16. April 1884, Z. 2879 den nachbenannten **allgemeingewerblichen und fachlichen Fortbildungsschulen** für das Kalenderjahr 1884 Subventionen aus dem Staatsfonde bewilligt:

Niederösterreich.

Den fachlichen Fortbildungsschulen in Wien

der Anstreicher und Lackierer	.	1200 fl.
„ Buchdrucker	. . . .	1200 „
„ Bau-, Steinmetz- und Zimmer-leute	. . . . . .	1100 „
„ Drechsler	. . . . .	3000 „
„ Gold-, Silber- und Juwelen-arbeiter	. . . .	4500 „
„ Spengler	. . . . .	600 „
„ Tischler	. . . . .	500 „
„ Uhrmacher	. . . .	1400 „

Oberösterreich.

Der gewerblichen Fortbildungsschule in

Gmunden	. . . .	250 „
Linz	. . . . . .	1000 „
Steyr	. . . . . .	300 „
Wels	. . . . . .	240 „

Der kaufmännischen Fortbildungsschule in

Linz	. . . . . .	600 „

Salzburg.

Der gewerblichen Fortbildungsschule in

Hallein	. . . .	50 „
Neumarkt	. . . .	100 „
Radstadt	. . . .	400 „

Tirol.

Der gewerblichen Fortbildungsschule in

Borgo	. . . . . .	150 fl.
Dornbirn	. . . . .	50 „
Imst	. . . . . .	150 „
Pergine	. . . . .	70 „
Schwaz	. . . . .	150 „
Trient	. . . . .	400 „

Steiermark

Der gewerblichen Fortbildungsschule für Lehrlinge und Gehilfen in Bruck an der Mur . . . . 200 „

Der gewerblichen Fortbildungsschule für Mädchen in Bruck a. d. Mur . . 200 „

Der gewerblichen Fortbildungsschule in Cilli . . . . 400 „

Den gewerblichen Vorbereitungs- und Fortbildungsschulen in Graz . . . 600 „

Der gewerblichen Fortbildungsschule in

Knittelfeld	. . . .	200 „
Leoben	. . . . . .	200 „
Marburg	. . . . .	400 „
Voitsberg	. . . . .	200 „
Deutschlandsberg	. .	100 „
Pettau	. . . . . .	200 „

---

*) Ministerial-Verordnungsblatt vom Jahre 1880, Seite 237.

Kärnten.

Der gewerblichen Fortbildungsschule in

Eisenkappel   . . . . 100 fl.
Feistritz im Roseuthale 150 „
Feldkirchen . . . 300 „
Ferlach . . . . . 400 „
Klagenfurt . . . 1200 „

Der kaufmännischen Fortbildungsschule in

Klagenfurt . . . . 400 „

Der Fortbildungsschule für Mädchen in

Klagenfurt . . . . 800 „

Der gewerblichen Fortbildungsschule in

Villach . . . . . . 200 „
Völkermarkt . . . 150 „

Krain.

Der gewerblichen Fortbildungsschule in

Gottschee . . . . 100 „
Laibach . . . . . 2000 „
Neumarktl . . . . 200 „
Rudolfswerth . . . 400 „
Krainburg . . . . 120 „

Küstenland.

Der gewerblichen Fortbildungsschule in

Görz . . . . 600 -

Böhmen.

Der gewerblichen Fortbildungsschule in

Aussig . . . . . . 300 „
Beneschau . . . . 300 „
Bensen . . . . . 200 „
Bilin . . . . . . 100 „
Böhmisch-Kamnitz . . 100 „
Böhmisch-Leipa . . . 400 „
Bodenbach . . . . 200 „

Der kaufmännischen Fortbildungsschule in

Brüx . . . . . . 250 „

Der gewerblichen Fortbildungsschule in

Budweis . . . . 250 „
Časlau . . . . . . 150 „
Chotěboř . . . . 150 „
Chotzen . . . . . 100 „
Deutschbrod . . . 100 „

Der gewerblichen Fortbildungsschule in

Duppau . . . . . . 600 fl.
Dux . . . . 200 „
Freiheit . . . . . . 170 „
Hohenmaut . . . . 350 „
Hořic . . . . . . 200 „
Humpoletz . . . . . 150 „
Jičin . . . . 200 „

Der gewerblichen Tages- und Fortbildungsschule in Jungbunzlau . . . 1000 „

Der gewerblichen Fortbildungsschule in

Kaaden . . . . . 150 „
Karolinenthal . . . . 1500 „
Königlichen Weinberge 500 „
Kladno . . . . . . 600 „
Klattau . . . . . 150 „
Komotau . . . . . 200 „
Kuklena . . . . . . 200 „
Laun . . . . . . 100 „
Leitmeritz . . . . 700 „
Maffersdorf . . . . 200 „
Neubydžow . . . . 300 „
Neulyssa . . . . . 170 „
Nimburg . . . . . 150 „
Nixdorf . . . . . 700 „
Ober-Jeleni . . . 150 „
Ossegg . . . . . 100 „
Pardubitz . . . . 350 „
Pisek· . . . . . 200 „
Polna . . . . . . 200 „

Den gewerblichen Vorbereitungs- und
Fortbildungsschulen in Prag . 3000 „

Der gewerblichen Fortbildungsschule in

Raudnitz . . . . 200 „
Saaz . . . . . . 250 „
Smichow . . . . . 1000 „
Tabor . . . . . 300 „
Taus . . . . . . 400 „
Teplitz . . . . . 500 „
Tetschen a. d. Elbe . . 400 „

Der kaufmännischen Fortbildungsschule in

Tetschen a. d. Elbe . 500 „

Der Fortbildungsschule für Schiffer in

Tetschen a. d. Elbe . . . 80 „

Der gewerblichen Fortbildungsschule in
Trautenau . . . . . 250 fl.
Turnau . . . . . . 200 „
Der Fortbildungsschule für Schiffer in
Tychlowitz . . . . 80 „
Der gewerblichen Fortbildungsschule in
Žižkow . . . . . . 300 „
Asch . . . . 400 „
Böhmisch-Trübau . . 180 „
Brüx . . . . 300 „
Chrudim . . . . . . 130 „
Der kaufmännischen Fortbildungsschule in
Chrudim . . . . . 350 „
Der gewerblichen Fortbildungsschule in
Königgrätz . . . . 500 „
Semil . . . . 240 „
Schluckenau . . . . 250 „
Schwarz-Kostelets . . . 170 „
Wildenschwert . . . 150 „

Mähren.

Der gewerblichen Fortbildungsschule in
Brünn . . . . . . 900 „
Holleschau . . . . . 250 „
Iglau . . . . 230 „

Der gewerblichen Fortbildungsschule in
Mährisch-Schönberg . 300 fl.
Mährisch-Trübau . . 250 „
Olmütz . . . . . . 500 „
Prerau . . . . . . 500 „
Wallachisch-Meseritsch 650 „
Wisowitz . . . . . 250 „
Znaim . . . . . . 250 „

Schlesien.

Der gewerblichen Fortbildungsschule in
Bennisch . . . . . 300 „
Freiwaldau . . . . 200 „
Jägerndorf . . . . . 300 „
Skotschau . . . . . 40 „
Teschen . . . . . . 800 „
Troppau . . . . . 800 „
Wagstadt . . . . . 300 „
Würbenthal . . . . 250 „

Bukowina.

Der gewerblichen Fortbildungsschule in
Sereth . . . . . . 450 „
Radautz . . . . . . 400 „

Verzeichnis der von der k. k. wissenschaftlichen Realschul-Prüfungscommission in Lemberg

im Studienjahre 1882/83

approbierten Lehramtscandidaten.

Name und Stellung	Lehrfach	Unterrichts-sprache
Manasterski Peter, provisorischer Adjunct an der landwirtschaftlichen Schule in Dublany	Chemie für Ober-, Physik für Unter-realschulen	polnisch
Gustawicz Bronislaus, Supplent am Staats-Gymnasium bei St. Anna in Krakau	Physik für Oberrealschulen (Ergänzungsprüfung)	polnisch u. deutsch

Verzeichnis der von der k. k. Gymnasial-Prüfungscommission in Krakau

im I. Semester des Studienjahres 1883/84

approbierten Lehramtscandidaten.

Name und Stellung	Lehrfach	Unterrichts-sprache
Dr. **Hanusz** Johann,	Polnische Sprache für das ganze, Latein und Griechisch für das Untergymnasium	polnisch
Tota Ludwig,	Latein und Griechisch für das ganze Gymnasium (Ergänzungsprüfung)	detto
Jaglarz Andreas,	Mathematik für das ganze, Physik für das Untergymnasium	polnisch u. deutsch
Dr. **Limbach** Josef,	Mathematik und Physik für das Unter-gymnasium	polnisch
Cisło Vincenz,	Mathematik und Physik für das ganze Gymnasium (Ergänzungsprüfung)	polnisch u. deutsch
Nakoneczny Alexius,	detto	detto

Der Minister für Cultus und Unterricht hat das Öffentlichkeitsrecht ertheilt:

der evangelisch-helvetischen Privat-Volksschule zu Vysoka in Böhmen.
(Ministerial-Erlass vom 20. April 1884, Z. 5974.)

Vom Schuldienste wurden entlassen:

Johann **Kosch**, provisorischer Lehrer an der einclassigen Volksschule zu Flattendorf in Steiermark,

(Ministerial-Erlass vom 18. April 1884, Z. 7058.)

Leopold **Konečny**, zuletzt Unterlehrer an der Volksschule zu Zauchtl in Mähren und

(Ministerial-Erlass vom 11. April 1884, Z. 6481.)

Clemens **Pezelj**, zuletzt Lehrer an der Volksschule zu Promontore in Istrien.

(Ministerial-Erlass vom 18. April 1884, Z. 6977.)

Auf Anordnung des Ministers für Cultus und Unterricht erscheint vom April d. J. an im Verlage von A. Hölder in Wien ein im Ministerium redigirtes

„Supplement zum Centralblatt für das gewerbliche Unterrichtswesen in Österreich.“

Der Preis desselben beträgt pro Band à 4 Heften 1 fl. 20 kr. für Abnehmer des Centralblattes, ohne Abnahme des letzteren Organes 2 fl. 40 kr.

Das Supplement ist dazu bestimmt, Fachmännern auf dem Gebiete des gewerblichen Bildungswesens Gelegenheit zu geben, ihre im Dienste von Schulen, Museen und der Praxis gewonnenen Erfahrungen und Überzeugungen zum Ausdruck zu bringen; ferner zur Orientirung über die von auswärtigen Staaten zur geistigen Förderung der gewerblichen Stände getroffenen Einrichtungen beizutragen und die Möglichkeit zu bieten, diejenigen Fragen des Gewerbewesens zu erörtern, welche mit der Erziehung der industriellen Classen im Zusammenhange stehen. Vornehmlich werden in dem Supplement Aufsätze methodischen Inhaltes, Mittheilungen über die organisatorischen Unternehmungen der Unterrichtsbehörden verschiedener Staaten, Meinungsäußerungen von Praktikern über Fragen gewerblicher Bildung, sonstige fachmännische Abhandlungen, populär gehaltene, für industrielle Kreise bestimmte Artikel, Recensionen über Lehrmittel etc. Aufnahme finden. Über die Verwendbarkeit der einzelnen Aufsätze entscheidet die Redaction des Centralblattes (I., Minoritenplatz 7); aufgenommene Artikel werden von der Verlagshandlung mit 25 fl. per Druckbogen honoriert, Recensionen dagegen in der Regel nicht.

Zur Abnahme des Supplementes sind alle gewerblichen Lehranstalten, einschließlich der commerciellen Schulen, verpflichtet; ferner werden hiemit sämmtliche Schulbehörden und die ihnen unterstehenden Schulen und Anstalten, dann die Handels- und Gewerbekammern, Gewerbevereine, sowie andere Corporationen und Institute auf das Erscheinen des Supplementes aufmerksam gemacht.

(Ministerial-Erlass vom 10. April 1884, Z. 6956.)

In Commission des k. k. Schulbücherverlages in Wien (I., Johannesgasse Nr. 4) ist erschienen und durch denselben zu beziehen:

Normalien für die Gymnasien und Realschulen in Österreich.

In zwei Theilen. — I. Theil: **Gymnasien.**

I. Band: Organisations-Entwurf und Normalien didaktisch-pädagogischen Inhalts.

Im Auftrage und mit Benützung der amtlichen Quellen des k. k. Ministeriums für Cultus und
Unterricht redigiert von

Dr. Edmund Edlen von Marenzeller,
k. k. Ministerial-Conclpisten.

Wien 1884. Im k. k. Schulbücherverlage.
Preis eines Exemplares dieses Bandes, broschiert, 1 fl. 80 kr.

Verlag des k. k. Ministeriums für Cultus und Unterricht. — Druck von Karl Gorischek in Wien.

Jahrgang 1884.   Stück X.

Verordnungsblatt

für den Dienstbereich des

Ministeriums für Cultus und Unterricht.

Redigiert im k. k. Ministerium für Cultus und Unterricht.

Ausgegeben am 15. Mai 1884.

Nr. 15.

Erlass des Ministers für Cultus und Unterricht vom 2. Mai 1884, Z. 8235,

an das Rectorat der k. k. technischen Hochschule in Graz,

betreffend die Verpflichtung der Betheiligung der Professoren dieser Hochschule an den Sitzungen des Professoren-Collegiums.

In Ergänzung des §. 79 der „Instruction für die an der technischen Hochschule wirkenden Lehrkräfte" finde ich anzuordnen:

Jeder Professor, welcher Mitglied des Professoren-Collegiums ist, hat die Pflicht, bei den Versammlungen desselben zu erscheinen oder sein Wegbleiben zu entschuldigen.

Über die Zulässigkeit der angeführten Entschuldigungsgründe urtheilt das Professoren-Collegium ohne Debatte; das Urtheil wird im Protokolle verzeichnet.

Erscheint ein Professor in drei aufeinander folgenden Sitzungen nicht, ohne dass seine Abwesenheit dem Professoren-Collegium gerechtfertigt erscheint, oder bleibt er überhaupt häufig weg, so ist der Rector verpflichtet, ihn schriftlich zum Erscheinen aufzufordern und, wenn dies ohne Erfolg ist, dem Professoren-Collegium die Anzeige zu machen.

Ist auch dies fruchtlos, so hat der Rector Bericht an das Ministerium zu erstatten.

Verfügungen, betreffend Lehrbücher und Lehrmittel.

Lehrbücher.

Für Mittelschulen.

Kummer, Dr. Karl Ferdinand und Stejskal, Dr. Karl, Deutsches Lesebuch für österreichische Gymnasien. V. Band. 2. Auflage. Wien 1884. Julius Klinkhardt und Comp. Preis, 1 fl. 50 kr.

Diese neue Auflage des genannten Lesebuches wird, ebenso wie die erste Auflage desselben *), zum Lehrgebrauche an Gymnasien mit deutscher Unterrichtssprache allgemein zugelassen.

(Ministerial-Erlass vom 25. April 1884, Z. 7781.)

---

*) Ministerial-Verordnungsblatt vom Jahre 1883, Seite 203.

Nahrhaft J o s e f, Lateinisches Übungsbuch zu der Grammatik von D r. A l. G o l d-
b a c h e r. II. Theil. Wien 1884. S c h w o r e l l a und H e i c k. Preis, 90 kr.,
gebunden, 1 fl. 12 kr.

Dieser zweite Theil des genannten Übungsbuches wird ebenso, wie der
erste Theil desselben *) zum Lehrgebrauche an Gymnasien mit deutscher
Unterrichtssprache allgemein zugelassen.

(Ministerial-Erlass vom 25. April 1884, Z. 7602.)

Bechtel A., Französisches Lesebuch für die unteren und mittleren Classen der
Mittelschulen. Mit einem Wörterbuche. 2. verbesserte Auflage. Wien 1884.
J u l i u s K l i n k h a r d t und Comp. Preis, broschiert, 1 fl.

Diese neue Auflage des genannten Lesebuches wird, ebenso wie die erste
Auflage desselben **) zum Lehrgebrauche an Mittelschulen mit deutscher Unterrichtssprache allgemein zugelassen.

(Ministerial-Erlass vom 3. Mai 1884, Z. 8112.)

Žiška W e n z e l, Methodischer Leitfaden der Mineralogie und Geologie für die Unterclassen der Mittelschulen. Wien 1884. A. P i c h l e r's Witwe und Sohn. Preis, 40 kr.,
wird zum Lehrgebrauche auf der bezeichneten Unterrichtsstufe der Mittelschulen mit deutscher Unterrichtssprache allgemein zugelassen.

(Ministerial-Erlass vom 23. April 1884, Z. 7511.)

Lehrmittel.

Bayr E. und **Wunderlich** M., Formensammlung für das Freihandzeichnen an Volks-
und Bürgerschulen. 6 Hefte. Wien 1883. A l f r e d H ö l d e r. Preis des I. und
II. Heftes je 28 kr., des III. Heftes 32 kr., des IV. 36 kr., des V. 60 kr. und
des VI. Heftes 96 kr.

Dieses Werk wird als Lehrmittel für die Hand des Lehrers zum Gebrauche
beim Unterrichte im Freihandzeichnen an Volks- und Bürgerschulen für zulässig
erklärt.

(Ministerial-Erlass vom 7. Mai 1884, Z. 4354.)

Keil W., Politische und Eisenbahn-Wandkarte von Deutschland und den Nachbar-
ländern. Maßstab: 1 : 1.000.000. Preis, 4 fl. 80 kr., gespannt, in Mappe, 7 fl. 20 kr.

Auf diese bei T h e o d o r F i s c h e r in Kassel erschienene Wandkarte
werden die Lehrkörper der Mittelschulen behufs Anschaffung für die Bibliotheken
aufmerksam gemacht.

(Ministerial-Erlass vom 28. April 1884, Z. 7830.)

Kundmachungen.

Die Erben nach der am 1. Mai 1878 zu Wien verstorbenen Frau A g n e s **Fürth** haben
ein Capital von 1000 fl. zur G r ü n d u n g e i n e r S t i p e n d i e n s t i f t u n g unter dem Namen
„A g n e s F ü r t h'sche S t u d e n t e n s t i f t u n g" gewidmet, welche für israelitische Schüler der
Mittel- und Hochschulen zunächst aus der Nachkommenschaft der genannten Frau, eventuell für
dergleichen Schüler, welche durch Geburt der Stadt S c h ü t t e n h o f e n, dem Bezirke S c h ü t t e n-
h o f e n und dem Lande Böhmen angehören, bestimmt ist.

Die Stiftung ist mit dem Genehmigungstage des Stiftbriefes ins Leben getreten.

(Stiftbrief vom 10. April 1884. — Ministerial-Act Z. 7607.)

Behufs Verwendung des mit dem Finanzgesetze vom 8. April 1884 für das laufende Jahr
bewilligten Credites zur Gewährung von Stipendien für hoffnungsvolle Künstler,
welche der Mittel zu ihrer Fortbildung entbehren, werden jene Künstler aus dem Bereiche der
Dichtkunst, der Musik und der bildenden Künste in den im Reichsrathe vertretenen Königreichen
und Ländern, welche auf Zuwendung eines Stipendiums Anspruch zu haben glauben, aufgefordert,
sich bis 15. J u l i d. J. bei den betreffenden Länderstellen in Bewerbung zu setzen.

---

*) Ministerial-Verordnungsblatt vom Jahre 1883, Seite 73.
**) Ministerial-Verordnungsblatt vom Jahre 1881, Seite 76.

Die Gesuche haben zu enthalten:

1. Die Darlegung des Bildungsganges und der persönlichen Verhältnisse des Bewerbers,
2. die Angabe der Art und Weise, in welcher derselbe von dem Stipendium zum Zwecke seiner weiteren Ausbildung Gebrauch machen will,
3. die Vorlage von Kunstproben des Bittstellers, von welchen jede einzelne mit dem Namen des Autors speciell zu bezeichnen ist.

Ausweis über die Frequenz der nautischen Schulen zu Beginn des Wintersemesters 1883/84.

Schulort:	Schülerzahl:
Triest	40
Lussinpiccolo	35
Ragusa	24
Cattaro	17
Zusammen	116

Zur Ausbildung von tüchtigen Manufakturzeichnern an der Kunstgewerbeschule des österreichischen Museums für Kunst und Industrie wurden im Jahre 1882 vom Ministerium für Cultus und Unterricht mehrere Stipendien errichtet, wovon eines mit Beginn des Studienjahres 1884/85 in dem Ausmaße von jährlich 500 fl. zur Verleihung gelangt.

Auf dieses Stipendium können Anspruch erheben:

1. künstlerisch entsprechend vorgebildete Bewerber, welche jedoch auch die Verpflichtung übernehmen müssen, gleichzeitig mit ihrer artistischen Weiterbildung oder nach derselben, sich an der Lehranstalt für Textilindustrie in Wien die einschlägigen technischen Kenntnisse, soweit dieselben für einen Manufacturzeichner erforderlich sind, anzueignen, oder

2. solche Bewerber, welche mit den erwähnten technischen Kenntnissen schon ausgerüstet sind und in künstlerischer Beziehung mindestens eine Vorbildung besitzen, auf Grund deren ein erfolgreicher artistischer Unterricht möglich erscheint.

Dieses Stipendium ist zwar für drei Jahre systemisiert, wird aber zu Beginn jedes Schuljahres neu verliehen.

Die mit den Zeugnissen über die bisher in obiger Richtung erworbene Befähigung belegten Gesuche um Erlangung eines dieser Stipendien sind bis 1. Juli d. J. bei dem Vorsitzenden des Aufsichtsrathes der Kunstgewerbeschule des österreichischen Museums für Kunst und Industrie in Wien einzureichen und im Falle der Beibringung eines Armuthszeugnisses stempelfrei.

Das k. k. Ministerium für Cultus und Unterricht hat zur Ausbildung absolvierter Oberrealschüler zu Lehrkräften an Textilschulen mittlerer Kategorie zwei Stipendien im jährlichen Betrage von je 420 fl. systemisiert, welche zu Beginn des Schuljahres 1884/85 zur Besetzung gelangen.

Hierbei wurde zwar ein vierjähriger Studiengang in Aussicht genommen; es wird jedoch der Fortbezug dieser Stipendien, welche mit Rücksicht auf eine im letzten (vierten) Jahre zu unternehmende Studienreise bis auf 900 fl. erhöht werden, von der Verwendung der betreffenden Stipendisten abhängig gemacht, weshalb die Verleihung der Stipendien alljährlich stattfinden wird.

Bewerber um eines dieser Stipendien haben folgende Belege beizubringen:

1. den Ausweis über die österreichische Staatsbürgerschaft,
2. die Semestralzeugnisse aus den drei letzten Jahrgängen einer Oberrealschule,
3. das Maturitätszeugnis,
4. ein Gesundheitszeugnis,
5. eventuell sonstige, auf die Eignung des Bewerbers bezügliche Documente.

Jene Bewerber, denen die Stipendien zuerkannt werden, respective für dieselben ihre Eltern oder Vormünder, haben sich seinerzeit in einem rechtsgiltigen Reverse zu verpflichten, im Falle ihrer späteren Anstellung als Lehrer wenigstens durch 10 Jahre dem Lehramte an Textilschulen zu widmen, oder im Falle ihres Austrittes aus dem öffentlichen Dienste den genossenen Stipendienbetrag wieder zu erstatten.

Das detaillierte Programm über die theoretische und praktische Ausbildung der betreffenden Stipendisten wird denselben bei Verleihung der Stipendien bekannt gegeben werden.

Im ersten Jahre haben dieselben die mechanisch-technische Abtheilung des III. Jahrganges der höheren Gewerbeschule in Reichenberg zu frequentieren und sich in der Handweberei an der dortigen Webeschule auszubilden; während der darauffolgenden Ferien werden die Candidaten einer Baumwollweberei zugewiesen werden, um sich in die Praxis dieser Branche einzuführen.

Die bezüglichen, an das k. k. Ministerium für Cultus und Unterricht zu richtenden Gesuche sammt den obigen Belegen und dem curriculum vitae sind bis 20. Juli d. J. dem Einreichungsprotokolle des k. k. Ministeriums für Cultus und Unterricht zu übermitteln.

Um dem Mangel an solchen Lehrkräften der Textilschulen, welche ein wissenschaftliches und methodisches Verständnis der mechanisch-technischen Gesetze und ihrer Anwendung besitzen, zu begegnen, und um insbesondere für die technologischen Unterrichtsaufgaben der Textilindustrieschulen von mehr als localer Bedeutung geeignete Lehrkräfte auszubilden, wurden schon im Vorjahre vom k. k. Ministerium für Cultus und Unterricht mehrere Stipendien systemisiert, von welchen mit Beginn des Schuljahres 1884/85 Eines zur Besetzung gelangt.

Mit diesem Stipendium, welches für drei Jahre verliehen wird, ist ein Jahresbetrag von 1000 fl. verbunden. Der Inhaber desselben hat sich in einem Reverse zu mindestens 10jährigem Dienste im Staatslehramte, respective zur Rückerstattung des Stipendiumsbetrages im Falle seines Austrittes vor Ablauf dieser Frist aus dem öffentlichen Dienste zu verpflichten.

Als unerlässliche Bedingung zur Erlangung des vorgenannten Stipendiums wird die österreichische Staatsbürgerschaft und die Absolvierung der Maschinenbauschule einer technischen Hochschule gefordert, wobei Bewerber, welche den Nachweis eingehenderer Studien in der mechanischen Technologie der Spinnerei und Weberei (Frequenz specieller Vorträge, Privatarbeiten bei dem betreffenden Professor u. dgl.) nachzuweisen vermögen, den Vorzug erhalten; in zweiter Linie werden solche Bewerber berücksichtigt, welche bereits in Maschinenfabriken, und zwar hauptsächlich in der Werkstätte selbst, gearbeitet haben.

Der Studiengang des Stipendisten wird auf Grund eines speciellen Programmes festgesetzt, dessen Grundzüge folgende sind:

Im I. Jahre (10 Monate). Frequenz der Webeschule in Reichenberg, verbunden mit Arbeiten in einer Baumwollspinnerei und Weberei, eventuell in einem Laboratorium für Färberei.

Im II. Jahre (12 Monate). Anschließend an die Absolvierung der Webeschule hat der Stipendist einen Aufenthalt in größeren Etablissements für Weberei und Spinnerei, (Baumwollspinnerei und Weberei, Kammgarnspinnerei, Streichgarnspinnerei) in einer Tuchfabrik, in einer Weberei für gemischte Gewebe (Halbwollgewebe), in einer Leinenspinnerei und Weberei, Teppichweberei, Bleicherei, Färberei und Appretur zu nehmen.

In den Ferien zwischen dem II. und III. Jahre hat sodann der Stipendist einen Hauptbericht über seinen bisherigen Studiengang zu liefern.

Im III. Jahre. Zutheilung des Stipendisten an eine größere Webeschule als Assistent, (circa 5—10 Monate), hierauf eine ungefähr 2monatliche Reise zum Zwecke des Studiums ausländischer Industriebezirke nach einer dem Stipendisten zu gebenden Directive.

Bewerber um dieses Stipendium haben ihre mit dem curriculum vitae, den Studienzeugnissen und allfälligen anderen Nachweisungen belegten Gesuche bis 15. Juli d. J. in dem Einreichungsprotokoll des k. k. Ministeriums für Cultus und Unterricht abzugeben.

Vom Schuldienste wurden entlassen:

Ludwig Trzecieski, zuletzt Volksschullehrer zu Librantowa in Galizien.
(Ministerial-Erlass vom 29. April 1884, Z. 5543.)

Verlag des k. k. Ministeriums für Cultus und Unterricht. — Druck von Karl Gorischek in Wien.

Jahrgang 1884.

Verordnungsblatt

für den Dienstbereich des

Ministeriums für Cultus und Unterricht.

Redigiert im k. k. Ministerium für Cultus und Unterricht.

Ausgegeben am 1. Juni 1884.

Nr. 16.

Gesetz vom 7. April 1884 *),

betreffend die Eröffnung eines Nachtragscredites für die Bestreitung der Kosten der im Jahre 1883 versammelt gewesenen evangelischen Generalsynoden des Augsburger und des Helvetischen Bekenntnisses.

Mit Zustimmung beider Häuser des Reichsrathes finde Ich anzuordnen, wie folgt:

Artikel I.

Zur Bedeckung einer im Finanzgesetze nicht vorgesehenen Auslage für das Jahr 1883 wird folgender Nachtragscredit bewilligt:

Capitel IX, Ministerium für Cultus und Unterricht.

Titel 12, Beiträge zu evangelischen Cultuszwecken.

§. 2. Unterstützungspauschale der evangelischen Kirche Augsburger und Helvetischen Bekenntnisses.

Außerordentliches Erfordernis für die Bestreitung der Kosten der im Jahre 1883 versammelt gewesenen evangelischen Generalsynoden Augsburger und Helvetischen Bekenntnisses . . . . 4.000 fl.

---

*) Kundgemacht am 6. Mai 1884 im Reichsgesetzblatte unter Nr. 60, Seite 162.

Artikel II.

Mit dem Vollzuge dieses Gesetzes wird Mein Minister für Cultus und Unterricht und Mein Finanzminister beauftragt.

Wien, am 7. April 1884.

Franz Joseph m./p.

Taaffe m./p.   Conrad-Eybesfeld m./p.   Dunajewski m./p.

Nr. 17.

Verordnung des Ministers für Cultus und Unterricht vom 24. April 1884, Z. 5405,

betreffend die Ausstellung von Zeugnis-Duplicaten an den gewerblichen Lehranstalten.

In Bezug auf die Ausfolgung von Duplicaten der Zeugnisse gewerblicher Lehranstalten finde ich Nachstehendes zu verordnen:

1. Duplicate von Semestral - oder Jahres-Zeugnissen sind vom Leiter der Schule nur dann auszufertigen, wenn von Seite der Schüler oder deren Angehörigen der amtliche Zweck, für welchen das Duplicat angesprochen wird, nachgewiesen und diese Nachweisung vom Schulleiter als begründet erkannt wird.

2. Duplicate von in Verlust gerathenen Abgangszeugnissen dürfen nur mit Bewilligung des k. k. Ministeriums für Cultus und Unterricht, an welches sich der Verlustträger mit einem schriftlichen Gesuche zu wenden hat, ausgestellt werden. Dieses Gesuch ist durch die Schulleitung einzureichen, und es ist in demselben die Ursache des Verlustes oder der amtliche Zweck des Duplicats nachzuweisen.

3. Die Duplicate sind am Kopfe ausdrücklich als solche zu bezeichnen und in der Regel nur von dem Leiter (Director) der betreffenden Lehranstalt und eventuell auch vom Classenvorstande zu unterschreiben.

Der zur Aufnahme der übrigen Unterschriften bestimmte Raum wird durch den Beisatz: „laut Hauptkatalog (oder Prüfungsprotokoll) der Schule, vom Jahre 18..“ ausgefüllt.

In Duplicaten der Abgangszeugnisse der höheren Gewerbeschulen sind am Schlusse die Namen der Mitglieder der Prüfungscommission mit dem üblichen Beisatze: m./p. (manu propria) abschriftlich beizufügen.

Die zur Ausstellung von Duplicaten der Abgangszeugnisse ertheilte Ermächtigung ist in diesen unter Angabe des Datums und der Zahl des betreffenden Ministerial-Erlasses ersichtlich zu machen.

4. Für die Ausfertigung des Duplicats eines Semestral- oder Jahres-Zeugnisses ist die Taxe von Einem Gulden, für die Ausfertigung des Duplicats eines Abgangs-

zeugnisses die Taxe von drei Gulden einzuheben, welche Beträge in den Lehrmittel-
fond der Anstalt fließen, beziehungsweise, wo ein solcher Fond nicht besteht, an die
betreffende Staatscasse abzuführen sind.

Bezüglich der Stempelpflichtigkeit der Duplicat-Zeugnisse gelten die für die
betreffende Gattung des Original-Zeugnisses bestehenden Vorschriften.

5. Über die ausgestellten Duplicate von Semestral-, Jahres- und Abgangs-
Zeugnissen und über die eingehobenen Taxen hat der Leiter (Director) der Schule
eine besondere Vormerkung zu führen, und am Schlusse des Jahres die Verwendung
der Taxen zu dem sub 4 genannten Zwecke, oder deren Abfuhr, gehörig nachzuweisen.

6. Die Befreiung von der Entrichtung der Duplicat-Taxe kann nur ausnahmsweise in besonders rücksichtswürdigen Fällen stattfinden.

Über diesbezügliche Gesuche entscheidet unter Beachtung des oben ausgesprochenen Grundsatzes die Lehrer-Conferenz.

Auf die Bestimmungen sub 1, 2 und 4 sind die Schüler bei Austheilung der
Zeugnisse aufmerksam zu machen, damit etwaigen Mißbräuchen oder dem unvor-
sichtigen Gebaren mit letzteren vorgebeugt werde.

Nr. 18.

Verordnung des Ministers für Cultus und Unterricht vom 2. Mai 1884, Z. 5250,

durch welche einzelne Bestimmungen der Ministerial-Verordnung vom 29. Jänner 1881, Z. 20485 ex 1880 *), betreffend die Prüfung der Candidaten für das Lehramt des Freihandzeichnens an Mittelschulen; dann der Verordnung des Ministeriums für Cultus und Unterricht im Einvernehmen mit dem k. k. Handelsministerium vom 14. Mai 1870, Z. 4036 **), betreffend die Prüfung der Candidaten für das Lehramt der Handelswissenschaften abgeändert werden.

Im Nachhange zur Verordnung vom 7. Februar 1884, Z. 2117 ***), durch welche
an die Stelle der für das Gymnasial- und das Realschul-Lehramt bestandenen
zweierlei Commissionen eine einheitliche Commission gesetzt wurde, finde ich bezüglich
der mit der Realschul-Prüfungscommission als selbständige Abtheilungen vereinigt
gewesenen Prüfungscommissionen folgendes zu verordnen:

A.

Die §§. 1 und 7 der Vorschrift, betreffend die Prüfung der Candidaten für
das Lehramt des Freihandzeichnens an Mittelschulen vom 29. Jänner 1881,
Z. 20485 ex 1880, haben zu lauten:

---

*) Ministerial-Verordnungsblatt vom Jahre 1881, Nr. 18, Seite 69.
**) Ministerial-Verordnungsblatt vom Jahre 1870, Nr. 93, Seite 364.
***) Ministerial-Verordnungsblatt vom Jahre 1884, Nr. 3, Seite 29.

§. 1.
Prüfungscommission.

Die Lehrbefähigung für das Freihandzeichnen an Mittelschulen wird durch eine Prüfung dargethan, zu deren Vornahme die vom Minister für Cultus und Unterricht besonders eingesetzten Prüfungscommissionen für das Lehramt des Freihandzeichnens an Mittelschulen berufen sind.

§. 7.
Geschäftsordnung.

Bezüglich der Leitung der Prüfungscommission, der Haus- und Clausurarbeiten, der mündlichen Prüfung und der Beurtheilung der einzelnen Leistungen des Candidaten, dann der Entscheidung über den Gesammterfolg der Prüfung, bezüglich der Führung der Protokolle und der Ausstellung der Zeugnisse, sowie bezüglich des Erlages der Prüfungstaxen, endlich in Betreff des Probejahres haben die für die Prüfungen der Candidaten des Gymnasial- und Realschul-Lehramtes geltenden Bestimmungen in Anwendung zu kommen.

B.

Die §§. 1, 5 und 6 der Vorschrift, betreffend die Prüfung der Candidaten für das Lehramt der Handelswissenschaften vom 14. Mai 1870, Z. 4036 haben zu lauten:

§. 1.
Die Prüfungscommission.

1. Die wissenschaftliche Befähigung zum Lehramte der Handelsfächer wird durch eine Prüfung dargethan, zu deren Vornahme die vom Minister für Cultus und Unterricht besonders eingesetzten Prüfungscommissionen für das Lehramt der Handelsfächer berufen sind.

2. Die mit der Inspection der Handelsschulen betrauten Organe, sowie die Mitglieder der Handels- und Gewerbekammern der Städte, in welchen die Prüfungscommissionen ihre Sitze haben, sind berechtigt, der mündlichen Prüfung und der Probelection beizuwohnen. Den ersteren und dem Präsidenten der Handels- und Gewerbekammer ist von der Direction der Prüfungscommission Tag und Stunde der Vornahme solcher Prüfungen rechtzeitig auf kurzem Wege bekannt zu geben.

3. In Betreff der Leitung dieser Prüfungscommission gelten die für die Prüfungen der Candidaten des Gymnasial- und Realschul-Lehramtes bestehenden Bestimmungen.

§. 5.
Gebüren.

Für die Abhaltung der Prüfung hat der Candidat bei der Zulassung zur Prüfung fünfzehn (15) Gulden, bei der Vorladung zu den Clausurarbeiten gleichfalls fünfzehn (15) Gulden, somit im ganzen dreißig (30) Gulden als Prüfungstaxe zu entrichten.

Für jede Ergänzungs- oder Wiederholungsprüfung ist eine Taxe von zwanzig (20) Gulden zu entrichten.

§. 6.

Bezüglich des Vorganges bei Beurtheilung der schriftlichen Arbeiten und bei Überwachung der Candidaten während der Clausurarbeit, des Einflusses dieser beiden Leistungen auf die Fortsetzung der Prüfung, der Vornahme der mündlichen Prüfung und der Beurtheilung derselben, dann der Entscheidung über den Gesammterfolg, über Wiederholungs- und Ergänzungsprüfungen, sowie bezüglich der Führung der Protokolle und der Ausstellung der Zeugnisse, endlich in Betreff der Geschäfts- führung gelten im allgemeinen die für die Prüfung der Candidaten des Gymnasial- und Realschul-Lehramtes vorgeschriebenen Bestimmungen.

Nr. 19.

Verordnung des Ministers für Cultus und Unterricht vom 16. Mai 1884, Z. 9406,

betreffend die Ausstellung von Zeugnissen an den gewerblichen Fachschulen und an den Werkmeisterschulen.

An gewerblichen Fachschulen und Werkmeisterschulen sind den Schülern Zeugnisse folgender Art auszustellen:

1. **Semestral- oder Jahreszeugnisse**, je nachdem sich der Unterricht lehrplanmäßig in Semester oder in Jahrescurse gliedert.

Diese Zeugnisse enthalten die Urtheile des Lehrkörpers über das Betragen, den Fleiß, den Schulbesuch und die Leistungen der Schüler in den einzelnen Lehr- gegenständen, während des betreffenden Semestral- oder Jahrescurses. Dieselben sind gebürenfrei.

2. **Abgangszeugnisse** über den mit Erfolg zurückgelegten Besuch der Fach- oder Werkmeisterschule, welche Zeugnisse zum Antritte und selbständigen Betriebe des betreffenden handwerksmäßigen Gewerbes berechtigen. (§. 14, al. 4 der Gewerbe- ordnung.)

Zur Ausstellung dieser Zeugnisse sind nur jene gewerblichen Lehranstalten berechtigt, welche hiezu vom Handelsminister im Einvernehmen mit dem Unterrichts- minister die Ermächtigung erhielten [*]).

In das Abgangszeugnis ist, nebst dem vollständigen Nationale des Schülers und der Bezeichnung der Lehranstalt, das Gesammturtheil des Lehrkörpers über das sittliche Betragen, den Fleiß, den Schulbesuch und die Leistungen des Schülers in allen Lehrgegenständen aufzunehmen. Bei letzteren ist die Note des letzten Semester- oder Jahrescurses, in welchem der Gegenstand den Abschluss erhielt, in das Zeugnis einzutragen. Den Schluss bildet die Clausel: „Dieses Zeugnis berechtigt auf Grund des §. 14 des Gesetzes vom 15. März 1883, R.-G.-Bl. Nr. 39 und der Ministerial- Verordnung vom 17. September 1883, R.-G.-Bl. Nr. 150 zum Antritte und selbständigen Betriebe des N. N. Gewerbes."

---

[*]) Siehe Verordnung des Handelsministeriums im Einvernehmen mit dem Ministerium für Cultus und Unterricht vom 17. September 1883, R.-G.-Bl. Nr. 150. (Verordnungsblatt des Unterrichts- ministeriums vom Jahre 1883, Nr. 30, Seite 270; Centralblatt Seite 242.)

Über die Frage, ob ein Schüler das Lehrziel der Schule erreicht und sich das Recht auf ein Abgangszeugnis erworben hat, entscheidet mit Stimmenmehrheit die Lehrerconferenz. An dieser nehmen alle Lehrkräfte der Anstalt theil; doch sind nebst dem Leiter (Director) nur jene Lehrer und Werkmeister stimmberechtigt, welche den betreffenden Schüler im letzten Jahrescurse, beziehungsweise in den beiden letzten Semestern, unterrichtet haben. Dem Leiter (Director) der Schule gebüren dann zwei Stimmen, wenn er zu den eben genannten stimmberechtigten Mitgliedern des Lehrkörpers zählt.

Über diese Conferenz ist ein Protokoll zu führen, in welchem bei jedem Schüler das Resultat der namentlichen Abstimmung ersichtlich gemacht wird.

Ergibt sich Stimmengleichheit, oder werden von einem Mitgliede des Lehrkörpers begründete Bedenken gegen das Abstimmungsresultat zu Protokoll gebracht, so ist letzteres unter Anschluss eines Verzeichnisses der in das Abgangszeugnis aufzunehmenden Noten des betreffenden Schülers und mit der gutächtlichen Äußerung des Leiters (Directors) versehen, dem Ministerium für Cultus und Unterricht zur Entscheidung vorzulegen. Schüler, welche ein Abgangszeugnis nicht beanspruchen oder nicht beanspruchen können, erhalten nur ein Semestral- oder Jahreszeugnis.

Das Abgangszeugnis ist von den stimmberechtigten Lehrkräften (bei den betreffenden Gegenständen) und von dem Leiter der Schule zu unterzeichnen und mit dem Amtssiegel zu versehen. Die betreffenden Hauptkataloge und Protokolle sind an der Anstalt zum Zwecke der allfälligen Ausstellung von Duplicaten etc. aufzubewahren.

Abgangszeugnisse fallen unter die Tarifspost 116 a) bb) des Gesetzes vom 13. December 1862 und erhalten somit eine Stempelmarke von 50 Kreuzern, welche im Sinne des Erlasses des k. k. Ministeriums für Cultus und Unterricht vom 24. Jänner 1878, Z. 19982 *) vorschriftsmäßig zu überschreiben ist.

Sowohl Abgangszeugnisse, als auch Semestral- und Jahreszeugnisse sind nach den vom Ministerium hinausgegebenen Formularien auf dem vorgeschriebenen Zeugnispapiere auszufertigen. Die betreffenden Blankette, sowie auch das Zeugnispapier werden vom k. k. Schulbücher - Verlage in Wien an jede Schulbehörde ausgefolgt, sobald die Bestellung in amtlicher Form geschieht.

Der Lieferungspreis des geschöpften Papieres für Abgangszeugnisse beträgt für 1 Neuries 22 fl. 50 kr., für 100 Bogen 2 fl. 30 kr., für 10 Bogen 23 kr. und für 1 Bogen 3 kr.

Der Preis des gewöhnlichen Zeugnispapieres ist pro Neuries mit 14 fl., pro 100 Bogen mit 1 fl. 40 kr., pro 10 Bogen mit 14 kr. und pro 1 Bogen (für 2 Zeugnisblankette) mit 2 kr. festgesetzt. Der Preis der gedruckten Zeugnisformularien wird durch den Katalog des k. k. Schulbücher-Verlages bekannt gegeben.

Die Leiter der gewerblichen Lehranstalten sind übrigens ermächtigt, bei größerem Bedarfe an Zeugnisblanketten diese nach dem vorgeschriebenen Muster und mit dem Titel der betreffenden Lehranstalt versehen auf Rechnung des ihnen bewilligten Pauschales für Regieauslagen drucken zu lassen. Das hiezu erforderliche Zeugnis-

---

*) Ministerial-Verordnungsblatt vom Jahre 1878, Nr. 6, Seite 12.

papier ist in der oben angegebenen Weise zu beziehen, wobei die k. k. Schulbücher-Verlags-Direction ermächtiget ist, das bestellte Papier unmittelbar an jene Buchdruckerei abzugeben, welche ihr von der Schulleitung als mit der Drucklegung der Zeugnisse betraut bezeichnet wird.

3. An Fachschulen, welche keine Semestralzeugnisse ausstellen, sind die Angehörigen der Schüler wenigstens einmal im Jahre durch S c h u l n a c h r i c h t e n (Classenausweise) von dem Betragen, dem Fleiße, dem Schulbesuche und den Fortschritten der Schüler in Kenntnis zu setzen.

Diese Schulnachrichten müssen sich ihrer äußeren Form nach von den Zeugnissen wesentlich unterscheiden. Sie können auch anstatt der Frequentations-Zeugnisse zur amtlichen Bestätigung des Schulbesuches eines Schülers in jenen Fällen dienen, in welchen eine solche Bestätigung von einer Behörde verlangt wird. Formularien hiefür können durch den k. k. Schulbücher-Verlag (Drucksorte für industrielle Lehranstalten Nr. 7) um den Preis von 2 kr. per Bogen bezogen werden.

Nr. 20.

Verordnung des Ministers für Cultus und Unterricht vom 17. Mai 1884, Z. 5972,

betreffend die Regelung der fachmännischen Inspection der gewerblichen Fortbildungsschulen.

Durch die Ministerial-Verordnung vom 24. Februar 1883, Z. 3674 *) wurden allgemeine Grundsätze bezüglich der Organisation der gewerblichen Fortbildungsschulen erlassen und im Artikel IV dieser Verordnung bestimmt, dass für die fachmännische Inspection dieser Schulen vorläufig durch Entsendung von Regierungs-Commissären aus den Kreisen der Directoren und Fachlehrer der Staats-Gewerbeschulen vorgesehen werden wird.

Da der Zeitpunkt gekommen ist, um diese Bestimmung allmählich zu verwirklichen, so finde ich bezüglich der Einführung und Vornahme der fachmännischen Inspection Nachstehendes zu verordnen:

1. Die Abgrenzung der Inspectionsgebiete geschieht nach Kronländern, und in diesen in der Regel nach den Bezirken der Handels- und Gewerbekammern; überdies wird bei Zuweisung der Schulen an die einzelnen Commissäre auch auf die Unterrichtssprache Rücksicht genommen.

2. Die Ernennung der Regierungs-Commissäre aus den Kreisen der Directoren und Fachlehrer von Staats-Gewerbeschulen erfolgt zunächst auf die Dauer von zwei Jahren. Die Namen der betreffenden Commissäre werden durch das Verordnungsblatt kundgemacht werden.

---

*) Ministerial-Verordnungsblatt vom Jahre 1883, Nr. 3, Seite 31.

3. Diese Regierungs-Commissäre sind verpflichtet:

a) Die ihnen zugewiesenen gewerblichen Fortbildungsschulen in der Regel einmal im Jahre, mindestens aber in zwei Jahren einmal, eingehend zu inspicieren.

b) Rathschläge und Winke über den beim Unterrichte einzuhaltenden Vorgang, die Wahl der Lehrmittel u. dgl. den Lehrkräften an Ort und Stelle zu ertheilen. Schriftliche Weisungen erfolgen nur durch das k. k. Ministerium für Cultus und Unterricht.

c) Dem Ministerium über die Wahrnehmungen zu berichten und wegen Bestätigung von Lehrkräften, Completierung von Lehrmittelsammlungen u. dgl. eventuell Anträge zu stellen.

d) Mit dem Vorstande der betreffenden politischen Bezirksbehörde und mit dem Obmanne des Schulausschusses, soweit es thunlich ist, das Einvernehmen zu pflegen, deren Beschwerden oder Wünsche entgegenzunehmen und über Ersuchen Auskünfte in Schulangelegenheiten zu ertheilen.

e) Über amtliche Aufforderung in Angelegenheiten des gewerblichen Fortbildungsunterrichtes Gutachten an das Ministerium zu erstatten.

f) Am Schlusse des Schuljahres auf Grund der Jahresberichte der Schulleiter und der eigenen Wahrnehmungen einen summarischen Hauptbericht über die zugewiesenen Fortbildungsschulen zu verfassen, welcher in angemessener Weise zur Veröffentlichung gelangt.

4. Um den betreffenden Directoren und Fachlehrern, die zur Vornahme der Inspection erforderliche Zeit zu gewähren, wird deren Lehrverpflichtung entsprechend ermäßigt und, wenn es nöthig sein sollte, der Staats-Gewerbeschule eine Hilfskraft (Supplent oder Assistent) beigegeben.

5. Der Wirkungskreis der genannten Commissäre erstreckt sich nur auf die allgemein gewerblichen Fortbildungsschulen; während die mit gewerblichen Fachschulen verbundenen fachlichen Fortbildungsschulen (Ministerial-Verordnung vom 24. Februar 1883, Z. 3674 Artikel II, A, b.), sowie auch die an den Staats-Gewerbeschulen bestehenden Fortbildungsschulen nach wie vor durch die mit der Inspection dieser Lehranstalten betrauten Fachorgane des Unterrichts-Ministeriums beaufsichtigt werden.

6. Zur Bestreitung der mit den Inspectionen verbundenen Auslagen, sowie für die Mühewaltung erhalten die Commissäre Remunerationen, deren Höhe in jedem einzelnen Falle mit Rücksicht auf die Zahl der Fortbildungsschulen und die sonstigen Verhältnisse festgesetzt werden wird.

7. Die Leiter der gewerblichen Fortbildungsschulen sind verpflichtet, den ihnen bezeichneten Commissären über deren Verlangen die erforderlichen Daten, betreffend den Personalstand, die Schülerzahl, Stundenvertheilung u. s. w. zu liefern, und eine Abschrift des Statutes und Lehrplanes auszufolgen.

Mit der Durchführung dieser provisoriscen Maßregel wird im Jahre 1884 begonnen und dieselbe im Laufe der nächsten Jahre nach Maßgabe der dem Ministerium zur Verfügung gestellten Credite auf alle Kronländer der diesseitigen Reichshälfte, mit Ausnahme von Niederösterreich, ausgedehnt werden.

Nr. 21.

Verordnung des Ministers für Cultus und Unterricht vom 26. Mai 1884, Z. 10.128,

an sämmtliche k. k. Landes-Schulbehörden,

betreffend mehrere Abänderungen des Lehrplanes der Gymnasien und die Hinausgabe von Instructionen für den Unterricht an den Gymnasien.

In der geraumen Zeit seit der Durchführung der umfassenden Reorganisation unseres Gymnasialwesens hat sich aus der unmittelbaren Beobachtung des gesammten Unterrichtsbetriebes und seiner Erfolge, aus der öffentlichen Erörterung einzelner Fragen in Fachblättern, aus amtlichen Relationen und aus Berathungen, welche die Unterrichtsverwaltung zu wiederholten Malen veranlasst hat, ein reiches Material an Beobachtungen, Erfahrungen und Urtheilen gesammelt, welches die bestehende Organisation zwar im ganzen als bewährt erscheinen lässt, aber auch dazu aufforderte die einzelnen Detailbestimmungen des Lehrplanes, namentlich die Classenziele, an der Hand der Erfahrung zu prüfen und zu erwägen, in welchen Punkten und Richtungen der Unterrichtsbetrieb ausführlicherer und bestimmterer Weisungen bedürftig sei, damit die volle Verwirklichung der Ziele des Lehrplanes, soweit dieselben überhaupt sich als erreichbar erwiesen haben, gesichert sei.

Diese Prüfung und Erwägung haben nun erkennen lassen, einerseits dass allerdings in einzelnen Punkten die Aufgabe reichlicher zugemessen und das Ziel höher gesteckt sei, als es nach der Erfahrung unter den gegebenen Verhältnissen sich als erreichbar herausgestellt hat, andererseits dass die Instructionen sowohl mit Rücksicht auf die gesammelten Beobachtungen über den Unterrichtsbetrieb, als auch auf die Entwickelung, welche unser Gymnasialwesen und alles, was darauf von Einfluss ist, insbesondere die Wissenschaft selbst, seither genommen hat, der Ergänzung und Erneuerung bedürfen.

Um also die Forderungen des Lehrplanes ohne eine ungerechtfertigte Veränderung der Grundlagen der ganzen Gymnasialorganisation auf das durch die Erfahrung erprobte Niveau des Erreichbaren zurückzuführen und dadurch die Vorschrift und die mögliche Leistung in Einklang zu bringen, wird der angeschlossene, nach den sofort näher zu bezeichnenden Richtungen revidierte Lehrplan für die Gymnasien mit der Bestimmung erlassen, dass er vom künftigen Schuljahre angefangen an die Stelle des gegenwärtig giltigen, auf den Ministerial-Erlässen vom 10. September 1855, Z. 10.312 und vom 12. August 1871, Z. 8568 beruhenden Lehrplanes zu treten habe.

Die in dem vorliegenden revidierten Lehrplane und den Instructionen für das Deutsche gegebenen Bestimmungen und Weisungen haben vorläufig wie bisher auch für die anderen Unterrichtssprachen analoge Anwendung zu finden; und es bleibt eine besondere Regelung vorbehalten, bis sich ein klares Bedürfnis darnach herausstellt.

Bemerkungen zum Lehrplane.

Für die vorliegenden Ergebnisse der Revision waren nun folgende Erfahrungen und Gesichtspunkte maßgebend:

Im L a t e i n war die grammatische Aufgabe der III. und IV. Classe in der zugemessenen Zeit nicht lösbar; Abhilfe konnte nur durch eine andere Vertheilung der Lateinstunden geschafft werden, was allerdings zunächst der lateinischen Lectüre in diesen beiden Classen Abbruch thut, aber durch die Ermöglichung besserer grammatischer Vorbildung einen fruchtbareren Betrieb der Lectüre in den höheren Classen vorbereitet.

Die Zahl der schriftlichen Arbeiten musste soweit beschränkt werden, dass die sorgfältige Behandlung der Sache geleistet werden kann.

In der Lectüre erwiesen sich die Classenpensa weit über das Erreichbare hinausgehend, es war daher der Umfang erheblich zu verringern, so dass unter normalen Verhältnissen künftig sich die Ziele werden erreichen lassen. Die Lectüre Ciceronischer Briefe (in der VI. Classe) wurde als entbehrlich erkannt; in der VII. Classe empfahl es sich die oratorische Prosalectüre etwas einzuschränken um für die anziehendere Lectüre der Dialoge Raum zu gewinnen; in der VIII. Classe war es zweckmäßiger sich auf die bedeutsamsten Werke des Tacitus zu beschränken und den Agricola entfallen zu lassen.

Die stilistischen Übungen bedurften in jenen Semestern, welchen poetische Lectüre zugewiesen ist, einer Stütze; daher erschien es angemessen neben der poetischen Lectüre auch der Prosa einen bescheidenen Platz einzuräumen.

Im G r i e c h i s c h e n mangelte dem Unterrichte in der attischen Syntax während der durch 3 Semester fortlaufenden Lectüre aus Homer und Herodot die unentbehrliche Grundlage der gleichzeitigen Lectüre eines attischen Prosaikers, wodurch der Übergang zu Demosthenes ungemein erschwert war. Es erschien daher geboten, die Homerlectüre in der V. und VI. Classe etwas einzuschränken und daneben die Lectüre aus Xenophon, wenn auch in sehr bescheidener Ausdehnung, einhergehen zu lassen. Der bei der kleinen Stundenzahl stark belasteten VII. Classe empfahl es sich die Lectüre einer Tragödie des Sophokles abzunehmen, die in der Regel nicht geleistet oder nicht vollendet wurde, und dafür dem Hauptautor der Classe (Demosthenes) und der Hauptlectüre des ganzen Obergymnasiums (Homer) Raum zu gönnen. Von der Schullectüre aus Plato wurde der Dialog Phaedo ausgeschlossen, dagegen einzelne kleinere Dialoge zugelassen; jener schien wegen der Schwierigkeit der behandelnden Frage ungeeignet, so sehr zu bedauern ist, dass damit auch die ergreifende Erzählung der letzten Momente des Sokrates den Schülern entzogen wird; diese empfahlen sich durch Einfachheit und Übersichtlichkeit.

Das D e u t s c h e in der V. Classe vermochte in der zu karg bemessenen Zeit weder in den methodischen Betrieb der Lectüre einzuführen noch den Aufsatz ausgiebig zu pflegen. Die Zulegung einer Lehrstunde — nicht zur Erweiterung, sondern zur durchgreifenden Bearbeitung des Classenpensums — war unentbehrlich und konnte von der Geschichte genommen werden, welche ohne wesentliche Störung ihres Lehrganges in der folgenden Classe entschädigt wird.

Das Mittelhochdeutsche, bisher in der VII. oder VI. Classe an Gymnasien mit deutscher Unterrichtssprache gelehrt, hat in der Unterrichtszeit, die ihm ohne Beeinträchtigung der anderen unstreitig wichtigeren Aufgaben des deutschen Unterrichtes zugestanden werden konnte, namentlich in Bezug auf die eigentliche Sprachkenntnis, nicht solche Erfolge erzielen lassen, welche der Absicht bei der Einführung dieses Gegenstandes entsprachen und seine Beibehaltung zu rechtfertigen vermöchten. Die literarhistorische Seite dieses Zweiges wird im übrigen Deutschunterrichte genügende Berücksichtigung finden können.

Literaturgeschichte in der bisherigen Behandlung wollte sich nicht als dem Gymnasium gemäß erweisen; es mag versucht werden, ob sich der Gegenstand in den Grenzen der strenghistorischen Darstellung und von allem Ästhetisieren frei halten und dem Ganzen organisch einfügen lässt.

Der Geschichte in der III. Classe hatte der Ministerial-Erlass vom 12. August 1871, Z. 8568 nur 1 Stunde wöchentlich zugewiesen, zur ordentlichen Absolvierung des ziemlich reichhaltigen Pensums wenig; es erscheint nur billig die drei Lehrstunden auf Geographie und Geschichte gleichmäßig zu vertheilen. Die Verschiebung der Stundenzahl zwischen der V. und VI. Classe führt dazu, dass in der V. Classe mit der Unterwerfung Italiens unter die Herrschaft Roms abgeschlossen werden muss. Die VIII. Classe bedurfte gleichzeitig einer Erleichterung des massenhaften Materiales der Statistik und einer Zusammenfassung der griechischen und römischen Geschichte, nächst der vaterländischen Geschichte des wichtigsten Theiles im gesammten Geschichtsunterricht am Gymnasium. Eine geringe Veränderung genügt um beides zu erreichen.

In Mathematik ist nicht nur auf jede — im Organisationsentwurfe vom Jahre 1849 als möglich dahingestellte — Erweiterung des Lehrstoffes verzichtet, sondern auch zur Erleichterung eine strengere Sonderung des Wesentlichen vom Unwesentlichen vorgenommen und so manche Einschränkung vorgezeichnet worden, soweit dies möglich ist, ohne den diesem Gegenstande eigenthümlichen Erziehungswert zu gefährden. Denn ohne eine gewisse Höhe der Kenntnisse können die mathematischen Erkenntnisformen nicht zum Bewusstsein und zur sicheren Verwendung gebracht werden, und es ist deshalb unzulässig, den Inhalt des Unterrichtes unter ein Niveau hinabzudrücken, über welchem er aus dem angeführten Grunde in allen — unserem Gymnasium gleichartigen — Unterrichtsanstalten anderer Culturstaaten sorgfältig erhalten wird.

Im besonderen wurde für den Unterricht im Untergymnasium die Nebenaufgabe, auch für gewisse praktische Berufszweige vorzubereiten, auf das Unentbehrliche eingeschränkt, um der wesentlichen Aufgabe, die geistige Fähigkeit der Schüler für die wissenschaftliche Aufgabe des Obergymnasiums zu entwickeln, die nöthige Förderung zu geben. Durch diese Vereinfachung der Aufgabe überhaupt ist in der IV. Classe eine eingehendere Behandlung der Gleichungen und Probleme des ersten Grades ermöglicht. In der V. Classe ist die Fortsetzung und Erweiterung der Lehre von den Gleichungen des ersten Grades aufgenommen und ihr dadurch die Stelle vor den Operationen der wissenschaftlichen (III.) Stufe angewiesen, welche ihr aus didaktischen Gründen gebürt. In der VI. Classe kommen die Gleichungen des zweiten

Grades mit einer Unbekannten zur Behandlung, da sie in der synthetischen Geometrie und in der Trigonometrie schwer zu entbehren sind. Außerdem sind in der Instruction bei der näheren Ausführung des Lehrstoffes einzelne Partien bezeichnet, welche unter Umständen entfallen können.

Der naturgeschichtliche Lehrstoff bleibt wie bisher vertheilt, mit Ausnahme einer partiellen Verschiebung der Materien der I. Classe, wodurch die Beschreibung der niedersten Thiere an den Schluss des Wintersemesters verlegt wird, da man erfahrungsmäßig im Sommersemester mit den Gliederthieren vollauf zu thun hat. Einzelne Zweige des Gegenstandes in der V. und VI. Classe, wie Geognosie, Paläontologie und geographische Verbreitung der Thiere und Pflanzen, erfahren eine solche Einschränkung, dass nur die markantesten Thatsachen zur gelegentlichen Einschaltung gelangen, um nicht Schlagworte im Lehrplane fortzuführen, denen der Unterricht in der zugemessenen Zeit nicht gerecht werden kann.

In Physik wird die Lehre von der Wellenbewegung und die Akustik aus der VII. in die VIII. Classe verlegt und dafür die ganze Wärmelehre der VII. Classe zugewiesen. Maßgebend für diese Änderung ist der innige Zusammenhang zwischen der Mechanik gasförmiger Körper, der Wärmelehre und der modernen Chemie einerseits, zwischen der Wellenbewegung, den Schall- und Lichterscheinungen andererseits.

Hinsichtlich der philosophischen Propädeutik zum ursprünglichen Lehrplan (v. 1849) zurückzukehren, den Gegenstand auf die oberste Classe zu beschränken und die Psychologie der Logik vorangehen zu lassen, empföhle sich aus vielen äußeren und inneren Gründen. Zunächst wäre eine Erleichterung des Gesammtpensums der stark belasteten VII. Classe durch den Wegfall der formalen Logik zu Gunsten anderer in der Unterrichtszeit nur karg bedachten Lehrgegenstände gewiss sehr erwünscht. Andererseits würde die philosophische Propädeutik durch Verschiebung in die VIII. Classe gerade an jene Stelle des Gesammtlehrplanes gerückt, wo gleichzeitig die relativ höchste Reife der Schüler und die relativ vollständigste Absolvierung der Gymnasialdisciplinen zusammentreffen und den eigentlichen Zweck des philosophisch-propädeutischen Unterrichtes, nämlich die gesammte Gymnasialbildung zusammenzufassen und zu vertiefen, so vollkommen würden erreichen lassen, als dies überhaupt innerhalb des Gymnasiums, also vor dem völligen Abschlusse des Gymnasialunterrichtes möglich ist.

Die Psychologie vorangehen zu lassen und dem Hauptzwecke — einer ausreichenden logischen Orientierung — unterzuordnen, entspräche dem jetzigen Stande der logischen Wissenschaft, dem wissenschaftlichen Charakter der psychologischen Forschung und dem natürlichen Verhältnisse der beiden Disciplinen innerhalb des Rahmens eines gymnasialen Vorbereitungsunterrichtes.

Allein gegenwärtig sind für diese Umgestaltung, so wünschenswert sie ist, die unerlässlichen Vorbedingungen noch nicht gegeben. Es fehlt an Lehrbüchern, welche einem Unterrichte in der angedeuteten Form ohneweiters zugrunde gelegt werden könnten, und es dürfte sich im allgemeinen auch nicht empfehlen dem Lehrer zuzumuthen eines der vorhandenen Lehrmittel dem Zwecke entsprechend für seinen Gebrauch umzugestalten. Vorläufig wird daher an den gegenwärtig geltenden Bestimmungen über diesen Unterricht nichts geändert, doch werden in einer Instruction die Gesichtspunkte für die Reform des propädeutischen Unterrichtes dargelegt, deren Verwirklichung noch vorbehalten bleiben muss. Es darf aber erwartet werden, dass auch die jüngst erlassene Prüfungsvorschrift für Candidaten des Gymnasiallehramtes dazu beitragen werde, die Vorbedingungen dafür herbeizuführen.

Bemerkungen zu den Instructionen.

Seit der Reorganisation unserer Gymnasien hat die theoretische pädagogisch-didaktische Ausbildung der Candidaten des Gymnasiallehramtes dank der Pflege des pädagogischen Unterrichtes in Vorlesungen und Seminaren an den Universitäten eine Höhe erreicht, welche zur Zeit jener Reorganisation nicht vorausgesetzt werden durfte, und die praktische Einführung in das Lehramt hat durch die Regelung des Probejahres gewiss eine wesentliche Förderung erfahren. Es könnte unter diesen Verhältnissen scheinen, dass es nunmehr überflüssig sei, dem angehenden Lehrer noch Instructionen, zumal ausführlichere, an die Hand zu geben, dass man vielmehr getrost die Sache der erworbenen theoretischen Einsicht des Candidaten und seiner wachsenden Erfahrung in didaktischen Dingen überlassen dürfe. So wertvoll und unentbehrlich jene theoretische Ausbildung in Pädagogik und Didaktik ist, die der Candidat von der Universität ins Lehramt mitbringen mag, so unzulänglich ist sie und lässt den Anfänger gerade der concreten Lehraufgabe gegenüber nur zu oft rathlos. Denn die pädagogischen Vorlesungen müssen sich zu sehr auf die allgemeinen Gesetze beschränken und können in die specielle Didaktik der einzelnen Disciplinen aus mancherlei Gründen nicht soweit sich einlassen, als es jedesmal die besondere Stellung der einzelnen Disciplin im Gesammtplane, die Bedeutung der einzelnen Theile einer Disciplin im ganzen Lehrgange derselben, die Abhängigkeit der Methode jedes Lehrgegenstandes von dem Stande der Wissenschaft, der er angehört, und von den äußeren Bedingungen, welche in der Schulliteratur und in den Stundenplänen gegeben sind, erfordern würde, wenn die Unterweisung zureichend sein sollte. Auch in den besonderen Fachwissenschaften ist die Ausbildung der Candidaten des Gymnasiallehramtes durch die darauf abzielenden Einrichtungen an den Universitäten in der erfreulichsten Weise vorgeschritten und damit die wichtigste Vorbedingung für einen gründlichen, anregenden und die Erwerbung des Wissens durch die eigene Arbeit des Schülers vermittelnden Unterricht geschaffen. Dadurch erscheinen aber Weisungen keineswegs überflüssig, vielmehr erst recht nützlich, welche die Stellung und Bedeutung einzelner Disciplinen oder bestimmter Seiten dieser Disciplinen im Gesammtplane des Gymnasiums beleuchten, nothwendige oder zulässige Einschränkungen des Lehrstoffes bezeichnen, den äußeren Vorgang des Unterrichtes regeln, das Aufgabenwesen und überhaupt das Maß der von den Schülern zu fordernden Leistungen genauer im einzelnen bestimmen, als dies im Lehrplane geschehen kann, Gesichtspunkte und Muster für die didaktische Behandlung der einzelnen Disciplinen zumal jener schwierigeren Theile derselben aufstellen, wo die Gefahr des unsicheren Experimentierens oder des Fehlgreifens erfahrungsgemäß am nächsten liegt. So werden auch die

Erfahrungen am ehesten nutzbar gemacht und jenes Herumtasten verhütet, das dem Unterrichte Schaden bringt, dem Lehrer selbst auch keine Befriedigung über den Erfolg seiner Arbeit gewährt und dadurch leicht die Freude daran benimmt.

Diesem unleugbaren Bedürfnisse des Lehrers, namentlich des Anfängers, kommen die Instructionen entgegen, bestimmt den Weg weisend, wo Abweichung vom Übel wäre, einen bewährten Vorgang darstellend, wo vielleicht auch ein anderer zum selben Ziele führen möchte, in anderen Dingen endlich nur die wichtigsten Gesichtspunkte bezeichnend, wenn dies zu genügen schien um die Erreichung des Zieles zu sichern.

Wo ein Unterricht durch eine lange Reihe von Jahren hinläuft und nur bei consequentem Verfahren der gewünschte Erfolg zu erwarten ist, musste mit größerer Genauigkeit und Bestimmtheit die Aufgabe abgegrenzt und die Methode vorgezeichnet werden, damit der stetige Fortgang und das Ineinandergreifen auch dann gesichert sei, wenn der Unterricht aus einer Hand in eine andere übergeht.

Daher kommt es, dass namentlich in den Instructionen für d i e a l t e n S p r a c h e n soweit ins Detail gegangen wurde; hier waren besonders für den Elementarunterricht mit Rücksicht auf den Einfluss der sprachvergleichenden und sprachhistorischen Studien auf den Betrieb der Grammatik, ferner für die individualisierende Behandlung der Autorenlectüre, bei welcher gleichzeitig die gemeinsamen Ziele im Auge behalten werden müssen, genauere Weisungen als ein Bedürfnis erkannt worden.

In ähnlicher Weise schien es erforderlich in Bezug auf den U n t e r r i c h t i m D e u t s c h e n für die Behandlung der Grammatik und namentlich der Satzlehre jene Veränderungen des Lehrganges zu markieren, die sich einerseits aus der veränderten Auffassung der Stellung der Grammatik im Unterrichte der Muttersprache, andererseits aus der Veränderung der Vorbedingung für den Eintritt ins Gymnasium ergeben; ferner waren für den Betrieb der Literaturgeschichte jene Grenzen bestimmt zu ziehen, innerhalb deren dieser Lehrgegenstand noch einen Platz im Gymnasiallehrplan beanspruchen kann; endlich für die Lectüre und namentlich für die Privatlectüre die leitenden Gesichtspunkte aufzustellen.

Dem G e s c h i c h t s u n t e r r i c h t e im Gymnasium erwachsen aus dem immer reichlicheren Eindringen der Ergebnisse der wissenschaftlichen Detailforschung, namentlich auf dem Gebiete des orientalischen Alterthums, in die Lehrbücher und aus der veränderten Behandlung der ältesten Geschichte der classischen Völker des Alterthums ernste Schwierigkeiten, welche den Schwerpunkt zu verrücken und einen der jugendlichen Auffassung fremden Geist einzuführen drohen; in allen Theilen dieser Unterrichtsmaterie schwillt der Stoff zu unübersehbarer Fülle an. Die Instructionen suchen nun diesem Unterrichtsgegenstande im ganzen und jedem einzelnen Theile desselben insbesondere die gebürende Stellung und Bedeutung anzuweisen, den Umfang der Materie in die rechten Grenzen zurückzuführen und die den Entwickelungsstufen der Schüler angemessene Behandlung zu sichern.

Die didaktischen Bemerkungen über den g e o g r a p h i s c h e n U n t e r r i c h t betreffen insbesondere die Bedeutung der Karte als des wichtigsten Lehrmittels, das nicht dem Lehrtexte zur Illustration zu dienen hat, vielmehr die Quelle ist, aus welcher der Schüler alles Wissen unmittelbar schöpft, wobei der Lehrtext nur die klare Formulierung und die Ordnung der gewonnenen Kenntnisse erleichtert. Das Kartenlesen und das Kartenzeichnen sind daher ein Hauptpunkt der Instructionen, von welchen auch eine Anregung zu erhoffen ist für die entsprechende Fortbildung der kartographischen Lehrmittel. Überdies war Stellung und Behandlung der mathematischen Geographie näher zu beleuchten.

Hinsichtlich der mathematisch-naturwissenschaftlichen Fächer hätte es für die Hauptpunkte vielleicht genügt auf die erst vor wenigen Jahren hinausgegebenen Instructionen für den Unterricht an den Realschulen zu verweisen; doch schien es mit Rücksicht auf die etwas verschiedene Stellung dieser Disciplinen im Gymnasium und auf das geringere Stundenausmaß für dieselben gerathener eigens zu erörtern, auf welchen Wegen sich hier die Ziele am sichersten erreichen lassen.

So kam es insbesondere bezüglich der Mathematik darauf an, aus dem bereits übermäßig angeschwollenen Lehrstoffe auszuscheiden und aus dem fortwährend zudrängenden abzuwehren, was für den Zweck des Gymnasiums nicht nothwendig ist, wie groß auch das Interesse dieser Dinge für die Wissenschaft sein mag. Nicht die Masse, sondern die Klarheit der Begriffe und der bestimmte und strenge Zusammenhang derselben machen diese Disciplin für das Gymnasium wertvoll, daher war darauf zu dringen, dass, zumal in den Anfangsgründen, der Unterricht nach der höchsten Einfachheit und Anschaulichkeit strebe, dass alles Unwesentliche ausgeschieden, das Wesentliche aber desto gründlicher behandelt werde.

Im naturgeschichtlichen Unterrichte liegt infolge der unendlichen Detailforschung einerseits und der Aufstellung umfassender Theorien andererseits, deren Andringen die Lehrbücher nicht immer von sich abzuwehren vermochten, die Gefahr nahe, dass Umfang des Stoffes und Standpunkt der Behandlung über das Gymnasium hinausstrebe und dass dieser Gegenstand, statt an seinem Theile zur harmonischen Entwickelung der Jugend mitzuwirken, zu unfruchtbarer und unerträglicher Belastung des Gedächtnisses und zu Überspannung führe. Es waren also mit Bestimmtheit die Grenzen zu ziehen und die Wege zu weisen, um diesem für die allseitige Ausbildung geradezu unersetzlichen Lehrgegenstande den Charakter einer Gymnasialdisciplin zu wahren.

Für den Unterricht in der Physik hatten sich die Instructionen vom Jahre 1849 in allgemeinen Umrissen gehalten; es erschien zweckmäßig die Sache näher auszuführen, um einerseits für die untere Stufe die Anknüpfung an die Beobachtung zu betonen, für die obere Stufe andererseits Fingerzeige zu geben, wie auch schwierigere Partien mit Aussicht auf günstigen Erfolg behandelt werden können, ohne dass der Unterricht die ihm gezogenen Grenzen überschreitet.

Lehrplan des Gymnasiums.

A. Religion.

Der Religionsunterricht wird durch alle acht Classen in wöchentlich zwei (in der VIII. Classe nach Umständen auch in drei) Stunden nach speciellen Vorschriften ertheilt.

B. Lateinische Sprache.

Untergymnasium.

Ziel des Ganzen: Grammatische Kenntnis der lateinischen Sprache, Fertigkeit und Übung im Übersetzen eines leichten lateinischen Schriftstellers.

I. Classe, wöchentlich 8 Stunden.

Grammatik: Regelmäßige Formenlehre, d. h. die fünf regelmäßigen Declinationen, die Genus-Regeln, Adjectiva und Adverbia mit ihrer Comparation, die wichtigsten Pronomina, die Cardinal- und Ordinal-Zeitwörter, die vier regelmäßigen Conjugationen, einige wichtige Präpositionen und Conjunctionen. — Bei dem Erlernen der Formen ist von Anfang an sogleich auf genaues Sprechen, sowohl nach dem Wortaccente als nach der Quantität der Silben zu halten.

Grammatischer Unterricht und Lectüre sind nicht getrennt, sondern derselbe Lehr- und Lernstoff dient für beides. Die gelernten Formen sind sogleich durch Übersetzung aus einem dazu eingerichteten lateinischen Lesebuche einzuüben; der in den Lesestücken enthaltene Stoff von Vocabeln ist wieder zu mündlichen und schriftlichen Übersetzungen in das Lateinische zu verwenden. Um dies möglich zu machen, wird bei der Formenlehre des Nomen die Bedeutung und Construction einiger besonders häufiger Präpositionen gelernt und eingeübt; bei der Formenlehre des Verbums in gleicher Weise der Gebrauch des Infinitivs nach einigen besonders wichtigen Verben und adjectivischen Prädicatausdrücken und der Gebrauch des Conjunctivs nach einigen Conjunctionen des Grundes, der Absicht, Folge und Bedingung.

Wöchentlich ist eine halbe Stunde einer Lection auf eine, von dem Lehrer zu Hause zu corrigierende Composition zu verwenden.

Häusliche Arbeiten der Schüler: Memorieren der in der Lection durchgegangenen Paradigmen und vorgekommenen Vocabeln des Lesebuches; nach genügender Vorübung zuerst Aufschreiben der in den Lectionen vorgekommenen Übersetzungen in das Lateinische, später allwöchentlich 1—2 Aufgaben zum Übersetzen ins Lateinische von so mäßigem Umfange, dass die Ausarbeitung leicht und doch genau in einer halben Stunde in der Schule durchgenommen und verbessert werden kann.

Zum Aufsteigen in die höhere Classe wird am Schlusse des Jahres nicht nur die Kenntnis der Formen geprüft, sondern auch die Sicherheit und Leichtigkeit in ihrer Anwendung bei Übertragungen aus einer Sprache in die andere und bei selbständiger Bildung und Umbildung von Sätzen.

II. Classe, wöchentlich 8 Stunden.

Grammatik: Ergänzung der regelmäßigen Formenlehre durch Hinzufügung der in der ersten Classe noch übergangenen Partien der Pronomina und Numeralia, die wichtigsten Unregelmäßigkeiten in Declination, Genus und Conjugation.

Die Verbindung des grammatischen Unterrichtes mit der Lectüre des Lesebuches bleibt in dieser Classe dieselbe, wie in der ersten. Die in der I. Classe eingeprägten syntaktischen Formen werden erweitert; hiezu kommen noch der Accusativus cum infinitivo und der Ablativus absolutus.

Wöchentlich wird wie in der I. Classe eine halbe Stunde auf eine Composition verwendet.

Häusliche Arbeiten der Schüler: Memorieren von Paradigmen, Regeln, Vocabeln, wie in der I. Classe; dazu alle 2 Wochen ein Pensum von so mäßigem Umfange, dass die Correctur in der Schule nicht mehr als eine halbe Stunde erfordert. Nach genügender Vorübung Präparation auf die zu lesenden lateinischen Abschnitte des Lesebuches.

Die Versetzungsprüfung für das Aufsteigen in die nächst höhere Classe bestimmt sich aus der Aufgabe der Classe, wie am Schlusse der nächstvorhergehenden.

III. Classe, wöchentlich 6 Stunden.

Grammatik, 3 Stunden. Lehre von der Congruenz, vom Gebrauche der Casus und der Präpositionen, unter Zugrundelegung einer passenden Schulgrammatik.

Alle 14 Tage eine Composition von einer ganzen Stunde.

Lectüre, 3 Stunden. Einige Vitae des Cornelius Nepos oder eine Auswahl aus Curtius anfangs langsam zu lesen, dann den Fortschritten der Schüler gemäß rascher.

Häusliche Arbeiten der Schüler: Alle 2 Wochen ein Pensum. Außerdem Wiederholung der durchgegangenen grammatischen Regeln, nebst Bildung der dazu erforderlichen Beispiele. Präparation auf die Lectüre, so dass die Schüler den aufgegebenen Abschnitt, schwierige Stellen ausgenommen, übersetzen können.

In der Versetzungsprüfung wird zum Aufsteigen in die höhere Classe verlangt, schriftlich: eine in der Classe zu arbeitende, der grammatischen Lehraufgabe entsprechende Composition, ohne Gebrauch von Grammatik und Lexikon, von groben Fehlern im Ganzen frei; mündlich: Leichtigkeit im Übersetzen der in den Lectionen übersetzten Theile des lateinischen Autors, Fähigkeit, sich in das früher noch nicht Übersetzte bei Angabe der seltenen Wörter zu finden.

IV. Classe, wöchentlich 6 Stunden.

Grammatik, 3 oder 2 Stunden. Eigenthümlichkeiten im Gebrauche der Nomina und Pronomina, Lehre vom Gebrauche der Tempora und Modi nebst den Conjunctionen.

Alle 14 Tage oder 3 Wochen eine Composition von einer ganzen Stunde.

2

Lectüre, 3 oder 4 Stunden. Caesars bellum Gallicum, etwa 3 Bücher. In der 2. Hälfte des 2. Semesters sind wöchentlich 2 Lectürestunden darauf zu verwenden, dass die Schüler zuerst mit lateinischen Versen, und zwar Hexametern und Distichen bekannt werden. Der Stoff dieser Lectüre ist aus Ovid zu entlehnen. Der poetischen Lectüre muss eine Zusammenfassung der beim Lernen der Formenlehre vereinzelt vorgekommenen prosodischen Regeln vorausgeschickt werden.

Die häuslichen Arbeiten und die Versetzungsprüfung sind auf dieselbe Weise bestimmt, wie in der III. Classe.

Obergymnasium.

Ziel des Ganzen: Kenntnis der römischen Literatur in ihren bedeutendsten Erscheinungen und in ihr des römischen Staatslebens. Erwerbung des Sinnes für stilistische Form der lateinischen Sprache und dadurch mittelbar für Schönheit der Rede überhaupt.

V. Classe, wöchentlich 6 Stunden.

Lectüre, 5 Stunden. Im 1. Semester: Livius; außer dem 1. Buche soll das 21. oder 22. oder wichtige Partien aus den Kämpfen der Patricier und Plebejer gelesen werden.

Im 2. Semester: Ovid und zwar eine Auswahl vornehmlich aus den Metamorphosen und den Fasti. Übrigens kehrt auch in diesem Semester die Lectüre für einige Zeit zu Livius zurück.

Grammatisch-stilistischer Unterricht, 1 Stunde wöchentlich.

Der Unterricht bezweckt, die grammatische Sicherheit zu bewahren und den Sinn für die Eigenthümlichkeit des lateinischen Ausdruckes in Hinsicht auf Wörter und Satzbildung zu wecken und zu bilden. Erreicht wird dieser Zweck hauptsächlich durch Übungen im Übersetzen ins Lateinische, zu welchen die Aufgaben in steigender Schwierigkeit gewählt werden. An diese Übungen schließen sich am angemessensten die allgemeinen stilistischen Bemerkungen an.

Alle 4 Wochen eine Composition.

Häusliche Arbeiten der Schüler: genaue Präparation auf die Lectüre; alle 4 Wochen ein Pensum.

Die Versetzungsprüfung bestimmt sich aus der Aufgabe der Classe. In den Übersetzungen ins Lateinische wird für alle Classen des Obergymnasiums grammatische Correctheit erfordert, und ein nach Maßgabe der Classen steigender Sinn für die lateinische Form des Ausdruckes.

VI. Classe, wöchentlich 6 Stunden.

Lectüre, 5 Stunden. Prosa: Sallust's Jugurtha oder Catilina, Ciceros 1. Rede gegen Catilina, Caesars bellum civile. Poetische Lectüre: Auswahl aus Vergil's Eclogen und einzelner Stellen der Georgica. Anfang der Lectüre der Aeneis.

Grammatisch-stilistischer Unterricht, 1 Stunde, wie bei der V. Classe.

Über die häuslichen Arbeiten der Schüler und die Versetzungsprüfung vergleiche zu Classe V.

VII. Classe, wöchentlich 5 Stunden.

Lectüre, 4 Stunden. Prosa: Cicero, mindestens 2 Reden, einer der kleineren Dialoge oder eine Auswahl aus den größeren. Poesie: Fortsetzung der Lectüre von Vergil's Aeneis.

Grammatisch-stilistischer Unterricht, 1 Stunde, wie bei der Classe V. Über häusliche Arbeiten und Versetzungsprüfung siehe zu Classe V.

VIII. Classe, wöchentlich 5 Stunden.

Lectüre, 4 Stunden. Prosa: Tacitus, Germania (Cap. 1—27) und zusammenhängende größere Partien aus beiden oder einem der beiden Hauptwerke des Tacitus. Poesie: Horatius, Auswahl aus den Oden, Epoden, Satiren und Episteln.

Grammatisch-stilistischer Unterricht (1 Stunde) und häusliche Arbeiten wie bei der V. Classe.

C. Griechische Sprache.

Untergymnasium.

Ziel: Grammatische Kenntnis der Formenlehre des attischen Dialectes, nebst den nothwendigsten und wesentlichsten Punkten der Syntax.

III. Classe. wöchentlich 5 Stunden.

Grammatik: Regelmäßige Formenlehre mit Ausschluss der Verba in μι.

IV. Classe, wöchentlich 4 Stunden.

Grammatik: Abschluss der regelmäßigen Formenlehre durch Hinzufügung der Verba in μι, die wichtigsten Unregelmäßigkeiten in der Flexion. Hauptpunkte der Syntax.

In beiden Classen verbindet sich mit dem Erlernen der Formenlehre das Übersetzen aus dem Griechischen und in das Griechische unter Gebrauch eines passenden Lesebuches in derselben Weise, wie dies für das Lateinische in der I. und II. Classe geschieht. Vom zweiten Semester der III. Classe an ist alle 14 Tage ein Pensum, alle 4 Wochen eine Composition zu arbeiten. Auf die Abschnitte des Lesebuches haben die Schüler sich zu präparieren und die Vocabeln genau zu memorieren.

Obergymnasium.

Ziel: Gründliche Lectüre des Bedeutendsten aus der griechischen Literatur, soweit es die dem Gegenstande zugemessene beschränkte Zeit zulässt.

V. Classe, wöchentlich 5 Stunden.

Lectüre: Im 1. Semester: Xenophons Anabasis oder eine Auswahl nach einer Chrestomathie. Im 2. Semester: Homer's Ilias, ausgewählte Partien im Umfange von 2—3 Büchern, nebst der nothwendigen Erläuterung über die Abweichungen des epischen Dialectes vom attischen, daneben — 1 Stunde wöchentlich — Fortsetzung der Lectüre aus Xenophon. Präparation, Memorieren der Vocabeln, auch Memorieren einiger Stellen aus der Ilias.

Wöchentlich 1 Stunde Grammatik zur Erweiterung und Befestigung der Kenntnis des attischen Dialectes; alle 4 Wochen ein Pensum oder eine Composition.

VI. Classe, wöchentlich 5 Stunden.

Lectüre: Im 1. Semester: Ausgewählte Partien aus Homer's Ilias, im Umfange von 5—6 Büchern; im 2. Semester: Herodot, Hauptpunkte aus der Geschichte der Perserkriege; daneben namentlich im 1. Semester: etwa alla 14 Tage 1 Stunde Lectüre aus Xenophon.

Grammatik und Pensum wie in der V. Classe.

VII. Classe, wöchentlich 4 Stunden.

Lectüre: Im 1. Semester: 3—4 der kleineren Staatsreden des Demosthenes; im 2. Semester: ausgewählte Partien der Odyssee im Umfange von etwa 6 Büchern, daneben Fortsetzung der Lectüre aus Demosthenes.

Grammatik und Pensum wie in der V. Classe.

VIII. Classe, wöchentlich 5 Stunden.

Lectüre: Im 1. Semester: Plato, die Apologie des Sokrates als Einleitung, dann zwei der kleineren Dialoge (Laches, Euthyphro, Lysis, Charmides) oder einer der bedeutenderen Dialoge, z. B. Protagoras, Gorgias; im 2. Semester: eine Tragödie des Sophokles, darnach nach Thunlichkeit Fortsetzung der Lectüre aus der Odyssee.

Grammatik und Pensum wie in der V. Classe.

D. Deutsche Sprache als Unterrichtssprache.

Ziel für das Untergymnasium: Richtiges Lesen und Sprechen; gründliche Kenntnis der Formenlehre und Syntax; Sicherheit im schriftlichen Gebrauch der Sprache, Anfänge zur Bildung des Geschmackes durch Auswendiglernen von poetischen und prosaischen Stücken bleibenden Wertes, welche den Schülern erklärt sind.

Ziel für das Obergymnasium: Gewandtheit und stilistische Correctheit im schriftlichen und mündlichen Gebrauche der Sprache zum Ausdrucke des allmählich sich erweiternden eigenen Gedankenkreises; historische Kenntnis des Bedeutendsten aus der Nationalliteratur; daraus sich entwickelnde Charakteristik der Hauptgattungen der prosaischen und poetischen Kunstformen.

Der Unterricht in der deutschen Sprache bezweckt demnach keineswegs bloß eine sprachliche Ausbildung, sondern er soll eine reiche Fülle geist- und charakterbildenden Stoffes in classischer oder mindestens tadelloser Form darbieten, und auf den Unterricht in sämmtlichen anderen Lehrgegenständen belebend, verknüpfend, und theilweise ergänzend wirken.

I. Classe, wöchentlich 4 Stunden.

Grammatik: Syntax des einfachen Satzes. Formenlehre, in jener Aufeinanderfolge der Capitel, die der parallele lateinische Unterricht verlangt. Rein empirische Erklärung der Elemente des zusammengezogenen und zusammengesetzten Satzes,

Gesetze, Verordnungen, Erlasse.

soweit die Übersetzung solcher Sätze ins Lateinische es bedarf. Praktische Übungen in der Orthographie, in allmählicher Ausdehnung auf die Hauptpunkte.

Lectüre nach dem Lesebuche mit Erklärungen und Anmerkungen. Memorieren und Vortragen poetischer und prosaischer Stücke.

Schriftliche Arbeiten: Dieselben sind zuerst ausschließlich Dictate, vorwiegend zu orthographischen Zwecken und geschehen wöchentlich; später (doch noch im 1. Semester) wechseln sie in wöchentlicher Abfolge mit Aufsätzen. Im 2. Semester abwechelnd Schul- und Hausaufgaben.

II. Classe. wöchentlich 4 Stunden.

Grammatik: Der zusammengezogene und zusammengesetzte Satz. Praktische Übungen in der Interpunction.

Lectüre wie in der I. Classe.

Schriftliche Arbeiten: Aufsätze und einzelne Dictate zu orthographischen Zwecken. Drei Arbeiten im Monate, abwechselnd Schul- und Hausarbeiten.

III. Classe, wöchentlich 3 Stunden.

Grammatik: Systematischer Unterricht in der Formen- und Casuslehre mit Berücksichtigung der Bedeutungslehre.

Lectüre nach dem Lesebuche mit Erklärungen und Anmerkungen. Letztere dienen insbesondere stilistischen Zwecken und beschäftigen sich mit der Form der Lesestücke im ganzen wie im einzelnen. Memorieren und Vortragen.

Aufsätze. Zwei im Monate, abwechselnd Schul- und Hausarbeiten.

IV. Classe, wöchentlich 3 Stunden.

Grammatik: Systematischer Unterricht. Syntax des zusammengesetzten Satzes, die Periode. Grundzüge der Prosodik und Metrik.

Lectüre wie in der III. Classe. Die Anmerkungen sind zum Schlusse übersichtlich zusammenzufassen. Memorieren und Vortragen.

Aufsätze wie in der III. Classe.

V. Classe, wöchentlich 3 Stunden.

Grammatik: Jede zweite Woche 1 Stunde. Lautlehre: Umlaut, Brechung, Ablaut. Wortbildung.

Lectüre nach dem Lesebuche mit Erklärungen und Anmerkungen. Die letzteren haben jetzt, neben ihren sonstigen stilistischen Zwecken, hauptsächlich die Aufgabe, eine Charakteristik jener epischen, lyrischen und rein didaktischen Dichtungsgattungen zu liefern, welche dem Schüler durch die Lectüre früherer Jahrgänge und dieses Jahres selbst bekannt geworden sind. Dem deutschen Volksepos (auf Grund der Lectüre der Uhland'schen Auszüge) wird besondere Aufmerksamkeit zugewendet. Memorieren und Vortragen.

Aufsätze wie in der III. Classe.

VI. Classe, wöchentlich 3 Stunden.

Grammatik: Alle 14 Tage 1 Stunde. Genealogie der germanischen Sprachen. Einführung in einige wichtigere Principien der Sprachbildung.

Lectüre (zum größeren Theile nach dem Lesebuche). Klopstock, (Wieland), Lessing. Die Anmerkungen sind wie früher auf Beobachtung und Charakterisierung

der stilistischen Formen gerichtet, sie erweitern und vervollständigen jene des vorhergehenden Jahres. Der Privatlectüre obliegt die (zu controlierende) Ergänzung
bezüglich der Kenntnis jener Hauptwerke, welche nicht Gegenstand der Schullectüre sind.

Geschichte der deutschen Literatur (von rein historischem Standpunkte) im Grundriss, von den Anfängen bis zu der durch den Sturm und Drang
begonnenen Epoche mit näherem Eingehen dort, wo Lectüre sich anschließt.

Aufsätze von drei zu drei Wochen, abwechselnd eine Schul- und eine
Hausarbeit.

VII. Classe, wöchentlich 3 Stunden.

Lectüre (zum Theil nach dem Lesebuche). Herder, Goethe, Schiller. Die
Anmerkungen wie in der VI. Classe. Privatlectüre ähnlich wie in der VI. Classe.

Redeübungen.

Literaturgeschichte, ähnlich wie in der VI. Classe, bis zu Schillers Tode.

Aufsätze wie in der VI. Classe.

VIII. Classe, wöchentlich·3 Stunden.

Lectüre (zum Theil nach dem Lesebuche). Goethe, Schiller. Lessings Laokoon,
Schillers Abhandlung „Über naive und sentimentalische Dichtung". Die Anmerkungen
fassen hier die stilistischen Ergebnisse der Lectüre zusammen. Privatlectüre
ähnlich wie in der VI. Classe.

Redeübungen.

Literaturgeschichte, ähnlich wie in der VI. Classe, bis zu Goethes Tode.

Aufsätze wie in der VI. Classe.

E. Geographie und Geschichte.

Untergymnasium.

Lehrziel. *a)* Geographie: Die einfacheren Anschauungen und Kenntnisse von
der Gestalt und den Bewegungen der Erde. Übersichtliche Kenntnis der Erdoberfläche
nach ihrer natürlichen Beschaffenheit, nach Bevölkerung und Staaten, mit besonderer
Berücksichtigung der österreichisch-ungarischen Monarchie.

b) Geschichte: Kenntnis der hervorragendsten Personen und Begebenheiten
aus der Sagenwelt und der Völkergeschichte, namentlich aus der Geschichte
Österreich-Ungarns, auf Grund einer biographisch-chronologischen Behandlung
des Gegenstandes.

I. Classe, wöchentlich 3 Stunden.

Vorbegriffe aus der allgemeinen Geographie. Übersicht über die Hauptformen
des Festen und Flüssigen in ihrer Vertheilung auf der Erde, sowie über die Lage
der bedeutendsten Staaten und Städte, in steter Übung und Ausbildung im Kartenlesen und im Entwerfen einfachster Kartenbilder. Die Elemente der mathematischen
Geographie, soweit dieselben zum Verständnisse der Karte unentbehrlich sind und
in elementarer Weise erörtert werden können.

II. Classe, wöchentlich 4 Stunden.

a) Geographie, 2 Stunden. Fortführung der mathematischen Geographie, namentlich in Bezug auf die Verhältnisse verschiedener Breitenlagen. Specielle Geographie Asiens und Afrikas nach Lage und Umriss, in oro-hydrographischer und topographischer Hinsicht, unter steter Rücksicht auf die klimatischen Zustände, namentlich in ihrem Zusammenhange mit der Vegetation, mit den Producten der einzelnen Länder, mit der Beschäftigung, dem Verkehrsleben und den Culturverhältnissen der Völker.

Allgemeine Übersicht Europas nach Umriss, Relief und Flüssen. Specielle Geographie von Süd- und Westeuropa.

b) Geschichte, wöchentlich 2 Stunden. Übersichtliche Darstellung der Geschichte des Alterthums, hauptsächlich der Griechen und Römer mit besonderer Berücksichtigung des biographischen und sagengeschichtlichen Elementes.

III. Classe, wöchentlich 3 Stunden, abwechselnd Geographie und Geschichte.

a) Geographie: Übersichtliche Darstellung der mathematischen Geographie im Zusammenhange, namentlich in Bezug auf das Verhältnis der wirklichen Bewegungen zu den scheinbaren. Vergleichende specielle Geographie der in der II. Classe nicht behandelten Länder Europas, mit Ausschluss der österreichisch-ungarischen Monarchie, in engerer Beziehung zur Geschichte. Specielle Geographie Amerikas und Australiens.

b) Geschichte: Gedrängte Übersicht über die wichtigsten Personen und Begebenheiten aus der Geschichte des Mittelalters mit Hervorhebung der Hauptereignisse aus der Geschichte der österreichisch-ungarischen Monarchie; am Schlusse Recapitulation mit Hervorhebung der das specielle Land betreffenden Ereignisse und ihrer Beziehungen zu der Geschichte der übrigen Theile derMonarchie.

IV. Classe, wöchentlich 4 Stunden.

1. Semester: Übersichtliche Darstellung der Geschichte der Neuzeit mit Hervorhebung der für den habsburgischen Gesammtstaat wichtigsten Personen und Begebenheiten.

2. Semester: Specielle Geographie der österreichisch-ungarischen Monarchie nach den Hauptpunkten ihres gegenwärtigen Zustandes im Hinblick auf die wichtigsten Thatsachen ihrer Geschichte unter Hervorhebung des engeren Heimatlandes.

Obergymnasium.

Lehrziel: Kenntnis der Hauptbegebenheiten der Völkergeschichte in ihrem pragmatischen Zusammenhange und in ihrer Abhängigkeit von den natürlichen Verhältnissen, verbunden mit einer systematischen Darstellung der hervorragendsten Momente aus der Culturgeschichte, insbesondere der geschichtlichen Entwickelung der Griechen und Römer und der österreichisch-ungarischen Monarchie.

V. Classe, wöchentlich 3 Stunden.

Geschichte des Alterthums, vornehmlich der Griechen und Römer bis zur Unterwerfung Italiens mit besonderer Hervorhebung der culturhistorischen Momente und mit fortwährender Berücksichtigung der Geographie.

VI. Classe, wöchentlich 4 Stunden.

Schluss der Geschichte der Römer von der Ausbreitung ihrer Herrschaft über die Grenzen Italiens hinaus bis zum Untergang des weströmischen Reiches; Geschichte des Mittelalters, eingehende Behandlung der Geschichte des Papsthums und Kaiserthumes, dagegen Einschränkung der Territorialgeschichte auf die universalhistorisch wichtigsten Begebenheiten; stete Berücksichtigung der Culturgeschichte und Geographie.

VII. Classe, wöchentlich 3 Stunden.

Geschichte der Neuzeit mit besonderer Hervorhebung der durch die religiösen, politischen und wirtschaftlichen Umwälzungen hervorgerufenen Veränderungen im Bildungsgange der Culturvölker und mit fortwährender Berücksichtigung der Geographie.

VIII. Classe, wöchentlich 3 Stunden.

1. Semester: Geschichte der österreichisch-ungarischen Monarchie in ihrer weltgeschichtlichen Stellung unter gleichzeitiger Recapitulation der Beziehungen Österreichts-Ungarns zu den anderen Staaten und Völkern; übersichtliche Darstellung der bedeutendsten Thatsachen aus der inneren Entwickelung des Kaiserstaates.

2. Semester; wöchentlich 2 Stunden: Eingehende Schilderung der wichtigsten Thatsachen über Land und Leute, Verfassung und Verwaltung, Production und Cultur der österreichisch-ungarischen Monarchie mit Vergleichung der heimischen Verhältnisse und der anderer Staaten, namentlich der europäischen Großstaaten.

1 Stunde: Recapitulation der wichtigeren Partien der griechischen und römischen Geschichte.

F. Mathematik.

Untergymnasium.

Lehrziel: Gründliche Vorbildung für den wissenschaftlichen Unterricht im Obergymnasium.

I. Classe, wöchentlich 3 Stunden.

Arithmetik. Das dekadische Zahlensystem. Die vier Species mit ganzen unbenannten und einfach benannten Zahlen. Das metrische Maß- und Gewichtssystem. Theilbarkeit der Zahlen; größtes Maß und kleinstes Vielfaches mehrerer Zahlen. Die gemeinen Brüche. Die Decimalbrüche. Verwandlung gemeiner Brüche in Decimalbrüche und umgekehrt. Das Rechnen mit mehrfach benannten Zahlen.

Geometrische Anschauungslehre. Die Grundgebilde: Gerade, Kreis. Winkel und Parallelen. Das Dreieck mit Ausschluss der Congruenzsätze. Die fundamentalen Constructionsaufgaben.

II. Classe, wöchentlich 3 Stunden.

Arithmetik. Wiederholung und Durchübung der Bruchrechnung, abgekürzte Multiplication und abgekürzte Division. Die Hauptsätze über Verhältnisse und Proportionen. Die einfache Regeldetri mit Anwendung der Proportionen und der

Schlussrechnung. Das Wichtigste über Münzen, Maße und Gewichte. Die Procentrechnung. Die einfache Zins- und Discontrechnung.

Geometrische Anschauungslehre. Congruenz der Dreiecke und Anwendungen. Die wichtigsten Eigenschaften des Kreises, der Vierecke und Vielecke.

III. Classe, wöchentlich 3 Stunden.

Arithmetik: Das abgekürzte Rechnen mit unvollständigen Zahlen. Die 4 Grundoperationen in ganzen und gebrochenen allgemeinen Zahlen. Das Quadrieren und das Ausziehen der Quadratwurzel. Das Cubieren und das Ausziehen der Cubikwurzel. Anwendung der abgekürzten Division beim Ausziehen der Quadrat- und Cubikwurzel.

Geometrische Anschauungslehre. Längen- und Flächenmessung. Einfache Fälle der Verwandlung und Theilung der Figuren. Die Lehrsätze über Flächengleichheit im rechtwinkeligen Dreicke mit mannigfachen Anwendungen auf Constructionen und Berechnungen. Das Wichtigste über die Ähnlichkeit geometrischer Gebilde. Construction und Beschreibung der Ellipse, Parabel und Hyperbel.

IV. Classe.

Arithmetik. Die Lehre von den Gleichungen mit einer und mit mehreren Unbekannten. Die zusammengesetzte Regeldetri, der Kettensatz, die Zinseszinsenrechnung.

Geometrische Anschauungslehre. Stereometrische Anschauungslehre. Gegenseitige Lage von Geraden und Ebenen. Körperliche Ecke. Hauptarten der Körper. Oberflächen- und Rauminhaltsberechnung.

Obergymnasium.

Lehrziel: Gründliche Kenntnis und sichere Durchübung der elementaren Mathematik.

V. Classe. wöchentlich 4 Stunden.

Arithmetik, wöchentlich 2 Stunden Wissenschaftlich durchgeführte Lehre von den vier ersten Rechnungsoperationen. Grundlehren der Theilbarkeit der Zahlen. Theorie des größten gemeinsamen Maßes und des kleinsten gemeinsamen Vielfachen, angewandt auch auf Polynome. Lehre von den Brüchen. Von Zahlensystemen überhaupt und vom dekadischen insbesondere. Die Lehre von den Verhältnissen und Proportionen nebst Anwendungen. Die Lehre von den Gleichungen des 1. Grades mit einer und mit mehreren Unbekannten nebst Anwendung auf praktisch wichtige Aufgaben.

Geometrie, wöchentlich 2 Stunden. Planimetrie in wissenschaftlicher Begründung.

VI. Classe. wöchentlich 3 Stunden.

Arithmetik. Im I. Semester die Lehre von den Potenzen, Wurzeln und Logarithmen. Im II. Semester quadratische Gleichungen mit einer Unbekannten und ihre Anwendung auf die Geometrie.

Geometrie. Im I. Semester Stereometrie, im II. Semester ebene Trigonometrie mit reichlichen Anwendungen.

VII. Classe, wöchentlich 3 Stunden.

A r i t h m e t i k. Quadratische Gleichungen mit 2 Unbekannten und solche höhere Gleichungen, welche sich auf quadratische zurückführen lassen. Progressionen. Die Zinseszinsen- und Rentenrechnung. Kettenbrüche. Diophantische Gleichungen des I. Grades. Combinationslehre mit Anwendungen. Binomischer Lehrsatz.

G e o m e t r i e. Übungen im Auflösen von trigonometrischen Aufgaben und goniometrischen Gleichungen. Die Elemente der analytischen Geometrie in der Ebene mit Einschluss der Kegelschnittslinien.

VIII. Classe, wöchentlich 2 Stunden.

Wiederholung der Elementarmathematik, vornehmlich in praktischer Weise durch Lösung von Übungsaufgaben.

G. Naturgeschichte.

Lehrziel für das Untergymnasium: Genauere Bekanntschaft mit den wichtigsten Formen der organischen und unorganischen Welt auf unmittelbare Beobachtung der Objecte gegründet; einige Geübtheit in der Erfassung unterscheidender und über- einstimmender Merkmale der Thier- und Pflanzenarten zur Bildung von Gattungen und höheren systematischen Gruppen.

Lehrziel für das ganze Gymnasium: Systematische Übersicht der Thier- und Pflanzengruppen auf Grund der Kenntnis der nothwendigsten Thatsachen aus ihrer Morphologie, Anatomie und Physiologie; Kenntnis der Formen und Eigenschaften der wichtigsten Mineralien mit gelegentlichen Belehrungen über den Bau und die Entwicklung des Erdkörpers.

I. Classe, wöchentlich 2 Stunden, Anschauungsunterricht.

1. Semester: Thierreich. Säugethiere, dann einige Formen aus der Abtheilung der Weich- und Strahlthiere.

2. Semester: Gliederthiere mit Bevorzugung der Insekten.

II. Classe, wöchentlich 2 Stunden, Anschauungsunterricht.

1. Semester: Thierreich und zwar: Vögel, Reptilien, Amphibien und Fische, in passender Auswahl.

2. Semester: Pflanzenreich. Beobachtung und Beschreibung einer Anzahl von Samenpflanzen verschiedener Ordnungen, allmähliche Anbahnung des Verständnisses ihrer systematischen Gruppierung; Einbeziehung einiger Sporenpflanzen in den Kreis der Betrachtung.

III. Classe, wöchentlich 2 Stunden, Anschauungsunterricht.

1. Semester: Mineralreich. Beobachtung und Beschreibung einer mäßigen Anzahl der wichtigen und sehr verbreiteten Mineralarten ohne besondere Rücksicht auf Systematik, mit gelegentlicher Vorweisung der gewöhnlichsten Gesteinsformen.

V. Classe, wöchentlich 2 Stunden. Systematischer Unterricht.

1. Semester: Mineralogie. Kurze leichtfassliche Behandlung der Krystallographie, Durchnahme der allerwichtigsten Mineralien hinsichtlich der physikalisch-chemischen und sonstigen belehrenden Beziehungen nach einem Systeme mit Ausschluss aller

seltenen oder der Anschauung der Schüler nicht zugänglichen Formen, jedoch unter Berücksichtigung der gewöhnlichen Felsarten; am Schlusse eine möglichst kurze Skizze über die Entwicklung der Erde.

2. Semester: Botanik. Charakterisierung der Gruppen des Pflanzenreichs in ihrer natürlichen Anordnung, sowie der wichtigsten Pflanzenordnungen, auf Grund des morphologischen und anatomischen Baues, abgeleitet aus der Betrachtung typischer Pflanzenformen; gelegentliche Belehrung über Lebensverrichtungen der Pflanze und über etwaige der Schulsammlung angehörige vorweltliche Formen; Ausschluss jedes systematischen Details.

VI. Classe, wöchentlich 2 Stunden. Systematischer Unterricht.

Zoologie. Das Nothwendigste über den Bau des Menschen und die Verrichtungen der Organe desselben mit passend angebrachten Bemerkungen über Gesundheitspflege. Betrachtung der Classen der Wirbelthiere und der wichtigeren Gruppen der wirbellosen Thiere mit Zugrundelegung typischer Formen, nach morphologisch-anatomischen und entwicklungsgeschichtlichen Verhältnissen unter strenger Ausscheidung des systematischen Details; gelegentliche Berücksichtigung vorweltlicher Formen.

H. Physik.

Lehrziel für das Untergymnasium. Durch das Experiment vermitteltes Verständnis der einfachsten und zugleich wichtigsten Naturerscheinungen nebst der Kenntnis einiger der wichtigsten praktischen Anwendungen.

Lehrziel für das Obergymnasium. Verständnis der wichtigsten Naturerscheinungen nicht bloß durch Beobachtung und Versuch, sondern auch durch elementare Rechnung vermittelt, soweit hierzu die mathematischen Kenntnisse der Schüler reichen.

III. Classe, II. Semester, wöchentlich 2 Stunden.

Allgemeine Eigenschaften der Körper mit gelegentlicher Erläuterung derjenigen Begriffe, deren Kenntnis für den weitern Unterricht nöthig ist.

Besondere Eigenschaften: Elasticität, Sprödigkeit, Zähigkeit.

Wärme: Volumänderung der Körper bei Temperaturänderung, Thermometer, wenn sie nicht schon bei der Besprechung der Ausdehnsamkeit der Körper behandelt wurden, Calorie, Änderung des Aggregatzustandes, gebundene und freie Wärme, über Wärmestrahlung in Kürze von dem Wichtigsten dasjenige, was an dieser Stelle begreiflich gemacht werden kann, Wärmequellen.

Chemie: Analyse und Synthese, Ableitung des Gesetzes der bestimmten Gewichts- und Raumverhältnisse und des Gesetzes der Erhaltung der Masse, Nachweis der chemischen Theilbarkeit der Moleküle in Atome, Atomgewichte, Atomzeichen, Grundstoffe und Verbindungen, Basen, Säuren, Salze. Kurze Charakteristik der wichtigeren Metalloide und einiger ihrer Verbindungen, Verbrennungsprocess.

IV. Classe, wöchentlich 3 Stunden.

Mechanik: Kraft, statische Messung der Kräfte, geradlinige, gleichförmige und gleichförmig beschleunigte Bewegung. Zusammensetzung und Zerlegung gleichartiger Bewegungen, ebenso von Kräften mit einem gemeinschaftlichen Angriffspunkte und von Kräften, die in verschiedenen Punkten eines starren Systems angreifen

Schwerpunkt, Arten des Gleichgewichts. Einfache Maschinen, Reibung, Widerstand des Mittels. Zusammensetzung und Zerlegung ungleichartiger Bewegung, Wurf, Central-bewegung, Fliehkraft, Pendelbewegung, Stoß.

Charakteristische Eigenschaften tropfbar flüssiger Körper, Niveau, hydrostatischer Druck, Gleichgewicht einer Flüssigkeit sowie zweier sich nicht mischender Flüssig-keiten in Communicationsgefäßen, Archimedisches Gesetz, Dichtenbestimmung fester und tropfbar flüssiger Körper. Capillarerscheinungen.

Torricelli'scher Versuch, Barometer, Mariotte'sches Gesetz, einige Apparate, welche die Anwendung der Wirkungen des Luftdruckes zeigen, Luftpumpe, Luft-ballon. Analoges Verhalten der Dämpfe mit den Gasen. Princip der Dampfmaschine.

Magnetismus: Natürlicher und künstlicher Magnet, Magnetpole und ihre Wechselwirkung, Magnetisierung durch Vertheilung und durch Streichen, Erd-magnetismus.

Elektricität: Elektrisieren durch Mittheilung, positive und negative Elektricität und deren Wechselwirkung, Influenz, Elektroskop, Apparate zur Erzeugung und Ansammlung der Elektricität, Gewitter, Blitzableiter.

Volta'scher Grundversuch, Spannungsreihe, Elektricitätserregung beim Contacte eines Leiters erster Classe mit einer Flüssigkeit, einfache Volta'sche Kette, von den constanten Ketten diejenige, welche zu den Versuchen verwendet wird. Wirkungen des galv. Stromes, Elektromagnetismus (Telegraph), Inductionserscheinungen, Thermo-elektricität.

Akustik: Grundbegriffe der Wellenbewegung, Schall, Ton, Tonhöhe, Tonleiter, tönende Saiten, Stäbe, Platten und Pfeifen, Stimmorgan, Resonanz, Fortpflanzungs-geschwindigkeit und Reflexion des Schalles, Gehörorgan.

Optik: Geradlinige Fortpflanzung des Lichtes, Schatten, Photometer, Reflexion und Brechung des Lichtes, totale Reflexion, Farbenzerstreuung, das Wichtigste aus der Spectralanalyse, Linsen, Regenbogen. Auge, Lupe, zusammengesetztes Mikroskop, Laterna magica, dioptrische Fernröhre in einfachster Form.

Strahlende Wärme: Demonstration der Reflexion und Brechung der Wärmestrahlen, diathermane, athermane Körper.

VII. Classe, wöchentlich 3 Stunden.

Einleitung: Ergänzung des im Untergymnasium über die allgemeinen Eigenschaften der Körper Durchgenommenen.

Mechanik: Ruhe und Bewegung, geradlinige und krummlinige Bewegung eines materiellen Punktes, Begriff der progressiven und drehenden Bewegung eines Körpers. Geradlinige gleichförmige Bewegung. Entstehungsweise einer ungleich-förmigen Bewegung. Bestimmungsstücke und statische Messung einer Kraft. Geschwindigkeit bei der ungleichförmigen Bewegung, gleichförmig beschleunigte Bewegung (freier Fall), dynamische Messung der Kräfte. Benutzung des verticalen Wurfs zur Erläuterung des Princips der Erhaltung der Energie. Zusammensetzung und Zerlegung von Bewegungen, Zusammensetzung und Zerlegung von Kräften mit einem gemeinschaftlichen Angriffspunkte und von Kräften, welche in verschiedenen Punkten eines starren Systems angreifen, Drehungsmoment, Kräftepaar, Schwerpunkt, Arten des Gleichgewichts, Standfestigkeit. Einfache Maschinen, Reibung und Widerstand des Mittels; Princip der Erhaltung der Arbeit, erläutert an einzelnen der behandelten Maschinen.

Winkelgeschwindigkeit, Winkelbeschleunigung, Trägheitsmoment, Pendelbewegung, horizontaler und schiefer Wurf, Centralbewegung, Fliehkraft, Kepler'sche Gesetze, Newton's Gravitationsgesetz, Änderung der Acceleration der Schwerkraft vom Äquator gegen die Pole zu, freie Achse, Präcessionsbewegung, Stoß.

Zusammendrückbarkeit tropfbar flüssiger Körper, Niveauflächen, Richtung der Schwerkraft in verschiedenen Punkten der Erdoberfläche, hydrostatischer Druck, Gleichgewicht einer beziehungsweise zweier sich nicht mischender Flüssigkeiten in Communicationsgefäßen, Auftrieb und Begründung des Archimedischen Gesetzes und Anwendung dieses Gesetzes zur Erklärung des Schwimmens der Körper (Metacentrum) und zur Bestimmung der relativen Dichte. Qualitative Erklärung der Oberflächenspannung und der Capillarität durch geometrische Construction. Diffusion zweier Flüssigkeiten, Torricelli's Ausflussgesetz, Ausflussmenge. Begriff und Wesen der Wärme, Temperatur, Expansivkraft der Gase, Mariotte'sches Gesetz, Erklärung der Volumänderung der Körper bei einer Änderung ihrer Temperatur, Thermometer, Ausdehnungscoefficient, Gay-Lussac'sches Gesetz, Zusammenhang zwischen dem Volumen eines Gases und dessen absoluter Temperatur, Torricelli's Versuch, Barometer, Mariotte-Gay-Lussac'sches Gesetz. Luftpumpe. Bestimmung der Dichte der Luft, barometrische Höhenmessung. Gewichtsverlust der Körper in der Luft.

Ausströmen und Diffusion der Gase. Aërodynamisches Parodoxon. Entstehung der Passatwinde, die Drehungsgesetze von Buys, Ballot und Dove.

Wärmelehre: Luftthermometer, Demonstration eines Pyrometers, Wärmeleitung. Calorimetrie, Änderung des Aggregatzustandes. Verhalten der gesättigten Dämpfe im Vergleiche mit den überhitzten. Hygrometer, Princip der Dampfmaschine. Wärmequellen. Mechanisches Äquivalent der Wärme.

Chemie: Begründung der chemischen Fundamentalgesetze durch Experimente und zwar: dass sich die Körper stets nach bestimmten Gewichtsverhältnissen und, wenn sie gasförmig sind, auch nach bestimmten Raumverhältnissen verbinden, die jedoch immer mit den ersteren vollkommen übereinstimmen, — dass sich die chemischen Verbindungen stets nach bestimmten Gewichtsverhältnissen zersetzen und dass, wenn die Zersetzungsproducte gasförmig sind, dies auch nach bestimmten Raumverhältnissen erfolgt, — und dass das Gewicht einer Verbindung stets gleich ist der Summe der Gewichte der Körper, welche die Verbindung gebildet haben, und dass die Summe der Gewichte der Zersetzungsproducte eines Körpers immer gleich ist dem Gewichte des Körpers, der zersetzt wurde.

Synthese, Analyse, Substitution, — chemische Verbindung und Grundstoff, — Avogadros Hypothese, Bestimmung des Moleculargewichtes; Atom, Atomgewicht, Atomzeichen, Wertigkeit der Atome, chemische Zeichensprache und Ausdruck chemischer Processe durch dieselbe; Eintheilung der wichtigeren Grundstoffe in Gruppen und Charakterisierung derselben, Besprechung einzelner Repräsentanten dieser Gruppen; Kohlenhydrate, die trockene Destillation, Gährungsprocess, Alcohol, Essigsäure.

VIII. Classe. wöchentlich 3 Stunden.

Magnetismus: Wiederholung des im Untergymnasium über die natürlichen und künstlichen Magnete, die Magnetpole und deren Wechselwirkung und das Magnetisieren durch Induction Durchgenommenen.

Erklärung der Vertheilung des freien Magnetismus in einem Magnete, des Magnetisierens durch Streichen und Ergänzung des Begriffes der Pole mit Hilfe der Hypothese von den Elementarmagneten. Erdmagnetismus, Declination, Inclination, Schwingungsdauer eines unter Einwirkung der Horizontalcomponente des Erdmagnetismus schwingenden Magnetstabes, magnetisches Moment eines Magnetstabes. Coulomb'sches und Gauss'sches Distanzgesetz.

Elektricität: Erregung der Elektricität, positive und negative Elektricität und ihre Wechselwirkung, Influenz, Sitz der E., Elekroskop, Demonstration des Coulombschen Distanzgesetzes, Dichte und Spannung der E., Apparate zur Erzeugung und Ansammlung der E. Fortpflanzungsgeschwindigkeit der E., Gewitter, Blitzableiter.

Volta'sche Grundversuche, Spannungsreihe, Leiter erster und zweiter Classe, Bestimmung der Stromrichtung in einer einfachen Volta'schen Kette, Volta'sche Säule, die wichtigsten und constanten Ketten, mechanische, physiologische, chemische, magnetische Wirkung, und Licht- und Wärmewirkungen des galvanischen Stromes, Galvanometer, Demonstration der Gesetze des Leitungswiderstandes, Ohmsches Gesetz. Elektromagnetismus, Diamagnetismus. Experimentelle Demonstration der Wechselwirkung zweier Ströme, eines Stromes und eines Magnets (Solenoid), Ampère's Theorie des Magnetismus, Inductionserscheinungen, Telephon, Princip der dynamoelektrischen Maschinen, Thermoelekricität. (Nach Umständen einiges über thierische Elektricität.)

Wellenbewegung: Grundbegriffe, Ableitung der Gesetze für die geradlinig schwingende Bewegung eines Punktes. Die fortschreitenden Transversal- und Longitudinalschwingungen, die Reflexion und Interferenz der Wellen, und die stehenden Schwingungen bloß in graphischer und experimenteller Behandlung. Princip von Huyghens und seine Anwendung zur Erklärung der Brechung und Reflexion einer ebenen und der Reflexion einer Kugelwelle an der Trennungsfläche zweier Medien.

Akustik: Erregung des Schalles, Ton, Tonleiter, Bestimmung der Tonhöhe. Demonstration. Verhalten tönender Saiten, Stäbe, Platten, Pfeifen, Stimmorgan. Resonanz, Klangfarbe, Fortpflanzungsgeschwindigkeit des Schalles, Abnahme der Intensität des Schalles mit der Zunahme der Entfernung vom Schallerreger, Reflexion, und Interferenz des Schalles (experimentell). Combinationstöne. Gehörorgan.

Optik: Wesen der Emissionshypothese und der Undulationstheorie, geradlinige Fortpflanzung des Lichtes, demonstriert an passenden Beispielen, Erörterung einer Methode zur Bestimmung der Fortpflanzungsgeschwindigkeit des Lichtes. Photometer. Reflexion, Spiegelsextant, Brechung des Lichtes, totale Reflexion. Dispersion, das Wichtigste über Spectralanalyse, Fluorescenz, Phosphorescenz, Absorption des Lichtes, Körperfarben, Princip der Photographie, Regenbogen, Linsen. Das Auge, Mikroskope und Fernröhre.

· Fresnel's Spiegelversuch, Farben dünner Plättchen. Erzeugung des Lichtes durch eine und durch mehrere Spalten. Grunderscheinungen der Polarisation des Lichtes durch Reflexion und durch einfache Brechung, das Wichtigste über Doppelbrechung. Experimentelle Demonstration der Grunderscheinungen der Polarisation durch doppelte Brechung, desgleichen der Drehung der Polarisationsebene in Quarz, Saccharimeter. Gesetze der Wärmestrahlung.

Astronomie: Horizont, Zenith, Nadir, scheinbare Bewegung der Fixsterne, Aufgangspunkt, Culmination, Meridian, Untergangspunkt, Tag- und Nachtbogen. Himmelsäquator und seine Pole. Azimut und Höhe, Declination und Stundenwinkel. Scheinbare Bewegung der Sonne, Ekliptik, Pole und Schiefe der Ekliptik. Äquinoctial- und Solstitialpunkte. Siderisches Jahr. Sonnen- und Sterntag, Tages- und Nachtlänge, Jahreszeiten.

Frühlingspunkt, Rectascension und Declination, Länge und Breite, Präcession der Nachtgleichen. Bürgerliches Jahr.

Bewegung des Mondes. Planetenbewegung. Bestimmung des Meridians und der geographischen Breite und Länge eines Ortes. Eventuell Zeitbestimmung.

I. Philosophische Propädeutik.

Aufgabe. Ergänzung der Erfahrungskenntnisse von der Außenwelt durch erfahrungsmäßige Auffassung des Seelenlebens; zusammenhängende Kenntnis der allgemeinsten Gedankenformen als Abschluss des bisherigen und als Vorbereitung des bevorstehenden strengeren wissenschaftlichen Unterrichtes.

VII. Classe, wöchentlich 2 Stunden. Logik.

VIII. Classe, wöchentlich 2 Stunden. Empirische Psychologie.

Classe (Wöchentliche Stundenzahl).	Religion	Lateinisch.	Griechisch.	Deutsche Sprache als Unterrichtssprache.
I. (22)	2 Stunden.	**8 Stunden.** Formenlehre d. wichtigsten regelm. Flexionen, eingeübt in beiderseitigen Übersetzungen aus dem Übungsbuche. Allwöch. 1 Comp. v. e. halb. St. Memorieren, später häusl. Aufschreiben v. lat. Übersetzungen u. kleine Hausaufgaben.		**4 Stunden.** Gramm.: Formenlehre, d. einf.Satz, Elemente d. zusammengezog. u. zusammengesetzt. Satzes. Orthographische Übungen. Lesen, Sprechen, Memor., Vortragen. Aufsätze, im 2.Sem. monatl. 4, abwechs. Schul- u. Hausaufg.
II. (23)	2 Stunden.	**8 Stunden.** Formenlehre d. selteneren u. unregelm. Flexionen, eingeübt w. in d. I. Cl. Allwöch. 1 Comp. v. e. halb. St. Memorieren wie in der I. Classe, später häusliches Präparieren, Alle 14 Tage ein Pensum.		**4 Stunden.** Gramm.: Formenl., d. zusammengez. u. d. zusammenges. Setz, prakt. Übung. i. d. Interpunktion. Orthographische Dictate. Lesen, u. s. w. wie in der I. Classe. Aufsätze, monatl. 3, abwechs. Sch - u. Hausaufg.
III. (24)	2 Stunden.	**6 Stunden.** 3 Stunden Grammatik, Casuslehre und Präpositionen. 3 Stunden Lectüre aus Cornelius Nepos oder aus Curtius. Präparation. Alle 14 Tage eine Comp. v. 1 ganzen St. u. ein Pensum.	**5 Stunden.** Regelmäßige Formenlehre mit Ausschluss der Verba in μι, Übersetzungen aus dem Lesebuche. Memorieren, Präparation. Im 2.Sem. alle 14 T. 1 Pensum, alle 4 Wochen 1 Composition.	**3 Stunden.** Gramm.: system. Unterr. in d. Formen- u.Casuslehre m.Rücksicht a. d. Bedeutungslehre. Lectüre mit besonderer Beachtung der stilistischen Seite. Memorieren, Vortragen. Aufsätze,monatl.2Sch.u.1Hausaufg.
IV. (25)	2 Stunden.	**6 Stunden.** 3 od. 2 St. Grammatik, Moduslehre, Conjunctionen. 3 od. 4 St. Lectüre, etwa 3 B. aus Caes. bell. Gall., in d. 2. Hälfte d.2.Sem.wöch.2St.Ovid(Auswl.). Präparation. Alle 14 Tage ein Pensum, alle 2—3 Wochen 1 Composition.	**4 Stunden.** Verba in μι, das wichtigste der unregelmäßigen Flexionen, Hauptpunkte der Sytax, Übersetzungen aus dem Lesebuche. Memorieren, Präparation. Alle 14 Tage ein Pensum, alle 4 Wochen eine Composition.	**3 Stunden.** Gramm.: system. Unterricht in d. Syntax d. zusammengesetzten Satzes, die Periode. Grundzüge der Metrik. Lectüre, wie in der III. Classe. Memorieren, Vortragen. Aufsätze, wie in der III. Classe.
V. (25)	2 Stunden.	**6 Stunden.** 5 St. Lectüre, im 1.Sem ausschl. Livius, im 2.Sem. außer Livius vorwiegend Ovid n. e.Auswahl. 1 St. gramm.-stilist. Übungen. Präparation. Monatl. 1 Pensum u. 1 Compos.	**5 Stunden.** Lectüre 4 St. 1.Sem. Xenoph.Anab. od. Ausw. nach e. Chrestomath. 2. Sem. Ilias, ausgew. Partien, daneben (1 St. Lect. aus Xenoph. Grammatik 1 Stunde. Memorieren, Präparation. Alle 4 Woch. 1 Pensum od. Comp.	**3 Stunden.** Gramm. (alle 14 T. 1St.) Lautlehre d. nhd. Sprache, Wortbildung. Lectüre mit bes. Rücksicht auf d. Charakteristik d. ep-, lyr. und didakt. Gattung. Memorieren, Vortragen. Aufsätze, wie in der III. Classe.
VI. (25)	2 Stunden.	**6 Stunden.** 5 St. Lectüre, Sallust.bell.Jugurth. oder Coni. Catilinae, Cic. in Catil. or. I., Vergil in Auswahl aus Eclog. Georg. u. Aeneis. Caes. bell. civ. 1 St. gramm.-stilist. Übungen. Präparation. Pensa und Compositionen wie in der V. Classe.	**5 Stunden.** Lectüre 4 St.: im 1.Sem. ausgewählte Partien der Ilias. 2. Sem. Herodot, daneben (alle 14 T. 1 St.)Lectüre aus Xenophon. Grammatik 1 Stunde. Memorieren, Präparation. Schriftliche Arbeiten wie in der V. Classe.	**3 Stunden.** Gramm. (alle 14T. 1 St.) Genealogie d. germ. Sprachen Principien d. Sprachbildung. Lectüre: Klopstock, (Wieland,) Lessing, mit bes. Rücksicht auf d. Charakteristik d. stilist. Formen. Literaturgesch. bis zu d. Stürmern. Aufsätze alle 3 W., abwechs. Schul- und Hausarbeit.
VII. (25)	2 Stunden.	**5 Stunden.** 4 St. Lectüre Cicero mindestens 2 Reden, ein kleiner Dialog od. ausgew. Abschnitte aus den größeren, Vergils Aeneis. 1 St. gramm.-stilist. Übungen. Präparation. Pensa und Compositionen wie in der V. Classe.	**4 Stunden.** Lectüre: 1. Sem. 3—4 kleinere Staatsreden d. Demosthenes. 2. Sem. ausgew. Partien aus der Odyssee, daneben Fortsetzung der Lectüre aus Demothenes. Grammatik u. schriftl. Arbeiten wie in der V. Classe.	**3 Stunden.** Lectüre: Herder, Goethe, Schiller, wie in der VI. Classe. Literaturgeschichte bis auf Schillers Tod. Redeübungen. Aufsätze, wie in der VI. Classe.
VIII. (25 oder 26)	2 oder 3 Stunden.	**5 Stunden.** 4 St. Tacitus (Germ. c. 1—27, größere Partien aus d. Ann. od. Hist.) Horatius. (Auswahl.) 1 St. gramm.-stilist. Übungen. Präparation. Pensa und Compositionen wie in der V. Classe.	**5 Stunden.** Lectüre: im 1. Sem. Plato, Apologie u. 2 kleinere oder 1 größerer Dialog. 2. Sem. eine Tragödie des Sophokles u. Fortsetzung der Lectüre aus der Odyssee. Schriftl. Arbeiten wie in der V. Classe.	**3 Stunden.** Lectüre: Goethe,Schiller, Lessings Laokoon, Schillers Über naive u. sentimentalische Dichtung. Literaturgeschichte bis zu Goethes Tod. Redeübungen. Aufsätze, wie in der VI. Classe.

Geographie und Geschichte.	Mathematik und philosophische Propädeutik.	Naturgeschichte und Physik.
3 Stunden. Elementarkenntnisse aus der allgemeinen und politischen Geographie. Einübung im Kartenlesen und Kartenzeichnen.	**3 Stunden,** abwechselnd 1 St. Arithmetik, 1 St. Geometrie. Arithmetik. Die 4 Species in ganzen Zahlen. Theilbarkeit. Die Brüche. Geometrische Anschauungslehre. Die Gerade, die Kreislinie, der Winkel, die Parallelen. Das Dreieck mit Ausschluss der Congruenzsätze. Die Grundconstructionen.	**2 Stunden.** Anschauungsunterricht. Thierreich. 1. Sem.: Säugethiere, einige Formen der Weich- u Strahlthiere 2. Sem.: Gliederthiere.
4 Stunden. 2 St.: Specielle Geographie von Afrika, Asien; horizontale und verticale Gliederung von Europa, specielle Geographie von Süd- und West-Europa. 2 St.: Geschichte d. Alterthums.	**3 Stunden.** Vertheilung wie in Classe I. Arithmetik. Abgekürzte Multiplication und Division. Proportionen. Die einfache Regeldetri. Geometrische Anschauungslehre. Congruenzsätze und Anwendungen auf das Dreieck. Der Kreis. Das Viereck. Das Polygon.	**2 Stunden.** Anschauungsunterricht. 1. Sem. Thierreich: Vögel, Reptilien, Amphibien, Fische. 2. Sem.: Pflanzenreich.
3 Stunden. Specielle Geographie des übrigen Europa (außer Österreich-Ungarn) Amerikas und Australiens. Geschichte des Mittelalters.	**3 Stunden.** Vertheilung wie in Classe I. Arithmetik. Das Rechnen mit unvollst. Zahlen. Die 4 Grundoperationen mit ganzen u. gebroch. allg. Zahlen. Potenziren. Quadrat- u Cubikwurzel. Geometrische Anschauungslehre. Flächengleichheit. Verwandlung der Figuren. Längen- und Flächenberechnung. Ähnlichkeit.	**2 Stunden.** 1. Sem.: Anschauungsunterr. Mineralreich. 2. Sem.: Experimental Physik. Allg. Eigenschaften d. Körper. Wärmelehre. Chem. Grundbegriffe.
4 Stunden. 1. Semester: Geschichte der Neuzeit mit besonderer Rücksicht auf Österreich-Ungarn 2. Semester: Specielle Geographie von Österreich-Ungarn, besonders des engeren Vaterlandes.	**3 Stunden.** Vertheilung wie in Classe I. Arithmetik. Gleichungen des 1. Grades. Zusammengesetzte Regeldetri. Zinsenzinsenrechnung. Geometrische Anschauungslehre. Gegenseitige Lage von Geraden und Ebenen. Die körperliche Ecke. Hauptarten der Körper. Oberflächen- und Volumsberechnung.	**3 Stunden.** Experimental-Physik. Mechanik, Magnetismus, Elektricität, Akustik, Optik, strahlende Wärme.
3 Stunden. Geschichte des Alterthums bis zur Unterwerfung Italiens mit Berücksichtigung der einschlägigen Geographie.	**4 Stunden.** Arithmetik. 2 Stunden. Die 4 Grundoperationen. Die negativen und die gebrochenen Zahlen. Eigenschaften der Zahlen. Proportionen. Gleichungen des 1. Grades mit einer und mit mehreren Unbekannten. Geometrie. 2 Stunden. Planimetrie.	**2 Stunden.** System. Unterricht. 1. Sem.: Mineralogie. 2. Sem.: Botanik.
4 Stunden. Schluss der Geschichte des Alterthums, und Geschichte des Mittelalters mit Berücksichtigung der einschlägigen Geographie.	**3 Stunden.** Vertheilung wie in Classe I. Arithmetik. Potenzen, Wurzeln und Logarithmen. Gleichungen des 2. Grades mit einer Unbekannten. Geometrie. Im 1. Semester Stereometrie, im 2. Semester ebene Trigonometrie.	**2 Stunden.** System. Unterricht. In beiden Sem.: Zoologie.
3 Stunden. Geschichte der Neuzeit mit Berücksichtigung der inneren Entwicklung Europas und der Geographie.	**3 Stunden.** Vertheilung wie in Classe I. Arithmetik. Quadratische Gleichungen mit zwei Unbekannten, Diophantische Gleichungen 1. Grad. Kettenbrüche. Progressionen. Zinseszinsen- u. Rentenrechnung. Combinationslehre mit Anwendungen. Geometrie. Trigonom. Aufgaben. Analyt. Geometrie in der Ebene. Kegelschnitte.	**3 Stunden.** Physik: Mechanik, Wärmelehre, Chemie.
3 Stunden. 1. Sem.: Geschichte der österreichisch-ungarischen Monarchie. 2. Sem. 2 St.: Österreich-ungarische Vaterlandskunde. 1 St. Recapitulation der Hauptmomente der griech. und röm. Geschichte.	**2 Stunden.** Übungen in der Auflösung mathematischer Probleme. Wiederholung der wichtigsten Partien des mathematischen Lehrstoffes.	**3 Stunden.** Physik, Magnetismus, Elektricität, Wellenlehre, Akustik, Optik, Elemente der Astronomie.

Philos. Propädeutik. 2 St. Empirische Psychologie. 2 St. Logik.

3

Nr. 22.

Erlass des Ministers für Cultus und Unterricht vom 18. Mai 1884, Z. 8503,

an den k. k. Landesschulrath für Oberösterreich,

betreffend die Rücksichtnahme auf den Schulbesuch und den Fortgang der Kinder bei Gewährung von Schulbesuchserleichterungen.

Auf die gestellte Anfrage, ob der Übertritt in den abgekürzten Unterricht des 7. und 8. Schuljahres auch bei ungenügendem Fortgange und schlechtem Schulbesuche stattfinden dürfe, wird dem k. k. Landesschulrathe eröffnet, dass nach §. 21 alinea 4 des Gesetzes vom 2. Mai 1883 *), R.-G.-Bl. Nr. 53, Schulbesuchs-erleichterungen den Kindern ganzer Schulgemeinden auf dem Lande, wenn die Vertretungen der sämmtlichen eingeschulten Gemeinden darum ansuchen, unbedingt zu gewähren sind. In den Fällen jedoch, wenn Kindern nach §. 21 alinea 3 des citierten Gesetzes über Ansuchen der Parteien aus rücksichtswürdigen Gründen Schulbesuchserleichterungen zu gewähren sind, wird mit Bedachtnahme auf alle beachtenswerten Momente, somit auch mit angemessener Rücksichtnahme auf den Nachweis entsprechenden Schulbesuches und genügenden Fortganges während der ersten sechs Schuljahre instanzmäßig zu entscheiden sein.

Nr. 23.

Erlass des Ministers für Cultus und Unterricht vom 27. Mai 1884, Z. 10210,

betreffend die Veröffentlichung eines neuen Verzeichnisses der zum Lehrgebrauche in den allgemeinen Volksschulen und in den Bürgerschulen zugelassenen Lehr-bücher und Lehrmittel.

Mit Beziehung auf den hieramtlichen Erlass vom 25. Mai 1883, Z. 9916 **) wird im Folgenden das neue Verzeichnis der zum Lehrgebrauche in den allgemeinen Volksschulen und in den Bürgerschulen zugelassenen Lehrbücher und Lehrmittel veröffentlicht.

---

*) Ministerial-Verordnungsblatt vom Jahre 1883, Nı. 15, Seite 117.
**) Ministerial-Verordnungsblatt vom Jahre 1883, Nr. 16, Seite 129.

Verzeichnis

der zum Lehrgebrauche in den allgemeinen Volksschulen und in den Bürgerschulen

zugelassenen

Lehrbücher und Lehrmittel.

(Geschlossen am 31. Mai 1884.)

I. Lehrbücher.

A.

In deutscher Sprache.

1. Für allgemeine Volksschulen und für Bürgerschulen.

Religionsbücher *).

a) Für katholische Religionslehre.

Kleiner Katechismus. Wien. K. k. Schulbücher-Verlag. Broschiert 6 kr.

Kleiner Katechismus in Fragen und Antworten. Prag. K. k. Schulbücher-Verlag. Broschiert 6 kr.

Auszug aus dem großen Katechismus (in Fragen und Antworten.) Wien. K. k. Schulbücher-Verlag. Gebunden 16 kr.

Auszug aus dem großen Katechismus. (Ausgabe in Fragen und Antworten mit beweisenden Stellen.) Wien. K. k. Schulbücher-Verlag. Gebunden 20 kr.

Großer Katechismus. Wien. (Ausgabe in Fragen und Antworten und mit beweisenden Stellen.) K. k. Schulbücher-Verlag. Gebunden 30 kr.

Katechismus für katholische Volksschulen. Prag. K. k. Schulbücher - Verlag. Gebunden 24 kr.

Großer Katechismus für die Volksschulen. Prag. K. k. Schulbücher - Verlag. Gebunden 25 kr. — In Fragen und Antworten. 30 kr.

Erster Katechismus der katholischen Religion für Volksschulen. Von A. Skočdopole. Prag. K. k. Schulbücher-Verlag. 13 kr.

Zweiter Katechismus der katholischen Religion für die Volksschulen. Von A. Skočdopole. Prag. K. k. Schulbücher-Verlag. 26 kr.

Die biblische Geschichte des alten und neuen Testamentes für katholische Volksschulen. Von Dr. Schuster. Neue, im Text unveränderte Auflage mit 114 Abbildungen und 1 Karte. Wien. K. k. Schulbücher-Verlag. Gebunden 44 kr.

Die biblische Geschichte des alten und neuen Testamentes für katholische Volksschulen. Von Dr. Schuster. Neue, im Text unveränderte Auflage mit 52 Abbildungen. Wien und Prag. K. k. Schulbücher-Verlag. Gebunden 44 kr.

---

*) Die Verwendung der in diesem Verzeichnisse angeführten Religionslehrbücher ist unter der Voraussetzung gestattet, dass sie von der bezüglichen confessionellen Oberbehörde für zulässig erklärt worden sind. (§. 7 des Gesetzes vom 25. Mai 1868, R.-G.-Bl. Nr. 48.)

Die Evangelien, Lectionen und Episteln auf alle Sonn- und Festtage des katholischen
     Kirchenjahres. Wien und Prag. K. k. Schulbücher-Verlag. Gebunden in
     Leinwand 38 kr.
Die Ceremonien des öffentlichen kirchlichen Gottesdienstes im katholischen Kirchen-
     jahre. Dargestellt und erklärt von P. Franz Edmund Krönes. Mit 21 Illu-
     strationen. Wien. K. k. Schulbücher-Verlag. 45 kr.
Bergmann Josef, Liturgik, zum Gebrauche an Volks- und Bürgerschulen. 2. Auflage.
     Prag. Verlag von F. Kytka. Preis 20 kr.
Fischer Franz, Die Ceremonien der katholischen Kirche. Wien bei Mayer und
     Comp. 8. und 9. Auflage (gleichlautend mit der 4. Auflage). Gebunden 40 kr.
     —   Katholische Religionslehre für höhere Lehranstalten. 10. Auflage
     (gleichlautend mit der 8. und 9. Auflage).Wien bei Mayer und Comp. Preis 50 kr.
Mach Franz, Katholische Religionslehre. Zum Unterrichtsgebrauche an Bürger-
     schulen. Wien bei Manz. Preis 45 kr.
     —   Erklärung der heiligen Gebräuche der katholischen Kirche; zum
     Unterrichtsgebrauche an Bürgerschulen. Wien, ebendaselbst. Preis 37 kr.
     —   Abriss der Kirchengeschichte in Erzählungen. Ebendaselbst. Preis 45 kr.
Mösmer Josef, Lesebüchlein zum ersten Schulunterrichte von Gott. 4. Auflage.
     Innsbruck bei Wagner. 1875. Gebunden 28 kr.
Pichler's Dr. Marquard Ausgabe des großen Katechismus von Karl Moser.
     Innsbruck bei C. Rauch. 1877. 4. Auflage. Gebunden 27 kr.
Religionsgeschichte des alten und neuen Testaments (Auge Gottes-Bibel). Wien.
     Verlag der Wiener Oberlehrer-Witwen-Societät. Gebunden 60 kr.
Ricker, Dr. Anselm, Die katholische Kirche in ihren Gebräuchen. 7. Auflage.
     Wien bei Mayer und Comp. 32 kr.
Schuster, Dr., Kurze biblische Geschichte. Freiburg bei Herder. 16 kr.
Wagner Ferdinand, Erzählungen aus der Kirchengeschichte und die Ceremonien
     der katholischen Kirche. Zweite Ausgabe. Prag 1878, bei F. Tempsky. 50 kr.
     —   Erzählungen aus der Kirchengeschichte. 1., 2., 3. (verbesserte) Auflage.
     Prag. F. Tempsky. 20 kr.
     —   Ceremonien der katholischen Kirche. 3. verbesserte Auflage. Prag.
     F. Tempsky. 20 kr.
Waibl Josef, Religionsunterricht für kleine Kinder, oder: Der kleine Katechismus
     in Fragen und Antworten. 2. Auflage. Innsbruck 1878. Rauch. Gebunden 25 kr.

Flandorfer Ignaz, Großer Katechismus für Blinde. Verlag der n. ö. Landes-
     Blindenschule in Purkersdorf. 5 fl.

b) Für evangelische Religionslehre.

Auswahl evangelischer Kirchenlieder zum Schulgebrauche. Wien bei Karl Fromme.
Biblische Geschichte für den evangelisch-protestantischen Religionsunterricht in den
     Volksschulen. Wien. C. A. Müller.
Biblische Geschichten für Schulen und Familien. 253. Auflage. Köln und Stuttgart.
     Vereinsbuchhandlung.
Berthelt, Jäkel, Petermann, Thomas, Biblische Geschichte mit Bildern. 7. Auflage.
     Leipzig bei Julius Klinkhardt.
     —   Biblische Geschichten für Mittel- und Unterclassen deutscher Volks-
     schulen. 23. Auflage. Leipzig bei Julius Klinkhardt.
Buchrucker Karl, Dr. Martin Luthers kleiner Katechismus. 24. (revidierte) Auflage.
     Nürnberg bei Sebald.
     —   Die biblische Geschichte. 3. Auflage. Nürnberg bei U. E. Sebald.
Ernesti H. Fr. Th. L., Der kleine Katechismus Dr. Martin Luthers in Fragen und
     Antworten. 25. Auflage. Braunschweig bei H. Meyer.
Franz Gottfried, Der Heidelberger Katechismus im Auszuge mit den Beweis-
     stellen der heiligen Schrift. Wien 1858. Karl Gerolds Sohn.

Fürbringer M., Biblische Geschichten. Abtheilung für die Unterclassen. 16. Auflage. Berlin bei **Albin Promnitz.**

Liederschatz. Einundachtzig ausgewählte evangelische Kirchenlieder zum Schulgebrauche. Wien 1882, bei **Wilhelm Köhler.** Preis, gebunden 30 kr.

M. Luthers kleiner Katechismus nebst Spruchbuch und einem Anhange von Gebeten. Mühlhausen. **Heinrichshofer'sche** Buchhandlung.

Seiler Dr. Georg Friedrich, Kleiner und historischer Katechismus revidiert und umgearbeitet von Dr. **J. R. Irmischer.** Leipzig bei F. **Fleischer.**

Witz Ch. Alphonse, Der Heidelberger Katechismus. Wien bei W. **Braumüller.**

c) Für mosaische Religionslehre.

Anfangsunterricht in der mosaischen Religion. Wien und Prag. K. k. Schulbücher-Verlag. Broschiert 9 kr.

Mosaische Religionslehre. K. k. Schulbücher-Verlag. Gebunden 30 kr.

Biblische Geschichte. Zum Gebrauche der israelitischen Schüler der Volksschulen. K. k. Schulbücher-Verlag. Gebunden 38 kr.

Auerbach, Dr. Jakob, Biblische Erzählungen für die israelitische Jugend. 2 Bändchen. Leipzig. F. A. **Brockhaus.** 1. Bändchen. 3. und 4. Auflage. 2. Bändchen 1. und 2. Auflage. Preis eines Bändchens 60 kr.

— — Kleine Schul- und Hausbibel. Leipzig. F. A. **Brockhaus.** 1. Abtheilung. 5. und 6. Auflage. Preis 1 fl. 20 kr. 2. „ 2., 3. und 4. Auflage. Preis 1 fl. 20 kr.

Bondi E., Leitfaden zum Religionsunterrichte der israelitischen Volksschul-Jugend. Selbstverlag des Verfassers zu Pohrlitz in Mähren. 40 kr.

Hoff E., Biblische Geschichte für die israelitischen Volksschulen. Wien bei A. **Hölder.** 1. Theil. 3. und 4. Auflage 50 kr.; 2. Theil. 2. neu durchgesehene Auflage 50 kr.

Israelitisches Gebetbuch. Herausgegeben vom mährisch - schlesisch - israelitischen Lehrerverein. 3. Auflage. Wien bei J. **Schlesinger.** Gebunden 42 kr.

Levy, Dr. M. A., Biblische Geschichte. Herausgegeben von Dr. B. **Badt.** 5. Auflage. 1875. Preis 60 kr.

— — Systematisch - geordnetes Spruchbuch. Breslau. **Schletter'sche** Buchhandlung. Preis 56 kr.

Redlich Jak., Biblische Geschichte für die israelitische Jugend der Volks- und Bürgerschulen. 1. Theil, geb. 24 kr.; 2. Theil, geb. 30 kr. Wien. **Julius Klinkhardt.**

Wolf, Dr. G., Kurzgefasste Religions- und Sittenlehre für die israelitische Jugend. Wien 1877 bei A. **Hölder.** 3. (verbesserte), 4. (unveränderte) Auflage. 20 kr.

— — Die Geschichte Israels für die israelitische Jugend. Anhang. 5. und 6. (verbesserte) Auflage. Preis 20 kr.; 6., 7. (verbesserte) Auflage 1. Heft 8. (unveränderte) Auflage 32 kr., 2. Heft. 1.—7. verbesserte Auflage 36 kr., 3. Heft 7. (unveränderte) Auflage 42 kr. Wien bei A. **Hölder.**

(Siehe auch M: Lehrbücher in hebräischer Sprache.)

Lesebücher.

Lesebuch für österreichische Volks- und Bürgerschulen (Ausgabe in acht Theilen). Wien. K. k. Schulbücher-Verlag.

1. Theil (Fibel), von Dr. **Georg Ullrich, J. Vogl** und **Franz Branky.** Gebunden 20 kr.

2.—8. Theil, von Dr. **Georg Ullrich, W. Ernst** und **Franz Branky.**

2. Theil. Gebunden 26 kr.			6. Theil. Gebunden in Leinwand 48 kr.			
3. „ „ 32 kr.			7. „ „ „ „ 50 kr.			
4. „ „ 42 kr.			8. „ „ „ „ 52 kr.			
5. „ „ 46 kr.						

Lesebuch für österreichische Volksschulen. 1. Theil (Fibel nach der analytisch-synthetischen Schreib-Lesemethode.) von J. V o g l und F r a n z B r a n k y. Wien. K. k. Schulbücher-Verlag. Gebunden 22 kr.

Ambros J o s e f, Schreib-Lese-Fibel. Ausgabe A (ohne Bilder). 33. und 34. (unveränderte) Auflage. Gebunden 20 kr. — Ausgabe B (mit 50 Illustrationen). Neue mit verbesserten Schriftformen versehene Auflage. Wien bei A. P i c h l e r's Witwe und Sohn Gebunden 20 kr.

Brandl, Dr. J o s e f, Fibel und erstes Lesebuch für die Volksschulen Kärntens. 5.—7. (unveränderte) Auflage. Klagenfurt bei K l e i n m a y r. Gebunden 26 kr.

Frühwirth und Fellner, Fibel nach der analytisch-synthetischen Lesemethode. 27.—56. (unveränderte) Auflage. Wien, bei A. P i c h l e r's Witwe und Sohn. Gebunden 20 kr.

Gruber F r a n z, Fibel. 6. Auflage. Wien bei K a r l G r ä s e r. Geb. 20 kr.

Heinrich J o s e f, Schreiblesefibel. Prag bei F. T e m p s k y. 161.—187. Auflage. (1. Abtheilung) und 161.—178. Auflage (2. Abtheilung). Gebunden 26 kr.
—   Schreiblesefibel (Ausgabe für die fünf- und mehrclassigen österreichischen Volksschulen. Prag. Verlag von F. T e m p s k y. Gebunden 20 kr.

Jacobi, Dr. A l f r e d und Mehl H e r m a n n, Deutsches Lesebuch für Bürgerschulen. Wien bei J u l i u s K l i n k h a r d t.
1. Theil (Fibel, verfasst von J. S c h e n n e r). Gebunden 30 kr.
2. Theil. 5. Aufl., bearbeitet von V. P i l e č k a und J. S c h e n n e r, geb. 30 kr.;
3. „ 3. und 5. Auflage, geb. 40 kr.;
4. „ 3. und 4. von V. P i l e č k a neubearbeitete Auflage, geb. 50 kr.;
5. „ 3. und 5. Auflage, geb. 50 kr..
6. „ 2. und 3. Aufl., neu bearbeitet von V. P i l e č k a. Preis, geb. 60 kr.
7. „ 2. und 4. Auflage, neu bearbeitet von V. P i l e č k a. Geb. 60 kr.;
8. „ 2. Auflage, geb. 80 kr.

Kretschmeyer, Dr. F. J., Deutsches Lesebuch für die 6., 7. und 8. Classe der Mädchen-Bürgerschulen. Prag bei F. T e m p s k y. 1. Theil, 2., 3. (unveränderte) 4. (durchgesehene und theilweise veränderte) Auflage, geb. 60 kr.; 2. Theil, 1.—3. (unveränderte) Auflage, geb. 60 kr.; 3. Theil, geb. 1 fl. 20 kr.

Mair F r a n z, Lesebuch für die Volks- und Bürgerschulen Österreichs. Wien bei K a r l G r ä s e r.
1. Theil. 7., 8. (verbesserte), — 19. (unveränderte) Auflage, geb. 32 kr.;
2. „ 7., 8. „ — 17. „   „   „ 40 kr.;
3. „ 5.—16. (unveränderte) Auflage, geb. 54 kr.;
4. „ 4. Auflage, 76 kr.; 5.—16. (unveränderte) Auflage, geb. 70 kr.
5. „ 5.—13. (unveränderte) Auflage, geb. 70 kr.
6. „ 2. „ geb. 84 kr.; 3., 4. (unveränderte), 5. (verbesserte) — 9. (unveränderte) Auflage, geb. 70 kr.;
7. „ 4., 6. und 7. (unveränderte) Auflage, geb. 70 kr.
Ausgabe für Mädchen: 7. Theil, neue Ausgabe, geb. 84 kr.

Niedergesäß R., Deutsches Lesebuch für Volks- und Bürgerschulen. Wien bei A. P i c h l e r's Witwe und Sohn.
2. Schuljahr, 25.—31. Auflage, geb. 28 kr.;
3. „ 21.—28. (unveränderte) Auflage, geb. 36 kr.;
4. „ 19.—24. (unveränderte) Auflage, geb. 46 kr.;
5. „ 24.—30. (unveränderte) Auflage, geb. 52 kr.;
6. „ 10.—15. (unveränderte) Auflage, geb. 60 kr.;
7. „ 5.—9. (unveränderte) Auflage, geb. 58 kr.;
8. „ 4. und 5. Auflage, geb. 60 kr.;
Ausgabe für Mädchenschulen: 4. Schulj., 19. Aufl., geb. 46 kr.; 5. Schulj. 24. Aufl., geb. 52 kr.; 6. Schulj., 10. Aufl., geb. 60 kr.

Schubert Karl, Deutsches Lesebuch für Volks- und Bürgerschulen. Wien bei
Alfred Hölder.

1. Theil, 2. Auflage, geb. 28 kr. ;				5. Theil, 2. und 3. (verbesserte)			
2. „ 2. „ „ 36 kr.;						Auflage, geb. 54 kr. ;	
3. „ 2. „ „ 46 kr.;				6. „ 2. Auflage, geb. 56 kr. ;			
4. „ 2. „ „ 50 kr.;				7. „ 2. „ „ 56 kr.			

Fibel und Erstes Lesebuch für Blinde. Von Fr. Entlicher. I. und II. Theil.
Wien. K. k Schulbücher-Verlag. 2 fl.
Zweites Lesebuch für Blinde. Von Fr. Entlicher. Wien. K. k. Schulbücher-
Verlag. 3 fl.

Sprachlehrbücher.

Sprachbuch für österreichische Volks- und Bürgerschulen von Josef Lehmann
4 Theile. Wien und Prag. K. k. Schulbücher-Verlag.

1. Theil (zunächst für die zweite Classe einer achtclassigen Schule). Broschiert 8 kr.
2. Theil (zunächst für die dritte Classe einer achtclassigen Schule). Broschiert 12 kr.
3. Theil (zunächst für die vierte und fünfte Classe einer achtclassigen Schule).
Gebunden 26 kr.
4. Theil (zunächst für die sechste, siebente und achte Classe einer achtclassigen
Schule). Gebunden in Leinwand 42 kr.

Bruhns A., Frühwirth A. und Thomas R., Die Sprachübungen in der achtclassigen
Volks- und Bürgerschule. 7 Hefte. 1. und 2. (verbesserte) Auflage. Wien 1878.
Alfred Hölder. 1. und 2. Heft je 14 kr.; 3. Heft 18 kr.; 4. Heft 16 kr.;
5. Heft 26 kr.; 6. Heft 28 kr.; 7. Heft 30 kr.

Lehmann Josef, Leitfaden für den Unterricht in der deutschen Grammatik. Für
Bürgerschulen. 5. revidierte Auflage. Prag. H. Dominicus. 1 fl. 10 kr.

Niedergesäß R., Deutsches Sprachbuch für Bürgerschulen und die Oberclassen der
erweiterten Volksschule. Wien bei Alfred Hölder. 3. Auflage. 96 kr.

Stein M., Weiner B. und Wrany W., Deutsche Sprachschule. 1. Auflage und 2. (verbesserte) Auflage. 3. und 4. (unveränderte), 5. (verbesserte), 6. (unveränderte)
Auflage. Wien bei J. Klinkhardt. 1. und 2. Heft je 15 kr.; 3. und 4. Heft
je 20 kr.; 5., 6., 7. Heft 20 kr., Ergänzungsheft 25 kr.

– – — Theoretischer Theil zum 5., 6. und 7. Heft (eine kurzgefasste deutsche
Grammatik für österreichische Volks- und Bürgerschulen). Wien bei J. Klinkhardt. Preis 20 kr.

Rechenbücher und Lehrbücher für Geometrie.

Erstes Rechenbuch für Volksschulen, von Dr. Franz Ritter von Močnik. K. k. Schulbücher-Verlag. 8 kr.
Zweites Rechenbuch für Volksschulen, von Dr. Franz Ritter von Močnik. K. k. Schul-
bücher-Verlag. 12 kr.
Drittes Rechenbuch für Volksschulen, von Dr. Franz Ritter von Močnik. K. k. Schul-
bücher-Verlag. 13 kr.
Viertes Rechenbuch für Volksschulen, von Dr. Franz Ritter von Močnik. K. k. Schul-
bücher-Verlag. Gebunden 16 kr.
Rechenbuch für die fünfte Classe achtclassiger Volks- und Bürgerschulen,
von Dr. Franz Ritter von Močnik. K. k. Schulbücher-Verlag. 10 kr.
Fünftes Rechenbuch für sechs-, sieben- und achtclassige Volksschulen, von Dr. Franz
Ritter von Močnik. K. k. Schulbücher-Verlag. Gebunden 35 kr.

Ambros Josef und Kopetzky Franz, Rechenbuch für Volks- und Bürgerschulen. 1., 2., 3., 4., 5. Schuljahr. 1.—3. (unveränderte) Auflage. Jedes Heft 15 kr 6. Schuljahr 1. und 2. (unveränderte) Auflage 15 kr., 7. Schuljahr 20 kr., 8. Schuljahr 25 kr. Wien bei A. Pichlers Witwe und Sohn.

    Von diesem Schulbuche ist die 4. (unveränderte) Auflage des 3. und 4. Heftes unter dem Titel: „Rechenbuch für Volksschulen" und die 2. (unveränderte) Auflage des Heftes für das 7. Schuljahr unter dem Titel: „Rechenbuch für Bürgerschulen" II. Classe erschienen.

Ernst G., Fellner A., Frühwirth A., Rucker J., Rechnungsaufgaben für Schüler der Volks- und Bürgerschulen. Wien bei A. Pichlers Witwe und Sohn. 1. Heft. 2. Schuljahr, 15 kr.; 2. Heft 12 kr.; 3. Heft 20 kr.; 4. Heft 30 kr.

Močnik, Dr. Franz, Ritter v., Lehr- und Übungsbuch der Arithmetik für Bürgerschulen. Prag bei F. Tempsky. 1. Heft 50 kr.; 2. (verbesserte) Auflage 44 kr.; 3. und 4. (unveränderte) Auflage 36 kr.; 2. Heft, 2, 3. und 4. (verbesserte) Auflage, 36 kr.; 3. Heft, 7. und 8. (durchgesehene) Auflage, 40 kr. — Ausgabe für Mädchen-Bürgerschulen. 2. Heft, 4. Auflage. Preis 20 kr.; 3. Heft, 9. Auflage. Preis 36 kr.

 — —   Angewandte Arithmetik und einfache gewerbliche Buchführung für Bürgerschulen. Prag bei F. Tempsky. 5. Auflage, 60 kr.

 — —   Geometrie in Verbindung mit dem Zeichnen. Prag bei F. Tempsky. 2., 3. und 4. (unveränderte) Auflage, 75 kr.

Nagel Johann, Aufgaben für das schriftliche Rechnen. Prag bei F. Tempsky. 1. Heft. 2., 3. (verbesserte) Auflage; 2. Heft, 1. und 2. (verbesserte) Auflage. 3., 4. und 5. Heft à 10 kr.

 — —   Aufgaben für das mündliche und schriftliche Rechnen. Oberstufe für sechs- und siebenclassige Volksschulen sowie Mädchen-Bürgerschulen. Prag bei F. Tempsky. 25 kr.

 — —   Aufgaben für das mündliche und schriftliche Rechnen an Volksschulen. 1. Heft (Rechenfibel), 4. (verbesserte) Auflage. 3. Heft, 2. (verbesserte) Auflage. Preis 10 kr.; 4. Heft, 2. verbesserte Auflage, 10 kr.; 5. Heft, 15 kr.; 6. Heft, 20 kr.; 7. Heft, 20 kr. Prag. Verlag von F. Tempsky.

Napravnik Franz, Geometrische Formenlehre für Mädchen-Bürgerschulen und vier- bis siebenclassige Volksschulen. Prag bei F. Tempsky. 1. Theil, 2. durchgesehene Auflage, 2. Theil à 30 kr.

 — —   Geometrie und geometrisches Zeichnen für Knaben-Bürgerschulen. 1., 2. und 3. Heft. Wien. A. Pichler's Witwe und Sohn. Preis eines Heftes 30 kr.

Pape Paul, Sammlung von Rechenaufgaben für achtclassige Volks- und Bürgerschulen. Wien bei Karl Gräser. 1. und 2. (unveränderte) Auflage. 1. Heft, 1.—3. (verbesserte), 4. (unveränderte) Auflage, 20 kr.; 2. Heft, 1.—3. (verbesserte), 4. (unveränderte) Auflage, 24 kr.; 3. Heft 24 kr.; 4. Heft 24 kr.; 5. Heft 24 kr.; 6. Heft, 1.—3. (unveränderte) Auflage. 24 kr.; 7. Heft 24 kr.

Schubert Karl, Aufgaben zum Unterrichte in der Arithmetik. Wien bei Dirnböck. 3 Bändchen, für die 6., 7. und 8. Classe der Volks- und Bürgerschulen, jedes Bändchen 40 kr.

Villicus Franz, Rechenbuch für Bürgerschulen. Wien bei L. W. Seidel und Sohn. 1. Theil. 3. Auflage, 50 kr.; 2. Theil. 2. Aufl., 60 kr.; 3. Theil. 2. Aufl., 60 kr.

 — —   Muster- und Übungshefte für die gewerbliche Buchführung. 1. Heft Cassabuch; 2. Heft Journal; 3. Heft Hauptbuch und Inventar. Wien bei A. Pichler's Witwe und Sohn, à Heft 12 kr.

Lehrbücher für Geographie und Geschichte.

Erzählungen aus der Geschichte, mit besonderer Berücksichtigung der österreichischen Geschichte. Von Dr. Heinrich Ritter von Z e i ß b e r g. Für die 6. Classe. 30 kr.; für die 7. Classe 32 kr.; für die 8. Classe 34 kr. Wien. K. k. Schulbücher-Verlag.

Gindely A n t o n, Lehrbuch der Geschichte für Volks- und Bürgerschulen. Prag bei F. T e m p s k y. 1. Theil, 3., 4. und 5. (verbesserte), 6. (unveränderte) Auflage mit 7 Karten in Farbendruck 48 kr.; 2. Theil, 2., 3. und 4. (verbesserte), 5. (unveränderte) Auflage, mit 7 Karten in Farbendruck, 48 kr.; 3. Theil, 2., 3. und 4. (verbesserte), 5. (unveränderte) Auflage, mit 6 Karten in Farbendruck 48 kr.

— — Lehrbuch der Geschichte (A u s g a b e f ü r M ä d c h e n s c h u l e n. 1. Theil. 7. verbesserte Auflage, 48 kr.; 2. Theil, 6. verbesserte Auflage, 48 kr. 3. Theil. 6. verbesserte Auflage, 48 kr. Prag bei F. T e m p s k y.

Pennerstorfer Ign az, Lehrbuch der Geschichte für Volks- und Bürgerschulen. Wien bei J u l i u s K l i n k h a r d t. 1. Theil und 2. Theil à 50 kr.; 3. Theil, 2. Auflage, 40 kr.; 1. und 2. Theil 2. vereinfachte Auflage, 40 kr.

Rothaug J. G., Lehrbuch der Geographie für Volks - und Bürgerschulen. Prag bei F. T e m p s k y. 1. Stufe. 2. und 3. (umgearbeitete), 4. und 5. (revidierte) Auflage, 40 kr.; 2. Stufe. 1. und 2.(verbesserte) und 3. (revidierte) Auflage, 44 kr.; 3. Stufe 2., 3. (verbesserte) und 4. (durchgesehene) Auflage, 40 kr.

Schmied L u d w i g, Leitfaden für den geschichtlichen Unterricht, zunächst für die 6. Classe der Bürgerschulen und für die oberen Classen der Volksschulen. 1. und 2. (unveränderte) Auflage. Wien bei A. P i c h l e r s Witwe und Sohn, 50 kr.

Seibert A. E., Schulgeographie. Wien bei A l f r e d H ö l d e r. 1. Theil 1. und 2. (unveränderte) und 3., 4. und 5. (revidierte) Auflage 32 kr.; 2. Theil 1. und 2. (unveränderte) 3. und 4. (revidierte) Auflage 40 kr.; 3. Theil 1., 2. und 3. (revidierte) Auflage, 32 kr.

Lehrbücher der Naturgeschichte und Naturlehre.

Hofer J o s e f, Grundriss der Naturlehre für Volks- und Bürgerschulen. 1. Stufe, 6. und 7. (unveränderte), 8. und 9. (verbesserte), 10. (revidierte) Auflage; 2. Stufe, 6., 7. (unveränderte) und 8. (verbesserte) Auflage; 3. Stufe, 6. und 7. (verbesserte) Auflage. Wien bei K a r l G r ä ß e r. Preis jeder Stufe geb. 32 kr.

Netoliczka E., Lehrbuch der Physik und Chemie für Bürgerschulen und die Oberclassen der Volksschulen. 1. Stufe. 9.—28. (unveränderte) Auflage; 2. Stufe. 7.—19. (unveränderte) Auflage; 3. Stufe. 5.—10. (unveränderte) Auflage. Preis jeder Stufe 25 kr. Wien bei A. P i c h l e r s Witwe und Sohn.

Pokorny, D r. A l o i s, Naturgeschichte für Volks - und Bürgerschulen. Prag bei F. T e m p s k y. 1. Stufe. 4. und 5. (unveränderte), 6. umgearbeitete und gekürzte Auflage, 40 kr.; 2. Stufe. 2. und 3. (unveränderte), 4. umgearbeitete und gekürzte Auflage, 48 kr.; 3. Stufe. 2. und 3. (unveränderte) Auflage, 60 kr.

Rothe, D r. K a r l, Naturgeschichte für die oberen Classen der Volks- und Bürgerschulen und verwandter Lehranstalten. Wien bei A. P i c h l e r's Witwe und Sohn. 1. Stufe. 4.—14. (unveränderte) Auflage, 50 kr.; 2. Stufe. 2.—8. (unveränderte) Auflage, 60 kr.; 3. Stufe 1., 2. und 3. (verbesserte), 4. (unveränderte) Auflage 70 kr.

Swoboda K a r l, Lehrbuch der Naturlehre für achtclassige Volks- und Bürgerschulen. Wien bei A l f r e d H ö l d e r. 1. Stufe für die 6. Classe, 1.—4. (unveränderte) Auflage. 2. Stufe für die 7. Classe, 1. und 2. (unveränderte) Auflage, 3. Stufe für die 8. Classe. 1. und 2. (unveränderte) Auflage. Jedes Heft 26 kr.

Gesangsbücher.

Gesangbuch für allgemeine Volks- und Bürgerschulen von J. D. Manzer. Prag.
K. k. Schulbücher-Verlag.
  1. Heft (für das 1. und 2. Schuljahr) 22 kr.
  2. Heft (für das 3., 4. und 5. Schuljahr) 68 kr.
  3. Heft (für das 6., 7. und 8. Schuljahr) 70 kr.
Hermann Johann, Ritter von, Lieder für die Volks- und Bürgerschulen. 1. Heft
 12 kr., 2. Heft 12 kr., 3. Heft 16 kr., 4. Heft 20 kr. Wien bei Julius
 Klinkhardt.
Jessen A. Chr., Kleiner Liederborn. A. Pichler's Witwe und Sohn. 11.—19.
 Auflage, 15 kr.
 — — Liederborn. Wien bei A. Pichlers Witwe und Sohn. 1. Heft.
 53.—60. (unveränderte) Auflage, 8 kr.; 2. Heft. 39. Auflage, 12 kr. ; 3. Heft.
 34.—46. (unveränderte) Auflage, 8 kr.; 4. Heft. 32.—42. (unveränderte) Aufl., 8 kr.
Jöbstl Michael, Kleines Gesangbuch für die unteren Classen der Volks- und
 Bürgerschulen. Unterstufe zu Rudolf Weinwurms kleinem Gesangbuch für
 Volks- und Bürgerschulen. 1. und 2. Heft à 10 kr. Wien bei Alfred Hölder.
Liebscher Franz, Österreichischer Liederkranz. 1. Heft 10 kr., 2. Heft 12 kr.,
 3. Heft 16 kr., 4. Heft 20 kr. Komotau bei Brüder Butter.
Lieder für die österreichische Jugend. Herausgegeben vom Lehrerverein „Volks-
 schule". Wien. In Commission bei Karl Gräser. 1. Heft 4. (verbesserte)
 — 8. (unveränderte) Auflage 10 kr.; 2. Heft 4. (verbesserte) — 9. (unveränderte)
 Auflage 10 kr.; 3. Heft, 3. (verbesserte) — 6. (unveränderte) Auflage, 12 kr.
 und 4. Heft, 15 kr.
Lieder für Schule und Haus. Herausgegeben vom Komotauer Bezirkslehrerverein.
 3. Auflage. Komotau bei Brüder Butter. Gebunden 25 kr.
Mair Franz, Praktische Singlehre. Wien bei A. Pichlers Witwe und Sohn.
 1. Heft. 14.—21. (unveränderte) Aufl., 12 kr.; 2. Heft. 14.—17. (unveränderte) Aufl., 15 kr. ; 3. Heft. 14.—16. (unveränderte) Aufl., 12 kr.
 — — Liederstrauß. Ein- und zweistimmige Lieder nebst dem Wichtigsten
 aus der Gesanglehre. 1. Heft 1.—11. (unveränderte) Auflage 10 kr. ; 2. Heft
 1.—17. (unveränderte) Auflage 10 kr. ; 3. Heft 1.—10. (unveränderte) Auflage
 15 kr.; 4. Heft 1.—8. (unveränderte) Auflage 15 kr. Wien bei A. Pichler's
 Witwe und Sohn.
 — — Dasselbe für dreiclassige Bürgerschulen. Wien. A. Pichler's Witwe
 und Sohn. 25 kr.
Nitsche Franz, Liederbuch. 1. Heft 10 kr.; 2. (1. und 2. verbesserte Auflage),
 3. (1. und 2. verbesserte Auflage) und 4. (1. und 2. vermehrte und verbesserte
 Auflage) Heft à 16 kr. Prag bei F. Tempsky.
Proschko Adalbert und Pammer Franz. Liederquelle. Linz bei M. Quirein.
 1. Heft. 52.—123. (unveränderte) Aufl. 10 kr.; 2. Heft. 54.—127. (unveränderte) Auflage 10 kr.; 3. Heft. 56.—127. (unveränderte) Aufl. 12 kr.; 4. Heft.
 35.—86. (unveränderte) Auflage. 15 kr.
Roller Joh. E., Liederschatz. Ein- und zweistimmige Lieder. Wien bei J. Klink-
 hardt. 1. Heft. 1.—3. (verbesserte) und 4. (unveränderte) Auflage, 10 kr.;
 2. Heft. 2.—5. (unveränderte) Auflage, 12 kr.; 3. Heft. 2.—5. (unveränderte)
 Auflage, 12 kr.; 4. Heft. 2.—4. (unveränderte) Auflage, 16 kr.
Schmid Ernst, Fünfzig Kinderlieder für die Unterclassen der Volks- und Bürger-
 schulen. 3. Auflage. Wien 1878 bei K. Gräser, 12 kr.
 — — Vierzig zweistimmige Lieder für Volks- und Bürgerschulen. 2. Auflage.
 Wien 1878 bei K. Gräser, 10 kr.
 — — Schullieder (Fortsetzung der „Fünfzig Kinderlieder" und der „Vierzig
 zweistimmigen Lieder" desselben Verfassers). 3. Heft 12 kr.; 4. Heft 15 kr.
 Wien bei Karl Gräser.

Schober und Labler, Liederhain für österreichische Volks- und Bürgerschulen. Im Anschlusse an die achttheilige Ausgabe des Lesebuches des k. k. Schulbücher-Verlages. Prag bei F. Tempsky. 1., 2., 3. Heft je 12 kr.; 4. Heft 24 kr.; 5. Heft 36 kr.

Vogl Anton, Liederbuch für österreichische Volks- und Bürgerschulen. Wien bei A. Pichlers Witwe und Sohn. 1. und 2. Heft à 10 kr.; 3. und 4. Heft à 15 kr.

Weinwurm Rudolf, Elementar-Gesangbuch. Wien bei A. Pichler's Witwe und Sohn. 1.—4. (unveränderte) Auflage, 25 kr.

— — Gesangbuch für Sopran- und Altstimmen. Wien bei Alfred Hölder. 1., 2., 3., 4., 5., 6., 7. und 8. Heft à 1 fl.

— — Kleines Gesangbuch für die oberen Classen der Volks- und Bürgerschulen. 1. Heft 1. und 2. (unveränderte) Auflage 10 kr., 2. Heft 1. und 2. (unveränderte) Auflage 12 kr., 3. Heft, 1. und 2. (unveränderte) Auflage, 12 kr.; 4. Heft 12 kr., Ergänzungsheft, 1. und 2. (unveränderte) Auflage, 10 kr. Wien bei Alfred Hölder.

Lehrbücher zur Erlernung einer zweiten Sprache.

Böhmisches Sprachbuch für deutsche Schulen. K. k. Schulbücher-Verlag. Wien und Prag. I. Stufe, broschiert 10 kr. II. Stufe, gebunden 25 kr. I. und II. Stufe, zusammengebunden, 30 kr.

Sokol Josef, Schule der böhmischen Sprache für Deutsche. Prag. Kober. I. Theil, 9. und 10. (unveränderte) Auflage, 36 kr.; II. Theil, 4. Auflage, 60 kr.

Alnaider Modeste, Französischer Conversations-Lehrgang. Wien bei Rudolf Lechner. 4., 5. und 6. (verbesserte) Auflage, 80 kr.

Bechtel A., Französisches Lesebuch mit einem Wörterbuche. Wien bei Julius Klinkhardt; Preis 1 fl.

— — Französisches Lesebuch für Volks- und Bürgerschulen. Wien bei Julius Klinkhardt. 60 kr.

— — Französische Sprachlehre für Bürgerschulen. 1. Stufe 32 kr., 2. Stufe 36 kr., 3. Stufe 40 kr. Wien bei Alfred Hölder.

Ricard, Erster Unterricht im Französischen. Prag bei Kosmack und Neugebauer. 2. Auflage. Gebunden 90 kr.; 3. (unveränderte) Auflage, gebunden 76 kr.

— — Zweiter Unterricht im Französischen. Prag bei Kosmack und Neugebauer. Preis 84 kr.

— — Lehrbuch der französischen Sprache für Bürgerschulen. Prag bei Gustav Neugebauer. 1. Theil, 1. und 2. (unveränderte) Auflage, 40 kr.; 2. Theil 48 kr.; 3. Theil 50 kr.

Riha Ernst, Lehrbuch der französischen Sprache für Bürgerschulen in 4 Stufen. 1. Stufe 2. und 3. (verbesserte) Auflage 38 kr., 2. Stufe 1. und 2. (verbesserte) Auflage 40 kr., 3. Stufe 40 kr., 4. Stufe 48 kr. Prag bei F. Tempsky.

— — Lehrbuch der französischen Sprache für Bürgerschulen. Ausgabe in drei Stufen. 1. Stufe 3. verbesserte Auflage 40 kr.; 2. Stufe 50 kr.; 3. Stufe 50 kr. Prag bei F. Tempsky.

Plate, Vollständiger Lehrgang zur Erlernung der englischen Sprache. I. Elementarstufe. 50. verbesserte Auflage. Dresden. Louis Estermann.

2. Für allgemeine Volksschulen.

Lesebücher.

Lesebuch für österreichische Volksschulen (Ausgabe in fünf Theilen). Wien und Prag. K. k. Schulbücher-Verlag. 1. Theil (Fibel mit einem Anhange in Antiqua-Druck) von Dr. Georg Ullrich, J. Vogl und Franz Branky; 2.—5. Theil von Dr. Georg Ullrich, W. Ernst und Franz Branky.

     1. Theil, geb. 20 kr.;   4. Theil, geb. in Leinwand 54 kr.
     2. Theil, „ 26 kr.;   5. Theil, „   „   „   58 kr.
     3. Theil, „ 32 kr.;

Lesebuch für österreichische Volksschulen (Ausgabe in drei Theilen). Wien und Prag. K. k. Schulbücher-Verlag. 1. Theil (Fibel mit einem Anhange in Antiqua-Druck) von Dr. Georg Ullrich, J. Vogl und Franz Branky; 2. und 3. Theil von G. Zeynek, Dr. Jos. Mich und Alois Steuer.

     1. Theil. In den Lesestücken vermehrter, sonst unveränder Abdruck, geb. 25 kr.
     2. Theil, gebunden in Leinwand 36 kr.;
     3. Theil,   „   „   „   65 kr.

Lesebuch für österreichische Volksschulen. 1. Theil (Fibel nach der analytisch-synthetischen Schreib-Lesemethode von J. Vogl und Franz Branky. Wien. K. k. Schulbücher-Verlag. Gebunden 22 kr.

Heinrich Josef, Lese- und Sprachbuch für Elementar- und Fortbildungsschulen Prag bei F. Tempsky.

     1. Theil. 35.—48. (unveränderte) Auflage, geb. 43 kr.;
     2.   „   19.—32.   „   „   „   70 kr.;
     3.   „   5.—11.   „   „   „   85 kr.

Jessen, A. Chr., Lesebuch für die oberen Classen (beziehungsweise Abtheilungen) der Landschulen. 4. Auflage. Wien 1875, bei A. Pichler's Witwe und Sohn. Geb. 70 kr.

Niedergesäß R., Deutsches Lesebuch für ein-, zwei-, drei- und vierclassige Volks-schulen. Wien bei A. Pichlers Witwe und Sohn.

     1. Theil, 2. Auflage, geb. 24 kr.;   4. Theil, geb. 34 kr.;
     2. Theil, 2. Auflage, geb. 32 kr.;   5. Theil, 2. Aufl., geb. 34 kr.;
     3. Theil, 2. Auflage, geb. 43 kr.;   6. Theil, 2. Aufl., geb. 52 kr.

Sprachlehrbücher.

Sprachbuch für österreichische Volksschulen von J. Lehmann. K. k. Schulbücher-Verlag. Wien und Prag.

     I. Theil, broschiert 8 kr.
     II. Theil, gebunden in Leinwand 38 kr.

Stein M., Weiner B. und Wrany W., Deutsche Sprachschule. Ausgabe B für ein-bis vierclassige Schulen. Unterstufe 15 kr.; Mittelstufe 1. und 2. (verbesserte) Auflage, geb. 25 kr.; Oberstufe, 1. und 2. (verbesserte) Auflage, geb. 30 kr. Wien bei Julius Klinkhardt.

Rechenbücher.

Rechenbuch für Volksschulen, von Dr. Franz R. v. Močnik. Wien und Prag.
K. k. Schulbücher-Verlag.
  Das 1., 2., 3. und 4. Rechenbuch ist auch zum Lehrgebrauche in Volks- und
  Bürgerschulen zulässig (Siehe oben unter Rechenbücher für allgemeine Volks-
  schulen und für Bürgerschulen.)
Fünftes Rechenbuch für ein-, zwei- und dreiclassige Volksschulen, von Dr. Franz
  Ritter von Močnik. Wien und Prag. K. k. Schulbücher-Verlag. Gebunden 20 kr.
Fünftes Rechenbuch für vier- und fünfclassige Volksschulen, von Dr. Franz Ritter von
  Močnik. Wien und Prag. K. k. Schulbücher-Verlag. Gebunden 22 kr.
Nagel Johann, Aufgaben für das schriftliche Rechnen. Prag bei Tempsky. Das
  2., 3., 4. und 5. Heft dieser Aufgaben-Sammlung ist auch zum Lehrgebrauche
  in Volks- und Bürgerschulen zulässig (Siehe oben unter Rechenbücher für
  allgemeine Volksschulen und für Bürgerschulen), das 6. Heft (Schlussheft) ist nur
  in den oberen Abtheilungen ein- bis fünfclassiger Volksschulen zulässig.
— — Aufgaben für das mündliche und schriftliche Rechnen. 5. Heft für
  allgemeine Volksschulen. Preis 15 kr.

Lehrbücher für Naturgeschichte.

Pokorny, Dr. Alois, Naturgeschichte für sechsclassige Volksschulen. Prag bei
  F. Tempsky. 90 kr.

Lehrbücher für Geographie.

Kozenn B., Erdbeschreibung für Volksschulen. 10. und 11. (revidierte) Auflage,
  bei E. Hölzel. 24 kr.
Rothaug J. G., Leitfaden der Geographie für Volksschulen. Nach dem Lehrplane
  für vier- bis sechsclassige Volksschulen. Prag bei F. Tempsky. Preis 30 kr.
Seibert A. F., Leitfaden der Geographie, bearbeitet nach dem Lehrplane für vier-,
  fünf- und sechsclassige österreichische Volksschulen. 1. und 2. (revidierte)
  Auflage. Wien bei Alfred Hölder. Preis 32 kr.

Gesangsbücher.

Jöbstl Michael, Kleines Gesangbuch für die unteren Classen der Volks- und
  Bürgerschulen. Unterstufe zu R. Weinwurm's kleinem Gesangbuche für
  Volks- und Bürgerschulen. 1. und 2. Heft à 10 kr. Wien bei Alfred Hölder.
Mair Franz, Kleiner Liederstrauß. Ein- und zweistimmige Lieder nebst dem
  Wichtigsten aus der Gesangslehre für ein- bis dreiclassige Volksschulen.
  Wien bei A. Pichlers Witwe und Sohn. 20 kr.
Schober Johann und Labler Wladimir, Liederhain für österreichische Volks-
  schulen. Im Anschlusse an das dreitheilige Lesebuch des k. k. Schulbücher-
  Verlages. (Ausgabe in 3 Heften.) Prag bei F. Tempsky. 1. Heft 10 kr.
  2. Heft 1. und 2. (vermehrte, verbesserte) Auflage 10 kr., 3. Heft 1. und 2.
  (vermehrte, verbesserte) Auflage 16 kr.
— — Liederhain für österreichische Volksschulen. Im Anschlusse an das
  fünftheilige Lesebuch des k. k. Schulbücher-Verlages. (Ausgabe in 5 Heften.)
  Prag bei F. Tempsky. 1., 2., 3. Heft je 12 kr.; 4. Heft 24 kr.; 5. Heft 28 kr.
Tritremmel Ferdinand, Treffübungen für den Gesangsunterricht. 1. und 2. Heft
  à 8 kr.; 3. Heft 12 kr. Wiener-Neustadt bei Albert Lentner.

B.

In italienischer Sprache.

Religionsbücher.

Il catechismo piccolo (Der kleine Katechismus.) Wien. K. k. Schulbücher-Verlag. Broschiert 7 kr.

Piccolo catechismo con domande e risposte per le scuole elementari della diócesi di Cattaro (Kleiner Katechismus für die Diöcese Cattaro.) Wien. K. k. Schulbücher-Verlag. Broschiert 6 kr.

Compendio del catechismo grande (Auszug aus dem großen Katechismus.) Wien. K. k. Schulbücher-Verlag. Gebunden 20 kr.

Il catechismo grande (Großer Katechismus.) Wien. K. k. Schulbücher-Verlag. Gebunden 26 kr.

Lezioni, epistole e vangeli delle domeniche e feste di tutto l'anno (Die Evangelien, Lectionen und Episteln auf alle Sonn- und Festtage des ganzen Jahres.) Wien. K. k. Schulbücher-Verlag. Gebunden 28 kr.

Storia sacra del vecchio e del nuovo Testamento ad uso delle scuole elementari (Biblische Geschichte von Dr. Schuster, illustriert, mit der Karte von Palästina.) Wien. K. k. Schulbücher-Verlag. Gebunden 54 kr.

Il catechismo piccolo ad uso della diócesi di Trento. Trient bei Monauni. 4 kr.

Compendio del catechismo maggiore ad uso della diócesi di Trento. Trient bei Monauni. 16 kr.

Il catechismo maggiore ad uso della diócesi di Trento. (Edizione senza Sestà 22 kr. Edizione con Sestl.) Trient bei Monauni. 30 kr.

Compendio illustrato della storia sacra dell'antico e del nuovo testamento ad uso delle prime classi elementari e delle scuole di campagna. (Illustriertes Compendium der heiligen Geschichte des alten und neuen Testaments zum Gebrauche in den unteren Classen der Volksschulen und der Schulen auf dem Lande.) 2. Ausgabe. Trient bei Monauni. 20 kr.

Lesebücher.

Letture per le scuole popolari e civiche. Edizione in otto parti (Lesebuch für Volks- und Bürgerschulen) von Franz Timeus. Wien. K. k. Schulbücher-Verlag.

  1. Theil (Sillabario), gebunden 30 kr. ;
  2. Theil, gebunden 25 kr. ;
  3. Theil,　　„　40 kr. ;
  4. Theil,　　„　42 kr. ;
  5. Theil,　　„　46 kr. ;
  6. Theil,　　„　in Leinwand 55 kr. ;
  7. Theil,　　„　„　„　60 kr. ;
  8. Theil,　　„　„　„　65 kr.

Letture per le scuole popolari. Edizione in cinque parti (Lesebuch für allgemeine Volksschulen) von Franz Timeus. Wien. K. k. Schulbücher-Verlag.

  1. Theil (Sillabario), gebunden 30 kr.;
  2. Theil, gebunden 25 kr.;
  3. Theil,　　„　40 kr.

Libro di lettura per le scuole popolari austriache. Ausgabe in 3 Theilen. Wien 1882.
K. k. Schulbücher-Verlag.

I. Theil (Sillabario e Letture), gebunden 30 kr.;
II. Theil, gebunden in Leinwand 40 kr.;
III. Theil, „ „ „ 50 kr.

Sprachlehrbücher.

Esercizî di lingua, grammatica e comporre. (Sprachübungen.) Wien. K. k. Schul-
bücher-Verlag. Gebunden 20 kr.
Grammatica della lingua italiana ad uso delle scuole elementari. (Sprachlehre für
die Volksschulen von Dr. Fortunato Demattio.) Wien. K. k. Schulbücher-
Verlag. Gebunden 48 kr.
Guida al comporre e all' estendere le scritture più occorrevoli nella civile società
(Anleitung zu schriftlichen Aufsätzen.) Wien. K. k. Schulbücher-Verlag.
Gebunden 40 kr.

Lehrbücher zur Erlernung einer zweiten Sprache.

Esercizî elementari per imparare il tedesco (Anfangsgründe der deutschen
Sprache.) Wien. K. k. Schulbücher-Verlag. Gebunden 30 kr.
Avviamento per imparare il tedesco (Anleitung zum Erlernen der deutschen Sprache.)
Wien. K. k. Schulbücher-Verlag. Gebunden 40 kr.
Levi, Dr. Giuseppe, Il primo passo nello studio della lingua tedesca (Anfangs-
gründe der deutschen Sprache.) 1. und 2. Ausgabe. Triest. 50 kr.

Lehrbücher der Naturlehre.

Fridrich, Dtt. Fr., Primi elementi di fisica sperimentale, compilati ad uso delle
scuole cittadine (Grundzüge der Experimentalphysik für Bürgerschulen). Per
la VI. classe. Edizione seconda 60 kr.; per la VII. classe 85 kr.; Triest.
Selbstverlag des Verfassers.

Rechenbücher.

Primo libro d'Aritmetica per le scuole popolari del Cav. Dtt. Fr. de Močnik.
(Erstes Rechenbuch.) Wien. K. k. Schulbücher-Verlag. Broschiert 8 kr.
Secondo libro d'Aritmetica per le scuole popolari del Cav. Dtt. Fr. de Močnik.
(Zweites Rechenbuch.) Wien. K. k. Schulbücher-Verlag. Broschiert 12 kr.
Terzo libro d'Aritmetica per le scuole popolari del Cav. Dtt. Fr. de Močnik.
(Drittes Rechenbuch.) Wien. K. k. Schulbücher-Verlag. Broschiert 13 kr.
Quarto libro d'Aritmetica per le scuole popolari del Cav. Dtt. Fr. de Močnik.
(Viertes Rechenbuch.) Wien. K. k. Schulbücher-Verlag. Broschiert 16 kr.
Quinto libro d'Aritmetica ad uso delle scuole popolari di 1, 2 e 3 classi. (Fünftes
Rechenbuch für ein-, zwei- und dreiclassige Volksschulen.) Wien. K. k. Schul-
bücher-Verlag. Gebunden 20 kr.
Quinto libro d'Aritmetica ad uso delle scuole popolari di 4 e 5 classi. (Fünftes
Rechenbuch für vier- und fünfclassige Volksschulen.) Wien. K. k. Schulbücher-
Verlag. Gebunden 22 kr.
Quinto libro d'Aritmetica ad uso delle scuole popolari di 6, 7 ed 8 classi del
Cav. Dtt. Fr. de Močnik. (Fünftes Rechenbuch für sechs-, sieben- und
achtclassige Schulen.) Wien. K. k. Schulbücher-Verlag. Gebunden 35 kr.

Lehrbücher für Geographie und Geschichte.

Giovanelli G., Compendio popolare di geografia ad uso delle scuole reali e popolari (Compendium der Geographie für Realschulen und Volksschulen.) Trient 1874. Monauni. 24 kr.

Seibert A. E. (Traduzione di Matteo Bassa.) Geografia ad uso di scuola. In tre parti. Terza edizione riveduta. (Schulgeographie.) Wien 1880. A. Hölder. Parte I. 32 kr.; parte II. 45 kr.; parte III. 32 kr.

Zeißberg, Racconti presi dalla storia. Libro per la VI. classe delle scuole popolari e civiche austriache di otto classi. Wien 1882. K. k. Schulbücher-Verlag. 30 kr.

Gesangsbücher.

Lira del popolo. Parte prima: Inni sacri. (Gesänge für Volksschulen.) I. Theil. Wien. K. k. Schulbücher-Verlag. Broschiert 16 kr.

Lira del popolo. Parte seconda: Canzoni popolari. (Gesänge für Volksschulen. II. Theil.) Wien. K. k. Schulbücher-Verlag. Broschiert 10 kr.

Lira del popolo. Parte terza. Metodo teorico-pratico di canto elementare. (Theoretisch-praktische Gesanglehre für Volksschulen. III. Theil.) Wien. K. k. Schulbücher-Verlag. Broschiert 37 kr.

Zingerle Fran. G., Metodo di canto pei fanciulli delle scuole elementari. (Gesanglehre für Schüler der Volksschulen.) Trieste. Selbstverlag des Verfassers. 28 kr.

— — Canzoniere ad uso dei fanciulli. Trieste. Selbstverlag des Verfassers. 50 kr.

— — Esercizi progressivi. Trieste. Selbstverlag des Verfassers. 26 kr.

— — Canzoniere ad uso delle scuole popolari. 1., 2. und 3. Heft à 22 kr.; 4. Heft 25 kr.; 5. Heft 28 kr.; 6. Heft 30 kr. und 7. Heft 36 kr. Triest. Selbstverlag des Verfassers.

C.

In böhmischer Sprache.

1. Für allgemeine Volksschulen und für Bürgerschulen.

Religionsbücher.

a) Für katholische Religionslehre.

Malý katechismus (Kleiner Katechismus.) Wien und Prag. K. k. Schulbücher-Verlag. Broschiert 6 kr.

Výtah z velikého katechismu (Auszug aus dem großen Katechismus.) Wien. K. k. Schulbücher-Verlag. Gebunden 18 kr.

Veliký katechismus s otázkami a odpovědmi. (Großer Katechismus in Fragen und Antworten.) Wien. K. k. Schulbücher-Verlag. Gebunden 28 kr.

Velký katechismus (Großer Katechismus). Prag. K. k. Schulbücher-Verlag. 25 kr.

— — s otázkami a odpovědmi. 30 kr.

Katechismus čili Výklad náboženství katolického (Katechismus oder Erklärung der katholischen Religion). Prag. K. k. Schulbücher-Verlag. 24 kr.

První katechismus náboženství katolického pro školy obecné. Sepsal A. Skočdopole. (Erster Katechismus der kath. Religion für Volksschulen). Prag. K. k. Schulbücher-Verlag. 13 kr.

Druhý katechismus náboženství katolického pro školy obecné. Sepsal A. Skočdopole. (Zweiter Katechismus). Prag. K. k. Schulbücher-Verlag. 26 kr.

Perikopy čili Řeči, Epištoly a Evangelia (Evangelien und Episteln.) K. k. Schul-
bücher-Verlag. Wien. Gebunden in Leinwand 46 kr.; Prag. Geb. 35 kr.
Dra. J. Schustera Biblický dějepis starého i nového zákona pro obecné školy.
(Biblische Geschichte von Dr. Schuster, mit 52 Abbildungen und der Karte
von Palästina.) Wien und Prag. K. k. Schulbücher-Verlag. Gebunden 50 kr.
Fischer-Poimen, Obřady katolické církve. (Ceremonien der katholischen Kirche.)
5. Auflage 1879, 6. Auflage 1883. Olmütz. Grosse. 48 kr.
Špachta, Dr. Dominik, Stručná katolická liturgika. 3. (revidierte) und 4. Auflage.
Prag. Urbanek. 30 kr.

b) Für evangelische Religionslehre.

Dra. Mart. Luthera Malý katechismus (Luther's kleiner Katechismus). 2. verbesserte
Auflage. Prag 1882. Selbstverlag des Übersetzers D. B. Molnar. Preis, geb. 42 kr.
Biblická dějeprava starého i nového zákona pro školy evangelické (Biblische
Geschichte für evangelische Schulen.) Prag. K. k. Schulbücher-Verlag. Gebun-
den 10 kr.
Biblická dějeprava čili Děje starého i nového zákona s výklady Bratří českých dle
Šestidílné bibli Králické (Biblische Geschichte.) Prag. Comenius-Verein.

Lesebücher.

Čítanka pro školy obecné a měšťanské (Lesebuch für Volks- und Bürgerschulen.)
Ausgabe in 8 Theilen. Von J. Stastný, J. Lepař, J. Sokol u. a. Wien
und Prag. K. k. Schulbücher-Verlag.

Díl I., geb. 18 kr.;	Díl V., geb. 40 kr.;
Díl II., „ 20 kr.;	Díl VI. (verbesserte Auflage), geb. in
Díl III., „ 30 kr.;	Leinwand 42 kr.;
Díl IV., „ 36 kr.;	Díl VII., geb. in Leinwand 44 kr.;

Kliepera Jos., První čítanka na základě psacího čtení. (Erstes Lesebuch auf Grundlage
der Schreiblesemethode.) 1. u. 2. (neue, revidierte) Aufl. Prag. Tempsky. 20 kr.

Sprachlehrbücher.

Stastný J., Lepař J., Sokol J., Mluvnice pro školy obecné a měšťanské (Sprach-
buch für allgemeine und für Bürgerschulen.) Neu bearbeitete Ausgabe der
Nauky mluvnické. Wien und Prag. K. k. Schulbücher-Verlag.
I. Theil. 1883. 10 kr.;   II. Theil. 1884. 15 kr.
Třetí mluvnice česká pro obecné školy (Dritte Sprachlehre für die Volksschulen.)
Prag. K. k. Schulbücher-Verlag. Gebunden 15 kr.
Čtvrtá mluvnice česká spolu s naukou o skládání listův a písemností jednacích pro
obecné školy. (Viertes Sprachbuch in Verbindung mit einer Anleitung zu Briefen
und Geschäftsaufsätzen). Wien und Prag. K. k. Schulbücher-Verlag. Geb. 34 kr.

Lehrbücher zur Erlernung einer zweiten Sprache.

Počátkové německé mluvnice pro obecné školy (Anfangsgründe der deutschen
Sprache für Volksschulen.) Wien. K. k. Schulbücher-Verlag. Gebunden 12 kr.
První čítanka německá (Erstes deutsches Lesebuch für die Volksschulen.) Wien
und Prag. K. k. Schulbücher-Verlag. Gebunden 20 kr.
Druhá mluvnice a čítanka německá (Zweites deutsches Sprach- und Lesebuch für die
Volksschulen.) Wien und Prag. K. k. Schulbücher-Verlag. Gebunden 40 kr.
Třetí mluvnice a čítanka německá (Drittes deutsches Sprach- und Lesebuch für die
Volksschulen.) Wien und Prag. K. k. Schulbücher-Verlag. Geb. 48 kr.
Německá čítanka pro vyšší třídy škol obecných i měšťanských (Deutsches Lesebuch
für die oberen Classen.) Prag und Wien 1880. K. k. Schulbücher-Verlag. 65 kr.

4

Německo-český Slovníček k Německé čítance. (Deutsch-böhmisches Wörterbüchlein zu dem deutschen Lesebuche von K. V o r o v k a.) Prag und Wien 1884. K. k. Schul-bücher-Verlag. 20 kr.

Auštěcký J o s., Učebná i cvičebná kniha jazyka německého (Deutsches Sprach-und Übungsbuch.) Prag 1873. O t t o. 90 kr.

Sokol J o s., Počátkové mluvení jazykem německým (Deutsches Elementarbuch.) Prag 1877. S t y b l o. 36 kr.

— — Úvod k jazyku německému (Anleitung zum deutschen Sprachunterricht.) I. und II. Theil. Prag. S t y b l o. Je 48 kr.

Rechenbücher und Lehrbücher für Geometrie.

Početnice pro obecné školy (Rechenbücher für Volksschulen) von Dr. F r a n z R. von M o č n i k. Wien und Prag. K. k. Schulbücher-Verlag.
　　　Prvni 8 kr.; Druhá 12 kr.; Třetí 13 kr.; Čtvrtá 16 kr.; Pátá (für 6-, 7- und 8classige Volksschulen) 35 kr.

Benda N i k., Měřictví a rýsování pro šestou třídu škol měšťanských (Geometrie in Verbindung mit Zeichnen.) Prag. S l a v í k und B o r o v ý. 45 kr.

— Měřictví a rýsování pro sedmou třídu. Mit 82 Illustrationen und 2 Tafeln. Ebenda. Broschiert 60 kr.

— Měřictví a rýsování pro osmou třídu. Mit 69 Illustrationen. Ebenda. 50 kr.

Nápravník F r a n z, Nauka o geometrických útvarech pro měšťanské školy (Geometrische Formenlehre für Mädchen-Bürgerschulen). Prag. T e m p s k y. I. Theil, 1883, 30 kr.; II. Theil, 1884, 30 kr.

Lehrbücher für Geographie und Geschichte.

Gindely A., Dějepis pro školy městanské (Geschichte für Bürgerschulen bearbeitet von Dr. K o v á ř). Prag. T e m p s k y.
　　I. Theil für die 6. Classe. I. Theil, 4. und 5. (revidierte) Auflage. Mit 20 Illustra-tionen. 40 kr.,
　　II. 　„ 　„ 　„ 7. 　„ 　1. und 2. (revidierte), 3. durchgängig revidierte Auflage. 60 kr.,
　　III. Theil, 1. und 2. (revidierte) Auflage. 60 kr.

Krejčí J o s., Zeměpis pro školy obecné a měšťanské (Geographie für Volks- und Bürgerschulen.) Prag. T e m p s k y. I. Stufe. 1. und 2. Auflage. Preis 30 kr.; II. Stufe (2. revidierte Auflage. 1881.) Preis 40 kr.; III. Stufe (2. revidierte Auflage. 1883.) Preis 44 kr.

Lepař J., Popis mocnářství rakousko-uherského (Geographie der österr.-ungarischen Monarchie.) Prag. K o b e r. 1 fl. 40 kr.

Tille, Dr. Ant., Učebnice zeměpisná pro školy měšťanské a obecné (Lehrbuch der Geographie.) Prag. U r b á n e k. I. Stufe, 2. Auflage 1883, 40 kr., II. Stufe 50 kr., III. Stufe 45 kr.

Naturgeschichte und Naturlehre.

Pokorny Al., Jehlička P., Přírodopis pro školy měšťanské (Naturgeschichte für Bürgerschulen). Prag. T e m p s k y.
　　I. Stufe. 5. gekürzte und revidierte Auflage, mit 97 Illustrationen. 50 kr.
　　II. Stufe. 3. gekürzte und umgearbeitete Auflage, mit 104 Illustrationen, 1884. 50 kr.
　　III. Stufe. 1. und 2. (durchgesehene) Auflage. 80 kr.

Majer Ant., Fysika pro obecné školy (Naturlehre). Prag 1875. Selbstverlag. 60 kr.

— — Fysika pro školy měšťanské a obecné. I. Theil. (Naturlehre.) Prag 1880. Selbstverlag des Verfassers. 36 kr.

Panýrek Jan D., Přírodozpyt, to jest fysika a chemie (Naturlehre). Prag be[1]
  F. Tempsky.
    I. Stufe. 1. und 2. (revidierte) Auflage. 44 kr.
    II. Stufe. 2. (verbesserte) und 3. (unveränderte) Auflage. 44 kr.
    III. Stufe. 40 kr.
Stoklas Ed., Stručná fysika k potřebě mládeže škol obecných (Naturlehre). 2. und
  3. Auflage. Prag 1875 und 1880. Urbánek. 48 kr.
  —   — Fysika pro občanské školy chlapecké i dívčí (Naturlehre), 2. Auflage
    Prag 1874. Urbánek. 80 kr.
Stoklas Ed. a Klika Jos., Fysika pro školy měšťanské. (Naturlehre). Theil I.—III.
  Prag 1878—1879. Urbánek. Jeder Theil 48 kr.

Gesangbücher.

Bergmann J. A. und Drůbek F., Výbor písní školních pro mládež škol obecných
  a měšťanských (Schulgesänge). Veränderte und erweiterte Ausgabe. Prag.
  Drůbek. 1—5. Heft je 15 kr.
Macháček V., Písně pro školní mládež (Schulgesänge). Prag. Mikuláš & Knapp.
  I. Heft 24 kr., II. Heft 24 kr., III. Heft 24 kr., IV. Heft 24 kr., V. Heft 40 kr.,
  Ausgabe ohne Noten à 8 kr.
Vlk Jos., Zpěvník pro žáky škol obecných a měšťanských (Gesangbuch.) Heft I.—V.
  Prag. Rohlíček a Sievers. Jedes Heft 15 kr., ohne Noten je 5 kr.

---

2. Für allgemeine Volksschulen.

Lesebücher.

Čítanka pro školy obecné (Lesebuch für Volksschulen). Von Šťastný, Lepař
  und Sokol. (Ausgabe in 5 Theilen.) Wien und Prag. K. k. Schulbücher-Verlag.
    I. Theil, 18 kr. II. Theil, 20 kr. III. Theil, 30 kr.
Čítanka pro školy obecné (Lesebuch für Volksschulen). Von Šťastný, Lepař
  und Sokol. (Ausgabe in 3 Theilen). Prag und Wien. K. k. Schulbücher-Verlag.
    I. Theil 20 kr., II. Theil 36 kr., III. Theil 55 kr.
Čítanka pro školy obecné dle methody analyticko-synthetické. Spolu se cvičeními
  v německé řeči. (Fibel für die Volksschulen nach der analytisch-synthetischen
  Methode, mit einem Anhange deutscher Sprachübungen. Für Schlesien von
  Hradecký.) Wien. K. k. Schulbücher-Verlag. Gebunden 25 kr.
Druhá čítanka pro žáky škol obecných. Spolu se cvičením v německé řeči.
  (Zweites Lesebuch für die Volksschulen mit deutschen Sprachübungen. Für
  Schlesien von Hradecký.) Wien. K. k. Schulbücher-Verlag. Gebunden 45 kr.
Kliepera Jos., První čítanka na základě psacího písma (Erstes Lesebuch auf
  Grundlage der Schreiblesemethode). 1. und 2. (neue, revidierte) Auflage.
  Prag. Tempsky. 20 kr.
  —   — Druhá čítanka a mluvnice pro jedno- a vícetřídní obecné školy
    (Zweites Sprach- und Lesebuch). Prag. Tempsky. Gebunden 40 kr.
  —   — Třetí čítanka a mluvnice pro obecné školy jedno- i vícetřídní (Drittes
    Sprach- und Lesebuch). Prag 1883. Tempsky. 85 kr.

Rechenbücher.

Močnik, Dr. Franz R. v., Početnice pro obecné školy (Rechenbuch für Volks-
   schulen). Wien und Prag. K. k. Schulbücher-Verlag.
   Das 1., 2., 3. und 4. Rechenbuch ist auch zum Lehrgebrauche in Volks- und
   Bürgerschulen zulässig (Siehe oben Rechenbücher für allgemeine Volks-
   schulen und für Bürgerschulen).
 —   —   Pátá početnice pro jedno-, dvoj- a trojtřídní obecné školy (Fünftes
   Rechenbuch für ein-, zwei- und dreiclassige Volksschulen). Wien und Prag.
   K. k. Schulbücher-Verlag. Gebunden 20 kr.
 —   —   Pátá početnice pro čtyr- a pětitřídní obecné školy (Fünftes Rechenbuch
   für vier- und fünfclassige Volksschulen). Wien und Prag. K. k. Schulbücher-
   Verlag. Gebunden 22 kr.
Nápravník Franz, Nauka o geometrických útvarech (Geometrische Formenlehre).
   Prag. Tempsky. I. Theil, 1883, 30 kr.; II. Theil, 1884, 30 kr.

D.

In polnischer Sprache.

Religionsbücher.

a) Für katholische Religionslehre.

Mały katechizm (Kleiner Katechismus). Wien. K. k. Schulbücher-Verlag. Brosch. 6 kr.
Wielki katechizm w pytaniach i odpowiedziach (Großer Katechismus in Fragen
   und Antworten). Wien. K. k. Schulbücher-Verlag. Gebunden 30 kr.
Ewangelie, Lekcye i Listy na wszystkie niedziele i uroczystości całego roku
   (Evangelien und Episteln.) Wien. K. k. Schulbücher-Verlag. Gebunden 34 kr.
Dzieje biblijne starego i nowego przymierza. Z 52 obrazkami i mapą (Biblische
   Geschichte des alten und neuen Testamentes für Volksschulen von Dr. Schuster.
   Illustriert und mit der Karte von Palästina). Wien. K. k. Schulbücher-Verlag.
   Gebunden 50 kr.

b) Für evangelische Religionslehre.

Śliwka J., Przypowieści biblijne do małego katechizmu Dra. M. Lutra. (Biblische
   Erzählungen.) Teschen 1880. K. Procházka. (Für Schlesien.)
 —   —   Krótka historija kościoła chrześciańskiego. Teschen 1881. Ed. Feitzinger.
   (Für Schlesien.)

Lesebücher.

Elementarz podług metody analityczno-syntetycznéj (Fibel nach der analytisch-
   synthetischen Methode von A. Rusch). Wien. K. k. Schulbücher - Verlag.
   Gebunden 30 kr.
Piérwsza książka do nauki i czytania dla szkół ludowych z dodatkiem nauki języka
   niemieckiego (Erstes Sprach- und Lesebuch für Volksschulen mit einem Anhange
   zum Unterricht im Deutschen von Rusch). Wien. K. k. Schulbücher-Verlag.
   Gebunden 46 kr.
Druga książka do czytania i nauki dla szkół początkowych austryackich (Zweites
   Lesebuch). Wien. K. k. Schulbücher-Verlag. Gebunden 44 kr.

Pierwsza książka do czytania dla szkół początkowych (Erstes Sprach- und Lesebuch). Wien. K. k. Schulbücher-Verlag. Gebunden 35 kr.

Lehrbücher zur Erlernung einer zweiten Sprache.

Elementarz niemiecki dla szkół ludowych (Deutsche Fibel für Volksschulen). Wien.
K. k. Schulbücher-Verlag. Broschiert 12 kr.

Praktyczna gramatyka języka niemieckiego w przykładach dla szkół początkowych
(Deutsche Sprachlehre.) Wien 1880. K. k. Schulbücher-Verlag. 40 kr.

Rechenbücher.

Piérwsza książka rachunkowa (Erstes Rechenbuch). Wien. K. k. Schulbücher-
Verlag. Broschiert 8 kr.

Druga książka rachunkowa (Zweites Rechenbuch). Wien. K. k. Schulbücher-Verlag.
Broschiert 15 kr.

Gesangbücher.

Hussak Karl, Śpiewnik Szląski dla szkół ludowych (Schlesisches Gesangbuch).
Wien 1883. A. Pichler. I. Heft 12 kr., II. Heft 16 kr., III. Heft 20 kr.

E.

In ruthenischer Sprache.

Religionsbücher.

Катихисіс малый для православного юношества школъ народныхъ въ Буко-
винѣ (Kleiner Katechismus für griech.-orientalische Schulen in der Bukowina).
Wien. K. k. Schulbücher-Verlag. Broschiert 6 kr.

Катихисіс содержащій наукъ хрістіанскую православной восточной церкви
(Großer Katechismus für griechisch-orientalische Schulen in der Bukowina.)
Wien. K. k. Schulbücher-Verlag. 35 kr.

Worobkiewicz Isid., Napěvi iz božestvennoj liturgii sv. Joanna Zlatoustoho (Litur-
gisches Gesangbuch). Czernowitz. 50 kr.

Lesebücher.

Букварь для школъ народныхъ (Fibel für Volksschulen). Wien. K. k. Schulbücher-Verlag. Gebunden 17 kr.

Руска первша языкоучебна Читанка (Erstes Sprach- und Lesebuch). Wien.
K. k. Schulbücher-Verlag. Gebunden 27 kr.

Руска втора Читанка. (Zweites Lesebuch). Wien. K. k. Schulbücher-Verlag.
Gebunden 48 kr.

F.

In croatischer Sprache.

Religionsbücher.

Katekizam mali s upitivanjim i s odgovorim za pučke učionice u Dalmacii (Kleiner
Katechismus in Fragen und Antworten für die Volksschulen in Dalmatien).
Wien. K. k. Schulbücher-Verlag. Broschiert 6 kr.
Mali katekizam va upitih i odgovorih za pučke učionice (Kleiner Katechismus in
Fragen und Antworten für Volksschulen). Wien. K. k. Schulbücher-Verlag.
Broschiert 6 kr.
Izvadak iz veloga katekizma za pučke učionice (Auszug aus dem großen Kate
chismus). Wien. K. k. Schulbücher-Verlag. Gebunden 22 kr.
Veliki katekizam za pučke učionice (Großer Katechismus). Wien. K. k. Schulbücher-
Verlag. Gebunden 25 kr.

Početni katekizam za pučke učione (Katechismus für die unteren Classen). Wien.
K. k. Schulbücher-Verlag. Broschiert 7 kr.
Katolički katekizam za III. razred pučkih učionah (Mittlerer kathol. Katechismus
für die 3. Classe der Volksschulen). Wien. K. k. Schulbücher-Verlag.
Gebunden 21 kr.
Katolički katekizam za IV. razred pučkih učionah (Katechismus für die 4. Classe der
Volksschulen). Wien. K. k. Schulbücher-Verlag. Gebunden 32 kr.

Poslanice ili Epistole i Blagověsti ili Evangjelja za sve nedělje i blagdane crkvenoga
godišta (Evangelienbuch). Wien. K. k. Schulbücher-Verlag. Gebunden 30 kr.
Biblička pověstnica staroga i novoga zakona za katoličke pučke učione. Sa 52 slikah
i sa zemljovidom (Biblische Geschichte des alten und neuen Testamentes für
Volksschulen. Mit 52 Bildern und einer Karte von Dr. Schuster). Wien.
K. k. Schulbücher-Verlag. Gebunden 50 kr.
Rubetić C., Kratka poviest crkve Isusove (Kurze Kirchengeschichte). Agram 1873. 60 kr

Lesebücher.

Hrvatska početnica za pučke učione (Fibel für die Volksschulen. Vollständige Aus-
gabe). Illustriert. Wien. K. k. Schulbücher-Verlag. Gebunden 20 kr.
Prva slovnička čitanka za pučke učione (Erstes Sprach- und Lesebuch für die
Volksschulen). Wien. K. k. Schulbücher-Verlag. Gebunden 28 kr.
Druga slovnička čitanka (Zweites Sprach- und Lesebuch). Mit der Karte von
Österreich-Ungarn. Wien. K. k. Schulbücher-Verlag. Gebunden 48 kr.
Treća čitanka za pučke učione (Drittes Lesebuch für die Volksschulen). Mit der
Karte von Europa. Wien. K. k. Schulbücher-Verlag. Gebunden 50 kr.
Smičiklas T., Čitanka za 1. gimn. razred (Lesebuch). Agram 1875. Gaj.

Sprachlehrbücher.

Slovnica hrvatska i pismovnik za pučke učione (Sprachlehre in Verbindung mit schriftlichen Aufsätzen). Wien. K. k. Schulbücher-Verlag. Gebunden 43 kr.

Lehrbücher zur Erlernung einer zweiten Sprache.

Němačka početnica (Deutsche Fibel). Wien. K. k. Schulbücher-Verlag. Broschiert 7 kr.

Praktična slovnica němačkoga jezika. Dio I. (Deutsches Sprachlehrbuch. I. Theil). Wien. K. k. Schulbücher-Verlag. Gebunden 20 kr.

Němačka čitanka. Dio I. (Deutsches Lesebuch). Wien. K. k. Schulbücher-Verlag. Gebunden 25 kr.

Praktična slovnica němačkoga jezika. Dio II. (Deutsches Sprachlehrbuch. 2. Theil.) Wien. K. k. Schulbücher-Verlag. Gebunden 25 kr.

Němačka čitanka. Dio II. (Deutsches Lesebuch. 2. Theil). Wien. K. k. Schulbücher-Verlag. Gebunden 30 kr.

Kobenzl Josef, Njemačka slovnica za pučke i gradjanske učione (Deutsche Sprachlehre für allgemeine und für Bürgerschulen. Wien 1882. K. Graeser. 32 kr.

Vučetić Ant., Razgovorna slovnica talijanska. (Italienische Sprachlehre.) I. Theil. Ragusa 1880. D. Pretner. 1 fl. 40 kr.

Prva praktična slovnica talijanskoga jezika za hrvatske pučke učione (Erste praktische Sprachlehre der italienischen Sprache für croatische Volksschulen). Wien. K. k. Schulbücher-Verlag. 22 kr.

Rechenbücher.

Močnik, Dr. Fr. R. v., Računica za hrvatske pučke učione (Rechenbücher für Volksschulen). Wien. K. k. Schulbücher-Verlag.
  Prva — Broschiert 8 kr.
  Druga — Broschiert 12 kr.
  Treća — Broschiert 15 kr.
  Četvrta — Broschiert 18 kr.
  Peta — Gebunden 40 kr.

Lehrbücher für Geographie und Geschichte.

Hoić I., Zemljopis za gradjanske šole (Geographie für Bürgerschulclassen). Agram. K. Landes-Verlag. 65 kr.
  — — Zemljopis austrijsko-ugarske monarkije (Geographie der österr.-ungar. Monarchie). Agram. K. Landes-Verlag. 50 kr.

Klaić V., Kratak sveobći zemljopis (Kurze allgemeine Erdbeschreibung). Agram 1875. Župan. 40 kr.
  — — Zemljopis monarkije austro-ugarske na pučke učione. (Österreichisch-ungarische Geographie). Agram 1875. Hartmán. 36 kr.
  — — Poviest austro-ugarske monarkije za pučke učione. (Österr.-ungarische Geschichte.) Agram 1875. Hartmán. 40 kr.

Mařik V. Z., Sveobći zemljepis (Allgemeine Erdbeschreibung). Agram 1872. Hartmán. 40 kr.

Lehrbücher für Naturgeschichte und Naturlehre.

Pokorny, Prirodopis za pučke i gradjanske škole u tri stopnja (Naturgeschichte für Volks- und Bürgerschulen in drei Stufen). Agram. K. Landes-Verlag.
  I. Stufe 60 kr., II. Stufe 80 kr., III. Stufe 65 kr.

G.

In kirchen-slavischer Sprache.

Religionsbücher.

Цірко́еное пѣ́ніе еъ недѣ́льныа й пра́здничныа дни на еѣ́сь го́дъ. За ѹпотрі-
вле́ніе сірескихъ наро́дныхъ ѹчи́лищъ (Kirchen-Gesangbuch für serbische
Schulen). Wien. K. k. Schulbücher-Verlag. Broschiert 12 kr.

Изъ Ѱа́лти́ра. Періона́чаное ѹпражне́ніе еъ чтіни́и сеащі́нныхъ кни́гъ. Еъ
ѹпотребле́нію еъ славіносірескихъ наро́дныхъ ѹчи́лищахъ (Psalter für
serbische Schulen). Wien. K. k. Schulbücher-Verlag. Gebunden 25 kr.

Изъ Часосло́ва. Періона́чаное ѹпражне́ніе еъ чтіни́и сеащі́нныхъ кни́гъ. Еъ
ѹпотребле́нію еъ славіносірескихъ наро́дныхъ ѹчи́лищахъ (Kirchenslavisches
Lesebuch — Časoslov — für serbische Schulen). Wien. K. k. Schulbücher-
Verlag. Broschiert 8 kr.

Катихи́сіеъ ма́лый ѿ иеѣни́тскагѡ Ѵѵно́да еъ Карло́вцѣ 1774 (Kleiner Katechismus
der Karlowitzer Synode vom Jahre 1774). Wien. K. k. Schulbücher-Verlag.
Broschiert 10 kr.

H.

In serbischer Sprache.

Religionsbücher.

Малый Катихисисъ (Kleiner Katechismus). Wien. K. k. Schulbücher-Verlag.
Broschiert 5 kr.

Срѣдный Катихисисъ (Mittlerer Katechismus). Wien. K. k. Schulbücher-Verlag.
Broschiert 9 kr.

Восточнаго вѣроисповѣданія Катихисисъ (Großer Katechismus). Wien. K. k. Schulbücher-Verlag. Gebunden 23 kr.

Кратка свештена исторія за срóска народна училишта (Kurzgefasste biblische
Geschichte). Wien. K. k. Schulbücher-Verlag. Broschiert 6 kr.

Lesebücher.

Букваръ и прва читанка (Fibel und erstes Lesebuch). Wien. K. k. Schulbücher-
Verlag. Gebunden 15 kr.

Друга езыкословна читанка (Zweites Sprach- und Lesebuch). Wien. K. k. Schulbücher-Verlag. Gebunden 26 kr.

Треñя езыкословна читанка (Drittes Sprach- und Lesebuch). Mit der Karte von
Österreich-Ungarn. Wien. K. k. Schulbücher-Verlag. Gebunden 54 kr.

Четврта читанка (Viertes Lesebuch). Mit der Karte von Europa. Wien.
K. k. Schulbücher-Verlag. Gebunden 45 kr.

Lehrbücher zur Erlernung einer zweiten Sprache.

Нѣмачкый Букваръ (Deutsche Fibel). Wien. K. k. Schulbücher-Verlag. Brosch. 8 kr.
Практично Ѕыкословіе нѣмачко и нѣмачка Читанка (Praktische deutsche Sprachlehre und Lesebuch). Wien. K. k. Schulbücher-Verlag. I. Theil. Gebunden 30 kr. II. Theil. Gebunden 42 kr.
Нѣмачко-сръскій и сръско-нѣмачкій Рѣчникъ къ нѣмачкой Читанки и практичномъ Ѕыкословію нѣмачкомъ. (Deutsch-serbisches und serbisch-deutsches Wörterbuch). Wien. K. k. Schulbücher-Verlag. Gebunden 18 kr.

I.
In slovenischer Sprache.

Religionsbücher.

Mali katekizem (Kleiner Katechismus). Wien. K. k. Schulbücher-Verlag. Broschiert 7 kr.
Keršćanski katolški nauk, okrajšan spisek iz velikega katekizma, v prašanjih in odgovorih (Auszug aus dem großen Katechismus in Fragen und Antworten). Wien. K. k. Schulbücher-Verlag. Gebunden 25 kr.
Mali katekizem v prašanjih in odgovorih (Kleiner Katechismus in Fragen und Antworten). Wien. K. k. Schulbücher-Verlag. Broschiert 6 kr.
Keršanski nauk v prašanjih i odgovorih (Christenlehre in Fragen und Antworten). Wien. K. k. Schulbücher-Verlag. Gebunden 30 kr.
Veliki katekizem za ljudske šole (Großer Katechismus für Volksschulen). Wien. K. k. Schulbücher-Verlag. Gebunden 30 kr.
Sveti listi, berila in evangelji za nedelje in praznike celega leta in vse dni svetega posta (Evangelien). Wien K. k. Schulbücher-Verlag. Gebunden 46 kr.
Zgodbe svetega pisma stare in nove zaveze. S 52 podobšinami in 1 zemljovidom (Biblische Geschichte von Dr. Schuster. Mit 25 Bildern und der Karte von Palästina.) Wien. K. k. Schulbücher-Verlag. Gebunden 50 kr.

Lesebücher.

Začetnica in prvo berilo za ljudske šole (Slovenische Fibel und erstes Lesebuch für Volksschulen). Wien. K. k. Schulbücher-Verlag. Gebunden 24 kr.
Drugo Berilo in slovnica za slovenske ljudske šole (Zweites Sprach- und Lesebuch). Wien. K. k. Schulbücher-Verlag. Gebunden 35 kr.
Tretje Berilo za ljudske šole. (Drittes Lesebuch.) Wien 1880. K. k. Schulbücher-Verlag. 40 kr.
Končnik Peter, Cetrto berilo za ljudske in nadaljevalne šole (Viertes Lesebuch für Volks- und Fortbildungsschulen). Wien 1883. K. k. Schulbücher-Verlag. 60 kr.
Praprotnik A., Abecednik za slovenske ljudske šole (Slovenische Fibel.) Laibach 1883. M. Berger. 20 kr.
Razinger A., Žumer A., Abecednik za slovenske ljudske šole (Fibel für slovenische Volksschulen). Laibach 1880. Kleinmayr und Bamberg. 20 kr.
Janežič Anton, Cvetnik. Berilo za slovensko mladino. (Lesebuch für die slovenische Jugend.) I. Theil. 3. Abdruck. Klagenfurt. Verlag des St. Hermagoras-Vereines. Preis 70 kr. (Für Bürgerschulen und für die 5. Classe fünfclassiger Volksschulen.)

Lehrbücher zur Erlernung einer zweiten Sprache.

Miklosich Ivan, Slovensko-nemška začetnica za ljudske šole (Slovenisch-deutsche Fibel). Wien. K. k. Schulbücher-Verlag. Gebunden 24 kr.

Preschern Karl, Slovensko-nemški Abecednik (Slovenisch-deutsche Fibel). Wien. K. k. Schulbücher-Verlag. 1884. Gebunden 35 kr.

Žumer A., Razinger A., Slovensko-nemški abecednik (Slovenisch-deutsche Fibel). Laibach 1880. Kleinmayr und Bamberg. 25 kr.

Sprachlehrbücher.

Končnik Peter, Slovenska slovnica z naukom, kako se pišejo pisma in opravilni sestavki (Slovenische Sprachlehre mit Belehrung über Geschäftsaufsätze). Wien. K. k. Schulbücher-Verlag. 50 kr.

Praprotnik Andr., Slovenska slovnica za pervence (Slovenische Sprachlehre für Anfänger). Laibach 1877. Selbstverlag des Verfassers. 30 kr.

—   Spisje v ljudski šoli (Geschäftsaufsätze). Laibach. Gerber. 32 kr.

Perva nemška slovnica za slovenske ljudske šole (Erstes deutsches Sprach- und Lesebuch für slovenische Volksschulen). Wien. K. k. Schulbücher-Verlag. Gebunden 24 kr

Druga nemška slovnica za slovenske ljudske šole (Zweites deutsches Sprach- und Lesebuch für slovenische Volksschulen). Wien. K. k. Schulbücher-Verlag. Gebunden 36 kr.

Tretja nemška slovnica za slovenske ljudske šole (Drittes deutsches Sprachbuch für slovenische Volksschulen). Wien. K. k. Schulbücher-Verlag. Gebunden 30 kr.

Navod k naučenju italianskega jezika za slovenske ljudske šole (Anleitung zur Erlernung der italienischen Sprache). Wien. K. k. Schulbücher-Verlag. I. Theil. 1884. 20 kr.

Rechenbücher.

Perva računica za slovenske ljudske šole (Erstes Rechenbuch von Dr. Fr. R. von Močnik). Wien. K. k. Schulbücher-Verlag. Broschiert 8 kr.

Druga računica za slovenske ljudske šole (Zweites Rechenbuch von Dr. Fr. R. von Močnik). Wien. K. k. Schulbücher-Verlag. Broschiert 12 kr.

Tretja računica za slovenske ljudske šole (Drittes Rechenbuch von Dr. Fr. R. von Močnik). Wien. K. k. Schulbücher-Verlag. Brosch. 13 kr.

Četerta računica za slovenske ljudske šole (Viertes Rechenbuch von Dr. Fr. R. von Močnik). Wien. K. k. Schulbücher-Verlag. Brosch. 16 kr.

Peta računica za jedno- dvo- in trirazredne ljudske šole (Fünftes Rechenbuch von Dr. Fr. R. von Močnik). Wien. K. k Schulbücher-Verlag. Gebunden 20 kr.

Gesangsbücher.

Nedvěd Anton, Slavček. Zbirka šolskich pesmi (Schulgesänge.) Laibach 1879. Selbstverlag des Verfassers. 1. Stufe 20 kr., 2. Stufe 20 kr., 3. Stufe 30 kr.

K.

In romanischer Sprache.

Religionsbücher.

Catechisul mic pentru tinerimea ortodoxă (Kleiner Katechismus für die griechisch-orientalische Jugend). Wien. K. k. Schulbücher-Verlag. Broschiert 6 kr.

Прескъртаре din Істopiea свѫптъ а тестаментълѫї векїѕ ші челѫї ноѕ (Kurze bibliache Geschichte.) Wien. K. k. Schulbücher-Verlag. Gebunden 15 kr.

Micul Catechis (Kleiner Katechismus). Wien. K. k. Schulbücher-Verlag. Geb. 14 kr

Епістолеле ші Евангелііле пе тоате дъмінічеѫл ші сербѫторіле (Evangelienbuch). Wien. K. k. Schulbücher-Verlag. Gebunden 22 kr.

Істopiea свѫптъ а тестаментълѫї векїѕ ші челѫї ноѕ (Biblische Geschichte des alten und neuen Testamentes). Wien. K. k. Schulbücher-Verlag. Gebunden 35 kr.

Къртічікъ de ръгъчѫпї (Gebetbüchlein). Wien. K. k. Schulbücher-Verlag. Broschiert 6 kr.

Vorobkiewicz Isidor, Cîntaerï corale péntru liturgia sfîntuluï Joan Gurae-de-aur. Czernowitz. 50 kr.

Lesebücher.

Jeremiewicz Nik., Elementariŭ românescu scólele popolare. (Fibel für die 1. Classe der Volksschulen.) Wien. K. k. Schulbücher-Verlag. Geb. 25 kr.

— — Carte de cetire séu Lepturariŭ românescu (Lesebuch für die 2. und 3. Stufe). Wien. K. k. Schulbücher-Verlag. 35 kr.

Gramatica elementară pentru anul II scólelor poporale (Elementar-Grammatik für die 2. Schulstufe). Czernowitz 1883. Selbstverlag. Preis 25 kr.

Lehrbücher zur Erlernung einer zweiten Sprache.

Eleminte de gramaticæ germîne (Elementarbuch zur Erlernung der deutschen Sprache für Volksschulen). Wien. K. k. Schulbücher-Verlag. Broschiert 20 kr.

Gramatica germînæ pentru usul școalelor poporale (Deutsche Sprachlehre für Volksschulen). Wien. K. k. Schulbücher-Verlag. Broschiert 33 kr.

Legendariŭ saŭ Carte de ecsercițiĭ la gramatica germînae pentru usul scoalelor poporale (Erstes deutsches Sprach- und Lesebuch für Volksschulen). Wien. K. k. Schulbücher-Verlag. Gebunden 36 kr.

Rechenbücher.

Întaeïa carte de comput pentru scoalele poporale (Erstes Rechenbuch von Dr. Fr. R. v. Močnik). Wien. K. k. Schulbücher-Verlag. Broschiert 7 kr.

A doaŭa carte de comput pentru scoalele poporale (Zweites Rechenbuch von Dr. Fr. R. v. Močnik). Wien. K. k. Schulbücher-Verlag. Broschiert 12 kr.

A treïa carte de comput pentru scoalele poporale (Drittes Rechenbuch von Dr. Fr. R. v. Močnik). Wien. K. k. Schulbücher-Verlag. Broschiert 13 kr.

A patra carte de comput pentru scoalele poporale (Viertes Rechenbuch von Dr. Fr. R. v. Močnik). Wien. K. k. Schulbücher-Verlag. Broschiert 14 kr.

L.

In hebräischer Sprache.

תּוֹרַת הַלָּשׁוֹן וְהַמִּקְרָא Hebräisches Sprach- und Lesebuch für den ersten Unterricht in den Volksschulen von J. Redlich. Wien. K. k. Schulbücher Verlag. Gebunden 16 kr.

רֵאשִׁית לִמּוּדִים. Hebräische Fibel von Rudolf Fuchs. 1. Stufe des Unterrichtes im Hebräischen. 1. Abtheilung: Die Leselehre. 12. Auflage. Wien. K. k. SchulbücherVerlag. Gebunden 16 kr.

רֵאשִׁית לִמּוּדִים — — 1. Stufe des Unterrichtes im Hebräischen. 2. Abtheilung: Gebete und Schöpfungsgeschichte. 8. Auflage. Wien. K. k. Schulbücher-Verlag. Gebunden 20 kr.

חֲמִשָּׁה חוּמְשֵׁי תּוֹרָה Der Pentateuch für den Schulgebrauch bearbeitet, vollständige Ausgabe, übersetzt nach der correspondierenden Linien-Methode, nebst einer Leselehre der רש״י-Schrift und einem Auszuge aus dem Commentare רש״י, dann einem für die betreffende Classe entsprechenden grammatischen Anhange. Von Rudolf Fuchs.

בראשית = (B'reschit) Das erste Buch Moses. Gebunden 74 kr.

שמות = (Sch'mot). Das zweite Buch Moses. Gebunden 76 kr.

ויקרא = (Wajikra). Das dritte Buch Moses. Gebunden 55 kr.

במדבר = (Bamidbar). Das vierte Buch Moses. Gebunden 54 kr.

דברים = (Debarim). Das fünfte Buch Moses. Gebunden 60 kr.

> Dem Buche שמות sind Abbildungen der Stiftshütte und ihrer Geräthschaften, dem Buche במדבר eine Karte, die Züge der Israeliten durch die Wüste betreffend, beigegeben.

חֲמִשָּׁה חוּמְשֵׁי תּוֹרָה Pentateuch. Wien. K. k. Schulbücher-Verlag. Gebunden 30 kr.

Hebräische Fibel für Blinde. Wien. K. k. Schulbücher-Verlag. Gebunden 2 fl.

II. Lehrmittel.

Zum Anschauungsunterricht.

Anschauungsunterricht in Bildern. Schulausgabe, bestehend aus 86 colorierten Tafeln
Prag. Tempsky. 6 fl. 66 kr.
— — Dasselbe Werk in böhmischer Ausgabe.
— — Dasselbe Werk in polnischer Ausgabe.
Bilder (16) für den ersten Anschauungsunterricht und zur Grundlage für den natur-
geschichtlichen Unterricht. München. Expedition des k. Central-Schulbücher-
verlages. Verlag von Alfred Hölder in Wien. 12 fl. 80 kr.
Bock und Strübing F., Sechs Gruppenbilder für den Anschauungs- und Sprachunterricht
nebst erläuterndem Text. Berlin. Winkelmann und Söhne. 18 fl. 50 kr.
Tomšič J., Nazorni nauk za slovensko mladost (Anschauungsunterricht mit slovenischen
Erklärungen). Laibach 1872. Giontini. 3 fl. 50 kr.
Wilke's Bilder-Tafeln für den Anschauungsunterricht. Braunschweig. F. Wreden.
16 Tafeln 4 fl. 80 kr.

Zum Unterrichte im Lesen.

Deutsche Wandfibel von J. Vogl. Wien. K. k. Schulbücher-Verlag. 22 Blätter 2 fl.
Drei Schreibschrifttafeln, schwarz auf weiß, gedruckt 50 kr.
Italienische Wandfibel in 12 Blättern. K. k. Schulbücher-Verlag. Ungebunden 1 fl. 15 kr.,
gebunden in Buchform 2 fl. 20 kr.
Croatische Wandfibel in 12 Blättern. K. k. Schulbücher-Verlag. Ungebunden 1 fl. 15 kr.,
gebunden 2 fl. 20 kr.
Slovenische Wandfibel in 12 Tafeln. K. k. Schulbücher - Verlag. Ungebunden
1 fl. 40 kr., gebunden 2 fl. 40 kr.
Romanische Wandfibel in 12 · Tafeln. K. k. Schulbücher - Verlag. Ungebunden
1 fl. 15 kr., gebunden 2 fl. 20 kr.
Hebräische Wandfibel. 7 Tabellen in 14 Tafeln. K. k. Schulbücher-Verlag. Ungebunden 1 fl. 30 kr., gebunden 2 fl. 40 kr.
Ambros J., Wandfibel. Wien bei A. Pichler's Witwe & Sohn. 20 Tafeln. Unaufgezogen 3 fl.
Razinger Anton und Žumer Andreas, Slovenische Wandfibel, bestehend in
25 Tafeln. Laibach. Preis einer Tafel 10 kr., Preis des Ganzen 2 fl. 50 kr.
Schreiblese-Wandtafeln. 18 Blatt. Prag bei F. Tempsky. 4 fl.

Zum Unterrichte in Geographie und Geschichte.

Baumgarten Max v., Das Herzogthum Bukowina (Wandkarte). Wien bei Hölzel,
auf Leinwand 6 fl.
Baur C. F., Elementar-Schulatlas für Volksschulen, 10 Karten. Wien bei Hölzel. 40 kr.
— Zeměpisný atlas (Geographischer Atlas für Volksschulen in 10 Karten). Wien
bei Ed. Hölzel. Preis 40 kr.
— Österreichisch-ungar. Monarchie (Wandkarte, auf Leinwand) 7 fl.
— Visecí mapa Rakousko-uherského mocnářství (Wandkarte der österr.-ungar.
Monarchie mit böhmischer Nomenclatur). Wien bei Hölzel. 7 fl.

Baur C. F., Austro-ugarska monarhija (Wandkarte der österr.-ungarischen Monarchie mit croatischer Nomenclatur). Wien bei Hölzel; auf Leinwand gespannt 9 fl.

— La Monarchia Austro-Ungarica (Wandkarte der österreichisch-ungarischen Monarchie mit italienischer Nomenclatur). Wien bei Hölzel; auf Leinwand gespannt 9 fl.

— Schulwandkarte vom Königreich Böhmen. Nach Zdeněk's Situationsentwurf und Dr. Kořistka's Höhenschichtenkarte. Wien bei Hölzel; auf Leinwand 4 fl. 80 kr.

— Schulwandkarte des Herzogthums Salzburg. Wien bei Hölzel. In Mappe 6 fl.

— Schulwandkarte des Herzogthums Krain (mit deutscher und slovenischer Nomenclatur). Wien bei Ed. Hölzel.

— Schulwandkarte von Mähren (mit deutscher und slavischer Nomenclatur). Wien bei Ed. Hölzel; auf Leinwand in Mappe 5 fl. 50 kr.

Berger Fr., Plan von Wien. 4. und 5. Auflage. Verlag Lehrerverein Volksschule in Wien. 35 kr.

Berghaus H., Physikalische Wandkarte der Erde in Mercators Projection; bei Perthes. 8 fl. 40 kr.

Biblische Bilder für den Unterricht in der Volksschule. Wien bei Hölzel. 32 Bilder, ein Bild aufgespannt 1 fl.

Czörnig Karl, Freiherr von, Ethnographische Karte der österreichisch-ungarischen Monarchie. Wien. K. k. Hof- und Staatsdruckerei. 15 fl.

Doležal A., Schulwandkarte der österreichisch-ungarischen Monarchie. Gotha und Wien. 2. Auflage. Perthes. 7 fl. 50 kr.

Felkl J. F. und Sohn, Erdglobus. Durchmesser 8″ = 21ᶜᵐ. (Bezeichnung B. Nr. 5.) Prag. 5 fl. 30 kr.

— Durchmesser 8″ = 21ᶜᵐ. (Bezeichnung A. Nr. 5.) 12 fl. 60 kr. Tellurium 15 fl., Planetarium 30 fl.

— — Zeměkoule, kreslil Otto Delitsch, sestavil J. Řehák. Preis bei einfachem Gestell 10 fl. (Durchmesser 32ᶜᵐ).

Grünnes Raphael, Abbildungen zur Apostelgeschichte. 14 Blätter. Katechetischer Verlag. Verschleiß im k. k. Schulbücher-Verlage. Preis 7 fl.

Haardt Vincenz v., Geographischer Atlas für Volksschulen. In 12 Karten. Wien bei Ed. Hölzel. Preis 40 kr.

— — Wandkarte von Afrika nach Dr. J. Chavanne's physikalischer Wandkarte. Wien bei Ed. Hölzel. Auf Leinwand in Mappe 5 fl., mit Stäben 6 fl.

— — Schulwandkarte von Asien. Nach Dr. J. Chavanne's physikalischer Wandkarte. Wien. Ed. Hölzel. Auf Leinwand in Mappe 9 fl., mit Stäben 10 fl.

— — Schulwandkarte von Amerika. Wien bei Ed. Hölzel.

— — Politische Schulwandkarte von Europa. Wien bei Ed. Hölzel.

— — Oro-hydrographische Wandkarte von Europa. Wien bei Ed. Hölzel. Preis jeder der drei Wandkarten unaufgespannt 4 fl., aufgespannt auf Leinwand in Mappe 6 fl. 50 kr., mit Stäben 7 fl. 50 kr.

— — Geographischer Atlas für die Volksschulen. Wien bei Ed. Hölzel.

Ausgabe für Niederösterreich,

„	„	Steiermark,
„	„	Kärnten,
„	„	Krain und Küstenland,
„	„	Salzburg,
„	„	Oberösterreich,
„	„	Böhmen,
„	„	Mähren,
„	„	Schlesien,
„	„	Tirol und Vorarlberg.

Jeder dieser Atlanten in 2 Ausgaben.
Ausgabe I (7 Karten) 25 kr.;
  „ II (14 Karten) 50 kr.

Haardt, Vincenz v., Geographischer Atlas für die höheren Classen der Volks- und Bürgerschulen. Wien bei Ed. Hölzel.

Ausgabe für Niederösterreich,
    „   „ Oberösterreich,
    „   „ Salzburg,
    „   „ Kärnten,
    „   „ Krain,
    „   „ Küstenland,
    „   „ Steiermark,
    „   „ Böhmen,
    „   „ Mähren,
    „   „ Schlesien,
    „   „ Tirol und Vorarlberg.

Jeder dieser Atlanten (28 Karten) mit erläuterndem Texte 1 fl. 50 kr.; ohne Text 1 fl. 20 kr.

Haardt, Vincenz v., Atlas der österr.-ungar. Monarchie für Volks- und Bürgerschulen. 13 Karten. Wien bei Ed. Hölzel. Preis 50 kr.

—   —   Atlante geografico ad uso delle scuole popolari del Litorale (Trieste, Gorizia e Gradisca, Istria)
      Edizione I in 7 carte. Prezzo 30 soldi.
      „ II in 14 carte. Prezzo 60 soldi.
Vienna presso E. Hölzel.

—   —   Atlante geografico ad uso delle scuole popolari italiane del Tirolo. Edizione II in 13 carte. Prezzo 60 soldi. Vienna presso Ed. Hölzel.

—   —   Zeměpisný atlas pro obecné školy království českého (Atlas für die Volksschulen im Königreiche Böhmen). Bearbeitet von Jaroslav Zdeněk. Wien. Ed. Hölzel. Ausgabe I in 7 Karten, Preis 28 kr., Ausgabe II in 14 Karten, Preis 50 kr.

—   —   Zeměpisný atlas pro obecné školy markrabství Moravského a vévodství Slezského (Atlas für die Volksschulen der Markgrafschaft Mähren und des Herzogthums Schlesien). Bearbeitet von Jaroslav Zdeněk. Wien. Ed. Hölzel. Ausgabe I in 7 Karten, Preis 28 kr., Ausgabe II in 14 Karten, Preis 50 kr.

Handtke F., Schulwandkarte von Australien. Glogau. K. Flemming. 3 fl.

Hartinger, Bilder aus der Geschichte für Schule und Haus. In Heften zu 4 Blättern. Heft I—III. Jede Lieferung 6 fl., jedes Blatt einzeln 2 fl.

Kiepert Heinr., Politische Schulwandkarte von Asien. Berlin. D. Reimer. 7 fl. 50 kr.

Knaus, Zeměpisný atlas pro jedno- až pěti — třídní české školy obecné. (Atlas für 1—5classige Volksschulen mit 7 Karten). Prag bei Ant. Felkel. 2. und 3. Auflage. 50 kr.

Kozenn B., Atlas der österreichisch-ungarischen Monarchie. 90 kr.

—   Geographischer Schulatlas. (Ausgabe in 12 Karten.) 50 kr.

—   Geographischer Schulatlas für Bürgerschulen 2. Auflage. 2 fl.

·· —   Kleiner geographischer Atlas in 18 Karten. 75 kr.

· -   Handkarte der österr.-ungar. Monarchie. 50 kr.

—   Höhenschichtenkarte von Oberösterreich und Salzburg. 40 kr.

—   Wandkarte der österreichisch-ungarischen Monarchie. 5 fl. *).

—   Wandkarte der Planiglobien, Ausgabe I, auf Leinwand aufgespannt 3 fl.

—   Wandkarte der Planiglobien, Ausgabe II, mit Mercators Projection, aufgespannt 4 fl.

—   Wandkarte von Europa, aufgespannt 5 fl.

—   „   „   „   in italienischer Sprache, aufgespannt 5 fl. 40 kr.

—   Wandkarte von Kärnten, auf Leinwand gespannt 3 fl. 50 kr.

—   Wandkarte von Niederösterreich. Wien. Verlag von Ed. Hölzel. 7 fl.

—   Wandkarte von Oberösterreich. Wien. Verlag von Ed. Hölzel, auf Leinwand gespannt 5 fl. 50 kr.

---

* Ist vergriffen, wird nicht mehr aufgelegt.

Kozenn B., Wandkarte von Palästina, aufgespannt 4 fl.
— 　　　" 　　" 　　" in italienischer Sprache, aufgespannt 5 fl. 40 kr.
— 　　　" 　　" 　　" in böhmischer Sprache, aufgespannt 4 fl. 60 kr.
　　　　 " 　　" 　　" in croatischer Sprache, :aufgespannt 5 fl. 40 kr.
　　　　 " 　　" 　　" in serbischer Sprache, aufgespannt 5 fl. 40 kr.
　　　　 " 　　" Steiermark, auf Leinwand gespannt 6 fl. 40 kr.
— Zeměpisný atlas (Geographischer Atlas für Bürgerschulen), böhmisch von
　　M. R. Kovář. Ausgabe in 12 Karten, geheftet 72 kr.
— 　　—　　—　" 　　" 18　" 　　" 　　1 fl. 12 kr.
— 　　—　　—　" 　　" 18　" 　gebunden 1 fl. 60 kr.
— Zeměpisný atlas pro školy střední. (Geographischer Atlas für Mittelschulen.)
　　Českým názvoslovím opatřil Jos. Jireček. 7. vermehrte Auflage. 36 Karten,
　　2 fl. 80 kr.
— Geograficzny atlas szkolny (Geographischer Schulatlas), polnisch von
　　S. E. Stöger. Ausgabe in 12 Karten, geheftet 72 kr.
— 　　—　　—　" 　　" 18　" 　　" 　　1 fl. 16 kr.
— 　　—　　—　" 　　" 18　" 　gebunden 1 fl. 60 kr.
— Visecí mapa zeměkoulí (Wandkarte der Planiglobien mit böhmischer Ter-
　　minologie), Ausgabe I, aufgespannt 3 fl. 20 kr.
　　　　　　　　　　　　Ausgabe II, mit Mercators Projection, aufgespannt 4 fl. 80 kr.
— Visecí mapa Evropy (Wandkarte von Europa), aufgespannt 5 fl. 40 kr.
— Visecí mapa království českého (Wandkarte des Königreichs Böhmen),
　　aufgespannt 8 fl.
— Wschodnia-zachodnia polkula (Planiglobien in polnischer Sprache), aufge-
　　spannt 4 fl. 80 kr.
— Mapa ścienna Europy (Karte von Europa in polnischer Sprache), aufgespannt
　　5 fl. 80 kr.
　　　　　　　　(Sämmtlich in Hölzel's Verlag in Wien.)

Křížek V., Školní závěsná mapa království českého (Schulwandkarte von Böhmen).
　Janský in Tábor. Preis, aufgespannt 5 fl. 50 kr., unaufgespannt 4 fl.
Lange's, Dr. H., Volksschulatlas über alle Theile der Erde. 35 Blätter in Farben-
　druck (Ausgabe für Österreich). Braunschweig. G. Westermann. 60 kr.
Letoschek Emil, Tableau der wichtigsten physikalischen geographischen Ver-
　hältnisse. Wien 1879. A. Hölder. Preis eines unaufgespannten Exemplars
　3 fl. 50 kr.
Masera Fr., Specialkarte von Südtirol (für die Volksschulen in Tirol mit italienischer
　Unterrichtssprache).
Melichar J., Visecí mapa království českého (Wandkarte von Böhmen). Prag.
　Urbanek. Preis, aufgespannt 5 fl. 20 kr., unaufgespannt 3 fl. 50 kr.
Randegger's Wandkarte von Vorarlberg. Auf Leinwand gedruckt 6 fl.
Rothaug J. G., Atlas für den geographischen Unterricht in den österreichischen
　Bürgerschulen und sechs- bis achtclassigen Volksschulen. 1. und 2. (größen-
　theils neubearbeitete) und 3. Auflage. Wien. Verlag von Artaria und Comp.
　1 fl. 20 kr, halbbrüchig gebunden 1 fl. 50 kr.
Schäffer, Die Länder der heiligen Schrift. Verlag von Issleib & Rietzschel in
　Gera. Preis eines Exemplares in Farbendruck 1 Rthlr.
Schönninger Fr., Erdglobus mit 12" Durchmesser, sammt Verpackung 11 fl.
Spaleny N. und Ivinger R., Wandkarte von Österreich-Ungarn. Reproduciert vom
　k. k. militärisch-geographischen Institute in Wien. 3 fl. 20 kr.
Steinhauser Ant., Wandkarte des Erzherzogthums Österreich (Land unter der Enns
　und Land ob der Enns). Wien bei Artaria & Comp. 5 fl.
— 　— Die österreichischen Alpen. Wien. Artaria und Comp. Preis auf
　Leinwand gespannt in Mappe 5 fl. 50 kr.

Stülpnagel, Wandkarte von Europa zur Übersicht der staatlichen Verhältnisse. 2. Auflage. (3. Auflage, neu gezeichnet von V. Geyer.) Gotha bei Perthes. 4 fl. 80 kr.

Sydow, Erdkarte in zwei großen Planiglobien. 4. Auflage. Gotha. Perthes. 6 fl.

Tomić J., Zemlja (Erdglobus mit slovenischer Nomenclatur). Laibach. Giontini. 5 fl. 30 kr.

Trampler R., Atlas für ein-, zwei- und dreiclassige Volksschulen. Verlag der k. k. Hof- und Staatsdruckerei

Ausgabe für Niederösterreich.	
„ „ Oberösterreich.	
„ „ Steiermark.	
„ „ Salzburg.	
„ „ Kärnten.	
„ „ Tirol u. Vorarlberg.	Preis jeder dieser Ausgaben
„ „ Böhmen.	(8 Karten) 30 kr.
„ „ Krain.	
„ „ Küstenland.	
„ „ Schlesien.	
„ „ Mähren.	

— — Atlas für vier-, fünf- und sechsclassige Volksschulen. Verlag der k. k. Hof- und Staatsdruckerei.

Ausgabe für Niederösterreich.	
„ „ Oberösterreich.	
„ „ Salzburg.	
„ „ Steiermark.	
„ „ Kärnten.	
„ „ Tirol u. Vorarlberg.	Preis jeder dieser Ausgaben
„ „ Böhmen.	(15 Karten) 60 kr.
„ „ Krain.	
„ „ Küstenland.	
„ „ Schlesien.	
„ „ Mähren.	

— — Atlas der österreichisch-ungarischen Monarchie für Volks- und Bürgerschulen. Wien. K. k. Hof- und Staatsdruckerei. Preis 55 kr.

— — Atlas der österreichisch-ungarischen Monarchie (mit Mittel-Europa, Europa und Planiglobien (für Volksschulen. Wien. K. k. Hof- und Staatsdruckerei. 70 kr.

— — Atlas für sieben- und achtclassige Volks- und Bürgerschulen. Verlag der k.k.Hof-undStaatsdruckerei.

Ausgabe für Niederösterreich.	
„ „ Oberösterreich.	
„ „ Salzburg.	
„ „ Steiermark.	Preis jeder dieser Ausgaben
„ „ Kärnten.	(36 Karten) 1 fl. 70 kr.,
„ „ Krain.	flach gebunden 1 fl. 90 kr.,
„ „ Küstenland.	in Buchform 2 fl. 20 kr.
„ „ Tirol u. Vorarlberg.	
„ „ Böhmen.	
„ „ Mähren.	
„ „ Schlesien.	

— — Atlas für die österreichischen Landschulen. Wien. K. k. Hof- und Staatsdruckerei. 70 kr.

Vodopivec Fr., Carta geografica della Contea principesca di Gorizia e Gradisca col Territorio di Trieste Görz. Verlag des Landesausschusses. 2 fl.

5

Wagner, Dr. Hermann, Wandkarte des deutschen Reichs und seiner Nachbar gebiete. 2. Auflage. Maßstab 1 : 800,000. 12 colorierte Sectionen. Gotha 1879. Justus Perthes. Auf Leinwand in Mappe 10 fl. 20 kr.

Wappentableau der österreichischen Monarchie, darstellend das Reichs- und die Länderwappen, die Fahnen und Flaggen. K. k. Schulbücher-Verlag. 5 fl.

Zdenĕk Jarosl., Školní mapa království Českého (Schul-Wandkarte von Böhmen), aufgespannt 4 fl. 80 kr.

     Hierzu 2 Separat-Ausgaben :

       Školní mapa horo- i vodopisná (Oro-hydrographische Schul-Wandkarte), aufgespannt 3 fl. 80 kr.

       Školní mapa vodo- i místopisná (Hydro-topographische Schul-Wandkarte), aufgespannt 3 fl. 80 kr.

       Alle 3 Ausgaben zusammen, aufgespannt 11 fl. Wien. Hölzel.

Zum Unterrichte in der Naturgeschichte und Naturlehre.

Ahles, Dr., Unsere wichtigeren Giftgewächse mit ihren pflanzlichen Zergliederungen mit erläuterndem Text. I. Theil Samenpflanzen, II. Theil Pilze. Preis eines Theiles geb. mit Text 5.5 Mark. Esslingen bei J. F. Schreiber.

Charakterbilder aus der Thierwelt. Nach Original - Aquarellen von Heinrich Leutemann und Emil Schmidt. In Verkleinerung von „Leutemann Zoologischer Atlas für den Schulgebrauch." Leipzig. Alfred Oehmigke's Verlag. 1., 2. und 3. Serie. Preis jeder Serie von 12 Blättern a) in losen Blättern 2 fl. 50 kr., b) auf Deckel aufgezogen 3 fl. 50 kr., c) auf Deckel gespannt und lackiert 4 fl.

Geiszler, Atlas der landwirtschaftlich schädlichen und nützlichen Thiere Mitteleuropas (2 Tafeln mit erklärendem Text). Nürnberg und Salzburg. Jede Tafel 5 fl.

Grefe C., Lehrtafeln zum Anschauungsunterricht für Schule und Haus. Wien bei Leopold Sommer. 1 Blatt 40 kr.

Hartinger, Die essbaren und giftigen Schwämme in ihren wichtigsten Formen. 12 Tafeln in Farbendruck 12 fl.

—   Österreichs und Deutschlands wildwachsende oder in Gärten gezogene Giftpflanzen. 14 Tafeln in Farbendruck 12 fl.

—   Landwirtschaftliche Tafeln. I. Serie: Tafel 1—16, II. Serie: Tafel 17—30 Jede einzelne Tafel 1 fl.

—   Anatomische Wandtafeln. Mit erläuterndem Text in deutscher, italienischer, böhmischer, polnischer und slovenischer Sprache. Von Dr. Hans Kundrat. 5 Tafeln. 7 fl. 50 kr.

—   Wandtafeln für den naturgeschichtlichen Anschauungsunterricht in Volks- und Bürgerschulen auf Grundlage der Lesebücher. Wien. Verlag von Karl Gerold's Sohn.

     I. Abtheilung: Zoologie. 1., 2., 3., 4. und 5. Lieferung.

     II. Abtheilung: Botanik. 1. und 2. Lieferung.

     III. Abtheilung: Bäume. 1. Lieferung. Je 5 Blatt 4 fl.

Hochstetter, v. Ferd., Geologische Bilder der Vorwelt und der Jetztwelt. 24 Bilder. Esslingen bei Schreiber. 5 fl. 70 kr.

Hromadko Fr., Zwölf physikalische Wandtafeln in Farbendruck ausgeführt, nebst einem Handbuche für den Lehrer von Karl Nečasek. Tabor bei K. Janský. Preis eines unaufgespannten Exemplars 7 fl. 50 kr.

—   Ausgabe mit böhmischer Terminologie. 7 fl. 50 kr.

—   Physikalische Wandtafeln. II. Serie. 6 Tafeln. Verlag von Karl Janský in Tabor. Nicht aufgespannt 3 fl. 80 kr.

—   —   —   Ausgabe mit böhmischem Texte 3 fl. 80 kr.

Jehlička Paul, Nástěnné tabule živočišstva. Oddíl I. Ssavectvo. Mit erklärendem
Texte. Abbildungen von 132 Säugethieren auf 5 Wandtafeln. Prag. J. L. Kober.
Auf Leinwand gespannt 6 fl. 48 kr.

— — Obrazy rostlin jedovatých i pěstovaných (Abbildungen von Gift- und
Culturpflanzen). 30 Blatt. Prag. Kober. Preis 3 fl. 60 kr.

— — Názorný atlas ssavců (Abbildungen von Säugethieren). In 30 Tafeln.
Prag. Kober. In Buchform 4 fl. 80 kr.

— — Názorný atlas ptactva (Abbildungen der Vögel). In 30 Tafeln. Prag.
Kober. 4 fl. 80 kr.

— — Názorný atlas živočichů studenokrevných (Abbildungen der Amphibien,
Fische etc.). In 30 Tafeln. Prag. Kober. 4 fl. 80 kr.

— — Rostlinopis v obrazích (Abbildungen v. Pflanzen). 53 Taf. Prag. Kober. 9 fl.

Křížek V., Vyobrazení živočichů zemědělstvu užitečných a některých škůdců jeho
(Abbildungen der der Landwirtschaft nützlichen und schädlichen Insecten).
Tabor. Janský. Tafel 1—4, unaufgespannt à 4 fl., Tafel 5—7 à 4 fl. 10 kr.

Lacher, v. Ed., Tableau, darstellend die äußere Gestalt der Biene; aufgespannt 6 fl.

— Brutstadien der Biene. Preis 5 fl.

Lehmann Ad., Zoologischer Atlas nach großen Aquarellen von Leutemann. 24 Tafeln.
Leipzig bei F. E. Wachsmuth; Debit für Österreich. Prag bei C. Reichenecker. Auf Cartonpapier und mit Ösen 20 fl. Supplement hiezu: Die Menschen-
rassen in fünf Charakterköpfen auf einer Tafel. 1 fl. 25 kr.

— Zwölf Thierbilder. Leipzig bei F. E. Wachsmuth. Debit für Österreich,
Prag bei C. Reichenecker. Preis je 6 Bilder 5 fl.

Liebisch F., Neue Bilder zum Anschauungsunterricht. Säugethiere, 40 Blätter auf
Pappe und mit einem Holzrahmen. Prag bei F. Liebisch. Preis 10 fl.,
jedes Blatt einzeln 27 kr.

Lorinser, Dr. Fr. W., Die wichtigsten essbaren, verdächtigen und giftigen Schwämme
in 12 Tafeln. 1. und 2. Auflage. Wien bei Hölzel. 5 fl.

— Ausgabe mit böhmischem Texte von Dr. Čelakovsky. Preis 5 fl. 60 kr.

Müller H., Die nützlichen Vögel der Landwirtschaft. Stuttgart. 1 Thlr. 22½ Ngr.

Patek Joh., 4 Giftpflanzen-Tafeln (Schulwandtafeln Nr. 5, 6, 7, 8). Coloriert und
aufgespannt. Prag. Tempsky. 4 fl. 80 kr.

Phänomenentafeln (4 Tafeln). Das strahlende Nordlicht; das Nordlicht in den höchsten
arktischen Regionen; Gletscher, Ansichten und Details. Verlag von Lenoir
und Forster in Wien. Preis einer Tafel 3 fl.

Schmidt-Göbel, Med.-Dr. H. M., Die schädlichen und nützlichen Insecten in Forst, Feld
und Garten. I. Abtheilung: Die schädlichen Forstinsecten. 6 Foliotafeln in Farbendruck sammt Text 5 fl.; Supplement: Die nützlichen Insecten — die Feinde der
schädlichen. 2 Foliotafeln in Farbendruck mit Text 1 fl. 80 kr. — II. Abtheilung:
Die schädlichen Insecten des Land- und Gartenbaues. 6 Foliotafeln in Farbendruck
nebst Textheft. Preis 5 fl. 80 kr. Verlag von Eduard Hölzel in Wien.

Schreiber's große colorierte Wandtafeln der Naturgeschichte der drei Reiche. Esslingen
bei Schreiber.

    I. Theil: Säugethiere; auf Leinwand in Mappe 6 fl. 48 kr.

    II. Theil: Vögel. 6 fl. 48 kr.

    III. Theil: Amphibien, Fische, Weich- und Schalenthiere. 6 fl. 48 kr.

    IV. Theil: Pflanzen. 6 fl.

    V. Theil: Geologische Bilder. 6 fl. 48 kr.

Schubert, v. Dr. G. H., Naturgeschichte des Pflanzenreichs. 53 Tafeln. Esslingen bei
Schreiber. 8 fl. 70 kr.

Schubert, v. O. G. H., Naturgeschichte des Thierreichs. 3 Theile. à 3 fl. 90 kr.
Esslingen bei Schreiber.

Vier colorierte Wandtafeln, landwirtschaftlich nützlicher und schädlicher Thiere.
Esslingen bei Schreiber. 7 fl. 38 kr.

Zum Unterrichte in Arithmetik, Geometrie und geometrischer Formenlehre.

Günter Mich., Das metrische Maß, seine Theile und deren gegenseitige Werte in ihren Beziehungen zum Wiener Maß. 2. Auflage. Wien. P i c h l e r. 1 fl. 80 kr.
— Modelle der metrischen Maße und Gewichte. Wien. P i c h l e r. Größere Sammlung (46 Modelle) 36 fl., kleinere Sammlung (16 Modelle) 10 fl.
Knorr W i l h., Quadratmeter. Wien bei S a l l m a y e r & Comp. 60 kr.
Matthey-Guénet Ernst, Das neue österreichische Maß und Gewicht. Graz. Selbstverlag. 80 kr.
Schrotter J., Die neuen österreichischen Maße und Gewichte (Wandtafel). Wien bei A. Hölder. 2. Auflage. 70 kr.
Swoboda K., Die fünf Maßeinheiten des metrischen Systems. Wien. H a r t i n g e r & Sohn. 1 fl. 40 kr.
Villicus F r a n z, Die neuen Maße und Gewichte in der österreichischen Monarchie. Mit einer Maß- und Gewichtstabelle in Farbendruck. Dritte vermehrte und verbesserte Auflage. Wien. S e i d e l. 1 fl.

Zum Unterrichte im Zeichnen *).

Anděl A n t o n, Anleitung zum elementaren Unterrichte im perspectivischen Freihandzeichnen nach Modellen. 2. veränderte Auflage der „Grundsätze der perspectivischen und Beleuchtungs-Erscheinungen." I. Theil. Graz 1880. Selbstverlag des Verfassers. Preis 2 fl.
Bayr E. und W u n d e r l i c h M., Formensammlung für das Freihandzeichnen an Volks- und Bürgerschulen. Wien 1883. A l f r e d H ö l d e r. Preis des I. und II. Heftes je 28 kr.; des III. Heftes 32 kr.; des IV. 36 kr.; des V. 60 kr.; des VI. 96 kr.
Drahan E., Stickmuster. Wien 1873. H a r t i n g e r und Sohn. 2 fl. 88 kr.
Eichler J o s e f, Allgemeine Elementar-Zeichenschule. Wien 1877. Selbstverlag. 40 Hefte sammt Broschüre. 4 fl.; 2. Auflage in 2 Abtheilungen. Wien 1879. Ladenpreis jeder Abtheilung 3 fl. 20 kr., des einzelnen Heftes 12 kr., des einzelnen Blattes 2 kr., des erläuternden Textes 40 kr., 5. verbesserte und vermehrte Auflage.
    I. Abtheilung: Stigmographisches Zeichnen.
    II. Abtheilung: Freies Zeichnen.
    Preis jeder Abtheilung 3 fl. 20 kr.; Preis des erläuternden Textes 40 kr. Wien bei J u l i u s K l i n k h a r d t.
Fellner A. und Steigl S., Schule des Freihandzeichnens. 7 Hefte. Wien. A. P i c h l e r's Witwe und Sohn. 1. Heft 60 kr.; 2. und 3. Heft à 70 kr.; 4. und 5. Heft à 80 kr.; 6. und 7. Heft à 1 fl. 20 kr.
Grandauer J o s e f, Elementar-Zeichenschule. Vorlagen zum Vorzeichnen auf der Schultafel. Wien. K. k. Schulbücher-Verlag.
    a) Folioformat. 12 Hefte mit 120 Blättern. Preis à Heft 40 kr., Erläuterungen dazu 20 kr.
    b) Handausgabe in gr. 8°-Format. Preis der vollständigen Ausgabe in 120 Blättern 1 fl. 30 kr.; Preis der Heftausgabe in 12 Heften zu 10 Blättern à Heft 12 kr.
    c) Supplementheft zur Elementar-Zeichenschule „der Regelkopf". 70 kr.

---

*) Siehe Ministerial-Verordnung vom 10. December 1879 Z. 15886 (Ministerial-Verordnungsblatt vom Jahre 1879, Nr. 56, Seite 488) und Ministerial-Verordnung vom 10. December 1879 Z. 18774 (Ministerial-Verordnungsblatt vom Jahre 1879, Nr. 57, Seite 499). Ministerial-Erlass vom 5. November 1882, Z. 16137 (Verordnungsblatt 1882, Seite 217).

Herdtle Ed., Die Elemente des Zeichnens, in 60 Blättern. Stuttgart. Nitzschke.
    5 Hefte. Preis à Heft 48 kr. (80 Pf.)
    — — Vorlagenwerk für den Elementarunterricht im Freihandzeichnen
    60 Blätter in Folio, 24 Blätter Farbendruck, Großquart; Text Octav. Stuttgart.
    Nitzschke. Preis 18 fl. (30 M.)
    — — Blätter, Blumen und Ornamente auf Grundlage einfacher geometrischer
    Formen. 68 Vorlagen. J. Schreiber in Esslingen. Folio. 5 fl. 40 kr. (9 M.)
Hesky Karl, Anleitung zum Zeichnen einfacher Objecte des Bau- und Maschinen-
    faches an Knaben-Bürgerschulen, gewerblichen Fortbildungsschulen etc. Wien
    bei Karl Graeser. I. Theil, Einführung in das projectivische Zeichnen mit
    5 Tafeln 80 kr.; II. Theil, Vorlagen für das Zeichnen einfacher Objecte des
    Bau- und Maschinenfaches. 36 Tafeln nebst Text 14 fl.
Hesky K. und **Šanda** Franz, Ausgabe desselben Werkes in böhmischer Sprache.
    Tabor 1882. Karl Jansky. Preise der einzelnen Theile wie oben.
Knapek, Formensammlung für das geometrische Zeichnen an allgemeinen Volks-
    schulen. Wien bei Seidel. 40 kr.
Lang Karl, Methodenbuch für den Elementarunterricht in der Prospective. Wien,
    Selbstverlag des Verfassers (Hand- und Hilfsbuch für den Lehrer).
Maschek Fr., Symmetrische Elementarformen als verwandte ebene Systeme in einem
    neueren Sinne für den Unterricht im Freihandzeichnen. Troppau. Verlag von
    Buchholz und Diebel. (15 Blätter und Text). Preis 1 fl. 80 kr.
Roller, Systematische Anleitung für den Elementarunterricht im freien Zeichnen, dazu
    Formensammlung mit 144 Blättern. Brünn 1866. Winiker. Preis 6 fl. 60 kr.

Gesammtverzeichnis der für den Unterricht im Freihand-zeichnen zulässigen Apparate und Modelle.

    I. Serie. Perspectivische Apparate, elementare Draht- und Holzmodelle.

A. Apparate.

Nr. 1 Perspectivischer Versuchsapparat, mit Glastafel und 3 Stäbchen. Glastafel
    65 cm breit, 50 cm hoch. Preis 12 fl.
Nr. 2—7 6 kleine perspectivische Anschauungsapparate zur Versinnlichung der
    wichtigsten Stellungen paralleler Geraden gegen die Bildfläche à 3 fl. 50 kr.
    Preis 20 fl.
„ 8 Eisernes Stativ für Draht- und einige Holzmodelle der I. Serie. Preis 10 fl.
„ 10 Modelltisch zur Aufstellung einzelner Holzmodelle. Preis 28 fl.

B. Drahtmodelle.

Nr. 11 Getheilte Gerade mit 3 Marken, 140 cm lang. Preis 1 fl. 50 kr.
„ 12 3 parallele Gerade zur ersten Einübung der perspectivischen Grundsätze,
    80 cm lang. Preis 1 fl. 60 kr.
„ 13 Winkel mit beweglichem Schenkel, Seite 70 cm lang. Preis 1 fl. 10 kr.
„ 14 1 Quadrat, Seite 50 cm. Preis 1 fl. 60 kr.
„ 15 1 gleichseitiges Dreieck, Seite 65 cm. Preis 1 fl. 50 kr.
„ 19 1 Kreis, Durchmesser 60 cm. Preis 1 fl. 20 kr.
„ 20 Kreis mit umschriebenem Quadrate und 2 Durchmessern, Durchmesser 50 cm.
    Preis 3 fl.
„ 22 Würfel, Seite 40 cm. Preis 2 fl. 50 kr.

C. Elementare Holzmodelle.

Nr. 29 1 voller Würfel, Seite 40 cm. Preis 3 fl. 20 kr.
„ 30 1 hohler Würfel, Seite 40 cm. Preis 3 fl. 50 kr.
„ 31 1 volles Parallelopiped, 56/28 cm. Preis 2 fl. 60 kr.
„ 32 1 hohles Parallelopiped, 56/28 cm. Preis 2 fl. 80 kr.
„ 33 1 voller Cylinder, 56/28 cm. Preis 4 fl.
„ 36 1 volle vierseitige Pyramide, 50/36 cm. Preis 2 fl. 70 kr.

Nr. 38   1 voller Kegel, 55/38 cm. Preis 4 fl.

„   40   1 volle Kugel, Durchmesser 40 cm. Preis 6 fl. 50 kr.

„   41   1 hohle Halbkugel, 40 cm. Preis 5 fl.

„   42   Quadratische Platte, 40/9. Preis 1 fl. 80 kr.

II. Serie. Architektonische Elementarformen (Holzmodelle).

Nr. 1   Vierseitiger Pfeiler mit quadratischer Deckplatte, 54 cm hoch. Preis 3 fl. 40 kr.

„   2   Vierseitiger Pfeiler mit elementarem Sockel, 54 cm hoch. Preis 3 fl. 70 kr.

„   7   Cylindrischer Schaft mit kreisrunder Deckplatte, 51 cm hoch. Preis 3 fl. 60 kr.

„   8   Cylindrische Nische mit Abschluss und Sockel, 73 cm hoch. Preis 5 fl. 50 kr.

„   9   Prismatisches Doppelkreuz mit Stufen, zerlegbar, 70 cm hoch. Preis 6 fl. 50 kr.

IV. Serie. Ornamentale Stilformen (Gipsmodelle).

Nr. 2   (519)   Füllungsornament von einer in Holz geschnitzten Cassette im Stile der italienischen Renaissance, ausgeführt von Springer, 43 cm hoch, 20 cm breit. Preis 60 kr

„   3   (518)   Desgleichen   43 cm hoch, 29 cm breit. Preis 80 kr.

„   4   (156)   Flaches Renaissance-Ornament von der Antoniuskirche in Padua. 16. Jahrhundert, 60 cm hoch, 72 cm breit. Preis 1 fl. 50 kr.

„   5   (157)   Desgleichen   60 cm hoch, 72 cm breit. Preis 1 fl. 50 kr.

„   6   (622)   Pilasterornamente, nach antiken und Renaissance-Vorbildern, 46 cm hoch 30 cm breit. Preis 80 kr.

„   8   (624)   Desgleichen   46 cm hoch, 30 cm breit. Preis 80 kr.

„   10   (638)   „   50 cm hoch, 30 cm breit. Preis 80 kr.

„   13   (640)   „   50 cm hoch, 30 cm breit. Preis 80 kr.

„   16   (600)   Architektonische Verzierungen: Zahnschnitte, 28 cm h., 22 cm br. Preis 1 fl.

„   17   (599)   „   „   Eierstab   28 cm h., 22 cm br. Preis 1 fl.

„   18   (598)   „   „   „   28 cm h., 22 cm br. Preis 1 fl

„   19   (601)   „   „   Blattwelle   28 cm h., 22 cm br. Preis 1 fl.

„   23   (633)   Pilaster-Capitäl, italienische Renaissance, 45 cm hoch, 50 cm breit. Preis 2 fl. 50 kr.

„   24   (628)   Desgleichen   32 cm hoch, 35 cm breit. Preis 2 fl. 30 kr.

„   25   (629)   „   32 cm hoch, 40 cm breit. Preis 2 fl. 30 kr.

Die in Parenthese stehende Zahl ist die Nummer des Verzeichnisses der Gipsabgüsse des k. k. österreichischen Museums für Kunst und Industrie.

Für allgemeine Volksschulen mit weniger als 8 Classen

ist eine dem Lehrplane und den localen Bedürfnissen entsprechende Auswahl aus den oben angeführten Apparaten und Modellen zu treffen.

Zum Unterrichte im Gesange.

Niernberger, Wandtafeln für den Gesangunterricht, 12 an der Zahl. Wien. Pichler. 3 fl.

Renner'sche Gesangwandtafeln, 12 an der Zahl. Regensburg. Pichler. Wien. Meyer & Comp. 5 fl. 40 kr.

Zum Unterrichte in den weiblichen Handarbeiten.

Drahan E., Stickmuster. Wien bei Hartinger & Sohn. 30 Blätter. 2 fl. 88 kr.

Hand-Book of Manuscript, Missal and Monumental-Alphabets. London 1871. Newbery. 3 fl.

Hanocq Ch., Album de Chiffres et Couronnes pour Broderie. Paris. 49 Tafeln. 8 fl.

Original-Stickmuster der Renaissance; herausgegeben vom k. k. österr. Museum. Wien im k. k. österr. Museum. 3 fl.

Schnittmusterbuch. Herausgegeben vom Wiener Frauen-Erwerbverein. Wien bei R. v. Waldheim. 90 kr.

Sibmacher H., Stick- und Spitzenmusterbuch; herausgegeben vom k. k. österr. Museum.

Wandtafeln für den Handarbeitsunterricht nach der Schallenfeld'schen Methode. Frankfurt a. M. Verlag von M. Diesterweg. Preis 7 fl.

Verfügungen, betreffend Lehrbücher und Lehrmittel.

Lehrbücher.

Für Mittelschulen.

König, Dr. Arthur, Lehrbuch für den katholischen Religionsunterricht in den oberen Classen der Gymnasien und Realschulen. I. Cursus. Allgemeine Glaubenslehre oder die Lehre von der christlichen Offenbarung. 3. Auflage. Freiburg im Breisgau 1884. Herder. Preis, 1 Mark 80 Pf.

Die in Betreff der zweiten Auflage dieses Lehrbuches ausgesprochene Zulässigkeit *) zum Unterrichtsgebrauche wird hiemit auf die dritte Auflage desselben ausgedehnt.

(Ministerial-Erlass vom 16. Mai 1884, Z. 8838.)

Homerova Ilias, k potřebě školní upravil a poznámkami opatřil Vilém Steinmann. Díl I. Zpěv I.—XII. Prag 1884. Verlag des Vereines böhmischer Philologen. Preis, beim Verleger 85 kr., im Buchhandel 1 fl.

Die vorbenannte Ausgabe der Ilias wird zum Lehrgebrauche an Gymnasien mit böhmischer Unterrichtssprache allgemein zugelassen.

(Ministerial-Erlass vom 30. April 1884, Z. 7921.)

Bibliotheca scriptorum graecorum et romanorum, edita curantibus Ioanne Kvičala et Carolo Schenkl **).

Von dieser bei Friedrich Tempsky in Prag erscheinenden Bibliothek ist ein neuer Band veröffentlicht worden, und zwar:

P. Ovidi Nasonis carmina in exilio composita, tristium libri, Ibis, epistulae ex Ponto, Halieutica. Recensuit Otto Güthling.

Die Lehrkörper der Gymnasien werden auf das Erscheinen dieses Buches aufmerksam gemacht.

(Ministerial-Erlass vom 9. Mai 1884, Z. 8575.)

---

*) Ministerial-Verordnungsblatt vom Jahre 1882, Seite 141.
**) Ministerial-Verordnungsblatt vom Jahre 1882, Seite 241.

Von den bei K. Graeser in Wien erscheinenden **commentierten Schulausgaben griechischer und lateinischer Classiker** *) sind ferner veröffentlicht worden:

Cicero's Rede für Publius Sestius von Dr. R. Bouterwek. Preis, 90 kr.

Sophokles' Antigone von Georg Kern. Preis, 60 kr.

Ausgewählte Reden des Demosthenes von J. Sörgel. II. Bändchen. Preis, 1 fl. 8 kr.

Cornelii Taciti Annales von Dr. W. Pfitzner. II. Bändchen. Preis, 78 kr.

Titi Livii. Ab urbe condita liber XXIII von Gottlob Egelhaaf. Preis, 72 kr.

C. Julii Caesaris commentarii de bello Gallico von R. Menge. Preis, 78 kr.

Xenophon's Anabasis von R. Hansen. III. Bändchen. Buch 6 und 7. Preis, 72 kr.

Die Lehrkörper der Gymnasien werden auf diese Ausgaben aufmerksam gemacht.

(Ministerial-Erlass vom 16. Mai 1884, Z. 8859.)

Lehrmittel.

Möller, Dr. Josef, Die Rohstoffe des Tischler- und Drechsler-Gewerbes. I. Theil: Das Holz. II. Theil: Die übrigen Rohstoffe. Kassel 1883 und 1884. Theodor Fischer. Ladenpreis, 7 Mark.

Dieses Werk ist als Lehr- und Hilfsmittel zur Anschaffung für die Bibliotheken der Staats-Gewerbeschulen der betreffenden Fachschulen und gewerblichen Fortbildungsschulen geeignet.

(Ministerial-Erlass vom 8. Mai 1884, Z. 7201.)

Audsley W. et G., Decorative Wandmalerei des Mittelalters. 36 Tafeln in Gold- und Farbendruck. Deutsche Ausgabe von C. Vogel. Stuttgart, Paul Neff. Ladenpreis, 27 Mark, Preis der Schulausgabe in losen Blättern, mit Schutz-carton, 20 Mark.

Dieses Werk wird als Lehrmittel für den Zeichenunterricht an den Staats-Gewerbeschulen und den gewerblichen Fortbildungsschulen allgemein zugelassen.

(Ministerial-Erlass vom 19. Mai 1884, Z. 7721.)

Hanausek Eduard Die Technologie der Drechslerkunst. Die Lehre von den Rohstoffen und deren Verarbeitung. Herausgegeben von der Handels- und Gewerbe-kammer für das Erzherzogthum Österreich unter der Enns. Wien 1884. In Commission bei K. Gerold's Sohn. Ladenpreis, 2 fl.

Dieses Werk ist als Lehr- und Hilfsmittel zur Anschaffung für die Bibliotheken der Staats-Gewerbeschulen, der betreffenden Fachschulen und gewerblichen Fortbildungsschulen geeignet.

(Ministerial-Erlass vom 12. Mai 1884, Z. 3169.)

---

*) Ministerial-Verordnungsblatt vom Jahre 1884, Seite 54.

Nachtrag

zu dem mit Ministerial-Erlass vom 28. März 1884, Z. 6024 *) kundgemachten Verzeichnisse der allgemein zulässigen Lehrtexte für Realschulen mit deutscher Unterrichtssprache.

Egger, Dr. Alois, Deutsches Lehr- und Lesebuch für höhere Lehranstalten. I. Theil. Einleitung in die Literaturkunde. Ausgabe für Realschulen. 2. Auflage. Wien 1879. Hölder. Preis, 1 fl. 40 kr. **).

Wallentin, Dr. Ignaz G., Lehrbuch der Physik für die oberen Classen der Mittelschulen und verwandter Lehranstalten. 3. verbesserte Auflage. B. Ausgabe für Realschulen. Wien 1882. A. Pichler's Witwe und Sohn. Preis, geheftet, 1 fl. 65 kr., gebunden in Leinwand, 1 fl. 85 kr. ***).

(Anstatt der bloß für Gymnasien approbierten Ausgabe A.)

(Ministerial-Erlass vom 16. Mai 1884, Z. 8751.)

Kundmachungen.

Der Brünner Baumeister und Gemeinderath Moriz **Kellner** hat aus Anlass der Beendigung des von ihm übernommenen Baues des Schulgebäudes für das II. deutsche Staats-Gymnasium in Brünn fünf Stück Silberrente-Obligationen à 1000 fl. zur Errichtung einer Studenten-Stipendienstiftung an dieser Lehranstalt gewidmet.

Die Jahresrente von 210 fl. wird zu drei Stipendien à 70 fl. verwendet.

(Stiftbrief vom 6. Mai 1884. — Ministerial-Act Z. 9099.)

Valentin **Pleiweiß**, gewesener Handelsmann in Wien, hat ein Capital von 4726 fl. zur Gründung einer Stiftung gewidmet, deren Erträgnis zur Betheilung armer Schüler und Schülerinnen der Volksschule in Krainburg, die in dieser Stadt geboren oder dahin zuständig sind, mit Kleidern am Weihnachtstage bestimmt ist.

(Stiftbrief vom 6. Mai 1884. — Ministerial-Act Z. 9147.)

---

*) Ministerial-Verordnungsblatt vom Jahre 1884, Seite 101.

**) Ministerial-Verordnungsblatt vom Jahre 1880, Seite 7.

***) Ministerial-Verordnungsblatt vom Jahre 1882, Seite 142.

Verzeichnis der von der k. k. Prüfungscommission für das Lehramt der
Musik an Mittelschulen und Lehrerbildungsanstalten in Prag

in den Studienjahren 1880/81—1882/83

approbierten Candidaten.

Name und Stellung	Lehrfach	Unterrichts-sprache
Hruschka Franz,	Gesang, Violin- und Orgelspiel	böhmisch
Günzel Leopold,	detto	deutsch
Niessler Adelheid,	Clavierspiel	detto
Aman Josefine,	Gesang und Clavierspiel	detto
Hujer Richard, Lehrer in Reichenberg,	Gesang	detto
Jelinek Rudolf, Lehrer in Wodnian,	detto	böhmisch
Janota Gabriele,	Gesang und Clavierspiel	deutsch und böhmisch
Lukasch Pauline,	detto	deutsch
Novotny Charlotte,	detto	detto
Klement Ottomar, Lehrer in Trautenau,	Orgel- und Clavierspiel	detto
Förster Josef,	Gesang und Orgelspiel	böhmisch
Stecker Karl,	detto	detto
Stastný Josef, Lehrer in Leitomischl,	Gesang	detto
Veselik Emanuel,	Violinspiel	detto

Name und Stellung	Lehrfach	Unterrichts-sprache
Budinský Anton, Professor am Staats-Gymnasium in Freiberg	Gesang	deutsch und böhmisch
Leicht Božena, absolvierte Elevin des Prager Conservatoriums	detto	deutsch
Machain Marie, absolvierte Elevin des Prager Conservatoriums	Gesang und Clavierspiel	detto
Niessler Adelheid, Musiklehrerin in Eger	Gesang	detto
Ambros Ezechiel, Musiklehrer in Kremsier	Gesang und Violinspiel	böhmisch und deutsch
Benýšek Adolf, Lehrer in Pilsen	Gesang	detto
Grössl Josef, Lehrer in Pilsen	detto	deutsch
Navrátil Vitězslav, supplierender Lehrer am böhmischen Gymnasium in Olmütz	detto	böhmisch
Novák Franz, Aushilfslehrer an der deutschen Lehrerbildungsanstalt in Prag	Gesang und Orgelspiel	deutsch und böhmisch
Praus Ernst, Musiklehrer in Wamberg	Gesang, Violine und Clavierspiel	böhmisch

---

Berichtigung.

In dem im Verordnungsblatte Stück XXIV vom 15. December 1883 veröffentlichten Verzeichnisse der Programme der Gymnasien und Realschulen vom Schuljahre 1882/83 ist auf Seite 13 beim slavischen Staats-Gymnasium in Olmütz der Name „**Albert Kotsmich**" (Director) als der des Verfassers der am 27. December 1882 gehaltenen Festrede einzuschalten.

Auf Anordnung des Ministers für Cultus und Unterricht erscheint vom April d. J. an im Verlage von A. Hölder in Wien ein im Ministerium redigiertes

„Supplement zum Centralblatt für das gewerbliche Unterrichtswesen in Österreich."

Der Preis desselben beträgt pro Band à 4 Heften 1 fl. 20 kr. für Abnehmer des Centralblattes, ohne Abnahme des letzteren Organes 2 fl. 40 kr.

Das Supplement ist dazu bestimmt, Fachmännern auf dem Gebiete des gewerblichen Bildungswesens Gelegenheit zu geben, ihre im Dienste von Schulen, Museen und der Praxis gewonnenen Erfahrungen und Überzeugungen zum Ausdruck zu bringen; ferner zur Orientirung über die von auswärtigen Staaten zur geistigen Förderung der gewerblichen Stände getroffenen Einrichtungen beizutragen und die Möglichkeit zu bieten, diejenigen Fragen des Gewerbewesens zu erörtern, welche mit der Erziehung der industriellen Classen im Zusammenhange stehen. Vornehmlich werden in dem Supplement Aufsätze methodischen Inhaltes, Mittheilungen über die organisatorischen Unternehmungen der Unterrichtsbehörden verschiedener Staaten, Meinungsäußerungen von Praktikern über Fragen gewerblicher Bildung, sonstige fachmännische Abhandlungen, populär gehaltene, für industrielle Kreise bestimmte Artikel, Recensionen über Lehrmittel etc. Aufnahme finden. Über die Verwendbarkeit der einzelnen Aufsätze entscheidet die Redaction des Centralblattes (I., Minoritenplatz 7); angenommene Artikel werden von der Verlagshandlung mit 25 fl. per Druckbogen honoriert, Recensionen dagegen in der Regel nicht.

Zur Abnahme des Supplementes sind alle gewerblichen Lehranstalten, einschließlich der commerciellen Schulen, verpflichtet; ferner werden hiemit sämmtliche Schulbehörden und die ihnen unterstehenden Schulen und Anstalten, dann die Handels- und Gewerbekammern, Gewerbevereine sowie andere Corporationen und Institute auf das Erscheinen des Supplementes aufmerksam gemacht.

(Ministerial-Erlass vom 10. April 1884, Z. 6956.)

———•|•♦|•———

Diesem Stücke liegt bei: **Instruction für den Unterricht an den Gymnasien. I. Anschluss: Classische Sprachen.**

Verlag des k. k. Ministeriums für Cultus und Unterricht. — Druck von Karl Gorischek in Wien.

Jahrgang 1884.   Stück XII.

Verordnungsblatt

für den Dienstbereich des

Ministeriums für Cultus und Unterricht.

Redigiert im k. k. Ministerium für Cultus und Unterricht.

Ausgegeben am 15. Juni 1884.

Nr. 24.

Erlass des Ministers für Cultus und Unterricht vom 17. Mai 1884, Z. 12038,

an die Statthalter für Niederösterreich, Böhmen, Galizien, Steiermark, Tirol und den Landespräsidenten der Bukowina,

betreffend die Modalitäten, unter welchen die Candidaten der Doctorswürde, sowie die im Prüfungsstadium befindlichen Candidaten des Lehramtes an Mittelschulen zum Entlehnen von Büchern aus Universitätsbibliotheken berechtigt sind.

Um den Candidaten der Doctorswürde sowie den im Prüfungsstadium befindlichen Candidaten des Lehramtes an Mittelschulen die häusliche Benützung der Universitätsbibliotheken zu erleichtern, finde ich in theilweiser Abänderung der Bestimmung des §. 3 des Ministerial-Erlasses vom 9. Februar 1854, R.-G.-Bl. Nr. 144 und mit Beziehung auf den Ministerial-Erlass vom 22. Mai 1868, Z. 2562 anzuordnen, dass die bezeichneten Candidaten in Hinkunft zur Entlehnung von Büchern aus Universitätsbibliotheken ohne Erlag einer Caution als berechtigt anzusehen sind, dass sie jedoch, um von diesem Rechte Gebrauch zu machen, das Maturitätszeugnis und das Absolutorium über die zurückgelegten akademischen Studien bei der betreffenden Universitätsbibliothek im Originale zu hinterlegen haben. Falls, wie dieses in der Regel der Fall sein wird, diese Zeugnisse sich bei dem Decanate der betreffenden Facultät, beziehungsweise bei der Prüfungscommission in Aufbewahrung befinden, hat an Stelle derselben ein von dem Decanate der Facultäten, beziehungsweise den Directoren der Prüfungscommission ausgestellte Bescheinigung zu treten, in welcher bestätigt wird, dass ihre Zeugnisse bei dem Decanate, respective der Prüfungscommission erliegen.

Hievon setze ich Eure . . . . zur weiteren Verständigung der . . . . .
. . . . in Kenntnis.

Behufs Hintanhaltung etwaiger Missbräuche und Sicherung der Bibliothek vor
Schaden werden die Decanate, sowie die Directoren der Prüfungscommissionen für
das Lehramt an Mittelschulen gleichzeitig angewiesen, die erwähnten, von denselben
auszustellenden Bescheinigungen in Evidenz zu halten, und die bei ihnen hinterlegten
Zeugnisse nur gegen Rückstellung dieser Bescheinigungen anzufolgen.

Nr. 25.

Erlass des Ministers für Cultus und Unterricht vom 27. Mai 1884, Z. 8019,

betreffend die Aufnahmsprüfungen für die erste Classe der Mittelschulen.

Bei Abhaltung der mit Ministerial-Erlass vom 14. März 1870, Z. 2370 *) für
die Aufnahme in die erste Classe der Mittelschulen vorgeschriebenen Prüfungen,
deren Ergebnis nach Anordnung des Ministerial-Erlasses vom 7. April 1878, Z. 5416 **)
zugleich mit den Noten der Volksschulzeugnisse der Schüleraufnahme zur Grundlage
zu dienen hat, ist fortan folgendes festzuhalten:

1. Die Aufnahmsprüfung aus der Religionslehre ist bloß mündlich, aus der
Unterrichtssprache und dem Rechnen schriftlich und mündlich vorzunehmen.

2. Von der im Ministerial-Erlasse vom 14. März 1870, Z. 2370 aufgestellten
Forderung der Bekanntschaft mit den Regeln der Interpunction und ihrer richtigen
Anwendung beim Dictandoschreiben ist künftig abzusehen.

3. Um den Lehrkörpern, beziehungsweise den aus ihrer Mitte für die Aufnahmsprüfung bestellten Commissionen die Möglichkeit zu bieten, diesen Prüfungen mit
der erforderlichen Gründlichkeit obzuliegen, werden die Lehrkörper ermächtigt, die
mündliche Prüfung aus der Unterrichtssprache und dem Rechnen jedem Schüler zu
erlassen, welcher seine Reife in diesen Gegenständen bei der schriftlichen Prüfung
durch mindestens b e f r i e d i g e n d e Leistungen, und im Volksschulzeugnisse mindestens
durch die Noten „gut" dargethan hat.

4. Ebenso können Schüler, deren Religionsnote aus dem vierten Schuljahre der
Volksschule nicht geringer als „gut" ist, von der mündlichen Prüfung aus der
Religionslehre befreit werden.

5. Sind in einem Prüfungsgegenstande die Zeugnisnote u n d die Censur aus
der schriftlichen Prüfung entschieden ungünstig, so ist der Schüler zur mündlichen
Prüfung nicht zuzulassen, sondern als unreif zurückzuweisen.

---

*) Ministerial-Verordnungsblatt vom Jahre 1870, Nr. 47, Seite 173.
**) Ministerial-Verordnungsblatt vom Jahre 1878, Nr. 13, Seite 34.

Die auf diese Weise gewonnene Zeit ermöglicht es, mit den übrigen Aufnahms-
werbern die mündliche Prüfung so gründlich vorzunehmen, als es erforderlich ist,
um den als reif Befundenen die Aufnahme mit Beruhigung zu gewähren, dagegen
die Unreifen mit Sicherheit herauszufinden und von der Mittelschule fernzuhalten.

Verfügungen, betreffend Lehrbücher und Lehrmittel.

Lehrbücher.

a) Für Volks- und Bürgerschulen.

Slovensko-nemški abecednik. Slovenisch-deutsche Fibel. Bearbeitet von K a r l
Preschern. Wien 1884. K. k. Schulbücher-Verlag. Preis eines Exemplars,
steif gebunden, 35 kr.

Diese Fibel wird zum Lehrgebrauche an den slovenisch-deutschen Volksschulen Kärntens als zulässig erklärt.

(Ministerial-Erlass vom 24. Mai 1884, Z. 9627.)

Lettare per le scuole popolari e civiche. Ausgabe in 8 Theilen. Wien 1884.
K. k. Schulbücher-Verlag.

Parte   VI, in Leinwand gebunden, 55 kr.
Parte VII, „   „   „   60 kr.
Parte VIII, „   „   „   65 kr.

Diese drei Theile des achttheiligen Lesebuches werden zum Lehrgebrauche
in den oberen Jahrgängen der Volks-, beziehungsweise in den Bürgerschulen
als zulässig erklärt.

(Ministerial-Erlass vom 6. Juni 1884, Z. 10697.)

b) Für Mittelschulen.

Hradička Alois, Liturgika pro střední školy. Brünn 1884. Verlag der Benedictiner-
Buchdruckerei. Preis, 70 kr.

Dieses Buch wird, die Approbation der bezüglichen kirchlichen Oberbehörden vorausgesetzt, zum Lehrgebrauche an Mittelschulen mit böhmischer
Unterrichtssprache allgemein zugelassen.

(Ministerial-Erlass vom 28. Mai 1884, Z. 10000.)

Kapras J o h a n n, Zkušebná duševěda pro střední školy. Prag 1884. J. O t t o.
Preis, 1 fl. 20 kr.

Dieses Buch wird zum Lehrgebrauche an Gymnasien mit böhmischer
Unterrichtssprache allgemein zugelassen.

(Ministerial-Erlass vom 24. Mai 1884, Z. 9611.)

Schulausgaben classischer Werke unter Mitwirkung mehrerer Fachmänner herausgegeben von Professor J. Neubauer.

Von dieser Sammlung *) sind bei Karl Graeser in Wien zwei neue Theile erschienen, und zwar:

Lessing, Laokoon, oder über die Grenzen der Malerei und Poesie von Karl Jauker. Preis, 30 kr.

Schiller, Jungfrau von Orleans von Hans Kny. Preis, 36 kr.

Die Lehrkörper der Mittelschulen werden auf das Erscheinen dieser Bücher aufmerksam gemacht.

Ministerial-Erlass vom 28. Mai 1884, Z. 9171.)

Kundmachungen.

Der Minister für Cultus und Unterricht hat das Öffentlichkeitsrecht ertheilt:

der von den barmherzigen Schwestern in Krakau erhaltenen vierclassigen Privat-Mädchen-Volksschule

(Ministerial-Erlass vom 27. Mai 1884, Z. 6842) und

der von der israelitischen Cultusgemeinde in Mährisch-Ostrau daselbst erhaltenen deutschen Privat-Volksschule

(Ministerial-Erlass vom 3. Juni 1884, Z. 10308).

———•+•+••———

---

*) Ministerial-Verordnungsblatt vom Jahre 1884, Seite 70.

Diesem Stücke liegt bei: **Instruction für den Unterricht an Gymnasien. II. Anschluss:** Deutsche Sprache. — Geographie.

Verlag des k. k. Ministeriums für Cultus und Unterricht. — Druck von Karl Gorischek in Wien.

Jahrgang 1884. Stück XIII.

Verordnungsblatt

für den Dienstbereich des

Ministeriums für Cultus und Unterricht.

Redigiert im k. k. Ministerium für Cultus und Unterricht.

Ausgegeben am 1. Juli 1884.

Nr. 26.

Gesetz vom 20. April 1884 *),

womit einige Bestimmungen des Gesetzes vom 10. Jänner 1870, L.-G.-Bl. Nr. 11 **), abgeändert werden.

Über Antrag des Landtages Meines Herzogthumes S a l z b u r g finde Ich anzuordnen, wie folgt :

Artikel I.

Die nachfolgenden Paragraphe des Gesetzes vom 10. Jänner 1870, L.-G.-Bl. Nr. 11, zur Regelung der Errichtung, der Erhaltung und des Besuches der öffentlichen Volksschulen haben in ihrer gegenwärtigen Fassung außer Wirksamkeit zu treten und künftig zu lauten :

§. 1.

Eine öffentliche Volksschule ist überall zu errichten, wo sich in einer Ortschaft oder in mehreren im Umkreise einer Stunde gelegenen Ortschaften, Weilern oder Einschichten zusammen nach einem fünfjährigen Durchschnitte m e h r als 40 schulpflichtige Kinder befinden, welche eine ü b e r 4 K i l o m e t e r entfernte Schule besuchen müssen. (§. 59 des Reichs-Gesetzes vom 2. Mai 1883.)

---

*) Kundgemacht am 17. Mai 1884 im Landes-Gesetz- und Verordnungsblatte für das Herzogthum Salzburg, VII. Stück unter Nr. 11.

**) Ministerial-Verordnungsblatt vom Jahre 1870, Nr. 16, Seite 38.

§. 31.

Die Löschung aus der Liste der schulpflichtigen Kinder erfolgt erst dann, wenn der Besitz der nothwendigsten Kenntnisse, als: Religion, Lesen, Schreiben und Rechnen durch ein Zeugnis einer öffentlichen Volksschule nachgewiesen erscheint. (§. 21 des Reichsgesetzes vom 2. Mai 1883.)

§. 32.

Von der Beibringung des ebenerwähnten Zeugnisses sind Kinder befreit, welche eine höhere Schule oder gewerbliche oder landwirtschaftliche Schulen oder Fachcurse besuchen, insoferne diese nach ihrer Einrichtung geeignet erscheinen, den Volksschulunterricht zu ersetzen; ferner Kinder, denen ein, dem Unterrichtszwecke oder Schulbesuche hinderliches, geistiges oder schweres körperliches Gebrechen anhaftet; endlich solche, die zu Hause oder in einer Privatanstalt unterrichtet werden.

In letzterem Falle sind die Eltern oder deren Stellvertreter dafür verantwortlich, dass den Kindern mindestens der für die Volksschule vorgeschriebene Unterricht in genügender Weise zuteil werde.

Waltet in dieser Beziehung ein Zweifel ob, so hat die Bezirksschulbehörde die Verpflichtung, sich in angemessener Weise davon zu überzeugen, ob der Zweifel begründet sei oder nicht. Den zu diesem Behufe angeordneten Maßregeln haben sich die Eltern oder deren Stellvertreter zu fügen. (§. 23 des Reichsgesetzes vom 2. Mai 1883.)

§. 33.

Eltern oder deren Stellvertreter, welche außer den im §. 32 bezeichneten Fällen Kinder vor Erlangung jenes Zeugnisses von der Schule ferne halten, unterliegen denselben Verwarnungen und Ahndungen, wie solche für Vernachlässigung des Schulbesuches angeordnet sind; das Gleiche gilt bezüglich der Inhaber von Fabriken, Gewerben, Bergbauen, Torfstichen und dergl., welche die bei ihnen beschäftigten Kinder vom Schulbesuche abhalten.

Artikel II.

Mein Minister für Cultus und Unterricht ist mit der Durchführung dieses Gesetzes beauftragt.

Schönbrunn, 20. April 1884.

Franz Joseph m./p.

Taaffe m./p.   Conrad-Eybesfeld m./p.

Nr. 27.

Erlass des Ministers für Cultus und Unterricht vom 13. Juni 1884, Z. 10476,

betreffend die Gleichstellung der Handelsakademien in Linz und Chrudim mit den Obergymnasien und Oberrealschulen in Bezug auf den Nachweis der wissenschaftlichen Befähigung der Aspiranten für den Einjährig-Freiwilligendienst.

Auf Anregung des Ministeriums für Cultus und Unterricht wird infolge des vom k. k. Landesvertheidigungs-Ministerium im Einvernehmen mit dem k. und k. Reichs-Kriegsministerium im Grunde des §. 21 der Wehrgesetz-Novelle gefassten Beschlusses, den Handelsakademien in L i n z und C h r u d i m die Gleichstellung mit den Obergymnasien und Oberrealschulen in Bezug auf die Nachweise der wissenschaftlichen Befähigung der Aspiranten für den Einjährig-Freiwilligendienst mit der Beschränkung zuerkannt, dass nur jene Schüler dieser Anstalten zu dem Anspruche auf die Einjährig-Freiwilligenbegünstigung ohne die diesfalls vorgeschriebene Prüfung berechtigt sind, welche vor dem Eintritte in diese Fachbildungsinstitute das Untergymnasium oder die Unterrealschule mit gutem Erfolge absolviert haben.

Nr. 28.

Erlass des Ministers für Cultus und Unterricht vom 25. Juni 1884, Z. 9349,

betreffend den Vorgang bei Verleihung von Stipendien an Hörer der Hochschulen als angehende Lehramtscandidaten.

Anlässlich der infolge der Ministerial-Verordnung vom 7. Februar 1884, R.-G.-Bl. Nr. 26 *), (betreffend die Prüfung der Candidaten des Gymnasial- und Realschullehramtes) aufgeworfenen Frage, wie es bei Voraussetzung einer vierjährigen Studiendauer für Lehramtscandidaten an den Hochschulen bezüglich des Stipendiengenusses zu halten sei, wird verfügt, dass bis zum Ablaufe des Studienjahres 1886/7 die Ministerial-Verordnung vom 4. März 1866, Z. 83, wornach die Landesstellen ermächtigt sind, Gesuche von Studierenden der philosophischen Facultät um Belassung im Genusse eines Stipendiums auf die Dauer des 7. und 8. Semesters im eigenen Wirkungskreise zu erledigen, weitere Geltung habe.

Vom Studienjahre 1887/8 ab wird die Genussdauer von Stipendien für solche Studierende auf v i e r Jahre erstreckt, und es werden bezügliche Stipendien auf diese Zeitdauer zu verleihen sein.

Selbstverständlich darf eine solche Verleihung weder der Eigenschaft des Stipendiums, noch der klaren Absicht der Stiftung widerstreiten.

---

*) Ministerial-Verordnungsblatt vom Jahre 1884, Nr. 3, Seite 29.

Verfügungen, betreffend Lehrbücher und Lehrmittel.

Lehrbücher.

a) Für Bürgerschulen.

Rothaug J. G., Lehrbuch der Geographie für Bürgerschulen in drei Stufen. III. Stufe. Zunächst für die dritte Classe der Bürgerschulen. 4. durchgesehene Auflage. F. Tempsky. Prag 1884. Preis, broschiert, 40 kr., gebunden, 50 kr.

Dieses Lehrbuch wird zum Unterrichtsgebrauche an Bürgerschulen für zulässig erklärt.

(Ministerial-Erlass vom 31. Mai 1884, Z. 9645.)

b) Für Mittelschulen.

Lampel Leopold, Deutsches Lesebuch für die vierte Classe österreichischer Mittelschulen. Wien 1884. Hölder. Preis, in Leinwand gebunden, 1 fl. 42 kr.,

wird zum Lehrgebrauche in der bezeichneten Classe der Mittelschulen mit deutscher Unterrichtssprache allgemein zugelassen.

(Ministerial-Erlass vom 18. Juni 1884, Z. 11306.)

Herr Gustav, Lehrbuch der vergleichenden Erdbeschreibung für die unteren und mittleren Classen der Gymnasien, Realschulen und verwandter Lehranstalten. I. Cursus: Grundzüge für den ersten Unterricht in der Erdbeschreibung, 14. verbesserte und gekürzte Auflage. Wien 1884. Karl Graeser, Preis, gebunden, 62 kr.

Diese neueste Auflage des vorbenannten Lehrbuches wird, ebenso wie die frühere *) zum Lehrgebrauche an Mittelschulen mit deutscher Unterrichtssprache allgemein zugelassen.

(Ministerial-Erlass vom 13. Juni 1884, Z. 11213.)

Plötz, Dr. Karl, Lectures choisies. Französische Chrestomathie mit Wörterbuch. 21. Auflage. Berlin 1884. F. A. Herbig. Preis, 2 Mark.

Diese neueste Auflage des vorbenannten Buches wird, ebenso wie die 20. Auflage desselben **), zum Lehrgebrauche an Mittelschulen allgemein zugelassen.

(Ministerial-Erlass vom 18. Juni 1884, Z. 11336.)

---

*) Ministerial-Verordnungsblatt vom Jahre 1883, Seite 285.
**) Ministerial-Verordnungsblatt vom Jahre 1884, Seite 24.

Riss Jos., Cvičebuá kniha ku překládání z jazyka českého na jazyk latinský pro třídu 7. a 8. gymnasijní 2. opravené a rozmnožené vydání. Prag. Verlag des Vereines der böhmischen Philologen. Preis, 90 kr.

Diese neue Auflage des genannten Buches wird zum Lehrgebrauche an Gymnasien mit böhmischer Unterrichtssprache allgemein zugelassen. Der gleichzeitige Gebrauch der 1. Auflage *) ist jedoch unstatthaft. (Ministerial-Erlass vom 18. Juni 1884, Z. 11222.)

Sobek Franz, Dějiny všeobecné pro nižší třídy škol středních. Díl I. Věk starý. Prag 1884. Kober. Preis, 70 kr., gebunden in Leinwand, 90 kr.,

wird zum Lehrgebrauche an Mittelschulen mit böhmischer Unterrichtssprache allgemein zugelassen. (Ministerial-Erlass vom 18. Juni 1884, Z. 11075.)

Rosický Franz, Botanika pro výšší třídy středních škol. 2. Auflage. Prag 1884. Tempsky. Preis, gebunden, 1 fl. 20 kr.

Diese neue Auflage des genannten Buches wird, ebenso wie die erste Auflage desselben **), zum Lehrgebrauche iu den Oberclassen der Mittelschulen mit böhmischer Unterrichtssprache allgemein zugelassen. (Ministerial-Erlass vom 18. Juni 1884, Z. 11400.)

Močnik, Dr. Franz, Geometrija za nižje gimnazije, nach der 14. deutschen Auflage, slovenisch bearbeitet von J. Celestina. II. Theil. Laibach 1884. Ignaz von Kleinmayer und Fed. Bamberg. Preis, 60 kr., gebunden, 80 kr.

Dieser zweite Theil des genannten Lehrbuches wird, ebenso wie der erste Theil desselben ***) für die Unterclassen jener Gymnasien, an denen der mathematische Unterricht unter Gebrauch der slovenischen Unterrichtssprache ertheilt wird, zum Lehrgebrauche allgemein zugelassen. (Ministerial-Erlass vom 18. Juni 1884, Z. 11531.)

Suk, Dr. Felix, Katolička apologetika za više razrede srednjih učilišta. Agram 1883. Verlag der kön. Landesregierung. Prejs, gebunden, 60 kr.,

wird, die Approbation der bezüglichen kirchlichen Oberbehörde vorausgesetzt, zum Lehrgebrauche an Mittelschulen mit serbo-croatischer Unterrichtssprache allgemein zugelassen. (Ministerial-Erlass vom 14. Juni 1884, Z. 11193.)

---

*) Ministerial-Verordnungsblatt vom Jahre 1878, Seite 151.
**) Ministerial-Verordnungsblatt vom Jahre 1880, Seite 198.
***) Ministerial-Verordnungsblatt vom Jahre 1883, Seite 28.

c) Für Lehrer- und Lehrerinnen-Bildungsanstalten.

Jandaurek Anton, Katholischer Katechismus zum Gebrauche für Schule und Haus. Prag 1884. Verlag der fürsterzbischöflichen Buchdruckerei (Rohliček und Sievers). 2. unveränderte Auflage. Preis, gebunden, 58 kr.

Diese neue Auflage kann, gleichwie es mit dem hieramtlichen Erlasse vom 11. September 1882; Z. 14762 [*]), bezüglich der 1. Auflage des genannten Lehrbuches ausgesprochen wurde, beim Unterrichte an den Lehrer- und Lehrerinnen-Bildungsanstalten innerhalb der Erzdiöcese P r a g und — die Zulässigkeitserklärung seitens des betreffenden Ordinariates vorausgesetzt — auch an anderen Lehrer- und Lehrerinnen-Bildungsanstalten gebraucht werden. (Ministerial-Erlass vom 5. Juni 1884, Z. 8283.)

d) Für Lehrerinnenbildungsanstalten und Arbeitslehrerinnen-Bildungscurse.

Hillardt Gabriele, Handarbeitskunde für Lehrerinnenbildungsanstalten und zum Selbstunterrichte. 4. Abtheilung. Das Netzen. Das Ausnähen. Das Sticken. 2. verbesserte und vermehrte Auflage. Verlag von Bloch und Hasbach. Wien 1884. Preis, geheftet, 80 kr.

Dieses Buch wird zum Lehrgebrauche an Lehrerinnenbildungsanstalten und in den Bildungscursen für Arbeitslehrerinnen für zulässig erklärt. (Ministerial-Erlass vom 31. Mai 1884, Z. 8628.)

Lehrmittel.

Kiepert Richard, Politische Schulwandkarten der Länder Europas im Maßstabe 1 : 1,000.000. Verlag von Dietrich Reimer in Berlin, und zwar:

Wandkarte von Frankreich. 1881. Preis, in Mappe, 5 fl. 40 kr.

Wandkarte der Brittischen Inseln. 1882. Preis, in Mappe, 5 fl. 40 kr.

Wandkarte von Italien. 1883. Preis, in Mappe, 6 fl.

Wandkarte der Balkanhalbinseln. 1883. Preis, in Mappe, 7 fl. 20 kr.

Die vorbenannten Wandkarten werden zum Unterrichtsgebrauche an Mittelschulen allgemein zugelassen. (Ministerial-Erlass vom 13. Juni 1884, Z. 10955.)

Hauptfleisch H., Meßwerkzeuge und Instrumente für gewerbliche und wissenschaftliche Zwecke. Ein Vorlagenwerk für den Fachzeichenunterricht der Präcisions-Mechaniker an den gewerblichen Fortbildungsschulen. 32 Tafeln, Folio, mit erklärendem Texte. Wien 1884. Alfred Hölder. Ladenpreis, 10 fl. Preis des Textes (Separatabdruck) à 30 kr.

---

[*]) Ministerial-Verordnungsblatt vom Jahre 1882, Seite 173.

Dieses auf Veranlassung und mit Unterstützung des k. k. Ministeriums für Cultus und Unterricht herausgegebene Werk ist für den Fachzeichen-unterricht an Gewerbeschulen und gewerblichen Fortbildungsschulen bestimmt. (Ministerial-Erlass vom 8. Juni 1884, Z. 9909.)

Wiener Bauindustrie-Zeitung. Praktisch-bauindustrielles Organ für Architekten, Bau-Ingenieure, Baumeister, Bildhauer, Decorateure etc., redigiert und heraus-gegeben von P. B a m b a c h und M. G r e b n e r, Ingenieure (Wien, VI., Engel-gasse Nr. 1). Druck von L. W. S e i d e l und Sohn. Ganzjährig loco Wien 12 fl., für die Provinz 12 fl. 40 kr.

Diese Zeitschrift ist als Lehr- und Hilfsmittel zur Anschaffung für die Bibliotheken der Staats-Gewerbeschulen mit baugewerblichen Fachabtheilungen geeignet.
(Ministerial-Erlass vom 17. Juni 1884, Z. 11713.)

Kundmachungen.

Die im Jahre 1882 verstorbene Realitätenbesitzerin in P r a g Frau K a r o l i n e **Jindřich** hat letztwillig ein Capital von 6000 fl. zur G r ü n d u n g e i n e r S t i p e n d i e n s t i f t u n g gewidmet, deren Ertrag für zwei dürftige, in Böhmen geborne, der böhmischen Sprache vollkommen kundige christkatholische Studierende zum Zwecke des juridischen, medicinischen, philosophischen oder technischen Studiums mit der weiteren Bezugsdauer von zwei Jahren nach absolviertem Fachstudium bestimmt ist.

Diese Stiftung ist mit einem Capitale von 7500 fl. in Wertpapieren und 189 fl. 46 kr. in Barem activiert worden.
(Stiftbrief vom 18. Juni 1884. — Ministerial-Act Z. 11866.)

Die Familie des im Jahre 1882 zu O l m ü t z verstorbenen L e o p o l d **Hamburger** hat ein Capital von 2000 fl. gewidmet, dessen Ertrognis stiftungsgemäß zur Betheilung von zwei Abiturienten des deutschen Staats-Obergymnasiums in O l m ü t z, welche in eine der drei weltlichen Faccltäten oder in eine technische montanistische, forstliche, landwirtschaftliche oder eine andere Hochschule treten, bestimmt ist.

Diese Stiftung ist mit dem Genehmigungstage des Stiftsbriefes ins Leben getreten.
(Stiftbrief vom 24. Mai 1884. — Ministerial-Act Z. 10512.)

Der M i n i s t e r f ü r C u l t u s und Unterricht hat d a s Ö f f e n t l i c h k e i t s r e c h t e r t h e i l t :

der von dem Vereine „Ústředni Matice školská" in P r a g erhaltenen böhmischen Privat-Volksschule zu D u x in Böhmen,
(Ministerial-Erlass vom 19. Juni 1884, Z. 11308.)

der böhmischen Privat-Mädchen-Volksschule der barmherzigen Schwestern vom heiligen Karl Borromäus zu F r i e d l a n d in Mähren,
(Ministerial-Erlass vom 3. Juni 1884, Z. 10306) und

der ersten Classe des böhmischen Privat-Untergymnasiums zu T r o p p a u vom II. Semester des Schuljahres 1883/84 an.
(Ministerial-Erlass vom 18. Juni 1884, Z. 11203.)

Verzeichnis der von der k. k. wissenschaftlichen Realschul-Prüfungscommission I. Abtheilung in Wien

im Studienjahre 1883/84 (vom 1. Juli 1883 bis Ende Februar 1884)

approbierten Lehramtscandidaten.

Name und Stellung	Lehrfach	Unterrichtssprache
Duschinsky Wilhelm, Lehramtscandidat	Deutsche und französische Sprache für Oberrealschulen	deutsch
Kornfeld Arnold, supplierender Lehrer an der Staats-Oberrealschule in Linz	detto	detto
Zickero Franz, Lehramtscandidat	Deutsche und englische Sprache für Oberrealschulen	detto
Alscher Rudolf, supplierender Lehrer an der Staats-Oberrealschule in Jägerndorf	Französische und englische Sprache für Oberrealschulen	detto
Dr. **Dianer** Leopold, Lehramtscandidat	detto	detto
Doleschal Anton, Lehramtscandidat	detto	detto
Necoral Josef, supplierender Lehrer an der slav. Staats-Oberrealschule in Brünn	Deutsche Sprache für Oberrealschulen (Ergänzungsprüfung)	
Drahorad Paul, suppl. Lehrer an der Staats-Oberrealschule in Teschen	Böhmische Sprache für Oberrealschulen (Ergänzungsprüfung)	
Halaška Josef, suppl. Lehrer an der slav. Landes-Oberrealschule in Prossnitz	detto	
Ravalico Nikolaus, Lehrer an der Staats-Oberrealschule in Pirano	Deutsche Sprache als Unterrichtssprache	
Kamenicky Stanislaus, Lehramtscandidat	Mathematik und Physik für Oberrealschulen	deutsch und böhmisch
Kraussler Josef, Lehramtscandidat	Mathematik und darstellende Geometrie für Oberrealschulen	deutsch
Adler August, Lehramtscandidat	detto	detto

Name und Stellung	Lehrfach	Unterrichts-sprache
Schiffer Eduard, Lehramtscandidat	Mathematik für Ober-, darstellende Geometrie für Unterrealschulen	deutsch
Tschuschner Franz, Lehramtscandidat	Naturgeschichte für Ober-, Chemie für Unterrealschulen	detto
Neuwirth Vincenz, Lehramtscandidat	Chemie für Oberrealschulen (Ergänzungsprüfung)	detto
Zaruba Emanuel, Hauptlehrer an der k. k. Lehrerbildungsanstalt in Bozen	Chemie für Unterrealschulen (Erweiterungsprüfung)	detto

Über Ersuchen des Consulates der Republik Chili in Wien wird nachstehende Concurs-ausschreibung verlautbart:

Am **Lehrer-Institute (Lehrerbildungsanstalt) in Santiago** und an jedem der beiden **Lehrerinnen-Institute (Lehrerinnenbildungsanstalten) zu Santiago und Concepcion** (Südprovinz) kommen nachbenannte Stellen zu besetzen:

I. Am Lehrer-Institute zu Santiago:
a) die Stelle eines Directors und zugleich Professors der Pädagogik, Methodik und einer modernen Sprache (englisch oder französisch) mit einem Jahresgehalte von 3000 Pesos *);
b) die Stelle eines Professors der Mathematik und Kosmographie mit einem Jahresgehalte von 1500 Pesos;
c) die Stelle eines Professors des Zeichnens und der Kalligraphie und Musik mit einem Jahresgehalte von 1500 Pesos;
d) die Stelle eines Professors der Naturgeschichte und Geographie mit einem Jahresgehalte von 1500 Pesos;
e) die Stelle eines Professors der Gymnastik mit einem Jahresgehalte von 1000 Pesos;

II. an jedem der beiden Lehrerinnen-Institute zu Santiago und zu Concepcion:
a) die Stelle einer Directorin und zugleich Professorin der Pädagogik und einer modernen Sprache mit einem Jahresgehalte von 2400 Pesos;
b) die Stelle einer Professorin der Naturwissenschaften mit einem Jahresgehalte von 1000 Pesos;
c) die Stelle einer Professorin der Mathematik und Geographie mit einem Jahresgehalte von 1000 Pesos;
d) die Stelle einer Professorin der Zeichenkunst und der weiblichen Arbeiten mit einem Jahresgehalte von 1000 Pesos;
e) die Stelle einer Professorin der Musik und Kalligraphie mit einem Jahresgehalte von 1000 Pesos.

*) 1 Pesos = circa 4 Francs in Gold oder 2 fl. ö. W.

Bewerber (Bewerberinnen) um diese Stellen haben sich zu deren Übernahme contractmäßig auf 6 Jahre zu verpflichten, dürfen sich an keinem anderen Unternehmen betheiligen und keinen Privatunterricht außerhalb des Institutes ertheilen. Dieselben müssen ledig, beziehungsweise verwitwet und katholischer Religion sein, und haben, falls sie nach Ablauf des Contractes nach Europa zurückzukehren wünschen, keinen Anspruch auf Vergütung der Kosten für die Rückreise.

Dagegen verpflichtet sich die Regierung der Republik Chili alle Reisekosten dahin zu bezahlen und die Wohnung, sowie Beköstigung in Chili zu bestreiten. Auch erhalten die betreffenden Lehrkräfte zur Bestreitung ihrer Anschaffungen für die Reise einen Vorschuss in der Höhe von einem Drittheile des bezüglichen Jahresgehaltes, welcher nach einem sechsmonatlichen Aufenthalte in Chili in 25 % Monatsraten von dem Gehalte in Abzug gebracht werden wird.

Die an den Generalinspector der Schulen der Republik Chili Herrn **Abelardo Numez** zu richtenden Gesuche sind bis 15. Juli d. J. beim k. k. Ministerium für Cultus und Unterricht in Wien einzubringen.

(Ministerial-Erlass vom 22. Juni 1884, Z. 12098.)

———————

Vom Schuldienste wurden entlassen:

Anton **Wagner**, zuletzt Volksschullehrer zu Langschlägerwald in Niederösterreich,
(Ministerial-Erlass vom 18. Juni 1884, Z. 5254) und

Damian **Szkirpan**, zuletzt Volksschullehrer zu Biała in Galizien,
(Ministerial-Erlass vom 18. Juni 1884, Z. 6193.)

———————

Im k. k. Schulbücher - Verlage ist in revidierter Separatausgabe erschienen die

Verordnung
des
Ministers für Cultus und Unterricht vom 26. Mai 1884, Z. 10128,
mit dem Lehrplane der Gymnasien.

Preis, 10 kr.

(Die Instructionen für den Unterricht an den Gymnasien werden, sobald ihr letzter Abschnitt im Verordnungsblatte erschienen ist, gesammelt in einem Bande ausgegeben werden.)

———————

Diesem Stücke liegt bei: **Instruction für den Unterricht an Gymnasien.** III. Anschluss: Geschichte. — Mathematik.

———————

Verlag des k. k. Ministeriums für Cultus und Unterricht. — Druck von Karl Gorischek in Wien.

Verordnungsblatt

für den Dienstbereich des

Ministeriums für Cultus und Unterricht.

Redigiert im k. k. Ministerium für Cultus und Unterricht.

Ausgegeben am 15. Juli 1884.

(IV. Anschluss.) Instruction für den Unterricht an Gymnasien (Naturgeschichte. — Physik. — Philosophische Propädeutik.

Verfügungen, betreffend Lehrbücher und Lehrmittel.

Lehrbücher.

a) Für Volks- und Bürgerschulen.

Wagner Ferd., Erzählungen aus der Kirchengeschichte. 4. verbesserte Auflage. Prag 1884. Preis, 30 kr.

Dieses Lehrbuch wird, wie die erste Auflage desselben *) zum Unterrichtsgebrauche in allgemeinen Volks- und Bürgerschulen für zulässig erklärt.

(Ministerial-Erlass vom 4. Juli 1884, Z. 12255.)

Krejčí Jos., Zeměpis pro školy měšťanské. I. Stufe. 4. revidierte Auflage. Mit 33 Illustrationen. Prag 1884. Tempsky. Preis eines Exemplars, broschiert, 30 kr.

Dieses Lehrbuch der Geographie wird in der gegenwärtigen Auflage zum Lehrgebrauche an Bürgerschulen mit böhmischer Unterrichtssprache als zulässig erklärt.

(Ministerial-Erlass vom 21. Juni 1884, Z. 11540.)

b) Für Mittelschulen.

Kummer, Dr. Karl Ferd., Deutsche Schulgrammatik. Prag 1884. F. Tempsky. Preis, gebunden, 1 fl. 50 kr., broschiert, 1 fl. 30 kr.,

wird zum Lehrgebrauche an Gymnasien mit deutscher Unterrichtssprache allgemein zugelassen.

(Ministerial-Erlass vom 10. Juli 1884, Z. 12847.)

---

*) Ministerial-Verordnungsblatt vom Jahre 1877, Seite 190.

Mitteregger, Dr. Josef, Lehrbuch der Chemie für Oberrealschulen. II. Theil: Organische Chemie. 2. Auflage. Wien 1884. A. Hölder. Preis, 92 kr.

Diese neue Auflage des genannten Buches wird, ebenso wie dies bei der ersten Auflage der Fall war *), zum Lehrgebrauche an Oberrealschulen mit deutscher Unterrichtssprache allgemein zugelassen.

(Ministerial-Erlass vom 29. Juni 1884, Z. 12196.)

Čelakovský Fr. L., Čítanka pro druhou třídu škol středních. Nové vydání upravil Jos. Wenzl. 8. Auflage. Prag 1884. Tempsky. Preis, 90 kr., gebunden 1 fl. 6 kr.

Diese neueste Auflage des genannten Lesebuches wird, ebenso wie dies bei der siebenten Auflage der Fall war **), zum Lehrgebrauche in der bezeichneten Classe der Mittelschulen mit böhmischer Unterrichtssprache allgemein zugelassen.

(Ministerial-Erlass vom 25. Juni 1884, Z. 11541.)

Gindely, Dr. A., Dějepis všeobecný pro vyšší třídy škol středních. Pro české školy vzdělal Jan J. Řehák. I. Díl: Věk starý. 3. Auflage. Prag 1884. Friedrich Tempsky. Preis, 1 fl. 60 kr., gebunden, 1 fl. 80 kr.

Diese neue Auflage des genannten Lehrbuches wird, ebenso wie dies bei der zweiten Auflage der Fall war ***), zum Lehrgebrauche an Mittelschulen mit böhmischer Unterrichtssprache allgemein zugelassen.

(Ministerial-Erlass vom 25. Juni 1884, Z. 11983.)

Lehrmittel.

Haymerle, Dr. Ritter von, Deutsches Lesebuch für Gewerbeschulen (Werkmeisterschulen, gewerbliche Fachschulen und verwandte Lehranstalten). Wien 1884. Alfred Hölder. Preis, 1 fl. 32 kr.

Dieses Lesebuch wird für den Unterrichtsgebrauch an Werkmeisterschulen, gewerblichen Fachschulen und jenen gewerblichen Fortbildungsschulen, an welchen die deutsche Sprache einen besonderen Unterrichtsgegenstand bildet, allgemein als zulässig erklärt.

(Ministerial-Erlass vom 27. Juni 1884, Z. 11847.)

Kiehl, Anfangsgründe der Volkswirtschaftslehre. Umgearbeitet von Prof. Richter. Berlin 1884. 3. Auflage. Puttkammer und Mühlbrecht.

Dieses Werk wird zum Lehrgebrauche an der niederösterreichischen Landes-Handelsschule in Krems für zulässig erklärt.

(Ministerial-Erlass vom 30. Juni 1884, Z. 12178.)

---

*) Ministerial-Verordnungsblatt vom Jahre 1879, Seite 260.
**) Ministerial-Verordnungsblatt vom Jahre 1880, Seite 12.
***) Ministerial-Verordnungsblatt vom Jahre 1877, Seite 128.

Kundmachungen.

Der am 23. April 1882 in Wien verstorbene Dr. Georg **Schmid** hat testamentarisch ein Capital von 11.000 fl. in Papierrente zur Gründung einer Stipendienstiftung gewidmet, mit deren Interessen ein dürftiger, befähigter, fleißiger Hörer der Medicin an der k. k. Wiener Universität, katholischer oder protestantischer Religion, aus den im Reichsrathe vertretenen Ländern bis zur Vollendung der Studien, beziehungsweise bis zur Ablegung der Rigorosen innerhalb eines Jahres nach vollendeten Studien zu betheilen ist.

Das Verleihungsrecht wurde vom Stifter dem Professor Dr. Hermann Zschokke übertragen, welcher auch seinen Nachfolger als Superintendenten der Stiftung zu bestimmen hat.
(Stiftbrief vom 8. Juni 1884. — Ministerial-Act Z. 12150.)

Die am 28. September 1878 zu Krakau verstorbene Marie **Kurdwanowska**, geborne Stojowska, hat mittelst letztwilliger Verfügung ein Capital in Wertpapieren im Nominalbetrage von 5727 fl. 35 kr. zur Errichtung einer ihren Namen führenden Familien-Stipendienstiftung gewidmet. Aus den jährlichen Zinsen des Stammcapitales ist stiftbrieflich ein Stipendium von 200 fl. an einen Studierenden der Mittelschulen aus der Familie Jordan-Stojowski zu verleihen.

Das Verleihungsrecht steht dem galizischen Landesausschusse zu.
(Stiftbrief vom 13. Mai 1884. — Ministerial-Act Z. 12630.)

Der zu Lemberg am 11. Jänner 1873 verstorbene, emeritierte Gymnasiallehrer Basil **Lewicki** hat letztwillig eine seinen Namen führende Familien-Stipendienstiftung gegründet. Das Stiftungscapital besteht in Wertpapieren im Nominalbetrage von 3255 fl. 24 kr. Die jährlichen Interessen sind zu zwei Drittheilen zu Stipendien im vorläufigen Betrage von 100 fl. für Studierende an Volks-, Mittel- oder höheren Schulen aus der Familie des Stifters, und zu einem Drittheile für einmalige Unterstützungen an Mädchen und Witwen aus der Familie des Stifters bestimmt.

Das Verleihungsrecht steht dem galizischen Landesausschusse zu.
(Stiftbrief vom 13. Mai 1884. — Ministerial-Act Z. 12632.)

Der kaiserliche Rath Leopold A. **Haupt** Edler von Buchenrode in Brünn hat drei Stück österreichische Staatsschuldverschreibungen à 1000 fl. zur Errichtung einer Stiftung unter dem Namen „Stephan Haupt Edler von Buchenrode'sche Studenten-Stipendienstiftung" für das I. deutsche Staats-Gymnasium in Brünn gewidmet und bestimmt, dass die Zinsen des Stiftungscapitales an zwei arme oder doch mittellose Schüler der vier unteren Classen des genannten Gymnasiums, welche ein tadelloses sittliches Betragen, Fleiß und guten Fortgang nachweisen, ohne Unterschied der Confession und Nationalität zu verleihen sind, wobei aber Verwandte des Stifters vor andern Bewerbern den Vorzug haben sollen.

Das Vorschlagsrecht steht der Gymnasialdirection, das Verleihungsrecht dagegen dem jeweiligen Statthalter für Mähren zu.
(Stiftbrief vom 24. Juni 1884. — Ministerial-Act Z. 12616.)

Die Hausbesitzerin Josefa **Gehlich** in Mährisch-Trübau hat ein Capital von 1000 fl. zur Gründung einer Stipendienstiftung gewidmet, zu deren Genuss ein Studierender des Gymnasiums in Mährisch-Trübau, zunächst aus der Verwandtschaft der Stifterin und ihres verstorbenen Gatten, sodann andere nach Mährisch-Trübau, eventuell nach Mähren überhaupt zuständige Studierende berufen sind.

Diese Stiftung ist mit dem Genehmigungstage des Stiftsbriefes in Wirksamkeit getreten.
(Stiftbrief vom 10. Juni 1884. — Ministerial-Act Z. 11552.)

Über Anregung des Directors des St. Anna-Gymnasiums in Krakau Ignaz **Stawarski** wurde aus freiwilligen Gaben eine den Namen „Adam Mickiewicz" führende Stipendienstiftung für dürftige Schüler des genannten Gymnasiums gegründet. Das Stammcapital dieser Stiftung besteht aus Wertpapieren im Nominalbetrage von 1500 fl., deren jährliche Zinsen als Stipendium an einen dürftigen Schüler des St. Anna-Gymnasiums in Krakau zu verabfolgen sind.

Das Verleihungsrecht steht dem Gymnasialdirector Ignaz **Stawarski** und nach dessen Ableben dem Professoren-Collegium des genannten Gymnasiums zu.

Die Stiftung ist mit dem Tage der Genehmigung des Stiftsbriefes ins Leben getreten.
(Stiftbrief vom 5. Juni 1884. — Ministerial-Act Z. 11936.)

Verzeichnis der von der k. k. Prüfungscommission für das Lehramt der Stenographie in Prag
im Schuljahre 1883/84
approbierten Candidaten.

Name	Stellung	Unterrichts-sprache
Brdlík Franz,	Supplent an der k. k. slavischen Staats-Mittelschule in Prerau	böhmisch
Hrádek Josef,	Professor an der böhmischen Landes-Oberrealschule in Prossnitz	detto
Kraclík Heinrich,	Professor am böhmischen Communal-Real- u. Obergymnasium in Deutschbrod	detto
Počta Philipp,	Lehramtscandidat in Prag	detto
Šimek Johann,	Assistent an der II. deutschen Staats-Realschule in Prag	deutsch
Urban Franz,	Supplent am deutschen Stifts-Obergymnasium in Braunau	detto
Wipler Karl,	Supplent am böhmischen Communal-Real- u. Obergymnasium in Deutschbrod	böhmisch

Der Minister für Cultus und Unterricht hat der I. und II. Classe des Communal-Gymnasiums zu Unter-Meidling unter Anerkennung des Reciprocitätsverhältnisses im Sinne des §. 11 des Gesetzes vom 9. April 1870 das Recht der Öffentlichkeit für die Dauer des Schuljahres 1884/85 verliehen.

(Ministerial-Erlass vom 26. Juni 1884, Z. 12153.)

Vom Schuldienste wurden entlassen:

Johann Karl von Beth, zuletzt Lehrer an der Volksschule zu Schiltern in Nieder-österreich,

(Ministerial-Erlass vom 21. Juni 1884, Z. 10561.)

Nikolaus Mlinar, zuletzt provisorischer Lehrer an der Volksschule zu Drinovci in Dalmatien

(Ministerial-Erlass vom 19. Juni 1884, Z. 11389) und

Ladislaus Kulka, zuletzt Volksschullehrer zu Pleasów in Galizien.

(Ministerial-Erlass vom 21. Juni 1884, Z. 8573.)

Diesem Stücke liegt bei: Instruction für den Unterricht an Gymnasien. IV. Anschluss: Naturgeschichte — Physik. — Philosophische Propädeutik.

Verlag des k. k. Ministeriums für Cultus und Unterricht. — Druck von Karl Gorischek in Wien.

Jahrgang 1884. **Stück XV.**

Verordnungsblatt
für den Dienstbereich des
Ministeriums für Cultus und Unterricht.

Redigiert im k. k. Ministerium für Cultus und Unterricht.

Ausgegeben am 1. August 1884.

Verfügungen, betreffend Lehrbücher und Lehrmittel.

Lehrbücher.

a) Für Volks- und Bürgerschulen.

Jacobi, Dr. A. und **Mehl** Herm., Deutsches Lesebuch für allgemeine Volks- und Bürgerschulen, neu bearbeitet von Victor Pilečka und Julius Schenner.
3. Theil, 6. verbesserte Auflage. Preis, gebunden, 40 kr.
8. Theil, 4. durchgesehene Auflage. Preis, gebunden, 80 kr.
Manz'sche Buchhandlung in Wien.

Dieses Werk wird zum Unterrichtsgebrauche in allgemeinen Volks- und Bürgerschulen für zulässig erklärt.

(Ministerial-Erlass vom 9. Juli 1884, Z. 12769.)

Tippmann Karl, Stručný dějepis církevní pro školu a dům. 2. verbesserte Auflage. Prag 1879. Fr. A. Urbanek. Preis eines Exemplares, broschiert, 30 kr.

Dieser Abriss der Kirchengeschichte kann beim Unterrichte in den Bürgerschulen der Königgrätzer Diöcese mit böhmischer Unterrichtssprache, nachdem derselbe vom bischöflichen Ordinariate Königgrätz für zulässig erklärt worden ist, gebraucht werden. Die Verwendung in anderen Diöcesen ist von der Zulässigkeitserklärung des betreffenden bischöflichen Ordinariates abhängig.

(Ministerial-Erlass vom 20. Juli 1884, Z. 12716.)

Redlich J., Hebräisches Sprach- und Lesebuch für den ersten Unterricht. 14. abgeänderte Auflage. Wien 1884. K. k. Schulbücher-Verlag. Preis eines Exemplares, steif gebunden, 16 kr.

Das Buch ist in der dermaligen vierzehnten abgeänderten Auflage in gleicher Weise, wie es bezüglich der bisherigen Auflagen der Fall war, zum Lehrgebrauche an Volksschulen zulässig.

(Ministerial-Erlass vom 18. Juli 1884, Z. 13719.)

b) Für Mittelschulen.

Bechtel A., Übungsbuch zur französischen Grammatik für Mittelschulen. Oberstufe. (Für Classe V.—VII.) 2. verbesserte Auflage. Wien 1884. Julius Klinkhardt und Comp. Preis, broschiert, 60 kr.

Diese neue Auflage des vorbenannten Übungsbuches wird ebenso, wie die erste Auflage desselben *) zum Unterrichtsgebrauche an Mittelschulen mit deutscher Unterrichtssprache allgemein zugelassen.

(Ministerial-Erlass vom 16. Juli 1884, Z. 13519.)

Lehrmittel.

Malát Johann, Theoreticko-praktická škola pro housle. 2. Auflage. I. Theil. Heft 1 und 2. — II. Theil. Heft 1, 2, 3, 4. Prag bei Fr. Urbanek. Preis jedes Heftes 60 kr.

Dieses Werk wird im Sinne der Ministerialverordnung vom 2. Juli 1880, Z. 652, Punkt 4 als geeignet zum Unterrichtsgebrauche an Lehrerbildungs-anstalten mit böhmischer Unterrichtssprache erklärt.

(Ministerial-Erlass vom 22. Juli 1884, Z. 12064.)

Kundmachungen.

Der in Tolmein verstorbene Kanzlist Johann Anton **Pittoritti** hat letztwillig den Gesammterlös aus seinem unbeweglichen Besitze zur Gründung einer Stipendienstiftung mit drei, eventuell vier Stipendien gewidmet, zu deren Bezug Schüler und Studierende der in der Stadt Görz befindlichen Schulanstalten mit Bevorzugung von Abkömmlingen der mütterlichen Anverwandten des Stifters, und in deren Ermangelung dürftige Schüler des Gymnasiums zu Görz berufen sind.

Diese Stiftung ist mit einem Capitale von 9950 fl. und vorläufig mit drei Stipendien à 100 fl. ins Leben getreten.

(Stiftbrief vom 7. Juli 1884. — Ministerial-Act Z. 13760.)

---

*) Ministerial-Verordnungsblatt vom Jahre 1880, Seite 170.

Franz **Mattausch**, Fabriks- und Domänenbesitzer zu Franzensthal in Böhmen, hat mit einem Capitale von 4000 fl. in Staatspapieren eine den Namen Seiner kaiserlichen Hoheit des durchlauchtigsten Herrn Kronprinzen Erzherzog Rudolf und der durchlauchtigsten Frau Kronprinzessin Stephanie führende Stipendienstiftung gegründet, deren Ertrag für zwei Söhne der Mattausch'schen Fabrikarbeiter minderer Kategorie zum Zwecke der die Volksschule überragenden Studien an einem Gymnasium oder einer Realschule bestimmt ist. Eventuell sind zum Genusse der Stipendien dürftige Knaben von im Gerichtsbezirke Bensen ansässigen Fabriksarbeitern berufen.

Diese Stiftung ist mit dem Genehmigungstage des Stiftbriefes ins Leben getreten.

(Stiftbrief vom 4. Juli 1884. — Ministerial-Act Z. 13153.)

Die im Jahre 1882 in Neu-Bidschow verstorbene Frau Barbara **Schwarz** hat letztwillig ein Capital von 1000 fl. zur Gründung einer Stipendienstiftung gewidmet, deren Ertrag für einen christkatholischen Studierenden des Neu-Bydschower-Gymnasiums, eventuell der Neu-Bydschower Volksschule, mit Bevorzugung der Anverwandten der Stifterin, bestimmt ist.

Diese Stiftung ist mit dem Genehmigungstage des Stiftbriefes ins Leben getreten.

(Stiftbrief vom 21. Juni 1884. — Ministerial-Act Z, 13531.)

Theodor **Krupa**, zuletzt Leiter der Volksschule in Oleszyce in Galizien wurde vom Schuldienste entlassen.

(Ministerial-Erlass vom 23. Juli 1884, Z. 8722.)

Verzeichnis der bei der k. k. deutschen wissenschaftlichen Prüfungscommission
für das Lehramt an Gymnasien und Realschulen in Prag

im Studienjahre 1883/84

approbierten Lehramtscandidaten.

Name und Stellung	Lehrfach
Klimesch Wenzel, Lehramtscandidat in Prag	Classische Philologie für das ganze Gymnasium
Lederer Siegfried, Lehramtscandidat in Prag	detto
Lokvenc Wenzel, Lehramtscandidat in Prag	detto
Mühlstein Ferdinand, Lehramtscandidat in Prag	detto
Peček Thomas, Supplent am slavischen Staats-Gymnasium in Olmütz	detto
Pischl Wenzel, Lehramtscandidat in Prag	detto
Růžička Josef, Gymnasial-Supplent in Ung.-Hradisch	detto
Schwertassek Karl August, Lehramtscandidat in Landskron	detto
Strach Moriz, Lehramtscandidat in Prag	detto
Tauber Georg, Lehramtscandidat in Prag	detto
Gerson, Dr. Gustav, Lehramtscandidat in Prag	Deutsche Sprache für das ganze Gymnasium (Ergänzungsprüfung)
Prochaska, Dr. Victor, Realschul-Supplent in Leitmeritz	Deutsche Sprache für Oberrealschulen (Ergänzungsprüfung)
Schürer Heinrich, Lehramtscandidat in Aussig	Deutsche Sprache für das ganze Gymnasium
Bayer Georg, Lehramtscandidat in Prag	Geschichte und Geographie für das ganze Gymnasium

Name und Stellung	Lehrfach
Frisch Josef, Lehramtscandidat in Prag	Geschichte und Geographie für das ganze Gymnasium
Klement Karl, Lehramtscandidat in Leitmeritz	detto
Rustler Michael, Lehramtscandidat in Prag	detto
Schneider Adolf, Lehramtscandidat in Prag	detto
Vlk Josef, Lehramtscandidat in Prag	detto
Kohm, Dr. Josef, Gymnasial-Supplent in Prag	Philosophische Propädeutik (Ergänzungsprüfung)
Müller Robert, Gymnasial-Supplent in Prag	detto
Uhl, Dr. Josef, Gymnasial-Supplent in Brüx	Philosophische Propädeutik
Bartoň Emil, Lehramtscandidat in Böhmisch-Trübau	Mathematik und darstellende Geometrie für Oberrealschulen
Hergl Oswald, Lehrer an der Ackerbauschule in Kaaden	Mathematik für Unter-, darstellende Geometrie für Oberrealschulen
Maschek Johann, Realschul-Supplent in Leitmeritz	Physik für Oberrealschulen (Ergänzungsprüfung)
Mrazek Eduard, Assistent in Prag	detto
Aussenwinkler Ludwig, Assistent an der k. k. deutschen technischen Hochschule in Prag	Chemie für Ober-, Physik für Unterrealschulen
Storch Ludwig, Assistent an der k. k. deutschen technischen Hochschule in Prag	detto
Schreiber Johann, Lehramtscandidat in Wallern bei Löhmerwald	Naturgeschichte für Ober-, Physik für Unterrealschulen

In Commission des k. k. Schulbücherverlages in Wien (I., Johannesgasse Nr. 4) sind soeben erschienen und durch denselben zu beziehen:

Instructionen für den Unterricht an den Gymnasien

in Österreich.

Einzige, vom k. k. Ministerium für Cultus und Unterricht autorisierte Ausgabe.

Inhalt: Verordnung vom 26. Mai 1884, Z. 10128, durch welche der Lehrplan der Gymnasien in mehreren Punkten abgeändert wird. — Lehrplan. — Instructionen für den Unterricht in den einzelnen Disciplinen. *A.* Die classischen Sprachen. *B.* Deutsche Sprache. *C.* Geographie. *D.* Geschichte. *E.* Mathematik. *F.* Naturgeschichte. *G.* Physik. *H.* Philosophische Propädeutik. *I.* Zeichnen.

Preis eines Exemplars, XXVI und 316 Seiten in Lexicon-Octav, broschiert, 1 fl. 50 kr.

NORMALIEN

für die

Gymnasien und Realschulen in Österreich. *)

Im Auftrage und mit Benützung der amtlichen Quellen des k. k. Ministeriums für Cultus und Unterricht redigiert von

Dr. Edmund Edlen von Marenzeller,

k. k. Ministerial-Conclplsten.

I. Theil. II. Band. (Im Anschlusse an den I. Band (siehe Ministerial-Verordnungsblatt vom Jahre 1884, Seite 148) Seite 381—830 sammt dem chronologischen Normalien-Register und dem alphabetischen Sach-Register.

Preis dieses II. Bandes, broschiert, 2 fl. 20 kr.

---

*) Ministerial-Verordnungsblatt vom Jahre 1884, Seite 148.

Handbuch der Reichsgesetze und Ministerial-Verordnungen

für das Volksschulwesen

in den im Reichsrathe vertretenen Königreichen und Ländern.

Vierte, neu redigierte Auflage.

Wien 1884. Preis eines Exemplars, XXVIII und 468 Seiten, steif gebunden, 1 fl. 30 kr.

Verlag des k. k. Ministeriums für Cultus und Unterricht. — Druck von Karl Gorischek in Wien.

Jahrgang 1884.   **Stück XVI.**

Verordnungsblatt
für den Dienstbereich des
Ministeriums für Cultus und Unterricht.

Redigiert im k. k. Ministerium für Cultus und Unterricht.

Ausgegeben am 15. August 1884.

Verfügungen, betreffend Lehrbücher und Lehrmittel.

Lehrbücher.

a) Für Volks- und Bürgerschulen.

Jeremievici Nicolai, Elementariu românescu pentru şcólele poporale. Wien 1884. K. k. Schulbücherverlag. Preis eines Exemplars, steif gebunden, 25 kr.

Diese romanische Fibel wird zum Lehrgebrauche an Volksschulen mit romanischer Unterrichtssprache als zulässig erklärt,

(Ministerial-Erlass vom 27. Juli 1884, Z. 14721.)

b) Für Mittelschulen.

Loserth, Dr. J., Leitfaden der allgemeinen Geschichte für die unteren und mittleren Classen der Gymnasien, Realschulen und verwandten Lehranstalten. 3 Theile. I. Theil: Das Alterthum. II. Theil: Das Mittelalter. III. Theil: Die Neuzeit. Wien 1884. Graeser. Preis, cartoniert je 50 kr.,

wird zum Lehrgebrauche in den unteren Classen der Gymnasien und Realschulen mit deutscher Unterrichtssprache allgemein zugelassen.

(Ministerial-Erlass vom 31. Juli 1884, Z. 13973.)

c) Für Lehrerbildungsanstalten.

Tille, Dr. Anton, Učebnice zeměpisu obecného i rakousko-uherského pro školy střední a ústavy učitelské. II. Theil: Geographie von Österreich-Ungarn. 3. revidierte Auflage. Mit 5 Illustrationen. Prag 1884. J. L. Kober. Preis eines Exemplars, broschiert, 80 kr.

Dieser zweite Theil wird zum Lehrgebrauche an Lehrerbildungsanstalten mit böhmischer Unterrichtssprache in gleicher Weise als zulässig erklärt, wie dies bezüglich des ersten Theiles laut Ministerial-Erlasses vom 25. Juli 1882, Z. 10082 *) der Fall war.

(Ministerial-Erlass vom 8. August 1884, Z. 15367.)

---

*) Ministerial-Verordnungsblatt vom Jahre 1882, Seite 160.

Lehrmittel.

Stieler's Schulatlas.. 63. Auflage. Vollständig neu bearbeitet von Dr. Hermann Berghaus. Ausgabe für die österreichisch-ungarische Monarchie. Gotha und Wien 1884. Justus Perthes. Preis 5 Mark, in Leinwand gebunden, 6 Mark,
> wird zum Lehrgebrauche an Mittelschulen mit deutscher Unterrichtssprache allgemein zugelassen.
> (Ministerial-Erlass vom 24. Juli 1884, Z. 13204.)

Gandino G. B., La sintassi latina mostrata con luoghi delle opere di Cicerone tradotti ed annotati ad uso di retroversione nei ginnasi. 2 Theile. Turin 1883. Paravia. Preis für beide Theile 2 fl. 20 kr.,
> wird zum Lehrgebrauche in der VI., VII. und VIII. Classe der Gymnasien mit italienischer Unterrichtssprache allgemein zugelassen.
> (Ministerial-Erlass vom 25. Juli 1884, Z. 14313.)

Kundmachungen.

Der im Jahre 1862 in Schlanders verstorbene Med.-Dr. Heinrich Vögele hat letztwillig ein Capital von 20.000 fl. zur Verbesserung der Schullehrerbesoldungen in Schlanders hinterlassen.
Diese Stiftung ist mit dem Genehmigungstage des Stiftbriefes ins Leben getreten.
> (Stiftbrief vom 6. Juli 1884. — Ministerial-Act Z. 14958.)

Die im Jahre 1883 in Prag verstorbene Med.-Dr.-Witwe Marie Grüner geborne Pürmann hat letztwillig ein Capital von 3000 fl. zur Gründung einer für dürftige Rigorosanten der Medicin bestimmten Stiftung gewidmet.
Diese Stiftung wurde mit einem Capitale von 3780 fl. in Notenrente activiert.
> (Stiftbrief vom 20. Juli 1884. — Ministerial-Act Z. 14463.)

Der im Jahre 1883 zu Meran verstorbene kaiserliche Rath und k. k. Polizei-Obercommissär i. R. Josef Anton Rainer hat letztwillig ein Capital von 1000 fl. hinterlassen, dessen Zinsen stiftbriefgemäß zur Deckung des Lehrergehaltes an der Knaben-Volksschule in Holzgau, soweit dieser Gehalt aus der Gemeindecasse zu bestreiten ist, verwendet werden sollen.
Diese Stiftung ist mit dem Genehmigungstage des Stiftbriefes in Wirksamkeit getreten.
> (Stiftbrief vom 21. Juli 1884. — Ministerial-Act Z. 14827.)

Der Minister für Cultus und Unterricht hat der zweiclassigen Privat-Mädchenschule der Schulschwestern vom dritten Orden St. Francisci Seraphici zu Sternberg in Mähren das Öffentlichkeitsrecht ertheilt.
> (Ministerial-Erlass vom 31. Juli 1884, Z. 14319.)

Verzeichnis der von der k. k. Prüfungscommission für das Lehramt des Turnens an Mittelschulen und Lehrerbildungsanstalten in Wien

im Studienjahre 1883/84

approbierten Candidaten.

Name und Stellung	Approbiert für	Unterrichtssprache
Geidel Robert, Inhaber eines Gesundheitsturncurses für Männer in Wien	Mittelschulen	deutsch
Guttmann Max, Studierender an der k. k. technischen Hochschule in Wien	Mittelschulen und Lehrerbildungsanstalten	detto
Hadaszczok Johann, Supplent an der Landes-Oberrealschule in Mährisch-Ostrau	detto	detto
Mantschel August, Lehramtscandidat	detto	detto
Öller Leopold, Lehramtscandidat	detto	detto
Tschuschner Hermann, Lehramtscandidat	Mittelschulen	detto
Zeidler Josef, Assistent an der Communal-Oberrealschule in Leitmeritz	Mittelschulen und Lehrerbildungsanstalten	detto
Grohmann Theodor, Turnlehrer an der I. dentschen Oberrealschule in Prag	Erweitert für Lehrerbildungsanstalten	detto

Vom Schuldienste wurden entlassen:

Hermann Richter, zuletzt Lehrer in Kallham in Oberösterreich. (Ministerial-Erlass vom 1. August 1884, Z. 14796) und

Johann Ečer, zuletzt provisorischer Lehrer an der Volksschule zu Polichno in Mähren, (Ministerial-Erlass vom 5. August 1884, Z. 15193.)

In Commission des k. k. Schulbücherverlages in Wien (I., Johannesgasse Nr. 4) sind soeben erschienen und durch denselben zu beziehen:

Instructionen für den Unterricht an den Gymnasien in Österreich.

Einzige, vom k. k. Ministerium für Cultus und Unterricht autorisierte Ausgabe.

Inhalt: Verordnung vom 26. Mai 1884, Z. 10128, durch welche der Lehrplan der Gymnasien in mehreren Punkten abgeändert wird. — Lehrplan. — Instructionen für den Unterricht in den einzelnen Disciplinen. *A.* Die classischen Sprachen. *B.* Deutsche Sprache. *C.* Geographie. *D.* Geschichte. *E.* Mathematik. *F.* Naturgeschichte. *G.* Physik. *H.* Philosophische Propädeutik. *I.* Zeichnen.

Preis eines Exemplars, XXVI und 316 Seiten in Lexicon-Octav, broschiert, 1 fl. 50 kr.

NORMALIEN
für die
Gymnasien und Realschulen in Österreich. *)

Im Auftrage und mit Benützung der amtlichen Quellen des k. k. Ministeriums für Cultus und Unterricht redigiert von

Dr. Edmund Edlen von Marenzeller,
k. k. Ministerial-Concipisten.

I. Theil. II. Band. (Im Anschlusse an den I. Band (siehe Ministerial-Verordnungsblatt vom Jahre 1884, Seite 148) Seite 381—830 sammt dem chronologischen Normalien-Register und dem alphabetischen Sach-Register.

Preis dieses II. Bandes, broschiert, 2 fl. 20 kr.

---

*) Ministerial-Verordnungsblatt vom Jahre 1884, Seite 148.

Handbuch der Reichsgesetze und Ministerial-Verordnungen
für das Volksschulwesen
in den im Reichsrathe vertretenen Königreichen und Ländern.
Vierte, neu redigierte Auflage.

Wien 1884. Preis eines Exemplars, XXVIII und 468 Seiten, steif gebunden, 1 fl. 30 kr.

Verlag des k. k. Ministeriums für Cultus und Unterricht. — Druck von Karl Gorischek in Wien.

Verordnungsblatt

für den Dienstbereich des

Ministeriums für Cultus und Unterricht.

Redigiert im k. k. Ministerium für Cultus und Unterricht.

Ausgegeben am 1. September 1884.

Verfügungen, betreffend Lehrbücher und Lehrmittel.

Lehrbücher.

a) Für Volks- und Bürgerschulen.

Lehmann J o s e f, Sprach- und Aufsatzbuch für österreichische Bürgerschulen. Wien 1884. K. k. Schulbücherverlag. Preis eines Exemplars, steif gebunden, 58 kr.

Dieses Lehrbuch wird zum Unterrichtsgebrauche an den drei Classen der Bürgerschulen mit deutscher Unterrichtssprache als zulässig erklärt.

(Ministerial-Erlass vom 23. August 1884, Z. 16575.)

Močnik, Dr. F r a n z R i t t e r v o n, Rechenbuch für Mädchen-Bürgerschulen. II. Heft. 5. ergänzte Auflage. Prag. F r. T e m p s k y. Preis, 30 kr.

Dieses Werk wird zum Lehrgebrauche an Mädchen-Bürgerschulen für zulässig erklärt.

(Ministerial-Erlass vom 27. August 1884, Z. 16730.)

Schober J o h a n n und **Labler** W l a d i m i r, Liederhain für österreichische Bürgerschulen. 2. umgearbeitete Auflage. Prag. F r. T e m p s k y. Preis, 60 kr.

Dieses Werk wird zum Lehrgebrauche in Bürgerschulen für zulässig erklärt.

(Ministerial-Erlass vom 27. August 1884, Z. 16653.)

Seibert A. E., Schulgeographie, in 3 Theilen, bearbeitet nach dem Lehrplane für die österreichischen Bürgerschulen. I. Theil. 6. revidierte Auflage. Wien, bei A l f r e d H ö l d e r. Preis, 32 kr.

Dieses Lehrbuch wird zum Unterrichtsgebrauche in Bürgerschulen für zulässig erklärt.

(Ministerial-Erlass vom 22. August 1884, Z. 15073.)

Netoliczka, Prof. Dr. Eugen, Lehrbuch der Physik und Chemie für Bürgerschulen und die Oberclassen der allgemeinen Volksschulen. I. Stufe. 29. durchgesehene Auflage. Wien 1884. Preis, geheftet, 25 kr.

Dieses Buch wird zum Unterrichtsgebrauche in allgemeinen Volksschulen und in Bürgerschulen für zulässig erklärt.

(Ministerial-Erlass vom 21. August 1884, Z. 13928.)

Mali Katekizam odobren za podučavanje kršćanskoga nauka u Crkvi i školi. Zara 1884. Artale. Preis eines Exemplars, broschiert, 8 kr.

Dieser kleine Katechismus kann in den Volksschulen Dalmatiens mit croatischer Unterrichtssprache, nachdem derselbe von den bischöflichen Ordinariaten des Landes als zulässig erklärt worden ist, als Lehrtext verwendet werden.

(Ministerial-Erlass vom 13. August 1884, Z. 15924.)

Popowicz Emilian, Bukvar dlja škól narodnych. Wien 1884. K. k. Schulbücherverlag. Preis eines Exemplares, steif gebunden, 30 kr.

Diese ruthenische Fibel wird zum Lehrgebrauche an den Volksschulen Bukowinas mit ruthenischer Unterrichtssprache als zulässig erklärt.

(Ministerial-Erlass vom 23. August 1884, Z. 16575.)

Bechtel Adolf, Französische Sprachlehre für Bürgerschulen. I. Stufe. 2. verbesserte Auflage. Wien. Alfred Hölder. Preis, 30 kr.

Dieses Buch wird zum Unterrichtsgebrauche an Bürgerschulen für zulässig erklärt.

(Ministerial-Erlass vom 23. August 1884, Z. 16517.)

b) Für Mittelschulen.

Cimrhanzl F., Zeměpis pro I. třídu středních škol. 7. Auflage. Prag 1885. Friedrich Tempsky. Preis, 55 kr., gebunden, 70 kr.

Diese neueste Auflage des vorbenannten Lehrbuches wird ebenso wie die 6. Auflage desselben *) zum Lehrgebrauche in der bezeichneten Classe der Mittelschulen mit böhmischer Unterrichtssprache allgemein zugelassen.

(Ministerial-Erlass vom 16. August 1884, Z. 15207.)

c) Für Lehrer- und Lehrerinnen-Bildungsanstalten.

Woldřich, Dr. Johann, Leitfaden der Somatologie des Menschen für Lehrerbildungsanstalten und höhere Schulen. 5. Auflage. Wien, bei Alfred Hölder. Preis, 64 kr.

Dieses Werk wird zum Unterrichtsgebrauche an Lehrerbildungsanstalten für zulässig erklärt.

(Ministerial-Erlass vom 21. August 1884, Z. 15072.)

---

*) Ministerial-Verordnungsblatt vom Jahre 1882, Seite 226.

Kundmachungen.

Verzeichnis der von der k. k. böhmischen Prüfungscommission für das Lehramt an Gymnasien und Realschulen in Prag im Studienjahre 1883/84 approbierten Lehramtscandidaten.

Name und Stellung	Lehrfach	Unterrichts- sprache
Bartocha Josef, Supplent an der Staats-Mittelschule in Prerau	Latein und Griechisch für das ganze Gymnasium	böhmisch
Čapek Johann, Lehramtscandidat in Prag	detto	detto
Klimeš Wenzel, Lehramtscandidat in Prag	detto	detto
Klvaňa Josef, Supplent am slavischen Staats-Gymnasium in Kremsier	detto	detto
Kořínek Josef, Lehramtscandidat in Prag	detto	detto
Krejčí Josef, Supplent am Staats-Gymnasium in Písek	detto	detto
Mach Josef, Lehramtscandidat in Prag	detto	detto
Peroutka Emanuel, Lehramtscandidat in den Weinbergen	detto	detto
Šafařovic Gustav, Supplent am Staats-Gymnasium in Písek	detto	detto
Breindl Alois, Supplent am Staats-Gymnasium in Jungbunzlau	detto (Ergänzungsprüfung)	detto
Brajoha Anton, Supplent am Real-Gymnasium in Příbram	detto (Ergänzungsprüfung)	detto
Černý Adalbert, Supplent am Staats-Gymnasium in Neuhaus	detto (Ergänzungsprüfung)	detto

Name und Stellung	Lehrfach	Unterrichts-sprache
Čišinský Franz, Supplent am böhmischen Staats-Gymnasium in Budweis	Latein und Griechisch für das ganze Gymnasium (Ergänzungsprüfung)	böhmisch
Benhart Josef, Lehramtscandidat in Joachimsthal	Latein und Griechisch für das Unter-gymnasium	detto
Březáček Ignaz, Lehramtscandidat in Prag	detto	detto
Coufal Franz, Lehramtscandidat in Prag	detto	detto
Coufal Johann, Supplent am Staats-Gymnasium in Königgrätz	detto	detto
Frank Ignaz, Lehramtscandidat in Smichov	detto	detto
Haas Franz, Lehramtscandidat in Brünn	detto	detto
Havránek Karl, Supplent am Staats-Gymnasiu . in Jungbunzlau	detto	detto
Kaška Johann, Supplent am Staats-Gymnasium in Neuhaus	detto	detto
Kohout Johann, Lehramtscandidat in Smichov	detto	detto
Kubr Josef, Supplent am Staats-Gym-nasium in Königgrätz	detto	detto
Malý Johann, Supplent am Staats-Gymna-sium in Tabor	detto	detto
Paulík Bohumir, Supplent am Communal-Gymnasium in Pilgram	detto	detto
Petráček Johann, Lehramtscandidat in Brünn	detto	detto

Name und Stellung	Lehrfach	Unterrichtssprache
Řehoř Franz, Supplent am Staats-Gymnasium in Wittingau	Latein und Griechisch für das Untergymnasium	böhmisch
Svet Eduard, Lehramtscandidat in Prag	detto	detto
Školník Johann, Lehramtscandidat in Písek	detto	detto
Štolovský Eduard, Lehramtscandidat in Solnic	detto	detto
Trubl Josef, Lehramtscandidat in Prag	detto	detto
Vitke Josef, Supplent am Staats-Gymnasium in Jičín	detto	detto
Vopřek Alois, Lehramtscandidat in Prag	detto	detto
Němec Josef, Lehramtscandidat in Prag	Latein für das ganze, Griechisch für das Untergymnasium	detto
Traka Anton, Lehramtscandidat in Smichov	detto	detto
Dvořáček Wenzel, Lehramtscandidat in Prag	Griechisch für das ganze, Latein für das Untergymnasium	detto
Vysoký Zdeněk, Supplent am Gymnasium in Beneschau	detto	detto
Durych Josef, Supplent am Staats-Gymnasium in Reichenau	Latein für das ganze Gymnasium (Ergänzungsprüfung)	detto
Mikenda Bohuslav, Supplent am Staats-Gymnasium in Leitomischl	detto	detto
Procházka Karl, Supplent am Staats-Gymnasium in Reichenau	detto	detto
Řezníček Anton, Supplent am slavischen Staats-Gymnasium in Olmütz	detto	detto

Name und Stellung	Lehrfach	Unterrichts-sprache
Slavík Johann, Supplent am Real-Gymnasium in Taus	Latein für das ganze Gymnasium (Ergänzungsprüfung)	böhmisch
Vlk Alois, Supplent am slavischen Staats-Gymnasium in Brünn	detto	detto
Hradil Adalbert, Supplent am böhmischen Staats-Gymnasium in Budweis	Griechisch für das ganze Gymnasium (Ergänzungsprüfung)	detto
Kiha Josef, Lehramtscandidat in Prag	detto	detto
Šilený Thomas, Supplent am slavischen Staats-Gymnasium in Brünn	detto	detto
Bronec Emanuel, Supplent am slavischen Staats-Gymnasium in Olmütz	Böhmische Sprache für das ganze Gymnasium (Erweiterungsprüfung)	detto
Pelikán Johann, Supplent am Staats-Gymnasium in Königgrätz	detto	detto
Piskáček Wenzel, Supplent am Com-munal-Gymnasium in Raudnic	detto	detto
Řehoř Thomas, Supplent am Staats-Gymnasium in Neuhaus	detto	detto
Zikmund Franz, Supplent am Real-Gymnasium in Kolin	detto	detto
Vančura Heinrich, Lehrer am Communal-Gymnasium in Kolin	detto	detto
Bečka Karl, Lehramtscandidat in Prag	Böhmische und deutsche Sprache für das Untergymnasium (Erweiterungsprüfung)	detto
Fait Emanuel, Lehramtscandidat in Prag	Böhmische Sprache für das Unter-gymnasium (Erweiterungsprüfung)	detto
Koloušek Johann, Lehramtscandidat in Nepomuk	detto	detto

Name und Stellung	Lehrfach	Unterrichts-sprache
Veselík Karl, Lehrer am böhm. Staats-Gymnasium auf der Neustadt in Prag	Deutsch für das ganze Gymnasium (Erweiterungsprüfung)	böhmisch
Dudek Wilhelm, Supplent am Staats-Gymnasium in Königgrätz	detto	detto
Krocar Anton, Supplent am Communal-Gymnasium in Schlan	detto	detto
Štefek Josef, Supplent am Staats-Gymnasium in Jičín	detto	detto
Vlk Josef, Lehramtscandidat in Prag	Deutsch für das Untergymnasium (Erweiterungsprüfung)	detto
Zába Gustav, Supplent am Staats-Gymnasium iu Leitomischl	detto	detto
Zenker Adalbert, Supplent am Communal-Gymnasium in Schlan	detto	detto
Óčůka Jakob, Supplent am Staats-Gymnasium in Chrudím	Philosophische Propädeutik (Erweiterungsprüfung)	detto
Kameníček Franz Dr., Supplent am slavischen Staats-Gymnasium in Brünn	detto	detto
Sommr Johann, Supplent am Real-Gymnasium in Příbram	detto	detto
Dostal Josef, Lehramtscandidat in Přikazy	Geschichte und Geographie für das ganze Gymnasium	detto
Dušek Laurenz, Lehramtscandidat in Bubna	detto	detto
Kosina Jaroslav, Lehramtscandidat in Prag	detto	detto
Paroubek Otakar, Lehramtscandidat in Sadská	detto	detto
Ševčík Karl, Supplent am slavischen Staats-Gymnasium in Brünn	detto	detto

Name und Stellung	Lehrfach	Unterrichts-sprache
Šujan Franz, Supplent an der böhmischen Staats-Realschule in Karolinenthal	Geschichte und Geographie für das ganze Gymnasium	böhmisch
Šádek Franz, Lehramtscandidat in Lhota	detto (Ergänzungsprüfung)	detto
Kreutz Rudolf, Lehramtscandidat in Prag	detto (Ergänzungsprüfung)	detto
Zikmund Josef, Lehramtscandidat in Prag	detto	detto
Beringer Johann, Supplent an der Landes-Mittelschule in Telč	detto (Ergänzungsprüfung)	detto
Kohout Ignaz, Supplent am Staats-Gymnasium in Tábor	detto (Ergänzungsprüfung)	detto
Kopecký Bohuslav, Lehramtscandidat in Prag	detto (Ergänzungsprüfung)	detto
Fifka Franz, Lehramtscandidat in Neveklov	Geschichte und Geographie für das Untergymnasium	detto
Bernard Alexander, Lehramtscandidat in Prag	Naturgeschichte für das Ober-, Mathematik und Physik für das Untergymnasium	detto
Malec Johann, Supplent am slavischen Staats-Gymnasium in Olmütz	Naturgeschichte für das ganze Gymnasium	detto
Šafránek Franz, Supplent am Real-Gymnasium in Kolin	detto (Ergänzungsprüfung)	detto
Beneš Karl, Lehramtscandidat in Prag	Böhmische und deutsche Sprache für Oberrealschulen	detto
Kraus Ernst Dr., Lehramtscandidat in Smichov	Böhmische Sprache für Unter-, deutsche Sprache für Oberrealschulen	detto
Havlík Anton, Lehramtscandidat in Prag	Böhmische Sprache für Oberrealschulen	detto
Hubáček Ludwig, Supplent an der Handels-Akademie in Chrudim	Böhmische Sprache für Unterrealschulen	detto

Name und Stellung	Lehrfach	Unterrichts-sprache
Dolanský Ladislav, Supplent an der böhmischen Staats-Realschule in Karolinenthal	Deutsche Sprache für Unterrealschulen	böhmisch
Jarolím Franz, Lehramtscandidat in Prag	detto	detto
Jokl Ferdinand, Lehramtscandidat in Prag	Französische und böhmische Sprache für Oberrealschulen	detto
Šimek Paul, Supplent an der Staats-Mittelschule in Prerau	Geschichte und Geographie und böhmische Sprache für Unterrealschulen	detto
Bittner Josef, Dr., Lehrer an der Staats-Realschule in Steyr	Mathematik und Physik für Oberrealschulen	detto
Jansa Franz, Lehramtscandidat in Prag	detto	detto
Ježek Otakar, Assistent an der böhmisch-technischen Hochschule in Prag	detto	detto
Lisec Julius, Lehramtscandidat in Pardubic	Mathematik für Ober-, descriptive Geometrie für Unterrealschulen	detto
Sedivý Karl, Lehramtscandidat in Prag	Mathematik für Ober-, Physik für Unterrealschulen	detto
Burghauser Gustav, Lehramtscandidat in Prag	Descriptive Geometrie und Mathematik für Oberrealschulen	detto
Faktor Franz, Lehramtscandidat in Prag	Chemie für Ober-, Physik für Unterrealschulen	detto
Trojan Johann, Lehramtscandidat in Prag	detto	detto
Osovský Karl, Assistent an der böhmischen Staats-Realschule in Karolinenthal	Physik für Unterrealschulen	detto

Verzeichnis der von der k. k. Prüfungscommission für das Lehramt an Gymnasien und Realschulen in Graz

im Studienjahre 1883/84

approbierten Lehramtscandidaten.

Name und Stellung	Lehrfach	Unterrichts-sprache
Gutscher Hans, Dr. phil., Lehramts-candidat in Graz	Latein und Griechisch für das ganze Gymnasium	deutsch
Kosan Johann, Lehramtscandidat in Graz	detto	detto
Skarbina Josef, Lehramtscandidat in Graz	detto	detto
Šorn Josef, Probecandidat am II. Staats-Gymnasium in Graz	detto	deutsch und slovenisch
Jenko Josef, Supplent am Staats-Gymnasium in Marburg	Latein und Griechisch und slovenische Sprache für das ganze Gymnasium	detto
Beleo Karl, Lehramtscandidat in Wien	Latein und Griechisch für das ganze Gymnasium (Ergänzungsprüfung)	detto
Katió Franz, Supplent am Staats-Gymnasium in Ragusa	detto	italien. und serbo-croat.
Löwner Heinrich, Supplent am Staats-Gymnasium in Eger	detto	deutsch
Matljević Nikolaus, Supplent am Staats-Gymnasium in Spalato	detto	italien. und serbo-croat.
Tilgner Arthur, Lehrer am Staats-Gymnasium in Zara	Latein für das ganze Gymnasium (Ergänzungsprüfung)	italienisch
Lederhas Ludwig, Probecandidat am II. Staats-Gymnasium in Graz	Griechisch für das ganze Gymnasium (Ergänzungsprüfung)	deutsch und slovenisch
Gilhofer Julius, Lehrer am Staats-Gymnasium in Krumau	Latein und Griechisch für das Unter-gymnasium (Erweiterungsprüfung)	deutsch

Name	Lehrfach	Unterrichts-sprache
P. **Schluder** Benedict Mathias, Supplent am Gymnasium in St. Paul (Kärnten)	Latein und Griechisch für das Unter-gymnasium	deutsch
Hamberger Josef, Supplent am Staats-Gymnasium in Linz	Deutsche Sprache für das ganze Gymnasium (Erweiterungsprüfung)	detto
Weiss Josef, Supplent am Landes-Gym-nasium in Pettau	Deutsche Sprache für das Unter-gymnasium (Erweiterungsprüfung)	detto
Čubretović Stefan, Lehramtscandidat in Brusje di Lesina	Geschichte und Geographie für das ganze Gymnasium	italienisch
Gratzy Oskar, Dr. phil., Supplent am Staats-Gymnasium in Laibach	detto	deutsch
Kluibenschedl Johann, Lehramts-candidat in Graz	detto	detto
Mayr Ludwig, Lehramtscandidat in Graz	detto	detto
Pedrolli Savino, Lehramtscandidat in Graz	detto	italienisch
Kožuk Josef, Supplent am Staats-Gymna-sium in Görz	detto (Ergänzungsprüfung)	deutsch und slovenisch
Matek Blasius, Lehramtscandidat in Graz	Mathematik und Physik für das ganze Gymnasium	detto
Zelinka Karl, Dr. phil., Probecandidat am I. Staats-Gymnasium in Graz	Naturgeschichte für das ganze, Mathe-matik und Physik für das Unter-gymnasium	deutsch
Hausner Ferdinand, Lehramtscandidat in Budapest	Chemie für Ober-, Physik für Unter-realschulen	detto

Verzeichnis der von der k. k. Prüfungscommission für das Lehramt an
Gymnasien und Realschulen in Innsbruck

im Studienjahre 1883/84

approbierten Lehramtscandidaten.

Name und Stellung	Lehrfach	Unterrichts- sprache
P. **Salzer** Anselm, Dr. phil., Supplent am Gymnasium der Benedictiner in Seiten- stetten	Latein, Griechisch und deutsche Sprache für das ganze Gymnasium	deutsch
Bosisio Seraphin Attilius, Lehramts- candidat in Borgo di Valsugana (Südtirol)	Latein und Griechisch für das ganze Gymnasium	italienisch
P. **Holba** Marian, Cistercienser-Ordens- priester im Stifte Hohenfurt (Böhmen)	detto	deutsch
Jochum Eduard, regul. Chorherr von Neustift, Lehrer am Gymnasium der Augustiner in Brixen	detto	detto
Kofler Johann, Lehramtscandidat in Brixen	detto	detto
Konhäuser Wenzel, Lehramtscandidat in Prag	detto	detto
Leveghi Leonhard, Supplent am Staats- Gymnasium in Trient	detto	italienisch
P. **Pircher** Alois, Lehrer am Gymnasium der Benedictiner in Meran	detto	deutsch
Zamboni Faustin, Lehramtscandidat in Trient	detto	deutsch und italienisch
Baldemair Nikolaus, Lehramtscandidat in Innsbruck	detto (Ergänzungsprüfung)	deutsch
Defant Joseph, Supplent am Staats- Gymnasium in Trient	detto (Erweiterungsprüfung)	italienisch
Matevzic Eginhard, Benedictiner-Ordens- priester des Stiftes Admont, Lehrer am landschaftlichen Gymnasium in Leoben	Latein für das ganze Gymnasium (Ergänzungsprüfung)	deutsch
Hylák Franz, Supplent am Staats-Gymna- sium in Wallachisch-Meseritsch	Griechisch für das ganze Gymnasium (Ergänzungsprüfung)	detto
P. **Lanznaster** Franz Anton, Francis- caner-Ordenspriester in Innsbruck	Latein und Griechisch für das Unter- gymnasium	detto

Name und Stellung	Lehrfach	Unterrichts-sprache
Schönach Ludwig, Lehramtscandidat in Innsbruck	Deutsche Sprache für das ganze, Latein und Griechisch für das Untergymnasium (Erweiterungsprüfung)	deutsch
Metzler Franz, Supplent am Staats-Gymnasium in Górz	Deutsche Sprache für das ganze Gymnasium (Ergänzungsprüfung)	detto
Pammer Kaspar, Supplent am Staats-Gymnasium in Mitterburg	detto (Erweiterungsprüfung)	detto
Pasarió Vincenz, Lehrer am Staats-Gymnasium in Ragusa	detto (Ergänzungsprüfung)	detto
Tvarušek Franz, Supplent am Staats-Gymnasium in Mährisch-Weißkirchen	detto (Erweiterungsprüfung)	detto
Huber Anton, Lehramtscandidat in Innsbruck	Deutsche Sprache für das Untergymnasium (Erweiterungsprüfung)	detto
Schaller Victor, Lehramtscandidat in Innsbruck	detto	detto
Berger Thomas, Lehramtscandidat in Hall (Tirol)	Deutsche Sprache (Erweiterungsprüfung)	detto
Colombini Urbino, Supplent an der Lehrerinnenbildungsanstalt in Trient	Geschichte und Geographie für das ganze Gymnasium	italienisch
Dal Rì Joseph, Lehramtscandidat in Trient	detto	detto
Peder Joseph, Lehrer am Staats-Gymnasium in Teschen	detto (Ergänzungsprüfung)	deutsch
P. **Plappert** Augustin, Supplent am Gymnasium der Benedictiner in Seitenstetten	detto	detto
Koßer Jakob, Lehramtscandidat in Innsbruck	Mathematik und Physik für das ganze Gymnasium	detto
P. **Koßer** Virgil, Lehrer am Gymnasium der Benedictiuer in Meran	Physik für das ganze Gymnasium (Ergänzungsprüfung)	detto
Burtscher Joseph, Supplent an der Communal-Unterrealschule in Dornbirn	Mathematik und Physik für das Untergymnasium	detto
Falbesoner Hartmann, Weltpriester, Lehrer am fürstbischöflichen Privat-Gymnasium Vincentinum in Brixen	Naturgeschichte für das ganze, Mathematik und Physik für das Untergymnasium	detto
Schneeberger Franz, Lehramtscandidat in Salzburg	detto	detto

Verzeichnis der von der k. k. Prüfungscommission für das Lehramt der Stenographie in Graz

im Studienjahre 1883/84

approbierten Candidaten.

Name	Stellung	Unterrichts-sprache
Skomal Emil,	Lehrer am Staats-Gymnasium in Weidenau	deutsch
Hendrych Justus,	Professor an der Staats-Realschule in Görz	detto
Šantel Anton,	Professor am Staats-Gymnasium in Görz	detto
Otto Alexander,	Communal-Volksschullehrer in Wien	detto
Rabitsch Victor,	Lehramtscandidat in Villach	detto

Die im Jahre 1881 zu Meniger (Tirol) verstorbene Agnes Innerkofler hat letztwillig den gesammten Rest ihres Vermögens nach Abzug der Legate, Taxen und anderen Unkosten zur selbstständigen Stiftung einer Mädchenschule in Sexten, in welcher Industrie-, Wiederholungs- und Sommerschule zu verbinden sein wird, vermacht.

Diese Stiftung ist mit einem Capitale von 11.090 fl. 13$^{1}/_{2}$ kr. in Wirksamkeit getreten.

(Stiftbrief vom 24. Juli 1884. — Ministerial-Act Z. 15141.)

Der im Jahre 1863 verstorbene Med.-Dr. Remigius Sevignani hat letztwillig ein Capital von 5000 fl. zur Gründung einer Stipendienstiftung mit zwei Stipendienplätzen gewidmet, welche letztere für studierende Söhne der Geschwister des Stifters und deren Nachkommen, eventuell für dürftige Studierende der Pfarre Sillian bestimmt sind.

Diese Stiftung ist mit dem Genehmigungstage des Stiftbriefes ins Leben getreten.

(Stiftbrief vom 3. August 1884. — Ministerial-Act Z. 15876.)

Der im Jahre 1882 in Prag verstorbene k. k. Major in Pension Ignaz Hájek hat letztwillig ein Capital von 200 fl. in Pfandbriefen zur Gründung einer Freitischstiftung für deutsche Studierende in Prag gewidmet.

Der Jahresertrag wird den für deutsche Studierende an den Hochschulen Prags bestehenden Freitischstiftungen zugewendet werden.

Die Stiftung ist ins Leben getreten.

(Stiftbrief vom 14. Juni 1884. — Ministerial-Act Z. 15882.)

Michael Bader, zuletzt Lehrer an der Volksschule zu Schröcken in Vorarlberg wurde vom Schuldienste entlassen.

(Ministerial-Erlass vom 12. August 1884, Z. 15710.)

Verlag des k. k. Ministeriums für Cultus und Unterricht. — Druck von Karl Gorischek in Wien.

Jahrgang 1884. Stück XVIII.

Verordnungsblatt
für den Dienstbereich des
Ministeriums für Cultus und Unterricht.

Redigiert im k. k. Ministerium für Cultus und Unterricht.

Ausgegeben am 15. September 1884.

Nr. 29.

Erlass des Handelsministeriums im Einvernehmen mit dem Ministerium für Cultus und Unterricht vom 25. Juli 1884, Z. 27.085,

an sämmtliche politische Landesstellen,

betreffend die Gleichstellung der niederösterreichischen Landes-Fachschule für Maschinenwesen in Wiener-Neustadt mit den in dem Ministerial-Erlasse vom 23. October 1883, Z. 35010 namhaft gemachten Unterrichtsanstalten.

Im Einvernehmen mit dem k. k. Ministerium für Cultus und Unterricht findet das k. k. Handelsministerium die niederösterreichische Landes-Fachschule für Maschinen-wesen in Wiener-Neustadt den in dem Ministerial-Erlasse vom 23. October 1883, Z. 35010 namhaft gemachten Unterrichtsanstalten in dem Sinne gleichzustellen, dass das Zeugnis über den mit Erfolg zurückgelegten Besuch, beziehungsweise die Abgangs-prüfung dieser Anstalt in Verbindung mit der Ausweisung der Verwendung bei dem Gewerbe der Erzeugung und Reparatur von Dampfkesseln als Nachweis der im Punkte 9 der Verordnung des Handelsministeriums im Einvernehmen mit dem Ministerium des Innern vom 17. September 1883, R.-G.-Bl. Nr. 151 vorgeschriebenen besonderen Befähigung anzusehen ist.

Hievon sind die unterstehenden Gewerbsbehörden I. Instanz in Kenntnis zu setzen.

Nr. 30.

Erlass des Ministers für Cultus und Unterricht vom 27. August 1884, Z. 14751,

betreffend die Classification des Turnens an den Lehrer- und Lehrerinnen-Bildungs-anstalten.

Aus Anlass eines gegebenen Falles ordne ich an, dass die Vorschrift, welche mit dem hierortigen Erlasse vom 8. October 1883, Z. 17108 *), betreffend die Classification der Musik-Lehrgegenstände an den Lehrer- und Lehrerinnen-Bildungsanstalten gegeben wurde, auch bei der Classification des Turnens an den erwähnten Lehranstalten in Anwendung zu bringen ist.

Verfügungen, betreffend Lehrbücher und Lehrmittel.

Lehrbücher.

a) Für Volks- und Bürgerschulen.

Winkler **J o s e f**, Deutsche Sprach- und Aufsatzlehre für Bürgerschulen, mit besonderer Berücksichtigung der gewerblichen Aufgabe dieser Anstalten.

    I. Stufe, gebunden, 40 kr.,
    II. Stufe, gebunden, 40 kr.,
    III. Stufe, gebunden, 40 kr.

Prag. Verlag von **F. Tempsky**.

Dieses Lehrbuch wird zum Unterrichtsgebrauche in Bürgerschulen für zulässig erklärt.

(Ministerial-Erlass vom 21. August 1884, Z. 12830.)

Rothe, Dr. Karl, Naturgeschichte für Bürgerschulen und verwandte Lehranstalten. I. Stufe. 15. geänderte Auflage. Wien. A. **Pichler**'s Witwe und Sohn. Preis, geheftet, 40 kr.

Dieses Buch wird zum Unterrichtsgebrauche in Bürgerschulen für zulässig erklärt.

(Ministerial-Erlass vom 27. August 1884, Z. 10680.)

Mair Franz, Liederstrauß. Ein- und zweistimmige Lieder nebst dem Wichtigsten aus der Gesangslehre für österreichische Volksschulen. Heft 3 a, 5. Schuljahr, Heft 3 b, 6. Schuljahr. 11. Auflage. Wien. A. **Pichler**'s Witwe und Sohn. Preis, 9 kr.

Dieses Gesangbuch wird zum Unterrichtsgebrauche in allgemeinen Volksschulen und in Bürgerschulen für zulässig erklärt.

(Ministerial-Erlass vom 27. August 1884, Z. 13195.)

---

*) Ministerial-Verordnungsblatt vom Jahre 1883, Nr. 28, Seite 235.

b) Für Mittelschulen.

Hauler, Dr. J., Aufgaben zur Einübung der lateinischen Syntax in einzelnen Sätzen und zusammenhängenden Stücken nach den Grammatiken von Karl Schmidt, Ellendt-Seyffert und Ferdinand Schulz. I. Theil: Casuslehre. 5. Auflage. Preis, 64 kr.

Diese neueste Auflage des genannten Buches wird, ebenso wie die vierte Auflage desselben *), zum Lehrgebrauche an Gymnasien mit deutscher Unterrichtssprache allgemein zugelassen.

(Ministerial-Erlass vom 22. August 1884, Z. 15735.)

Hannak, Dr. Emanuel, Lehrbuch der Geschichte des Alterthums für die unteren Classen der Mittelschulen. 7. verbesserte und gekürzte Auflage. Wien 1884. Alfred Hölder. Preis, in Leinwand gebunden, 84 kr.

Die in Betreff der sechsten Auflage **) ausgesprochene Approbation wird auch auf diese siebente Auflage des genannten Buches ausgedehnt.

(Ministerial-Erlass vom 22. August 1884, Z. 15734.)

Kozenn-Jarz, Leitfaden der Geographie für die Mittelschulen der österreichisch-ungarischen Monarchie. II. Theil: Specielle Geographie. Mit 17 Kartenskizzen. 8. revidierte Auflage. Wien 1884. Hölzel. Preis, gebunden, 1 fl. 44 kr.

Diese neueste Auflage des genannten Buches wird, ebenso wie die siebente Auflage desselben ***) zum Lehrgebrauche an Mittelschulen mit deutscher Unterrichtssprache allgemein zugelassen.

(Ministerial-Erlass vom 22. August 1884, Z. 15465.)

Woldřich, Dr. Johann N., Leitfaden der Zoologie für den höheren Schulunterricht. Mit 590 in den Text gedruckten, darunter 10 färbigen Abbildungen. 5. Auflage. Wien 1884. Alfred Hölder. Preis, in Leinwand gebunden, 1 fl. 65 kr.

Diese neueste Auflage des genannten Buches wird, ebenso wie die vierte Auflage desselben †) zum Lehrgebrauche in den Oberclassen der Mittelschulen mit deutscher Unterrichtssprache allgemein zugelassen.

(Ministerial-Erlass vom 22. August 1884, Z. 15789.)

c) Für nautische Schulen.

Lutschaunig Vittorio, Elementi di costruzione e di tecnologia navale. Triest 1884. Tipografia del Lloyd Austro-Ungarico. Preis, im Buchhandel 3 fl. 50 kr., für die Directionen der nautischen Schulen und für ihre Schüler 1 fl. 80 kr.

Dieses Lehrbuch wird zum Unterrichtsgebrauche an nautischen Schulen allgemein zugelassen.

(Ministerial-Erlass vom 26. August 1884, Z. 16099.)

---

*) Ministerial-Verordnungsblatt vom Jahre 1882, Seite 170.
**) Ministerial-Verordnungsblatt vom Jahre 1880, Seite 227.
***) Ministerial-Verordnungsblatt vom Jahre 1882, Seite 141.
†) Ministerial-Verordnungsblatt vom Jahre 1882, Seite 46.

Lehrmittel.

Skuherský F. Ž., Theoreticko-praktická škola na varhany. Opus 56.
— — Studien für die Orgel. Op. 26.
— — 30 Orgelvorspiele in den Kirchentonarten (mit Benützung der Accidentalen),
　　　Op. 44 und Op. 45.
— — Studien für die Orgel. Op. 25.
— — 24 leichte Orgelvorspiele. Op. 48.
　　　Prag. Em. Wetzler.

Diese Werke werden für den Musikunterricht an Lehrerbildungsanstalten als geeignet erklärt.

(Ministerial-Erlass vom 22. August 1884, Z. 15781.)

Kundmachungen.

Die k. k. öffentliche Lehranstalt für orientalische Sprachen (türkisch, arabisch, persisch) in Wien, welche die Kenntnis dieser Sprachen möglichst weiten Kreisen zu vermitteln sucht, hat über Veranlassung des Unterrichtsministeriums zu Ende des Jahres 1883/84 zum erstenmale einen Jahresbericht ausgegeben.

Derselbe enthält nebst einem geschichtlichen Rückblicke und einer Statistik des Besuches der Anstalt seit 1868 eine Beigabe, nämlich Text und deutsche Übersetzung eines Auszuges aus einer dem Freiherrn Alfred von Kremer gehörigen arabischen Handschrift: „Unternehmungen der Mameluken gegen Cypern und Rhodus in den Jahren 1423—1444 nach Christo" mit Anmerkungen.

(Ministerial-Act Z. 16075, ddto. 22 August 1884.)

Die sogenannte Ungarisch-akademische Nation an der Wiener Universität hat anlässlich ihrer Auflösung ihr Vermögen per 4000 fl. zur Gründung einer Stipendienstiftung gewidmet, welche den Namen „Wiener Universitäts-Stiftung der ehemaligen Ungarischakademischen Nation" zu führen hat. Zum Genusse des Stipendiums jährlicher 84 fl. ist ein aus den Ländern der ungarischen Krone gebürtiger Studierender christlicher Confession, welcher an einer der vier Facultäten der Wiener Universität immatriculiert ist, berufen.

Das Verleihungsrecht steht über Vorschlag des akademischen Senates der Wiener Universität dem jeweiligen Primas von Ungarn zu.

(Stiftbrief vom 15. August 1884. — Ministerial-Act Z. 16649.)

Der Minister für Cultus und Unterricht hat die Einsetzung von k. k. Prüfungs-Commissionen für allgemeine Volks- und Bürgerschulen mit deutscher Unterrichtssprache in Komotau und Trautenau und von solchen Commissionen für Schulen mit böhmischer Unterrichtssprache in Jičín und Příbram angeordnet.

Diese Commissionen werden mit Beginn des Schuljahres 1884/85 in Function treten.

(Ministerial-Erlass vom 25. August 1884, Z. 16573.)

Der Minister für Cultus und Unterricht hat das Öffentlichkeitsrecht ertheilt:

der dreiclassigen deutschen Privat-Volksschule zu Lieben in Böhmen
(Ministerial-Erlass vom 1. September 1884, Z. 15602) und

der Handelsschule in Innsbruck
(Ministerial-Erlass vom 6. September 1884, Z. 4159).

Verzeichnis der von der k. k. Prüfungscommission für das Lehramt an Gymnasien und Realschulen in Czernowitz

im Studienjahre 1883/84

approbierten Lehramtscandidaten.

Name und Stellung	Lehrfach	Unterrichts-sprache
Bušor Theodor, Lehramtscandidat in Czernowitz	Latein und Griechisch für das ganze Gymnasium	deutsch
Jankowski Severin, Lehrer am Staats-Gymnasium in Radautz	detto	detto
Nussbaum Victor, Lehramtscandidat in Czernowitz	Latein und Griechisch für das Unter-gymnasium	detto
Switalski Matthias, Supplent am Staats-Gymnasium in Lemberg	Griechisch für das ganze Gymnasium (Ergänzungsprüfung)	detto
Mikulicz Adalbert, Lehrer am Staats-Gymnasium in Czernowitz	Deutsche Sprache für das ganze Gymnasium	detto
Rump Hermann, Supplent am Staats-Gymnasium in Radautz	Deutsche Sprache für das ganze, Latein und Griechisch für das Untergymnasium	detto
Karausch Elias, Supplent am Staats-Gymnasium in Radautz	Rumänische Sprache	detto
Lutia Methodius, Lehramtscandidat in Czernowitz	detto	detto
Onciul Demetrius, Lehramtscandidat in Czernowitz	Geographie und Geschichte für das ganze Gymnasium	detto
Mandyczewski Constantin, Lehramts-candidat in Czernowitz	Geographie, Geschichte und deutsche Sprache für das ganze Gymnasium	detto
Mayer Otto, Lehramtscandidat in Czernowitz	Naturgeschichte für das ganze, Mathematik und Physik für das Unter-gymnasium	detto
Kralik Johann, Supplent an der Staats-Realschule in Sereth	Deutsche Sprache für Unterrealschulen (Ergänzungsprüfung)	detto

Verzeichnis der von der k. k. Prüfungscommission für das Lehramt an Gymnasien und Realschulen in Lemberg

im Studienjahre 1883/84

approbierten Lehramtscandidaten.

Name und Stellung	Lehrfach	Unterrichts-sprache
Bizoń Franz, Supplent am Staats-Gymnasium zu Drohobycz	Latein und Griechisch für das ganze Gymnasium	polnisch und deutsch
Krasnosielski Theofil, Lehramtscandidat in Lemberg	detto	detto
Lasson Anton, Supplent am II. Staats-Gymnasium in Lemberg	detto	detto
Majchrowicz Franz, Supplent am k. k. Franz Joseph-Gymnasium in Lemberg	detto	detto
Pawlowsky Joseph, Supplent am Staats-Gymnasium zu Drohobycz	Latein und Griechisch für das Unter-gymnasium	detto
Jasik Anton, Supplent am Staats-Gymnasium zu Stryj	detto	detto
Salo Ludwig, Supplent an der Seminar-Lehranstalt in Lemberg	detto	detto
Boberski Ladislaus, Supplent am Staats-Gymnasium zu Tarnopol	Mathematik und Physik für das ganze Gymnasium	detto
Brzostowicz Caspar, Lehramtscandidat in Lemberg	detto	detto
Głowiński Valentin, Lehramtscandidat in Lemberg	Mathematik und Physik für das Unter-gymnasium	detto
Lazarski Miecislaus, Supplent am Staats-Gymnasium in Stanislau	Mathematik und Physik für das ganze Gymnasium	detto
Kozłowski Michael, Lehramtscandidat in Przemyśl	detto	detto
Vogl Franz, Lehramtscandidat in Żółkiew	Naturwissenschaften für das ganze, Mathematik und Physik für das Unter-gymnasium	detto
Lovkiewicz Anton, Lehramtscandidat in Lemberg	Geschichte und Geographie für das ganze Gymnasium	detto
Bruchnalski Kasimir, Lehramtscandidat in Lemberg	Mathematik und Physik für die Ober-realschule	detto

Karl **Schedler**, zuletzt Lehrer zu Bach in Tirol wurde vom Schuldienste entlassen.   (Ministerial-Erlass vom 27. August 1884, Z. 16709.)

Verlag des k. k. Ministeriums für Cultus und Unterricht. — Druck von Karl Gorischek in Wien.

Jahrgang 1884.   Stück XIX.

Verordnungsblatt

für den Dienstbereich des

Ministeriums für Cultus und Unterricht.

Redigiert im k. k. Ministerium für Cultus und Unterricht.

Ausgegeben am 1. October 1884.

Nr. 31.

Verordnung des Ministers für Cultus und Unterricht im Einvernehmen mit dem Ackerbauminister vom 20. August 1884, Z. 14210 *),

betreffend die Einführung theoretischer Staatsprüfungen für das culturtechnische Studium an der k. k. Hochschule für Bodencultur in Wien.

Auf Grund der Allerhöchsten Entschließung vom 18. Juli 1884 erlasse ich folgende Bestimmungen für die Abhaltung von theoretischen Staatsprüfungen über das culturtechnische Studium:

§. 1.

Zur Erprobung der an der Hochschule für Bodencultur oder nach dem Maßstabe derselben (§§. 6 und 12) erlangten wissenschaftlichen Ausbildung in der Culturtechnik werden Staatsprüfungen abgehalten, und zwar: die erste oder allgemeine über die begründenden Disciplinen; die zweite oder Fachprüfung über die speciell dem culturtechnischen Studium angehörigen Lehrfächer.

§. 2.

Gegenstände der ersten Staatsprüfung sind: Physik und Mechanik, — Climatologie, — Chemie, — Mineralogie und Geologie, — Mathematik, — Geodäsie, — Volkswirtschaftslehre.

---

*) Enthalten in dem am 13. September 1884 ausgegebenen Reichsgesetzblatte unter Nr. 145, Seite 437.

§. 3.

Gegenstände der zweiten Staatsprüfung sind : Pflanzenbau, — Meliorations-
wesen, — Straßen- und Wasserbau, — Verwaltungs- und Rechtslehre.

§. 4.

Für die Staatsprüfungen sind Fortgangszeugnisse, und zwar für die e r s t e
über „darstellende Geometrie", — für die z w e i t e Staatsprüfung über „Anwendung
der Geodäsie in der Culturtechnik", „Landwirtschaftliche Maschinenkunde", „Land ·
wirtschaftliche Hochbaukunde", „Landwirtschaftliche Betriebslehre" in allen Fällen
mindestens mit der Note „gut" beizubringen.

Die Ausbildung im „Plan- und Terrain-Zeichnen", in der „Construction zum
Straßen- und Wasserbau", in der „Verfassung culturtechnischer Pläne" ist durch
Vorlage der sämmtlichen, vom Docenten des Faches mindestens mit „gut" qualificierten
Zeichnungen des Candidaten nachzuweisen.

Erste Staatsprüfung.

§. 5.

Die erste Staatsprüfung ist zu Ende des dritten oder im Verlaufe des vierten
Semesters abzulegen. Als ordentliche Termine für die Abhaltung derselben werden
die letzten Wochen des Wintersemesters und die ersten Wochen des Sommersemesters, als außerordentlicher Termin die ersten Wochen des Wintersemesters
bestimmt.

In dem außerordentlichen Termine können in der Regel nur jene Candidaten
zugelassen werden, welche bei einer in den ordentlichen Terminen abgehaltenen
Prüfung reprobiert wurden und welchen dabei nicht eine längere Frist zur Wiederholung der Prüfung anberaumt worden ist.

Ausnahmsweise werden in diesem Termine auch solche Candidaten zur ersten
Staatsprüfung zugelassen, welche sich zur Ablegung derselben in dem vorhergehenden
ordentlichen Termine rechtzeitig gemeldet hatten und an dem Erscheinen zu diesem
Termine ohne ihr Verschulden verhindert waren, vorausgesetzt, dass diese Verhinderung noch v o r d e r P r ü f u n g nachgewiesen und zugleich um Zulassung im außerordentlichen Termine gebeten wurde. Diese ausnahmsweise Zulassung kann jedoch
nur vom Unterrichtsminister über Antrag der Prüfungscommission bewilligt werden.

§. 6.

Um die Zulassung zur ersten Staatsprüfung hat der Candidat beim Präses
der einschlägigen Prüfungscommission schriftlich anzusuchen und seinem Gesuche
folgende Belege beizugeben :

1. den Matrikelschein,
2. das Maturitätszeugnis oder das dasselbe vertretende Document,
3. das Meldungsbuch, beziehungsweise den Nachweis, dass der Candidat wenigstens durch drei Semester an der Hochschule für Bodencultur oder einer ihr
   gleichgestellten Anstalt als ordentlicher Hörer inscribiert war und die Vorträge

über alle bei der ersten Staatsprüfung vorkommenden Disciplinen, sowie die zu denselben gehörigen praktischen Übungen frequentiert hat. Die hierunter zu verstehenden Einzelvorträge und Übungen werden durch den empfohlenen Lehrplan der Hochschule für Bodencultur festgesetzt,

4. die Fortgangszeugnisse aus den im §. 4 für die erste Staatsprüfung bezeichneten Lehrfächern.

Alle diese Documente sind im Originale beizubringen und müssen der Commission während der Vornahme der Prüfung vorliegen.

§. 7.

Die Gesuche um Zulassung zu den am Schlusse des Wintersemesters abzuhaltenden allgemeinen Staatsprüfungen sind mindestens sechs Wochen vor Schluss dieses Semesters, die Meldungen zu den Prüfungen am Beginne des Sommersemesters längstens bis zum Schlusse des Wintersemesters zu überreichen.

Der Präses hat die Gesuche und die Beilagen zu prüfen und, falls gegen die Zulassung zur Prüfung kein Anstand vorliegt, dieselbe sofort durch kurzen Bescheid auf dem Gesuche selbst zu bewilligen.

§. 8.

Bei geringen Anständen, welche von dem Candidaten sofort behoben werden können, sind diesem die entsprechenden Weisungen zu ertheilen. In zweifelhaften Fällen, insbesondere bei Candidaten, welche die im §. 6, Punkt 3 angedeuteten Einzeln-Disciplinen theilweise oder ganz an einer anderen, der Hochschule für Bodencultur gleichstehenden Anstalt gehört haben, ist die Zulassung zur ersten Staatsprüfung von der Zustimmung der Prüfungscommission abhängig.

Gegen die Verweigerung der Zulassung zur ersten Staatsprüfung durch die Commission steht der Recurs an den Unterrichtsminister offen.

Zweite Staatsprüfung.

§. 9.

Die Fachprüfung kann nicht früher als in den letzten Wochen des sechsten Semesters abgelegt werden, weiterhin ist die Abhaltung der Fachprüfungen an keinen bestimmten Termin gebunden, sondern kann das ganze Jahr hindurch mit Ausnahme der Herbst- und Zwischenferien stattfinden.

§. 10.

Um die Zulassung zur zweiten Staatsprüfung (Fachprüfung) hat der Candidat bei dem Präses der einschlägigen Commission schriftlich unter Beibringung der erforderlichen Belege anzusuchen.

Als Belege werden erfordert:

1. Das Meldungsbuch, beziehungsweise der Nachweis, dass der Candidat im ganzen mindestens durch sechs und seit der mit Erfolg bestandenen ersten Staatsprüfung mindestens durch drei, beziehungsweise zwei Semester an der Hochschule für Bodencultur oder einer ihr gleichstehenden Anstalt die Vorträge über alle bei

der Fachprüfung seiner Studienrichtung vorkommenden Disciplinen, sowie die zu derselben gehörigen praktischen Übungen frequentiert hat.

Die hierunter zu verstehenden Einzelnvorträge und Übungen werden durch den empfohlenen Lehrplan der Hochschule für Bodencultur festgesetzt.

2. Das Zeugnis über die bestandene erste Staatsprüfung.

3. Die Fortgangszeugnisse über die im §. 4 für die Fachprüfung bezeichneten Lehrfächer, sowie aus den graphisch zu übenden Lehrfächern je eine graphische Arbeit (Pläne, Constructionsübungen u. dgl.), welche Arbeiten mit der Beglaubigung der selbständigen Ausführung versehen sein müssen.

Alle diese Documente sind im Originale beizubringen und müssen der Commission auch während der Vornahme der Prüfung vorliegen.

§. 11.

Die Festsetzung der Prüfungstage geschieht von Fall zu Fall durch den Präses.

Bei der Reihenfolge der zu prüfenden Candidaten hat sich derselbe im allgemeinen an die Ordnung zu halten, in welcher sich dieselben zur Prüfung meldeten.

§. 12.

Gegen die Verweigerung der Zulassung zur zweiten Staatsprüfung von Seite des Präses, respective der Prüfungscommission, steht dem Candidaten der Recurs an den Unterrichtsminister offen.

Gemeinsame Bestimmungen für beide Staatsprüfungen.

§. 13.

Zur Abhaltung der Staatsprüfungen bestellt der Unterrichtsminister besondere Staatsprüfungs-Commissionen.

Bei jeder derselben fungieren in der Regel zunächst als Examinatoren die Professoren und nach Erfordernis auch die Docenten der Hochschule für Bodencultur für jene ihrer Fächer, aus welcher geprüft wird.

In die Commissionen werden jedoch vom Unterrichtsminister nach Anhörung des Professoren-Collegiums auch der Anstalt nicht angehörige Examinatoren berufen.

Jeder zu dieser Function berufene Professor oder Beamte ist verpflichtet, dieselbe anzunehmen.

Wenn für einen Gegenstand zwei oder mehrere Examinatoren bestellt sind, wechseln dieselben bei den Prüfungen ab.

§. 14.

Der Unterrichtsminister ernennt aus der Zahl der Examinatoren für jede der beiden Staatsprüfungen je einen Präses.

Im Falle der Verhinderung des Präses übernimmt das an Dienstjahren älteste interne Mitglied der Prüfungscommission den Vorsitz.

Der Präses setzt nach seinem Ermessen die Commissionen für die Vornahme der Prüfung zusammen.

§. 15.

Der Unterrichtsminister und der Ackerbauminister können zu beiden Prüfungen besondere Regierungs-Commissäre delegieren.

§. 16.

Jeder Candidat hat sich an dem ihm bestimmten Tage zur Prüfung einzufinden. Erscheint er nicht, so hat er die daraus erwachsenden Nachtheile zu tragen. Alle Candidaten, welchen zur Ablegung einer Prüfung ein und derselbe Tag anberaumt ist, haben an diesem Tage vor Beginn der Prüfung zu erscheinen und gegenwärtig zu sein, bis sie die Prüfung abgelegt haben.

§. 17.

Ein Tausch der Prüfungstage zwischen zwei oder mehreren Candidaten ist nur mit Bewilligung des Vorsitzenden und im Falle des Bestehens von Special-Commissionen nur unter der Bedingung zulässig, dass durch den Tausch nicht ein Wechsel der für die Candidaten vorbestimmten Commissions-Abtheilung geschieht.

§. 18.

Die Staatsprüfungen werden mündlich und öffentlich abgehalten.

Während der ganzen Dauer der Prüfungen haben der Vorsitzende und die Mehrzahl der Examinatoren gegenwärtig zu sein.

Die Dauer der Prüfung für den einzelnen Candidaten soll im ganzen drei Stunden nicht überschreiten.

Bei beiden Staatsprüfungen kann auf beigebrachte Fortgangszeugnisse mit Ausschluss solcher, die einen bloß genügenden Studienerfolg ausweisen, Rücksicht genommen werden und nach Maßgabe des Calculs, den dieselben aus den Staatsprüfungsfächern enthalten, eine entsprechende Abkürzung der Prüfung bei den einschlägigen Disciplinen eintreten.

§. 19.

Bei der Berathung und Abstimmung der Commission über die Resultate der vorgenommenen Prüfung ist die Öffentlichkeit ausgeschlossen.

Der Erfolg der Prüfung in den einzelnen Disciplinen wird durch die Calcule: „vorzüglich", „sehr gut", „gut", „genügend" und „ungenügend" qualificiert. Eine Staatsprüfung ist bestanden, wenn der Candidat bei der mündlichen Prüfung aus jedem Einzelngegenstande mindestens die Note „genügend" erlangt. Sie ist nicht bestanden, wenn er aus einem oder aus mehreren Prüfungsgegenständen die Censur „ungenügend" erhält.

Aus der Qualification der Erfolge in den einzelnen Prüfungsgegenständen wird in einem Schluss-Calcul constatiert, ob der Candidat sich durch die Prüfung als „befähigt" oder „mit Auszeichnung befähigt" erwiesen habe. Hiebei werden auch die bei den Fortgangsprüfungen erlangten Noten (§. 4) berücksichtigt.

§. 20.

Wenn der Candidat nur aus einem Gegenstande nicht entsprochen hat, so kann er zur Verbesserung der erfolglos gebliebenen Einzelnprüfung nach Ablauf eines

Termines von zwei Monaten zugelassen werden. Erhält er hierbei abermals den Calcul „ungenügend"; so kann er nochmals zur Verbesserungsprüfung nach weiteren vier Monaten zugelassen werden. Jede solche Verbesserungsprüfung hat im steten Beisein des Vorsitzenden der einschlägigen Prüfungscommission und im Falle der Intervention eines besonderen Regierungs-Commissärs bei der ersten Prüfung (§. 15) auch im Beisein dieses letzteren stattzufinden.

§. 21.

Hat der Candidat aus mehr als einem Gegenstande nicht entsprochen, so kann er nur zur Wiederholung der ganzen Gesammtprüfung, für welche der Termin von der Commission zu bestimmen ist, zugelassen werden.

Der Wiederholungstermin für die im ordentlichen Termine (§. 5) mißlungene erste Staatsprüfung kann entweder für den nächsten außerordentlichen Termin (October-Termin) oder für den nächsten ordentlichen Termin, der Wiederholungstermin für die im außerordentlichen Termine mißlungene Staatsprüfung gleichfalls entweder auf den nächsten ordentlichen oder den nächsten außerordentlichen Termin bestimmt werden.

Hat der Candidat bei der Wiederholung auch nur in einem Gegenstande nicht entsprochen, so kann er nur zur nochmaligen Wiederholung der Gesammtprüfung zugelassen werden.

Gegen die von der Prüfungs-Commission ausgegangene Bestimmung der Frist zur Wiederholung einer Staatsprüfung findet kein Recurs statt.

§. 22.

Ist ein Candidat bei der ersten Staatsprüfung für ein ganzes Studienjahr reprobiert worden, so steht es der Commission frei, die Lehrfächer zu bestimmen, über welche der Candidat während dieses Jahres Vorlesungen oder Übungen zu besuchen hat.

§. 23.

Das Schlussergebnis der Prüfung wird sogleich nach Schluss der Berathung öffentlich kundgemacht und auch in dem Meldungsbuche des Candidaten bei Reprobation unter Beisetzung des Wiederholungstermines und der sonstigen, dem Reprobierten auferlegten Bedingungen der Zulassung zu einer neuerlichen Prüfung mit Beidrückung des Siegels angemerkt.

§. 24.

Über die mit Erfolg abgelegten Prüfungen werden Staatsprüfungs-Zeugnisse ausgestellt.

Die Staatsprüfungs-Zeugnisse haben nebst dem Nationale des Candidaten und Angabe seines Bildungsganges, dann dem Tage der Ablegung der Prüfung sowohl die Calcule aus den einzelnen Prüfungsgegenständen, beziehungsweise den vor der Gesammtprüfung zu erwerbenden Einzelnzeugnissen (§. 4), als auch den Schluss-Calcul zu enthalten.

Die Zeugnisse sind von dem Vorsitzenden und sämmtlichen Examinatoren, eventuell dem Regierungs-Commissär zu unterfertigen und mit dem Siegel der Staatsprüfungs-Commission zu bekräftigen.

§. 25.

Wenn ein Studierender vor gelungener erster Staatsprüfung Vorlesungen oder Übungen besuchte, welche nach dem Studienplane seiner Fachrichtung in ein höheres, als das dritte Semester fallen, so können ihm solche für die Zulassung zur zweiten Staatsprüfung nur dann eingerechnet werden, wenn er im nächsten außerordentlichen Termine die erste Staatsprüfung mit Erfolg bestanden hat.

§. 26.

Jeder Prüfungs-Candidat hat eine Prüfungstaxe zu entrichten, welche für jede der beiden Staatsprüfungen mit zehn (10) Gulden festgestellt wird; dieselbe muss vor Ablegung der Prüfung erlegt sein. Die Entrichtung der Taxe mit Einschluss des Betrages für den Stempel des Prüfungszeugnisses erfolgt in der Rectoratskanzlei gegen Einhändigung einer Empfangsbestätigung.

§. 27.

Eine Befreiung von der Bezahlung der Prüfungstaxe findet nur über Beschluss der einschlägigen Prüfungscommission statt. Die Gesuche um Befreiung sind schriftlich bei dem Präses derselben einzubringen.

Bei den Wiederholungsprüfungen findet keine Taxbefreiung statt.

§. 28.

Die Taxen werden unter die Examinatoren zu gleichen Theilen vertheilt, wobei der Vorsitzende zwei Theile zu erhalten hat.

Falkenhayn m./p.   **Conrad - Eybesfeld** m./p.

Nr. 32.

Verordnung des Ministers für Cultus und Unterricht im Einvernehmen mit dem Minister des Innern vom 1. September 1884, Z. 4433 *),

betreffend die Besorgung der Angelegenheiten der römisch-katholischen Pfarrgemeinde Bielitz.

Die Angelegenheiten der römisch - katholischen Pfarrgemeinde Bielitz sind an Stelle der nach der Ministerial-Verordnung vom 31. December 1877 **), Nr. 5 R.-G.-Bl. ex 1878, bisher hiezu berufenen Ortsgemeindevertretungen von dem zufolge der schlesischen Landesgesetze vom 15. November 1863, Nr. 2 L.-G.-Bl. und vom 18. Jänner 1867, Nr. 5 L.-G.-Bl. bestehenden Concurrenz-Comité und zwar, insoweit es sich nicht um collidierende privatrechtliche Interessen des Beneficiums, beziehungs-. weise des Patronates handelt, unter Mitwirkung des Pfarrers und Kirchenpatrons

---

*) Enthalten in dem am 13. September 1884 ausgegebenen Reichsgesetzblatte unter Nr. 148, Seite 443.

**) Ministerial-Verordnungsblatt vom Jahre 1878, Nr. 4, Seite 11.

zu besorgen. Die Staatsaufsicht über das Comité in Pfarrgemeinde-Angelegenheiten, sowie das nach dem Gesetze vom 7. Mai 1874 *), Nr. 50 R.-G.-Bl. den staatlichen Cultusbehörden in diesen Angelegenheiten zukommende Entscheidungsrecht wird in I. Iustanz von der k. k. Bezirkshauptmannschaft Bielitz ausgeübt. Zur Bostreitung von Pfarrgemeinde Bedürfnissen beschlossene Umlagen (§. 36 des Gesetzes vom 7. Mai 1874, Nr. 50 R.-G.-Bl.) können nur nach Genehmigung durch die staatliche Cultusverwaltung im politischen Executionswege eingebracht werden.

Die Einhebung ordnungsmäßig beschlossener Umlagen und deren Abfuhr an das Concurrenz-Comité obliegt auch ferner hin denselben Organen, welche für die Einhebung der Gemeindeumlagen zu sorgen haben.

Taaffe m./p.   **Conrad-Eybesfeld** m./p.

Nr. 33.
Erlass des Ministers für Cultus und Unterricht vom 6. September 1884, Z. 7179,
an sämmtliche Ländercheſs,
betreffs der von Angehörigen Croatien-Slavoniens, welche im Auslande, respective in der diesseitigen Reichshälfte eine Ehe einzugehen beabsichtigen, beizubringenden Ehefähigkeits-Certificate.

Zur Beseitigung vorgekommener Zweifel beehre ich mich, Eurer . . . . im Einvernehmen mit dem k. k. Ministerium des Innern und mit Beziehung auf die hierortigen Erlässe vom 28. November 1878, Z. 18104 und 22. December 1880, Z. 19878 zu eröffnen, dass die Ehefähigkeits-Certificate für Angehörige Croatien-Slavoniens, welche im Auslande, beziehungsweise in der diesseitigen Reichshälfte eine Ehe einzugehen beabsichtigen, zufolge Schreibens des königlich ungarischen Ministeriums für Cultus und öffentlichen Unterricht vom 26. September 1883, Z. 29923 respective der an dieses letztere gerichteten Note des königlich croatisch-slavonischen Ministeriums vom 6. September 1883, Z. 7520 im bisherigen croatisch-slavonischen Provinzialate von den königlichen Vicegespanschaften, in dem nunmehr mit dem Provinziale vereinigten, vormaligen croatisch-slavonischen Grenzgebiete von den königlichen Bezirksämtern und in beiden Gebieten von jenen Stadtmagistraten auszustellen sind, welche als politische Behörden I. Instanz fungieren.

Diese Stadtmagistrate sind zufolge Mittheilung der königlich croatisch-slavonischen Landesregierung, Abtheilung für Inneres, vom 9. April 1884, Z. 42985, ex 1883 :

A) im bisherigen croatisch-slavonischen Provinziale:
die in Agram, Karlstadt, Buccari, Sissek, Warasdin, Kreutz, Kopreinitz, Požega, Essegg und Ruma ;

B) im vormaligen croatisch-slavonischen Grenzgebiete:
die Stadtmagistrate in Carlopago, Zengg, Petrinja, Kostajnica, Brod an der Save, Mitrovic, Semlin, Carlovic, Peterwardein, Belovar und Festung Ivanić.

---

*) Ministerial-Verordnungsblatt vom Jahre 1874, Nr. 22, Seite 65.

Indem ich Eure . . . . ersuche, hievon sofort sämmtliche Trauungs-organe in dem dortigen Verwaltungsgebiete, im Wege der denselben vorgesetzten Kirchenbehörden, zur genauen Darnachachtung zu verständigen, gewärtige ich von diesen letzteren, dass sie die Ehewerber aus Croatien-Slavonien zur Vermeidung jeder unnützen Weitwendigkeit und unter Umständen schwere Nachtheile zur Folge habenden Verzögerung, stets anweisen werden, sich d i r e c t e an die zur Ausstellung der Ehefähigkeits-Certificate, beziehungsweise Heiratsbewilligungen competenten behördlichen Organe und nicht, wie dies vielfach geschehen ist, an die königlich croatisch-slavonische Landesregierung oder an das königlich ungarische Ministerium für Cultus und öffentlichen Unterricht zu wenden.

Verfügungen, betreffend Lehrbücher und Lehrmittel.

Lehrbücher.

a) Für Volks- und Bürgerschulen.

Schur F e r d i n a n d und **Hertrich** R o b e r t, Evangelisches Schulgesangbuch. Bielitz. Verlag der evangelischen Gemeinde daselbst. Preis eines Exemplars, 50 kr.

Dieses Gesangbuch wird zum Gebrauche an evangelischen Schulen für zulässig erklärt. (Ministerial-Erlass vom 5. September 1884, Z. 15808.)

Mautner J. und **Kohn** S., Biblische Geschichte und Religionslehre für die israelitische Jugend an Volks- und Bürgerschulen. 4 Hefte. Wien 1884. A. P i c h l e r's Witwe und Sohn. 1. Heft 36 kr., 2. Heft 20 kr., 3. Heft 25 kr., 4. Heft 32 kr.

Dieses von den israelitischen Cultusgemeinden Wien und Linz-Urfahr als zulässig erklärte Religionslehrbuch kann an den allgemeinen Volksschulen und an Bürgerschulen innerhalb der genannten Cultusgemeinden und bei gleicher Zulassung seitens der betreffenden Cultusgemeinden auch an anderen Volks-schulen verwendet werden.

(Ministerial-Erlass vom 12. September 1884, Z. 17526.)

Šťastný J., **Lepař** J., **Sokol** J., Mluvnice pro školy obecné a měšťanské. Dritter Thei (zunächst für den 4. und 5. Theil des achttheiligen Lesebuches). Prag und Wien 1884. K. k. Schulbücherverlag. Preis eines Exemplars, steif gebunden, 26 kr.

Dieser dritte Theil des böhmischen Sprachbuches wird zum Lehrgebrauche in Volksschulen mit böhmischer Unterrichtssprache für zulässig erklärt.

(Ministerial-Erlass vom 25. September 1884, Z. 18007.)

b) Für Mittelschulen.

Curtius, D r. G e o r g, Griechische Schulgrammatik. 16., unter Mitwirkung von Professor D r. B e r n h a r d G e r t h verbesserte Auflage. Ausgabe in kürzerer Fassung. Prag 1884. F. T e m p s k y. Preis, 1 fl. 20 kr., gebunden, 1 fl. 40 kr.

Diese neueste Auflage des genannten Buches wird, ebenso wie die 14. Auflage *) desselben, zum Lehrgebrauche an Gymnasien mit deutscher Unterrichtssprache allgemein zugelassen.

(Ministerial-Erlass vom 12. September 1884, Z. 17381.)

---

*) Ministerial-Verordnungsblatt vom Jahre 1881, Seite 232.

Schenkl, Dr. Karl, Griechisches Elementarbuch nach den Grammatiken von Curtius und Kühner. 12. verbesserte Auflage. Prag 1884. F. Tempsky. Preis, 1 fl., gebunden 1 fl. 16 kr.

Diese neueste Auflage des genannten Lehrbuches wird, ebenso wie die eilfte Auflage desselben *), zum Lehrgebrauche an den Gymnasien mit deutscher Unterrichtssprache allgemein zugelassen.

(Ministerial-Erlass vom 4. September 1884, Z. 17098.)

Hintner, Dr. Valentin, Griechisches Elementarbuch, zunächst für die 3. und 4. Classe der Gymnasien, nach der Grammatik von Curtius bearbeitet. 4. verbesserte Auflage. Wien 1884. A. Hölder. Preis, 1 fl.

Diese neueste Auflage des genannten Buches wird, ebenso wie die dritte Auflage desselben **) zum Lehrgebrauche an Gymnasien mit deutscher Unterrichtssprache allgemein zugelassen.

(Ministerial-Erlass vom 28. August 1884, Z. 16444.)

Lampel Leopold, Deutsches Lesebuch für die erste Classe österreichischer Mittelschulen. 2. durchgesehene und verbesserte Auflage. Wien 1885. A. Hölder. Preis, 1 fl. 14 kr.

Diese neue Auflage des genannten Lesebuches wird, ebenso wie die erste Auflage desselben ***) zum Lehrgebrauche an Mittelschulen mit deutscher Unterrichtssprache allgemein zugelassen.

(Ministerial-Erlass vom 4. September 1884, Z. 16975.)

Egger, Dr. Alois, Deutsches Lehr- und Lesebuch für höhere Lehranstalten. II. Theil: Literaturkunde. 1. Band. 8. Auflage. Wien 1885. A. Hölder. Preis, 1 fl. 88 kr.

Diese neueste Auflage des genannten Buches wird, ebenso wie die siebente Auflage desselben †) zum Lehrgebrauche an Mittelschulen mit deutscher Unterrichtssprache allgemein zugelassen.

(Ministerial-Erlass vom 28. August 1884, Z. 15826.)

Pospichal Eduard, Deutsches Lesebuch für Mittelschulen mit böhmischer Unterrichtssprache, I. Band, 2. Abtheilung, für die Quarta der Gymnasien und analoge Jahrgänge anderer Anstalten. 3. Auflage. Prag 1885. C. Bellmann. Preis, 1 fl. 36 kr.

Diese neue Auflage des genannten Lesebuches wird, ebenso wie die zweite Auflage desselben ††) zum Lehrgebrauche an Mittelschulen mit böhmischer Unterrichtssprache allgemein zugelassen.

(Ministerial-Erlass vom 16. September 1884, Z. 17872.)

---

*) Ministerial-Verordnungsblatt vom Jahre 1880, Seite 236.
**) Ministerial-Verordnungsblatt vom Jahre 1880, Seite 170.
***) Ministerial-Verordnungsblatt vom Jahre 1883, Seite 93.
†) Ministerial-Verordnungsblatt vom Jahre 1880, Seite 220.
††) Ministerial-Verordnungsblatt vom Jahre 1878, Seite 28.

Rothaug J. G., Lehrbuch der Geographie für Bürgerschulen. 2. Stufe. 4. verbesserte Auflage. Prag. F. Tempsky. Preis, 44 kr., gebunden, 54 kr.

Dieses Buch wird zum Unterrichtsgebrauche in Bürgerschulen für zulässig erklärt.

(Ministerial-Erlass vom 10. September 1884, Z. 17380.)

Gindely Anton, Lehrbuch der Geschichte für Bürgerschulen. Ausgabe für Mädchenschulen. I. Theil. 8. Auflage. F. Tempsky in Prag. Preis, 48 kr.

Dieses Buch wird zum Lehrgebrauche an Mädchen-Bürgerschulen für zulässig erklärt.

·(Ministerial-Erlass vom 12. September 1884, Z. 17719.)

Rothe, Dr. Karl, Naturgeschichte für Bürgerschulen und verwandte Lehranstalten. II. Stufe. 9. geänderte Auflage. Wien 1884. A. Pichler's Witwe und Sohn. Preis, geheftet, 50 kr.

Dieses Buch wird zum Unterrichtsgebrauche an Bürgerschulen für zulässig erklärt.

(Ministerial-Erlass vom 18. September 1884, Z. 18044.)

Hofer Josef, Grundriss der Naturlehre. I. Stufe. 11. revidierte Auflage. Wien bei Karl Gräser. Preis, 32 kr.

Dieses Buch wird zum Lehrgebrauche in Bürgerschulen für zulässig erklärt.

(Ministerial-Erlass vom 19. September 1884, Z. 18082.)

Bechtel A , Französische Grammatik für Mittelschulen. I. Theil, mit dem für die zwei ersten Jahrgänge nöthigen Lesestoffe. 6. revidierte Auflage. Wien 1884. Julius Klinkhardt und Compagnie. Preis, 1 fl.

Diese neueste Auflage des vorbenannten Lehrbuches wird, ebenso wie die fünfte Auflage desselben *) zum Lehrgebrauche an Mittelschulen mit deutscher Unterrichtssprache allgemein zugelassen.

(Ministerial-Erlass vom 2. September 1884, Z. 16949.)

Ricard Anselme, Leçons françaises graduées etc. 3. Auflage. Prag 1884. Fuchs. Preis, 2 fl.

Diese neue Auflage des genannten Buches wird, ebenso wie die zweite Auflage desselben **) zum Lehrgebrauche an Realschulen mit deutscher Unterrichtssprache allgemein zugelassen.

(Ministerial-Erlass vom 17. September 1884, Z. 17720.)

Drozd Joh., Církevní dějiny‿pro vyšší gymnasia a realky. Druhé opravené vydání. Prag 1884. C. Bellmann. Preis, 1 fl. 20 kr.

Das vorbenannte Lehrbuch wird, die Approbation der bezüglichen kirchlichen Oberbehörden vorausgesetzt, zum Lehrgebrauche an Mittelschulen mit böhmischer Unterrichtssprache allgemein zugelassen.

(Ministerial-Erlass vom 19. September 1884, Z. 17887.)

---

*) Ministerial-Verordnungsblatt vom Jahre 1883, Seite 237.

**) Ministerial-Verordnungsblatt vom Jahre 1877, Seite 83.

In dritter unveränderter, somit nach Ministerial-Erlass vom 21. Februar 1883, Z. 2795 *) für Mittelschulen mit böhmischer Unterrichtssprache allgemein zulässiger Auflage ist erschienen:

Roth Julius, Cvičebná kniha jazyka německého pro první a druhou třídu škol středních. Prag 1885. F. Tempsky. Preis, 1 fl., gebunden, 1 fl. 15 kr.

(Ministerial-Erlass vom 12. September 1884, Z. 17379.)

Tille, Dr. Anton, Učebnice zeměpisu obecného i rakousko-uherského pro školy střední a ústavy učitelské. Svazek I. Zeměpis obecný. 7. Auflage. Prag 1885. J. L. Kober. Preis, 1 fl. 30 kr., in Leinwand gebunden, 1 fl. 54 kr.

Diese neueste Auflage des genannten Lehrbuches wird, ebenso wie die sechste Auflage desselben **) zum Lehrgebrauche an Mittelschulen mit böhmischer Unterrichtssprache allgemein zugelassen.

(Ministerial-Erlass vom 4. September 1884, Z. 17105.)

c) Für Lehrer- und Lehrerinnen-Bildungsanstalten.

Schober, Dr. Karl, Heimatskunde von Niederösterreich. Zum Gebrauche an Lehrerbildungsanstalten und als Handbuch für Volks- und Bürgerschullehrer. Wien bei Alfred Hölder. Preis, 1 fl. 24 kr.

Dieses Buch wird zum Unterrichtsgebrauche in den Lehrer- und Lehrerinnenbildungsanstalten in Niederösterreich für zulässig erklärt.

(Ministerial-Erlass vom 21. August 1884, Z. 15517.)

Lehrmittel.

Kozenn B., Geographischer Schulatlas für Gymnasien, Real- und Handelsschulen. 29. Auflage, vollständig neu bearbeitet von Vincenz von Haardt, revidiert von Professor Dr. Friedrich Umlauft. Wien 1884. Eduard Hölzel. Ausgabe in 52 Karten. Preis, gebunden, 3 fl. 60 kr.

Diese neueste Auflage des genannten Atlas wird, ebenso wie die 28. Auflage desselben ***) zum Lehrgebrauche an Mittelschulen allgemein zugelassen.

(Ministerial-Erlass vom 17. September 1884, Z. 17563.)

Ruprecht Ernst, Die Geschäftsaufsätze des Gewerbetreibenden. Ein Leitfaden für den Unterricht au den gewerblichen Fortbildungsschulen und zugleich Handbuch für Gewerbetreibende. Wien 1884. Verlag von Karl Gräser. Preis, cartoniert, 30 kr.

Dieses im Auftrage und mit Unterstützung des k. k. Ministeriums für Cultus und Unterricht verfasste Werk ist als Lehrbuch für gewerbliche Fortbildungsschulen bestimmt.

(Ministerial-Erlass vom 20. September 1884, Z. 18334.)

---

*) Ministerial-Verordnungsblatt vom Jahre 1883, Seite 66.
**) Ministerial-Verordnungsblatt vom Jahre 1882, Seite 150.
***) Ministerial-Verordnungsblatt vom Jahre 1883, Seite 219.

Kundmachungen.

Verzeichnis der von der k. k. Prüfungscommission für das Lehramt an Gymnasien und Realschulen in Wien approbierten Lehramtscandidaten.

I. Aus der classischen Philologie.

Name und Stellung	Lehrfach	Unterrichts-sprache
Brief Sigmund, Lehramtscandidat in Wien	Latein und Griechisch für das ganze Gymnasium	deutsch
Calczyński Johann Karl, Supplent am Staats-Gymnasium in Tarnopol	detto	polnisch
Ehrengruber Stephan, Benedictiner von Kremsmünster	detto	deutsch
Dr. **Hauler** Edmund, Lehramtscandidat in Wien	detto	detto
Hawrlandt Franz, Lehramtscandidat in Wien	detto	detto
Kunz Franz, Lehramtscandidat in Wien	detto	detto
Musik Hugo, Lehramtscandidat in Wien	detto	detto
Piazza Salomon, Lehramtscandidat in Wien	detto	italienisch
Seidler Franz, Supplent an der Staats-Mittelschule in Brody	detto	deutsch und polnisch
Spiegl Ignaz, Lehramtscandidat in Wien	detto	deutsch
Spitka Johann, Lehramtscandidat in Wien	detto	detto
Tvaruzek Ignaz, Lehramtscandidat in Wien	detto	detto
Dr. **Waschietl** Andreas, Lehramtscandidat in Wien	detto	detto

Name und Stellung	Lehrfach	Unterrichts-sprache
Winkler Leopold, Lehramtscandidat in Wien	Latein und Griechisch für das ganze Gymnasium	deutsch
Drechsler Franz, Supplent in Gaya	detto (Ergänzungsprüfung)	detto
Klein Franz, Lehramtscandidat in Wien	detto (Ergänzungsprüfung)	detto
Schewozik Robert, Lehramtscandidat in Wien	detto (Ergänzungsprüfung)	detto
Wisnar Julius, Lehramtscandidat in Freiberg	detto (Ergänzungsprüfung)	detto
Wolf Camillo, Lehramtscandidat	detto (Ergänzungsprüfung)	detto
Bleininger Laurenz, Capitular des Stiftes Melk	Latein und Griechisch für das Unter-gymnasium	detto
Fasching Eduard, Lehramtscandidat in Znaim	detto	detto
Matusiak Simon, Lehramtscandidat in Krakau	detto	polnisch
Reuss Wenzel, Lehramtscandidat in Wien	detto	deutsch
Schickinger Hermann, Lehramts-candidat in Wien	detto	detto
Schüller Stanislaus, Lehramtscandidat in Wien	detto	detto
Swoboda Eduard, Weltpriester, Lehr-amtscandidat in Wien	detto	detto
Egger Ludwig, Lehramtscandidat in Wien	Latein für das ganze Gymnasium (Ergänzungsprüfung)	detto
Gallina Johann, Supplent am Staats-Gymnasium in Trebitsch	detto (Ergänzungsprüfung)	detto

II. Aus den Landessprachen und aus philosophischer Propädeutik.

Name und Stellung	Lehrfach	Unterrichts-sprache
Thannabaur Adolf, Lehramtscandidat in Olmütz	Deutsche Sprache für das ganze Gymnasium	deutsch
Appl Johann, Lehramtscandidat in Wien	detto (Erweiterungsprüfung)	detto
Binder Josef, Lehramtscandidat in Wien	detto (Erweiterungsprüfung)	detto
Gubo Andreas, Lehrer am Staats-Gymnasium in Cilli	detto (Erweiterungsprüfung)	detto
Hörtnagl Johann, Lehramtscandidat	detto (Erweiterungsprüfung)	detto
Ebner Alois, Lehramtscandidat in Taufkirchen	Deutsche Sprache für das Untergymnasium (Erweiterungsprüfung)	detto
Emprechtinger Jakob, Lehrer an der Lehrerbildungsanstalt in Brünn	detto (Erweiterungsprüfung)	detto
Máchal Johann, Supplent an der slavischen Communal-Mittelschule in Deutschbrod	detto (Erweiterungsprüfung)	böhmisch
Bonetti Arthur, Lehramtscandidat	Italienische Sprache für das ganze Gymnasium (Ergänzungsprüfung)	italienisch und deutsch
Honza Johann, Lehramtscandidat	Böhmische Sprache für das ganze Gymnasium (Erweiterungsprüfung)	böhmisch
Matusiak Simon, Lehramtscandidat	Polnische Sprache für das ganze Gymnasium	polnisch
Calozyński Johann Karl, Supplent am Staats-Gymnasium in Tarnopol	detto (Ergänzungsprüfung)	detto
Luczakowski Constantin, Professor am akademischen Gymnasium in Lemberg	Ruthenische und polnische Sprache für das ganze Gymnasium (Erweiterungsprüfung)	deutsch, polnisch u. ruthenisch
Aschauer Josef, Supplent am Staats-Gymnasium in Melk	Philosophische Propädeutik für das ganze Gymnasium (Erweiterungsprüfung)	deutsch

Name und Stellung	Lehrfach	Unterrichts-sprache
Crnivec Anton, Lehramtscandidat in Wien	Philosophische Propädeutik für das ganze Gymnasium (Erweiterungsprüfung)	deutsch
Ehrenberger Anton, Professor an der Landes-Realschule in Krems	detto (Erweiterungsprüfung)	detto
Knabl Eduard, Lehrer an der Landes-Mittelschule in Horn	detto (Erweiterungsprüfung)	detto
Polaschek Anton, Supplent an der Communal-Mittelschule im II. Bezirke in Wien	detto (Erweiterungsprüfung)	detto
Weber Friedrich, Lehramtscandidat in Wien	detto (Erweiterungsprüfung)	detto

III. Aus Geschichte und Geographie.

Name und Stellung	Lehrfach	Unterrichts-sprache
Gschladt Johann, Lehramtscandidat in Wien	Geschichte und Geographie für das ganze Gymnasium	deutsch
Smrsch Josef, Lehramtscandidat in Wien	detto	detto
Steiger Karl, Lehramtscandidat in Wien	detto	detto
Coőever Anton, Lehramtscandidat in Capodistria	detto (Ergänzungsprüfung)	italienisch
Chrapek Johann, Supplent am Staats-Gymnasium in Jasło	Geschichte und Geographie für das Untergymnasium	polnisch
Hlaváček Martin, Lehramtscandidat in Nusslau bei Brünn	detto	deutsch und böhmisch
Thannabauer Adolf, Lehramtscandidat in Olmütz	detto	deutsch

IV. Aus Mathematik, Physik und Naturgeschichte.

Name und Stellung	Lehrfach	Unterrichts-sprache
Jahn Johann, Lehramtscandidat	Mathematik und Physik für das ganze Gymnasium	deutsch
Dr. **Kotányi** Ludwig, Lehramtscandidat	detto	detto
Schwaiger Norbert, Lehramtscandidat in Wien	detto	detto
Zahlbruckner Karl, Lehramtscandidat	detto	detto
Polló Marcus, Lehramtscandidat	detto	italien. und serbo-croat.
Schwab Franz, Benedictiner des Stiftes Kremsmünster	Mathematik für das ganze, Physik für das Untergymnasium	deutsch
Steinhauser Josef, Lehramtscandidat	detto	detto
Thirring Julius, Lehramtscandidat	detto	detto
Holzinger Franz, Lehramtscandidat in Linz	Mathematik für das ganze Gymnasium (Ergänzungsprüfung)	detto
Baitek Friedrich, Lehramtscandidat in Mistek	Naturgeschichte für das ganze, Mathematik und Physik für das Untergymnasium	detto
Juroszek Anton, Lehramtscandidat	detto	detto
König Franz, Lehramtscandidat	detto	detto
Přerovský Richard, Lehramtscandidat in Wien	detto	detto
Rosoll Alexander, Lehramtscandidat in Wien	detto	detto
Tisch Bernhard, Lehramtscandidat in Wien	detto	detto
Taniaczkiewicz Ladislaus, Supplent am Staats-Gymnasium in Złoczów	Mathematik und Physik für das Untergymnasium	polnisch u. ruthenisch

Der Minister für Cultus und Unterricht hat das dem Communal-Real- und Obergymnasium zu Neubydžow bisher für sechs Classen verliehene Öffentlichkeitsrecht unter Anerkennung des Reciprocitäts-Verhältnisses, betreffend die Behandlung des Lehrpersonales im Sinne des §. 11 des Gesetzes vom 9. April 1870 *), auch auf die im Schuljahre 1884/85 zu eröffnende siebente Gymnasialclasse ausgedehnt.

. (Ministerial-Erlass vom 16. September 1884, Z. 17454.)

Der Minister für Cultus und Unterricht hat dem Landes-Gymnasium zu Leoben vom Schuljahre 1884/85 angefangen das Recht verliehen, Maturitäts-Prüfungen abzuhalten und staatsgiltige Maturitäts-Zeugnisse auszustellen.

(Ministerial-Erlass vom 20. September 1884, Z. 13225.)

Der Minister für Cultus und Unterricht hat das Öffentlichkeitsrecht ertheilt:

der von dem deutschen Schulvereine in Wien erhaltenen deutschen Privat-Volksschule zu Bösching in Böhmen,

(Ministerial-Erlass vom 17. September 1884, Z. 10905.)

der von dem Vereine „Ústřední matice školská in Prag" erhaltenen böhmischen Privat-Volksschule zu Krumau in Böhmen,

(Ministerial-Erlass vom 18. September 1884, Z. 17455.)

der von dem Vereine „Ústřední matice školská in Prag" erhaltenen böhmischen Privat-Volksschule zu Rudolfstadt in Böhmen

(Ministerial-Erlass vom 18. September 1884, Z. 17390.) und

der von dem Vereine „Ústřední matice školská in Prag" erhaltenen böhmischen Privat-Volksschule zu Brüx.

(Ministerial-Erlass vom 18. September 1884, Z. 17385.)

Vom Schuldienste wurde entlassen:

Laurenz Oříšek, zuletzt provisorischer Lehrer in Kl. Lowtschitz in Mähren.

(Ministerial-Erlass vom 17. September 1884, Z. 17796.)

—•-|-•-|-•--

---

*) Ministerial-Verordnungsblatt vom Jahre 1870, Nr. 71, Seite 258.

Verlag des k. k. Ministeriums für Cultus und Unterricht. — Druck von Karl Gorischek in Wien.

Jahrgang 1884.   Stück XX.

Verordnungsblatt
für den Dienstbereich des
Ministeriums für Cultus und Unterricht.

Redigiert im k. k. Ministerium für Cultus und Unterricht.

Ausgegeben am 15. October 1884.

Verfügungen, betreffend Lehrbücher und Lehrmittel.

Lehrbücher.

a) Für Bürgerschulen.

Gindely Anton, Lehrbuch der Geschichte für Mädchen-Bürgerschulen. II. Theil. 7. verbesserte Auflage. Fr. Tempsky in Prag. Preis, geheftet, 48 kr.

Dieses Buch wird zum Unterrichtsgebrauche an Mädchen-Bürgerschulen für zulässig erklärt.

(Ministerial-Erlass vom 1. October 1884, Z. 18921.)

Pokorny, Dr. Alois, Naturgeschichte für Bürgerschulen. I. Stufe. 7. verbesserte Auflage, bei F. Tempsky in Prag. Preis, geheftet, 60 kr.

Dieses Buch wird zum Unterrichtsgebrauche an Bürgerschulen für zulässig erklärt.

(Ministerial-Erlass von 27. September 1884, Z. 18375.)

Riba Ernst, Lehrbuch der französischen Sprache für Bürgerschulen. I. Stufe. 4. umgearbeitete Auflage, bei Fr. Tempsky in Prag. Preis, geheftet, 30 kr.

Dieses Buch wird zum Unterrichtsgebrauche an Bürgerschulen für zulässig erklärt.

(Ministerial-Erlass vom 22. September 1884, Z. 18198.)

b) Für Mittelschulen.

Hauler, Dr. J., Aufgaben zur Einübung der lateinischen Syntax in einzelnen Sätzen und zusammenhängenden Stücken nach den Grammatiken von K. Schmidt, Ellendt-Seyffert und Ferd. Schulz. II. Theil: Moduslehre. 4. Auflage. Wien 1884. A. Hölder. Preis, 75 kr.

Diese neueste Auflage des vorbenannten Buches wird, ebenso wie die dritte Auflage desselben *) zum Lehrgebrauche an Gymnasien mit deutscher Unterrichtssprache allgemein zugelassen.

(Ministerial-Erlass vom 23. September 1884, Z. 15735.)

Seydlitz, Ernst von, Kleine Schulgeographie. Specialausgabe für Österreich-Ungarn, bearbeitet von Professor Dr. R. Perkmann in Wien. Illustriert durch 85 Karten und erläuternde Holzschnitte. 19. Bearbeitung, 2. für Österreich-Ungarn. Breslau 1884. Ferdinand Hirt. Wien bei Friese und Lang. Preis, 1 fl. 20 kr.

Diese zweite Bearbeitung des genannten Lehrbuches wird, ebenso wie die erste **) zum Lehrgebrauche in den Unterclassen der Mittelschulen mit deutscher Unterrichtssprache allgemein zugelassen.

(Ministerial-Erlass vom 23. September 1884, Z. 18625.)

Bisching, Dr. Anton, Elementi di mineralogia per le classi inferiori delle scuole medie. Prima versione italiana sulla prima edizione tedesca di Ernesto Girardi. Wien 1885. Hölder. Preis, 42 kr.

Das genannte Buch wird zum Lehrgebrauche in den Unterclassen der Mittelschulen mit italienischer Unterrichtssprache zugelassen.

(Ministerial-Erlass vom 30. September 1884, Z. 18672.)

In dritter unveränderter, somit nach Ministerial-Erlass vom 20. October 1882, Z. 17624 ***) für Mittelschulen mit böhmischer Unterrichtssprache allgemein zulässiger Ausgabe ist erschienen:

Roth Julius, Nauky mluvnické jazyka německého pro nižší třídy škol středních. 3. unveränderte Auflage. Prag 1885. Tempsky. Preis, 48 kr., gebunden, 58 kr.

(Ministerial-Erlass vom 21. September 1884, Z. 18197.)

c) Für Lehrer- und Lehrerinnen-Bildungsanstalten.

Vogt Karl und **Buley** Wilhelm, Theoretisch-praktischer Turn-Leitfaden für Lehrer- und Lehrerinnen-Bildungsanstalten, sowie zum Gebrauche für Lehrer an den Volks- und Bürgerschulen Österreichs. Mit 173 Figuren. 2. revidierte Auflage. Wien 1884. K. k. Schulbücherverlag. Preis eines Exemplares, steif gebunden, 90 kr.

Dieses Lehrbuch wird in der vorliegenden zweiten Auflage zum Lehrgebrauche an den betreffenden Lehrer- und Lehrerinnen-Bildungsanstalten in gleicher Weise, wie dies bezüglich der ersten Auflage mit Ministerial-Erlass vom 24. August 1881, Z. 12605 †) geschehen ist, als zulässig erklärt.

(Ministerial-Erlass vom 2. October 1884, Z. 18833.)

---

*) Ministerial-Verordnungsblatt vom Jahre 1882, Seite 170.
**) Ministerial-Verordnungsblatt vom Jahre 1882, Seite 134.
***) Ministerial-Verordnungsblatt vom Jahre 1882, Seite 215.
†) Ministerial-Verordnungsblatt vom Jahre 1881, Seite 191.

Močnik - Castiglioni, Libro di testo per l' insegnamento dell' aritmetica particolare e generale ad uso degl' istituti magistrali maschili e femminili. Wien 1884. K. k. Schulbücherverlag. Preis eines Exemplares, broschiert, 80 kr.

Dieses Buch wird zum Lehrgebrauche an Lehrer- und Lehrerinnen-Bildungsanstalten mit italienischer Unterrichtssprache als zulässig erklärt.

(Ministerial-Erlass vom 4. October 1884, Z. 18832.)

Tille Anton, Učebnice zeměpisu obecného i rakousko-uherského pro školy střední a ústavy učitelské. I. Theil: Allgemeine Geographie. 7. Auflage. Mit 60 Abbildungen. Prag 1884. J. L. Kober. Preis eines Exemplares, broschiert, 1 fl. 30 kr.

Dieser Theil des Lehrbuches der Geographie wird in der gegenwärtigen siebenten Auflage in gleicher Weise zum Lehrgebrauche an Lehrerbildungsanstalten mit böhmischer Unterrichtssprache als zulässig erklärt, wie dies bezüglich der sechsten Auflage mit Ministerial-Erlass vom 25. Juli 1882, Z. 10082 [*]) geschehen ist.

(Ministerial-Erlass vom 27. September 1884, Z. 17104.)

Cebular Jak., Fizika za nižje gimnazije, realke in učiteljišča. II. Theil. Görz 1883. Preis, 1 fl. 30 kr.

Dieser zweite Theil des Lehrbuches der Naturlehre wird zum Unterrichtsgebrauche für jene Lehrer- und Lehrerinnen-Bildungsanstalten, an denen dieser Gegenstand in slovenischer Sprache vorgetragen wird, in gleicher Weise, wie dies bezüglich des ersten Theiles mit Ministerial-Erlass vom 9. Juni 1883, Z. 9550 [**]) geschehen, als zulässig erklärt.

(Ministerial-Erlass vom 3. October 1884, Z. 18251.)

Anmerkung. Die in dem XIX. Stücke des Verordnungsblattes Seite 287 unter der Rubrik für Mittelschulen angeführten Lehrbücher von **Rothaug, Gindely, Rothe** und **Hofer** sind unter die Lehrbücher für Volks- und Bürgerschulen einzureihen.

Kundmachungen.

Der Verein zur Unterstützung armer Studierender in Neu-Bydschow hat mit einem Capitale von 1800 fl. eine Stipendienstiftung gegründet, welche den Namen „Kronprinz Rudolf-Stiftung" führt und deren Ertrag für einen Studierenden des Realgymnasiums von Neu-Bydschow bestimmt ist.

Diese Stiftung ist mit dem Genehmigungstage des Stiftbriefes ins Leben getreten.

(Stiftbrief vom 11. Mai 1884. — Ministerial-Act Z. 17633.)

---

[*]) Ministerial-Verordnungsblatt vom Jahre 1882, Seite 160.
[**]) Ministerial-Verordnungsblatt vom Jahre 1883, Seite 196.

Verzeichnis der von der k. k. Prüfungscommission für das Lehramt der Musik an Mittelschulen und Lehrerbildungsanstalten in Wien

im Studienjahre 1883/84

approbierten Candidaten.

Name und Stellung	Fächer
Dr. **Wrzal** Friedrich, k. k. Gymnasiallehrer in Weidenau	Gesang
Pollitzer Anna in Wien	Clavierspiel
Bigler Franz in Wien	Orgelspiel
Elschnig Marietta in Graz	Gesang und Clavierspiel
Ludwig Moriz, Kapellmeister in Kremsier	Gesang
Maertens Melanie in Wien	Clavierspiel
Quapill Hermine in Wien	detto
Pozdina Josef in Wien	detto
Benda Amalie in Wien	detto
Urbanitzky Valerie Edle von, in St. Pölten	detto
Hauer Henriette in Wien	Gesang
Scholz Anton in Wien	Gesang, Clavier- und Orgelspiel
Ritter Lorenz in Mariazell	Orgelspiel
Zaschel Josef in Steinfeld bei Felixdorf	Clavierspiel
Mayr Anton in Wien	Violinspiel

Name und Stellung	Fächer
Steinwendner Victor in Brünn	Gesang
Reiter Josef in Braunau	Gesang, Clavier- und Orgelspiel
Tritremmel Ferdinand in Wiener-Neustadt	Gesang
Lang Franz, Realschulprofessor in Brünn	detto
Heybal Wenzel in Krems	Clavier- und Orgelspiel (Erweiterungsprüfung)
Lux Karl in Wien	Violinspiel
Wimmer Anton in Wiener-Neustadt	Violinspiel
Bartsch Gregor, Oberlehrer in Meidling	Gesang
Scheu Theresia, in St. Gotthard in Ungarn	Clavierspiel
Fanto Cölestine in Wien	detto
Fuchs Karl in Weikersdorf	Violinspiel
Stern Regina in Wien	Clavierspiel
Schwinger Josefine in Wien	detto
Knies Elisabeth in Wien	detto
Kreisch Henriette in Wien	detto
Kraussler Gabriele in Wien	detto
Raffelsberger Helene in Wien	detto
Baranoff Barbara in Helsingfors, Finnland	Gesang

Name und Stellung	Fächer
Böhm Louise in Wien	Clavierspiel
Jordan Hermine Edle von, in Wien	detto
Dorner Friederike in Wien	detto
Pollak Hermine in Wien	detto
Keip Karoline in Neulerchenfeld	detto
Cservenka Marie in Wien	detto
Hein Josef, Communallehrer in Wien	Gesang und Violinspiel
Mayer Bertha in Wien	Clavierspiel
Asztalos Albertine von, in Wien	Gesang
Hofmann Ida in Wien	Clavierspiel

Nachtrag zu dem (Stück XVII des Verordnungsblattes) veröffentlichten Verzeichnisse der von der k. k. Prüfungscommission für das Lehramt an Gymnasien und Realschulen in Innsbruck im Studienjahre 1883/84 approbierten Lehramtscandidaten.

Buchner Georg, Lehramtscandidat in Innsbruck ist aus Latein und Griechisch für das ganze Gymnasium mit deutscher Unterrichtssprache approbiert worden.

Der Minister für Cultus und Unterricht hat das Öffentlichkeitsrecht ertheilt:

der Privat-Mädchen-Volksschule der Schulschwestern zu Repnje in Krain,
(Ministerial-Erlass vom 2. October 1884, Z. 18796).

der evangelischen Privat-Volksschule in Meran,
(Ministerial-Erlass vom 2. October 1884, Z. 18554.)

der Privat-Volksschule (Werksschule) der Kaiser Ferdinands-Nordbahn zu Michalkowitz in Schlesien
(Ministerial-Erlass vom 22. September 1884, Z. 17972) und

der aus der Natale Boscovié'schen Stiftung erhaltenen griechisch-orientalischen Privat-Mädchen-Volksschule in Ragusa.
(Ministerial-Erlass vom 23. September 1884, Z. 17856.)

Palma Baccilieri, zuletzt provisorische Lehrerin zu Lon in Tirol wurde vom Schuldienste entlassen.
(Ministerial-Erlass vom 1. October 1884, Z. 18779.)

In Commission des k. k. Schulbücherverlages in Wien (I., Johannesgasse Nr. 4) sind soeben erschienen und durch denselben zu beziehen:

Instructionen für den Unterricht an den Gymnasien
in Österreich.

**Einzige, vom k. k. Ministerium für Cultus und Unterricht
autorisierte Ausgabe.**

Inhalt: Verordnung vom 26. Mai 1884, Z. 10128, durch welche der Lehrplan der
Gymnasien in mehreren Punkten abgeändert wird. — Lehrplan. — Instructionen
für den Unterricht in den einzelnen Disciplinen. *A.* Die classischen Sprachen.
B. Deutsche Sprache. *C.* Geographie. *D.* Geschichte. *E.* Mathematik. *F.* Naturgeschichte. *G.* Physik. *H.* Philosophische Propädeutik. *I.* Zeichnen.

Preis eines Exemplars, XXVI und 316 Seiten in Lexicon-Octav, broschiert, 1 fl. 50 kr.

NORMALIEN
für die
Gymnasien und Realschulen in Österreich. *)

Im Auftrage und mit Benützung der amtlichen Quellen des k. k. Ministeriums für Cultus und
Unterricht redigiert von

Dr. Edmund Edlen von Marenzeller,
k. k. Ministerial-Concipisten.

I. Theil. II. Band. (Im Anschlusse an den I. Band (siehe Ministerial-Verordnungsblatt
vom Jahre 1884, Seite 148) Seite 381—830 sammt dem chronologischen Normalien-
Register und dem alphabetischen Sach-Register.

Preis dieses II. Bandes, broschiert, 2 fl. 20 kr.

*) Ministerial-Verordnungsblatt vom Jahre 1884, Seite 148.

Handbuch der Reichsgesetze und Ministerial-Verordnungen
für das Volksschulwesen
in den im Reichsrathe vertretenen Königreichen und Ländern.
Vierte, neu redigierte Auflage.

Wien 1884. Preis eines Exemplars, XXVIII und 468 Seiten, steif gebunden, 1 fl. 30 kr.

Verlag des k. k. Ministeriums für Cultus und Unterricht. — Druck von Karl Gorischek in Wien.

Jahrgang 1884.   Stück XXI.

Verordnungsblatt
für den Dienstbereich des
Ministeriums für Cultus und Unterricht.

Redigiert im k. k. Ministerium für Cultus und Unterricht.

Ausgegeben am 1. November 1884.

Nr. 34.
Gesetz vom 26. September 1884 *),

wirksam für die Markgrafschaft Mähren, womit die §§. 2, 5, 13, 16, 17, 18, 21, 33, 41, 57 und 62 des Gesetzes vom 24. Jänner 1870 **), L.-G.-Bl. Nr. 18, für die Markgrafschaft Mähren, zur Regelung der Rechtsverhältnisse des Lehrerstandes an den öffentlichen Volksschulen der Markgrafschaft Mähren, sowie das Gesetz vom 18. August 1880 ***), L.-G.-Bl. Nr. 33, betreffend die Abänderung des §. 40 des erstbezogenen Gesetzes, abgeändert werden.

Mit Zustimmung des Landtages Meiner Markgrafschaft Mähren finde Ich anzuordnen, wie folgt:

Artikel I.

Die §§. 2, 5, 13, 16, 17, 18, 21, 33, 41, 57 und 62 des Gesetzes vom 24. Jänner 1870, L.-G.-Bl. Nr. 18 für die Markgrafschaft Mähren, zur Regelung der Rechtsverhältnisse des Lehrerstandes an den öffentlichen Volksschulen der Markgrafschaft Mähren, sowie der durch das Gesetz vom 18. August 1880, L.-G.-Bl. Nr. 33, abgeänderte §. 40 des obigen Gesetzes, haben in ihrer bisherigen Fassung außer Wirksamkeit zu treten und künftig zu lauten:

§. 2.

Die Concursausschreibung soll nebst der Bezeichnung der Kategorie und des Dienstortes für jede erledigte Stelle den damit verbundenen Jahresgehalt, sowie die beizubringenden Behelfe namhaft machen und die Bewerber anweisen, ihre Gesuche bei dem betreffenden Bezirksschulrathe einzubringen.

---

*) Kundgemacht am 3. October 1884 im Landesgesetz- und Verordnungsblatt für die Markgrafschaft Mähren XXIV. Stück unter Nr. 77.
**) Ministerial-Verordnungsblatt vom Jahre 1870, Nr. 25, Seite 79.
***) Ministerial-Verordnungsblatt vom Jahre 1880, Nr. 32, Seite 218.

§. 5.

Der Bezirksschulrath hat die Gesuche zu sammeln und nach Ablauf des Concurs-
termines sofort dem Ortsschulrathe zuzumitteln, welcher nach Einvernehmung der
Gemeindevertretung und wenn die Schulgemeinde aus mehreren Ortsgemeinden
besteht, nach Einvernehmung der Vertretungen aller dieser Ortsgemeinden binnen
6 Wochen an den Bezirksschulrath einen Ternavorschlag zur Besetzung der
erledigten Stelle erstattet.

§. 13.

Wird die Präsentation (Ernennung) von dem Landesschulrathe nicht beanständet,
so fertigt er unter Berufung auf dieselbe das Anstellungsdecret aus und erlässt den
Auftrag an den Bezirksschulrath, entweder durch einen Delegierten aus seiner Mitte
oder durch den Vorsitzenden des Ortsschulrathes die Beeidigung des Ernannten und
seine Einführung in den Schuldienst vornehmen zu lassen.

Die mit dem Schuldienste verbundenen Bezüge werden dem Ernannten vom
ersten Tage des auf den Dienstantritt folgenden Monates in anticipativen Monatsraten vom Landesschulrathe flüssig gemacht.

Wird jedoch eine provisorisch angestellte Lehrperson auf ihrem bisherigen
Posten definitiv angestellt, so sind ihr die Bezüge vom ersten Tage des auf die
Ernennung folgenden Monates an flüssig zu machen.　　　. . . . . .

§. 16.

Jede in Gemäßheit der §§. 1—15 vorgenommene Anstellung eines Lehrers oder
eines mit dem Lehrbefähigungszeugnisse versehenen Unterlehrers ist eine definitive;
jedoch muss sich jeder im Lehrfache Angestellte einer Versetzung, welche der Landesschulrath aus Dienstesrücksichten anordnet, fügen, soferne er keinen Entgang an
Bezügen erleidet.

Zu definitiven Versetzungen ist die Zustimmung der im §. 7 angeführten Präsen-
tations- (Ernennungs-) berechtigten Gemeinden und der Präsentations- (Ernennungs-)
berechtigten Privat-Schulpatrone nothwendig.

Beschwerden gegen Versetzungen von Lehrpersonen aus Dienstesrücksichten haben
keine aufschiebende Wirkung. Bei solchen Versetzungen, wenn dieselben nicht strafweise
stattgefunden haben, ist den Lehrpersonen vom Landesschulrathe ein angemessener
Übersiedlungskosten-Beitrag bis zum Höchstbetrage eines Viertels des Jahresgehaltes
(§. 62) aus der Schulbezirkscassa zu erfolgen.

Der Landesschulrath kann mit Zustimmung der im zweiten Absatze erwähnten
Präsentations- (Ernennungs-) Berechtigten den Diensttausch gestatten.

§. 17.

Bei definitiven Versetzungen und bei jedem Diensttausch müssen auch die
Vorschlagsberechtigten vernommen werden.

§. 18.

Über die bloß nach dem Dienstrange sich richtende Vorrückung aus einer minderen Gehaltsstufe in eine höhere, sowie über die Verleihung einer Dienstalterszulage entscheidet nach Anhörung des Bezirksschulrathes der Landesschulrath.

§. 21.

Die gegen Kündigung vorzunehmende Bestellung der Lehrer für nicht obligate Lehrfächer, sowie die gleichfalls gegen Kündigung vorzunehmende Bestellung der Lehrerinnen für weibliche Handarbeiten in den im §. 15, al. 2 und 3 des Gesetzes vom 2. Mai 1883, R.-G.-Bl. Nr. 53, bezeichneten Fällen steht innerhalb des genehmigten Präliminares dem Bezirksschulrathe und im Falle des §. 7, al. 1 des Landesgesetzes vom 21. Jänner 1870, L.-G.-Bl. Nr. 18, der Gemeindevertretung zu; dieselbe kann auch ohne Concursausschreibung erfolgen.

§. 33.

Den Directoren der Bürgerschulen und den Leitern der Volksschulen gebürt eine Functionszulage.

Lehrer an einclassigen Volksschulen, welche in definitiver Anstellung bereits fünf Jahre als Lehrer mit befriedigendem Erfolge wirkten und an deren Schulen sich nach einem dreijährigen Durchschnitte mehr als 40 schulbesuchende Kinder befinden, erhalten eine Functionszulage von '50 fl.

Die Functionszulagen der Oberlehrer an zwei-, drei-, und vierklassigen Volksschulen werden mit 100 fl., der Oberlehrer an fünf- und mehrclassigen Volksschulen, sowie der Directoren an dreiclassigen Bürgerschulen mit 200 fl., und endlich der Directoren von dreiclassigen Bürgerschulen, welche mit einer allgemeinen Volksschule unter gemeinsamer Leitung stehen, mit 300 fl. bemessen.

Diese Functionszulagen sind in gleichen Raten mit dem Jahresgehalte zu bezahlen.

Durch diese Bestimmungen werden die bisher zuerkannten höheren Functionszulagen nicht berührt.

§. 40.

Die Besoldung des weiblichen Lehrpersonales ist jener des männlichen gleich gestellt (§§. 23—38).

§. 41.

Die Lehrer der nicht obligaten Unterrichtsfäher, sowie die Lehrerinnen der weiblichen Handarbeiten in den im §. 15 al. 2 und 3 des Gesetzes vom 2. Mai 1883, R.-G.-Bl. Nr. 53, bezeichneten Fällen erhalten eine fixe Remuneration, welche von dem Landesschulrathe bestimmt wird.

§. 57.

Erscheint die Erhaltung des Suspendierten oder seiner Familie gefährdet, so hat die Landes-Schulbehörde den Betrag der ihm zu verabreichenden Alimentation auszusprechen, welche höchstens zwei Drittheile des zur Zeit der Suspension genossenen Jahresgehaltes (§§. 23, 31, 32, 33) betragen darf.

Erfolgt späterhin eine Schuldloserklärung, so gebürt ihm der Ersatz des zeitweisen Verlustes am Diensteinkommen.

§. 62.

Der anrechenbare Jahresgehalt ist derjenige, welcher unmittelbar vor dem Übertritte in den Ruhestand in definitiver Eigenschaft bezogen wurde.

Die Dienstalterszulage (§. 31), sowie die Functionszulagen der Directoren der Bürgerschulen und der Leiter der Volksschulen (§. 31) sind als Theile dieses Jahresgehaltes zu betrachten.

Artikel II.

Dieses Gesetz tritt mit 1. October 1884 in Wirksamkeit.

Artikel III.

Mit der Durchführung dieses Gesetzes ist der Minister für Cultus und Unterricht beauftragt.

Budapest, am 26. September 1884.

Franz Joseph m./p.

Conrad-Eybesfeld m./p.

Verfügungen, betreffend Lehrbücher und Lehrmittel.

Lehrbücher.

a) Für Volksschulen.

Winckelmann, Bilder für den Anschauungs- und Sprachunterricht. Bild 7: Der Garten. Bild 8: Gebirgslandschaft. Verlag von A. Pichler's Witwe und Sohn in Wien. Preis jeder Tafel, unaufgezogen, 1 fl. 80 kr.

Dieses Werk wird zum Unterrichtsgebrauche an allgemeinen Volksschulen für zulässig erklärt.

(Ministerial-Erlass vom 7. October 1884, Z. 8937.)

b) Für Bürgerschulen.

Macek Wenzel, Krátké poučení o katolických obřadech. Prag 1882. J. Zemann und Comp. Preis eines Exemplars, steif gebunden, 25 kr.

— — Krátký dějepis katolické církve. Prag 1883. J. Zemann und Comp. Preis eines Exemplars, steif gebunden, 30 kr.

Diese zwei Lehrbücher: „Erklärung der Ceremonien" und „Kirchengeschichte" können beim Unterrichte in den Bürgerschulen mit böhmischer

Unterrichtssprache innerhalb der Budweiser Diöcese, nachdem dieselben vom Budweiser bischöflichen Ordinariate für zulässig erklärt worden sind, gebraucht werden. Die Verwendung in anderen Diöcesen ist von der Zulässigkeitserklärung des betreffenden bischöflichen Ordinariats abhängig.

(Ministerial-Erlass vom 4. October 1884, Z. 16916.)

c) Für Mittelschulen.

Hannak, Dr. Emanuel, Lehrbuch der Geschichte des Mittelalters für die unteren Classen der Mittelschulen. 6. verbesserte und gekürzte Auflage. Wien 1885. Alfred Hölder. Preis, broschiert, 54 kr., in Leinwand gebunden, 70 kr.

Diese neue Auflage des genannten Buches wird ebenso, wie die fünfte Auflage desselben *) zum Lehrgebrauche an Mittelschulen mit deutscher Unterrichtssprache zugelassen.

(Ministerial-Erlass vom 17. October 1884, Z. 19990.)

Pokorný, Dr. Alois, Illustrierte Naturgeschichte des Mineralreiches. Für die unteren Classen der Mittelschulen. 12. verbesserte Auflage. Mit 124 Abbildungen. Prag 1885. Tempsky. Preis, 60 kr., gebunden, 70 kr.

Diese neueste Auflage des genannten Buches wird, ebenso wie die eilfte Auflage desselben **), zum Lehrgebrauche in den Unterclassen der Mittelschulen mit deutscher Unterrichtssprache allgemein zugelassen.

(Ministerial-Erlass vom 4. October 1884, Z. 18890.)

Lindner, Dr. Gustav A., Lehrbuch der formalen Logik für höhere Bildungsanstalten. Wien 1885. K. Gerold's Sohn. 6. revidierte Auflage. Preis, 1 fl. 30 kr.,

wird, ebenso wie die fünfte Auflage ***) des genannten Buches zum Lehrgebrauche an Gymnasien mit deutscher Unterrichtssprache zugelassen.

(Ministerial-Erlass vom 16. October 1884, Z. 19602.)

Heinrich Anton, Gabelsberger's Stenographie nach Ahn-Ollendorf's Methode. II. Theil: Die Debattenschrift. 2. Auflage. Laibach. Verlag des Verfassers. Preis, 80 kr.

wird zum Lehrgebrauche an Mittelschulen mit deutscher Unterrichtssprache allgemein zugelassen.

(Ministerial-Erlass vom 17. October 1884, Z. 19750.)

---

*) Ministerial-Verordnungsblatt vom Jahre 1880, Seite 227.
**) Ministerial-Verordnungsblatt vom Jahre 1882, Seite 50.
***) Ministerial-Verordnungsblatt vom Jahre 1880, Seite 271.

Lesebuch zum kurzgefassten Lehrbuche (Preisschrift) der Gabelsberger'schen Stenographie. Nach den Beschlüssen der stenographischen Commission zu Dresden
herausgegeben vom königlich sächsischen stenographischen Institute. Durchgesehen und umgearbeitet von Professor Dr. Heyde und Dr. jur. Raetzsch.
55. Auflage. Dresden 1884. Gustav Dietze. Preis, 2 Mark.

Diese neueste Auflage des genannten Buches wird, ebenso wie die früheren
Auflagen desselben *) zum Lehrgebrauche an Mittelschulen mit deutscher
Unterrichtssprache zugelassen.

(Ministerial-Erlass vom 17. October 1884, Z. 19730.)

Fünfzehn Tage auf der Donau. Jagd-Tagebuch Sr. k. und k. Hoheit des durchlauchtigsten Kronprinzen Erzherzog Rudolf. Mit höchstdessen Bewilligung in steno-
graphischer Übertragung herausgegeben von Josef Fuchs. 2. Auflage. Wien
1884. W. Braumüller.

Auf diese zur Übung in der stenographischen Correspondenzschrift wohl
geeignete stenographische Übertragung des bezeichneten Werkes werden die
Lehrkörper der Mittelschulen mit deutscher Unterrichtssprache aufmerksam
gemacht.

(Ministerial-Erlass vom 11. October 1884, Z. 19383.)

Kauer, Dr. Anton, Elementi di Chimica per le classi inferiori delle scuole medie.
Prima versione italiana sulla settima edizione tedesca di Ernesto Girardi.
Wien 1885. A. Hölder. Preis, 1 fl. 20 kr.

Das genannte Buch wird zum Lehrgebrauche an Realschulen mit italienischer Unterrichtssprache zugelassen.

(Ministerial-Erlass vom 21. October 1884, Z. 19621.)

Guggenberger Valerian, Katolická mravouka pro sedmou třídu gymnasijní. Prag
1884. J. Otto. Preis, 70 kr., gebunden in Leinwand, 90 kr.

Das vorbenannte Lehrbuch wird, die Approbation der bezüglichen kirchlichen Oberbehörden vorausgesetzt, zum Lehrgebrauche an Obergymnasien mit
böhmischer Unterrichtssprache zugelassen.

(Ministerial-Erlass vom 4. October 1884, Z. 18911.)

Hofmann Nikolaus, Chemie mineralná na základě pokusů. Pro vyšší školy reálné.
2., nach der Instruction für Realschulen bearbeitete Auflage. Prag 1885.
Friedrich Tempsky. Preis, 80 kr.

Diese neue Auflage des genannten Buches wird, ebenso wie die erste
Auflage desselben **) zum Lehrgebrauche an Oberrealschulen mit böhmischer
Unterrichtssprache zugelassen.

(Ministerial-Erlass vom 16. October 1884, Z. 19897.)

---

*) Ministerial-Verordnungsblatt vom Jahre 1884, Seite 24.
**) Ministerial-Verordnungsblatt vom Jahre 1878, Seite 202.

In vierter unveränderter, somit nach Ministerial-Erlass vom 28. November 1883, Z. 22083 *) für Mittelschulen mit deutscher Unterrichtssprache allgemein zulässiger Auflage ist erschienen:

Bechtel A d o l f, Übungsbuch zur französischen Grammatik für Mittelschulen. Mittelstufe. (Classe III und IV). Wien 1884. J u l i u s K l i n k h a r d t. Preis, broschiert, 40 kr. (Ministerial-Erlass vom 20. October 1884, Z. 20219.)

— — Französische Chrestomathie für die oberen Classen der Mittelschulen mit sprachlichen und sachlichen Erläuterungen, sowie mit literarischen und biographischen Einleitungen. 3. verbesserte Auflage. Wien 1884. J. K l i n k h a r d t und Comp. Preis, 2 fl.

Diese neue Auflage des genannten Buches wird, ebenso wie die zweite Auflage desselben **), zum Lehrgebrauche in den bezeichneten Classen der Mittelschulen mit deutscher Unterrichtssprache allgemein zugelassen. (Ministerial-Erlass vom 16. October 1884, Z. 19711.)

Kundmachungen.

Der Minister für Cultus und Unterricht hat den Bestand der Reciprocität hinsichtlich der Dienstesbehandlung des von der Stadtgemeinde G a y a angestellten und besoldeten Lehrpersonales a m C o m m u n a l - U n t e r g y m n a s i u m i n G a y a und jener des Lehrpersonales an Staats-Mittelschulen im Sinne des §. 11 des Gesetzes vom 9. April 1870 (R.-G.-Bl. Nr. 46) anerkannt. (Ministerial-Erlass vom 18. October 1884, Z. 18968.)

Der Minister für Cultus und Unterricht hat den v o m G y m n a s i u m z u S a r a j e w o a u s g e s t e l l t e n S e m e s t r a l - Z e u g n i s s e n d i e G i l t i g k e i t für die im Reichsrathe vertretenen Königreiche und Länder z u e r k a n n t. (Ministerial-Erlass vom 11. October 1884, Z. 16831.)

Der Minister für Cultus und Unterricht hat d a s Ö f f e n t l i c h k e i t s r e c h t ertheilt:

der deutschen Privat-Volksschule der israelitischen Cultusgemeinde zu B r e n n - P o r i t s c h e n in Böhmen, (Ministerial-Erlass vom 8. October 1884, Z. 19109) und

der Privat-Mädchen-Volksschule der Schwestern vom heiligen Kreuze zu B r u c k a n d e r M u r in Steiermark. (Ministerial-Erlass vom 8. October 1884, Z. 19069.)

---

*) Ministerial-Verordnungsblatt vom Jahre 1883, Seite 286.
**) Ministerial-Verordnungsblatt vom Jahre 1881, Seite 190.

Vom Schuldienste wurden entlassen:

Franz **Řehák**, zuletzt Bürgerschullehrer zu Hlinsko in Böhmen,
(Ministerial-Erlass vom 13. October 1884, Z. 19425.)

Peter **Niedzwiedzki**, zuletzt Leiter der Volksschule zu Rudki in Galizien
(Ministerial-Erlass vom 21. October 1884, Z. 11879) und

Mathias **Kozak**, zuletzt Volksschullehrer zu Dmytrów in Galizien
(Ministerial-Erlass vom 21. October 1884, Z. 11545.)

NORMALIEN

für die

Gymnasien und Realschulen in Österreich. *)

Im Auftrage und mit Benützung der amtlichen Quellen des k. k. Ministeriums für Cultus und
Unterricht redigiert von

Dr. Edmund Edlen von Marenzeller,

k. k. Ministerial-Concipisten.

I. Theil. II. Band. (Im Anschlusse an den I. Band (siehe Ministerial-Verordnungsblatt
vom Jahre 1884, Seite 148) Seite 381—830 sammt dem chronologischen Normalien-
Register und dem alphabetischen Sach-Register.

Preis dieses II. Bandes, broschiert, 2 fl. 20 kr.

*) Ministerial-Verordnungsblatt vom Jahre 1884, Seite 148.

Verlag des k. k. Ministeriums für Cultus und Unterricht. — Druck von Karl Gorischek in Wien.

Jahrgang 1884.   Stück XXII.

Verordnungsblatt
für den Dienstbereich des
Ministeriums für Cultus und Unterricht.

Redigiert im k. k. Ministerium für Cultus und Unterricht.

Ausgegeben am 15. November 1884.

Verfügungen, betreffend Lehrbücher und Lehrmittel.

Lehrbücher.

Für Mittelschulen.

Fischer, Dr. Franz, Geschichte der göttlichen Offenbarung des neuen Bundes für Gymnasien und andere höhere Lehranstalten. 5. durchgesehene und zum Theil verbesserte Auflage. Mit 2 lithographierten Karten. Wien 1885. Mayer und Comp. Preis, 1 fl.

Diese neue Auflage des genannten Buches wird, die Approbation der competenten kirchlichen Oberbehörden vorausgesetzt, ebenso wie die vierte Auflage desselben *), zum Lehrgebrauche an Mittelschulen mit deutscher Unterrichtssprache zugelassen.

(Ministerial-Erlass vom 26. October 1884, Z. 20473.)

Albrecht, Dr. Karl, Lehrbuch der Gabelsberger'schen Stenographie für Schul-, Privat- und Selbstunterricht. Hamburg. Haendcke und Lehmkuhl.

    I. Cursus: Vollständig praktischer Lehrgang. 42. Auflage. 1884. Preis, 1 Mark 60 Pf.

    II. Cursus: Wissenschaftliche Darstellung des Lehrgebäudes. 9. Auflage. 1882. Preis, 2 Mark 40 Pf.

Diese neuen Auflagen der genannten zwei Bücher werden, ebenso wie die früheren Auflagen derselben **), zum Lehrgebrauche an Mittelschulen mit deutscher Unterrichtssprache zugelassen.

(Ministerial-Erlass vom 7. November 1884, Z. 21449.)

---

*) Ministerial-Verordnungsblatt vom Jahre 1880, Seite 226.
**) Ministerial-Verordnungsblatt vom Jahre 1881, Seite 23 und vom Jahre 1882, Seite 196.

Mourek, Dr. V. E., Cvičebná kniha ku překládání z jazyka českého na jazyk německý pro vyšší třídy středních škol. Část II. pro třídu 7. a 8. Budweis 1884. R. Benninger. Preis, 70 kr.,

> wird zum Lehrgebrauche in den bezeichneten Classen der Gymnasien mit böhmischer Unterrichtssprache allgemein zugelassen.

> (Ministerial-Erlass vom 7. November 1884, Z. 21363.)

Lehrmittel.

Die vom k. k. militär-geographischen Institute in Wien herausgegebene Übersichtskarte der k. und k. österreichisch-ungarischen Monarchie *), nunmehr durch Berücksichtigung der Nachbarländer namhaft erweitert, erscheint unter dem Titel: „Neue Übersichtskarte von Central-Europa" im Maßstabe 1 : 750.000 in R. Lechner's Hof- und Universitäts-Buchhandlung in Wien (I., Graben Nr. 31), in 45 Blättern, von denen bisher 26 à 1 fl. veröffentlicht worden sind.

Die Directionen und Lehrkörper der Mittelschulen werden auf dieses neue Kartenwerk behufs Anschaffung desselben für die Bibliothek der Anstalt aufmerksam gemacht.

> (Ministerial-Erlass vom 3. November 1884, Z. 21099.)

Hrachowina Karl, Initialen, Alphabete und Randleisten verschiedener Kunstepochen. K. k. österreichisches Museum für Kunst und Industrie. 55 Blatt Folio. Wien. Verlag von Karl Gräser. Preis, in Mappe, 14 fl.

Dieses Werk wird für den Fachzeichenunterricht an den gewerblichen Fortbildungsschulen allgemein zugelassen.

> (Ministerial-Erlass vom 25. October 1884, Z. 17571.)

Mell Karl, Vorlageblätter für Decorations- und Schriftenmaler. Reich verzierte Initialen im Character der italienischen Renaissance. Publikationen des k. k. österreichischen Museums für Kunst und Industrie. 26 Tafeln. Wien 1885. Alfred Hölder. Preis, 6 fl.

Dieses Werk wird für den Unterricht an den gewerblichen Fortbildungsschulen allgemein zugelassen.

> (Ministerial-Erlass vom 20. October 1884, Z. 20084.)

----

*) Ministerial-Verordnungsblatt vom Jahre 1882, Seite 216.

Kundmachungen.

Verzeichnis der von der k. k. Prüfungscommission für das Lehramt an Gymnasien und Realschulen in Krakau

im Studienjahre 1883/84

approbierten Lehramtscandidaten.

Name	Lehrfach	Unterrichts- sprache
Jaglarz Johann	Latein und Griechisch für das ganze Gymnasium	polnisch
P. **Stopka** Hyacinth S. J.	Latein für das ganze, Griechisch für das Untergymnasium	detto
Fic Peter	Latein und Griechisch für das Untergymnasium	detto
Rygiel Johann	detto	detto
Szczudło Josef	detto	detto
Würfl Christoph	Deutsche Sprache für das ganze Gymnasium (Erweiterungsprüfung)	deutsch
Pizło Josef	Deutsche Sprache für das Untergymnasium (Erweiterungsprüfung)	detto
Stefczyk Franz	Geographie und Geschichte für das ganze Gymnasium	polnisch
Klemensiewicz Robert	detto	detto
Lech Ladislaus	Geographie und Geschichte für das Untergymnasium	detto
Dr. **Limbach** Josef	Naturgeschichte für das ganze Gymnasium (Ergänzungsprüfung)	detto
Zwoliński Mathias	Mathematik und Physik für das Obergymnasium (Ergänzungsprüfung)	detto
Jaglarz Andreas	Physik für das Obergymnasium (Ergänzungsprüfung)	polnisch u. deutsch

Der im Jahre 1883 verstorbene Realitätenbesitzer M a t h i a s **Calligarich** in M i t t e r b u r g hat letztwillig ein Capital von 8000 fl. z u r G r ü n d u n g e i n e r S t i p e n d i e n - S t i f t u n g mit vier Stipendien à 100 fl. gewidmet.

Zum Genusse dieser Stiftung sind Schüler, welche aus den Steuergemeinden M i t t e r b u r g und Z a m a s c o stammen, von der 3. Volksschulclasse an bis zur Studienvollendung, einschließlich des Rigorosenjahres, berufen.

Diese Stiftung ist mit dem Genehmigungstage des Stiftbriefes ins Leben getreten.
(Stiftbrief vom 24. October 1884. — Ministerial-Act Z. 21168.)

Das im Jahre 1879 in O l m ü t z verstorbene Fräulein E l e o n o r a **Stumm** hat letztwillig ein Capital per 3000 fl. z u r G r ü n d u n g v o n S t i p e n d i e n für die Oberrealschule, die Communal-Knaben-Volks- und Bürgerschule, endlich für die Communal-Töchterschule in O l m ü t z gewidmet, und zwar so, dass auf jede dieser Schulen ein Stiftungscapital von 1000 fl. entfalle.

Zum Genusse der Stipendien sind vor allem dürftige Bürgerssöhne und Bürgerstöchter von O l m ü t z berufen.

Das Verleihungsrecht hat die Olmützer Stadtvertretung auszuüben.

Die Stiftung ist mit einem Nominalcapitale von 1400 fl. für jede der drei Schulen activiert worden.
(Stiftbrief vom 14. October 1884. — Ministerial-Act Z. 20551.)

In Folge Allerhöchster Genehmigung vom 23. Juli 1883 sind die Communal-Gymnasien zu K o l i n und P ř i b r a m, ferner die Communal-Unterrealschule zu J i č i n am 1. September 1884 in die V e r w a l t u n g d e s S t a a t e s übernommen worden.
(Ministerial-Act vom 29. October 1884, Z. 14041.)

Der Minister für Cultus und Unterricht hat d a s Ö f f e n t l i c h k e i t s r e c h t e r t h'e i l t :

der vierclassigen Privat-Mädchen-Volksschule des Dominikanerinnen-Conventes in L i e n z
(Ministerial-Erlass vom 22. October 1884, Z. 19822.)

den von dem Vereine „Ustřední matice školská" in P r a g erhaltenen böhmischen Privat-Volksschulen zu I g l a u und L i t t a u in Mähren,
(Ministerial-Erlass vom 2. November 1884, Z. 19839) und

der Privat-Volksschule des deutschen Schulvereines zu F r e i b e r g in Mähren.
(Ministerial-Erlass vom 4. November 1884, Z. 21107.)

Verlag des k. k. Ministeriums für Cultus und Unterricht. — Druck von Karl Gorischek in Wien.

Jahrgang 1884.　　　　　　　　　　　　　　　**Stück XXIII.**

Verordnungsblatt
für den Dienstbereich des
Ministeriums für Cultus und Unterricht.

Redigiert im k. k. Ministerium für Cultus und Unterricht.

Ausgegeben am 1. December 1884.

Kundmachung.

Mit 1. Jänner 1885 beginnt der siebzehnte Jahrgang des Verordnungsblattes für den Dienstbereich des Ministeriums für Cultus und Unterricht, dessen Inhalt die einschlägigen Gesetze, Verordnungen, Erlässe, Kundmachungen, ferner Verfügungen betreffend Lehrbücher und Lehrmittel, Personalnachrichten und schließlich Concurs-Ausschreibungen zum Zwecke der Besetzung von Dienststellen bilden.

Zum Abnehmen desselben sind die Landesschulbehörden beziehungsweise Statthaltereien und Landesregierungen, die Bezirksschulbehörden beziehungsweise Bezirkshauptmannschaften, die Universitäten, die außer dem Verbande mit letzteren stehenden theologischen Facultäten, die höheren Fachschulen, insoweit sie dem Unterrichtsministerium unterstehen, die Universitäts- und Studienbibliotheken, die sonstigen dem genannten Ministerium unterstehenden Institute, ferner die Mittelschulen und die Lehrer- und Lehrerinnen-Bildungsanstalten verpflichtet.

Für die Behörden und die Lehrkörper jener Lehranstalten, welche aus Staatsmitteln oder aus öffentlichen Fonden erhalten werden, ist eine Verfügung des Ministeriums für Cultus und Unterricht, sobald sie in das Verordnungsblatt aufgenommen und ihnen dieses zugestellt worden ist, als intimiert anzusehen.

Ein vollständiges Exemplar desselben kostet loco Wien für das Jahr 1885 2 fl. 30 kr., nach auswärts mit Postzusendung 2 fl. 50 kr.

Die Pränumerationen werden von der k. k. Schulbücher-Verlags-Direction (I., Johannesgasse 4) entgegen genommen, wohin die frankierten und mit dem Pränumerationsbetrage versehenen Briefe beziehungsweise Postanweisungen, unmittelbar zu richten sind.

Nr. 35.

Verordnung des Ministers für Cultus und Unterricht vom 9. November 1884, Z. 20538,

betreffend die Lehrbefähigungszeugnisse für Volksschulen der für Mittelschulen befähigten Candidaten.

In Durchführung des §. 41 des Gesetzes vom 2. Mai 1883 *), R.-G.-Bl. Nr. 53 und mit Beziehung auf Artikel IX der hierortigen Verordnung vom 8. Juni 1883, Z. 10618 **) ordne ich an:

Die Anstellungsclausel in den Lehrbefähigungszeugnissen der für Mittelschulen befähigten Volksschullehramts-Candidaten, welche die Lehrbefähigung nur für Bürgerschulen erworben haben, hat zu lauten:

„Derselbe kann erst nach einer mindestens einjährigen zufriedenstellenden Verwendung an einer öffentlichen oder mit dem Öffentlichkeitsrechte versehenen Privat-Bürgerschule definitiv an Bürgerschulen angestellt werden."

Bei jenen Candidaten der bezeichneten Art, welche die Lehrbefähigung für allgemeine Volksschulen erworben haben, hat die Clausel dagegen zu lauten:

„Derselbe kann erst nach einer mindestens einjährigen zufriedenstellenden Verwendung an einer öffentlichen allgemeinen Volksschule oder an einer mit dem Öffentlichkeitsrechte versehenen Privat-Volksschule dieser Kategorie definitiv an allgemeinen Volksschulen angestellt werden."

Nr. 36.

Verordnung des Ministers für Cultus und Unterricht vom 15. November 1884, Z. 19830,

betreffend die Abänderung des §. 34 der Ministerialverordnung vom 1. Juni 1876, Z. 6208 *), mit welcher eine Instruction für die Abhaltung der von Studierenden der griechisch-orientalischen Theologie an der k. k. Universität in Czernowitz abzulegenden Prüfungen erlassen wurde.**

Der §. 34 der Ministerial-Verordnung vom 1. Juni 1876, Z. 6208 wird abgeändert und hat künftighin zu lauten wie folgt:

§. 34. Der Candidat ist approbiert, wenn die absolute Mehrheit der Mitglieder der Prüfungscommission einschließlich des Vorsitzenden, dessen Stimme stets mitzählt, sich für die Approbation ausgesprochen hat.

Über die Frage, ob einem Candidaten der Calcul „ausgezeichnet" aus einzelnen oder aus allen Gegenständen zuzuerkennen sei, kann erst berathen werden, wenn die einstimmige Approbation des Candidaten feststeht. Über die Art des Calculs

*) Ministerial-Verordnungsblatt vom Jahre 1883, Nr. 15, Seite 117.
**) Ministerial-Verordnungsblatt vom Jahre 1883, Nr. 17, Seite 173.
***) Ministerial-Verordnungsblatt vom Jahre 1876, Nr. 21, Seite 87.

aus den einzelnen Gegenständen wird ebenso wie über Approbation und Reprobation, abgestimmt.

Bei allen sonst sich ergebenden Fragen, wie z. B. hinsichtlich der Zeit, auf welche die Reprobation auszusprechen ist, gibt die Stimme des Vorsitzenden bei gleichgetheilten Stimmen den Ausschlag.

Nr. 37.
Verordnung des Ministers für Cultus und Unterricht vom 15. November 1884, Z. 22255,
betreffend die Höhe des Schulgeldes an den Staats-Mittelschulen, mit Ausnahme jener in Wien.

Auf Grund des §. 9 des Gesetzes vom 9. April 1870 *), R.-G.-Bl. Nr. 46) wird in theilweiser Abänderung des §. 4 der Ministerial-Verordnung vom 19. April 1870, Z. 3603 **) (R.-G.-Bl. Nr. 63), das Schulgeld an sämmtlichen Staats-Mittelschulen, mit Ausnahme derer in Wien vom Schuljahre 1885/86 ab, mit zwanzig (20) Gulden für die vier unteren und mit vierundzwanzig (24) Gulden für die höheren Classen festgesetzt.

Conrad-Eybesfeld m./p.

Nr. 38.
Verordnung des Ministers für Cultus und Unterricht vom 22. November 1884, Z. 18180,
in Betreff der Classifikation der Schüler an Volksschulen.

Mit Beziehung auf Punkt 3 der hieramtlichen Verordnung vom 12. Februar 1884, Z. 23122 ***) ordne ich in weiterer Abänderung des §. 20 der Schul- und Unterrichtsordnung vom 20. August 1870, Z. 7648 ****), und der im Formulare †) zum hieramtlichen Erlasse vom 2. April 1873, Z. 14802 ††) enthaltenen Noten-Scala Folgendes an :

In den Amtsschriften an allgemeinen Volksschulen und an Bürgerschulen ist das sittliche Betragen der Schüler mit den Worten : „vollkommen entsprechend, entsprechend, minder entsprechend, nicht entsprechend" ; der Fortgang derselben mit : „sehr gut, gut, genügend, kaum genügend, ungenügend" ; und der Fleiß derselben mit : „ausdauernd, befriedigend, ungleichmäßig, gering", zu bezeichnen.

Als selbstverständlich wird bemerkt, dass in den Zeugnissen, Katalogen, überhaupt in sämmtlichen Amtsschriften an Volksschulen für die einzelnen Unterrichtsgegenstände die im Gesetze vom 2. Mai 1883 †††), R.-G.-Bl. Nr. 53 festgestellten Bezeichnungen in allen Fällen zu gebrauchen sind.

---

*) Ministerial-Verordnungsblatt vom Jahre 1870, Nr. 71, Seite 258.
**) Ministerial-Verordnungsblatt vom Jahre 1870, Nr. 72, Seite 259.
***) Ministerial-Verordnungsblatt vom Jahre 1884, Nr. 4, Seite 58.
****) Ministerial-Verordnungsblatt vom Jahre 1870, Nr. 119, Seite 504.
†) Beilage zu Stück VIII des Ministerial-Verordnungsblattes aus dem Jahre 1873.
††) Ministerial-Verordnungsblatt vom Jahre 1873, Nr. 50, Seite 183.
†††) Ministerial-Verordnungsblatt vom Jahre 1883, Nr. 15, Seite 117.

Verfügungen, betreffend Lehrbücher und Lehrmittel.

Lehrbücher.

, Für Mittelschulen.

Pokorny, Dr. A., Storia illustrata del regno animale ad uso delle scuole medie, con 521 incisioni. Turin und Wien 1885. Hermann Loescher. Preis, broschiert, 1 fl. 40 kr.,

> wird zum Lehrgebrauche an Mittelschulen mit italienischer Unterrichtssprache allgemein zugelassen.
>
> (Ministerial-Erlass vom 11. November 1884, Z. 20569.)

Král Josef, Tragoedie Sofokleovy ku potřebě školní poznámkami opatřil. I. Antigona. Prag 1881. Verlag des Vereines böhmischer Philologen. Preis beim Verleger 40 kr., im Buchhandel 50 kr.

> Dieser Lehrtext wird zum Lehrgebrauche in der VII. und VIII. Classe der Gymnasien mit böhmischer Unterrichtssprache allgemein zugelassen.
>
> (Ministerial-Erlass vom 5. September 1881, Z. 13458.)

Lehrmittel.

Haardt, Vincenz v., Školní nástěnná mapa Evropy. Názvoslovím českým opatřil Jos. Jireček.

—   —   Nástěnná mapa hor a řek Evropy. Názvoslovím českým opatřil Jos. Jireček.

—   —   Školní nástěnná mapa Ameriky. České názvosloví upravil Jos. Jireček. Wien. Eduard Hölzel. Preis einer jeden der ersten zwei Karten, roh, 4 fl., gespannt in Mappe, 6 fl. 50 kr., gespannt mit Stäben, 7 fl. 50 kr.; Preis der dritten Karte, roh, 5 fl., gespannt in Mappe, 7 fl. 50 kr., gespannt mit Stäben, 8 fl. 50 kr.

> Diese Wandkarten werden zum Unterrichtsgebrauche an Mittelschulen mit böhmischer Unterrichtssprache zugelassen.
>
> (Ministerial-Erlass vom 14. November 1884, Z. 21931.)

Kundmachungen.

Seine k. und k. Apostolische Majestät haben mit Allerhöchster Entschließung vom 25. Juli d. J. das Justizministerium a. g. zu ermächtigen geruht, vom 1. Jänner 1885 an ein

Verordnungsblatt des Justizministeriums

zur Kundmachung der Verordnungen desselben, insoweit sie allgemeiner und nicht vertraulicher Natur sind und ihre Publication nicht im Reichsgesetzblatte erfolgt, und zwar mit der Bestimmung herauszugeben, dass eine Verordnung des Justizministeriums, welche in das Verordnungsblatt desselben aufgenommen ist, mit der Zustellung des Verordnungsblattes an eine Justizbehörde dieser als intimiert zu betrachten ist.

Das Verordnungsblatt des Justizministeriums bezweckt zunächst den dienstlichen Verkehr des Justizministeriums mit den ihm unterstehenden Justizbehörden zu erleichtern und zu vereinfachen.

In das Verordnungsblatt des Justizministeriums soll nebst den Verordnungen desselben auch eine Reihe von Mittheilungen aufgenommen werden, welche sich hierzu besonders eignen und für die Justizbehörden ein dienstliches Interesse bieten.

Als solche Mittheilungen sind in Aussicht genommen:

1. Übersichtsanzeigen der durch das Reichsgesetzblatt kundgemachten Gesetze und Verordnungen, welche sich auf die Justiz beziehen;

2. Mittheilungen über wichtige Änderungen in den organischen Einrichtungen der Justizverwaltung, soweit sie nicht ohnehin in der Form eines Gesetzes oder einer Verordnung des Justizministeriums im Reichsgesetzblatte bekannt gegeben werden;

3. Mittheilungen über Vorkommnisse und Verfügungen, welche den internationalen Rechtsverkehr betreffen;

4. Mittheilungen über Entscheidungen und Erläuterungen des Justizministeriums in einzelnen Fällen;

5. statistische Notizen, welche sich auf die österreichische Justizverwaltung beziehen;

6. Notizen über den Fortschritt der parlamentarischen Verhandlungen von Justizvorlagen;

7. sonstige Mittheilungen, deren Bekanntgabe das Justizministerium für den Justizdienst förderlich erachtet;

8. Personalnachrichten (Erlangung und Erlöschung des Amtes, Versetzungen, Auszeichnungen u. s. w.) in Beziehung auf alle Justizbeamte, Advocaten und Notare.

Die durch das Verordnungsblatt des Justizministeriums kundzumachenden Verordnungen werden in dasselbe unter fortlaufenden, mit Ende eines jeden Jahres abzuschließenden Zahlen aufgenommen.

Jeder Jahrgang des Verordnungsblattes erhält ein chronologisches, ein Sach- und ein Personenregister.

In einer Beilage des Verordnungsblattes werden die Entscheidungen des k. k. obersten Gerichts- und Cassationshofes in Civil- und Strafsachen, welche dasselbe amtlich veröffentlicht, publiciert.

Diese Beilage wird selbständig mit fortlaufender Seitenzahl versehen und jahrweise abgeschlossen, am Ende eines jeden Jahres einen selbständigen Band bilden, dem ein besonderes Titelblatt, ein chronologisches und ein Sachregister beigegeben wird.

Verordnungsblatt und Beilage werden in deutscher Sprache mit lateinischen Schriftzeichen nach Bedarf und vorhandenem Stoffe, in der Regel alle 14 Tage erscheinen.

Um den Umstande Rechnung zu tragen, dass ein Theil der Justizorgane in Dalmatien und Tirol der deutschen Sprache nur unvollkommen mächtig ist, wird den für Dalmatien bestimmten Exemplaren des Verordnungsblattes eine im Justizministerium angefertigte italienische Übersetzung der auf Dalmatien sich beziehenden Verordnungen und einer Anzahl von für Tirol bestimmten Exemplaren des Verordnungsblattes eine italienische Übersetzung der auf Tirol sich beziehenden Verordnungen beigegeben.

Das Verordnungsblatt des Justizministeriums und seine Beilage, dann die erwähnten italienischen Übersetzungen können im Wege der Jahrespränumeration von Jedermann bezogen werden.

Der Pränumerationspreis für ein Exemplar des Verordnungsblattes des Justizministeriums und seiner Beilage zusammen beträgt mit portofreier Zusendung oder zum Abholen zwei Gulden.

Die Pränumerationen werden von der k. k. Hof- und Staatsdruckerei, welche den Verlag des Verordnungsblattes des Justizministeriums übernommen hat, mündlich oder schriftlich entgegengenommen. Abgängige oder mangelhaft zugekommene Stücke des Verordnungsblattes und seiner Beilage sind längstens binnen vier Wochen zu reclamieren. Nach Ablauf dieser Frist werden einzelne Exemplare nur gegen Entrichtung des Preises von zehn Kreuzern erfolgt. Um diesen Preis können auch einzelne Stücke des Verordnungsblattes und seiner Beilage, soweit der Vorrath reicht, aus dem Verlage der k. k. Hof- und Staatsdruckerei bezogen werden.

Nach Ablauf des Jahres tritt für das Verordnungsblatt des Justizministeriums und seiner Beilage ein erhöhter Ladenpreis ein, welcher seinerzeit bestimmt und bekannt gegeben wird.

Die Direction der k. k. Hof- und Staatsdruckerei hat sich auch bereit erklärt, die erwähnten italienischen Übersetzungen allerdings nicht abgesondert, sondern nur zusammen mit dem Verordnungsblatte im Pränumerationswege abzugeben. Der Pränumerationspreis erhöht sich bei dem Bezuge der italienischen Übersetzung um fünfzig Kreuzer und beträgt für das Verordnungsblatt und dessen Beilage, nebst der erwähnten italienischen Übersetzung zwei Gulden fünfzig Kreuzer. Der Einzelpreis des Verordnungsblattes erhöht sich bei Abgabe der italienischen Übersetzung auf fünfzehn Kreuzer.

Die dem Ministerium für Cultus und Unterricht unterstehenden Behörden und Anstalten werden hiemit über Ersuchen des Justizministeriums auf das Erscheinen dieses Verordnungsblattes aufmerksam gemacht und zur Pränumeration auf dasselbe eingeladen.

Präsidial-Erlass vom 23. November 1884, Z. $\frac{1007}{\text{C. U. M.}}$

Der Minister für Cultus und Unterricht hat dem fürsterzbischöflichen Privat-Gymnasium (Borromaeum) in Salzburg das Öffentlichkeitsrecht und das Recht zur Abhaltung von Maturitätsprüfungen, somit das Recht zur Ausstellung staatsgiltiger Gymnasial- und Maturitätszeugnisse auf solange, als den gesetzlichen Bedingungen an dieser Anstalt entsprochen wird, verliehen.

(Ministerial-Erlass vom 9. November 1884, Z. 21500.)

Vom Schuldienste wurden entlassen:

Josef **Dejori**, zuletzt Unterlehrer zu Welschnofen in Tirol und
(Ministerial-Erlass vom 18. November 1884, Z. 21979.)

Johann **Slanský**, zuletzt Lehrer an der Volksschule zu Kožichowitz in Mähren
(Ministerial-Erlass vom 19. November 1884, Z. 22116).

Diesem Stücke liegt bei: das „**Verzeichnis der in den Programmen der österreichischen Gymnasien, Realgymnasien und Realschulen für das Schuljahr 1883/84 veröffentlichten Abhandlungen.**"

Verlag des k. k. Ministeriums für Cultus und Unterricht. — Druck von Karl Gorischek in Wien.

Jahrgang 1884.   Stück XXIV.

Verordnungsblatt

für den Dienstbereich des

Ministeriums für Cultus und Unterricht.

Redigiert im k. k. Ministerium für Cultus und Unterricht.

Ausgegeben am 15. December 1884.

Inhalt. Nr. 89. Verordnung des Ministers für Cultus und Unterricht vom 26. November 1884, mit
welcher im Einvernehmen mit dem k. k. Finanzministerium die von den Candidaten der
theoretischen Staatsprüfungen zu entrichtenden Prüfungstaxen erhöht werden. Seite 324.

Kundmachung.

Mit 1. Jänner 1885 beginnt der siebzehnte Jahrgang des Verordnungsblattes
für den Dienstbereich des Ministeriums für Cultus und Unterricht, dessen
Inhalt die einschlägigen Gesetze, Verordnungen, Erlässe, Kundmachungen,
ferner Verfügungen betreffend Lehrbücher und Lehrmittel, Personalnachrichten
und schließlich Concurs-Ausschreibungen zum Zwecke der Besetzung von
Dienststellen bilden.

Zum Abnehmen desselben sind die Landesschulbehörden beziehungsweise Statthaltereien und Landesregierungen, die Bezirksschulbehörden
beziehungsweise Bezirkshauptmannschaften, die Universitäten, die außer dem
Verbande mit letzteren stehenden theologischen Facultäten, die höheren
Fachschulen, insoweit sie dem Unterrichtsministerium unterstehen, die
Universitäts- und Studienbibliotheken, die sonstigen dem genannten Ministerium unterstehenden Institute, ferner die Mittelschulen und die Lehrer-
und Lehrerinnen-Bildungsanstalten verpflichtet.

Für die Behörden und die Lehrkörper jener Lehranstalten, welche aus
Staatsmitteln oder aus öffentlichen Fonden erhalten werden, ist eine Verfügung
des Ministeriums für Cultus und Unterricht, sobald sie in das Verordnungsblatt
aufgenommen und ihnen dieses zugestellt worden ist, als intimiert anzusehen.

Ein vollständiges Exemplar desselben kostet loco Wien für das Jahr 1885
2 fl. 30 kr., nach auswärts mit Postzusendung 2 fl. 50 kr.

Die Pränumerationen werden von der k. k. Schulbücher-Verlags-Direction
(I., Johannesgasse 4) entgegen genommen, wohin die frankierten und mit dem
Pränumerationsbetrage versehenen Briefe beziehungsweise Postanweisungen,
unmittelbar zu richten sind.

Nr. 39.

Verordnung des Ministers für Cultus und Unterricht vom 26. November 1884, Z. 21768,

mit welcher im Einvernehmen mit dem k. k. Finanzministerium die von den Candidaten der theoretischen Staatsprüfungen zu entrichtenden Prüfungstaxen erhöht werden.

Im Einvernehmen mit dem k. k. Finanzministerium werden die §§. 2 und 3 der Ministerial-Verordnung vom 10. März 1856 (R.-G.-Bl. Nr. 37), betreffend die von den Candidaten der theoretischen Staatsprüfungen zu entrichtenden Prüfungstaxen, abgeändert und haben künftighin zu lauten, wie folgt:

§. 2.

„Die für die rechtshistorische, judicielle und staatswissenschaftliche Staatsprüfung zu entrichtende Prüfungstaxe wird mit je zwölf (12) Gulden festgesetzt.

§. 3.

Candidaten, welche auf Grund des Ministerial-Erlasses vom 2. October 1855 (R.-G.-Bl. Nr. 172) die Bewilligung des Ministeriums für Cultus und Unterricht erhalten haben, sich ohne vorausgegangenen regelmäßigen Universitätsbesuch als Privatstudierende den theoretischen Staatsprüfungen zu unterziehen, haben für jede Prüfung eine Taxe von Sechsunddreißig (36) Gulden zu entrichten.

Verfügungen, betreffend Lehrbücher und Lehrmittel.

Lehrbücher.

a) Für Bürgerschulen.

Hofer Josef, Grundriss der Naturlehre für Bürgerschulen. I. Stufe. 13. umgearbeitete Auflage. **Karl Gräser**. Wien. Preis, 32 kr.

> Dieses Buch wird zum Lehrgebrauche an Bürgerschulen für zulässig erklärt. (Ministerial-Erlass vom 30. November 1884, Z. 21530.)

Bechtel Adolf, Französische Sprachlehre für Bürgerschulen. I. Stufe. 3. verbesserte Auflage. Wien. **Alfred Hölder**. Preis, 30 kr.

> Dieses Buch wird zum Lehrgebrauche an Bürgerschulen für zulässig erklärt. (Ministerial-Erlass vom 30. November 1884, Z. 22678.)

Močnik, Dr. **Franz R. v.**, Geometria combinata col disegno ad uso delle scuole cittadine. Prag 1884. **Friedrich Tempsky**. Preis, 75 kr.

> Dieses Buch wird zum Unterrichtsgebrauche an Bürgerschulen mit italienischer Unterrichtssprache für zulässig erklärt. (Ministerial-Erlass vom 30. November 1884, Z. 22616.)

b) Für Mittelschulen.

Loserth, Dr. J., Grundriss der allgemeinen Geschichte für Obergymnasien, Ober-realschulen und Handelsakademien. I. Theil: Das Alterthum. 3. verbesserte Auflage. Wien 1885. K. Graeser. Preis, gebunden, 1 fl. 32 kr.

Diese neue Auflage des genannten Buches wird, ebenso wie die zweite Auflage desselben *) zum Lehrgebrauche an Mittelschulen mit deutscher Unter-richtssprache allgemein zugelassen.

(Ministerial-Erlass vom 2. December 1884, Z. 23019.)

Engelhard Karl, Lesebuch für angehende Gabelsberger Stenographen. 2. vermehrte und verbesserte Auflage. Wien 1885. A. Hölder. Preis, 96 kr.

Diese neue Auflage des genannten Buches wird ebenso, wie die erste Auflage desselben **) zum Lehrgebrauche an Mittelschulen mit deutscher Unterrichtssprache zugelassen.

(Ministerial-Erlass vom 26. November 1884, Z. 22562.)

Lehrmittel.

Guttenbrunner Georg, k. k. Lieutenant im Infanterie-Regimente Nr. 91, derzeit in Budweis stationiert, veröffentlicht eine Relief-Karte der Umgebung des Schnee-berges, Semmerings und der Raxalpe im Maßstabe 1 : 75.000, deren Preis im Einzelnverkauf auf 12 fl. bestimmt ist.

Die Lehrkörper für Mittelschulen werden auch auf dieses, für den geogra-phischen Unterricht brauchbare Lehrmittel ***) aufmerksam gemacht.

(Ministerial-Erlass vom 19. November 1884, Z. 22092.)

Brockhausen Karl, Jur.-Dr. und **Bruhns** Alois, Rechtslehre. Die wichtigsten Rechts-begriffe und ihre Bedeutung im praktischen Leben. Wien 1883. Brockhausen und Bräuer. Preis, 1 fl.

Auf dieses Werk werden die Lehrkörper an Gewerbeschulen, gewerblichen Fortbildungsschulen und an niedrigeren Handelsschulen behufs eventueller Anschaffung für die Lehrerbibliothek aufmerksam gemacht.

(Ministerial-Erlass vom 11. December 1884, Z. 17069.)

Kundmachungen.

Der Minister für Cultus und Unterricht hat das Öffentlichkeitsrecht ertheilt:

der von dem Vereine „Ústřední Matice školská" in Prag erhaltenen böhmischen Privat-Volksschule zu Nürschan in Böhmen

(Ministerial-Erlass vom 23. November 1884, Z. 22074.) und

der Privat-Mädchen-Volksschule des Schulschwestern-Conventes zu Döllach in Kärnten

(Ministerial-Erlass vom 29. November 1884, Z. 22684.)

Franz **Grubhofer**, zuletzt Volksschullehrer zu Neu-Ebenfurth in Niederösterreich wurde vom Schuldienste entlassen.

(Ministerial-Erlass vom 21. November 1884, Z. 22326.)

---

*) Ministerial-Verordnungsblatt vom Jahre 1881, Seite 98.
**) Ministerial-Verordnungsblatt vom Jahre 1876, Seite 51.
***) Ministerial-Verordnungsblatt vom Jahre 1884, Seite 71.

Die nachstehend bezeichneten, mit Unterstützung des k. k. Ministeriums für Cultus und Unterricht vom Professor an der Staats-Gewerbeschule in Salzburg Alois Kiebacher ausgeführten Gipsabgüsse nach ornamentalen Details mustergiltiger Objecte der Kunstschlosserei sind für den Zeichen- und Modellierunterricht an den gewerblichen Lehranstalten bestimmt:

Verzeichnis der von Professor Alois Kiebacher ausgeführten Gipsmodelle für Kunstschlosser.

Nummer des Verzeichnisses der Gipsabgüsse des österr. Museums	Gegenstand	Höhe	Breite	Preis	
		Centimeter		fl.	kr.
911	Blatt einer fünftheiligen Rosette vom Gitter des Grabmals Kaiser Maximilians in Innsbruck	26	18	—	50
912	Desgleichen einer sechstheiligen Rosette	26	18	—	50
913	Desgleichen einer viertheiligen Rosette	26	18	—	50
914	Gitterdetail aus einer Kapelle am Kapuzinerberge in Salzburg	26	18	—	50
915	Desgleichen vom Mirabellgarten in Salzburg . . .	26	18	—	50
916	Desgleichen vom Friedhofe zu St. Peter in Salzburg . .	40	28	1	—
917	Detail aus einem Oberlichtgitter an einem Privathause in Salzburg	26	18	—	60
918	Thürband, Original im königl. bairischen National-Museum in München	28	20	—	80
919	Gitterdetail aus dem Friedhofe zu St. Sebastian in Salzburg	26	18	—	80
920	Schlagleistenverzierung an der Kirchenthüre zu St. Sebastian in Salzburg	40	28	1	80
921	Gitterdetail aus dem Mirabellgarten in Salzburg . . .	40	28	1	80
922	Gitterdetail aus der Bürgerspitalkirche in Salzburg .	28	40	1	80
923	Thürband, Original im königl. bairischen National-Museum in München	40	28	1	80
924 925 926	Phantastische Thierköpfe aus den Rundeisengittern im Friedhofe zu St. Peter in Salzburg	26	18	—	50
927	Phantastischer Thierkopf, Motiv aus dem Friedhofe zu St. Peter in Salzburg	26	18	—	50
928	Maske, aus drei Theilen zusammenzusetzen	28	18	—	80
929	Maske mit kartuschenartiger Endung	40	28	1	80
930	Rosette aus einem Kapellengitter in Maria - Plain bei Salzburg	25	18	—	60
931	Gitterdetail nach einem alten Motiv	40	28	1	80
932	Gitterdetail aus der Stiftskirche St. Peter in Salzburg	28	40	1	80
933	Gitterdetail nach einem alten Motiv	40	28	1	80
934	Schlagleistenverzierung aus einem Kapellengitter in Maria-Plain bei Salzburg	30	20	1	20
935 936	Details aus einem Kapellengitter in Maria-Plain bei Salzburg	18	25	—	80
937	Wandleuchter nach einem alten Motiv	40	50	2	50
938	Figurales Detail nach einem alten Motiv	45	30	1	80

(Ministerial-Erlass vom 26. November 1884, Z. 22545.)

Verlag des k. k. Ministeriums für Cultus und Unterricht. — Druck von Karl Gorischek in Wien.

Instructionen für den Unterricht an den Gymnasien.

A. Die classischen Sprachen.

1. Die lateinische Grammatik in der ersten und zweiten Classe des Untergymnasiums.

Orthoëpie und Orthographie. Die lateinische Sprache ist dem deutschen Schüler so durchweg fremd und neu, dass der Unterricht, sollen sich nicht späterhin mannigfache und bedeutende Misslichkeiten herausstellen, mit dem Allernächsten und Einfachsten, mit der richtigen und sicheren Aussprache und Schreibung des Wortes beginnen muss. Der Lehrer verwende daher die ersten Lehrstunden dazu, die Schüler — natürlich in Übereinstimmung mit den Regeln der eingeführten Grammatik — in die Orthoëpie und Orthographie einzuführen. *) Er beginnt mit den Vocalen und Diphthongen, indem er von Schülern die Vocale und Diphthonge der deutschen Sprache angeben lässt und daran anknüpfend die lateinischen Laute angibt und an die Schultafel schreibt. Hierauf wählt er einsilbige Wörter, z. B. ăb, nē, ŏs, ōs, aut, haud, prae, heu u. a., schreibt sie an die Tafel, spricht sie vor, lässt sie klar und deutlich nachsprechen und setzt und erklärt die Zeichen der Quantität. Hierauf geht er zu mehrsilbigen Wörtern über, mit besonderem Vortheile Beispiele von gleicher Schreibung aber verschiedener Quantität verwendend; z. B. sōlō, sōlō, armă, armā, aurĭs, aurīs, ăvĭs, ăvīs, pōpulus, pŏpulus, lĕgit, lēgit u. a.; vornehmlich sollen es Wörter sein, die bei der Flexion wirklich zur Verwendung kommen. Er nennt ferner deutsche Wörter, die mit lateinischen stammverwandt oder aus diesen entstanden, hingegen in der Quantität des Stammvocals abweichend sind; z. B. Mutter, măter; Vater, păter; Meer, măre; Grad, grădus; Dom, dŏmus; Schule, schŏla u. a. Die Verschiedenheiten, welche der Schüler hiebei mit dem Ohre auffasst, werden sich seinem Bewusstsein einprägen. Hierauf wird die Aussprache der Vocale in positionslangen Silben durch Beispiele erläutert (mōns, mŏntis u. dgl.). Endlich belehrt man die Schüler über die Aussprache der Consonanten; man beginnt mit dem c vor e, ae, oe, i, y, eu; z. B. in cena, caelum, Graeci, dann vor den übrigen Vocalen und vor Consonanten; z. B. in casa, causa, corpus, cur, sica, iecur, cras, cancri, siccus, sicci, pecco, endlich im Auslaut des Wortes, nec, hic, haec, hoc, hac, huc, fac u. a. Darauf folgen Beispiele für die Aussprache von ch und cch. In gleicher Weise bringt der Lehrer auch für die übrigen Buchstaben und Silben, deren Aussprache eigenthümlich

---

*) Ein brauchbarer Wegweiser für den Lehrer ist hiebei: Bouterwek und Tegge, Die altsprachliche Orthoëpie und die Praxis. Berlin, Weidmann, 1878. Anton Marx, Hilfsbüchlein für die Aussprache der lateinischen Vocale in positionslangen Silben. Berlin, Weidmann, 1883; vergl. W. Hartel in der Zeitschr. f. öst. Gymn. 1878. S. 939—952.

ist, z. B. für qu und ti, passende Beispiele vor, zeigt deren Accentuierung, lässt die in der Accentuierung liegende Regel durch die Schüler selbst entwickeln und ermüdet nicht, die Schüler im reinen, richtigen und deutlichen Aussprechen der vorgeführten Beispiele zu üben. Die Schüler schreiben jedes auf der Schultafel vorgezeichnete Wort in ihr Heft, damit sie zu Hause jene Sprechübung wiederholen können. Die große Zahl der vorzuführenden Beispiele gestattet selbstverständlich nicht die Angabe ihrer Bedeutung. Die auf Erzielung einer die Quantität wie den Accent des Wortes genau und rein zum Ausdruck bringenden Aussprache verwendete Zeit und Mühe wird, wenn jene sorgfältige Pflege und Übung richtigen Sprechens durch alle Stufen des Unterrichtes anhält, in der vierten Classe beim Lesen des Verses und später in der Erkenntnis der metrischen Kunst der Dichter sich reichlich belohnen. Vor allem wird es dann selten oder gar nicht vorkommen, dass der Schüler falsche Angewöhnungen der Aussprache sich mit Mühe wieder abgewöhnen, dass er umlernen muss. *)

Erste Declination. Ist nun jene erste und wichtige Aufgabe des lateinischen Elementar-Unterrichtes erfüllt, so geht man zur sogenannten ersten, zur a-Declination über. Auch hier bildet Bekanntes und, wenn möglich, Verwandtes den Ausgangspunkt. Der Lehrer wählt z. B. die Substantiva Pflanze, Bart, Rad und schreibt sie sowohl ohne Artikel als auch mit dem bestimmten und unbestimmten Artikel an die Tafel, also:

Pflanze,	Bart,	Rad,
die Pflanze,	der Bart,	das Rad,
eine Pflanze,	ein Bart,	ein Rad,

nun setzt der Lehrer unter jedes das entsprechende lateinische:

plăntă,	bărbă,	rŏtă,

spricht sie einzeln deutsch und lateinisch aus und lässt sie von Schülern richtig und deutlich nachsprechen. Sofort merkt der Schüler, dass jene deutschen Wörter mit den lateinischen lautlich zusammenfallen, dass sie dieselben sind. Der Lehrer macht ihn dann auf den Auslaut jener lateinischen Wörter aufmerksam, unterstreicht denselben und theilt nun mit, dass die Wörter der 1. Declination im Lateinischen alle weiblichen Geschlechtes sind, selbstverständlich jene ausgenommen, durch welche Männer bezeichnet werden, z. B. scriba. Darauf wählt er unter Heranziehung der Schüler ein deutsches Adjectiv, welches jedem jener drei Substantive beigelegt werden kann, und schreibt auch dieses zuerst ohne, dann mit dem bestimmten und endlich mit dem unbestimmten Artikel unter das Substantiv:

große,	großer,	großes,
die große,	der große,	das große,
eine große,	ein großer,	ein großes,

darunter setzt er nun das entsprechende lateinische Adjectiv:

mágnă,	mágnă,	mágnă,

---

*) Bücheler bemerkt über diesen Punkt in dem Vorwort zu Marx' Hilfsbüchlein, S. IV: „Gleich zu Anfang mit dem ersten Unterricht wird sich die Orthoëpie mit nicht viel mehr Schwierigkeit durchsetzen lassen, als uns seinerzeit die Erlernung falscher Aussprache gemacht hat: adeo in teneris consuescere multum est. Gehen die Lehrer mit gutem Beispiel voran, so folgen die Schüler nach."

spricht es aus, lässt es klar und deutlich nachsprechen, unterstreicht dann den Auslaut, indem er mittheilt, dass sowie das Substantiv auch das Adjectiv der 1. Declination weiblichen Geschlechtes ist. Beispiele von der Art der eben verwendeten finden sich in großer Zahl; z. B. rosa, flamma, catena, linea, tabula, nebula, stella, corona, epistula, bestia, fenestra, nŏta u. a. Nachdem so der Schüler die zwischen deutschen und den entsprechenden lateinischen Wörtern waltende Gleichheit oder Verschiedenheit des Geschlechts und die verschiedene Art der Bezeichnung desselben durch eigene Anschauung klar erkannt hat, setzt der Lehrer zwischen Substantiv und Adjectiv die Copula est; er schreibt also an die Tafel: planta est magna, barba est magna, rota est magna; er spricht jedes Beispiel vor, lässt es nachsprechen, übersetzt es ins Deutsche, lässt auch die Übersetzung nachsprechen; die Schüler werden sich hiebei schon freier und selbständiger bewegen, ja die Mehrzahl wird ohne Beihilfe des Lehrers sofort übersetzen: „Die Pflanze ist eine große; die Pflanze ist groß." So gelangt der Schüler zum unbekleideten lateinischen Satz; er erkennt das Subject und das Prädicat; er weiß, dass das Subject auf die Frage wer? oder was? und zwar in dem Nominativ zu stehen kommt; er sieht zugleich, dass auch das Prädicats-Adjectiv in demselben Casus steht. Der Lehrer theilt ihm nun mit, dass die gewöhnliche Wortstellung ist: planta magna est u. s. w.; er zeigt ihm den Unterschied zwischen dieser und der früheren Wortstellung. Hierauf löscht er die Copula est weg, um das Adjectiv schließlich als Attribut mit dem Subject zu verbinden: planta magna u. s. w.; er lässt jedes Beispiel durch die Schüler genau nach der Stellung des Lateinischen übersetzen: „Pflanze große, eine Pflanze eine große, die Pflanze die große". Mit Leichtigkeit geben die Schüler dafür die richtige Stellung: „die (eine) große Pflanze." Nun wird ihnen mitgetheilt, dass im Lateinischen jene Stellung des Attributs die gewöhnliche ist: planta magna, dass aber das Attribut vor sein Substantiv tritt, wenn es hervorgehoben werden soll. Damit die Schüler auch dies auf dem Wege eigener Anschauung erfahren, schreibt man zu planta magna ein passendes Prädicat, etwa est robusta; man übersetzt, lässt nachsprechen und schreibt: mágna planta est robusta. Indem die Schüler auch dies mit richtiger scharfer Betonung des Attributs übersetzen, fühlen sie, dass zu magna ein Gegensatz vorschwebt, nämlich „klein". Man macht ihnen daher nur eine Freude, wenn man ihnen noch ein neues Sätzlein an die Tafel schreibt: párva planta est imbecilla, dessen Sinn und Übersetzung sie mit Leichtigkeit treffen. Regel bleibt dabei, dass die Schüler alles das, was der Lehrer auf der Tafel vorzeichnet, in ihrem Hefte genau nachschreiben. Schließlich wird den Schülern mit Nutzen noch ein Sätzlein und zwar mit einem Substantiv als Prädicatsnomen unter Beobachtung desselben Ganges auf der Tafel vorgeführt; z. B. rŏsă est planta. War früher das Subject mit einem Attribut verbunden, so soll dieses jetzt auch dem Prädicats-Substantiv zutheil werden: rosa est planta pulchra und endlich sollen beide, Subject und Prädicats-Substantiv mit einem Attribut erscheinen: rosa rubra est planta pulchra.

Das Übungsbuch. Hat nun der Schüler richtige Aussprache und Betonung des Wortes, hat er im einfachen lateinischen Satze Subject, Prädicat und Attribut

kennen gelernt und zwar ohne Buch und Regelwerk, allein aus dem lebendigen
Unterricht des Lehrers, dann erst besitzt er die nöthige Vorbildung, um das
lateinische Übungsbuch und die Grammatik, freilich nur unter Anleitung des
Lehrers gebrauchen zu können. Ist man dahin gelangt, so lässt der Lehrer das
lateinische Lesebuch aufschlagen. Der Stoff desselben besteht gewöhnlich aus einzelnen
Sätzen. Der Lehrer aber muss Herr des Buches sein: stimmt die Anordnung der
Sätze im Buche nicht mit seinem eigenen methodischen Gange überein, so wird er
selber sie diesem entsprechend gruppieren; erscheinen ihm manche Sätze dem
Inhalte nach unbedeutend oder überflüssig, so wird er sie beiseite lassen. Dies gilt
als Regel für den ganzen Verlauf dieses Unterrichtes. Passende Anordnung und
Ausscheidung bildet daher einen Theil der häuslichen Vorbereitung des Lehrers;
nur Unerfahrenheit oder Oberflächlichkeit könnte meinen, dass der lateinische
Elementar-Unterricht vom Lehrer keine Vorbereitung erheische. Man wird also,
beispielsweise bei der 1. oder a-Declination auf einen Satz, in welchem nur der
Nominativ Singularis erscheint, einen Satz mit dem Vocativ, darauf einen mit dem
Accusativ, hernach mit dem Genitiv und unmittelbar darauf einen mit dem Dativ,
schließlich einen mit dem Ablativ folgen lassen. Dieselbe Anordnung wird auch im
Pluralis eingehalten. Zum Schlusse soll dann eine Reihe von Sätzen folgen, in
welchen die Casus des Singular und des Plural vermischt vorkommen. Die Absicht
geht dahin, dass der Schüler die einzelnen Casus, die ihm später im Paradigma
der Grammatik in altherkömmlicher Ordnung entgegentreten, auf naturgemäße Weise
und rasch und sicher dadurch erlerne, dass er sie zuerst in ihren natürlichen
Beziehungen als Satztheile antrifft und erkennt; mit der klaren Auffassung ihres
inneren Wesens prägt sich auch ihre äußere Form leicht und sicher ein. Erst
darnach wird das Paradigma der Grammatik aufgeschlagen, das nun, da es sich als
eine Aufzählung bereits erkannter und' erlernter; Dinge darstellt, nicht mehr nur
mechanisch angeeignet zu werden braucht. Jene ausgewählten und nöthigenfalls
gruppierten lateinischen Übungssätze aber werden etwa auf folgende Art behandelt:
Der Lehrer liest den Satz ein paarmal laut und langsam vor, macht dabei auf
Quantität und Accent aufmerksam; die Schüler mögen sich im Anfange Quantität
und Accent mit dem Bleistift bezeichnen, wenn das Übungsbuch hierin zu wenig
thut. Hierauf lesen einzelne Schüler nach einander laut und richtig den vor-
gelesenen Satz. Darauf sollen die Schüler vom Lehrer auch das Construieren
und Übersetzen lernen. Vom Prädicat wird ausgegangen; Form und Bedeutung
desselben gibt das Vocabular, das sofort bei jedem einzelnen Falle aufzuschlagen
ist. Hierauf fragt der Lehrer nach dem Subject mit wer? oder was?, nach
dem Attribut mit was für ein? und ebenso nach den Objecten und Adverbialien
mit den entsprechenden Frageformeln. Endlich wird der Satz gut deutsch in
Ausdruck und Wortstellung, jedoch mit genauer Beachtung der Intention
der lateinischen Wortstellung, im Zusammenhang von den Schülern übersetzt.
Dies alles geschieht nur mündlich, in regem Zusammenarbeiten. Auf solche Weise
wird in einer Lehrstunde zwar nur eine kleinere Zahl von Sätzen durchgenommen
und der Gang mag langsam erscheinen, aber es ist ein sicher zum Ziele
führender Gang, auf welchem die Schüler zusehends an wirklichem Verständnis, an

Selbstthätigkeit, an Interesse und Freudigkeit gewinnen. Eine kurze Zeit (etwa 10 Minuten) vor Schluss der Unterrichtsstunde wird dazu verwendet, um einzelne Schüler und zwar solche, die vorher weniger zum Sprechen gelangt sind (ein Fall, der in stark besuchten Classen unvermeidlich ist), die durchgenommenen Sätze nochmals richtig und deutlich vorlesen und — diesmal natürlich ohne Benutzung des Vocabulars — ins Deutsche übersetzen zu lassen. Dieselben Sätze haben nun die Schüler zu Hause fest und sicher einzuüben. In der nächsten Lehrstunde hört der Lehrer vor allem und zwar bei geschlossenen Büchern die Vocabeln ab, aus dem Latein in das Deutsche und umgekehrt um in beiden Richtungen die gleiche Geläufigkeit zu erzielen. Der Schüler hat nicht nur den Nominativ sondern auch den Genitiv des lateinischen Wortes sammt dessen Geschlecht anzugeben; es ist dies insbesondere für die 3. bis 5. Declination von Wichtigkeit. Hierauf werden die Übungsbücher aufgeschlagen; die eingeübten Sätze werden von möglichst vielen Schülern in rascher Aufeinanderfolge gelesen und übersetzt; darauf werden die Bücher wieder geschlossen; nun spricht der Lehrer oder es liest einer der Schüler nochmals dieselben Sätze; einzelne Schüler übersetzen sie nochmals ins Deutsche; zur Abwechslung werden jene eingeübten Sätze sogleich nach dem Abhören der Vocabeln bei geschlossenen Büchern übersetzt. Ist diese Prüfung wohl gelungen, so geht man zu einer neuen Reihe von Sätzen über, welche wie jene ersten in gemeinsamer Arbeit des Lehrers und der Schüler präpariert werden. Diese gemeinsame Arbeit in der Schule bleibt zwar Regel durch die beiden Jahre des Elementar-Unterrichtes, allmählich aber wird der Lehrer den Rest eines gemeinsam präparierten Abschnittes den Schülern zur eigenen häuslichen Vorbereitung überlassen, wenn derselbe nicht besondere Schwierigkeiten bietet und daher zu erwarten ist, dass sie ihn ohne häusliche Nachhilfe, bloß den in der Schule gewiesenen und betretenen Weg verfolgend, bewältigen werden. Sobald aber ein neuer Abschnitt mit neuen noch nicht geübten Formen an die Reihe kommt, hat auch jene gemeinsame Arbeit in der Schule wieder einzutreten. Auch das gilt für den ganzen Verlauf des Elementar-Unterrichts, für die I. wie für die II. Classe. Wird nun nach solchen Rücksichten und Grundsätzen der Schule und dem Hause die Arbeit zugemessen und ausgeführt, so wird der Unterricht, wenigstens im Anfange, zwar nur langsam fortzurücken scheinen und aller den oberflächlichen Blick bestechenden, glänzenden äußeren Erfolge entbehren; der Kundige aber weiß, dass auch der lateinische Elementar-Unterricht, um wahrhaft geistbildend und erziehend zu wirken, den Schüler vor allem zu klarer, interessevoller Auffassung und Erkenntnis des Stoffes, zu allmählich sich entwickelndem selbständigen und bewussten Arbeiten zu führen hat. Nicht die Masse des mit Mühe und Hast zusammengerafften und aufgestapelten Stoffes entscheidet über den Wert des Unterrichts, sondern dass der Natur des Schülers entsprechend der Stoff mit weiser Beschränkung ausgewählt und ebenso auch naturgemäß verarbeitet wird, und nur auf diesem Wege wird es gelingen, die Hauptarbeit in die Schule zu verlegen.

Übungen im Übersetzen ins Lateinische. Ist nun in solchem Verfahren ein lateinischer Abschnitt des Lesebuches durchgenommen und hat man es durch wiederholtes Lesen, Übersetzen, Zurückübersetzen und Einüben der einzelnen Formen

dahin gebracht, dass die Schüler in dem Stoff jenes Abschnittes nicht nur ein
genaues Kennen, sondern auch ein frisches, flinkes Können beweisen, dann erst geht
man zu dem entsprechenden deutschen Abschnitte des Lesebuches über. Der
Unterrichtsgang ist hier genau derselbe wie bei dem lateinischen Abschnitt: Die
Schüler übersetzen unter Anleitung und Beihilfe des Lehrers Satz für Satz in das
Lateinische. Auch in dem deutschen Abschnitte dürfte übrigens vorausgehende Wahl
und Gruppierung mitunter am Platze sein. Einige Minuten vor Schluss der
Unterrichtsstunde wiederholen die Schüler die Übersetzung sämmtlicher gemeinsam
bearbeiteter Sätze in möglichst frischer, rascher Aufeinanderfolge. Überhaupt
ist ein frischer und lebendiger Rhythmus des Unterrichtens, der
einerseits das Denken selbst der Begabtesten nie stagnieren lässt
und andererseits auch den zur Indolenz Neigenden mit sich fortreißt, wie für jeden Unterricht so insbesondere bei dem Betriebe
des altsprachlichen Unterrichts die vornehmste Bedingung eines
günstigen Erfolges. Schriftliche Aufzeichnungen während der Arbeitsstunde zu
machen, bleibt den Schülern untersagt; die nöthige Anspannung der Aufmerksamkeit,
des Denkens und der Gedächtniskraft würde durch dieselben gehemmt. Den Schülern
wird nun aufgegeben, jene Sätze zu Hause mündlich aufs beste einzuüben, so dass
sie in der nächsten Lehrstunde dieselben schnell und sicher in lateinischer Übersetzung
recitieren können. Allmählich wird der Lehrer aber auch hier einen Theil des
Abschnittes, mit welchem man sich in der Lehrstunde beschäftigt hat, den Schülern
zur häuslichen, in den ersten Wochen nur zur mündlichen Präparation überlassen.
Selbstverständlich wird die Beurtheilung einer solchen Präparation milder sein
müssen, als die einer Wiederholung in der Schule bearbeiteter Sätze. Häusliche
Aufschreibung lateinischer Übersetzung aber würde in den ersten 3—4 Wochen von
Nachtheil sein. Die lateinischen Wortbilder müssen sich oft und oft dem Auge
des Schülers darstellen, ehe er sie in ganz richtiger Schreibung wiederzugeben
vermag. Zu frühe Aufschreibungen können die Folge haben, dass sich der Schüler
Fehler angewöhnt, welche nur mit vieler Mühe wieder auszurotten sind. Soll sich
der Lehrer die zum wirksamen Unterrichte unentbehrliche geistige Frische und
Lebendigkeit bewahren, so kann er nicht die Hausaufgabenhefte aller Schüler Tag
für Tag durchsehen und das Fehlerhafte unterstreichen; dieses würde erst wieder
in der Schule zu besprechen sein, dadurch Zeitverlust verursachen und dem Hauptzweck, dem lebendigen Unterricht, Eintrag thun. Demnach kann erst später
Aufschreibung des Lateinischen und für den Anfang nur des in der Schule
Bearbeiteten den Schülern zugemuthet werden. Aber auch dann, ja im gesammten
Unterricht des Lateinischen bleibt mündliche Übung die Hauptsache, und hiebei
wieder hat das Übersetzen aus der fremden Sprache den Vorrang. Daher wird
der Lehrer dort, wo das Übungsbuch zu viel deutschen Übersetzungsstoff bietet,
ohne Bedenken Ausscheidungen vornehmen um ein richtiges Verhältnis herzustellen.
Schon auf den unteren Unterrichtsstufen ist ferner zum Zweck allmählicher Entwicklung
eines lebendigen Sprachbewusstseins auch Stilistisches heranzuziehen, soweit es der
Fassungskraft der Schüler entspricht und im Übungsstoff häufige Anwendung findet.
Hieher gehören vor allem die Eigenthümlichkeiten der lateinischen Wort- und Satz-

stellung: die Nachstellung des Prädicats, die Stellung des Adjectivs und seines Substantivs je nach dem Sinne, späterhin die Nachstellung der Apposition mit Ausnahme von rex und imperator (= Kaiser), die Weglassung der Possessiva in Ausdrücken wie manus extendere, oculos tollere u. a., die Voranstellung des dem Haupt- und Nebensatz gemeinsamen Subjects, das Object des übergeordneten Satzes in den Relativ- oder indirecten Fragesatz gezogen u. a. *)

Häusliche Übersetzungsaufgaben. Hält der Lehrer nach Verlauf einiger Zeit die Schüler für genügend vorbereitet, um in selbständiger häuslicher Arbeit deutsche Sätze eines Abschnitts, mit dem sie theilweise schon bekannt gemacht sind, schriftlich ins Lateinische zu übersetzen, so gibt er ihnen allwöchentlich 1—2 Aufgaben dieser Art von so mäßigem Umfang, dass die gelieferte Ausarbeitung leicht und doch genau in etwa einer halben Stunde in der Schule durchgenommen und verbessert werden kann; denn die übrige Zeit der Unterrichtsstunde soll auf neu Vorzunehmendes verwendet werden. Strenge muss nun darauf gesehen werden, dass der Schüler seine Arbeit in sorgfältiger, sauberer Form bringe. Der Lehrer geht von Bank zu Bank, um sich zu überzeugen, ob alle Schüler und ob sie in sorgfältiger Form ihre Aufgabe angefertigt haben. Darauf nimmt er das Heft eines Schülers zur Hand und lässt diesen den deutschen Satz aus dem Übungsbuche vorlesen und in das Lateinische übersetzen. Nun werden unter Heranziehung der übrigen Schüler die etwa begangenen Verstöße besprochen, verbessert, die richtige Wortstellung und späterhin, wenn an die Stelle einfacher Sätze bereits Satzgefüge und Perioden treten, auch die Satzstellung angewendet; der Schüler liest zuletzt den verbesserten Satz richtig und deutlich vor, der Lehrer lässt den Satz auch von anderen Schülern aus ihren Heften in der verbesserten Form ablesen, überzeugt sich bei anderen durch eigene Einsicht, ob sie sorgfältig verbessert haben und ruft nun zur Fortsetzung einen andern Schüler auf; dieser Vorgang wiederholt sich, bis die Aufgabe völlig besprochen und verbessert ist. Haben die Schüler viele Verstöße begangen, so trägt ihnen der Lehrer auf, bis zum nächsten Tage ein Correctum aufzuschreiben; in jedem Falle aber haben sie sich bis zur nächsten Lehrstunde die verbesserte Übersetzung fest und sicher einzuprägen; der Lehrer prüft sie daraus in der nächsten Unterrichtsstunde nach dem gewöhnlichen Verfahren, bei geschlossenen Büchern und Heften. Nach Bedürfnis und zur Abwechslung können auch Declinations- und Conjugations-Übungen Gegenstand schriftlicher Hausarbeiten sein, z. B. ein Substantiv in Verbindung mit einem Adjectiv, bald ganz, bald nur in gewissen Casus decliniert; aber in solchen Übungen ist Maß zu halten, sie arten sonst leicht in schädliche mechanische Schreiberei aus. Beim Verbum empfiehlt sich z. B. Niederschreiben von Formen derselben Person aber verschiedener Tempora und Modi; Zusammenstellung von Parallelformen aus dem Activ und Passiv, ferner von ähnlich lautenden Formen verschiedener Gattung, z. B. parāre, parēre, cănes als Substantiv und cănes als Verb neben cānes u. a. Es versteht sich aber von selbst, dass solchen schriftlichen Übungen wiederholt mündliche Übung in der Schule vorausgehen

---

*) Über diesen Punkt vgl. Rothfuchs, Beiträge zur Methodik. 2. Aufl. S. 9 fg.

muss. *) Jetzt ist es auch an ˙ der Zeit, die Schüler besondere Vocabularien
nach gewissen Gruppen anlegen zu lassen, eine Arbeit, welcher sich die Schüler
in der Regel mit Freude unterziehen. Anfangs handelt es sich dabei um Aufschreibung einzelner Wörter, später aber auch um Aufzeichnung von Redeweisen
(Phrasen). Das Vocabularium ist nicht nur auf den beiden unteren Stufen zu
führen, sondern in den folgenden Cursen fortzusetzen. Zeitweilig nimmt der Lehrer
einige der Vocabularien mit sich, um die Richtigkeit und Sorgfalt der Aufzeichnung
zu controlieren. Bei der Aufstellung der Gruppen lässt sich nun ein sachliches
oder ein etymologisches Princip verfolgen. Das letztere ist, obwohl es dem Schüler
im Anfange schwieriger sein dürfte, vorzuziehen; es führt auf dem Wege unmittelbarer Anschauung in die Wortbildungslehre ein. **)

Compositionen. Haben die Schüler durch Aufgaben jener Art allmählich einige
Übung im schriftlichen Übertragen deutscher Sätze ins Lateinische erlangt, so
sind sie nun auf einer neuen Stufe des Elementar-Unterrichtes angelangt; sie
haben nun allwöchentlich eine schriftliche Schulaufgabe, eine Composition, auszuarbeiten. Schon bei den mannigfachen mündlichen Übungen werden aus dem täglich
wachsenden Erwerb von Vocabeln und Sätzen zuerst vom Lehrer, bald aber (denn
der Lehrer ist überall nur Wegweiser und Leiter) von den Schülern selber neue
Sätze gebildet. Dass solche Übung sehr geeignet ist, ein klar bewusstes, selbständiges
Arbeiten des Schülers zu befördern, unterliegt keinem Zweifel. Nun dictiert der
Lehrer wöchentlich einmal zur schriftlichen Übersetzung in der Schule ein von
ihm selbst auf Grundlage des von den Schülern bisher erworbenen Wortvorraths
verfasstes deutsches Thema ohne Angabe einer lateinischen Bedeutung. Dasselbe
wird mäßigen Umfangs sein; anfangs werden 6—8 kurze Sätze genügen. Sein Inhalt
wird sich dem Interesse und Verständnis der Jugend anschmiegen; denn auch bei
diesen Übungen ist der Satzinhalt nicht etwas Gleichgiltiges. Abgesehen davon,
dass der Wortkörper leichter und sicherer aufgefasst und eingeprägt wird,
wenn der ihm innewohnende Gedanke dem Erfahrungskreise und Interesse des
Schülers nahe liegt, so hat es für die Bildung und Erziehung der Jugend hohe
Bedeutung, dass sie daran gewöhnt wird, selbst den einfachen Satz, aus dem
sich schließlich doch alle Rede des Menschen aufbaut, nicht als ein wesenloses
Gerippe von Wörtern und Wortformen, sondern als den Träger eines bestimmten
Gedankens zu betrachten. Indem sich der Lehrer solche Rücksichten bei Abfassung
des Themas vor Augen hält, da ferner dieses von mäßigem Umfange ist und
seine Übertragung nur die bereits vielfach eingeübten Vocabeln und Constructionen
voraussetzt, so ist sicher zu erwarten, dass die Mehrzahl der Schüler die
Übertragung des Themas mit einer gewissen Freudigkeit ausführt, obwohl dabei
jede Benutzung der Grammatik oder des Vocabulars, überhaupt irgend eines Hilfs-
mittels versagt ist; auch jedem nächsten Thema werden solche Schüler nur mit
freudiger Spannung entgegensehen. Stellt sich dies ein, dann befindet sich der

---

*) Vgl. zu diesem Punkte Petersdorff, Die wichtigsten Punkte der Methodik u. s. w. Programm
Pr. Friedland, 1882.
**) Vgl. Schrader, Erziehungs- und Unterrichtslehre. 4. Aufl. S. 377.

Unterricht in gesundem Zustande. Die Schulaufgabe ist dann wirklich, was sie vor allem andern sein soll: eine Prüfung zunächst über den in der ablaufenden Woche, aber auch über den in den vorausgegangenen Wochen eingeübten Sprachstoff; denn immer muss auf ältere Dinge zurückgegriffen werden, wozu nicht nur didaktische, sondern auch sachliche Gründe nöthigen. Aus solcher Prüfung aber gewinnen beide, Schüler und Lehrer, jener ein klares Bewusstsein dessen, was er erlernt hat, dieser eine Controle seines eigenen Unterrichtsganges. Aus der vorherrschenden Art der Verstöße erkennt der Lehrer, in welchen Punkten erneute Übung von-nöthen ist; diese vorzunehmen hält er für seine nächste Aufgabe; jene schwachen Punkte wird er fortwährend im Auge behalten. Bei solcher Einrichtung und Verwertung erscheint die Schulaufgabe nur als nothwendiges Glied im lebendigen Organismus des Unterrichts. Hingegen zeigt sie sich als ungesunden Auswuchs, wenn sie die Kraft der Schüler übersteigt, wenn sie vielleicht in der wohl-meinenden Absicht, die Kraft derselben zu steigern, Schwierigkeiten h ä u f t; wenn sie, vielleicht um die unvorsichtige Jugend klüger und gewandter zu machen, allerlei versteckte Fallen und Schlingen legt.

Correctur der Compositionen. Wichtig ist die Correctur der Schulaufgabe. Der Lehrer nimmt die Schülerhefte mit sich, unterstreicht das Fehlerhafte, setzt unter jede Ausarbeitung die ihrer Beschaffenheit entsprechende Note und bringt die Hefte wieder zurück. Bevor er sie vertheilt, spricht er im allgemeinen sein Urtheil über sämmtliche Leistungen aus und theilt mit, wie viele gut, wie viele schlecht gerathen sind. Es mag zur Belebung des Ehrgefühls auch gerathen sein die Namen aller Schüler sammt der Note eines jeden abzulesen oder auch die Hefte nach der Rangordnung der Noten zurückzugeben. Da sich gewisse Fehler und Verstöße gewöhnlich in mehreren Heften gleichmäßig finden, so fragt man einzelne Schüler, ob sie sich solcher Fehler entsinnen, und man wird finden, dass die Schüler sich nicht nur dieser, sondern auch der meisten anderen, vereinzelt vorkommenden Verstöße wohl bewusst sind; denn in den meisten Fällen haben sie das Falsche geschrieben nur aus Mangel an Überlegung und Besonnenheit, jener Tugend, welche in ihnen erst entwickelt und allmählich in vielfältiger Übung und Erfahrung gewonnen werden soll. Sind die Hefte vertheilt, so wird Satz für Satz in das Lateinische übertragen, die Wort- und Satzstellung bestimmt, auf dem freien Seitenrande der Hefte die Verbesserungen angemerkt, schließlich die Übersetzung von einzelnen Schülern im Zusammenhange laut und richtig abgelesen. Ganz schlechte, unsaubere oder sonstwie entstellte Arbeiten erfordern die Anfertigung eines vollständigen Correctum. In der nächsten Lehrstunde wird es der Lehrer nicht versäumen, bevor er zur anderen Tagesarbeit übergeht, einigen Schülern das Correctum abzuhören. Ein streng bestimmter Zeitpunkt, wann mit schriftlichen Schulaufgaben zu beginnen sei, lässt sich nicht angeben, es hängt dies von der Zahl und Begabung der Schüler und manchen anderen Verhältnissen ab. Im allge-meinen aber lässt sich sagen, dass man damit erst dann zu beginnen habe, wann die Schüler durch vielfältige Übung in der Schule unter Leitung des Lehrers, ferner durch mündliche, bald auch schriftliche Übung zu Hause, wo ihnen keine Beschränkung der Zeit und der Hilfsmittel auferlegt ist, eine gewisse Sicherheit,

Selbständigkeit und Gewandtheit im Construieren und Übertragen des Satzes erlangt
haben; dies dürfte aber selbst bei mittelmäßig begabten Schülern in ungefähr
8 Wochen zu erreichen sein.

Pensa. Erst in der II. Classe treten an die Seite der Schulaufgaben eigentliche
Hausaufgaben (Pensa) und zwar im Monate zwei, welche auf dieser Stufe noch einen
so mäßigen Umfang einhalten müssen, dass sich ihre Correctur ohne Beeinträchtigung
der Genauigkeit in einer halben Stunde durchführen lässt, aber nach Form und
Inhalt von den Compositionen in der Art verschieden sein sollen, dass sie den Schüler
zur Benutzung aller zulässigen Hilfsmittel auffordern und so eine Handhabe bieten,
seine Ordnungsliebe, seinen Fleiß und die Gewissenhaftigkeit seines Arbeitens zu
erkennen und ihn veranlassen, Mängel seines Wissens aus eigener Kraft zu
verbessern. Und dadurch fördern sie den Unterricht in einer Richtung, welche
durch die Compositionen nicht verfolgt werden kann. Denn während die Schulaufgaben als Prüfungen zeigen, bis zu welchem Grade sicherer und fertiger
Anwendung der Schüler sich das bisher bearbeitete Materiale an Wörtern,
Formen, Wort- und Satzverbindungen zu eigen gemacht hat, werden die Hausaufgaben auf ältere und umfangreichere Partien des behandelten Stoffes Bedacht
nehmen und besonders jene Theile berücksichtigen, deren Wiederholung sich als
ein Bedürfnis der Classe herausgestellt hat, welchem aber der fortschreitende
Unterricht selbst nicht völlig entsprechen kann. Der Umstand, dass häusliche
Nachhilfe oder unredliches Gebahren einzelner Schüler diese Absicht vereitelt,
muss auffordern solchem Unfug nach Kräften entgegenzuarbeiten, vermöchte es aber
nicht zu rechtfertigen, die Pensa ganz oder theilweise durch Compositionen zu
ersetzen oder ihnen nur eine flüchtige Correctur angedeihen zu lassen.

Etymologie und Formenerklärung. Für die weitere Behandlung des grammatischen
Lehrstoffes in den beiden untersten Classen bedarf es keiner so detaillierten
Ausführung, wie sie — zur Veranschaulichung der Methode des Elementar-
Unterrichtes — für die ersten Lehrstunden gegeben wurde; es genügt auf einige
Punkte hinzuweisen, die durchaus Beachtung verdienen. Ein wichtiges Förderungsmittel des sprachlichen Unterrichtes liegt zunächst in der rationellen Erklärung
der Wort- und Flexionsformen, wenn der Lehrer hiebei, nicht weitausholend, nur
das Nächstliegende, strenge zur Sache Gehörige im Auge behält und nie vergisst,
dass eine derartige Behandlung nicht Zweck ist, sondern nur insoweit Berechtigung
hat, als der Einblick in die ursprüngliche Form und Bedeutung eines Wortes den
Unterricht wesentlich erleichtern kann. Obwohl die lateinische Sprache vermöge
ihrer Entwicklung und ihres Baues solcher Betrachtung weit geringeren Spielraum
bietet als die griechische, so werden sich doch schon auf dieser Stufe einige
Reihen verwandter Wörter zusammenstellen und ihre Grundbedeutungen zu klarer
Vorstellung bringen lassen; der wachsende Wortvorrath wird immer neue Beispiele
bieten, in die Elemente der Wortbildungslehre einzuführen, welche bei den summarischen Wiederholungen der Formenlehre am Beginn des 2., 3. und 4. Schuljahres
entsprechende Berücksichtigung erfahren und in der IV. Classe zu relativem
Abschluss gebracht wird; durch Heraushebung und Zusammenstellung der verwandten
Endungen der Declinationen und Conjugationen wird wenigstens das Gemeinsame

der Flexionsformen hervortreten und dabei auch das eine und andere Lautgesetz herangezogen werden können. Im Fortgang des Latein - Unterrichtes , sobald namentlich die griechische Formenlehre Vergleichungspunkte liefert, bietet sich manche Gelegenheit, die Einsicht in die Formenbildung und die sie bestimmenden Lautgesetze zu erweitern und zu vertiefen.

Das Memorieren. Ein anderes wichtiges Förderungsmittel des Sprachunterrichtes bildet das Memorieren wohlverstandener Lectüre und das Recitieren des Memorierten. Inhaltreiche Sätze , Denksprüche aus Prosaikern und Poeten sollen die Schüler sorgfältig einprägen. Sie mögen sich dieselben aus ihrem lateinischen Lesebuch in ein besonderes Heft fehlerfrei und sauber eintragen; sind sie in den beiden Jahren des Elementarunterrichtes daran gewöhnt worden — es geschieht dies aber mit Leichtigkeit —, so werden sie die Sammlung in den nächsten Jahren in der Regel aus eigenem Antriebe fortsetzen. Kein Tag aber sollte vergehen, ohne dass der Schüler nicht irgend einen wertvollen Gedanken in classischer Form zu seinem geistigen Eigenthum macht. Aber auch hübsche Fabeln und kleine Erzählungen sollen, sobald sie völlig verstanden sind, genau memoriert und dann vorgetragen werden. Es liegt darin eine treffliche Vorübung zum freien, mündlichen Gebrauch der lateinischen Sprache, der allmählich sich entwickeln und ausbilden muss, damit der Schüler später in der Welt der römischen Autoren um so leichter heimisch und froh werde.

Übungen im Lateinsprechen. Eine andere eben so wichtige Vorübung dazu liegt in der auf das Gelesene sich beziehenden lateinischen Frage des Lehrers, auf welche der Schüler ohne Benutzung des Buches zu antworten hat , anfangs zwar deutsch , sehr bald aber nur lateinisch , freilich mit dem Ausdruck des Lesebuches. Es kann mit dieser Übung ziemlich früh begonnen werden ; man braucht nicht etwa auf den Abschnitt der Pronomina interrogativa zu warten, sondern nimmt die nothwendigen Frageformeln vorweg, nämlich: quis? quid? cuius? cui? quem? quo? quomodo? ubi? cur? u. a. Die Schüler fassen diese Formeln rasch auf und werden mit ihnen durch den täglichen Gebrauch sehr bald vertraut, zumal ihnen diese Übung als eine geistige Kraftäußerung Freude macht.

Vertheilung und Auswahl des Stoffes. Zum Gelingen des Unterrichtes ist endlich noch wohlüberlegte Ökonomie der Zeit erforderlich. Der Lehrer wird schon zu Beginn des Cursus. den Unterrichtsstoff auf einzelne Zeitabschnitte, nach Monaten und wo möglich sogar nach Wochen vertheilen und dabei zugleich die Tage für die schriftlichen Hausarbeiten und Compositionen und deren Correctur bestimmen; dadurch erhält der Unterricht sichern, festgeschlossenen und frischen Gang. Im allgemeinen lässt sich folgendes festsetzen: dem 1. Semester der I. Classe fallen die 5 Declinationen, die Adjectiva und Adverbia mit ihrer Comparation, die wichtigsten Pronomina (personalia, possessiva, von den demonstrativa hic. is, ille, ipse, dazu die Pronomina adiectiva alius, alter u. s. w.), ferner von den Numeralia die cardinalia und ordinalia zu. Auf das 2. Semester entfallen das Verbum sum mit seinen wichtigsten Composita: possum, prosum u. s. w. und die 4 regelmäßigen Conjugationen. Auf das 1. Semester der II. Classe entfallen die wichtigsten Unregelmäßigkeiten der

Nomina (Genus, Casus, Numerus) und die in der I. Classe übergangenen Pronomina, die Numeralia distributiva, adverbia und multiplicativa, endlich Wiederholung
und Ergänzung der Composita von sum. Dem 2. Semester gehören die Verba der
4 Conjugationen mit abweichender oder unregelmäßiger Bildung der Perfect- und
Supinformen und schließlich die Verba anomala und defectiva. Eine ins Besondere
gehende Vertheilung des Stoffes wird zwar nach Maßgabe der Qualität der Schüler
und anderer Verhältnisse verschieden ausfallen können; vor allem aber ist eine
sorgsame, ins Einzelne gehende Ökonomie in der Auslese des für jede einzelne Classe
passenden grammatischen Stoffes unerlässlich. Die beiden ersten Jahrescurse stellen
zwei concentrische Kreise dar. Der kleinere Kreis umfasst das sogenannte Regelmäßige, am häufigsten Vorkommende und zwar sowohl aus der Formenlehre als
aus der Syntax. Daran halte der Lehrer strenge fest. Ein bescheidenes Maß
grammatischen Stoffes unter Verwertung jener früher bezeichneten Hilfsmittel vielfältig und energisch eingeübt, so dass eine verhältnismäßig vollkommene Sicherheit
und Schnelligkeit in der Angabe der Formen erreicht ist, dies bildet eine sichere
Grundlage, auf welcher dann im nächsten Jahrescursus mit günstigem Erfolge
weitergebaut werden kann. Jene nothwendige Sicherheit und Gewandtheit wird durch
unermüdliche Übung und zeitweilige Wiederholungen eines Abschnittes, späterhin
mehrerer Abschnitte erreicht. Bei diesen Wiederholungen soll es sich nicht etwa
um bloße Formen, sondern um ganze Reihen durchgeübter Sätze handeln. Der
zweite Kreis umfasst nun den ersten, schließt also ein größeres Gebiet ein:
in dieses fällt das wirklich und das scheinbar Unregelmäßige, das Seltenere, aus
der Syntax das vom Deutschen Abweichende oder Fremde. Aber auch hier muss
der Lehrer mit sorgfältiger Auswahl vorgehen, um nicht die kostbare Zeit mit
Besprechung und Einübung überflüssiger Dinge zu verderben. Zieht nun ein Übungsbuch, vielleicht in zu ängstlichem Streben nach einer gewissen Vollständigkeit allzu-
viele „Unregelmäßigkeiten", in der Gymnasiallectüre nur sehr selten oder gar nicht
vorkommende Wörter heran, z. B. colus, virus, pelagus, nicht zu reden von
gewissen mascula auf is der 3. Declination und anderen Ausnahmen wie mugil,
adeps, furfur u. a. *) — so wird der Lehrer darüber hinweggehen. Zur Methode
ist hier zu bemerken, dass man Schüler anhalte, unregelmäßige Nomina geradezu
in ihren unregelmäßigen Formen herzusagen. Wer zehn- oder zwanzigmal paupere,
pubere, vetere gehört und gesprochen hat, ist offenbar vor Anwendung der falschen
Form besser geschützt, als wer bloß die Regel weiß. **) Nomina, die im Genus
unregelmäßig sind, haben die Schüler mit einem bestimmten Adjectiv herzusagen. ***)
Besondere Sorgfalt ist auf genaue und feste Einprägung und Einübung der Perfect-
und Supinformen zu verwenden. Hier muss das Gedächtnis der Schüler besonders in
Anspruch genommen werden. Es ist zu verlangen, dass der Schüler nicht bloß
von jedem einzelnen Verb die Perfect- und Supinform rasch und sicher anzugeben
wisse, sondern auch dass er die Verben einer und derselben Gruppe aufzählen

---

*) Vgl. was Rothfuchs, Beiträge S. 88. bemerkt und anführt.

**) Perthes, Zur Reform des lateinischen Unterrichts, 5. S. 35.

***) Dieser Forderung kommen bereits manche Schulbücher nach, z. B. C. Schmidt's lat. Schul-
grammatik 6. Aufl. §. 32 fg.

könne. Durch Eintheilung der Verba in übersichtliche Gruppen wird übrigens das Gedächtnis wesentlich unterstützt und unsere Schulgrammatiken kommen dem bereits durch ihr übersichtliches, wissenschaftliches Eintheilungsprincip entgegen.*) Große Sorgfalt verdient endlich auch die Verwertung und praktische Einübung jener Verbalformen. Zu jedem Verbum lasse man nicht nur die scharf ausgeprägte Bedeutung, sondern auch ein oder ein paar passende, im Sprachgebrauche wirklich vorkommende Objecte lernen, wodurch die Construction eingeprägt, die Bedeutung verdeutlicht wird. Es soll eine Gruppe nicht abgeschlossen werden, bevor sich die fähigen und fleißigen Schüler in der Anwendung derselben sicher und gewandt fühlen. Man halte auch hier den Grundsatz fest: je schwieriger der Stoff, desto sorgfältiger die Einübung. **)

2. Die lateinische Grammatik in der dritten und vierten Classe des Untergymnasiums.

Lateinische Syntax. Durch den grammatischen Unterricht der I. und II. Classe ist der Schüler nicht nur in systematischer Weise mit der Formenlehre, sondern zugleich, wenn auch nur gelegentlich bei der Bearbeitung der Übungssätze, mit den wichtigsten syntaktischen Constructionen (mit den Casus und Präpositionen, mit den Tempora, Modi und Conjunctionen und mit den Participia) und hiedurch mit mannigfaltigen Satz- und Periodenformen auf praktischem Wege vertraut gemacht und so in den Stand gesetzt worden, in der III. Classe an die um ihrer selbst willen zu betreibende Lectüre eines classischen Schriftstellers zu gehen. Mögen aber jene syntaktischen Constructionen und Satzgebilde dem Schüler noch so häufig in Übungssätzen und kleineren Lesestücken vor Augen geführt und mündlich wie schriftlich eingeübt worden sein, zu einem sichern und festen Besitz werden sie doch erst dann, wenn sie dem Schüler schließlich durch Zusammenfassung, Ergänzung und Erweiterung als ein an sich geordnetes, systematisches Ganze vermittelt werden, in welchem die Einzelheiten nach Verwandtschaft und Zusammengehörigkeit sich in Gruppen ordnen und dadurch gegenseitig erklären und ins rechte Licht setzen. Für die III. und IV. Classe sind wöchentlich 2—3 Stunden dem Unterricht in der lateinischen Syntax zugewiesen mit der Bestimmung, dass in der III. Classe die Congruenz und die Casus mit den Präpositionen, in der IV. Classe die Eigenthümlichkeiten im Gebrauch der Nomina und Pronomina, die Tempora und Modi mit den Conjunctionen, die Participia und Supina systematisch erlernt werden sollen und zwar nach einer passenden Schulgrammatik. Hiemit ist die Aufgabe für jene beiden Classen zwar im allgemeinen bestimmt vorgezeichnet; jedoch wie im Elementar-Unterricht der I. und II. Classe in Bezug auf die Formen, so ist auch in der Syntax vor allem mit besonderer Sorgfalt auszuwählen was gelehrt, erklärt und eingeübt werden soll. Dabei wird der Grundsatz gelten müssen, dass nur das Regelmäßige, der Sprache der Classiker gemeinsam Eigenthümliche, daher

---

*) Vgl. Perthes, Z. Ref. 5. S. 76 fg.
**) Vgl. Petersdorff a. a. O. S. 14.

häufig Vorkommende, zugleich aber auch der Vorbildung und Fassungskraft der
Schüler Entsprechende heranzuziehen, Nebensächliches vom Hauptsächlichen zu
trennen, Unregelmäßiges und Seltenes ganz auszuschließen ist. Die Schulgrammatik,
die ja für das ganze Gymnasium ausreichen soll und daher auch das Besondere,
Seltene und Unregelmäßige berücksichtigen muss, geht weit über die elementaren
Bedürfnisse der III. und IV. Classe hinaus. Der Lehrer wird also schon vor Beginn
des Cursus den Inhalt der vorzunehmenden Partien der Grammatik nach jenen
Rücksichten prüfen und ein genaues Programm alles dessen feststellen, was
gelernt und eingeübt werden soll. Bei dieser Auswahl ist aber auch der
Sprachgebrauch des in der Schule zu lesenden Autors genau in Betracht zu
ziehen. Ganz verfehlt wäre es, Lectüre und grammatischen Unterricht ohne enge
gegenseitige Beziehung neben einander einhergehen zu lassen; im Gegentheile haben
beide einander zu unterstützen. Den Schriftsteller nach Form und Inhalt genau
erfassen zu lehren, ist das oberste Ziel des grammatischen Unterrichts und
diesem hinwieder wird der Schriftsteller eine reiche Zahl der verständlichsten
und passendsten Beispiele zur Erklärung, Nachahmung und Übung bieten können. *)
Außerdem wird der Lehrstoff in der oben (S. 11) für die zwei untersten Classen
angegebenen Weise zu vertheilen sein, um zu verhüten, dass in der Behandlung
einzelner Partien Ungleichmäßigkeit platzgreife, was bei Mangel eines festen Planes
namentlich die gegen das Ende des Schuljahres fallenden Partien treffen würde,
oder gar dass die einem Schuljahre gesetzlich zufallende Aufgabe nicht absolviert
und Reste dem kommenden Schuljahre aufgebürdet werden. Empfehlenswert ist es
ferner, den grammatischen Unterricht an unmittelbar aufeinander folgenden Tagen
zu ertheilen, damit einerseits zusammenhängende Stücke der Syntax gründlich
behandelt und tüchtig eingeübt, andererseits vermieden werden könne, dass die
Lectüre des Autors allzuhäufig unterbrochen und in allzukleine Theile zerstückt
und dadurch das Interesse der Jugend für die Lectüre des Schriftstellers geschwächt
und abgestumpft werde. Und gerade des Autors wegen, der fortan den Mittelpunkt des Unterrichtes zu bilden hat, sind auch die schriftlichen Schularbeiten
sowie die Correctur jeder schriftlichen Arbeit auf Grammatikstunden zu verlegen,
damit der Lectüre des Autors auch nicht eine Stunde unnöthig entzogen werde.

Methode der Behandlung. Wie bei dem Unterrichte in der Formenlehre, so
muss auch in der Syntax der Grundsatz durchgeführt werden, dass die Schüler
unter Leitung des Lehrers aus den einzelnen Erscheinungen das Gesetz, aus einer
reichen Zahl von concreten Fällen die abstracte Regel selbständig finden und
entwickeln. **) Gut gewählte Beispiele, Musterbeispiele, die zugleich inhaltvolle
Gedanken oder bemerkenswerte Thatsachen ausdrücken, treten in den Vordergrund;
von ihnen schreitet man zur Regel. Diesem Vorgang suchen nicht nur die Schul-

---

*) In dem Bemühen jene Auswahl des syntaktischen Lehrstoffes mit den in der III. und IV. Classe
zu lesenden Autoren in Einklang zu bringen, findet der Lehrer für Nepos in der Schrift von
Lupus, Sprachgebrauch des C. Nepos, Berlin 1876, für Cäsar an Heynacher: Was ergibt sich
aus dem Sprachgebrauch Cäsars u. s. w. Berlin 1881, dankenswerte Unterstützung.

**) Vgl. außer Lattmann, Zur Methodik des gramm. Unterrichts auf höheren Lehranstalten,
Göttingen 1866 auch Rothfuchs, Beiträge. 2. Aufl. S. 36.

grammatiken immer mehr durch sorgfältige Auswahl von Musterbeispielen zu entsprechen,
sondern es mehren sich auf dem Gebiete der Schulliteratur auch jene Büchlein, welche
dem Unterricht in der lateinischen Syntax bloße Musterbeispiele ohne Regeln, aber
in der systematischen Anordnung der Grammatik darbieten. Der Vorgang bei diesem
Unterricht wird nun folgender sein: unter der Leitung des Lehrers übersetzen die
Schüler die einer gewissen Regel angehörenden Musterbeispiele, zuerst möglichst
wörtlich, hierauf in gutes Deutsch; sie vergleichen dann die Beispiele untereinander
und zugleich mit der Übersetzung in Bezug auf ihre Construction und bezeichnen
mit eigenen Worten kurz und bündig die gemachte Beobachtung. Hat der Lehrer
die Überzeugung gewonnen, dass die syntaktische Erscheinung in ihrem Wesen
von den Schülern richtig und deutlich aufgefasst ist, dann erst lässt er einzelne
Schüler den Wortlaut der Regel aus der Grammatik ablesen, auf die selbständig
gemachte Beobachtung übertragen und anwenden; schließlich mögen einzelne Schüler
die Regel auswendig wiederholen. *) Auf diese Weise wird der Schüler unter der
Leitung des Lehrers an selbständiges, geistbildendes Arbeiten gewöhnt und vor
mechanischem Regellernen bewahrt, das bloßes Scheinwissen erzeugt und den
Geist ertödtet. Da aber zur Erlangung eines lebendigen Sprachbewusstseins nicht
nur gründliches Verstehen der Spracherscheinungen, sondern auch eine gewisse
Sicherheit und Gewandtheit in Verwendung derselben zum eigenen Gedanken-
ausdruck unumgänglich nöthig ist, da sich also mit dem Kennen auch das Können
verbinden muss, so wird der Lehrer sich nicht mit der Übersetzung und Erklärung
von Musterbeispielen und mit der Entwicklung der Regel begnügen, sondern er
wird die Schüler jede Regel sofort an einer Reihe von deutschen Beispielsätzen,
die er für diesen Zweck selbst ausgewählt oder zusammengestellt hat, in mündlicher,
hierauf auch in schriftlicher Übersetzung anwenden lassen. **) Der Lehrer spricht
dabei Satz für Satz vor; einzelne Schüler übersetzen sofort Satz für Satz mündlich
ins Lateinische; schließlich liest der Lehrer dieselben Sätze nochmals vor und
lässt sie von den Schülern sofort lateinisch niederschreiben. (Satzextemporalien.)
Diese Sätze hat der Schüler zu Hause schriftlich aufs Beste zu retrovertieren.
Gegen Schluss der Lehrstunde wird eine mäßige Zahl von deutschen Sätzen dictiert,
welche die Schüler zur Einübung der in der Schule aufgefassten Regeln zu
Hause schriftlich in das Lateinische zu übersetzen haben. Wörter und Redeweisen werden auch hier aus der Lectüre des Autors entnommen. Sollte die
Zeit zum Dictieren nicht ausreichen, so wird aus dem eingeführten Übungsbuch eine Reihe passender Sätze zur Übersetzung bestimmt. Immerhin aber ist
jene erstere Weise von höherem Wert: der Vorrath an Wörtern, Redensarten und
Wendungen, die der Schüler aus der Lectüre des Autors gewonnen hat, soll ihm
durch unmittelbare und oft wiederholte Verwendung beim Übersetzen aus dem
Deutschen zum lebendigen Eigenthum werden, über das er endlich frei und leicht
verfügen kann. Sonst verdunkelt oder verflüchtigt sich jener mit Fleiß und Mühe
erworbene Vorrath, während aus dem zu Hilfe genommenen Übungsbuch, wenn es

---

*) Vgl. Roth, Gymnasialpädagogik. 2. Aufl. Stuttgart 1874. S. 171.
**) Vgl. Schrader, Erziehungs- und Unterrichtslehre. 4. Aufl. S. 380.

nicht seinen sprachlichen Stoff aus der gleichzeitigen Autorlectüre entlehnt, wenig oder gar kein bleibender Gewinn erwächst; denn sein anderswoher entnommener lateinischer Sprachstoff gewinnt ohne oft wiederholte Verwendung keinen festen Halt, der Schüler betrachtet ihn leicht als nur für die einzelne Übung bestimmt und geht mit Gleichgiltigkeit darüber hinweg. Die Aufgabe nun, welche der häuslichen Thätigkeit des Schülers bis zur nächstfolgenden Grammatikstunde gestellt ist, umfasst 1. das Auswendiglernen der von dem Lehrer bezeichneten lateinischen Muster- beispiele der Grammatik sammt ihrer echt deutschen Übersetzung; 2. das Auswendig- lernen der entsprechenden Regel nach dem Wortlaut der Grammatik. Nach dem oben gewiesenen Vorgang des Unterrichts ist dies eine leicht erfüllbare Forderung; sie ist aber auch nothwendig, denn erst durch sicheres Wissen der wohl verstandenen Regel wird die sichere Anwendung derselben möglich; 3. die schriftliche Retroversion der in der Schule aufgeschriebenen lateinischen Extemporalsätze; 4. die schriftliche Übersetzung einer mäßigen Zahl von deutschen Übungssätzen. In der nächst- folgenden Grammatikstunde überzeugt sich der Lehrer zunächst durch eine Prüfung, ob die Schüler ihre Aufgabe richtig und sorgfältig ausgeführt haben und thut hierauf in der oben bezeichneten Weise einen Schritt weiter. Selbstverständlich erfahren sprachliche Erscheinungen im Lateinischen, die einfacher und leichter sind, vielleicht weil sie den entsprechenden Wendungen der deutschen Sprache ähneln oder gleichen z. B. der Dativ bei den Verben: nützen, gefallen, gehorchen, begegnen, oder bei den Adjectiven: nöthig, nützlich, angenehm u. s. w. auch eine einfachere und kürzere Behandlung; namentlich über einen Sprachgebrauch, der dem Lateinischen mit dem Deutschen gemeinsam ist, Regeln lernen zu lassen, wäre überflüssig und geradezu schädlich, da es dem Knaben die Unbefangenheit rauben würde, die ihn das Richtige von selbst treffen lässt. Indes die Mehrzahl der syntaktischen Erscheinungen erfordert ruhig vorwärtsschreitende Behandlung; Hasten und Eilen würde nach- haltigen, empfindlichen Schaden anrichten. Bei den zahlreichen Schwierigkeiten, auf welche der Schüler in der lateinischen Syntax stößt, wird der Lehrer darauf bedacht sein müssen, der Auffassung und dem Verständnis zu Hilfe zu kommen. Unentbehrlich wird ihm dabei das Zurückgehen auf die Grundbedeutung eines Ausdrucks und der sich hieraus entwickelnden Bedeutungswandlungen. *).

Stilistisches. Dieser Vorgang ist aber auch für das stilistische Element des lateinischen Sprach-Unterrichts von großer Wichtigkeit. Denn ganz verfehlt wäre es, mit stilistischen Belehrungen bis nach dem Abschluss der Syntax, also bis zur V. Classe zu warten. Es ist bereits bei der Besprechung des lateinischen Elementar-

---

*) Perthes, Zur Reform I., S. 89 macht diesen Vorgang an dem Verbum praestare und dessen mannigfachen Constructionen, welche der Schüler in der Lehre von der Syntax kennen lernen soll, anschaulich. So kann auch der bei persuadere so oft vorkommende Fehler, den Accusativ statt des Dativs zu setzen, dadurch vermieden werden, dass man den Schüler gewöhnt, zuerst regelmäßig die Grundbedeutung „mit Erfolg rathen" wiederzugeben und erst dann die sich weiter entfernende Übersetzung „überreden" in Anwendung zu bringen. Auch Schulgrammatiken (wie die von C. Schmidt) geben nach dieser Richtung praktische Fingerzeige, so wenn zur erklärenden Übersetzung von utor „nütze mir mit", fruor „verschaffe mir Genuss mit", fungor „mache mir zu thun mit" u. s. w. verwendet wird.

Unterrichts in der I. und II. Classe darauf hingewiesen worden, wie sich schon auf den beiden untersten Stufen einige wichtige Punkte der Stilistik zum Verständnis und zur Anwendung bringen lassen und wie der Unterricht schon vom Anfang an bemüht sein muss zu verhüten, dass unlateinische Ausdrucksweise sich einniste, die später nur mit Mühe oder gar nicht mehr auszurotten ist; weit mehr Stoff und Gelegenheit findet die stilistische Seite des Unterrichts in der III. und IV. Classe. So z. B. erfährt der Schüler durch die Grammatik den lateinischen Ausdruck für „bei Lebzeiten, ohne Wissen, in Abwesenheit" u. a.; er erfährt die mannigfaltige Bedeutung des Wortes res; viel Neues lernt er insbesondere in der Lehre von den Eigenthümlichkeiten der Nomina und Pronomina kennen, z. B. den Gebrauch des Abstractums für das Concretum und umgekehrt iuventus, nobilitas, posteritas u. a.; ferner die Verwendung des Neutrums des Adjectivs im Singular für das Abstractum, z. B. verum oder falsum = „Wahrheit oder Unwahrheit" dicere, proferre, referre; gratum facere = „einen Gefallen erweisen"; dann das Eigenthümliche im Gebrauch der Pronomina, z. B. nunc ipsum, tum ipsum = gerade jetzt, gerade damals; ars ipsa = die Kunst an sich; impetu ipso = durch den bloßen Angriff; ferner in der Lehre von den genera verbi Ausdrücke wie: ich habe Freude (gaudeo), bin auf der Hut (caveo); fühle mich bewogen (commoveor), weiß mich zu beruhigen (adquiesco) u. v. a.; endlich später bei der Lehre von den Nebensätzen z. B. ihren Gebrauch im Sinne der Apposition und des Attributs (Epaminondas cum ... exanimari se videret ... quaesivit Cic. Fin. II. 30 = Epaminondas im Gefühl des nahen Todes; aiunt hominem, ut erat furiosus, respondisse Cic. p. Rosc. Am. c. 12 = der wüthende Mensch); schließlich, um noch ein Beispiel anzuführen, wird ihm bei der Lehre von den Participia klar, welche Bedeutung diese für die Kürze und Prägnanz des lateinischen Ausdrucks haben. Bei diesen und andern syntaktischen Dingen dürfte es dem Lehrer ein Leichtes sein, auch die stilistische Bedeutung derselben, das Streben des Lateiners bald nach Einfachheit und Kürze, nach Genauigkeit und Bestimmtheit, bald nach vollständiger Ausprägung des Gedankens dem Schüler zum Bewusstsein zu bringen. Doch mit bloßen gelegentlichen Hinweisungen und Bemerkungen wird nicht viel erreicht; es müssen sich sofort mündliche und schriftliche Übersetzungsübungen anschließen, einzelne deutsche Sätze, welche nach den Mustersätzen der Grammatik oder des Autors gebildet sind. Das letztere sollte vorherrschen; denn der Autor muss im Mittelpunkte des Unterrichts stehen. Damit aber die bei der Lectüre des Autors und beim Studium der Syntax gemachten stilistischen Beobachtungen sich nicht trotz ihrer Unterstützung durch Übersetzungsübungen mit der Zeit verflüchtigen, sind sie allmählich unter gewisse den Regeln der Stilistik entsprechende Gruppen zu bringen und wiederholt in den mündlichen und schriftlichen Übersetzungsübungen zu verwenden.

Haus- und Schulaufgaben. Jene so wichtigen und nothwendigen Extemporalsätze dürfen nicht die einzige schriftliche Übung der III. und IV. Classe bilden; sie sind nur dazu bestimmt, die erlernten Regeln sofort fest einzuüben und ein treffliches Mittel, um den Schüler von der Unbehilflichkeit in der Handhabung der lateinischen Sprache zu befreien. Neben jenen treten schriftliche Haus- und Schularbeiten ein und zwar haben die Schüler der III. Classe alle 2 Wochen ein Pensum

2

und eine Composition, jene der IV. Classe ebensoviele Pensa und alle 14 Tage oder
3 Wochen eine Composition zu schreiben. Diese Aufgaben müssen aus mehreren
Gründen in zusammenhängenden Stücken bestehen. Der mittelmäßige Schüler wird
zwar immer den einzelnen, für sich bestehenden Satz vorziehen, in welchem eine
bestimmte Regel eingeübt wird; der begabtere Knabe hingegen wird der Beschäftigung
mit bloßen Einzelsätzen bald müde und überdrüssig; er verlangt nach einem inhalts-
vollen, größeren Ganzen. Andererseits lässt sich nur an diesem die dem Lateiner
eigenthümliche Wort- und Satzstellung, die Verknüpfung der Sätze und die Anfänge
des Periodenbaues üben. Hat der Schüler bei der Übersetzung des Extemporalsatzes
oft einen classischen Mustersatz vor Augen, den er möglichst treu nachahmen soll, so
kann er allmählich auch dazu angeleitet werden, größere, kunstvollere Perioden
nachzuahmen, wozu schon Nepos, insbesondere aber Cäsar reichlich Gelegenheit
bietet. *) Zeitweise kann z. B. in der IV. Classe bei Gelegenheit der Lehre von
den Tempora und Modi die schriftliche Verwandlung der oratio recta im Cäsar in
die oratio obliqua und umgekehrt zur Aufgabe gemacht werden, eine Übung,
die auch mündlich in der Grammatikstunde vorzunehmen ist. Zu empfehlen sind
auch mündliche und schriftliche Retroversionen in der Schule gelesener Stellen;
damit wird der Schüler von dem Gebrauch des deutsch-lateinischen Wörterbuchs
entwöhnt, dessen Benutzung in der gedankenlosen Auswahl der Ausdrücke sehr
nachtheilige Folgen hat **). In gewisser Beschränkung können zu schriftlichen
Übungen auch Variationen oder Reproductionen der Schullectüre verwendet werden,
wenn sie nämlich aus übersichtlicher Zusammenfassung kleinerer oder größerer
Partien der Lectüre bestehen und den Bedürfnissen der Schüler entsprechend
vom Lehrer selbst abgefasst sind; capitelweise Reproductionen hingegen, die das,
was der Autor in musterhafter Weise ausgedrückt hat, nur verwässern oder
durch Zusammenpferchen verschiedener grammatischer Schwierigkeiten entstellen
und verderben, werden den Schülern bald zum Überdruss und benehmen leicht
die Lust an der Lectüre des Autors. Am besten thut der Lehrer, wenn
er selbst, der die Fähigkeiten und Bedürfnisse seiner Schüler kennt, im genauen
Anschluss an den durch die Lectüre gewonnenen Wortvorrath der Schüler, mit
Verwertung des in den Grammatikstunden verarbeiteten syntaktischen und stilistischen
Stoffes eine in durchaus deutschem, einfachem und natürlichem Ausdruck sich
bewegende Übersetzungs-Vorlage ausarbeitet; der Inhalt lehne sich an die absolvierte Schullectüre an, mag sie nun etwas aus dem Kriegswesen oder aus den
staatlichen Einrichtungen des Alterthums, mag sie Völker oder Persönlichkeiten,
welche die Schüler aus der Lectüre kennen, charakterisierend behandeln. In Bezug
auf die Correctur der schriftlichen Arbeiten gilt im allgemeinen das, was in den
Bemerkungen über den Elementar-Unterricht der I. und II. Classe über denselben
Punkt angedeutet ist und in dem 5. Capitel eine weitere Ausführung erfahren wird.
Der Umfang der Aufgaben aber ist so zu bemessen, dass die Correctur mit der
erforderlichen Gründlichkeit vorgenommen werden kann, ohne eine ganze Grammatikstunde in Anspruch zu nehmen.

---

*) Über diese Art der imitatio ist zu vergleichen Eckstein, lateinischer Unterricht S. 679.
**) Eckstein a. a. O. S. 671.

3. Allgemeine Grundsätze der Behandlung der lateinischen und griechischen Autoren.

Zweck der Lectüre. Die Lectüre der alten Schriftsteller soll, auf genauem grammatischen Verständnis beruhend, die klare Einsicht in den Gedankengehalt und die Kunstform hervorragender Werke der classischen Literatur der Griechen und Römer anbahnen; die sprachliche und die reale Seite der Autoren fordern demnach gleiche Berücksichtigung. Eine in grammatischer und lexikalischer Beziehung mit Flüchtigkeit betriebene Lectüre würde zur Oberflächlichkeit führen und jene Seite des Unterrichtes ihres formell bildenden Einflusses berauben; eine Behandlung hinwieder, welcher es bloß um die grammatischen und lexikalischen Thatsachen zu thun wäre, könnte das zum günstigen Unterrichtserfolg nothwendige lebhafte Interesse der Schüler nicht erwecken, geschweige denn entwickeln und bilden, so dass der Hauptzweck, der Erwerbung classischer Bildung, verfehlt würde. Vom Beginn der Lectüre müssen demnach beide Seiten der Erklärung, die sprachliche wie die reale, gepflegt werden, wenn auch bald die eine, bald die andere, je nach der Bildungsstufe der Schüler und der Beschaffenheit des zu behandelnden Stoffes oder einzelner Theile desselben, überwiegen wird.

Vorpräparation. Obwohl die zu lesenden Texte der Fassungskraft der Schüler entsprechend ausgewählt sind, bietet die Präparation auf jeder Stufe Schwierigkeiten, die durch eigene Kraft zu überwinden der Schüler methodisch angeleitet werden muss, damit er nicht zur Erzielung eines äußeren Erfolges nach unerlaubten Hilfsmitteln greife und so die Zwecke des Unterrichtes vereitle. Demnach darf der Lehrer die häusliche Präparation bei Beginn der Lectüre nicht bloß des ersten, sondern auch jedes folgenden Autors nicht ohne weiters den Schülern überlassen, sondern er muss diese in der Schule anweisen und anleiten, wie sie sich zu Hause vorzubereiten haben *). Der Lehrer wird also bei der Einführung in den Autor Satz für Satz von einem Schüler lesen, Haupt- und Nebensatz nach ihren auffallenden Kriterien unterscheiden und, was einstweilen der Classe sprachlich nicht verständlich ist, von dem übrigen trennen lassen. Hiebei wird gezeigt, wie das Lexikon zu benützen ist; das darf auch in höheren Classen, wo die Anforderungen an die Vorbereitung wachsen und besonders bei Beginn der griechischen Lectüre nicht unterlassen werden. Es handelt sich nämlich bei dieser Unterweisung darum, festzustellen, unter welcher Form das einzelne Wort zu finden, wie innerhalb eines längeren lexikalischen Artikels die zur Stelle passende Bedeutung aufzusuchen sei, wie aus der Grundbedeutung der für den Zusammenhang der Stelle passende Sinn des Wortes entwickelt werde. Auf solche Weise erfährt der Schüler von seinem Lehrer ganz genau, was für die nächste Lection als schriftliche Präparation in das Heft einzutragen ist; der Lehrer aber, der dieselbe anfänglich nicht bloß leitet, sondern Punkt für Punkt in der Schule durcharbeitet, erkennt daraus am sichersten, was die Classe leisten könne und

---

*) Vgl. u. a. Director Steinmeyer, Betrachtungen über unser classisches Schulwesen. Eine Entgegnung. Kreuzburg 1882. 2. Auflage, S. 34.

in welchem Tempo er fortschreiten müsse. Wird nach Feststellung der Bedeutungen der Wörter im vorliegenden Zusammenhange und nach Construction der zusammengehörigen Satztheile der ganze Satz unter reger Mitwirkung der ganzen Classe zuerst möglichst wörtlich, schließlich freier in gutes Deutsch übertragen, so hat der Lehrer durch seine eigene Arbeit das Recht gewonnen, seine Schüler in der verlangten Weise vorbereitet zu finden. Er wird sich dann davon genau überzeugen, ob die neuen Vocabeln richtig und sorgfältig aufgeschrieben und nach ihrer Grundbedeutung sowohl, als auch in dem Zusammenhange der vorliegenden Stelle aufgefasst und memoriert sind, er wird nach den in der vorangegangenen Stunde erörterten Einzelheiten fragen und nach dem Erfolge sowohl die Aufmerksamkeit des Schülers beim Unterrichte als den häuslichen Fleiß bei der Recapitulation und Erlernung des in der Schule Vorgenommenen zu würdigen vermögen. Je präciser, rascher und lebhafter diese Prüfung verläuft und je genauer der Lehrer dabei die Grenzen dessen einhält, was die Schule selbst in vorangehenden Stunden geleistet hat, desto aufmerksamere Theilnehmer wird er bei der ersten Durcharbeitung der für den nächsten Tag bestimmten Lectüre finden. Indessen folgt der Prüfung der einen Präparation nicht unmittelbar die Anfertigung der nächsten; denn es handelt sich noch darum, die Einsicht des Schülers in die präparierte Stelle zu vertiefen und zwar sowohl die gramatische Auffassung derselben zu sichern und zu erweitern als auch namentlich den logischen Zusammenhang der einzelnen Gedanken mit möglichster Schärfe zu erfassen und hiedurch zum klaren Verständnisse des Inhaltes zu gelangen. Dieser Theil des Unterrichtes stellt an den Lehrer die größten Anforderungen.

Präparation des Schülers. Haben endlich die Schüler auf diesem Wege die nöthige Fertigkeit erlangt, die selbständige Präparation zu beginnen, so kann an diese doch keine andere Forderung gestellt werden, als dass sie die abschließende Arbeit des Lehrers soweit vorbereiten, als ihre Behelfe und das Maß ihrer Kraft gestatten. Die äußeren Mittel, deren sie dazu nicht entrathen können, sind Wörterbuch *) und Grammatik (gelegentlich ein Atlas und das Lehrbuch der Geschichte); das Wörterbuch hilft den Sinn der einzelnen Wörter finden, die Grammatik den Sinn ihrer Verbindungen. In das Präparationsheft sind demnach solche Wörter aufzunehmen, deren Bedeutung überhaupt oder deren Bedeutung an der vorliegenden Stelle der Schüler nicht kennt. An dem aufgeschriebenen Worte ist, soweit dies nach dem

---

*) Das Wörterbuch soll von der vierten Classe an kein Speciallexikon, die Grammatik die eingeführte Schulgrammatik sein. Speciallexika sind nur bei Benützung eines nicht commen-tierten Textes scheinbar von einiger Berechtigung; man darf aber nicht übersehen, dass der Wechsel der Lexika die Einheit des Unterrichtes gefährdet; denn der Vocabelschatz eines Autors erscheint dem Schüler als völlig abgethan, sobald ein anderer Autor mit einem neuen Wörterbuche seine Aufmerksamkeit beansprucht. Auch machen Specialwörterbücher für Schulzwecke — wissenschaftliche Werke dieser Art kommen selbstverständlich hier nicht in Frage — dem Schüler die Sache gewöhnlich allzu leicht und zu mechanisch, während gerade das Spüren nach der eben passenden Bedeutung eines Wortes in dem Gesammtwörterbuch eine geistbildende Thätigkeit ist. Nur für die Lectüre Homers dürfte sich aus sachlichen Gründen der Gebrauch eines Speciallexikons empfehlen.

Lexikon ausführbar erscheint, der Stamm von den Bildungssilben durch Striche zu trennen, ferner zuerst die ursprüngliche Bedeutung mit der durch den Zusammenhang bewirkten Modification derselben, dann die ganze in der Stelle erscheinende Phrase sammt der passenden Übersetzung zu geben. Die Aufnahme eines bekannten, also überflüssigen Wortes ist ebenso als Fehler der Präparation zu bezeichnen, wie das Übergehen solcher Wörter, deren Bedeutung der Schüler zu wissen glaubte, in Wirklichkeit aber, wie sich beim Übersetzen zeigt, nicht wusste. Ferner hat die Präparation einen kurzen Hinweis auf den Paragraph der Grammatik zu enthalten, den der Schüler etwa bei der Präparation von selbst oder durch einen Hinweis im Commentare nachzuschlagen veranlasst war; am dienlichsten ist in solchem Falle die Aufnahme eines Beispieles aus der Grammatik. Da es aber nicht selten in der Partie, zu deren Erfassung sich der Schüler bei der Präparation durcharbeiten soll, Wörter und Constructionen gibt, über die im Wörterbuch und in der Grammatik keine oder keine ausreichende Auskunft zu finden ist, und da ohne die Kenntnis dieser die ganze Arbeit des Schülers nicht selten fruchtlos wäre, so kann der Lehrer, wo es die Verhältnisse der Schüler erlauben, passende commentierte Ausgaben *), die er durch eigenen Gebrauch kennt, für die häusliche Präparation empfehlen. In der Schule selbst sollen aber nur Texte und zwar Texte derselben Recension gebraucht werden. Unter besonderen Umständen, wenn z. B. Sophokleische Chöre mit einer schwächeren Classe gelesen werden sollen oder sonst ein Präparationspensum größere Schwierigkeiten bietet, deren Überwindung man der eigenen Kraft der Schüler nicht zumuthen kann, muss der Lehrer durch vorausgeschickte Bemerkungen eine erfolgreiche Präparation zu erleichtern suchen und vorübergehend zu dem Verfahren zurückkehren, welches er beim Beginn der Lectüre eingehalten hat. Ja es verdiente überhaupt erwogen zu werden, ob nicht der bei der Anempfehlung einer commentierten Ausgabe verfolgte Zweck sich durch die consequente Beibehaltung dieses Verfahrens leichter und vollkommener erreichen ließe, da ja ein Commentar dem Bedürfnisse einer Classe niemals so genau angepasst sein kann, als es der Lehrer zu treffen vermag, der seine Schüler genau kennt und darum besser zu beurtheilen weiß, welche Schwierigkeit für den Mittelschlag oder selbst für die fähigeren Köpfe in der Classe lösbar sind und welche nicht.

Nach dem Maß der Schwierigkeiten, sowie nach dem Grade der bereits erworbenen Fertigkeit hat sich auch der Umfang der zur Vorbereitung aufgegebenen Stücke zu richten. Durch gewissenhafte Präparation soll der Schüler zum Verständnis des Textes zu gelangen streben, das er selbst am besten erproben und befestigen kann, wenn er denselben laut in die Muttersprache zu übertragen und nachher

---

*) Solche Commentare müssen für die Bildungsstufe des Schülers berechnet sein und sollen nur bieten, was derselbe ohne besondere Anleitung benutzen kann. Wenig zweckentsprechend sind zahlreiche Verweisungen auf die Paragraphe einer Grammatik oder auch der Schulgrammatik des Schülers, noch weniger die Parallelstellen, deren Verständnis dem Schüler oft mehr Mühe macht als die zu erklärende Textesstelle. Geradezu schädlich wirkt die Benutzung verschiedener Commentare in derselben Classe. Über die Zulassung oder Empfehlung der Ausgaben, Commentare, Lexika, sowie anderer Hilfsmittel des Unterrichtes sollen die philologischen Lehrer einer Anstalt sich mit einander verständigen.

nochmals ausdrucksvoll zu recitieren versucht. Der Lehrer versäume nicht, den Schülern die Nothwendigkeit und den Nutzen solcher Übung vorzuhalten, durch die sie gewöhnt werden, strengere Anforderungen an sich zu stellen und sich nicht mit einem Scheinverständnisse zu begnügen.

Beurtheilung der Präparation. Kaum dürfte aber etwas schwieriger und zugleich in seiner Rückwirkung auf das Gebaren der ganzen Classe fühlbarer sein als die Beurtheilung, welche der Lehrer der häuslichen Präparation des Schülers angedeihen lässt. Wie, namentlich in den höheren Classen, Schüler zu behandeln seien, welchen dank ihrer Begabung und den bereits gewonnenen Kenntnissen ihr Pensum in genügender Weise zu übersetzen und zu erklären gelingt, ohne dass sie sich eigentlich präpariert haben, wird immer eine Sache individuellen Taktes bleiben. Wäre auch Strenge des Lehrers in solchem Falle ganz berechtigt, so kann doch auch eine Anspornung des Ehrgeizes zum Ziele führen. Leichtfertigkeit, Unfleiß und der Versuch zu täuschen fordern aber unbedingt ernste Ahndung. Die Säuberung der Classe von solchen, den Fortschritt hemmenden Elementen darf auf keiner Stufe des Unterrichtes verabsäumt werden. Mit großer Vorsicht und Milde wird aber der Lehrer die Präparation derjenigen Schüler beurtheilen, welche zwar dem Unterrichte mit stetiger Aufmerksamkeit folgen und der häuslichen Vorbereitung unverkennbaren Fleiß widmen, gleichwohl aber eine genügende Präparation der vom Lehrer nur in einigen Punkten zum voraus erläuterten Lection zu leisten nicht die Fähigkeit besitzen. Überschreitet der Lehrer in seinen Anforderungen an die häusliche Vorbereitung die Grenze dessen, was der Mittelschlag der Schüler bezüglich Übersetzung und Erklärung des Autors durch eigene Thätigkeit leisten kann, so zwingt er dieselben entweder häusliche Hilfe in Anspruch zu nehmen oder eine flüchtige Belehrung in Übersetzungen und anderen unerlaubten Hilfsmitteln zu suchen.

Gedruckte Übersetzungen. Wie diesem Übel, das jeden Unterrichtserfolg unmöglich macht und sogar den Charakter untergräbt, zu steuern sei, erfordert reifliche Überlegung und unermüdliche Aufmerksamkeit. Bei der Uncontrolierbarkeit der Anschaffung derartiger Hilfsmittel, namentlich so lange selbst angesehene Firmen dieselben der Jugend geradezu aufdrängen, können Gewaltmittel nur auf beschränkten Erfolg rechnen; für ein abgenommenes Exemplar der Interlinear-Übersetzung wird ein neues nachgeschafft und nur sorgfältiger verheimlicht. Der Lehrer muss also vielmehr darauf ausgehen diese verderblichen Hilfen den Schülern entbehrlich zu machen. Dies darf er — vorausgesetzt dass nicht geradezu unreife Schüler in der Classe sitzen — dann am ehesten zu erreichen hoffen, wenn er es versteht, die Aufgaben richtig zuzumessen und vorzulegen, wenn er nicht ermüdet zur Arbeit anzuleiten und anzuhalten, wenn er die vielleicht unbeholfene, aber redliche Leistung, ja selbst gröbere Irrung mit dem Wohlwollen aufnimmt, welches das ernste Streben verdient, ohne aber deshalb eine bessere Leistung sofort für erborgt zu halten und mit Misstrauen aufzunehmen. Befestigt und verbreitet sich dadurch bei den Schülern die Einsicht, dass man den Forderungen der Schule mit der eigenen Kraft genügen könne und dass die redliche Arbeit höher gelte, als der scheinbare Erfolg, dann wird die Freude an der Arbeit und der von den besseren Elementen der

Classe ausgehende und sich auf die anderen verbreitende Ernst des Strebens das Übel, wenn nicht völlig verschwinden machen, so doch auf vereinzelte Fälle einschränken und im ganzen unschädlich machen. *)

Die Erklärung in der Schule. Beruht die richtige Ausführung des präparierenden und des examinierenden Theiles der Lehrstunde zumeist auf der pädagogischen und didaktischen Befähigung des Lehrers, so zeigt ihn die Interpretation in seiner ganzen Persönlichkeit. Die Präparation und das Examiniren derselben erzeugen ein ziemlich gleichmäßiges Verständnis des Autors im großen und ganzen in der Classe, wobei sich die besseren Schüler von den schlechteren nur durch die Sicherheit und die Raschheit unterscheiden, mit der sie sich dasselbe aneignen; die Exegese muss nun vor allem darauf ausgehen, die fähigeren Köpfe anzuregen und durch ihre lebhafte Mitbeschäftigung auch allmählich die übrige Masse in ein geistiges Interesse an der Sache hineinzuziehen. Soll die Energie des Denkens und Wollens vom Lehrer auf die Schüler sich verpflanzen und die Passivität endlich überwinden, so fordert dies eine bedeutende geistige Kraft in dem Lenker dieses Unterrichtes und es genügt zu solcher Anregung nicht die dem Stoffe selbst innewohnende Anziehungskraft, sondern es muss sich der Gegenstand in der Auffassung des Lehrers abspiegeln und als Reflex auf den Geist der Jugend wirken. Weil also hier das meiste von der Individualität des Lehrers abhängt, darum lassen sich denn auch ganz specielle Vorschriften, wie gerade dieser Theil des Unterrichtes einzurichten sei, nicht geben, ohne die Individualität des Lehrers über Gebür zu beschränken. Wissenschaftliche Tüchtigkeit wird bei einigem Lehrgeschick den richtigen Weg am sichersten finden lassen. Der Lehrer erkenne es demnach als das erste Erfordernis seines Berufes, dass er in der eigenen Bildung fortzuschreiten nicht ermüde. Nur wenn er sein Wissen durch unausgesetztes Studium zu erweitern und wo möglich durch eigene Forschung zu vertiefen strebt, wird er sich auch für spätere Jahre die Elasticität des Geistes, die Frische der Auffassung und jenes lebendige Interesse an seinem eigenen Lehrfache bewahren, das allein auf die Schüler unmittelbar wirkt und sie trotz ihrem Widerstreben mit sich fortreißt.

Eine weitere wichtige Pflicht des Lehrers ist es, das jedesmal in der Schule zu erklärende Stück sich selbst zur vollsten Klarheit zu bringen und sich auf dasselbe in der Art vorzubereiten, dass er die möglichen Auffassungen der Schüler vorher erwägt, um dieselben wirksam berichtigen zu können. Ebenso genau muss er die Übersetzung, zu welcher er die Classe hinleiten will, bei sich festgestellt haben, ja er wird die Mühe nicht scheuen dürfen, die Übersetzung zumal schwieriger Partien oder complicierterer Perioden sich schriftlich auszuarbeiten. Hiebei wird er in stetem Hinblick auf das ganze Werk, welches die Classe beschäftigt, auf die Stellung und Bedeutung desselben in der Gymnasial-Lectüre jeden Abschnitt prüfen und erwägen, welche grammatischen, stilistischen und

---

*) Vgl. über diesen Punkt die Verhandlungen der 20. Directoren-Conferenz der Provinz Westphalen S. 24 ff., sowie Bonnel, Betrachtungen über das Verhalten der Schule gegen die Übersetzungen, Programm des Werder'schen Gymnasiums in Berlin 1855, und Leuchtenberger: Was ist von Übersetzungen seitens der Schüler zu halten, und welche Mittel sind dagegen in Anwendung zu bringen? Programm des Bromberger Gymnasiums 1872.

sachlichen Bemerkungen das Verständnis nothwendig erheische oder räthlich erscheinen
lasse, welche besser für eine andere Stelle aufgespart bleiben. Auch schwierige
Constructionen und Phrasen oder Wörter besonderen Gepräges lassen sich oft ohne
Aufgebot eines weitläufigen grammatischen Apparates und ohne Excurse in das Gebiet
synonymischer Subtilitäten vorläufig durch einen zutreffenden Ausdruck in der Muttersprache abthun, um bei passenderer Gelegenheit, wenn sich das Material der
Beobachtung gehäuft hat, von den Schülern selbst observiert und zu bewusster Klarheit
gebracht zu werden. Namentlich werden jüngere Lehrer, welche frisch von der
Universität und von der ganz andere Ziele verfolgenden Behandlung der Classiker in
den philologischen Seminaren an das Gymnasium kommen, solche Erwägungen um
so gewissenhafter anzustellen haben, je weniger sie noch aus Erfahrung die Auffassungskraft der auf verschiedener Stufe stehenden Schüler kennen gelernt und daraus ein
Regulativ ihres Verfahrens gewonnen haben. Die Benützung commentierter Ausgaben
wird diese auf die besonderen Verhältnisse seiner Classe achtende Präparation des
Lehrers zwar unterstützen, aber niemals ersetzen können. Unter solcher Vorbereitung
allein wird die Lectüre ein rascheres Tempo einschlagen und ihre Hauptaufgabe lösen
können, dass in lebendiger Anschauung der Schriftsteller und sein Werk erfasst
werde. Eine nur improvisierte Erklärung kann das niemals erreichen *), mag der
Lehrer auch noch so kenntnisreich und geschickt sein.

Sind nun Lehrer und Schüler in der angegebenen Weise vorbereitet, so kann
der äußere Hergang bei der Erklärung des Schriftstellers
folgender sein: Der Lehrer ruft einen Schüler auf und lässt ihn einen Abschnitt
vorlesen; die Abschnitte sollen anfangs klein sein und in der Regel nicht mehr als
eine Periode umfassen, später bestimmt sich der Umfang nach dem Inhalt und der
Schwierigkeit. Fehler gegen Aussprache und Accentuierung lässt man von anderen
Schülern corrigieren, die dadurch angehalten werden mitzulesen und sich um Quantität
und Betonung eines Wortes schon bei der häuslichen Präparation zu bekümmern. Dann
gibt der aufgerufene Schüler die Übersetzung. Zeigt er sich mangelhaft vorbereitet,
sucht er erst jetzt eine Übersetzung zu bilden, so hat er ohne weiters abzutreten
und es wird ein anderer aufgerufen. Die consequente Durchführung dieses Verfahrens
wird in Kürze dem unleidlichen Stottern und Dehnen, Unterbrechen und Wieder-
aufnehmen ein Ende machen. In die Übersetzung, die der Schüler gibt, rede der
Lehrer nicht darein; er vermag sonst nicht zu erkennen, welchen Antheil an der
Leistung er selbst, welchen der Schüler habe. Auch benimmt es dem eifrigen Schüler
die Freude am Erfolge; die bequemen aber macht es noch bequemer, wenn sie sehen,
es komme trotz ihrer eigenen Ungeschicklichkeit durch das stete Eingreifen des
Lehrers schließlich doch etwas heraus. Hat jener einzelne Schüler seine Aufgabe
durchgeführt, so richtet der Lehrer an die ganze Classe die Frage, wer gegen die
Übersetzung in Bezug auf Sinn oder Ausdruck ein begründetes Bedenken zu erheben
habe. Hat sich diese Methode eingelebt, so ist die Betheiligung der Schüler allgemein
und rege und dies um so mehr, wenn sie sehen, dass ihre Leistungen bei dieser
Gelegenheit vom Lehrer beachtet und gewürdigt werden. Aber gerade hier bedarf

---

*) Vgl. Schrader, Erziehungs- und Unterrichtslehre, 4. Aufl. Berlin 1882, S. 394 ff.

der Lehrer großer pädagogischer Sicherheit und Festigkeit. Vor allem ist mit der
größten Entschiedenheit jedes leere Herumreden zurückzuweisen. Wer sich meldet,
hat die Stelle der Übersetzung, gegen die er sich wendet, mit den Worten des
Übersetzers anzuführen, damit nicht etwa corrigiert werde, was gar nicht gesagt
worden ist, und hat dann seinen Verbesserungsvorschlag zu machen und zu begründen.
So kommen die mannigfachsten Auffassungen zum Vorschein; indem nun der Lehrer,
aus den Bemerkungen der Schüler am besten erkennend, wo er nachhelfen, wo er auf-
klären soll, worüber zu reden überflüssig und daher schädlich wäre, eifrig mithilft, hier
eine Fassung annimmt, dort eine andere als unrichtig zurückweist, ähnliche Wendungen,
die schon vorgekommen sind, von den Schülern finden lässt, sachliche Bemerkungen
anknüpft, Geographisches, Geschichtliches oft mit einer Frage abthut, den Zusammenhang der Sätze untereinander und mit dem Vorhergehenden unter steter Mitwirkung
der Schüler aufdeckt, so kommt eine Übersetzung zustande, die, in frischer geistiger
Wechselwirkung errungen, auch wirklich verstanden ist. Wenn der Lehrer zum Schluss
seine eigene Übersetzung gibt, mag er zum Lohne der eifrigen Bemühungen gelungene
Wendungen und Ausdrücke der Schüler aufnehmen. Die so festgestellte Übersetzung
lässt er je nach der Schwierigkeit der Stelle von einem oder mehreren Schülern
wiederholen und geht dann weiter. Bieten die gerade vorliegenden Sätze dem
Verständnisse keine weiteren Schwierigkeiten, so ist die Sache mit der Herstellung
einer guten Übersetzung abgethan; wo hingegen im Texte größere Schwierigkeiten
liegen, wird der Lehrer auf den Versuch, eine gelungene Übersetzung sofort zu
erhalten, verzichten und sogleich mit der Analyse des verwickelteren Gefüges beginnen.
Dadurch werden auch die Schüler in die Kunst zu analysieren und zu construieren
methodisch eingeführt *). Bei dieser ganzen Arbeit lässt sich die Individualität der
Schüler nicht nur in der Vertheilung der zu übersetzenden Abschnitte nach dem
Grade ihrer Schwierigkeit berücksichtigen, sondern noch mehr dadurch, dass an den
tüchtigeren schwerere, an den schwächeren leichtere Fragen gestellt, zerstreute öfter
aufgerufen, überhaupt jeder nach Fähigkeit und Bedürfnis herangezogen wird.
Wie überall, so besonders h i e r , m u s s d e r L e h r e r d a s r i c h t i g e
M a ß i m S p r e c h e n e i n z u h a l t e n s u c h e n , wenn er die Schüler sprechen
lehren und die gesammte Classe beschäftigen will. Was nun die Erklärung im
einzelnen betrifft, so verliere der Lehrer nie den Hauptzweck derselben aus dem Auge,
den Gedanken des Schriftstellers zur klaren Anschauung zu bringen und ihn in
möglichst zutreffender Form in der Muttersprache wiederzugeben. Etymologische
Deductionen, ihre wissenschaftliche Begründung vorausgesetzt, sind zwar für das
bessere Verständnis mancher Stelle und auch als Denkübungen gewiss von großem
Nutzen, die Anschaulichkeit einer Vorstellung ist ja oft nur so erreichbar, dass
man in der Geschichte des Wortes bis zu einer Zeit zurückgeht, in der das Wort
nur sinnliche Bedeutung hatte; auch der so häufig vorkommenden verkehrten
Anwendung tropischer Wendungen wird durch die Einsicht in die ursprüngliche
Bedeutung der Worte vorgebeugt; allein der Lehrer hüte sich vor etymologischen
Excursen, die mit der zu erklärenden Stelle nichts oder nur sehr wenig zu thun

---

*) Für den angehenden Lehrer bietet gute Weisungen Rothfuchs, Syntaxis ornata, Marburg 1873,
S. 53.

haben. In gleicher Weise sind Vergleichungen des Griechischen und Lateinischen, Synonymik, Wortbildungslehre u. ä. zwar nicht zu umgehen, wenn sie die Erfassung des Gedankens fördern, sie sind aber nicht am Platze, wenn man Unbekanntes durch noch Unbekannteres erklären will.

Schwieriger ist es das richtige Maß in der Heranziehung der Grammatik zu finden, welche nicht bloß für das Verständnis jedes Satzes die unerlässliche Voraussetzung ist, sondern durch die Subsumierung jedes einzelnen Falles unter seine allgemeine Regel eine formal bildende Wirkung wie kaum ein anderes Unterrichtsmittel auszuüben vermag, und deren Kenntnis durch die Lectüre erweitert und vertieft werden soll. Es mag auf solchen Erwägungen beruhen, dass gerade gewissenhafte Lehrer nicht selten sich verpflichtet glauben, jedes Wort im Satze zum Ausgangspunkte grammatischer Bemerkungen und Fragen zu machen und so ein Mittel zum alleinigen Zwecke erheben. Aber freilich gibt es auch für manche andere kein bequemeres Mittel, um die Lectürestunden auszufüllen. Das Resultat wird in beiden Fällen ungefähr dasselbe sein, Erfolglosigkeit und Verruf des philologischen Unterrichts. Im allgemeinen muss demnach der Grundsatz gelten, die Grammatik nur, wo und so weit dies die richtige Auffassung einer Stelle erheischt, heranzuziehen. Wirkt ja doch gut verstandene Lectüre an sich schon indirect auch für die Vertiefung des grammatischen Wissens, indem der Schüler die Sprache der einzelnen Schriftsteller in der ihr eigenthümlichen Bewegung kennen lernt und, nicht zerstreut durch fortwährende Ablenkung der Aufmerksamkeit, in der lebendigen Auffassung des Gelesenen sein Sprachgefühl entwickelt. Durch welches Verfahren aber und nach welchen Seiten bei den einzelnen Autoren die grammatischen Kenntnisse sich erweitern und befestigen lassen, ohne die Aufmerksamkeit der Schüler von dem Inhalt des Gelesenen abzulenken, das wird noch bei der Behandlung der einzelnen Schriftsteller zu erörtern sein. — Die gleiche Beschränkung muss sich die reale Erklärung auferlegen und es wäre nicht minder gefehlt, an einzelne Stellen der Lectüre historische, mythologische, antiquarische Excurse zu knüpfen. Die reale Erklärung aber wird um so kürzer und wirksamer sein können, je fleißiger und methodischer von den zahlreichen und leicht zu beschaffenden Mitteln des Anschauungsunterrichtes Gebrauch gemacht wird, welche wir den Fortschritten der vervielfältigenden Technik verdanken. Besonders sparsam sei der Lehrer in ästhetischen Erörterungen; das Schöne soll unmittelbar auf das Gemüth der Schüler wirken. Textkritik treibe er nie, etwa die seltenen Fälle in den obersten Classen ausgenommen, wo durch eine geniale Combination eine Stelle in überraschender Weise dem Sinne nach beleuchtet worden ist, oder wo die vergleichende und abschätzende Erklärung des Sinnes verschiedener Lesarten ein eindringenderes Verständnis vermitteln kann. Ohne volle Sicherheit des eigenen Urtheils wird aber der Lehrer besser thun, solchen Gelegenheiten auszuweichen.

Übersetzung. Ein Ergebnis der Präparation und Erklärung muss auf jeder Stufe des Unterrichts eine treue und geschmackvolle Übersetzung sein. Zur Treue gehört, dass der Lehrer weder den Schülern, noch sich selbst ein nur halb und ungefähr treffendes Wiedergeben der lateinischen und griechischen Worte, Wendungen und Satzverbindungen nachsehe und jede Verletzung der Gesetze der Muttersprache, namentlich auch in Wortstellung und Satzfügung, als Fehler behandle. Es gehört zur Treue aber auch, dass der Lehrer jeder Abschwächung des Gedankens durch die Übersetzung entgegentrete. Hiedurch selbst wird die treue Übersetzung zu einer geschmackvollen werden, indem sie ohne jede Verletzung des Charakters der Muttersprache den Charakter und Ton des übersetzten Schriftstellers wiederzugeben sich bemüht. Die von den Schülern aus eigener Kraft versuchte Übersetzung wird diese Ansprüche in der Regel nicht erfüllen, wiewohl frühzeitige und consequente Gewöhnung erfahrungsgemäß manches erreicht; daher ist in vielfacher Beziehung nützlich, dass der Lehrer selbst nach der Erklärung eines Abschnittes, bei Beginn der Lectüre eines neuen Autors wohl regelmäßig, jene Übersetzung mündlich mittheilt, die er zu diesem Zwecke, wie bemerkt am besten schriftlich, in wohl erwogener Form vorbereitet hat. Das Vorlesen derselben würde nicht die gleiche Wirkung thun, noch weniger aber die Mittheilung einer fremden Übersetzung, weil sich in der Schule die Übersetzung als das Ergebnis der vorausgegangenen Erklärung darstellen muss. Hierdurch wird dem Schüler nicht nur der gesammte Gedankengang nochmals vergegenwärtigt, sondern es wird auch sein Sprachsinn für die stilistische Form beider Sprachen geschärft; er erhält in der gelungenen Übersetzung den reinsten Ertrag der Bemühung in Präparation und Erklärung und lernt zugleich selbst der gelungenen Übersetzung gegenüber die unerreichten Vorzüge des Originals schätzen. In den unteren Classen durchweg, in den oberen aber wenigstens für die ersten Wochen einer neuen Lectüre ist zu rathen, dass der erklärte und übersetzte Abschnitt in der nächsten Stunde von den Schülern ohne vorausgehendes Vorlesen des Textes sicher und fließend übersetzt werde, wobei dann alle stilistischen Forderungen an die Übersetzung zu stellen sind. Der Lehrer wird in der Art dieser Leistung den besten Maßstab für die Beurtheilung der Arbeitskraft, Aufmerksamkeit und Thätigkeit der Schüler haben. Schriftliche Übersetzungen in die Muttersprache sind nur selten aufzugeben, dann aber auf das strengste vom Lehrer zu corrigieren; als regelmäßige Aufgaben sind sie zu widerrathen, weil sie den Fortschritt der Lectüre hemmen, leicht ein gedankenloses Schreiben in schlechter oder mittelmäßiger Sprachform befördern und den mit ihrer Correctur überbürdeten Lehrer wichtigeren Pflichten entziehen.

Memorieren. Wenn die Lectüre der Schriftsteller nach den gegebenen Weisungen betrieben wird, werden sich, namentlich so lange der Fortschritt langsamer ist und die Methode mehr den repetitorischen Charakter hat, ohne besonderes Erlernen ganze Sätze und Abschnitte des Gelesenen leicht dem Gedächtnisse der Schüler einprägen. Dieses wörtliche Memorieren einzelner Lesestücke darf aber nicht dem Zufalle überlassen bleiben, sondern muss durch alle Stufen des Unterrichts planmäßige Übung erfahren; denn es ist dies für die Stärkung und Ausbildung des Gedächtnisses unerlässlich. Für den Rhythmus der Verse, nicht minder für den Rhythmus und die Anordnung umfangreicher Perioden, für Wortstellung und feinere Eigenthümlichkeiten des Stiles bildet sich dadurch ein instinctives Gefühl am schnellsten aus und insbesondere die Lectüre Homers lässt sich nur so in ein rascheres Tempo bringen, wenn im Anfange die wenigen in der Schule durchgenommenen Verse auch memoriert werden. Endlich gewinnt auf diese Weise der

Schüler allmählich einen Schatz von Gedanken und Anschauungen in classischer
Form, die er als unverlierbaren Besitz in das Leben mitnimmt. Der Lehrer muss
dabei seine Forderungen in das richtige Verhältnis zur wachsenden Kraft des
Schülers zu bringen wissen, auf seinen billig gestellten Forderungen aber mit Strenge
bestehen. Der Memorierstoff wird zumeist, aber nicht ausschließlich, Dichtern
entnommen; außer Ovid und Horaz, Homer und Sophokles werden auch Cäsar,
Cicero und Demosthenes passenden Stoff bieten, der nach Vorzügen der Form oder
des Inhaltes sorgfältig auszuwählen ist. Auch das in früheren Classen Memorierte
soll gelegentlich aufgefrischt werden; zu diesem Zwecke empfiehlt es sich, das
Verzeichnis des Memorierten in das Programm aufzunehmen.

Repetitionen. Das durch die Erklärung der Schriftsteller gewonnene mannigfache sprachliche und sachliche Wissen unterliegt wegen seiner Mannigfaltigkeit und
der Zusammenhanglosigkeit, in der es erworben wird, in weit höherem Grade als
ein in systematischem Unterrichte erlernter Stoff der Gefahr, sich zu verflüchtigen
und aus dem Gedächtnisse zu entschwinden, wenn nicht auf methodischem Wege
für die Befestigung gesorgt wird. Diesem Zwecke dient auf den niederen Stufen
die Wiederholung der in der vorausgehenden Stunde gegebenen Übersetzung, sowie
zu Beginn jeder Stunde rasche Recapitulation der Wendungen und Phrasen aus den
gelesenen Abschnitten, namentlich um schrittweise die Phraseologie zu erweitern;
in den oberen Classen, wo die Wiederholung der Übersetzung sich auf einzelne
schwierige Stücke beschränken lässt, kommen dazu neben präcisen Inhaltsangaben des
Gelesenen sachlich geordnete Zusammenfassungen der bei der Erklärung gemachten
Bemerkungen über Sprachliches, Antiquarisches, Metrisches u. dgl. unter Betheiligung
der ganzen Classe, woraus der Lehrer zugleich die Richtigkeit und den Grad des
Verständnisses zu controlieren vermag. *) Diese Repetitionen des Stoffes werden
sich, wenn größere Abschnitte vollendet sind, nach vorausgehender Ankündigung
wiederholen müssen. Sie erfolgreich anzustellen, verlangt vom Lehrer eine anstrengende
Thätigkeit, indem er sich gewissenhaft die Gesichtspunkte zurecht legt und die
volle Beherrschung des Stoffes gewonnen haben muss, um Fehlendes zu ergänzen
und das Zerstreute zu einem Gesammtbilde zu vereinigen; die Arbeit belohnt sich
aber dadurch, dass die Selbstthätigkeit der Schüler geweckt und für den weiteren
Fortgang der Lectüre ein fortwirkendes Interesse erregt wird, wie es durch bloße
Fortführung der Übersetzung und Erklärung von Lection zu Lection sich kaum
würde erreichen lassen. Bei diesen Wiederholungen werden die Schüler auch
angehalten und angeleitet, neben dem Präparationshefte ein durch die oberen
Classen fortzuführendes Collectaneenheft anzulegen. Aus der Art und Weise, wie
die Hefte geführt werden, lässt sich Gang und Erfolg des Unterrichtes leicht
entnehmen. In dieselben wird auch eingetragen, was im Laufe der Lectüre zur
Ergänzung der Einleitung über den Autor und sein Leben gewonnen wird.

Einleitung in die Lectüre. Jene Einleitung soll sich stets auf das für das
erste Verständnis der Lectüre Erforderliche, also auf Daten über die Lebens-

---

*) Vgl. E. Lang, Über die Repetition der Autorenlectüre, in den Jahrbüchern für Philologie 1872.
II. S. 183—193.

verhältnisse und Werke des Schriftstellers beschränken und der Fassungskraft und dem Gedankenkreise der Schüler genau angepasst sein. So nothwendig es ist, den Schüler im Laufe der Lectüre auf alles aufmerksam zu machen, was den Charakter des Autors, die Beziehungen auf Zeitgenossen und Zeitverhältnisse, die Tendenzen, Vorzüge und Mängel seines Werkes u. dgl. betrifft, so nutzlos oder geradezu schädlich ist es, derartiges dem Beginne der Lectüre vorauszuschicken, da ja erst die Lectüre das Verständnis dafür vorbereitet. Der Lehrer wählt für diese Einleitung am besten die eindringliche Form des freien Vortrages, welche die nachlassende Aufmerksamkeit einzelner Schüler oder der ganzen Classe durch eine Zwischenfrage leicht wieder zu spannen gestattet. Vermochte der Vortrag die Aufmerksamkeit der Schüler zu fesseln, so wird es nicht schwer fallen, die Hauptpunkte desselben auch ohne vorhergehende Präparation in der nächsten Stunde dialogisch zu erörtern, wobei dann alle jene Daten, Namen und Begriffe genauer fixiert werden können, deren dauernde Kenntnis erforderlich scheint. Wird dieser literarhistorische Lernstoff nicht als ein todtes Wissen bei Seite gelegt, sondern bei passender Gelegenheit mit der Lectüre in lebendige Verbindung gebracht und erweitert, zum Schlusse derselben in einem Rückblicke auf das Gelesene von neuem durchgearbeitet, in den nächsten Jahren bei den Einleitungen zu anderen Autoren als passender Anknüpfungspunkt verwendet und auf diese Weise im Bewusstsein der Classe erhalten, so erfüllt nicht nur eine jede dieser Einleitungen ihren Sonderzweck, den Schüler in die Lectüre des Autors einzuführen, sondern sie dienen in ihrer Gesammtheit auch dazu, ihn im ganzen Kreise der gymnasialen Classikerlectüre zu orientieren. Erscheint es schon überflüssig, diese Einleitungen zu dictieren, so kann von der Verwendung eines literarhistorischen Leitfadens noch viel weniger die Rede sein.

Extemporierte und cursorische Lectüre. Die Knappheit der dem lateinischen besonders aber der dem griechischen Unterricht im Obergymnasium zugemessenen Zeit legt es nahe nach Mitteln zu suchen, um den Umfang der Lectüre zu erweitern. Manche halten extemporierte Übersetzungen für empfehlenswert. Wenn die Schüler im genauen Übersetzen und guten Verständnis eines Autors vorwärts gekommen sind, dann darf allerdings gelegentlich ein Stück vorgelegt werden, auf das sie nicht vorbereitet haben, um die gewonnene Kraft zu erproben, und es werden sich solche Übungen zur Aneiferung einzelner Schüler und der ganzen Classe mit gutem Erfolge vornehmen lassen; sonst mögen sie als eine Versuchung zur Flüchtigkeit und Oberflächlichkeit lieber gemieden werden. Das gleiche gilt von der cursorischen Lectüre einzelner Abschnitte oder ganzer Schriftwerke. Allerdings werden sich innerhalb jedes einzelnen Autors Partien finden, welche eine raschere Behandlung gestatten; wenn die Schüler tüchtig eingelesen sind, besonders also am Schluss des Cursus, werden selbst umfangreichere Stücke und Bücher wie z. B. ganze Rhapsodien aus Homer und kleinere Ciceronianische Reden rascher gelesen und übersetzt werden können; allein auch hiefür ist eine ordentliche Vorbereitung der Schüler unerlässlich. Größeren Nutzen darf man sich von zweckmäßig geleiteter Privatlectüre versprechen, zu welcher aber der Lehrer nur anregen, nicht zwingen soll.

Privatlectüre. Privatlectüre, bei welcher vornehmlich Cäsar, Cicero, Tacitus, Xenophon und Homer in Betracht kommen, führt in obligatorischer Form selten zum gewünschten Ziele; die Gefahr einer leichtfertigen Behandlung derselben liegt zu nahe. Auch hat die Schule kaum die Zeit, die Schwierigkeiten durch Vorbesprechung in der Weise hinwegzuräumen, dass einem sicheren Verständnisse in der ganzen Classe entgegengesehen werden dürfte. Lässt sich dies aber nur bei der Minderzahl erreichen, dann empfiehlt es sich · eben die Privatlectüre ausschließlich der freien Thätigkeit der Schüler zu überlassen. Abgesehen von dem ethischen Werte, der dem facultativen Betriebe derselben innewohnt, lässt sich bei der Wahl des Autors auch die Vorliebe des einzelnen Schülers und der Grad seiner Kenntnis berücksichtigen. Der Lehrer wird hiebei seinen Rath den Schülern nicht versagen dürfen. Schriftliche Präparation und Einprägung derselben soll durchwegs auch hiebei verlangt werden, damit diese freie Thätigkeit nicht des nöthigen Ernstes entbehre. Ebenso muss die Form und der Inhalt des gelesenen Stoffes zum Gegenstande gründlichen Studiums gemacht werden. Bezüglich grammatisch oder sachlich schwieriger Stellen muss es dem Schüler zwar freistehen sich mit Fragen an den Lehrer zu wenden; um jedoch einer Zersplitterung seiner Zeit und Kraft wirksam vorzubeugen, wird der Lehrer seine Schüler schon in der fünften Classe daran gewöhnen, den Stoff der Privatlectüre stets mehrmals durchzuarbeiten, bevor sie ihn als absolviert betrachten. Bezeichnet sich der Schüler bei der ersten Durchnahme die unverständlich gebliebenen Stellen, so wird er vielleicht schon bei der ersten Wiederholung desselben Stoffes wahrnehmen, dass er sich einige Fragen, die er zu stellen beabsichtigt hatte, nunmehr selbst beantworten könne. Meldet sich der Schüler zur Prüfung aus einer privatim gelesenen Partie, so ist an ihn zunächst die Frage zu richten, welche Stellen ihm unverständlich geblieben seien. Auf das Verständnis derselben wird ihn der Lehrer in Kürze zu bringen versuchen, bezüglich des übrigen Stoffes genügen Stichproben, um sich von der Genauigkeit der Arbeit zu überzeugen. Wer selbst den Autor genau kennt, wird bald darüber im klaren sein, wie weit ein Schüler in denselben eingedrungen ist. Bleibt sonach zwar die Art und der Umfang der Prüfung, welche auf den Eifer des Privatstudiums anderer gewiss von großem Einflusse sein wird, dem Ermessen des Lehrers anheimgestellt, so wird dieser sich doch in anderer Hinsicht durch die Organisierung der Privatlectüre vielfach eingeengt und namentlich in der Zeit beeinträchtigt finden. Denn auf die Privatlectüre in der Schulstunde selbst in der angegebenen Weise einzugehen, ist nicht zulässig und überhaupt nur in dem einen Falle denkbar, dass die zu behandelnde Partie mit dem gerade durchzuarbeitenden Pensum der Schullectüre in näherem Zusammenhange steht und hiedurch die Mehrleistung einiger zu einer Förderung aller benutzt werden kann. Es werden also Lehrer und Schüler einen Theil ihrer freien Zeit dem guten Zwecke zum Opfer bringen müssen, was zwar niemanden anbefohlen, bei vornehmer Auffassung seiner Pflicht aber von einem jeden Lehrer geleistet werden kann.

4. Behandlung der einzelnen lateinischen Autoren.

Cornelius Nepos. Nachdem während der beiden untersten Jahrescurse der sprachliche Unterricht im Latein soweit gediehen ist, dass die Nebensätze, die Infinitiv- und Participialconstructionen geläufig sind, werden für die dritte Classe die Vitae des Cornelius Nepos oder eine Auswahl aus Curtius nicht zu schwer sein. Alle Vitae des Nepos zu lesen, erlaubt die Zeit nicht, da die Verarbeitung des grammatischen Pensums drei Stunden wöchentlich erfordert; vornehmlich empfehlen sich Miltiades, Themistokles, Aristides, Cimon, Epaminondas, Pelopidas, während andere wie Hannibal und Alcibiades wegen größerer Mängel besser ungelesen bleiben. *) Eine der Lectüre vorausgehende Einleitung theilt das Nothwendigste über die Lebensverhältnisse des Autors mit und bezeichnet den Inhalt seines Werkes im allgemeinen mit wenig Worten; literarhistorische Kritik bleibt ausgeschlossen, sowie auch sprachliche Eigenthümlichkeiten oder Verstöße in historischen oder geographischen Dingen nicht vorher besprochen werden sollen. Der relativ dürftige Wortvorrath und die noch lückenhaften syntaktischen Kenntnisse, mit welchen der Schüler an die Lectüre geht, werden den eigentlichen Zweck derselben nicht sofort verfolgen und völlig erreichen lassen. Vor allem gilt es den Schüler im Analysieren des einfachen und des zusammengesetzten Satzes und endlich der Periode tüchtig zu üben. So bekömmt er allmählich den Schlüssel in die Hand, der ihm den Weg zur selbständigen Präparation eröffnen soll. Vor dem Hereinziehen der Grammatik etwa auch dort, wo das Verständnis der Stelle es nicht erfordert, vor planlosen, bald diese, bald jene Regel der Grammatik herausgreifenden Excursen sei der Lehrer eindringlich gewarnt. Herauszuheben und genau zu erklären ist jede dem Schüler noch neue sprachliche Erscheinung und Construction; aber auch das muss frisch und ohne viel Herumreden geschehen, damit die Lectüre nicht zu lange aufgehalten werde. Die für spätere stilistische Verwertung wichtigen Phrasen sind hervorzuheben, vom Schüler in ein besonderes Heft einzutragen und zu lernen, am Schlusse größerer Abschnitte aber auch nach gewissen sachlich angeordneten Gruppen zusammenzustellen. **) Inhalt und Umfang der grammatischen und stilistischen Thatsachen, welche der Lehrer den Schülern übermittelt, darf nicht der Zufall bestimmen; Auswahl und Stufenfolge verlangen von vornherein einen festen Plan, der sich durch die Häufigkeit oder Seltenheit der an der Lectüre zu machenden Observationen bestimmt. (Vgl. S. 13 fg. und 23 fg.) Die sachliche Erklärung soll kurz und bündig sein, das Interesse aber für den Inhalt in jeder Weise durch Inhaltsangaben, Nacherzählung, Auffrischung der entsprechenden Partien der Geschichte, fleißige Benützung des Atlas und anderer Behelfe belebt

---

*) Vgl. Eckstein, Lateinischer Unterricht in Schmid's Encyclopädie, XI S. 614.

**) Die stilistische Phraseologie ordnet nach Nomen und Verbum; sie notiert zum Beispiel unter „Substantiva" auch Fälle wie qui aderant die Anwesenden, Pausanias 3, 2; omnia quae moveri poterant Dionis alle bewegliche Habe des Dio, Dio 4, 2 und anderes. Die sachliche Phraseologie notiert unter „Staatsverwaltung" Redensarten wie rem publicam administrare Epam. 5, 2. — constituere Milt. 2, 4. — capessere Them. 2, 1. honores petere Att. 6, 2., unter „Kriegswesen" exercitum comparare Ar. 1, 3. imperium gerere Epam. 7, 5. unter „Gerichtswesen" causam dicere Tim. 4, 2. u. s. w.

werden. Auf die logische Gliederung ist unablässig zu achten und als Frucht der
hierauf gerichteten Bemühungen die Disposition der gelesenen Stücke anzulegen,
eine Arbeit, zu welcher der Schüler erst angeleitet werden muss. Nach Beendigung
zusammenhängender Abschnitte werden die während der Lectüre gemachten Beobachtungen z. B. über den Charakter der historischen Persönlichkeiten, aber auch des
Schriftstellers, über seine edle Gesinnung und Unparteilichkeit und dergleichen in
geordneter Weise zusammengefasst.

Cäsars bellum Gallicum. Die prosaische Lectüre, welche das Pensum der
v i e r t e n C l a s s e in 4 oder 3 Stunden wöchentlich bildet, ist Cäsars bellum Gallicum,
ein Werk, welches abgesehen von seiner politischen und militärischen Bedeutung
in dem reichen Inhalt, der Reinheit der Sprache, der außerordentlichen Schlichtheit
der Darstellung, in der scharfen Gliederung und Durchsichtigkeit seiner Perioden
gerade für diese Stufe eine Fülle von Bildung und Anregung bietet *). Die Einleitung
zu Cäsar, die in einer Stunde abgethan wird, beschränkt sich auf eine klare und
präcise Übersicht über die früheren Kämpfe Roms mit den Galliern und über das
Leben Cäsars bis zum Antritt der Statthalterschaft in Gallien. Zu lesen sind vor
allem die Kämpfe mit den Helvetiern und Ariovist, die Züge nach Germanien und
Britannien, der Krieg gegen Vercingetorix, im ganzen etwa drei Bücher. Mit einer
gut vorbereiteten Classe wird auch mehr gelesen werden können. O h n e r a s c h e s
F o r t s c h r e i t e n d e r L e c t ü r e w i r d w a h r e F r e u d e a n d e m S c h r i f t -
s t e l l e r n i c h t a u f k o m m e n. Darum vermeide man es auch hier, den Text
unnöthiger Weise zu grammatischen Exercitien zu gebrauchen. Selbst fruchtbare
und das Verständnis fördernde Übungen, wie die Umsetzung der oratio obliqua
in die recta und umgekehrt, trenne man möglichst von der Lectüre, indem man
sie in die Grammatikstunden verlegt, später hie und da als Hausaufgabe durchführen lässt. Der sachliche Zusammenhang muss zu Beginn jeder Stunde vergegenwärtigt werden durch Zusammenfassung und Recapitulation des bereits Gelesenen,
und es ist mit Nachdruck zu fordern, dass die Schüler sich kurze, wohl
gegliederte Auszüge aus dem Gelesenen anfertigen, die am Schluss der Lectüre
eines größeren Abschnittes zur Disposition desselben zusammengefasst werden.
Die geographischen, historischen und antiquarischen Erklärungen können nur
gelegentlich bei der Lectüre angebracht werden und müssen sich auf dasjenige
Maß beschränken, welches das genaue Verständnis der einzelnen Stelle erfordert.
Die Karte muss dabei stets zur Hand sein, ebenso ist von bildlichen Darstellungen
und Modellen für die Kriegsalterthümer fleißig Gebrauch zu machen. Terrain-
verhältnisse, Heeresaufstellungen und Märsche werden sich leicht durch eine
einfache Zeichnung auf der Tafel veranschaulichen lassen. Nach Beendigung eines
größeren Abschnittes aber müssen die Schüler verhalten werden, auch die während
der Lectüre gemachten sachlichen Bemerkungen in übersichtlicher Weise zusammengefasst zu wiederholen, so dass sich hieraus allmählich der Stoff zu einer systematischen
Übersicht über das Heerwesen Cäsars, über die Verhältnisse und den Charakter,

---

*) Für die Behandlung der Lecture Cäsars vgl. Perthes, Zur Reform des Latein-Unterrichtes
IV. S. 70 ff., Eckstein a. a. O. S. 619.

die Sitten und Gebräuche der einzelnen Völkerschaften und dgl. sammelt und das Interesse und die Geschicklichkeit der Schüler für eigene Beobachtung und Beurtheilung sich entwickelt. Ist bei solcher Behandlung die Lectüre abgeschlossen, so wird es der Lehrer nicht versäumen, von den Schülern einen Überblick über den gesammten Lesestoff zu verlangen und seinerseits mit gebürender Berücksichtigung der Auffassungskraft der Schüler über die welthistorische Bedeutung der Unterwerfung Galliens Aufschluss zu geben, den Mann zu charakterisieren, der das große Werk gethan hat, und so ein Stück römischer Geschichte zu lebendiger Anschauung zu bringen.

Ovid. In der zweiten Hälfte des zweiten Semesters der v i e r t e n Classe beginnt die poetische Lectüre mit einer Auswahl aus O v i d, für welche wöchentlich 2 Stunden zu verwenden sind, so dass 200—300 Verse gelesen werden können. Fortsetzung und wesentliche Erweiterung erfährt diese Lectüre in der fünften Classe, in deren zweitem Semester sich dieselbe mit Livius in die Lectürestunden am besten in der Art theilt, dass 3—4 Wochen Ovid, dann wieder einige Zeit Livius vorgenommen wird. Der Lectüre des Ovid hat eine E i n l e i t u n g vorauszugehen, welche sich auf eine kurze Darstellung seiner Lebensverhältnisse beschränkt, da es für literarhistorische Auseinandersetzungen auf dieser Stufe an allen Anknüpfungspunkten fehlt und das Charakteristische seiner Kunstart, die volle Meisterschaft der Darstellung, die leichte Beweglichkeit und Zierlichkeit der Form und des Verses, der rhetorische Anstrich der Rede und ihr gelehrter Schmuck nur an concreten Beispielen zur Anschauung gebracht werden kann. Der in den Einleitungen mancher Schulcommentare aufgehäufte Stoff wird sich unter Umständen besser am Schluss der Lectüre im zweiten Semester der V. Classe bei einer zusammenfassenden Recapitulation verwerten lassen.

M e t r i s c h e s L e s e n. In die lateinische Metrik aber müssen die Schüler bereits im 2. Semester der IV. Classe soweit eingeführt werden, dass sie den daktylischen Hexameter und das elegische Distichon rhythmisch sicher und klangvoll lesen und metrisch erklären können. Dieses Ziel soll auf kürzestem Wege erreicht werden. Die metrische Terminologie und der principielle Unterschied zwischen antiker und moderner Metrik werden regelmäßig vorher im Deutschen erörtert. Hält man die Schüler von der ersten Classe an dazu an, die lateinischen Wörter richtig auszusprechen, scheuen die Herausgeber von Grammatiken und Übungsbüchern die Mühe nicht, wo es nöthig ist, die Quantitätszeichen anzuwenden, so entfällt auf dieser Stufe die unerquickliche Arbeit, die langen Auseinandersetzungen der Schulgrammatik über Prosodie durchnehmen zu müssen, und der Lehrer kann bald daran gehen, die Bedeutung der einfachsten metrischen Füße oder Takte, ihre Zusammensetzung aus Takttheilen oder Moren, den Begriff von Hebung und Senkung mit Heranziehung der den Schülern geläufigen Analogien der Musik und des Tanzes begreiflich zu machen. Auf diesem Wege lernt der Schüler verstehen, warum im daktylischen Hexameter statt des Daktylus ein Spondeus, aber nicht (wie im Deutschen) ein Trochäus eintreten kann. Im weiteren Verlauf werden die Gesetze des daktylischen Hexameters, des elegischen Distichons und die Arten der Cäsuren, welche die Schüler oft nicht beachten, an geeigneten Musterversen erörtert; auch die Wirkungen

3

der metrischen Malerei werden an Beispielen zur Anschauung gebracht. Die Muster-
verse sind jedesmal zu memorieren; sie werden am besten dem Ovid entnommen,
doch stehen dem Lehrer auch andere Mittel zu Gebote. Ohne dass man einzelne
Abschnitte aus Ovid oder passend gewählte versus memoriales auswendig lernen
lässt, wird nicht leicht die erforderliche Geläufigkeit im guten und sinngemäßen
Lesen der Verse zu erreichen sein; durch diese Übung aber werden selbst unbeholfene Schüler vorwärts gebracht. So viel es nur angeht, muss der Lehrer auch
hier die Regeln von den Schülern selbst finden lassen.

Die Erklärung des Ovid wird sich im Anfange zumeist mit den
Freiheiten der dichterischen Formen und syntaktischen Eigenthümlichkeiten, der
übertragenen Bedeutung der Wörter und den anderen poetischen Kunstmitteln
stets im engen Zusammenhange mit dem Inhalt des Gelesenen beschäftigen
müssen. Es wäre aber verkehrt, dabei systematisch vorzugehen, so dass
etwa vor Beginn der Lectüre alle oder die wesentlichen Eigenthümlichkeiten
sprachlicher Art aufgezählt und besprochen würden; selbst eine gelegentliche
Behandlung dichterischer Besonderheiten in den Grammatikstunden lässt sich
insofern nicht empfehlen, als dieselben aus ihrem Zusammenhang gerissen den
Schülern unverständlich bleiben und die Sicherheit der Kenntnisse der regulären
Grammatik gefährden würden. Weit fruchtbarer lassen sich am Ende der Lectüre
oder eines Theiles derselben die besprochenen Erscheinungen recapitulieren und
unter bestimmte Gesichtspunkte ordnen. [*] Auf die einzelne Erscheinung wird je nach
ihrer Häufigkeit oder Seltenheit der entsprechende Ton zu legen sein. Hinsichtlich
der Poetik und ihrer Terminologie gilt dasselbe Verfahren für die Erklärung Ovids
wie der anderen lateinischen, griechischen und auch deutschen Dichter. Man plage den
Schüler nicht mit Definitionen der Tropen und Figuren; denn erstens wäre in deren
Formulierung ein einheitliches Vorgehen aller Lehrer schwer zu erzielen und dann
glaube man ja nicht die Erklärung einer Stelle mit einem bloßen Kunstausdrucke
abgethan zu haben. Die Sprache ist ein Lebendiges und resultiert aus psychischen
Vorgängen; diese muss man daher nachzuempfinden und zu erfassen suchen. [**]
Weit wichtiger ist es also, an jeder Stelle den Anlass aufzusuchen, welcher den
Dichter gerade zu der vorliegenden Form des Ausdruckes bestimmt hat. Passende
Beispiele aus Dichtern der Muttersprache werden hiebei gute Dienste leisten. Aber
freilich nur einem Lehrer, der selbst Phantasie und poetische Auffassung besitzt,
wird es gelingen, ein tiefer gehendes Verständnis für die poetische Lectüre zu
erzeugen und zu einer Übersetzung anzuleiten, in welcher sich der eigenthümliche
Ton und die poetische Farbe des Originals wiederspiegeln.

Bei der Auswahl aus Ovid sind vor allem die Metamorphosen zu
berücksichtigen, welche durch den bunten Wechsel bald heiterer bald düsterer
Gestalten, Scenen und Localitäten und durch eine Reihe großartiger Persönlichkeiten der mythischen Zeit, mit deren Thaten und Schicksalen die Schüler schon

---

[*] Vgl. die für Schulzwecke gegebene Zusammenstellung der Eigenthümlichkeiten der Sprache
Ovids im Register der Ausgabe der Metamorphosen von Siebelis-Polle, 6. Aufl. Leipzig 1871.

[**] Vgl. Belger, Moriz Haupt als akademischer Lehrer, S. 151, wo an anschaulichen Beispielen
dieses gesunde Verfahren entwickelt wird.

aus der deutschen Lectüre bekannt sind, das Interesse in hohem Grade erregen. Es müsste darum als unangemessen bezeichnet werden, nach dem Vorgange mancher Herausgeber die Tristia und die Epistulae ex Ponto an die Spitze der ausgewählten Gedichte zu stellen und mit dieser Dichtungsgattung die poetische Lectüre zu beginnen. Dass an die Lectüre der Metamorphosen die der Fasti sich anschließe, dafür haben sich in neuerer Zeit viele Stimmen erhoben. Die Fasti führen in das sacrale Leben der Römer ein, enthalten vortreffliche Episoden aus der römischen Geschichte, erweitern die Kenntnisse hauptsächlich in der griechisch-römischen Mythologie; sie leiten dadurch in zweckmäßiger Weise von den Metamorphosen Ovids zu Vergil hinüber. Es wird aber niemand leugnen, dass auch in den anderen Dichtungen Ovids glanzvolle Stellen sich finden, die namentlich in Hinsicht auf die spätere Lectüre des Vergil und Horaz dem Schüler nicht unbekannt bleiben sollen. Solche lassen sich aber passend an Erzählungen aus den Metamorphosen und Fasti anschließen, *) und gestatten zum Vortheile des Unterrichtes, bei derselben Sache und denselben Gedanken länger zu verweilen. Während in der Anordnung der Erzählungen die Herausgeber der Ordnung der Gesammtwerke folgen, wird der Lehrer eine auf pädagogisch-didaktischer Grundlage beruhende Anordnung vorziehen und bei seiner Auswahl auf die ästhetisch wertvollsten in erster Reihe Rücksicht nehmen. Ausgeschlossen sind demnach nicht nur die sittlich anstößigen, sondern auch die übertriebenen und unschönen Schilderungen, wie der Kampf der Centauren und Lapithen. Nebenbei muss aber auch auf die Cultur- und Literaturgeschichte, auf die Stoffe der griechisch-römischen Mythologie einige Rücksicht genommen werden. Demnach empfehlen sich aus den Metamorphosen die vier Weltalter, Deucalion und Pyrrha, Niobe, Daedalus und Icarus, Philemon und Baucis, Orpheus und Eurydice, Midas, Phaethon, der Raub der Proserpina; aus den Fasti Hercules und Cacus, Arion, Untergang der Fabier, Romulus Quirinus, Einnahme von Gabii, Terminalia, Matronalia, Liberalia, Quinquatrus maiores, ludi Ceriales; aus den Tristia IV. 4. 55 (Iphigenie); aus den Epistulae ex Ponto III. 2. 45 (Orestes und Pylades). Aber auch Lesestücke didaktischen Charakters (z. B. Metam. XV. 60 f. des Pythagoras Lebensvorschriften, XV. 177 f. über die Vergänglichkeit und den Wechsel der Dinge, Amor. I. 15. über die Unsterblichkeit des Dichters) sollten, wenn die Schüler die nöthige Vorbildung und Begabung zeigen, nicht ausgeschlossen werden. Die Schullectüre soll durch die Privat- und Feriallectüre (nach der V. Classe) nach Möglichkeit ergänzt werden.

Livius. Die Lectüre des Livius, welche das ausschließliche Pensum des ersten Semesters der fünften Classe bildet, wird eingeleitet durch eine ganz knappe Darlegung der Lebensverhältnisse des Schriftstellers; Bemerkungen über Inhalt, Composition und Bedeutung seines Geschichtswerkes werden besser im Laufe der Lectüre hinzu-

---

*) Z. B. an die Geschichte der Niobe die Stelle aus Epist. ex Ponto IV. 3. 35 sqq. über den Wechsel des Glückes; an die Geschichte des Dädalus und Icarus, die auch Ars am. II. 21 sqq. wiederkehrt, die schöne Stelle über den Zauber der Heimat Epist. ex Ponto I. 3. 35 sqq.; an die Beschreibung des goldenen Zeitalters die Stelle Amor. III. 8. 35 sqq. desselben Inhaltes; an das Landschaftsbild in der Erzählung vom Raube der Proserpina die Schilderung des Frühlings Fasti I. 149 sqq.; Tristia III. 12. 5. sqq.; an die Beschreibung der ludi Ceriales Fasti IV. 393 die Freuden des Landlebens Remedia 169 sqq. u. s. w.

gefügt. Von dem umfangreichen Werke können nur einzelne Bücher gelesen werden‹ aber von diesen sollen mit Ausnahme des Proömiums in der Regel wenigstens zwei ganz durchgenommen werden, insoferne nicht das Überspringen einzelner Capitel durch allzugroße antiquarische und historische Schwierigkeiten gerechtfertigt erscheint. Besonders empfiehlt es sich außer dem ersten Buche das 21. oder 22. zu lesen oder mit besseren Classen statt eines dieser letzteren die den Verfassungskampf erzählenden Partien der ersten Dekade. Die sprachliche Erklärung richtet ihr Augenmerk, soweit es die den Schülern noch mangelnde genauere Kenntnis des Ciceronianischen Sprachgebrauches mit Erfolg zulässt, auf grammatische Einzelheiten des Livianischen Sprachgebrauches, wie den attributiven Gebrauch der Verbalsubstantive, den substanti- vischen und adverbiellen Gebrauch der Adjective,⸴ die adjectivische Verwendung der Adverbial-Ausdrücke, ferner auf die den Dichtern oder dem Griechischen nachgebildete Erweiterung des Gebrauches gewisser Constructionen, auf die häufige Anwendung des Particips, die Verwendung des Infinitivs und des Gerundiums, endlich auf die poetischen Ausdrücke. In formal-ästhetischer Hinsicht ist aufmerksam zu machen auf die rhetorisch-poetische Färbung der Sprache infolge häufiger Anwendung gewisser Redefiguren, des Chiasmus, der Anapher, der Personification, der tropischen Ausdrucksweise in Metapher und Metonymie, ferner der freieren Wort- stellung, der Ungleichmäßigkeit und Mannigfaltigkeit im Bau der Sätze und Perioden, zu deren Analyse und Übersetzung die Schüler anfangs einer eingehenden Unterweisung bedürfen. Es darf nicht übersehen werden, wie Livius gegenüber der objectiven Haltung Cäsars große Ereignisse, bedeutungsvolle Situationen, erhabene Charaktere mit größerer Hingebung und reicheren Farben schildert und die Gefühle der Menschen als Motive ihrer Handlungen darstellt. In dieser Hinsicht wird eine besondere Aufmerksamkeit der Stellung und Bedeutung der in die Erzählung eingewebten Reden zuzuwenden sein. Unerlässlich ist eine eingehendere sachliche Interpretation; die historischen und antiquarischen Schwierigkeiten müssen völlig beseitigt werden. Die Schüler sind hier noch mehr als bei der Lectüre Cäsars bei den gelegentlichen Recapitulationen anzuhalten, die zerstreuten Bemerkungen über die wichtigeren Erscheinungen zusammenzufassen. Kritik über Livius' Glaubwürdigkeit, über die Mängel seiner Darstellung und seine Abhängigkeit von den Quellen ist strenge zu vermeiden, damit nicht der Eindruck, welchen die liebevolle Hingebung des Schriftstellers an die Überlieferung der Vorzeit erzeugt, zerstört und das Gedächtnis der Schüler nutzlos mit Dingen belastet werde, die sich ihrer eigenen Beobachtung und darum ihrem Verständnisse entziehen.

Für die sechste Classe ist Auswahl und Folge der zu lesenden Prosa- Schriftsteller durch einen historischen Gesichtspunkt bestimmt, indem eine der bedeutendsten Epochen römischer Geschichte, die Parteikämpfe der Optimaten und Ignobiles, durch welche sich der Übergang der Republik in die monar- chische Staatsform vorbereitete und vollzog, zur Anschauung zu bringen ist. Sallustius' Jugurtha oder Catilina, Ciceros erste Catilinarische Rede und Cäsars bellum civile sind Gegenstand derselben, ein umfangreiches Pensum, das nur mit Rücksicht auf die einem raschen Fortschritt keine erheblichen Schwierig- keiten bereitenden Werke festgesetzt werden konnte. Wenn sich die Aufarbeitung desselben nur auf Kosten der Gründlichkeit der Lectüre erreichen ließe, dann wird das bellum civile zurücktreten und für die Privatlectüre benützt werden müssen.

Sallustius. Hingegen ist jedenfalls eine Schrift des Sallustius und zwar am besten das bellum Jugurthinum ganz zu lesen. Wenn gewisse Stellen der coniuratio Catilinae übergangen werden, ist auch gegen die Wahl dieser Schrift nichts einzuwenden. Die Schwierigkeit, welche bei diesem Schriftsteller aus dem Reichthum an Reflexionen und aus der raschen Folge sich drängender Gedanken entspringt, wird der Lehrer zu bewältigen wissen. Der Schüler lernt eine eigenartige schriftstellerische Persönlichkeit kennen, welche ihn auf Tacitus vorbereitet, ebenso eine neue Gattung der historischen Darstellung, welche abweichend von den ihm bisher behannt gewordenen Historikern bei einer gewissen Gleichgiltigkeit gegen die äußeren Ereignisse das innere Parteigetriebe und die psychologischen Motive der Handelnden darzulegen strebt. Die E i n l e i t u n g ist kurz zu fassen und beschränkt sich auf die Angabe der Lebensverhältnisse des Historikers. Eine Ausführung über die Kunst der Darstellung, die politische Tendenz des Schriftstellers, seine Muster kann auch hier erst am Schluss der Lectüre auf Verständnis rechnen. Hingegen ist vor Beginn der Lectüre darauf zu dringen und zu controlieren, dass die Schüler den entsprechenden Abschnitt ihres geschichtlichen Lehrbuches genau durchnehmen. Die s p r a c h l i c h e E r k l ä r u n g hat sich vorzugsweise mit den Besonderheiten des Autors zu befassen. Sie hat nicht allein die formalen, semasiologischen und syntaktischen Auffälligkeiten zur Sprache zu bringen, wie namentlich im Gebrauche der Numeri, der abstracten und concreten Substantive, des Reflexivs, der attributiven Adverbia, der einfachen und zusammengesetzten Verba, der Frequentativa, des Infinitivs und Particips, sondern auch die Kürze des Ausdrucks durch Asyndeton, Zeugma und Ellipse, die Vermeidung der Concinnität, die rhetorisch-poetische Färbung infolge von Metapher, Litotes und Alliteration zu erörtern, oder da die Erörterung dieser Dinge nicht für das Verständnis der einzelnen Stelle erfordert wird, in größerem Umfange als dies in den vorausgehenden Classen geschah, anfänglich am Schluss kleinerer, dann größerer Abschnitte durch die Schüler selbst beobachten und sammeln zu lassen. Gewicht ist ferner auf die G l i e d e r u n g d e s G e s c h i c h t s w e r k e s zu legen, weil nur durch klare Übersicht über das ganze die Schüler von der künstlerischen Eigenart desselben eine Vorstellung bekommen und weil bei der verwickelten Darstellung der inneren Vorgänge und der äußeren Begebenheiten, Zusammenhang und Beziehung der Theile leicht verloren geht. Dabei ist die Aufmerksamkeit auf alles zu lenken, was zum präcisen Erfassen der Charaktere dient: des verschlagenen, treulosen und grausamen Jugurtha, des römischen Volkes in seiner Gesammtheit wie in seinen Parteien und deren Führern, des ernsten Scaurus, des heftigen Opimius, des redlichen Metellus, des feinen Sulla, des ungestümen Memmius und des ehrsüchtigen Marius. In dieser Hinsicht wird die Erklärung besonders darzustellen haben, wie die in die Erzählung eingeflochtenen Reden zur Charakteristik der Situation und der handelnden Personen dienen, und sie wird die Bedeutung derselben als eines Kunstmittels der antiken Historiographie hier besser und leichter als bei Cäsar, Livius oder Xenophon und Herodot begreiflich machen können.

Cicero. Der Lectüre von Ciceros Reden geht eine gedrängte Darstellung der Lebensverhältnisse des Redners voraus, woran sich eine in den engsten Grenzen zu haltende Übersicht über die schriftstellerische Thätigkeit desselben anschließt. Es können von den bedeutenderen Reden zwar nur jene gelesen werden, welche nicht allzugroße Schwierigkeiten bieten, aber deren Zahl ist groß genug, um der Auswahl einen weiten Spielraum zu lassen *). Zunächst sind zu nennen: de imperio Cn. Pompei, in Catilinam, pro Sex. Roscio Am., in Verrem IV und V, pro Sulla, pro Archia, pro Sestio, pro Milone, Philippica II. Von diesen Reden wird es sich empfehlen die erste Catilinarische in der Sexta und zwar am besten im unmittelbaren Anschluss an die Lectüre des Sallustius zu lesen; in der Septima sollen aber mindestens noch zwei gelesen werden. Jede Rede bedarf einer gedrängten Einleitung, die über die Veranlassung aufklärt, aber nicht etwa der Lectüre durch Angabe des Inhaltes vorgreift. Wo es die Sache verlangt, ist auch hier darauf zu dringen, dass zuvor die betreffenden Abschnitte des geschichtlichen Lehrbuches durchgenommen werden. Die sprachliche Erklärung muss besonders die Wortbedeutungen und Phrasen hervorheben und fest einüben, und indem sie auf volle Sicherheit im Sprachgebrauch hinarbeitet, durch das vorliegende Muster den Stil bilden. Diesem Zwecke wird es sehr förderlich sein, dass die Schüler angehalten werden, bereits erklärte Partien zu Hause wieder und wieder laut zu lesen und passende Abschnitte oder einzelne Perioden zu memorieren. Die schon bei der Lectüre des Cornelius Nepos und des Cäsar begonnene und mit Livius fortgesetzte Phraseologie erhält hier ihre größte Erweiterung, indem sie einerseits Phrasen von abstracten Gebieten (Glück — Unglück, Vortheil — Nachtheil, Thätigkeit — Ruhe, Wahrheit — Irrthum, Bildung, Ruhm, Vertrauen, Tugend u. s. w.) aufnimmt, andererseits stilistische Beobachtungen sammelt, die am besten nach den von Nägelsbach angegebenen Gesichtspunkten gemacht werden. Die Schüler haben alle derartigen Ergebnisse in einer Weise sich anzueignen, dass sie dieselben nach Beendigung der Lectüre in systematischem Zusammenhange zu wiederholen vermögen. Nicht minder wichtig ist die logische Erklärung, welche von Stunde zu Stunde den Zusammenhang zur Sprache bringen und der Gliederung der Rede die sorgfältigste Beachtung schenken muss, so dass es dem aufmerksamen Schüler leicht fällt, am Schluss der Lectüre die Disposition ohne Beihilfe des Lehrers selbst anzufertigen. Die sachliche Erklärung hat alles aufzuhellen, was in antiquarischer Beziehung von Belang ist, und die gemachten Bemerkungen werden vom Schüler in übersichtlicher Gruppierung (Staatsämter, Senat, Volksversammlung, Gerichtswesen, Provinzial-Verwaltung etc.) zusammengefasst und zur Repetition bereit gehalten, so dass er hierüber Rechenschaft geben kann. Hiebei, wie besonders bei Recapitulationen des Gelesenen, werden sich mit Nutzen Versuche im lateinischen Vortrag anstellen lassen. Besondere Aufmerksamkeit verdient endlich das Technische der Reden, wenn auch nicht in dem Maße, wie dies ältere Erklärer entwickelten, da es weniger auf die schulgemäße Benennung als auf das Verständnis der Wirkung jedes Kunstmittels ankommt. Schließlich werden die Schüler zum bewussten Erfassen der historischen Bedeutung, des stilistischen Wertes und der Wirkung der gelesenen Rede hinzuleiten sein.

---

*) Über den Canon der empfehlenswerten Reden vergleiche Eckstein's Lateinischen Unterr. S. 635 der Separatausgabe.

Dadurch, dass von den Ciceronianischen Reden nur zwei der Septima zugewiesen werden, soll Zeit erübrigen, Cicero noch auf einem anderen Gebiete schriftstellerischer Thätigkeit kennen zu lernen und etwas von seinen philosophischen oder rhetorischen Schriften durchzunehmen. In dieser Hinsicht sind die kleineren Dialoge Cato, Lälius, de officiis, orator oder mit Auswahl de oratore zu nennen. Für ihre Behandlung mag verglichen werden, was über die Lectüre platonischer Dialoge in diesen Instructionen gesagt ist. Um die Arbeit der Schule zu ergänzen, soll die Privatthätigkeit der Schüler, welche schon in der sechsten Classe in ihrer Privatlectüre sich mit Cicero beschäftigt haben, in größerem Maße herangezogen werden. Überhaupt darf von der sechsten Classe ab Cicero nicht mehr aus der Hand gelegt werden, damit der Schüler an ihm fortan ein Muster habe, um die Gesetze der Darstellung, den Gegensatz der römischen und der Muttersprache, den Periodenbau, die Wortstellung und Satzverbindung mit lebendigem Verständnis zu erfassen und nachzubilden. Ohne solchen Anhalt werden die eigenen stilistischen Versuche über unklare Vermengung verschiedener Sprachmittel nicht hinauskommen und nur dem niederen Zwecke der Einübung der Formenlehre und Syntax dienen, nicht aber die tiefere Auffassung des lateinischen Sprachgeistes und die eigene sprachliche Bildung fördern.

Vergil. Als nächster Gegenstand der poetischen Lectüre tritt dem Schüler das Nationalepos der Römer in Vergils Aeneis entgegen, welches wegen seiner Bedeutung in der römischen Literatur und seiner Stellung in der Weltliteratur als Ganzes erfasst werden soll. Ihm gegenüber treten die Eklogen, welche als Übersetzungen oder Nachahmungen griechischer Dichtungen mit ihren Beziehungen auf gleichzeitige Personen und Verhältnisse und in ihrer tendenzreichen Färbung eine ausgebreitetere Gelehrsamkeit erfordern, um völlig verstanden und gewürdigt zu werden, in den Hintergrund. Will man sie nicht ganz übergehen, so wähle man solche, in welchen der Dichter mit seiner Persönlichkeit und seinen Interessen besonders hervortritt, wie die 1. und 5. Auch die Georgica mit ihren ökonomischen Vorschriften, landwirtschaftlichen und physikalischen Beobachtungen eignen sich zwar nicht als Ganzes für die Lectüre, wohl aber einzelne Episoden (wie II 136—176 Lob Italiens, II 323—345 Lob des Frühlings, II 458—540 Lob des Landlebens, III 339—383 das Hirtenleben der Scythen, III 478—566 die norische Viehseuche, IV 315—558 der Mythus von Aristäus), welche eine Vorstellung von dem Charakter der ganzen Dichtung geben können, die wegen ihrer meisterhaften Form zu den vollendetsten Schöpfungen der römischen Poesie gehört. Aber trotz solcher Zurücksetzung der Eklogen und Georgica wird nicht genug Zeit bleiben, um die Aeneis ganz zu lesen, so dass eine Auswahl getroffen werden muss, wobei jedoch dem Schüler ein Überblick über das gesammte Epos durch Angabe des Inhalts der übergangenen Bücher zu vermitteln ist, um wenigstens einen Einblick in die Composition des Kunstwerkes zu gestatten. Aus dem Alterthum sowohl als aus dem Mittelalter sind Merkverse erhalten von längerer und von kürzerer Form, dazu bestimmt, den Inhalt der einzelnen Bücher der Aeneis dem Gedächtnisse einzuprägen;[*] sie können noch jetzt für diesen

---

[*] Sie stehen in der Anthologie, zum Theil in Ausgaben des Vergil. Vgl. Ribbeck, Prolegomena S. 369 f. und Teuffel-Schwabe, Römische Literaturgeschichte S. 473, 8.

Zweck empfohlen werden. Außer ästhetischen Gesichtspunkten kommen bei der Auswahl noch andere Rücksichten in Betracht. Das erste Buch ist wichtig für das Verständnis der Composition. Das zweite Buch gilt als das vollendetste (Laokoon), das vierte als das originellste, das sechste als das bedeutendste für die römische Geschichte und die Literaturgeschichte (in Hinsicht auf die Nachahmung Homers). Das sind die Bücher, die vor anderen gelesen werden müssen. Aber auch der zweite Theil der Aeneis enthält treffliche Partien, die nicht unbeachtet bleiben dürfen. Dazu gehört im VII. Buch der Bruch der Verträge, im VIII. die sieben Hügel und alles, was sich auf die fabulae domesticae bezieht, der Schild des Aeneas, im IX. Nisus und Euryalus, die Klage der Mutter, im X. der Tod des jugendlichen Pallas, im XI. der Heldenkampf der Camilla, im XII. der Zweikampf des Aeneas mit Turnus. Wenn diese Glanzpunkte der Vergil'schen Dichtung in die Schullectüre nicht Aufnahme finden können, so muss bei der Auswahl der Privat- und Feriallectüre auf sie Rücksicht genommen werden.

Die Einleitung zu Vergil wird nicht mehr jenen elementaren Standpunkt einzunehmen haben wie die Einleitung zu Ovid, ohne jedoch mehr als eine Lehrstunde beanspruchen zu dürfen. Der Schüler bringt aus der Lectüre des Homer, Ovid und Livius Kenntnisse und Anschauungen mit, durch welche sich die literarhistorische Stellung und die Kunstart Vergils in wesentlichen Punkten klar machen lässt, die allerdings erst durch die Lectüre nach und nach eine vollere Ausführung erfahren, wie z. B. das Verhältnis zu Homer, dem Vergil nicht nur die Grundgedanken der Composition, sondern den gesammten epischen Apparat, viele Motive, Beiwörter, Wendungen und Gleichnisse verdankt. Dass die Nachweisung solcher Beziehungen Vergil nicht herabsetzen dürfe, da er ja nicht mechanisch und rein äußerlich verfährt, sondern dem Entlehnten das Gepräge seiner künstlerischen Persönlichkeit und den Reiz der Neuheit zu verleihen weiß, ist selbstverständlich. Ein vornehmes Aburtheilen wäre sachlich und pädagogisch verkehrt, wo es sich darum handelt, in freudiger Hingebung die Gedanken, Absichten und Empfindungen des Dichters und ihre Wirkung auf die Zeitgenossen zu verstehen.

Die sprachliche Erklärung Vergils bietet große Schwierigkeiten ; denn es handelt sich um eine neue, die Redeweise des gewöhnlichen Lebens vermeidende Diction, welche reich ist an ungebräuchlichen Redewendungen und Constructionen und mit rhetorischen Pathos auftritt. Besondere Beachtung verdienen die epitheta ornantia und perpetua, für welche ebenso wie für formelhafte Verse oder Verstheile eine bestimmte Übersetzung festzuhalten ist. Gelegentliche Wiederholung der Observationen sowie der sachlichen, mythologischen und antiquarischen Bemerkungen, die hiebei unter passende Gesichtspunkte zu gruppieren sind, werden dieses sonst bei seiner Zerstreutheit sich leicht wieder verlierende Wissen befestigen. Auf Schritt und Tritt müssen hiebei die Fäden der Composition festgehalten und weiter gesponnen werden.

Horaz. Vom Epos wird der zum Jüngling herangereifte Schüler zur Lyrik der Römer geführt, jener Dichtungsgattung, für die er nun auch die größte Empfänglichkeit mitbringt, die ihm aber eine unrichtige Behandlung am meisten verleiden kann. Während beim Epos besonders das Werk anzieht, tritt in der Lyrik die Person des Dichters in den Vordergrund. Den Dichter begleiten wir auf Schritt und Tritt, mit ihm empfinden wir, mit ihm leben wir gleichsam. Aufgabe der Lectüre ist es daher, die geistige, sittliche und künstlerische Persönlichkeit des Dichters mit seiner gesammten Umgebung in allen Zügen klar und scharf zu erfassen. Um aber Horaz als Menschen und Dichter kennen und würdigen zu lernen, muss man ihn in allen Gattungen seiner Dichtung beobachten. Als Dichter lernen wir ihn vor allem in den O d e n kennen; diese müssen zuerst und hauptsächlich gelesen werden. Mit der Frage, wie ein möglichst scharfes, treues und bleibendes Bild der dichterischen Persönlichkeit des Horaz durch die Lectüre gewonnen werden könne, hängt die Frage der Auswahl und der Anordnung der ausgewählten Gedichte aufs engste zusammen. Die Gedichte nach der überlieferten Ordnung zu lesen, widerräth die Erwägung, dass an unseren Gymnasien die Lectüre sämmtlicher Oden geradezu unmöglich ist. Es läge nahe, die ausgewählten Oden nach der Gleichartigkeit des Metrums zu ordnen; man erhielte damit soviel Gruppen, als es Horazische Metra gibt. Diese Vertheilung der Gedichte böte zwar den Vortheil, dass die Schüler eine genaue Kenntnis der Horazischen Metra erlangten; doch wer möchte für das Gymnasium die Rücksicht auf die metrische Form höher achten, als die auf den Inhalt der Gedichte? Auch die Sonderung in episch-lyrische, didaktisch-lyrische und rein lyrische Gedichte wird sich für die Schule nicht empfehlen, erstens weil die Eintheilung nach solchen Kategorien schwer durchzuführen ist, dann weil an Horaz doch nicht zunächst Poetik gelehrt werden soll. Eine chronologische Anordnung kann darum nicht durchgeführt werden, weil man über die Abfassungszeit der einzelnen Gedichte noch nicht zu völlig sicheren Resultaten gelangt ist. Mit Rücksicht auf den Hauptzweck der Horaz-Lectüre wird eine Anordnung nach dem Inhalt der einzelnen Gedichte vorzuziehen sein, innerhalb welcher allerdings das der metrischen Form oder poetischen Gattung nach Zusammengehörende aneinander gereiht werden kann. Auch wird durch die Zusammenstellung inhaltlich verwandter Gedichte die Interpretation vereinfacht, indem die gleichen, wenn auch in veränderter Form wiederkehrenden Gedanken fester im Gedächtnis haften, sich ergänzen und leichter zu einem Gesammtbilde verknüpfen, wie sich jeder Lehrer durch zusammenhängende Lectüre z. B. der auf den Dichter und die Dichtkunst bezüglichen Oden I. 1, III. 30, II. 20, IV. 9, II. 13, IV. 7 überzeugen kann. Selbstverständlich gebürt bei der Auswahl dem ästhetisch Wertvolleren der Vorzug vor dem weniger Bedeutenden.

Um aber ein klares Bild von der Dichter-Persönlichkeit des Horaz zu gewinnen, müssen auch S a t i r e n und E p i s t e l n in den Kreis der Lectüre einbezogen werden. Eine sorgfältige Auswahl ist auch hier nöthig nicht nur wegen der beschränkten Zeit, sondern auch wegen des Inhalts. Manche der sermones setzen literarische und philosophische Kenntnisse voraus, welche bei Gymnasiasten nicht erwartet werden dürfen. Es empfehlen sich demnach nur jene Stücke, welche entweder für die Biographie des Dichters von Bedeutung oder von allgemeinem Interesse sind. Dazu gehören von den Satiren I. 1 (über den Geiz), I. 6 (die falschen Neider), I. 9 (der Zudringliche), II. 2 (die Schwelger), II. 6 (Land- und Stadtleben). Bei engerer Wahl sind zu empfehlen I. 6, 9, 1. Von den Episteln sind zu nennen I. 1, 2, 6, 7, 10, 16; II. 2, 3; bei engerer Wahl I. 2 (Homer als Lehrer der Lebensweisheit),

I. 16 (wahres Glück), II. 2 (Abschied von der Dichtkunst). Auch die dritte Epistel des zweiten Buches, die sogenannte ars poetica, wird man nicht übergehen wollen, selbst auf die Gefahr hin, dass einzelnes nicht ganz verständlich gemacht werden kann. Durch den bedeutenden Inhalt, durch den engen Zusammenhang mit kritisch-ästhetischen Schriften der deutschen Literatur (Lessings Hamburgische Dramaturgie und Laokoon, Schillers Abhandlung über naive und sentimentale Dichtung), von denen einige dem Schüler bereits aus der Schullectüre bekannt sind, ist diese Epistel von nachhaltigem Einfluss auf die Urtheils- und Geschmacksbildung der Schüler, welche erfahrungsmäßig diese schwierige Lectüre mit dem größten Interesse begleiten. Die Schwierigkeiten werden sich verringern, wenn die Schüler bei der Lectüre Homers Genaueres über das griechische Epos, in der Einleitung zu Sophokles Näheres über das griechische Drama gehört haben.

Auch bei Horaz hat die Einleitung nur in knapper Form über die Zeit- und Lebensverhältnisse des Dichters, die von ihm gepflegten Gattungen der Poesie und seinen Einfluss auf die neuere Literatur zu handeln und soll nicht den durch eigene Beobachtung aus der Lectüre zu gewinnenden Anschauungen vorgreifen. Für Verbindung der allmählich zuwachsenden Einzelbeobachtungen ist im Verlaufe der Lectüre bei passender Gelegenheit oder am Schluss derselben zu sorgen. Nicht ohne didaktische Schwierigkeiten ist die Einführung in die Metra des Horaz, für welche bald zu viel, bald zu wenig gethan wird. Es geschieht zu wenig, wenn man entweder die Horazischen Oden überhaupt nicht metrisch lesen lässt oder wenn man die Zeilen der Strophe ganz äußerlich und zusammenhanglos erklärt, z. B. den kleineren asklepiadeischen Vers in einen Spondeus, Choriambus, Daktylus und Creticus zerlegt: eine Erklärung, die nicht nur wissenschaftlich falsch ist, sondern auch die gedächtnismäßige Aneignung der Strophe sehr erschwert. Es geschieht zu viel, wenn vor dem Schüler ein System der Metrik nach wissenschaftlichen Principien aufgebaut wird; Metrik als Wissenschaft gehört nicht ins Gymnasium. Der Mittelweg führt auch hier am ehesten zum Ziele; der Schüler soll die Strophe möglichst bald lesen und ihren kunstvollen Bau zergliedern können. Dies wird auf folgendem Wege erreicht. Zuerst werden in Vorbemerkungen *) die Elemente behandelt, auf denen die Zergliederung der Strophen beruht (Einführung in die Logaöden), dann wird das metrische Schema des vorzunehmenden Gedichtes auf die Schultafel geschrieben, daneben der Text einer Musterstrophe. Die Zeilen der Strophe werden zergliedert, die Eigenthümlichkeiten und fremden Bezeichnungen erklärt und schließlich wird die Musterstrophe zum Memorieren aufgegeben. Hierauf liest der Lehrer das Gedicht vor. Unmittelbar darauf wird das Gedicht strophenweise von einzelnen Schülern unter genauer Beobachtung der Quantität und des Rhythmus vorgelesen. Auf diese Weise werden die gewöhnlichsten Metra nach der durch die Lectüre gebotenen Abfolge durchgenommen; von Zeit zu Zeit müssen auch Wiederholungen der Metra eintreten. Sind die Schüler auf solche Art vorerst mit dem Metrum vertraut gemacht, so wird ihnen das Gedicht zur häuslichen Präparation

---

*) Vgl. J. Huemer, Q. Horatii Flacci carmina selecta. Wien 1882. Denselben Vorgang empfiehlt Director Köpke in seiner Schrift: Die lyrischen Versmaße des Horaz für Primaner erklärt. Berlin 1883.

aufgegeben; hin und wieder wird es nöthig sein, ihnen im voraus aufklärende Winke über schwierige Constructionen zu geben, niemals aber soll es versäumt werden, den Schüler mit wenigen prägnanten Bemerkungen in die Situation des Gedichtes und damit auf jenen Standpunkt zu versetzen, von dem aus er den Gedankengang mit Interesse und mit Sicherheit zu verfolgen vermag. So wird der Schüler in der nächsten Lehrstunde das Gedicht richtig rhythmisch lesen, über die Situation Rechenschaft geben und eine wörtliche Übersetzung liefern können. Wenn nun unter Betheiligung der ganzen Classe die Übersetzung verbessert und hiebei, was in sprachlicher Hinsicht als schwierig oder neu oder für das Verständnis wichtig erscheint, bündig erklärt wird, möge ein besonderes Gewicht auf den poetischen Ausdruck, die Einkleidung der Gedanken und die Plastik der Darstellung gelegt werden. Um den Sinn für diese Dinge zu wecken und zu bilden, möge der Lehrer nicht etwa docieren, sondern durch passende Fragen zur Beobachtung anleiten; *) er möge Verwandtes nicht bloß aus der griechischen und lateinischen Lectüre, sondern auch aus der deutschen Dichtung heranziehen lassen, hie und da auch ganze deutsche Gedichte, welche dieselben Stoffe und Motive verarbeiten, den Horazischen gegenüberstellen, an welchen Proben zugleich auch der Einfluss des Dichters auf die neuere Literatur zur Anschauung gelangt. **) Das Endziel bleibt aber immer, dadurch sowie durch scharfe Erfassung des Gedankengehaltes der dichterischen und persönlichen Individualität des Dichters näher zu kommen. Am Schlusse der Erklärung wird auf klare Disposition der Dichtung, geschmackvolle, das Original möglichst treu nachbildende Übersetzung und der Stimmung des Gedichtes entsprechenden Vortrag zu dringen sein.

Tacitus. Die Lectüre des Tacitus ist, als die schwierigste Aufgabe, der obersten Classe des Gymnasiums vorbehalten. Als Vertreter einer neuen Zeit tritt Tacitus in Sprache und Darstellung, Empfindungen und Überzeugungen den Schülern als eine etwas fremdartige Erscheinung entgegen, der sie aber das lebhafteste Interesse entgegenzubringen pflegen. Von den Schriften des Tacitus sind um des Stoffes willen der allgemeine Theil der Germania (Capitel 1—27) und zusammenhängende größere Partien aus einem der beiden Hauptwerke, z. B. die drei ersten Bücher der Annalen oder aus verschiedenen Büchern ausgehobene Partien, die in innerem Zusammenhang der Ereignisse und der Personen oder der Culturbilder stehen, ***) zu lesen. Die Annalen verdienen als das reifste Werk des Tacitus vor den Historien den Vorzug, indem sie einerseits die charakteristischen Eigenthümlichkeiten des Schriftstellers

---

*) So kann z. B. bei C. I. 1 gefragt werden, wie der Dichter den Begriff der nach Ehre, Reichthum, Kriegsruhm Strebenden ausdrücke, wie den Begriff des Dichters, wie den Begriff höchster Freude; bei anderer Gelegenheit (C. II. 2, 23—24) wie die Gleichgiltigkeit gegen Besitz, wie dichterische Begabung (C. II. 16, 37—40 und II. 18, 9—10, vgl. IV. 3, 17—20), Unsterblichkeit des Namens (C. II. 2, 7—8) und a. d. A. bezeichnet werden.

**) Vgl. Ad. H. Fritsche, Horaz und sein Einfluss auf die deutsche Lyrik, in den Jahrb. f. Phil. und Päd. 1863 und Eichhoff, Über die Nachbildung classischer Dichter, ebend. 1871.

***) Z. B. Ann. I. 1—15, 72—81. II. 27—43, 53—61, 69—83. III. 1—19. IV. 1—13, 39—42, 52—54, 57—60 u. v. a. VI. 50 und 51. Wie sich die bezeichneten Stücke auf Tiberius, Germanicus, Agrippina, Livia, Sejanus beziehen, so lassen sich aus den übrigen Büchern des Tacitus andere auf andere Personen und Ereignisse sich beziehende Gruppen anstellen. Einzelne solcher Gruppen können sehr passend der Privatlectüre zugewiesen werden.

am schärfsten ausgeprägt zeigen, andererseits die Anfänge der monarchischen Regierung und die in Deutschland geführten Kriege schildern. Für die Privatlectüre wird man lieber den Dialogus oder Stücke der Historien als den Agricola wählen.

Die Einleitung wird außer einer gedrängten Übersicht über die römische Historiographie. welche die aus der Lectüre römischer Historiker gewonnenen Kenntnisse auffrischt und verwertet, einen Lebensabriss des Tacitus und ein Bild der Zeit, in welche seine Entwicklung fällt, zu geben haben. Die Hauptarbeit der Erklärung gilt unausgesetzt der eigenthümlichen Diction dieses Schriftstellers, welche archaistische, poetische, vulgäre Elemente mit kühnen Neuerungen verbindet, sie gilt der epigrammatischen Prägnanz, welche Gedanken und Empfindungen mehr andeutet als ausführt und auf Wohlklang und Symmetrie verzichtet. Aber mit äußerlicher Verzeichnung dieser in die Augen springenden Eigenthümlichkeiten, mit einer der Lectüre gleichen Schrittes folgenden Sammlung derselben unter allgemeine Gesichtspunkte, obwohl sich schon dadurch ein tiefer Blick in den Geist der römischen Sprache eröffnet, wird die Arbeit nicht gethan sein; der Schüler muss zur klaren Erkenntnis geführt werden, wie der Schriftsteller mit bewusster Kunst diese Darstellungsmittel zum Ausdruck verschiedener Stimmungen und zur Erreichung bestimmter Wirkungen verwendet, wie er Hass und Liebe, Trauer und Freude, Abscheu und Bewunderung oft unter dem Schein objectiver Ruhe durch die Gestaltung seiner Rede zu äußern weiß. Ist durch Beobachtung im kleinen der Blick des Schülers für den Subjectivismus des schwermüthigen und gedankentiefen Autors geschärft, so wird ihm auch das Verständnis für die großen Züge der Taciteischen Geschichtserklärung, seine Auffassung und Darstellung der staatlichen Verhältnisse und die unvergleichliche Meisterschaft in der psychologischen Analyse der handelnden Personen aufgehen. Die sachliche Erklärung wird besonders die Veränderung der Staatseinrichtungen und socialen Zustände verfolgen und das Bild der Zeit, das sich im Geiste des Schriftstellers oft in verzerrten Zügen reflectiert, richtig zu stellen haben. Ganz besonderer Art sind die Schwierigkeiten bei der sachlichen Erklärung der Germania; sie zu bewältigen wird der gewissenhafte Lehrer es an eingehenden Studien nicht fehlen lassen.

5. Die grammatisch-stilistische Seite des Latein-Unterrichtes im Obergymnasium.

Zweck des grammatisch-stilistischen Unterrichtes im Obergymnasium ist, die erworbene grammatische Kenntnis der Sprache zu erhalten und zu erweitern und den Sinn für lateinischen Ausdruck durch Vergleichung mit der Muttersprache zu wecken und zu bilden und durch beides die grammatische Grundlage und ästhetische Auffassung der Lectüre zu verstärken. Der Schüler soll die Fertigkeit erlangen, die lateinische Sprache innerhalb des durch die Lectüre erschlossenen Gedankenkreises und Wortschatzes schriftlich ohne grobe Fehler und mit einiger Gewandtheit zu gebrauchen. Daraus ergibt sich, dass die sprachliche Behandlung der Lectüre den stilistischen Übungen vorzuarbeiten habe. Wie durch sie der Schüler sich einen von Stufe zu Stufe wachsenden Wortschatz aneignet, durch eindringende Interpretation

Bedeutung und Anwendung lateinischer Wörter und Phrasen kennen lernt, durch sorgfältige und dem deutschen Sprachgeist gemäße Übersetzung die Ausdrucksmittel der deutschen und der lateinischen Sprache, ihre Unterschiede in Wortstellung, Satzverknüpfung und Periodenbau zu vergleichen angeleitet wird, so sollen die Übersetzungsübungen aus dem Deutschen in das Lateinische dieses Wissen zum Können steigern und ihn dahin führen, über die Darstellungsmittel der lateinischen Sprache bis zu einem gewissen Grade frei zu verfügen. Eines besonderen theoretischen Unterrichtes etwa an der Hand eines Lehrbuches über lateinischen Stil wird es zu diesem Zwecke nicht bedürfen, wenngleich sich Zusammenfassung mancher bei der Lectüre und den Übungen gemachten Beobachtungen unter allgemeine Regeln als nothwendig erweisen und von selbst darbieten wird. Nachdem über die eine Seite des stilistischen Unterrichtes, die sprachliche Behandlung der Lectüre, bereits in den vorausgehenden Abschnitten eingehender gehandelt ist, soll hier von den eigentlichen Stilübungen und dem Umfang und der Art der dabei zu ertheilenden theoretischen Unterweisung die Rede sein.

Deutsch-lateinische Übersetzungsübungen. Die deutsch-lateinischen Übersetzungsübungen werden theils mündlich, theils schriftlich angestellt. Wöchentlich einmal ist im Anschluss an jene Partie der Syntax, welche unmittelbar vorher wiederholt und erweitert wurde, ein Stück aus dem eingeführten deutsch-lateinischen Übersetzungsbuch zur Präparation aufzugeben und in der nächsten Grammatikstunde eine von gröberen Fehlern freie lateinische Übersetzung zu verlangen. Dieselbe wird unter Betheiligung der ganzen Classe nach allen Seiten verbessert und dann wiederholt. Die Aufgabe soll mäßigen Umfanges und der Vorgang bei der Besprechung und Correctur lebendig und rasch sein, um noch für die Besprechung der zunächst an die Reihe kommenden Partie der Grammatik selbst Zeit zu ersparen. In der V. und VI. Classe soll die Casus-, Modus- und Tempus-Lehre auf diese Art wiederholt, erweitert, vertieft und praktisch eingeübt werden. Solche Repetition der Syntax ist für die oberen Classen nicht minder wichtig als die entsprechende Repetition der Formenlehre in der III. und IV. Classe; ja eine gedrängte, am besten an zahlreichen der Lectüre entlehnten Sätzen zu veranschaulichende Wiederholung wichtigerer Gesetze der Syntax wird unter Umständen selbst in den höchsten Classen vorzunehmen sein.

Übersetzungsstoff. Was die schriftlichen Übersetzungsübungen betrifft, von denen monatlich zwei, eine Composition und ein Pensum anzufertigen sind, so muss als eine wesentliche Forderung die Verwertung des durch die Classiker-Lectüre vermittelten Stoffes und Phrasenschatzes hingestellt werden. Wenn auch dieser Anschluss an den Lesestoff nicht mehr so enge wie im Untergymnasium sein wird, so darf er gleichwohl nie ganz aufgegeben werden; und wenn in den obersten Classen die zur Übersetzung vorgelegten Texte auch von dem Inhalt der Lectüre absehen, so werden sie doch das sprachliche Material derselben und die an ihr observierten stilistischen Gesetze zu verwerten trachten. Für den Lehrer erwächst, so lange es an Übungsbüchern fehlt, die nach diesen Grundsätzen gearbeitet sind, daraus eine nicht geringe Arbeit, indem er nicht leicht bei einem modernen Autor den für solchen Zweck dienlichen Übersetzungsstoff auftreiben wird, sondern ihn selber und zwar in einem in Bezug auf Ausdrucksweise,

Satzverbindung und Periodenform völlig correcten Deutsch herstellen muss. Der Lehrer muss sich aber auch von jedem Thema, das er vorzulegen beabsichtigt, eine correcte lateinische Übersetzung ausarbeiten, wobei er leicht erkennen wird, ob seine Forderungen der Leistungsfähigkeit der Classe entsprechen. Bei der Correctur der Arbeiten wird er sich Verzeichnisse der hauptsächlichsten und verbreitetsten Fehler anlegen, um Mängel der ganzen Classe und einzelner Schüler sicherer zu übersehen und seine Anforderungen richtig zu bemessen.

Haus- und Schularbeit. Hiebei ist zwischen Schul- und Hausarbeit im Sinne der Bemerkungen des 1. Cap. ein Unterschied zu machen. Durch jene soll der erworbene Grad des Wissens und der Fertigkeit constatiert, durch diese soll er befestigt und erweitert werden; für jene sind keine Hilfsmittel gestattet, während diese, durch Umfang und Inhalt schwieriger, auf den Gebrauch von solchen berechnet ist. In gleicher Weise ist das Zeitausmaß für Anfertigung beider verschieden. Demnach wird ein grober Fehler gegen Formenlehre oder Syntax in einer Hausaufgabe schwerer wiegen und umgekehrt stilistische Correctheit und Gewandtheit in der Schularbeit höher anzuerkennen sein. Endlich ist wie sonst, so besonders hier auf Sauberkeit der äußeren Form der Arbeiten, der auch von Seite des Lehrers die Sauberkeit der Correctur entsprechen wird, zu sehen und mit Strenge darauf zu dringen, dass die Ablieferungstermine genau eingehalten werden, indem jedes Säumnis angemessen gerügt und die rasche Nachlieferung der versäumten Arbeit gefordert wird. Den Noten der schriftlichen Übersetzungen darf eine überwiegende oder gar allein ausschlaggebende Bedeutung bei der Feststellung der Gesammtnote (Zeugnisnote) nicht eingeräumt werden.

Die Haus- und Schularbeiten werden für die Schüler erst recht fruchtbar durch die C o r r e c t u r i n d e r S c h u l e, welche mit aller Gewissenhaftigkeit vorzunehmen ist, indem nicht bloß die Fehler verbessert werden, sondern hier erst unter der Anleitung des Lehrers die Correctheit, Angemessenheit und lateinische Färbung des Scriptums durch schrittweise Begründung gewonnen wird. Der Lehrer lässt, möglichst viele Schüler zu dieser Arbeit heranziehend, den deutschen Text Satz für Satz mündlich übertragen und knüpft daran die nöthigen Bemerkungen, um die von ihm gewünschte endgiltige Übersetzung herbeizuführen und zu begründen. Wollte er, vielleicht um Zeit zu sparen, seine eigene Übersetzung des aufgegebenen Textes etwa mit begründenden Erläuterungen mittheilen, so würde er seine Schüler gerade jener anstrengenden Gedankenarbeit überheben, aus der allein ihrer grammatischen und stilistischen Ausbildung Förderung erwachsen kann.

Bei der Knappheit der den stilistischen Übungen zugemessenen Zeit wird der Lehrer auch noch auf andere Mittel bedacht sein müssen, in der Handhabung des lateinischen Ausdrucks seine Schüler zu üben; so wird es sich z. B. empfehlen, in den Lectürestunden Recapitulationen des Inhaltes gelesener Stücke oder einzelner Sätze in lateinischer Rede vorzunehmen. Die Übung im mündlichen Gebrauch der lateinischen Sprache, hauptsächlich zur Repetition des Gelesenen schon in den mittleren Classen zulässig, befördert die prompte Beherrschung eines gewissen Vocabel- und Phrasenschatzes und leistet dadurch dem Lateinschreiben wesentliche Dienste.

Stilistische Unterweisung. Weit entfernt den schematischen Aufbau eines stilistischen Lehrsystems etwa nach den Paragraphen eines Handbuches der lateinischen Stilistik zu erstreben, wird der Lehrer gleichwohl auf planmäßige Zusammenfassung und Einübung der bei der Lectüre und den Stilübungen gelegentlich nur kurz besprochenen stilistischen Eigenthümlichkeiten nicht verzichten dürfen, wenn anders dieser Theil des lateinischen Unterrichtes nicht allen Halt verlieren und den Charakter einer rein zufälligen Belehrung annehmen soll. Die Forderung, „erst Induction, dann Deduction" gilt insbesondere hier. Die in der Lectürestunde bei einer bestimmten Stelle des Autors in aller Kürze besprochene Spracherscheinung ist in der für die Stilübungen bestimmten Stunde an Beispielen einzuüben und dem Schüler in ihrer allgemeinen Bedeutung eines festen Sprach gesetz es vorzuführen, das er gerade so erfassen und seinem Geiste einprägen soll, wie die rein grammatischen Gesetze im engeren Sinne. Klare Fassung der Regel, unmittelbare Einübung derselben an Mustersätzen, welche soweit als möglich dem gerade gelesenen Autor zu entnehmen sind, endlich Berücksichtigung der eingeübten Regel bei Abfassung des Textes für die schriftlichen Arbeiten ist auf der Oberstufe in stilistischen Dingen gerade so unerlässlich, wie auf der Unterstufe in grammatischen. Eine weitergehende theoretische Unterweisung kann nur die Absicht haben, die im Laufe der Übungen und der Lectüre gewonnenen einzelnen Regeln sachlich zu ordnen und unter etwas allgemeinere Gesichtspunkte zu sammeln.

Was den Umfang der im Obergymnasium zu vermittelnden stilistischen Observationen betrifft, so haben die Eigenthümlichkeiten im Gebrauch der einzelnen Redetheile, das Wichtigste über Wort- und Satzstellung, sowie über den lateinischen Periodenbau das Lehrpensum zu bilden. Die Vertheilung desselben muss, wenn auch hier noch weniger als bei der Gliederung des syntaktischen Unterrichts strenge Sonderung möglich ist und auch nicht ein systematisches Lehrbuch zugrunde liegt, doch insoweit planmäßig eingerichtet werden, dass in den einzelnen Classen bestimmte Kreise stilistischer Erscheinungen vor anderen observiert und eingeübt werden. Dadurch wird sich auch bei einem Lehrerwechsel eine gewisse Continuität dieses · Unterrichtes wahren lassen, dabei aber freilich genaue Verständigung der succedierenden Lehrer unter sich noch immer nothwendig bleiben. Die Quinta wird also besonders mit dem Gebrauch der einzelnen Redetheile und den in beiden Sprachen verschiedenen Ausdrucksmitteln für dieselben sich zu beschäftigen haben, zu welchem Zwecke das einschlägige Material der lateinischen Grammatik (z. B. in Schmidt's Grammatik §. 246—286, Ellendt §. 202—233, Goldbacher §. 420—457) zu recapitulieren und zu erweitern ist. Die Idiotismen in Wort- und Satzstellung fallen der sechsten Classe zu, wo die Ciceronianischen Vorbilder wirksam auftreten, und zugleich wird in weiterer Fortführung und eventuell in Wiederholung der vorausgegangenen Übungen das Verständnis und die Aneignung der Latinismen, welche über Einzelheiten hinausgehen, vorzunehmen sein. Den beiden obersten Classen gehört die Lehre von der Periodenbildung, von den Tropen und Redefiguren an, wobei auch die Satzverbindung sorgsamste Pflege erfordert.

6. Die griechische Grammatik im Untergymnasium.

Für die Behandlung der griechischen Grammatik im Untergymnasium gelten
dieselben allgemeinen Grundsätze wie für den analogen lateinischen Unterricht;
der Umstand aber, dass das Griechische zwei Jahre nach dem Latein eintritt
und die entsprechend entwickelte Fassungs und Arbeitskraft der Schüler, denen
viele grammatische Begriffe und Operationen bereits geläufig sind, bieten den
nicht zu vernachlässigenden und einen rascheren Fortschritt gestattenden Vortheil
überall an die im Latein-Unterrichte gewonnenen Resultate anknüpfen zu können.
In der Formenlehre muss daher stets auf die gleichartigen Erscheinungen im
Lateinischen hingewiesen werden, in der Syntax aber dürfen diejenigen Punkte,
in welchen das Griechische mit dem lateinischen übereinstimmt, nur kurz berührt
oder als bekannt vorausgesetzt werden.

Lehrstoff der III. Classe. Wie im lateinischen, so wird auch im griechischen
Unterricht an unseren Gymnasien mit Recht eine einzige Grammatik durch alle
Classen gebraucht, welche natürlich ihren Stoff systematisch und möglichst erschöpfend
behandeln muss. Daraus erwächst dem Lehrer die Pflicht den Lehrstoff sorgfältig
auszuwählen und so zu vertheilen, wie es dem Standpunkt der Schüler entspricht *).
Eine strenge Auswahl ist auch schon, um das lehrplanmäßige Pensum der dritten
Classe (die regelmäßige Formenlehre mit Ausschluss der Verba auf — μι), bei der
kargen Stundenzahl absolvieren zu können, unerlässlich. Hiebei wird mehr auszuscheiden
sein, als die Grammatik durch den bloßen Druck andeutet.

Der Unterricht beginnt mit dem Schreiben des griechischen Alphabets; wenn
man gleichmäßige, fließende und leserliche Schrift erzielen will, darf man die Einübung der griechischen Buchstaben nicht dem Privatfleiße in den Ferien überlassen;
die Sache etwa vom Schreibunterricht in der II. Classe zu beanspruchen wird nicht
überall angehen. Mangelt es an passenden Vorlegeblättern, so schreibt der Lehrer
selbst an der Tafel vor, mit den häufigsten und leichtesten Zeichen beginnend,
worauf Silben und einsilbige Wörter folgen. Solche Schreibübungen werden zu fruchtbaren Leseübungen, indem jedes vorgeschriebene Wort vom Lehrer vorgesprochen.
von den Schülern nachgesprochen und nachgeschrieben wird. Von den Paragraphen
der Grammatik, welche der Declination vorangehen, sind nur jene über Schrift,
Quantität und Accentuation durchzunehmen, wobei auf richtige Aussprache der Laute
und gleichzeitige Beachtung von Quantität und Accent streng zu sehen ist. Der
Lehrer benutze dabei sofort das neben der Grammatik eingeführte Übungsbuch,
indem er daraus langsam und mit voller Genauigkeit selbst vorliest und dann die Schüler

---

*) Die von Bonitz in dem Aufsatze „Zum Schulgebrauch der Curtius'schen griechischen Grammatik"
(Zeitschr. f. d. öst. Gymn. 1852, S. 617—632, wieder abgedruckt als Anhang zu Curtius'
„Erläuterungen zu meiner griechischen Schulgrammatik" 3. Aufl., Prag 1875) dafür entwickelten
Grundsätze lassen sich leicht auf jede andere Grammatik übertragen. Beachtenswert ist auch
Arnold Hermanns auf seine Schulgrammatik bezügliche Abhandlung „Der Unterricht in der
griechischen Grammatik" in der Zeitschr. f. d. Gymnasialwesen (Berlin 1875, (XXIII.)
273—301 und Eichler ebend. 1876, S. 529 f.

lesen lässt. Inwieweit die erklärten Regeln verstanden und angeeignet sind, wird diese Probe zeigen; die daran sich knüpfenden Fragen und die Verbesserung der Lesefehler werden Gelegenheit bieten, über die Anwendung der Regeln Rechenschaft zu fordern. Wenn auch durch diese Übungen noch nicht jene Geläufigkeit des Lesens erzielt werden kann, welche erst als Frucht längerer Beschäftigung mit Geduld abzuwarten ist, so werden sie doch den Schülern die Forderungen an ein richtiges Lesen zum Bewusstsein bringen und die Grundsätze der griechischen Betonung und des Zusammenhanges von Accent und Quantität zu eigen machen.

Die L a u t l e h r e muss vorläufig übersprungen werden; sie jetzt schon vorzunehmen und mechanisch lernen zu lassen, wäre ebenso schwierig wie nutzlos. Aber auch später, während der Behandlung der Declination und Conjugation, würde die systematische Aneignung derselben nicht am Platze sein; sondern wo in der Flexionslehre Formen zur Erklärung gelangen, in welchen Veränderung und Verbindung der Laute sich nach bestimmten Gesetzen vollzieht, da ist der Schüler anzuleiten, das Gleichartige an den Erscheinungen selbst zu beobachten und das Lautgesetz zu erfassen, dessen Formulierung die Grammatik bietet. So bringt man z. B. bei der Erklärung des Genetivs Pluralis der A- und der O-Declination einige Contractionsgesetze, bei der consonantischen Declination und vor allem bei der Flexion des Verbums Gesetze über Wandel und Ausfall der Consonanten zur Sprache, und lässt bei jeder neuen Anwendung eines Gesetzes die bereits erkannten ähnlichen Fälle von Schülern angeben. Hiebei ist aber die Erkenntnis der Lautgesetze nicht Zweck, sondern nur Mittel, die Kenntnis der Formen zu erleichtern und zu befestigen.

Auswahl und Anordnung des Stoffes aus der F l e x i o n s l e h r e kann sich natürlich nur in engen Grenzen bewegen; einer näheren Ausführung bedarf es hierüber nicht, da jeder Lehrer die Vorschläge von Bonitz kennen und stets im Auge haben soll. Durchweg muss es der Lehrer vermeiden, den Schüler mit seltenen und singulären Formen zu beschweren; was man davon braucht, wird erst dann, sobald die Lectüre darauf führt, in der Grammatik aufgeschlagen und gelernt. Wichtigere Abweichungen aber vom Regelmäßigen werden besser bei der zu Beginn der IV. Classe nothwendigen Repetition des vorjährigen Pensums vorgenommen.

Um schon die erste Declination durch Übersetzen ganzer Sätze einüben zu können, in welchen allein sich die Bedeutung der Casus erkennen lässt, muss alsbald ein kleiner Kreis von Verbalformen gelernt werden, der sich nach den in das Übungsbuch aufgenommenen Beispielen richtet; im Übrigen wird der Unterricht in· der Formenlehre der Anordnung der Grammatik folgen.

Formenerklärung. Bei der Behandlung der Paradigmen führt schon die Schulgrammatik, indem sie von einer A-, O- und consonantischen Declination handelt, uncontrahierte und contrahierte Formen neben einander stellt und die zusammengesetzten Bildungen auf die einfachen Elemente zurückführt, dazu in der Vorführung und Erklärung der Formen den genetischen Weg zu befolgen, und es ist anzuerkennen, dass der griechische Unterricht dadurch wesentliche Vereinfachung und Förderung gewonnen hat. Hiebei ist jedoch sowohl durch die Natur der Sache als die Rücksicht auf die Fassungskraft der Schüler maßvolles Vorgehen geboten; die aus Sprachvergleichung und Erforschung der älteren Sprachperioden geschöpften

4

Resultate der wissenschaftlichen Grammatik haben nur soweit Anspruch auf Berücksichtigung in der Schule, als sie die nächste Aufgabe des Unterrichts, die schnelle
und sichere Aneignung der Formen, fördern. Eine Verwendung derselben über
diesen Zweck hinaus wäre nicht zu billigen. *) Auch findet sich im Laufe des
Unterrichts z. B. bei der Erlernung der Homerischen Formen noch Gelegenheit,
manche Erklärung, welche auf der ersten Stufe des Unterrichts nicht räthlich war,
nachzutragen. Da aber gerade auf diesem Gebiet die Wissenschaft in steter
Bewegung begriffen ist und nur die volle Beherrschung derselben Richtiges von
Falschem unterscheiden lässt, so wird der Lehrer in der Auswahl der mitzu-
theilenden Erklärungen strengste Vorsicht üben und der Versuchung widerstehen
müssen, dasjenige, wofür er sich lebhaft interessiert, in größerem Umfang mitzutheilen, als es der Zweck erfordert, oder an der traditionellen Regel, wenn sie auch
das Wesen der Sache nicht erschöpft, Kritik zu üben, wo er ohne Gefahr der
Verwirrung bessere Einsicht nicht erzielen kann. **)

Das grammatische Pensum werde von den Schülern in der Schule selbst
gelernt; nur die feste Einprägung und die Verwendung des in der Schule Gelernten
ist der häuslichen Arbeit zuzuweisen. Um die Formen gefragt, bringe der Schüler
nur die wirklich gebräuchlichen vor, also γένους, nicht γένεσος oder γένεος, τιμῶμεν,
nicht τιμάομεν u. s. w. und ziehe die ursprünglichen nur dann heran, wenn es sich
um Entstehung der Form, Begründung der Accentuierung u. dgl. handelt; zu jedem
Worte soll er das Paradigma angeben können; statt der Regel lasse man, wo es
möglich ist, gleich ein Beispiel nennen, z. B. statt der Aufzählung der Formen
des starken Aoristus activi und medii mit abweichender Accentuierung sogleich
λιπεῖν λιπών λιποῦ λιπέσθαι, oder bei Adjectiven etwa: ἄξιαι ἀξίων neben χῶραι χωρῶν
oder εὔνοι εὔνοια u. dgl.

Schriftliche Übungen. Zur Einübung der Formenlehre sind Schreibübungen
unerlässlich, damit die Wortbilder der fremden Sprache sich fest einprägen. Im
Anfange werden einige paradigmatische Übungen vorzunehmen sein, welche sich
besonders beim Verbum, dessen Formenreichthum die Grammatik auf mehrere
Gruppen vertheilt, nützlich erweisen, um die sämmtlichen Formen eines und
desselben Verbums zu einem Überblick zu vereinigen. Der Schüler wird für
solche zusammenfassende Paradigmen abgesehen von den Musterbeispielen in der
Grammatik durch den Vorgang des Lehrers vorbereitet, welcher mit unermüdlicher
Ausdauer bei jeder neuen Gruppe von Formen auf die in der vorausgehenden
Gruppe bereits gelernten desselben Verbums zurückgreifen muss. Nützlicher als
alle Formen eines Verbums in der üblichen Reihenfolge schreiben zu lassen, wird
es sein, die Aufzeichnung bestimmter einzelner Formen z. B. der 2. oder 3. Person
Sing. der verschiedenen Tempora und Modi zu verlangen. Bei diesen Übungen

---

*) Vgl. J. Lattmann „Die durch die neuere Sprachwissenschaft herbeigeführte Reform des
  Elementar-Unterrichtes der alten Sprachen" im Programm von Clausthal 1871; G. Stier,
  „Über Recht oder Unrecht der traditionellen Schulgrammatik gegenüber der sprachvergleichenden
  Richtung" Zeitschr. f. d. Gymnasialwesen, 1869, S. 97 ff.; H. Osthoff, „Der grammatische
  Schulunterricht und die sprachwissenschaftliche Methode", Z. f. d. ö. Gymn., 1880, S. 55 ff.
**) Vgl. Schrader a. a. O., S. 438 ff.

lässt man die Bestandtheile der Formen (Augment, Reduplication, Tempus- und Moduscharakter, Endung) durch kleine Striche gesondert schreiben. Die Elaborate muss der Lehrer controlieren und dabei zugleich auf möglichst deutliche Handschrift dringen. An diese paradigmatischen Arbeiten schließen sich Extemporalien an, indem der Lehrer in der Schule nicht ganze Sätze, sondern nur einzelne Formen passend gewählter Nomina und Verba auf die Angabe der deutschen oder lateinischen Form sofort griechisch niederschreiben lässt. Daneben muss aber, um allgemeines Mitarbeiten der Classe und dadurch Schlagfertigkeit zu erzielen, reichliche mündliche Übung einhergehen, wobei bald zur deutschen oder lateinischen, bald zur griechischen Form die rasche und präcise Angabe der treffenden Übersetzung gefordert wird. Hauptsache bleibt aber dabei immer die Übersetzung aus einem passenden Übungsbuche. Auch in diese Arbeit hat der Lehrer den Schüler einzuführen. Ist das Paradigma der A-Declination sicher erfasst, so wird das Übungsbuch aufgeschlagen; der Lehrer liest einen Satz vor, einzelne Schüler wiederholen ihn, und nun geht man daran, die Bedeutung der einzelnen Wörter im Vocabular aufzusuchen und den Satz zu übersetzen, wobei der Lehrer Veranlassung findet, manches über die Construction des Satzes oder einzelner Ausdrücke zu bemerken. So übersetzen die Schüler unter der Leitung des Lehrers eine Reihe von Sätzen; durch diese Übung lernen sie das Verfahren und erstarken allmählich zum selbständigen häuslichen Übersetzen. Die deutsche Übersetzung braucht nicht schriftlich abgefasst zu werden, wohl aber die griechische. Die griechischen Sätze werden dann in der Schule von den aufgerufenen Schülern auf die Tafel geschrieben, unter Mitbeschäftigung der Classe corrigiert und in ein eigenes vom Lehrer zu controlierendes Heft eingetragen und eingelernt. Häufiges Abfragen der Vocabula und der durchgenommenen Sätze, so dass der Schüler, wenn ihm z. B. ein Satz deutsch vorgesagt wird, denselben sofort ins Griechische übersetzen muss, wird die Kenntnis der Vocabeln und Formen befestigen; ein leichtes Extemporale nach jedem Abschnitt der Grammatik und der dazu gehörigen Übungsbeispiele lässt den Fortschritt der ganzen Classe leicht erkennen. Die Übungen im Übersetzen bieten zwar manchen Anlass, Syntaktisches zur Sprache zu bringen und an Beispielen der späteren Erlernung der griechischen Syntax vorzuarbeiten; eine eingehendere Berücksichtigung kann aber die Syntax in der III. Classe noch nicht erfahren. Es bedarf übrigens zur Bearbeitung der Übungssätze nur weniger syntaktischer Bemerkungen, welche kurz und bündig gefasst (also z. B. das Prädicatsnomen hat keinen Artikel; zum Subject im Neutrum Pluralis tritt das Prädicatsverbum im Singular u. s. w.) sich an den im Satze gegebenen Fall anschließen; durch jeden folgenden ähnlichen Fall wird die Regel befestigt und beleuchtet. Vom zweiten Semester der III. Classe an ist alle 14 Tage ein Pensum, alle 4 Wochen eine Composition auszuarbeiten, über deren Zweck und Behandlung dasselbe gilt, was oben bei dem Lateinunterricht ausgeführt wurde. Bei der Correctur dieser Arbeiten sind die verschiedenen Fehlergattungen (Accent-, Form- und syntaktische Fehler) in verschiedener Weise zu bezeichnen.

Vocabellernen. Weil aber das Vocabellernen gerade so wie die Einprägung der Formen nur der Classiker-Lectüre zu dienen hat, sollten bloß solche Vocabeln

in den Übungsbüchern vorkommen und zum Lernen aufgegeben werden, die sich in
den Schul-Classikern finden; kommen andere vor, so werden sie übergangen. Die
zu lernenden Vocabeln, auf deren Kenntnis mit aller Strenge zu dringen ist, spricht
der Lehrer in der ersten Zeit des Unterrichtes den Schülern selbst vor, lässt sie
dann von einzelnen nachsprechen und . achtet dabei auf genaue Aussprache aller
Laute, Beachtung der Quantität und des Accentes; Erfolg ist freilich nur dann
erreichbar, wenn der Lehrer von Anfang an mit allem Nachdrucke darauf dringt
und selbst in allen Stücken ein gutes Vorbild gibt. Die zum Memorieren aufgegebenen
Vocabeln soll jeder Schüler so in sein Heft eintragen, dass dem griechischen Worte
das deutsche Wort gegenüber steht, damit er ebenso leicht zum griechischen Worte
die deutsche Bedeutung sich einprägen könne, wie umgekehrt. Die memorierten Vocabeln
und Redensarten werden vor der Übersetzung der aufgegebenen Lection abgefragt.
Übrigens versäume der Lehrer auch sonst nichts, was das Erlernen und Behalten
der griechischen Vocabeln fördern kann; so unterlasse man nicht auf verwandte
Wörter im Lateinischen und Deutschen hinzuweisen, und gebräuchliche Fremdwörter
herbeizuziehen; besonderes Gewicht aber werde darauf gelegt, dass zu einem gegebenen
Worte die schon gelernten Ableitungen und Zusammensetzungen genannt, vorge-
kommene Wörter nach Begriffsgruppen geordnet werden. Sehr zu empfehlen ist, nicht
bloß einzelne Vocabeln sondern in allmählich steigendem Maße auch Nominal- und
Verbalconstructionen und Redensarten (z. B. χαίρειν τινί, ἀδικεῖν τινα, στρατηγὸν
αἱρεῖσθαί τινα u. v. a.) in das Vocabular eintragen zu lassen; der Schüler erlernt so
viele wichtige syntaktische Dinge auf einfache und leichte Weise. Bei Angabe der
Bedeutung soll ohne viel zu etymologisieren, wo es möglich ist, die Grundbedeutung vorangestellt und so das Anschauliche und Sinnliche der Sprache zur
Erweckung des Interesses und zur Übung des Verstandes verwertet werden; die
dadurch gewonnene Förderung der Lectüre lohnt reichlich die darauf verwandte Mühe.

Lehrstoff der IV. Classe. Der für die IV. Classe bestimmte Lehrstoff ist nach
denselben Grundsätzen zu behandeln. Die Menge abnormer Formen wird der Lehrer
soviel als möglich auf bestimmte Regeln zurückzuführen oder nach Analogien klar
zu machen suchen. Hiezu wird eine tiefere sprachwissenschaftliche Bildung die besten
didaktischen Mittel an die Hand geben. Ohne den Schüler durch sprachvergleichende
oder sprachgeschichtliche Excurse zu zerstreuen und zu überbürden, wird er vielmehr das Gesetzmäßige innerhalb der den Schülern bereits bekannten Erscheinungen
aufdecken und dadurch die vereinzelten und darum leicht entschwindenden Bildungen
zu festem Besitze machen, indem das Gedächtnis durch den Verstand unterstützt
und zugleich entlastet wird. Diese Analysen und Erklärungen werden die Erlernung
der Formen entweder begleiten oder ihr nachfolgen müssen. Zur Aufgabe dieser
Classe gehört auch die Wortbildungslehre. Nach Absolvierung der Formenlehre besitzt
der Schüler ein hinreichendes Wortmateriale, um daran die Gesetze der Wortbildung
begreifen zu lernen und so seinen Vocabelschatz zu befestigen und zu erweitern;
wenn bei der Declination der Substantiva und Adjectiva und bei der Conjugation die
wichtigeren Elemente der Wortbildung zur Sprache gekommen sind, dann wird es
sich hier eigentlich nur um eine Recapitulation und Zusammenfassung handeln.
Auch die Accentlehre und Synonymik erhält daraus einige Förderung.

Syntax. In dieser Classe muss der Schüler ferner mit den wichtigeren syntaktischen Eigenthümlichkeiten der griechischen Sprache so weit bekannt gemacht werden, dass in der V. Classe die Lectüre beginnen und ohne viele Hemmungen fortschreiten kann. Wenngleich hiebei wie beim Latein durchaus der Grundsatz zu befolgen ist, dass die Sprache nicht aus der Grammatik, sondern die Grammatik aus und an der Sprache erlernt werden soll, so wird die Sache doch nicht ganz auf dieselbe Weise geschehen dürfen, wie bei der lateinischen Syntax. Denn durch den lateinischen Unterricht ist der Schüler bereits mit zahlreichen grammatischen Begriffen und Regeln bekannt, die auch für das Griechische gelten. Solche Dinge ausführlich zu behandeln ist also überflüssig. Der Schüler hat aber in der III. Classe auch eine Reihe von Erscheinungen aufgefasst und anwenden gelernt, in welchen die beiden Sprachen nicht übereinstimmen, wie den Gebrauch der gewöhnlichsten Präpositionen, Setzung und Nichtsetzung des Artikels, die Stellung von μου, σου, αὐτοῦ, den adhortativen und dubitativen Conjunctiv, den eigentlichen und potentialen Optativ, den Conjunctiv in Sätzen mit ἄν (ἐάν ὅταν), den Nominativus cum infinitivo u. dgl. Der Unterricht wird also aus der Syntax des Artikels, der Casus, der Präpositionen und der Pronomina, die wichtigsten vom Lateinischen abweichenden Erscheinungen zumeist so behandeln, dass die in der III. Classe erworbenen Kenntnisse recapituliert und in festen Zusammenhang gebracht werden, damit der Schüler später bei der Erklärung eines Autors sich leicht und schnell in seiner Grammatik Rath zu holen wisse. Das Schwergewicht wird aber in der IV. Classe auf die Syntax des Verbums fallen, indem der Gebrauch der Modi und Tempora in Haupt- und Nebensätzen, die Bedingungssätze und Participial-Constructionen zu behandeln sind. Dabei ist wie im lateinischen Unterrichte nicht von der Regel sondern von den Beispielen auszugehen, aus welchen die Regel abstrahiert wird. Es wird aber dazu nicht der Bearbeitung aller Beispiele in der Grammatik bedürfen; der Schüler, welcher vom lateinischen Unterricht her ein gewisses Verständnis für das Wesen der alten Sprachen und eine gewisse Fertigkeit der Abstraction mitbringt, wird oft an einem und dem andern Beispiele diese Operation selbst ausführen können. Wenn aber eine Regel in der Grammatik nicht genügend durch Beispiele erläutert sein . sollte, wird aus dem Übungsbuche und später aus der Lectüre das Fehlende zu ergänzen sein. Für jede Regel hat der Schüler ein Musterbeispiel auswendig zu lernen, durch welches der Wortlaut der Regel, der leicht aus dem Gedächtnis entschwindet, jederzeit am leichtesten reproduciert wird. Begriffliche Abstractionen, welche in einer wissenschaftlichen Behandlung der Sprache ihre passende Stelle haben, sollen von der Erläuterung und Formulierung der Regeln ferngehalten, aber andererseits ebenso Flüchtigkeit und Unbestimmtheit der Fassung nicht geduldet werden. Dieselbe Methode kommt auf der höheren Stufe des Unterrichts in Anwendung wo die Lectüre den Stoff zur Erfassung anderer syntaktischer Eigenthümlichkeiten bietet *). Das auf solchem Wege erworbene grammatische Wissen der Schüler ist um so viel fester und für die formale Durchbildung ersprießlicher als jenes, welches sich durch selbständige systematische Durcharbeitung der Grammatik gewinnen ließe, dass der Lehrer sich gerne der größeren Anstrengung wird unterziehen wollen.

---

*) Vgl. den Aufsatz von Rehdantz in der Zeitschrift für das Gymnasialwesen 1851, S. 393 ff.

Obwohl nach diesen Räthschlägen die Aufgabe der III. und IV. Classe vollständig zu lösen sein dürfte, wird es sich doch empfehlen, in der V. Classe sofort eine gründliche Repetition der Formenlehre anzustellen, die selbst unter günstigen Verhältnissen nach den langen Sommerferien dringend einer Auffrischung bedarf. Durch diese systematische Wiederholung erleidet die Lectüre, selbst wenn sie um eine Woche oder mehr hinausgeschoben werden sollte, in Wirklichkeit geringeren Abbruch, als wenn man die thatsächlich vorhandenen Mängel ignorieren, dafür aber den Autor zur grammatischen Recapitulation missbrauchen wollte. Die Lectüre hat von allem Anfange an als Selbstzweck, die grammatische Erklärung dagegen nur als Schlüssel zum Verständnis derselben zu dienen, damit nicht die Jugend mit Gleichgiltigkeit oder Widerwillen gegen den Autor erfüllt werde.

7. Die grammatisch-stilistische Seite des griechischen Unterrichts im Obergymnasium.

Der grammatische Unterricht erfährt in Bezug auf Formenlehre und Syntax seine Erweiterung und Vertiefung im Obergymnasium hauptsächlich bei der Lectüre; doch darf die Sache hier so wenig wie im Lateinischen dem Zufall überlassen werden, sondern sie fordert planmäßiges Vorgehen, worüber im folgenden Abschnitte bei der Besprechung der einzelnen Autoren näheres gesagt werden wird.

Stilistische Übungen. Damit aber das aus der unmittelbaren Anschauung des Schriftstellers resultierende Wissen zu festem Besitz des Schülers werde, sind Übersetzungsübungen aus der Muttersprache in das Griechische unerlässlich, deren richtige Behandlung bei der Knappheit der dem griechischen Unterricht zugewiesenen Stunden die folgenden Bemerkungen erleichtern wollen. Bei den griechischen Schreibübungen ist es zunächst nicht, wie im Lateinischen, auf stilistische Durchbildung abgesehen; sie sollen aber auch nicht bloß dazu dienen, gerade vorgenommene Regeln an einzelnen Beispielen einzuüben oder gar nur die grammatischen Kenntnisse der Schüler zu prüfen. Nur insoferne sie leisten, was der Lectüre förderlich, ja für einen gründlichen und erfolgreichen Betrieb derselben unerlässlich ist, haben sie Berechtigung und Anspruch auf jene Stunden, welche die Lectüre an sie abgibt. Die griechischen schriftlichen Übungen sind demnach in engem Anschluss an das eben Gelesene vorzunehmen und haben die Prosalectüre im ganzen Verlauf des Unterrichts zu begleiten. Was also diese an Wortschatz, Formeln und Structuren darbietet, soll der Schüler in freier, selbständiger Weise beherrschen lernen. Darin liegt einerseits eine Erleichterung der Aufgabe, die freilich schon durch die Natur der Sache geboten ist, indem ja der Wort- und Phrasenschatz der Schüler zur Übersetzung solcher Stücke, die ein anderes als das aus der Lectüre geschöpfte Material verwerten, nicht ausreichen würde und der Bedarf sich aus dem deutsch-griechischen Lexikon nicht ohne große Irrthümer und Verkehrtheiten, wohl aber ohne Gewinn für die Vocabelkenntnis würde beschaffen lassen Es liegt darin andererseits auch eine heilsame Anregung der Schüler zu Aufmerksamkeit und Fleiß. Sind sie sich des Gebrauches bewusst, der von der Lectüre gemacht werden soll, so wird ihre Präparation viel gründlicher, die Aneignung des Sprachschatzes, nicht bloß der

Vocabeln, sondern auch der Phrasen, Formeln und Constructionen, ungleich fester und schon dadurch steigert sich innerhalb desselben Schriftstellers die Befähigung zur rascher fortschreitenden Lectüre und gründlicher Erfassung derselben. *) Die erfolgreiche Durchführung dieser Methode setzt aber nicht bloß voraus, dass der Lehrer selbst eine große Fertigkeit im Griechischschreiben sich erwerbe und erhalte, sondern dass er auch das große Opfer an Zeit und Mühe nicht scheue jede Aufgabe selbst vorher schriftlich auszuarbeiten. Da aber dieses Verfahren nicht so leicht und ohne weiters bei einem Autor wie Herodot anwendbar ist, soll es nicht verwehrt sein in der VI. Classe die Xenophon-Lectüre, allerdings nur in dem unumgänglich noth- wendigen Ausmaß, neben der für die Classe vorgeschriebenen Lectüre weiterzuführen.

Diesen Schreibübungen sollen zur Vorbereitung und um größere Beweglichkeit im sprachlichen Denken zu erzielen, mündliche Übersetzungen zur Seite gehen, zu welchen der Lehrer die Aufgaben entweder auf Grund der Lectüre zusammenstellt, oder aus einem Übungsbuch auswählt und zu sorgfältiger Präparation nach seiner Anleitung aufgibt. Sollte die Fertigkeit der Schüler im Übersetzen zu wenig entwickelt sein, dann mögen durch einige Zeit täglich vor Beginn oder am Ende der Lectüre, und immer im Anschluss an dieselbe unter Betheiligung möglichst vieler Schüler einige Sätze ins Griechische übertragen werden. Bei der Wichtigkeit und dem Nutzen dieser stilistischen Übungen ist auch eine entsprechende Sorgfalt auf die Correctur zu verwenden, die im allgemeinen nach den für das Lateinische geltenden Grundsätzen einzurichten ist, nur mag der Lehrer Incorrectheiten einzelner Schüler in Phraseologie und Stil sofort am Rande des Heftes selbst richtig stellen.

8. Behandlung der einzelnen griechischen Autoren.

Xenophon. Die Lectüre Xenophons wird mit einem kurzen im Laufe derselben leicht zu ergänzenden und erweiternden Lebensabriss des Schriftstellers eingeleitet. Da nur etwa 60 Lesestunden auf das erste Semester der V. Classe entfallen, muss sich die Lectüre auf ein Werk Xenophons, am besten auf die Anabasis, beschränken, aus welchem passende Abschnitte auszuwählen sind, wenn man nicht lieber zu einer Chrestomathie greift, welche die anregendsten Capitel der Anabasis, Cyropädie und der Memorabilien enthält. Die Benutzung einer solchen Chrestomathie gestattet, das Hauptaugenmerk des Unterrichtes zwar stets auf die interessantesten Partien der Anabasis zu richten, aber doch auch durch die Lectüre besonders anziehender Stellen aus der Cyropädie die Bekanntschaft mit diesem Werke anzubahnen und dadurch zu privater Beschäftigung mit demselben anzuregen.

Die Xenophon-Lectüre bildet die Grundlage für den Unterricht in der griechischen Syntax im ganzen Obergymnasium; auf diese Seite der Erklärung muss daher der Lehrer, selbst wenn das Untergymnasium in dieser Beziehung gründlich vorgearbeitet hat, ein besonderes Gewicht legen, um nicht später fort und fort über der Bekämpfung der grammatischen Unsicherheit und Halbheit das sachliche Interesse vernachlässigen zu müssen. Im Laufe des ersten Semesters der

---

*) Vgl. H. Bonitz in der Zeitschr. für das Gymnasialwesen 1871 (XXV.), S. 705—716 und Schrader a. a. O. S. 444. ff.

V. Classe ist die Syntax in den Hauptpunkten nach den oben gegebenen Weisungen
zum Abschluss zu bringen; alles, was in seiner Übereinstimmung mit dem Lateinischen
oder Deutschen einer weiteren Besprechung nicht bedarf, bleibt unbesprochen. Bei
Behandlung der einzelnen Stellen der Lectüre aber muss man das Wichtige und
für das grammatische Verständnis Unentbehrliche von dem minder Wichtigen und
für eine spätere Gelegenheit Zurückzulegenden sondern; wo eine systematische
Auseinandersetzung vielleicht an der Hand der Grammatik erforderlich scheint, ist
diese auf den Abschluss eines Capitels oder größeren Abschnittes aufzusparen, um
die Aufmerksamkeit nicht über Gebür vom Inhalte des Gelesenen abzuziehen und
um an zahlreicheren gleichartigen Fällen desto leichter die Regel von den Schülern
auffinden zu lassen. Über der grammatischen darf aber die sachliche Erklärung
nicht vernachlässigt werden, noch das Interesse für den Inhalt und Zusammenhang
des Gelesenen erschlaffen. Die lebendige Auffassung ist durch fleißige Benützung
des Atlas, Vorzeigen von Abbildungen zur Illustration des griechischen Kriegswesens,
durch Skizzieren von Terrainverhältnissen und durch andere Veranschaulichungsmittel zu fördern.

Fortsetzung der Lectüre Xenophons. Der Inhalt dieser Lectüre wird
freilich nicht zur vollen Wirkung gelangen, wenn dieselbe gleich nach Ablauf des
ersten Semesters, nachdem sich kaum einige Geläufigkeit des Verständnisses eingestellt hat, sofort wieder aus der Hand gelegt wird. Dagegen sprechen aber auch
andere Erwägungen. Es dürfte kaum überall zu verhüten sein, dass durch die continuierliche Homer-Lectüre in den beiden nächsten Semestern und die daran sich schließende
Lectüre Herodots die erworbene Sicherheit in der attischen Formenlehre und Syntax,
auch wenn man während dieser Zeit wöchentlich eine Stunde in schriftlichen Arbeiten
oder in Repetitionen gewissenhaft auf Grammatik verwendet, ernstlich gefährdet werde
und dass der Lehrer, endlich bei Demosthenes und Sophokles angelangt, sich in die
Nothwendigkeit versetzt sehe, das zurückgedrängte und verdunkelte grammatische
Wissen der Schüler wieder aufzufrischen, bevor er an die schwierige Lectüre dieser
Autoren geht. Auch bedürfen die mündlichen und schriftlichen Übersetzungsübungen,
wenn sie Frucht bringen sollen, eines Stoffes, welcher aus Homer oder aus
Herodot nicht leicht und nicht ohne Gefahr entlehnt werden kann. Großes Lehrgeschick mag in einer guten und nicht zu zahlreichen Classe über diese Schwierigkeiten hinweghelfen, sonst werden sie nur dann zu überwinden sein, wenn die
Xenophon-Lectüre im zweiten Semester der V. Classe, sobald die Homer-Lectüre
einigermaßen im Gang ist, durch eine Stunde wöchentlich, in der folgenden Classe
etwa alle 14 Tage durch eine Stunde fortgesetzt und dazu nach Möglichkeit
Privat-Lectüre aus Xenophon getrieben wird. Bedauerlich bleibt freilich immer die
bei dem knappen Zeitausmaß noch empfindlichere Einschränkung, welche die Lectüre
des Herodot und Homer dadurch erleidet.

Homer. Mit dem zweiten Semester der V. Classe beginnt die Lectüre Homers,
welche durch eine kurze Darstellung der Tradition über Homer eröffnet wird.
Daran kann sich eine summarische Inhaltsangabe der Ilias schließen, sowie das
Wichtigste über den Stoff der Odyssee, natürlich ohne Berücksichtigung der
Vertheilung auf die einzelnen Rhapsodien, da es sich nur um eine allgemeine

Orientierung handelt. Um die Frage der Entstehung der Homerischen Dichtung hat sich diese Einleitung nicht zu bekümmern; dazu, wie zur näheren Ausführung der übrigen nur vorläufig und kurz in der Einleitung erwähnten Punkte findet sich im Verlauf der Lectüre bessere Gelegenheit. Der Lehrer freilich hat sich die Untersuchungen über die Composition der Homerischen Dichtungen und deren Resultate nicht bloß wegen der bei Erklärung vieler Stellen zu befolgenden Methode, sondern auch mit Rücksicht auf die Auswahl des zu Lesenden stets vor Augen zu halten; denn wie weit auch die Forschung in ihren Hypothesen auseinandergehen mag, über den höheren oder geringeren Wert einzelner Partien ist sie bereits zu festen Ansichten gelangt.

Auswahl der Lectüre. Die Auswahl hat vor allem das als Dichtung oder für die Composition Bedeutendste zu berücksichtigen. Wenn mit Auswahl zu lesen bei anderen Werken als bedenklich erscheinen kann, so ist dies hier durch die Natur dieser Dichtungen und die Art ihrer Entstehung und Weiterbildung geradezu berechtigt; denn kein Werk des Alterthums ist mit Interpolationen solchen Umfangs, über welche die Forscher zu übereinstimmenden Ansichten gelangt sind, durchsetzt und erweitert. Bei der Ilias sind jene Abschnitte, welche als späterer Zuwachs erkannt oder in ihrer Bedeutung für die Composition des Ganzen gleichgiltig oder strittig sind, von der Lectüre auszuschließen, wie z. B. die Βοιωτία, Ι (πρεσβεία πρὸς Ἀχιλλέα, Λιταί), Κ (Δολώνεια) Ν und Ξ mit ihren ermüdenden Kampfscenen, welche ohne Einfluss auf den Gang der Handlung bleiben, Υ (Θεομαχία) Φ (μάχη παρακοτάμιος). Bei der Odyssee wird man am besten von der mit dem Ganzen nur lose zusammenhängenden Telemachie (α, β, γ, δ und den darauf bezüglichen Versen in ε, ο und den späteren Büchern) ρ, υ, φ und ω absehen, sowie auch in η, θ und, wenn die Telemachie gelesen werden sollte, in dem zweiten Theile der Dichtung ausgiebige Abstriche vorgenommen werden können. Fühlt sich der Lehrer auf diesem Boden nicht ganz sicher, so thut er besser sich an eine nach diesen Grundsätzen gemachte Epitome anzuschließen. *) Allein auch in dieser Beschränkung und obgleich für Homer die Privat-Lectüre in hohem Maße herangezogen werden darf, lässt sich doch nicht das Ganze bewältigen. Jene Bücher und Theile, welche nicht gelesen werden, müssen daher ihrem Inhalte nach mitgetheilt werden, damit der Schüler einen so genauen Überblick über die ganze Dichtung erlange, dass er einem ihm etwa vorgelegten Abschnitte seinen Platz in der ganzen Composition der Ilias oder Odyssee mit einiger Sicherheit anzuweisen vermag.

Behandlung des Homerischen Verses. Die Behandlung der Lectüre wird auf den verschiedenen Stufen mit Rücksicht auf die allmähliche Entwicklung der Fassungskraft und des Wissens der Schüler erheblich verschieden sein. Während in

---

*) Für die Ilias vgl. die von Zechmeister und Scheindler bearbeitete Epitome Hocheggers (Wien, Gerold 1880, 1882). Gute Winke für die Auswahl bieten auch Koechly, Iliadis carmina XVI (Leipzig, Teubner 1861) und Christ, Homeri Il. carmina seiuncta discreta emendata pars I. (Leipzig, 1884); für die Odyssee Kirchhoff „Die Homerische Odyssee und ihre Entstehung" (Berlin, 1859. 2. Aufl. Berlin, Herz 1879), in welchem Werke, wie bei Christ, die älteren und in der Regel auch wertvolleren Partien von den jüngeren und jüngsten Bestandtheilen durch die Anordnung des Druckes und verschiedene Typen unterschieden sind.

der V. Classe Vers und Sprache eingehende Berücksichtigung verlangen, wird später
allmählich der Blick auf die antiquarische und sachliche Seite, sowie auf Fragen
der Composition gelenkt werden müssen, da Vers und Sprache kaum mehr größere
Schwierigkeit bieten werden. Was zunächst die Verslehre anbelangt, so genügt es
für den Anfang, die aus dem deutschen und lateinischen Unterricht in der IV. Classe
bekannten Hauptgesetze des Hexameters in Erinnerung zu bringen und auf dieser
Grundlage das rhythmische Lesen zu versuchen. Hierbei hat wie bei der übrigen
Präparation die Hauptarbeit anfangs in der Schule zu geschehen, so dass während
dieser Zeit vom häuslichen Fleiße nur die Wiederholung und tüchtige Einübung des
in der Schule Erlernten zu fordern ist. Werden die wenigen Verse, welche in den
ersten Lectürestunden durchgenommen werden können, zugleich auswendig gelernt
und durch unausgesetzte Wiederholung zu einem festen Grundstocke Homerischen
Wissens gemacht, so ist es nicht nur möglich, schon von diesen ersten Anfängen der
Lectüre' an ein rhythmisches Lesen und Recitieren anzubahnen, in welchem die
Quantität und das Metrum ebensowohl als die Betonung nach dem Inhalte zur Geltung
gelangt, sondern es wird auch nicht schwer fallen, unter steter Mitarbeit der Schüler
die wichtigsten Erscheinungen im Homerischen Verse aus diesen Anfangspartien der
Rhapsodie abzuleiten. Hat aber der Schüler unter der Anleitung des Lehrers
aus einem ihm völlig zum Eigenthume gewordenen Stoffe seine Regeln selbstthätig
gebildet, haften sie darum sammt dem gelernten Beispiele fest im Gedächtnisse,
so kann man die Ergänzung alles dessen, was noch zur gründlichen Kenntnis des
Versbaues gehört, der Gelegenheit überlassen, die sich mit der fortschreitenden
Lectüre von selbst einstellt *).

Behandlung des Dialectes. Ähnliches gilt von der Homerischen Sprache.
Die einzelnen Erscheinungen der Lautlehre, wie z. B. das Digamma, den veränderten
Vocalismus, die Besonderheiten der Quantität, die Assimilierung, die Metathesis,
die Unterdrückung der Aspiration, die Synkope, die Consonantenverdopplung, den
Hiat, die Elision, die Suffixe und dazu noch die lange Reihe der Eigenthümlichkeiten des altjonischen Dialectes in der nominalen und verbalen Flexion in zusammen-
hängendem Vortrage der Lectüre voranzuschicken, brächte nicht nur eine beträchtliche
Erschwerung der Sache mit sich, da das Fremdartige in compacten Massen aufträte
und die Beispiele noch ebenso unverständlich erscheinen müssten als die Regeln,
sondern würde auch den Gegenstand trocken und langweilig machen, während er, in
kleine Notizen vertheilt und der Jugend zur richtigen Zeit vorgelegt, auf lange
hin ihre wissenschaftliche Wissbegierde und ihren Forschungstrieb zu fesseln
vermag. Es sind also die einzelnen Fälle erst dann, wenn ihre Erklärung nöthig
wird, in der Grammatik nachzuschlagen. Diese Art des Unterrichtes von Fall
zu Fall bietet übrigens auch die Gelegenheit, den attischen Dialect bei allen Einzelheiten in den Kreis der Erklärung einzubeziehen, so dass, was sich die Schüler im
Untergymnasium mehr oder weniger mechanisch eingeprägt haben, nunmehr tiefer
erfasst wird und hiedurch der historischen Formenlehre ein besonderer Platz im

---

*) Zu diesem Zwecke und um die Einzelbemerkungen in einer bestimmten Ordnung zu sammeln
und zu befestigen, werden Zusammenstellungen, wie sie Zechmeister in der Einl. zu Hocheggers
Epitome bietet, gute Dienste leisten.

Gesammtkreise formaler Bildung zugewiesen erscheint. Bei dieser Erklärung sowie bei der etymologischen Analyse einzelner Wörter kommt es ebenso sehr auf tüchtige Fachkenntnis wie auf den Takt des Lehrers an. Unsicheres Rathen ist durchaus zu vermeiden, und was zur Vergleichung herangezogen wird, muss innerhalb der Schranken des dem Schüler bekannten oder diesem leicht sich assimilierenden Wortschatzes gehalten werden. Besonders mag auch noch vor dem Missgriffe gewarnt werden, Homer zu grammatischen Übungen in der Art zu missbrauchen, dass man ihn in den attischen Dialect umformen lässt, wobei nur Schiefes und Falsches herauskäme und ohne erheblichen Nutzen für die grammatische Fertigkeit sicher das Interesse am Autor ertödtet würde.

Syntax. Auf dem syntaktischen Gebiete muss es die erste Aufgabe sein, die wichtigen Unterschiede vom Attischen zum Bewusstsein zu bringen, wobei sich wie in der Formenlehre Gesichtspunkte der Sprachentwicklung von selbst darbieten, indem der Gebrauch des Artikels, des Relativums, der Adverbien, der Präpositionen, Conjunctionen, der Bedingungs- und Finalsätze, die eigenthümlichen Participial-constructionen, die häufige Beiordnung statt der Unterordnung nicht bloß zu observieren sondern auch zu erklären ist. Den Schlüssel des Verständnisses gibt aber die historische Entwicklung der Sprache. Maßvolle Erörterungen solcher Art sind nicht bloß für die Auffassung einzelner Stellen, sondern ebenso für die Erweiterung des Ideenkreises und der Empfindung für das Specifische des Homerischen Stiles förderlich.

Lexikalisches. Ein besonderes Augenmerk verlangt gleich vom Anfange an das Lexikalische, von dem nicht zum geringen Theil aller Erfolg der weiteren Lectüre abhängt. Darum ist auf sorgfältiges Präparieren und genaues Memorieren der Vocabeln mit Consequenz und Strenge zu sehen. Anfangs erfolgt das Memorieren und Abfragen nach dem Präparationshefte; in den folgenden Semestern stelle man ab und zu zur Befestigung des Wortschatzes Recapitulationen nach sachlichen oder stilistischen Gesichtspunkten (Ausdrücke für Bewaffnung, Bekleidung, Haus und Schiff und ihre Theile, stehende Epitheta einzelner Helden und dgl. *) an, um auch das sachliche Interesse zu fördern. Zu gleichem Zwecke wird auf alles Formelhafte, wofür auch in der Übersetzung ein bestimmter Ausdruck festzuhalten ist, ein besonderes Gewicht gelegt und solange die Lectüre nur etwa 10 Zeilen in der Stunde zu absolvieren vermag, diese Zeilen auswendig gelernt, bis später bei rascherem Fortgang der Lectüre das Memorieren sich auf Stellen von hervorragender Schönheit beschränkt. Die Entwicklung der Bedeutung der Wörter, namentlich jener vielgebrauchten wie βάλλειν, πόνος, φόβος, τρέω, πάλιν u. s. w., die im späteren Griechisch einen ganz anderen Sinn haben, muss klar gemacht werden, ebenso ihre Zusammengehörigkeit und Abstammung, damit die Schüler durch Benutzung dieser Hilfen desto eher der mühsamen und abspannenden Arbeit überhoben werden, bei jedem neuen oder seltenen Wort immer wieder das Lexikon aufzuschlagen. Dabei braucht nicht verheimlicht zu werden, wie unsicher unsere Kenntnis der Bedeutung vieler Homerischen Wörter ist, deren Stamm und Verwandtschaft zwar die Sprachvergleichung aufdeckt, deren

---

*) Vgl. M. Schneidewin, Homerisches Vocabularium sachlich geordnet. Paderborn 1883. Retzlaff, Vorschule zu Homer, 2. Aufl. Berlin 1881.

bestimmten Homerischen Sinn wir aber aus ihrer Gebrauchssphäre nur annähernd errathen. Das Fremdartige an Formen, Wörtern, Structuren drängt im Anfang in solcher Fülle heran, dass die Vorpräparation in der Schule (vgl. S. 19) auf das gewissenhafteste gehandhabt werden muss und eigene Vorbereitung vom Schüler nicht verlangt werden darf, weil er sie ohne die größte Überbürdung und ohne häusliche Nachhilfe nicht würde leisten können. Die Arbeit des Schülers beschränkt sich im Anfange auf Wiederholung und gedächtnismäßige Aneignung des in der Schule Gelesenen und Erklärten. Wie lange der Unterricht so zu führen ist, wird die Einsicht des Lehrers bestimmen.

Erklärung. Von diesen Schwierigkeiten abgesehen trägt die schlichte Erzählung ihre Erklärung in sich selbst; die objective Haltung, der breite Fluss der Darstellung, die einfache, von künstlerischer und rhetorischer Berechnung freie Sprache erleichtert Auffassung und Genuss. Was aus dieser Lectüre für die Bereicherung der Anschauungen der Schüler zu gewinnen ist, das allmählich wachsende Verständnis für die stilistischen Eigenthümlichkeiten und Schönheiten der Volkspoesie, die Vertiefung in das einfache Gefühls- und Gedankenleben der heroischen Zeit, ihre Sitten, Gebräuche, das strömt aus ihr ohne viel Zuthun dem Leser entgegen. Der Lehrer hat hier nur durch gelegentliche Rückblicke und Zusammenfassung des Verwandten (z. B. über die Beschaffenheit und Art der Waffen, Kleidung, Opfergebräuche, Beschaffenheit des Lagers, Eintheilung des Hauses, über Gesang und Spiele u. dgl.), wobei die Schüler die einschlägigen gelesenen Verse voraus sammeln sollen, die Eindrücke zu läutern und zu befestigen, indem er im einzelnen nur die Schwierigkeiten beseitigt, die einer ungetrübten Auffassung der eigenthümlichen Vorzüge dieser Dichtung entgegenstehen. Er selbst muss freilich eine wirkliche und lebendige Einsicht in ihre Charakterzüge gewonnen haben, wenn er den Sinn dafür wecken soll. *)

Die Homerische Frage. Schwierig und für die Erklärung Homers von einschneidender Bedeutung ist die Frage, welche Stellung der Lehrer in der Schule zu den Hypothesen über die Entstehung der Homerischen Dichtungen einnehmen soll. Schon die Forderung, dass den Schülern die Ilias und Odyssee in ihrem Zusammenhang und ganzen Verlauf zur Kenntnis gebracht werde, sowie die allgemeine Bedeutung dieses Problems erlauben nicht, daran vorbeizugehen. Noch weniger gestatten die zahlreichen Widersprüche und Unebenheiten, die Wiederholung derselben Motive, auch Verschiedenheiten der Darstellung, soweit sie für Anfänger fassbar sind, Homer so zu lesen und zu erklären, als ob an der Einheitlichkeit des Zusammenhanges und der Conception kein Zweifel wäre, als ob Homer Ilias und Odyssee gedichtet habe, wie Vergil die Aeneis. Wenn man an Stellen wie A 610—B 2, Π 777, O 1 u. a. nicht auf die Unaufmerksamkeit der Schüler rechnen

---

*) Belehrende Anregung für diese Seite der Erklärung lässt sich aus Lessings Laokoon, den Schriften Herders, A. W. Schlegels und Fr. Schlegels (Geschichte der Poesie der Griechen und Römer), W. Wackernagels „Poetik, Rhetorik und Stilistik" (akademische Vorlesungen, herausgegeben von L. Sieber 1873, S. 72—119 über epische Poesie), aus Kammers „Die Einheit der Odyssee", Leipzig 1873, mit feinen ästhetischen Bemerkungen von Lehrs' und aus Lachmanns Betrachtungen mit Zusätzen von M. Haupt schöpfen.

oder die Widersprüche durch sprach- oder sinnwidrige Erklärung beseitigen will,
dann bleibt nur übrig sie zuzugeben. Soll dies aber ohne Schmälerung des Ansehens
der Dichtung geschehen, dann muss man auf die muthmassliche Entstehung der
Homerischen Gedichte und die Art ihrer Fortpflanzung und Überlieferung hinweisen.
Das wird nicht vor Beginn der Lectüre geschehen dürfen, sondern im Laufe
derselben überall dort, wo eine derartige Aufklärung nicht zu umgehen ist. Was so
nach und nach an Bemerkungen und Folgerungen eingeschaltet wurde, wird der Lehrer
auf der obersten Stufe zur Darstellung seiner wissenschaftlichen Ansicht über diese
Cardinalfrage der griechischen Literaturgeschichte vereinigen können, ohne die
vielverzweigten Untersuchungen über dieses Problem, welche außer dem Bereiche
der Schule bleiben müssen, in den Gymnasialunterricht hineinzuziehen. *) Dieser
durch concrete Veranlassungen vermittelte Einblick in eine Frage der höheren Kritik
wird auch für die späteren Studien der Schüler nicht ohne Frucht sein.

Herodot. Im 2. Semester der VI. Classe wird die Lectüre Homers durch die
Herodots unterbrochen, auf welche eine kurze Einleitung über Herodots Leben,
seine Forschungsreisen und deren wissenschaftliche Verwertung vorbereiten soll. Die
Bedeutung des Herodoteischen Gesammtwerkes kann dabei durch eine kurze
Charakteristik der gleichzeitigen und vorausgehenden Historiker klar gemacht
werden. Von den Geschichtsbüchern des Herodot kommen für die Schullectüre nur
diejenigen in Betracht, welche von den glorreichen Thaten der Griechen erzählen;
innerhalb dieser 5 Bücher (V—IX), die ohnehin nur in einer verkürzten Ausgabe
gelesen zu werden pflegen, den Kreis noch enger zu ziehen und etwa speciell auf
die Schlachten von Thermopylä, Salamis, Plataä und Mykale einzuengen, ist nicht
ersprießlich. Da ein jedes der genannten Bücher dem Zweck, den die Lectüre dieses
Schriftstellers am Gymnasium verfolgt, vollkommen entspricht, ist das einmal
gewählte Buch im Zusammenhange zu lesen. Dadurch gewinnt der Schüler für
seine durch gelegentliche Rückblicke zu erweiternde Kenntnis des Autors und der
Composition des Gesammtwerkes eine natürlichere und breitere Grundlage, als aus
einer noch so geschickt getroffenen Auswahl einzelner Episoden. Wenn Zeit bleibt,
können ja noch einzelne derselben hinzugefügt oder auch strebsamen Schülern zur
Privat-Lectüre empfohlen werden.

Sprachliche Erklärung. Für die Einführung in diesen neuen Schriftsteller
gelten dieselben Grundsätze wie bei der Homer-Lectüre. Der neujonische Dialect
bedarf keiner zusammenfassenden Darstellung. Der Schüler muss sich durch den
Schulunterricht selbst allmählich in die einzelnen neuen Sprachformen hineinfinden und
durch ihre Vergleichung an der Hand des Lehrers zur Abstraction der wichtigsten
Gesetze des Dialectes gelangen. Nach genügender Durchübung derselben gehört es
speciell zur häuslichen Präparation des Schülers, die neujonischen Formen in
attische zu verwandeln und dieselben im Gedächtnisse stets so bereit zu halten,
dass er für einzelne Formen in dem durchgenommenen Abschnitt kurz und sicher
die attischen zu sagen weiß. Hingegen Herodot attisch lesen, d. i. Wort für Wort

---

*) Vgl. H. Bonitz, Über den Ursprung der Homerischen Gedichte. (3. Aufl. Wien 1872) Ein-
leitung IV, Schrader a. a. O. S. 454 ff.

ins Attische umsetzen zu lassen, was hie und da gebräuchlich sein soll, unterlasse man lieber; dieser Vorgang kostet viel Zeit und erzeugt die falsche Meinung, als ob der neujonische und der attische Dialect sich nur darin unterschieden. Vielmehr ist darauf Bedacht zu nehmen, dass man nach Überwindung der formellen Schwierigkeiten, wo dies die Übersichtlichkeit der Diction gestattet, schneller über größere Partien des Autors hinwegkomme. In dieser Weise wird es, selbst wenn nur 45 Stunden auf Herodot verwendet werden, gelingen, eines der kürzeren Bücher (V, VI oder IX) vollständig zu lesen, während die Absolvierung des VIII. oder namentlich des VII. Buches nur durch einige Streichungen möglich gemacht werden kann.

Geringere Schwierigkeiten bietet die Syntax Herodots, deren wichtige Eigenthümlichkeiten in steter Vergleichung mit dem Attischen zu behandeln sind. Dabei werden sich mehrere derselben aus dem historischen Gesichtspunkt sprachlicher Fortbildung von selbst erklären. So werden jene Perioden hervorgehoben werden können, in welchen schon das syntaktische Verhältnis der Unterordnung zur Geltung kommt, aber daneben noch zur Verknüpfung von Protasis und Apodosis besondere Bindemittel wie οὕτω, ἐνθαῦτα dienen, ferner die Besonderheiten im Gebrauch des Infinitivs, der Adverbia, die Tmesis und dgl.; in stilistischer Hinsicht die lose Anreihung einzelner Gedanken, das Anakoluth und die Epanalepsis, die behagliche Breite und Anschaulichkeit des Ausdruckes, welche so recht die Lust des Fabulierens zum Ausdruck bringen, endlich die dramatische Belebung durch eingefügte Reden, welche die Ereignisse lebendig veranschaulichen und der Darstellung künstlerischen Charakter aufprägen. Je weniger die sachliche Exegese der historischen Partien Zeit erfordert, desto reiner und voller mögen die religiösen und ethischen Ansichten Herodots, jene altehrwürdige und frommgläubige Weltanschauung, welche die von ihm gefeierte große Epoche griechischer Geschichte erfüllt, dem Verständnis der Schüler nahegebracht werden. Dazu bedarf es keiner weitläufigen Excurse; und so möge denn der Lehrer, wie bei Homer, vor allem dahin arbeiten, dass der Schüler sich schnell einlese, um recht bald größere Abschnitte in raschem, ununterbrochenem Fortschreiten bewältigen zu können. Sobald die Classe den zur Vollständigkeit des gymnasialen Lectürekreises so unumgänglich nothwendigen und durch die liebenswürdige Naivetät seiner Darstellung für die Jugend so anziehenden Autor durch dreimonatliche Lectüre in seinem Wesen kennen gelernt hat, ist zu Homer als der natürlichen Basis des Unterrichtes auf dieser Stufe zurückzukehren.

Demosthenes. Da in der Septima dem griechischen Unterricht bloß 4 Stunden wöchentlich zufallen, so muss Zersplitterung der beschränkten Zeit sorgfältig vermieden werden. Die Lectüre beginnt mit den Demosthenischen Reden, von welchen sich im 1. Semester etwa 3—4 der kleineren Staatsreden (der Olynthischen und Philippischen) absolvieren lassen; das folgende Semester ist für eine ausgiebige Lectüre der Odyssee bestimmt. Schreitet man in der 1. Rede mit der gehörigen Bedächtigkeit vorwärts, so dass an die Schüler für die Präparation nur Forderungen gestellt werden, die sie wirklich erfüllen können, dann hat man damit für die Lectüre der folgenden Reden schon die größten Hemmnisse überwunden; in der

Verwandtschaft des Gegenstandes und in der Gleichförmigkeit der Sprache liegt eine große Erleichterung des weiteren Fortschrittes. *) Statt kleine Reden ganz, eine größere Rede, etwa die vom Kranze, nur theilweise zu lesen empfiehlt sich nicht, weil jede Rede als eine in sich abgeschlossene Composition aufgefasst sein will. Wenn ferner die genannte Rede richtig verstanden werden soll, muss vorher durch die Lectüre wenigstens einiger der Philippischen Reden eine Anschauung von des Demosthenes politischem Charakter gewonnen sein. Erwägt man noch, dass das Verständnis jener Rede auch die stete Vergegenwärtigung einer langen Reihe zum Theil verwickelter Ereignisse erfordert, dass zur billigen Beurtheilung der persönlichen Ausfälle des Demosthenes der Rückblick auf die herausfordernde Rede des Gegners nothwendig ist, so wird man sich gewiss nur unter besonders günstigen Umständen für die Lectüre dieser Rede entscheiden. **)

Historische Erklärung. Keiner der im Gymnasium vorzunehmenden Autoren pflegt der Jugend so anhaltende Schwierigkeiten zu bereiten als Demosthenes. Das liegt vor allem an dem ernsten politischen Inhalte seiner Staatsreden. Eine der Lectüre unmittelbar vorangehende Einleitung, welche sich an die Repetition der einschlägigen Geschichtspartie über die politischen Ereignisse jener Zeit und die Staatsverfassung Athens anlehnt und das Wirken des Demosthenes und die Verhältnisse seiner Zeit in großen Zügen darlegt, kann nur allenfalls die Stimmung erzeugen, in der man an diese Reden herantreten soll; allein das Detail der politischen Lage, das des Redners Forderungen, Mahnungen und Drohungen in das richtige Licht setzt, lässt sich nur schrittweise und gleichsam von Satz zu Satz zugleich mit der Lectüre verfolgen. Man wird hiebei die Wahrnehmung machen, dass auch für die Erklärung von Sätzen politischen Inhaltes nichts so ersprießlich wirkt als das Beispiel, das vom Bekannten zum Unbekannten hinüberleitet. Aber gerade hiebei stößt der Lehrer auf neue Hindernisse; denn auch eine an sich vielleicht sehr passende Parallele aus der neueren Geschichte oder der Geschichte der Gegenwart darf nicht auf allgemeines Verständnis rechnen, ebensowenig als Erläuterungen über die Staatsverfassung, die Wirkungskreise der einzelnen staatlichen Gewalten und die Ziele und Mittel der politischen Parteien. Hiezu kommt, dass gar oft gerade das am nächsten liegende und darum verständlichste Beispiel aus beachtenswerten Rücksichten unbenutzt bleiben muss, und dass es daher nicht immer räthlich ist, die Schüler selbst zur Aufsuchung von Beispielen und zur Kritik derselben zu veranlassen. Muss also der Lehrer manches selbst ausführen, was er sonst seinen Schülern zu überlassen pflegt, so darf er bei Beurtheilung ihrer Leistungen eben nicht vergessen, dass Demosthenes nicht gelesen wird, weil etwa die volle Reife zum Verständnis des Autors auf dieser Stufe schon vorhanden ist, sondern vielmehr, weil die Reife zur Lectüre von Staatsschriften gerade durch das Studium des Demosthenes erst gewonnen werden soll. Dieser Zweck aber kann annähernd erreicht werden, und was zum vollen Erfolge noch fehlen sollte, wird durch das ethische Moment, das in der sittlichen Kraft und im Patriotismus des Redners liegt und seine Wirkung auf das Gemüth der Jugend nicht leicht verfehlt, reichlich ersetzt. Diese ethische Wirkung wird nicht geschmälert werden,

---

*) Vgl. Bonitz, Z. f. d. ö. G. 1855. S. 789.
**) Vgl. Bonitz, a. a. O. S. 790.

wenn der Lehrer, wie es jener Zweck erfordert, zu objectiver Beurtheilung der
Politik des Redners anleitet, deren patriotische Tendenzen sein fruchtloses Ringen
verklären. Dass Demosthenes diese Würdigung nicht immer und bei allen gefunden
hat, und dass er oft als kurzsichtiger Politiker gescholten wurde, darf den Schülern
ebensowenig vorenthalten werden, als die Thatsache, dass die von Demosthenes
gegebene Darstellung der Ereignisse, Verhältnisse und Personen zu einer kritischen
Prüfung berechtigt und herausfordert, indem er die Waffen der Kunst, welche die
Sophistik ausgebildet hatte, trefflich zu führen wusste und ihm zunächst am
Herzen lag, das Volk für seine Pläne zu gewinnen und seine Gegner zu vernichten.
Der Schüler, dem die Dinge, wie es die Wahrheit fordert, ohne idealisierende
Verschönerung gezeigt werden, gewinnt daran eine harte aber kräftige Geistesnahrung
und dringt tiefer in den Bildungsgehalt dieser Lectüre ein.

Sprachliche Erklärung. Neben diesen Gesichtspunkten, die bei der Lectüre
des Demosthenes zu beachten sind, tritt noch besonders die logische Schulung hervor
durch die scharfe Auffassung der Anordnung und Verbindung der Gedanken. Nicht
nur die Gliederung der Rede in ihren Haupttheilen, sondern ebensosehr die Verknüpfung der einzelnen Sätze unter sich und ihre Auffassung innerhalb des gewaltigen
Periodenbaues sind Probleme, deren Lösung den Scharfsinn der Jugend in hohem
Maße herausfordert und anstrengt. Die formellen Schwierigkeiten, namentlich die
sprachlichen, fallen denn auch dem Schüler zunächst in die Augen. Die Bewältigung
derselben gelingt aber nur bei einer solchen Behandlung der griechischen Syntax,
welche, das Wichtige von dem minder Wichtigen unterscheidend, das Augenmerk
vornehmlich auf den Gebrauch der Präpositionen, die Participial-Constructionen, die
Attraction des Relativums, die Substantivierung der Infinitive durch den Artikel, vor
allem aber auf die Bedingungssätze in ihren mannigfaltigen Formen und auf die
Verwendung der Partikel ἄν richtet. Gelingt es, eine in dieser Weise beschränkte
Auswahl von syntaktischen Lehrsätzen zu deutlichem Bewusstsein zu bringen und
die bereits vorgekommenen Fälle durch das Memorieren einzelner besonders klarer
Paradigmen in steter Evidenz zu halten, und wird nicht außer Acht gelassen,
die dem Redner eigenthümliche Phraseologie hervorzuheben und die oftmals wiederkehrenden Ausdrücke z. B. für Vorgänge und Erscheinungen des staatlichen Lebens
u. a. dgl. zu sammeln und dem Gedächtnisse einzuprägen, so lässt sich zwar
geläufiges Lesen dieses Autors wegen der Schwierigkeiten des Inhalts auch hiemit
noch nicht erreichen, aber eine redliche Präparation auf die Satzform und die
wörtliche Übersetzung der einzelnen Bestandtheile der Periode bei passender Voraus-
besprechung durch den Lehrer immerhin auch bei dem Mittelschlage der Schüler
erzielen. Die Schule hat dann noch die eingehende Interpretation zu liefern und
die Übersetzung zu vervollkommnen.

Recitieren und Memorieren. Sehr empfehlenswert ist es, schöne Perioden
nach deren gründlicher Besprechung und nach Darlegung ihrer rhythmischen Verhältnisse
geläufig und mit der natürlichen Kraft des Redners vortragen, manche überdies
memorieren zu lassen. Der sonore Klang der Sprache und die Freude über das
gewonnene Verständnis werden talentierte Schüler dahin führen, ganze Abschnitte
oder sogar eine kleinere Rede, z. B. einen Ὀλυνθιακὸς λόγος, auswendig zu lernen

und frei zu recitieren. Dass aber eine solche lebendige Durchübung des Gelesenen nicht bloß dem einzelnen, der sich damit hervorthut, zugute kommt, sondern das Bewusstsein der ganzen Classe hebt und durch das dramatische Element, das zur Lectüre hinzutritt, auch die Auffassung derselben wesentlich fördert, bedarf keiner weiteren Auseinandersetzung. Übrigens wie die rhythmische Bewegung des Verses durch lautes Lesen am leichtesten dem Ohre sich einprägt, so gewinnt auch für den Fluss der Demosthenischen Periode der Schüler ein instinctives Verständnis durch die Recitation.

R h e t o r i s c h e E r k l ä r u n g. Die Wirkung einer demosthenischen Rede beruht nicht zum geringsten Theil auf der bewussten Verwendung rhetorischer Kunstmittel. Mit dieser Technik die Schüler bekannt zu machen, erfordert viel Takt, weil bei übermäßiger Berücksichtigung und theoretischer Behandlung dieser formalen Dinge leicht die reale Erklärung Schaden leidet und weil es nicht so sehr auf Benennung und Classificierung derselben, als vielmehr auf ihre Wirkung ankommt. Diese wird der Schüler an sich verspüren, wenn der Lehrer die Vorgänge in der Seele des Redners, ihren Reflex und ihre Wirkung im Gemüthe 'der Hörer aufdeckt und daraus erklärt, was an jeder Stelle die Anaphora, die Aposiopese u. dgl. will, und ob die rhetorische Frage Unwillen, Verwunderung, Belehrung oder Überführung ausdrücken soll. Auch vor dürrem Schematisieren ist zu warnen, wenn zum Schluss einer Rede die Anordnung ihrer Theile und der Gang der Beweisführung entwickelt wird. Dies ist freilich nothwendig, um die Rede als einheitliches Kunstwerk zu verstehen, aber es genügt für sich allein nicht, um die Wirkung einer Rede auf die Hörer auch im Leser zu erzeugen, weil eben die Anordnung der Gedanken, ihre Wiederholung und Steigerung, der bald mehr bald weniger temperierte Pulsschlag der Stimmung nicht durch einen äußerlichen rhetorischen Mechanismus, sondern nur aus psychischen Momenten, die im Redner und in den Hörern zu suchen sind, erklärt und begriffen werden kann.

Plato. Die Lectüre Platonischer Schriften ist am Gymnasium nicht zu entbehren, wenn man nicht auf den gewaltigen, zugleich geisterweckenden und gemütherhebenden Einfluss verzichten will, welchen Plato nachhaltig auszuüben vermag, der ganz und rein eben nur durch eingehendes Studium der Originalwerke zu gewinnen ist. Das erste Semester der obersten Classe ist dieser nicht minder schwierigen als wertvollen Lectüre gewidmet; in den 60 Stunden, welche etwa darauf entfallen, wird leider nicht viel mehr, als zwei kleinere Dialoge, oder was diesen an Umfang gleichkommt, gelesen werden können.

A u s w a h l. Für die Entscheidung der Frage, welche Schriften Platos gelesen werden sollen, sind zwei Rücksichten bestimmend. Es kann nämlich einerseits natürlich nicht beabsichtigt sein, die Schüler zu Anhängern des Platonischen Systems heranzubilden und ihren Geist mit dem dogmatischen Gehalt der Platonischen Philosophie zu erfüllen; andererseits darf der Kraft jugendlicher Köpfe nicht Ungebürliches zugemuthet werden. Soll sich der an nachhaltiges abstractes Denken noch wenig gewöhnte Jüngling in den verschlungenen Windungen dieser Dialoge nicht rettungslos verirren, so lassen sich nur solche Gespräche wählen, deren Gliederung durchsichtig und deren Umfang übersichtlich ist. Es trifft sich glücklich, dass beide Erwägungen

5

auf denselben Punkt führen, nämlich auf die Gruppe der sogenannten Sokratischen
Dialoge, die sich zumeist um den Dialog Protagoras scharen, und weil sie fast
alle der ersten Periode von Platos schriftstellerischer Wirksamkeit angehören, zur
Einführung in das Studium seiner Werke besonders geeignet sind. Von diesen sind
zu empfehlen Laches, Euthyphro und — unter Voraussetzung geschickter Behandlung
einiger Stellen, welche sonst leicht Anstoß erregen könnten, — Lysis und Charmides.
Nicht im gleichen Grade und mit derselben Gewähr des vollen Verständnisses kann
Protagoras empfohlen werden. Die noch immer weit auseinander gehenden Ansichten
der Forscher über Plan und Absicht dieses Dialoges, insbesondere rücksichtlich der
Frage, ob die Schlussergebnisse ernst gemeint seien oder nicht, beweisen immerhin,
dass dem Dialog das Haupterfordernis zur Eignung für die Schullectüre abgeht,
die Übersichtlichkeit und leichte Verständlichkeit. Das Gleiche lässt sich auch vom
Gorgias sagen. Zudem ist zu erwägen, dass so umfangreiche Dialoge für die Lectüre
der Apologie, auf die man nur ungern verzichten würde, keinen Raum lassen. Auch
ist es nicht räthlich, Protagoras oder Gorgias zu lesen, wenn nicht vorher durch
die Lectüre eines kleineren Dialoges die erste Bekanntschaft mit Platonischer Weise
und Diction gewonnen ist. *) Die genannten Dialoge sind ausgezeichnete Ringschulen
des philosophischen Geistes, ja sie dienen einigen der höchsten Zwecke der Jugend-
bildung in unübertrefflicher Weise. Ihr Gegenstand — die ethischen Grundbegriffe —
ist dem jugendlichen Geist völlig zugänglich und dadurch und durch die das Gemüth
erregende, unmittelbar praktische Bedeutung in hohem Grade geeignet, das noch
schlummernde Interesse für philosophische Erörterungen zu wecken. Diese immer
und immer wieder erneuten Versuche, undeutliche und schwankende Begriffe klar
zu erfassen und scharf zu umschreiben, diese oft erfolglosen, aber rastlos wiederholten Anläufe zur Überwindung logischer Schwierigkeiten üben und stählen die
Denkkraft nicht minder, als sie den Muth des Denkens einflößen und an unermüdliche Ausdauer gewöhnen. Endlich lehren sie, was Leben wie Schule so selten lehrt,
leidenschaftliches Interesse an der Ermittlung der Wahrheit mit urbanem Gleich-
muth in der Debatte zu vereinigen.

Einleitung. Die Einleitung zu dieser Lectüre darf sich nicht auf die Darstellung
des Lebens und der Wirksamkeit Platos und seines Verhältnisses zu Sokrates
beschränken, sondern muss wenigstens die früheren Philosophen kurz charakterisieren
und dadurch für das Lichtbild des Sokrates einen passenden Hintergrund schaffen.
Auch ist auf die Methode des Sokrates und auf seine Stellung zu den Sophisten
näher einzugehen.

Behandlung der Lectüre. Was nun den Betrieb der Lectüre betrifft, so
würde sich an Platos Geist versündigen, wer hiefür nicht als leitenden Grundsatz aner-
kennen wollte, was die hervorstechendste Eigenthümlichkeit seiner gesammten Schrift-
stellerei ist, nämlich die Forderung der thätigen Mitarbeit des Lesers. Die Schüler müssen
also dazu angeleitet und angeeifert werden, die positiven Ergebnisse, die gewöhnlich
mehr angedeutet als ausgesprochen sind, selbst zu gewinnen. Maßgebend sind hiebei
die Grundsätze, welche Schleiermacher in der Einleitung zu seiner Übersetzung

---

*) Vgl. Bonitz, Z. f. d. ö. G. 1858. S. 794.

(I., 1², S. 16) in unübertrefflicher Weise aufgestellt und Bonitz in seinen Platonischen Studien geübt und befolgt hat. Auf diese Muster sei der Lehrer verwiesen, insbesondere aus Bonitzens Behandlung des Euthyphro, des Laches und des Charmides möge er lernen, an welchen vom Schriftsteller selbst gegebenen Winken die Gliederung der Gespräche zu erkennen und wie die eigentlichen Absichten des Autors zu errathen seien, welche Argumente in Platos Sinne als entscheidende zu betrachten seien und welche nicht, was bloß vorbereitende Plänkelei und was ernst gemeinte Untersuchung ist, welche Annahmen durch die nachfolgende Erörterung erschüttert werden und welche unerschüttert stehen bleiben, und schließlich, welches der Punkt ist, in dem alle angeknüpften und im Fortgang des Dialoges nicht zerrissenen Fäden zusammenlaufen — diese Fragen muss der Lehrer zuerst sich selbst vorlegen und zu lösen versuchen. Allein die Lösung dieser Probleme darf durchaus nicht dogmatisch überliefert, sondern die ganze Classe, oder wenigstens die begabtesten Schüler, müssen aufgefordert werden, die präcis formulierten Fragen durch eigenes Nachdenken und, wenn irgend möglich, durch die Disposition des Dialoges zu beantworten, wobei es der Lehrer an Ermunterung, Wegweisung und Nachhilfe natürlich nicht fehlen lassen darf.

Logische Erklärung. Kein Platonischer Dialog ist frei von unabsichtlichen Trugschlüssen, von wirklichen Denkfehlern und Fehlschlüssen; diese rückhaltlos aufzudecken darf den Lehrer die Ehrerbietung vor dem großen Denker nicht abhalten. Geschieht dies nicht, ja wird der Schüler nicht dazu aufgemuntert, derartige Zweifel freimüthig zu äußern, so wird die Plato-Lectüre zu einer Quelle, nicht der geistigen Kräftigung und Erleuchtung, sondern der Abstumpfung und Verfinsterung. Dass logische Fehler zu einer Zeit, in der es keine wissenschaftliche Logik und keine grammatische Schulung gab, unvermeidlich waren, zumal für Denker, die nur e i n e Sprache kannten und daher den irreleitenden Zweideutigkeiten derselben fast wehrlos preisgegeben waren, — darauf hinzuweisen gehört ebenfalls zur Aufgabe des Lehrers. Mit diesem Vorbehalt, welcher jeder Anwandlung von anmaßungsvoller Überhebung wirksam begegnen soll, darf in jenen gelegentlichen Schwächen und in der Aufdeckung derselben durch die begabteren Schüler nur eine Steigerung des Reizes der Lectüre und ein Antrieb zu erhöhter Wachsamkeit und Regsamkeit des Geistes erblickt werden. Auch die Einseitigkeiten und Paradoxien der Sokratisch-Platonischen Denkweise müssen als solche bezeichnet, und die Schüler nicht zurückgeschreckt, sondern ermuthigt werden, wenn sie ihre Bedenken unverholen äußern. Oder sollten Behauptungen wie „niemand verdirbt andere absichtlich" oder Sätze der Sokratischen Moralphilosophie wie „niemand thut absichtlich Unrecht" nicht einen einigermaßen aufgeweckten Kopf zu Zweifeln herausfordern? Solche Dinge wird also der Lehrer auf ihren Ursprung (Überschätzung des Intellects und Unterschätzung des Elementes der Willensschulung) zurückführen, in ihrer partiellen Wahrheit darlegen und mit den erforderlichen Beschränkungen versehen. So wenig wie die Lehre, so wenig darf des Sokrates Persönlichkeit, welche der Schüler durch die Lectüre der Apologie und des Kriton *) genauer kennen lernen kann, durch

---

*) Aus welchen Gründen von Phädo abzusehen sei, legt in Kürze Bonitz u. a. O. S. 7J4 dar.

verschönernde Zuthaten entstellt oder durch künstliche Glättung der natürlichen
Ecken und Kanten ihres individuellen Gepräges beraubt werden, wenn das ebenso
edle und hochsinnige, wie eigenartige und knorrige Wesen des historischen Sokrates
auf Herz und Geist des Jünglings einen tieferen Eindruck üben und eine nachhaltige
Wirkung hervorbringen soll.

Sprachliche Erklärung. Um den Feinheiten des Platonischen Dialoges folgen
zu können, ist die sprachliche Erklärung von größter Wichtigkeit, natürlich nicht die
kleinlich grammatische, sondern jene, welche lehrt, wie bei ihm sich Form und
Inhalt decken, wie durch seine Sprache die Gedanken und ihre Entwicklung zum
angemessensten Ausdruck gelangen. So wird der Schüler nach und nach mit dem
Reichthum und der Feinheit im Gebrauch der Partikeln, mit den Varietäten der
Fragesätze, der eigenthümlichen Structur mancher Bedingungssätze und vor allem
mit dem Bau der Perioden vertraut, die in ihrer lockeren Fügung, ihren der
Deutlichkeit und Eindringlichkeit dienenden Parenthesen und Recapitulationen den
Gesprächston treu abspiegeln. Vom Beginn der Lectüre ist auf die dem Autor
eigenthümliche Phraseologie zu achten und sind die mehr oder weniger fest ausge-
bildeten terminologischen Ausdrücke in steter Evidenz zu halten.

Übersetzung. Nicht geringe Schwierigkeit macht endlich die Übersetzung, wenn
sie den poetischen Farbenschmelz der Diction und die attische Feinheit des Dialoges
wiedergeben soll. Besonders gilt dies von jenen Dialogen, in welchen es sich um
eine Begriffsbestimmung oder um genauere Umgrenzung der Bedeutung eines Wortes
handelt, für welches selten nur e i n genau entsprechendes Äquivalent im Deutschen
vorhanden ist, wie z. B. das Wort φλος zeigt, welches zugleich den Liebenden und
den Geliebten bedeutet und von Sachen und Personen gebraucht werden kann, oder
wie σωφροσύνη, dessen Bedeutung zwischen geistige Gesundheit, sociale Tugend,
Besonnenheit, Mäßigkeit u. s. w. schwebt. Von solchen Ausdrücken gilt das Wort
M. Haupts „das Übersetzen ist der Tod des Verständnisses". Manche Dialoge —
man denke z. B. an Lysis und Charmides — verlieren geradezu ihre raison d' être,
wenn man den in allen Farben schillernden griechischen Ausdruck, dessen Vieldeutigkeit eben den Anlass und Antrieb der Untersuchung bildete, durch einen
modernen einseitig und ohngefähr wiedergibt. Wie plump und absichtlich erscheinen
dann nicht alle die Irrungen und Trugschlüsse, welche selbst der stärkste Geist
kaum vermeiden konnte, so lange nur die unvollkommenen Werkzeuge einer wenig
entwickelten Kunstsprache zur Verfügung standen; wie nutzlos jener gewaltige Aufwand an Geisteskraft, welcher zur Überwindung von Schwierigkeiten aufgeboten
wird, die für uns zum großen Theil gar nicht vorhanden zu sein scheinen!

Sophokles. Sowie die Homer-Lectüre den Grundstock der griechischen Studien am
Obergymnasium darstellt, so bezeichnet die Lectüre des Sophokles ihren Höhepunkt.
Es darf daher von derselben nur dann abgesehen werden, wenn aus offenkundigen
und von der Direction der Lehranstalt anerkannten Gründen eine gedeihliche
Durchführung dieser Lectüre unthunlich erscheint. In diesem Falle bliebe dann
freilich nichts anderes übrig, als wenigstens die Resultate der Homer-Lectüre durch
einen noch umfangreicheren Betrieb zu sichern und auch die Bekanntschaft mit
Demosthenes und Plato zu erweitern. Mit der Lectüre des Sophokles bereits in der

VII. Classe zu beginnen, lässt sich nicht empfehlen, weil die geringe Zahl der Lectürestunden eine bedenkliche Beschränkung des übrigen Lesestoffes dieser Classe zur Folge haben müsste und selbst mit vorgeschrittenen Schülern sich eine ganze Tragödie nicht leicht absolvieren ließe. In der VII. Classe aber nur einen Theil einer Dichtung zu lesen, um in der VIII. dieselbe nach langer Unterbrechung fortzusetzen oder zu einer anderen Dichtung überzugehen, muss aus didaktischen Gründen widerrathen werden. Von den Trachinierinnen abgesehen kann jedes Stück zur Lectüre gewählt werden.

Einleitung. Die Einleitung zu Sophokles erstreckt sich auf die wichtigsten biographischen Daten über den Dichter, auf einen kurzen Umriss der Entwicklungsgeschichte des griechischen Dramas, auf Zeit und Art der Aufführung, und hiebei ist an die aus dem Geschichtsunterricht gewonnenen Kenntnisse anzuknüpfen. Zugleich wird der Stoff der Tragödie und der Mythenkreis, dem er entlehnt ist, ein Wort der Erklärung verdienen. Die Änderungen des Dichters an diesem Stoffe, Composition und Idee der Tragödie, Charakteristik der auftretenden Personen und des Chores, kurz was sonst für das Verständnis des Kunstwerkes von Belang ist, kommt im Laufe der Erklärung zur Sprache und muss am Schluss der Lectüre einer eingehenden zusammenfassenden Betrachtung unterzogen werden, wenn die Lectüre des Sophokles für die Bildungszwecke des Gymnasiums vollständig ausgenützt werden soll.

Präparation und Erklärung. An den ersten Versen, die gelesen werden, sind die Gesetze des jambischen Trimeters zu erklären und von Anfang auf genaues rhythmisches Lesen zu achten. Die Schwierigkeit des Textes lässt es auch auf dieser Stufe räthlich erscheinen, dass der Lehrer zur Präparation anleite (vgl. S. 21) damit die Schüler um so schneller zum Verständnis der Dialogpartien gelangen.

Besonderen Schwierigkeiten begegnet die Behandlung der Chorpartien. Hier ist es nicht nur der lyrische Schwung, der Reichthum an kühnen Bildern, die hochpoetische Färbung der tragischen Diction und die hieraus für den ungewandten Anfänger entspringende Dunkelheit des einzelnen Ausdruckes und des ganzen Zusammenhanges, die nur langsames Vorschreiten gestattet, sondern ebenso sehr auch die Ungelenkigkeit, mit der sich die Mehrzahl der Schüler im Deutschen bewegt, selbst wenn es ihre Muttersprache ist. Es wird daher die Gewinnung einer auch nur erträglichen Übersetzung ungleich größere Mühe kosten als bei der Lectüre irgend eines anderen Autors. Hiezu kommt schließlich noch die metrische Gestaltung des Chorliedes. Diesen mehrfachen Schwierigkeiten dadurch auszuweichen, dass man die Chorpartien entweder ganz überschlägt oder etwa bloß in einer Übersetzung vorführt, kann nicht gebilligt werden; denn die Bedeutung des Chores in der Sophokleischen Tragödie muss den Schülern zu deutlichem Bewusstsein gebracht werden. Allerdings aber darf wenigstens hinsichtlich des metrischen Verständnisses dieser Theile zwischen dem, was man von einzelnen tüchtigeren Schülern fordert und was die ganze Classe zu leisten hat, ein Unterschied gemacht werden. Die Recitation jambischer und trochäischer, anapästischer und daktylischer und der gewöhnlichen logaödischen Maße lässt sich bei anschaulicher Analyse derselben auch mit einer Classe mittleren Schlages leicht einüben; schwierigere oder seltenere Metra hingegen, deren Einübung einen Zeitaufwand beanspruchen würde, welcher zum

Erfolge in keinem rechten Verhältnisse stünde, wird der Lehrer selbst rhythmisch recitieren. Die metrische Analyse der Chorlieder schließt sich am besten an die Erklärung und Übersetzung an; der Lehrer schreibt das metrische Schema, auch wenn es die Schüler in ihren Exemplaren haben sollten, an die Tafel, Zeile für Zeile, damit das Ganze vor den Augen der Classe entstehe und in seinen Einzelheiten leichter erfasst werde; er hält sich dabei strenge an den Text, welchen die Schüler vor sich haben und welchen er bereits bei der Erklärung und Übersetzung, soferne es nöthig war, hat richtigstellen lassen. Nun werden die einzelnen Reihen erklärt und benannt, ihre Verbindung erläutert, der rhythmische Charakter der Strophe und dessen Übereinstimmung mit dem Inhalte dargelegt und schließlich das Ganze in mustergiltiger Weise vom Lehrer recitiert. Die Einübung solcher Recitation ist dann Aufgabe für die nächste Lection. Chorlieder bedeutenderen Inhaltes werden von der ganzen Classe memoriert. Wenn man mit einer schwächeren Classe Sophokles zu lesen hat, ist es räthlich, von vornherein von der selbständigen Präparation der Schüler auf die Übersetzung und Erklärung der Chorpartien abzusehen, und nach der Repetitionsmethode vorzugehen.

Textkritik. Textkritik, zu welcher die Lectüre des Sophokles besonders leicht verführt, ist mit der bereits (S. 26) angegebenen Beschränkung principiell auszuschließen, indem eine eindringende Behandlung solcher Fragen weder bei den Schülern die nothwendigen Vorbedingungen anträfe, noch sich ohne empfindliche Hemmung des Fortganges der Lectüre würde durchführen lassen. Der Lehrer sorge vielmehr dafür, dass sich jener Text, welchen er nach seiner wissenschaftlichen Überzeugung für den besten hält, in den Händen sämmtlicher Schüler befinde, und lasse, wo ihm dies unumgänglich nothwendig scheint, jene Lesart eintragen, welche er für die richtige hält. Das Hauptinteresse der Schüler ist auf den Gang der Handlung und die Entwicklung der Charaktere zu lenken, damit sie am Schluss des Ganzen unter der Leitung des Lehrers die verstreuten Züge zusammenzufassen, eine Charakteristik der einzelnen Personen zu geben, den Grundgedanken und die Composition der Tragödie klar zu entwickeln vermögen. An dem Grad des Gelingens dieser Schlussarbeit wird der Lehrer erkennen, inwieweit er die Lectüre richtig geleitet und ihren geistigen Gehalt seinen Schülern vermittelt habe.

In dieser Weise betrieben, wird die Lectüre einer Tragödie noch ein paar Wochen des Semesters erübrigen lassen, in welchen nun die Homer-Lectüre wieder aufgenommen und zum Abschluss gebracht werden soll.

Instruction für den Unterricht an den Gymnasien.

B. Deutsche Sprache.

a) Untergymnasium.

1. Grammatik.

Aufgabe des grammatischen Unterrichtes. Das Studium der Sprachen an unseren Gymnasien setzt sich theils die Kenntnis der Sprache selbst zum Ziele und will damit die formale Bildung fördern, theils soll es zur Lectüre classischer Werke befähigen. In dieser Beziehung steht dem deutschen Unterricht der Unterricht in den alten Sprachen ebenbürtig zur Seite; in jener aber gebürt ihm die erste Stelle; denn er kann sich auf ein Element stützen, das dem altsprachlichen Unterricht nie in gleichem Maße zu Gebote stehen wird — auf das lebendige Sprachgefühl. Dadurch ist ihm die fruchtbarste Voraussetzung und zugleich das würdigste Ziel gegeben. Seiner Aufgabe und dem Charakter des Gymnasiums wird er aber erst dann völlig entsprechen, wenn er in allen Stücken auf die möglichste Entwicklung des Sprachgefühles bedacht ist und dasselbe zur bewussten Klarheit, zur Fähigkeit sicherer Entscheidung und zur vollen Herrschaft über das Sprachmaterial steigert. Als eine Hauptbedingung dazu erscheint der grammatische Unterricht; denn sicher beherrschen wir erst, was wir geordnet beherrschen, dazu aber führt nur die Grammatik.

Behandlung des Stoffes. Bis zu dem Zeitpunkte, wo der Schüler in die Literatur eingeführt wird, soll er bereits eine systematische Übersicht über die Sprach-formen erlangt haben; daraus ergibt sich, dass die deutsche Grammatik schon im Untergymnasium systematisch aufgebaut und abgeschlossen werden muss. Dieser Aufgabe scheinen sich allerdings Hindernisse entgegenzustellen. Einerseits nämlich zeigt sich das Sprachverständnis, die Sprachgewandtheit und das grammatische Wissen der in das Gymnasium eintretenden Schüler sehr ungleich entwickelt, andererseits sollen sofort die Elemente des Lateinischen, einer ihnen völlig fremden Sprache gelehrt werden, wozu die Unterrichtssprache, d. i. das Deutsche, die Grundlage schaffen muss. Es ist daher unerlässlich, dass der grammatische Unterricht im Deutschen dem Lateinischen entsprechend vorarbeite, dass er also seinen Lehrgang darnach einrichte. Dies gilt besonders für die I. und II. Classe. Bei solchem Lehrgange werden die Capitel der deutschen Grammatik im Verlaufe der ersten zwei Jahre allerdings in einer gewissen elementaren Vollständigkeit durchgearbeitet, aber ihr systematischer Zusammenhang nicht gewahrt werden können. Das muss dann in der III. und IV. Classe nachgeholt werden. Daher theilt sich der grammatische Unterricht im Untergymnasium in eine elementare und eine systematische Stufe, jene umfasst die zwei ersten, diese die zwei letzten Jahrgänge.

6

Die Methode kann zweifach sein: entweder geht man vom Einzelnen aus, vereinigt das formal Gleichmäßige und führt so — inductiv — zur Erkenntnis und Aufstellung der Regel; oder man geht von der Regel aus, stellt ihr — deductiv — das Einzelne als Beispiel gegenüber und weist die Regel am Einzelnen nach. Zuvörderst ist klar, dass diese Methode dem systematischen Unterrichte auf der zweiten Stufe besonders angemessen ist, wo das Exemplificieren einer Regel dem Schüler keine große Mühe macht, jene, die inductive, aber dem rein empirischen Charakter des Unterrichtes in den zwei ersten Classen entspricht.

Erste Stufe (I. und II. Classe). Der leitende Gedanke ist, die Auswahl des Stoffes so zu treffen, dass unter strenger Wahrung des allgemeinen Parallelismus zwischen dem deutschen und lateinischen Unterricht, doch die Grundlage zur späteren selbständigen Behandlung der deutschen Grammatik bereits hier gelegt werde. Systematik ist zwar ausgeschlossen; aber das deutsche Grammatik-Capitel, dessen Behandlung der Lateinunterricht eben verlangt, werde in elementarer Vollständigkeit durchgeführt und man beginne erst nach seiner (immerhin raschen) Vollendung ein zweites. Den Schüler bald mit diesem, bald mit jenem Paragraphen der Grammatik zu beschäftigen, mitten in der Beschäftigung mit dem einen Abschnitte Aufgaben aus einem anderen herbeizuziehen, müsste jede Vorstellung eines Zusammenhanges verwirren. Dinge, die man nach dem Lehrbuche lehrt, müssen abgewickelt werden, ehe man ein neues Capitel aufschlagen lässt. Nur so bereitet man für den Unterricht der zweiten Stufe vor, welcher die in sich bereits geschlossenen, aber ohne Rücksicht auf systematische Abfolge durchgearbeiteten Capitel in ein System zu bringen hat. Daraus folgt, dass auch die speciell deutschen grammatischen Kategorien der Formenlehre als solche zu lehren sind.

Es wird sich freilich öfters, und zwar gerade aus dem Lateinunterrichte, das Bedürfnis ergeben, während der grammatische Unterricht mit einem bestimmten Capitel beschäftigt ist, auf andere nicht dahin gehörige grammatische Erscheinungen Rücksicht zu nehmen. Die Häufigkeit dieser Fälle verbietet eine Belehrung an der Hand des Lehrbuches: hier muss die gelegentliche mündliche Unterweisung vorläufig genügen.

Stoff und Lehrgang der I. Classe. Der lateinische Unterricht verlangt vom deutschen zuerst die Behandlung der Syntax des einfachen Satzes. Dieses Capitel ist daher zuerst, selbständig und in elementarer Vollständigkeit an der Hand des Lehrbuches durchzuarbeiten. Im Anschluss an die aus der Volksschule mitgebrachten Kenntnisse wird das Auffinden der Bestandtheile des einfachen Satzes wiederholend eingeübt und dabei gleich vom Anfange an die Terminologie dafür festgestellt und angewendet. Die elementaren Formenkenntnisse, welche der Betrieb des Latein zu dieser Zeit voraussetzt, werden in den Lateinstunden selbst — die anfänglich ohnedies zum guten Theile auch Lehrstunden deutscher Grammatik sein werden — in fortwährender Übung erhalten. Es ist daher im allgemeinen nicht nöthig, den Beginn der Satzlehre durch eigene, in den deutschen Stunden vorzunehmende Übungen in Formenanalyse zu verschieben. Allgemeine Vorschriften über alle Details des Zusammenwirkens zwischen dem Lateinischen und Deutschen lassen sich zwar nicht aufstellen; da aber das Latein seine Bedürfnisse jedesmal deutlich genug erkennen lässt und da beide Sprachen in eines Lehrers Hand liegen sollen, ist die Möglichkeit raschester

Abhilfe gegeben. Sorgfältige Beachtung der stündlich sich zeigenden und durch den deutschen Unterricht zu beseitigenden Schwächen sei daher dem Lehrer besonders ans Herz gelegt. Nur das Wichtigste soll hier noch hervorgehoben werden. Die Erlernung des Lateinischen wird ebensosehr durch Hervorhebung der formalen Ähnlichkeit als der Verschiedenheit des Deutschen gefördert; der Lateinunterricht selbst verlangt die Beobachtung der speciell deutschen Eigenthümlichkeiten. So sei die Congruenz zwischen Subject und Prädicat, das deutsche Präpositionalattribut, der Unterschied zwischen Präpositionalobject und Adverbiale besonders genannt. Weitere Aufmerksamkeit verdient der prädicative Accusativ und Nominativ *). Daran schließt sich das Wichtigste aus der Formenlehre des Nomens; selbständig zu behandeln sind die Capitel Substantiv, Adjectiv, Numerale, Pronomen. Die Satzlehre kann ohne Schwierigkeit zu einer Zeit abgeschlossen werden, wo das Lateinische noch immer bei dem Substantiv verweilt; mit der Vollendung der Lehre vom lateinischen Substantiv kann auch das deutsche Capitel vom Substantiv durchgeführt sein, so dass sich dann immer parallel laufend Adjectiv und Numerale, endlich das Pronomen anschließt.

Die Lehre vom Substantiv beschränkt sich auf die Kenntnis und Einübung der Kategorien der starken und schwachen Declination in jedem der Geschlechter; hier ist Gelegenheit der Unsicherheit in der Pluralbildung und mancherlei Provincialismen zu steuern. Man darf ferner nicht versäumen, an die fest im Gedächtnis haftende Formel „auf Erden“ die gebräuchlichsten Reste schwacher Declination des Femininums im Singular anzuschließen.

Auch bei dem Adjectivum ist die Lehre von der starken und schwachen Declination die Hauptsache. Nur die gebräuchlichsten, auf die Flexion des Adjectivs Einfluss nehmenden Bestimmungswörter und nur die regelmäßigen Gebrauchsarten berücksichtige man, aber diese mit aller Aufmerksamkeit, denn die heimische Umgangssprache ist im Begriffe, die starke Singularform des Dativs Masc. und Neutr. zu beseitigen. Man stelle die Beziehung zwischen der schwachen Declination des Substantivs und Adjectivs her und erläutere sie an substantivierten Adjectiven (das Gut — das Gute). Es dürfte sich auch empfehlen, beim Adjectiv die wissenschaftlich bereits eingebürgerten Termini pronominale und substantivische Declination statt „starke“ und „schwache“ einzuführen, sie sind dem Schüler zur Bestimmung der Form dienlicher als die jetzt gebräuchlichen. Der Lateinunterricht verlangt hier die Anknüpfung des adjectivischen Adverbs. Dessen Erläuterung geschehe ohne Benützung des Lehrbuches.

Das Numerale verlangt nur kurze Zeit. Auf die Flexionsfähigkeit der Eins, Zwei und Drei, auf die Bildung der zusammengesetzten Zahlausdrücke (im Vergleich zum Lateinischen), auf die adjectivischen Flexionen der Numeralia ist besonders hinzuweisen. Man gewinnt dadurch eine Erweiterung des Begriffes von der adjectivischen Flexion, welche besonders dem Lateinischen zustatten kommt, das ohne Unterschied

---

*) Wenn der Lehrer nun mit Verwertung des Gelernten Analysen veranstaltet, so wird er mit Nutzen das Buch von F. Kern „Zur Methodik des deutschen Unterrichtes“ (1883) verwenden können, obwohl er bei der gebräuchlichen Terminologie zu verbleiben hat.

des „Redetheils" Adjectiva, Possessiva, Numeralia, Participia adjectivisch verwendet. Über die Cardinalia und Ordinalia gehe man nicht hinaus.

Besonders sorgfältiger Behandlung bedürfen erfahrungsgemäß die Pronomina. Kaum die Casus, geschweige die Unterscheidung der Arten haften hier fest; auch Syntaktisches fordert Berücksichtigung in zahlreichen Beispielen (ohne Benutzung des Lehrbuches). In den Erzählungen machen die Schüler — mündlich wie schriftlich — von den Demonstrativen nur höchst beschränkten Gebrauch: sie wiederholen am liebsten das Substantiv, und wenn sie ja ein Pronomen gebrauchen, so vermischen sie er, dieser und derselbe. Diesem Übelstande ist durch praktische Übungen entgegenzuarbeiten. Die Relativa werden zwar ziemlich richtig angewendet, aber, wie sich im Latein zeigt, sehr häufig für Demonstrativa oder Interrogativa angesehen.

Durch das Relativum tritt zuerst der zusammengesetzte Satz in den Gesichtskreis des Schülers. Das zur Erklärung Nöthige ist ausschließlich mündlich mitzutheilen, das Lehrbuch wird nicht herangezogen. Die Hauptsache ist hier sichere Unterscheidung des Hauptsatzes vom Nebensatze.

Auch Adverbien (über das adjectivische s. o.), Präpositionen, Conjunctionen werden in der ersten Classe nicht selbständig, nicht nach dem Lehrbuche behandelt; diese grammatischen Kategorien sind gelegentlich, so oft eine lateinische Vocabel dieser Art auftaucht, ins Gedächtnis zu rufen. Für die Conjunction tritt dieses Bedürfnis übrigens erst dann dringender auf, wenn das Verbum im Lateinunterrichte zur Bearbeitung kommt.

Das Verbum bildet den Hauptgegenstand des grammatischen Unterrichts im zweiten Semester. Der deutsche Unterricht liefere hier dem lateinischen zuerst Benennung und Erklärung der neu eintretenden grammatischen Beziehungen. Hierauf beginne der Lehrer sogleich mit der Einübung der Formen: zuerst au den Hilfsverben, dann an je einem starken und einem schwachen Verbum. Analyse der zusammengesetzten Formen ist hier um des Lateinischen willen, namentlich betreffs der Unterscheidung zwischen Activ-Futurum und Passiv-Präsens, unentbehrlich; Verwandlung in das Passivum werde auch syntaktisch geübt. Dann erst tritt der speciell dem Deutschen eigenthümliche Theil der Grammatik des Verbums in sein Recht, die Lehre von den starken und schwachen Verben und den Präterito-Präsentia. Man vermeide bei diesen weder den Namen noch die Erklärung der Form. Die Ablautreihen sind nicht tabellarisch zu lernen, noch mit Nummern zu bezeichnen, so dass etwa der Schüler starke Verba geläufig nach diesen Zahlen bestimme; wohl aber eigne er sich auf praktischem Wege die Formen der gebräuchlichen starken Verba sicher an. Nebeneinanderstellung ähnlich lautender, starker und schwacher, Unterscheidung derselben nach Flexion und Bedeutung werde mündlich geübt. An nebenherlaufenden gelegentlichen Erklärungen verlangt der Lateinunterricht insbesondere Erläuterungen über Behauptungs-, Wunsch-, Frage- und Befehls-Sätze, über die syntaktische Function der Verba können, mögen, sollen, dürfen, über die Bedeutung einzelner Conjunctionen. Das Studium des zusammengezogenen Satzes an der Hand des Lehrbuches wird besser der II. Classe überlassen.

Die Regeln der Orthographie sind im Anschluss an das vorgeschriebene Regelbuch durchaus mittelst praktischer Übungen einzuprägen, die im 1. Semester jede Woche, im 2. Semester alle vierzehn Tage gehalten werden. Es ist zweckmäßig dieselben vorwiegend nach orthographischen Gesichtspunkten einzurichten, damit auch bei der Correctur die Einübung wichtiger Regeln planmäßig geschehen könne. Auch die verschiedene Schwierigkeit der einzelnen Regeln ist zu beachten; so erfordern namentlich die S-Laute ausgiebige Übung. Der Inhalt und die sprachliche Form der Dictate soll dem Gesichtskreise und der Fassungskraft der Schüler angepasst sein.

Beim Dictieren halte der Lehrer strenge darauf die nachzuschreibenden Worte nur e i n m a l, aber deutlich vorzusprechen, um die Schüler an die Pflicht strenger Aufmerksamkeit zu gewöhnen. Besondere Beachtung erfordert hiebei die Aussprache; Nachlässigkeit oder Uncorrectheit gestatte der Lehrer weder sich selbst noch seinen Schülern, damit wenigstens die für die Orthographie wichtige prosodische Correctheit bald und sicher erreicht werde. Ferner dictiere der Lehrer bis auf den Punkt, Strichpunkt und Doppelpunkt die Interpunctionen nicht, sondern gewöhne die Schüler, sie unmittelbar beim Schreiben selbst zu setzen; ein anfangs zu größerer Stärke hervorgehobener, später aber auf das natürliche Maß sich beschränkender Redeaccent, welcher auch im Dictieren zu bewahren ist, gibt hiezu die hinreichende Unterstützung. In der Interpunctionslehre soll Sicherheit im Gebrauche des Fragezeichens, Rufzeichens, Kommas, Anführungszeichens in allen Fällen erreicht werden, in denen nicht längere Satzgefüge, Perioden oder besondere rhetorische Eigenthümlichkeiten in Betracht kommen.

Es ist dem Erfolge nicht unbedingt abträglich, wenn der Lehrer anstatt alle Arbeiten zu Hause durchzucorrigieren, zuweilen auch die Schultafel und darnach die wechselseitige Correctur der Schüler zu Hilfe nimmt.

Der grammatische Unterricht der I. Classe kennt also zwei Arten der Mittheilung: die gelegentliche, nach dem wechselnden Bedürfnisse sich richtende, welche vielfältig wechselnde Spracherscheinungen zu behandeln hat, und die mit Hilfe des Lehrbuches; jene kann nicht an eine bestimmte ihr ausschließlich gewidmete Stunde gebunden werden, dieser aber empfiehlt es sich eine bestimmte Zeit wöchentlich zuzutheilen, deren ungefähres Ausmaß ein Drittel der ganzen dem Deutschen zugewiesenen Unterrichtszeit betragen mag.

Stoff und Lehrgang der II. Classe. Aufgabe der II. Classe ist der zusammengesetzte Satz. Da der Lateinunterricht während des 1. Semesters mit den Anomalien der Formenlehre zu thun hat und die dabei etwa vorkommenden Satzgefüge den Schülern schon bekannt sind, darf sich der deutsche Unterricht an den Gang des Lehrbuches im wesentlichen anschließen. Die nahe Verbindung zwischen dem lateinischen und dem deutschen Unterricht besteht aber immer noch; es sind daher auch hier die Analogien wie die Gegensätze der beiden Sprachen consequent hervorzuheben. Die parallele Behandlung ist insbesondere bei der Lehre von der Verkürzung der Nebensätze und von der Erweiterung verkürzter Sätze von Wert, da die Participial-Constructionen einen Haupttheil der Aufgabe der lateinischen Grammatik bilden. Gerade dabei aber vergesse der Lehrer am wenigsten, den Latinismen im Gebrauche der deutschen Sprache entgegenzutreten, das Lateinische wird dadurch gewiss nicht Schaden leiden, wenn nur der Gegensatz zum klaren Bewusstsein gebracht wird. Sorgfalt verlangen die zusammengezogenen, mit „dass" eingeleiteten

Sätze, deren Arten der Schüler nach Bearbeitung des grammatischen Stoffes übersichtlich zusammenfassen möge, die Relativ- und indirecten Fragesätze in ihrer gegenseitigen Abgrenzung, die formalen Berührungen zwischen Attribut- und Adverbialsätzen; überhaupt die Sätze mit wie, wo, wann, um zu, ohne zu, ferner die Sätze mit invertierter Wortstellung, die Stellung des Nebensatzes zum Hauptsatz. Hiebei bietet sich reichliche Gelegenheit, verbreitete, besonders aus der Umgangssprache geläufige stilistische Fehler zu bekämpfen, wie z. B. den argen Missbrauch der sogenannten beiläufig angefügten Nebensätze (relativisch oder durch „um zu" eingeleitet), die verfehlte Anwendung der Partikeln indem, wo, und u. s. w. Zum Schluss folgt eine übersichtliche Zusammenstellung der Arten des zusammengesetzten Satzes. Wie schon früher, so werden jetzt schematische Übersichten, um das Abhängigkeitsverhältnis der Theile eines Satzgefüges darzustellen, am Platze sein, wobei sich die angeführte Schrift von Kern nützlich erweisen kann.

Wenn der Lehrer in diesem ganzen wichtigen Abschnitte alle Mühe darauf verwendet, die klare Einsicht zu erzeugen, dass zwischen den Theilen eines Satzgefüges das nämliche Verhältnis bestehe wie zwischen den Theilen eines einfachen Satzes, und das Gefüge aus diesem gleichsam herauswachsen zu lassen, so wird er von selbst auf gelegentliche Wiederholung der Lehre vom einfachen Satze geführt. Ebenso werde gelegentlich die Formenlehre wiederholt, dabei jedoch nicht so sehr auf Erweiterung als auf Befestigung derselben gesehen. Denn wird die Correctheit in diesen Dingen nicht in den beiden ersten Classen fest begründet, so ist sie späterhin gar nicht mehr zu erzwingen, denn den höheren Classen steht nicht Zeit genug zugebote, um das Versäumte nachzuholen.

Die orthographischen Übungen, in dieser Classe nicht mehr systematisch, sondern nach dem Bedürfnisse eingerichtet, erstrecken sich auch auf die Fremdwörter; doch möge hier die größte Vorsicht walten: nur jene, deren Gebrauch wirkliches Bedürfnis, nicht vorübergehende Mode ist, sollen berücksichtigt werden. Man ist dies ebensosehr der deutschen Sprache selbst, als dem Gemüthe des Kindes schuldig, das, vom Fremdartigen angezogen, mit Fremdwörtern zu prunken verführt werden könnte. Die Interpunctionslehre findet durch die erworbene Kenntnis des zusammengesetzten Satzes ihre Ergänzung.

Zweite Stufe (III. und IV. Classe). Der grammatische Unterricht dieser Stufe ist selbständig; er wird zwar nirgends auffallende Beziehungen zum Lateinischen hervorzuheben versäumen, aber den Aufbau und die Methode nach seinen eigenen Bedürfnissen einrichten. Der Stoff umfasst Formenlehre, Syntax und Prosodik. Laut- und Wortbildungslehre erfahren hier noch nicht systematische Behandlung; gelegentlich Erscheinungen aus diesen zwei Gebieten zur Sprache zu bringen und nach Maßgabe des vorhandenen Wortschatzes inductiv zu erläutern bleibt aber unverwehrt. Die erneuerte, systematische Behandlung der Formenlehre zielt auf Vermehrung des Sprachschatzes und Bereicherung der Formenkenntnis. Correctheit im Gebrauche der regelmäßigen Formen wird überall bereits vorausgesetzt; den sogenannten anomalen Formen ist daher vorwiegend die Aufmerksamkeit zugewendet. Die Satzlehre will die Gewandtheit des Ausdruckes steigern, sie zieht daher die aus der Lectüre gewonnenen formalen Anregungen heran.

III. Classe. In diesem Sinne ist Formen- und Casuslehre Gegenstand für die III. Classe. Die Hauptpunkte, die hier theils neu, theils erweitert zur Sprache kommen, betreffen: das Substantiv (Eintheilung nach der Bedeutung; masc. Plural- endung nach Analogie der Neutra; quantitatives Verhältnis der starken Pluralsuffixe. Detaillierte Erörterung der gemischten Declination. Doppeltes Geschlecht, doppelte Pluralform eines Wortes bei verschiedener Bedeutung. Declination der Eigennamen. Der Umlaut); das Adjectiv (attributiver und prädicativer Gebrauch; Beschränkung einzelner Adjectiva auf einen derselben, Erörterung der pronominalen und substan- tivischen Declination); das Numerale (Erweiterung der Arten); das Pronomen (insbesondere Verwendung, mehrfache Function einzelner Formen); das Adverbium; die Präposition und Interjection. Das Verbum (Eintheilung nach der Bedeutung. Bedeutung der Tempora und Modi. Formales über den Infinitiv; scheinbar passive Bedeutung des Inf. Präs.; Formales über das Particip; Bedeutungen des Part. Präs. und Prät. Detaillierte Behandlung der Ablautclassen. Rückumlautende schwache Verba. Bindevocallose Verba. Mischung starker und schwacher Formen. Brechung).

Es handelt sich dabei nicht um gedächtnismäßige Aneignung aller Details des Stoffes. Beim Unterrichte, der zwar in engem Anschluss an das Lehrbuch, aber doch größtentheils auf heuristischem Wege geschieht, fordern namentlich jene Formen, die noch gar nicht im Sprachschatze der Schüler sich vorfinden, besondere Aufmerk- samkeit. Sie sind jedenfalls in der Unterrichtsstunde festzustellen; die Schüler aber sollen durch die häusliche Arbeit dahin gelangen, über jede einschlägige Form eines bestimmten Wortes, das beim Examen genannt wird, sichere Auskunft geben und zu jeder formalen Kategorie, die beschrieben wird, ohne vieles Zögern ein oder mehrere Beispiele beibringen zu können. Dazu haben sie sich die in der Schule erklärte Regel genau anzueignen und an den Beispielen im Lehrbuch sich zu veranschaulichen. Auf diese Art soll ihr Sprachvermögen gesteigert und die Fähigkeit der Sprach- beobachtung, welche bei dem formalen Element der Lectüre immer mehr in den Vordergrund tritt, geschärft und selbst das Bewusstsein von der lebendigen Wechsel- beziehung zwischen der formalen, grammatischen Kategorie und der gesprochenen, wirklichen Wortform angebahnt werden.

Bei der Behandlung der Casuslehre kann man entweder von den Satztheilen ausgehen und diesen die einzelnen Casus unterordnen, in welchen sie auftreten; oder man trennt die Casuslehre von der Satzlehre und erörtert jeden einzelnen Casus für sich, ohne Rücksicht auf den Charakter als Satztheil, der ihm jedesmal nach der Art der Abhängigkeit zukäme. Es steht nichts im Wege bei der ersten, in den deutschen Schulgrammatiken vorherrschenden Methode zu verbleiben, dann aber wird es auf dieser Stufe nöthig, die regierenden Wörter nach Gruppen gleich- artiger Bedeutung zu ordnen, andererseits das logische Verhältnis, in welches das regierte Wort zum regierenden durch den Casus gebracht wird, hervorzuheben; denn auch hier tritt die Bedeutungslehre in den Vordergrund.

Die Bedeutungskategorien insbesondere sind Gegenstand der häuslichen Arbeit des Schülers; auch diese eigne er sich durch Nachweisung der Regel an den einzelnen Beispielen an. Das Examen aber geschieht wieder so, dass entweder die Kategorie genannt und ihre Verdeutlichung an Beispielen verlangt, oder ein bestimmtes Beispiel genannt wird, welches seiner Kategorie unterzuordnen ist. In dieser Weise soll im Examen das ganze Pensum berührt und so die Lehre der vorhergehenden Stunde wiederholt werden.

Der grammatische Unterricht erfordert in dieser Classe im allgemeinen eine Stunde wöchentlich. Dieses Ausmaß darf nur in dringenden Fällen überschritten werden.

IV. Classe. Lehrstoff des 1. Semesters ist der zusammengesetzte Satz. Die Erweiterung dieses Abschnittes, der bereits in der II. Classe längere Zeit hindurch und eingehend behandelt worden ist, stützt sich auf die inzwischen merklich gesteigerte Fertigkeit der Schüler im mündlichen und schriftlichen Ausdruck. Die Kategorien haften hier bereits fest, auch ihr Erkennen gelingt relativ sicher; es handelt sich also um die Steigerung der Gewandtheit in ihrer Anwendung. Der Unterricht wird daher die Kategorien zwar wiederholen, aber seine Hauptaufgabe in praktische Übungen setzen. Er wende ferner sein Augenmerk der stilistischen Beurtheilung des Satzgefüges zu und schaffe hier die Gesichtspunkte, welche die stilistische Aufgabe der Lectüre, besonders prosaischer Lesestücke, verlangt; er verweile also bei der Form der beigeordneten, der untergeordneten Glieder, der Symmetrie, der Stellung derselben. Allwöchentlich ist eine Unterrichtsstunde zum Theil dieser Aufgabe zu widmen *).

Lehrstoff des 2. Semesters ist Prosodik und Metrik. Von diesen Disciplinen gehört die Prosodik noch der Grammatik an; sie wird nach der systematischen Vollendung des übrigen grammatischen Unterrichtes behandelt, weil sie erst hier ihren naturgemäßen Platz findet und weil sie die Voraussetzung der Metrik bildet. Sie zerfällt in die Capitel Quantität und Accent. Der Unterricht darf die Kenntnis der Begriffe Wurzel- und Flexionssilbe, Ableitung und Zusammensetzung voraussetzen; denn war auch und ist auch jetzt noch systematische Behandlung der Wortbildungslehre ausgeschlossen, so haben doch die gelegentlichen grammatischen Bemerkungen schon empirisch auf die Bestandtheile des Wortes hinweisen müssen. Damit aber ist dem prosodischen Unterrichte eine hinreichende Grundlage gegeben. Man beginne mit Erörterung der Quantität und präge hier vom Anfang an die Unterscheidung zwischen Quantität des Vocals und Quantität der Silbe, die Unterscheidung von Sprech- und Sprachsilben ein. Man vermeide auch nicht die Hervorhebung der Kürze und Länge der Consonanten, weder der Sache noch dem Terminus nach; denn nur dann wird die Länge der neuhochdeutschen Stammsilben trotz häufiger Kürze des Vocals leicht begriffen werden. Die ganze Lehre gründe sich auf lebendiges Sprechen und wirke streng regulierend auf dasselbe zurück. Zur völligen Deutlichkeit wird sie aber erst durch den Anschluss der Lehre vom Accent erhoben: der Lehrer, der das erste Capitel consequent und klar behandelt hat, wird hier mit Freude bemerken, wie rasch die Auffassung, wie lebendig die Ergänzung fast allein durch die Thätigkeit der Schüler vor sich geht. Damit wird das Bewusstsein von der entscheidenden Bedeutung, welche der Accent für die deutsche Metrik hat, fruchtbar vorbereitet. Denn auf diesen kommt hier alles an. Hebung und Senkung seien die einzigen

---

*) Anregungen dazu, wie der Lehrstoff der III. und IV. Classe in das praktische Eigenthum der Schüler zu verwandeln sei, gibt L. Frauers Neuhochdeutsche Grammatik, Heidelberg 1881. Nur vermeide man alles, was Kenntnis oder Nennung alter Sprachformen voraussetzt.

Termini bei der Erklärung des deutschen Verses. Schon bei den Versfüßen, besonders bei der Aufstellung der Schemata des Jambus, Anapäst, Trochäus, Dactylus (andere brauchen nicht berücksichtigt zu werden) muss die Bezeichnung „Länge" und „Kürze" vermieden werden; der Spondäus bleibe vorderhand ganz aus dem Spiele. Ebenso geschehe die Analyse des Verses, die Herstellung seines Schemas nur nach Hebung und Senkung mit Anwendung der Accentzeichen. Die Einmischung der Quantitäts-begriffe geschieht erst bei Behandlung der den antiken Sprachen entlehnten Verse, des Hexameters und Pentameters (noch andere zu nennen ist unnöthig), aber auch hier nur secundär; denn auch sie sind durch Accente zu schematisieren und bezüglich der Quantität ist nur zu bemerken, dass bei Einsilbigkeit der Senkung auf den Gebrauch langer Silben Wert gelegt wird. Dabei mag man den Terminus Spondäus erwähnen. Die Aufzählung der Verse beschränke sich auf den vierfüßigen Jambus und Trochäus, den fünffüßigen Jambus, die neuere Nibelungenzeile, die Alliterationszeile, den Hexameter, den Pentameter; von Strophen sind nur die Vierzeile, die neuere Nibelungen-strophe, das Distichon, die Octave, Terzine und das Sonett zu nennen. Was das Lesebuch an Formen sonst noch bietet, wird gelegentlich erklärt. Unmittelbar vor der Analyse der Zeile und der Strophe lasse man ein oder mehrere Beispiele lesen, ebenso nachher. Der in der IV. Classe ertheilte Unterricht in Prosodik und Metrik bleibt Grundlage für das ganze Gymnasium; es ·erfolgt später kein systematischer Ausbau dieser Gebiete mehr.

2. Lectüre.

Die deutsche Lectüre am Gymnasium hat, gerade wie die lateinische oder griechische, als ein Theil des Sprachunterrichtes hauptsächlich formalen Charakter. Man hat dies häufig übersehen, indem man die Aufgabe gerade der deutschen Lectüre in der Mittheilung des Stoffes suchte und sie so zu einem Sammelplatz der buntesten Vielwisserei machte, ja ihr geradezu die Einführung in Wissensgebiete, welche der Lehrplan des Gymnasiums sonst nicht heranzog, die aber auch dem Deutschen als Sprachunterricht ferne lagen, in seltsamer Verkennung ihres Zweckes aufbürdete. Nun ist es allerdings richtig, dass die Jugend vor-wiegend durch die Stoffe angezogen wird, aber dieses Interesse muss unmerklich zur Förderung des Formgefühles benutzt werden. Geographische, historische, natur-wissenschaftliche Stoffe werden im allgemeinen nur auf den ersten Stufen des Unterrichts und nur darum herbeigezogen, weil ihr Inhalt dem Verständnis und dem Interessenkreis des Schülers nahe liegt und eine frühe, auch anfänglich unbe-wusste Anschauung von der formalen Behandlung (der Darstellungsform) solcher Gegenstände sich festsetzen soll. Es ist nicht zu fürchten, dass durch die Betonung des formalen Charakters der Lectüre die ethischen Bildungszwecke des Gymnasiums beeinträchtigt werden. Denn diese Behandlung des Lesestoffes verlangt nicht Trennung von Inhalt und Form, sondern Erkenntnis der Wechselbeziehung zwischen beiden. Unter dem Eindruck der natürlichen Einheit zwischen Inhalt und Form steht unbewusst gerade die erste Jugend: dem Kinde, das sich ein dem Inhalte nach passendes Gedichtchen aneignet, fällt es gar nicht bei, dass derselbe Inhalt auch andere Form haben könnte. Was hier instinctiv wirksam ist, soll der Unterricht späterer Jahre zu Bewusstsein erheben. Diese Harmonie von Inhalt und Form wird den stilistischen wie den ethischen Zwecken des Unterrichts dadurch dienstbar, dass die Beispiele edler Form zugleich edlen Inhalt in sich schließen. Die formale Behandlung des Lesestoffes selbst aber, welche nur sehr allmählich vorschreitet, hat die vollständige Erfassung und Durchdringung des Inhalts zur Voraussetzung.

Formale Elemente der Lectüre sind entweder grammatische oder stilistische. Weil das Grammatische immer Einzelheiten betrifft, das Lesestück aber als Ganzes aufgenommen werden soll, so treten jene bei der Lectüre zurück, ohne doch je ganz zu verschwinden. Daraus ergibt sich zunächst, dass zusammenhängende grammatische Übungen nur an bereits gelesenen Stücken vorzunehmen sind. Die stilistische Seite beschränkt sich auf den untersten Stufen auf Benutzung des gelesenen Stückes zu Übungen im correcten Gedankenausdrucke. Erst von der dritten Classe ab tritt die consequente Beobachtung und Hervorhebung einfacherer stilistischer Einzelheiten der gelesenen Texte ein.

Poetische und prosaische Form sind verschieden zu behandeln; während bei dieser eine vollständige Reproduction des Inhalts möglich und nothwendig ist, würde das beliebte Verwandeln eines Gedichtes in Prosa das Gefühl für die Unterschiede der poetischen und prosaischen Form abstumpfen und die lebendigsten Keime eines formgemäßen, bewusst stilistischen Lesens zerstören. Die Überzeugung davon, ob ein poetisches Stück verstanden wurde, soll lediglich durch einzelne Zwischenfragen, die sich auf den Inhalt beziehen, durch Andeutungen, welche die Anschaulichkeit der im Gedichte behandelten Situationen erzeugen und steigern, durch Anleitung zur Ergänzung des im Gedichte bloß Angedeuteten gewonnen werden. Erst wenn ein Gedicht in seiner poetischen Form völlig aufgefasst, etwa auch memoriert ist, könnte sein Stoff später Gegenstand der mündlichen oder schriftlichen prosaischen Reproduction werden. Es versteht sich von selbst, dass poetische Stücke niemals zu grammatischen Übungen benutzt werden sollen.

I. und II. Classe. Zu Beginn des Schuljahres wird der Lehrer erproben, wie die einzelnen Schüler lesen. Es bedarf kaum der Bemerkung, dass auf lautes, deutliches, dialectfreies, sinngemäßes Lesen vor allem zu achten ist. Man begegnet daher vielfach der Forderung, dass der Lehrer jedes Lesestück selbst vorlese; in den ersten Stunden der ersten Classe ist dies, besonders bei Gedichten, jedenfalls nützlich, in der Folge möchte es sich aber nicht empfehlen dabei zu bleiben. Denn abgesehen davon, dass die Schüler aus der Volksschule bereits einige Übung mitbringen, stehen sie dem deutschen Unterrichte, und gar dem Lesebuche, nicht so fremd gegenüber, dass man ihnen bei jedem Schritte helfen müsste. Und wenn das Lesebuch seinem Zweck entspricht, so darf es dem Verständnis keine unüberwindlichen Hindernisse bieten. Man lasse also vor allem langsam und deutlich lesen, mit gehöriger Unterscheidung gedehnter und kurzer Silben, mit richtiger Wort- und Satzbetonung und mit Beachtung der Interpunctionen; Gedichte langsamer als Prosa, mit gehobenem Ton, aber nicht mit unnatürlichem Pathos; es versteht sich, dass dabei auf den Sinn, nicht auf den Reim zu sehen ist. Man darf zwar keinen Lesefehler hingehen lassen, wird sich aber doch hüten, den lesenden Schüler zu oft zu unterbrechen; zur Verbesserung werden Schüler aufgefordert. Gedankenloses

Lesen ist sorgfältig abzuwehren. Manche Schüler lesen, dem bloßen Klang der Worte folgend, scheinbar ausdrucksvoll, ohne doch den Sinn zu erfassen; es erfordert große Aufmerksamkeit dies zu gewahren und zu verhüten und jenes über den Worten schwebende, ihren Inhalt sich aneignende Lesen hervorzurufen, das der Bürge wahren Verständnisses ist.

Auf das Lesen folgt bei prosaischen Stücken eine gedrängte Inhaltsangabe, um den Gesammteindruck des Lesestückes festzustellen. Bei Erzählungen wird dies in der Regel keine Schwierigkeiten machen, bei weniger übersichtlichen Stücken begnügt man sich, nach dem Gegenstande der Darstellung zu fragen, und geht sofort zur Entwicklung des Gedankenganges über. Schwierigere Stücke größerer Ausdehnung werden absatzweise gelesen: ist ein zusammenhängender Absatz erklärt, so wird der Inhalt zusammengefasst, bei Beschreibungen z. B. lässt man die Merkmale angeben, welche zur Erörterung gelangt sind. Die Gedankenentwicklung geschieht in Verbindung mit der nöthigen sachlichen Erklärung. Dabei gilt als oberster Grundsatz, nicht mehr zu erklären als zum Verständnis wirklich nothwendig ist, aber auch nicht weniger; denn die Erklärung soll das Interesse für den Stoff erwecken, nicht abstumpfen. Man muss daher nicht alles erklären wollen, und manches der Auffassung der Schüler überlassen. Ob auch alle Schüler alles verstanden haben, wird man durch Einzelfragen über Ort, Zeit, Verlauf des Dargestellten u. dgl. erfahren. Mit der sachlichen Erklärung ist von Fall zu Fall die sprachliche zu verbinden. Es wäre aber ganz ungehörig, unmittelbar an die Lectüre allerlei Sprachübungen anzuknüpfen, etwa alle starken Verba, alle Adverbialsätze u. dgl. aufsuchen zu lassen; das hieße den Eindruck des Gelesenen zerstören. Zusammenhängende Übungen sollen nur in der für Grammatik bestimmten Zeit, und nur an einem früher gelesenen Stücke, an Gedichten gar nicht, vorgenommen werden; im Anschluss an die Lectüre kann man höchstens auf besonders passende Belege für das eben in Behandlung stehende Capitel der Grammatik aufmerksam machen. Größere Satzgefüge wird man dann zerlegen, wenn es das volle Verständnis erfordert.

Die Lectüre poetischer Stücke richtet sich nach den oben gegebenen allgemeinen Bemerkungen. Zunächst also und mit besonderer Sorgfalt ist auf richtiges Lesen hinzuarbeiten. Dann gehe man auf den Inhalt ein, doch keineswegs so, dass Satz für Satz in Prosa übertragen wird, sondern durch Fragen, welche auf Voraussetzungen oder Folgen des Stoffes zielen, also nur indirect auf ihn Bezug nehmen und in solcher Vollständigkeit zu stellen sind, dass sie das Verständnis aller Details erproben. Dabei bleibt die poetische Form selbst immer unangetastet und es wird ihr nicht eine gleich geltende prosaische in dem Sinne an die Seite gestellt, dass im Schüler die Meinung entstehen könnte, es sei gleichgiltig, ob der Gedanke in poetischer oder prosaischer Form zum Ausdruck gelange. Dem Geist dieser Methode widerspricht es aber nicht, die Aufmerksamkeit auf einzelne speciell poetische Ausdrucksformen zu lenken und ihre Verschiedenheit von der sinngemäßen prosaischen hervorzuheben. Ist der Inhalt auf diese Weise erfasst, so lasse man das Gedicht nochmals lesen und zwar mit sorgfältiger Beachtung aller Einzelheiten in Aussprache, Betonung, Rhythmus und Pausen.

Poetische und prosaische Stücke sind schließlich dem Inhalte und Darstellungs-
charakter nach (Form im weiteren Sinne) zu bestimmen, als Erzählung, Beschreibung,
Gespräch, Fabel u. dgl. Definitionen sind dabei natürlich zu vermeiden. So wird es
leicht sein, am Schlusse des Jahres den poetischen Lesestoff nach Dichtungsarten
gruppieren zu lassen.

Auf den ethischen Gehalt des gelesenen Stückes, wo derselbe nicht von selbst
in die Augen springt, kurz hinzuweisen versäume man nicht; ein treffendes Wort
des Lehrers hat in dieser Richtung oft schon gute Frucht getragen. Gelegentlich
kann man auch über den Verfasser des Lesestückes eine Mittheilung machen.

In der nächsten Stunde — die Schüler sollen das Stück zu Hause nochmals
laut gelesen haben — wird zuerst der Inhalt prosaischer Lesestücke ausführlich
erzählt. Dabei lasse der Lehrer die Schüler zusammenhängend reden: fließendes
Sprechen frühzeitig zu üben, ist von größtem Wert. Im Ausdruck Fehlerhaftes muss
allerdings sogleich verbessert werden, doch ist es räthlich, nicht zu hohe Ansprüche
zu stellen, damit die Knaben nicht verschüchtert werden und im Streben nach
schöner Darstellung in Geschraubtheit verfallen. Damit sie auch zusammenhängend
reden hören, möge ihnen der Lehrer öfters im Anschluss an das Gelesene ein
Märchen oder sonst etwas Angemessenes erzählen; im Verlauf des Jahres wird ihnen
aufgegeben, leichte Prosastücke zu Hause zu lesen und in der Schule zu erzählen, ohne
sie wieder zu lesen. — Auf die Wiedererzählung folgt die Repetition der Erklärung.
Zuletzt endlich wird der Inhalt prosaischer Lesestücke in einigen Sätzen im
Lapidarstil, manchmal, z. B. bei Beschreibungen, in einigen Worten zusammengefasst,
was zwar anfangs bedeutende Schwierigkeiten bereitet, als Beginn der Dispositions-
übungen aber von großem Nutzen ist. Bei poetischen Stücken berührt das Examen
durch Fragen, ähnlich jenen, die bei der Schullectüre gestellt wurden, den Stoff
des Gedichtes und die etwa hervorgehobenen Unterschiede zwischen poetischen
Redewendungen des Gedichts und dem Ausdruck der gewöhnlichen Rede.

Besonders wertvolle Lesestücke werden memoriert. Das M e m o r i e r e n hat einen
doppelten Zweck, einen stilistisch-ästhetischen, auf Ausdruck und Geschmack, und
einen ethischen, auf das Gemüth zu wirken. Beide Richtungen sind von der untersten
Stufe an zu pflegen, indem Prosa und Poesie auswendig gelernt wird. Doch hüte
man sich, die Forderungen zu überspannen; anfangs zumal sind nur ganz kurze
Stücke aufzugeben. Hauptgrundsatz ist, dass nur Mustergiltiges dem Gedächtnis
eingeprägt werde; es hat sich bereits durch die Schulpraxis ein Kanon der für jede
Stufe passenden Gedichte *) herausgebildet.

_____

*) In diesen K a n o n verdienen Aufnahme für die I. Classe: 1. Gellert, Der Bauer und sein Sohn.
2. Claudius, Goliath und David. 3. Uhland, Schwäbische Kunde. 4. Uhland, Der gute Kamerad.
5. Rückert, Vom Bäumlein, das andere Blätter hat gewollt. 6. Chamisso, Das Riesenspielzeug.
7. Goethe, Legende vom Hufeisen. 8. Goethe, Die wandelnde Glocke. 9. Schiller, Schützenlied
aus Tell. 10. Schiller, Räthsel (der Regenbogen).

Für die II. Classe: 1. Goethe, Der treue Eckart. 2. Schiller, Die Bürgschaft. 3. Hagedorn,
Johann, der muntere Seifensieder. 4. Uhland, Klein Roland. 5. Uhland, Roland Schildträger.
6. Uhland, Der Schenk von Limburg. 7. Vogl, Das Erkennen. 8. v. Eichendorff, Der Jäger
Abschied. 9. Uhland, Siegfrieds Schwert. 10. Uhland, Die Kapelle.

Was einmal memoriert ist, soll nicht wieder verloren gehen; in jeder Classe sind daher die früher memorierten Gedichte zu wiederholen, damit sie mit den neu zugelernten zu einem festen, stets verfügbaren Besitze classischer Dichtung verwachsen, zu einem Schatze, an dem sich das Herz erfreut und den der fortschreitende Unterricht unablässig benutzt und dadurch zu immer tieferem Verständnisse bringt. Dem Belieben der Schüler ist bei der Auswahl nichts zu überlassen; auch haben alle dasselbe Stück zu lernen; größere Stücke werden abschnittweise gelernt. Eine ganze Stunde der Woche den Recitierübungen zu widmen empfiehlt sich nicht, man wird vielmehr einen kleinen Theil jeder Lectürestunde und den Rest von Correcturstunden hiefür verwenden. Die Schüler sind anzuweisen, zu Hause laut zu memorieren. Was vom Lesen gesagt worden ist, gilt auch vom recitierenden Vortrage.

Aus den Anforderungen, die das Examen stellt, ergibt sich, dass die Schüler das Gedächtnis für einzelne wichtigere Punkte, namentlich formaler Natur, durch Aufzeichnungen, die sie beim Unterrichte machen, zu unterstützen haben. Der Lehrer muss diese Anmerkungen, die nach den Lesestücken geordnet, in ein besonderes Heft einzutragen sind, insbesondere anfangs sorgfältig überwachen; die zu notierenden Dinge sind jedesmal als solche zu bezeichnen, der Wortlaut der Note festzustellen. Kürze ist hier dringend geboten, damit die Sache nicht in formloses, incorrectes Vielschreiben ausarte, noch die Controle den Lehrer zu sehr belaste. Unter dieser Beschränkung aber kann man sich von der Führung dieser Notatenhefte besondere Vortheile versprechen, denn sie halten die aufmerksame Theilnahme der Schüler an der intensiveren Behandlung des Lesestoffes, auf den sie nur zu sehr geneigt sind oberflächlich einzugehen, fest und werden zu einem Repertorium der wichtigeren bei der Lectüre gemachten sprachlichen, stilistischen und sachlichen Bemerkungen. In den späteren Jahren wird sich Umfang und Auswahl der Noten ändern, ihre Sammlung wird bis zu einer gewissen Grenze — niemals ganz — dem Schüler zufallen, damit er das Wichtige, Seltene selbst beurtheilen lerne. Solche Hefte sind bis zum Schlusse des Gymnasialunterrichtes fortzuführen.

III. und IV. Classe. Die methodischen Grundsätze für die Behandlung der Lectüre bleiben dieselben, doch tritt das formale Element immer mehr in den Vordergrund; bei den prosaischen und poetischen Stücken kommt die regelmäßige und schärfere Erörterung der Disposition, bei den poetischen im besonderen die immer umfassendere Unterscheidung zwischen prosaischer und poetischer Ausdrucksweise hinzu. Die gelegentliche Erklärung des Begriffs des eigentlichen und des uneigent-

Für die III. Classe: 1. Goethe, Der Sänger. 2. Uhland, Des Sängers Fluch. 3. Schiller, Hektors Abschied. 4. Schiller, Graf von Habsburg. 5. Rückert, Der alte Barbarossa. 6. Bürger, Lied vom braven Mann. 7. Platen, Das Grab im Busento. 8. Herder, Die wiedergefundenen Söhne. 9. Körner, Gebet während der Schlacht. 10. Seidl, An mein Vaterland.

Für die IV. Classe: 1. Schiller, Der Kampf mit dem Drachen. 2. Schiller, Der Ring des Polykrates. 3. Bürger, Der wilde Jäger. 4. Schiller, Das Mädchen aus der Fremde. 5. Goethe, Hochzeitslied. 6. Goethe, Der Zauberlehrling. 7. Goethe, Der Schatzgräber. 8. Platen, Harmosan. 9. Claudius, Abendlied. 10. Goethe, Mahomets Gesang.

Was immer memoriert wird, soll in einem von willkürlichen Veränderungen freien Text memoriert werden. Auch dem Privatfleiß der Schüler mögen nur solche Stücke überlassen werden, welche in der Schule durchgenommen worden sind.

lichen Ausdruckes (namentlich insoferne der letztere Bild ist) hat schon in den früheren Jahrgängen stattgefunden : jetzt erfährt diese stilistische Erscheinung nähere Ausführung. Grundsätzlich vermeide der Lehrer dabei eine Methode, welche in der Auffassung der Tropen das logische Element allein vorherrschen ließe. Wenn in den früheren Jahren ausschließlich bei dem anschaulichen Elemente, das sie der Rede verleihen, verweilt wurde, so halte er sich auch jetzt noch immer vor Augen, dass die bildliche Rede mit der Phantasie aufgefasst sein will. Er wird zwar jetzt die (logische) Unterscheidung von Metapher, Metonymie, Synekdoche lehren ; aber so oft er einen bildlichen Ausdruck erörtert, lasse er es sich zuerst angelegen sein die Anschaulichkeit der Vorstellung so zu erhöhen und die äußeren, sinnlichen Beziehungen so zu verdeutlichen, dass die Kategorie, welcher der Ausdruck angehört. von selbst in die Augen springt. Er hüte sich die Schüler zu der Meinung zu verführen, dass mit der richtigen Einordnung des Tropus (also mit der logischen Operation) alles gethan sei; diese geschehe zu allerletzt; zuerst hat er sich von der Klarheit des dichterischen Bildes in der Vorstellung der Schüler zu überzeugen, sonst zerstört er ein Hauptelement des äthetischen Eindruckes. Und hier, bei der Beobachtung bildlicher Redeweise, eröffnet sich Gelegenheit zu einer dem lebendigen Sprachgefühle sehr förderlichen Übung; der bildliche Ausdruck werde — ohne besondere Unterscheidung des Tropus — in die Rede des gewöhnlichen Lebens hinein verfolgt und der bildliche Charakter zahlreicher körniger (doch edler) Redensarten, die wir so häufig gebrauchen, dass wir sie unbeachtet lassen, sorgfältig aufgewiesen. Der Lehrer darf dabei des regsten Interesses der Schüler völlig versichert sein *).

Die stilistischen Figuren werden zwar regelmäßig hervorgehoben: doch theile man an Kunstausdrücken dafür den Schülern nur die nothwendigsten und häufigsten mit.

Die Notatenhefte, deren Inhalt sich vorzüglich auf die beobachteten stilistischen Eigenthümlichkeiten des Sprachgebrauchs, dann auf einige (sparsame) biographische Anmerkungen über Schriftsteller erstrecken wird, sind sorgfältig zu führen ; sie bilden nicht nur die Grundlage des Examens, sondern wachsen allmählich zu reichen Beispielsammlungen an.

Die Pflege des mündlichen Ausdrucks geschieht durch Übungen im Nacherzählen (besonders geschichtlicher Stoffe), das wegen der gerade auf dieser Stufe häufig zu Tage tretenden Befangenheit und Unbeholfenheit der Schüler eifrig zu üben ist; dann auch in freierer Weise, etwa durch Erklären von Sprüchen.

Das Memorieren wird fortgesetzt.

Die Präparation des Schülers zur Lectüre hat den Zweck, dass er sich mit dem Inhalte des aufgegebenen Stückes, soweit er es durch eigene Arbeit auf Grund aller erworbenen Kenntnisse vermag, genau bekannt mache. Vor allem ist dann zu fordern, dass er den Text fließend und (in mäßigen Grenzen) auch sinngemäß lesen könne. Bei ungewandten Schülern ist dies ein ziemlich verlässliches Zeichen des Verständnisses; sonst müssen Fragen nach dem Inhalte, die bis auf Details sich erstrecken, hinzukommen. Soll schriftliche Präparation nicht zu nutzloser

---

*) Anleitung zu solchen Übungen gewährt das Buch von R. Hildebrand, Vom deutschen Sprachunterricht in der Schule. 2. Aufl. Leipzig und Wien 1879.

Belastung des Schülers werden und soll sie der allgemeinen Aufgabe der häuslichen Vorbereitung entsprechen, so ist zunächst die Durchsuchung des Textes nach einem bestimmten, vom Lehrer angegebenen grammatischen Gesichtspunkte ausgeschlossen. Denn diese zwingt, bei Einzelheiten zu verweilen, bürgt nicht für die Auffassung des Ganzen und dient nicht dem stilistischen Zwecke der Lectüre. Vielmehr muss vorerst verlangt werden, dass der Schüler nach eigenem Urtheil alles, was ihm sachlich oder formell dunkel oder fremdartig erscheint, sich notiere. Im Verlaufe der Schullectüre wird er selbst an jenen Stellen, die er sich notiert hat, die aber der Unterricht übergieng, sich Aufklärung zu erbitten haben. Sehr wünschenswert wäre es freilich, dass der Schüler auch stilistische Erscheinungen, die er zwar versteht, die ihn jedoch auffallend dünken, bei der Präparation sich anmerke und durch Parallelen zu erläutern suche; aber zu solcher Arbeit wird auf dieser Stufe wohl eben erst angeleitet werden können. Jedenfalls wird aber die Sammlung der Anmerkungen zur Schullectüre, die vielfältige Erscheinungen und Beispiele in sich schließen, eine sehr fördernde Vorübung sein. Im Interesse der schriftlichen Präparation ist die Durchsuchung des Textes nach einer bestimmten Figur oder nach Tropen (nur verlange man keine Distinctionen derselben) zulässig; man begehrt damit zwar auch an und für sich Einzelheiten; aber diese bürgen wenigstens einigermaßen für die Auffassung des Ganzen, da sie nur aus dem Zusammenhange das rechte Licht empfangen. Diese Erweiterung des Umfanges der schriftlichen Präparation — denn die andere darf nicht unterbleiben — trete nur selten ein.

Ergänzung erfährt die Schullectüre durch die Privatthätigkeit der Schüler. Der Lehrer des Deutschen kann auf dieselbe Einfluss nehmen, indem er einerseits den in der Schule nicht durchgenommenen Stoff des Lesebuches benutzt, andererseits auf zweckmäßige Einrichtung und Benutzung der Schülerbibliothek hinwirkt und an das aus dem Lesebuche Gelesene anknüpfend den Schülern die für sie passende Lectüre empfiehlt. Ist die Auswahl in den untersten Classen auch gering, — hier sollen übrigens die Schüler ihre Anregungen hauptsächlich aus dem Lesebuche schöpfen, und es wäre zu wünschen, sie bekämen nicht so viele Bücher zu lesen, als oft geschieht — in der dritten und vierten Classe bietet sich doch schon manches für die Entwicklung der Jugend Wertvolle, wovon die Lesebücher aber immer nur wenig enthalten können.

3. Schriftliche Aufsätze.

Gut schreiben ist eine Kunst, die eigentlich nicht gelehrt werden kann. Der Stil ist nicht das Erzeugnis grammatischen oder stilistischen Unterrichts, sondern das Ergebnis der gesammten Bildung des Menschen. Die Schule muss sich daher begnügen, dieser Bildung eine gediegene Grundlage zu geben durch Anleitung zu klarem und bestimmtem Denken, durch mäßigenden Einfluss auf die Lebensansichten ihrer Zöglinge und durch Befestigung der Sprachfertigkeit derselben. Mag es ihr auch nie gelingen, das mangelnde Talent hervorzurufen, so kann sie doch die Mittel an die Hand geben, sich logisch und sprachlich richtig auszudrücken. Dazu bedarf es aber besonderer regelmäßig und methodisch angestellter Übungen.

In der **ersten Classe** sind die ersten schriftlichen Übungen D i c t a t e. Sie dienen vor allem der Orthographie und sind so einzurichten, dass sie planmäßige Einübung der wichtigsten orthographischen Regeln bewirken. Die Texte bestehen anfangs aus einzelnen, vorwiegend nach orthographischen Gesichtspunkten gebildeten Sätzen; später sind es kleine Erzählungen und Beschreibungen, welche den Übergang zu den eigentlichen Aufsatzübungen herstellen sollen. Den Stoff liefern zum Theil Geographie und Naturgeschichte; auch Hebels Schatzkästlein und Aurbachers Volksbüchlein werden hiebei gute Dienste leisten. Die Dictate dürfen nichts sachlich Fremdartiges, wie auch keine schwierigen Satzfügungen enthalten. Die in den Schreibübungen vorkommenden Fehler gegen Flexionslehre und Interpunction sind als Fingerzeige für die Bedürfnisse des grammatischen Unterrichts sorgfältig zu beachten und zu besprechen. Die Dictate und ihre Correctur in der Schule dürfen höchstens eine Stunde wöchentlich in Anspruch nehmen; erst nach 2—3 Monaten mag man die eigentlichen Aufsatzübungen mit den Dictaten abwechseln lassen.

Den Übergang hiezu macht man so, dass man ein bereits durchgenommenes, aber nicht auswendiggelerntes Lesestück zu dictieren anfängt und die Fortsetzung den Schülern überlässt. Nachdem dies ein paarmal geübt worden ist, geht man einen Schritt weiter. Der Lehrer trägt eine kurze, ihrem Inhalte nach dem Alter der Schüler angemessene, in ihrem Tone einfache E r z ä h l u n g mustergiltiger Form langsam und ausdrucksvoll vor. Hierauf lässt er sie von mehreren Schülern nach einander wiedererzählen und corrigiert dabei unter steter Heranziehung der übrigen Schüler die vorkommenden Sprachfehler und Ungeschicklichkeiten des Ausdrucks. Bei der großen Ungleichheit, welche die Schüler in diesem Wiedererzählen zeigen werden, indem einigen mühelos gelingt, was andere die größte Anstrengung kostet, wird er überwiegend die schwächeren aufrufen, die einer solchen Vorübung am meisten bedürfen. Zum Schlusse trägt der Lehrer die Erzählung nochmals selbst vor. Ist durch das wiederholte, an den Vortrag sich möglichst eng anschließende Wiedererzählen erreicht worden, dass die Schüler die Erzählung beinahe auswendig wissen, so dass sie fast wieder nur ein Dictando zu schreiben haben, so könnte jede Einwirkung von anderer Seite nur schädlich sein; der Aufsatz ist daher sofort in der Schule niederzuschreiben. Aufsätze als Hausarbeiten sind erst im 2. Semester zu geben. Die allmählich wachsende Kraft der Schüler wird erlauben, gegen Ende des Jahres die vorgetragene Erzählung immer weniger oft wiederholen zu lassen. Als Stoffe zu diesen Aufgaben dienen außer Erzählungen allgemeinen Inhalts Märchen und Sagen, Einzelheiten aus der vaterländischen und Localgeschichte, Züge aus dem Leben berühmter Persönlichkeiten, besonders solcher, mit denen die Schüler sich noch öfters zu beschäftigen haben werden, und Fabeln, von denen die des Mittelalters geeigneter erscheinen als die äsopischen. Paulis Schimpf und Ernst, erneuert von Simrock (Heilbronn, Henninger), bietet manches passende Stück. Die Auswahl erfordert große Sorgfalt; Inhalt und Form müssen gleich gehaltvoll sein. Da in Büchern unmittelbar Brauchbares sich wenig findet, wird der Lehrer oft selbst zur Feder greifen müssen; er sei auch darauf bedacht, dass die einzelnen aufeinander folgenden Erzählungen möglichst gleichmäßige Schreibart aufweisen.

In der **zweiten Classe** werden besondere orthographische Übungen in der Regel nicht mehr angestellt, insofern nicht die richtige Schreibung der gebräuchlichsten Fremdwörter, namentlich wissenschaftlicher und technischer Ausdrücke, solche räthlich erscheinen lässt. Die Aufsätze geben Anlass, einzelnes zu ergänzen; einige Dictate zur Interpunctionslehre werden nützlich sein. Die erzählenden Aufsätze werden fortgesetzt; der Fortschritt zeigt sich darin, dass der Lehrer die Erzählung nur einmal vorträgt und nur einmal, schließlich aber gar nicht mehr wiederholen lässt oder, wenn er dazu Stücke des Lesebuches wählt, dass er sie in der Art bearbeiten lässt, dass das Zeit- oder Aussageverhältnis verändert, eine Erzählung mit andern Worten wiedergegeben, die Gesprächsform in die Erzählungsform umgewandelt wird. Außer den in der ersten Classe verwendeten Stoffen bieten sich hier Mythen aus dem Alterthum zur Benutzung dar; auch können schon einzelne Stücke aus Classikern vorgelesen werden, z. B. aus Goethes Wahrheit und Dichtung, Episoden der Jugendzeit — wie denn Darstellungen aus dem Jugendleben berühmter Männer überhaupt sehr anregend wirken — oder aus der italienischen Reise, oder Fabeln von Lessing; auch die Parabeln von Krummacher sind wohl zu empfehlen. Außerdem können auch hie und da lateinische Fabeln und Geschichtchen, die dem Schüler bereits geläufig sind, deutsch erzählt werden. Im zweiten Semester schreitet man zu den B e s c h r e i b u n g e n; weil sie den Schülern große Schwierigkeiten bereiten, müssen sie aufs gründlichste vorbereitet und disponiert werden. Da nach dem ersten Grundsatze der Stilistik die Schüler nichts schreiben dürfen, was sie nicht vorher klar gedacht haben, also auch nichts beschreiben sollen, was sie nicht aus eigener Anschauung kennen, ist die Auswahl gering; denn einen Tisch, eine Bank und dergleichen zu beschreiben, bietet zu wenig Anregung. Man wird also vorerst einige kurze beschreibende Lesestücke, die genau zergliedert worden sind, reconstruieren und dann nach diesem Muster andere ähnliche Dinge in derselben Ordnung beschreiben lassen: Thiere oder Pflanzen, welche der Schüler kennt oder beobachten kann, erweisen sich hiezu als die dienlichsten Objecte. Um einige Sicherheit zu erzielen, gibt man mehrere solcher Aufgaben nacheinander. Sollte eine oder die andere misslingen, so darf man es sich nicht verdrießen lassen, den Stoff mit den Schülern nochmals durchzugehen und von neuem behandeln zu lassen.

In der **dritten Classe** hat sich der Kreis passender Stoffe wieder erweitert. Beginnen mag man mit einer classischen Erzählung. Hierauf folge eine Beschreibung: das Materiale wird immer noch mit den Schülern gemeinsam gesucht, zuletzt zusammengefasst, geordnet und die Disposition an die Tafel geschrieben; im weiteren Verlauf kann den Schülern aufgegeben werden, das Materiale selbst zu sammeln oder das gesammelte zu ordnen oder beides; die letzte Redaction vor dem Niederschreiben muss aber noch immer unter Anleitung des Lehrers erfolgen, denn aus einem schlecht geordneten Aufsatze lernt der Schüler nichts. Hervorragende Plätze, Denkmäler, Anlagen, Kirchen u. dgl. liefern den Stoff zu diesen Aufgaben. Ferner sind Auszüge aus größeren erzählenden oder beschreibenden Lesestücken zu machen, eine Übung, die bekanntlich schon Herder empfohlen hat. Dabei kommt es darauf an, nur das Wesentliche herauszuheben und doch alle Hauptpunkte zu erschöpfen. Damit der Auszug nicht in eine Nacherzählung ausarte, wird der Umfang genau vorgeschrieben, was voraussetzt, dass der Lehrer die Aufgabe selbst ausgearbeitet habe. Zu solchen Übungen eignet sich besonders, wenn der deutsche und lateinische Unterricht in einer Hand liegen, die lateinische Lectüre. Inhaltsangaben einzelner Capitel, dann kleinerer Gruppen und ganzer Vitae des Cornelius Nepos z. B. müssen wiederholt abgefasst werden; ein kleiner Schritt zu freier Production ist es, eine Darstellung der Schlacht bei Marathon oder Salamis u. ä. nach Nepos zu verlangen. Endlich versäume man nicht, einzelne Stellen aus dem lateinischen Autor ins Deutsche übersetzen zu lassen. Gedichte können und sollen zwar disponiert werden, aber man lasse sie nicht in Prosa verwandeln. Gelegenheit zu schriftlichen Arbeiten bieten am besten jene, welche einzelnes, etwa den äußeren Schauplatz, die Situation u. dgl. nur andeuten, so dass die Phantasie der Anregung folgend das nicht direct Ausgesprochene ergänzt. Auf die Zusammenfassung solcher Andeutungen (natürlich aus einem einheitlichen Gesichtspunkte) lassen sich gut schriftliche Arbeiten gründen.

Auch Schilderungen sollen auf dieser Stufe bereits versucht werden. Da Klarheit der Anschauung hier das Correctiv gegen Empfindelei bildet, ist auf sie hauptsächlich zu sehen; daher kann nur das vom Schüler selbst Geschaute Gegenstand seiner Schilderung werden. Der sachliche — im Zwecke beruhende — und der stilistische Unterschied zwischen Beschreibung und Schilderung muss vorher an mehreren Beispielen des Lesebuches nachgewiesen werden.

In der vierten Classe wird auf diesem Wege weiter fortgeschritten. Man kann nun Erzählungen nur der Hauptsache nach mittheilen und die Ausführung den Schülern übertragen oder eine Erzählung beginnen und die Fortsetzung ergänzen lassen, Aufgaben, die, ein und das anderemal gegeben, großes Interesse erwecken und zugleich auf die Fähigkeiten der einzelnen Schüler ein Licht werfen; legt man der Übung ein classisches Muster zugrunde, (z. B. die Erzählung aus Wilhelm Meisters Wanderjahren 2. Buch, 12. Capitel, die nur gekürzt zu werden braucht) dann ist sie in jedem Falle von Nutzen. Eigentlich historische Erzählungen sind zu vermeiden, weil bei Geschichtlichem nichts ausgeschmückt werden darf; für andere Arbeiten aus diesem Gebiete sind die Schüler nicht reif. Gedichte, vollends lyrische, bleiben natürlich von diesen ·Übungen ganz ausgeschlossen. Bei Anfertigung von Beschreibungen kann nun schon manches den Schülern überlassen und Schilderung mit Erzählung verbunden werden, indem z. B. die Besteigung eines Berges, ein Gang um oder durch die Stadt, ein Fest u. dgl. geschildert wird; Goethe bietet auch hiefür manches Muster. Die Auszüge werden fortgesetzt und nun auch von Stücken argumentierenden Inhaltes und in indirecter Rede geliefert; sodann sind Dispositionen anzufertigen auch von längeren Gedichten. Zu allen diesen Übungen wird die altclassische Lectüre verwertet. Cäsar insbesondere bietet unerschöpflichen Stoff zu Arbeiten aller Art: Gedankenentwicklung einzelner Capitel, Zergliederung längerer Reden, Recapitulation zusammenhängender Partien, Disposition ganzer Bücher, Schilderungen von Kämpfen und andern Unternehmungen, Anfänge von Charakteristiken in erzählender Form können im Anschluss an das Gelesene abgefasst werden. An der Übersetzung auserlesener Stellen endlich bewährt sich die gewonnene Sprachfertigkeit. Es handelt sich hiebei um echt deutschen Ausdruck und Satzbau neben möglichster Treue; bei den Cäsarianischen Perioden insbesondere kommt es darauf an, gegenüber der subordinierenden Fügung des Lateinischen die Neigung der deutschen Sprache zur Coordination zur Geltung zu bringen, ebenso bieten Partikelgebrauch und Wortstellung Anlass zu den fruchtbarsten Vergleichen. Den Beginn der argumentierenden Aufsätze mache man mit Vergleichungen. Die einfachen Vergleichungen können die äußere oder innere Ähnlichkeit oder beide zu ihrem Gegenstande haben; bei äußerer Ähnlichkeit können einfach die Ähnlichkeiten und Verschiedenheiten aufgezählt werden, oder es kann gezeigt werden, was zwei Gegenstände Gleiches, Gleichartiges, aber in den Einzelheiten Verschiedenes, endlich was sie Ungleichartiges an sich haben. Dazu tritt dann nach Umständen noch die Vergleichung der innern Eigenschaften. Die Vergleichungen in weiterer Ausführung haben nicht so sehr Ähnlichkeit und Verschiedenheit einander gegenüberzustellen, als vielmehr die Ähnlichkeiten zwischen den zu vergleichenden Gegenständen auf-zusuchen und folgerichtig darzustellen, z. B. zwischen dem Frühling und der Jugend. Daran schließe man endlich die Erklärung von Sentenzen. Unerlässliche Bedingungen hiebei sind, dass der Inhalt der Sentenz im Erfahrungskreise des Schülers liege, und eine ausführliche Besprechung vorhergehe, welche auch den Gang der Dar-stellung festsetzt.

Sind durch die Vorbereitung der schriftlichen Arbeiten die bedeutendsten im Stoff und in der Anordnung liegenden Schwierigkeiten beseitigt, dann kann die Correctur, ohne das übrige zu vernachlässigen, der Form der Darstellung ihr Hauptaugenmerk zuwenden; soll doch den Schülern auf diesem Wege die für sie unfruchtbare theoretische Stilistik ersetzt werden. Der Lehrer, der die Gesetze dieser Disciplin kennt, wird sich nicht auf die Verbesserung und Besprechung einzelner Fehler beschränken, sondern immer jene Gesichtspunkte hervorkehren, welche die Schüler auf der Stufe, die sie gerade einnehmen, am entschiedensten zu fördern geeignet sind. In allen Classen wird er auf Einfachheit und Natürlichkeit des Ausdruckes dringen, denn die an den Text sich enge anschließenden Über-setzungen aus dem Lateinischen und Griechischen wirken in Phraseologie und Satzbau auf den deutschen Aufsatz zurück und erzeugen einerseits eine gewisse Gehobenheit des Tones, die nicht selten in Gezwungenheit ausartet, andererseits Neigung zu ausgedehnten Satzfügungen, die vielfach der richtigen Gliederung entbehren. An einzelnen von verschiedenen Schülern verschieden gestalteten Sätzen wird nun der Lehrer die richtige Form entwickeln und bei solchen Gelegenheiten von der Bedeutung der Periodik einen Begriff geben, indem er zeigt, wie das Zusammengehörige zu verbinden, das Fernstehende abzusondern ist; das richtige Verhältnis von Haupt- und Nebengedanken, von Haupt- und Nebensatz verdient überhaupt die größte Aufmerksamkeit und wird in der zweiten und wieder in der vierten Classe im Anschlusse an den grammatischen Unterricht gründlich einzuüben sein. Freilich, wo sich wirkliches Talent zu periodischer Schreibart zeigt, darf es nicht unterdrückt werden, wie ja überhaupt die Individualität der Schüler zu beachten und zu schonen und nicht etwa nach der Schablone eines alleingiltigen Stiles zu meistern ist; darauf soll auch bei Stellung der Aufgaben durch entsprechende Abwechslung Bedacht genommen werden. In den untersten Classen hat die Correctur naturgemäß am meisten mit den Verstößen gegen die Grammatik zu thun; aber auch in den obersten kehren oft Fehler wieder, die man längst ausgerottet wähnte, solche zumeist, die aus dem dialectischen Gebrauche der Schüler entspringen. Bietet schon der Grammatikunterricht öfter Gelegenheit, auf den Dialect einzugehen und die Schriftsprache in Gegensatz zu ihm zu bringen, so geben die schriftlichen Arbeiten tausendfältigen Anlass, auf die Provinzialismen aufmerksam zu machen und die davon abweichenden Regeln der Grammatik einzuprägen; die verschiedenen Provinzen werden in diesem Punkte große Verschiedenheit zeigen. Die Besprechung der Aufsatzfehler, immer unter Heranziehung der Schüler, geschieht am besten nach [den Rubriken: Anordnung, Inhalt, Sprache, letztere nach der Eintheilung der Grammatik; dabei wird es zweckmäßig sein, einzelnen Schülern anzugeben, worauf sie besonders zu achten und welche Partie der Grammatik sie etwa zu wiederholen haben. Das Resultat der Besprechung soll dieses sein, dass der Schüler von Inhalt und Anordnung der den Lehrer vollkommen befriedigenden Arbeit deutliche Vorstellung gewonnen habe. Bei schwierigeren Aufsätzen wird der Lehrer selbst den Wortlaut einer solchen Lösung der Aufgabe mittheilen. Für die Hauptkategorien von Fehlern (elementare, grammatische, orthographische, stilistische, sachliche) bediene man sich je eines besonderen und zwar stets desselben Zeichens. Die angemerkten Fehler sind vom Schüler zu corrigieren, nicht genügende Arbeiten von neuem anzufertigen. Unter allen Umständen ist auf reinliche Form zu dringen.

b) Obergymnasium.

1. Grammatik.

Auch das Obergymnasium verlangt noch in seinen beiden ersten Classen Erweiterung und Vertiefung des grammatischen Unterrichtes, mag sich derselbe nun gelegentlich an die Correctur der schriftlichen Arbeiten und die Lectüre anschließen, oder lieber selbständig, etwa in einer Stunde alle vierzehn Tage, vorgenommen werden. Charakter und Ziel desselben lassen sich folgendermaßen näher bestimmen. Kenntnis der Formenlehre und Syntax wird vorausgesetzt; noch immer wiederkehrende Fehler dieser Art finden zwar Besprechung und Verbesserung, aber nur in gelegentlicher Form, systematische Wiederholung dieser Partien erfolgt nicht. Der Unterricht will vielmehr auf Grund der vorhandenen Formenkenntnis und des Wortmaterials dadurch eine Steigerung des lebendigen Sprachgefühls bewirken, dass er die lebendigen Kräfte der Sprachbildung und deren Gesetze zum Bewusstsein bringt. Da nun die Herbeiziehung älterer Sprachformen ausgeschlossen ist, das Material, an dem jene Gesetze nachgewiesen werden sollen, also ausschließlich der neuhochdeutschen Sprachstufe angehört, so kann schon aus diesem Grunde die Sprachbildung nicht in wissenschaftlicher Vollständigkeit behandelt werden.

V. Classe. Wichtigere Punkte dieses Unterrichtes werden etwa folgende sein: I. Lautlehre: *a)* die Laute werden in Kürze phonetisch beschrieben und geordnet; ihre Nachweisung im Wortmateriale geschieht mit Berücksichtigung der zwischen neuhochdeutscher Orthographie und Aussprache bestehenden Verschiedenheiten. Es folgt die Zusammenstellung der am neuhochdeutschen Sprachmateriale noch zu belegenden Fälle von Lautwandel; *b)* der Accent. II. Formenbildung. 1. Formale Function des Vocalwandels im ganzen Umfange der neuhochdeutschen Formen, und zwar *a)* des Umlautes, *b)* der Brechung, *c)* des Ablautes. 2. Wortbildung im engeren Sinne *a)* Ableitungs-Suffixe und -Präfixe, *b)* Zusammensetzung. Hiebei ist besonders zu achten auf die verschiedene Bedeutungsfunction formell gleichartiger Ableitungssilben und auf das logische Verhältnis der Theile einer Zusammensetzung, soweit beides im Gebiete des Neuhochdeutschen sich deutlich nachweisen lässt; ferner auf die Hervorhebung aller im Neuhochdeutschen noch lebendigen Mittel zur Wortbildung.

VI. Classe. Zuerst wird die Stellung der deutschen Sprache unter den indogermanischen, der neuhochdeutschen unter den deutschen erörtert; hier ist auch der Ort von der Lautverschiebung zu sprechen, indem das Gesetz in Bezug auf die älteren Sprachzustände rein theoretisch vorgeführt wird. Von dieser Grundlage geht dann der literar-historische Unterricht aus. Der grammatische wendet sich Aufgaben zu, die eine empirische Einführung in psychologische Elemente der lebendigen Sprachthätigkeit bezwecken. In dieser Absicht wird die Thatsache der Formenassociation (mit ausschließlicher Beschränkung auf das Neuhochdeutsche) an Erscheinungen der Nominal- und Verbalflexion erklärt, für deren Erklärung sich die sogenannte gemischte Declination des Nomens, das Eindringen substantivischer Formen in die pronominale Adjectivdeclination, die Vermischung starker und schwacher Verbalflexion besonders eignen. Daran reihen sich die Erscheinungen der Differenzierung durch grammatische Isolierung (beschieden — bescheiden u. dgl.), durch Mischung verschiedener Declinations- und Flexionsweisen (Tropf — Tropfen, Bande — Bänder, ward — wurde u. dgl.), durch Verschiedenheit des Geschlechtes (der — die Haft u. dgl.), durch Doppelformen (Knabe — Knappe, Thor — Thür, schaffen — schöpfen, als — also); Differenzierung der Ableitungen mit — heit, — schaft, — thum u. s. w., Entstehung besonderer Wortclassen durch Isolierung, wie von Ortsnamen (Dat. plur. Baden, Saalfelden, Gen. sg. St. Gallen, Michaelis, Martini), Präpositionen (kraft, laut u. s. w.), Conjunctionen (während, falls u. s. w.); Differenzierung im Dienste syntaktischer Zwecke, wie Declination des Demonstrativums und Relativums „der". Ferner ist zu beachten das verschiedene Verfahren der Sprache im Gebrauche fremder Wörter: Lehnwörter — Fremdwörter; Volksetymologie, Rückentlehnung (Balken — Balkon u. s. w.) Damit sind nur Hauptgesichtspunkte angedeutet, welche dem angegebenen Zwecke besonders zu dienen geeignet sind. Der Unterricht geschieht hier wie in der V. Classe im Anschluss an die Grammatik, welche auf diese Ziele des Unterrichtes Rücksicht nehmen soll *).

Die Befestigung des in der V. und VI. Classe Gelernten kann weiterhin zwar nur durch gelegentliche Bemerkungen und Wiederholungen geschehen, darf aber nicht versäumt werden; denn es handelt sich um Dinge, die der Förderung des lebendigen Sprachgefühls wirksam dienen und einen Ersatz für das früher besonders durch das Mittelhochdeutsche vermittelte historische Verständnis des Neuhochdeutschen bieten können. Indem das Gymnasium die Einführung in das Mittelhochdeutsche von

---

*) Orientierung, besonders über die der VI. Classe zugewiesenen grammatischen Aufgaben, bietet derzeit am vollständigsten H. Paul, Die Principien der Sprachgeschichte. Halle 1880.

seinem Lehrplane ausschließt, braucht es darum nicht vollständig auf den Einblick in die Processe der sprachlichen Entwicklung zu verzichten ; denn auch das Neuhochdeutsche erfährt im Laufe der Jahrhunderte mannigfache Veränderungen, welche zum Theile wenigstens Beachtung finden sollen. Wenn auch Werke des 15., 16. und 17. Jahrhunderts nicht in der Schule gelesen werden, so wird doch die Lectüre von Texten des 18. Jahrhunderts vielfache Verschiedenheit vom heutigen Sprachgebrauche beobachten lassen. Von den Texten aber, die der Lectüre zugrunde gelegt werden, ist zu verlangen, dass sie nur die Orthographie, soweit sie nicht phonetische Unterschiede bedeutet, nach den heutigen Normen der Schule regulieren, alles aber, was Verschiedenheit des Sprachgebrauches ist, unangetastet lassen.

2. Lectüre.

Der Fortschritt vom Unter- zum Obergymnasium zeigt sich in diesem Theile des deutschen Unterrichts hauptsächlich in zweifacher Beziehung. Einerseits nämlich ruht die Lectüre bereits auf einer breiteren Basis stilistischer Beobachtungen ; ihr formaler Charakter kommt daher noch schärfer zum Ausdrucke, die hervorzuhebende stilistische Einzelheit steht nicht mehr abgesondert im Bewusstsein des Schülers, sondern schließt sich einer Reihe bereits gewonnener gleichartiger Vorstellungen an. Es wird daher möglich sein, aus der Menge des gleichartigen Concreten zu einer allgemeinen Erkenntnis fortzuschreiten, welche, aus selbstbeobachteten Erscheinungen erwachsen, nicht todtes Wissen bleiben wird. Andererseits nähert sich die Lectüre jetzt immer mehr ihrer unmittelbaren Aufgabe der Einführung in die Nationalliteratur ; das gesteigerte Formenverständnis erlaubt es nämlich, zum Gegenstande der Lectüre schwierigere und vollständige classische Werke zu machen.

Die **V. Classe** hat die Aufgabe die stilistischen Eigenthümlichkeiten der bisher bekannt gewordenen Dichtungsarten zu einer Charakteristik derselben zusammenzufassen. Es ist wohl zu beachten, dass nicht die Mittheilung einer „Poetik" bezweckt wird, sondern einzig jene Befestigung und Steigerung des Stilverständnisses, welches die Bedingung zur Auffassung einer Kunstform ist. Die Aufgabe ist eine formelle, nicht eine materielle. Daraus ergibt sich, dass nicht alle Dichtungsarten und Darstellungsformen charakterisiert werden können, sondern nur jene, deren Beobachtung auf dieser Stufe möglich ist. Zunächst also die, welche der Schüler durch die Lectüre der vorhergehenden Classen kennen gelernt hat, ferner jene, in welche die V. Classe selbst erst einführt.

Der Canon zu memorierender Gedichte hat die Ballade und Romanze am meisten berücksichtigt. Man beginne die Lectüre mit einem noch nicht behandelten Stücke dieser Gattung, etwa den „Kranichen des Ibykus" und gestalte die Erklärung so, dass mit Heranziehung sämmtlicher gleichartiger Gedichte des Canons eine Charakteristik der Gattung daraus erwachse. Von dieser Gruppe gehe man nach derselben Methode zur Lectüre des „Erlkönigs" über. Das Element des Wunderbaren und des volksthümlichen Stoffes leitet zu den großen Schöpfungen auf epischem Gebiete über. Das Volksepos steht in erster Linie ; dessen Anschauung und Erörterung bildet den Haupttheil des in der V. Classe hinzukommenden Neuen. Die formalen Gesichtspunkte werden hier durch das Interesse für die volksthümlichen Stoffe ausgiebig unterstützt. Da am Gymnasium Mittelhochdeutsch nicht mehr gelehrt wird, kann man hiebei keinen anderen Weg einschlagen, als die Stoffe in neuhochdeutscher Sprache mitzutheilen. Die Uhlandschen Auszüge im 1. Bande der Schriften zur Geschichte der Dichtung und Sage (S. 32—80) bieten sie in der besten Form. Aus ihnen kann richtige Auschauung der einzelnen Motive, des Zusammenhanges, der Composition gewonnen werden. Die Lectüre geschieht so, dass die einzelnen zusammengehörigen Sagengruppen in ununterbrochenem Zuge gelesen werden: die Nibelungen (mit Ausschluss der nordischen Gestalt) machen den Anfang, es folgen die Sagen von Gudrun, von Rother, Ortnit und Wolfdietrich, von Dietrich von Bern, endlich die Stoffe der beiden cyklischen Gedichte, des Biterolf und des großen Rosengartens.

Der Lehrer muss sich die eindringende Durcharbeitung des Stoffes zum Ziele setzen. Er hat die Sagenmotive nachzuweisen; in dem Maße, als die Lectüre fortschreitet, mehren sich dieselben, frühere wiederholen sich, neue treten ein. Der Schüler hat sie planmäßig aufzusuchen und die gleichartigen zusammenzustellen. Die Composition der einzelnen Stoffe wird erörtert, die Charaktere der Helden werden erläutert; bei allem kommt es auf die Nachweisung des Typischen an. Die mustergiltigen Uhlandschen Darstellungen lassen der Phantasie freien Spielraum; der Lehrer hat diese in die richtige Bahn zu lenken. Es kann ihm nicht schwer fallen, da er das Correctiv an seiner Kenntnis der Originale selbst hat. Antiquarische Anmerkungen sind hier ebenso nöthig, wie bei der Lectüre antiker Autoren.

Schon der große Umfang aller Stoffe lässt es nicht räthlich erscheinen, alle Sagengruppen unmittelbar nacheinander in Angriff zu nehmen, weil das Interesse der Schüler erlahmen würde; auch müsste man dann die im engeren Sinne stilbildende Lectüre poetischer Stücke zu lange unterbrechen. Man setze daher nach Vollendung einer jeden Gruppe ab; nur die cyklischen Sagen mag man unmittelbar an die Dietrichs-Gedichte anschließen. Nach den Nibelungen lese man das Märchen vom Dornröschen und verbinde damit die Charakterisierung der wichtigsten Art von Märchen, derjenigen, in denen man noch den mythischen Gehalt erkennen kann. Die beiden folgenden Absätze benutze man zur Lectüre mustergiltiger Gedichte, in denen jüngere Sagen behandelt werden. Man schließe dann mit Dietrich und den Cyklen und vergesse nicht an den Auszug aus dem Laurin eine Charakteristik der zweiten Art von Märchen zu knüpfen.

Der nächste Schritt führt zum Thierepos, zu dessen Verständnis man umfangreiche Stücke aus Goethes Reineke Fuchs lese; die Thierfabel reiht sich natürlich an. Reichliches Material zur Induction der Charakteristik der Gattung bietet auch hier das Lesebuch. Dann folgt die Parabel; die Stoffe, namentlich jene aus der Bibel, sind als bekannt vorauszusetzen, eine Vorstellung von der kunstmäßigen Form gewährt Chamissos Kreuzschau. Das religiöse Element vermittelt den Übergang zur Legende, mit welcher die Reihe der Dichtungen, die durch das Motiv des Wunderbaren wirken, schließt. Von größeren kunstmäßigen Formen der epischen Poesie (dem religiösen, dem romantischen Epos, dem Roman, der Novelle u. s. w.) ist in dieser Classe noch nicht die Rede, nur mit der Form der poetischen Erzählung mache man die Schüler durch vollständige Lectüre einer solchen bekannt; Chamissos Salas y Gomez ist ein gutes Beispiel.

Die Erörterung der lyrischen Gattungen beschränke sich auf das Lied und die Ode (Hymne); denn einerseits ist zum Verständnis dieser Arten der Grund bereits gelegt (vgl. Canon I. 4, 9; II. 8; III. 10; IV. 9, ferner III. 9; IV. 10), andererseits findet die Ergänzung der Gattung durch die schwierigeren lyrisch-didaktischen Gedichte besser bei der eingehenden zusammenhangenden Lectüre derselben in den späteren Classen statt. Daher ist die didaktische Gattung hier nur durch Beispiele, in denen sie am reinsten hervortritt, also durch Spruchpoesie, zu veranschaulichen. Es wird dabei zunächst darauf ankommen, den Charakter dieser Gedichte in seiner Eigenthümlichkeit den rein lyrischen entgegenzustellen, andererseits aber das, was ihnen die Eigenschaft einer poetischen Form verleiht, mit starker Betonung hervorzuheben, also den Ursprung aus der Erfahrung und das poetische Element der Form.

Wenn endlich anhangsweise Proben der Prosa (Erzählung, Beschreibung, Schilderung) gelesen werden, so bezweckt der Unterricht nicht, sie als selbständige Darstellungskategorien hinzustellen, denn die größeren prosaischen Werke, deren Lectüre späteren Classen vorbehalten ist, bewegen sich zumeist in mehreren Formen der Darstellung. Es sollen vielmehr die stilistischen Unterschiede, die verschiedenen Ausgangspunkte, Dispositionsmotive bei der Erzählung, der Beschreibung, der Schilderung hervorgehoben werden. Von der Lectüre einer Abhandlung ist ganz abzusehen, denn einerseits wird die eingehende Bekanntschaft mit classischen Abhandlungen später vermittelt, andererseits lassen sich für die fruchtbare Disposition einer solchen nicht allgemeine Regeln aufstellen; hier bleibt das Bedürfnis des besonderen Stoffes maßgebend und die Erörterung der Disposition eines Einzelnen könnte höchstens zu fehlerhafter Verallgemeinerung und pedantischer Nachahmung verführen. Daher ist auch ein längeres Verweilen bei der Chrie ziemlich nutzlos. Zum Schlusse des Jahres werden die stilistischen Beobachtungen zu einer allgemeinen Charakteristik der epischen, lyrischen und didaktischen Form zusammengefasst, wobei man nicht übersehen mag, dass die Fabel, welche im Anschlusse an epische Stücke erörtert wurde, jetzt unter die didaktischen Formen einzubeziehen ist. Dieser ganze Unterricht wird sich aber von selbst in maßvollen Grenzen halten und eines Leitfadens entrathen, wenn daran festgehalten wird, dass es sich nicht um den systematischen Aufbau einer Poetik handelt und die Einsicht in die wesentlichsten Unterschiede der einzelnen Kunstformen nur insofern von bildendem Wert und das Verständnis der Lectüre fördernder Bedeutung ist, als sie durch die eigene Kraft der Schüler auf dem Wege der Beobachtung gewonnen wird. Die Aufnahme und Abfassung der wichtigeren Ergebnisse, welche die Schüler in knappster Form in ihre Notatenhefte zur Unterstützung des Gedächtnisses eintragen, wird dann auch der Lehrer leicht regeln und controlieren können. Damit die literarischen Auseinandersetzungen des Obergymnasiums mit Goethes Tod abschließen können, sind biographische Notizen über jene neueren Dichter, die im Lesebuche durch Proben vertreten sind, mit der Erklärung der Dichtungen zu verbinden.

Die Präparation für die Lectüre geschieht wie früher so, dass fließendes Lesen, Kenntnis des Inhalts, Anmerkung des dem Schüler Fremden verlangt werde; die Formenbehandlung in dieser Classe erlaubt ferner, nach einiger Zeit die Präparation selbst auf die Zusammenstellung bestimmter Formencharaktere zu lenken. Das Hauptaugenmerk ist der gewissenhaften Führung des Heftes, das die Beobachtungen zur Classenlectüre sammelt, zuzuwenden; von Zeit zu Zeit sind die eingetragenen Bemerkungen von den Schülern nach bestimmten stilistischen Kategorien, die der Lehrer angibt, zu ordnen. Diese Kategorien werden beibehalten, neue kommen hinzu und werden fortgeführt; so wächst die Sammlung der concreten Belege zu den einzelnen Kategorien im Fortschritte des Unterrichts stetig und jeder neue Beleg frischt die vorhergehenden im Gedächtnisse auf. Die auf dieses Heft verwendete Arbeit wird auch auf die Präparation zurückwirken, indem sie den Schüler über die anfängliche Befangenheit beim Präparieren hinaushebt und ihm eine größere Zahl von Gesichtspunkten an die Hand gibt. Die Führung des Heftes wird dem Schüler, die Controle über dasselbe dem Lehrer nur anfangs Mühe kosten; ruhige, consequente Anleitung führt bald zu sicherer Gewöhnung und Übung. Was von der Präparation hier gesagt wird, gilt auch für die folgenden Classen.

In den Canon der in dieser Classe zu memorierenden Gedichte verdienen aufgenommen zu werden: 1. Schiller, Kraniche des Ibykus, 2. Goethe, Erlkönig, 3. Uhland, Die verlorene Kirche, 4. Goethe, Adler und Taube, 5. Chamisso, Kreuzschau, 6. Goethe, Gefunden, 7. Uhland, Schäfers Sonntagslied, 8. Geibel, Cita mors ruit.

VI. Classe. Die Einführung in die Nationalliteratur durch Lectüre verbindet sich hier zuerst mit zusammenhangenden Mittheilungen über die Geschichte derselben.

Literaturgeschichte ist als Lehrstoff des Gymnasiums insofern grundsätzlich abzulehnen, als sie ästhetisierend vorgetragen wird, d. h. dem Schüler ästhetische Urtheile beibringt, die er nicht aus eigener Lectüre schöpfen gelernt hat; soweit sie aber rein historisch bleibt, d. h. literarische Werke, Persönlichkeiten, Richtungen in ihren historischen Zusammenhängen nach Ort und Zeit beschreibt, ist sie ebenso zulässig wie die Staatengeschichte und ergänzt diese. Doch ist die engste Begrenzung des Stoffes nothwendig, insbesondere für jene Perioden, deren Erzeugnisse nicht Gegenstand der Schullectüre sind. Einerseits die Sprachform der ältesten Werke, andererseits der zunächst formale Charakter der Schullectüre, endlich die ungleich größere Fruchtbarkeit der Anschauung von Werken aus der neuhochdeutschen classischen Zeit, alles dies verbietet, in der Schullectüre von Originalen noch beträchtlich über die Mitte des 18. Jahrhunderts zurückzugehen oder dieselbe unter Vernachlässigung ihrer formalen Zwecke bloß zur literarhistorischen Illustration zu machen. Darum ist aber Literarhistorie im bezeichneten Sinne und in mäßigem, nur auf die wichtigen Erscheinungen gerichtetem Umfange nicht aufgehoben; sie soll vielmehr die Erkenntnis der im Leben des Volkes wichtigeren Thatsachen, Richtungen, Personen, welche die Weltgeschichte bietet, vervollständigen, soll das Werden der neuhochdeutschen Blüte begreifen lehren, soll das Interesse für hervorragendere literarische Erscheinungen, deren Anschauung die Schule nicht vermitteln kann, erwecken, indem sie dieselben in historischem Zusammenhange in den Gesichtskreis der Schüler rückt.

Nachdem in aller Kürze die Stellung der deutschen Sprache und des deutschen Volkes in der Gruppe der Indogermanen erörtert ist, beginnt die Literarhistorie mit Vulfila und geht von da zur althochdeutschen Periode über. Hier wie dort ist enger Anschluss an die allgemeine Geschichte geboten; die althochdeutsche Literatur insbesondere fügt sich ganz in den Rahmen der Christianisierung Deutschlands und

der Culturbestrebungen Karls des Großen. Im Anschluss an die Erwähnung der
von ihm veranlassten Sammlung der alten Heldenlieder stellt der Unterricht die
ältere Gestalt der Nibelungen- und Helden-Sage dar; hieran schließt sich Schullectüre der nordischen Überlieferung (nach Uhland, Schriften zur Dichtung und
Sage I. S. 81—88). Das an diesem Stoffe in der V. Classe Gelehrte wird herangezogen und so der Vergleichung mit der späteren mittelhochdeutschen Gestalt ein
fester Boden bereitet. In gleicher Weise bieten die Kenntnisse aus der Weltgeschichte die Anknüpfungspunkte für die Behandlung der mittelhochdeutschen Zeit.
Die von Westen kommenden Cultureinflüsse, ihre Gestaltung in Gesellschaft, Leben
und Literatur nehmen zuerst die Aufmerksamkeit in Anspruch und sind im
Zusammenhange zu betrachten. Die Stoffe werden umschrieben, an Namen von
Werken und Dichtern wird nur das Wichtigste genannt; die Rolle, die Walther im
politischen Leben der Zeit spielt, unterstützt nach der Methode des ganzen
Unterrichts ein relativ näheres Eingehen. Der höfischen Epik und Lyrik wird die
Bearbeitung der alten Sagenstoffe entgegengestellt; die Wiederholung der einschlägigen
Ergebnisse der V. Classe veranlasst hier ein Verweilen. Ebenso wird man bei der
Behandlung der Anfänge der neuhochdeutschen Sprache und Literatur etwas länger
verweilen, dagegen die Behandlung des 16. und 17. Jahrhunderts auf das Nöthigste
beschränken, so dass der gesammte literarhistorische Unterricht bis zum Beginne
des 18. Jahrhunderts in einem Zuge fortgeführt und in etwa 8—10 Wochen beendet
wird, nur unterbrochen durch die Lectüre der Uhland'schen Auszüge und ausgewählter
Partien aus dem Nibelungenliede und aus Walther in guter neuhochdeutscher
Übersetzung — den Stoff soll das Lesebuch enthalten — um dadurch eine
lebendigere Anschauung von der älteren Dichtung und ihren Formen zu geben, als
es durch Erzählung der Stoffe und bloße Beschreibung geschehen kann. Schon
in dem knappen Zeitausmaß liegt eine dringende Mahnung, diesen literarhistorischen
Unterricht auf die Hauptpunkte zu beschränken und alles Detail, das ohne weiteren
Nutzen nur das Gedächtnis belasten würde, auszuschließen; bloß in dieser
Beschränkung kann er im Gymnasium als zulässig erkannt werden.

    Von jetzt ab tritt die Schullectüre wieder ganz in den Vordergrund und zwar
in ihrer Eigenschaft als formales Bildungsmittel. Es muss daher gleich hier bemerkt
werden, dass weder die Lectüre der Originalwerke der neuhochdeutschen Classiker
vorwiegend nach literarhistorischen Motiven ausgewählt und angeordnet werden
darf, noch ausschließlich an ihrem Faden das Leben der großen Dichter darzustellen
ist. Es wäre auch nicht möglich, Schülern auf dieser Stufe den ganzen Entwicklungsgang etwa Lessings oder Goethes durch die Schullectüre zu verdeutlichen. Die
formalen Zwecke der Lectüre sind also die Hauptsache, gegen die alles andere,
so wünschenswert es sein mag, zurückstehen muss; darum aber bleiben literarhistorische Gesichtspunkte, soweit sie eben mit den maßgebenden Motiven der Auswahl und Reihenfolge der zu lesenden Werke vereinbar sind, nicht ganz außeracht.
Der rein literarhistorische Unterricht (in der oben bezeichneten Beschränkung)
erfährt schon dadurch größere Vertiefung und Ausführung, dass der zusammenhangenden Lectüre eines Classikers eine biographische Skizze vorausgeschickt wird,
welche die Grundlage, den Kern bildet, an den sich alles Detail, das ungesucht

die Lectüre beiträgt, sicher anschließen kann. Die Vorstellungen von der schrift‑ stellerischen Persönlichkeit gewinnen an Fülle und Leben, weil die Anschauung derselben in ihren Werken hinzukommt. Und um diese sorgfältig herauszuarbeitenden Hauptgestalten gruppiert dann die Literarhistorie die Umgebung.

Mit Lob, noch mehr aber mit Tadel ist bei allem, was nicht in der Schule gelesen wird, vorsichtig zu sparen; und bei dem, was gelesen wird, biete nicht der Lehrer ein fertiges ästhetisches Urtheil, sondern das Gefallen soll sich im Schüler von selbst erzeugen. Die Verehrung, die der Lehrer für die classischen Werke hegt, wird wirkungsvoller aus der ernsten und würdigen Art der Behandlung hervor‑ leuchten und so in der Jugend die schönste ihr eigenthümliche Empfindung wecken, erhalten und vertiefen, die willige Ehrfurcht.

Die Lectüre des ersten Semesters beschäftigt sich eingehend mit Klopstock, und zwar zuerst mit dem Messias, dann mit den Oden. Vorausgeschickt wird die Darstellung des Kampfes der Schweizer und Gottscheds und eine Skizze von Klopstocks Leben. Das Lesebuch soll aus dem Messias mindestens den 1. und 4. Gesang und eine Sammlung von Oden enthalten. Der Gesichtspunkt der Auswahl aus den Oden darf nicht der rein literarhistorische sein; man müsste sonst zu viel Zeit und unfruchtbare Mühe auf die Wandlungen der Manier des Dichters im Alter verwenden. Die Lectüre will hier vielmehr das Gefühl für Rhythmus und die . Empfindung für die Übereinstimmung zwischen Inhalt und Form bilden; da auch die teutonisierende Richtung des Dichters Ausgezeichnetes geschaffen hat, so wird der angedeutete Gesichtspunkt der Wahl auch für die Literarhistorie nicht uner‑ giebig bleiben. Mehr als anderswo muss bei der Lectüre der Oden das Lesen selbst gepflegt werden; denn ihren vollen Eindruck bringen sie erst dann hervor, wenn die Gewalt des Rhythmus voll empfunden zum Ausdruck gebracht wird. Metrische Analyse der Strophen kann nicht umgangen werden; weil aber gerade das lebendige rhythmische Gefühl gepflegt werden soll, so muss es zuerst für sich selbst, ohne Unterstützung durch ein metrisches Schema, nur geleitet von Wort- und Satz‑ betonung im rhythmischen Lesen Ausdruck suchen.

Der starke stilistische Gegensatz zu Klopstock empfiehlt, zu Beginn des zweiten Semesters Proben aus Wieland zu lesen; auch an ihnen ist die Übereinstimmung von Inhalt und Form zu beobachten. Bruchstücke aus dem Oberon sind dazu aus‑ reichend. Die Lectüre wendet sich nunmehr dem Mittelpunkte des zweiten Semesters, Lessing, zu. An seinen Fabeln eröffnet sich in angemessenster Weise der Einblick in die Eigenthümlichkeit seines Stiles; der Stil der Gellert'schen Fabel wird gegenübergestellt — die Lectüre der früheren Jahre bietet dazu genügendes Material. Auf die epigrammatische Zuspitzung bei Lessing wird das Hauptgewicht gelegt, sie wird in ihrer eigensten Form an einigen seiner Epigramme veranschaulicht. An die Lectüre der Fabeln schließt sich gut die des 70. Literaturbriefes (über dessen Zusammenhang mit der Privatlectüre vergl. das Spätere); dann sei noch aus den Literaturbriefen Nr. 17, 18 (erste Hälfte) und 19 empfohlen.

Die Lectüre hat jetzt zur Hauptaufgabe, den Schüler in die Form des Dramas einzuführen; Lessings poetische Thätigkeit gipfelt im Drama, seine kritische Arbeit wendet sich mit Vorliebe dem Drama zu. Man beginne mit der Lectüre eines

Dramas, etwa der Minna von Barnhelm, und schließe daran aus der hamb. Dramaturgie (Schluss 28, Anfang 29) die Studie über komische Charaktere, dann folge die auf genaue Privatlectüre sich stützende Besprechung der Emilia Galotti. Damit ist die Grundlage geschaffen, an welche sich die Lectüre solcher Stellen aus kritischen Schriften Lessings anschließen kann, in denen von allgemeinen oder besonderen Erfordernissen der Tragödie gesprochen wird. Zu empfehlen sind die Briefe an Nicolai, November 1756 (Hempel XX. 1. Nr. 31) und an Mendelssohn vom 18. December 1756 (a. a. O. Nr. 35), in denen von den Affecten der Tragödie in einer mehr empirischen, gelegenheitsmäßigen und den Schülern dieser Stufe verständlicheren Weise gehandelt wird als in den verwandten Partien der Dramaturgie. Daran reihen sich aus der Dramaturgie Stück 89, 90, 91 über das Verhältnis zwischen Drama und Geschichte und über die Namen in der Tragödie und Komödie. Noch andere Partien der Dramaturgie zu lesen ist keineswegs ausgeschlossen, wenn solche Stücke vermieden werden, in denen ein Drama kritisch analysiert wird, dessen genaue Kenntnis man nicht von allen Schülern fordern kann. Die Lectüre der Dramaturgie beschließe man mit der „Ankündigung" und dem vollständigen „Hundert und ersten .... Stück"; dadurch wird die historische Veranlassung des Werkes deutlicher, besonders aber äußert sich Lessings Subjectivität im letzten Stück in eindringlicher Weise.

Die Privatlectüre stehe im Zusammenhang mit dem gleichzeitigen Gegenstande des Schulunterrichts und werde vom Lehrer in der Weise geleitet, dass in einer bestimmten Stunde das aufgegebene Stück nach Inhalt und Form einer prüfenden Besprechung unterzogen wird. Dies setzt voraus, dass ein und derselbe Gegenstand gleichzeitig allen Schülern aufgegeben wird; ferner, dass die Termine der Besprechung auf die Schullectüre der verwandten Gegenstände möglichst bald folgen. Öfters wird der Lehrer sofort bei Stellung der Aufgabe eine Andeutung geben müssen, worauf beim Lesen zu achten sei. Empfohlen werden jene im Lesebuche enthaltenen Stücke aus dem Messias und den Oden Klopstocks, die nicht in der Schule gelesen wurden; Lessings Abhandlungen über die Fabel (die Aneignung controliert der Lehrer bei Gelegenheit der Lectüre des 70. Literaturbriefes), E. von Kleist's Frühling (den das Lesebuch enthalten soll), Lessings Miss Sara, Emilia, Nathan, Abschnitte der Dramaturgie, die der Lehrer so aufgibt, dass die darin enthaltenen allgemeinen, auf das Drama bezüglichen Erkenntnisse besonders anzumerken seien.

In den Canon der in dieser Classe zu memorierenden Gedichte sind aufzunehmen Stücke aus dem Messias, von den Oden Klopstocks: Die beiden Musen, Der Eislauf, (Die frühen Gräber), Mein Vaterland.

VII. Classe. Der Unterricht beginnt mit der Schilderung des Sturms und Drangs insbesondere mit Herder. Die Lectüre, welche Stücke aus den „Fragmenten zur deutschen Literatur," aus den Blättern „von deutscher Art und Kunst," aus der Vorrede zu den Volksliedern umfasst, dient ebensosehr den stilistischen wie den literarhistorischen Zwecken. Insbesondere sei empfohlen: „Von den Lebensaltern der Sprache" (Fragm. 2. Ausg. Herders Werke ed. Suphan II. 58 ff.), die „Einleitung" zur zweiten Sammlung der Fragmente 1. Ausg. (Suphan I, 254 ff.). An die Vorliebe des Sturms und Drangs für Homer knüpfe man die dem griechischen Epos zugewendeten Bestrebungen der Göttinger und sonstiges Literarhistorische über den Hainbund. Die Lectüre früherer Jahre und die Privatlectüre sind hier heranzuziehen.

Goethe wird jetzt Gegenstand des Unterrichts. Die erste biographische Skizze gehe bis zur italienischen Reise. Die Lectüre beginne mit einer Auswahl aus den in freier rhythmischer Form abgefassten, odenartigen Stücken der „Vermischten Gedichte", in Verbindung mit dem Abschnitt über Goethes Verkehr mit Herder aus Dichtung und Wahrheit; die Anordnung vereinige das dem Inhalte und der Form nach Verwandte, ohne ängstlich an der Chronologie der Gedichte festzuhalten. Es empfehlen sich die Gruppen: Adler und Taube, An Schwager Kronos, Mahomets Gesang, Seefahrt, Prometheus, Ganymed; dann Meine Göttin, Gesang der Geister über den Wassern, Das Göttliche, Grenzen der Menschheit. Die zusammenfassende Charakteristik dieser Gruppen ist sorgfältig auszuarbeiten. Den Übergang zur folgenden Periode in Goethes Leben (italienische Reise bis zur Verbindung mit Schiller) können die Gedichte Ilmenau und Zueignung bilden. Auf die biographische Skizze der Jahre 1786—94 folgt die Lectüre der Iphigenie.

Der Unterricht beschäftigt sich nunmehr mit dem Aufbau des Lebens und der Werke Schillers bis 1794. Schullectüre von Gedichten seiner Jugendzeit vermeide man aus formalen und aus pädagogischen Gründen. Zwei Gruppen behandle man mit besonderer Aufmerksamkeit, die philosophische Lyrik und die Dramatik Schillers. Ähnlich wie bei den freirhythmischen Gedichten Goethes vereinige man auch aus jener das Geeignetste zu einem Ganzen, das zusammenfassend charakterisiert werden kann. Ein Beispiel einer solchen Reihe ist folgendes: Die Künstler, das Ideal und das Leben, das Eleusische Fest, der Spaziergang.

In Schillers Dramatik führt eines seiner Werke aus der Zeit der Verbindung mit Goethe ein. Ehe man mit der Lectüre beginne, schicke man die biographische Skizze jenes Zeitraums im Leben der beiden Dichter voraus. Die reiche in den früheren Jahren erworbene Kenntnis der Balladendichtung ist hier sogleich für den Unterricht zu verwerten.

Die Privatlectüre und die ihr in derselben Weise wie in der VI. Classe zu widmende Controle bildet eine wesentliche Ergänzung der Schullectüre, weil sie den größeren Theil der Hauptwerke, die in der Schule nicht gelesen werden konnten, umfassen und die Anschauung, deren Grundzüge die Schullectüre lieferte, erweitern und vertiefen soll. Sie läuft daher parallel mit dieser; ihre Absätze, ihre Termine, die Besprechungsstunden sind nach dem Gange der Schullectüre einzurichten. Für Goethe und Schiller versteht sich das Empfehlenswerte von selbst: Goethes Aus meinem Leben (in Abschnitten), Götz, Clavigo, Egmont, Tasso; Schillers Räuber, Kabale und Liebe, Fiesko, Don Karlos und die Hauptdramen seiner späteren Zeit. Was von den letzteren in der VII. Classe nicht bewältigt werden kann, gehört der Privatlectüre der VIII. an; auch sollte wenigstens ein Shakespearesches Stück, etwa Julius Cäsar, privatim gelesen werden.

In den Canon zu memorierender Gedichte gehören von Goethe Ganymed, Meine Göttin, Grenzen der Menschheit, Das Göttliche; von Schiller Das eleusische Fest.

Die VIII. Classe verweilt anfangs noch bei dem literarischen Zeitraum, in welchen die VII. Classe zuletzt einführte, indem Goethes „Hermann und Dorothea", im

Anschluss daran jene Briefe aus dem Briefwechsel zwischen Goethe und Schiller, in denen über epische und dramatische Dichtung zusammenhangend gesprochen wird (Briefwechsel 23.—29. Dec. 1797, Nr. 399—403), dann Schillers „Glocke" gelesen werden. Hier wird auch der Ort sein, die Kunstformen der epischen Poesie, welche in der V. Classe nicht berücksichtigt werden konnten, zu charakterisieren, indem auch jetzt erst die Ergebnisse der Lectüre Homers und Vergils erfolgreich herangezogen werden können. Die Literarhistorie wird hierauf bis zu Goethes Tod fortgeführt. Was endlich die reiche Anschauung an Dichtungsgattungen, Darstellungsformen, Stileigenthümlichkeiten bisher geboten hat, wird als Grundlage zur Lectüre von Lessings Laokoon und Schillers Aufsatz „Über naive und sentimentalische Dichtung" benutzt. Es soll dadurch eine Zusammenfassung und ein theoretischer Abschluss gewonnen werden.

Auch in dieser Classe hat die Privatlectüre wesentliche Bedeutung; ihre Hauptaufgabe ist Vollendung der Lectüre der Schillerschen Dramen, hauptsächlich aber Einführung in Goethes Faust. Es ist kein Zweifel, dass der Faust von Jünglingen dieser Entwicklungsstufe durchschnittlich nicht annähernd verstanden wird; darum ist er nicht Gegenstand der Schullectüre. Ihn gar nicht lesen zu lassen, wäre aber ein Fehler. Er gehört zu den Werken, die in der Jugend aufgenommen, anfangs unvollkommen, später besser verstanden, der Maßstab für die eigene geistige Entwicklung werden. Allerdings wird es der Lehrer an Weisungen für die richtige Auffassung dieser Lectüre nicht fehlen lassen dürfen. Auch Stücke der romantischen Schule, H. v. Kleists und Grillparzers müssen der Privatlectüre vorbehalten bleiben; es ist endlich wünschenswert, dass die Shakespeare-Lectüre erweitert werde. Als Memorierstoff ist Schillers Glocke zu empfehlen.

3. Übungen im mündlichen Ausdruck.

Die Redeübungen verfolgen nicht im engeren Sinn rhetorische Zwecke: sie wollen die Fähigkeit einzelner Schüler, selbständig durchdachten Stoff in relativ frei erzeugter mündlicher Rede zusammenhangend darzustellen, erproben und steigern. Die Stegreifrede ist ausgeschlossen; denn sie setzt voraus, dass der Stoff bereit liege und dass die Fähigkeit, ihn augenblicklich zusammenhangend zu gestalten, schon vorhanden sei; beides trifft aber nur selten zu. Der Stoff muss also vorbereitet und zuerst auch geformt werden. Wenn er aber so gestaltet beim Vortrage nur einfach reproduciert würde, dann wäre der eigentliche Zweck, die relativ freie Erzeugung der Form, illusorisch, dann hätte die Übung kaum einen anderen Wert als der Vortrag eines memorierten schriftlichen Aufsatzes. Es soll daher verlangt werden, dass der Schüler eine schriftliche Ausarbeitung anfertige, weil er den Stoff erst dann durchdrungen hat, wenn er ihn bis in die Einzelheiten gestaltete; aber er darf diese Ausarbeitung nicht memorieren, sondern soll unterstützt von einer detaillierten Disposition die Form im einzelnen beim Vortrage gewissermaßen neu producieren.

Die Vorbereitung zu solchen Redeübungen geschah gleichmäßig bei allen Schülern die ganzen Jahre hindurch, indem bei allem, was sie mündlich zum

Ausdruck brachten, auf concrete, fließende, möglichst individuelle, das heißt nicht memorierte, Form hingearbeitet wurde. Nicht den Lehrern des Deutschen allein, allen oblag diese Aufgabe. Der Unterschied besteht also nur darin, dass das, was stündlich von allen Schülern in Bezug auf kleinere Gedankenfolgen verlangt wurde und verlangt wird, hier an einer längeren zusammenhangenden Reihe von Gedanken zu erproben und zu üben ist.

Der Stoff einer Redeübung muss gleichmäßig allen Schülern bekannt sein; ein einzelner unter ihnen hat dasjenige, dessen Einzelheiten sonst der Lehrer auf Detailfragen von einem jeden Schüler sich mittheilen lassen könnte, selbständig und zusammenhängend mündlich zu entwickeln. Es eignen sich daher am besten die Stoffe der Privatlectüre zu Redeübungen; in einem Theil der Stunde, in welcher der Gegenstand prüfend besprochen wird, erörtert der bestimmte Schüler das jenem Stoffe entnommene specielle Thema der Redeübung. Auf diese Weise wird die Gefahr particularistischen Charakters, den die Redeübungen leicht annehmen, vermieden, indem das, was als Redeübung nur eine Förderung eines einzelnen ist, in anderer Richtung dem gemeinsamen Bedürfnis der Schüler nutzbar gemacht und in allgemeine Förderung verwandelt wird. Die Themata dürfen daher nicht in losem, etwa dem individuellen Belieben des Schülers überlassenen Zusammenhange mit dem Gegenstand der Privatlectüre stehen, sondern sind so zu stellen, dass durch sie ein einzelner Gesichtspunkt, unter dem sonst der Lehrer selbst den Stoff besprochen haben würde, zum Ausdruck komme. Die dem Vortrag unmittelbar folgende Kritik fasst Inhalt und Form ins Auge; die Kenntnis des Stoffes erlaubt es, auch die Schüler dazu heranzuziehen. Die Redeübungen beginnen von der VII. Classe an.

4. Aufsätze.

Der allgemeinste Unterschied der Aufsätze des Obergymnasiums von denen der früheren Jahre liegt darin, dass diejenige Thätigkeit, welche der rhetorische Terminus inventio bezeichnet, allmählich immer mehr Sache des Schülers wird. Was nun den Stoff der schriftlichen Aufgaben betrifft, so ist vor allem wiederholt zu betonen, dass er dem Gesichtskreise der Schüler entnommen und denselben durchaus geläufig sein muss. Das Stoffgebiet für deutsche Aufsätze aber erweitert sich nicht in dem Maße, als der geistige Gesichtskreis des Schülers auf allen Wissensgebieten sich vergrößert; im Gegentheile, es verengert sich. Denn neben der Forderung, dass der Stoff dem Schüler bekannt sein müsse, besteht noch die zweite, ebenso wichtige, dass auch der Lehrer den Stoff vollkommen beherrsche. Ja dies genügt nicht einmal; der Lehrer muss auch genau wissen, in welcher Form der Stoff den Schülern beigebracht wurde, denn es handelt sich nicht mehr um bloße Reproduction des Stoffes, sondern um indirect durch ihn erzeugte Gedanken. Will der Lehrer des Deutschen z. B. ein historisches Thema stellen, so kann er kaum erkennen, ob und inwieweit es stofflich für den Schüler fruchtbar ist, wenn er nicht genau weiß, unter welchen Gesichtspunkten der Lehrer der Geschichte gerade diesen Gegenstand dargestellt, ob er bei ihm verweilt oder mit der bloßen Constatierung der Thatsache sich begnügt habe, ob der Schüler überhaupt über die bloße Aneignung des Thatsächlichen hinausgekommen sei. Und ähnlich verhält es sich mit den anderen Disciplinen, soweit die Individualisierung des Stoffes in Frage kommt. Genaue Verständigung der Lehrer unter einander kann einiges ersetzen; volle Sicherheit in der Benutzung einer anderen Disciplin für die Aufsätze tritt erst dann ein, wenn jene in den Händen desselben Lehrers liegt. Reicheren Stoff liefert die deutsche Schul- und Privatlectüre selbst; auch kann der deutsche Aufsatz diese ergänzen, indem formale Gesichtspunkte, welche mündlich nicht erörtert wurden, Gegenstand der schriftlichen Bearbeitung werden. Die inventio ist hier beschränkter, weil es sich um die formalen Verhältnisse eines gegebenen Stoffes handelt. So unvermeidlich, ja so wichtig und wegen ihrer präcisen Sachlichkeit empfehlenswert solche Themata sind, so dürfen sie nicht die einzigen bleiben, weil sie sich in einem eng begrenzten Kreise von Darstellungs- und Ausdrucksformen bewegen und ihre Alleinherrschaft daher die stilistische Fertigkeit nur einseitig entwickeln würde. Es bedarf noch anderen Stoffes. Solchen bietet auch die altclassische Schullectüre, z. B. Übersetzungen aus Livius, Sallustius, Cicero, Tacitus, Xenophon, Demosthenes und Plato als einfache Stilübungen; zusammenfassende Darstellung größerer Abschnitte aus Historikern, Beschreibungen von Schlachten, Disposition, Inhaltsangabe oder freie Bearbeitung von Reden aus Livius und Sallustius; Dispositionen von Reden Ciceros und von leichteren des Demosthenes. Ovid, Vergil, Homer und namentlich Sophokles bieten eine reiche Fundgrube von Stoffen. Übersetzungen aus Dichtern sind nicht zu empfehlen, weil im besten Falle nur ein unerfreuliches Gemisch von Poesie und Prosa herauskommt. Aber auch die Aufgaben aus d i e s e m Gebiete haben zur Voraussetzung, nicht bloß dass der Lehrer Philologe sei, sondern auch dass er das Fach selbst in der Classe lehre. Endlich liefert die äußere und innere Erfahrung des Schülers Stoffe, jene zu schildernden, diese zu den sogenannten moralisierenden (reflectierenden) Aufsätzen, die zwar einigermaßen in Verruf gerathen sind, aber gut gewählt und erläutert eine vorzüglich bildende Wirkung auszuüben vermögen; denn was fördert das Darstellungsvermögen und den natürlichen individuellen Stil mehr als naturgemäß erwachsene Gedanken, die sich selbst das sprachliche Kleid schaffen? Es kommt darauf an, Lebenskreise zu wählen, innerhalb deren die Jugend sich thätig bewegt, Vorstellungsgebiete, welche vielfach durch die Handlungen der Jugend in Bewegung gesetzt werden, und die Frage so zu stellen, dass der Schüler mit seiner eigenen Person in das Lebensverhältnis sich versetzt wähnt, das er sich vollkommen vergegenwärtigt, und sich selbst als handelnde oder leidende Person darin vorstellt. Man legt ihm damit keineswegs Gewissensfragen vor, aber man fragt ihn jedesmal auf sein Gewissen; keine Gattung leitet mehr zu wahrem Ausdruck, keine verräth so sichtlich die Selbsttäuschung oder gar die Lüge. Die inneren Erfahrungen der Jugend sind reich, aber nicht vielseitig, noch weniger sind sie zum bewussten Besitz geworden. Die gemeinten Aufsätze arbeiten mit durchaus nichts anderem als jenen inneren Erfahrungen, sie wollen sie ins Bewusstsein rufen und sie werden oft wie mit einem Schlage ganze Reihen von halbklaren Gedanken und Gefühlen, in denen die Jugend nur so dahinlebt, in das richtige Licht stellen. Mit diesem erziehenden Wert verbindet sich der sehr wichtige formale, dass hier eher als sonst irgendwo originaler Ausdruck zu Tage kommen wird.

Einzelne schildernde Aufsätze, welche gehobenen Ton der Darstellung verlangen, sind auch jetzt nicht zu missen. Die Gefahr der Unwahrheit und Phantasterei wird dadurch beseitigt, dass man sich nicht mit einem durch Zusammensetzung ganz verschiedener Naturstudien gefertigten Bilde begnügt, sondern die Schüler auf eine einzige nach Ort und Zeit bestimmte Beobachtung des zu Schildernden einschränkt.

Aufsätze, die ihren Stoff der Beobachtung der lebendigen Sprache — z. B. ihrer bildlichen Redensarten oder in Anknüpfung an die grammatischen Fragen der VI. Classe — entnehmen, sind gleichfalls zu empfehlen. Themata hingegen rein literarhistorischer Art sind wie die rein historischen von geringem bildenden Wert. Denn ihr Stoff ist vollständig gegeben, damit auch die Darstellungsform im einzelnen; dem Schüler erübrigt also nur die Composition und diese wieder ist zumeist durch chronologische, also äußere Rücksichten bestimmt.

Es kommt übrigens nicht auf die Mannigfaltigkeit der Stoffe an, im Gegentheile wird der Lehrer gut thun, sich im Stoffe zu beschränken und dafür auf Mannigfaltigkeit der Formen bedacht zu sein, ja er wird für die Fertigkeit seiner Schüler am besten' sorgen, wenn er denselben Stoff in einigen Aufgaben, von leichteren zu schwereren fortschreitend, bearbeiten lässt; das kann er aber am besten an der Hand der Lectüre. Gedruckte Aufgabensammlungen können höchstens Anregung bieten; jedenfalls muss der Lehrer das einer solchen Sammlung entlehnte Thema erst dem speciellen Bedürfnisse seiner Schüler anpassen. Was insbesondere die von E. Laas in seinen bekannten Büchern — die übrigens in der Hand keines Lehrers fehlen sollen — empfohlenen oder behandelten Themen betrifft, so wird der Lehrer gut thun, jedesmal in Hinblick auf seine Schüler zu überlegen, „quid valeant humeri, quid ferre recusent."

Die Aufsätze sind theils Haus-, theils Schularbeiten. Die inventio der letzteren darf keinesfalls schwierig sein; hier eignen sich besonders Themata, die auf formale Gesichtspunkte der Lectüre sich beziehen. Es versteht sich von selbst, dass nur solche gewählt werden dürfen, deren methodische Behandlung während der Schullectüre früher geübt wurde.

Vorbereitung der Aufgaben. Bei Haus- wie bei Schularbeiten ist vorerst in kurzer Besprechung der Umfang des Themas genau festzustellen und vor Verwechslung seiner Begriffe mit verwandten zu warnen. Hausarbeiten erfordern zumeist noch Andeutungen über Details des Stoffes und über die fruchtbarsten Grundzüge der Disposition. Sie sollen Andeutungen bleiben; denn ihre Aufgabe ist, anzuregen, nicht die Selbstthätigkeit des Schülers zu ersetzen. Man wecke in erotematischer Art die Vorstellungen aus dem Gebiete des Themas und führe den Schüler bis zu dem Punkte, von dem aus mit Nothwendigkeit dieses und jenes stoffliche Detail für das Thema sich ergibt. An solche Einzelheiten reihe man ebenso andeutend die Grundzüge der Disposition.

In Bezug auf diese vermeide man vom Schüler zu verlangen, dass er noch vor dem Versuch einer ausführlichen Concipierung die Disposition fertig habe; dadurch entstehen schattenhafte, inhaltlose Dispositionen. Die Arbeit des Schülers nimmt ja doch diesen Weg: er denkt über den Stoff des Themas nach, es fällt ihm dies und jenes bei — aber er besitzt es erst, wenn er ihm Form gegeben, es aufgezeichnet

hat; und niemals ist seine geistige Arbeit intensiver als bei der Formgebung, da
entwickelt sich ihm erst der Stoff, da erzeugt ein Gedanke den andern. In diesen
losen Gang der Gedanken suche er nun feste Form und Ordnung zu bringen. Damit
gewinnt er erst die Disposition, welche der endgiltigen Ausarbeitung zugrunde gelegt
wird. Die allerwenigsten Schüler gebieten über Stoff und Form gleichzeitig so sehr,
dass sie nach einer Disposition aus erster Hand eine wirklich durchdachte Arbeit
liefern könnten. Nur bei einem rein logischen Thema, das Zergliederung eines
Begriffes verlangt, wäre es vielleicht. möglich. Es ist daher auch nicht zu rathen,
die Anfertigung einer Disposition zum Gegenstand einer Schularbeit zu machen.
Wohl aber kann sie Hausarbeit sein und die nächste Schularbeit einen Abschnitt
derselben ausführen.

Die **Correctur** folgt im ganzen der Art, die im Untergymnasium geübt wurde;
noch immer wird die grammatische Richtigkeit im Auge behalten, besondere Aufmerksamkeit aber dem Satzgefüge, der Wahl des Ausdrucks (Consequenz im Bilde)
und der Composition zugewendet. Bei stilistischen wie bei sachlichen Fehlern wird
öfters eine Bemerkung zur Erläuterung des Fehlers und Andeutung der Correctur
am Platze sein. Offenbare Irrthümer in der Sache sind, wo nöthig, mit einer erklärenden
Randnote zu verbessern; Verstöße gegen Grammatik, Logik und richtigen Sprachgebrauch durch den Schülern bekannte Zeichen zu bemerken; Schwulst, affectierte
Kälte, insbesondere aber dünkelhaftes Absprechen über unverstandene Dinge ist
strenge abzuweisen; das Hereinziehen von Tagesfragen ist durchaus nicht zu dulden;
Unklarheit, Verirrung oder Verkehrtheit des Urtheils schonend zu berichtigen;
Leichtfertigkeit und Unfleiß nach Gebür zu rügen. Bei der mündlichen Besprechung
der Arbeiten in der Schule ist nur das, und zwar in übersichtlicher Gruppierung und
Zusammenstellung nach einer Auslese, die sich der Lehrer bei der häuslichen Correctur
der Aufsätze angelegt hat, zur Sprache zu bringen, aus dessen Erörterung die
Gesammtheit der Schüler Gewinn ziehen kann, das von selbst Verständliche ist der
Correctur der Schüler zu überlassen, einzelnes durch Privatbesprechung zu
erledigen. Auch das Vorlesen gelungener Aufgaben mag manchmal von Nutzen sein,
mitunter wirksamer als eine lange Erklärung. Das Ziel aller auf die Correctur der
Aufsätze verwendeten Arbeit aber soll sein, im Schüler die klare Vorstellung von
der nach Inhalt und Form angemessenen Bearbeitung des Themas zu erzeugen.

C. Geographie.

Einleitung. Die Elemente der Geographie. Die Geographie betrachtet die Erde als Ganzes und die Dinge der Erdoberfläche als solche, in ihrer räumlichen Anordnung und den damit zusammenhängenden Beziehungen. Indem der Unterricht Vorstellungen davon vermitteln soll, erwächst aus dem Reichthum des Vorzustellenden eine nicht geringe Schwierigkeit, umsomehr, als aus diesem ganzen Kreise von Gegenständen nur ein kleiner Theil, zunächst die sichtbare Umgebung, dem Auge und der unmittelbaren Erfahrung der Schüler offen liegt. Dieses Nahe hat denn auch Maß und Vergleich für die Auffassung des Fernen zu geben, da es ein Bild derselben Anordnung und derselben Beziehungen bietet. Hinwieder lehrt aber das geographische Studium und der Unterricht in diesem Fache, die jeweilige Umgebung im Vergleiche und in ihrer Beziehung zu den übrigen Erdräumen aufzufassen und daraus ein neues Verständnis der nächsten Dinge selbst zu gewinnen.

Aus diesen Gründen erscheint es angemessen, den Unterricht mit den Elementen zu beginnen, welche das Landschaftsbild der Umgebung zusammensetzen und zugleich auch die Elemente des Faches bilden. Das Scheiden und Ordnen derselben wird ein Vorbild für den ganzen Gang des Unterrichtes sein, soll dieser überhaupt Klarheit erlangen. Man lasse soviel als möglich die Schüler selbst die Gegenstände, welche die Aussicht von einem nahen Hügel oder Berge bietet, nach ihrer Art in Gruppen sondern. Die erste Gruppe bilden Berge, Hügel, Thäler, Ebene, demnach: ebenes und unebenes Land (Terrain); eine andere umfasst: Quelle, Rinnsal, Bach, Fluss, Strom — Lache, Teich, (See, Meer) — Sumpf, Canal, also die fließenden und stehenden Gewässer. Eine Gruppe würde das Pflanzenkleid bilden, etwa nach den Formen: (Fels), Weide, Buschwerk, Wald (Nadel- und Laubwald), dann die verschiedenen Formen des Anbaues; dazu kommt eine Gruppe der Wohnstätten, eine der Verkehrswege. Eine andere große Abtheilung umfasst das Firmament, die Himmelslichter, ferner Luft und Wind, dann die verschiedenen Arten des Niederschlages, die Tages- und Jahreszeiten. Dieses Finden und Aufzählen gibt zugleich Gelegenheit, an früher in der Volksschule Erlerntes zu erinnern.

Die Orientierung. Die Geographie ordnet die Gegenstände nicht nur nach der Art; ihre nächste und wesentliche Betrachtung gilt der räumlichen Anordnung derselben, und die erste Thätigkeit, die sie da zu üben hat, ist die Orientierung.

Wir ordnen die Gegenstände der Umgebung, wie wir sie etwa von einem Berge aus erblicken, nach ihrer Reihenfolge am Horizont, nach ihrer größeren oder geringeren Entfernung, nach ihrer Lage diesseits oder jenseits, links oder rechts vom Flusse u. s. w. Der Lehrer wird hiebei mehrfache Gelegenheit finden, den Schülern die Nothwendigkeit einer allgemein giltigen Orientierung, nach

der Sonne und ihrer Tagesbahn , welcher die Weltgegenden entnommen sind,
vor Augen zu führen. Die klare Vorstellung von dieser Tagesbahn über unserem
Horizonte ist durch Übung zu einem festen Besitze zu machen, da sie nicht nur
die Grundlage aller Orientierung und Ordnung in den topographischen Vorstellungen,
sondern auch eine Grundlage der mathematischen Geographie ist (Meridian, Parallelkreise). So möge man auch gleich von Anfang die Beleuchtung verschiedener Seiten
eines Hauses, einer Straße, eines Platzes zu verschiedenen Tagesstunden ins Auge
fassen. Bei Betrachtung von Gebirgen wird dann stets deren Richtung Anlass geben,
die Beleuchtung ihrer beiden Abhänge in dem Wechsel der Tageszeiten zu vergleichen.

Indem der Schüler die Gegenstände der sichtbaren Umgebung nach den Weltgegenden ordnet, lerne er auch die fernen in diese Beziehung zu setzen, so dass
er mit der Hand nach ihnen hinzuweisen vermag. Deshalb möge statt einer Welt-
gegend öfters die betreffende Sonnenstunde oder ein in dieser Richtung liegender
näherer Gegenstand genannt werden.

Das Messen. Das andere Mittel, die Anordnung der Dinge und ihre Verhältnisse
aufzufassen, somit eine Hauptthätigkeit der Geographie und eine Hauptübung für
die Schule ist das Messen. Diese Übung vermag am meisten das Interesse und die
Thätigkeit der Schüler wach zu erhalten, Vergleiche und anschauliche Vorstellungen
anzuregen. Sie beginne sogleich nach geschehener Orientierung mit dem Ausschreiten
des Schulzimmers (der Straße, des Marktplatzes) behufs Anlegung seines Planes.
Die früher üblichen Maße, welche dem menschlichen Körper entnommen waren:
Fuß, Schritt, Klafter u. s. w., in der Vertausendfachung: Meile, haben dem der
Erde selbst entnommenen Platz machen müssen, dem Meter, in der Vertausend-
fachung Kilometer. Ein anderes Erdmaß, dessen Anwendung für alle größeren
Strecken nicht genug anzurathen ist, bildet der Grad eines größten Kreises der
Erdkugel, der Erdgrad. Dieses Maß lässt sich am mittleren Meridian einer jeden
Karte unmittelbar abnehmen. Seine kleinen Zahlen haften leicht im Gedächtnisse,
sie deuten das Verhältnis zur Größe des Erdganzen an und sind leicht in Kilometer
umgewandelt.

Größenverhältnisse der sichtbaren Umgebung werden Grundmaße für
die Vorstellungen vom Fernen; so die Ausdehnung der Stadt in Länge und Fläche,
die Breite des Thales, der Ebene, Längenstrecken und Breite des Flusses, der
Flächenraum eines Sees, die Höhe von Bergen, die Höhenlage bestimmter Punkte,
Entfernungen nach der Sichtbarkeit der Gegenstände.

Ein anderes selbsterlebtes Maß und darum der Auffassung der Schüler naheliegend ist das Zeitmaß; die Verwandlung der Entfernungen (auch des der Karte
beigegebenen Maßstabes) in Tagereisen eines Fußgängers, in die Dauer von
Karawanen- oder Flussreisen, in die Dauer von Eisenbahnfahrten, von Dampfschiff-
fahrten auf Seen und Meeren, in die Zeit, innerhalb welcher der Fluss seinen
Weg zurücklegt, vermag die Weite der Räume am leichtesten und lebhaftesten
zu vergegenwärtigen.

Vor Allem weckt die Übung des Augenmaßes das Interesse der Schüler
und schärft ihren Sinn für Raumgrößen, sei es, dass sie diese Übung an den

Räumen der Umgebung anstellen oder dass sie auf der Karte Entfernungen und Flächenräume vergleichen und abschätzen.

Späterhin wird man Gebiete aus Karten verschiedenen Maßstabes, zumal die ausgedehnten fernen Räume mit europäischen Verhältnissen vergleichen, wobei es von Vortheil sein wird, den Karten entfernter Länder den Umriss des Heimatlandes im entsprechenden Maßstabe beizufügen.

Plan des Wohnortes, Karte der Umgebung. Einiges Wenige über den verjüngten Maßstab mag nach den ersten Lehren von der Orientierung und dem Messen in die Betrachtung der Darstellung durch die Karte einführen.

Wie das Kartenbild von der Wirklichkeit genommen wird, das führt zunächst ein Plan des Schulzimmers, mit Abschreiten und Beobachtung der Orientierung hergestellt, den Schülern vor Augen. Es folge dann ein ganz einfacher Plan des Schulortes, auf welchem nur die wichtigsten Straßen und die hervorragendsten Punkte angedeutet werden. Die Erweiterung der Planskizze über den Wohnort hinaus hilft das rechte Verständnis des Verhältnisses zwischen Kartenbild und Wirklichkeit anbahnen, da hier der unmittelbare Vergleich zwischen beiden gestattet ist.

Die Auffassung der fernen Dinge. 1. Der Vergleich mit der nächsten Umgebung. Wenn fernerhin die Karte und ihre Auffassung zu einer Vorstellung von den Dingen jenseits des Gesichtskreises führen soll, wird die sichtbare Umgebung, sowie wir aus ihr gleich im Beginne die Elemente des Gegenstandes entnahmen und die wichtigsten Thätigkeiten desselben, Orientierung und Messen, an sie knüpften, auch bei dieser neuen Aufgabe Maße und Anschauungen geben; Maße, wie sie oben angedeutet wurden, aber auch für Gefälle und Schnelligkeit des fließenden Wassers u. a.; Anschauungen von der Gestalt der Flüsse, ihrer Ufer, der Stromrinne, von Erosion und Anschwemmung, von Bergformen, von Schichtung der Felsen, des Bodens, der charakteristischen Vertheilung des Waldes und anderer Formen des Pflanzenkleides, des Anbaues, von der Lage und Anlage der Ortschaften, der Bauart der Häuser, dann der Bevölkerungsdichte, vom Zug der Winde und ihrem Zusammenhang mit dem Wetter, vom Charakter der Jahreszeiten im Vergleiche mit dem der verschiedenen Breitenzonen, ebenso von den Höhenregionen und vielen anderen Verhältnissen. Vor allem aber knüpfe man die Begriffe der mathematischen Geographie unmittelbar an die Anschauung von den Sonnenbahnen über unserem Horizont und an die Vorstellung von der Lage der übrigen Erde und ihrer Länder zu demselben.

Es ist überhaupt anzurathen, so oft als möglich an die nächste Umgebung vergleichend zu erinnern. Dies umsomehr, als in unserem Vaterlande die Landschaft meist reich und mannigfaltig ausgestattet ist. Wo diese Vorzüge fehlen sollten, da finden sich doch Miniaturbilder in Fülle zum Vergleich, wie der Bach mit seinen Windungen und Anschwemmungen und verschieden gestalteten Ufern, mit dem Gegensatze zwischen der sonnigen und schattigen Seite seiner Thalung; die Rinnsale nach einem Platzregen, die im Kleinen das schön ausgeführte Bild von Flüssen geben; Erdabhänge mit ihrem Flussgeäder, mit ihrem durchfurchten oberen Rande, der Gebirgskämme nachahmt, wie dies auch bei den schmelzenden Schneewällen im Frühling beobachtet werden kann.

Ein Unterricht im Freien lässt sich nicht so leicht mit einer ganzen Classe, wohl aber mit wenigen Schülern ausführen, welche sodann in der Schule über die gemachten Beobachtungen und Übungen Rechenschaft geben. Für einige Zwecke. z. B. die Einführung in die Betrachtung des Himmels, ist ein solcher Unterricht. und seien es nur wenige Stunden, kaum zu entbehren. Sonst genügt es, in der Schule zu Beobachtungen anzuregen und bei den Schülern die Erinnerung an dieselbe zu wecken.

2. Landschaftsbilder. Das Vorzeigen und das Aushängen landschaftlicher Ansichten oder mehr schematischer Darstellungen, seien es Wandtafeln oder kleinere Bilder unter Glas und Rahmen, wird eines der besten Mittel sein, den Schülern Vorstellungen des Fernen beizubringen und ihnen den Anblick der Karte zu beleben. so dass sie darin mehr als bloße Zeichen sehen. Besser indessen, als diese Schaustücke zu sehr zu häufen, ist es, die Schüler zu eingehenderem Betrachten der vorgezeigten anzuleiten, dass sie darin die vom Unterrichte entwickelten Begriffe und Anschauungen erkennen und zu Vergleichen angeregt werden. Zu eindringenderer Betrachtung eignen sich insbesondere Photographien mit ihrer treuen Wiedergabe auch der kleinen, aber oft bedeutsamen Einzelheiten. Wo es sich bei vorgerückteren Schülern. etwa in der Behandlung europäischer Länder, mehr um die Charakteristik der Landschaften oder um die Lage von Städten handelt, mögen Bilder reichlicher angewandt werden.

3. Das Kartenbild. a) Gesammtübungen der Classe. Soll all das Genannte den Schüler möglichst befähigen, aus der Karte sich Bilder der Wirklichkeit zu gestalten, so gilt es aber zunächst, das Kartenbild selbst sich zu eigen zu machen, das ja das wichtigste Darstellungsmittel des Faches bleibt.

Da die Karte das Bild eines Erdgebietes mit der ganzen Mannigfaltigkeit von Formen und anderen Details vor Augen führt, so werden mancherlei Übungen mit der Gesammtheit der Classe anzustellen sein, die den Zweck haben, das Kartenbild schärfer aufzufassen und fester einzuprägen. Solche Übungen sind: α. Der Lehrer (später zuweilen ein Schüler) nennt Berge, Flüsse. Inseln, Städte, die Schüler suchen sie rasch auf ihrer Karte auf oder erschauen sie auf der Wandkarte. β. Das an der Wandkarte oder Schultafel Gedeutete benennt der jedesmal dazu aufgeforderte Schüler. γ. Es wird gefragt, welcher von zwei Gegenständen von uns oder von einem anderen Punkte weiter entfernt sei. Oder es sind δ. Fragen, wie: welche von zwei Städten weiter gegen Norden oder Osten gelegen sei, welchem Gebirge, Flusse, See, Meere, welcher andern größeren Stadt, welchem fremden Reiche eine Stadt am nächsten liege; oder welche Gebirge, Flüsse einem einzigen oder mehreren Staaten angehören. welche von ihnen Staaten begrenzen; welche Staaten an ein, an zwei Meere grenzen. oder andere Fragen der Art. Diese Übungen können bei offener, später auch bei geschlossener Karte vorgenommen werden.

Mit solchen Fragen und Antworten möge von Anfang an, wo das in der Volks- schule Erlernte Stoff bietet, bis in die höheren Classen fortgefahren, am liebsten jede Stunde eröffnet werden, da dieses Arbeiten mit der Gesammtheit der Schüler das Interesse und den Wetteifer auch der schwächeren weckt.

Dieser Vorgang ist gemeint, wenn im Folgenden öfters auf die den systematischen Unterricht begleitenden Übungen hingewiesen wird, und es leuchtet ein, dass diese Form des Unterrichtes auch bei der Wiederholung sehr verwendbar ist, wobei dann manche tiefer eingehende Frage über das Gelernte gestellt werden kann. Die Geographie ist so sehr darauf angewiesen, dass die Gesammtheit dessen, was der Unterricht bringt, im Geiste ein zusammenhangendes Bild gebe, dass ein stetes Wiederholen eine Hauptaufgabe des Unterrichtes wird.

Die oben angeführten und ähnliche Fragen sollen zunächst das Interesse am einfach Topographischen rege erhalten, ohne welches Unterricht und Wissen stets mehr oder weniger oberflächlich und unklar bleiben. Eine andere Aufgabe ist die Auffassung der inneren Ordnung und Regel im Kartenbilde.

b) Das Zeichnen. Der Auffassung der Formen- und Größenverhältnisse im Kartenbilde dient zunächst das Zeichnen. Das Zeichnen an der Tafel begleite den Unterricht, indem es einfach und charakteristisch die Form, wie das Wort des Lehrers sie beschreibt, wiedergibt. Es ist nicht rathsam, in der Schule auf ausführliche Zeichnungen oder Constructionen, ja auf das Zeichnen überhaupt, viel Zeit zu verwenden. Auch wenn es sich zuweilen um die Wiedergabe von etwas schwierigeren Umrissen oder Flusslinien handelt, hebe die Zeichnung eben das Typische, das in den meisten Linien der Karte liegt, hervor; einfache geradlinige Figuren oder Curven, die sich der Form gut anschließen, mögen dabei wohl, wie es auch bei anderem Freihandzeichnen geschieht, als Ausdruck der Hauptverhältnisse zugrunde gelegt werden, wenn nicht ein Meridian oder Parallel als Richtlinie genügt. Nicht die Zeichnung selbst, sondern dass die Grundformen zum klaren Bewusstsein gebracht werden und im Gedächtnisse der Schüler haften, ist der Zweck solcher Übungen. Deshalb sollen sich die Schüler, durch das Beispiel des Lehrers angeleitet, an feste und entschiedene Züge gewöhnen, wie sie einer klaren Auffassung und deutlichen Vorstellung entspringen. Wer an der Zeichnung des Mitschülers etwas zu tadeln hat, setze seine eigene Zeichnung daneben an die Tafel hin. Das Vergleichen der Karte, am wirksamsten einige verbessernde Striche des Lehrers, werden die Vorstellungen berichtigen und festigen. Auch jene oben erwähnten Übungen mit der gesammten Classe mögen öfters in der Wiedergabe von Linien, Richtungen u. s. w. bestehen, überhaupt auch auf das Zeichnen sich erstrecken. Die Zeichnungen mögen die Schüler zu Hause in dasselbe Heft eintragen, welches auch zur Aufnahme kurzer Bemerkungen, angegebener Schlagworte oder Fragen bestimmt ist. Auch mögen späterhin dem Schüler selbständige Zeichnungen aufgegeben werden, zumeist ein kleines, einfaches Object, und immer in engem Anschluss an die Übungen und den Stoff des Unterrichtes. So werden die Hefte dem Schüler auch in folgenden Jahren den durchschrittenen Lehrgang vor Augen führen. Einiges Nähere über Inhalt und Beschaffenheit der Zeichnungen wird in der Besprechung des Einzelnen seine Stelle finden.

c) Sprachlicher Ausdruck. Die Wiedergabe des auf der Karte Erschauten durch den sprachlichen Ausdruck lehrt vor allem die Formen und ihren

Zusammenhang verstehen. Die Schulung darin ist von wesentlicher Bedeutung, soll nicht die Überfülle des Stoffes mehr verwirren als das Interesse an demselben heranbilden. Hingegen wird jeder neue Anwachs des Stoffes zur Festigung der Schüler beitragen, je klarer die Grundzüge ausgeprägt sind, je mehr die Schüler durch eigene Arbeit sich geübt haben, das in folgerichtiger Ordnung Aufgefasste in treffenden Worten darzustellen. Es wird da von Bedeutung sein, wie der Lehrer die Züge des Kartenbildes hervortreten lässt oder wie er den Entwurf an die Tafel mit Worten begleitet, vielleicht Züge landschaftlicher Beschreibung daran knüpft und den Inhalt des so Durchgenommenen für die Erinnerung in Schlagworten hervorhebt; oder wie er, in gemeinsamer Arbeit mit den Schülern, aus Anschauungen die etwa nöthigen Definitionen durch Vergleichen und Zusammenfassen bildet. Der Unterricht soll aber auch den Schüler befähigen, die Formen der Karte, namentlich das für ihn Wesentliche, selbständig aufzufassen, und darnach in Worten darzustellen. So wird ihm die Ordnung und Regel, welche in dem scheinbaren Gewirre der Karte liegt, mehr und mehr klar werden; in dem Ordnen selbst liegt etwas Bildendes, das stete Vergleichen übt den geistigen Blick, und so trägt die Behandlung der Karte zum großen Theile wie die Schwierigkeit, so die bildende Kraft des Faches in sich.

Dem erwähnten Zwecke gemäß muss der Unterricht so angelegt sein, dass er ohne Abbrechen oder plötzlichen Sprung naturgemäß vom einen zum andern, zu neuem Zusammenhange führt, dies umsomehr, als der Schüler nicht nur das Kartenbild in seinen Sinn bekommen, sondern auch befähigt werden soll, von immer größeren und reicheren Gegenständen wenigstens irgend eine Vorstellung des Wirklichen, von dem die Karte höchstens eine Zeichnung, oft nur ein Zeichen ist, zu gewinnen.

Lehrgang, Karte und Lehrbuch. In diesem Sinne ist der im Folgenden beschriebene Lehrgang geordnet. Es soll damit ein Beispiel solchen Zusammenhanges im Unterrichte hingestellt, nicht aber ein Weg vorgeschrieben werden. Der Lehrer mag, dem Plane des Lehrbuches folgend, immerhin gleich nach den vorbereitenden Übungen zum Globus und zur Übersicht über die Lage und den Umriss der Welttheile übergehen. Für die Behandlung des Einzelnen und die Herstellung des Zusammenhanges wird er doch im Folgenden brauchbare Winke finden. Die Anordnung des hier dargestellten Lehrganges gestattet ganz wohl, von dem auszugehen, was in demselben an das Ende des ersten Curses gestellt ist, und ihn dann fast Schritt für Schritt zurückzuverfolgen; man wird Anknüpfung und Verbindung überall gegeben finden. Was aber einmal zum Ausgangspunkte genommen und woraus das Andere entwickelt wird, das wird im folgenden Unterrichte als grundlegend hervortreten. Der Lehrer möge sich dabei erinnern, dass es immer Hauptaufgabe der ersten Classe bleibt, den Schüler in die Auffassung der Karte einzuführen, dass die eigentliche Erwerbung und charakterisierende Beschreibung des Bildes der Welttheile erst Aufgabe der nächsten Curse ist. Auch soll, soweit es die Auffassung des Kartenbildes betrifft, nicht so sehr das den Zeilen des Buches Entnommene in der Karte, als vielmehr das aus der Karte Geschöpfte in der Anordnung des Lehrbuches wiedergefunden werden. So werden vielleicht auch die an den häuslichen Fleiß der Schüler gestellten Aufgaben oft besser in Fragen, die aus der Karte zu beantworten sind, bestehen, als in Partien des Lehrbuches, die zum Memorieren aufgegeben werden. Es versteht sich von selbst, dass, soweit letzteres zur Einübung der Lection zu benutzen ist, vom Lehrer die nöthige Anweisung gegeben wird.

I. Classe. Was allen übrigen Formen und Linien, welche die Karte darstellt, im Wesen zugrunde liegt, ist das R e l i e f der Erdoberfläche. In der Darstellung der nächsten Umgebung sind es ebenfalls die Bodenerhebungen, welche die ersten Schwierigkeiten bieten, deren Überwindung dem Unterrichte den ganzen weiteren Weg bahnt.

Das Relief bildet im Gefälle die L i n i e n d e s f l i e ß e n d e n W a s s e r s, wie die Schraffen der Bergzeichnung und in den Ebenen die Flüsse sie darstellen; aber auch L i n i e n g l e i c h e r H ö h e in einer anderen Art der Bergzeichnung, in den Küstenlinien des Wassers, aus dem das Festland hervorragt: die Umrisse von Seen, Meeren, Inseln, Continenten gehören dahin. Im Folgenden wird davon ausgegangen, dass die Gestaltung der erstgenannten Linien der Auffassung näher liege.

Die ersten Anschauungen und Grundsätze mögen den einfachsten Gegenständen, welche die Schüler stets vor Augen haben, entnommen werden. Ein halbaufgeklapptes, mit dem Rücken nach oben gestelltes Buch gibt die e i n f a c h s t e B e r g f o r m. Bei loserem oder engerem Schließen des Buches ändert sich mit der Höhe des Rückens auch die Steilheit der Abdachung und die Breite der bedeckten Grundfläche. Die gegenseitige Abhängigkeit dieser Verhältnisse möge die Zeichnung einiger Querprofile darstellen. Die Ansicht von oben aber, die eigentliche Kartendarstellung, welche unmittelbar nur die Ausdehnung und Änderung des Grundrisses gibt, gewährt zugleich das Mittel, durch Schattierung die mit der Steilheit wechselnde Beleuchtung zur Anschauung zu bringen. Die Schraffenlinien drücken als Schattierung die Stärke, durch ihre Richtung aber die Richtung des Gefälles aus.

Man gehe zu anderen Formen über, durch Abschrägung der Enden (Modell vom Dache), durch weitere Verkürzung des Rückens (Pyramide), durch Abrunden der Kanten (Kegel), zu Formen, die nach obenhin steiler oder sanfter werden (Kuppe), zu unsymmetrischen Gestalten, zur Terrasse, Einbuchtung und Rinne. Und nun wähle man aus der nächsten Umgebung einen möglichst isolierten Berg oder Hügel von einfacher Gestalt, um an dessen Darstellung das Gelernte zu erproben.

Diese Berggestalt mag auch der erste Gegenstand sein, woran die g e o g r a p h i s c h e B e s c h r e i b u n g versucht und die Ordnung, das Schema dieser Beschreibung herausgebildet wird. Eine solche Beschreibung betrifft zunächst *a.* die L a g e zum eigenen Standpunkt, beurtheilt nach Richtung, Entfernung und dem, was zwischeninnen liegt. Vor allem bedeutsam ist die Lage zu anderen Bergen (wie in jeder geographischen Beschreibung die Lage zu andern Gegenständen derselben Art), ob nämlich der Berg isoliert ist oder den Bestandtheil einer Kette bildet, ob Berge unmittelbar gegenüber, in der Fortsetzung liegen oder in der Ferne sichtbar sind. Naturgemäß schließt sich die Lage zu fließenden Gewässern an. Vielleicht liegt ein Teich oder

See am Fuße; man wird an das Meer erinnern und messen, wie weit das nächste Meer entfernt sei, wie weit das Wasser bis zum Meere fließe. Weiter betrachte man die Lage zu Ortschaften, ob solche seinen Fuß umsäumen, ob Städte in der Nähe oder in größerer Ferne sichtbar sind; die Lage zu Landgebieten, ob der Berg eine politische Grenze bezeichne, fremde Gebiete von ihm aus erblickt werden; die Lage zu Verkehrswegen, ob solche den Berg umschließen oder über ihn führen. Es folgt (oder mag fernerhin in manchen Fällen vorangestellt werden) die Beschreibung der Berggestalt selbst, zunächst *b.* ihres Grundrisses in Gestalt und Ausdehnung: ob rundlich oder gestreckt und in welcher Richtung sich erstreckend (woraus die Beleuchtungsverhältnisse entspringen); ob aus- und eingebuchtet, was den Terrassen, den Rinnen und Thälern des Reliefs entspricht. Der Grundriss wird auf Grund eines Maßstabes an die Tafel, von den Schülern in das Heft eingezeichnet. Auf dem Grundriss baut sich *c.* das Relief auf; man frage nach der Grundform desselben, ob es eine Gestalt mit einem Rücken (First), einer Spitze, ob es ein Plateau ist, und wie sich diese Form der Höhe in den Grundriss einpasst; ob die Gestalt nach der Höhe steiler werde, ob die Hänge Rinnen, Terrassen haben. Es begleitet diese Fragen die Zeichnung des Reliefs, durch Schraffieren, in den Grundriss hinein. Dann betrachtet man den Längs- oder Querschnitt im richtigen Verhältnis der Höhe zum Grundriss. Auf die Gestalt folgt das Maß der Erhebung. Durch eine Darstellung des Verfahrens beim Nivellieren (Stufenbildung) gewinnen die Schüler auch einen Begriff vom Messen senkrechter Erhebung. Daran schließt sich einfach (durch eine Zeichnung zu verdeutlichen) der Begriff der Seehöhe. Zu einem vollständigen Bild vom Berge gehört noch *d.* das Landschaftliche an demselben, die Vertheilung von Waldcultur und Wildnis, die Ansiedlungen u. s. w.

So lässt sich an der nächsten Berggestalt ein Schema für Auffassung und Beschreibung entwickeln, wie es dann auch der Beschreibung von Gebirgen, ja ganzer Welttheile, als der größten Reliefformen, zugrunde liegen wird. Hat sich der Schüler diese Anordnung angeeignet und sich in ihre Verwendung eingelebt, so wird er auch Formen anderer Art, der Flüsse, Seen, Meere, der Staaten aus der Karte immer selbständiger herauszulesen vermögen. Denn auch für diese gelten dieselben Gesichtspunkte der Auffassung.

So ausgerüstet, verweile man nicht länger bei der nächsten Umgebung; wird man doch in der Folge oft genug vergleichend darauf zurückgeführt. Es handelt sich eben hier um keine Heimatskunde.

Die Gebirge. Sieht man sich nach einem größeren Gebiete um, woran die Auffassung des Gebirges aus der Karte geübt werden kann, so ist das Mittelgebirge von der March bis zur Maas dazu wie geschaffen. Denn nirgends sonst findet sich eine so klare Anordnung und eine so einfache und deutliche Ausprägung der verschiedenen Typen des Gebirges; dazu kommt, dass von diesem Gebiete sehr gute Karten zu Gebote stehen, und es auch in folgenden Jahren ein Hauptfeld des Unterrichtes zu bilden hat.

Es ist nicht nöthig, hier des Nähern auszuführen, wie auf jene Fragen hin, die zuerst in Bezug auf den nahen Berg gethan wurden, die verschiedenartigen

Gestalten der Gebirge von Deutschland sich charakteristisch hervorheben werden. Man greife das einfachste heraus, den Thüringerwald und beschreibe ihn so aus der Karte, füge ein paar landschaftliche Züge hinzu; man beschreibe vergleichend den Böhmerwald, der mit jenem in einer Reihe liegt; man werfe nur einen vergleichenden Blick auf die Sudeten gegenüber, die auch auf der Karte mit kleinem Maßstabe für die Beschreibung ein mannigfaltigeres Bild geben. Einen Gegensatz zu den genannten bildet das Erzgebirge, eine Parallele zu ihm der schwäbische Jura. So mögen auch Hunsrück und Taunus, Vogesen und Schwarzwald je als ein Paar, vergleichend beschrieben, oder, um nicht zu viel Zeit zu beanspruchen, die bezeichnendsten Züge aus ihrem Bilde hervorgehoben werden. Die Schüler mögen sich bereits selbständig versuchen. Die Beschreibung der Gebirge sei, ähnlich wie bei dem ersten Berge, von einer Kartendarstellung begleitet. Es schließen sich ebenso wie dort einfache Querprofile an. Es wird die Anordnung der Gebirge in parallelem Verlauf, in Querung, in Aneinanderreihung zu großen, gleichfalls parallelen Zügen, zu Gruppen, hervortreten. Ein solches Bild geben die Gebirge um Böhmen, das ober- und das niederrheinische Gebirge. Die Flussläufe, welche Gebirge und Reihen begleiten, durchbrechen oder abschneiden, tragen viel zur Charakteristik dieser Gruppen bei. Zum Schlusse mag die ganze Anordnung dieser Gebirge, etwa vom Fichtelgebirge aus, in einfachen Strichen an die Tafel gezeichnet und mit Zahlen versehen werden. Die Schüler haben das Gebirge oder umgekehrt die Zahl anzugeben und Züge der Charakteristik der einzelnen Gebirge zu wiederholen. Ein Höhenschema in profilartiger Zeichnung bringt die See- und die relativen Höhen der Gebirge vergleichend zur Anschauung.

So geübt mag nun der Schüler sich am **Alpengebirge** versuchen. Auf dieselben Fragen, betreffen sie nun die Lage, den Grundriss, das Relief, das Landschaftliche, werden die Antworten sich hier viel reichhaltiger ergeben. So tritt auch die Lage zu angrenzenden Meeren, zu den Seen am Saume des Gebirges hinzu. Wie reich ist das Bild der umgebenden Gebirge, die sich anschließen, in der Fortsetzung liegen, parallel, oder in die Quere ziehen, die von den Alpen aus sichtbar sind, oder jenes der großen begleitenden oder abschneidenden Stromlinien, ferner das der großen umsäumenden Städte und der begrenzenden Staaten! Man beachte den Grundriss, an mehreren Stellen das Breitenmaß und an der Hand jener Fragen das Einfachste vom Relief. Von der Frage nach Ketten (Parallelketten, Verzweigung von Ketten) ausgehend, möge man die Verzweigung am St. Gotthard mit den dort entspringenden Flüssen, ebenso die am Ursprung der Mur, der Drau, der Save ins Auge fassen, die Anordnung der Hauptketten in den Grundriss hineinzeichnen, nicht durch Schraffierung, sondern nur in einfachen Strichen; desgleichen auch das Eindringen der größeren Flusslinien und die Lage der Hauptgipfel zwischen den Flüssen darstellen. Es mag sich die Anreihung einiger Hauptgipfel nach ihrer Höhe anschließen, von denen unter 4000 m Höhe nur der Ortler, Großglockner, die Wildspitze, der Dachstein, Triglav einbezogen werden; die Höhen sollen aber nur auf Hunderte von Metern angegeben werden. Eine profilartige Zeichnung mag auch hier die Höhen (mit Einfügung einiger Passhöhen) veranschaulichen. Die Seehöhe des

Dachsteins (3000 m) und etwa jene der Raxalpe (2000 m) mag als Maß zur Vergleichung für alle Folge gewonnen werden. An einige landschaftliche Ansichten aus den Hochalpen mögen sich Andeutungen über die Region ewigen Schnees, die Schneelinie, Gletscher, über die Vegetation am Südfuße und in verschiedenen Höhenregionen des Gebirges, endlich über einige charakteristische Thiere knüpfen.

Es ist nun leicht, ein übersichtliches Bild vom **Gebirge Europas** zu gewinnen, indem man Gebirge, wie Pyrenäen und Kaukasus, das skandinavische und den Ural, nach einzelnen Gesichtspunkten, die jener Ordnung der Beschreibung entnommen sind, unter möglichster Selbstbethätigung der Schüler mit einander vergleicht. Den Schluss mache, wie beim deutschen Mittelgebirge, das Entwerfen der ganzen Gruppe an die Tafel.

Bei diesem Vergleichen werden neue bedeutsame Punkte hervortreten, wie die verschiedene Lage zum Meere, indem die einen Gebirge auf einer, die andern auf beiden Längsseiten vom Meere begleitet werden, nur mit einem oder mit beiden Enden ans Meer reichen u. s. w.; in Bezug auf den Grundriss in denjenigen Gebirgen, die für sich oder mit andern Bogen bilden; in Bezug auf das Relief in so unsymmetrischen Gebirgen, welche, wie die spanischen Scheidegebirge, die verschiedene Höhe der zu beiden Seiten anliegenden Landschaften erkennen lassen.

Längst haben unterdessen die obenerwähnten begleitenden Übungen das topographische Bild von Europa den Schülern zur Übersicht gebracht, während durch die Behandlung der Gebirge dieses Bild sich reicher ausarbeitet, festigt und für jene Übungen neue, wiederholende Fragen finden lässt.

Indem der Unterricht zu den **Gebirgen Asiens** fortschreitet, geht er hier, ohne einzelne Gebirge zu beschreiben oder einzelne mit den bereits bekannten zu vergleichen (höchstens den Himalaya mit den Alpen), sogleich an das Ganze derselben, indem die einzelnen Züge obiger Beschreibung darin aufgesucht und die Gruppierung an der Tafel entworfen wird. Die Geschlossenheit des Ganzen, die Ausdehnung der Ketten, der häufige parallele Zug, die lange Folge von Gebirgen in einer Reihe, das Ausgehen der Reihen von einem Knotenpunkt beim Pamirplateau, die Häufigkeit der Bogenform, der Flussdurchbrüche, die Umrahmung von Hochländern durch sehr unsymmetrische Ketten, die Zusammenscharung der höchsten Gebirge um ein Hochland wie Tibet, die Höhe der Gebirge im Hinblick auf die Verhältnisse Europas, diese Eigenthümlichkeiten werden am meisten auffallen. Landschaftlich wird auf die Höhe der Schneelinie auf den südlicheren Gebirgen, auf den Palmenwuchs an ihrem Fuß und den unteren Abhängen aufmerksam zu machen sein.

Es handelt sich noch nicht darum, das Gebirge der Erde vollständig zur Übersicht zu bringen; von den **Gebirgen Amerikas** mögen ein paar in die Augen fallende Charakterzüge zum Vergleiche erwähnt werden: die Richtung nach Süden, der Zug längs der Küsten in mächtiger Reihe, die begleitenden Küsten und Flüsse, das Vorherrschen unsymmetrischer Parallelzüge, welche langgestreckte Hochländer einschließen, (Bolivien neben Tibet unter den größeren Ländern durch seine Höhenlage weit hervorragend), die Sonderung der östlichen größeren Gruppen von den

Cordilleren durch tiefgelegene Flussebenen, der große Bogen der nördlichen, die lange gerade Strecke der südlichen Anden. Einige Höhen können herausgehoben und mit denen Asiens verglichen werden.

Die Gebirge Afrikas und Australiens mögen füglich noch ganz beiseite gelassen werden.

Die Flüsse. Mit dem Gebirge im innigsten Zusammenhang erschienen in dieser Betrachtung die Flüsse, wie ja schon die Schraffenzeichnung des Gebirges Linien des abfließenden Wassers darstellt. So drücken die Flusslinien auch das Relief der Ebenen aus. Ähnlich wie beim Gebirge wird eine auf den Gegenstand gesammelte Aufmerksamkeit den Schüler in den Stand setzen, Strombilder in gegenseitigem Vergleich und mit einiger Vollständigkeit und Klarheit, was ihre Beziehungen zu andern geographischen Dingen betrifft, aus der Karte herauszulesen. Auch dieser nun folgenden Lehre von den fließenden Gewässern möge in den einfachsten Anschauungen, wie sie sich stets dem Auge bieten, die Grundlage gegeben werden. Das Hausdach mit First und Rinne oder die Rinne zwischen zwei Abdachungen gibt das Modell eines Flussgebietes, das Bild parallel und querüber laufender Gewässer, eines Hauptflusses und seiner Nebenflüsse, der Wasserscheide und des Gefälles. Diesem Modelle entspricht der einfachste Typus eines Flusssystemes zwischen zwei einander parallel laufenden Gebirgen, von denen sich Ebenen zu einer Mittellinie senken. Aus der gegenseitigen Mächtigkeit dieser Gebirge und der Form der Ebenen entstehen Änderungen im Flussbilde. Solche einfachste Flussbilder mögen auf der Karte gesucht werden. Es bietet sich z. B. das des Po, des Ganges, das der obersten und der unteren Donau; das der Moldau, des mittleren Amazonenstromes. Immer sind hier die Hauptflüsse mit den Nebenflüssen als ein Ganzes zu nehmen, das erst den Fluss und sein Kartenbild ausmacht. Oft vereinigen größere und reichere Flusssysteme, wie das der Donau, eine Reihe von Bildern oder Typen in sich. Geschieht ein Theil des Laufes zwischen Parallelketten des Gebirges oder Hügelzuges, aus dem sich der Fluss in einem Durchbruche befreit, so entstehen Formen, wie: Salzach und Indus, oder Enns und Dwina (mit dem entgegenkommenden Nebenfluss), ebenso die Mur und die Wolga, oder aber, wenn nach dem Durchbruche eine dritte Erhebungslinie vorliegt, solche wie: Tiber, Irawaddy, Rio Grande del Norte, Parana, oder wie: Doubs, Brahmaputra, Wangho. Im Flussbilde der Donau tritt die Form des Tiber am meisten hervor, nämlich in dem Verhalten des Hauptstromes zu Drau, Save und Theiß. Diese Typen genügen, sie treten überall auf.

Bei näherer Betrachtung der Flussbilder und ihrer Anordnung werden folgende Gesichtspunkte hervorzuheben sein. 1. In Bezug auf die Lage zu unserem Standpunkte die Frage, welche Flüsse fast gerade gegen uns her oder von uns wegfließen oder doch im Laufe sich uns nähern, sich von uns entfernen. 2. In Bezug auf die Lage der selbständigen Flüsse zu einander: Flüsse, die im ganzen Laufe oder auf Strecken einander parallel fließen oder die einander fortsetzen (Salzach — Enns; Indus — Amu; Brahmaputra — Jangtsekiang), die in gerader Linie auseinander ziehen (Rhone — Rhein; Indus — Brahmaputra; Wangho — Jangtsekiang; Parana — S. Francisco u. s. w.). 3. In Bezug auf die

Lage zum Meere: Flüsse, die dem nächsten oder einem entfernteren Meere zufließen, oder die zuerst vom Meere weg und demselben Meere sich wieder zuwenden, wie Kisil-Irmak, Niger, Parana. 4. Die Lage zu Städten: welche Flüsse viele bedeutende Städte an ihren Ufern oder in ihrem Gebiete oder große Seestädte an der Mündung haben. 5. Die Lage zu Staaten. Die beiden letzteren Gesichtspunkte waren schon Gegenstand jener begleitenden Übungen.

Was den Grundriss betrifft, mag man die Flüsse noch eintheilen nach der Hauptrichtung ihres Laufes oder in solche mit geradem, gerundetem oder eckigem Laufe, ferner in solche mit schmalem und mit verbreitertem Gebiete, und kann schließlich die durch Länge (Nil), von der Mündung bis zur fernsten Quelle gemessen, und die durch Flächeninhalt hervorragendsten Stromgebiete aufzählen. Denn von diesem Flächenraume hängt ja die Wassermenge großentheils ab. Mit Zahlen über die Stromentwicklung der Flüsse mag man den Schüler auf dieser Stufe verschonen, dieselben sind ja doch unsicher und wenig vergleichbar, da bei dem einen Flusse die vielen kleinen Windungen, zumal wo sie gemessen worden sind, das ausmachen, was beim andern die Weite der durchflossenen Räume; die Schüler mögen nach dem Augenmaße die längsten Stromläufe eines Erdtheiles oder der Erde aufsuchen.

Einige Fragen über das Relief werden manches Frühere wiederholen, z. B. Welche Flüsse gehören mit ihrem Laufe verschiedenen Gebirgssystemen an? Welche verbinden Hochland und Tiefland? Aus welchen Gebirgen erhalten die einzelnen ihre Zuflüsse? Welche Flüsse der Erde haben die höchsten Gebirge und Gipfel, welche haben Schneegebirge in ihrem Gebiete? Es mag dann noch die Rede sein von verschiedenartigem Gefälle, Wasserfällen; ganz kurz von Erosion, Inselbildung, Delten (Flüsse mit, solche ohne Delta).

In Betreff des Landschaftlichen genügen einige Fragen, welche lebendige Vorstellungen erwecken; sie müssen selbstverständlich dem noch beschränkten Anschauungskreise der Schüler angepasst sein.

Wo die Schüler Flüsse zu zeichnen haben, geschehe es nicht ohne Beigabe der bedeutendsten Nebenflüsse, die eben mit dem Hauptflusse erst das Ganze und das wahre Bild des Flusses ausmachen; es finde großentheils als Wiedergabe der Zeichnungen an der Schultafel statt; die Gebirgsketten mögen dabei als einfache, starke Linien gezeichnet werden.

Mehr als beim Gebirge waren bei den Flüssen die Karten bald dieses, bald jenes Welttheiles aufzuschlagen, und sollten sich hiedurch bei der innigen Verbindung, in welcher die Flüsse sowohl mit Gebirge und Ebene, als mit dem Meere, ja auch mit den Festlandsumrissen (Meerbusen) stehen, die Bilder der Welttheile den Schülern immer mehr und mehr einprägen.

Ein größerer Globus ohne Armatur und mit aufrechter Achse sollte stets auf dem Pulte des Lehrers stehen, um die Schüler nach Welttheilen, Gebirgen, Flüssen u. s. w. auf demselben zu fragen, die sie auch aus der Ferne schon nach der Lage zu erkennen vermögen. Es ist gut, den Globus dabei nur in der Richtung der Erdrotation zu drehen. Mit der Vorstellung von dieser Bewegung und von der Verschiedenheit der Neigung der Länder gegen die Ebene des Äquators (angezeigt durch den Winkel zwischen der Verticallinie eines Ortes und der Erdachse) ferner mit der Vorstellung von der Tagesbahn der Sonne über unserem Horizont sind die Anfänge der mathematischen Geographie gegeben.

Seen. Die Bildung des Sees in einer Profilzeichnung anschaulich zu machen, hilft dem Schüler mehr, als eine vielleicht nicht immer zutreffende Definition des Begriffes. Wo der Zufluss nicht hinreicht, das Becken bis zum Überfließen zu füllen, indem die mit dem Wasserspiegel wachsende Verdunstung ihm schon vorher das Gleichgewicht hält, da bildet sich ein See ohne Abfluss, ein Endsee, der gewöhnlich zum Salzsee wird. Man lasse nach diesem Unterscheidungsmerkmal die Schüler Süßwasser- und Salzseen aus der Karte herauslesen.

Die Frage nach der Lage der Seen zu anderen Seen lässt sogleich die Gruppenbildung erkennen, die auch bei allen andern Gestalten und Dingen das auffälligste Merkmal des Kartenbildes ist. Es seien hier einige der beachtenswertesten Punkte der Betrachtung aufgezählt: Gruppen großer oder kleinerer Seen in den verschiedenen Welttheilen. Seltenheit der vereinzelten Seen. Seen einander parallel oder in einer Reihe liegend. Seen mit ihren Längsachsen einander querüber gestellt; gewisse Flüsse, reich an Seen (Rhein, Newa, San Lorenzo). Seen mit großem, mit kleinem Gebiet. Gebirge, reich an Seen, sei es im Innern oder am Rande u. s. w.

Viel schärfer als bei Gebirgen und Flüssen tritt nun bei den Seen der Grundriss hervor. Man mache auf einzelne rundliche, gestreckte, einfache, verzweigte Seen aufmerksam. Die größten Seen der Erdoberfläche mögen herausgelesen und ihre Ausdehnung mit der des eigenen Landes verglichen werden.

Die so beträchtlich verschiedenen Höhenlagen der bedeutendsten Seen, desgleichen deren Tiefen (der Grund mehrerer Seen liegt unter dem Meeresniveau) lassen sich in einer schematischen Profilzeichnung leicht darstellen.

Binnenmeere. Halbinseln. Inseln. Nach der Art des Zusammenhanges mit dem äußeren Meere unterscheiden sich Binnenmeere, z. B. der Pontus, von Seen, z. B. denen des Lorenzostromes; dort, im Bosporus, ein Hin- und Rückströmen des Wassers, hier die Strömung eines Flusses. Auch die Binnenmeere findet man meist in Gruppen, welche ähnlich angeordnet sind, wie die Seengruppen; ebenso werden in Bezug auf die Lage zu den Flüssen und Gebirgen, auf die Größe des Gebietes, auf Grundriss (Gestalt und Größe) und Relief die Fragen sich wiederholen, durch welche wir zur Auffassung des Bildes der Seen gelangten.

Wir finden Binnenmeere durch eine, durch zwei Halbinseln, zuweilen noch durch eine oder mehrere dazwischenliegende Inseln vom äußeren Meere abgeschlossen (Ostsee, Golf von Mexiko), andere (Randmeere) sehen wir durch Inselreihen und Halbinseln zugleich abgetrennt.

Die Entstehung einer Inselreihe kann man durch das allmähliche Hinabsinken einer Küstengebirgskette in das Meer verdeutlichen, wobei sie sich zuerst in eine Reihe, bestehend aus Halbinsel, langgestreckter Insel und kleineren Inseln, dann in immer kleinere Inseln, meist in der Richtung der Reihe gestreckt, auflöst.

War die Gebirgskette, wie dies häufig der Fall ist, im Grundriss bogenförmig gestaltet, so wird ein Inselbogen entstehen. Auffallend ist die Reihenfolge von Insel-bogen im Osten von Asien. Ebenso möge auf die verzweigten oder dreieckigen Inseln bei dem Zusammentreffen von Reihen aufmerksam gemacht werden, auf einzelne und Doppelinseln in der Nähe des Festlandes. Von den Inselreihen und unregelmäßigeren Inselgruppen der verschiedenen Welttheile mögen nur die wichtigeren genannt werden; von den meisten wirklich oceanischen kann man noch ganz absehen.

Welttheile und Oceane. Bei den bisherigen geographischen Erörterungen wurden längst auch die Welttheile und Oceane ins Auge gefasst. Indem wieder und wieder das Bild der Welttheile im Atlas aufgeschlagen, auf Bestimmtes hin befragt und dieses Bild durch Wiederholungs-Fragen im Geiste erneuert wurde, ferner am Globus die Anordnung der Erdtheile in jeder Stunde den Schülern vor Augen trat, hat sich ihnen bereits eine klarere Vorstellung davon gebildet. Es wird ihnen nach der entsprechenden Beobachtung an Seen, Binnen-meeren, Inseln nahe liegen, auch hier, auf die Frage nach der Lage der Welttheile zu einander, nach einer Gruppierung zu suchen, nach einer Folge wie in den Inselreihen. Schon bei der Anreihung der Gebirge bemerkten sie, wie sich diese von einem Welttheile zum andern fortsetzen und Halbinseln und Landengen hervorrufen.

Noch auffallender ist der Zusammenhang der Meere. Man lasse die Schüler am Globus sehen, wie mehr als die Hälfte der Erdoberfläche von einem großen Meere eingenommen wird (großer, indischer Ocean und Südmeer); wie von diesem äußeren Meere aus der atlantische Ocean mit Vorhof und etwas verengertem Eingang (gleich den meisten Binnenmeeren) in die Landmasse eindringt, so tief, dass sein äußerstes Ende, das nördliche Eismeer, dieselbe in der Behringsstraße ganz zerschneidet; wie seitliche Binnenmeere desselben Oceans und entgegenkommende des äußeren Weltmeeres die Sonderung der Welttheile weiterführen. Der Anblick des Globus zeigt so als Welttheile, außer Australien: Asien und Europa als den größten, Afrika, Nordamerika, Südamerika. Anders hat sich die Unterscheidung geschichtlich gebildet, indem vom Mittelmeer aus die drei Welttheile der alten Welt unter-schieden, Amerika bei der Entdeckung als ein einziger benannt wurde. In Bezug auf die Lage der Erdtheile zu einander möge man berücksichtigen, welche am meisten isoliert, welche am meisten gesellig sind; mit welchen andern sie in unmittelbarem Zusammenhang stehen; welchen sie sich bis auf enge Meeresstraßen nähern; mit welchen sie durch Inselreihen so verbunden sind, dass vielleicht der Blick von Insel zu Insel reicht. Meist vereinigen sich zwei oder alle drei Arten der Annäherung; letzteres ist der Fall zwischen Europa und Asien. Es zeigt sich als Vorzug Asiens, dass es sich, zum Theile wegen seiner Größe, allen Welttheilen nähert (nur Südamerika bleibt auf der anderen Erdseite ferne); als Vorzug Europas, die Lage in der Mitte der großen Gruppe; als Vorzug Afrikas, dass alle übrigen Welttheile im Halbkreis um dasselbe herumliegen. In Rücksicht der Lage zu den Oceanen ist es wiederum ein Vorzug Asiens, dass es an vier Oceane grenzt. Von welchen Oceanen die einzelnen Welttheile begrenzt sind, in welche Oceane und

Meerestheile ihre Flüsse ziehen, haben die Schüler schon längst im systematischen Lehrgange wie in den begleitenden Übungen gelernt.

Da die Betrachtung des Reliefs die Grundlage des hier beschriebenen Unterrichtes bildet, mag auch, wie bei den Binnenmeeren, durch einige Zahlenangaben und den Vergleich dieser Zahlen mit den Erhebungen auf dem Festlande eine Vorstellung von Meerestiefen gewonnen werden; Meeresströmungen, Ebbe und Flut mögen erwähnt werden; letztere und die Brandung als landschaftliche Beigabe; in ähnlicher Weise bemerkt man einiges von den Eismeeren.

Geographische Breite. In der Drehung des Globus haben die Schüler schon längst die Anschauung von Parallelkreisen, von Äquator und Polen erhalten. Um die Bedeutung der geographischen Breite ihnen nahe zu legen, genügt der Satz, dass mit der Annäherung an den Äquator die Höhe der Mittagssonne steigt. Dies möge dann mit einigen Zügen der Landschaft unter verschiedenen Breiten, sowie mit der Beobachtung in Verbindung gebracht werden, dass nach unserer Erfahrung die Winde von der nördlichen Seite des Horizontes die kälteren, jene von der Südseite die wärmeren sind. Es dürfte keinerlei Nachtheil bringen, wenn die Schüler in der I. Classe nur das obige aus der mathematischen Geographie erfahren, höchstens können noch wegen der Eintheilung in Zonen die Polar- und Wendekreise erwähnt werden, ohne aber sie mit der Stellung der Erdachse zur Ebene der Erdbahn in Verbindung zu bringen. Denn es sind erfahrungsgemäß die Schüler auf dieser Stufe für eine klare Vorstellung von diesem Zusammenhange noch nicht reif. Zumal wenn man beabsichtigt, auch diese Dinge aus der vor Augen liegenden Wirklichkeit zu entwickeln oder damit zu vergleichen, muss zuerst eine sehr bestimmte Vorstellung davon erworben werden, wie über unserm Horizonte und wie unter andern Breiten die scheinbare Tagesbahn der Sonne in verschiedenen Jahreszeiten sich gestaltet.

Lage der Welttheile zu den Parallelkreisen. Welche werden vom Äquator durchschnitten, auf wie viel Grade nähern sich die einzelnen demselben, auf wie viel Grade den Polen? Wie viele Breitengrade umfassen sie? Dies lässt sich in einer schematischen Zeichnung, welche den Äquator und einige Parallelkreise als horizontale Gerade, die Breitenerstreckungen als Senkrechte darstellt, veranschaulichen. Welches der mittlere Parallel eines jeden Welttheiles sei, mag auf die folgende Classe aufgespart bleiben.

Die Lage der wichtigeren **Staaten** zu Gebirgen, Flüssen, Meeren u. s. w. ist bei Betrachtung der letzteren oft genannt worden, besonders aber in den mehrerwähnten begleitenden Übungen. Bei diesen wurde wohl schon, als die Erdtheile mit einander verglichen wurden, nach Staaten gefragt, die an kein Meer grenzen und wiederum nach solchen, die das Meer auf beiden Seiten des Welttheils, sonach verschiedene Oceane berühren.

Die Aufgabe der ersten Classe, den Schüler zur Übersicht über die Erdoberfläche in den Grundzügen zu führen und ihn in das einfachste Lesen und Verständnis des Kartenbildes einzuführen, erscheint hiemit abgeschlossen, es ist die Grundlage für den ferneren Unterricht gewonnen.

9

II. Classe. In der zweiten Classe schreitet der Unterricht zur Betrachtung der Welttheile als einheitlicher und eigenthümlicher Ganzen vor. Wenngleich sich ihm dadurch neue Wege eröffnen, so dienen doch die in der I. Classe angestellten Übungen und gewonnenen Anschauungen als Basis und erfahren nebstbei eine Erweiterung und Vertiefung. Nichts würde jedoch das Interesse mehr schädigen, als wenn der Unterricht dem Inhalte nach lediglich eine erweiterte Wiederholung des früheren wäre, ohne dass dieser als bereits erworbenes fruchtbringendes Capital gälte.

Da auch auf dieser Stufe die Behandlung der Karte den Kern des Unterrichtes bilden muss, ist in Folgendem wiederum ein Lehrgang in den Hauptpunkten dargestellt, der sich ganz darauf gründet; das schon früher darüber Bemerkte mag auch hier gelten. Ein Fehler wäre es auch jetzt noch, was die Karte beziehungsvoll und mit unmittelbarer Anschaulichkeit darbietet, nicht so unmittelbar aus ihr zu gewinnen, sondern sie vielmehr bloß als Nachschlagebehelf für das Lehrbuch zu benutzen, der Behandlung des letzteren den größten Theil der Stunde zu widmen und die Aufmerksamkeit der Schüler überwiegend an den Lehrtext zu ketten. Für die Wiederholung durch den Schüler und als Ausführung von Manchem, was nicht unmittelbar mit der Karte zusammenhängt, wird immerhin das Lehrbuch als Stütze eintreten.

Von den beiden Welttheilen, deren Betrachtung der Unterricht zunächst sich widmet, erscheint Afrika auf den ersten Blick als der einfachere. In Wirklichkeit ist ihm aber Asien an klaren und ausdrucksvollen Verhältnissen, an denen der Schüler sich leicht und klar orientiert, weit überlegen, und so ist es gerathen, sich sogleich diesem zuzuwenden. Auf Afrika mag unterdessen manchmal ein vergleichender Blick geworfen werden, sowie auf Südamerika als auf den einfachsten und klarsten, aber oft sehr abweichenden Typus. Auch hier ist der Vergleich die Hauptquelle der Auffassung.

So mag der Schüler, in der Beschreibung kleinerer Formen bereits geübt, mit denselben gewohnten Fragen an die Betrachtung des Welttheiles gehen

Beschreibung Asiens. Lage. Um die Lage des Welttheiles zu unserem Standpunkte zu bezeichnen, werden die beiden äußersten Richtungen, welche, von diesem Standpunkte aus gezogen, den Welttheil einschließen, am Globus abgenommen; es wird sich für die eine der beiden die Linie nordwärts über den Pol nach dem Ostkap ergeben. Ebenso messe man am Globus die Entfernung des nächsten und des fernsten Punktes (des Festlandes) in Erdgraden. Schon hier kann Afrika zum Vergleiche herangezogen werden.

Über die Lage zu anderen Welttheilen, zu Meeren, ist schon im Vorigen einiges bemerkt worden. Man mag die Entfernung des Festlandes von Australien mit der zwischen Europa und Amerika vergleichen, mag die Schüler am Globus aufmerksam machen, wie die Westküste Amerikas die asiatische Ostküste in gerader Linie fortsetzt und Südamerika so in ungeheure Entfernung geschoben ist, während die Nordküsten Asiens und Nordamerikas einander gegenüber liegen, freilich durch das Eismeer streng geschieden.

Auch der Vergleich der Breitenlage Asiens mit jener der anderen Welttheile mag aus dem Schlusse des ersten Curses kurz wiederholt werden. Nun ist es aber an der Zeit, nicht nur den Begriff der **geographischen Breite**, sondern auch die Bedeutung derselben für einen Ort, soweit wenigstens das mehr oder weniger steile Emporsteigen der Sonne nach ihrem Aufgange und ihre Mittagshöhe in Betracht kommen, den Schülern darzulegen. Dazu wird die Betrachtung der Winkel, unter denen die Sonne (im Äquinoctium) unter verschiedenen Breiten, z. B. bei uns oder an der Nord- und Südspitze von Asien und Afrika über den Horizont empor-steigt, dargestellt an einer möglichst einfach angelegten Zeichnung dienlich sein, dann werden dieselben Erscheinungen am Globus demonstriert. Aus jener Zeichnung wird dem Schüler auch anschaulich, wie auf der südlichen Halbkugel sich die Sonne vom Aufgange aus nach links (nordwärts) wendet. Sie lässt auch erkennen, dass die Sonne nach Verlauf derselben Zeit vom Aufgange an unter verschiedenen Breiten eine verschiedene Höhe erreicht. Wird nun der Halbmeridian über dem Horizont und vom Ostpunkte aus die Vormittagsbahn der Sonne für verschiedene Breiten gezeichnet, so mögen die Schüler auch den Satz erkennen, dass der Abstand der Mittagssonne des 21. März vom Zenith gleich sei der geographischen Breite.

Was aber mit der Declinationsänderung der Sonne zusammenhängt, zumal die verschiedenen Tageslängen, mag am besten dann zur Sprache kommen, wann vom landschaftlichen Anblick verschiedener Zonen des Weltheiles die Rede ist; dann mag die Declination der Sonne je einen, zwei, drei Monate nach oder vor dem Äquinoctium (12, 20, 23$^{1}/_{2}$ ^{0}) angegeben und jene Zeichnung erweitert werden.

Um diese Dinge mit der bereits erworbenen Anschauung vom Globus, seiner Achsendrehung und seinen Parallelkreisen unmittelbar zu vereinen, lerne der Schüler nun denselben so halten, dass seine einzelnen Oberflächentheile den entsprechenden Theilen der Erdoberfläche parallel liegen, der eigene Heimatsort oben, der Meridian desselben parallel dem wirklichen. Da sieht er die Parallelkreise des Globus ebenso schräg zum Horizont stehen wie jene Sonnenbahnen, die ja nur das Abbild von solchen Parallelkreisen sind; auch wird er bei jener Stellung des Globus die Sonne stets über einem Punkte zwischen den beiden Wendekreisen senkrecht stehen und einem Parallel dieser Zone folgen sehen, je nach der Jahreszeit nördlich oder südlich vom Äquator. Wird aber diese der Erde entsprechende Lage des Globus für andere Breiten nachgeahmt, als wenn wir uns dort befänden, so tritt jene verschieden steile Lage der Parallelkreise, also auch der Sonnenbahnen, hervor. Diese Stellung des Globus veranschaulicht auch ganz unmittelbar das Verhältnis zwischen Längen- und Zeitunterschied.

Die **geographische Länge** und die Zeitvergleichung werden am besten an die Betrachtung der Ausdehnung des Weltheiles geknüpft. Die Übung darin möge dann fortgesetzt und öfters wieder aufgenommen werden, es mögen einige Meridiane etwa von 3 und 6 Stunden Zeitunterschied gegenüber dem eigenen Standpunkt in ihrem Verlaufe verfolgt und im Gedächtnis festgehalten werden. Noch wichtiger ist es, den Verlauf einiger Parallelen, von zehn zu zehn Grad, wie er durch Gebirge, Flüsse, Städte, Inseln bezeichnet ist, nach häufiger Übung auf der Karte dem Gedächtnis einzuprägen, um dann die wichtigsten Orte, Länder u. s. w. zwischen diese Parallelkreise aus dem Kopfe einzuordnen.

Kartenzeichnungen der Schüler werden nun am besten auf Parallelen mit nur einem Meridian als Richtlinien gefertigt. Das Zeichnen in Gradnetze wird allzuleicht zu einem mechanischen Ausfüllen der Vierecke, das zu keiner Auffassung der Form führt, wenn nicht die Schüler angeleitet werden, erst die hervorragendern Punkte zu fixieren und die verbindenden Linien immer möglichst in einem Zuge zu ziehen.

Grundriss. Der Grundriss des Welttheiles wird sich durch ähnliche Fragen, wie sie früher bei den Gebirgen gestellt wurden, mit dem der übrigen Welttheile vergleichen lassen; z. B. ob er mehr oder weniger gestreckt und in welcher Richtung, ob er durch Meerbusen und Halbinseln gegliedert erscheint.

Zur Auffassung der Gliederung des Welttheiles mag eine Linie dienen, welche den Stamm umschließt und alle Halbinseln wegschneidet, nämlich: die große Nordosthalbinsel, die europäische Halbinsel vom asow'schen und weißen Meere an, Vorderasien westlich vom Tigris, das nur durch die Landenge von Suez um den Rang einer Halbinsel gekommen, seit deren Durchstechung für den Verkehr aber thatsächlich eine solche geworden ist. Das Oval jener Linie zeigt in seiner Annäherung an die Kreisform das Compacte der Gestalt Asiens, mag man es auch nicht einer Zeichnung des Welttheiles zugrunde legen. So lässt auch die Frage, wie weit der innerste Punkt — die im Rohen abschätzbare Mitte — Asiens und jedes anderen Welttheiles von irgend einem Meere entfernt sei, das Massige seiner Gestalt deutlich hervortreten. Sind die Maße des Erdtheiles nach verschiedenen Richtungen genommen, so mögen seine einzelnen Halbinseln ihrer Basis und Länge nach gemessen, ihrem Flächenraume nach geordnet, ihre Richtung und Gliederung beobachtet werden.

Wird der Globus so gehalten, dass die Mitte des Welttheiles dem Auge zugewandt ist, so erscheinen bei dessen Flächenausdehnung die Meridiane an seinem Ost- und Westrande stark auseinanderweichend, die West-Ostrichtung ähnlich von der Horizontalen abweichend; die Karte stellt diese Ansicht dar. (Man vergleiche den in Meridianrichtung streichenden Ural auf der Karte von Asien und auf jener von Europa.) Anders die Erdkarte in Mercators-Projection. Den Fehler der einen und der andern Projection werden die Schüler an der Gestalt und dem gegenseitigen Verhältnisse der Gradvierecke einigermassen erkennen. Ihre Zeichnungen kleinerer Gebiete aus der Karte mögen sie immer mit aufrechtem Meridian und senkrecht schneidenden Parallelen einrichten und sich im Lesen von Richtungen üben.

Als Grundmaß für das Vergleichen und Schätzen von **Flächenräumen** kann ein Gradviereck am Äquator von 10^0 Seitenlänge gelten, das fast das Doppelte der Fläche von Österreich-Ungarn umfasst, oder eine Insel wie Sumatra, oder die Fläche des Caspisees, des schwarzen Meeres; Asien übertrifft jeden der drei letzteren Flächenräume um das Hundertfache (Verhältnis der Flächenräume von Asien, Afrika, Europa).

Die **Inseln** vollenden das Bild vom Umrisse des Welttheiles. Was über ihre Anordnung, Größe, Gestalt schon beobachtet und verglichen wurde, ist rasch in Erinnerung gebracht; nun gilt die Betrachtung zunächst dem Zusammenhange mit dem Umrisse des Festlandes. Dieser Zusammenhang, zum Theil schon oben berührt, tritt so offen und klar hervor, dass er hier keiner näheren Ausführung bedarf.

Relief. Die Anordnung der Gebirge des Welttheiles, wie sie im voraus-gehenden Jahre an der Tafel entworfen wurde (etwa vom Himalaya ausgehend), ruft das, was der Unterricht darüber schon gebracht hat, leicht in Erinnerung, sowohl die Namen der Gebirge, als die Fragen. Die Antworten aber werden eine Erweiterung und Ver-tiefung erhalten. Als Gebirge, die sich in Reihen aneinander schließen und einander fortsetzen, erweisen sich nun nicht bloß die drei großen Züge vom Pamirplateau bis in die drei äußersten Halbinseln Asiens im Westen, Nordosten und Südosten, sondern auch deren Fortsetzungen über Meerengen und Inselketten bis in die äußersten Enden der anderen Welttheile; hiedurch wird die bedeutsame Lage Asiens und der Zusammenschluss der Welttheile noch deutlicher dargestellt. Gleich bedeutend bleibt aber der große Zug, der unter 36° Breite, vom Taurus bis an den großen Ocean, den Welttheil durchzieht und eine wichtige Scheidelinie zwischen Nord- und Südasien, bildet, oder das Aneinanderschließen von Gebirgen zur Umrahmung ausgedehnter Länder. Am schönsten ist der Halbkreis, welcher vom Pamirplateau und Indus-durchbruch über den Himalaya bis zum Amurdurchbruch aus bogenförmigen Gebirgen sich bildet. Das parallele Streichen tritt im asiatischen Gebirge besonders charakteristisch hervor, so dass in diesem überreichen Bilde nur wenige Richtungen, aber auf große Entfernungen hin sich genau wiederholend, auftreten. Den Übergang von der einen zur andern der parallelen Scharen von Gebirgen bilden Fächer von Ketten, wie sie nirgends auf der Erde so großartig wiederkehren: der eine von den nordwestlichen Nebenketten des Thianschan über den Altai bis zum Apfelgebirge; einer vom östlichen Himalaya über das hinterindische Gebirge nach China, zum Jünling; einer vom westlichen Küenlün über den Himalaya und Solimandagh zum Hindukusch. Über die Lage der Gebirge zu Flüssen sei hier nur erwähnt, dass die ersteren eben so häufig von Flüssen begleitet, als von ihnen durchbrochen und abgeschnitten werden, und dass jene eben erwähnten Fächer von Ketten von ähnlichen Fächern von Flusslinien (die merkwürdigsten Flussbilder der Erde) durchfurcht werden.

In der Anordnung der Gebirge Asiens tritt die Lage zum Meere, die Beziehung zum Umriss aufs Deutlichste zu Tage. Ein Entwurf derselben, zumal wenn die Inselzüge mitgegeben werden, spiegelt den Umriss des Welttheiles, ohne dass er mitgezeichnet wurde, deutlich ab, und so mag man auch versuchen, aus freier Hand zuerst das Gebirge, ausgehend von der Umrandung von Tibet, zu zeichnen, dann den Küstenumriss hinzuzufügen.

Auf die Frage nach dem Grundriss der Gebirge mögen die vielen Ketten, die einen einfachen oder einen Doppelbogen bilden, herausgehoben werden, ferner jene, welche den Ural an Länge übertreffen. In Bezug auf das Relief ist uns schon die große Unsymmetrie vieler dieser Gebirge aufgefallen, die ein Hochland ein-schließen, während ihr stärkerer Abfall nach dem Tiefland hinabgeht. Die höchsten von ihnen umschließen auch das höchste Land der Erde, und es zeigt sich das Relief von Asien als in mächtigen Stufen angeordnet. (Verschiedene Höhe des Hoch-landes von Iran und seines Gegenbildes, des tibetanischen.) Querschnitte, wie vom Ganges zum Tarim, vom Cap Comorin zum Ob, werden die Abstufung des Landes verdeutlichen, bei Erwägung der Länge und Höhe aber das Geringfügige der so bedeutenden Erhebung im Vergleiche zur ungeheueren Ausdehnung der Länder

vergegenwärtigen. Eine Höhenschichtenkarte könnte das Gefälle der Flüsse im
Übergang vom Hochland zum Tiefland, das Eingreifen ihrer Thalfurchen in den
Bestand des Hochlandes vor Augen stellen; auch würde eine solche erkennen lassen,
wie viel Land vom Welttheile noch übrig bliebe, wenn das Meer um 1000, um
4000 Meter stiege. Die Inselreihen erscheinen als Gebirgsränder der minder tiefen
Randmeere gegen die großen oceanischen' Tiefen, ähnlich den Randgebirgen des
Festlandes; die Gebirge der Inseln stellen sich als Fortsetzungen und als Parallel-
reihen zu den Gebirgen des Festlandes dar.

Wurden bei dem Herauslesen der Erhebungen aus der Karte zum einzelnen
Merkmal immer die Gebirge genannt, auf die es Anwendung findet, so mag man
nun wiederholend auch umgekehrt verfahren und in Bezug auf die einzelnen Gebirge
fragen, zu welchen Merkmalen ihr Name mitgenannt wurde; den Schüler freut es,
sich so zu einer Charakteristik der einzelnen Gebirge gelangt zu sehen. So mag
auch gleichzeitig ein einzelnes Gebirge, am besten der Himalaya, herausgegriffen
werden, um es auf dieselbe Weise, im Rückblick auf die Alpen und im Vergleich
mit anderen Gebirgen, zu beschreiben. Da kann sich der Schüler vielfach selbständig
bewähren. Die Gebirge Asiens mag man in Abtheilungen nach den Tausenden von
Metern, die sie erreichen, ordnen.

Der Himalaya, das eine oder andere kleinere und einfache Gebirge und vielleicht
der Thianschan mit seinen Flüssen, von denen keiner das Meer erreicht, mögen
nach einer einfachen Vorlage (der Karte von Asien), am besten durch Schummerung
der Abhänge, vom Schüler gezeichnet werden. Wo es sich um größere Bilder
handelt, genügt sonst die Bezeichnung der Lage der Ketten. Die Erwägung des
Maßstabes, der Vergleich von Karten verschiedenen Maßstabes, ein Blick auf die
Alpen am Westrande der Karte von Asien lassen erkennen, wie sehr diese Karte
kleinen Maßstabes die Gestalten vereinfacht, so dass selbständige Ketten nur als
Terrassen erscheinen und jeder feine Schraffenstrich für eine größere Thalrinne
gelten mag.

Flüsse. Auch von den Flüssen hat zu gelten, dass die im ersten Curse gewonnenen
Anschauungen weitergebildet werden und damit die Lehre von den Flüssen
fortschreite, dass aber auch in der Flusszeichnung das Bild des Welttheiles
hervortrete, sowohl in ihrer Beziehung zum Umriss als zum Relief desselben. Die einfachsten Beziehungen zum Gebirge hat der Schüler bereits verfolgt, wie nämlich
Flusslinien Gebirge begleiten, abschneiden oder durchbrechen. Asien gibt da einen
großen Reichthum von Beispielen, seine Flussläufe sind durch Gebirge viel mehr
gehemmt als z. B. in Amerika. Flüsse begleiten die Gebirgsumrahmung der beiden
großen Hochländer von außen und zum Theil auf der Innenseite, aus den Rändern
des Hinterasiatischen brechen auf allen Seiten Ströme hervor. Die Flusslinien ver-
künden aber vor allem das Gefälle der Ebenen, wie das schon oben erörtert
wurde. Charakteristisch für Asien ist die Form der Zwillingsströme. Die Flüsse,
welche vom Rande von Hoch- und von Tiefebenen nach dem Inneren hinabfließen,
aber freilich oft bald versiegen, zeigen die Mulden- und Beckengestalt dieser
Gebiete an, wie sie die Hauptform im Relief aller Welttheile ist. An

gewisse Typen von Strombildern, die schon im ersten Curse beobachtet wurden und
nun schärfer ins Auge gefasst werden mögen, sei hier nur erinnert. Vergleiche, wie
z. B. zwischen Indus und Ganges, den Flüssen der vorder- und der hinterindischen
Halbinsel sowohl nach ihrer Lage als nach der Gestalt des Systems üben besonders
den Blick. Dazu komme das Zeichnen von Strombildern zuerst aus der Karte,
dann aus dem Kopfe (hier wie im ganzen Unterrichte auf die wesentlichen Flusslinien beschränkt), seien es einzelne Ströme oder Flusspaare, wie die beiden
chinesischen Ströme, Ob und Jenissei, Lena und Amur u. a. Größere Bilder, die
aus der Anordnung der Flüsse entstehen, sind schon erwähnt worden. Es sei noch
an Quellenländer wie Tibet, Armenien erinnert. Es haben die Flüsse Asiens mehr als
die anderer Welttheile einen Lauf aus dem Centrum heraus nach dem nächsten
Meere, und es ist nur die Ausdehnung des Welttheiles, welche sie dennoch
so mächtig werden lässt. Einigen kommt das Meer in Busen entgegen, andere
werden durch Gebirge an die Spitze der Halbinseln, nach einem entfernteren Meere
hinausgedrängt.

Zu erinnern ist noch an die Umgrenzung der Flussgebiete, an die Wasserscheiden
zwischen verschiedenen Oceanen, an die Größe der Flussgebiete, die Stromlänge,
zunächst nach dem Augenmaße oder mit Hilfe eines Fadens geschätzt; ferner an
die Höhe der Quellen, an Ober-, Mittel- und Unterlauf u. A.

Sondern wir im Welttheile die Gebiete der einzelnen Oceane, so bleibt ein
sehr ausgedehnter Länderstrich ohne Abfluss nach dem Meere, zugleich
großentheils ein Gebiet sparsam vertheilter Flussläufe; es kann leicht umgrenzt
werden. Auch in der Betrachtung dieser Flüsse oder ihrer Endseen mag einfach
das im ersten Curse Begonnene entwickelt werden. Die Größe dieser Seen steht
nicht durchwegs im Verhältnis zur Stärke des Zuflusses, da die Verdunstung einen
bedeutenden Einfluss äußert. Andere Flüsse enden ganz ohne See und versiegen
einfach im Sande oder werden in zersplitternden Canälen zur Bodencultur verwendet.

Landschaft. An das Bild dieser Flüsse knüpft sich am augenfälligsten die Vorstellung von der Natur der Landschaft; dieselben Gebiete, welche als Becken durch
hohe Gebirge von dem Meere getrennt bleiben, zumal wenn sie Hochland sind,
zeigen sowohl Spärlichkeit der Bewässerung, als auch, zum Theile infolge der
letzteren, Mangel an Abfluss nach dem Meere. Der Abfluss auf der Innenseite des
Gebirges versiegt entweder schnell oder erweckt nur am Fuße desselben eine
Vegetation, oder er fließt als Fluss weiter. Oftmals tritt das eingesickerte Wasser
in Oasen wieder zu Tage. (Steppe; ihr landschaftlicher Charakter. Wüste. Bedingungen
des Baumwuchses, des Ackerbaues, Nomaden und Ackerbauer in der Geschichte.)
Von jenen Culturen mit künstlicher Bewässerung und den großen Städten
in unmittelbarer Nähe von Wüsten und Steppen, wie von den Gefahren, die daher
drohen, hat der Schüler in der Geschichte gehört. (Iran, Turan, Ost-Turkestan.)

Wie in diesem Falle wirken auch sonst Grundriss und Relief zusammen, den
landschaftlichen Charakter des Welttheiles zu gestalten. Denn durch seine große
Ausdehnung werden weite Länder tief ins Innere gerückt und durch mehr als eine
Gebirgsreihe vom Meere abgeschieden, durch dieselbe Ausdehnung reicht der Welt-

theil vom Äquator bis tief in die kalte Zone und umfasst so die größten
Gegensätze in der Landschaft. Das Relief aber schafft ähnliche Gegensätze zunächst
durch die Höhenlage selbst: durch die Erniedrigung der Temperatur mit
wachsender Erhebung in den Luftkreis. Die verschiedenen Gebirgsregionen, die
Schneelinie; ihre gegen den Äquator hin wachsende Erhebung lässt sich an
dem obenerwähnten nordsüdlichen Querprofil des Welttheiles anschaulich darstellen.
In der Ablenkung und Stauung der Winde, welche zwischen wärmeren und kälteren
Gegenden ziehen, äußert sich der Einfluss des Reliefs mit seinen westöstlich
streichenden Gebirgen. (Das Klima von Ost-Turkestan, Hindostan, Mesopotamien.) Da
die Winde aber nicht nur andere Temperaturen, sondern auch Wasserdämpfe von
den Meeren herbringen, zumal von den stark erwärmten der heißen Zone, verschärft
sich jener Gegensatz zwischen reichbewässerten und wasserarmen Ländern: Nieder-
schläge an den Westghats, dem Khassia-Gebirge, der Wasserreichthum Hinter-
indiens zwischen zwei Oceanen im Gegensatz zu Arabien, das zwischen zwei
Welttheilen und schmalen Meerbusen liegt und vom feuchten Monsun kaum bestrichen
wird. Die mächtigen Abstufungen und die großen Gegensätze kennzeichnen durchaus
den Welttheil.

An die Flüsse und ihre Nachbarschaft knüpft sich nicht bloß in jenen wasserarmen Gegenden die Vorstellung von Anbau, dichterer Bevölkerung und
Verkehr. Es zeigen sich Flüsse mit einer Anzahl Städte von mehr als hundert-
tausend Einwohnern an ihrem Laufe oder doch in ihrem Gebiete, diese sind an dem
Zeichen in der Karte zu erkennen; hingegen die großen Ströme des Nordens haben nur
wenige und kleinere Städte. Damit verknüpfen sich Vorstellungen von der Landschaft
und der Bevölkerungsdichte. Man vergleiche die Einwohnerzahlen verschiedener
Länder, z. B. von Ost-Turkestan und dem eigentlichen China, Vorder-
indien oder Java und Sibirien.

Wurde im vorausgegangenen Jahre nach Flüssen gefragt, an denen Nadelholz, an
denen Palmen wachsen, so mögen nun gewisse Pflanzengrenzen bestimmter auf
der Karte verfolgt werden, wie: die Polargrenze des Baumwuchses, des Getreide-
baues, des Weines, der Palmen; diese Betrachtung mag in Verbindung stehen mit
der schon oben erwähnten, wie sich unter verschiedenen Breiten die Jahreszeiten
nicht nur in Bezug auf die Mittagshöhe der Sonne, sondern auch auf die Tageslänge
gestalten.

Daran schließen sich einzelne Angaben über charakteristische Producte und
Thiere, namentlich in Bezug auf ihre Verbreitung, über die Art der Ansiedelung,
den Bau der Wohnungen in verschiedenen Strichen u. a., aber auch über die
wichtigsten Verkehrswege, auf denen jene Producte nach Europa gebracht
werden. Bei Betrachtung der von Europa abhängigen Gebiete mag darauf hingewiesen werden, um welcher Producte und welcher Verkehrswege willen die Besitzungen
erworben wurden.

Staaten. Städte. Von den Staaten Asiens setzen sich die größeren aus mehreren
deutlich gesonderten und eigenthümlichen Gebieten zusammen, die für sich schon
in obiger Betrachtung behandelt sind. Schon in den begleitenden Übungen
ist die Lage der Staaten zu Flüssen, Gebirgen, Meeren u. a. dem Schüler ein-

geprägt worden. In diesen Dingen, wie in andern, z. B. der Größe, Einwohnerzahl, geographischen Breite, wird der öftere Vergleich mit dem heimatlichen Staate dem Zwecke und Sinne des Unterrichtes, wie er am Eingange angedeutet wurde, entsprechen.

Es ist nicht nöthig, darauf hinzuweisen, wie in den begleitenden Übungen die Lage der Städte behandelt, an Gebirge, Flüsse, Meere u. s. w. für die Erinnerung geknüpft werden kann. An der Schultafel lassen sich je von einer Stadt als Mittelpunkt aus die umgebenden Gebiete bis in größere Ferne entwerfen und so auf immer neue Weise das Bild des Welttheils erwecken.

Beschreibung Afrikas. Der andere Welttheil, Afrika ist kürzer zu behandeln, zumal da Asien allein den größten Theil des ersten Semesters erfordert haben wird. Er bietet auch weniger Lehrreiches, viele seiner Verhältnisse sind zudem schon im Vergleich mit Asien behandelt worden. Auch die übrige Beschreibung mag ebenso vergleichend gehalten worden. So werden wir in der Lage jene unmittelbare Annäherung an die anderen Welttheile vermissen, diese sind jedoch, wie oben erwähnt, um Afrika herum im Halbkreise gelagert. Auffallend ist die völlig verschiedene, einförmigere Gestalt des Umrisses, die der Halbinseln entbehrt. Die ungünstige Gestalt der Küsten im Ganzen vergrößert den Nachtheil. Ebenso auffallend ist das völlig abweichende Bild der Inselvertheilung, wenn man etwa nach Inselreihen wie bei Asien sucht, obwohl auch hier nicht die Andeutung von solchen in der Fortsetzung von Gebirgen des Festlandes fehlt. Dem entspricht die Einförmigkeit des Reliefs; aber die Beckengestaltung finden wir in dem von Gebirgen umrahmten Hochlande wieder, ebenso die Form von Küstengebirgen, in Terrassen und Parallelketten ansteigend und das Innere vom Meere abschließend. Die Abtheilung in kleinere Becken ist weniger als in Asien durch Gebirge durchgeführt. Statt der zusammenhangenden Ketten tritt öfters die Form von Plateaurücken und von vereinzelten oder in Gruppen und Reihen stehenden Tafelbergen auf. Selten wird die Schneelinie erreicht, die höchsten Gipfel überragen nicht die höchsten Hochländer von Asien, es sind ebenfalls isolierte Berge. Die Beckenform und das Vorwiegen des Küstengebirges unterstützen die Bildung großer Ströme, welche die asiatischen zum Theil an Länge zum Theil an Wasserreichthum übertreffen und von den Quellenländern in der Nähe des Ost- und Westrandes aus in rundlichen Wendungen fast immer ein entferntes Meer aufsuchen. Das vielfach ungünstige Gefälle der Flüsse mit ihren Katarakten vermehrt die Abgeschlossenheit des Innern. Die großen auf der Karte flussleeren Räume sind zum Theile Wüste, zum Theile unerforscht. (Wadis, Seebecken, Oasenbecken.)

Was die Betrachtung des Welttheiles an neuen Vorstellungen bietet, ist vor allem der zeitliche Gegensatz der Jahreszeiten zwischen der Süd- und Nordhälfte, der Gegensatz in der Tagesbahn der Sonne. Man beachte die Besonnung der Nordabhänge im südlichen Afrika, das Wandern der Tropenregen mit der Sonne nord- und südwärts, die regenarme und regenlose Zone zu beiden Seiten des Tropengebietes, die Regen (Winterregen) im äußersten Norden und Süden. Den Welttheil charakterisieren ferner die große Wüste, der Reichthum an größeren Thieren in den Wald- und Steppengegenden, der Mangel an Handelsproducten, das Fehlen der

großen, wohlabgegrenzten Staaten Asiens, der großen Colonialreiche. Vor allem
mag der Unterricht durch kurze Hindeutung auf einzelne Entdeckungsreisen
und auf die Bemühungen um die Erforschung des Welttheiles und auf die Schwierigkeiten derselben belebt werden. Auch hier mag, soviel die Unterrichtsstunden
betrifft, das rein Topographische großentheils in den begleitenden Übungen
erworben werden.

Beschreibung Europas. Mit der Betrachtung Europas tritt der Unterricht vor
eine neue, anders gestaltete Aufgabe.

Nicht dass die übersichtliche Auffassung seines Kartenbildes den Schülern neue
Schwierigkeiten bereitete. An Asien und Afrika geübt und zum Begriffe eines Welttheiles gelangt, werden sie ohne viele Mühe in der klaren und übersichtlichen
Gestalt sich zurecht finden und, indem sie dieselben Fragen an das neue Bild
stellen, sowohl durch das, was sie an Formen und Anordnung Ähnliches wiederfinden,
als was ihnen Neues vor Augen tritt, Interesse und Belehrung empfangen.

Was von der Lage des Welttheiles schon früher angedeutet worden ist, sei
hier nicht wiederholt.

In seinem **Umrisse** erscheint Europa als Halbinsel Asiens, wie wir sie schon
einmal bei der Umgrenzung des großen Stammes, nebst der Nordosthalbinsel,
absonderten. Das Verhältnis der Länge zur Basis, nehmen wir letztere vom
asow'schen zum weißen Meere oder zum finnischen Meerbusen, kennzeichnet im
Verein mit den mehrfachen Einschnürungen und mit der Gliederung durch Neben-
Halbinseln die vollkommene Ausbildung dieser Halbinselform, im Vergleich mit
andern, die sich an den Stamm von Asien anschließen. Auffallend ist die Symmetrie
der Küstenlinien in der Anordnung von Halbinseln, Inseln, Meerbusen und Binnenmeeren zu beiden Seiten der Mittellinie des Erdtheiles, die vom mittleren
Ural nach Südwesten (nur in Mitteleuropa westwärts) verläuft.

Doch entspricht dem durchaus nicht eine Symmetrie in der Anordnung des
Reliefs, wenn auch eine wasserscheidende Linie, nicht zu weit von jener
Mittellinie abweichend, Europa in zwei Hälften, des Abflusses nach dem südlichen
und nach dem nordwestlichen Meere, theilt, und dies den Welttheil vor allen übrigen
auszeichnet. Während aber die nach der Nordwestseite gerichteten Flüsse einander
fast parallel und mehr von gleicher Größe die Vorstellung einer regelmäßigeren
Abdachung erwecken, zeigen die der inneren Seite, geringer an Zahl, sehr verschieden an Gestalt und Größe, das Bild eines viel unregelmäßigeren Reliefs.

Jene wasserscheidende Mittellinie ist auch nicht durch den Verlauf eines Gebirges
gekennzeichnet, das Relief des Welttheils geht nicht so von jenem Asiens und dessen
Gebirge aus, wie bei mancher anderen Halbinsel (z. B. Hinterindien). Die Breite des
Welttheiles schließt sich an die Niederungen des Ob und Aralsees; ein Gebirge, der
Ural, liegt scheidend statt verbindend vor; das Land westlich von diesem Gebirge
zeigt mit seinen weit gedehnten Höhenrücken, die kleinere Flussbecken zwischen
sich einschließen, einen von der asiatischen Ebene wesentlich verschiedenen Charakter.
Diese Landrücken ziehen, die Höhe des Welttheiles bildend, bis tief in dessen Mitte
hinein, und hier treffen sie auf den gebirgigen Theil Europas (die Scheidelinie).

Dieser letztere, die Gebirgszone des Welttheils, ist aber die Fortsetzung des großen Gebirgs- und Hochlandsgürtels von Asien nach Westen hin; dieselben einfachen Fragen werden sie auffassen lehren. Der ost-westliche Verlauf paralleler Gebirge, welcher die kleinasiatischen fortsetzt, nach einer Unterbrechung auf der pyrenäischen Halbinsel wieder auftritt und hier am Schlusse das Charakteristische der Formen Asiens, Hochland zwischen Rand- und Scheidegebirgen, wiederholt, wird dem Schüler deutlich sich hervorheben; ebenso das Hereintreten der Nord-westrichtung in diesen Zug, ähnlich wie in Asien. Diese erscheint am deutlichsten am adriatischen Meer und den Ländern zu beiden Seiten desselben mit den Parallel-ketten ihres Gebirges, fast in der Fortsetzung des rothen Meeres. Sie gestaltet in der Kreuzung mit jenen ostwestlichen Zügen das netzförmige Relief, die abgeschlossenen Landschaften der Balkanhalbinsel und dringt tief in die Alpen und in das deutsche Gebirge ein. Aber auch die meridionale Richtung tritt, wie an bedeutsamen Stellen in Asien (noch am Ostende des Mittelmeeres), in den Zug ein, nämlich in den Westalpen, den Sevennen, den Inseln Corsica und Sardinien. Haben aber in Asien Tiefenbecken den Hochlandszug begleitet, am auffälligsten im Caspisee, im persischen und schwarzen Meere, so lagern nun solche Meeresbecken mitten im Zuge und lösen ihn zum Theile auf. Hat man daran die Betrachtung der Flüsse gereiht, indem man die Kenntnisse der I. Classe, wiewohl von anderen Gesichtspunkten ausgehend, auffrischte und zum Theile erweiterte, so ist die vom Lehrplane vor-geschriebene Übersicht erlangt.

Das Mittelmeer bildet durch seinen reich und eigenthümlich gestalteten Umriss, durch den Reichthum an verschiedenartigen Inselgruppen, die Tiefe seiner von Gebirgen umrandeten Becken, durch die Lage zwischen drei Welttheilen, durch den Gegensatz zwischen den südlichen und nördlichen Uferländern, durch seine klimatischen und landschaftliche Vorzüge, durch die geschichtliche Bedeutung, die allenthalben Spuren zurückgelassen und sich noch dauernd erhalten hat, eine der merkwürdigsten Stellen der Erdoberfläche, deren Bild dem Geiste des Schülers als das eines einheitlichen Ganzen sich einprägen soll; der Lehrer wird schon in der II. Classe mehr als einmal Gelegenheit finden, dessen Umriss in einfacher Form, auf die afrikanische Küste als Grundlinie hin, an die Tafel zu entwerfen.

Bei Behandlung des ganzen Welttheiles benutze man die Grundlagen, die in der ersten Classe gelegt wurden, sie an der Hand derselben Fragen weiter aus-führend. Diese Fragen werden nun zu weiteren Anschauungen leiten. Im Westen Europas angelangt, hebe man die französischen Gebirgsgruppen als ein Stück aus dem mitteleuropäischen Gebirgsgürtel mit dem eigenthümlichen Fluss-bilde hervor. Ein Beispiel sei zur Kennzeichnung vergleichender Betrachtung hier besonders erwähnt. In der I. Classe wurden auf die Frage nach Flüssen, deren Lauf den Linien anderer Hauptflüsse in die Quere liegt, gleicherweise der Ebro, die Rhone, die Donau genannt. Diese Ähnlichkeit, deren Grund schon im Relief liegt, gibt einen Hauptzug zum Vergleiche Frankreichs mit dem östlichen und dem süd-lichen Nachbarlande. Das Scheidegebirge, das den Ebro, wie das, welches die Rhone von den äußeren, westlichen Flüssen trennt, gleichen sich beide auch als Quellen-gebiete, wo von kleinem Raume wichtige Flusslinien ausgehen. Ein Profil von der

Sierra Nevada über dieses Gebirge an die Pyrenäen und eines von den Pyrenäen über die Sevennen zu den Alpen veranschaulichen noch besser die Übereinstimmung im Baue Frankreichs und der pyrenäischen Halbinsel. Die Flüsse der letzteren aber mit ihrem parallelen Laufe, den nach der Küste hin sich tiefer einfurchenden Thälern, ihrem endlichen Durchbruche zeigen die nach Westen geneigte Hochplatte an, ihre Gebiete sind durch Scheidegebirge thalartig geschieden und schmal gehalten, nur der Duero hat eine weitere Beckenlandschaft. In Frankreich hingegen läuft jene Hochfläche bald in Terrassen und niedrigen Zügen aus, die Flusslinien zeigen gerundete Formen, die Wasserscheiden einen freieren Verlauf um die Beckenlandschaften, in denen sich die Flussgebiete, geringer an Zahl, ausbreiten. Mehrfach wiederholt sich da ein Zusammenströmen nach einem Centrum, ein Auseinanderströmen von einem Punkte aus. Nur die Rhone, deren Lauf und Gebiet immer zwischen Gebirgen bleibt, zeigt die andere strengere Gestalt. In Deutschland aber entsteht aus dem Zusammentreffen und der Kreuzung dreier Gebirgsrichtungen, der wechselnden Begleitung und Durchbrechung der Gebirge und niedrigen Höhenzüge durch die Flüsse, ein Fluss- und Landschaftsbild gleichsam in einem anderen Stile, worauf der Lehrer in der III. Classe vergleichend hinweisen kann.

Man mag so Großbritannien mit Italien vergleichen, in Bezug auf die Lage zu Meer und Gegenländern, auf Umriss, Küstenbildung, Gebirge, Flüsse und vor allem bezüglich dessen, was von der geographischen Breite abhängt; vielleicht findet sich Gelegenheit im nächsten Jahre Skandinavien und Großbritannien vergleichend zu betrachten.

Beim Vorherrschen des so mannigfaltig gestalteten Küstenumrisses im Bilde Europas, bei dem verschiedenen Antheil der Länder daran wird die Küste einen Hauptpunkt der Vergleichung von Ländern und Landschaften und einen Hauptgegenstand der Aufmerksamkeit in der Betrachtung des Welttheiles bilden. Es sind gewisse Typen des Küstenbildes, wie sie sich nach dem Relief des angrenzenden Landes, nach der Gesteinsart, nach der Arbeit der Flüsse, nach dem Einwirken der Flut und der Strömungen gestalten. So mag der Schüler die Nordküste Spaniens, die Küste an dessen Nordwestecke, die Küstenbogen und Lagunen Italiens und Südfrankreichs, die Küste der Bretagne und die östlich von der Seine sich erstreckende, die Dünenküsten die Nordsee, der Inselküste Norwegens und Dalmatiens vergleichend auffassen, und auf die Verschiedenartigkeit der Flussmündungen an offenen, starkbewegten und in Binnenmeeren aufmerksam werden. Auf den näheren Bau der letzteren wird in dieser Classe nicht einzugehen sein.

Es werden die hierher gehörigen Staatsgebiete, wie später alle übrigen in Europa, zunächst als Reliefgestalten betrachtet werden, die sich zum Theile, nämlich in der Küstengliederung und, wo sie sonst natürliche Grenzen haben, den Umriss selbst schaffen. In diesem Sinne fasse man, wie früher bei jenem Berge der nächsten Umgebung, die Lage zu unserem Standpunkt, dann die Lage zu anderen Staaten ins Auge, die zum Gebirge und zum Relief des Welttheils, die zu den Gewässern, endlich die mathematisch-geographische. Gerade solche Fragen, welche die Staaten betreffen, haben jene begleitenden Übungen schon in der I. Classe gebracht. In Bezug auf das Relief ist besonders die Frage nach der Einheitlichkeit des Gebietes von Bedeutung, ob e i n Flusssystem vorwiege, eine hervorragende Flusslinie den Staat durchziehe; ob das Gebirge an den Rand hinausgedrängt ist und etwa die Grenze bildet, wo die höchsten Gipfel liegen. Man mag der Grenze mit der Frage nach Höhen- und Tiefenpunkten folgen, ob ein Scheidegebirge den Staat durchzieht oder sonst eine centrale Erhebung ein Quellenland bildet. Die Anlage unseres heimatlichen Staates, schon auf der Fluss- und Gebirgskarte des Welttheiles hervorspringend, zeigt sich da bedeutsam. Andere Fragen liegen in dem früher Angedeuteten, zumal so weit es die Zusammensetzung des Gebietes aus verschiedenen Landschaften und den landschaftlichen Charakter betrifft. Zur Wiederholung mag bei dem einen oder andern Staate die Frage aus dem Kopfe beantwortet werden, wo nord-südliche, ost-westliche, süd-westwärts oder anders gerichtete Gebirgs- und Küstenstrecken in seinem Gebiete vorkommen. Der Einprägung des Bildes sind aber vor allem gewisse Haftpunkte dienlich, welche fast immer, außer es seien Berggipfel, durch Städte gekennzeichnet sind. Die Lage der Städte war schon vom ersten Curse an Gegenstand der begleitenden Übungen und nun wird sich die dadurch gewonnene Grundlage erweitern. So mag man jetzt von den Verkehrswegen einige Eisenbahnen, zumal von den Hauptstädten aus, ferner die bedeutendsten schiffbaren Flüsse verfolgen, endlich die Lage von Handels- und Kriegshäfen hervorheben.

III. und IV. Classe. Die A l p e n. Anknüpfend an das in den beiden ersten Classen Erarbeitete mag man hier von der hervorragenden Stellung der A l p e n ausgehen, wie sie selbst die des Himalaya in Asien übertrifft und zu einem Hauptkennzeichen des Welttheils wird, wie ihr Bogen in freiem Abstande von dem großen Gebirgsgürtel umgeben wird, der von den Sevennen bis nach Siebenbürgen Mitteleuropa durchzieht, während die Gebirge Südeuropas sich an die Alpen anschließen und das Inselgebirge von Corsica und Sardinien ihren Zug fortsetzt; wie Flüsse jenen Gebirgsgürtel auf der Innenseite begleiten, von der Außenseite abfließen und der Po auf der Innenseite des Alpenbogens die Mitte dieses großen Flussbildes einnimmt. Die Wegsamkeit der Alpen verbindet das Poland so vielfach mit den äußeren Stromthälern, dass von Turin vier bis fünf, von Mailand acht Passstraßen hinausführen. Jener Gebirgsgürtel aber ist mehrfach von Canälen überquert und von zwei tiefen Senken, weiten Flussthälern, unterbrochen, welche schon dem ersten Blicke das Bild einer offenen Verbindung der Nord- und der Südseite des Welttheiles bieten, im stärksten Gegensatze zu Asien.

Es ist unnöthig zu · erinnern, wie in einfacher Erweiterung dessen, was der Unterricht bereits erworben hat, sich die A l p e n nun b e s c h r e i b e n lassen. Derselbe Vorgang, dieselben Fragen genügen, nur wird die Beantwortung eingehender sein. Es sei hier nur betreffs des R e l i e f s erwähnt, dass man wieder, in Erinnerung an jenes frühere, von der Verzweigung der Ketten um den St. Gotthard ausgehen mag; auf die Frage nach sonstiger Verzweigung von Hauptketten oder nach parallelem Streichen wird sich ein vollständigeres Bild der Anordnung des Gebirges, zumal des größeren ostwärtsgerichteten Flügels an die Tafel entwerfen lassen; obwohl die österreichischen Alpen der Aufgabe der IV. Classe angehören,

mögen sie hier vergleichend und übersichtlich mitberührt werden, da ja von ihnen
Hauptgebirge Südosteuropas ausgehen. Man mag diesmal die höchsten und tiefsten
Punkte der einzelnen Hauptketten in den Schweizer Alpen, die Höhe der
wichtigsten Pässe ins Auge fassen; wieder längs der Flüsse ins Gebirge eindringen,
um dasselbe nach verschiedenen Richtungen, von Stadt zu Stadt, von See zu See
zu übersetzen; Längs- und Querthäler und ihre verschiedene Natur, die Lage
wichtiger Thäler zu einander nun schärfer auffassen; die Wasserscheide zwischen
den Meeren verfolgen, zumal wo die Hauptwasserscheide des Welttheiles hereingreift.
In der Betrachtung der Alpenseen und ihrer Anordnung mögen nun die in Längs-
und die in Querthälern gelegenen unterschieden werden; es mag von ihrer Tiefe
die Rede sein und die anschwemmende Thätigkeit der Flüsse an ihnen beobachtet
werden. Neben der Höhe von Gipfeln und Pässen wird auch die Höhenlage der
Seespiegel und wichtiger Thalpunkte, besonders im Vergleiche zwischen Süd- und
Nordfuß des Gebirges, die Aufmerksamkeit beanspruchen. Wurde in der I. Classe
Einiges über die Region ewigen Schnees, vielleicht auch über Gletscher, als landschaftliche Beigabe angedeutet, so mag man Entstehen und Begriff davon nun
klarer entwickeln, die Höhe der Schneelinie mit der in anderen, auch asiatischen
Gebirgen vergleichen, vielleicht auch die Pflanzenregionen mit denen am Himalaya,
oder im Norden Europas. Man erwähne Charakterpflanzen des Südfußes, bemerke die
durch ihre Lage bedeutsamen Städte im Gebirge und am Rande, zumal später in
den östlichen Alpen, fasse die Ketten des Gebirges als Grenzen von Staaten und
einzelnen Landschaften, sowie von Sprachgebieten ins Auge. Die Behandlung der
Schweiz mag sofort mit diesen Dingen verbunden werden.

Auch die Behandlung des Reliefs von Deutschland knüpfe ganz an das in den
früheren Classen Gebrachte an; dieses Land war ja in der I. Classe das
Gebiet für die Auffassung des Gebirges. Über die Erweiterung der Gesichtspunkte
genügen wenige Andeutungen. Wurde damals die Unsymmetrie mancher von
diesen Gebirgen beobachtet und in Querschnitten dargestellt, so knüpft sich nun
daran die bestimmtere Vorstellung von der verschiedenen Höhenlage der Landschaften, der großen Abstufung des ganzen Gebietes, und es mag diese in
einfachen Querschnitten zur Anschauung kommen.

Die Beziehung der Flüsse zum Relief werden wir wieder in der früheren
Weise auffassen, nun aber auch die Seehöhen einzelner wichtiger Punkte ihres
Laufes vergleichen. Wir werden die Wasserscheiden und die bequemsten Übergänge
aus einem Flussgebiet ins andere verfolgen, die Bilder der einzelnen Stromsysteme
mit der Lage der Gebirge entwerfen. Städte werden wiederum Anhaltspunkte
zum Festhalten des Bildes, zumal der Verkehrslinien, sein. So gestalten sich
die Bilder der einzelnen Landschaften, in welche gerade dieses Gebiet sich so
deutlich sondert. Bei Betrachtung der norddeutschen Tiefebene mit den sie
durchsetzenden Höhenzügen, welche in ihrem stetigen, parallelen Verlauf, begleitet
und durchbrochen von Flüssen, viele Ähnlichkeit mit wahren Gebirgen zeigen, fällt
die Analogie, die gleichmäßige Abstufung in den Flusslinien und -Systemen von
der Weichsel bis zur Weser auf, zumal wie eine Linie bisweilen die andere
fortsetzt; ein Bild, das an die Flüsse eines Gebirgslandes erinnert. Ganz anders

das Gebiet westlich von der Weser oder das französische Hügelland mit seiner auch in den Flusslinien erkennbaren Beckenbildung.

Das deutsche Gebirge werden wir nun wie das französische Gebirge in der II. Classe als ein weiteres Stück aus dem großen **Gebirgsgürtel Mitteleuropas** auffassen und aus letzterem die durch schmalere, niedrigere Streifen mit einander verbundenen Massen und Gruppen hervorheben: ausser jenem französischen Gebirge die Vogesen mit dem Schwarzwald, die Gebirgsumwallung von Böhmen, die große Gruppe um die Tatra, das Gebirge und Hochland von Siebenbürgen. Jede dieser Gruppen ist in Bezug auf Gestalt und Anordnung, zumal auch in Bezug auf ihr Flussbild eigenthümlich; denn entweder zeigt es die symmetrische Anordnung um eine mittlere Flusslinie, oder um eine mitten durchgehende Wasserscheide, oder aber ein radiales Auseinanderfließen der Gewässer.

Vergleich zwischen den Ländern. Im Obigen ist auf einen Vergleich zwischen Deutschland und Frankreich hingewiesen, wovon auch bereits in der II. Classe die Rede war. In der That sind die Länder Europas meist schon im äußeren Umrisse gut von einander gesondert und in ihrer Lage charakterisiert; im Relief, in der Flusszeichnung, aber auch im landschaftlichen Anblick ist bei der reichen Mannigfaltigkeit, die der Welttheil bietet, trotz der zarteren Übergänge und mancher durchgehenden Ähnlichkeit, jedes für sich so eigenthümlich geartet, dass der Vergleich zwischen den Ländern bei ihrer Behandlung sich von selbst bietet, was auch für die Staaten Europas gilt, die der II. Classe zugewiesen sind.

Auf die dort dargelegten Gesichtspunkte wird hier verwiesen und nur der landschaftliche Gegensatz näher berührt. Derselbe beruht nicht am wenigsten auf der Breitenlage. Es ist vielleicht erst jetzt der richtige Zeitpunkt gekommen, was der Unterricht über die Tagesbahnen der Sonne unter verschiedenen Breiten, in verschiedenen Jahreszeiten gebracht hat, durch die wirklichen Verhältnisse zu begründen und damit das Wichtigste und Einfachste aus der **mathematischen Geographie** in übersichtlichem Zusammenhange darzustellen.

Wie schon bei den bereits gewonnenen Vorbegriffen an die Thatsachen der Beobachtung angeknüpft wurde, so bilde auch hier das, was das Auge unmittelbar vor sich sieht, den Anfang. Man mag vom Horizont ausgehen, um zur Kugelgestalt der Erde zu gelangen. Für die Fixierung der Lage eines Ortes auf der Erdoberfläche mit Hilfe der Lage seines Zenithes am Himmel ist bestimmend die tägliche Umdrehung des Sternhimmels (Parallelkreise und Pole des Himmels, Meridian). In der Betrachtung folgen dann: Die Änderung der Polhöhe beim Wandern nach Norden oder Süden; die Lage der Sternbahnen bei verschiedenen Polhöhen (man wähle Sterne von 0^0, 30^0, 60^0 Declination über Horizonten mit 0^0, 30^0, 60^0, 90^0 Polhöhe); die Breitenbestimmung; geographische Länge und ihre Bestimmung; einige Beweise für die Achsendrehung der Erde. Eine andere Bewegung thut sich kund in der Declinationsänderung der Sonne; der ungleiche Betrag dieser Änderung hängt mit der Lage der Ekliptik zusammen. (Einiges Wenige über die Mondbahn, die Planetenbahnen am Himmel, Sonnen- und Sternzeit, doch keine Zeitgleichung). Nun mag ein Beweis für die Bewegung der Erde um die Sonne (etwa der aus den Rückläufen der Planeten) folgen.

Mit Hilfe des Globus oder des Telluriums und einiger Zeichnungen an der Tafel kann nun das Entstehen der Jahreszeiten in der Änderung der Mittagshöhe und Tageslänge verdeutlicht und diese Beobachtung mit der schon in der zweiten Classe erwähnten Darstellung der Tagesbahnen der Sonne verglichen und das Entstehen der letzteren in der Drehung des Globus für verschiedene Breiten anschaulich gemacht werden.

Unterdessen braucht die Beschreibung des Welttheiles nicht unterbrochen zu werden. Die Länder desselben mögen, schärfer und eingehender als die asiatischen, für die Erinnerung in die Breitenkreise eingeordnet werden; zur Übung werde der Verlauf einzelner Parallelen durch Gebirge, Flüsse, Inseln, Städte gekennzeichnet und angegeben, über welche Breitegrade sich die einzelnen Staaten erstrecken. Da können die Staaten nach dem Betrage ihrer Breitenerstreckung, nach ihrer mittleren Breite geordnet und mit dem heimatlichen Staate verglichen werden; oder es übt sich der Schüler, aus dem Gedächtnisse große Städte in die Breiten einzuordnen. Diese Übung, welche besonders geeignet ist, das Kartenbild dem Geiste deutlicher einzuprägen, mag einen Theil jener öfter erwähnten Gesammtübungen der Classe ausmachen.

Klima. Landschaft. Da sich mit der Beobachtung der Breitenlage die Vorstellung von der Mittagshöhe der Sonne und von sommerlicher und winterlicher Tageslänge verbindet, wird sie noch deutlicher als bei Asien ein Element in der Vorstellung von den Landschaften bilden; zumal wenn bestimmte Daten über jene Tageslängen im Süden und wiederum unter verschiedenen Breiten Skandinaviens gegeben werden.

Dazu gesellt sich die Vorstellung von verschiedener Helligkeit und verschiedener Erwärmung der Länder. Dies verdeutlichen vielleicht einige Angaben über die Zeit des Frühlingsanfanges vom Süden Europas (die Mandelblüte Siciliens im Januar) bis in den Norden, oder das Verfolgen von Pflanzengrenzen auf der Karte, z. B. der Polargrenze des Baumwuchses, der Obstbäume, der Buche, des Weinstockes, des Ölbaumes und der Palmen. Bei der Vergegenwärtigung der Lage einer Stadt oder bei der Betrachtung von Ansichten mag dann an diese Verhältnisse erinnert werden. Schon im vorangegangenen Jahre wurden solche Zonen mit den Pflanzenregionen des Gebirges verglichen; der Belehrung in derselben Richtung dient die bereits erwähnte Höhe der Schneelinie in den Alpen, zusammengestellt mit jener in der Sierra Nevada und im südlichen und nördlichen Skandinavien.

Im Wechsel der Witterung während des Frühlings zur Zeit der stärksten Declinations-änderung der Sonne, im Kampfe der nördlichen und südlichen Winde mag der Schüler das allmähliche Zurückweichen des Winters nach dem Norden des Welttheiles erkennen und eine lebhafte Vorstellung empfangen, wie dieser noch mit Schnee bedeckt ist, während der Süden die Blütezeit hat; an jenen Winden mag ihm die große klimatische Bedeutung solcher ostwestlicher Gebirge wie die Alpen klar werden.

Die regenbringenden Westwinde aber lassen die Einwirkung des Meeres auf den Welttheil vor die Augen treten. In Asien trat diese Einwirkung in dem Wechsel von dürren und reichlich bewässerten Ländern grell hervor. Die Verfolgung derselben Parallelen über beide Welttheile fordert auf, die Klimate zu vergleichen. Es zeigt sich das Klima Europas gemäßigt durch die vorherrschenden Westwinde von dem Ocean her, dessen Oberfläche auch durch Strömungen aus niederen Breiten erwärmt ist, während in den Ländern am Mittelmeere außerdem auch dieser Meeresspiegel die Winterkälte und die Sommerdürre mäßigt, im Vergleich mit den Wüsten und Steppengebieten Inner-Asiens unter gleicher Breite. Mit unserm Winter aber mögen die Kältegrade von Astrachan, Chiwa oder Urga verglichen werden. Dem Schüler wird es auch verständlich sein, wenn der Lehrer an der Karte die Winterisotherme von Drontheim über Wien nach der Südwestecke Russlands zieht.

Aus solchen Elementen, wozu noch die Höhenlage des Landes, das Gefälle und die Einfurchung der Gewässer, in manchen Fällen die Gesteins- und Bodenart, vor Allem aber der Anbau zu ziehen ist, setzen sich die Landschaften des Welttheiles zusammen. Hier besonders kann der Vergleich mit der sichtbaren Umgebung Belehrung bringen.

Manches von dem lässt sich in anregender Weise an die Betrachtung einer Karte der Bevölkerungsdichte knüpfen und diese sich damit erklären; an manchen Stellen der Karte aber drückt sich in besonderer Dichte der Bevölkerung der Mineralreichthum des Bodens aus. Sehr Vieles liegt auch in den geschichtlichen und in den Verkehrsverhältnissen.

Staaten. Vieles von dem Gesagten ist nicht in der allgemeinen Übersicht des Weltheiles, sondern im Rahmen der Beschreibung seiner Staaten zu nehmen; nur dass diese Beschreibung, wie bereits bemerkt, stets im vergleichenden Hinblick auf andere Staaten geschieht. Auch die Zahlen für Flächenraum und Bevölkerung derselben haben für den Schüler nur in solchem Vergleich, zumal mit den heimischen Verhältnissen, eine Bedeutung. Betreffs der weiteren Gesichtspunkte bei Behandlung der Staatsgebiete gilt das zum Lehrgang der zweiten Classe Gesagte.

Historische Geographie. Die Behandlung der Staatsgebiete gehört aber noch einer anderen Betrachtungsweise an, welche die Länder als Schauplatz der Geschichte nimmt.

Schon im Beginn der zweiten Classe wurde der Geschichte der alten Culturvölker, wie z. B. der Ägypter, in der Geschichtsstunde selbst ein Abriss der Geographie des Landes vorangestellt. Das erwähnte Beispiel zeigt besonders deutlich, wie vielfach die Geschicke eines Landes durch seine Beschaffenheit und Lage bestimmt sind, wie gewisse Wege zu Unternehmungen nach außen und wieder für die Einflussnahme der Fremden offen standen; wie die Natur des Landes, die Art seiner Jahreszeiten auf das Leben der Bewohner wirkte; wie letztere den äußeren Charakter des Landes vielfach veränderten; wie noch in den Ruinen Spuren der Geschichte geblieben sind. Bei der einfachen Klarheit seiner Verhältnisse ist Ägypten für solche Betrachtungen sehr geeignet. So übt sich der Schüler auch an den wichtigsten der anderen geschichtlichen Landschaften des Alterthums, wo der Zusammenhang zwischen Land und Geschichte von ähnlicher Deutlichkeit ist. In der Geschichte des Mittelalters und der Neuzeit mit ihrem Zusammen- und Gegeneinanderwirken verschiedener Völker und Führer, mit der Erweiterung des Schauplatzes der Ereignisse

10

werden die Verhältnisse mannigfaltiger und umfassender. Hier leitet dann dieselbe
Weise der Auffassung.

Es handelt sich aber weder hier noch auch in den oberen Classen um
ein der Behandlung der Geschichte des Landes vorausgehendes Raisonnement über
den bestimmenden Einfluss der Natur und Lage desselben. Je einfacher und unmittelbarer die Betrachtung des Schauplatzes mit der Auffassung der Ereignisse verbunden
wird, desto mehr übt sich der Blick des Schülers. Es braucht nicht an dieser Stelle
dargelegt zu werden, von welcher Bedeutung es für den Geschichtsunterricht sei, dass
er stets an der Hand der Karte oder oft noch besser der während der Erzählung
entworfenen Skizze des Schauplatzes, die eben nur das Wesentliche bringt, ertheilt wird,
wie sehr dadurch die Auffassung der Ereignisse (z. B. Heereszüge), der gegenseitigen
Verhältnisse der Staaten gewinnt und die Bilder der geschichtlichen Erinnerung
etwas von der Deutlichkeit des Kartenbildes annehmen. Aber ebenso findet hiedurch
der geographische Unterricht seine Förderung, indem die Vorstellungen von den
Ländern an Leben und Interesse gewinnen und den Schülern ein neues Verständnis
für die Bedeutung der Züge des Kartenbildes aufgeht.

Wenn im Lehrplane das Zusammengehen der beiden Fächer so geordnet ist, dass
die geographische Behandlung eines Gebietes zeitlich nie weit von der geschichtlichen
abliegt, so braucht deshalb nicht das eine Fach, den eigenen Weg verlassend, dem
andern sich so anzubequemen, dass je nach dem Erfordernis der Geschichte die
Geographiestunde die Gebiete, welche jene vornimmt, immer schon früher zur
Behandlung gebracht haben müsste. Bei der Fertigkeit, welche die Schüler in
der Auffassung des Kartenbildes sich bereits erworben haben, werden sie leicht
in der Geschichtsstunde selbst das zur Auffassung des Schauplatzes Erforderliche
sich aneignen.

Besonders fruchtbar erweist sich nämlich die gegenseitige Belebung der beiden
Fächer in der wiederholenden Überschau der Ereignisse, die sich auf
besonders bedeutsamen Gebieten zugetragen haben. Ein solches ist das Land am
Euphrat und Tigris, die Propontis mit den beiden Meerengen; oder die
Insel Sicilien, um die so viel gestritten wurde, welche die Spuren von so verschiedenen
Zeitaltern und Culturen zeigt; ein anderes ist das Poland mit seiner centralen
Lage am Fuße der Alpenpässe; oder das westliche Mittelmeerbecken, oder
Gebirge, wie die Pyrenäen, die Alpen; oder Flusslinien, wie die der Donau
und quer darauf die Furche der Rhone und des Rheins; endlich Städtepositionen wie die
von Wien. Jedes von diesen Objecten gibt ein reiches geschichtliches Bild, in welchem
verschiedene Zeitalter zusammentreten und die Bedeutung des Schauplatzes immer
auf ähnliche Weise hervortritt und so das Bestimmende der geographischen Verhältnisse
erkennen lässt. Eine noch reichere Übersicht gewährt, in den oberen Classen,
die Lage Italiens unter den Mittelmeerländern, mitten im Halbkreise von Ländern,
die von Spanien an über Mitteleuropa bis zur Balkanhalbinsel es umgeben, die alle
Einfluss darauf genommen und von ihm empfangen haben, herrschten oder beherrscht
wurden, während im Polande die Entscheidungen fielen. Ähnlich ist die Lage
Skandinaviens oder Großbritanniens zu den gegenüberliegenden Ländern.
Vor allem wird bei Deutschland die Antwort reich ausfallen auf die Frage,

welche Einwirkungen es auf die einzelnen der Länder und Völker, die es umgeben, ausgeübt, welche es empfangen hat. Am eingehendsten wird in der Vaterlandskunde der VIII. Classe dieselbe Frage für das Heimatland zu verfolgen sein.

Bei solchen Übungen wird, sofern man nicht die an die Tafel entworfene Skizze zugrunde legt, am besten dieselbe oro-hydrographische Karte zur Anwendung kommen, an welcher die Schüler Relief und Landschaft auffassen gelernt haben. Das Terrain ist auf derselben gut gezeichnet, die Schüler sind mit ihr vertraut; zumal wenn dieselbe als Wandkarte ausgehängt bleibt, vereinigt sie die Erinnerungen des geographischen und des historischen Unterrichtes.

Die historischen Karten aber führen die Verhältnisse, die Vertheilung der Staatsgebiete einer bestimmten Zeit vor Augen. Angesichts einer solchen Karte lehrt die Frage, welche Ereignisse sie als bereits vorübergegangen, welche als noch nicht eingetreten zeige, den Schüler den Blick schärfer auf den fraglichen Zeitpunkt richten, und im Vergleiche der damaligen Vertheilung der Machtgebiete mit der jetzigen lernt er die politischen Karten der Gegenwart auffassen, deren volles Verständnis von der Kenntnis der Geschichte und der allmählichen Bildung der Staaten abhängt.

Dieses Zusammenwirken der beiden Fächer wird es nahe legen, namentlich in der vierten Classe, wo die vier wöchentlichen Stunden des ersten Semesters der Geschichte gewidmet sind, durch Übungen vielleicht am Beginn der Stunde oder bei Besprechung des Schauplatzes der Ereignisse manches, was der geographische Unterricht des früheren Jahres gebracht hat, nunmehr zur Förderung der geschichtlichen Auffassung wieder aufzufrischen.

Amerika. Australien. Es ist kaum nöthig anzudeuten, in welchem Sinne die Beschreibung dieser Erdtheile am Schlusse der III. Classe am besten durchzuführen ist. Bei der Auffassung des der alten Welt durch alle Zonen gegenüberliegenden, anders und einfacher gestalteten Welttheils mag sich der Schüler nun selbständiger bewegen und durch Vergleiche die Beschreibung jener anderen Erdtheile sich in die Erinnerung rufen, das Gleiche zusammenfassen, die Gegensätze hervorheben und so mit reiferer Auffassung als im ersten Curse zu einem Überblick über die Erdoberfläche gelangen. Es sei auf einiges Specielle hingewiesen. Das große Meridiangebirge mit den parallelen Ketten, die isolierten Gebirgsländer ihm gegenüber beschäftigten uns schon im ersten Curse; die Gebirge als Ränder des Continentes, die Vulcanreihe am großen Ocean, die Hochländer von Gebirgen eingerahmt, alles dies trat uns schon in der alten Welt entgegen, aber kaum so großartig, als in Amerika die Beckenform erscheint, welche in den Tierländern große Stromsysteme umfasst. (Das Tiefland des Amazonenstromes im Gegensatze zum russischen oder im Vergleiche mit dem des Ob). Vor allem fordern die Breitenzonen zum Vergleich auf. Bei Verfolgung einzelner Parallelkreise über den Erdtheil hinaus wird sich die klimatische Verschiedenheit der Ostküste Amerikas und der Westküste sowohl Amerikas als Europas herausstellen. Die herrschenden Meeresströmungen und der Mangel westöstlicher Scheidegebirge, namentlich in Nordamerika, erklären zum Theil diese Verhältnisse. Andererseits wird beim Herrschen der Westwinde in hohen, der Passate in niederen Breiten die

Bedeutung des großen Meridiangebirges im Westen leicht erkannt. Die Steppen-
und Wüstenstriche, wie sie die alte Welt in so großartiger Weise darbietet, treten
hier viel beschränkter auf. Dagegen ist Australien, wo der Gebirgsrand ungünstiger
liegt, fast ganz davon erfüllt. (Die Wasserfülle der amerikanischen Ströme gegenüber den australischen Flüssen. Die Westküste Südamerikas und Afrikas im
Gebiete der kalten Meeresströmung. Die Urwälder des Äquatorialgürtels entsprechend
denen der hinterindischen Inseln.) Wie aber der Welttheil seit der Entdeckung
vielfach seine Verhältnisse geändert habe, dann die Eigenthümlichkeit der Bevölkerung,
des Anbaues, der Staatenbildung, welche Bedeutung er für Europa erhalten habe.
dies mag im vierten Curse, wo es die Geschichtserzählung mit sich bringt,
wieder zur Sprache kommen.

Geographie der österreichisch-ungarischen Monarchie. Alle erlangte Anschauung
und Übung mag sich aber in der geographischen Betrachtung des heimatlichen
Staates, die an den Schluss des Unterrichtes gestellt ist, concentriert bethätigen.

Bei Betrachtung unseres Vaterlandes sieht man sich zu vergleichender Zusammenfassung umsomehr aufgefordert, als in ihm die verschiedenen Seiten Europas
zusammentreffen; so das nordöstliche Tiefland mit seinen Höhenrücken; die Alpen und der
Gebirgsgürtel von Mitteleuropa in seiner großartigsten Ausbildung; die Mittelmeerküste
mit einer ungemein charakteristischen Inselbildung; Klima und Vegetation des südlichen,
des nordwestlichen und des nordöstlichen Europas, Gebirge als klimatische Scheidewand;
von Osten her noch der letzte Anflug von Steppe. Aber auch die drei großen Sprach-
gebiete des Welttheiles sind ein Zeugniß davon, wie schon seit alter Zeit die Geschichte
des südlichen und des nördlichen, des westlichen und des östlichen Europa in Völker-
und Heereszügen, in Verkehr und Staatenbildung hier zusammenstieß.

Das Gebiet unseres Vaterlandes ist durch seine Bildung wohl dazu geeignet,
dass daran die Lehre von dem Gebirge und von den Flüssen zum
Abschluss gelange. Die östliche Abtheilung der Alpen, die es umfasst, ist vor allem
reich gestaltet in der Anordnung und eigenthümlichen Ausbildung der Zonen, in der
Theilung der Ketten, in den Längs- und Querthälern, in der so verschiedenartigen
Gestaltung der Flusssysteme, wie das der Etsch und des Inn. Der Gebirgsbogen um
das ungarische Tiefland, die Gebirgsumrahmung des siebenbürgischen Hochlandes und
die von Böhmen, die Weise, wie die einen Gebiete die Gewässer in ihrem Innern sammeln
und durch einen einzigen Durchbruch entlassen, das andere als ein Quellenland sie
aus mehreren Thoren entsendet, diese Formen erinnern an ähnliche, in größerem
Maßstabe wiederkehrende Bildungen anderer Welttheile. Das Flusssystem der Donau
selbst ist sowohl nach dem Laufe des Hauptflusses und nach seinem abwechselnden Übergang von Ebenen zu Gebirgsdurchbrüchen, als auch nach den verschiedenen Gestalten
und Ordnungen der Nebenflüsse eines der reichsten; wie es früher oft als Beispiel
diente, mögen nun an ihm die Erinnerungen wieder geweckt werden.

Aus allem Frühern ergibt sich von selbst, wie die Beschreibung von Gebirge
und Fluss durchzuführen ist. Es sei hier nur das eine angedeutet, dass jetzt, vielleicht
bei Betrachtung landschaftlicher Ansichten aus dem Gebirge, auf solche Bildungen
hingewiesen werden mag, wie die Schutthalden am Fuße der Felsen, die Schuttkegel

am Ausgange von Schluchten oder Thalrinnen (Moränen); auf die furchende, rundende oder auszackende Wirkung der Erosion u. a. Es mag auch auf die Wirkungen des fließenden Wassers hingedeutet werden. Die Folge von Engen und Weitungen im Laufe der Donau im Großen verdient in Vergleichung mit anderen Thälern im Gebirge beachtet zu werden; man mag auf die Bedeutung aufmerksam machen, welche die Schwelle des eisernen Thores für das Gefälle und die Einfurchung der Flüsse von Ungarn und dadurch wieder für die Flussbilder der Ebene mit ihren Windungen und Sümpfen hat. Die Betrachtung der Flussinseln, der Seen geht mit diesen Dingen Hand in Hand. Noch mehr als in den früheren Cursen wird nun der Hinweis auf die nächste sichtbare Umgebung Platz finden.

Was die Einprägung des Kartenbildes betrifft, möge sich der Lehrer nicht mit der Darstellung der Anordnung des Gebirges, der Flüsse und der wichtigsten Eisenbahnen an der Tafel begnügen, sondern bei Wiederholungen das Bild einzelner Theile desselben, als nähere und fernere Umgebung eines Gipfels, einer Stadt, von diesen Punkten ausgehend, erneuern lassen. Wie in der Betrachtung des Welttheiles die einzelnen Staaten als Reliefgestalten ins Auge gefasst wurden, mögen nun auch die einzelnen Kronländer als solche beschrieben werden. Werden deren Bilder (oder vielleicht das der Monarchie) an der Tafel und von den Schülern in ihren Heften entworfen, so hätte es wenig Sinn und entspräche nicht dem bisherigen Gange des Unterrichtes, zuerst die Grenzlinien zu ziehen und dann erst das Terrain hineinzusetzen. Man möge vielmehr, je nach der Gestaltung der einzelnen Gebiete, von einer mittleren Fluss- oder Gebirgslinie oder aber von der Umwallung aus das Ganze des Terrains darstellen und sodann die Grenze verfolgen. — Der Flächenraum, die Größe und Dichte der Bevölkerung wird am besten, wie bei den Staaten Europas, durch gegenseitigen Vergleich gelernt, der zur Gruppierung der Kronländer führt. In Bezug auf Klima und Anbau, die Verbreitung gewisser Culturen können dieselben erst in der achten Classe so verglichen werden, dass daraus deutlichere Bilder von der Landschaft jedes einzelnen entspringen; manches kann aber schon hier angedeutet werden. Der statistische Theil als solcher gehört nicht hierher.

Welche Bedeutung die Lage von Städten für den Unterricht hat, ist oben zur Auffassung des Bildes von Europa gesagt, von welcher die Betrachtung unseres Staates durchaus das Abbild sein mag. Aber auch die mit dem Terrain weniger in Beziehung stehenden Städte mögen, sowie das Eisenbahnnetz in Bezug auf seinen Anschluss ans Terrain oder nach bestimmten Richtungen ins Auge gefasst und an die Tafel gezeichnet werden. Hiebei kann man jedoch auf dieser Stufe über die wichtigsten Hauptlinien keinesfalls hinausgehen, ohne dem Schüler zu viel zuzumuthen.

Gebirge, Ebenen, Flüsse, die ganze Terraingestaltung steht im deutlichsten Zusammenhange mit dem Entstehen und dem jetzigen Bestande der Monarchie. Wie dieselbe durch die Einheit eines großen Flusssystems alle übrigen Staaten des Welttheils übertrifft, wie die Gebirge mit ihren geschlossenen Zügen und den höchsten Erhebungen an den Rand hinausgedrängt, aber gegen das Innere geöffnet sind, wie die vorspringenden Länder Tirol, Böhmen, Siebenbürgen als Burgen dastehen, ist ein Ausdruck davon, und schon für das Auge ein Zeugnis der Geschichte.

Ähnlich bedeutsam zeigt sich demselben die westöstliche Thalung der Donau in ihrer Kreuzung mit der südnördlichen Furche, welche von der Oder an über Wien, an dem meridionalen Stück des Donaulaufes zur Morava, nach dem Süden des Welttheiles, der Rhein — Rhone-Linie entsprechend, führt und einen der hervorragendsten und geschichtlich merkwürdigsten Züge im Bilde Europas vergegenwärtigt. Diese Furchen sind es auch, welche das Ganze des Staates in die drei Gebiete, das der Alpen, der Sudeten, der Karpathen sondern.

Wie diese Thalungen und diese Sonderung der Gebiete in der ganzen Geschichte der Monarchie und ihrer Länder bedeutsam und bestimmend hervortreten, ist an dieser Stelle nicht zu erörtern.

Obschon das Sommersemester der IV. Classe dem geographischen Unterrichte gewidmet ist, wird doch bei der Betrachtung des Schauplatzes die Hinweisung auf die Ereignisse die geographische Auffassung und die historische Erinnerung beleben. Solche geschichtliche Rückblicke, denen sich vielleicht manches Neue mit Bezug auf die Geschichte einzelner Länder, namentlich des engeren Heimatlandes zugesellt, sind nicht in besonderen Stunden vorzunehmen, sondern an die geographische Besprechung passend anzuknüpfen.

Wie in der Geographie nach dem Antheil gefragt wird, den die einzelnen Kronländer an der Production und dem Reichthum des Ganzen haben, so in der Geschichte nach dem Antheil derselben und zumal des eigenen Landes an der Bildung und den Geschicken des Staates. So findet auch die Sprachenkarte ihren besten Commentar in der Geschichte desselben. Sie erinnert an die Zeit, wo sein Gebiet zum großen Theil romanisch, an eine andere, wo es größtentheils deutsch und dann wieder zum größten Theile slavisch war; manches aus der jetzigen Vertheilung der Sprachen ist ein Überbleibsel aus einer dieser drei Perioden, anderes hat sich erst in der Folge gestaltet. Die Verbreitung der Deutschen z. B. ist ein Corollar zur österreichischen Geschichte. Man beginne da mit der Frage, welche Gebiete sie schon seit der Zeit der Völkerwanderung innehaben und wie die einzelnen der folgenden Perioden und großen Ereignisse darauf Einfluss nahmen.

· Dass die Ruinen der nächsten Umgebung, die alten Denkmale und manche Überreste früherer Cultur, die Vertheilung der Wohnplätze, manche Namen, die Bedeutung des Flusses und der Höhen für Ansiedelung, Verkehr und Vertheilung der Culturen zur Vervollständigung des Bildes, welches dem Schüler entrollt wird, gelegentlich benutzt wird, bedarf kaum eines besonderen Hinweises. Wo aber die Umgegend von größeren Ereignissen unmittelbar berührt wurde, da lasse man diese geschichtlichen Erinnerungen sich lebhaft mit der Anschauung des Schauplatzes verknüpfen; der Schüler kann nichts Wertvolleres zur Ausbildung des geschichtlichen Sinnes wie einer lebendigen geographischen Auffassung gewinnen.

Dem Wesen des im Vorausgehenden erörterten Lehrganges, welcher den geographischen Unterricht weniger in die Breite, als in die Tiefe wachsen lassen will, widerspräche die Häufung geographischer Thatsachen. Man beschränke sich auf das kleinste zulässige Maß derselben, wie es sich eben durch fortgesetzte Übungen mit Leichtigkeit und Sicherheit einprägen lässt, um dem Gedächtnisse der Schüler

und ihrer häuslichen Vorbereitung nicht zu viel zuzumuthen und der Hauptaufgabe, mit stets regem Interesse das geographische Anschauen und Denken zu
pflegen, gerecht werden zu können.

Geographie in den oberen Classen. Da dem Fache in den o b e r e n C l a s s e n
keine eigenen Stunden zugewiesen sind, liegt die Gefahr nahe, dass daselbst unter
der Menge der Eindrücke, welche die anderen Gegenstände unausgesetzt dem
Schüler zuführen, das erworbene geographische Wissen sich verwische oder verloren
gehe. Gelingt es aber dasselbe zu erhalten und in seinen Grundlagen zu festigen,
so erwächst die gegründete Aussicht, dass dem Schüler im ferneren Leben immer
neu herzuströmender Stoff das Interesse am Gegenstande wach erhalten werde.

Die bisherige Tendenz und Methode des Unterrichtes soll dies ermöglichen.
War in ihm das Hauptbestreben auf die Auffassung und Deutung des Kartenbildes
gerichtet und knüpften sich alle gewonnenen Vorstellungen daran, so weckt dieses
nunmehr auf die vielseitigste Weise die Erinnerungen, zumal wenn dieselben Bilder als
W a n d k a r t e n dem Schüler auch jetzt noch vor Augen bleiben. Umso beredter wird
die Karte auch jetzt noch immer zu ihm sprechen, je mehr er nicht nur gewöhnt
wurde, mit Fragen überhaupt an sie heranzugehen, je mehr diese F r a g e n s e l b s t
und die O r d n u n g in ihnen als ein Haupterwerb betrachtet .wurden. Er wird auch zu
Hause noch gerne den Atlas aufschlagen, an dem er seine Kräfte geübt hat, in dem er
selbständig und mit Interesse, fragend und vergleichend, zu lesen vermag. Je mehr
ferner die Karte und die daran geknüpften Vorstellungen von den Landschaften der
geschichtlichen Auffassung zugrunde gelegt wurden, umsomehr wird der Geschichtsunterricht dieselben Anschauungen im Schüler wieder wachrufen und dem Lehrer
Gelegenheit bieten, daran zu erinnern. Auf welche Weise dies geschieht und welche
Förderung daraus dem Geschichtsunterricht erwächst, ist oben angedeutet.

Endlich mögen jene von der ersten Classe an den Unterricht begleitenden
Übungen so fortgesetzt werden, dass ihnen der Lehrer von der Geschichtsstunde, am
besten zu deren Beginn einen Theil zuwendet, um auf diese Weise das topographische
Wissen und das Interesse an demselben wach zu erhalten, vor allem aber jene Fragen
wieder zu wecken. Hat er die Erfahrung gemacht, wie sehr Unsicherheit der Schüler
in geographischen Verhältnissen dem Geschichtsunterricht abträglich ist und wie
sehr die Klarheit in Bezug auf den Schauplatz sich den Vorstellungen von den
geschichtlichen Ereignissen mittheilt, so wird er die geringe darauf verwandte Zeit
und Mühe leicht verschmerzen. Diese Übungen mögen sich jedoch nicht bloß auf die
eben in der Geschichte behandelten Länder oder auf die eigentlich historischen
Ländergebiete beschränken.

Die geschichtlich-geographische Seite des Faches hat nun volle Gelegenheit zu
ihrer Ausbildung. Manches von dem früher dazu Gesagten hatte vornehmlich für diese
oberen Classen gegolten, wo nun die eingehendere Behandlung der Geschichte zugleich
eine größere Reife der Schüler vorfindet. Da die G e s c h i c h t e d e r E r d k u n d e
so eng mit den hervorragendsten Ereignissen der Weltgeschichte verknüpft ist,
bietet vor allem die Geschichte der neueren Zeit Gelegenheit, den Schüler zu
einer übersichtlichen Anschauung davon zu führen, wie der Mensch zur ausgebreiteten
Kenntnis der Erdoberfläche gelangt ist.

Wird dann und wann dem geographischen Unterrichte eine b e s o n d e r e S t u n d e gewidmet, so möge sie vornehmlich der Ü b e r s i c h t d e r E r d o b e r f l ä c h e gelten, zumal bezüglich der Erwägungen aus der p h y s i k a l i s c h e n G e o g r a p h i e, die in den unteren Classen begonnen wurden und anschauliche Vorstellungen von den Landschaften erwecken halfen; sie mögen nun in der Betrachtung der Verbreitung der Wärme, der Wirkungen der Schwere und der von beiden im Vereine hervorgebrachten Bewegungen, zumal der flüssigen Erdhülle, Zusammenhang und Begründung erhalten. Manches von der Verbreitung von Pflanzen und Thieren, von Producten und Verkehr mag sich anschließen; Naturgeschichte, Mathematik und Physik haben inzwischen dem Verständnisse für solche Excurse vielfach vorgearbeitet.

Dieselben landschaftlichen Ansichten, welche den Schüler zuerst in diese Anschauungen einführten, mögen, wieder im Schulzimmer ausgehängt, die Erinnerung wecken. Auch auf den höheren Stufen wird das Princip, den Unterricht stets an die Betrachtung der Umgebung anzuknüpfen, sich fruchtbar und geeignet erweisen, im Schüler Denken und Erinnerung anzuregen.

Die tiefere Begründung des Wissens, welche dem Schüler in den oberen Classen zutheil wird, mag in der Behandlung der V a t e r l a n d s k u n d e am Schlusse des Unterrichtes zu voller Geltung kommen, wenn auch die Gesichtspunkte, die Ordnung und Weise der Durchführung dieselben bleiben, wie sie oben dargelegt wurden.

Schlussbemerkung.

Die im einleitenden Abschnitte (S. 110) und auch an anderen Stellen gemachten Bemerkungen bezeichnen den Charakter des oben Ausgeführten genau. Die Instruction beansprucht keineswegs eine bindende, in ganzer Ausdehnung durchzuführende Norm zu sein, wohl aber soll sie, auch wenn ein anderer Weg eingeschlagen wird, Winke und Anregungen bieten. In der Karte besitzt der Gegenstand ein Hilfsmittel eigenthümlicher Art, welches dem Lehrer wie in keiner anderen Disciplin die Freiheit der Leitung und Auswahl lässt und als Bildungsmittel einen solchen Wert besitzt, dass es den Unterricht lähmen hieße, wollte man die Karte dem Lehrbuche zuliebe in den Hintergrund stellen. Wo dies vorkommt, dürfte die Schuld in einer Überfülle des Stoffes im Lehrbuche und in einer solchen Anordnung desselben liegen, bei welcher das Unwesentliche schwer auszuscheiden ist. Der rechte Gebrauch der Karte aber verlangt, dass dem Lehrer eine vollkommene klare Vorstellung von dem Zusammenhange und der Ordnung im Ganzen wie in den einzelnen Theilen des Unterrichtes lebendig innewohne. Der Schüler soll aus dem Unterrichte allmählich das Bewusstsein jenes Zusammenhanges gewinnen, ohne dass dieser ihm vordemonstriert wird. Denn er soll ähnlich wie im naturhistorischen Unterrichte, schauen, das Wahrgenommene geordnet beschreiben und Bilder des Geschauten erwerben lernen.

Die beiden einander begleitenden Wege zum Ziele sind in der Instruction hingestellt: sowohl jene unmittelbare Weise der Gesammtübungen (S. 108 und 109) als auch der Lehrgang an der Hand einer in sich begründeten Ordnung von Fragen, die dem Schüler, indem er sie immer freier auf die verschiedenen Objecte anwenden lernt, mit dem Gefühle wachsender Selbständigkeit und eines sich erweiternden Einblickes in die Ordnung und Regel des Kartenbildes, immer mehr Freude und Interesse gewährt.

An diesem Interesse wird der Lehrer auch leicht erkennen, ob die Aufgabe den Kräften der Schüler angemessen sei. Wenn es richtig ist, dass jeder Unterricht, der größtentheils fragend geführt wird, das Maß in sich trägt, welches ihn davor bewahrt, die Schüler zu überbürden, so gilt dies insbesondere vom geographischen, da die Karte dem Lehrer die Auswahl des Vorzunehmenden frei lässt und jeder neue Erwerb aus ihr in der L e h r s t u n d e geschöpft wird.

Instructionen für den Unterricht an den Gymnasien.

D. Geschichte.

Der historische Unterricht, namentlich an den höheren Schulen, gehört „zu den Sorgenkindern der Didaktik" *). Seine Methode sowie seine wissenschaftlichen Grundlagen sind eben von neuem Datum, und wir stehen noch immer in der Periode des belehrenden Erfahrens und Versuchens. Wenn noch vor drei Decennien Löbell **) die Existenz einer Methode des historischen Unterrichtes leugnete, so kann auch heute eine allgemein bekannte und anerkannte Methodik noch nicht vorausgesetzt werden. Gleichwohl lässt sich nicht verkennen, dass unsere Zeit infolge des Aufschwunges der Geschichtswissenschaft, welche nun alle Gebiete des Lebens der Menschheit umspannt, bemüht ist, auch dem historischen Unterrichte auf den Schulen neues Leben und höhere Bedeutung für die Bildung unserer Jugend zu verleihen. Ebenso gewiss ist auch, dass sie Erfolg zunächst von festerer Begründung der Principien, von klarem Bewusstsein über die Methode dieses Unterrichtes, also zumeist von der praktischen Seite her erwartet.

Die Frage des methodischen historischen Unterrichtes hat daher in jüngster Zeit immer allgemeineres Interesse gewonnen. Pädagogische Vereine und Conferenzen haben sich mit ihr beschäftigt, in besonderen Schriften, in Vorreden zu Lehrbüchern, in Aufsätzen der Fachblätter ist ein reiches Materiale über diesen Gegenstand niedergelegt und der Geschichtslehrer hat es als seine Pflicht anzusehen, sich mit diesen Erörterungen bekannt zu machen, deren Resultate der Schule zugute kommen sollen.

1. Aufgabe und Ziel des geschichtlichen Unterrichtes.

Nur aus dem Wesen der Gymnasialbildung und dem Entwicklungsgange der Geschichtswissenschaft kann sich Aufgabe und Ziel des Geschichtsunterrichtes auf den Gymnasien ergeben. Darnach aber erwächst dem Geschichtsunterricht die Aufgabe, die Schüler zu historischer Bildung zu erheben, ihnen die wissenschaftliche Grundlage zur Geschichtsanschauung zu geben und sie für das wissenschaftliche Studium der Geschichte vorzubereiten ***).

---

*) Herbst, zur Frage des Geschichtsunterrichtes auf höheren Schulen. Mainz 1869, S. 2.
**) J. W. Löbell, Grundzüge einer Methodik des geschichtlichen Unterrichtes auf Gymnasien. Leipzig 1847, S. 3.
***) Hergenröther, Aphorismen über den Geschichtsunterricht an den Studienanstalten. Würzburg 1871, S. 14.

Demzufolge muss in den jugendlichen Gemüthern zunächst das historische
Interesse erweckt, stetig gemacht und dann allmählich zu historischem Sinne, d. i.
zu dem Triebe und der Fähigkeit, den ursächlichen Zusammenhang und die continuierliche Verkettung in den geschichtlichen Erscheinungen zu erforschen und zu
erkennen, ausgebildet werden. Insoferne aber dieses Interesse in seiner Ausbildung
zu historischem Sinne zur Aneignung geschichtlicher Kenntnisse drängt und nothwendig
durch den freien Besitz solcher bedingt wird, muss der historische Unterricht vorerst
den Schülern durch Einprägung eines festen Grundstockes historischer Daten ein
bestimmtes Maß bedeutsamen geschichtlichen Stoffes, eine mäßige Anzahl von
Thatsachen und Zahlen beibringen. *)

Die Entwicklung der Fähigkeit, mit dem gelernten Stoff zu operieren, d. h. die
Daten zu neuen Gruppen zu combinieren, kann erst auf dieser Grundlage erfolgen.
Es hat somit der geschichtliche wie jeder wissenschaftliche Unterricht in Wissen
und eine Fähigkeit, ein Kennen und ein Können zu vermitteln. **) In materialer
Beziehung soll durch ihn der Schüler eine auf sicheren geographischen und chronologischen Kenntnissen beruhende Übersicht über den Gang und die epochemachenden
Ereignisse der politischen und der Culturgeschichte, eine eingehendere Kenntnis der
geschichtlichen Entwicklung der Griechen und Römer, sowie des vaterländischen Staates
gewinnen und mit den vornehmsten Factoren der historischen Entwicklung vertraut
gemacht werden. In formaler Beziehung soll der Schüler angeleitet werden, überall eine
Entwicklung zu suchen, insbesondere jedes Factum nach Ursache und Wirkung zu
begreifen und die vornehmsten Factoren, große Männer sowohl wie ganze Völker,
in ihrer Eigenart aufzufassen. Die Erweckung des historischen Sinnes, die Erschließung
der Erkenntnis des Causalnexus in den geschichtlichen Erscheinungen und Thatsachen,
das Interesse an den — wenn auch nur geahnten — Gesetzen der Entwicklung ist somit
das Endziel, dem der historische Unterricht am Gymnasium zustreben muss; darin liegen
die Fundamente des Verständnisses der Geschichte, darin liegt ausgesprochen, was
„geschichtliche Bildung" im modernen Sinne bedeutet. Mit der Erreichung dieses
Zieles reifen aber auch fast von selbst jene Früchte intellectueller und ethischer
Natur, die das Ideal des erziehenden Unterrichtes überhaupt sind und welche
der gute Geschichtsunterricht zu zeitigen mithelfen soll. Der historische Unterricht,
der das gesammte geistige Leben in seinen Kreis zieht, muss auch nothwendig
auf das gesammte Geistesleben des Schülers zurückwirken. Das historische Interesse
setzt sein Gedächtnis in Bewegung und bietet seiner Phantasie Beschäftigung,
durch klare logische Verbindung des als Ursache und Wirkung Zusammengehörigen
wird sein Verstand genährt, die historische Einsicht vertieft und erweitert seinen
Blick. Aber nicht nur die höheren Denkthätigkeiten werden in Anspruch genommen,
die historische Unterweisung verlangt auch fortwährend Theilnahme des Herzens,
erregt, klärt und reinigt fortwährend die Affecte und wirkt mit unwiderstehlicher

---

*) C. Jäger, Bemerkungen über den geschichtlichen Unterricht. 2. Auflage, Wiesbaden 1882,
S. 12. Vgl. Verhandlungen der 2. Directoren-Versammlung der Provinz Hannover. Verhandlungen der Directoren-Versammlungen in Preußen. II. Bd., S. 290.

**) Verhandlungen der 6. Directoren-Versammlung der Provinz Schlesien 1882, a. a. O., XIII. Bd.,
S. 30.

Gewalt auf die Gesinnung des Willens zurück *). Durch die historische Bildung blühen somit alle Tugenden auf, die den Sinn und die Begeisterung für die Menschheit und das Vaterland erwecken, die die Empfänglichkeit für das sittlich Schöne und Erhabene in der jugendlichen Brust anregen und entwickeln. Einem guten Geschichtsunterrichte wohnt in eminentem Sinne die Kraft bei, sittlich zu wirken.

2. Abstufung des historischen Unterrichtes.

Der zweistufige Aufbau des geschichtlichen Unterrichts ist längst als didaktische Nothwendigkeit anerkannt, denn er beruht nicht auf willkürlicher Combination, sondern auf verständiger Berücksichtigung der natürlichen Alters- und Entwicklungsstufen der Schüler. Die Geschichte bietet ja den verschiedenen Lebensaltern und Bildungs-stufen ganz verschiedene Seiten des Interesses dar, deren jede ihr Recht hat und sich durch die andern nicht ersetzen lässt **). Im Lehrplane ist daher auch der verschiedene Charakter dieses zweifachen Lehrganges ganz bestimmt bezeichnet. Demgemäß wird auf beiden Stufen den Lernenden das ganze Schulgebiet der Geschichte, aber quantitativ und qualitativ verschieden, vorgeführt, weil jede der beiden Alters-stufen eine verschiedene Auffassungskraft besitzt, und diese Kraft an den zuständigen Theilen der Geschichte und mittels der geeigneten Methode geübt wissen will. Beide Curse beginnen mit der alten und schließen mit der neueren Geschichte. So entsteht ein natürliches Fortschreiten und Aufsteigen von dem Früheren zu dem Späteren, von dem Einfacheren zu dem Zusammengesetzten. Auf der ersten Stufe findet nun zunächst das natürliche Interesse der Schüler durch die Mittheilungen aus der Sagen-welt, die ja einen unwiderstehlichen Zauber auf die kindliche Phantasie ausübt, durch die lebendige Darstellung bedeutender Persönlichkeiten und großer Charaktere, für welche die Schüler eine natürliche, rein menschliche Theilnahme gewinnen, endlich durch die Erzählung einflussreicher äußerer Ereignisse und wichtiger Begebenheiten die gewünschte Nahrung und Befriedigung. Damit wird auch zugleich jenes Maß bedeutsamen geschichtlichen Stoffes beigebracht, auf dessen Einprägung und Aneignung hier das Hauptgewicht zu legen ist. „Diese Elemente sollen zu einer doctrina parata werden, so dass ihre Kenntnis immer zu Gebote steht" ***). Der historische Elementar-Cursus, der die II., III. und IV. Classe umfasst, wird zwar dem in der V.—VIII. Classe zu ertheilenden vieles zur Ausfüllung und Vertiefung vorbehalten, jedoch nichts zur Berichtigung überlassen dürfen. Nie und nimmer darf hier eine falsche oder auch nur subjective Ansicht beigebracht werden, die später berichtigt werden muss, zumal die ersten Eindrücke am festesten haften. Hierauf ist sowohl bei der Wahl der Lehrbücher, als insbesondere dann gewissenhaft zu achten, wenn mehrere Lehrer sich in den Geschichtsunterricht theilen. Auch der Fortschritt der Schüler in ihrer geistigen

---

*) Matzat, über Bildung des Willens durch den Unterricht, mit besonderer Anwendung auf den Unterricht in der Geschichte. Zeitschr. f. d. Gymnasialwesen. Berlin 1871, S. 865—82 und Horawitz, über den erziehenden Unterricht am Gymnasium ebenda. Jahrg. 1870. S. 785 ff.

**) Verhandlungen der 6. Directoren-Versammlung der Provinz Schlesien (a. a. O. XIII. Bd. S. 42) und der 1. Directoren-Versammlung in der Rheinprovinz (a. a. O. IX. Bd. S. 117).

***) Löbell a. a. O. S. 15. Cf. Hergenröther a. a. O. S. 38.

Entwicklung (von II—IV) soll nicht ohne Einfluss auf den Vorgang des Lehrers bleiben. Nach dem Grade ihres geistigen Vermögens können bereits hier die Schüler allmählich daran gewöhnt werden, den erlernten historischen Stoff in neue Formen zu fassen und aus neuen Gesichtspunkten zu betrachten. Dabei ist es auch unerlässlich, den historischen Hergang stets durch die geographische Anschauung zu versinnlichen und die Einbildungskraft durch das Auge zu unterstützen.

Auf der oberen Stufe (Obergymnasium) darf der historische Unterricht nicht etwa eine bloße Wiederholung oder Erweiterung des früher (im Untergymnasium) Behandelten und Gelernten sein, vielmehr hat er das Gebäude auf den dort gelegten Grundlagen weiter auf- und auszubauen. Vieles kann als bereits bekannt vorausgesetzt werden, und Manches wird nur kurz zu berühren sein, um sich zu überzeugen, ob es sich den Schülern noch im Gedächtnisse erhalten hat. Die auf der Unterstufe fast ganz übergangenen oder nur obenhin berührten Gegenstände und Seiten der Betrachtung haben nun vorzugsweise die Aufmerksamkeit in Anspruch zu nehmen. Jetzt ist der Ausbildung zu historischem Sinnen, zur denkenden Verarbeitung des historischen Stoffes, zur Erkenntnis des Causalnexus die größte Sorgfalt zuzuwenden. Erst auf dieser Stufe können ja und sollen daher die Schüler in das innere Leben der Völker und Staaten, in die Entwicklung ihrer Verfassungs- und Culturzustände eingeführt werden, um, so weit es innerhalb der Mittelschule überhaupt möglich ist, sich des „Gesetzes der geschichtlichen Entwicklung" bewusst zu werden.

3. Auswahl, Gliederung und Behandlung des historischen Lehrstoffes.

Die Unmöglichkeit, das ganze Gebiet der Geschichte in den wenigen ihr zugewiesenen Unterrichtsstunden eingehend zu behandeln, erheischt auf beiden Stufen die sorgfältigste und taktvollste Auswahl und Gliederung des Lehrstoffes, sowohl mit Rücksicht auf die knapp bemessene Unterrichtszeit, als auch in Bezug auf die Bedeutung der einzelnen Partien der Geschichte. Soll daher die Absolvierung des Lehrpensums nicht in Frage gestellt werden, so muss alles minder Belangreiche entweder ganz ausgeschieden oder doch möglichst beschränkt werden, um den Unterricht in den wichtigen, Geist und Gemüth besonders anregenden und bereichernden Partien vertiefen und hier die treibenden Kräfte nachweisen zu können. Aus der überreichen Fülle des Stoffes wird daher der prüfende Sinn des Lehrers nur das entnehmen, was für die allgemeine Bildung von anerkannter Bedeutung und was der geistigen Entwicklungsstufe der Schüler angemessen ist. Alle charakteristischen Erscheinungen des Staats- und Culturlebens jedoch, welche bei den Hauptvölkern zu Tage treten, müssen in den Kreis der Darstellung aufgenommen und mit einer für das Verständnis hinreichenden Ausführlichkeit behandelt werden. Dabei werden einzelne ausführliche Detaildarstellungen zu geben und in derselben die wichtigen, charakteristischen Merkmale so deutlich und lebendig hervorzuheben sein, dass die Schüler ein solches Verständnis und Interesse [*] für die ganze Disciplin gewinnen, welches auch dann noch fortwirkt, wenn die äußere

---

[*] Verhandlungen der Directoren-Versammlung der Provinz Pommern a. a. O. I. Bd. S. 278 und R. Petersdorff, Die wichtigsten Punkte der Methodik im gymnasialen Unterricht. Friedland 1882, S. 20.

Nöthigung dazu aufgehört hat, also über die Zeit des Schulstudiums hinaus. So wenig es aber dem Zwecke entspräche, j e d e s für die Entwicklung der Menschheit wichtige Volk nach seiner geschichtlichen Entfaltung zu verfolgen, — denn das würde zur Oberflächlichkeit führen, — eben so wenig darf der Lehrer der Versuchung nachgeben bei Einzelschilderungen zu lange zu verweilen, weil dann alles Weitere überhastet werden müsste und daraus eine unnütze Belastung des Schülers entstünde.· Der Lehrer muss es also verstehen, viele Details dieser so ausgebreiteten Disciplin in festgegliederter Gestalt zusammenzufassen; er muss mit wissenschaftlichem Sinn für die Hauptsachen, aber auch mit voller Freiheit und voller Unbefangenheit gegenüber dem veralteten und nur aus Gewohnheit immer wieder mitgeschleppten Material seine Auslese treffen *).

a) U n t e r s t u f e.
(Untergymnasium.)

Den Unterricht auf dieser Stufe charakterisiert das Hervorheben des persönlichen Momentes in der historischen Entwicklung; nur ganz allmählich (in II. noch gar nicht, in III. nur an einigen Punkten, in IV. bei den meisten großen Bewegungen) wird sich die Darstellung dem Standpunkte der Oberstufe annähern. Die wichtigsten Begebenheiten werden gruppenweise zusammengefasst und nach ihrem Verlauf und ihrer Fortwirkung erzählt. Die kurze Schilderung dieser Fortwirkung leitet zur nächsten Gruppe über und vermittelt den Zusammenhang, soweit dessen Erkenntnis für dieses Alter Bedürfnis ist.

a) **Alterthum.** Der Unterricht muss, um das Drama der Weltgeschichte wirklich mit dem Anfange zu beginnen, eingeleitet werden mit einer kurz gefassten, um die Hauptpersonen, z. B. Ninus und Semiramis (zugleich eine Probe der Sagenbildung auf dem Boden orientalischer Geschichte), Moses, David, Salomon, Nebukadnezar, Cyrus und Cambyses sich gruppierenden Darstellung der alten orientalischen Geschichte und Cultur. Auf die Geschichte von Hellas und Rom ist jedoch das Hauptgewicht zu legen. Diese classische Welt mit ihrer jugendlichen Frische, ihren einfachen Lebensformen, ihrer vorherrschend individuellen Gestaltung ist vorzugsweise geeignet, die jungen empfänglichen Gemüther zu fesseln, den Sinn für geschichtliche Größe und Würde zu wecken und die Knaben in die Geschichte einzuführen.

Die griechische Geschichte ist bis zum Tode Alexanders des Großen fortzuführen; sie schließt ab mit einer Übersicht über die auf die Diadochenzeit folgenden Staatenbildungen. Die römische Geschichte geht von der nur kurz zu berührenden Urzeit bis zum Sturze des west-römischen Reiches.

In der griechischen Geschichte wird die Sagenzeit jedenfalls eine eingehende Darstellung verlangen. Ihr ist auch ein Überblick über die religiösen Vorstellungen der Hellenen vorauszuschicken, denn ohne die Kenntnis derselben bleibt die Sagenwelt unverständlich. Die eigentliche Geschichte der Hellenen wird so weit als möglich mit Gruppierung um die einzelnen Persönlichkeiten zur Darstellung gebracht.

---

*) Verhandlungen der 2. Directoren-Versammlung der Provinz Hannover a. a. O. II. S. 137 ff.

Demgemäß sind in erster Linie zu berücksichtigen Lykurg und Solon, die Perserkriege im Anschluss an die leitenden Personen und Alexander der Große. In zweiter Linie Perikles und der peloponnesische Krieg. In dritter Linie Sokrates und die Zustände in Athen nach dem großen Kriege; Epaminondas und Pelopidas und die Hegemonie der Thebaner; Demosthenes und König Philipp — das sinkende Griechenland und das aufstrebende Macedonien. Die Geschichte Griechenlands vom Ende des peloponnesischen Krieges bis zum Auftreten des Pelopidas und Epaminondas soll nur in den Hauptumrissen vorgeführt werden. Was der Schüler vom Hellenismus zu erfahren hat, beschränkt sich darauf, dass er am Schlusse der griechischen Geschichte hört, in welche Reiche die Monarchie Alexanders des Großen zerfällt und im Verlaufe der römischen, wann jedes derselben römisches Land wird.

Schwieriger ist die Behandlung der römischen Geschichte. Wenn auch als Glanzpunkt die Heldenzeit der samnitischen und punischen Kriege hervortreten soll und daher ausführlicher und nachdrücklicher zu behandeln ist als die in politischer Hinsicht so inhaltsvolle Periode von den Gracchen bis Octavian, so bietet doch auch die Zeit der Könige, der Plebejerkämpfe, des Pompejus und Cäsar viel des Schönen und Anregenden dar. Auch ist die römische Geschichte so fest in sich gefugt und so consequent entwickelt, dass kaum eine so bestimmte Gruppierung wie in der griechischen möglich wird, zumal auch die subjective Neigung des Lehrers hier eine gewisse Berechtigung hat. Die Darstellung der ältesten Culturverhältnisse der Germanen und ihrer Kämpfe mit den Römern ist in die Regierungsgeschichte des Augustus einzufügen; mit der übersichtlichen Vorführung der römischen Kaiserzeit ist die Geschichte der Völkerwanderung bis zum Sturze des west-römischen Reiches zu verbinden.

b) Mittelalter. In der Geschichte des Mittelalters, die von der Begründung germanischer Reiche auf dem Boden des römischen bis auf die Zeit Max I. zu führen ist, sind die Verhältnisse bei weitem weniger einfach. Hier treten die großen Individualitäten mit ihrer schlechthin maßgebenden Willenskraft mehr zurück, sie folgen dem Antriebe mächtiger Zeitideen, durch die alle ihre Handlungen und Bestrebungen bedingt sind. Die Völker sondern sich nach Abstammung und Lage und führen ein selbständiges geschichtliches Leben mit eigenen nationalen Interessen. Die mittelalterliche Geschichte hat auch unstreitig einen geringeren Bildungswert als das Alterthum. Ihr fehlt, was die Schule am meisten bedarf, das plastische Bild der handelnden Persönlichkeiten und nur zu oft wird hier der Lehrer, um den Stoff den Schülern dieser Stufe schmackhaft zu machen, seine Zuflucht zur Sage und Dichtung nehmen müssen *). Es dürfte sich empfehlen, dieses neue Lehrpensum mit einer Recapitulation

---

*) Wie man mit Takt die Sage in die Geschichte einflicht, ist aus C. Schwebels deutschen Kaisergeschichten zu ersehen.

Man verschmähe auch Sagen wie die von Hatto v. Mainz, von Ernst von Schwaben und ähnliche nicht, die augenscheinlich die Anhänglichkeit der deutschen Stämme an ihre Stammeshäupter gegenüber der ihnen nicht sympathischen Reichsregierung bezeugen.

Auch den ersten Kreuzzug wird man ohne Schaden in der sagenhaften Gestalt erzählen, in der es vor Sybel zu geschehen pflegte, wenn auch einzelne Andeutungen über tendenziöse Gestaltung der Sage hiemit nicht ausgeschlossen sein sollen.

der Urgeschichte der Germanen und des Wichtigsten aus der Völkerwanderung einzuleiten und dabei besonders jene Persönlichkeiten in den Vordergrund zu stellen, die zugleich der germanischen Heldensage angehören. Dieses wiederholende Heranziehen schon behandelter Gegenstände nimmt nicht zuviel Zeit in Anspruch und kommt dem weiteren Unterrichte sehr zu statten. Mit der Betrachtung der auf dem ehemaligen römischen Territorium neu entstandenen Reiche ist der Übergang zur Geschichte der Franken unter Chlodwig und seinen Nachfolgern gegeben, die als Anfangspunkt der deutschen Geschichte mehr Beachtung erfordert. In zweckmäßiger Kürze muss jedoch noch des Fortlebens des ost-römischen Reiches unter Justinian gedacht werden; hier wird sich, was von dem Untergange der Vandalen und Ostgothen und von den Longobarden vor ihrer Berührung mit den Franken mitzutheilen nöthig ist, anschließen lassen. An die Entstehung des Islam und des arabischen Reiches knüpft sich das Erlöschen des westgothischen. Dann reiht sich an die Geschichte des großen fränkischen Reiches unter Karl dem Großen und seinen Nachfolgern, die deutsche, mit der seit Erneuerung des Kaiserthums unter Otto I. die Geschicke Italiens bis zum Ausgange der Hohenstaufen unlösbar verbunden sind. Der Erzählung der Kreuzzüge muss eine Übersicht über den ganzen bisherigen Schauplatz der Geschichte vorausgeschickt werden, um den Gegensatz der christlichen und moslemischen Welt zur Anschauung zu bringen, und hier wird sich manches früher Übergangene passend einfügen lassen.

Die Bedeutung des deutschen Reiches im Mittelalter erheischt dann, dass bei der weiteren Betrachtung die Geschichte desselben im Mittelpunkte steht und den größten Raum zugewiesen erhält. Alles auf die vaterländische Geschichte Bezügliche kann am besten in episodischer Weise an geeigneten Stellen der deutschen Geschichte eingeschaltet werden. An der Geschichte der römisch-deutschen Kaiser kommt die äußerliche Mannesgröße in ihrer praktischen Entfaltung, in ihrer handelnden Kraft zur Anschauung, während ein Blick in die Wirksamkeit und vielseitige Thätigkeit der Kirche das tiefe Seelenleben der christlichen Menschheit ahnen lässt und in der Jugend die Einsicht schafft, dass es nicht bloß ein Heldenthum des Muthes und der kriegerischen Thatkraft, dass es auch ein Heldenthum der Entbehrung, der Aufopferung, der Menschenliebe gibt. Die bedeutendsten Größen beider Richtungen sind mit bescheidener Ausführlichkeit den Schülern vorzuführen *).

Von der Zeit Rudolfs von Habsburg an soll sodann neben der deutschen die österreichische Geschichte entschieden in den Vordergrund treten. Die außerdeutsche Geschichte verdient nur insoferne noch Berücksichtigung, als sie sich mit der deutschen oder der österreichischen berührt, oder doch zum Verständnis der Neuzeit unerlässlich ist.

c) Neuzeit. Bei Behandlung der neueren Geschichte verlangt der Lehrplan (in IV.) eine „übersichtliche Darstellung mit Hervorhebung der für den habsburgischen Gesammtstaat wichtigsten Personen und Begebenheiten". Da vom 16. Jahrhunderte an, seit dem Hervortreten der habsburgischen Monarchie als Großmacht ihre Geschichte

---

*) J. Schrammen's Erörterungen über den Geschichts-Unterricht an höheren Schulen. Wolfenbüttel 1880, S. 24 ff.

mit der allgemeinen zusammenfällt, so kann sie um so leichter zum Schwerpunkte
der gesammten Schilderung dieser Zeit gemacht werden. Es wird dadurch ein
einheitliches, wenn auch zum Theil nur äußerliches Band hergestellt. Als Mittelpunkt der Geschichte des Reformationszeitalters kann Karl V. (neben ihm Ferdinand I.)
dienen. In seinen Händen laufen alle Fäden der religiösen und politischen Bewegungen
der Zeit zusammen. Seine vielseitigen Berührungen mit allen Ländern und Nationen
geben die Grundlage zu dem großen Gemälde, auf dem die Völkergeschichten des
ganzen Jahrhunderts in Umrissen aufgetragen werden können.

Die katholische Restauration wird mit Philipp II. im Vordergrund zu behandeln
sein, daneben Elisabeth von England, Maria Stuart, Heinrich IV. von Frankreich.
Das Zeitalter des dreißigjährigen Krieges mit seinen Völkerschlachten, die kometen-
artig auftauchende Erscheinung Wallensteins bietet dann wieder ein neues Feld
zur Umschau über die benachbarten Staaten. In die Zeit der Vorherrschaft Frankreichs
fällt die Heldenzeit Österreichs, seine glorreichen Kämpfe gegen die Türken, der
ruhmvolle spanische Erbfolgekrieg, Momente, durch welche das Bewusstsein der
Zusammengehörigkeit aller unter dem Scepter der Habsburger vereinigten Völker
geweckt und die Idee eines einheitlichen Staatswesens in Österreich entwickelt
wurde. Um die bedeutendsten Persönlichkeiten dieser Epoche: Ludwig XIV.,
Leopold I., Josef I., Karl VI., Peter den Großen und Karl XII. werden die wichtigsten
Ereignisse zu gruppieren sein. Im Zeitalter des aufgeklärten Absolutismus wird sich
an die Geschichte Maria Theresias und ihres Gegners Friedrich II. die Geschichte
der übrigen europäischen Staaten leicht anreihen lassen, während Josef II.
Regierung den geeigneten Abschluss dieser hochstrebenden Zeitepoche bildet.

Die Ereignisse von 1789 an (hier wird die Geschichte Europas durch das
revolutionäre Frankreich übermächtig bestimmt) bis zum Sturze des zweiten
französischen Kaiserreiches werden unter besonderer Berücksichtigung der die vaterländische Geschichte betreffenden Ereignisse (z. B. 1809) nur in gedrängtester
Zusammenfassung der äußeren Thatsachen den Schülern vorzuführen sein; die weitere
Ausführung bleibe der Oberstufe überlassen.

d) Innere politische Geschichte. Von der inneren politischen Geschichte, besonders
den Verfassungsverhältnissen der Staaten, wird schon auf dieser Stufe zu reden
sein *), da viele der wichtigsten Begebenheiten durch Versuche, staatliche Einrichtungen
zu begründen und abzuändern, hervorgerufen wurden. Trotz aller berechtigten Scheu
vor dem Abstracten werden sich die elementarsten Mittheilungen über solche Verhältnisse
nicht umgehen lassen, weil von so vielen Dingen, die in der historischen Darstellung
berührt werden müssen, ein Begriff nicht fehlen darf. Jedenfalls sind aber solche
Momente des inneren Staatslebens nur insoweit zu berücksichtigen, als es die Natur
der Sache unabweislich erheischt und die Fassungskraft der Schüler es gestattet.

e) Biographisches Moment. Hingegen verdient das biographische Moment auf
dieser Stufe eingehende Beachtung. Biographische Skizzen zur lebendigen Veranschaulichung der handelnden Personen sind als lumina orationis und als fortlaufende
Knotenpunkte der Geschichtserzählung hier ganz gut am Platze. Besonders bietet

---

*) Verhandlungen der Directoren-Versammlung der Rheinprovinz 1881, a. a. O., IX. Bd., S. 131 ff.

die Geschichte des Alterthums eine Reihe von Persönlichkeiten dar, die dem Geiste
des Knaben sich dauernd einprägen und um die sich die geschichtlichen Vorgänge
reihen lassen.

Auch in der mittleren und neueren Geschichte bieten solche Lebensbilder
ethischen Halt und wecken wärmeres Interesse. Sie sind oft geradezu die Licht-
punkte für die Schüler, wenn der Lehrer die Farben wählt, um dem Bilde Anschaulichkeit und Leben einzuhauchen. „Das Erfassen mit dem Herzen arbeitet dem mit
dem Kopfe vor." Es gibt historische Persönlichkeiten, wie Max I., Prinz Eugen,
Maria Theresia, Josef II. u. a., deren Lebensbilder, zu sprechender Evidenz gebracht,
„dogmatische Sicherheit und Bestimmtheit" gewinnen müssen.

b) Obergymnasium.
(Oberstufe.)

Auf dieser Stufe soll der Schüler die Geschichte nach ihrem causalen Zusammenhange als Entwicklung begreifen lernen. Als Grundlage hierzu haben ihm die auf
der Unterstufe erworbenen Kenntnisse zu dienen. Für den Inhalt der Geschichte
selbst dürfen die auf der unteren Stufe ausführlicher behandelten Momente hier
nur kurz zur Erinnerung berührt werden. Auf die alte Geschichte ist schon durch
die größere, ihr gewidmete Stundenzahl ein besonderer Wert gelegt; aus ihrem Umfange
aber ist besonders die Geschichte der Griechen und Römer hervorzuheben. Der
Grund historischen Wissens und Könnens kann nur durch die Kenntnis der Geschichte
dieser Völker gelegt werden. In den einfachen und klaren Verhältnissen und Vorgängen,
die der Schüler hier kennen lernt, ist das Wesen des Staates und der Gesellschaft,
und das Gesetz ihrer Entwicklung geradezu geoffenbart. Die Geschichte der Griechen
und Römer ist daher ganz besonders geeignet, das Verständnis für die innere
Entwicklung der Staaten den Schülern zu erschließen. Und wenn für das gründliche
Eindringen in die Geschichte einer Zeit und eines Volkes die Lectüre von Quellen-
schriftstellern eine nothwendige Bedingung oder wenigstens eine wesentliche Förderung
ist, so bietet das Gymnasium seinen Schülern diese Erleichterung für das Verständnis
der griechischen und römischen Geschichte, sofern nur der geschichtliche Unterricht
auf die gleichzeitige und nachfolgende Lectüre der Classiker die gehörige Rücksicht
nimmt und andererseits die Erklärung der Classiker es sich zur Aufgabe macht, die
Schüler anschaulich in die Zeit und den Gedankenkreis der Schriftsteller zu versetzen.
Die der VIII. Classe zugewiesene Recapitulation der wichtigeren Partien der
griechischen und römischen Geschichte bietet dem Lehrer dieses Gegenstandes die
Gelegenheit, das Erträgnis fast der ganzen Classikerlectüre am Gymnasium für die
tiefere Auffassung der antiken Welt und namentlich ihrer Cultur zu verwerten und
dem Schüler die Summe seines historisch-philologischen Wissens ziehen zu helfen.

a) **Alterthum.** Der Unterricht in der alten Geschichte hat, wenn das Allgemeinste
über Begriff und Methode der Geschichte, über Quellen und Hilfsmittel der historischen
Disciplin vorausgeschickt ist, was in wenigen Stunden abgethan sein muss, mit der
Geschichte der altorientalischen Völker zu beginnen. Trotz der hohen, durch die
neuesten Forschungen und Entdeckungen in immer helleres Licht tretenden Bedeutung

dieser Völker wird ihre Geschichte keineswegs als gleichwertig mit der griechischen und römischen gelten dürfen. Das leitende Princip für die Auswahl des historischen Stoffes kann ja hier nicht dasselbe sein, von welchem sich unter ganz anderen Bedingungen die strenge Fachwissenschaft bestimmen lässt. Dazu kommt, dass die altorientalischen Völker uns keine Geschichte hinterlassen haben, die eine zusammenhängende Reihe von Begebenheiten bietet, dass ferner, von der persischen Geschichte abgesehen, fast keine einzige Herrschergestalt von den übrigen sich plastisch abhebt, endlich dass das orientalische Leben, auf einer gewissen Stufe angelangt, durch Jahrtausende gleichmäßig sich abrollt. Es empfiehlt sich daher, die politische Geschichte der Völker des Orients nur ganz summarisch und unter jeder nur möglichen Beschränkung von Namen und Zahlen zu behandeln. Verschiedene historische Erkenntnisse werden sich dem Schüler nirgends so fasslich aufdrängen, als gerade im alten Orient. Nirgends im Abendlande ist der Mensch in gleichem Maße durch die ihn umgebende Natur bestimmt wie dort. Die beschränkten Landschaften Kanaans und des unteren Nilthales drücken der gesammten Culturentwickelung den Charakter der localen Abgeschlossenheit auf; in den ausgedehnten Hochlands-, Terrassen- und Stromlandschaften dagegen nimmt Staat, Religion und Cultur universalen Charakter an. Die ungeheuren Gegensätze des Klimas und des ganzen Charakters der Landschaften Asiens (z. B. Indiens — Turans) spiegeln sich im Charakter der Völker und Staaten wieder. Insbesondere sind die religiösen Vorstellungen, die mathematisch-astronomischen Kenntnisse und die Bauten der Orientalen mehr als alles Andere dazu geeignet, auch schon dem Schüler der V. Classe den Zusammenhang von Land und Volk zur Anschauung zu bringen. Die vielfachen Berührungen des griechischen mit dem orientalischen Leben, die wechselseitigen Einwirkungen und der Gegensatz zwischen beiden erfordern gleichfalls Berücksichtigung. Mit aller Gründlichkeit und Gewissenhaftigkeit ist sodann die Geschichte der Griechen und Römer zu behandeln. Das eingehende Verständnis und die Vertiefung in die Geschichte der beiden classischen Völker gehört zu den Hauptaufgaben des historischen Unterrichtes am Gymnasium. Auch die Kenntnis des Einzelnen hierin soll später so weit gehen, dass der Schüler über den Gang der Hauptbegebenheiten in Hellas und Rom eingehenden Aufschluss zu geben vermag. Für die griechische und römische Geschichte ist daher eine gewisse Fülle des Stoffes unerlässlich; hier haben selbst Partien, die an sich minder reich an sachlichem und persönlichem Interesse sind, für den Zusammenhang des Ganzen oder für die Lectüre der Autoren Bedeutung *).

Wurde auf der Unterstufe der Sage und Dichtung, so wie der historischen Anekdote weiter Raum gegönnt, so ist hier Sagenhaftes und Historisches strenger zu scheiden. Darf man die Kenntnis der Sagen, die dort gegeben wurde, voraussetzen, so kann nun zu ihrer Deutung fortgeschritten und der Jugend gezeigt werden, welcher historische Kern sich in dem Gewande der Dichtung verbirgt. Hierdurch erwacht in dem Schüler ein größeres Interesse an der Sage überhaupt, er lernt ihre kleinsten und unscheinbarsten Züge würdigen und schätzen, und wenn er dereinst ins Leben hinaustritt, wird auch dasjenige, was im Munde des Volkes und in dessen Sitten

---

*) Vgl. Campe in der Zeitschrift für das Gymnasialwesen 1861, S. 625 ff.

und Gebräuchen fortlebt, für ihn als Reliquie alter Culturzustände Wert und Bedeutung haben. Doch ist hierbei mit der größten Behutsamkeit vorzugehen. Die g r i e c h i s c h e Geschichte ist ausführlicher zu behandeln als die römische, weil sie in Bezug auf die Culturentwicklung bedeutsamer und weil für sie reichere und zuverlässigere Quellen fließen, als für die römische. Schließen muss sie mit Alexander dem Großen und den nächsten Folgen seines Todes. Das Labyrinth der Diadochenzeit zu durchwandern, lohnt die Mühe nicht. Ihre weltgeschichtlich wichtigen Seiten und ihre Bedeutung für die römische Geschichte sind in großen Zügen hervorzuheben. Andeutungsweise aber muss jedenfalls dem Verständnisse des Schülers nahe gebracht werden, worin denn eigentlich das Wesen der hellenischen Bildung bestand und wie durch die Aufnahme orientalischer Elemente in den Kreis griechischer Anschauung und Sitte die allmähliche Zersetzung der antiken Welt eingeleitet wurde. Die Geschichte der ganzen Folgezeit ist durch diese Metamorphose bedingt, welche selbst dem Christenthum die Bahnen geebnet hat. Auch die Parallele und Analogie, dass die hellenisch-macedonische so wie die römische Geschichte mit der Unmöglichkeit einer Weltmonarchie schließt, soll hier dem Schüler lebendig werden. Die verspäteten Lebensregungen im ätolischen und achäischen Bund sind nur zu erwähnen und zwar am besten in der römischen Geschichte als letztes Aufflackern vor dem völligen Erlöschen der Autonomie *).

Aus der r ö m i s c h e n Geschichte wird die Zeit der Könige kurz, die Republik bis Augustus mit wachsender Ausführlichkeit zu schildern sein, jedoch so, dass einzelne Abschnitte z. B. die gallischen, die Samniterkriege u. a. in gedrängter Übersicht, aber mit scharfer Hervorhebung der wirksamen Gegensätze und unter Beschreibung des Kriegsschauplatzes zusammengefasst werden. So wichtig die Kaisergeschichte ist, wegen der Umwandlung des geistigen und politischen Lebens und weil in dieser Periode die Wurzeln der christlichen Weltanschauung liegen, so wird doch nur die Zeit bis zum Tode Marc. Aurels einigermassen genauer zu behandeln sein. Von da ab ist ein mehr summarisches Vorgehen geboten, worin jedoch die allgemeinen Verhältnisse des Reiches, das Andringen der germanischen Völkerschaften und die Ausbreitung des Christenthums klar hervortreten müssen. Die Regeneration des Staates unter Diocletian und Constantin verdient genauere Beachtung; die letzten Zeiten bis zur Einwanderung der Gothen auf italischen Boden mögen nur kurz berührt werden.

b) **Mittelalter.** „Für das Mittelalter kann man nicht, wie für das Alterthum, ein oder ein paar Völker als Träger der Cultur bezeichnen, so dass ihre Geschichte den Faden der gesammten historischen Entwicklung bildete, vielmehr kommt es in diesem Zeitalter darauf an, diejenigen großartigen Ereignisse und Institute, welche auf die Gestaltung der Völker im weitesten Umkreise entscheidenden Einfluss gehabt, in ihrem inneren Wesen verständlich und in ihrer umfassenden Wirkung anschaulich zu machen."

Zu diesen historischen Momenten sind zu zählen: die Ausbreitung des Christenthums, das Auftreten des Islam, der fränkische Beneficialstaat, das Papstthum, die

---

*) J. Ptaschnik, die griechische und römische Geschichte im Gymnasium. Zeitschrift f. öst. G. 1862, S. 380—394.

Herstellung des abendländischen Kaiserthums durch Karl d. Gr., das halb kirchlich, halb weltlich organisierte römisch-deutsche Weltreich, die Kreuzzüge mit ihren völkervereinigenden und völkerbewegenden Antrieben, wo alle Zeitideen und Volkseigenthümlichkeiten sich begegnen und eine christlich mittelalterliche Gesammtbildung schaffen, das Ritterthum mit seiner Poesie und Thatkraft, das Aufkommen des städtischen Bürgerthums mit seinen Einrichtungen, Sitten und Lebensformen, das Sinken der päpstlichen, Macht, die kirchlichen Reformbestrebungen und die großen Concilien, die Erweckung des classischen Alterthums, die Stärkung der einheitlichen Staatsgewalt, die Ausbildung nationaler Reiche u. a. m. Diese charakteristischen geschichtlichen Erscheinungen des Mittelalters dürfen aber nicht etwa in abstract begrifflicher Weise dargestellt werden, sondern es ist ihnen durch die großen Persönlichkeiten jenes Zeitalters Lebensfrische und Gestaltenreichthum zu verleihen. Hierbei darf auch der Unterschied zwischen dem früheren und dem späteren Mittelalter nicht außeracht gelassen werden. Bis zum Schlusse der Kreuzzüge bilden Kaiser- und Papstthum thatsächlich die beiden Pole, um welche die ganze geschichtliche Entwicklung sich dreht, und es dürfte dem Lehrer nicht allzuschwer fallen, für jeden Zeitraum, je nachdem das imperium oder sacerdotium die Oberhand hatte, auch jene geschichtlichen Persönlichkeiten ausfindig zu machen (Gregor d. Gr., Karl d. Gr., Nikolaus d. Gr., Otto d. Gr., Gregor VII., Friedrich Barbarossa, Innocenz III., Friedrich II.), um die sich der historische Stoff passend gruppieren lässt. In diesem früheren Mittelalter hat somit die Geschichte des deutschen Kaiserthums entschieden in den Vordergrund zu treten. Einen schönen Beleg dafür, wie in sie zwanglos die Geschichte der übrigen Staaten Europas sich einfügen lässt, liefert an mehreren Stellen Giesebrechts „deutsche Kaiserzeit". *)

Mit dem Schlusse der Kreuzzüge, welche aus der Initiative der Päpste hervorgegangen den Höhepunkt der päpstlichen Macht bezeichnen, aber in der durch sie geförderten Berührung der Völker untereinander neuen Anschauungen Bahn gebrochen haben, verliert der Gegensatz von Kaiser- und Papstthum allmählich seine frühere Bedeutung, daher tritt nun im späteren Mittelalter mit Recht die nationale Geschichte in den Vordergrund. Hier den Stoff durchsichtig zu gliedern und das Detail unter leitende Gesichtspunkte zu stellen, erheischt genaue Überlegung. Überhaupt erfordert die Behandlung der mittelalterlichen Geschichte, in welcher immer mehr Völker in den Gesichtskreis der Geschichte eintreten und sich in selbständiger Eigenart entwickeln, die strengste Beschränkung des Stoffes für die S c h u l e. Nur schnelleres Hinwegeilen über die didaktisch minder ergiebigen Strecken (die vielleicht die F o r s c h u n g gerade am meisten reizen mögen), erlaubt ein längeres Verweilen bei dem historisch Bedeutsamen. Solche Abkürzungen sind nothwendig: in der Geschichte der Merowinger nach Chlodwig, der Karolinger nach Karl d. Gr., bei den Sachsenkriegen, den Römerzügen, den ewigen Fehden im Reiche und besonders in den beiden letzten Jahrhunderten, die viel Territorialgeschichte enthalten. Der Aufschwung der französischen und englischen Monarchie im späteren Mittelalter muss jedoch in

---

*) Unsere Lehrbücher werden sich in der Behandlung des Mittelalters diesem Lehrgange anbequemen müssen.

mehr als summarischer Weise vorgeführt werden, weil sonst unverständlich bliebe, woher um d. Jahr 1500 die Idee des europäischen Gleichgewichtes sich geltend macht. Allein es ist nur das in die Darstellung aufzunehmen, was die innere Entwicklung, dort die Ausbildung des absoluten Einheitsstaates, hier die Entwicklung einer parlamentarischen Verfassung erklären hilft. Die überreichen kriegsgeschichtlichen Daten dagegen erfahren dort wie hier die äußerste Einschränkung.

c) **Neuzeit.** Die Geschichte der neueren Zeit im Obergymnasium nicht als vaterländische, sondern allgemeine Geschichte zu behandeln, ist eine nothwendige Folge davon, dass der pragmatische Zusammenhang der Begebenheiten zum Verständnis gebracht werden soll; denn um dies zu erreichen, darf der Blick nicht einseitig beschränkt, das Verhältnis von Ursache und Wirkung nicht verschoben werden; es muss die Freiheit bewahrt werden, den Schwerpunkt der Darstellung wechselnd stets auf jenen Staat zu legen, von welchem eine neue, weitgreifende Bewegung ausgieng. Nur in dieser Weise kann jede Entwicklung ihrem eigenthümlichen Wesen nach verstanden werden; eine Behandlung der gesammten neueren Geschichte am Faden der Geschichte eines bestimmten Staates, also speciell der österreichisch-ungarischen Monarchie, würde auf viele der wichtigsten Ereignisse nur ein halbes unsicheres Licht fallen lassen und doch in der Nothwendigkeit, die Geschichte anderer Staaten vielfach hineinzuziehen, nicht einmal den Zweck vollständig erreichen, die innere Entwicklung jenes einen Staates zur klaren Einsicht zu bringen. Deshalb bedingt der veränderte Zweck des historischen Unterrichtes im Obergymnasium eine Trennung derjenigen Elemente, die im Untergymnasium vereiniget waren.

Die drei großen Zeitrichtungen, welche die neue Geschichte beherrschen, die reformatorische, die der staatlichen Omnipotenz in der absoluten Monarchie, dann die Tendenzen und Stürme der Revolutionszeit sind hier dem Schüler in ihrer principiellen Bedeutung möglichst nahe zu bringen. Das Universelle soll ihm zugleich als ein Concretes, das Weite als ein bestimmt Umgrenztes erscheinen [*]). Auch bei der Behandlung der neueren Geschichte wird eine alles erschöpfende Methode weder in der Erzählung einzelner Thatsachen, noch in der Darstellung ganzer Gruppen Platz greifen dürfen. Was zu behandeln ist, muss schulmäßig eingeschränkt werden. Den großen Epochen darf man aber trotzdem nichts abbrechen wollen, gerade hier muss der Bildungsstoff durch einfache, lichtvolle Anordnung („Gruppenbildung"). durch übersichtliche Gliederung, durch Ausführung und Leben auch wirklich bildend gemacht werden. Dabei wird die Schule auf viele an sich wissenswürdige Ereignisse der außerdeutschen und selbst der deutschen Geschichte verzichten müssen, um Zeit und Interesse für die großen Entwicklungen zu gewinnen. Kein Schüler aber darf diese lehrreichen Jahrhunderte verlassen, ohne einen bestimmten Eindruck mitzunehmen von dem Wesen und Gang einer religiösen Bewegung nach Ursprung, Steigen und Fallen. von Volksbewegungen, in denen sich zu dem religiösen Momente das politische gesellt oder zum politischen das sociale, und deren Ausartung unfehlbar den Rückfall in ihr Gegentheil hervorruft; von dem

---

[*]) W. Herbst, die neuere und neueste Geschichte auf Gymnasien. Mainz 1877, S. 11 ff.

Werden und Einwurzeln gesetzlicher Freiheit, von der zeitlichen Nothwendigkeit des Entstehens und Verschwindens unbeschränkter Fürstengewalt, von der Losreißung mündig gewordener Colonien vom Mutterlande u. s. w. Dies zu verstehen, diese Gesetze geschichtlicher Entwicklung zu erkennen — ist historische Bildung. Ein solcher Unterricht in der neueren Geschichte muthet allerdings dem Lehrer viel zu, da jede eigentliche Quellenbenutzung fehlt und er (innerhalb des zulässigen Rahmens) eines reicheren Stoffes bedarf. Der Einsicht und Geschicklichkeit eines Lehrers in den oberen Classen muss es deshalb hier vertrauensvoll überlassen bleiben, dass er unterstützt durch diese Freiheit der Bewegung, durch Originalität der Auffassung und Lust am Entdecken neuer Gesichtspunkte, die schwere Aufgabe mit Erfolg zu lösen trachte.

d) **Neueste Zeit.** Die neuere Geschichte ist möglichst weit bis zur Gegenwart herabzuführen, jedoch wird der letzte Abschnitt seit den Wienerverträgen von 1815 mehr in einer Darlegung des weltgeschichtlichen Ganges als in der Entwicklung und Beurtheilung der bewegenden Zeitideen bestehen. Besonders die jüngste Periode seit 1848, in deren lebendigem Flusse wir mitten inne stehen, soll nur in gedrängter Kürze behandelt werden. Man versäume aber nicht, dem Schüler eine klare und richtige Vorstellung zu verschaffen von der Umgestaltung aller unserer gesellschaftlichen Verhältnisse und der Beziehungen der Völker durch die allgemeine Benutzung und die stetige Vervollkommnung der Dampfmaschine, des Dampfschiffes, der Eisenbahnen und Telegraphen; denn diese Dinge greifen tiefer und weiter als jedes politische Ereignis. Hier mag der Schüler die Gegenwart unmittelbar als Frucht der geistigen und materiellen Arbeit vorausgegangener Generationen erkennen und die Bedeutung des stillen, aber rastlosen Schaffens der Wissenschaft für die Entwickelung des gesammten Völkerlebens ermessen lernen. So viel soll aber jedenfalls erzielt werden, dass der an die Hochschule abgehende Jüngling begierig die dort dargebotene Gelegenheit benutze, um sein Verständnis unserer eigenen Zeit zu vertiefen.

e) **Innere politische Geschichte.** Zu den Hauptaufgaben des geschichtlichen Unterrichtes auf der Oberstufe gehört die Einführung der Schüler in die innere Entwicklung der Staaten und ihrer Verfassungen. Eine objective und klare Darstellung dieser Verhältnisse wird durch den Ernst der Sache das Ihrige dazu beitragen, der gerade auf diesem Gebiete bei der Jugend hervortretenden Neigung zu oberflächlichem Aburtheilen mit Erfolg entgegen zu wirken. Aus dem Ziele aber, welches der geschichtliche Unterricht im Obergymnasium zu verfolgen hat, ergibt sich schon von selbst, dass eine systematisch geschlossene Darstellung dieser staatlichen Gestaltungen hier nicht am Platze wäre, sondern dass der Lehrer sich wird begnügen müssen, nur jene Punkte vorzuführen, die für das Verständnis der politischen Vorgänge als unbedingt nothwendig erscheinen. Dieselben sind auch nicht abgetrennt, sondern in ihrer natürlichen Verbindung mit der Geschichte als integrierende Theile derselben zu behandeln. Am besten werden an jenen Stellen, wo von der Entstehung dieser staatlichen Verhältnisse die Rede ist, die nöthigen Aufklärungen erfolgen, die sodann dort, wo die besprochenen staatlichen Gebilde und Formen als in eine neue Phase eintretend erwähnt werden, zu vervollständigen sind. *) Solche Typen staatlicher Entwicklung, deren gedacht werden muss, sind (ohne dabei Anspruch auf erschöpfende Aufzählung zu machen): die geschlossenen Stände der Ägypter und das indische Kastenreich, der assyrische Despotismus mit seiner veredelten Form im Perserreiche, der phönicische (karthagische) Handels-staat, die jüdische Theokratie, die griechischen Normalformen des Königthums und der Republik, die Ansätze zu Staatenbündnissen bei den Hellenen, der römische Rechts- und Machtstaat, der fränkische Beneficialstaat, das Lehenswesen als all-gemeine Staats- und Gesellschaftsordnung, das Papstthum, das deutsche Königthum, das halb kirchlich, halb weltlich organisierte römisch-deutsche Weltreich, der englische Parlamentarismus, der französische Absolutismus, die Ausbildung der repräsentativen Staatsform und der moderne Individualismus in der föderalen Union. Da kein Theil der Geschichte sich besser eignet zu der Aufgabe das Auge für öffentliche Verhältnisse zu schärfen, als die Betrachtung der staatlichen Entwicklung der classischen Völker im Alterthume, so wird dieser — der Aufgabe des Gymnasiums entsprechend, — eine eingehendere Behandlung zutheil werden müssen, als den mittel-alterlichen und neuzeitlichen Verfassungszuständen. Gibt es doch nicht leicht ein lehrreicheres Beispiel für Verfassungsgestaltungen als die gesetzliche Entwicklung des athenischen Staates vom Erbkönigthum bis zur Wahl des höchsten Staatsbeamten durch das Loos. Wie leicht lässt sich der Einfluss äußerer Verhältnisse wie der Perserkriege auf die demokratische Gestaltung des athenischen Staatswesens nach-weisen. Und ein Muster gesunden politischen Fortschrittes auf den Bahnen der Gesetzlichkeit bietet uns der Kampf dar, in welchem die römische Plebs aus dem Zustande der Gebundenheit sich losringt und gleiches Recht mit dem Altbürgerthum erstreitet. Bei der Entwicklung der römischen Verfassungsgeschichte vor 300 v. Ch., einem Gebiete, auf dem wegen der Unzulänglichkeit der Quellen noch mancherlei Unklarheit herrscht, hat der Lehrer vor allem die gut verbürgten Thatsachen, vor-nehmlich Gesetzesbestimmungen, hervorzuheben und zu erörtern, bezüglich der verschiedenen nebeneinander bestehenden Hypothesen aber sich auf diejenigen zu beschränken, welche zur Erklärung des Entwicklungsganges unbedingt nothwendig sind, um dem Verständnisse der Schüler keine Schwierigkeiten zu bereiten.

f) Biographisches Moment. Wenn auch auf der oberen Stufe der Zusammen-hang der inneren und äußeren Staatengeschichte nicht zu oft durch Lebensbilder unterbrochen werden soll, so müssen doch innerhalb des Lebens jener Völkerindividuen, welche auf dieser Stufe die obersten Einheiten bilden, ja gewissermassen Individuen höherer Ordnung darstellen, an vielen Orten und gerade in den Hauptperioden immer wieder Persönlichkeiten in den Vordergrund treten, um die sich viel Einzelnes gruppiert; und dann muss — und das ist auf dieser Stufe die Hauptsache — durch alles Wirken der Personen Lust und Leid des Volkes hindurch schimmern, für das jene denken, fühlen, handeln. „Inmitten des kreisenden Wirbels zahlreicher Haupt- und Nebenpersonen muss das Volk und seine Wohlfahrt dauernd als die erleuchtende und erwärmende Sonne scheinen, um welche sich Alles im Leben dreht" **).

---

*) R. Petersdorff, Zeitschrift für das Gymnasialwesen 1878, S. 134 ff.

**) Verhandlungen der 2. Directoren-Versammlung der Provinz Hannover 1879, a. a. O., II. Bd. S. 113 und C. Miquel, zur Lehre vom biographischen Geschichtsunterricht auf Gymnasien, Aurich 1847, S. 7.

c) Österreichische Geschichte.

Als die letzte und würdigste Stufe des historischen Unterrichtes im Gymnasium ist die eingehende Behandlung der vaterländischen Geschichte zu betrachten. Die Entwicklung des staatlichen Lebens und der fortschreitenden Cultur Österreich-Ungarns zu veranschaulichen und so die gegenwärtigen politischen und Culturzustände dieses Staatswesens durch Beleuchtung ihrer Vergangenheit dem Schüler zum Verständnisse zu bringen, das ist die specielle Aufgabe des Unterrichtes in der vaterländischen Geschichte. Der Wert eines solchen Unterrichtes erhöht sich natürlich in demselben Maße, als er in der Behandlung des staatlichen Lebens von seinen Anfängen dem Stadium der jetzigen Entwicklung näher kommt. Das Hauptgewicht ist also auf die Geschichte der neueren Zeit zu legen, und es ist somit als der eigentlich neue Gegenstand die zusammenhängende innere Entwicklung des österreichisch-ungarischen Staates zu betrachten. Die Beziehungen Österreich-Ungarns zu den übrigen, bald in freundliche, bald feindliche Berührung mit ihm tretenden europäischen Staaten, der Einfluss der von außen und nach außen wirkenden Verwicklungen, welche auf die innere Gestaltung dieses Staatswesens oft so wesentlichen Einfluss nahmen, werden geeigneten Anlass zu wiederholender Erinnerung an bereits Gelerntes geben. Der Unterricht in der vaterländischen Geschichte benutzt in solcher Weise für seine Zwecke die gesammte historische Erkenntnis, welche die Jugend im Laufe des Gymnasial-Unterrichtes sich erworben hat.

Bei dem Umstande, dass selbst die besten neueren Darstellungen der österreichischen Geschichte in Behandlung und Gliederung des Stoffes weit auseinandergehen, werden einige Andeutungen über Auswahl und Anordnung des Lehrstoffes dem Lehrer gewiss willkommen sein. Die Schwierigkeit der Behandlung der österreichischen Geschichte liegt in ihrem vielgestaltigen Wesen; in ihm ist aber auch zugleich ihre Methode beschlossen. Der österreichische Staat ist aus der dauernden Vereinigung der Länder der böhmischen und ungarischen Krone mit den alten deutsch-österreichischen Erblanden hervorgegangen. Damit beginnt der österreichische Staat, damit seine Geschichte; diese findet daher ihren Schwerpunkt in der Dynastie, in den von dieser beherrschten Ländern und in der allmählich immer enger werdenden Verknüpfung der Länder unter einander und mit der Dynastie.

Insoferne aber diese Vereinigungen nicht ein Werk des Zufalles, sondern theils die Folge einer Reihe zu diesem Resultate drängender Verhältnisse in den genannten Ländern, theils das Ergebnis einer ihrer Ziele bewussten dynastischen Politik war, ergibt sich von selbst, dass die historische Betrachtung nicht einfach an die Thatsache der Vereinigung der drei Ländergruppen anzuknüpfen hat.

Es muss auch die vorausgegangene Entwicklung bis zu den Anfängen der Dynastie einerseits und bis zu den Anfängen geschichtlichen Lebens in den genannten Ländern andererseits ihre Darstellung finden; dies natürlich in steter Beziehung zu dem eigentlichen Endzwecke, jene Thatsache der Vereinigung zu erklären. Das Hauptgewicht fällt aber auf die Geschichte des Staates als solchen, auf sie ist der Nachdruck zu legen. Die Behandlung dieser Epoche — der Gesammtstaatsgeschichte seit 1526 — unterliegt nun keinen sonderlichen Schwierigkeiten, da der

Schüler bereits aus der allgemeinen Geschichte sich genügend viele Kenntnisse auch auf dem Gebiete der specifisch österreichischen Geschichte angeeignet hat, welche hier nur zu ordnen und zu vervollständigen sind, da die Gliederung des Stoffes sich fast von selbst ergibt.

Viel schwieriger ist die Beantwortung der Frage, was für Thatsachen und in welcher Gruppierung aus der Ländergeschichte Österreichs (d. i. aus der Zeit vor 1526) dem Schüler vorzuführen sind. Denn, dass es sich nur um eine Auswahl und zwar eine sorgfältige handeln kann, unterliegt wohl keinem Zweifel. Hier nun wird sich die Gliederung des Stoffes in die Zeit vor und nach Rudolf von Habsburg, d. i. vor und nach dem Auftreten der habsburgischen Dynastie in Österreich, empfehlen. Für die Zeit seit Rudolf von Habsburg bietet die Geschichte der Dynastie den geeigneten Mittelpunkt, um den sich alles andere leicht gruppieren lässt, selbst in der an sich nur kurz zu behandelnden Zeit der Theilungen, da ja doch die Luxemburger der späteren Machtstellung der Habsburger gewissermassen nur vorgearbeitet haben. Regenten wie Rudolf I., Albrecht I., Albrecht II., namentlich Rudolf IV. der Stifter, Albrecht V., Friedrich III. lassen sich zwanglos in den Vordergrund rücken und selbst eine so bedeutende Persönlichkeit wie Kaiser Karl IV. wird man leicht in diese Gruppierung einfügen können.

Vor dem Auftreten Rudolfs von Habsburg kann die Darstellung wohl nur eine territoriale sein. Sie hat sich auf die drei Ländergruppen: Ungarn, Böhmen und von den deutschen Erblanden auf Österreich und Steiermark, d. i. die babenbergischen Länder zu beschränken. Bei der Darstellung der Geschichte von Ungarn und Böhmen ist im allgemeinen von den inneren dynastischen Wirren ganz abzusehen und die erdrückende Masse darauf bezüglicher Daten und Zahlen ganz auszuscheiden. Die Geschichte der übrigen Gebiete, wie Kärnten, Tirol u. s. f. wird erst bei dem Zeitpunkte ihrer Erwerbung durch das Haus Habsburg in Kürze nachzuholen sein.

Aus der Geschichte der Länder ist aber nur jenes Detail aufzunehmen, das zum klaren und richtigen Verständnisse der wechselseitigen Beziehungen der drei Ländergruppen und ihres Endgeschickes unbedingt erforderlich ist. Mit dieser Einschränkung ist jede Gruppe von den Anfängen historischen Lebens auf österreichischem Boden bis auf die Zeit des österreichischen Interregnums selbständig in einem geschichtlichen Gesammtbilde zu behandeln, damit der Schüler in Hauptumrissen das eigenthümliche geschichtliche Leben jeder einzelnen Ländergruppe erfassen könne.

Endlich wäre als Einleitung ein kurzer Rückblick auf die römische Zeit und auf die Zeit der Völkerwanderung zu werfen und zwar — auf jene, weil in ihr die ersten Grundlagen einer höheren Cultur gelegt worden sind, an welche man später wenigstens zum Theile wieder anknüpfen konnte, — auf diese, weil in ihr das ethnographische Moment für die Folgezeit maßgebend wurde. Überall aber wird der Lehrer das Hauptgewicht auf jene Momente zu legen haben, welche für die allmähliche Ausgestaltung des österreichischen Staatsgedankens bedeutsam geworden sind. Und zwar wird dies nicht mit aufdringlicher Absichtlichkeit, sondern so zu geschehen haben, dass die aus der Erzählung des thatsächlichen Verlaufes zu ziehenden Schlüsse sich gleichsam von selbst aufdrängen. Gelingt dies, so hat der

Lehrer der Hauptsache nach sein Ziel ereicht, den Schüler mit dem Bewusstsein
von der Bedeutung des Gegenstandes zu durchdringen.

Diese Andeutungen über Auswahl und Anordnung des Lehrstoffes dürften
genügen. Alles Übrige kann dem Takte des Lehrers überlassen bleiben, der dann
je nach seiner eigenen Individualität, je nach den individuellen Bedürfnissen der
Schüler vorzugehen hat. Die wahrhaft objective und lebendige Schilderung der
bedeutenden Momente und großen Charaktere, welche die vaterländische Geschichte
im Laufe so vieler Jahrhunderte darbietet, wird bei der offenen Empfänglichkeit
der unverdorbenen Jugend für das Große und Edle ohne Ostentation von selbst
dazu beitragen in ihr die Liebe zum Herrscherhause und Vaterlande zu erwecken
und zu nähren. Wird doch der wahre Patriotismus des Gebildeten nur dadurch erzielt,
dass dieser die ethische Bedeutung des Vaterlandes für die ganze Menschheit erkennt
und so zu jener Überzeugung kommt, die einst Klopstock aussprach: „Und hätt' ich
noch kein Vaterland, erkör' ich mir kein anderes Land, als dich, mein Vaterland".

Damit aber auch dem natürlichen und berechtigten Interesse für die engere
Heimat sein Recht werde, sollen in jedem Kronlande die wichtigsten Momente seiner
speciellen Geschichte unter steter Rücksicht auf das große Ganze, sowohl aus der
Periode der Selbständigkeit, als auch aus der Zeit nach seiner Vereinigung mit dem
Gesammtstaate, der Betrachtung unterzogen werden. Ähnliche Fürsorge mag in
billigem Maße auch den Schicksalen der Stadt zutheil werden, welche der Sitz der
Schule ist, besonders, wenn sie zu den historisch bedeutsamen des Landes und
Staates gehört. Durch solche Verknüpfung der allgemeinen Vaterlandsgeschichte mit
der des Kronlandes oder der Stadt, wird jene lebendig und anschaulich und diese
gehoben [*]; von der Gesammtgeschichte empfängt die der besonderen Landschaften
erst das rechte Licht und Leben. Die auf Grundlage des erworbenen Wissens
gegebene Überschau über das allmähliche Zusammenwachsen des gegenwärtigen
Länderbestandes der Monarchie bildet sodann den besten Übergang zur Behandlung
der österreichischen Statistik, mit welcher der geographisch-historische Unterricht des
Gymnasiums abschließt.

4. Culturgeschichte.

Um die Geschichte als eine Entwicklung zu erkennen, müssen, wie wenig man
auch ins Einzelne eingehen mag, die Äußerungen des Culturlebens der bedeutenderen
Völker gleichfalls der Betrachtung gewürdigt werden [**]. Die Frage, welche dieser
Lebensgebiete es sind, deren Zeichnung der Geschichtslehrer ins Auge zu fassen
hat, oder wie es gewöhnlich heißt, welchen Umfang die Culturgeschichte am Gymnasium
verlangt und duldet, gehört zu den für die Schulpraxis des geschichtlichen Unterrichtes wichtigsten [***]. Wenn eingestandenermassen die griechische und römische

---

[*] A. Fournier, über Auffassung und Methode der Staatshistorie. Zeitschrift für die österr.
Gymnasien 1875, S. 411 ff.

[**] W. Schrader a. a. O., S. 533 ff., u. Verhandlungen der Directoren-Versammlungen der Provinz
Preußen 1877, S. 90, und Schlesien 1882, S. 39.

[***] Verhandlungen der Directoren-Versammlung der Provinz Rheinpreußen 1881, S. 131, und
Hannover 1879, S. 146.

Geschichte deshalb Gegenstand einer ausführlichen Behandlung im historischen Unterricht ist, weil unsere Cultur mit jener der classischen Völker im Zusammenhange steht, so liegt schon darin ein Zugeständnis für die Bedeutung der Culturgeschichte. Darüber also, dass die Culturgeschichte nicht ganz beiseite gelassen werden dürfe, ist man einig; was aber aus ihr in den Gymnasial-Unterricht aufzunehmen, wo und besonders wie es vorzuführen sei, das ist eine viel umstrittene Frage. Aus diesem Grunde gehört die Culturgeschichte zu den einerseits am meisten vernachlässigten, andererseits nicht selten vergriffenen Momenten des Geschichtsunterrichtes. Sie wird entweder vollständig übergangen und der politischen Geschichte allein alle Zeit zugewendet, oder man begnügt sich — wie in vielen geschichtlichen Handbüchern — die Culturgeschichte mit einer trockenen Aufzählung von Namen und Jahreszahlen abzufertigen, obwohl gerade die Darstellung des Zuständlichen, „gleichsam des ruhenden Pols in der Erscheinungen Flucht", mitunter recht wohlthätig den allzugleichförmigen Gang der politischen Geschichte unterbricht.

Es kommt aber die Culturgeschichte in zweifacher Hinsicht in Betracht. Es gibt culturgeschichtliche Momente, von denen allerdings als ihrer Grundlage die Geschichte ausgehen muss, so Klima, Nahrung, Boden in ihrem Einflusse auf die Bewohner eines Landes, Scheidung in Natur- und Culturvölker, die prähistorischen Zustände u. dgl. Das sind jedoch Fragen der Anthropologie, Ethnographie, Völkerpsychologie. Sie sind in der Anthropogeographie zu behandeln, ihr und nicht der Geschichte sind diese naturgeschichtlichen Elemente der Culturgeschichte zuzuweisen. Dort bilden sie den Schluss, in der Geschichte Voraussetzung und Grundlage. Nur insoferne die Geschichte sich immer an die Geographie anschließen und von ihr ausgehen muss, hat sie auch von diesen „niederen culturgeschichtlichen Elementen" [*] Notiz zu nehmen. In die Geschichte selbst aber gehören nur jene höheren culturgeschichtlichen Momente, welche Thaten hervorgerufen, sie bestimmt und geleitet haben, ja selbst die höchsten Thaten der Menschheit genannt werden müssen, so vor allem Religion, Wissenschaft und Kunst, die Ursachen des wahren Fortschrittes der Menschheit. Die Beschäftigung mit diesen Errungenschaften des menschlichen Geistes ist der mit der politischen Seite der Geschichte vollkommen gleichwertig. Aus diesen Gebieten ist herauszuheben und zu benutzen, was für das Verständnis einer Zeit und eines Volkes von Bedeutung ist [**].

Schon auf der Unterstufe fließt den Geschichtsstunden eine große Zahl culturgeschichtlicher Elemente aus dem Gesammt-Unterrichte, zumeist durch die Sprachfächer zu. Hier wird daher in der politischen Geschichte nur hie und da der Gang der Erzählung mit kurzen charakteristischen Andeutungen culturgeschichtlichen Inhaltes, die aufhellend wirken können und für sich selber ohne Excurse verständlich sind, durchwebt werden, besonders an passenden Ruhepunkten oder neuen Ansatzpunkten der politischen Entwicklung. Diese kurze Behandlung soll aber nicht in bloßen Notizenkram ausarten [***].

---

[*] Hergenröther a. a. O. S. 45.
[**] Verhandlungen der 6. Directoren-Versammlung der Provinz Schlesien, Bd. XIII., S. 166.
[***] Verhandlungen der 2. Directoren-Versammlung der Provinz Hannover 1879, Bd. II., S. 299.

So können der alten Geschichte leicht eingeflochten werden: Mittheilungen über Sitten und Lebensweise der alten Ägypter, über ihre Bauwerke, über das Leben der alten Perser, Bilder aus der Mythologie der Griechen, Einiges über die Culturzustände im heroischen Zeitalter, über die großen Nationalfeste, über die Orakel bei den Hellenen. Bei Lykurg ist es nothwendig, Leben und Sitten der Spartaner zu schildern, bei Solon kann der athenischen Jugenderziehung gedacht werden, im perikleischen Zeitalter dürfen die Denkmale der Bau- und der bildenden Kunst, Zweck und Bedeutung des Theaters nicht übergangen werden. Bei den Römern bietet sich (vor der Behandlung der Zeit der punischen Kriege) passende Gelegenheit, den Schülern Züge altrömischer Einfachheit und Sittenstrenge vorzuführen. Ähnliche Haltpunkte ergeben sich gleichsam von selbst vor dem Ausbruche der Bürgerkriege, am Ende der Republik und zur Zeit der Antonine. Hier kann an geeigneter Stelle ein Bild des römischen Lagerlebens, das Treiben auf dem Forum, das Gastmahl eines vornehmen Römers, die Spiele im Circus, die Bauwerke aus der Imperatorenzeit, kurz Manches aus dem Leben des späteren Rom, soweit dies der Charakter der Schule gestattet, zwanglos eingeflochten werden. Im Mittelalter wird die Epoche Karls des Großen, die Zeit der Kreuzzüge, die der Erfindungen und Entdeckungen, in der Neuzeit die Regierungsperiode Ludwig XIV., Maria Theresias und Josefs II. passende Gelegenheit zur Einflechtung culturgeschichtlicher Andeutungen und Skizzen darbieten.

Auf der Oberstufe sollen dann vor allem die wichtigsten Erscheinungen der geistigen Cultur Berücksichtigung finden. Aber der Ausblick in ihr Gebiet kann nur an Stellen, wo die Menschheit in irgend einem Zweige geistiger Thätigkeit eine weithin sichtbare Höhe erstiegen hat und die Geistesarbeit durch staatliche Bildungen und Zustände bedingt erscheint, und da nur für flüchtige Momente eröffnet werden. Wie der Geist des perikleischen Zeitalters nicht klar gemacht werden kann ohne Erwähnung der damaligen Blüte der Dichtung und Plastik, der des kaiserlichen Roms nicht ohne Hervorhebung der Pracht- und Nutzbauten der großen Imperatoren, so der des Mittelalters nicht ohne Hinweis auf seine hochragenden Dome und auf die Scholastik mit ihren aufgethürmten Schlussfiguren.

Das Reformationszeitalter würde ohne Erörterung der Bedeutung des Humanismus, die Zeit Ludwig XIV. ohne Betrachtung der Hofliteratur, des Renaissancestiles und seiner Ausartung des Rococo nur unvollständig erkannt werden.

Wer wollte den Einfluss der Locke'schen Philosophie, der Deisten und Encyclopädisten auf die französische Revolution leugnen? In der Literatur und Kunst spiegelt sich die ideale Anschauung einer Zeit ab. — Am meisten aber von allen Künsten bringt die Poesie und die Baukunst, „diese steinerne Dichtung", den Geist der Zeit zum Ausdruck. Ob auch andere Künste, in denen sich die Richtung einer Zeit weniger klar ausspricht und welche weniger Berührungspunkte mit dem Leben einer Nation haben, z. B. die Malerei, betrachtet werden sollen, kann zweifelhaft erscheinen. Ausblicke in die Geschichte der Wissenschaften werden bei Erwähnung so vieler Personen, die zugleich als Staatsmänner oder Lehrer berühmter Staatsmänner auftraten, oder bei Erwähnung der Ptolemäer, des Augustus, Leo's X. und anderer sehr förderlich und angemessen sein. Von der Sitte der guten strengen

Zeit und von den Sitten der Zeit des Verfalls muss ja in der Geschichte aller Völker gesprochen werden, schon um Blüte und Verfall zu motivieren, nicht minder von der Religion. Aber auch die materielle Seite der Culturgeschichte darf nicht ganz außeracht gelassen werden. Wie sollte man es umgehen, vom Welthandel der alten Welt, auf dessen Wegen Babylon, Tyrus und Alexandria nur die Hauptstationen waren, von Handel und Colonien der Phönicier und Griechen, von der Blüte der Hanseaten, Venedigs, endlich von den neuen Handelswegen nach der Entdeckung Amerikas u. dgl. zu sprechen? Der Fluss der Begebenheiten ist nicht so ununterbrochen, dass er nicht Ruhepunkte gestattete. Wer verweilte nicht . gerne auf den Culminations- und Wendepunkten der Völkergeschichte, in der Gesellschaft hochbedeutender, ihr Zeitalter überragender Persönlichkeiten, bei eminent wichtigen Entdeckungen und Erfindungen?

Ein solches Verweilen ist durch die Natur der Sache vollkommen begründet und bringt die besten Früchte. Hier kann auch, was die Unterstufe an einzelnen culturgeschichtlichen Momenten dargeboten hat, recapituliert und unter allgemeinere Gesichtspunkte gebracht werden. Dadurch werden die culturhistorischen Verhältnisse leichter überschaut, ihre Bedingungen und Folgen, ihre Eigenthümlichkeiten und Gegensätze besser erfasst werden. Aber auch hier muss alles immer an geeigneter Stelle in die politische Geschichte organisch eingeflochten werden *); „es darf nicht so zu sagen fremd bei der Thüre stehen bleiben". Bei den einzelnen Geschichtsabschnitten ist zu fragen, was derartiges hineingehört. Zugleich kommt es stets darauf an, das Zuständliche, mit dem es die Culturgeschichte zu thun hat, in ein Geschehendes aufzulösen; nur dadurch wird es Leben und Gestalt vor den Augen der Schüler gewinnen und ihnen verständlich werden. So kann z. B. der Lehrer bei Gelegenheit der Kreuzfahrt Friedrich Barbarossas den Schülern ein Bild des mittelalterlichen Heerwesens in ganz concreter Weise vorführen. Da erzählen die Quellen, wie der Kaiser Ruhe und Frieden im Reiche schafft, wie das heimatlose Gesindel durch die Forderung eines Besitzminimums (von 6 fl. ö. W.) für jeden Kreuzfahrer vom Zuge ferngehalten wird. Die Wohlhabenden versehen sich nach Vermögen mit Geld und Lebensmitteln, Gesandte werden von Ungarn nach Byzanz entsendet, um wegen des Durchzuges, sowie wegen der Lieferung von Fourage und Proviant zu unterhandeln, die Preise dafür werden festgesetzt, Krankenwagen gebaut, und was der Anordnungen mehr sind. So reiht sich Bild an Bild und ein Stück Culturlebens vergangener Jahrhunderte ersteht vor unseren Augen, ohne dass der Faden der fortlaufenden politischen Geschichte jemals ernstlich unterbrochen würde **).

Freilich wird diese Forderung nicht immer leicht zu erfüllen sein. Am besten ist es das Zuständliche an die Charakterisierung der maßgebenden Persönlichkeiten anzuschließen; in der griechischen Geschichte z. B. lässt sich um Männer wie Perikles, Sokrates, Demosthenes ein guter Theil der culturhistorischen Darstellungen gruppieren. Ähnlich im Mittelalter und in der Neuzeit.

---

*) Herbst a. a. O. S. 39.

**) A. Schultze, Die Culturgeschichte im historischen Unterrichte, Leipzig 1880.

Losgerissen von Personen und Begebenheiten haben die rein sachlichen Erörterungen für die Jugend wenig Interesse; in Verbindung mit den bewegenden Factoren und Vorgängen der Zeit wird auch das Zuständliche leicht anschaulich und erweckt Theilnahme. Beschränkung des Stoffes ist aber auf dem cultur-geschichtlichen Gebiete vorzugsweise nöthig, weniger Namen, aber eingehende Betrachtung der eine Zeit charakterisierenden Erscheinungen: das ist hier das Rechte.

5. Chronologie.

Das Gerüste, auf dem die historischen Daten ruhen, bildet die Chronologie. Auf sie ist im geschichtlichen Unterrichte schon auf der Unterstufe der gehörige Nachdruck zu legen, „damit das Nach- und Nebeneinander der Begebenheiten mit der ersten Kenntnis der Ereignisse sich verbinde und so einen festen Umriss in der Seele des Schülers gestalte". Dabei darf aber dem Schüler keinesfalls zuge-muthet werden, für jede Thatsache, die er lernt, die Zahlangabe festzuhalten.

Es ist weder zu beklagen noch zu vermeiden, wenn ihm von den Gliedern, in welche eine große Begebenheit zerfällt, nicht immer jedes gleich gegenwärtig bleibt, und man wird es hinnehmen müssen, wenn bei der großen Verschiedenheit der Gedächtnisstärke die Jahreszahl nicht jedem stets zur Hand ist.

Lehrer, welche aus Selbstbeobachtung Lehren für das Unterrichten ziehen, wissen, dass auch sie selbst zuweilen auf Jahreszahlen sich besinnen und durch Vergegen-wärtigung des sachlichen Zusammenhanges ihrem Gedächtnisse zu Hilfe kommen müssen. Dazu soll daher auch der Schüler vor allem angeleitet werden. Wenn er sich gewöhnt hat, die Zeit einer Begebenheit aus dem Zusammenhange mit einer früheren oder gleichzeitigen ungefähr zu bestimmen, so ist damit auf die Dauer mehr gewonnen, als wenn er eine noch so große Menge von Jahreszahlen für eine kurze Zeit (z. B. zu einer Prüfung) gelernt hat. Zu diesem Zwecke muss freilich ein Grundstock sorgfältig ausgewählter Zahlen genau und sicher dem Gedächtnisse der Schüler eingeprägt sein, welche zur annähernden Auffindung der anderen behilflich sein können. Diese müssen den großen Ereignissen, um welche sich andere gruppieren, angehören, so dass sie in einer langen Reihe die nicht aus dem Auge zu verlierenden Höhepunkte bilden, in deren Zwischenräume die anderen fallen.

Für die Unterstufe wird es daher zunächst nothwendig sein, einen solchen festen und sicheren, so zu sagen eisernen Bestand von Zahlen den Schülern zu eigen zu machen *). Nicht unzweckmäßig ist es, die wichtigsten Daten am Schlusse jedes größeren Abschnittes übersichtlich zusammenzustellen und dabei außer dem Nacheinander auch das Nebeneinander der Ereignisse vornehmlich in der mittleren und neueren Geschichte zu betonen.

Chronologische Übersichtsfragen zur Wiederholung des Stoffes sind mitunter nothwendig, bloßes Abfragen der Jahreszahlen ist nur ausnahmsweise in Anwendung zu bringen. Die Schüler sollen sich eine Zeittafel anlegen, in welche aber nur jene chronologischen Daten eingetragen werden, deren sichere Kenntnis von ihnen

---

*) Vgl. Verhandlungen der Directoren-Versammlung der Provinz Schlesien, 1882, XIII. Bd. S. 170.

gefordert wird. Dies unterstützt das feste Einprägen der Zahlen, gewöhnt und übt im Schematisieren.

Auf der Oberstufe wird das bereits erworbene Material an chronologischen Daten zu ergänzen und zu verdichten sein. Aber auch hier muss Maß gehalten werden. Überladung des Gedächtnisses besteht übrigens im Wesentlichen nicht in der Quantität des zu Merkenden, der Leistungsfähigkeit der Jugend wird darin eher zu wenig als zuviel zugemuthet, sondern in dem Merken ohne inneres Interesse und ohne deutliche Vorstellung. Mit den Zahlen selbst ist nun auf die mannigfaltigste Weise zu operieren *). Auch auf der Oberstufe erweist sich die Anlegung umfangreicherer Tabellen, **) besonders in synchronistischer Form, wo neben einander äußere und innere Geschichte der bedeutenderen Völker, sowie die wichtigsten Momente der Culturgeschichte einhergehen, als sehr nützlich. Aber der Lehrer bewahre auch hier den Schüler vor allzu viel Detail.

Nicht unberechtigt erscheint die Forderung, dass sich die Lehrer einer Anstalt über die nicht bloß für den Geschichtsunterricht, sondern auch in anderen Fächern zu lernenden geschichtlichen Zahlen einigen, um so den Schülern die Sache nach Thunlichkeit zu erleichtern.

6. Der historische Unterricht in seinem Verhältnis zum geographischen.

Wie die geographische Wissenschaft des historischen Elementes nicht entbehren kann, so bedarf auch die Geschichte der Unterstützung durch die Erdkunde. Ein Blick in das Wesen und die Geschichte der beiden Wissenschaften zeigt, dass die Geschichte gerade so gut Hilfswissenschaft der Geographie, wie diese der Geschichte ist. Dies gilt natürlicherweise vor allem von jenen Gebieten, wo beide unmittelbar aneinander grenzen, nämlich von der historischen Geographie und von der Untersuchung der Einwirkung der geographischen Verhältnisse auf den Verlauf der Geschichte. „Man muss — praktisch gesprochen — die Karte nicht lesen, wie sie vor uns liegt, als ein flaches perspectivisches Blatt, sondern mit dem historischen Commentar, der einzig fähig ist, dem Ganzen die historische Perspective zu geben

---

*) Zahlreiche Anhaltspunkte zu derlei Übungen bietet Löbell a. a. O. S. 75, Peter a. a. O. S. 120; Dahn in seinem Lernbuche für Geschichte I. 35, 85, 90 II. S. 191 und S. 192 III. S. 145 ff. Ferner Otto Bähne in seinen Zahlenreihen, Braunschweig 1879 und K. Rikli in seinen chronologischen Tabellen.

**) Solche Tabellen sollen von dem Schüler angefertigt werden, z. B. über die Hauptentwicklungsphasen der athenischen Verfassung von Theseus bis auf Perikles, den Verfassungsstreit in Rom von 510 bis 286 v. Ch., die Erweiterung der römischen Herrschaft; die Machtstellung der römischen Päpste von Leo dem Großen bis Paul III., die Thatsachen der englischen Geschichte im 17. Jahrhundert, die Schlachten im spanischen Erbfolgekriege, im siebenjährigen Kriege u. dgl. In anderen Partien der Geschichte wird man die Tabellen mehr nach der Rücksicht auf simultane Verhältnisse anfertigen lassen, z. B. die Ausdehnung der römischen Herrschaft um 375 n. Ch.; die Reiche der Germanen um 500, wobei für jedes das Jahr der Gründung und des Unterganges angegeben werden kann; Aufzählung der Fürsten und Staaten Europas um 1500, die gleichzeitigen Ereignisse des nordischen Krieges und des spanischen Erbfolgekrieges u. dgl.

und man muss ebenso die Geschichte nicht verstehen zu können glauben, als ein Drama ohne Bühne und Hintergrund" *).

Dieses Verhältnis der beiden Wissenschaften zu einander kann von der Schule nicht unberücksichtigt gelassen werden. Zwischen historischem und geographischem Unterrichte muss die innigste Gegenseitigkeit herrschen. Aus diesem Grunde nimmt daher schon die Gliederung des geographischen Lehrstoffes im Untergymnasium im Allgemeinen darauf Rücksicht, dass dem Schüler, der bereits in der I. Classe die einzelnen Erdgebiete, welche den Schauplatz der historischen Ereignisse bilden, in den Hauptumrissen kennen lernt, zu der Zeit, wo ihre Geschichte an ihn herantritt, dieselben Länderräume in größerer Ausführlichkeit vorgeführt werden. Durch diese Vertheilung des geographischen Lehrstoffes wird der historische Unterricht wesentlich gefördert. Dennoch wird es der Geschichtslehrer niemals unterlassen dürfen, jeder historischen Darlegung eine anschauliche Darstellung des Schauplatzes, auf dem sich die Ereignisse abspielten, vorangehen zu lassen. Es würde ein wesentliches Moment des historischen Verständnisses fehlen, wenn diese geographische Grundlage mangelte. Unmittelbare Auffassung eines Vorganges kann ohne Rücksicht auf das Local, auf dem er geschieht, gar nicht gedacht werden. Ein Ereignis ohne Ortsbestimmung ist ein Spielball der Phantasie, ein Ereignis dagegen mit Angabe seines Schauplatzes hat für die innere Anschauung Platz gefunden **).

Die Hauptsache wird aber dabei die Karte zu leisten haben: das Aufsuchen der historisch wichtigen Orte, stetes Vergleichen der geographisch fixierten früheren Zeiträume, wie sie der historische Atlas bietet, mit dem gegenwärtigen Kartenbilde und stetes Hervorsuchen der wechselseitigen Beziehungen beider Disciplinen (z. B. Wie ist der Landstrich beschaffen, in welchem diese Schlacht geschlagen wurde, warum werden die Heere gerade hier zusammengetroffen sein, welche Verbindungen existieren von hier aus dorthin und dahin? warum liegt gerade hier eine große Stadt? u. dgl. ***) muss auf das sorgfältigste geübt werden. Solche Übung wird nicht nur dem geographischen Unterrichte zugute kommen, sondern ebenso dem historischen, der dadurch eine Ergänzung und Erleichterung gewinnt, da solche Erklärungen nicht eine Last, sondern eine Stütze des Gedächtnisses sind. Auch mit dem Zeichnen historischer Karten wird schon auf dieser Stufe begonnen werden können, am besten durch Einzeichnung der wechselnden Grenzen in einfache Flussnetzkarten. Von geographischen Einzelheiten, über die der historische Atlas keinen Aufschluss gibt, soll der Lehrer stets kleine Skizzen auf der Tafel entwerfen und von den Schülern nachzeichnen lassen. So wird jede Geschichtsstunde zahlreiche Anlässe zur Auffrischung und Befestigung des geographischen Wissens gewähren und umgekehrt.

---

*) F. Ratzel, Anthropo-Geographie, Stuttgart 1882, S. 43 ff.; Dr. F. v. Richthofen: Aufgaben und Methoden der heutigen Geographie, Leipzig 1883, S. 60 ff.

**) Vgl. Oberländer, Der geographische Unterricht nach den Grundsätzen der Ritter'schen Schule. Grimma 3. Aufl. S. 78.

***) E. Richter, Die historische Geographie als Unterrichtsgegenstand. Wien 1877, S. 12 ff.

Im Obergymnasium *) unterbleibt wegen des großen Umfanges des historischen Stoffes die specielle Behandlung der Geographie. Um so eifriger muss daher jede im historischen Unterrichte sich darbietende Gelegenheit ergriffen werden, den Schülern die auf der Unterstufe erworbenen geographischen Kenntnisse in lebendige Erinnerung zu bringen. Am natürlichsten wird auch hier die Geschichte eines jeden bedeutenden Volkes mit einer das Wichtigste zusammenfassenden Schilderung des geographischen Schauplatzes eingeleitet werden. Mit Hilfe der Karte und auf Grundlage der in den Unterclassen gewonnenen geographischen Kenntnisse werden häufig die Schüler selbst in der Lage sein, eine solche Schilderung unter Mithilfe des Lehrers zu entwerfen. Wenn nothwendig, so mag dafür die Wiederholung einer bestimmten Partie aus dem geographischen Lehrbuche, das die Schüler noch vom Untergymnasium her in Händen haben sollen, aufgetragen werden. Durch stete Beziehung der geographischen Momente auf den Menschen muss aber hier der Lehrer für den Gegenstand einen neuen und höheren Gesichtspunkt eröffnen. Er wird die Gliederung in Landschaften, die Verkehrslinien und die historisch bedeutsamen Orte, die Nationalität oder den Stamm der Bewohner eingehend erörtern und unter Benutzung aller zu Gebote stehenden geographischen Hilfsmittel ein Gesammtbild des Landes vor den Augen des Schülers entstehen lassen. Die Betrachtung, welchen Einfluss die geographischen Momente auf das geschichtliche Leben geäußert haben oder im allgemeinen noch immer äußern, wird sich aus den vorgeführten geographischen Daten sofort von selbst ergeben oder sich in kurzen klaren Worten anfügen lassen **). Solche historische Landschaftsbilder und geographische Skizzen eines bestimmten Gebietes, die zugleich geschichtliche Rückblicke enthalten und das ethnographische und Culturmoment betonen, werden für die geographische Erkenntnis keinen geringeren Wert haben, als für die historische ***), sie werden aber auch in dem Schüler wenigstens eine Ahnung davon wecken, was man Kenntnis von Land und Volk nennt †).

7. Lehrverfahren.

a) Mittheilung des historischen Stoffes. So sehr auch die Ansichten bezüglich der Methode des historischen Unterrichtes auseinandergehen, so kann doch als allgemein anerkannt gelten, dass der Schwerpunkt in dem Vortrage und in der

---

*) Junge, Über Ziel und Methode des Unterrichtes in der Geographie auf Gymnasien. Zeitschrift f. d. Gymnasialwesen 1877, S. 529 ff. und Verhandlungen der 8. Directoren-Versammlung der Provinz Pommern 1882. XII. Bd. S. 55 ff.

**) Verhandlungen der 3. Directoren-Versammlung der Provinz Hannover 1882. Bd. XI. S. 412.

***) Vgl. Schrader a. a. O. S. 547 f.

†) Reichliches Material für solche Skizzen bieten dem Lehrer Foß geographische Repetitionen. Dondorff, historisch-geographische Skizzen, besonders für Alt-Griechenland und Alt-Italien, in d. Zeitschrift für Gymnasialwesen 1876 u. 1877. Kutzen, das deutsche Land, Krones, der historische Boden Österreichs, im VI. Buche seiner Geschichte und das Sammelwerk „Die Völker Österreich-Ungarns". Wien u. Teschen 1882 u. 1883.

Unterredung des Lehrers mit den Schülern liege *). Die Art und Weise der Mittheilung des Stoffes ist hier mehr als in jedem anderen Fache von der Persönlichkeit
des Lehrers abhängig und kann darum nur ungefähr durch allgemeine Andeutungen
geregelt werden. In der Art des Vortrages ist natürlich zwischen Unter- und Oberstufe ein wesentlicher Unterschied zu machen. Dort wird breite Erzählung und
zwar möglichst nach den Quellen nothwendig sein, so dass Personen und Handlungen
klar hervortreten. Doch soll alle Detailmalerei vermieden werden, wenn sie nicht
die Erkenntnis des Allgemeinen fördert, noch zur ethischen Beurtheilung, noch zum
inneren Verständnis etwas beiträgt. Die Hauptaufgabe für den Lehrer auf der
Unterstufe ist, dass er gut erzähle. Anschaulichkeit der Sache, Einfachheit der
Form, Lebendigkeit der Darstellung, fern von jeder gemachten Übertreibung,
welche der natürlich richtige Sinn dieses Alters verschmäht, hat der Lehrer zu
seinem unverbrüchlichen Grundsatze und zum Ziel seines ernsten Strebens zu
machen. Das Ziel ist nicht leicht zu erreichen, aber die Bemühung darnach ist eine
der lohnendsten für den Lehrer, da nicht leicht etwas geeigneter ist, die gespannte
Aufmerksamkeit der Schüler zu erregen und auf ihr Gemüth zu wirken, als die einfache, klare und lebendige Darstellung großer Ereignisse und Personen.

Im Vortrage ist nicht nur der Classenstandpunkt wesentlich zu berücksichtigen,
sondern es muss auch jedem einzelnen Abschnitte die seinem Charakter angemessene
Behandlung zutheil werden. Alles Phrasenhafte, alle modernisierenden Begriffe, der
unnöthige Gebrauch von Fremdwörtern soll vermieden werden; sind aber Fremdwörter
unumgänglich, dann muss auf jede Weise dafür gesorgt werden, dass der Schüler sie
genau verstehe. Dies fordert ebenso sehr der besondere Unterricht als die allgemeinen
Rücksichten der Erziehung. Um sich dann von der richtigen Auffassung der Schüler
zu überzeugen und auch um ihre Aufmerksamkeit stets rege zu erhalten, wird der
Lehrer den Vortrag, der hier überhaupt nur kurze Zeit in Anspruch nehmen darf,
mitunter durch Fragen unterbrechen **), welche theils auf Erläuterung des einzelnen
zielen, theils auf früher Gelerntes zurückgehen, theils zur Bestimmung des Ortes
der Handlung auffordern, kurz in mannichfacher Weise das Vorgetragene zu dem
bereits Bekannten in Beziehung setzen sollen.

Auf der Oberstufe wird dem zusammenhängenden Vortrag ein weiterer Spielraum gegönnt werden dürfen. Hier wird aber der Lehrer bestrebt sein, die pragmatische
Behandlung durch Betonung des inneren Zusammenhanges und Begründung der
wichtigsten Thatsachen und Erscheinungen zur Geltung zu bringen. Er wird theils
durch den Vortrag, theils durch anregenden katechisierenden Unterricht den
historischen Sinn seiner Schüler so weit auszubilden trachten, dass sie stets erst nach
ruhiger Erwägung sämmtlicher in Betracht kommenden historischen Momente (Zeit,
Ort, Umstände) über die Thaten und Schicksale der Menschen sich ein Urtheil bilden.

Der Charakter des Vortrages kann hier schon allmählich eine mehr wissenschaftliche Gestalt annehmen. Bei den wichtigeren Ereignissen sind Ursache, Anlass,

---

*) Vgl. Verhandlungen der 8. Directoren-Versammlung der Prov. Preußen 1877, S. 121, der
7. der Prov. Pommern 1879, Bd. I. S. 414, der 6. der Prov. Schlesien 1882, Bd. XIII. S. 167,
der 1. der Rheinprovinz 1879, Bd. IX. S. 287.

**) Verhandlungen der 7. Directoren-Versammlung der Prov. Pommern 1879, I. Bd. S. 279.

Hemmnis, Förderung, Verlauf und Ergebnis genau zu scheiden. Vor weitgehender Berücksichtigung der Kriegsgeschichte ist zu warnen, dafür sind die Friedensbedingungen, welche bleibende Zustände schaffen, eingehender darzulegen. Regelmäßige, aber nicht eben ausführliche Behandlung culturhistorischer Momente darf nicht versäumt werden.

Das Leben der bedeutendsten Männer ist überall eingehend darzustellen, ohne deshalb die Geschichte in Biographien aufzulösen, und, wo sich Gelegenheit bietet, wird hier das psychologische, ethische und ästhetische Element der Geschichte wirksam gemacht werden müssen. In das Bereich der Geschichtsphilosophie übergreifende Erörterungen sind strenge zu vermeiden, und vorzugsweise wird darauf zu sehen sein, dass der Vortrag „im Sinne der geschichtlichen Wissenschaft vor allem wahr sei" *).

Der Lehrer kann zwar seinen Vortrag so einrichten, dass dem Schüler der entsprechende Abschnitt des Lehrbuches als Auszug des Vortrages erscheint, aber dem Schüler muss der Vortrag des Lehrers die Hauptsache bleiben, das Lehrbuch nur eine Hilfe sein, sich den Vortrag leichter und sicherer zu vergegenwärtigen.

Zur Belebung des Vortrages sind Mittheilungen aus Quellen **) und neueren Bearbeitungen, welche der Lehrer, wenn möglich aus dem Gedächtnisse, in die Darstellung verwebt, sehr zu empfehlen. Ein Gedicht von Tyrtäus und Solon, Scenen aus Äschylus und Aristophanes, Charakteristiken aus Mommsen, Curtius, Giesebrecht, Ranke u. a. sprechen an richtiger Stelle beredter als viele Umschreibungen vergangener Zustände, Strebungen, Anschauungen und Empfindungsweisen. Auch die Verwertung besonders charakteristischer Citate, Anekdoten, sowie die Vorführung historischer Gedichte ist mitunter recht förderlich ***),

Kritische Begründung der historischen Darstellung gehört als solche nicht in die Schule; dagegen müssen die völlig gesicherten Resultate der Kritik, auch wenn sie von der gewöhnlichen Überlieferung und Darstellung abweichen, aufgenommen werden †).

---

*) O. Jäger, Bemerkungen über den geschichtlichen Unterricht. Wiesbaden 2. Ausg. 1882, S.18.

**) Verhandlungen der 8. Directoren-Versammlung der Provinz Preußen 1877, S. 121.

***) Citate sind im Geschichtsunterrichte gewiss empfehlenswert, sie charakterisieren oft in aller Kürze eine Person und bringen dramatisches Leben in den Vortrag: allein es verdienen nur solche aufgenommen zu werden, welche mit der historischen Wahrheit nicht in Widerspruch gerathen.

Auch Anekdoten bleiben, wenn sie gleich auf der Unterstufe einen breiten Raum beanspruchen dürfen, doch immer etwas Secundäres; schon auf dieser Stufe ist die Achtung vor dem Wirklichen gegenüber dem historischen Klatsch zu pflegen.

Gedichten wird man einen verschiedenen Wert beilegen. Zeitgenössische Lieder, welche dem Geiste ihrer Zeit bestimmten und lebendigen Ausdruck leihen und deshalb die Quelle selbst ersetzen, wie die Sprüche Walthers von der Vogelweide, ferner Volkslieder, welche in anständigem Tone die stark hervortretenden Strömungen im politischen oder Geistesleben zur Anschauung bringen, z. B. die Lieder vom Kampfe zu Pavia, Prinz Eugenius u. a. dürfen Berücksichtigung beanspruchen; dagegen wird der Takt des Lehrers von den Gedichten unserer Zeitgenossen über historische Stoffe Vieles ausschließen müssen. Hierin kann übrigens auch der deutsche Unterricht den historischen wohl unterstützen; oft wird es daher genügen, auf das aus dem deutschen Unterrichte bereits Bekannte hinzuweisen.

†) Vgl. Schrader a. a. O. S. 534.

Die wenigen Mittel sinnlicher Anschauung, welche dem Geschichtsunterrichte zu Gebote stehen, sollen auf das ausgedehnteste benutzt werden. Zu derartigen Anschauungsmitteln gehören eigene Zeichnungen, z. B. von Schlachtordnungen, Stammbäumen u. dgl., die der Lehrer an der Tafel entwirft, vorzugsweise aber die historischen und geographischen Wandkarten. Für die Culturgeschichte, insbesondere für die Kunstgeschichte, bedarf es geeigneter Anschauungsmittel. Abbildungen von Bauwerken, Photographien, andere Nachbildungen nach Gemälden bedeutender Meister, Porträts historischer Personen u. ä. sind zu diesem Zwecke ganz geeignet. So kann der Vortrag der Geschichte durch Manches, was ihm zur Seite geht, mit ihm abwechselt oder sich in ihn verflicht, unterstützt werden. Immer aber werden alle diese Hilfsmittel des historischen Unterrichtes mit Vorsicht und Sparsamkeit benutzt werden müssen; sie sollen dem Vortrage nicht als äußerlicher Flitter dienen, sondern ihn beleben und heben.

b) **Einübung des historischen Stoffes.** Das Wissen wird erst dadurch zum geistigen Eigenthum, dass man es in selbstthätiger Arbeit anwendet. Dies geschieht in allen Wissensgebieten durch Übungen; auch im Geschichtsunterrichte bilden solche Übungen, die Repetitionen und Examinatorien, eine der wichtigsten Bedingungen des Erfolges. Zunächst kommt es hier darauf an, dass der Schüler den Vortrag des Lehrers sowohl im Zusammenhange möglichst treu sich aneigne, als auch der darin enthaltenen Elemente vollkommen Herr werde. Jenes wird am besten dadurch erreicht, dass — und dies gilt vorzugsweise für die Unterstufe — nach Beendigung des Vortrages noch in derselben Stunde einzelne Schüler das Vorgetragene unter Beihilfe des Lehrers, wo sie nothwendig ist, wiederholen. In der nächsten Stunde erfolgt dann die abermalige energische Recapitulation des früher absolvierten Pensums. Es ist dabei von dem Schüler zu verlangen, dass er das Erzählte sicher und in richtiger Sprachform wieder erzähle.

Der Neigung zu mechanischem Auswendiglernen oder wörtlichem Aufsagen der Geschichtslection etwa nach dem Lehrbuche muss sogleich im Anbeginn kräftig entgegengetreten werden. Je mehr sich der Schüler gewöhnt, den Inhalt stets von der Form, in der er ihm geboten wird, zu trennen, desto größer wird der Nutzen auch für das Verständnis des geschichtlichen Stoffes sein. Mit der Nacherzählung wird jedoch überall die Auflösung des Vortrages in seine Elemente in der Art zu verbinden sein, dass der Lehrer durch Kreuz- und Querfragen sich die Überzeugung zu verschaffen sucht, ob das Einzelne von den Schülern richtig erfasst und fest eingeprägt und ob auch die geographischen Verhältnisse bekannt seien. In jeder folgenden Stunde ist dann bei der Repetition nicht bloß auf das Pensum der letzten Stunde, sondern auch auf Früheres zurückzugreifen. Von Zeit zu Zeit werden auch größere Abschnitte im Zusammenhange zu wiederholen sein, was bei zweckmäßiger Eintheilung ohne zu starke Belastung der Schüler ganz gut möglich ist. Hierbei empfiehlt sich die Repetition nach bestimmten leitenden Gesichtspunkten, „das Operieren mit dem gelernten Stoff" *).

---

*) So kann man den zweiten punischen Krieg repetieren, indem man die Hauptpersonen, die Hauptschlachten, die Schauplätze, die wichtigsten Städte des Feldzuges oder die Vorfälle

Auch auf der Oberstufe ist mit Strenge auf sorgfältige Wiederholung zu halten. Vom Durcharbeiten des Vorgetragenen noch in derselben Stunde kann hier abgesehen werden, wenn der Lehrer bei seinem Vortrage die Hauptpunkte klar hervorgehoben, den Stoff übersichtlich gegliedert und da, wo einem Missverständnis vorgebeugt oder Schwerverständliches klar gemacht werden muss, durch Fragen den Vortrag unterbrochen und sich von der richtigen Auffassung der Schüler überzeugt hat.

Die Repetition des Vortrages in der nächsten Stunde ist theils synthetisch, indem der behandelte Abschnitt in seinen Hauptpunkten von dem Schüler wiedergegeben wird, theils analytisch, indem die neu vorgeführten Begriffe genau erklärt, das Vorgetragene in seine Theile zerlegt, gruppiert und unter bestimmte Gesichtspunkte gebracht wird. Die Hauptforderung auf der Oberstufe, die Erkenntnis des pragmatischen Zusammenhanges, muss der Lehrer auch bei der Wiederholung hier vor Allem festhalten. Bei wiederholenden Rückblicken auf größere Zeiträume und besonders bei den Haupt-Repetitionen, die am Schlusse eines jeden Semesters stattzufinden haben, ist die freie Umarbeitung des vorgetragenen Stoffes nach immer neuen Gesichtspunkten die Hauptsache. Der Lehrer lasse hier die Schüler das Gleichzeitige in der Geschichte verschiedener Länder zusammenstellen oder auch jene Begebenheiten, die sich an hervorragend wichtigen Punkten zu verschiedenen Zeiten ereignet (in den syrischen Pässen, bei den Thermopylen, auf dem Marchfelde, bei Leipzig). Ereignisse und Entwicklungen aus früherer Zeit, aus der Kriegs- und Verfassungsgeschichte, die mit den vorliegenden in Beziehung stehen, gewähren interessante Rückblicke, ja selbst verwandte Erscheinungen aus anderen Gebieten der Geschichte sind zum Vergleich heranzuziehen *). Doch muss der Lehrer bei

---

in ihrer Aufeinanderfolge wiederholen lässt; oder unter der Form einer Biographie Hannibals. Wann geboren? Wessen Sohn? Thaten und Stellung des Vaters im ersten punischen Krieg? Verdienste nach demselben? Aufenthalt in Spanien? Was weiß man aus Hannibals Knabenzeit? Seine Stellung unter Hasdrubal? Wann und wie ist er zur Macht gelangt? Wo hat er die Jahre 218—202 zugebracht? Schlachten des großen Krieges mit ihren Jahreszahlen? Schauplätze desselben? Bedeutendste Feldherren der Römer? Wann war Hannibal seinem Ziele am nächsten? Er wird der Grausamkeit und Treulosigkeit beschuldigt? Beweise dafür? oder vom Gegentheil? Seine Verbündeten in Italien? außerhalb Italiens? Wann ist er nach Karthago zurückgekehrt? Wie lange dort geblieben? In welcher Stellung oder Wirksamkeit? Wann hören wir wieder von ihm? Sein Plan beim Beginne des syrischen Krieges? Sein Tod? — Jäger a. a. O. S. 18 und A. Häfelin, Die rationelle Methode des Geschichtsunterrichtes am Gymnasium. Zürich 1880, S. 20.

*) Fragen, weshalb mag Plutarch Themistokles und Coriolan, Aristides und Cato zusammengestellt haben? etc. Wie ehrten die Griechen, die Römer, die Deutschen in verschiedenen Zeiten ihre großen Männer? Welchen seiner Staatsmänner lohnte Athen mit Undank? Wie unterscheidet sich die Verfassung Athens von der Spartas oder von der Roms? und wie diese von der mittelalterlichen Ständeverfassung oder dem modernen constitutionellen Staat? Wie waren die Heere der Römer und Griechen in der guten, wie in der schlimmeren späteren Zeit zusammengesetzt, wie die in der Feudalzeit? Welche inneren und äußeren Verhältnisse begünstigten die Weltherrschaft der Römer? Wodurch ist der österreichisch-ungarische Staat zu seiner heutigen Blüte und Machtstellung gelangt? Solche und ähnliche Fragen müssen bei der Repetition zur Sprache kommen und nach Maßgabe des den Schülern geläufig gewordenen Details beantwortet werden. — Vgl. Verhandlungen der 8. Directoren-Versammlung der Provinz Preußen, S. 112 ff.

solchen historischen Parallelen oder Analogien den Schüler anfänglich auf die
Gesichtspunkte geschichtlicher Betrachtung aufmerksam machen und ihn darüber
belehren, dass die Unterschiede nicht weniger wichtig sind als die Ähnlichkeiten,
wenn sie auf einen gemeinsamen Grundgedanken bezogen werden.

Man gehe vom Besonderen zum Allgemeinen, vom Allgemeinen zum Besonderen
über und deduciere den Causalzusammenhang gegebener Thatsachen. Besonders
bildend und anregend für die Schüler ist es, wenn der wiederholende Rückblick
auf einen längeren Zeitraum nicht bloß der Zeitreihe der Ereignisse folgt, sondern
bestimmte sachliche Gesichtspunkte in den Vordergrund stellt, z. B. um nur aus
der römischen Geschichte zu wählen: die Bedeutung und Folge der Ackergesetze
von ihrem Beginne bis auf die Zeit der Gracchen; die allmähliche Erlangung der
Gleichberechtigung seitens der Plebejer, einmal verfolgt durch die Staatsämter, zu
welchen sie Zugang erhalten, dann durch die veränderte Stellung und Bedeutung
der verschiedenen Arten der allgemeinen Volksversammlungen; Stellung und
Einfluss des Volkstribunates von den Gracchen bis Cäsar; Veränderung in
der Besetzung der Gerichte von den Gracchen bis Augustus und ihre politische
Bedeutung. Aufgaben der bezeichneten Art eignen sich besonders zu schriftlichen
Repetitionen, welche nach Art der Compositionen gearbeitet und vom Lehrer
zu Hause corrigiert werden. Solche Compositionen von Zeit zu Zeit aufzugeben, ist
für das Obergymnasium zu empfehlen; denn die schriftliche Aufzeichnung gibt ein
noch genaueres Zeugnis, ob die Sache vollständig und klar oder nur halb verstanden
ist, und setzt zugleich den Lehrer in den Stand, die Leistungen sämmtlicher Schüler
in gerechte Vergleichung zu stellen *).

Solche mündliche und schriftliche Repetitionen bieten dem Lehrer fortwährend
Gelegenheit, einerseits sich davon zu überzeugen, dass der historische Lehrstoff von
den Schülern richtig aufgefasst und entsprechend geistig verarbeitet wurde,
andererseits sich auch ein richtiges Bild von der Leistung und Leistungsfähigkeit
jedes einzelnen Schülers zu verschaffen.

Die vorstehenden Bemerkungen, weit entfernt eine vollständige Methodik des
Geschichtsunterrichtes zu geben, sondern nur bestimmt den Sinn und die Absicht des
Lehrplanes für Geschichte näher zu erläutern, beweisen zur Genüge, wie große
Forderungen der Lehrer der Geschichte an sich selbst zu stellen hat, wenn er seiner
Aufgabe genügen will. Aber einen reichlichen Ersatz für diese Bemühungen hat
der Lehrer in dem tief eingreifenden Erfolge zu finden, welchen gerade dieser
Unterricht hervorzubringen geeignet ist.

---

*) Vgl. Verhandlungen der 7. Directoren-Versammlung der Provinz Pommern 1879, S. 416 und
der 6. Directoren-Versammlung der Provinz Schlesien 1882, Bd. XIII., S. 171.

E. Mathematik.

Einleitung. Der Studienplan, welcher die gleichmäßige Entwicklung der geistigen Fähigkeiten des Schülers bezweckt, gibt dem mathematischen Unterrichte eine vollständige Gleichberechtigung mit dem sprachlichen und geschichtlichen Unterrichte. Drei Factoren sind es, welche der Mathematik diese Stellung in jedem Unterrichtssysteme sichern, das eine höhere allgemeine Geistesbildung anstrebt: erstens der Inhalt dieser Wissenschaft und die eigenthümliche Form, in welcher er zur Entfaltung kommt, zweitens der Einfluss ihres Studiums auf die Entwicklung der höheren Geisteskräfte und drittens ihre engen Beziehungen zu weiten Gebieten der Erkenntnis, zur Industrie und zum socialen Leben.

Indem uns ihr Inhalt die Gesetze der Zahl und des Raumes aufdeckt, eröffnet er eine neue Welt von Gedanken, die in ihrem Reichthum und in der Mannigfaltigkeit von Formen und Gestalten schon für sich allein dem strebsamen Jünglinge wie dem gereiften Manne große Befriedigung gewähren kann. Die Mathematik geht von wenigen einfachen Principien aus und entfaltet diesen Inhalt durch reine Geistesthätigkeit; auf wenigen Pfeilern errichtet sie ein wissenschaftliches System von Erkenntnissen und vermittelt so dem Schüler den Begriff einer deductiven Wissenschaft, welcher in keiner andern ihm gebotenen Disciplin so rein zur Erscheinung kommt. „Die Mathematik wird immer das vollkommenste Muster der deductiven Methode im Allgemeinen bleiben, und die Anwendung der Mathematik auf die deductiven Zweige der Naturwissenschaft bildet die einzige Schule, in welcher wissenschaftliche Forscher den schwierigsten und wichtigsten Theil ihrer Aufgabe erlernen können, nämlich die Verwendung der Gesetze einfacherer Erscheinungen zur Erklärung und Vorherbestimmung jener der verwickelteren Phänomene. Diese Gründe sind ganz genügend, um mathematische Schulung für eine der unentbehrlichsten Grundlagen einer wahrhaft wissenschaftlichen Erziehung zu halten.“ So spricht ein berühmter Philosoph unseres Jahrhunderts und erinnert zugleich an den bekannten Ausspruch, der Platon zugeschrieben wird.

Jede Wissenschaft hat ihre eigenen Unterrichtsmethoden, welche in der Natur ihres Gegenstandes wurzeln; jede regt die Functionen des Geistes in eigenthümlicher Weise an, trägt mehr oder weniger zu seiner Entwicklung bei und gewinnt dadurch als Bildungsmittel ihren charakteristischen Wert. Viele Gebildete weisen der Mathematik im Unterrichte die karge Aufgabe zu, n u r als praktische Logik die formale Bildung des Schülers zu fördern, sein Denkvermögen zu üben und zu kräftigen und ihn in der Kunst, richtig zu schließen, durch wiederholte Anwendung von Schlussformen, die an sich höchst einförmiger Natur sind, zu unterweisen. Dieser Auffassung wird dann die Folgerung angeschlossen, dass für die Lösung dieser Aufgabe der Lehrstoff leicht auf ein Minimum eingeschränkt werden könne.

Dieser in weiten Kreisen verbreitete Irrthum über den Erziehungswert der
Mathematik findet seine Erklärung in mehreren Umständen, von denen zwei besonders
hervorgehoben zu werden verdienen. Der erste liegt in der Unkenntnis der großen
Mannigfaltigkeit der geistigen Processe, Methoden und Ideen, welche die Mathematik
in den verschiedenen dem Gymnasialunterrichte zugewiesenen Gebieten aufschließt;
der Unterricht in dieser Disciplin gibt dadurch nicht nur eine strenge Schulung
des Schlussvermögens, sondern er wirkt vielseitiger, indem er die verschiedensten
Fähigkeiten und Kräfte des Geistes ins Spiel setzt. Der zweite Umstand ist die
unrichtige Auffassung des Begriffes der formalen Bildung, welche nur seinen Gegensatz zur realen Bildung einseitig im Auge behält, welche ferner vermeint, jene nur in
loser Verbindung mit dieser erreichen zu können, indem sie nicht erkennt, dass Form
und Inhalt unzertrennlich miteinander verknüpft sind, formale und reale Geistesbildung nur gleichmäßig und in stetiger Wechselwirkung mit einander fortschreiten.
Die nachtheiligen Folgen einer solchen Auffassung sucht schon der Organisationsentwurf zu verhüten, indem er ausdrücklich hervorhebt, dass die Mathematik und
die Naturwissenschaften nicht gestatten, „dass man die Kraft ihres Lebens zum
leeren Schatten irgend einer andern von ihnen wesentlich verschiedenen Disciplin
mache." Dass die Unmöglichkeit der Trennung der formalen und der realen Bildung
an dieser Stelle besonders betont wird, hat seinen Grund in der Erfahrung, dass
eine unklare Auffassung des Begriffes der formalen Bildung auf die Lehrmethode
der Mathematik an Gymnasien einen lähmenden Einfluss auszuüben vermag.

Die enge Beziehung der Mathematik zu den Naturwissenschaften und der mit
unwiderstehlicher Gewalt wachsende Einfluss, welchen diese Wissenschaften auf
die verschiedenartigsten menschlichen Verhältnisse und auf die meisten Factoren
des materiellen Wohlstandes des Volkes ausüben, findet in immer weiteren Kreisen
Verständnis und Würdigung. „Die Erkenntnis der Gesetze der Natur erlangt in
demselben Maße Bestimmtheit, als sie Mathematik in sich aufnimmt und der Herrschaft
derselben unterworfen werden kann; und mit der Einsicht der Gesetze der Natur
geht die Herrschaft über die Natur in Künsten und Gewerben, in den mannigfaltigsten
Lebensverhältnissen gleichen Schritt." Will also der Gebildete nicht überall auf
Unbekanntes und Unbegriffenes stoßen, so kann er diese Wissenschaften nicht
ignorieren: er muss streben, Einsicht zu gewinnen in die Principien, auf denen sie
beruhen, und in die Methoden, durch die der menschliche Geist sie errungen hat.

Die unbefangene Würdigung dieser verschiedenen Momente, welche auf die
Stellung der Mathematik im Unterrichte von Einfluss sind, führt zu der Überzeugung,
dass an dem letzten Lehrziele, welches der Organisationsentwurf für diesen
Gegenstand aufstellt, festgehalten werden muss. Die geringen Veränderungen
bezwecken vorzüglich eine Vereinfachung und Concentration des mathematischen
Lehrstoffes im Untergymnasium, welche durch die Erfahrung geboten sind und
durch die Entwicklung des österreichischen Schulwesens in den letzten drei
Decennien auch ermöglicht werden. Nach dem Organisationsentwurf soll das Untergymnasium sowohl für die Oberrealschule wie für das Obergymnasium vorbereiten,
und außerdem ein relativ abgeschlossenes Ganzes von Bildung gewähren, welches
auch zum Eintritt in manche Berufe des praktischen Lebens befähigt. Die durch-

greifende Umgestaltung jedoch, welche inzwischen der Lehrplan für Oberrealschulen erfahren hat, enthebt das Untergymnasium der Aufgabe, auf die Vorbildung für Oberrealschulen Bedacht zu nehmen. Die rasche Entwicklung der Bürgerschulen, die Entstehung zahlreicher Gewerbe- und Handelsschulen gestattet es ferner, auf der unteren Stufe des Gymnasialunterrichtes die Rücksicht auf die Befähigung für manche praktische Berufszweige in den Hintergrund treten zu lassen.

Durch diese Entlastung von heterogenen Nebenaufgaben wird der mathematische Unterricht im Untergymnasium leichter seiner wesentlichen Bestimmung gerecht werden können, dem Schüler die formale und reale Vorbildung zu geben, welche ein erfolgreicher Unterricht in der wissenschaftlichen Mathematik zur nothwendigen Voraussetzung hat.

Die leitenden Gedanken und Grundsätze, welche der Organisationsentwurf für den Lehrvorgang im mathematischen Unterrichte aufstellt, entspringen einer richtigen Würdigung aller Momente, welche auf die Erreichung des Lehrziels von wesentlichem Einflusse sind; ihre Verwirklichung im Leben der Schule erheischt aber ein näheres Eingehen auf den Lehrstoff und seine Abgrenzung, wie auf die methodischen Mittel, diesen Stoff seiner Natur entsprechend und mit steter Rücksicht auf die Entwicklungsstufe des jugendlichen Geistes für die Bildungszwecke des Gymnasiums zu verwerten. Als eine solche Ergänzung hat diese Instruction zu gelten; ihre Absicht ist, dem Lehrer ohne Einengung seiner wünschenswerten, ja nothwendigen Selbständigkeit durch Winke und Andeutungen die Lösung seiner schwierigen Aufgabe zu erleichtern.

Da die Voraussetzungen für den mathematischen Unterricht im Unter- und im Obergymnasium in wesentlichen Punkten differieren, so mögen die folgenden Erörterungen über beide Unterrichtsgebiete gesondert werden, damit sich ihre Grenzen gegenseitig schärfer abheben.

a) Untergymnasium.

Allgemeine Bemerkungen. Die Zweistufigkeit des Unterrichtes in der Mathematik findet ihre Begründung einerseits im Wesen dieser abstracten Wissenschaft, andererseits in dem verschiedenen Grade der geistigen Leistungsfähigkeit, welche dem Schüler auf den verschiedenen Altersstufen zugemuthet werden kann.

„Die wissenschaftliche Auffassung der Mathematik setzt gewisse elementare Anschauungen, Übungen, Fertigkeiten voraus, welche in dem dafür geeigneten Lebensalter leicht genug zu erwerben, wenn aber einmal versäumt, schwerer als vielleicht irgend ein anderer Gegenstand nachzuholen sind." Der mathematische Unterricht im Untergymnasium hat nun die Aufgabe, diese Vorbereitung für den wissenschaftlichen Unterricht im Obergymnasium so umfassend und sicher zu treffen, dass dann die Forderungen dieses Unterrichtes selbst wirklich und vollständig erfüllt werden können.

Diese Gesichtspunkte waren für die Auswahl und Anordnung des Lehrstoffes maßgebend, welcher in allgemeinen Umrissen im neuen Lehrplane vorgezeichnet ist. Da Arithmetik und Geometrie im Unterrichte gesondert behandelt werden, beiden Gegenständen wöchentlich aber nur drei Stunden zugemessen sind, so erscheint es zweckmäßig, abwechselnd eine Stunde der Arithmetik und eine der Geometrie zuzuwenden. Eine andere Eintheilung hat den pädagogischen Nachtheil, dass für denselben Gegenstand, namentlich bei Unterbrechungen durch Ferialtage, die einzelnen Lectionen zu weit auseinander fallen und dadurch die nothwendige Continuität im Lehrgange gestört wird. Die vielen Berührungspunkte zwischen beiden Disciplinen geben dem Lehrer hinreichende Gelegenheit, ihre Gebiete in enge Beziehung zu bringen und so durch Ausgleichung ein zu rasches Fortschreiten in dem einen Wissenszweige auf Kosten des andern zu verhüten.

Das richtige Lehrverfahren für den mathematischen Unterricht im Untergymnasium stellt an die didaktische Gewandtheit des Lehrers nicht geringe Anforderungen. Der Lehrer der Mathematik wird, wenn er seinen Stoff frei beherrscht, beim Unterrichte eines einzelnen Schülers durch Geduld und wohlwollendes Eingehen auf dessen geistige Fähigkeiten leicht die richtigen Mittel und Wege finden, die aufsteigenden Schwierigkeiten zu überwinden und einen günstigen Erfolg zu erzielen. „Es ist dagegen schwer und setzt vor Allem eine planmäßige Durchführung des Unterrichtes voraus, wenn die gesammte Classe, mit Ausnahme der überhaupt für die Studien nicht tauglichen Individuen, zu einem guten Mittelmaße der Leistungen gebracht, noch schwerer, wenn die Kenntnisse bei ihnen denjenigen Grad von Lebendigkeit und geistiger Regsamkeit erreichen sollen, der allein ihnen erst das Recht gibt, für ein Element der allgemeinen Bildung zu gelten." Diese Aufgabe erfordert, dass der Lehrer sich durch allgemeine methodische Grundsätze leiten lasse, welche durch die Natur des Lehrstoffes, durch das aufgestellte Lehrziel und durch die Rücksicht auf die durchschnittliche Erkenntnis- und Bildungsstufe seiner Schüler bestimmt werden.

Wenn auch die Mathematik als der reine Typus einer demonstrativen Wissenschaft gilt, so wird der Lehrer doch auf die Anwendung der ihm geläufigen deductiven Ableitungsformen verzichten und zur Fassungskraft des Schülers herabsteigen müssen. Er wird den obersten Grundsätzen des Unterrichtes gemäß auf inductivem Wege vom Einfachen zum Zusammengesetzten, vom Concreten zum Abstracten schreiten und immer des Erfahrungssatzes eingedenk bleiben, dass allgemeine Wahrheiten einer Wissenschaft nur dann das Gedächtnis unterstützen und das Denken erleichtern, wenn sie durch einen concreten Inhalt gesättigt, durch eine klare Erkenntnis des vielen Inbegriffenen erworben wurden. Soll aber der Unterricht wirklich die Einführung in die Elemente der Wissenschaft vorbereiten, so muss er auch bei der größten Einfachheit die Gründlichkeit wahren und darf nicht durch die Pflege rein äußerlicher Momente verflachen; die in der Sache liegenden Schwierigkeiten sollen nicht so groß sein, dass sie umgangen werden müssen und nicht vollständig überwunden werden können.

Die Concentration des Unterrichtes fordert, dass der Lehrstoff einfach und wohlgegliedert sei, auf das Wesentlichste eingeschränkt bleibe und über die nächste Unterrichtsaufgabe nicht hinausgehe; dadurch wird es möglich werden, dass der Schüler ohne Überspannung seiner jugendlichen Kräfte den gesammten Lehrstoff aufnimmt und sich einprägt und in dessen Verwendung selbständig wird. Hierzu gelangt der Schüler nur durch eigene Thätigkeit, „eine Thätigkeit, welche dem aufnehmenden Erwerben nicht erst folgen darf, sondern dasselbe auf jedem Schritte begleiten muss". Der Studienplan muss daher an der Bestimmung festhalten, dass insbesondere auf der unteren Stufe des Unterrichtes die Aneignung der theoretischen mathematischen Erkenntnisse von Seite der Schüler nur ein Ergebnis des Unterrichtes in der Schule sein soll und dass die von Woche zu Woche fortlaufenden schriftlichen Hausarbeiten der Schüler nur die Festigung und Einprägung des schon im Wesentlichen Gelernten zu vollenden haben. Dieser Bestimmung des Studienplanes kann man nur durch eine Unterrichtsweise gerecht werden, bei welcher der Fortschritt durch fortwährendes Arbeiten der Schüler unter der Anleitung des Lehrers in der Form der Selbstbelehrung geschieht; nur ein in dieser Weise veranlasster Process der Selbstentwicklung kann das bloße Wissen zum Können steigern und die Lebendigkeit und die Dauer der Eindrücke über die Schule hinaus gewährleisten.

Das selbstthätige Aufnehmen des Lehrstoffes durch den Schüler setzt die freie, in keiner Weise beeinträchtigte Bewegung seiner intellectuellen Kräfte voraus. Diese aber wird gefördert, wenn sein Interesse geweckt und seine Theilnahme durch das befriedigende Gefühl der Entfaltung seiner Geisteskräfte gewonnen wird. Der Lehrer wird immer die ungetheilte Aufmerksamkeit des Schülers in Anspruch nehmen müssen; aber er könnte den ungeschmälerten Erfolg seiner Bemühungen in Frage stellen, wenn er es nicht vermiede, durch zu hoch gespannte Forderungen oder durch peinlichen Druck den Schüler zu entmuthigen, sein Gemüth herabzustimmen und so die Energie seiner Willenskraft zu schwächen oder zu knicken.

Bei der Durchführung eines Unterrichtes, wie er im Vorhergehenden angedeutet ist, hat der Lehrer fortwährend Gelegenheit, sich von der richtigen Auffassung und der entsprechenden geistigen Verarbeitung des Lehrstoffes zu überzeugen und etwa vorkommende Unrichtigkeiten zu verbessern. Um aber eine gleichmäßige Ausbildung der ganzen Classe zu erreichen und den Schülern, welchen das Zusammenfassen des Einzelnen zu einem Ganzen noch große Schwierigkeiten macht, den Zusammenhang der Theile zum klaren Bewusstsein zu bringen, sind eindringliche und vielseitige Wiederholungen nothwendig, zu denen sich in jeder Lehrstunde Anlass bietet und die insbesondere nach Erledigung eines engbegrenzten Abschnittes des Gegenstandes vorzunehmen sind. Dabei gewinnt der Lehrer über die Leistung und die Leistungsfähigkeit der einzelnen Schüler ein richtiges Urtheil, so dass er für die Zwecke der Censur eigentlicher Examinatorien füglich entbehren kann.

Die schriftlichen Hausarbeiten sollen dem Schüler Gelegenheit geben, sich das Erlernte geläufig und dauernd zu eigen zu machen und zur selbständigen Anwendung seiner Kenntnisse zu gelangen. Die Hausaufgaben sollen dem durchschnittlichen Kräftemaß der Schüler entsprechen und nur einen mäßigen Zeitaufwand erfordern. Wird die Wahl der Aufgaben nach diesen Grundsätzen getroffen und werden die Schüler auf alle die Mittel aufmerksam gemacht, um sich selbst von der Richtigkeit ihrer Lösungen zu überzeugen, so finden sie keine Veranlassung, sich um fremde Hilfe umzusehen oder den Lehrer durch Unterschiebung einer fremden Arbeit zu täuschen. Der häusliche Fleiß des Schülers wird durch die Überzeugung angeregt, dass die Ergebnisse seiner Bemühungen auch die entsprechende Würdigung und Controle von Seite des Lehrers erfahren. Die Hausaufgaben sind

daher in der Schule eingehend zu besprechen und wenigstens theilweise als Übungs-stoff zu behandeln, um wahrgenommene Schwierigkeiten zu heben oder auf die einfachsten und kürzesten Auflösungsmethoden aufmerksam zu machen, andererseits um bei einzelnen Schülern die volle Überzeugung zu gewinnen, dass die vorgelegten Arbeiten wirklich Producte ihrer eigenen Thätigkeit sind.

Die **schriftlichen Schularbeiten** sollen die Schüler nach und nach daran gewöhnen, gegebene Aufgaben in einer bestimmten Zeit ohne alle Behelfe zu bewältigen; dem Lehrer liefern sie ein Gesammtbild über den Stand der Classe und zugleich weitere Anhaltspunkte für ein abschließendes Urtheil über den Fort-gang der einzelnen Schüler. Sie werden deshalb etwa einmal in jeder Conferenz-periode zu geben sein und zwar unter strenger Überwachung der Schüler, um jeden Unterschleif zu verhüten. Die Urtheile des Lehrers über diese Arbeiten sind vor der ganzen Classe bekannt zu geben und mit den nothwendigen allgemeinen oder besonderen Bemerkungen zu verbinden.

Es kommt häufig vor, dass bei solchen Prüfungen die Sicherheit und ruhige Überlegung mancher Schüler durch Befangenheit oder Erregung beeinträchtigt ist und die Ergebnisse ihrer Arbeit mit ihren sonstigen Leistungen nicht im Ein-klange stehen; es wäre unbillig, wenn der Lehrer in solchen Fällen bei der Feststellung der Fortgangsnote, welche doch die Gesammtleistungen der Schüler zu berücksichtigen hat, auf einzelne Verstöße oder Übereilungen ein zu großes Gewicht legen wollte.

Arithmetik. „Dem Verständnisse der arithmetischen Lehren steht immer dann eine Hauptschwierigkeit entgegen, wenn dem Schüler die verschiedenen Rechnungs-arten mit besonderen Zahlen nicht so geläufig geworden sind, dass sie sein Nach-denken vom Grunde und Zusammenhange der Lehren nicht mehr abziehen. Die Ungeübtheit in der bloßen Ausführung der Rechnung wird dann als eine Schwierigkeit in der Sache selbst angesehen." Die zweckmäßige Vorbereitung für den wissen-schaftlichen Unterricht fordert somit die umfassendste Durchübung der Rechnungs-operationen bis zur vollkommenen Geläufigkeit. Die allgemeine Einführung des dekadischen Princips in unser Münz-, Maß- und Gewichtssystem erleichtert und vereinfacht das Rechnen mit benannten Zahlen, erhöht dagegen die Wichtigkeit der Operationen mit Decimalzahlen und macht die Sicherheit und Fertigkeit im abgekürzten Rechnen mit diesen Zahlen zur unabweislichen Nothwendigkeit. Um eine gründliche Durchführung dieser Aufgabe durch einen allmählichen Stufengang zu erleichtern, ist im Lehrplane der entsprechende Stoff auf mehrere Classen vertheilt.

Der Unterricht im Rechnen hat drei Momente zu unterscheiden: das Verständnis einer Rechnungsoperation, ihre Ausführung in der Rechnung und ihre Anwendung auf Probleme verschiedener Art. Für das richtige Lehrverfahren muss auch hier die allgemeine didaktische Regel zur Geltung gebracht werden: „Schwierigkeiten verschiedener Art sind immer zu trennen und successive zu überwinden".

„Jede neue Rechnungsoperation muss zunächst an solchen Zahlen zum Verständnisse gebracht sein, welche der Schüler mit Leichtigkeit übersehen und ohne alle Hilfe des Aufschreibens behandeln kann. Erst nachdem durch hinlängliche Beispiele, die im Kopfrechnen behandelt sind, der Schüler in die Rechnungsoperation selbst vollständige Einsicht und Herrschaft darüber erlangt hat, darf die Schwierigkeit der Ausführung hinzutreten, also Beispiele in größeren Zahlen, die für den Schüler ein schriftliches Rechnen erfordern, oder solche Fälle, welche die Anwendung einer bestimmten Rechnungsabkürzung oder eines Rechnungsvortheiles rathsam machen. Hiedurch erreicht der Lehrer zugleich den anderen, nicht gering anzuschlagenden Vortheil, dass mit dem schriftlichen Rechnen fortwährend auch das Kopfrechnen geübt und dieses nicht als eine besondere Art des Rechnens, sondern als die natürliche Verfahrungsart mit kleineren, übersichtlichen Zahlen auch im Verlaufe einer größeren Rechnung angesehen wird. Sowie hiernach das Kopfrechnen nicht als besonderer Gegenstand des Unterrichtes zu behandeln ist, so gilt dasselbe von den für Abkürzung der Rechnung wirklich förderlichen sogenannten Rechnungsvortheilen. Sie sind zunächst bei den Rechnungsarten, auf welche sie sich beziehen, zu erläutern, aber dann in allen folgenden Rechnungen zur mannigfachsten Anwendung zu bringen; denn die bloße Kenntnis dieser Vortheile hat für den Schüler keinen Wert, es kommt darauf an, dass er durch eigenen Blick die Fälle erkennen lerne, in welchen sie mit Nutzen anzuwenden sind."

Werden die einzelnen Vorgänge bei Rechnungsoperationen vor dem Geiste des Schülers und unter seiner steten Mitwirkung auf inductivem Wege mit Klarheit und Einfachheit entwickelt, so entfällt die Nothwendigkeit, ihre Ausführung an weitläufige Regeln anzulehnen. Solche Regeln für den Mechanismus der Operation fördern weder die Einsicht noch die eigentliche Fertigkeit, belasten ohne dauernden Nutzen das Gedächtnis des Schülers, um schließlich doch immer wieder vergessen zu werden; dagegen werden die Grundwahrheiten, welche in den Regeln nur als Bruchstücke zum Ausdrucke kommen, dauerndes Eigenthum des Schülers, wenn er sie einmal mit vollem Verständnis aufgenommen hat.

Bei der Anwendung der verschiedenen Rechnungsoperationen auf Probleme des socialen Lebens wird die größte Sorgfalt darauf zu verwenden sein, das Unwesentliche vom Wesentlichen scharf zu sondern und vom Unterrichte fern zu halten. Die allgemeine Bildung fordert, dass der Schüler mit den wichtigsten Aufgaben über Münzen, Maße und Gewichte, mit der Zeitrechnung, mit der Procent- und Zinsenrechnung innig vertraut werde. Diese berechtigte Forderung hat im Lehrplane entsprechend Berücksichtigung gefunden. Der didaktische Grundsatz, den Unterrichtsstoff möglichst einzuschränken, jede Überanspannung der jugendlichen Kraft zu vermeiden, und durch Concentration des Unterrichtes seine Vertiefung zu fördern, gestattet es nicht, über die angedeutete Grenze hinaus Probleme aufzunehmen, die nur besonderen Berufszweigen angehören, dem Vorstellungskreise des Schülers fremd und an sich von geringem mathematischen Bildungswerte sind. Die durch das Untergymnasium gebotene allgemeine mathematische Schulung setzt den unmittelbar ins Leben tretenden Schüler in den Stand, die einfacheren arithmetischen Probleme, welche ihm in concreten Fällen entgegentreten, auch ohne Kenntnis mechanischer, zum Theil veralteter Rechnungsformen zu bewältigen. Viele Aufgaben der sogenannten bürgerlichen Rechnungsarten, welche ihre Aufnahme in

Lehr- und Übungsbücher mehr einem alten Herkommen als dem wirklichen Bedürfnisse der Schule und des Lebens verdanken und überdies zum großen Theile der Wirklichkeit gar nicht entsprechen, werden also vom Unterrichte auszuschliessen sein; jener Theil aber, welcher wirklich Berücksichtigung verdient, wie z. B. die Theilung oder Zusammensetzung nach gegebenen Bedingungen, wird sich am natürlichsten mit der Lehre von den Gleichungen in Verbindung bringen lassen.

Die Erfahrung lehrt, dass kein Theil des mathematischen Unterrichtsstoffes das Interesse der Jugend in so hohem Grade zu erregen vermag und zugleich seine mathematische Vorbildung zu fördern so geeignet ist, als die Lehre von den Gleichungen. Dieses Unterrichtsgebiet gewinnt dadurch großen pädagogischen Wert, dass es auf Grund weniger theoretischer Voraussetzungen ununterbrochen die Selbstthätigkeit des Schülers in Anspruch nimmt. Die Umgestaltungen, welche die Auflösung der in den verschiedensten Formen auftretenden Gleichungen erfordert, festigen die Gewandtheit des Schülers im Calcül, und der Ansatz von Gleichungen, zu welchen die mannigfaltigsten Probleme anziehender und anregender Natur Veranlassung geben, gewöhnt den Schüler nach und nach an Klarheit in der Auffassung und an selbständiges Denken. Denn in jeder einzelnen Aufgabe sieht sich der Schüler gezwungen, die gegenseitige Abhängigkeit der darin vorkommenden Größen unmittelbar aus den Bedingungen der Aufgabe und ohne mechanische Anwendung von Formeln oder Regeln zu erschließen und aus der gewöhnlichen Sprache in die mathematische Zeichensprache zu übertragen. Die leichte Bewältigung von Aufgaben, deren Auflösung ohne Anwendung der Algebra dem Schüler nur in den einfachsten Fällen gelingen würde, überzeugen ihn auch am besten von dem großen Nutzen, welchen schon die ersten Anfangsgründe der Buchstabenrechnung gewähren können. Der Studienplan hat aus diesen Gründen Vorsorge getroffen, dass diesem Theile des arithmetischen Lehrstoffes der Zeitraum zugemessen werde, welcher seiner Wichtigkeit entspricht.

Werden im Unterrichte neue Operationen vorgeführt, so wird der Lehrer auf die zweckmäßigste äußere Anordnung der Rechnung durch einige an der Tafel ausgeführte Beispiele aufmerksam machen; im weitern Verlaufe jedoch alle Rechnungen durch Schüler an der Tafel ausführen zu lassen, bietet zu viel Gelegenheit zum gedankenlosen Abschreiben. Will sich der Lehrer die Spannung und thätige Theilnahme aller Schüler sichern, so wird er gut thun, die Rechnungen selbst schriftlich mitzuarbeiten und deren fehlerfreie Ausführung durch die Schüler, welche ununterbrochen in raschem Wechsel zur Mitwirkung herangezogen werden, zu überwachen.

Bei der Auswahl des Übungsstoffes soll der Lehrer nur in jenen Fällen, wo die Aufstellung passender Beispiele besondere Vorbereitungen erfordert, das Lehrbuch oder seine eigenen schriftlichen Aufzeichnungen zu Hilfe nehmen; lassen sich die Beispiele leicht improvisieren, so gewinnt der Unterricht an Frische und Lebendigkeit, wenn der Lehrer die Daten aus dem Kopfe dictiert oder die Schüler selbst zur Aufstellung geeigneter Beispiele heranzieht.

Geometrie. „Sollen die wissenschaftlichen Lehren der Geometrie den Lernenden keine anderen als die in der Sache selbst liegenden Schwierigkeiten machen, so muss vor dem Beginn des wissenschaftlichen Lehrganges die mathematische Phantasie gehörig entwickelt sein, d. h. die Fähigkeit, räumliche Gebilde und Verhältnisse, mögen sie sich auf dieselbe Constructionsebene beschränken oder nicht, sich genau und sicher vorzustellen, ohne die Hilfe einer Zeichnung ebensowohl als mit dieser Unterstützung. Diese mathematische Phantasie ist keine ausschließliche Naturgabe, sondern ist der methodischen Bildung fähig, durch Übungen, in welchen sich Anschauung und Begriff, Zeichnen und Rechnen eng mit einander verbinden und gegenseitig unterstützen, Übungen, welche nicht zu b e w e i s e n unternehmen für eine Bildungsstufe, die für wissenschaftliche Strenge der Beweise noch nicht geeignet ist, sondern durch Verbindung von Anschauung und Rechnung deutlich z e i g e n oder e i n p r ä g e n." Die weitere Ausführung dieser Grundgedanken des Organisationsentwurfes liefert die allgemeinen Grundsätze, welche den Lehrer beim Unterrichte in diesem Gegenstande leiten müssen und gibt auch für die Auswahl des Stoffes feste Anhaltspunkte.

Die wissenschaftliche Elementargeometrie stellt sich die Aufgabe, aus einer möglichst geringen Anzahl indemonstrabler Vordersätze die übrigen Wahrheiten herzuleiten; sie bedient sich dabei eines in eigenthümliche Formen gekleideten Lehrverfahrens, bei welchem die Beziehung von Grund und Folge vorwiegend durch eine größere Reihe ineinander hängender Syllogismen, also durch streng logische Operationen vermittelt wird. Es kommt nicht selten vor, dass auch ein vorbereitender Unterricht sich dieser Methode mit mehr oder weniger Treue anschließt und nur durch die Einschränkung auf die einfachsten geometrischen Elemente seiner Aufgabe gerecht zu werden glaubt; als das eigentliche Lehrziel wird dann die Schulung der Verstandesthätigkeit in den Vordergrund gestellt. Die Erfahrung lehrt jedoch dass auch nach dieser Richtung hin ein solches Lehrverfahren keinen befriedigenden Erfolg erreicht, weil es mit den psychologischen Gesetzen, welchen die Entwicklung und Steigerung der jugendlichen Geisteskräfte unterworfen sind, in Widerstreit geräth. Die Auffassung einer zusammenhängenden Reihe von Schlüssen übersteigt auf der vorausgesetzten Altersstufe die Kraft des Schülers. Wenn ihm auch jedes einzelne Glied der Schlusskette und sein Zusammenhang mit dem vorhergehenden deutlich sein mag, so ist er doch nicht im Stande, Voraussetzung und Behauptung untrennbar verknüpft als ein Ganzes aufzufassen; die Einheit des Beweises und damit auch die eigentliche Evidenz treten nicht in sein Bewusstsein ein. Ein solcher Unterricht hemmt die geistige Entwicklung statt sie zu fördern und erzeugt Indifferentismus und Abneigung wider einen Gegenstand, für welchen ein richtiges Verfahren die regste Theilnahme des Schülers gewinnen kann. Diese Erfahrungen haben in der pädagogischen Welt das allgemeine Bedürfnis wachgerufen, für die Geometrie eine Vorstufe des Unterrichtes zu schaffen, durch welche der Schüler mit den einfachsten ebenen und räumlichen Gebilden und ihren Gesetzen vertraut wird; welche nicht die ausschließliche Übung des Verstandes anstrebt, sondern vor allem die Ausbildung der Anschauung und der Vorstellungskraft zum Zwecke hat und dadurch die im Knabenalter vorherrschenden Geisteskräfte in Bewegung setzt. Eine anerkannte Autorität auf dem Gebiete des mathematischen Unterrichtes constatiert diese Thatsache mit den Worten: „Es ist eine jetzt wohl überall anerkannte

Regel, dass der geometrische Unterricht zwei Stufen zu durchlaufen hat: die
niedere des Anschauungsunterrichtes, verbunden mit vielen Übungen im Zeichnen,
und die höhere der wissenschaftlichen Erörterung."

Eine reiche Literatur von „Formenlehren" und „Anschauungslehren" sucht den
bezeichneten Zwecken zu entsprechen; die verschiedensten Mittel werden mit mehr
oder weniger Glück in Verwendung gebracht, und häufig wird der consequenten
Durchführung einer besonderen Form der Methode eine geordnete Entwicklung
des Inhaltes zum Opfer gebracht. Obwohl die Bewegung auf diesem Gebiete schon
mehrere Decennien anhält, so hat doch der geometrische Unterricht am Untergymnasium noch keine feste Form gewonnen, auf welche der Lehrer verwiesen
werden könnte. Der Studienplan hält an einer wohlgeordneten Gliederung des
Lehrplanes fest, welche den Unterricht auf der oberen Stufe durch ihre Übereinstimmung unterstützt; er sucht durch eine ins Detail gehende Abgrenzung der Materien
jeder Überbürdung der Schüler durch Stoffanhäufung vorzubeugen und macht auf
die geeigneten Mittel aufmerksam, den vorbereitenden Unterricht zu erleichtern,
ohne ihn zu verflachen. Der Einsicht und dem Geschicke des Lehrers aber muss es
überlassen bleiben, der Methode ihre individuelle Form zu geben und durch sie
den Unterricht zu beleben und zu befruchten.

Die einfachsten geometrischen Gebilde sind dem Schüler durch die Erfahrung
gegeben, durch die äußern Anschauungen schon bekannt. Der Unterricht hat an
diese Anschauungen anzuknüpfen, sie zu ordnen, das Zufällige abzusondern, das
Gemeinsame hervorzuheben, und das anschaulich Erkannte in angemessenen Begriffen
abzusetzen und zu fixieren. Dieser Act der Begriffsbildung erfordert sorgsame
Behandlung; Anschauung und Begriff sollen in inniger Verbindung bleiben; der
Lehrer habe den Ausspruch Kant's vor Augen, dass Anschauungen ohne Begriffe
blind, Begriffe ohne Anschauungen leer sind. Die gewonnenen Begriffe sollen in
genauen, aber möglichst kurzen Definitionen ihren Ausdruck finden; in vielen Fällen
wird genetischen Definitionen als den einfacheren und anschaulicheren der Vorzug
vor den sogenannten Realdefinitionen einzuräumen sein. Wie bei jeder Exposition
soll auch hier schon, so weit als thunlich, die thätige Mitwirkung des Schülers
herangezogen werden. Ist die Erklärung von bestimmten Linien oder zusammengesetzten Gebilden zu entwickeln, so soll der Process immer mit der Zeichnung
beginnen. Im Gegensatze zur dogmatischen Methode soll allen Vorgängen einer
Entwicklung, welche sich in die Form einer Aufgabe kleiden lassen, diese Form
auch wirklich gegeben werden.

Die nächste Aufgabe des Unterrichtes ist, die Eigenschaften der einzelnen Gebilde
in ihrem nothwendigen Zusammenhange zu entwickeln und sie in geometrischen
Lehrsätzen von präciser Fassung festzulegen. Auszuwählen sind nur die wesentlichsten, für einen lückenlosen Fortschritt in der Entwicklung unentbehrlichen
Lehrsätze; der Lehrer widerstehe der Versuchung, aus der reichen Fülle interessanter
Lehrsätze einzelne aufzunehmen, die für eine elementare Darstellung nicht unumgänglich nothwendig sind, mögen sie auch noch so nahe liegen und ihre Ableitung
auch keine Schwierigkeit darbieten. Die wesentlichsten Lehrsätze hat der Schüler
seinem Gedächtnisse fest einzuprägen; eine zu große Mannigfaltigkeit derselben

würde ihm die Totalübersicht und die leichte Verwertung erschweren oder unmöglich machen.

Ihr eigenthümliches Gepräge erhält die Anschauungsgeometrie im Gegensatze zur wissenschaftlichen vorzüglich durch die mit der Fassungskraft der Schüler im Einklange stehende Art und Weise, ihm die Wahrheit der Lehrsätze zur vollen Überzeugung zu bringen. Auf der unteren Stufe muss die Anschauung, auf der oberen das logische Moment vorwiegend sein; dort beabsichtigt man ein möglichst unmittelbares, hier ein durch Schlüsse begriffenes Erkennen; die Anschauungslehre sucht vorzüglich das Anschauungsvermögen und die Vorstellungskraft, die wissenschaftliche Geometrie die Verstandeskräfte des Schülers anzuregen und zu entwickeln.

Der hohe Wert der Anschauung, „der ersten Quelle aller Evidenz", wird noch häufig nicht genugsam gewürdigt. Viele Wahrheiten der Geometrie können auf dem Wege der Anschauung erkannt werden, und es unterliegt keinem Zweifel, dass die meisten elementaren Sätze der Geometrie vor jedem Beweise und doch mit der vollen Überzeugung von ihrer Wahrheit aufgefunden worden sind. Auch der geübte Mathematiker erkennt oft in seinen Untersuchungen die Evidenz geometrischer Beziehungen zuerst durch Anschauung und gelangt erst später zu ihrer begrifflichen Vermittlung in der üblichen Form. „Ist doch das anschauliche Wissen", wie Locke treffend sagt, „unwiderstehlich; gleich dem hellen Sonnenlichte zwingt es zu seiner Erkenntnis, so wie die Seele sich darauf wendet; es lässt keinen Raum für Zaudern, Zweifeln und Untersuchen; die Seele ist sofort von dessen klarem Lichte erfüllt." Gilt dieses Lob ohne Einschränkung auch nur dann, wenn die Übereinstimmung von Vorstellungen unmittelbar, ohne Zwischenvorstellungen erkannt wird, so ist doch auch das durch Beweise vermittelte Wissen klarer und heller und die Zustimmung erfolgt schneller und leichter, wenn die Zwischenvorstellungen, welche Wahrheit an Wahrheit ketten, selbst anschaulich sind, und zwar um so schneller und leichter, je natürlicher diese Zwischenvorstellungen hinzutreten und je geringer ihre Anzahl ist. Besitzt eine Unterrichtsmethode diese Vorzüge, so tritt noch der schätzbare Gewinn dazu, dass sie im Bewusstsein tiefere Spuren zurücklässt und die Thatsachen, begleitet von den Erkenntnisgründen, leichter wieder im Geiste reproduciert werden können.

Einfachheit und Anschaulichkeit in der Begründung der geometrischen Wahrheiten ist also eine unumgängliche Vorbedingung für einen gedeihlichen vorbereitenden Unterricht. Die gegenseitige Verkettung aller geometrischen Beziehungen bietet die mannigfaltigsten Mittel, in der Darlegung des Stoffes Grund und Folge deutlich hervortreten zu lassen. Auf einige der Mittel, dem vorbereitenden Anschauungsunterrichte seinen eigenthümlichen Charakter zu wahren, sollen die folgenden Bemerkungen aufmerksam machen.

Die wissenschaftliche Geometrie stellt sich so wie jede deductive Wissenschaft die Aufgabe, die Anzahl ihrer Axiome auf ein Minimum zu reducieren; die Anschauungslehre ist an diese Forderung nicht gebunden. Da es nun viele geometrische Wahrheiten gibt, die ebenso unmittelbar gewiss sind wie die Axiome und deren Evidenz durch eine strenge Beweisführung nicht verstärkt wird, so kann der Unterricht eine große Erleichterung gewinnen, wenn er für die Verkettung der Lehrsätze solche unmittelbar durch die Anschauung als gewiss erkannte Thatsachen als Grundsätze einschaltet. So wird z. B. von durchgreifender Wirkung die Verwertung der anschaulichen Thatsache sein, dass die Winkelgrößen zwischen zwei der Grund- gebilde Gerade und Ebene unverändert bleiben, wenn das eine der beiden Gebilde parallel zu sich selbst fortschreitet. Wird dies auf zwei Gerade angewendet, so ergeben sich in natürlicher Weise die Sätze der Parallelentheorie, und wird es auf eine Gerade und eine Ebene oder auf zwei Ebenen ausgedehnt, so setzen sich ganz unge- zwungen wichtige und unentbehrliche Lehrsätze der Stereometrie ab. Um ein zweites Beispiel anzuführen, sei auf die Lehrsätze der Stereometrie über die Normale einer Ebene hingewiesen; die logische Vermittlung des betreffenden fundamentalen Lehrsatzes ist für diese Unterrichtsstufe zu schwierig; man wird diese Schwierigkeit durch die Einführung der anschaulichen Thatsache vermeiden, dass ein Schenkel eines rechten Winkels bei seiner Drehung um den anderen eine Ebene erzeugt. Die natürliche Grenze für die Vermehrung der Grundsätze ergibt sich durch ihren Zweck, die Überbrückung der einzelnen Wahrheiten nur dann zu vermitteln, wenn die sonst üblichen Beweisarten die Kraft des Schülers übersteigen. Wirklich einfache Beweise sollen vom Unterrichte nicht ausgeschlossen sein, da ja der Schüler allmählich vom Standpunkte unmittelbarer Anschauung zu begriffsmäßigem Verständnisse zu erheben ist.

Häufig ist im Unterrichte die Congruenz zweier Gebilde nachzuweisen. Kann die Deckung unmittelbar durch einen einfachen Vorstellungsact vorgenommen werden, z. B. durch Drehung um einen Punkt, durch Umwenden um eine Gerade oder durch parallele Verschiebung, so ist dieser Process immer der Vermittlung durch die Congruenzsätze vorzuziehen. Soll z. B. bewiesen werden, dass im Parallelogramme die Gegenstücke gleich sind, so wird man die beiden Dreiecke durch Drehung um den Mittelpunkt der Diagonale zur Deckung bringen.

Können Lehrsätze sowohl auf rein geometrischem Wege als durch Vermittlung arith- metischer Operationen begründet werden, so ist die erste Methode als die anschaulichere zu wählen. So wird es vortheilhafter sein, die drei fundamentalen Lehrsätze über Flächengleichheiten im rechtwinkligen Dreiecke (nämlich den Pythagoräischen Lehr- satz und die beiden Lehrsätze über das Quadrat der Höhe und das Quadrat einer Kathete), welche die Grundlage für eine große Gruppe wichtiger Constructionen und Berechnungen bilden, direct durch Construction der Quadrate und Rechtecke und geeignete Vergleichung derselben zu begründen. Dasselbe gilt von den wichtigen Lehrsätzen über das Verhältnis der Flächen ähnlicher Dreiecke und Polygone.

Viele Lehrsätze lassen sich durch Construction zur Evidenz bringen. Es gilt dies insbesondere für die Congruenzsätze des Dreieckes. Wird von der Construction eines Dreieckes aus drei gegebenen Umfangsstücken ausgegangen, so erkennt der Schüler leicht die Eindeutigkeit der Aufgabe und dadurch die Wahrheit des entsprechenden Congruenzsatzes.

Um die innere Anschauung und das Vermögen der Construction zu wecken und zu beleben, ist das Zeichnen ein unentbehrliches methodisches Hilfsmittel. Wenn auch die Evidenz nicht von der Genauigkeit der Figuren, sondern von den geistigen Vorgängen abhängig ist, so bleibt doch das Zeichnen in der Geometrie nicht minder nothwendig, wie der Calcül in der Arithmetik; denn die häufigsten Anwendungen der Geometrie hängen ebenso von der Construction der Figuren ab, wie die der Arithmetik vom Rechnen. Die äußere Construction ist der Träger der inneren geistigen Vorgänge, sie dient dazu, die innere Anschauung mitzutheilen, ihr Ruhepunkte zu gewähren, von denen aus sie weiter fortschreiten kann, und die gewonnenen Resultate zu fixieren; sie sichert die thätige Mitwirkung des Schülers und bietet Gewähr dafür, dass in ihm die vom Lehrer beabsichtigte Gedankenbewegung wirklich vor sich gehe; sie kann die geistige Starrheit heben, die Unbehilflichkeit, mit den verschiedenen Formen umzugehen, beseitigen; sie vermag die Leichtigkeit und Beweglichkeit in der Auffassung geometrischer Gebilde besonders dann zu fördern, wenn dem Schüler dieselben Beziehungen und dieselben Probleme in den verschiedensten Lagen der Figuren vorgeführt werden. Überdies ist der geschickte Gebrauch von Zirkel und Lineal in Rücksicht auf praktische Zwecke von bedeutendem Werte. Dass also ein Zeichnen, bei welchem Hand und Auge, die innere Anschauung und das Vermögen der Construction in inniger Verbindung mit einer geordneten Reflexion geübt werden, ganz besonderer Pflege bedarf, ja zur Grundlage des geometrischen Unterrichtes namentlich in der Planimetrie gemacht werden muss, ist als methodischer Grundsatz an die Spitze zu stellen.

Auf Genauigkeit und Sorgfalt in der Ausführung der Zeichnung ist schon aus allgemeinen pädagogischen Rücksichten zu dringen. Sie ist allmählich zu erreichen, wenn der Lehrer mit Consequenz aber auch mit vieler Geduld und Nachsicht und besonderer Rücksicht auf die individuelle Eignung der Schüler vorgeht. Bleibt der Schüler beim Zeichnen in der Wahl der Größenverhältnisse sich selbst überlassen, so produciert er oft die sonderbarsten Gestalten, mit denen die beabsichtigte Gedankenverbindung ganz unvereinbar ist. Damit also die innere Anschauung ohne solche Störungen den Intentionen des Lehrers folge, sollen die Constructionen nach einem bestimmten, weder zu großen noch zu kleinen Maßstab ausgeführt werden. Daher ist die Thätigkeit des Schülers in ihren einzelnen Momenten durch geeignete Andeutungen oder bestimmte numerische Daten zu regeln. Es ist weder nothwendig noch zweckmäßig, dass solche Daten dem Lehr- oder Übungsbuche entnommen werden; es wird der Selbständigkeit des Lehrers besser entsprechen, wenn er für diesen Zweck selbst angefertigte Skizzen benutzt. Es ist zu empfehlen, dem Zeichnen auf der Schultafel den Decimeter, im Schulhefte den Centimeter als Maßeinheit zugrunde zu legen.

Bei aller Sorgsamkeit, welche dem correcten und reinen Zeichnen zuzuwenden ist, darf doch nicht vergessen werden, dass für den geometrischen Anschauungsunterricht das Zeichnen nur Mittel, nicht Zweck ist und dass die scharfe Grenze, die ihn vom Zeichenunterrichte trennt, nicht überschritten werden darf. Das Zeichnen hat es mit dem Auge und der Hand, die Geometrie mit den inneren Anschauungen, klaren Begriffen und dem präcisen, mündlichen Ausdruck zu thun. In den ersten Anfängen gehen beide parallel, doch bald treten die Geistesrichtungen auf beiden Gebieten weit auseinander. Der Anschauungsunterricht wird also Zeichnungen, welche nicht durch geometrische Untersuchungen oder Forderungen veranlasst sind, sondern nur wie etwa ornamentale Formen einen ästhetischen Zweck verfolgen, von den Übungen auszuschließen haben. Dagegen kann er die methodische Strenge, auf welche er bei der Begründung der Lehrsätze verzichten musste, bei der Ausführung der geometrischen Constructionen festhalten. Sobald der Schüler mit den geometrischen Fundamentalconstructionen bekannt ist, soll der Gebrauch des "Dreieckes" zur Construction von Normalen oder Parallelen ausgeschlossen sein. Der Schüler wird eine größere Fertigkeit im Gebrauche des Zirkels erlangen, er wird die wichtigsten geometrischen Constructionen zu seinem unverlierbaren Eigenthume machen und sich zugleich an geometrische Strenge gewöhnen, wenn er auf den alleinigen Gebrauch von Zirkel und Lineal, den Repräsentanten der zwei Postulate der wissenschaftlichen Planimetrie, eingeschränkt wird.

Besondere Bemerkungen.

Die nachfolgenden Bemerkungen haben den Zweck, den im Lehrplane nur in allgemeinen Umrissen angedeuteten Lehrstoff im Einzelnen schärfer abzugrenzen und, wo es nöthig erscheint, auf den Grund der Disposition der einzelnen Abschnitte des Lehrstoffes aufmerksam zu machen. Die eingeflochtenen didaktischen Bemerkungen wollen nicht als Vorschriften, sondern als Winke und Rathschläge angesehen werden. Dem Lehrer bleibt anheim gestellt zu ermessen, wie er den jeweiligen Verhältnissen seiner Classe gerecht werden könne.

I. Classe. Arithmetik. Das dekadische Princip für die Bildung von Einheiten höherer und niederer Ordnung hat gegenwärtig nahezu in allen Culturstaaten auch das Münz-, Maß- und Gewichtssystem durchdrungen; dieser Umgestaltungsprocess hat zur natürlichen Folge, dass die Decimalbrüche gegenüber den gemeinen Brüchen eine allgemein praktische Bedeutung gewinnen. Diese Thatsache spiegelt sich im Rechnungsunterrichte dadurch ab, dass schon in der Volksschule die Decimalbrüche unabhängig von den gemeinen Brüchen und in der Reihenfolge vor diesen durch Erweiterung des Zahlensystemes abgeleitet und dass durch Inductionen, bei welchen die Operationen mit gebrochenen Zahlen umgangen werden, Regeln abgeleitet werden, welche als Stütze für die mechanischen Vorgänge bei den einzelnen Rechnungsarten zu dienen haben. Da auf dieser Stufe des Unterrichtes nur einfache Zahlformen mit wenigen Decimalstellen Berücksichtigung finden, so begegnet dieser Vorgang kaum keinen besonderen Schwierigkeiten. Diese Veränderung im Lehrgange hat auch das Rechnen in Mittelschulen ergriffen; während der Lehrplan im Organisationsentwurfe die gemeinen Brüche den Decimalbrüchen im Unterrichte voranstellt, haben sich wohl die meisten Lehrer im Anschlusse an die ihnen zur Verfügung stehenden Lehrtexte der neuen Praxis angeschlossen. Die Instruction will auf die Wahl zwischen diesen beiden Lehrvorgängen keinen bestimmenden Einfluss nehmen und stellt sie dem Ermessen des Lehrers frei. Da aber der neue Lehrplan dieselbe Anordnung wie der Organisationsentwurf festhält, so dürften einige Erörterungen zur Begründung dieses Vorgangs am Orte sein.

Es ist für den Unterricht nicht von Vortheil, wenn wichtige Aufgaben, die der Schüler unter Vermittlung des Lehrers zu bewältigen hat, von diesem als objectiv sehr leicht aufgefasst werden; die Schwierigkeiten erkennen, ist die nothwendige Bedingung, um sie auch wirklich und nicht nur scheinbar zu überwinden. Zu diesen Aufgaben gehört das Rechnen mit Decimalbrüchen. 'Dem Fachmanne erscheinen die hier erforderlichen Gedankenprocesse, wie die Erweiterung des dekadischen Zahlensystems über die Einer hinaus und die unmittelbaren Folgen dieser Erweiterung, als sehr einfach und naheliegend, aber der historische Entwicklungsprocess belehrt uns eines Andern: „Man sollte glauben, gleich bei der Einführung des Zahlensystems hätte der Gedanke auftauchen müssen, das Princip für ganze Zahlen auch bei Brüchen anzuwenden, d. h. den Nenner bloß durch die Stellung des Zählers anzuzeigen. So einfach dieser Gedanke und so wichtig in der Anwendung er ist, so kam er doch erst spät zur Geltung." Kaum drei Jahrhunderte trennen uns von Stevin, dem das große Verdienst zukommt, die Decimalbrüche erfunden und auf den großen Nutzen derselben aufmerksam gemacht zu haben. Diese Einfachheit ist eben ein Attribut aller großen Conceptionen, welche Wendepunkte in der Entwicklung einer Wissenschaft markieren. Man wird also annehmen dürfen, dass im Unterrichte der Übergang zu neuen Grundgedanken nicht überhastet, sondern mit der größten Vorsicht vorgenommen werden müsse, wenn deren Consequenzen in ihrem vollen Umfange begriffen werden sollen. Dass der Gymnasialschüler bei allen Operationen mit Decimalbrüchen, in welcher Form diese auch immer auftreten mögen, sich immer des Grundes bewusst bleiben müsse, der jeden Schritt rechtfertigt, ist eine Forderung, die an einen vertieften Unterricht gestellt werden muss. Um dieses Ziel zu erreichen, welches die Einprägung weitläufiger Regeln für den Mechanismus der Operationen ausschließt, gibt es nur ein durchgreifendes didaktisches Mittel: nämlich den Grundgedanken, welcher alles Rechnen mit dekadischen Zahlen regelt, aufzunehmen und in alle seine Consequenzen zu verfolgen. Dieser Grundgedanke liegt im Positionswerte jeder Ziffer. Volle Sicherheit in den Operationen mit Decimalzahlen gewinnt daher der Schüler erst, wenn er den Positionswert einer jeden im Verlaufe einer Rechnung auftretenden Ziffer direct bestimmen kann. Dazu ist nothwendig, dass ihm außer dem Einmaleins der Zifferwerte auch das viel leichter zu erwerbende Einmaleins der Stellenwerte geläufig werde. Wird er dann daran gewöhnt, immer auch den Einfluss des Positionswertes zu berücksichtigen, so wird er in jedem Falle ohne Regeln die richtige Entscheidung zu treffen wissen. Um dies zu erreichen, muss der Schüler die Operationen mit gebrochenen Zahlen überhaupt mit Klarheit aufgefasst und, wenn auch nur in einem sehr kleinen Zahlenkreise, eingeübt haben. Aber auch die anderen pädagogischen Vortheile, welche die ältere Anordnung für sich hat — der einfachere und natürlichere Entwicklungsgang, die Trennung der einzelnen Schwierigkeiten — dürften wohl den scheinbaren Vortheil der anderen Anordnung überwiegen, dass der Schüler um einige Monate früher mit dieser Materie bekannt wird. Im Folgenden soll der Lehrstoff unter der Voraussetzung der einfacheren Anordnung betrachtet werden.

Der arithmetische Unterricht in der ersten Classe hat zunächst an die Vorkenntnisse des Schülers anzuknüpfen, welche seine Aufnahme in das Gymnasium voraussetzt: allgemeine Kenntnis der Bildungsweise und der Darstellung ganzer dekadischer Zahlen und der vier Species mit diesen Zahlen innerhalb eines engeren Zahlenkreises. Der Unterricht nimmt diesen Lehrstoff noch einmal auf, um den Schülern die Grundgedanken unseres Zahlensystemes in ihrer ganzen

Allgemeinheit zum klaren Bewusstsein zu bringen und dadurch die Ausführung der vier Grundoperationen zu begründen. Damit ist eine einfache, aber gründliche Darlegung der Begriffe dieser Operationen, der Beziehungen zwischen den Zahlen, welche in jede Operation eintreten, und der Operationen unter einander in Verbindung zu bringen.

Beschränkt sich der Unterricht vorerst auf ganze Zahlen, so wird die Erörterung des dekadischen Zahlensystems sehr einfach. Nachdem dem Schüler erläutert worden ist, wie nach dem dekadischen Principe aus den Grundeinheiten successive die Einheiten höheren Ranges hervorgehen, wird ihm gezeigt, wie das Positionsprincip die graphische Darstellung jeder noch so großen Zahl ermöglicht. Diese beiden Principien sind auseinander zu halten, und der Schüler soll darauf aufmerksam gemacht werden, dass auch eine andere Grundzahl als 10 die Zahlenbildung regeln könnte, und wie sich dann das Positionsprincip anpassen würde. Bei der Bildung von Ordnungen und Classen bei großen Zahlen wäre zu erwähnen, dass bei den romanischen Völkern die Ausdrücke Billion, Trillion etc. resp. Einheiten des IX., XII. . . . Ranges bezeichnen, die Bildung von Classen also nicht wie bei den germanischen Völkern nach Hexaden, sondern nach Triaden vor sich geht, wodurch die Bildung von zwei Ordnungen in jeder Classe wegfällt. Diese Erläuterungen sind an das Aussprechen und Anschreiben von Zahlen anzuknüpfen. Man lasse den Schüler auch den Stellenwert einzelner Ziffern größerer Zahlen angeben, theile ferner größere Zahlen auf verschiedene Weise durch beliebige Einschnitte in Gruppen und lasse die einzelnen Gruppen mit Berücksichtigung ihres Ranges aussprechen. Der Gebrauch der römischen Zahlzeichen kann sich hier anschließen oder später im Unterrichte gelegentlich eingeflochten werden; es wäre überflüssig, dabei über die Darstellung von Jahreszahlen hinauszugehen. Es wird zweckmäßig sein, die Definitionen der einzelnen Operationen in einer Fassung zu geben, welche in der Buchstabenrechnung ohne Änderung beibehalten werden und für algebraische Zahlen eine natürliche Erweiterung erfahren kann. Dasselbe gilt für die Lehrsätze, bei deren Auswahl man sich auf die unentbehrlichsten beschränken wird. Der Lehrer entwickle sie in einfacher und anschaulicher Weise nur an kleinen Zahlen; er verzichte auf ihre schriftliche Darstellung in der Form, wie es in der allgemeinen Arithmetik geschieht, und spare namentlich den hier entbehrlichen Gebrauch von Parenthesen für die dritte Classe auf.

Bei der Erklärung der Multiplication ist besonders hervorzuheben, dass der Multiplicator eine unbenannte Zahl sein muss, der Multiplicand dagegen auch eine benannte Zahl, ja irgend eine Größe z. B. eine Strecke, ein Gewicht etc. sein könne. Als Consequenz dieser Unterscheidung ergibt sich dann bei der Division die scharfe Trennung zwischen Theilung und Messung. Alle diese Beziehungen treten recht anschaulich hervor, wenn man die vier Grundoperationen auch auf Strecken ausdehnt.

Beim gemeinsamen schriftlichen Rechnen in der Classe haben abwechselnd einzelne Schüler das Wort zu führen. Dabei sorge der Lehrer dafür, dass beim Sprechen alles wegbleibe, was die Erzeugung des Resultates nicht fördert und nur zum Hemmnis für ein fließendes Rechnen wird. So sollen beim Addieren nur die Summen und nicht auch die Addenden, beim Multiplicieren nur die Producte und nicht auch die Factoren ausgesprochen werden. Beim Multipliciren soll das Auge nur den Ziffern des Multiplicands folgen, der Multiplicator aber im Gedächtnisse behalten werden. Auch beim Subtrahieren und Dividieren lassen sich einige schleppende und störende Redewendungen beseitigen. Das gemeinsame Rechnen soll nicht zu langsam, aber auch nicht überhastet, sondern gleichmäßig fortschreiten. Die Sicherheit des Rechnens ist in erster Linie anzustreben; die Geläufigkeit ist erst das Ergebnis andauernder Übung und wäre ohne Sicherheit auch nur von geringem Werte.

Bei jeder Operation ist der Schüler mit den verschiedenen Mitteln vertraut zu machen, die Richtigkeit des Resultates zu prüfen. Es muss ihm Grundsatz werden, seine Rechnungen selbst zu controlieren und für deren Richtigkeit einzustehen. Dabei sind ihm Fingerzeige zu geben, wie er in größeren Rechnungen vereinzelte Verstöße gegen das Einsundeins und Einmaleins ohne Wiederholung der ganzen Rechnung auffinden und eliminieren kann. „Dadurch wird der Schüler sein eigener Censor, der Lehrer erreicht schnelle Übersicht über die Arbeiten der Schüler und bedarf keines Vorrathes von ausgerechneten Beispielen für diese Übungen".

Die Form der schriftlichen Darstellung darf keineswegs als etwas Nebensächliches betrachtet werden. Nicht nur bei der Reinschrift, sondern auch beim Rechnen selbst soll der Schüler zur Genauigkeit im Neben- und Untereinanderstellen der Ziffern verhalten werden; in dieser scheinbaren Pedanterie liegt ein kräftiges Mittel, rechtzeitig eine der ergiebigsten Fehlerquellen zu verlegen und sich für später viel Zeit und Mühe zu ersparen.

Bei jeder einzelnen Operation ist das Kopfrechnen zu pflegen. Die Addition und Subtraction zweiziffriger Zahlen soll so geübt werden, dass von den Zehnern ausgegangen wird ($57 + 26 = 77 + 6 = 83$). Bei der Multiplication bietet sich die Frage, ob und wie das sogenannte große Einmaleins (mit den Factoren 10 bis 20 und 1 bis 10) im Unterrichte zu berücksichtigen ist. Eine Aneignung desselben durch den Schüler bis zu demjenigen Grade der Geläufigkeit, den er im gewöhnlichen Einmaleins erwirbt, wäre im Allgemeinen gar nicht oder nur mit einem außerordentlichen Aufwand von Kraft und Zeit zu erreichen; nur die Producte mit 11, 12, 15 und vielleicht noch 16 kann er ohne ungewöhnliche Anstrengung aufnehmen. Dagegen ist leicht zu erzielen, dass der Schüler die übrigen Producte, ja überhaupt das Product einer zweiziffrigen Zahl mit einer einziffrigen rasch im Kopfe ermittle. Bei den entsprechenden Übungen soll wieder mit den Zehnern begonnen und sollen nur die einzelnen Resultate ausgesprochen werden. (37×4 gibt 120, 28, 148). Bei der Division soll das Kopfrechnen anstreben, dass der Schüler von einer zwei- oder dreiziffrigen Zahl einen aliquoten Theil ($1/2$ bis $1/10$) mit Leichtigkeit anzugeben im Stande ist.

Dass bei der Multiplication das Einmaleins der höheren Stellenwerte bis zur Geläufigkeit eingeübt werde, dass beim schriftlichen Multipliciren der Stellenwert einzelner Ziffern in den Theilproducten und bei jeder Division der Stellenwert der ersten Ziffer im Quotienten aus ihrer Entstehung abzuleiten ist, folgt schon aus den Grundsätzen, welche früher für das Rechnen mit Decimalbrüchen aufgestellt worden sind.

Die Anwendung der sogenannten Rechnungsvortheile beim schriftlichen Rechnen ist nur von unerheblichem Werte. Bei vielen derselben steht der kleine Gewinn an Zeit in zu ungünstigem Verhältnisse zu den Gefahren, welche aus ihrer Anwendung für die Sicherheit der Rechnung erwachsen. Der Lehrer wird gut thun, sich auf die Vortheile bei der Multiplication mit einem Producte zweier einziffriger Factoren, mit 11, 25, 125 und bei der Division durch 25 und 125 zu beschränken. „Das Einzählen des letzten Theilproductes ist eigentlich ein Nachtheil, weil dadurch die Richtigkeit der Rechnung sehr gefährdet ist", und den Multiplicand als erstes Theilproduct zu verwerten, wenn der Multiplicator die Ziffer 1 enthält, führt in vielen Fällen zur Verletzung der Regel, dass bei Additionen in jede Verticalreihe Ziffern desselben Stellenwertes zu setzen sind.

Die schriftlichen Hausarbeiten in diesem Gebiete nehme man nicht für Dinge in Anspruch, welche sich in der Schule mit viel geringerem Zeitaufwande erledigen lassen, z. B. Anschreiben und Aussprechen von Zahlen. In der ersten Classe sollen die Hausarbeiten der Schüler vor Allem für die Erzielung der Sicherheit und Gewandtheit in der mechanischen Ausführung der vier Species verwertet werden. Schon die Aufgaben bei Beginn des Schuljahres benütze man zur Einübung des Einmaleins; Multiplication zweier Zahlen mit der Probe durch Vertauschung der Factoren kann für mehrere Wochen den Stoff liefern; dabei über fünf- bis sechsziffrige Factoren hinauszugehen, ist für den angestrebten Zweck nicht nöthig. Da ferner die Erfahrung lehrt, dass die Division die meisten Schwierigkeiten bereitet, so wird man bei den späteren Arbeiten dieser Operation um so mehr den Vorzug geben müssen, als dabei auch zugleich die drei anderen Operationen eingeübt werden, besonders wenn die Controle durch die Multiplication damit verbunden wird.

Der Abschnitt über die Theilbarkeit der Zahlen enthält Partien, deren weitere Ausführung recht geeignet wäre, das Interesse des Schülers anzuregen; jedoch gebietet die Concentration des Unterrichtes, nur das für die Bruchrechnung Unentbehrliche auszuwählen. In diesem Gebiete sollen dem Schüler vorerst die Eigenschaften der Zahlen im Zahlenkreise von 1 bis 100 geläufig werden; er soll die Primzahlen sogleich erkennen und die zusammengesetzten Zahlen im Kopfe rasch zerlegen können. Über diesen Zahlenkreis hinaus sind die Untersuchungen schriftlich durchzuführen, aber vorläufig nicht über dreiziffrige Zahlen auszudehnen.

Die Kennzeichen der Theilbarkeit für 2, 4, 8, 5, 25, 125, 3, 9 und 11 werden leicht aus dem an sich evidenten Satze abgeleitet, dass der Rest einer Zahl in Beziehung auf einen bestimmten Theiler sich nicht ändert, wenn man die Zahl um irgend ein Vielfaches des Theilers vermindert.

Schwieriger ist es, dem Schüler das volle Verständnis der Kettendivision zu vermitteln. Der Lehrer bilde für diesen Vorgang keine mechanische Regel, sondern stütze ihn auf die wiederholte Anwendung des Satzes: das größte gemeinschaftliche Maß zweier Zahlen ist auch das gr. g. M. der kleineren Zahl und des Divisionsrestes beider Zahlen. Dass dem wirklich so sei, kann der Schüler direct leicht aus dem Satze

$$\text{Dividend} = \text{Divisor} \times \text{Quotient} + \text{Rest}$$

erkennen; denn aus ihm geht hervor, dass jeder gemeinsame Factor des Dividends und Divisors auch ein gemeinsamer Factor des Divisors und Restes und umgekehrt sein muss, weil sonst die Division durch diesen Factor auf der einen Seite der Gleichung eine ganze, auf der anderen eine gebrochene Zahl ergeben würde. Bei dieser directen Begründung können die gewöhnlich aufgenommenen Lehrsätze über die Maße von Summen oder Differenzen zweier Zahlen wegfallen.

Die gewöhnliche Methode für die Bestimmung des kleinsten gemeinschaftlichen Vielfachen gegebener Zahlen beruht auf der successiven Aussonderung der Primfactoren und ergibt einen ziemlich weitläufigen Process; der mit der Factorenzerlegung vertraute Schüler wird das Resultat direct leicht entwickeln können, wenn er von der größten gegebenen Zahl ausgeht und von den übrigen Zahlen nach und nach die noch fehlenden Factoren hinzufügt.

Dass das Rechnen mit gemeinen Brüchen zu den schwierigeren Aufgaben gehört, wird allgemein anerkannt. Eine größere Geläufigkeit in diesen Operationen kann der Schüler erst durch fortgesetzte Übungen in den folgenden Classen erreichen. Aufgabe der ersten muss es sein, den Begriff des Bruches klar zu stellen und das Verständnis der einzelnen Operationen mit Brüchen zu vermitteln. Der Begriff des Bruches ist dem Schüler auf anschauliche Art durch graphische Darstellung und an naheliegenden concreten Beispielen zu entwickeln. Bevor auf irgend eine Operation eingegangen wird, soll der Schüler durch methodisch geleitete Übungen in kleinen Zahlen auf den Einfluss aufmerksam werden, welchen eine Veränderung des Zählers oder des Nenners auf den Wert des Bruches ausübt. Er erkennt bald, dass die Änderungen des Zählers in demselben, die des Nenners aber im entgegengesetzten Sinne auf den Wert des Bruches einwirken. Auf diesem Wege gelingt eine leichte Ableitung der Sätze über die Multiplication und Division eines Bruches mit einer ganzen Zahl, über die Erweiterung und die Kürzung der Brüche.

Bei der Addition und Subtraction der Brüche ist die Auswahl der Beispiele so zu treffen, dass die nothwendigen Nebenoperationen nicht durch Weitläufigkeit den Schüler ermüden und seine Aufmerksamkeit von der Hauptsache ablenken.

Die weiteren fundamentalen Operationen sind die Multiplication und die Division mit einem Bruche. Die dem Schüler bekannte Definition der Multiplication setzt als Multiplicator eine ganze Zahl voraus; was man unter Multipliciren mit einem Bruche zu verstehen habe, ist dem Schüler erst zu erklären. Die neue Definition „mit einem Bruche multipliciren" bedeutet, fortschreitend mit dem Zähler multipliciren, und mit dem Nenner dividiren oder umgekehrt mit dem Nenner dividiren und mit dem Zähler multipliciren, ist dem Schüler auf inductivem Wege zum Verständnis zu bringen. In dieser Definition wurde mit Absicht der Multiplicand nicht specificiert, weil er irgend eine beliebige Zahl oder eine andere Größe sein kann. Bei der Entwicklung der Definition wird man zuerst von der Multiplication mit einem Stammbruche ausgehen und aufmerksam machen, dass man z. B. statt des Ausdrucks „den 4. Theil einer Größe nehmen" auch kürzer „$^1/_4$ der Größe nehmen" oder „die Größe $^1/_4$mal nehmen" zu sagen pflegt; hierauf kann man weiter ausführen, dass die zusammengesetzte Operation „den 4. Theil einer Größe 3mal nehmen" oder „vom 3fachen einer Größe den 4. Theil nehmen" in der Multiplication mit dem Bruche $^3/_4$ ihren Ausdruck findet.

Vor dem Übergang zur Division durch einen Bruch ist der Ausdruck „umgekehrter oder reciproker Wert einer Zahl" zu erklären. Die Ableitung des wichtigen Lehrsatzes: „um durch einen Bruch zu dividieren, multipliciert man mit seinem reciproken Wert", welcher der praktischen Ausführung dieser Operation zugrunde liegt, kann auf verschiedene Weise vorgenommen werden. Man kann an mehreren Beispielen den in den Gleichungen

$$\text{„Dividend}: \frac{3}{4} = \frac{\text{Dividend}.\ 4}{4} : \frac{3}{4} = \frac{\text{Dividend}.\ 4}{3} = \text{Dividend}.\ \frac{4}{3}\text{„}$$

angedeuteten Gedankengang verfolgen oder die Richtigkeit des Quotienten „Dividend. $\frac{4}{3}$" dadurch bestätigen, dass er mit $^3/_4$ multipliciert, den Dividenden gibt.

Auf diese angeführten Hauptaufgaben lassen sich die übrigen in der Bruchrechnung auftretenden Operationen leicht zurückführen.

Ist die Bruchrechnung vorangegangen, so wird sich ein gründlicher Unterricht im Rechnen mit Decimalzahlen in sehr einfacher Weise durchführen lassen. Der Einführung der Decimalbrüche durch Erweiterung des dekadischen Zahlensystems über die Einer hinaus kann ohne weitere Vorbereitungen die Addition und Subtraction von Decimalzahlen angeschlossen werden.

Bei der Multiplication wird zuerst das Einmaleins der Stellenwerte durch die Producte einer höheren Stellenzahl (10, 100, 1000 etc.) mit einer minderen (0'1, 0'01, 0'001 etc.) zu erweitern und einzuüben sein. Nun können nach dem leitenden Grundsatze der Decimalrechnung: „operiere, wo dies nöthig wird, auch mit den Stellenwerten" Multiplicationen zur Ausführung kommen, bei welchen der eine Factor eine ganze, der andere eine Decimalzahl ist. Um volle Sicherheit zu gewinnen soll der Schüler anfangs bei jedem Theilproducte den Stellenwert der zuerst auftretenden Ziffer bestimmen, diese Rangbestimmung auch für irgend ein oder die andere Ziffer, die in der Mitte eines Theilproductes steht, vornehmen zu lassen. Ist eine hinreichende Anzahl von Beispielen mit den verschiedensten Zahlformen durchgeführt, so wird das Einmaleins der Stellenwerte durch die Producte zweier niederer Stellenzahlen abgeschlossen und dann die Multiplication zweier Decimalzahlen in derselben Weise wie oben durchgeführt.

Bei der Division mit Decimalzahlen suche man immer den Stellenwert der ersten Ziffer des Quotienten aus ihrer Entstehung abzuleiten; dabei ist die Division durch einen Stellenwert auf die Multiplication mit seinem reciproken Werte zurückzuführen. Die consequente Durchführung des leitenden Grundsatzes für die Decimalrechnung darf nicht durch die Einführung irgend einer wie immer gearteten Regel beeinträchtigt werden.

Die Umwandlung der gemeinen Brüche in Decimalbrüche und umgekehrt nehme man in der üblichen Weise vor. Bei der Umwandlung periodischer Brüche in gemeine lasse man die Aufgabe vollständig durchführen, vermeide es also diesen Process, der ja zugleich die Einsicht vermittelt, durch Anwendung mechanischer Regeln abzukürzen.

Rechnungen mit einnamigbenannten Zahlen können schon früher im Unterrichte eingeflochten werden. Das Rechnen mit mehrnamig benannten Zahlen, welches den Abschluss des Lehrstoffes der ersten Classe bildet, kann sich auf die einfachsten Aufgaben beschränken und braucht nur das jetzt geltende Münz-, Maß- und Gewichtssystem nebst dem Zeit- und Bogenmaße zu berücksichtigen.

Der Aufgabenstoff für die erste Classe findet seine natürliche Abgrenzung durch die Bestimmung, dass die Regeldetri ausgeschlossen ist, also nur der Schluss von einer Mehrheit auf die Einheit oder umgekehrt zur Anwendung kommen soll. Aufgaben, deren Inhalt der Vorstellungssphäre des Schülers ferne liegt oder deren Durchführung vom Hauptziele: „verständnisvolle, geläufige und correcte Ausführung der vier Grundoperationen" zu weit ablenken könnte, werden vom Unterrichte auszuschließen sein.

Geometrie. Einleitung. Körper. Die Geometrie zieht nur die Gestalt, Größe und Lage in Betracht und sieht von allen übrigen Eigenschaften ab. Analytische Entwicklung der Vorstellungen von Flächen, Linien und Punkten. Genetische Construction von Linien, Flächen und Körpern durch Bewegung von Punkten, resp. Linien und Flächen. Gerade und krumme Linien. Ebene und gekrümmte Flächen, Planimetrie und Stereometrie.

Die Gerade. Grundsätze: 1) durch 2 Punkte ist nur eine einzige Gerade möglich; 2) die Gerade ist der kürzeste Weg zwischen 2 Punkten. Die begrenzte Gerade oder Strecke; Bezeichnung; Entfernung oder Abstand zweier Punkte. Gleiche und ungleiche Strecken. Übertragung einer Strecke. Summe und Differenz zweier Strecken. Vielfaches einer Strecke. Theilung einer Strecke in aliquote Theile, mechanisch durch Versuche und nach dem Augenmaße ausgeführt. Messung einer Strecke. Einfacher Maßstab. Verjüngter Maßstab.

Der Kreis. Seine Entstehung; Mittelpunkt, Peripherie, Kreisfläche, Halbmesser, Sehne, Durchmesser. Secante und Tangente. Sector und Segment. Gegenseitige Lage eines Punktes und eines Kreises. Gleiche und ungleiche Kreise. Übertragung eines Kreises. Bestimmung eines Punktes, der von einem gegebenen Punkt einen gegebenen Abstand hat; Unbestimmtheit dieser Aufgabe; geometrischer Ort dieses Punktes. Bogen; gleiche und ungleiche Bogen desselben Kreises oder gleicher Kreise. Halbierung des Kreises durch einen Durchmesser; Theilung des Kreises durch eine andere Sehne in zwei ungleiche Bogen; der kleinere von beiden heißt der zur Sehne gehörige Bogen. Zu gleichen Bogen gehören gleiche Sehnen und umgekehrt. Übertragung eines Bogens. Eintheilung der Peripherie in Grade, Minuten und Secunden; Halbkreis, Quadrant, Sextant und Octant. Bestimmung eines Punktes, der von zwei gegebenen Punkten einen gegebenen Abstand hat. Bestimmung eines Punktes, der von zwei gegebenen Punkten verschiedene gegebene Abstände hat.

Der Winkel. Seine Entstehung durch die Drehung einer Geraden um einen Grenzpunkt; Scheitel, Schenkel, Bezeichnung. Zwei Gerade, die von einem Punkte ausgehen, bilden zwei Winkel; ohne besondere Hervorhebung ist immer der kleinere gemeint, wenn man von dem Winkel beider Geraden spricht. Gerade, hohle und erhabene Winkel; rechte, spitze und stumpfe Winkel. Zwei Gerade, die von einem

Punkte ausgehen, haben verschiedene Richtungen; der kleinere Winkel, den sie bilden, ist das Maß ihres Richtungsunterschiedes; bilden sie einen geraden Winkel. so haben sie entgegengesetzte Richtungen. Die normale oder senkrechte und die schiefe Lage zweier Geraden. Eintheilung des rechten Winkels in Grade, Minuten und Secunden. Der Centriwinkel und der zugehörige Bogen. In demselben oder in gleichen Kreisen gehören zu gleichen Centriwinkeln gleiche Bogen und umgekehrt. Der Winkel hat den zugehörigen Bogen zum Maße. Der Transporteur und seine Anwendung. Übertragung eines Winkels. Summe und Differenz zweier Winkel. Vielfaches eines Winkels. Theilung eines Winkels in aliquote Theile, mechanisch durch Versuche und nach dem Augenmaße ausgeführt. Entstehung der Nebenwinkel: ihre Summe ist gleich zwei Rechten, wie ihre Addition ergibt; sie sind einander gleich, weil sie durch dieselbe Drehung entstehen. Complementäre und supplementäre Winkel; gleiche Winkel haben gleiche Complemente und Supplemente; Umkehrungen.

Die Parallelen: Gerade, welche beliebig verlängert sich nicht schneiden. Parallele Gerade haben gleiche oder entgegengesetzte Richtungen. Grundsätze: 1) durch einen gegebenen Punkt kann man zu einer gegebenen Geraden nur eine Parallele ziehen; 2) die Winkel zwischen zwei einander schneidenden Geraden ändern sich nicht, wenn die eine parallel zu sich selbst fortschreitet. Zwei Gerade, die zu einer dritten parallel sind, sind auch unter einander parallel. Schneidet eine Gerade eine von zwei Parallelen, so muss sie auch die andere schneiden. Winkelpaare, welche zwei Gerade mit einer schneidenden Geraden (Transversale) bilden: Gegenwinkel, Wechselwinkel und Anwinkel. Parallelentheorie: Parallele Gerade und nur solche bilden mit jeder Transversale gleiche Gegenwinkel, gleiche Wechselwinkel und supplementäre Anwinkel (die Richtigkeit dieses Satzes ist sehr einfach und anschaulich durch den zweiten Grundsatz über die Parallelen zu vermitteln). Eigenschaften der Normalen: zwei Normalen einer Geraden sind zu einander parallel; ist von zwei parallelen Geraden die eine zu einer dritten normal, so ist es auch die andere.

Das Dreieck. Seine Entstehung, indem man drei Punkte, die nicht in einer Geraden liegen, durch Strecken verbindet. Seiten, Ecken, Winkel, Umfang, Flächeninhalt. Gegenstücke, anliegende oder einschließende Stücke. Grundlinie, Spitze, Höhe. Entstehung eines Außenwinkels.

Beziehungen zwischen den Seiten: Jede Seite ist kleiner als die Summe und größer als die Differenz der' beiden anderen Seiten.

Beziehungen zwischen den Winkeln: Die Winkelsumme ist gleich zwei Rechten; der Außenwinkel ist gleich der Summe der beiden ihm nicht anliegenden Dreieckswinkel; die Summe der drei Außenwinkel ist gleich vier Rechten. Eintheilung der Dreiecke: Das ungleichseitige Dreieck; das gleichschenkelige Dreieck, Grundlinie. Spitze und Höhe desselben; das gleichseitige Dreieck; Construction solcher Dreiecke; Eintheilung der Dreiecke nach den Winkeln: Das rechtwinkelige Dreieck, Hypotenuse und Katheten desselben; das stumpfwinkelige und das spitzwinkelige Dreieck.

Beziehungen zwischen den Gegenstücken: Gleichen Seiten liegen gleiche Winkel gegenüber; der größeren von zwei Seiten liegt der größere Winkel gegenüber. Umkehrungen. Folgerungen für das gleichschenkelige, das gleichseitige und das gleichschenkelig rechtwinkelige Dreieck. Unter allen Strecken zwischen einem Punkte und einer Geraden ist die Normale die kürzeste; Abstand eines Punktes von einer Geraden. Die Normale im Endpunkte des Halbmessers ist Tangente des Kreises. Der Winkel im Halbkreise ist ein rechter.

Streckensymmetrale: Jeder Punkt der Streckensymmetrale hat von den beiden Endpunkten der Strecke gleiche, jeder andere Punkt ungleiche Abstände; Umkehrungen. Construction der Streckensymmetrale. Construction des Punktes, der zu einem gegebenen Punkt in Beziehung auf eine gegebene Symmetrale symmetrisch liegt. Die drei Seitensymmetralen eines Dreieckes schneiden einander in demselben Punkt, der von den drei Ecken gleiche Abstände hat. Einem gegebenen Dreiecke einen Kreis zu umschreiben (der durch die drei Ecken geht).

Winkelsymmetrale: Jeder Punkt der Winkelsymmetrale hat von beiden Schenkeln des Winkels gleiche, jeder andere Punkt zwischen beiden Schenkeln ungleiche Abstände; Umkehrungen. Construction der Winkelsymmetralen. Die drei Winkelsymmetralen eines Dreieckes schneiden einander in demselben Punkte, der von den drei Seiten gleiche Abstände hat. Einem gegebenen Dreiecke einen Kreis einzuschreiben (der die drei Seiten berührt).

Fundamentale Constructionsaufgaben. Halbierung einer gegebenen Strecke (Streckensymmetrale). Halbierung eines gegebenen Winkels (Winkelsymmetrale). Construction der Winkel von 60^0 und 30^0. Construction des rechten Winkels (mittels des Satzes über den Winkel im Halbkreise und mittels der Winkelsumme von 60^0 und 30^0). Construction des Winkels von 45^0. Dreitheilung des rechten Winkels. Construction der Normalen einer Geraden, wenn der Fußpunkt und wenn ein anderer Punkt der Normalen gegeben ist, (im zweiten Falle auch durch die Construction des symmetrisch liegenden Punktes durchzuführen). Construction der Parallelen.

Übungsstoff. a) Rechnungsaufgaben. Reduction und Resolution im Gradmaße gegebener Winkel. Addition und Subtraction gegebener Winkel. Vervielfachung eines gegebenen Winkels. Berechnung eines aliquoten Theiles des vollen oder eines anderen gegebenen Winkels. Messung eines gegebenen Winkels durch einen zweiten gegebenen Winkel. Berechnung des Complements oder des Supplements eines gegebenen Winkels. Aus einem der Winkel zwischen zwei Parallelen und einer Transversale die anderen zu berechnen. Aus einem Winkel eines Dreieckes die Summe der beiden anderen und aus zwei Winkeln eines Dreieckes den dritten zu berechnen. Aus einem Innen- oder Außenwinkel eines Dreieckes die übrigen zu berechnen.

b) Constructionsaufgaben. Gebrauch und Anwendung des einfachen und des verjüngten Maßstabes zur Messung gegebener Strecken und zur Zeichnung von Strecken gegebener Länge. Analoge Verwertung des Transporteurs. Geometrische Construction der Winkel von 15^0, 75^0, 105^0, 120^0, 135^0, 150^0, 165^0. Theilung des rechten Winkels in 6 und in 8 gleiche Theile. Theilung des gestreckten Winkels in 3, 4, 6, 8 gleiche Theile.

II. Classe. Arithmetik. Im Anfange des Unterrichtes soll vom Lehrstoffe der ersten Classe die Bruchrechnung, welche dem Schüler anfangs die meisten Schwierigkeiten bereitet, gründlich wiederholt und durch viele Übungen befestigt und erweitert werden. Diesen Übungen kann sich dann als Erweiterung der Decimalrechnung die abgekürzte Multiplication und die abgekürzte Division anschließen.

Schon im Unterrichte der ersten Classe wird sich bei manchen Beispielen Gelegenheit geboten haben, den Schüler aufmerksam zu machen, dass in den Resultaten Bruchstellen vorkommen, welche für die Anwendung völlig nutzlos sind. Durch neue passende Beispiele wird der Schüler leicht zur Erkenntnis zu bringen sein, dass eine Abkürzung der Operationen wünschenswert sei, bei welcher die Entwicklung der unnöthigen Stellen vermieden wird. Zuerst ist das A b k ü r z e n e i n e r D e c i m a l - z a h l, von welcher man nicht alle Stellen beibehalten will, derart vorzunehmen, dass der Fehler kleiner werde, als eine halbe Einheit der letzten beibehaltenen Stelle.

Bei der a b g e k ü r z t e n M u l t i p l i c a t i o n kann die Forderung gestellt werden, dass im Producte nur eine bestimmte Anzahl der höchsten Stellen entwickelt werde. oder es kann die niedrigste Stelle angegeben werden, welche das Product noch enthalten soll. Wie der Schüler diesen Anforderungen zu entsprechen habe, kann ihm am einfachsten gelehrt werden, wenn zuerst viele Beispiele durchgenommen werden, in welchen der Multiplicator nur eine einzige geltende Ziffer mit beliebig gewähltem Stellenwert hat; der Schüler hat dann entsprechend der gestellten Forderung die niedrigste Stelle im Multiplicand anzugeben, bei welcher die Berechnung des Productes zu beginnen hat. Dabei ist sogleich zu zeigen, wie die nächste Stelle zur Rechten im Multiplicand zu verwerten ist, um die niedrigste Stelle im Producte mit thunlichster Genauigkeit zu erhalten. Nachdem diese Vorgänge zur Geläufigkeit gebracht sind, bietet die Multiplication mit einem mehrziffrigen Multiplicator keine Schwierigkeiten mehr. Die weitere Ausführung der Rechnung kann zwei verschiedene äußerliche Formen annehmen: man kann nach dem Verfahren von O u g h t r e d die Ziffern des Multiplicators in umgekehrter Ordnung unter die des Multiplicands stellen und die Entwicklung der einzelnen Theilproducte mit der Multiplication je zweier über einander stehender Ziffern beginnen, oder nach dem Vorgange von L a g r a n g e unmittelbar den Multiplicand successive um eine Stelle verkürzen. Einen wesentlichen Unterschied bieten diese beiden Verfahrungsweisen nicht und es bleibt dem Ermessen des Lehrers überlassen, von welcher er Gebrauch machen will; das Oughtred'sche Verfahren scheint den Vortheil zu haben, dass der Schüler in Hinsicht auf den zu jeder Multiplicatorziffer gehörigen Multiplicand nicht so leicht irren kann.

Bei der a b g e k ü r z t e n D i v i s i o n ist der Schüler zuerst mit dem allgemeinen Process vertraut zu machen, dass bei der Fortsetzung der Division der Rest nicht um eine Stelle verlängert, sondern der Divisor um eine Stelle verkürzt wird. Zuerst sind viele Beispiele derart zu wählen, dass der Quotient mit eben so viel Stellen zu entwickeln ist, als der Divisor besitzt. Hierauf wähle der Lehrer Beispiele. bei welchen der Divisor mehr Stellen besitzt, also vor Beginn der Rechnung verkürzt werden kann, und führe schließlich solche Fälle vor, in welchen das verkürzte Verfahren erst bei der Berechnung späterer Quotusziffern eintreten kann.

Es wird von Vortheil sein, wenn auch beim abgekürzten Rechnen der Schüler an die Controle der Rechnung durch irgend eine Probe gewöhnt wird. Auf dieser Stufe soll für jedes Resultat der Grad der Genauigkeit bestimmt werden; erst auf der nächsten Stufe ist die selbständige Entscheidung darüber dem Schüler zu' überlassen.

Wenn auch die Proportionen als allgemeine Rechnungsform bei arithmetischen Problemen immer mehr und mehr in den Hintergrund treten, weil ihr nicht dieselbe Einfachheit und Durchsichtigkeit wie der Schlussrechnung zukommt, so fordert doch ihre ganz besondere Bedeutung bei Anwendungen auf wichtige Gebiete der Geometrie, dass der Schüler mit den wesentlichsten Sätzen über geometrische Verhältnisse und Proportionen und mit deren Anwendung vertraut werde. Bei der Ableitung des Verhältnisbegriffs aus der Division in ihrer Bedeutung als Messung ist der Unterschied zwischen Größen- und Zahlenverhältnissen hervorzuheben und zu zeigen, wie jene auf diese zurückzuführen sind. Die schematische Darstellung wird erleichtert, wenn sich der Lehrer zur Bezeichnung der einzelnen Glieder der Buchstaben bedient; in der Forderung, die Buchstaben als Vertreter von Zahlen vorzustellen, liegt für den Schüler keine Schwierigkeit, sie erwächst ihm erst auf dem Boden der Buchstabenrechnung durch die mannigfaltigen Verbindungen der verschiedenen Zahlformen und durch das Eintreten der negativen Zahlen. An den Begriff des geometrischen Mittels zweier Größen wird sich in natürlicher Weise auch der des arithmetischen Mittels anknüpfen lassen; der Schüler wird darauf aufmerksam zu machen sein, dass „arithmetisches Mittel" und „Durchschnitt" zweier Größen gleichbedeutend ist, und dass sich dieser Begriff auf eine größere bestimmte Anzahl von Größen ausdehnen lässt.

Den Aufgaben der Regeldetri wird eine Erörterung des Begriffs der Proportionalität von Größen voranzuschicken sein. In passenden Beispielen werden dem Schüler Größen vorzuführen sein, die in einer solchen Beziehung stehen, dass eine Veränderung der einen eine gleichzeitige Veränderung der anderen zur nothwendigen Folge hat, und die deshalb „von einander abhängig" heißen; ferner wird ihm zu erklären sein, dass aus bekannten Größen unbekannte erschlossen werden können, wenn das Gesetz der Abhängigkeit gegeben ist. Als der einfachste Fall der Abhängigkeit ist dann die Proportionalität der Größen zu erörtern und in geeigneten Beispielen aufmerksam zu machen, dass' häufig die Proportionalität nur innerhalb mehr oder minder weiterer Grenzen wirklich Geltung hat. Schon die Rücksicht auf die Geometrie macht es nothwendig, den Schüler auch mit der Bedeutung der Ausdrucksweise: „eine Größe ist dem Quadrate oder dem Cubus einer anderen Größe proportional" vertraut zu machen.

Der Zweck der mathematischen Schulung des Schülers fordert, schon bei den Aufgaben der Regeldetri der Schlussrechnung den Vorzug einzuräumen, weil sie ihn gewöhnt, jede Aufgabe als eine selbständige aufzufassen und die gesuchte Größe direct durch Folgerungen aus den Bedingungen der Aufgabe abzuleiten. Es wird jedoch zweckmäßig sein, auch die Proportionen, namentlich in solchen Fällen anzuwenden, wo die Aufgabe durch die Bedingungen, z. B. die Angabe von Verhältnissen dazu einladet.

Das directe Problem der Procentrechnung, für einen gegebenen Grundwert einen proportionalen Antheil zu berechnen, wenn der Antheil von 100, also die Procente gegeben sind, sowie die beiden umgekehrten Aufgaben (Berechnung der Procente oder des Grundwertes) sollen zuerst in unbenannten Zahlen durchgeführt und dann auf mannigfaltige Verhältnisse angewendet werden. Die Geographie, die Statistik etc. bieten einen naheliegenden interessanten Übungsstoff. Auch die analogen Probleme, bei welchen der Antheil in Bruchtheilen gegeben ist, verdienen besondere Würdigung.

Die einfache Zinsenrechnung ist nur auf Grundlage der Schlussrechnung zu entwickeln. Bei der Berechnung der Zinsen wird in vielen Fällen das Verfahren der sogenannten „Wälschen Praktik“ als das natürlichste sich darbieten. Auch hier unterliegt es keinem Bedenken, sich der Anfangsbuchstaben der Größen „Capital, Procent, Zeit und Interessen“ zu ihrer Bezeichnung zu bedienen, um die Auflösung der drei inversen Probleme zu erleichtern.

Für den Begriff des Discont ist von der rationellen Methode, welcher die Definition von Leibnitz (Differenz zwischen Endwert und Anfangswert) zugrunde liegt, auszugehen und dann zu zeigen, dass die commercielle Berechnungsmethode, welche der bequemeren Rechnung wegen die Zinsen vom Endwerte nimmt, zu Widersprüchen führt. Der Anfangswert ist durch die Schlussrechnung leicht zu ermitteln; man braucht nur den gegebenen Endwert durch den Endwert eines Guldens zu dividieren. Auf die Begriffe „von, in und auf hundert“, an welche sich besondere Rechnungsformen der kaufmännischen Arithmetik anlehnen, hat der Unterricht nicht näher einzugehen. Alle einschlägigen Probleme, soweit sie von allgemeiner Bedeutung sind, bieten einen guten Übungsstoff für die Lehre von den Gleichungen.

Geometrie. Congruenz. Erklärung derselben; gleichliegende oder homologe Stücke. Construction eines Dreieckes, wenn gegeben sind: 1. eine Seite und die beiden anliegenden Winkel, 2. eine Seite, ein anliegender und der gegenüberliegende Winkel, 3. zwei Seiten und der eingeschlossene Winkel, 4. zwei Seiten und der der größeren Seite gegenüberliegende Winkel, 5. alle drei Seiten. Eindeutigkeit dieser Aufgaben; entsprechende Congruenzsätze. Übertragung eines gegebenen Dreieckes. Construction eines Dreieckes, wenn zwei Seiten und der Gegenwinkel der kleineren Seite gegeben sind; Zweideutigkeit der Aufgabe. Änderungen der Gegenstücke: Wenn in einem Dreicke zwei Seiten unverändert bleiben, so wächst mit dem eingeschlossenen Winkel auch dessen Gegenseite und umgekehrt.

Das gleichschenklige Dreieck. Die Symmetrale des Winkels an der Spitze, die Symmetrale der Basis und die Höhe fallen in eine Gerade zusammen.

Das rechtwinklige Dreieck. Die Hypotenuse ist ein Durchmesser des umgeschriebenen Kreises. Bleibt die Hypotenuse unverändert und wächst die eine Kathete, so nimmt die andere ab. Ist ein Winkel an der Hypotenuse gleich 30°, so ist die kleinere Kathete die Hälfte der Hypotenuse (das Dreieck ist dann die Hälfte eines gleichseitigen Dreieckes).

Das gleichseitige Dreieck. Die drei Winkelsymmetralen, die drei Seitensymmetralen und die drei Höhen gehen durch denselben Punkt, welcher der Mittelpunkt des eingeschriebenen und des umgeschriebenen Kreises ist. Der Halbmesser des eingeschriebenen Kreises beträgt $^1/_3$, der des umgeschriebenen Kreises $^2/_3$ der Höhe.

Der Kreis. Gegenseitige Lage einer Geraden und eines Kreises; die Gerade ist Secante, Tangente oder vom Kreise ausgeschlossen, je nachdem ihr Central-abstand kleiner, gleich oder größer als der Halbmesser ist.

Sehnen: Die Sehnensymmetrale geht durch den Mittelpunkt. Einen Kreis zu construiren, der durch drei gegebene Punkte geht. Den Mittelpunkt eines Kreises und eines Kreisbogens zu finden. Zu gleichen Sehnen gehören gleiche Central-abstände; zur größeren Sehne gehört der kleinere Centralabstand; Umkehrungen. Die Sehne des Sextanten ist dem Halbmesser gleich. Peripheriewinkel zwischen zwei Sehnen; er hat die Hälfte des zugehörigen Bogens zum Maße. Tangente, ihre Construction, wenn der Berührungspunkt oder ein anderer ihrer Punkte gegeben ist. Gegenseitige Lage zweier Kreise; concentrische und excentrische Kreise; Kreisring, Centrale. Zwei Kreise können einander von außen oder von innen berühren; im ersten Falle ist die Summe, im zweiten Falle die Differenz ihrer Radien gleich der Centrale.

Das Viereck. Entstehung desselben, Diagonalen. Der Winkelsatz. Nur Vierecke mit concaven Winkeln werden betrachtet. Eintheilung der Vierecke: Parallelogramme, Trapeze, Trapezoide; das Deltoid. Eigenschaften des Parallelogrammes: Es wird durch eine Diagonale in zwei congruente Dreiecke zerlegt; die gegenüberliegenden Seiten sind einander gleich; die gegenüberliegenden Winkel sind einander gleich; Parallele zwischen Parallelen sind einander gleich; die Diagonalen halbieren einander. Das rechtwinkelige Parallelogramm heißt Rechteck, das gleichseitige Rhombus, das rechtwinklige und gleichseitige Quadrat.

Eigenschaften des Rechteckes: Die Diagonalen sind einander gleich; jedem Rechtecke kann ein Kreis umgeschrieben werden.

Eigenschaften des Rhombus: Die Diagonalen stehen auf einander senkrecht und theilen den Rhombus in vier congruente Dreiecke: jedem Rhombus kann ein Kreis eingeschrieben werden.

Eigenschaften des Quadrates: Die Diagonalen sind einander gleich und stehen auf einander senkrecht; dem Quadrate kann ein Kreis umgeschrieben und ein Kreis eingeschrieben werden.

Eigenschaften des Trapezes: die Mittellinie (welche die Halbierungspunkte der nicht parallelen Seiten verbindet) ist zu den parallelen Seiten parallel und gleich ihrer halben Summe.

Eigenschaften des Deltoids: Die eine Diagonale ist zugleich Winkel-symmetrale; jedem Deltoide lässt sich ein Kreis einschreiben.

Das Vieleck. Entstehung desselben. Anzahl der Diagonalen. Der Winkelsatz. Das reguläre Vieleck. Jedem regulären Vielecke lässt sich ein Kreis umschreiben und ein Kreis einschreiben. Wird die Peripherie eines Kreises in gleiche Theile getheilt, so sind die Theilungspunkte die Ecken eines regulären eingeschriebenen und die Berührungspunkte eines regulären umgeschriebenen Polygons. Einem gegebenen Kreise *a)* ein gleichseitiges Dreieck, *b)* ein Quadrat, *c)* ein reguläres Sechseck einzuschreiben und umzuschreiben.

Irgend eine geradlinige Figur zu übertragen: *a)* durch Bestimmung ihrer Ecken mittelst des Dreiseitensatzes, *b)* durch die rechtwinkeligen Coordinaten ihrer Eckpunkte. An dieser Stelle kann man den Schüler mit den Begriffen Abscisse und Ordinate bekannt machen, die auch auf der unteren Stufe beim Zeichnen häufig Anwendung finden können. Der Lehrer kann dabei an die schwierigen Begriffe der sphärischen Coordinaten bei der geographischen Ortsbestimmung anknüpfen, welche der Schüler bereits kennen gelernt hat.

Übungsstoff. Rechnungsaufgaben. Aus den drei Winkeln eines Viereckes den vierten zu berechnen. Aus einem Winkel eines Parallelogramms die übrigen zu berechnen. Die Winkelsumme eines Vieleckes mit gegebener Seitenanzahl zu berechnen. Im regulären N-ecke einen Winkel zu berechnen. Die Anzahl der Diagonalen eines N-eckes zu berechnen.

Constructionsaufgaben. Ein gleichschenkeliges Dreieck zu construieren, wenn zwei Umfangsstücke oder die Höhe und ein Umfangsstück gegeben sind. Ein gleichseitiges Dreieck zu construieren, wenn die Höhe gegeben ist. Ein rechtwinkeliges Dreieck zu construieren, wenn zwei Umfangsstücke gegeben sind. Ein rechtwinkelig-gleichschenkeliges Dreieck zu construieren, wenn die Kathete oder die Hypotenuse oder die Höhe gegeben ist. Ein Quadrat zu construieren, wenn die Seite oder die Diagonale gegeben ist. Ein Rechteck zu construieren, wenn zwei anstoßende Seiten, eine Seite und die Diagonale, oder die Diagonale und ein von den Diagonalen eingeschlossener Winkel gegeben sind. Einen Rhombus zu construieren, wenn eine Seite und ein Winkel, oder eine Seite und eine Diagonale oder beide Diagonalen gegeben sind. Ein Parallelogramm zu construieren, wenn gegeben sind: zwei anstoßende Seiten und der eingeschlossene Winkel; zwei anstoßende Seiten und eine Diagonale; die beiden Diagonalen und eine Seite; die beiden Diagonalen und ein von ihnen eingeschlossener Winkel. Ein Trapez zu construieren, wenn gegeben sind: alle vier Seiten; drei Seiten und einer der beiden von ihnen eingeschlossenen Winkel; drei Seiten und eine Diagonale; drei Seiten und die Höhe. Ein Deltoid zu construieren, wenn zwei ungleiche Seiten und eine Diagonale oder die beiden Diagonalen und eine Seite gegeben sind. Ein Viereck zu construieren, wenn gegeben sind: alle vier Seiten und ein Winkel; alle vier Seiten und eine Diagonale; drei Seiten und die beiden eingeschlossenen Winkel; drei Seiten und die beiden Diagonalen. Ein Vieleck zu construieren, wenn die Coordinaten seiner Eckpunkte gegeben sind. Ein Vieleck zu construieren, welches einem gegebenen congruent ist: *a)* durch parallele Verschiebung, *b)* durch das Umwenden um eine gegebene Gerade, *c)* durch eine halbe Umdrehung um einen gegebenen Punkt.

III. Classe. Arithmetik. Das Rechnen mit Decimalzahlen soll auf dieser Stufe durch die Grundoperationen mit unvollständigen Zahlen zum Abschlusse gebracht werden. Da sich bei Beobachtungen absolute mathematische Strenge nicht erreichen lässt, alle durch Messung bestimmten Zahlen also als unvollständige zu betrachten sind, da ferner im rein mathematischen Gebiete ganze Reihen unvollständiger Zahlen wie z. B. die trigonometrischen Functionen, die Logarithmen etc. auftreten, so kommen in der Anwendung Rechnungen mit unvollständigen Zahlen häufiger als

solche mit vollständigen vor; es ist daher von Wichtigkeit, dass der Schüler rechtzeitig lerne, die Zuverlässigkeit der aus unvollständigen Daten berechneten Resultate
zu beurtheilen und sie bei Vermeidung aller nutzlosen Arbeit mit erreichbarer oder
mit einer geringeren angegebenen Genauigkeit zu ermitteln.

Soll das Resultat einer Rechnung mit unvollständigen Zahlen keine unrichtigen
Ziffern enthalten, die nicht nur wertlos sind, sondern auch das Urtheil irre führen,
so muss während der ganzen Rechnung die Thatsache festgehalten werden, dass
man nur einer vollständigen Zahl über die niedrigste Stelle hinaus Nullen anreihen
dürfe, bei unvollständigen Zahlen dagegen an diesen Stellen unbekannte, im allgemeinen
von Null verschiedene Ziffern vorauszusetzen sind, diese Stellen bei Ermittlung des
Resultates daher nicht in die verschiedenen Operationen eingehen können. Man
entwickle demgemäß die vier Grundoperationen mit unvollständigeren Zahlen und
erläutere, wie man die niedrigste Stelle zu ermitteln hat, welche noch auf Zuverlässigkeit Anspruch machen kann. Auf tiefer eingehende Untersuchungen sich einzulassen,
wäre hier wohl nicht der Ort.

Der geometrische Übungsstoff der dritten Classe bietet zu abgekürzten Rechnungen
häufig Gelegenheit; es ist zweckmäßig, den Schüler in den Resultaten die fünf
höchsten Stellen genau ermitteln zu lassen, wenn dies die Genauigkeit der Daten
gestattet.

Die Berechnung der Quadrat- und der Cubikwurzeln dekadischer
Zahlen ist wegen der etwas größeren Complication für den Anfänger eine der
schwierigsten Aufgaben, wenn er diese Operationen nicht mechanisch, sondern mit dem
Bewusstsein der Gründe ausführen soll. Die Schwierigkeiten werden erleichtert, wenn
auf inductivem Wege von den einfachsten Fällen ausgegangen und der Schüler dabei
angeleitet wird, sich Schritt für Schritt das hiezu geeignete Verfahren aufzusuchen.
Folgender Vorgang dürfte zu empfehlen sein. Man lehne das Verfahren für das
Quadrieren einer dekadischen Zahl nicht an Buchstabenformeln, sondern an den
Satz an, dass das Quadrat einer dekadischen ganzen Zahl (welche immer als eine
Summe aus Zehnern und Einern betrachtet werden kann) aus dem Quadrate der
Zehner, dem doppelten Producte der Zehner mit den Einern und dem Quadrate
der Einer besteht. Zuerst wende man diesen Satz auf die Bildung des Quadrates
zweiziffriger Zahlen an, wobei immer der Stellenwert der einzelnen Glieder beachtet
werden muss. Zuerst möge der Schüler die drei Theile vom Quadrate der Zehner
angefangen entwickeln; hat er darin die nöthige Sicherheit gewonnen, so lasse man
ihn mit dem Quadrate der Einer beginnen; der Schüler eignet sich gern und leicht
das Verfahren an, das Quadrat einer zweiziffrigen Zahl von rechts nach links
unmittelbar zu entwickeln. Um für die inverse Operation das geeignete Verfahren
abzuleiten, lasse man den Schüler das Quadrat noch auf folgende Weise entwickeln.
Zuerst wird das Quadrat der Zehner gebildet und dann darauf aufmerksam gemacht,
dass, wenn eine Zahl um Einer wächst, der Zuwachs im Quadrate der Zahl erhalten
wird, indem man die Einer mit sich selbst und dann noch mit dem Doppelten der
Zehner multipliciert. Ist dieses Verfahren an zweiziffrigen Zahlen bis zur Geläufigkeit eingeübt, so erweitere man es successive für drei- und mehrziffrige Zahlen.
Auf diesem Wege ergibt sich leicht, dass jede Ziffer der gegebenen Zahl ein

Partialproduct liefert, welches erhalten wird, indem man die Ziffer mit sich selbst und mit dem Doppelten der ihr vorangehenden Zahl multipliciert und dass jedes neue Partialproduct um zwei Stellen nach rechts hinausrückt. Das Quadrieren von Decimalzahlen ist leicht auf das von ganzen Zahlen zurückzuführen.

Der Vorgang beim Ausziehen der Quadratwurzel soll Schritt für Schritt aus der Entstehung des Quadrates abgeleitet werden. Zuerst wird das Quadrat einer zweiziffrigen Zahl gebildet und daran das Ausziehen der Quadratwurzel als Probe geknüpft. Zwei Momente sind dabei besonders hervorzuheben. Im Resultate enthalten die Hunderter das Quadrat der Zehner der Wurzel; man wird also die Anzahl dieser Zehner erhalten, indem man aus den Hundertern die Quadratwurzel auszieht. Da ferner im Reste (nachdem das Quadrat der Zehner subtrahiert ist) die Zehner das doppelte Product aus den Zehnern und Einern der Wurzel enthalten, so werden sich die Einer der Wurzel ergeben, wenn man die Zehner des Restes durch das Doppelte der Zehner der Wurzel dividiert. Der durch die Einer der Wurzel entstandene Zuwachs im Quadrate wird wie beim Quadrieren gebildet und dann subtrahiert. Bei dem Quadrieren zweiziffriger Zahlen und der Probe durch Radicieren ist längere Zeit zu verweilen, bis der Schüler volle Einsicht in den Zusammenhang dieser beiden entgegengesetzten Operationen gewonnen hat. Hierauf ist mit dem Radicieren drei- oder vierziffriger ganzer Zahlen zu beginnen, und damit die Probe durch Quadrieren der Wurzel und Addition des etwaigen Restes zu verbinden.

Der nächste Schritt besteht im Quadrieren dreiziffriger Zahlen und im Radicieren des Resultates. Um die Zehner der Wurzel zu erhalten, ist aus den Hundertern des Quadrates die Quadratwurzel auszuziehen; die dem Schüler schon bekannte Operation, eine drei- oder vierstellige Zahl zu radicieren, wird hier zur Hilfsrechnung und die Einer der Wurzel werden auf dieselbe Weise wie früher ermittelt. Die Ausdehnung der Operation auf mehrstellige ganze Zahlen und auf Decimalzahlen bietet keine Schwierigkeiten mehr. Ist der Schüler mit dem Verfahren vollkommen vertraut, so ist er noch mit der Anwendung der abgekürzten Division bekannt zu machen. Das Verfahren beim Radicieren besteht aus Divisionen, bei welchen jeder folgende Divisor durch die neugewonnene Wurzelziffer verändert wird; je weiter man fortschreitet, um so weniger werden die höchsten Stellen des Divisors durch diese Änderungen berührt, diese Stellen können somit verwendet werden, um ebensoviele Stellen der Wurzel durch abgekürzte Division zu finden. Die Anzahl der Stellen, welche die abgekürzte Division liefern kann, ist um 1 kleiner als die Anzahl der Stellen in der Wurzel, welche durch das gewöhnliche Verfahren direct bestimmt wurden. Recht häufig sollen Proben vorgenommen werden, indem man die erhaltene Wurzel abgekürzt mit sich selbst multipliciert.

Die Processe für die Entwicklung der dritten Potenz und der dritten Wurzel werden ganz analog an den Satz geknüpft, dass der Cubus einer dekadischen Zahl aus dem Cubus der Zehner, dem dreifachen Producte aus dem Quadrate der Zehner mit den Einern, dem dreifachen Producte aus den Zehnern mit dem Quadrate der Einer und dem Cubus der Einer besteht. Die Operationen haben wie vorhin mit zweiziffrigen Zahlen zu beginnen. Die drei Glieder, welche den Zuwachs des Cubus der Zahl bilden, wenn sie um Einer wächst, werden einzeln berechnet und jedes

neue Glied rückt um eine Stelle nach rechts wie es der beachtete Stellenwert
erfordert. Die Entstehung des Cubus der Zahl liefert wieder die Mittel, beim
Radicieren diese Zahl zu bestimmen. Da die Tausender den Cubus der Zehner
enthalten, so ergibt sich die Anzahl der Zehner der Wurzel, indem man aus den
Tausendern die Cubikwurzel auszieht. Der Rest enthält den Zuwachs des Cubus,
der durch die Einer entsteht, und zwar enthalten die Hunderter desselben das
dreifache Product aus dem Quadrate der Zehner mit den gesuchten Einern; diese
werden sich demnach ergeben, wenn man die Hunderter des Restes durch das
dreifache Quadrat der schon gefundenen Zehner dividiert. Der dreigliedrige Zuwachs
des Cubus durch die Einer der Wurzel wird wie beim Potenzieren gebildet und
subtrahiert. Die successive Ausdehnung auf größere ganze Zahlen und auf Decimalzahlen geschieht dann in derselben Weise wie beim Ausziehen der Quadratwurzel.
Die weitere Anwendung der abgekürzten Division ist bei der Cubikwurzel von
großer Wichtigkeit, weil das directe Verfahren mit jeder neuen Stelle der Wurzel
an Weitläufigkeit bedeutend zunimmt. Auf directem Wege ist über die Bestimmung
der vier höchsten Stellen nicht hinauszugehen: die abgekürzte Division liefert dann
noch drei sichere Stellen. Eine sehr gute Übung bietet die Bestimmung der sechsten
Wurzel einer Zahl auf doppelte Art, indem zuerst aus der Cubikwurzel die zweite
und dann aus der Quadratwurzel die dritte Wurzel ausgezogen wird; sie verbindet
die beiden wichtigen Operationen und gibt zugleich eine Controle der Rechnung.

Beim Unterrichte in den ersten Elementen der Buchstabenrechnung
erfordern die Einführung der negativen Zahlen und die Operationen mit den algebraischen
Zahlen besondere Aufmerksamkeit. Der Begriff der entgegengesetzten Zahlen ist nicht
aus der Existenz entgegengesetzter Größen zu entwickeln, sondern es sind die negativen Zahlen als Differenzen zwischen den entsprechenden positiven Zahlen und dem
Minuenden Null zu definieren und dann durch graphische Darstellung in der
erweiterten Zahlenlinie anschaulich zu machen. Die Addition algebraischer Zahlen
kann ohne besondere Reductionsregeln durchgeführt werden, indem man immer
direct auf die fundamentale Eigenschaft der entgegengesetzten Zahlen zurückgeht,
dass die Summe einer positiven und negativen Einheit Null gibt. Bei der Multiplication werden die Schwierigkeiten durch die Definition gehoben, nach welcher die
Multiplication mit einer negativen Zahl (— b) bedeutet, dass nicht der Multiplicand
sondern sein Entgegengesetztes b-mal als Addend zu setzen ist.

Um den Schüler zum klaren Verständnisse der Formelsprache zu bringen,
sind eingehende Übungen verschiedener Art nothwendig, von denen einige in den
im Gebrauche stehenden Lehrbüchern entweder gar nicht oder in zu geringem
Maße berücksichtigt sind. Damit der Schüler mit dem Gebrauche der Klammern
vertraut werde und die mannigfaltigen Verbindungen der verschiedenen Zahlformen
klar auffasse, sind viele Substitutionen besonderer Zahlwerte durchzuführen; dabei
sind nur kleine Zahlen einzuführen, damit die Auffassung des Zusammenhanges nicht
durch beschwerliche Zifferrechnungen verdunkelt werde. Von noch größerer Wichtigkeit auf dieser Stufe des Unterrichtes ist das Übersetzen aus der Zeichensprache
in die gewöhnliche Wortsprache und umgekehrt; jede sich darbietende Gelegenheit
soll für diese Übungen benützt werden, weil dadurch einem litteralen Mechanismus

vorgebeugt wird und der Schüler die Bedeutung der Buchstaben als allgemeiner Zahlzeichen im Bewusstsein behält.

Der Potenzbegriff ist als eine Abkürzung in der Darstellung eines Productes gleicher Factoren aufzunehmen; aber Potenzen mit dem Exponenten Null oder mit negativen Exponenten, so wie auch Potenzen mit allgemeinen Exponenten sind vom Übungsstoffe auszuschließen.

Bei der Multiplication und Division von Polynomen sind zuerst vollständige nach Potenzen der Hauptgröße fallend oder steigend geordnete Polynome zu wählen, die dem Schüler wegen ihrer Analogie mit den entsprechenden Operationen bei dekadischen Zahlen die geringsten Schwierigkeiten bieten; hierauf sind Beispiele zu geben, bei welchen das Ordnen der Glieder der Operation selbst vorangehen muss; dann können unvollständige Polynome oder solche, bei welchen die Exponenten um mehrere Einheiten steigen oder abnehmen, eingeführt werden. Ausgedehnte Beispiele mit gebrochenen Coëfficienten, bei deren Ausführung stundenlange Bemühungen durch ein einziges Versehen ohne Erfolg bleiben, sind vom Übungsstoffe auszuschließen. Eine große Mannigfaltigkeit einfacherer Verbindungen fördert die Sicherheit im Calcül mit algebraischen Zahlen wirksamer, als die Durchführung längerer, aber einförmiger und mühseliger Processe.

Bei der Zerlegung in Factoren ist nur die Ausscheidung eines allen Gliedern eines Polynoms gemeinsamen Factors und die Zerlegung der Formen $a^2 \pm 2ab + b^2$ und $a^2 - b^2$ in Betracht zu ziehen, dagegen auf die Zerlegung anderer trinomischer Formen zu verzichten. In der Bruchrechnung ist die Wahl der Nenner so zu treffen, dass keine anderen als die erwähnten Zerlegungen nothwendig werden; ferner ist solchen Formen, bei welchen von den Schülern am häufigsten Fehler begangen werden (z. B. Subtraction von Brüchen mit binomischen Zählern, bei welchen der Schüler anfangs das Vorzeichen nur auf das erste Glied des Zählers zu beziehen pflegt), in den Übungen der Vorzug zu geben.

Die Bildung der zweiten und dritten Potenz algebraischer Ausdrücke, womit sich als Probe das Radiciren verbinden lässt, schränke man nur auf einfachere Formen ein.

Als Übungen sind auch Umformungen von Aggregaten zu empfehlen, bei welchen in der neuen Form nur ein Minuszeichen auftreten soll; ferner Umgestaltungen von Gleichungen, welche das Transponieren von einzelnen Gliedern erfordern; sie können an die Bedingungen geknüpft werden, dass die Gleichung kein Minuszeichen enthalte oder dass ein bestimmtes Glied derselben auf einer Seite allein auftrete. Auch die entsprechenden Übungen auf der zweiten Rechnungsstufe verdienen besondere Würdigung. Geometrische Probleme geben oft Veranlassung zu solchen Umgestaltungen, bevor noch die Lehre von den Gleichungen behandelt wurde.

Die Vertheilung des Lehrstoffes in dieser Classe wird zweckmäßig so getroffen werden können, dass das erste Semester den vier Grundoperationen mit algebraischen ganzen Zahlen, ferner dem Quadrieren und Ausziehen der Quadratwurzel gewidmet wird; dem zweiten Semester bleiben die vier Grundoperationen mit allgemeinen gebrochenen Zahlen, ferner die Bildung der dritten Potenz und der dritten Wurzel dekadischer Zahlen und einfacher algebraischer Zahlformen vorbehalten.

Geometrie. Flächengleichheit. Erklärung der Flächengleichheit von Figuren und der Ausdrücke „Rechteck zweier Strecken", „Quadrat einer Strecke". Jedes Parallelogramm ist einem Rechtecke mit derselben Grundlinie und derselben Höhe gleich. Parallelogramme mit gleichen Grundlinien und gleichen Höhen sind einander gleich. Das Dreieck ist die Hälfte eines Parallelogramms mit derselben Grundlinie und derselben Höhe; Dreiecke mit gleichen Grundlinien und gleichen Höhen sind einander gleich. Das Quadrat einer Streckensumme besteht aus dem Quadrat der ersten Strecke, dem doppelten Rechtecke beider Strecken und dem Quadrate der zweiten Strecke. Das Trapez ist einem Dreiecke mit derselben Höhe gleich, welches die Summe der parallelen Seiten zur Grundlinie hat. Ein Viereck mit Diagonalen, welche auf einander senkrecht stehen, ist die Hälfte eines Rechteckes, welches die beiden Diagonalen zu Seiten hat. Das regelmäßige Vieleck ist einem Dreiecke gleich, welches den Umfang des Vieleckes zur Grundlinie und den Halbmesser des eingeschriebenen Kreises zur Höhe hat. Die Kreisfläche ist einem Dreiecke gleich, welches die Peripherie zur Grundlinie und den Halbmesser zur Höhe hat. Der Kreissector ist einem Dreiecke gleich, welches den Bogen zur Grundlinie und den Halbmesser zur Höhe hat.

Flächensätze für das rechtwinkelige Dreieck. Das Quadrat der Hypotenuse ist gleich der Summe der Quadrate über beide Katheten. Das Quadrat der Höhe ist dem Rechtecke gleich, welches die beiden Abschnitte der Hypotenuse zu Seiten hat. Das Quadrat einer Kathete ist dem Rechtecke gleich, welches die Hypotenuse und den der Kathete anliegenden Abschnitt derselben zu Seiten hat.

Verwandlung und Theilung der Figuren. Ein schiefes Parallelogramm in ein Rechteck zu verwandeln. Ein Dreieck in ein Parallelogramm mit derselben Höhe oder derselben Grundlinie zu verwandeln und umgekehrt. Ein Dreieck in ein anderes zu verwandeln, so dass ein Winkel ungeändert bleibt und eine der einschließenden Seiten eine gegebene Länge erhält. Ein gegebenes Vieleck in ein anderes zu verwandeln, welches eine Seite weniger hat. Ein gegebenes Rechteck in ein Quadrat zu verwandeln. Ein Dreieck in n gleiche Theile so zu theilen, dass die Theilungslinien von einer Ecke ausgehen. Ein Parallelogramm in n gleiche Theile so zu theilen, dass die Theilungslinien zu einer Seite parallel sind.

Längenmessung. Messung der Kreislinie. Die Peripherie ist größer als das Dreifache und kleiner als das Vierfache des Durchmessers. Bedeutung der Ludolphischen Zahl. Ermittlung eines Annäherungswertes von π auf mechanischem Wege (indem man z. B. einen feinen Seidenfaden in vielen Windungen über einen Cylinder legt und aus der Länge des Fadens die Länge einer Windung bestimmt und sie durch den Durchmesser des Cylinders dividiert). Beschreibung einer geometrischen Methode zur Berechnung der Zahl π. Die Peripherie ist gleich dem Producte aus dem Durchmesser und der Ludolphischen Zahl. Berechnung der Länge eines Bogengrads, einer Bogenminute, einer Bogensecunde. Bogen desselben Kreises verhalten sich wie die zugehörigen Centriwinkel. Aus zweien der drei Größen „Halbmesser, Länge und Gradmaß des Bogens" die dritte zu berechnen.

Flächenmessung. Begriff des Flächenmaßes, Flächeninhalt eines Quadrates, eines Rechteckes, Flächeninhalt eines beliebigen Parallelogrammes, eines Dreieckes, eines Trapezes, eines Viereckes mit zu einander normalen Diagonalen. Flächeninhalt eines regulären und eines irregulären Vieleckes. Flächeninhalt eines Kreises, eines Kreisringes, eines Kreissectors, eines Kreissegmentes. Sectoren desselben Kreises verhalten sich wie die zugehörigen Bogen oder wie die zugehörigen Centriwinkel. Aus zweien der vier Größen Kreissector, Halbmesser, Länge und Gradmaß des Bogens die beiden andern zu berechnen. Berechnung einer Seite eines rechtwinkeligen Dreiecks aus den beiden andern, Berechnung der Diagonale eines Quadrates aus der Seite. Berechnung der Höhe und der Fläche des gleichseitigen Dreieckes aus der Seite.

Ähnlichkeit. Begriff ähnlicher ebener geradliniger Figuren; gleichliegende oder homologe Stücke. Wenn man auf dem Schenkel eines Winkels vom Scheitel aus mehrmals gleiche Stücke aufträgt und durch die Theilungspunkte parallele Gerade nach dem anderen Schenkel zieht, so entstehen auf diesem ebenso viele unter einander gleiche Theile. Geometrische Theilung einer Strecke in n gleiche Theile. Eine gegebene Strecke in einem gegebenen Zahlenverhältnisse zu theilen. Zieht man in einem Dreiecke zu einer Seite eine Parallele, so werden die beiden anderen Seiten proportional getheilt und die Seiten des neuen Dreieckes sind proportional mit den Seiten des gegebenen Dreieckes. Construction der vierten geometrischen Proportionale dreier und der dritten geometrischen Proportionale zweier gegebenen Strecken. Theilung einer gegebenen Strecke in einem gegebenen Streckenverhältnisse.

Zieht man in einem Dreiecke zu einer Seite eine Parallele, so entstehen zwei ähnliche Dreiecke. Zwei Dreiecke sind ähnlich, wenn die Winkel des einen Dreieckes der Reihe nach gleich sind den Winkeln des anderen Dreieckes. (Auf die Entwicklung der anderen Ähnlichkeitssätze ist zu verzichten). Einrichtung des Transversalmaßstabes.

Lehrsätze über das rechtwinkelige Dreieck. Die Höhe theilt das rechtwinkelige Dreieck in zwei Dreiecke, welche unter sich und mit dem ganzen Dreiecke ähnlich sind. Die Höhe ist die mittlere geometrische Proportionale zwischen den beiden Abschnitten der Hypotenuse. Jede Kathete ist die mittlere geometrische Proportionale zwischen der ganzen Hypotenuse und dem der Kathete anliegenden Abschnitte. (Diese Lehrsätze sind auch aus den Flächensätzen des rechtwinkeligen Dreieckes abzuleiten). Construction der mittleren geometrischen Proportionale zweier gegebener Strecken.

Construction eines Dreieckes, welches einem gegebenen Dreiecke ähnlich ist, wenn eine Seite des neuen Dreieckes oder das Verhältnis der homologen Seiten gegeben ist. Zu einem gegebenen Polygon ein ähnliches zu construieren, wenn eine Seite des neuen Polygons oder das Verhältnis zweier homologer Seiten gegeben ist und zwar durch Eintheilung in Dreiecke a) von einer Ecke aus, b) von einem anderen Punkte des Umfanges aus, c) von einem Punkte innerhalb des Polygons aus.

Umfangs- und Flächenverhältnisse ähnlicher Figuren. Die Umfänge ähnlicher Dreiecke oder ähnlicher Polygone verhalten sich wie je zwei homologe Seiten. Die Flächen ähnlicher Dreiecke oder ähnlicher Polygone verhalten sich wie die Quadrate zweier homologer Seiten.

Übungsstoff. Rechnungsaufgaben. Auf dieser Stufe bietet sich unge-
zwungen ein reicher Übungsstoff, bei welchem der Schüler langsam an den Gebrauch
von Formeln gewöhnt werden kann. Der Schüler soll angeleitet werden, für die
einfachsten• Figuren die Anzahl und Art der Elemente anzugeben, welche zur
Bestimmung der Figur nothwendig sind; er soll auf combinatorischem Wege den
Aufgabenkreis für die Figur entwickeln, die einzelnen Aufgaben in Worte kleiden
und für diejenigen Aufgaben, welche seine Kräfte nicht übersteigen, den Gang der
Rechnung angeben. Besondere Rücksicht verdient die Verwertung der Flächensätze
des rechtwinkeligen Dreieckes, welche Gelegenheit zum Ausziehen der Quadratwurzel
bieten. So kann man z. B. im rechtwinkeligen Dreiecke aus zwei der sechs Strecken
„Hypotenuse, beide Katheten, Höhe und Abschnitte der Hypotenuse" die andern
vier berechnen; von den 15 Aufgaben, die sich so durch Combination ergeben, sind
von dem Schüler alle diejenigen zu bewältigen, bei welchen die beiden gegebenen
Strecken einen gemeinsamen Endpunkt haben. In ähnlicher Weise kann bei anderen
Figuren vorgegangen werden; dadurch gelangt der Schüler zur Einsicht in die
gegenseitige Abhängigkeit der einzelnen Elemente einer Figur und lernt so die Grenzen
kennen, innerhalb welcher er ein vorgelegtes Problem mit den ihm zur Verfügung
stehenden Mitteln bewältigen kann. Numerische Angaben für Beispiele können durch
unmittelbare Messung an einer Figur oder aus dem Kopfe angegeben werden; der
Rechnung zu oft Pythagoräische Dreiecke mit rationalen Seiten zugrunde zu legen,
ist nicht zweckmäßig, weil dem Schüler dadurch die Gelegenheit entgeht, sich im
abgekürzten Rechnen mit Decimalzahlen zu üben.

Constructionsaufgaben. Graphische Darstellung der Gleichungen für
$(a \pm b) c$, $(a \pm b)(c \pm d)$, $(a + b)(a - b)$, $(a \pm b)^2$. Addition und Subtraction
von Parallelogrammen oder Dreiecken mit gleichen Grundlinien oder gleichen Höhen.
Construction eines Parallelogrammes (Dreieckes) welches mit einem gegebenen
Parallelogramme (Dreiecke) gleiche Grundlinie oder gleiche Höhe hat und mit ihm
in einem gegebenen Verhältnisse steht. Construction eines Quadrates, welches der
Summe oder Differenz zweier oder der Summe mehrerer gegebener Quadrate gleich
ist, oder welches das Doppelte oder die Hälfte eines Quadrates ist. Dieselben Aufgaben sind auch für Kreise durchzuführen. Verwandlung von Parallelogrammen und
Dreiecken unter einfachen Bedingungen. Ausmessung und Inhaltsbestimmung eines
Polygons, als dessen Ecken Hauptpunkte auf einer Schulkarte gewählt werden
können. Darstellung einer Figur in größerem und kleinerem Maßstabe.

IV. Classe. Arithmetik. Der arithmetische Unterricht in dieser Classe soll vorwiegend der Lehre von den Gleichungen des ersten Grades mit einer und
mit mehreren Unbekannten gewidmet sein. Nachdem der Unterschied zwischen
identischen und zwischen Bestimmungsgleichungen durch passende Beispiele festgestellt
ist, sind die wenigen theoretischen Grundlagen für die Auflösung von Gleichungen
mit einer Unbekannten zu entwickeln. Obgleich die theoretischen Voraussetzungen
für die Auflösung sehr einfach und klar sind, so ist doch, da die Gleichungen fast
in jedem Beispiele eine andere Form annehmen, sehr viel Übung nothwendig, damit
der Schüler in jedem Falle über die geeignetsten Umformungen leicht entscheiden lerne.

Der Schüler soll nicht verwöhnt werden, die Unbekannte der Gleichung immer nur durch einen der letzten Buchstaben des Alphabetes zu bezeichnen; er soll bei Gleichungen mit mehreren allgemeinen Zahlen mit dem Gedanken vertraut werden, dass die Gleichung die gegenseitige Abhängigkeit der in ihr vorhandenen Größen vorstellt, so dass jede derselben durch alle übrigen vollkommen bestimmt ist und zur Unbekannten werden kann, indem man alle anderen als bekannt voraussetzt. Die Auflösung allgemeiner Gleichungen nach jeder in ihr vorkommenden Größe ist auch insofern lehrreich, weil die Bestimmung der verschiedenen Größen derselben Gleichung oft verschiedene Mittel in Anspruch nimmt. Für diesen Zweck eignen sich besonders die Bestimmungsgleichungen, welche die Geometrie für den Flächeninhalt der ebenen Figuren, ferner für die Oberfläche und das Volumen der Körper liefert. Die Umsetzung der dadurch entspringenden Aufgaben und der Resultate in die gewöhnliche Wortsprache ist eine vortreffliche Übung, durch welche dem Schüler der wichtige Process der Inversion der Probleme zu klarem Bewusstsein kommt.

Der Nachweis, dass der für die Unbekannte gefundene Wert die Gleichung wirklich befriedigt, also die Probe für die richtige Auflösung soll bei den einfacheren Gleichungen nicht unterlassen werden. Fördernd ist auch die Übung, aus einfachen numerischen Gleichungen litterale derselben Form zu bilden und auch den umgekehrten Process durchzuführen.

Auch die reduciblen Gleichungen höheren Grades, in welchen die Unbekannte bloß in einer einzigen höheren Potenz vorkommt, müssen der Auflösung unterzogen werden, weil geometrische Probleme auf solche Formen führen.

Bei den Gleichungen mit mehreren Unbekannten werden nur einfachere Formen mit zwei oder drei Unbekannten in Betracht zu ziehen sein.

Bei der Anwendung der Gleichungen auf Probleme sind vorzüglich Aufgaben zu berücksichtigen, welche sich auf die Procent- und Zinsenrechnung, ferner auf die Zerlegung oder Zusammensetzung einer Größe nach gegebenen Bedingungen beziehen.

Die Aufgaben der zusammengesetzten Regeldetri sind nicht durch zusammengesetzte Proportionen sondern durch die Schlussrechnung zu lösen.

Die Behandlung der Zinseszinsenrechnung setzt voraus, dass das Lehrbuch die hierzu nothwendigen Tafeln enthalte. Besondere Schwierigkeiten ergeben sich nicht wenn sich der Unterricht auf die Bestimmung des Endwertes und des Anfangswertes einer Summe beschränkt.

Stereometrie. Für den planimetrischen Unterricht bot die Zeichnung der Gebilde ein kräftiges Mittel, die Anschauung zu fixieren und die Auffassung der wesentlichen Eigenschaften zu erleichtern. Die stereometrische Anschauungslehre muss im Allgemeinen auf die Darstellung der räumlichen Gebilde durch Zeichnung verzichten; die perspectivische Darstellung räumlicher Gestalten von drei Dimensionen in einer Zeichnungsebene und auch die geistigen Processe, um aus dem perspectivischen Bilde die Vorstellung des Körpers selbst und der Verhältnisse seiner Theile zu gewinnen, übersteigen in der Regel die Kräfte des Schülers insolange, als sie nicht durch die directe Anschauung vermittelt sind.

Der naturgemäße Weg, dem Schüler die richtigen Vorstellungen zuzuführen, daraus die Begriffe abzusetzen und die Gesetze der räumlichen Gestalten zu entwickeln, wird die directe Anschauung der zu untersuchenden Gestalten sein. Eine unerlässliche Bedingung für einen gedeihlichen Unterricht wird also die fortwährende Verwertung stereometrischer Modelle sein. Körpermodelle aus Holz verdienen wegen der Schärfe der Ecken und Kanten den Vorzug *); sie ermöglichen genaue Messungen, welche bei der Berechnung der Oberfläche und des Volumens als Daten dienen können, und gestatten die Bestimmung des Gewichtes, welches zur Ermittlung des specifischen Gewichtes dienen kann. Sind verschiedene Körperformen aus derselben Holzgattung vorhanden, so können inverse Probleme verschiedener Art aufgenommen werden, in welchen Dimensionen der Körper die gesuchten Größen sind. Solche Aufgaben, die unter der Mitwirkung der Schüler gebildet werden, verdienen immer den Vorzug vor Aufgaben, deren Daten einem Lehrbuche entnommen sind. Eine besonders fruchtbare Übung für die Kräftigung der inneren Anschauung des Schülers besteht darin, dass der Schüler an solchen Holzmodellen in der Vorstellung nach der Anweisung des Lehrers ebene Schnitte führt, die Schnittfiguren genau beschreibt und die Abhängigkeit ihrer Bestimmungselemente von den an der Oberfläche vorkommenden Strecken und Winkeln ermittelt.

Zur Veranschaulichung der gegenseitigen Lagen von Geraden und Ebenen sind Holzplatten und zugespitzte Eisenstäbe, die sich leicht befestigen lassen, zu empfehlen. Die Darstellung von Körpern aus Cartonpapier gibt dem Schüler ebenfalls Gelegenheit, sowohl durch die Zeichnung der hierzu erforderlichen Netze als auch durch die nähere Betrachtung der durch Zusammensetzung erhaltenen Körperformen mit ihren Eigenschaften vertraut zu werden. So oft sich Gelegenheit bietet, soll der Schüler veranlasst werden, für die untersuchten Lagenverhältnisse oder Körperformen aus der ihn umgebenden Sinnenwelt Beispiele anzugeben.

Ist die Vorstellungskraft des Schülers und die richtige Auffassung der räumlichen Gebilde durch die unmittelbare Anschauung derselben geübt und gefestigt, so kann er für die einfachsten Gestalten das Bild auf der Zeichnungsfläche entwerfen; auf einen eigentlichen Unterricht im Zeichnen solcher Gebilde kann schon wegen Mangel an Zeit nicht eingegangen werden.

Für die Anordnung des Lehrstoffes und seine Abgrenzung liefern die folgenden Andeutungen Anhaltspunkte.

Gerade und Ebenen im Raume. Die Ebene. Grundsatz der Ebene: Hat eine Gerade mit einer Ebene zwei Punkte gemein, so liegt sie ganz in der Ebene. Eine Ebene ist eindeutig bestimmt: 1. durch drei Punkte, welche nicht in einer Geraden liegen; 2. durch eine Gerade und einen außer ihr liegenden Punkt; 3. durch zwei sich schneidende Gerade; 4. durch zwei parallele Gerade. (Auch im Raume kann man zu einer gegebenen Geraden durch einen gegebenen Punkt nur eine Parallele legen, welche mit der gegebenen Geraden in einer Ebene liegt). Entstehung der Ebene: 1. indem eine Gerade längs zwei sich schneidender Geraden

---

*) Es wäre für den Unterricht von großem Vortheil, wenn die Privatindustrie angeregt würde, kleine billige Holzmodelle für den Schülergebrauch zu produciren.

hingleitet; 2. indem eine Gerade sich um einen ihrer Punkte dreht und dabei längs einer Geraden hingleitet; 3. indem eine Gerade längs einer zweiten Geraden parallel zu sich selbst hingleitet; 4. indem eine Gerade längs zwei parallelen Geraden hingleitet.

Hauptlagen von Geraden und Ebenen. Zwei Gerade. Liegen sie in derselben Ebene, so können sie einander schneiden oder parallel sein. Liegen sie nicht in derselben Ebene, so sagt man, sie kreuzen einander oder sie sind windschief. Schreiten zwei sich schneidende Gerade parallel zu sich selbst fort, so dass ihr Durchschnittspunkt eine Gerade beschreibt, so bleiben die Winkel zwischen ihnen ungeändert. Daraus folgt, dass Winkel mit parallelen Seiten einander gleich sind.

Zwei Ebenen. Haben sie in ihrer ganzen Ausdehnung keinen Punkt gemein, so heißen sie parallel. Zwei nicht parallele Ebenen schneiden einander in einer Geraden, welche ihre Durchschnittslinie oder Kante heißt. Werden zwei parallele Ebenen von einer dritten geschnitten, so sind ihre Durchschnittslinien parallel. Parallele Strecken zwischen parallelen Ebenen sind einander gleich.

Gerade und Ebene. Haben sie in ihrer ganzen Ausdehnung keinen Punkt gemein, so heißen sie parallel. Ist eine Gerade zu einer Ebene nicht parallel, so schneidet sie diese in einem Punkte, welcher Durchschnittspunkt oder Fußpunkt heißt. Ist eine Gerade zu einer Geraden einer Ebene parallel, so ist sie auch zur Ebene selbst parallel. Ist eine Gerade zu einer Ebene parallel, so ist sie auch zu jeder Geraden der Ebene parallel, welche mit ihr in derselben Ebene liegt.

Lagenbestimmung für Gerade mit Ebenen. Dreht sich ein rechter Winkel um einen seiner Schenkel, so beschreibt der andere Schenkel eine Ebene. Eine Gerade und eine Ebene sind zu einander senkrecht oder normal, wenn die Gerade auf allen Geraden der Ebene senkrecht ist, welche durch ihren Fußpunkt gehen. Da die Ebene durch zwei dieser Geraden bestimmt ist, so steht eine Gerade auf einer Ebene senkrecht, wenn sie auf zwei Geraden der Ebene senkrecht steht. Die Normale von einem Punkt auf eine Ebene ist die kürzeste Strecke zwischen der Ebene und dem Punkte und heißt daher ihr Abstand.

Unter der **Normalprojection** eines Punktes auf eine Ebene versteht man den Fußpunkt der Normalen von dem Punkte auf die Ebene. Unter der Normal_projection einer Linie auf eine Ebene versteht man den Inbegriff der Projectionen aller ihrer Punkte. Die Normalprojection einer Geraden ist im allgemeinen wieder eine Gerade. Ist die Gerade zur Ebene normal, so ist ihre Projection ein Punkt. Unter dem Neigungswinkel einer Geraden zu einer Ebene versteht man den Winkel, welchen die Gerade mit ihrer Projection auf diese Ebene bildet. Der Neigungswinkel der Geraden ist der kleinste unter allen Winkeln, welche sie mit Geraden bildet, die in der Ebene durch ihren Fußpunkt gehen. Ist eine Strecke zu einer Ebene parallel (ist der Neigungswinkel gleich Null), so ist ihre Projection von gleicher Länge. Wächst der Neigungswinkel, so wird die Projection kleiner und wird der Neigungswinkel $= 90^{\circ}$, so wird die Länge der Projection gleich Null. Gleiche Strecken, unter gleichen Winkeln gegen eine Ebene geneigt, haben gleiche Projectionen und umgekehrt; sind sie ungleich, so gehört zur größeren Strecke eine größere Projection und umgekehrt. Die Fußpunkte aller gleichen Strecken von einem Punkte zu einer Ebene liegen in einem Kreise, welcher den Fußpunkt der Normalen zum Mittelpunkt hat.

Der Neigungwinkel zwischen einer Geraden und einer Ebene ändert sich nicht, wenn die Gerade oder die Ebene parallel zu sich selbst fortschreitet. Sind zwei Gerade zu einer Ebene normal, so sind sie zu einander parallel. Sind zwei Ebenen zu einer Geraden normal, so sind sie zu einander parallel. Ist von zwei parallelen Geraden die eine zu einer Ebene normal, so ist es auch die andere. Ist von zwei parallelen Ebenen die eine zu einer Geraden normal, so ist es auch die andere. Zwei parallele Gerade bilden mit jeder schneidenden Ebene gleiche Neigungswinkel. Zwei parallele Ebenen bilden mit jeder schneidenden Geraden gleiche Neigungswinkel. Parallele Strecken zwischen parallelen Ebenen sind einander gleich. Bei zwei parallelen Ebenen haben alle Punkte der einen von der anderen Ebene gleiche Abstände. Abstand zweier paralleler Ebenen.

Lagenbestimmung für zwei Ebenen. Unter dem Flächenwinkel oder Keil zweier Ebenen, welche in einer Geraden zusammentreffen, versteht man die Größe der Drehung, durch welche die eine Ebene in die Lage der anderen gelangt; Kante oder Scheitellinie und Schenkelflächen. Die Drehung wird durch den Winkel gemessen, welchen eine zur Kante senkrechte Gerade der ersten Ebene beschreibt. Dieser Winkel heißt der Neigungswinkel beider Ebenen. Die Ebene des Neigungs-winkels ist zur Kante normal.

Zwei Ebenen sind zu einander normal, wenn ihr Neigungswinkel ein Rechter ist. Über einer Geraden einer Ebene kann man auf diese nur eine normale Ebene errichten. Jede Gerade der einen dieser Ebenen, welche auf der Kante senkrecht steht, steht auch auf der anderen Ebene senkrecht. Ist eine Gerade zu einer Ebene normal, so ist auch jede durch die Gerade gelegte Ebene zur ersten Ebene normal. Sind zwei einander schneidende Ebenen zu einer dritten Ebene normal, so ist auch ihre Kante zu dieser Ebene normal.

Der Neigungswinkel zweier Ebenen ändert sich nicht, wenn die eine der beiden Ebenen parallel zu sich selbst fortschreitet. Parallele Ebenen bilden mit jeder schneidenden Ebene gleiche Neigungswinkel.

Die körperliche Ecke. Gleitet eine Gerade, welche durch einen festen Punkt geht, längs des Umfanges eines Polygones hin, so entsteht ein nur nach einer Seite hin unbegrenzter Raum, welcher eine körperliche Ecke oder Ecke schlechtweg genannt wird. Scheitel, Seitenflächen, Kanten, Kantenwinkel oder Seiten, Flächen-winkel oder Winkel der körperlichen Ecke. Benennung nach der Anzahl der Seiten oder der Kanten. Gleichseitige, gleichwinkelige und reguläre Ecken.

In der dreiseitigen Ecke ist jeder Kantenwinkel kleiner als die Summe und größer als die Differenz der beiden anderen. In jeder Ecke ist die Summe der Kantenwinkel größer als Null und kleiner als vier Rechte.

Das Prisma. Gleitet eine Gerade längs des Umfanges eines Polygones parallel zu sich selbst fort, so entsteht ein prismatischer Raum. Der Theil eines prismatischen Raumes zwischen zwei parallelen Schnittebenen heißt ein Prisma.

Ein Prisma entsteht auch, wenn ein Polygon so fortschreitet, dass alle Ecken desselben parallele Gerade beschreiben. Grundflächen, Seitenflächen, Grundkanten, Seitenkanten, Mantel, Höhe. Benennung nach der Grundfläche. Schiefes und gerades Prisma. Parallelepiped, rechtwinkeliges Parallelepiped, Rhomboeder, Würfel und Cubus.

Jeder zur Grundfläche parallele Schnitt ist mit ihr congruent. Normaler Querschnitt eines schiefen Prisma.

Oberflächenbestimmung. Der Mantel eines geraden Prisma ist einem Rechtecke gleich, welches den Umfang der Grundfläche zur Grundlinie und die Höhe des Prisma zur Höhe hat. Der Mantel eines schiefen Prisma ist einem Rechtecke gleich, welches den Umfang eines normalen Querschnittes zur Grundlinie und eine Seitenkante zur Höhe hat.

Volumsbestimmung. Die Größe des Raumes, welchen ein Körper einnimmt, heißt sein Rauminhalt oder Volumen. Um ein Volumen zu messen, bestimmt man, wie oft ein als Einheit angenommenes Volumen darin enthalten ist. Als Volumseinheit nimmt man einen Würfel an, dessen Kante eine Längeneinheit ist. Metrisches Körpermaß. Empirische Bestimmung eines Volumens: a) bei Hohlräumen mittels Flüssigkeiten, b) bei festen Körpern durch Messung des Volums der durch sie verdrängten Flüssigkeit oder c) mittels ihres absoluten und specifischen Gewichtes.

Anschauliche Darlegung des Cavalieri'schen Princips, nach welchem zwei Körper gleiches Volumen haben, wenn sie in eine solche Lage gebracht werden können, dass alle Schnitte durch Ebenen, die zu einer bestimmten Ebene parallel sind, einander gleich sind. Prismen von gleichen Grundflächen und gleichen Höhen sind inhaltsgleich. Volumen des rechtwinkeligen Parallelepipeds. Volumen eines Prisma überhaupt. Volumen des Würfels. Verhältnis des Volumens zweier Prismen überhaupt, dann zweier Prismen mit gleichen Grundflächen oder gleichen Höhen.

Der Cylinder. Ein cylindrischer Raum entsteht, wenn eine Gerade parallel zu sich selbst längs eines Kreises gleitet. Der Theil eines cylindrischen Raumes zwischen zwei parallelen Schnittebenen heißt ein Cylinder. Ein Cylinder entsteht auch, indem eine Kreisfläche parallel zu sich selbst fortschreitet, so dass ihr Mittelpunkt eine Gerade beschreibt. Grundflächen, Mantel, Seitenkanten, Achse, Höhe. Gerader und schiefer Cylinder. Der gerade Cylinder entsteht auch durch die Rotation eines Rechteckes um eine seiner Seiten. Achsenschnitte des geraden und des schiefen Cylinders. Ein gerader Cylinder mit quadratischem Achsenschnitt heißt gleichseitig. Jeder zur Grundfläche parallele Schnitt ist mit ihr congruent. Jeder andere Schnitt, welcher alle Kanten des Mantels trifft, ergibt eine Ellipse.

Oberflächenbestimmung. Der Mantel eines geraden Cylinders in eine Ebene aufgerollt, gibt ein Rechteck, welches den Umfang der Grundfläche zur Grundlinie und die Höhe des Cylinders zur Höhe hat. Oberfläche des geraden Cylinders. Oberfläche des gleichseitigen Cylinders.

Volumsbestimmung wie fürs Prisma durchzuführen. Volumen des geraden Cylinders. Volumen des gleichseitigen Cylinders. Volumsverhältnisse.

Die Pyramide. Eine körperliche Ecke heißt auch ein pyramidaler Raum. Der Theil eines pyramidalen Raumes zwischen dem Scheitel und einer Schnittebene heißt eine Pyramide. Grundfläche, Spitze, Seitenflächen, Grundkanten, Seitenkanten, Mantel, Höhe. Eine Pyramide heißt gerade, wenn alle Seitenkanten gleich sind; ihre Grundfläche ist ein Sehnenvieleck, dessen Mittelpunkt der Fußpunkt der Höhe ist. Eine reguläre Pyramide ist eine gerade Pyramide mit regulärer Grundfläche.

Jeder zur Grundfläche parallele Schnitt ist mit ihr ähnlich; Schnitt und Grundfläche verhalten sich wie die Quadrate ihrer Abstände von der Spitze. Pyramidenstumpf und Ergänzungspyramide. Aus der Höhe des Pyramidenstumpfs und zwei parallelen Grundkanten die Höhe der ganzen Pyramide und die der Ergänzungspyramide zu berechnen.

Oberflächenbestimmung im allgemeinen und für regelmäßige Pyramiden und Pyramidenstumpfe.

Volumsbestimmung. Pyramiden von gleichen Grundflächen und gleichen Höhen sind einander gleich, weil die zu den Grundflächen in gleichen Höhen parallel geführten Schnitte gleich sind. Jedes dreiseitige Prisma kann in drei inhaltsgleiche Pyramiden zerlegt werden. Jede dreiseitige Pyramide ist der dritte Theil eines Prisma von gleicher Grundfläche und gleicher Höhe. Ausdehnung dieses Satzes auf Pyramiden überhaupt. Volumsverhältnisse bei Pyramiden. Volumen des Pyramidenstumpfes. (Das Verständnis der Ableitung der entsprechenden Formel übersteigt die Kräfte des Schülers nicht, aber auf die Reproduction dieser Ableitung wird zu verzichten sein.)

Der Kegel. Gleitet eine Gerade, welche durch einen festen Punkt geht, längs eines Kreises hin, so entsteht ein kegelförmiger Raum. Der Theil eines kegelförmigen Raumes zwischen dem festen Punkt und einer Schnittebene heißt Kegel. Grundfläche, Spitze, Seitenkanten, Mantel, Achse, Höhe. Gerader und schiefer Kegel. Der gerade Kegel entsteht auch durch Rotation eines rechtwinkeligen Dreieckes um eine seiner Katheten. Jeder Achsenschnitt eines Kegels ist ein Dreieck; beim geraden Kegel sind alle Achsenschnitte congruente gleichschenklige Dreiecke. Ein gerader Kegel heißt gleichseitig, wenn sein Achsenschnitt ein gleichseitiges Dreieck ist.

Jeder zur Grundfläche parallele Schnitt ist ein Kreis; Schnitt und Grundfläche verhalten sich wie die Quadrate ihrer Abstände von der Spitze. Kegelstumpf und Ergänzungskegel. Aus der Höhe des Kegelstumpfs und den Radien seiner Grundlächen die Höhe des ganzen Kegels und die des Ergänzungskegels zu berechnen.

Die Kegelschnittslinien. Wenn von zwei einander schneidenden Geraden die eine un die andere als Achse rotiert, so entsteht eine vollständige Kegelfläche. Der ebene Schnitt, welcher alle Kanten trifft, heißt Ellipse; der ebene Schnitt, welcher nur zu einer Kante parallel ist, heißt Parabel; der ebene Schnitt, welcher zu zwei Kanten parallel ist, heißt Hyperbel. Das beste Veranschaulichungsmittel wäre ein hohler Doppelkegel aus Glas, dessen Hohlräume an der Spitze mit einander in Verbindung stehen und der zum Theile mit einer gefärbten Flüssigkeit gefüllt ist. (Die wichtigsten Eigenschaften und die Construction der Kegelschnittslinien sind in einem Anhange weiter auszuführen.)

Oberflächenbestimmung. Aufrollung des Mantels eines geraden Kegels und eines Kegelstumpfs in eine Ebene und Berechnung desselben. Oberfläche des geraden Kegels, des gleichseitigen Kegels und des Kegelstumpfs.

Volumsbestimmung. Der Kegel ist mit einer Pyramide von gleicher Grundfläche und gleicher Höhe inhaltsgleich. Volumen des geraden Kegels und des gleichseitigen Kegels. Für den abgestumpften Kegel gilt gleichfalls die für den Pyramidenstumpf gemachten Bemerkungen. Volumsverhältnisse.

Die Kugel. Die Kugel entsteht durch Rotation eines Halbkreises um seinen Durchmesser. Die Kugelfläche oder Sphäre ist der Inbegriff aller Punkte im Raume, welche von einem bestimmten Punkte gleiche Abstände haben. Mittelpunkt, Radius, Sehne, Durchmesser der Kugel.

Kugelfläche und Punkt. Ein Punkt liegt in der Kugelfläche, innerhalb oder außerhalb derselben, je nachdem sein Centralabstand repective gleich dem Radius, kleiner oder größer als derselbe ist.

Kugelfläche und Gerade. Ist der Centralabstand der Geraden größer als der Radius, so hat sie mit der Kugelfläche keinen Punkt gemein. Ist der Centralabstand gleich dem Radius, so hat sie mit der Kugelfläche nur einen Punkt gemein, alle anderen liegen außerhalb derselben; sie heißt dann Tangente der Kugelfläche. Ist der Centralabstand kleiner als der Halbmesser, so schneidet sie die Kugelfläche in zwei Punkten. Berechnung der Kugelsehne, wenn ihr Centralabstand und der Kugelradius gegeben sind. Zu gleichen Centralabständen gehören gleiche Kugelsehnen, zum kleineren Centralabstand gehört die größere Kugelsehne; Umkehrungen. Der Kugeldurchmesser ist die größte Kugelsehne.

Kugelfläche und Ebene. Ist der Centralabstand der Ebene größer als der Radius, so hat sie mit der Kugelfläche keinen Punkt gemein. Ist der Centralabstand gleich dem Radius, so hat sie mit der Kugelfläche nur einen Punkt gemein und heißt Berührungs- oder Tangentialebene. Sie enthält alle Tangenten, welche im Berührungspunkte an die Kugel gelegt werden können. Ist der Centralabstand kleiner als der Halbmesser, so schneidet die Ebene die Kugelfläche.

Jeder ebene Kugelschnitt ist ein Kreis, welcher Kugelkreis genannt wird. Den Radius eines Kugelkreises aus seinem Centralabstande und dem Kugelradius zu berechnen. Zu gleichen Centralabständen gehören gleiche Kugelkreise; zum kleineren Centralabstand gehört der größere Kugelkreis; Umkehrungen. Alle Kugelkreise, welche durch den Mittelpunkt der Kugel gehen, sind einander gleich und heißer größte Kugelkreise oder Hauptkreise; jeder andere Kugelkreis heißt ein Nebenkreis.

Durch die Endpunkte eines Durchmessers kann man unzählig viele Hauptkreise, durch zwei andere Punkte der Kugelfläche nur einen einzigen Hauptkreis legen. Unter dem sphärischen Abstand zweier Punkte der Kugelfläche versteht man cen kleineren Bogen des durchgelegten Hauptkreises. Sphärischer Abstand eines Punktes der Kugelfläche von einem Kugelkreise.

Für jeden Kugelkreis heißt der auf seiner Ebene normale Kugeldurchmesser die Achse und deren Endpunkte die Pole des Kugelkreises. Alle parallelen Kugelkreise haben dieselbe Achse und dieselben Pole. Jeder Pol eines Kugelkreises hat von allen Punkten desselben gleiche sphärische Abstände, welche sphärische Halbmesser des Kugelkreises heißen. Jeder Kugelkreis hat auf der Kugelfläche zwei sphärische Halbmesser. Jeder Pol eines Hauptkreises hat von allen Punkten desselben den Abstand von 90°. Kugelschichte, Kugelzone, Kugelabschnitt, Kugelkappe, Kugelausschnitt.

(Bei der Betrachtung dieser Verhältnisse können die Linien am Globus und die entsprechenden Begriffe der mathematischen Geographie erörtert werden.)

Unter dem sphärischen Winkel zweier größter Kreise versteht man den Neigungswinkel ihrer Ebenen, den man erhält, wenn man in einem der Durchschnittspunkte der Kreise an dieselben Tangenten legt; Schenkel und Scheitel; Sphärisches Zweieck. Sphärisches Dreieck.

Volums- und Oberflächenbestimmung. Die Halbkugel ist dem Volumen nach gleich dem umgeschriebenen Cylinder weniger dem eingeschriebenen Kegel. Volumen der Kugel. Die Kugel ist auch inhaltsgleich mit einer Pyramide, welche die Kugeloberfläche zur Grundfläche und den Radius zur Höhe hat. Oberfläche der Kugel.

Die regelmäßigen Körper. Definition eines regelmäßigen Körpers. Es gibt nur fünf regelmäßige Körper. Entwicklung ihrer Netze, Mittelpunkt derselben. Zerlegung in congruente Pyramiden. Oberflächenbestimmung für das Tetraeder, Oktaeder, Ikosaeder und den Würfel. Volumsbestimmung für das Tetraeder, Oktaeder und den Würfel.

Die Kegelschnittslinien. Definitionen der drei Kegelschnittslinien durch ihre Focaleigenschaften. Mechanische und geometrische Construction derselben. Construction der Tangente als einer Geraden, welche mit der Curve einen Punkt gemein hat und mit den Leitstrahlen dieses Punktes gleiche Winkel bildet.

Ob noch die Construction anderer Curven, wie Cycloiden, Spiralen etc. in den Unterricht einzubeziehen ist, hängt von besonderen Umständen ab und ist dem Ermessen des Lehrers freigestellt.

Übungsstoff. Construction der Netze einfacher Körperformen. Für die Berechnung bietet sich ein reicher Übungsstoff, bei dessen Auswahl die richtigen Grenzen einzuhalten sind. Zu empfehlen ist die Einschränkung auf die folgenden Formen: Würfel, rechtwinkeliges Parallelepiped, regelmäßige drei-, vier- und sechsseitige Prismen (als speciellen Fall solche mit durchwegs gleichen Kanten), gerader und gleichseitiger Cylinder, gerade Pyramide mit rechteckiger Basis, regelmäßige drei-, vier- und sechsseitige Pyramiden (die beiden ersten auch mit lauter gleichen Kanten), gerade Pyramidenstumpfe mit rechteckigen oder regelmäßigen drei-, vier- und sechsseitigen Grundflächen, gerader und gleichseitiger Kegel, gerader Kegelstumpf und die Kugel. Die Oberflächenbestimmung des Dodekaëders, die Volumsbestimmung des Ikosaëders und Dodekaëders, ebenso die Berechnung prismatischer oder pyramidaler Formen mit regelmäßigen Fünf- oder Achtecken als Grundflächen sind auszuschließen.

Alle für die Berechnung nothwendigen Betrachtungen sollen unmittelbar an den Modellen vorgenommen werden, denen auch in vielen Fällen durch Messung und Wägung die Daten der Rechnung entnommen werden können. Die Entwicklungen sollen, so weit dies die Kräfte der Schüler gestatten, in allgemeinen Zahlen durchgeführt werden. An die directen Probleme der Oberflächen-, Volums- und Gewichtsberechnung sind dann die leichteren inversen Probleme anzuknüpfen, wobei auf die häufige Anwendung des Ausziehens der Cubikwurzel besondere Rücksicht zu nehmen ist. Gemischte Aufgaben ergeben sich durch die Berechnung der Dimensionen von Körpern, welche mit einem gegebenen Körper gleiche Oberfläche, gleiches Volumen oder bei verschiedenem specifischen Gewichte gleiches absolutes Gewicht haben sollen, oder durch Betrachtung von Körpern, die andern ein- oder umgeschrieben sind, auf ungezwungene Weise.

Lehrbuch. Das Lehrbuch hat die Aufgabe, dem Schüler den gesammten Lehrstoff wohlgegliedert und geordnet mit seinen Erklärungen und Lehrsätzen vorzuführen. die wesentlichsten Momente der Begründung kurz und bündig hervorzuheben und für die Durchführung der verschiedenen Probleme Musterbeispiele zu geben. Dem Lehrer soll es durch die Anordnung des Stoffes das schrittweise Vorgehen im Unterrichte andeuten, die überall erforderlichen Übungen bezeichnen und für jene Gebiete, wo passende Beispiele nicht leicht zu improvisieren sind, einen hinreichenden Übungsstoff bieten.

Der Unterricht soll immer auf den in früheren Classen behandelten Lehrstoff zurückgreifen, etwaige Lücken im Wissen der Schüler ausfüllen, zum Theile Vergessenes durch Wiederholung wieder in Erinnerung bringen. Für diese Zwecke ist es wünschenswert, dass der gesammte Lehrstoff für den mathematischen Unterricht im Untergymnasium und der unentbehrliche Übungsstoff in einem Buche von ganz mäßigem Umfange in knappen Umrissen dargestellt werde; nur für die vierte Classe könnte noch in einem Ergänzungshefte eine reiche Sammlung von Gleichungen des ersten Grades und entsprechenden Problemen hinzutreten *).

b) Obergymnasium.

Allgemeine Bemerkungen. Im arithmetischen Unterrichte des Obergymnasiums ist vor allem die Einsicht der Schüler in den wissenschaftlichen Zusammenhang der Grundoperationen und in die Entwicklung des Zahlenbegriffs als Hauptaufgabe anzusehen.

Die Vertheilung des arithmetischen Lehrstoffes im Obergymnasium hat im neuen Lehrplane eine kleine Veränderung erfahren. Mit einem großen Theile des arithmetischen Lehrstoffes der V. Classe ist der Schüler schon im Untergymnasium bekannt geworden; die wissenschaftliche Begründung und Erweiterung kann daher in viel kürzerer Zeit erledigt werden, als dies ohne vorbereitenden Unterricht möglich wäre. Da nun nach dem neuen Lehrplane die Gleichungen des ersten Grades in der IV. Classe mit größerer Ausführlichkeit behandelt werden sollen, so ist es schon aus pädagogischen Gründen wünschenswert, die Erweiterungen dieser Lehre in der V. Classe fortzusetzen und nicht erst in der VI. Classe wieder aufzunehmen. Die Gleichungen des ersten Grades sind daher im Lehrplane der Lehre von den Potenzen und Wurzeln vorangestellt.

In der VII. Classe sind dem Unterrichte einige Abschnitte zugewiesen, welche sich ohne Beeinträchtigung einer strengen Begründung auch an früheren Stellen leicht

---

*) Das Lehrbuch sollte an Umfang höchstens 12 bis 13 Bogen umfassen; die Auslagen würden sich dadurch niedriger stellen, als gegenwärtig für die mathematischen Lehrbücher in der ersten Classe.

Das Ergänzungsheft für die vierte Classe könnte auf 3 bis 4 Bogen ein reichhaltiges Material bieten.

einfügen lassen; so die Lehre von den Kettenbrüchen, die Combinationslehre, der Binomiallehrsatz, die diophantischen Gleichungen. Es bleibt dem freien Ermessen des Lehrers überlassen, bei einem günstigen Stande der Classe diese Abschnitte wenigstens zum Theile dem Unterrichte in früheren Stadien einzuflechten, um so für die wichtige Lehre von den Kegelschnitten in der VII. Classe mehr Zeit zu gewinnen.

Für die geometrische Seite des Unterrichtes muss, weil es für diese eher als für die arithmetische verkannt wird, darauf hingewiesen werden, dass eine umfassende Kenntnis geometrischer Sätze und Beweise, selbst wenn diese verstanden sind, noch nicht für mathematische Bildung angesehen werden kann, sondern dass hiezu noch die Fähigkeit erfordert wird, für Lehrsätze und Aufgaben, welche unmittelbare und einfache Anwendungen bereits verstandener und gekannter Lehrsätze sind, selbst die Beweise oder die Auflösungen zu finden. Die Einsicht in das Wesen des mathematischen Beweises und der mathematischen Auflösung ist nur dann zu einem lebendigen Besitzthum des Schülers geworden, wenn er, im Bereiche eines ihm bekannten Gebietes, in den Voraussetzungen eines Lehrsatzes oder einer Auf- gabe selbst die Hindeutungen auf die verbindenden Glieder findet, die zur Behauptung oder Lösung führen. Um dieses Ziel zu erreichen, ist fürs erste jede Künstlichkeit von Beweisen, mögen sie auch vielleicht im einzelnen das Verdienst und das Inte- resse sinnreicher Erfindung haben, auf das strengste zu vermeiden; wissenschaftlich bildend sind für den Schüler nur die einfachen, in ihrem ganzen Verlaufe über- sichtlichen Beweise, in welchen er die nach den vorigen Sätzen natürlich zu erwartenden durch das Verhältnis von Voraussetzung und Behauptung bedingten Vermittlungsglieder der Schlussreihe erkennt. Zweitens ist erforderlich, dass sich der Lehrgang auf die zum systematischen Gefüge des Ganzen erforderlichen Lehrsätze beschränke und diese in der Einfachheit ihres Zusammenhanges zum festen Eigenthume des Schülers mache; aber auch dass bei dieser Einfachheit des eigentlichen Lehrganges der Lehrer am Ende eines jeden, selbst kleineren Abschnittes halt mache und den neuen Gewinn an Kenntnissen, zuerst allein und für sich, dann in Verbindung mit früher Erworbenem zum Umblicke auf das benachbarte Gebiet der Wissenschaft, zum Beweisen von Lehrsätzen und Lösen von Aufgaben durch die Schüler selbst verwenden lasse. Während der Lehrgang selbst an gewisse, durch die Natur der Sache gebotene Sätze fest gebunden sein muss, gestatten dagegen diese Übungen eine große Freiheit der Bewegung.

In den letzten Jahrzehnten ist die mathematische Literatur durch viele erkenntnistheoretische Untersuchungen über den Raumbegriff, die letzten Grund- lagen der Geometrie und die Natur ihrer Axiome bereichert worden, deren Reflex zum Theil auch in manchen Lehrbüchern der Geometrie zu erkennen ist. Die Instruction muss ausdrücklich warnen, Erörterungen über derartige, zum Theil noch ungeklärte Untersuchungen in den geometrischen Unterricht einzuflechten; für das Verständnis so subtiler und schwieriger Fragen fehlt dem Schüler die nothwendige geistige Reife und leicht könnte durch ein solches Vorgehen im Schüler ohne jeden Gewinn für seine geistige Entwicklung ein unfruchtbarer, ja schädlicher Skepticismus angeregt werden. Die verschiedenen Ansichten über den Raumbegriff und die Natur der axiomatischen Sätze der Geometrie, nach welchen dieselben als Erkenntnisse a priori oder als empirische Thatsachen oder als Hypothesen gelten sollen, bleiben ohne allen Einfluss auf die mathematische Durchbildung des Schülers, welche durch dessen wohlgeregelte Selbstthätigkeit bedingt ist. Ähnliches gilt von den Bestrebungen, die Axiome der Geraden und der Ebene zu eliminieren und sie durch Definitionen zu ersetzen, aus welchen deren fundamentale Eigenschaften abzuleiten sind. Die Ergebnisse dieser Untersuchungen sind nicht abgeklärt und auch nicht einfach genug, um eine Verwertung im geometrischen Unterrichte beanspruchen zu können.

Anders verhält es sich mit den Umgestaltungen, welche die streng Euklid'sche Geometrie durch den Einfluss der neueren synthetischen Geometrie erfährt und welche durch Einführung allgemeinerer Gesichtspunkte eine organische Entwicklung und Gliederung des Lehrstoffes anstreben. Dieser Einfluss tritt immer kräftiger hervor und der geometrische Unterricht ist durch ihn in einer Umwandlung begriffen, welche noch zu keinem allgemein anerkannten Abschlusse gelangt ist. Es ist nicht gut möglich, über die Berücksichtigung berechtigter methodischer Änderungen im angedeuteten Sinne allgemeine Normen aufzustellen; die Anordnung und Entwicklung des geometrischen Lehrstoffes im Unterrichte ist wesentlich durch das Lehrbuch bestimmt, welches sich in den Händen der Schüler befindet, denn es erscheint geradezu unzulässig, dass der Unterricht in der Planimetrie und Stereometrie in wesentlichen Punkten sich von dem im Lehrbuche eingehaltenen Lehrgange entferne. Ein genauer Anschluss an dasselbe ist hier weit nothwendiger als in andern Gebieten der Elementarmathematik, welche leichter ohne Gefährdung des Erfolges eine freiere Bewegung des Unterrichtes gestatten.

Über die formale Behandlung der Haus- und Schularbeiten sind die wesentlichsten Bestimmungen schon bei den Erörterungen über den Unterricht im Untergymnasium aufgestellt; einige Andeutungen über den materiellen Inhalt derselben folgen bei der Besprechung des Lehrstoffes der einzelnen Classen.

Wenn auch im Obergymnasium strenge und gemeinsame Arbeit des Lehrers und des Schülers in den Unterrichtsstunden die Hauptsache bleiben muss, so darf doch die Wichtigkeit eines wissenschaftlich gehaltenen und geordneten Lehrbuches für den Gebrauch des Schülers nicht unterschätzt werden; namentlich in den oberen Classen hat dasselbe mehr in den Vordergrund zu treten, um dem Schüler die Auffassung des gesammten Lehrstoffes als eines systematischen Ganzen zu ermöglichen. Für diesen Zweck eignet sich ein streng wissenschaftliches Werk, welches die gesammte Elementarmathematik umfasst, besser als eine Reihe getrennter, von einander unabhängiger Lehrbücher für die einzelnen Zweige der Wissenschaft. Neben diesem Lehrbuche wäre ein geeigneter methodisch angeordneter Übungsstoff wünschenswert, der sich in gesonderten Heften im Anschlusse an die verschiedenen Gebiete und Classen vertheilen ließe. Das Lehrbuch, welches sich nur auf den theoretischen Lehrstoff zu beschränken hat, soll die Einheit und Übereinstimmung in den verschiedenen Theilen der Arithmetik und Geometrie sichern, welche viele Berührungspunkte bieten; wenn die Darstellung sich auf das wirklich Elementare beschränkt, alles Unwesentliche ausschließt, Ausführungen in Beispielen dem Worte des Lehrers überlässt oder dem Übungsbuche zuweist, kann der gesammte Lehrstoff in einem Bande von mäßigem Umfange ausgeführt werden.

V. Classe. Arithmetik. Bei Beginn des Unterrichtes wird der Lehrer gutthun, sich vom Stande der Classe in der Beherrschung des Rechnens mit vollständigen und unvollständigen dekadischen Zahlen zu überzeugen, die etwaigen Lücken auszufüllen und die nothwendigen Mittel anzuwenden, um in der formalen Behandlung der Operationen alle Schüler auf dasselbe Niveau zu bringen, da differente Auffassungen im weiteren Unterrichte sehr störend einwirken müssten. Auch wird bei den Hausarbeiten darauf Bedacht zu nehmen sein, die Sicherheit und Gewandtheit der Schüler in der Ausführung aller Operationen mit dekadischen Zahlen durch einen geeigneten Übungsstoff zu festigen und zu steigern; für die Operationen der III. Stufe ergibt sich der passende Übungsstoff leicht, wenn an die geometrischen Kenntnisse angeknüpft wird, welche die Schüler schon im Untergymnasium erworben haben. Es wäre ein Missgriff, das Rechnen mit dekadischen Zahlen im Obergymnasium von neuem begründen zu wollen und dabei vielleicht von algebraischen Polynomen auszugehen, die nach Potenzen einer Grundzahl geordnet sind; in das Rechnen mit besonderen Zahlen kann vollkommen klare und bestimmte Einsicht ohne Hilfe des Calcüls mit allgemeinen Zahlen erlangt werden. Um die Gründe für das Rechnen mit besonderen Zahlen in ihrer Allgemeinheit zum klaren Bewusstsein zu bringen, empfiehlt sich auf dieser Stufe die Transformation der Zahlen aus einem Zahlensystem in ein anderes und die Durchführung der verschiedenen Operationen in nicht dekadischen Zahlensystemen. Eine theoretische Ergänzung kann bei der Lehre von den Operationen mit irrationalen Zahlen eingeflochten werden, indem die Bestimmung der Fehlergrenzen einer näheren Untersuchung unterworfen wird.

Der wissenschaftliche Unterricht in der Arithmetik beginnt mit der organischen Entwicklung der ersten vier Grundoperationen und der Erweiterung des Zahlbegriffes durch die Einführung der negativen und gebrochenen Zahlen, deren Nothwendigkeit sich aus der Forderung ergibt, die zwei ersten inversen Operationen ganz allgemein durchzuführen. Der Unterricht soll sich dabei auf die Begründung der fundamentalen Sätze beschränken, welche den Calcül regeln; es empfiehlt sich nicht, den Lehrstoff durch eine übergroße Anzahl von Lehrsätzen zu sehr ins Einzelne auszuspinnen, weil dadurch das Gedächtnis unnöthiger Weise in Anspruch genommen und Ermüdung und Überdruss hervorgerufen werden. Einige Bemerkungen mögen hier über die Multiplication algebraischer Zahlen platzfinden, da die Ableitung der Zeichenregeln in pädagogischen Kreisen häufig Gegenstand lebhafter Controversen ist. Die beiden ersten Regeln $+a \cdot +b = ab$ und $-a \cdot +b = -ab$, wo b den Multiplicator bedeutet, ergeben sich aus der Definition der Multiplication; dies ist keineswegs mit den beiden anderen $+a \cdot -b = -ab$ und $-a \cdot -b = +ab$ der Fall, weil die ursprüngliche Definition für einen negativen Multiplicator keine Bedeutung behält.

Am einfachsten ergibt sich wohl die Multiplication mit Null und mit einer negativen Zahl, wenn man das in der Formel $a(m - n) = am - an$ ausgesprochene distributive Princip (wo $m - n$ den Multiplicator bedeutet), welches für den Fall, dass $m > n$ ist, sehr leicht bewiesen werden kann, auch dann als fortbestehend gelten lässt, wenn $m \lesseqgtr n$ ist. Es folgt dann leicht $a\,(m - m) = a \cdot o = am - am = o$ und $a\,(- n)$ $= a\,(o - n) = a \cdot o - an = o - an = - an$.

Bei der Ausführung der Operation mit algebraischen Ausdrücken soll sich der Unterricht nicht auf regellos gestaltete Zahlengebilde beschränken, sondern auch solche Fälle in den Kreis seiner Untersuchungen ziehen, bei welchen in den Daten eine bestimmte Gesetzmäßigkeit herrscht, welche dann auch besondere Eigenschaften und Gesetze in den Resultaten zur nothwendigen Folge hat. So wird bei der Multiplication der Blick des Schülers für solche gesetzmäßige Formen zu schärfen sein, welche bei dem inversen Probleme, einen algebraischen Ausdruck in Factoren zu zerlegen, zur Anwendung kommen; von der geschickten Behandlung dieser Aufgabe ist häufig die Vereinfachung und Reduction gegebener Ausdrücke abhängig. Bei der so oft auftretenden Multiplication von Polynomen, die nach Potenzen einer Hauptgröße geordnet sind, ist auf die „Methode der abgesonderten Coëfficienten" aufmerksam zu machen, bei welcher die Rechnung mit dem Coëfficienten allein durchgeführt wird; durch diesen Vorgang kann viel Zeit erspart werden. Auch die gesetzmäßige Bildung eines Productes linearer Factoren von der Form $x + a$ kann schon an dieser Stelle gezeigt werden, wenn die Bildung der Combinationen ohne Wiederholung vorangeschickt wird.

Von den Grundlehren über die Theilbarkeit der Zahlen können wohl nur jene elementaren Sätze in den Unterricht einbezogen werden, welche für die Theorie des größten gemeinsamen Maßes und des kleinsten gemeinsamen Vielfachen nothwendig sind; besondere Sorgfalt ist der Kettendivision auch in ihrer Anwendung auf algebraische Polynome, ferner der Zerlegung algebraischer Ausdrücke in Factoren zuzuwenden.

An die Lehre von den gemeinen Brüchen kann sich die Proportionslehre anschließen, welche für die noch in dieser Classe zur Behandlung kommende Ähnlichkeitslehre unerlässliches Erfordernis ist. Dass dann diejenigen Partien der Proportionslehre, welche die vollständige Potenzlehre voraussetzen, erst in der folgenden Classe hinzukommen können, ist als natürliche Veranlassung zu Wiederholungen durchaus nicht für einen didaktischen Nachtheil anzusehen. Die Rücksicht auf den geometrischen Unterricht macht es wünschenswert, dass mit der Proportionslehre auch die wichtigsten Sätze der Größenlehre, die Begriffe commensurabler und incommensurabler Größen und der Nachweis der Existenz der letzteren zur Erörterung komme. An dieser Stelle kann auch, um in der Geometrie häufig wiederkehrende Specialbeweise überflüssig zu machen, der wichtige Lehrsatz bewiesen werden, dass zwischen zwei Größen die Beziehung der Proportionalität stattfindet, wenn unter sich gleichen Incrementen der einen Größe auch für die correspondierenden Werte der anderen unter sich gleiche Incremente entsprechen, es mögen die Größen des ersten Verhältnisses commensurabel oder incommensurabel sein.

Die Lehre von der Auflösung der Gleichungen des ersten Grades mit einer und auch mit mehreren Unbekannten wird im Anschlusse an die durch die Schüler im Untergymnasium erworbenen Kenntnisse aus dieser Partie entsprechend zu erweitern sein. Bei der Transformation der Gleichungen mit einer Unbekannten ist der Schüler darauf aufmerksam zu machen, dass ein Factor der Gleichung, welcher die Unbekannte enthält, durch Division nicht ausgeschieden werden darf, weil durch diesen Process Auflösungen der ursprünglichen Gleichung unterdrückt werden. In Beispielsammlungen werden durch Außerachtlassen dieser Vorsicht häufig Gleichungen von der Form $x^2 + ax = 0$ als lineare behandelt, was nicht zu rechtfertigen ist.

Bei der Auflösung irrationaler Gleichungen ist dem Schüler durch geeignete Beispiele die Nothwendigkeit darzulegen, die gegebene Gleichung durch die für die Unbekannte gefundenen Werte zuerst zu verificieren, bevor sie als Lösungen der Gleichung anerkannt werden, da häufig durch die Erhebung der Gleichung zum Quadrate fremde, der ursprünglichen Gleichung nicht angehörige Wurzeln eingeführt werden.

Bei der Auflösung der Gleichungen mit mehreren Unbekannten wird zu den dem Schüler schon bekannten Eliminationsmethoden noch die Methode der unbestimmten Coëfficienten hinzuzufügen sein.

In neuerer Zeit treten vielfach Bestrebungen zu Tage, die Lehre von den Determinanten in den Schulunterricht einzuführen. Es muss anerkannt werden, dass die Form der Einführung in diese Theorie durch Anknüpfung an die Auflösung der Gleichungen mit mehreren Unbekannten didaktisch den Bedürfnissen der Schule gemäß zurechtgelegt ist und dass auch innerhalb der Schulgrenzen der Elementarmathematik diese Theorie in einigen Fällen zur Anwendung gelangen kann. Sie würde z. B. die directe Bestimmung der Wurzeln eines Systems linearer Gleichungen gestatten, durch die Discussion der allgemeinen Resultate volle Aufklärung über den inneren Zusammenhang der Gleichungen geben und dadurch die Frage nach der Abhängigkeit oder Unabhängigkeit derselben allgemein lösen und endlich in der analytischen Geometrie einige Resultate in eine kurze Form kleiden. Dennoch treten der Aufnahme dieser Theorie viele Bedenken entgegen. Bei der geringen Stundenzahl, welche dem mathematischen Unterrichte im Gymnasium zugemessen ist, würde ein Eingehen auf diese Theorie nur auf Kosten anderer, dem Schüler näherliegender Theile des Lehrstoffes möglich sein. Immerhin ist es wünschenswert, dass das Lehrbuch die Elemente dieser Lehre enthalte, damit die reiferen und begabteren Schüler mit dem Begriffe dieser arithmetischen Gebilde und ihrer wesentlichsten Eigenschaften bekannt werden können.

Dem Schüler sind bei der Auflösung der Gleichungen mit mehreren Unbekannten auch einige Beispiele vorzuführen, in welchen die Gleichungen des Systems von einander nicht unabhängig sind, ferner solche Fälle, wo die Elimination auf eine für endliche Werte der Unbekannten unmögliche Gleichung führt, in welchen also die gegebenen Gleichungen einen Widerspruch enthalten, wenn nur endliche Werte der Unbekannten zugelassen werden. Bei der analytischen Bestimmung des Durchschnittspunktes zweier Geraden bietet sich die Gelegenheit, dem Schüler die Aufhebung des Widerspruches durch Zulassung der unendlichen Werte für die Unbekannten klar zu legen.

Bei der Auflösung der Probleme des ersten Grades ist von den 3 wesentlich verschiedenen Momenten: dem Ansatze der Gleichung, ihrer Auflösung und der Discussion der Lösungen der letzten besondere Aufmerksamkeit zuzuwenden. Es sind geeignete Aufgaben vorzuführen, in welchen gebrochene oder negative Wurzeln keine Interpretation zulassen, das vorgelegte Problem also unmöglich ist; ferner solche, in welchen sie durch eine Verallgemeinerung des Problemes Bedeutung gewinnen können. Aufgaben über Bewegung empfehlen sich ganz besonders, da sie zur Interpretation anomaler Wurzelwerte vielfach Gelegenheit bieten.

Planimetrie. Schon in den allgemeinen Bemerkungen über den geometrischen Unterricht im Obergymnasium wurde angedeutet, dass der eigentliche Lehrstoff der Geometrie, welcher zum festen Eigenthum des Schülers werden soll, sich auf die zum systematischen Gefüge des Ganzen nothwendigen Lehrsätze zu beschränken habe und daher in knapper präciser Form und möglichst geringem Umfange zu geben sei. Wenn an derselben Stelle ein genauer Anschluss des Unterrichtes an das Lehrbuch als nothwendig erachtet wurde, so ist diese Forderung nur auf den Inhalt und die Anordnung des Lehrstoffes, keineswegs aber auf die Methode des Unterrichtes zu beziehen. Das Lehrbuch kann nach streng dogmatischer Methode, welche für eine kurze schriftliche Darstellung große Vortheile bietet, abgefasst sein, ohne dass dadurch das heuristische Verfahren im Unterrichte beeinträchtigt zu werden braucht. Der Vortrag des Lehrers darf keine Paraphrase des Lehrbuches sein, sondern muss die Selbstthätigkeit des Schülers in Anspruch nehmen und mit ihm durch Frage und Antwort in beständiger Wechselwirkung bleiben.

Um Wissen und Können des Schülers in enger Verbindung zu fördern, müssen auch im geometrischen Unterrichte Aufgaben zur selbständigen Lösung den rein theoretischen Entwicklungen angeschlossen werden, denn, wie schon früher hervorgehoben wurde, nicht in der richtigen Auffassung der Lehrsätze und der Reproduction ihrer Beweise, sondern im selbständigen Auffinden von Beweisen zu gegebenen Lehrsätzen und in der Lösung aufgestellter Probleme liegt vorzüglich die große bildende Kraft der Geometrie. Für diesen Zweck bedarf der geometrische Übungsstoff ebenso wie der Lehrstoff einer streng methodischen Behandlung und es ist nothwendig, die Grundsätze geometrischer Analyse in präciser Form zu entwickeln, um den Schüler mit den Hilfsmitteln geometrischer Construction gehörig bekannt zu machen und die Selbständigkeit geometrischer Übungen in geregelter und rationeller Weise zu ermöglichen.

Es ist selbstverständlich, dass neben Aufgaben, welche eine constructive Lösung erfordern, auch solche zu behandeln sind, welche durch Rechnung zu lösen sind, und es ist wünschenswert, dass dem Schüler als Hilfsmittel für den Unterricht eine wohl geordnete Sammlung von Übungsaufgaben in die Hände gegeben werde, welche ein hinreichendes Übungsmaterial für Construction und Rechnung liefert. Die Anordnung der Aufgaben muss nach festen didaktischen Principien geschehen; der eine Theil derselben, bestehend aus Übungslehrsätzen, Constructions- und Rechnungsaufgaben, soll mit den einzelnen Partien des Lehrstoffes in engem Anschlusse bleiben. und hat die Bestimmung, einzelne Lehrsätze oder ganze Gruppen derselben zu erläutern und anzuwenden. Durch ihre Ausführung gewinnt der Lehrer die Überzeugung, ob eine durchgenommene Theorie zum wirklichen Eigenthum des Schülers geworden ist. Der andere Theil soll Constructionsaufgaben bieten, welche nach allgemeinen Auflösungsmethoden geordnet sind, durch welche ganze Aufgabenkreise ihre Erledigung finden. Bei diesen Übungen wird der Lehrer auch bei gut vorbereitetem Lehrgange nicht unbedeutenden Schwierigkeiten begegnen; er muss viel Geduld und Nachsicht üben, wenn auch bei den schwächeren Schülern das Interesse für geometrische Aufgaben angeregt und wacherhalten werden soll. Nur ein geringer Theil der Schüler wird anfangs imstande sein, die Aufgaben ohne Beihilfe zu bewältigen; das Maß der Andeutungen und Winke über den Weg, der bei der Auflösung einzuschlagen ist, hängt natürlich von dem Grade der schon erreichten mathematischen Durchbildung der Schüler ab. Es ist zu empfehlen, diese Übungen in der Auflösung planimetrischer Probleme in der V. Classe nicht abzuschließen, sondern in den höheren Classen fortzusetzen.

Dass der neueren Geometrie im Lehrplane nicht erwähnt wurde, ist nicht dahin aufzufassen, dass deren Lehren im Unterrichte ganz ignoriert werden sollen. Der Lehrer selbst hat nach den jeweiligen Verhältnissen der Classe zu entscheiden, was und wieviel von den wichtigsten und zugänglichsten Ergebnissen derselben dem Unterrichte eingeflochten werden kann.

VI. Classe. Arithmetik. Die drei Grundoperationen der III. Stufe sind im ersten Semester zum Abschlusse zu bringen, damit der Schüler im zweiten Semester beim Studium der Trigonometrie mit dem Gebrauche der logarithmischen Tafeln vertraut sei. In der Lehre von den Potenz- und Wurzelgrößen sind zuerst die Gesetze für ganze positive Exponenten abzuleiten, dann ist die Bedeutung der Potenzen mit dem Exponenten Null, mit negativen und gebrochenen Exponenten festzustellen und hierauf für diese neuen Potenzgrößen die Giltigkeit der schon aufgestellten Operationsgesetze nachzuweisen. Die P o t e n z wird als ein Product aus gleichen Factoren definiert und hat daher zuvörderst nur einen Sinn, so lange der Exponent eine positive ganze Zahl ist. Unter dieser Voraussetzung werden die Sätze, welche sich in den Formeln

$$(-a)^{2n+1} = -a^{2n+1}, \quad (-a)^{2n} = +a^{2n}$$
$$a^m \cdot a^n = a^{m+n} \qquad a^m : a^n = a^{m-n}$$

aussprechen, leicht bewiesen. Indem man nun die zuletzt genannte Eigenschaft auch dann noch als fortbestehend annimmt, wenn $m \lessgtr n$ ist, gelangt man zur Definition einer Potenz, deren Exponent Null oder eine negative ganze Zahl ist, also zu den Formeln

$$a^0 = 1 \qquad a^{-n} = \frac{1}{a^n},$$

worauf die Giltigkeit der obigen Eigenschaften verallgemeinert und der Beweis der Sätze:

$$(ab)^m = a^m b^m, \quad \left(\frac{a}{b}\right)^m = \frac{a^m}{b^m}, \quad (a^m)^n = a^{mn}$$

leicht allgemein geführt wird.

Hieran können sich die Sätze über die Theilbarkeit der Summe oder Differenz gleich hoher Potenzen zweier Zahlen durch die Summe oder Differenz dieser Zahlen anschließen.

Die Wurzelausziehung ergibt sich als die erste Umkehrung der Potenzierung
Nachdem die einfachsten, den Potenzsätzen entsprechenden Eigenschaften abgeleitet
sind, zeige man, gestützt auf die Ausdrücke für das Quadrat und den Cubus eines
Binoms das Verfahren bei der Ausziehung der Quadratwurzeln aus vollständigen
Quadraten und der Cubikwurzeln aus vollständigen Cuben, und zwar sowohl bei
numerischen Zahlen als auch bei algebraischen Ausdrücken.

Hierauf gehe man ausführlich auf die Erläuterung des Begriffes der Irrational-
zahl über. Dabei stützt man sich wohl am besten auf den Unterschied zwischen
commensurablen und incommensurablen Größen, indem man die Existenz der
letzteren an geometrischen Beispielen nachweist. Man zeigt, dass eine irrationale
Zahl, wie z. B. $\sqrt{5}$ deswegen eine bestimmte Bedeutung hat, weil man stets
zwei rationale Brüche von beliebig kleinem Unterschiede angeben kann, zwischen
denen die betreffende irrationale Zahl enthalten ist. Die angenäherte Darstellung der irrationalen Zahlen durch unvollständige Decimalbrüche ergibt sich
dann von selbst.

Außer den irrationalen Zahlen entspringen aus der Wurzelausziehung auch
noch die imaginären Zahlen, deren einfachste Eigenschaften man hier kurz
berühren mag.

Es folgt nun das Rechnen mit Wurzelgrößen und die Einführung der Potenzen
mit gebrochenen Exponenten, welche nur als eine andere Bezeichnungsweise aufzufassen ist, die sich dadurch rechtfertigt, dass $(\sqrt[n]{a^m})^n = a^m$ ist und zugleich auch
$(a^{\frac{m}{n}})^n = a^m$ gesetzt werden kann.

Es versteht sich von selbst, dass die vorgetragenen Sätze in zahlreichen
Anwendungen auf die Reduction zusammengesetzter Ausdrücke eingeübt werden müssen.

Die Einführung der Logarithmen beruht darauf, dass man bei einer Potenz
den Exponenten als das Unbekannte ansieht, während der Wert der Potenz selbst
und die Basis gegeben sind. Daraus folgen leicht die Sätze:

$$\log (A\,B) = \log A + \log B; \quad \log \frac{A}{B} = \log A - \log B$$

$$\log (A^m) = m \log A; \qquad \log \sqrt[n]{A} = \frac{1}{n} \log A.$$

Man gehe dann genauer auf die Eigenschaften des Briggischen Logarithmen-
systems ein, bei welchem die Zahl 10 als Basis zugrunde gelegt wird, und erörtere
ausführlich die Einrichtung und den Gebrauch der Logarithmentafeln.

Man halte von Anfang an darauf, dass den Schülern die in einer Formel
enthaltene Rechnungsvorschrift zum Bewusstsein komme, und gewöhne die Schüler
daran, dass sie bei Rechnungen, welche mit Hilfe der Logarithmen ausgeführt
werden, die in einer Formel vorgeschriebenen Multiplicationen u. s. w. stets durch
Additionen u. s. w. zu ersetzen haben, ohne jedesmal die Formel demgemäß vorher
umzuschreiben. Letzteres würde namentlich bei complicierteren Rechnungen nur
dazu führen, die in der Formel enthaltene Vorschrift zu verdunkeln. Man halte
ferner darauf, dass alle numerischen Rechnungen zweckmäßig und übersichtlich

angeordnet werden, weil dadurch Rechnungsfehler am leichtesten vermieden oder, wenn begangen, am leichtesten aufgefunden werden.

Sobald die richtige Auffassung des wichtigen Begriffes des Logarithmus, der anfangs dem Schüler einige Schwierigkeiten zu bereiten pflegt, durch geeignete Aufgaben erreicht ist, wird dem logarithmischen Rechnen selbst längere Zeit hindurch ganz besondere Sorgfalt zuzuwenden sein. Es ist nicht hinreichend, dass dem Schüler die Einrichtung und der Gebrauch der logarithmischen Tafeln erläutert wird, sondern er muss in der Schule selbst durch die Ausführung vieler und mannigfaltiger Beispiele unter der Leitung des Lehrers, der die Rechnung Ziffer für Ziffer verfolgt, die volle Sicherheit in der Anwendung der Logarithmen erlangen. Im Anschlusse an die Lehre von den Logarithmen kann auch die Auflösung solcher logarithmischer und Exponentialgleichungen vorgenommen werden, welche auf Gleichungen des ersten Grades führen.

Unter den verschiedenen elementaren Methoden, für eine dekadische Zahl den Logarithmus zu berechnen, empfiehlt sich das einfache Verfahren aus 10 successive die Quadratwurzel mit einer bestimmten Anzahl von Decimalstellen auszugreifen; man erhält so eine abnehmende Reihe von Zahlen, welche sämmtlich Bruchpotenzen von 10 mit bekannten Exponenten sind (nämlich 1, $\frac{1}{2}$, $\frac{1}{4}$, $\frac{1}{8}$ etc.). Mit Hilfe einer solchen leicht angefertigten Hilfstafel lässt sich der Logarithmus einer Zahl durch einige Divisionen nebst einer Addition leicht berechnen.

Im zweiten Semester bilden die Gleichungen des zweiten Grades mit einer Unbekannten einen natürlichen Anschluss an die Operationen der dritten Stufe. Am besten wird mit Gleichungen begonnen, welche ganz rationale Wurzeln haben und deren Auflösung durch Zerlegung in zwei lineare Factoren vorgenommen werden kann. Hierauf führe man an einer Reihe von Gleichungen die Auflösung durch Ergänzung der beiden Glieder mit x zu einem vollständigen Quadrate durch und dann erst gehe man zur Verwertung der allgemeinen Formel für die Berechnung der Wurzeln über. Sorgsam ist auch der Zusammenhang der Wurzeln mit dem Coëfficienten der Gleichung bloszulegen und zur Bildung von Gleichungen aus den gegebenen Wurzeln, ferner zur Zerlegung quadratischer Formen in lineare Factoren zu verwerten. Eine besondere Erörterung erfordert auch der specielle Fall, in welchem der Coëfficient von x^2 gleich Null wird; sie ist nothwendig, wenn der Schüler in der analytischen Geometrie mit Verständnis die Beziehungen zwischen der Geraden und der Hyperbel oder Parabel untersuchen soll. Bei den irrationalen Gleichungen, die auf quadratische führen, wird wieder die nothwendige Vorsicht der Verification der für x gefundenen Werte anzuwenden sein, um die durch das Rationalmachen eingetretenen fremden Wurzeln auszuscheiden.

Ob auf die Anwendung der quadratischen Gleichungen zur Auflösung von Aufgaben über Maxima und Minima, auf die graphische Darstellung der Wurzeln und auf die trigonometrische Auflösung der quadratischen Gleichungen im Unterrichte einzugehen ist oder nicht, bleibt dem Ermessen des Lehrers anheimgestellt; das Lehrbuch soll jedenfalls die entsprechenden Ausführungen enthalten.

Unter den Gleichungen mit einer Unbekannten, deren Auflösung sich auf die von quadratischen zurückführen lässt, können Exponentialgleichungen, binomische

Gleichungen, trinomische Gleichungen von der Form $aX^2 + bX + c = o$, wo $X = o$ eine mit den bisher bekannten Mitteln auflösbare Gleichung liefert, und reciproke Gleichungen berücksichtigt werden. Die binomischen Gleichungen bieten eine gute Gelegenheit, dem Schüler auf inductivem Wege die Vieldeutigkeit der Wurzelgrößen klar zu machen.

Bei der Wahl der Probleme ist besonders auf praktisch-wichtige Fälle Rücksicht zu nehmen, namentlich wird die algebraische Behandlung geometrischer Probleme hier am Orte sein.

Stereometrie. Bei der reichen Fülle des Stoffes, welchen die Stereometrie bietet, muss die Auswahl und Anordnung der in den Unterricht aufzunehmenden Lehren mit großer Vorsicht geschehen, damit bei der diesem Zweige zugemessenen geringen Stundenzahl einerseits die Überlastung des Schülers vermieden, andererseits aber doch ein in sich abgeschlossenes Ganzes geboten werde. Es wird sich dies auch erreichen lassen, wenn der stereometrische Anschauungsunterricht in der vierten Classe seiner Aufgabe gerecht geworden ist, weil dann das Anschauungsvermögen des Schülers für die Auffassung räumlicher Gebilde schon geschärft ist und ihm die neue Aufgabe keine besonderen Schwierigkeiten bieten wird, der continuierlichen Correspondenz gezeichneter Figuren mit den entsprechenden räumlichen Systemen zu folgen. Es wird sich ihm von neuem die Gelegenheit bieten. verschiedene geometrische Objecte als ein Ganzes vorzustellen, als wenn sie vor seinen Augen wären. Eine Erleichterung liegt auch darin, dass der vom wissenschaftlichen Standpunkte aus behandelte Inhalt dem Schüler schon zum großen Theile bekannt ist und nur Erweiterungen erfährt. Es mögen hier einige Andeutungen über jene stereometrischen Beziehungen folgen, deren Aufnahme in den Unterricht als unerlässlich zu betrachten ist.

Zunächst werden die Sätze über die gegenseitige Lage von Punkten, Geraden und Ebenen eine gründliche, ihrer Wichtigkeit angemessene Ausführung erhalten müssen; ihre deductive Entwicklung wird nur die Aufnahme des Axioms der Ebene nothwendig machen, nach welchem eine Gerade in einer Ebene liegt, wenn sie mit ihr zwei Punkte gemein hat. Es empfiehlt sich, schon hier auf das Gesetz der Dualität aufmerksam zu machen, nämlich auf die derartige paarweise Zusammengehörigkeit der Sätze, dass durch Vertauschung von Punkt und Ebene mit einander aus einem Satz der ihm zugeordnete entsteht.

Bei der Lehre von der körperlichen Ecke werden nur die wesentlichsten Lehrsätze über die Seiten direct zu entwickeln sein; die zugeordneten Lehrsätze über die Winkel können durch die reciproke Beziehung der Ecke zu ihrer Polarecke vermittelt werden.

Bei den allgemeinen Eigenschaften der einfachen Polyeder wird von den drei Relationen über die gegenseitige Abhängigkeit der Ecken, Flächen und Kanten

$$E + F = K + 2, \quad 2K \gtrless 3E, \quad 2K \gtrless 3F$$

auszugehen sein. Es ist dabei nicht zu unterlassen, auf die Symmetrie dieser Relationen in Beziehung auf E und F hinzuweisen und deren Consequenzen auf die duale Zuordnung aller daraus entspringenden Sätze hervorzuheben. Bei der Ableitung der

Euler'schen Gleichung ist der von S t e i n e r eingeschlagene Weg zu empfehlen, weil dabei auch die Lehrsätze über die Bestimmung der Summe aller Kantenwinkel aus der Anzahl der Kanten und Flächen einerseits und der Anzahl der Ecken andererseits zur Darstellung gelangen. Von den zahlreichen Folgerungen, welche die Euler'sche Gleichung gestattet, wird wohl nur ein geringer Theil betrachtet werden können; zum mindesten sollen jene Sätze abgeleitet werden, welche sich aus den oben angeführten Relationen durch Elimination je einer und je zweier der drei Größen E, F und K ergeben; auch die Anwendung auf die Theorie der regulären Polyeder soll zur Darstellung gelangen. Dabei lasse der Lehrer die duale Zuordnung dieser Körper (Tetraeder mit sich selbst, Hexaeder mit dem Octaeder, Dodekaeder mit dem Ikosaeder), welche sich schon in der Anzahl der Ecken, Flächen und Kanten ausspricht, deutlich hervortreten. Wenigstens bei diesen Körpern werde auf die damit in nothwendigem Zusammenhange stehende Umgestaltung derselben hingewiesen, wenn jede Fläche durch ihren Mittelpunkt als Ecke und jede Ecke durch eine zu ihren Kanten gleichgeneigte Ebene ersetzt wird. Die allgemeine Theorie der Polyeder kann mit den Begriffsbestimmungen über Congruenz und Ähnlichkeit mit Rücksicht auf die durch den Sinn in der Aufeinanderfolge der Elemente bedingte Symmetrie abgeschlossen werden; auf eine eingehende Behandlung dieser Verwandtschaften wird verzichtet werden müssen.

Die Betrachtung der prismatischen und pyramidalen, der cylindrischen und conischen Körperformen braucht nur, jedoch in strenger Behandlung, auf die dem Schüler schon bekannten Beziehungen einzugehen; eine Ergänzung kann durch die Einführung des Begriffs eines prismatoidischen Körpers vorgenommen werden, unter welchen sich die vorher angeführten Formen als specielle Fälle subsumieren lassen.

Einer gründlichen Betrachtung ist die Kugelfläche zu unterziehen. Die Eigenschaften des sphärischen Dreieckes in Beziehung auf seine Seiten und Winkel ergeben sich leicht, wenn dasselbe als Kugelschnitt einer körperlichen Ecke aufgefasst, und an die Eigenschaften dieser angeknüpft wird. Die Ausführungen über die Beziehungen eines sphärischen Dreieckes zu seinem Gegendreiecke und zu seinem Polardreiecke, die Bestimmung seines Flächeninhaltes und die Thatsache, dass die Fläche eines sphärischen Dreieckes zugleich als das Maß für die Größe der körperlichen Ecke, deren Kugelschnitt es ist, zu gelten hat, sollen nicht übergangen werden.

Die Complanatur und Cubatur kann nur für die einfacheren Körperformen in Betracht kommen. Mit Rücksicht darauf, dass die größte Ökonomie in der Verwendung der zugemessenen Unterrichtszeit geboten ist, ist zu rathen, der Vergleichung der Volumina die Methode von Cavaleri zugrunde zu legen; sie ist aus demselben Grunde wegen der großen Abkürzung, die sie im Vortrage zulässt, schon in viele Lehrbücher aufgenommen. Entscheidet sich der Lehrer dafür, die einfache Formel für das Volumen eines Prismatoids abzuleiten, so kann die Cubatur des Pyramiden- und des Kegelstumpfes durch Specialisierung dieser Formel erledigt werden. Einen schönen, allerdings etwas ferner liegenden Übungsstoff für die Cubatur prismatoidischer Körper liefern jene prismatoidischen Körper, die aus den regelmäßigen Polyedern durch Schnitte normal zu den Ecken-, Flächen- und Kantenachsen entstehen; es treten dabei überraschend einfache Beziehungen zu Tage.

Bei der Kugel ist auch die Berechnung der Kugelzone und der Calotte, ferner des Kugelabschnittes aus der Höhe und dem Radius der Grundfläche und der Kugelschichte aus der Höhe und den Radien der beiden Grundflächen vorzunehmen. Den Resultaten in beiden Lehrsätzen den Ausdruck zu geben: „Jede Kugelzone ist dem Mantel eines geraden Cylinders gleich, welcher den größten Kugelkreis zur Grundfläche und die Höhe der Schichte zur Höhe hat", und „die Kugelschichte ist gleich dem arithmetischen Mittel aus dem der Schichte ein- und dem ihr umgeschriebenen Cylinder, vermehrt um die der Schichte eingeschriebene Kugel", empfiehlt sich schon seines mnemonischen Wertes wegen.

Auf die synthetische Behandlung der Kegelschnitte einzugehen, gebricht es an der hierzu nothwendigen Zeit; im Lehrplane ist auf die analytische Behandlung derselben Bedacht genommen; sie bietet den Vortheil, dass durch sie eine neue Methode von großer Kraft zur Anwendung kommt und die Untersuchungen sich in denselben Formen bewegen, welche bei ihrer Anwendung auf naturwissenschaftliche Probleme allgemein im Gebrauche sind.

Trigonometrie. Bei der großen Wichtigkeit der Trigonometrie für die übrigen Theile des mathematischen Wissens und die verschiedenen Anwendungen derselben ist eine gründliche Entwicklung der fundamentalen Begriffe und Relationen unerlässlich: es darf kein unklarer Rest zurückbleiben, durch welchen deren Anwendung beeinträchtigt würde. Da in diesem Theile der Geometrie die Rechnung in den Vordergrund tritt, so ist es nur consequent, diesen Charakter streng zu wahren und alle Beziehungen durch bloße Rechnung aus möglichst wenigen und einfachen Sätzen abzuleiten, die der Construction entnommen sind. Dieser Vorgang bietet nicht nur den Vortheil, dass der Schüler die neue Behandlungsweise im Gegensatze zur Construction in größerer Reinheit kennen lernt, sondern es ist durch ihn auch die Allgemeingiltigkeit der Relationen leichter darzulegen.

Die Einführung der trigonometrischen Functionen als Vertreter der Winkel kann auf verschiedene Arten vorgenommen werden; es empfiehlt sich, schon hier die analytische Methode aufzunehmen, von der eindeutigen Bestimmung eines Punktes durch die Cartesischen Coordinaten auszugehen und die Winkelfunctionen als Verhältnisse der Seiten des sogenannten Projectionsdreieckes, zu definieren. Die etwas größere Schwierigkeit, die aus dieser alle Winkel umfassenden Allgemeinheit entspringt, ist durch längeres Verweilen bei speciellen Fällen leicht behoben und durch die großen Vortheile reichlich aufgewogen, welche sich bei der einfachen Ableitung der Eigenschaften dieser Functionen und ihrer Vorzeichen ergeben. Die Entwicklung dieser Eigenschaften aus den Definitionen kann bei richtiger Anleitung des Lehrers immer durch die in Spannung erhaltene Selbstthätigkeit des Schülers erreicht werden. Für die richtige Auffassung dieser Stellvertreter der Winkel ist es unerlässlich, dass der Schüler von mehreren beliebig gewählten Winkeln durch Messung der construierten Bestimmungsstücke und durch aus geführte Division der erhaltenen Maßzahlen die entsprechenden Functionen annäherungsweise wirklich ermittle und ebenso für gegebene Functionswerte die dadurch bestimmten Winkel graphisch darstelle. Durch diese Übungen erschließt sich dem Schüler leicht die Thatsache, dass durch einen gegebenen Winkel jede seiner Functionen eindeutig, durch eine Function aber der entsprechende Winkel vieldeutig bestimmt ist. Den einfachen Zusammenhang zwischen allen Winkeln, welche derselben gegebenen Function entsprechen, nachzuweisen und den periodischen Charakter der trigonometrischen Functionen ins klare Licht zu stellen, darf nicht unterlassen werden. Der Unterricht darf nicht nur die praktische Auflösung eines ebenen Dreieckes im Auge behalten, sondern muss vorsorgen, dass der Schüler bei der Anwendung der trigonometrischen Functionen auf Probleme anderer Natur keinen Schwierigkeiten begegne, die in einer kümmerlichen Behandlung der elementaren Grundbegriffe ihre Quelle haben.

Die linearen Relationen zwischen den Functionen desselben Winkels werden unmittelbar aus den gegebenen Definitionen und die quadratischen aus dem Projectionsdreiocke erhalten. Die Lösung der wichtigen Aufgabe, aus einer Function eines Winkels die übrigen Functionen desselben zu berechnen, ergibt sich nahezu unmittelbar; wenn im Projectionsdreiecke successive jede Seite als Einheit angenommen wird, jede der beiden andern Seiten repräsentiert dann eine Winkelfunction. Wird jenes Dreieck gewählt, in welchem die gegebene Function vorkommt, so lässt sich die gesuchte Formel ablesen, wenn die Definition der zu bestimmenden Function verwertet wird. Bei dieser Aufgabe ist wieder die Thatsache hervorzuheben, dass durch eine trigonometrische Function die übrigen mit Ausnahme jener, deren reciproker Wert sie ist, zweideutig bestimmt sind.

Um den Schülern die vorläufige Kenntnis und Behandlung der trigonometrischen Functionen geläufiger zu machen, kann vor der eingehenderen Entwicklung der Goniometrie der Gebrauch der Tafeln gelehrt und mit der Auflösung des rechtwinkligen Dreieckes, zu welcher die Definitionen der Winkelfunctionen ausreichen, begonnen werden. Es ist anzurathen, an dieser Stelle wie auch später Rechnungen nicht nur mit den Logarithmen der Winkelfunctionen sondern auch mit diesen selbst auszuführen.

Bei der weiteren Ausführung der Goniometrie ist die Ableitung der Formeln für *sin* und *cos* einer Summe oder Differenz zweier Winkel in solcher Art vorzunehmen, dass ihre Giltigkeit für wie immer beschaffene Winkel außer Zweifel bleibt. Es kann die Demonstration zuerst für besondere Fälle durchgeführt und dann verallgemeinert werden oder es kann der universelle Charakter dieser wichtigen Theorien auch mit Hilfe der Sätze über die Projection von Linien durch einen allgemeinen Beweis gesichert werden. Es kommt dabei mehr auf die richtige Auffassung des Beweises als auf eine glatte Reproduction desselben von Seite des Schülers an. Aus diesen Fundamentalformeln gehen die übrigen unentbehrlichen Formeln, die festes Eigenthum des Schülers werden sollen, leicht hervor. Der Unterricht sorge dafür, dass der Schüler den Entwicklungsgang der Gleichungen und ihren gegenseitigen Zusammenhang inne habe, weil davon die leichte Einprägung derselben ins Gedächtnis abhängig ist. Die geringe Zahl der festzuhaltenden Formeln ist scharf von jenen zu sondern, deren Ableitung nur als Übung vorgenommen wird, um so den Schülern die nöthige Sicherheit im Gebrauche der Grundformeln bei der Transformation goniometrischer Zahlengebilde zu verschaffen. Diesem Zwecke dient auch in ganz besonderer Weise die Auflösung goniometrischer Bestimmungsgleichungen, welche in geeigneter Auswahl einen guten Übungsstoff bilden.

In der eigentlichen Trigonometrie ist zuerst als nächste Aufgabe ins Auge zu fassen, aus je drei unabhängigen Umfangsstücken eines Dreieckes einen unmittelbaren Ausdruck für jedes der übrigen Stücke aufzustellen. Erst nachdem diese theoretische Aufgabe durch die Ableitung und Verwertung der Bestimmungsgleichungen für die drei wesentlich verschiedenen Fälle $abcA$, $abAB$ und $abCA$ erschöpfend behandelt ist, gehe der Unterricht auf die Ableitung jener Gleichungen ein, durch welche entweder Erleichterungen der Rechnungen geboten werden oder welche sonst von Wichtigkeit sind. Zu diesen werden der Tangentensatz, die Mollweide'schen Gleichungen, die sogenannten Halbwinkelsätze, die verschiedenen Formeln für den Flächeninhalt des Dreieckes und endlich die einfachen Relationen für den Halbmesser des einge-schriebenen Kreises zu rechnen sein.

Nachdem die Auflösung des schiefwinkeligen Dreieckes aus drei gegebenen Umfangsstücken für die fünf Hauptfälle durchgeführt worden ist, wobei der Fall abA eine sorgsame Discussion verdient, welche auch mit der Construction des Dreieckes in Verbindung zu bringen ist, können noch Aufgaben über die regulären Polygone und aus der Cyclometrie angeschlossen werden. Der sichere Gebrauch der Tafeln und die wohlgeordnete Führung der Zahlenrechnungen, deren Richtigkeit immer einer Controle unterworfen werden soll, wird nur durch häufige, in der Classe gemeinsam durchgeführte Übungen zu erreichen sein. Um die Rechnung mit den vorgeschriebenen fünfstelligen Tafeln möglichst scharf zu führen, ist das Rechnen mit Correcturziffern zu empfehlen; es besteht darin, dass man beim Interpolieren der Tafelwerte noch die sechste Stelle beibehält, die dann in der Darstellung durch kleinere Schrift unterschieden werden kann.

VII. Classe. Arithmetik. Bei der Behandlung der Gleichungen des zweiten und eventuell höheren Grades mit zwei Unbekannten kann der Unterricht sich nur auf die Behandlung solcher specieller Fälle einlassen, welche die Reduction auf die Form quadratischer Gleichungen mit einer Unbekannten ohne Voraussetzung besonderer Kunstgriffe gestatten. Zuerst werden die häufig auftretenden Formen berücksichtigt, in welchen die Summe oder Differenz zweier Zahlen oder gleichgradiger Potenzen der-selben oder das Product oder der Quotient derselben als gegeben auftreten. An diese können sich Gleichungen anschließen, in welchen die eine oder die andere als quadratische Gleichung einer der erwähnten einfachen Functionen der Unbekannten leicht zu erkennen ist oder welche durch eine einfache Substitution, wie z. B. die homogenen Gleichungen durch Einsetzung von $y = tx$ ohne Schwierigkeiten auf einfachere, schon bewältigte Formen zurückzuführen sind. Solche Gleichungen hingegen, deren Auflösung nur durch künstliche Verbindungen oder Zerlegungen gelingt, sind zwar vom Unterrichte nicht auszuschließen, sollten aber niemals zu Prüfungs-aufgaben verwendet werden. Um dem leichteren Verständnisse der analytischen Geometrie die Wege zu ebnen, ist die besondere Berücksichtigung jener Gleichungs-formen zu empfehlen, welche bei Untersuchungen über die Kegelschnitte auftreten, also die Central- und Scheitelgleichungen dieser Curven in Verbindung unter sich und mit den verschiedenen Formen, in welchen die Gerade analytisch ihren Ausdruck findet. Die Gewandtheit der Schüler in der Behandlung dieser Gleichungen gestattet ihnen später, ihre Aufmerksamkeit ohne Ablenkung durch mechanische Schwierigkeiten dem eigentlichen Kerne der Untersuchung analytisch-geometrischer Fragen zuzuwenden.

Zu der allgemeinen Auflösung der Gleichungen des III. und IV. Grades reicht die knapp zugemessene Zeit nicht hin, es wird also im Gesammtunterrichte darauf zu verzichten sein. Wünschenswert aber ist es, dass der Schüler die wichtigsten allgemeinen Eigenschaften der höheren Gleichungen kennen lerne. Wird der Hauptsatz der Algebra, dass jede Gleichung wenigstens eine Wurzel haben müsse, als Axioma ufgeführt (wie dies in einigen Lehrbüchern auch geschieht), so können über den Zusammenhang der Wurzeln mit dem Coëfficienten der Gleichung und über einige einfache Transformationen, durch welche ein lehrreicher Aufgabenkreis aufgeschlossen wird, ferner noch über die Bestimmung der rationalen Wurzeln numerischer Gleichungen mit Hilfe der Horner'schen Divisionsmethode die nothwendigen Ausführungen, welche nicht viel Zeit in Anspruch nehmen, im Unterrichte Berücksichtigung finden. Zum Abschluße der Algebra kann der Schüler noch mit der Anwendung der Regula falsi auf die Auflösung numerischer Gleichungen von algebraischem Charakter und vielleicht auch einiger transcendenter Gleichungen bekannt gemacht werden.

Die Theorie der unbestimmten Gleichungen des I. Grades bietet wenig Schwierigkeiten. Nachdem gezeigt ist, wie aus einer particulären Auflösung die allgemeine gewonnen wird, löse man eine Reihe einfacherer Gleichungen zuerst durch Versuche auf; diese Methode des Tatonnierens führt in vielen der gewöhnlich vorkommenden Fälle am raschesten zum Ziele; dann erst zeige man die allgemeine, gewöhnlich nach Bachet und Euler benannte Reductionsmethode. Die Auflösung mittels Kettenbrüchen ist mit der Theorie derselben in Verbindung zu bringen. Von unbestimmten Gleichungen des II. Grades können nur einige einfache Beispiele in Betracht kommen, unter diesen die beinahe in allen arithmetischen Lehrbüchern vorkommende Bestimmung der sogenannten Pythagoräischen Zahlen.

Von den übrigen Partien der elementaren Arithmetik, die in den Unterricht einbezogen werden können, sind noch die Lehre von den Progressionen, die zusammengesetzte Zinsen- und Rentenrechnung, die Theorie der Kettenbrüche, die Combinationslehre mit ihren Anwendungen und etwa noch die elementare Theorie der complexen Zahlen zu nennen. Da übrigens die Stellung dieser Partien im Systeme der Wissenschaft keine feste und unveränderliche ist und auch die Lehrbücher in dieser Beziehung große Abweichungen zeigen, so muss es der Entscheidung des Lehrers vorbehalten bleiben, sie zum Theile an früheren Stellen dem Unterrichte einzuflechten oder erst in dieser Classe vorzunehmen; dasselbe gilt von der Frage, wie weit in der Ausführung der einzelnen Partien zu gehen ist und auf welche Theile von secundärer Wichtigkeit bei mindergünstigen Unterrichtsverhältnissen (lückenhafte Vorbildung im Untergymnasium, überfüllte Classen, Sprachschwierigkeiten etc.) verzichtet werden kann.

Bei der Lehre von den geometrischen Progressionen ist die Untersuchung über die Convergenz der unendlichen geometrischen Progressionen nicht zu unterlassen; als geeignetes Beispiel über die Summierung solcher Reihen kann die Umwandlung der periodischen Decimalbrüche oder Systembrüche überhaupt in gemeine Brüche durchgeführt werden. Mit den Progressionen kann noch die Summierung von Reihen, deren Glieder durch Multiplication der correspondierenden Glieder einer arithmetischen und einer geometrischen Progression entstanden sind, und die der Quadrate und Cuben der natürlichen Zahlen in Verbindung gebracht werden. Auf Reihen, denen andere Bildungsgesetze zugrunde liegen, soll sich der Unterricht nicht ausdehnen.

Die Zinseszinsen- und Rentenrechnung wird gewöhnlich der Lehre von den Progressionen angeschlossen; sie kann leicht auch unmittelbar nach der Theorie der Logarithmen als passender Übungsstoff für die Anwendung derselben eingeschaltet werden, da dem Schüler die Summe einer geometrischen Progression, welche hier Verwendung findet, als Ergebnis der Division von $x^n - a^n$ durch $x - a$ schon bekannt ist.

Hinsichtlich der Lehre von den Kettenbrüchen ist der Schüler für alle Fälle mit der Umwandlung der gemeinen Brüche in Kettenbrüche, ferner mit der gesetzmäßigen Bildung der Näherungswerte und ihren wichtigsten Eigenschaften und der Anwendung der Kettenbrüche auf die Auflösung der unbestimmten · Gleichungen bekannt zu machen. Bei der Ermittlung des einem gegebenen Kettenbruche äquivalenten gemeinen Bruches, empfiehlt sich das sogenannte Aufrollen der Kette nach dem einfachen Verfahren, welches Lejeune-Dirichlet zugeschrieben wird und schon in vielen Lehrbüchern der Arithmetik Eingang gefunden hat. Die Anwendung der Kettenbrüche auf die Bestimmung von Quadratwurzeln, auf die Berechnung der Logarithmen etc. kann nur unter günstigen Verhältnissen in Betracht kommen.

Die Combinationslehre ist auf die Bildung der Complexionen für die drei Grundoperationen ohne und mit Wiederholungen und auf die Bestimmung ihrer Anzahl zu beschränken. Bei der Entwicklung des Binomiallehrsatzes, die auch unabhängig von der Combinationslehre in sehr einfacher Weise vorgenommen werden kann, beschränke man sich auf ganze positive Exponenten, da die streng durchgeführte Entwicklung der Binomialreihe für anders beschaffene Exponenten schon dem Gebiete der algebraischen Analysis angehört, deren Lehren außerhalb des Schulplanes liegen. Die Elemente der Wahrscheinlichkeitsrechnung können in dem engen Umfange Erörterung finden, innerhalb dessen sie in den meisten elementaren Lehrbüchern zur Darstellung gelangen. Ihre Anwendung auf die einfachsten Probleme der Lebensversicherung kann nur dann Berücksichtigung finden, wenn dem Schüler die für die Ausführung der Rechnung nothwendigen Grundtafeln zur Verfügung stehen.

Die geometrische Darstellung der complexen Zahlen, die graphische Ausführung der Grundoperationen mit denselben, und die Entwicklung der Moivre'schen Binomialformel, durch welche die Vieldeutigkeit der Wurzelgrößen leicht, zur Darstellung gebracht werden kann, wird den Abschluss der elementaren arithmetischen Lehren bilden können, vorausgesetzt, dass für die Entwicklung dieser interessanten Partie die ausreichende Zeit gewonnen werden kann.

Trigonometrie. Die ebene Trigonometrie ist noch einmal aufzunehmen, in ihren wichtigsten Theilen zu wiederholen und durch Anwendungen zu erweitern. Bei Problemen über die Berechnung von Dreiecken aus irgend drei Bestimmungsstücken unterlasse man nicht, in einfacheren Fällen mit der Berechnung auch die constructive Auflösung zu verbinden. Unter den praktischen Anwendungen können auch die fundamentalen Probleme über die trigonometrische Distanz- und Höhenmessung Berücksichtigung finden.

Nur bei günstigem Stande der Classe wird es möglich sein, als Erweiterung der ebenen Trigonometrie auch die Elemente der sphärischen in den Unterricht aufzunehmen; für keinen Fall geschehe dies auf Kosten der Lehre von den Kegelschnitten. Da bei der eventuellen Darstellung derselben schon die äußeren Verhältnisse zur größten Einschränkung nöthigen, so sei hier von einer eingehenderen Besprechung und Abgrenzung des Stoffes abgesehen.

Analytische Geometrie. Der Unterricht in der analytischen Geometrie hat nicht allein die Aufgabe, den Schüler mit den wichtigsten Eigenschaften der Kegelschnitte bekannt zu machen, denn dieser Zweck ließe sich auch durch eine synthetische Behandlung derselben leicht erreichen; der Unterrichtsplan hat der analytischen Behandlung vielmehr deshalb den Vorzug gegeben, damit der geistige Horizont des Schülers durch die Kenntnis einer neuen Untersuchungsmethode erweitert werde, damit er einen Einblick in die Consequenzen der bewunderungswürdigen Conception Descartes', einen der folgenreichsten Fortschritte auf dem Gebiete der Mathematik gewinne, damit er die Möglichkeit erkenne, alle verschiedenen denkbaren geometrischen Phänomene durch analytische Relationen auszudrücken, geometrische Betrachtungen in äquivalente analytische und umgekehrt zu transformieren, und so mit der Reduction qualitativer Erscheinungen auf quantitative Beziehungen bekannt werde.

Es erfordert eine behutsame und wohldurchdachte Behandlung des Gegenstandes, um den Schüler auf inductivem Wege durch selbstthätige Untersuchungen concreter Probleme successive zur richtigen Auffassung der abstracten Grundgedanken zu bringen, welche das Wesen dieses mathematischen Wissenszweiges ausmachen. Dass bei einer gründlichen Behandlung die Einführung der Begriffe veränderlicher und constanter Zahlen, abhängiger und unabhängiger Variablen nicht umgangen werden kann, ist selbstverständlich; die dem Schüler schon bekannten Theile der Mathematik bieten hinreichend Anknüpfungspunkte für die Klarlegung dieser Begriffe. Es wird ein Gewinn für die Coordinatengeometrie sein, wenn der Schüler schon in der Trigonometrie mit den Cartesischen Coordinaten vertraut geworden ist. Der Unterricht wird diese Begriffe wieder aufnehmen, den Gebrauch schiefwinkeliger Parallelcoordinaten nur kurz berühren, die Polarcoordinaten in ihrem Zusammenhange mit den rechtwinkeligen wohl erörtern, ihre Verwendung aber füs das Ende der Untersuchungen aufsparen.

Die Anwendung der gewonnenen Coordinatenbegriffe auf Probleme für Punkte der Ebene bietet keine didaktischen Schwierigkeiten. Es können dabei die Distanz zweier Punkte, die Functionen des Winkels ihrer Radienvectoren, der Richtungstangens der durch sie bestimmten Strecke, die Coordinaten eines Theilungspunktes dieser Strecke, die Fläche des Dreieckes zwischen drei Punkten als Functionen der Coordinaten der Punkte zur Darstellung gebracht werden.

Für das weitere Fortschreiten in der Entwicklung des Lehrstoffes darf nicht das systematische Gefüge desselben im Lehrbuche maßgebend sein, der Unterricht hat sich vielmehr immer der jeweiligen Fähigkeit der Schüler für die Aufnahme neuer Ideen enge anzuschmiegen. So wird z. B. die Transformation der Coordinaten, die bei einer systematischen Darstellung den anderen Untersuchungen vorangestellt wird, erst dann aufzunehmen sein, wenn ihre Anwendung nothwendig wird. Zunächst soll durch eine Reihe systematisch geordneter Übungen der erste Grundgedanke, dass im allgemeinen jeder Gleichung zwischen zwei Variablen ein geometrischer Ort entspricht, festes Eigenthum des Schülers werden. Um eine zu abstracte Behandlung dieses Gedankens zu verhüten, mögen einige Andeutungen über den geeigneten Lehrgang folgen.

Der Lehrstoff ist in eine Reihe von Problemen aufzulösen, welche der Schüler unter der Anleitung des Lehrers zu bewältigen hat. Begonnen werde mit der geometrischen Abbildung linearer Gleichungen; der Schüler werde dahin gebracht, die geometrische Bedeutung der einfachsten Gleichungen $y = o$, $x = o$, $y = m$, $x = n$, $y = \pm x$, $y = \pm ax$ und schließlich der allgemeinen Gleichung $y = ax + b$ zu erkennen; er wird so leicht zu dem Verständnisse der Thatsache aufsteigen, dass jeder linearen Gleichung zwischen zwei Variablen eine Gerade entspricht. Dieser inductive Vorgang ist dem entgegengesetzten entschieden vorzuziehen. Ohne vorerst auf die Theorie der Geraden näher einzugehen, verfolge der Unterricht das allgemeine Problem der graphischen Darstellung für mannigfaltige aber einfache Formen von Gleichungen, die keine schwierigen Untersuchungen erheischen. Dabei kann der Schüler schrittweise mit der Discussion der Gleichungen, mit den geometrischen Consequenzen ihres eigenthümlichen Baues bekannt gemacht werden. Die Bestimmung der Achsenschnitte, die Abgrenzung der realen Coordinaten, welche der Gleichung entsprechen, die etwaige Symmetrie der Curven gegen die Coordinatenachsen, das Auftreten unendlicher Curvenäste etc. können dabei zur Erörterung gelangen. Um Zeit zu sparen und die graphische Darstellung zu erleichtern, lasse man die Zeichnungen auf Papier entwerfen, welches durch Linien in sehr kleine Quadrate getheilt ist. Für diese Untersuchungen eignen sich algebraische Gleichungen von den Formen

$$y^2 = cx, \quad x^2 \pm y^2 = c, \quad ax^2 \pm by^2 = c, \quad xy = a, \quad y^m = ax^n, \quad x^m y^n = a$$

in welchen selbstverständlich den allgemeinen Coefficienten und Exponenten besondere Werte zu geben sind. Als Beispiele für transcendente Curven wähle man die Gleichungen $y = logx$, $y = sinx$; der einfache Anblick ihrer Abbildungen zeigt in anschaulicherer und bestimmterer Weise den Verlauf und die Änderungen dieser Functionen, als es das eingehendste Studium einer Logarithmen- oder einer trigonometrischen Tafel thun könnte. Um die Allgemeinheit dieser Methode deutlich hervortreten zu lassen, bringe man noch das eine oder andere physikalische Gesetz zur graphischen Darstellung und berücksichtige auch empirische Functionen, z. B. durch Darstellung der Mortalitäts- oder Temperaturcurven. Abgesehen von dem Werte, den

diese Übungen für die Auffassung der folgenden Lehren haben, wird der Schüler
mit einer Methode vertraut, welche selbst auf nicht streng mathematischen Gebieten
ihre Anwendung findet, wenn es sich darum handelt, den allgemeinen Charakter
eines Gesetzes deutlich aufzufassen, welches in einer Reihe genauer Beobachtungsresultate irgend einer Art herrscht.

Ist der Schüler durch diese Übungen für das Verständnis der neuen, fremdartig
scheinenden Auffassungsweisen vorbereitet, so nehme der Unterricht die inverse
Operation auf, für geometrische Gebilde die analytische Repräsentation aufzufinden.
Man gehe von der Bewegung eines Punktes in der Ebene aus. Ist die Bewegung
eine regellose, so sind augenscheinlich die beiden Coordinaten als unabhängig von
einander aufzufassen. Ist aber der Punkt gezwungen, eine Linie mit bekanntem
Bildungsgesetze zu beschreiben, so müssen die Coordinaten des Punktes in allen
seinen Lagen in einer bestimmten Relation stehen, die durch eine Gleichung zwischen
den beiden Coordinaten ausgedrückt werden kann. Um diesen Gedanken anschaulich
zu machen, nehme man einige Beispiele vor, in welchen ein Punkt den Weg x
beschreibt, während in der mitgeführten zur Abscissenachsen normalen Geraden ein
Punkt den Weg y zurücklegt, und stelle die Gleichung der Bahnlinie unter der
Voraussetzung einfacher Beziehungen zwischen beiden Bewegungen auf; so wird z. B.
der Schüler durch die Annahme der Proportionalität der zurückgelegten Wege zur
Gleichung der Geraden geführt. Mit der Durchführung dieser zweiten Hauptaufgabe,
aus irgend einer bekannten charakteristischen Eigenschaft einer Linie die entsprechende
Gleichung zwischen den zwei variablen Coordinaten der Punkte dieser Linie abzuleiten,
ist dann noch der dritte Grundgedanke in Verbindung zu setzen, die Eigenschaften
der Linien durch die algebraischen Modificationen der Gleichung und ihre
geometrische Interpretation zu gewinnen, überhaupt die Correspondenz zwischen
den analytischen Vorgängen und den geometrischen Erscheinungen zu untersuchen.
Dabei ist wieder das Aufsteigen vom Besonderen zum Allgemeinen einzuhalten und
mit der analytischen Betrachtung der einfachsten geometrischen Erscheinungen, die
dem Schüler schon bekannt sind, zu beginnen. Auf diese Weise wird der Schüler
die Fähigkeit erlangen, der analytischen Entwicklung der ihm noch fremden Eigenschaften der Kegelschnitte mit Verständnis zu folgen. Bei allen Untersuchungen soll
die unmittelbare Anschaulichkeit angestrebt und zu diesem Zwecke sowie auch zur
Vereinfachung des Calcüls die analytische Behandlung durch synthetische Betrachtungen
unterstützt werden. Bei der Auswahl der Eigenschaften der Kegelschnitte werden
diejenigen besonders zu berücksichtigen sein, welche eine constructive Anwendung
gestatten. Wie weit der Unterricht in der Entwicklung des Stoffes gehen kann, wird
wesentlich vom Grade der mathematischen Schulung der Schüler abhängen; die
Erfahrung zeigt, dass durch einen richtigen Lehrvorgang das lebhafte Interesse der
Schüler für diesen Theil der Elementarmathematik gewonnen werden kann.

VIII. Classe. Der Lehrplan bestimmt, dass die zwei wöchentlichen mathematischen
Lehrstunden für die Wiederholung des gesammten Lehrstoffes zu verwenden sind.
Dadurch ist nicht ausgeschlossen, dass auch die empfindlichsten Lücken ausgefüllt
werden können, welche durch ungünstige Umstände in den vorhergehenden Classen

offen geblieben sind; nur soll der Darstellung neuer Lehren kein zu beträchtlicher Theil der Unterrichtszeit gewidmet werden.

Dass die Wiederholung den gesammten Lehrstoff im Einzelnen umfasse, ist nicht gut möglich und erscheint auch nicht rathsam; es ist zu empfehlen, dabei vorzüglich den Unterrichtsstoff der drei letzten Semester zu berücksichtigen und aus dem Unterrichtsgebiete der drei ersten Semester nur einzelne etwas schwierigere oder an sich wichtigere Partien herauszuheben. Da in dieser Classe das Gedächtnis des Schülers schon durch andere Unterrichtsgegenstände stark in Anspruch genommen ist, so könnte die Reproduction der beträchtlichen Anzahl von Lehrsätzen in der Planimetrie und Stereometrie leicht zu einer Überlastung des Gedächtnisses führen, was erfahrungsmäßig ein Zurückweichen der freien Urtheilskraft zur Folge hat. Zeigt der Schüler bei der Maturitätsprüfung Sicherheit in der Auflösung der Gleichungen verschiedener Art, im Gebrauche und der Anwendung der Logarithmentafeln, ferner in jenen arithmetischen Partien, welche der Lehrplan in der VII. Classe anführt, legt er endlich durch die Auflösung passender Aufgaben eine gründliche Kenntnis der Grundlehren der ebenen Trigonometrie und der Grundbegriffe der analytischen Geometrie an den Tag, so ist dadurch für seine geistige Reife im mathematischen Denken eine sichere Bürgschaft gewonnen; er besitzt dann gewiss die Fähigkeit, bei einer späteren Verwertung seiner mathematischen Kenntnisse Einzelheiten, die in seinem Bewusstsein im Laufe der Zeit etwas in den Hintergrund getreten sind. selbständig aufzunehmen und zu ergänzen. Es ist zu empfehlen, in jede der Aufgabengruppen, welche für die schriftliche Maturitätsprüfung bestimmt sind, eine Aufgabe aus der Trigonometrie und eine aus der analytischen Geometrie aufzunehmen. Für die mündliche Prüfung kann die Abgrenzung der verschiedenen Gebiete, innerhalb welcher die Fragen gewählt werden, schriftlich ausgeführt und der Prüfungscommission zur Einsicht vorgelegt werden.

Instructionen für den Unterricht an den Gymnasien.

F. Naturgeschichte.

Die Aufgabe des naturgeschichtlichen Unterrichtes ist eine doppelte, eine formale oder erziehliche und eine materiale oder praktische. In jener Hinsicht soll er Anleitung geben, durch geordnete Beobachtung der Thatsachen die Sinne zu schärfen; in weiterer geistiger Verarbeitung der gewonnenen Anschauungen soll er durch Bildung von Begriffen, Urtheilen und Schlüssen die Verstandeskräfte entwickeln helfen, ebenso aber auch den Natursinn erwecken und durch die Freude an der Naturbetrachtung die Gemüthsveredlung in einer Richtung anstreben, in welcher dieselbe durch andere Unterrichtsmaterien nicht erzielt werden kann. In praktischer Beziehung sucht er den Schüler mit einer Summe von Kenntnissen auszurüsten, welche ihm für jede Lebensstellung eine unentbehrliche Ergänzung seines Wissens oder auch die Grundlage für künftige Fachstudien sein sollen.

Sonach muss der naturgeschichtliche Unterricht, wenn er Erfolge erzielen will, von klaren Anschauungen ausgehen, welche nur durch selbstthätigen Verkehr der Schüler mit der Natur, also durch eigenes Beobachten gewonnen werden können. Wie es der Begriffsentwicklung vom Besonderen zum Allgemeinen entspricht, wird man auch beim Unterrichte, der mit der Wahrnehmung beginnt, vom Besonderen zum Allgemeinen vorschreiten, daher im Anfange rein analytisch vorgehen. Der Lehrer muss an diesem Lehrgange, der allein als naturgemäß zu bezeichnen ist, zunächst unbedingt festhalten. Auf der Oberstufe, wo das thatsächliche Material, welches der Schüler im Untergymnasium gesammelt hat, erweitert und nach wissenschaftlichen Principien geordnet werden soll, mag sich neben dem analytischen Verfahren auch das synthetische empfehlen, wiewohl auch hier häufiger Anlass geboten sein wird, inductorische Denkprocesse mit den Schülern durchzumachen.

Da der Naturgeschichte nur eine kleine Zahl von Unterrichtsstunden im Lehrplane eingeräumt ist, so tritt an den Lehrer die Pflicht heran, die sorgfältigste Auswahl des Lehrstoffes und eine weise Ökonomie in der Verwendung der Unterrichtszeit sich angelegen sein zu lassen. Die Meinung, als gäben die von der Unterrichtsbehörde approbierten Lehrbücher auch hinsichtlich des Umfangs der zu bearbeitenden Materie eine Richtschnur an die Hand, wäre irrig; dies geht schon daraus hervor, dass an Gymnasien und Realschulen trotz der größeren Zahl von Unterrichtsstunden an den letzteren meist dieselben Bücher benutzt werden, ferner, dass die zugelassenen Bücher unter sich in Bezug auf den Umfang des Stoffes nicht unbeträchtlich differieren. Bei dieser Auswahl kommt außer der Unterrichtszeit noch in Betracht die Zahl und Beschaffenheit der Schüler, die der Lehranstalt zu Gebote stehenden Lehrbehelfe, zum Theile auch die Lage des Schulortes. Es wird der regel-

17

rechten Entwicklung des Unterrichtes sehr zustatten kommen, wenn der Lehrer nach Thunlichkeit schon zu Beginn des Schuljahres planmäßig die Materie nach den Monaten des Schuljahres vertheilt, um den Anforderungen des Lehrplanes zu genügen.

Behufs möglichster Ausnutzung der Unterrichtszeit empfiehlt es sich, beim Prüfen sich nicht zu lange mit einem Schüler zu beschäftigen, um so mehr als jeder derselben im Laufe eines Semesters öfters zu examinieren ist. Schriftliche Prüfungen in diesem Gegenstande sind auf der Unterstufe unstatthaft, auf der Oberstufe jedenfalls nur ganz ausnahmsweise zulässig. Dem Prüfen und der Wiederholung ist am Untergymnasium regelmäßig etwa die Hälfte der Lehrstunde zu widmen, während die andere Hälfte der Behandlung neuen Lehrstoffes dienen soll. Selbst in den oberen Classen, wo diesfalls die Bewegung des Lehrers freier ist, möchte es nicht gerathen erscheinen, mehr als eine, höchstens zwei Stunden, — letzteres jedoch nur nach kurzer Recapitulation des in der vorausgegangenen Lehrstunde Behandelten — fortgesetzt neuen Stoff vorzunehmen. Längere, durch eine Anzahl von Lehrstunden ausgesponnene sogenannte Vorträge begünstigen die bloß gedächtnismäßige Vorbereitung für die folgende Prüfung, beeinträchtigen die Bildung eines selbständigen Urtheils und gefährden die Entwicklung der richtigen naturwissenschaftlichen Erkenntnis. Um der gedächtnismäßigen Behandlung der Naturgeschichte, zu welcher die Jugend erfahrungsmäßig hinneigt, wirksam zu begegnen, wird das Hersagen von memorierten Beschreibungen oder von Charakteren systematischer Gruppen, dann das Anlegen von Lehrstoffheften in den Oberclassen nicht zu dulden, sondern der Schüler durch geschickte Fragen anzuleiten sein, die Merkmale von den Objecten — im Nothfalle von deren Abbildungen — abzulesen und die gemachten Beobachtungen durch Bethätigung seines Denkvermögens zu combinieren. Ein solcher Vorgang, der auf fortwährende Controle der Anschauung und Übung des Urtheils abzielt, ist nicht leicht; er erfordert Überlegung und sorgfältige Vorbereitung namentlich des jüngeren Lehrers, aber auch die volle Aufmerksamkeit während der Unterrichtsstunde selbst; die Liebe zur Sache und das redliche Wollen führt indessen, wie die Erfahrung in zahlreichen Beispielen zeigt, über diese Schwierigkeiten hinweg.

Da die selbstthätige Betrachtung der Objecte seitens aller Schüler die Grundbedingung gesunder naturhistorischer Unterweisung ist, so wird in allen Fällen, in welchen der zu besprechende Gegenstand nicht groß genug ist, dass seine Merkmale der ganzen Classe von einem Punkte aus deutlich genug gezeigt werden können, und auch nicht in solcher Anzahl zur Verfügung steht, um die Schüler damit zu betheilen, dem Lehrer die Aufgabe zufallen, ihn auf einem Gange durchs Lehrzimmer den Schülern gruppenweise zu demonstrieren, dabei bald diesen, bald jenen Schüler zur Angabe der beobachteten Merkmale aufzufordern und die allmählich gewonnenen Resultate zu einem geordneten Ganzen zu vereinigen, worauf ein Schüler diese Ergebnisse wiederholend zusammenzufassen hat.

Diesen Demonstrationen steht als wesentlicher Behelf behufs Klarstellung der Eigenthümlichkeiten kleinerer Körper, der anatomischen und morphologischen Verhältnisse oder behufs Ausbildung des Formensinns überhaupt die Entwicklung der Formen durch schematische Zeichnungen an der Schultafel und Nachzeichnen derselben seitens der Schüler unterstützend zur Seite.

Die bisher dargelegten Gesichtspunkte betreffen den gesammten naturhistorischen Unterricht. Da aber der verschiedene Grad geistiger Reife am Unter- und Obergymnasium auf dessen Form und Inhalt Einfluss übt, so soll das Verfahren für jede Stufe besonders erörtert werden.

a) Unterstufe.

Die wichtigste Anforderung beim Unterrichte auf dieser Stufe ist, den Schüler mit den Thatsachen bekannt zu machen, ihn richtig sehen und auffassen zu lehren und ihm den treffenden sprachlichen Ausdruck für die neuen Vorstellungen an die Hand zu geben. Der Lehrer wird also die analytische oder inductive Methode ausschließlich zur Anwendung bringen und sowohl in der zoologischen, als botanischen und mineralogischen Materie mit der Vorführung eines zweckmäßig gewählten Naturkörpers beginnen, wobei die Rücksicht auf das System nicht maßgebend ist. Die Schüler der untersten Classe bringen für den naturgeschichtlichen Unterricht schon ein mehr oder weniger reges Interesse mit; diese Freude am Betrachten der Natur in Verbindung mit einer Summe von bereits früher erworbenen Anschauungen erleichtert dem Lehrer die Aufgabe, weil sie die Fähigkeit zu schärferer und genauerer Beobachtung nährt. Er kann also ohne weitere Einleitung den zoologischen Unterricht damit beginnen, dass er an einem geeigneten, nicht zu kleinen gestopften Säugethiere (Affe, Hund, Katze oder Fuchs) die Haupttheile des Körpers benennen lässt, anknüpfend an die im Anschauungsunterrichte der Volksschule oder aus dem Alltagsleben von den Knaben gesammelten Erfahrungen. Nach Wiederholung dieser schematischen Beschreibung durch mehrere Schüler anfangs am Objecte, später vielleicht an einer guten Abbildung schließt sich die charakteristische Beschreibung des Thieres unter Leitung und Mithilfe des Lehrers an; sie ist wieder von einigen Schülern zu wiederholen. Daran knüpfen sich Bemerkungen über das Vorkommen dieser Art, über die Eigenthümlichkeiten ihrer Lebensweise, über ihren Nutzen und Schaden.

Beim botanischen Unterrichte stellt sich dem Lehrer die Schwierigkeit entgegen, dass der Beginn an den meisten Lehranstalten in eine Zeit fällt, wo Phanerogamen im Freien noch unentwickelt sind, während Kryptogamen zur Einführung in den Unterricht sich nicht eignen. Man behelfe sich einstweilen, bis spontan blühende Formen erscheinen, mit Culturpflanzen in geringerer Anzahl, z. B. drei bis vier blühenden Hyacinthen, oder einigen anderen großblumigen Topfpflanzen (Tulipa, Crocus), die man sich von einem Gärtner oder durch eigene Zucht verschaffen kann. An einem dieser Exemplare werden nun — ähnlich wie am vorgelegten Thierkörper in der I. Classe — die Hauptorgane einer phanerogamen Pflanze im Allgemeinen demonstriert, wobei die Selbstthätigkeit der Schüler durch Fragen fortwährend rege zu erhalten ist. Bei der Betrachtung der Theile der Blüte angelangt, wird der Lehrer die einzelnen Blüten unter die Schüler zu vertheilen haben, wozu zwei bis drei Hyacinthen-Blütenstände ausreichen dürften. Nach dieser allgemeinen Orientierung, welche durch einige Wiederholungen zu sichern ist, wird zur charakterisierenden Beschreibung der vorhandenen Pflanzenart geschritten und dieselbe eingeübt, worauf in der folgenden Stunde wieder an einer frischen Pflanze die Wiederholung des Vorgenommenen auf dem Wege der Prüfung erfolgt.

Der mineralogische Unterricht findet den passendsten Ausgangspunkt an einer Mineralart, welche charakteristische Eigenschaften enthält und zur Beobachtung für alle Schüler ausreichendes Material bietet. In beiden Beziehungen dürfte das Steinsalz am besten entsprechen, daher ihm der erste Platz im Unterrichte einzuräumen wäre.

In Bezug auf den Umfang des der Beobachtung nach und nach zuzuführenden Stoffes wird der Lehrer maßhalten müssen, denn es kann sich in der Schule weder um Besprechung aller im Schulbuche beschriebenen Formen, noch um Vollständigkeit überhaupt handeln, vielmehr hat als Hauptsache die fortschreitende geistige Schulung zu gelten, angebahnt durch die zielbewusste Behandlung einer sorgfältigen Auswahl von Gegenständen.

Der Organisationsentwurf für Gymnasien (1849) sagt (unter Nr. VII des Anhangs) „Für die Auswahl geben das Vorkommen des betreffenden Gegenstandes in der eigenen Umgebung der Schüler, ein besonderer Nutzen oder Schaden desselben oder eine wissenswerte Anwendung in Künsten und Gewerben bestimmende Momente; aber es würde ein Unrecht gegen die Schüler sein, sich nur hiedurch bestimmen zu lassen. Thiere und Pflanzen oder Mineralien, welche durch ihre fast ausschließliche Beschränkung auf einen Theil der Erde zu dessen Charaktertypus selbst gehören oder die einen ästhetischen Eindruck auf die Phantasie des Schülers zu machen geeignet sind, oder solche, die, vielleicht im Einzelnen unscheinbar, als gesammte Gattung eine bedeutende Stelle im großen Haushalte der Natur einnehmen: diese alle verdienen gewiss von der Kenntnis des Schülers im Untergymnasium nicht ausgeschlossen zu werden". Insbesondere werden die naheliegenden oder durch ihre Größe der Behandlung in der Schule besser zugänglichen Objecte den Vorzug verdienen, namentlich solche, die leicht in ausreichender Anzahl herbeigeschafft werden. Dieses kann bei den Pflanzen als Regel angesehen werden; es wird im botanischen Unterrichte möglich sein, auf dem Lande jedem Schüler, in großen Städten wenigstens je zweien ein gutes Exemplar der lebenden Pflanze in die Hand zu geben. Doch auch bei manchen Thierformen (Maikäfer, manche andere Käferart, Kohlweißling, Biene, Heuschrecke, Gehäuse mancher Conchylien) und Mineralarten (Steinsalz, Alaun, Schwefelkies, Bleiglanz) wird es der Fürsorge des Lehrers gelingen, über eine größere Menge zur Vertheilung unter die Schüler zu verfügen. Der Unterricht gewinnt dadurch nicht bloß an Intensität, sondern er geht auch rascher vonstatten, weil die ganze Classe gleichzeitig die Beobachtung vornimmt, während der Lehrer, diese Beobachtung controlierend, durch leitende Fragen die Beschreibung zusammenstellen lässt. Wo eine Mehrheit von Objecten nicht zur Verfügung steht, wie es beim zoologischen und mineralogischen Unterrichte in der Regel der Fall sein wird, empfiehlt es sich, wie bereits angedeutet, das Object dadurch zur Anschauung zu bringen, dass man es den Schülern gruppenweise demonstriert.

wobei der Lehrer die Aufmerksamkeit der ganzen Classe durch geeignete pädagogische Mittel zu erhalten bemüht sein muss. Große Gegenstände werden in allen ihren Theilen wohl von der Gesammtheit der Schüler gut beobachtet werden können, wenn sie auf dem Kathedertische aufgestellt sind.

Durch planmäßige, bestimmte Fragen, bald an diesen, bald an jenen der beobachtenden Schüler gerichtet, werden deren Wahrnehmungen zu ihrem bezeichnenden sprachlichen Ausdrucke gebracht. Jedes A b s c h w e i f e n von dem Ziele, sowie jede ü b e r f l ü s s i g e B r e i t e, welche das Interesse der Schüler ebenso a b s t u m p f t, als sie unnützer Weise die kostbare Unterrichtszeit b e a n s p r u c h t, ist zu vermeiden und eine allmähliche Gewöhnung an geordnete Beschreibung der Naturkörper, jedoch mit Ausschluss jeder pedantischen Genauigkeit, anzustreben. Eine Anleitung zu den Methoden der Untersuchung (Analyse von Blüten, Prüfung der Härte, des Striches u. dgl.) ergibt sich dabei von selbst. Hiebei werden Z e i c h n u n g e n mancher beobachteten Theile — vom Lehrer selbst oder im weiteren Verlaufe des Unterrichtes von einem hiezu befähigteren Schüler an der Schultafel entworfen — gute Dienste leisten und die Klarheit und Schärfe der Auffassung steigern. Namentlich wird bei minutiösen Merkmalen die vorläufige Orientierung an einer vergrößerten Tafelzeichnung das darauffolgende Aufsuchen derselben an natürlichen Objecten erleichtern. Auch W a n d t a f e l n [1] können, insbesondere wenn es sich um wiederholte Beobachtung ähnlicher Theile handelt, mit Vortheil verwendet werden.

Die auf die dargestellte Weise gewonnenen B e s c h r e i b u n g e n werden z u s a m m e n z u f a s s e n und sodann von einem oder zwei Schülern zu w i e d e rh o l e n sein. Es ist selbstverständlich, dass sie besonders im Anfange nur unvollständig sein können; der Lehrer wird jedoch bei zweckmäßig corrigierendem Eingreifen, bei fortgesetzter Übung und stetig steigenden Anforderungen an die Genauigkeit bald bei der Mehrzahl der Schüler wesentliche Fortschritte und immer günstigere Resultate zu verzeichnen haben.

Von welch primitiver Art aber derlei Leistungen der Schüler auch sein mögen und wie weit sich oft die Beschreibungen von den im Lehrbuche gegebenen Darstellungen der betreffenden Naturkörper entfernen mögen, immerhin muss ihnen ein weit höherer Wert beigemessen werden, als der ganz unzulässigen, oft gedankenlosen Wiedergabe von auswendig gelernten regelrechten und vollständigen Beschreibungen.

Wenn an die zum Ausgangspunkte des Unterrichtes gewählte Gestalt eine Reihe weiterer Körper angeschlossen worden ist, so werden die an ihnen angestellten Übungen im Beobachten in kurzer Zeit einen V o r r a t h von V o r s t e l l u n g e n schaffen, auf Grund welcher g e m e i n s a m e und u n t e r s c h e i d e n d e Merkm a l e abgeschätzt werden können. Das Abstrahieren der charakteristischen Merkmale, das Vergleichen der Körper wird den Schülern nach und nach immer weniger Schwierigkeiten bereiten. Diese geistigen Operationen m ü s s e n aber vorgenommen werden sowohl zur gründlichen Einübung des Stoffes als auch als Mittel zur Vorbereitung des Verständnisses des Zusammenhanges unter den Thier- und Pflanzenformen; sie machen das einmal Erlernte erst zum bleibenden geistigen Eigenthume des Schülers. Besonders empfehlen sich solche Vergleiche für die jeweiligen Prüfungen; es wird dadurch ein stetes Zurückgreifen auf den bereits abgehandelten Lehrstoff bedingt

und Wiederholungen größerer Partien etwa gegen Schluss des Semesters erscheinen
infolge dessen unnöthig oder werden wenigstens wesentlich erleichtert. Hiebei mag
betont werden, dass auch bei solchen Prüfungen oder Wiederholungen dem
Schüler stets Objecte oder Bilder in die Hand gegeben werden sollen.

Mit Beziehung auf die Nothwendigkeit vergleichender Betrachtung
ist es wichtig, die systematische Reihenfolge vom Anbeginn nicht
unbeachtet zu lassen, falls für das Abgehen von derselben keine zwingende
Veranlassung vorhanden. So können z. B. die Wirbelthiere so ziemlich ohne Sprung
im Systeme durchgenommen werden, ebenso die Gliederthiere. Rücksichtlich der
Pflanzen wird man in den ersten zwei Monaten wohl hauptsächlich von der Blütezeit
abhängig bleiben und von der verwandtschaftlichen Zusammengehörigkeit öfters
abweichen müssen, so dass die systematische Ordnung des Behandelten einem späteren
Abschnitte des Semesters überlassen bleibt, sobald nämlich zu den einzelnen weit
von einander entfernten Formen mehrere ähnliche hinzugefügt worden sind. In der
Mineralogie werden sich an die Betrachtung des Steinsalzes zweckmäßig jene
Mineralien reihen, welche, wie die Salze oder Haloide, durch ihre äußeren Merkmale
mehr oder weniger Ähnlichkeit mit dem Steinsalze zur Schau tragen.

Durch fortgesetzte Übung im Vergleichen der Naturkörper gelangt der Schüler
unter Anleitung des Lehrers in kurzer Zeit dahin, die Begriffe von Art und
Gattung sich eigen zu machen und für die Auffassung des Systems, dessen
Erkenntnis das Ziel der Oberstufe bildet, den Blick zu schärfen. Wenn auch solcher-
maßen das Verständnis der später folgenden Systematik nur eingeleitet wird, so
wird aus dieser im Verlaufe des Elementarcursus der Naturgeschichte in den meisten
Fällen allmählich doch so viel aufgenommen werden können, dass die Hauptgruppen nach ihren charakteristischen Merkmalen unter gemeinsamen Namen
zusammengefasst und dem Gedächtnisse der Schüler mit der Kenntnis des Einzelnen
aus ihnen eingeprägt werden.

Die bei manchen Schülern vorkommende Neigung, Sammlungen anzu-
legen, soll der Lehrer unterstützen, da sie oft die erste Grundlage eines tieferen
Interesses an der Natur ist, den Knaben in seinen Mußestunden auf eine edle
Weise beschäftigt und ihm ein treffliches Mittel bietet, seine häusliche Aufgabe in
vielen Partien der Naturgeschichte leicht und sicher zu lösen. Wo die Verhältnisse
des Schulortes es gestatten, „wird der Lehrer wohl daran thun, wenn er mit seiner
Classe oder mit den für den Gegenstand am lebhaftesten sich interessierenden
Schülern derselben zuweilen Excursionen anstellt; für ein erfolgreiches Betreiben
der Botanik sind die Excursionen kaum zu entbehren, aber auch für die Mineralogie
und für manche Zweige der Zoologie werden sie wesentliche Förderung bringen."
(Organisationsentwurf 1849.) In der II. Classe mag nach Thunlichkeit von jedem
Schüler ein kleines Herbar, enthaltend die in der Schule vorgenommenen
Pflanzen, angelegt werden, wozu in einer der ersten Stunden die Anleitung gegeben
werden soll. Es hat die Aufgabe, nicht bloß eine intensivere Bekanntschaft des
Schülers mit den Pflanzen herbeizuführen, sondern auch bei Rückblicken und
Wiederholungen während des Semesters als erwünschtes Substrat zu dienen, ja
selbst am Obergymnasium die halb verblasste Pflanzenkenntnis wieder aufzufrischen.

Die voranstehenden Ausführungen dürften zur Charakterisierung des Lehrverfahrens auf der Unterstufe im Allgemeinen genügen; genauere Unterweisung und fachmännische Beurtheilung vieler Detailfragen muss der Lehrer in der pädagogisch-didaktischen Literatur überhaupt und in jener des Gegenstandes insbesondere suchen [11]. Hier sei nur noch erwähnt, dass es eines der wichtigsten Kriterien eines guten Lehrers der Naturgeschichte unter allen Umständen bleiben wird, dass er die Anschauung des Schülers bei jeder Gelegenheit und auf jede Weise entwickle und controliere, sei es bei Betrachtung neuer Objecte, sei es bei Recapitulationen, dass er ferner bei Besprechungen und Fragen thunlichst oft an concrete Beispiele anknüpfe, um durch solche Mittel das gedächtnismäßige Arbeiten des Schülers erfolgreich zu bekämpfen.

Der Lehrer dieses Faches am Gymnasium darf den Umstand nicht aus den Augen verlieren, dass die Naturgeschichte nur einen geringen Theil der täglichen häuslichen Vorbereitungszeit des Schülers beanspruchen dürfe; die Hauptsache bleibt der eindringliche Schulunterricht selbst. Aus dieser Rücksicht wird jedes Eingehen auf Verhältnisse und Eigenschaften, welche auf dieser Stufe eine weitere verstandesmäßige Verarbeitung nicht finden, welche also vorzugsweise mit dem Gedächtnisse festgehalten werden müssten, zu unterbleiben haben. Dahin gehören systematische Übersichten überhaupt, so weit sie nicht aus dem Unterrichte deduciert werden, Aufzählungen von Formen der Pflanzenorgane, wie z. B. Eintheilung des Blattes nach dem Grunde, dem Umrisse, Angabe der Fruchtformen u. s. w.; die Zahnformeln der Säugethiere, die Anzahl und Form der Zähne bei den besprochenen Thierformen, in welcher Hinsicht Gruppenunterscheidungen wie: Raubthier-, Nagethiergebiss vollkommen genügen; ferner sind hierher zu rechnen die Zahlenangaben über Größen- und Gewichtsverhältnisse. Relative Angaben durch Vergleichung mit bekannten Körpern werden meist ausreichen. Dies schließt jedoch die Vornahme directer Messungen, an den Objecten in der Schule von den Schülern angestellt, keineswegs aus, da solche eine bleibende Vorstellung der gebräuchlichen Längenmaße erzeugen und gute Übungen für das Augenmaß behufs späterer Vornahme von Schätzungen abgeben. Auch die wissenschaftlichen Namen und Bezeichnungen können das Gedächtnis überbürden. In diesem Punkte wird empfohlen, sich auf die systematischen Namen der wichtigsten Thiere und Pflanzen, vorzüglich derjenigen, welche als Typen vorgeführt wurden, zu beschränken; die Etymologie dieser Namen ist, soweit sie den Schülern nach dem Grade ihrer Vorbildung zugänglich ist, zurechtzulegen und wie überall so auch hier auf richtige Aussprache und Betonung zu sehen.

Unstatthaft wäre der Vorgang, ein oder mehrere Objecte auf einmal von Hand zu Hand unter den Schülern circulieren zu lassen oder ganze Gruppen von Objecten zur Besichtigung zu übergeben, um etwa so Zeit zu gewinnen und in der Lehrstunde mehr Stoff absolvieren zu können. Abgesehen von dem Übelstande, dass dadurch viele Objecte Gefahr laufen, sehr bald abgenützt oder auch zerstört zu werden, wird so eine Störung der Ruhe durch die sich gegenseitig befragenden Schüler unvermeidlich; und andererseits wird es nicht erzielbar sein, dass jeder Schüler die Merkmale aufnehme, auf deren Beobachtung es ankommt. Hiezu gesellt

sich noch die für den Lehrer naheliegende Veranlassung, diese Gegenstände vor oder
während der Besichtigung durch die Schüler in Form eines Vortrages zu
besprechen, was dem obersten Grundsatze, dass die Schüler in selbstthätigen Verkehr mit der Natur zu treten haben und der Unterricht sich inductiv gestalte,
widerspricht.

Verwerflich wäre weiters das Voranstellen einer allgemeinen Einleitung, wie sie in manchen Büchern noch vorkommt, in neuerer Zeit jedoch
immer bestimmter als unzweckmäßig bezeichnet wird, z. B. in der Zoologie die
Beschreibung des menschlichen Körpers nach Abbildungen und Modellen, oder die
Beschreibung der Pflanzenorgane (Terminologie) für sich, ferner Krystallographie oder
auch Kennzeichenlehre der Mineralien. Kein denkender Lehrer kann sich der
Einsicht verschließen, dass ein solches Vorgehen die psychologische Grundlage des
erziehlichen Unterrichtes verleugnet, indem es den Schüler mit Stoff zu über-
häufen sucht, statt dessen geistige Kraft zu entfalten.

Von großem Belange für das Gedeihen des Unterrichtes in den unteren Classen
ist der richtige Blick des Lehrers für den Grad der Gründlichkeit und
Vertiefung bei Behandlung der ausgewählten Objecte. Schon oben wurde
erwähnt, dass Einzelheiten, die vorzugsweise im Gedächtnisse haften müssen, übergangen werden sollen. In dieser Hinsicht wird es hauptsächlich von der pädagogischen
Bildung und dem Takte des Lehrers abhängen, die Schwierigkeiten, welche in der
Natur der Sache liegen, durch die Höhe seiner Anforderungen nicht zu vermehren,
denn allgemeine Normen darüber lassen sich nicht aufstellen. Einige Grenzlinien,
welche man nicht wird überschreiten dürfen, ohne der Altersstufe zu viel zuzumuthen,
mögen näher bezeichnet werden. In der Regel sind es äußere Merkmale,
mit deren Auffassung und Vergleichung sich der Unterricht zu befassen haben wird;
Verhältnisse, welche nur mit bewaffnetem Auge, namentlich mit Hilfe des Mikroskops
zur Anschauung gebracht werden können, eignen sich — sehr vereinzelte Ausnahmen
vielleicht abgerechnet — zur Erörterung auf dieser Stufe nicht. Dieser Grundsatz
wird für alle drei Reiche der Naturgeschichte in gleicher Weise zu beachten sein.
Ebenso wenig können hier Erscheinungen gewürdigt werden, zu deren Auffassung
der Schüler geistig noch nicht reif ist, wie z. B. anatomische und physiologische
Beschaffenheiten der Thiere und Pflanzen, Darstellung der Krystallsysteme,
geologische Belehrungen über die Umgebung des Schulortes u. s. w. Iu Bezug auf
den krystallographischen Theil genügt es, wenn der Schüler an der Hand eines
Krystalles oder Modelles die Flächen nach Zahl und Form anzugeben, gleiche
Kanten und Ecken zu finden versteht, wenn er an deutlich krystallisierten
Mineralstufen zu bestimmen vermag, ob das Mineral in Würfeln, Prismen, Pyramiden,
Tafeln oder in irgend einer anderen einfacheren Gestalt krystallisiere. Immerhin
aber mag man die besseren Schüler an geeigneten Krystallmodellen die Achsen
bezüglich ihrer Länge und gegenseitigen Lage aufsuchen lassen, zu welchem Zwecke
von ihnen selbst die Achsenkreuze aus Stäbchen zusammengesetzt und an den Enden
durch gespannte Fäden zu verbinden sind. Dazu wird Veranlassung geben die
Besprechung des Alauns, des Quarzes, des Schwefelkieses, Zinnerzes u. s. w. Auf das
Krystallmodell sollen die Schüler immer erst vom Minerale hingeleitet werden. Für

die häusliche Betrachtung der Krystallformen können natürliche, vom Schüler aus Lösungen erzeugte Krystalle oder kleinere aus Netzen [III] anzufertigende Modelle angewendet werden. Findigere Schüler mögen wohl auch durch Schnitzen solche Behelfe herzustellen versuchen. Nicht hierher gehörig sind ferner solche Erscheinungen, zu deren Erklärung in anderen Disciplinen erst zu erwerbende Vorbegriffe erheischt werden. Es wäre also ein nicht zu rechtfertigender Missgriff, die vollständige chemische Zusammensetzung der Mineralien, die Procentgehalte der Schwermetalle in den Erzen, die Begriffe: Radical, Carbonat, Silicat u. s. w. den Schülern aufzudrängen, was die Unterweisung in der Chemie voraussetzt. Dies hindert jedoch nicht, hervorzuheben, dass in diesem oder jenem Minerale Eisen oder Schwefel vorkommt, oder solche Erscheinungen vorzuführen, welche sich aus einfachen, wenig zeitraubenden und keine wissenschaftlichen Erklärungen voraussetzenden Experimenten vor den Augen der Schüler ableiten lassen; so z. B. Flammenfärbung beim Steinsalz, Aufbrausen von Calcit in Salzsäure, Nachweis des Kupfers in Kupfervitriol durch Eintauchen eines Messers in die Lösung, Anstellung einiger nicht zeitraubender Löthrohrversuche u. dgl. Solche Beobachtungen bereiten auf den physikalischen oder chemischen Unterricht vor und greifen den im letzteren zu vermittelnden Erklärungen nicht vor. Bezüglich des V o r k o m m e n s und der V e r b r e i t u n g der Naturkörper ist das N ö t h i g s t e mit Benützung der g e o g r a p h i s c h e n S c h u l a t l a n t e n oder der Wandkarten zu besprechen, von den F u n d o r t e n der Mineralien sind nur die wichtigsten hervorzuheben. Dieselben können zur sicheren Einprägung auf Karten mittelst Zeichen angedeutet werden.

Zum Schlusse noch einige Bemerkungen über den U m f a n g des Lehrstoffes und dessen V e r t h e i l u n g auf die zu Gebote stehende Zeit. Zur Besprechung der Säugethierformen — 50 bis 60 an Zahl — und inductiven Ableitung der Ordnungscharaktere aus denselben würden im Wintersemester der I. Classe circa v i e r Monate, zur Behandlung der niederen Thiere, welche der Lehrplan diesem Semester zuweist — etwa 12 bis 14 Formen als Gruppen- oder Classenrepräsentanten — die letzten vier Wochen zu verwenden sein. Ebenso dürfte es angemessen sein, durch Vorführung der Gruppentypen ungefähr 8 bis 10 Stunden zu B e g i n n des Sommersemesters dem Lehrstoffe aus dem Bereiche der Würmer und der Gliederthiere mit Ausschluss der Insecten, die übrige Zeit den letzteren zu widmen. Bezüglich d i e s e r soll das Eingehen auf entwicklungsgeschichtliche Verhältnisse nicht unterlassen werden, wofür die Schulsammlung mit den entprechenden Präparaten versehen sein muss. Tafeln können zwar nachhelfen, die Gewinnung richtiger Anschauung aber für sich allein nicht gewähren. I m z w e i t e n J a h r e dient das Wintersemester zum Abschließen des Unterrichtes über Wirbelthiere, wobei die Auswahl analog wie bei den Säuge- . thieren stattfindet, nur wird die meist viel kürzere Besprechung der Formen der Reptilien, Amphibien und Fische es ermöglichen, eine etwas größere Zahl von Arten in die Betrachtung einzubeziehen. Obgleich man mit dem Vorzeigen l e b e n d e r Thiere in der Schule aus pädagogischen Gründen das strengste Maß einhalten und auch nicht dulden soll, dass Schüler solche Thiere mitbringen, so wird es im Bereiche der erwähnten Classen zur Ergänzung der Beobachtung an Spiritus- und gestopften Exemplaren oder an Abbildungen nicht unpassend sein, eine oder die andere Form den Schülern lebend vorzuführen. Ein Aquarium oder ein Terrarium, das jede Anstalt besitzen kann, wird das geeignete Material hiezu liefern. Am Schlusse des zoologischen Curses erscheint es gerathen, in großen Zügen eine Recapitulation vorzunehmen, damit die Schüler das ganze durchschrittene Gebiet überblicken.

Im Sommersemester des zweiten Jahres ist sofort mit der Botanik zu beginnen. Im Verlaufe des Semesters mögen gelegentlich Kryptogamen-formen, doch nicht mehr als 8 bis 10, eingeschaltet werden, so dass der größte Theil der Zeit der Behandlung der Phanerogamen zufällt. Sonach wird es an den meisten Schulen thunlich sein, den Schülern an 50 bis 60 passend ausgewählten Arten die Mannigfaltigkeit der Gestaltung vor Augen zu führen und dieselben nach ihrer Verwandtschaft so zu reihen, dass die großen Ordnungen (15 bis 16) erkannt werden. In der zweiten Hälfte des Semesters, wenn die Schüler bereits einiges Material bewältigt haben, mögen immerhin die Classen des Linné'schen Systems erklärt werden, um die Schüler mit dem Wesen dieser einfachen Eintheilung bekannt zu machen. Im weiteren Fortschreiten des Unterrichtes fortgesetzt darauf ein besonderes Gewicht zu legen, wäre im Interesse der Entwicklung des botanischen Denkens nicht zu empfehlen.

In der dritten Classe wird die Aufgabe des Unterrichtes an etwa 24 bis 30 entsprechend ausgewählten Mineralarten zu erschöpfen sein, wobei die Rücksicht auf das System ganz nebensächlich ist. Bei günstigen Verhältnissen mag an die Glieder dieser Reihe eine Anzahl von minder wichtigen Formen mit kurzer Charakteristik angeschlossen werden. Einige wenige gemengte Gebirgsgesteine werden im natürlichen Anschlusse an Mineralarten in instructiven Stufen vorzuzeigen und kurz zu erörtern sein.

b) Oberstufe.

Der naturgeschichtliche Unterricht am Obergymnasium erfordert eine Behandlung in wissenschaftlicher Form, wobei die in gemeinverständlicher Weise in den Unterclassen gesammelten Kenntnisse sorgfältig zu benützen sind. Das Classificieren und Ordnen allein würde bei den bereits mehr gereiften Verstandes-kräften der Schüler das Interesse an der Sache nicht zu erhalten vermögen, es müssen vielmehr verwandtschaftliche Verhältnisse der Formenreihen, Momente der Entwicklung, Wechselbeziehungen zwischen den Naturproducten und den Naturkräften u. dgl. in den Kreis belehrender Erörterung gezogen werden. Der Lehrer hüte sich vor der Verlockung, den Lehrstoff, um rascher vorwärts zu kommen, auf Treu und Glauben zu überliefern d. h. mitzutheilen, denn daraus resultiert statt der sich fortschreitend vertiefenden Erkenntnis der Natur ein gedächtnismäßiges, oberflächlich haftendes Wissen mit einer Menge falscher Ansichten. Zusammen-hängende Mittheilungen können zwar nicht umgangen werden, nur wird der Lehrer sorgsam darauf zu achten haben, ob die Vorstellungen, welche seinen Ausführungen zugrunde liegen, den Schülern geläufig sind; sobald aber der Stoff zur Erledigung mittelst geschickter Fragen sich eignet, ist der entwickelnden Lehrform unbedingt der Vorzug einzuräumen. Der Lehrer muss sich jenes Maß von Selbstbeherrschung erwerben, um sich trotz der Fülle des Lehrstoffs an die mit aller Umsicht daraus getroffene Auswahl zu halten, wie sie zur fruchtbaren Behandlung der Materie in dem kärglichen Zeitausmaße namentlich für Mineralogie und Botanik und zur Übung in zusammenfassenden Recapitulationen erforderlich ist. Eine wohl erwogene Eintheilung von Zeit und Lehrstoff, insbesondere eine weise Sparsamkeit mit letzterem ist in den Oberclassen noch dringender geboten als im Untergymnasium. Der Lehrstoff darf in keinem Falle nur aufgespeichert, er muss geistig durchdrungen und mit selbständiger Beurtheilung aufgenommen werden. Im allgemeinen wird zur Erreichung dieses Zweckes auch hier an dem Principe festzuhalten sein, dass von den Thatsachen der Beobachtung auszugehen sei, doch wird neben dem rein inductiven Verfahren zuweilen auch das deductive zur Anwendung kommen.

Wiewohl bei der gegenwärtigen Sachlage die Descendenzlehre (Selectionstheorie) als solche in die Schule nicht gehört, so dürfen doch sichergestellte und den Schülern begreifliche Thatsachen, offenbare Homo- und Analogien, unzweifelhafte Anpassungen, Umstände, die zur Verbreitung der Thiere und Pflanzen beitragen, Concurrenz der letzteren unter einander, Mitwirkung der Insecten zur Übertragung des Blütenstaubes, als erklärende Factoren geeignetenorts mit der nöthigen Vorsicht in die Betrachtung einbezogen werden, denn die Absolventen des Gymnasiums sollen dem naturwissenschaftlichen Ideenkreise der Gegenwart nicht ganz fremd und unvorbereitet gegenüber stehen.

1. Hinsichtlich des **mineralogischen Unterrichts** möge bedacht werden, dass in einem Semester an die specielle Mineralogie sich noch einige wenige Lehren aus der Geologie anschließen sollen. Was den Lehrvorgang betrifft, wird an die im Untergymnasium erworbene Mineralienkenntnis anzuknüpfen, dieselbe wenn nöthig aufzufrischen und durch eigene Beobachtung zu erweitern sein. Das analytische Verfahren spielt demnach auch hier noch eine wichtige Rolle. Doch wird hier dem deductiven Vorgange mehr Spielraum geboten werden müssen als in der Zoologie und Botanik. Wo dies stattfindet und Verhältnisse von einem allgemeinen Standpunkte besprochen werden, wird die Klarstellung durch Beispiele zu sichern sein, indem sonst der Unterricht sich möglicher Weise an den Vorstellungskreis des Schülers nicht anschließt und seinen Wert für dessen Bildung verliert.

Die Betrachtung der Mineralien soll mit jenem Grade von Wissenschaftlichkeit geschehen, welche auf den bereits erworbenen geometrischen und physikalisch-chemischen Erkenntnissen basiert; diese Vorbedingung ist gewissenhaft zu beachten, weil sonst der gesammte naturwissenschaftliche Unterricht auf die Stetigkeit und organische Verknüpfung aller seiner Factoren, und der Lehrstoff der Mineralogie auf die geistige Assimilation vielfach verzichten müsste. Die verhältnismäßig wenig entwickelte geometrische Anschauung der Gymnasiasten in der V. Classe gegenüber den Realschülern in der VII. Classe beschränkt selbstverständlich die in der Krystallographie zu stellenden Anforderungen, so dass ein Lehrbuch, welches auch für Realschulen approbiert ist, am Gymnasium im krystallographischen Theile mit Reducierung auf die zur Orientierung unentbehrlichsten

Gesichtspunkte zu benutzen ist. Als Aufgabe wird der Lehrer sich zu stellen haben, die Charaktere der Krystallsysteme, der wichtigeren einfachen und combinierten Gestalten, so weit diese an Mineralformen selbst zur Anschauung gelangen, und die Entwicklung der Hauptreihen bei einachsigen Systemen zu entwickeln, dabei thunlichst anschaulich zu verfahren, auf die Symmetrieverhältnisse der Gestalten die Aufmerksamkeit zu lenken und jede compliciertere geometrische Deduction streng zu vermeiden.

Die Frage, ob die Krystallographie vorauszuschicken und zusammenhängend zu besprechen ist oder ob die Erörterung der Krystallsysteme in die Mineralbeschreibung allmählich nach Bedarf eingeflochten werden soll, mag hier offen gelassen werden. Es sprechen beim Unterrichte an Mittelschulen, in dem die logische Eintheilung der Wissenschaft eine wenig belangreiche Rolle spielt, der jeweilige Naturgegenstand selbst vielmehr den Mittelpunkt einer möglichst belehrenden Betrachtung bildet, für die eine wie für die andere Behandlungsweise mehrere Gründe. Wer den ersteren Weg einschlägt, wird diesem Zweige des Gegenstandes kaum mehr als 12 Unterrichtsstunden zuwenden dürfen; wer den letzteren Vorgang vorzieht, muss die Herstellung des Zusammenhanges in den krystallographischen Erkenntnissen durch öftere Rückblicke sich angelegen sein lassen. Die Hauptsache in beiden Fällen ist Erweckung klarer krystallographischer Anschauungen durch möglichst selbstthätiges Eingreifen der Schüler bei Beschränkung des Ausmaßes auf das Nothwendigste. Die Anschauung wird sowohl durch entsprechend große Modelle als durch natürliche und im chemischen Laboratorium erzeugte Krystalle zu unterstützen sein; Zeichnungen von Krystallgestalten für sich allein sind hiefür keinesfalls ausreichend.

Wenn schon die Krystallographie vermöge ihres mathematischen Charakters eine selbständige Behandlung erfahren mag, so ist eine weitere Spaltung des mineralogischen Gegenstandes nach Capiteln bei der beschränkten Unterrichtszeit nicht zulässig. Die physikalischen und chemischen Eigenschaften sind sonach in Anknüpfung an die Besprechung hiezu geeigneter Mineralien zu erörtern. Die dadurch herbeigeführte Abwechslung zwischen Beschreibung und Erklärung erweckt ein regeres Interesse für die Sache als das Charakterisieren allein; die Belehrung über physikalische und chemische Verhältnisse, von concreten Fällen ausgehend, erweist sich fruchtbarer, als deren allgemeine Abhandlung vor der speciellen Mineralogie. Soweit die Physik die Einsicht in derlei Erscheinungen noch nicht vermittelt hat, z. B. bei der doppelten Brechung, Polarisation, wird man sich mit deren Demonstrierung und der Angabe der Bedeutung für die Mineralogie begnügen, hinsichtlich der Erklärung jedoch die Schüler auf die Physik verweisen. Die chemischen Kennzeichen sollen durch die betreffenden Reactionen, wofern sie mit einfachen Mitteln durchzuführen sind, versinnlicht werden. Mit den häufigsten gemengten Felsarten ist der Schüler an passender Stelle, wenn nämlich die Gemengtheile als Mineralien schon besprochen worden sind, bekannt zu machen, wobei auch Bemerkungen über das Vorkommen, namentlich in Österreich, am Platze sein werden, denn zu besonderen geognostischen Belehrungen bietet sich keine Gelegenheit.

Auf die eingehendere Kenntnis eines Systems ist geringeres Gewicht zu legen, weil dessen Bedeutung hier keine so große ist, als in der organischen Natur. Der Lehrer wird jene wenigen Repräsentanten herausgreifen, welche im Baue der Erdrinde für sich oder als Gemengtheile, in der Industrie oder im menschlichen Haushalte eine wichtige Rolle spielen. Diese müssen aber unter häufiger Inanspruchnahme des Urtheils und der Selbstthätigkeit der Schüler in ihren verschiedenen Formen (Krystalle, Krystallaggregate . . .) und Übergängen in verwandte Arten betrachtet und als Glieder von Mineralreihen aufgefasst werden, damit der Schüler genetische Vorgänge in der organischen Natur erfassen und begreifen lerne, dass die Erde in ihrer festen Rinde beständigen Umwandlungen unterworfen sei. Eine solche zum Denken anregende, mehrseitige Besprechung einer kleinen, aber gut gewählten Zahl von Mineralien wird den sonst spröden Gegenstand zu einem gehaltvollen Bildungsmittel machen. Fünfzehn bis zwanzig Arten, welche in der Schulsammlung durch instructive, hinreichend große Stücke reichlich genug vertreten sein müssen, werden in der angedeuteten Art behandelt dem Zwecke genügen.

Den Aufschlüssen über geologische Thatsachen, die während des mineralogischen Unterrichtes eingeflochten wurden, mag als Ergänzung eine kurze Darstellung der allerwichtigsten Grundlehren der Geologie am Schlusse des Semesters etwa in den letzten 4 Stunden hinzugefügt werden. Beispielsweise soll der betreffende Lehrstoff durch folgende Schlagworte angedeutet werden:

Wirkungen des Wassers — Quellen, Artesische Brunnen — Ablagerungen des Wassers, Sedimente, relatives Alter, geologische Perioden — Eintheilung der Formationen — Lagenänderungen der Schichten, Entstehung der Gebirge mit Schichten — Wärmezunahme gegen das Innere der Erde, Vulcane, krystallinische und metamorphische Gesteine — Grundidee der Kant-Laplace'schen Hypothese.

Von Paläontologie wird hiebei ganz abzusehen und lediglich auf die Wichtigkeit fossiler Formen für die Bestimmung der Weltalter hinzuweisen sein. Vorweltliche Pflanzen und Thiere vorzuführen bleibt dem botanischen und zoologischen Unterrichte vorbehalten. Aber auch da wird man sich mit den allerwichtigsten Formen zu begnügen und nur auf jene hinzuweisen haben, welche größere entwicklungsgeschichtliche Lücken in der Reihe der jetzigen Schöpfung auszufüllen geeignet sind.

2. Im botanischen Unterrichte empfiehlt es sich mit Rücksicht auf die Jahreszeit mit den Sporophyten zu beginnen. Da bei der Bearbeitung dieser Abtheilung der größte Theil der zur Besprechung geeigneten anatomischen Verhältnisse, ferner das Wesen der Pflanzenernährung eingeschaltet werden kann, so dürfte man einen Zeitraum von etwa 6 Wochen damit ausfüllen. Zur Eröffnung eines Einblicks in die biologischen Erscheinungen niederer Pflanzen erscheint es sehr förderlich, von einigen Formen, für deren Beobachtung das Material zur Verfügung steht, die Entwicklungsgeschichte vorzuführen, wofür sich beispielsweise der durch Cultur leicht zu beschaffende Kopfschimmel, eine Conferve, ein Moos, ein Farnkraut u. dgl. eignet, während die übrigen Formen — in geringer Zahl — theils nach Herbarexemplaren, theils nach frischen Pflanzen, theils auch nach Modellen (Hutpilze)

oder Wandtafeln durchzunehmen sein werden. Wenig Verständnis für die Bedürfnisse dieses Unterrichtes würde derjenige Lehrer an den Tag legen, welcher nur an Abbildungen oder an getrockneten Herbarpflanzen das in Rede stehende Capitel abhandeln wollte. Die Kleinheit vieler einschlägiger Gebilde macht ihre Betrachtung durch Vergrößerungsgläser nothwendig. In vielen Fällen wird die Beobachtung des Objectes oder Präparates mit der Lupe genügen. Bei nicht starken Vergrößerungen empfehlen sich die sogenannten Salon- oder Demonstrations-Mikroskope (der Firmen C. Zeiss in Jena, C. Reichart in Wien u. a.), in welche das frische Präparat eingespannt wird, worauf der Tubus, von Hand zu Hand gehend, frei gegen das Tageslicht gehalten wird. In anderen Fällen wird man zur Demonstration an zusammengesetzten Mikroskopen unter kurzer, praktischer Erläuterung des Instrumentes und seiner Handhabung [IV] schreiten, namentlich wenn die Demonstrations-Mikroskope der Schule nicht zur Verfügung stehen. Hiezu wird die regelmäßige Unterrichtszeit, besonders in stärkeren Classen, wohl kaum ausreichen, sondern die Nothwendigkeit sich herausstellen, außerhalb derselben die Schüler gruppenweise zur Theilnahme an solchen Demonstrationen einzuladen. Wo dieses Auskunftsmittel nicht angezeigt sein sollte, müssten behufs rascherer Beobachtung in der Schulstunde 2 bis 3 Mikroskope bei der Hand sein. Um dem Schüler in Auffassung mikroskopischer Bilder zu Hilfe zu kommen, empfiehlt es sich, sie an der Schultafel oder auf der Tischplatte neben dem Instrumente zu zeichnen und zu erklären. Einige zu solcher Beobachtung während des botanischen Curses bestimmte Objecte präpariert der Lehrer vor den Augen der Schüler, andere mag er gelegentlich vorbereitet und aufbewahrt, einige auch, in geringer Zahl und zweckmäßiger Auswahl, von guten Firmen bezogen haben [V].

An die Kryptogamen reiht sich sofort die Darstellung p h a n e r o g a m e r P f l a n z e n g r u p p e n an, wobei die Botanik insoferne in einer günstigeren Lage sich befindet, als die Zoologie, weil das Unterrichtsmaterial in den meisten Fällen leichter und in größerer Menge zu beschaffen ist. Man beginne mit den zu Gebote stehenden Pflanzen und leite an ihnen den Charakter der natürlichen Gruppe ab, die sie repräsentieren. Dies geschieht unter Führung des Lehrers d u r c h d i e S c h ü l e r s e l b s t, welche durch Vertheilung einer größeren Anzahl von Exemplaren der typischen Arten i n s g e s a m m t in die Lage kommen, selbst zu beobachten. Das Schreiben von Notizen ist nicht zu gestatten, damit die volle Aufmerksamkeit auf den G e g e n - s t a n d und die m ü n d l i c h e E r k l ä r u n g sich concentriere. Behufs vergleichender Einbeziehung einiger verwandter Formen, welche nicht frisch vorliegen, kann ein gutes, der Schulsammlung entnommenes Herbar benützt werden, doch wäre es geradezu verfehlt, die Charakterisierung vorzugsweise auf Herbarexemplare zu stützen oder gar auf Wandtafeln, welche nur suppletorisch, namentlich bei ausländischen Gewächsen oder bei Prüfungen, in Ermanglung von Pflanzen an deren Stelle treten. In dieser Art wird in angemessener Auswahl eine Anzahl von Ordnungen verschiedener Gruppen mit den Schülern besprochen, wobei die schwierigeren (Compositen, Cruciferen, Umbelliferen . . .) wiederholt daran kommen; sie sei groß genug, um die Mannigfaltigkeit der Gestaltung der blühenden Pflanzen darzulegen, einen Überblick über das natürliche System zu gewähren, die wichtigsten Erscheinungen des Pflanzenlebens zu erklären und die fortschreitende Entwicklung in der Reihe der pflanzlichen

Organismen zu kennzeichnen. Hiebei wird der Lehrer nicht unterlassen, die Aufmerksamkeit der Schüler auf wichtige Vorgänge der Entwicklung (Keimung, Knospenentfaltung, Fruchtbildung aus dem Stempel u. dgl.) zu lenken und instructive Bemerkungen über Verbreitung der Pflanzen, deren Beziehungen zum Menschen und deren Stellung im Haushalte der Natur einzustreuen.

Jedes weitere systematische Detail außer den zur inductiven Entwicklung der Ordnungscharaktere vorgeführten Typen, wie etwa: Aufzählungen von Gattungen, Arten u. s. w., soll, weil nutzlos und die naturwissenschaftliche Bildung nicht fördernd, consequent vermieden werden. Mit den deutschen sind auch die wissenschaftlichen Bezeichnungen systematischer Begriffe, die nach Thunlichkeit etymologisch erklärt werden, zu verbinden, doch hüte man sich vor Namen, die überflüssigerweise den Mittelschulunterricht belasten, wie: Phloëm, Xylem, Plerom, Cambiform u. s. w., sowie vor jeder terminologischen Einleitung, durch welche die Zeit zersplittert und der vornehmste Zweck, den Schüler in die denkende Betrachtung der Natur einzuführen, vereitelt wird.

Zu Pflanzenbestimmungen nach der synthetischen Methode wird sich angesichts der knappen Unterrichtszeit in der Schule keine Gelegenheit finden, was übrigens nicht ausschließt, dass der Lehrer die hiefür etwa Interesse zeigenden Schüler unterstütze und ihnen außer der Schule mit Rath an die Hand gehe. Insbesondere werden Excursionen, welche zur Beobachtung der Standorts- und Lebensbedingungen der Organismen zuweilen unternommen werden, hiefür fruchtbare Gelegenheit bieten. Auf dem Lande haben solche Ausflüge, welche die für das Naturschöne in so hohem Grade empfängliche Jugend ersprießlich anregen und der erziehenden persönlichen Einwirkung und Belehrung von Seite des Lehrers gegenüber einzelnen Schülern mannigfache Gelegenheit bieten, ohnedies keine Schwierigkeit; aber auch in größeren Städten ist bei den jetzt außerordentlich erleichterten Verkehrsmitteln und bei den Begünstigungen, welche für Schulen in dieser Hinsicht obwalten, kein Grund vorhanden, von diesem ausgiebigen Hilfsmittel zur Bildung des Geistes, zur Veredlung des Herzens und Kräftigung des physischen Wohles der Stadtjugend nicht nach Thunlichkeit Gebrauch zu machen. Aufgabe des Lehrers ist aber hiebei, vor allem sich selbst mit den naturhistorischen Verhältnissen seines Schulortes möglichst vertraut zu machen, namentlich aber jene Localität, welche er mit der Classe zu begehen beabsichtigt, vorher für sich eingehend zu studieren. Bei diesem Anlasse kann auf die Benützung des Sexualsystems Linné's beim Gebrauche floristischer Bücher in den Hauptzügen eingegangen werden.

Anlässlich der anatomischen und morphologischen Erläuterungen wird der Lehrer auf dieser Stufe in der Botanik sowohl, als auch in der Zoologie vielfach vom Zeichnen, an der Schultafel Gebrauch machen, während die Schüler in Heften oder auf losen Blättern, die später, insofern sie botanische Darstellungen enthalten, systematisch geordnet werden können, die gleichen Zeichnungen anlegen. Soweit aber als es zu erreichen ist, soll dieser graphischen Übung die aus der Beobachtung gewonnene Anschauung zur Seite stehen; die Zeichnung hat die gemachte Erfahrung zu fixieren oder die Beschaffenheiten des zu untersuchenden Objectes zu klären, um einerseits die Eindrücke der Wahrnehmung zu verstärken, andererseits irrigen Auffassungen vorzubeugen.

Obgleich der Lehrer den Unterrichtsstoff nicht genau in der Aufeinanderfolge des Schulbuches oder des Systemes vorführen kann, so darf er das Material für die Lehrstunden doch niemals dem Zufalle anheimgeben oder den Unterricht in Planlosigkeit ausarten lassen, die s c h w i e r i g e Aufgabe macht vielmehr ein z i e l b e w u s s t e s   V o r g e h e n   zur   s t r e n g e n   P f l i c h t. Wird er in der Herbeischaffung von Pflanzen von einzelnen Schülern, welche sich selbstverständlich freiwillig hiefür melden, unterstützt, so hat er sie vorher zu unterweisen, was sie zu suchen haben und wo sie es finden, damit der vorbedachte Gang des Unterrichtes nicht aufgehalten werde; in e r s t e r   L i n i e   aber   b l e i b t   es   s e i n e   e i g e n e A u f g a b e, die Demonstrationsobjecte für die Schule, sei es nun auf Ausflügen oder, wie häufig in großen Städten, auf dem Markte, in Blumenhandlungen u. s. w. zu besorgen. Zur leichteren Orientierung der Schüler bei diesem von der Blütezeit abhängigen Lehrgange wird es sich empfehlen, auf den betreffenden Paragraph des Schulbuches, welcher die besprochene Ordnung behandelt, hinzuweisen. Der etwa vorhandenen N e i g u n g der Schüler zum M e m o r i e r e n   von   D e f i n i t i o n e n morphologischer Begriffe oder von C h a r a k t e r i s t i k e n systematischer Einheiten trete der Lehrer mit allen hier anwendbaren pädagogischen Mitteln entgegen.

3. Den **zoologischen Unterricht** wird man zweckmäßig mit dem B a u e, der E r n ä h r u n g und P f l e g e des m e n s c h l i c h e n   K ö r p e r s beginnen, wobei alles zu vermeiden ist, was dem Gefühle der Jugend anstößig sein könnte. Dieses Capitel ist in gedrängter Darstellung und durchdachter Auswahl in Bezug aufs Detail zu behandeln. Das menschliche Skelet, in Ermangelung eines solchen auch das eines höher entwickelten Säugers, wird zur Demonstrierung des Knochensystems — der G r u n d l a g e dieser Belehrungen — dienen. Nach Wand-tafeln allein den somatologischen Theil zu lehren, wäre großentheils nutzlos. Neben dem Skelette wird man eine Anzahl von anatomischen Modellen [VI] nicht entbehren können, um in diesem wichtigen Zweige unklaren Auffassungen zu begegnen, denn es muss stets als Grundsatz gelten, dass der Schüler über nichts Rede stehen soll, wovon er nicht eine klare Anschauung gewonnen. Auf die Organsysteme s p e c i e l l e r einzugehen, etwa auf die Erörterung der Musculatur, der Vertheilung der Nerven, der Blutgefäße, auf den Bau der Sinnesorgane, von welchen nur das Auge und das Ohr etwas vollständiger vorzunehmen sind, lässt sich schon mit der Ökonomie der kurzen Unterrichtszeit am Gymnasium nicht in Einklang bringen, abgesehen von anderen didaktischen Bedenken. Die allgemeine Darstellung der V e r r i c h t u n g e n der Organgruppen im Dienste des Lebens und die Hervorhebung einiger für die E r h a l t u n g   der   G e s u n d h e i t wichtigen Lehren muss hinreichen. Mehr als 5 bis 6 Wochen können dem somatologischen Unterrichte mit Rücksicht auf die übrige Aufgabe des Schuljahres nicht zufallen.

Nun schließt sich n a t u r g e m ä ß die Betrachtung der W i r b e l t h i e r e an, welche um die Mitte des sechsten Schulmonates absolviert sein sollen, damit die übrige Zeit für die Besprechung der wirbellosen Thiere verwendet werden kann. Dass der Lehrer bei der Fülle des Stoffes eine wohlüberlegte Auswahl zu treffen haben wird, ist selbstverständlich. Die Rücksicht auf den wissenschaftlichen Zusammenhang wird hiebei in erster Linie maßgebend sein. Der Schüler soll eben eine E i n s i c h t in die

Organisation und den Charakter der systematischen Gruppen erhalten, indem ihm das Wesen derselben in anatomisch-morphologischer Hinsicht an vorgeführten typischen Beispielen, die schon aus den Unterclassen vielfach bekannt sein oder den daselbst behandelten wenigstens nahe stehen werden, aufgezeigt wird — ein Verfahren, das bereits oben für die Botanik empfohlen wurde.

Bei der Darlegung der Gesetzmäßigkeit im Baue des gewählten Thiertypus wird der Lehrer nicht verabsäumen dürfen, vergleichend vorzugehen, auf die Anpassung der Organe an die Lebensbedingungen hinzuweisen, sowie der Bedeutung mancher Formen im Haushalte der Natur und des Menschen näher zu gedenken. Neben die typischen Repräsentanten mögen verwandte Glieder gestellt werden, um so unter Mitthätigkeit der Schüler die Classen und wichtigsten Ordnungen der Wirbelthiere zu charakterisieren. Es wird sich dabei Gelegenheit finden, bei den höchst entwickelten Classen auch einzelne Familientypen kurz anzudeuten, ohne deshalb eine größere Vollständigkeit anzustreben. Die Anforderungen in systematischer Beziehung müssen im Absteigen der Thierreihe allmählich immer kleiner werden und der Lehrer sich auf die Besprechung einzelner Repräsentanten, soweit seine Veranschaulichungsmittel reichen, behufs Begründung des Gruppencharakters und Gewährung eines Einblickes in die Gestaltungsgesetze beschränken, wobei natürlich instructive Beispiele für die Entwicklungsgeschichte nicht außeracht zu lassen sind. Jedes weitere Classificieren, als es zur wissenschaftlichen Orientierung des Schülers über die Hauptgruppen des Thierreiches unerlässlich ist, also alles Anhäufen von Namen der Familien und Gattungen, die ganz oder großentheils nur im Gedächtnisse haften würden und die wissenschaftliche Einsicht nicht erweitern, oder der Arten, die nicht als Typen zur Behandlung kamen, muss strenge vermieden werden. Dies gebietet schon die Rücksicht auf die dringende Nothwendigkeit thunlichster Reducierung des Lehrstoffes der Gymnasien überhaupt, dann aber der speciell für den Gegenstand selbst geltende Grund, dass die mechanisch angeeigneten Kenntnisse weder zur formalen Schulung des Geistes noch zur Naturerkenntnis etwas beitragen, nur für kurze Zeit behalten werden und sogar das Interesse für denkende Naturbetrachtung zu schwächen geeignet sind. Bei solcher Einschränkung systematischer Details kann die wissenschaftliche Nomenclatur immerhin in Anwendung kommen, selbstverständlich unter Berücksichtigung der Etymologie.

Um an Beispielen den geschilderten Lehrgang zu kennzeichnen, so könnte der Lehrer etwa an einem Fuchse die Charaktere der Raubthierordnung demonstrieren und durch Vergleichung desselben mit der Katze, dem Marder und dem braunen Bären die Typen der Familien darstellen, während die ganze Classe der Crustaceen auf die Beschreibung des Flusskrebses sich gründen und durch Vergleichung mit vier bis fünf Formen in systematischer Hinsicht für Gymnasialzwecke ganz ausreichend versinnlicht werden, und die gesammte Abtheilung — Unterreich — der Protozoen aber durch das Eingehen auf den Badeschwamm und ein im Mikroskop zu zeigendes Infusorium ausreichend berücksichtigt erscheinen kann. In letzterem Falle würden nicht einmal die Classencharaktere in ihrer Vollständigkeit entwickelt werden.

Zu Übungen in synthetischen Bestimmungen der Thierformen steht am Gymnasium in den Unterrichtsstunden keine Zeit zur Verfügung; zeigen aber einzelne befähigtere Schüler Interesse für solche Untersuchungen, so möge der Lehrer nicht unterlassen, außer der Schulzeit dasselbe nach Kräften zu fördern.

Öftere rückblickende Betrachtung benutze der Lehrer, um über den Zusammenhang der vorgeführten Entwicklungskreise weiteren Aufschluss zu geben, die natürliche Gruppierung zu begründen und über die fortschreitende Vervollkommnung der Thierschöpfung in systematisch aufsteigender Linie einiges Licht zu verbreiten.

Die naturhistorische Lehrmittelsammlung. Eine der wichtigsten Aufgaben des Lehrers besteht in der Herbeischaffung der nothwendigen Lehrbehelfe. Das zweckmäßige Anlegen und Instandhalten der naturhistorischen Sammlung erfordert eine Summe von praktischen Kenntnissen, große Sorgfalt und rege Thätigkeit des Custos. Es wäre erwünscht, namentlich an Anstalten kleinerer Orte, dass er mit allen Methoden des Präparierens und Conservierens der Naturalien vertraut sei; indes setzt das Ausstopfen der Wirbelthiere eine gewisse manuelle Fertigkeit und eingehende Übung voraus, die nicht von jedermann verlangt werden kann. Das Verfahren beim Skelettieren jedoch, die Herstellung gewisser anderer anatomischer, makro- und mikroskopischer Präparate sowohl von Thieren als Pflanzen, das Raupenausblasen u. s. w. kann er sich leicht aneignen. In jedem Cabinette sollten sich auch alle jene Hilfsmittel vorfinden, welche zu den genannten Arbeiten nothwendig sind; es soll im Cabinette gearbeitet werden können. An diesen Arbeiten mögen sich auch strebsamere Schüler, wenn es ihre Zeit erlaubt, betheiligen. Eine Sammlung wird nie so instructiv sein, wenn sich der Lehrer darauf beschränkt, alle Objecte fertig vom Naturalienhändler zu kaufen, als wenn er darauf Bedacht nimmt, Manches, ja in gewissen Gruppen von Naturkörpern das Meiste nach seinem und der Schule speciellen Bedarf, unter besonderer Berücksichtigung der Umgebung des Schulortes, sich selbst in die Sammlung einzustellen.

Neben der Schulsammlung, welche nach Maßgabe des Raumes und der Mittel möglichst vollständig sein und über nur gut erhaltene und instructive Objecte verfügen soll, wird der Lehrer auch Localsammlungen anlegen, namentlich wird er die Flora und die Insectenfauna der Umgebung des Schulortes berücksichtigen. Solche Sammlungen mögen theils ihm selbst zur Orientierung in den localen Vorkommnissen dienen, theils aber auch ein Gegenstand der Belehrung für jene Schüler sein, welche ein besonderes Interesse für die Naturgeschichte zeigen und und sich in diesem Gegenstande Kenntnisse über das Maß des in der Schule Gebotenen erwerben wollen. Unnützen Kram dem Cabinet einzuverleiben, vermeide man; dadurch wächst nur die ohnehin nicht geringe Sorge um die Bewahrung der Sammlung vor Angriffen verschiedener Feinde. Diese Sorge tritt an den Lehrer besonders während der Ferien heran. Obwohl es vielerlei Vorschriften über das Conservieren der Naturaliensammlungen gibt, so wird doch das Hauptgewicht auf folgende Punkte zu legen sein: Man sorge für ein trockenes Local, für staubsichere Kästen, verhüte den längeren Einfluss des directen Sonnenlichtes auf die Naturalien

(Insectensammlungen sollen überhaupt stets im Dunkeln aufbewahrt werden), sehe fleißig in den Sammlungen nach und unterlasse nicht, insbesondere im Frühjahre und Sommer, die gehörige Inficierung aller Behältnisse. Sowie jedes Cabinet über Aquarium, Terrarium, über Zwinger zu Insectenzuchten, über Vorrichtungen zu Zimmerculturen verfügen sollte, ebenso nothwendig ist im Cabinette das Vorhandensein einer kleinen Handbibliothek [VII], welche vor allem die wichtigsten Handbücher zur Determinierung der Naturalien für den Gebrauch des Lehrers und einzelner strebsamer Schüler zu enthalten hat.

I)

Ruprecht H. J., Wandatlas (besonders der zoologische Theil empfehlenswert).

Fitzingers Atlas, Wien, k. k. Staats-Druckerei.

Naturhistorischer Atlas von A. Lüben, Leipzig bei Wiegand.

Zoologischer Atlas von A. Lehmann, gezeichnet von Leutemann, Leipzig (Wandtafeln).

Dr. Kundrat F., Anatomische Wandtafeln.

Keller L., Athmungs- und Kreislaufsorgane.

Zoologische Wandtafeln von Prof. Dr. R. Leuckart und Prof. Dr. H. Nitsche, Leipzig, bei Th. Fischer (mit Auswahl).

Dr. Wettstein H., I. Wandtafeln für den Unterricht in der Naturkunde; II. Zoologie.

Naturgeschichtliche Wandtafeln. Wohnungen der Thiere. 2 Hefte, 12 Tafeln. Bonn, bei A. Henry.

A. Hartinger, Atlas der Giftgewächse.

Zippel und Bollmann, Repräsentanten einheimischer Pflanzenfamilien. Braunschweig.

— — Ausländische Culturpflanzen, zwei Abtheilungen.

Dr. A. Dodel-Port, Anatomisch-physiologischer Atlas der Botanik.

Anmerkung. Mehrere dieser Tafelwerke sind nur an Obergymnasien zu verwenden.

II)

Schmidt K. A., Encyklopädie des gesammten Erziehungs- und Unterrichtswesens; Artikel: „Anschauungsunterricht", „Naturgeschichte", „Vorzeigen".

Raumer, Geschichte der Pädagogik.

Diesterweg, Wegweiser zur Bildung für deutsche Lehrer.

Lüben Aug., Anweisung zu einem methodischen Unterrichte in der Pflanzenkunde.

— Methodische Anweisung zum Unterrichte in der Thierkunde und Anthropologie.

Mayer, Pädagogische Revue.

Lüben und Nacke, Pädagogischer Jahresbericht mit Abhandlungen und Referaten über Schriften, welche die Methodik des naturwissenschaftlichen Unterrichts behandeln.

Aufsätze in verschiedenen Jahrgängen der „Zeitschrift für die österr. Gymnasien", insbesondere die Jahrgänge: 1860, 1862, 1869, 1870, 1871.

Dr. Herm. Zwick, Der naturhistorische Unterricht an Elementarschulen und höheren Lehranstalten. Berlin 1883.

Dr. C. Baenitz, Der naturhistorische Unterricht in gehobenen Lehranstalten. Berlin 1883. (Enthält reiche Literaturangaben.)

III)

Dr. E. Hoffer, 17 Tafeln, Graz.

Geist, Krystallnetze, Halle.

L. Rothe, Krystallnetze.

Keangott, 120 Krystallformennetze.

IV)

Nägeli und Schwendner, Das Mikroskop etc., 2. verbesserte Auflage; dann Schacht, Frey, Vogl, G. Jäger u. a. (Ein solches Werk ist zur Orientierung für den Lehrer unentbehrlich.)

V)

J. Grönland in Dahme, J. D. Möller in Wedel, C. Rodig in Hamburg, J. Bourgogne in Paris.

VI)

Prof. Dr. Bocks plastisch-anthropologische Lehrmittel für Schulen. Vom Bildhauer G. Steger (Leipzig) in Gyps gebildet, von A. Goldfuß mit Ölfarbe gemalt.

Originalabgüsse und Nachbildungen in Papiermaché gut ausgeführt liefern auch die Firmen C. W. Fleischmann (München), Rammé und Sodtmann (Hamburg) und Dr. Ancoux in Paris. Letztere Firma liefert auch zerlegbare Modelle zur Erläuterung des Baues niederer Thiere.

VII)

Blasius und Keiserling (Säuger und Vögel), Schreiber (Reptilien und Amphibien), Heckel und Kner oder v. Siebold (Süßwasserfische), Clessin (Binnen-Mollusken), Redtenbachers fauna austriaca (Käfer), Schiner (Fliegen), Fieber (Hemipteren), C. Brunner v. Wattenwyl „Prodromus der europäischen Orthopteren", Leipzig 1882, Brauer für Neuropteren, G. Mayr für Ameisen, Taschenberg für Hymenopteren, Heinemann für Schmetterlinge, Dr. R. Latzel für Myriapoden. Auch Synopsis von Leunis, 3. Aufl., Hannover 1883 lässt sich in Ermanglung anderer Werke in vielen Fällen benutzen. (Daselbst finden sich auch Erklärungen der technischen Namen.)

H. Wagner, Führer ins Reich der Kryptogamen, Rabenhorst Kryptogamenflora Deutschlands, Naves Anleitung zum Sammeln, Milde, Die höheren Sporenpflanzen Deutschlands und der Schweiz, ein neueres Handbuch der Flora, etc.

G. Physik.

Allgemeine Bemerkungen.

Aufgabe des physikalischen Unterrichtes. Die sprachlich-historischen und die mathematisch-naturwissenschaftlichen Fächer stehen in Ansehung des dem Gymnasium gesteckten Zieles in dem Verhältnisse der gegenseitigen Ergänzung. Fördert die Physik auch nicht in gleichem Grade wie die Fächer der ersten Gruppe die Fähigkeit der Formgebung, die Gewandtheit des Ausdruckes, so bereichert sie desto mehr den realen Gedankeninhalt und übt die Folgerichtigkeit des Denkens an einem Stoffe, der sich nicht jeder willkürlichen Auffassung fügt; bietet sie auch nicht eine Fülle von überkommenen Idealen, so macht sie uns doch mit wesentlichen Grundlagen der gegenwärtigen Cultur und Weltanschauung bekannt.

Dabei kommt es nicht so sehr darauf an, dass eine große Menge von physikalischem Lehrstoffe durchgenommen werde; das Hauptgewicht ist vielmehr darauf zu legen, dass die Beobachtungs- und Urtheilsfähigkeit gegenüber den Naturerscheinungen entwickelt und ein klarer Einblick in den gegenwärtigen Stand unseres Wissens von den Naturgesetzen gewonnen werde. Ersteres macht vornehmlich die formelle, letzteres die reale Bildung aus, welche durch den physikalischen Unterricht vermittelt wird. Jene wird hauptsächlich durch eine Lehrmethode gefördert, welche sich so viel als möglich an die empirische Begründung und historische Entwickelung unserer Naturerkenntnisse anschließt, — diese beruht hingegen wesentlich auf einer umsichtigen Auswahl und Gliederung der principiell wichtigsten Theorien und Erfahrungssätze.

Am Gymnasium wird noch häufiger als an der Realschule auf die Erreichung formeller Bildung zu sehen sein, weil jene Anstalt noch viel seltener als diese die Bildung des jungen Mannes abschließt. Wird nämlich der Unterricht erst an einer höheren Anstalt vollendet, so wird dort das Erlernte zum großen Theile umgeformt und als Material und Grundlage des Neuen verwendet.

Aus dieser Erwägung ergibt sich zugleich, dass es weniger auf die Menge und den Umfang des Erlernten, als vielmehr auf eine möglichst vollkommene Aneignung des Wichtigsten ankommt, für den Einen als Grundlage eines weitergehenden Unterrichtes, für den Anderen als Moment der allgemeinen Bildung. —

Lehrvorgang. Auf der unteren Stufe wird der Lehrer in der Regel vom Experimente ausgehen können. Doch wäre es verkehrt, diesen Vorgang durchwegs beobachten zu wollen. Es gibt Partien, z. B. in der Mechanik, welche es nothwendig erscheinen lassen, dass dem Experimente eine wenn auch möglichst einfache mathematische Deduction vorausgeschickt werde. Es muss also dem Lehrer überlassen bleiben, dort, wo er es aus bestimmten didaktischen Gründen für nöthig erachtet, beim Unterrichte sofort den zweiten Weg einzuschlagen. Am Obergymnasium wird sachgemäß die mathematische Deduction eines Naturgesetzes öfter als dies im Untergymnasium der Fall ist, der experimentellen Bestätigung vorangehen müssen. Ja in Fällen, in denen man, wie z. B. bei der Ableitung des archimedischen Gesetzes, des hydrostatischen Paradoxons etc. im Untergymnasium vom Experimente ausgeht, kann man sich im Obergymnasium mit der mathematischen Begründung begnügen und den Schüler an die bekannte Beschreibung der experimentellen Ableitung erinnern. Hat man ein Gesetz auf mathematischem Wege gefunden, so darf man dabei nicht stehen bleiben. Erst dadurch, dass die physikalische Bedeutung der gefundenen Gleichung durch experimentelle Bestätigung der einzelnen Discussionsfälle veranschaulicht wird, gewinnt sie Leben und Gestalt für den Schüler. Hat man sich bei der Ableitung eines Gesetzes einer bloß angenäherten Rechnung bedient, so ist die Zulässigkeit derselben und die innerhalb gewisser Grenzen erreichbare Genauigkeit zu erörtern.

Wird zur Erklärung irgend einer Erscheinung eine Hypothese verwendet, so ist dies offen zu gestehen und die Hypothese als solche hinzustellen. Nur so gewinnen die Schüler Vertrauen in die Wissenschaft, und sie werden um so begeisterter für die einmal als wahr erkannten Sätze einstehen. Sie werden aber auch aus einem derartigen Unterrichte eine wichtige Erkenntnis, ohne dass sie je vom Lehrer ausgesprochen worden wäre, ins Leben mitnehmen, nämlich: dass die schlichte, nackte Wahrheit am meisten imponiert. .

Versuche ausgenommen, welche keiner zeitraubenden Vorbereitung bedürfen und nicht misslingen können, erfordert jeder Versuch eine sorgfältige Vorbereitung. Misslungene oder mangelhaft ausgeführte Versuche schädigen das Vertrauen des Schülers sowohl in das Können des Lehrers als in die Beweiskraft des Experimentes und in die Begründung der Lehre.

Die zum Versuche verwendeten Apparate sollen zweckmäßig construiert und sauber sein. Wie soll beim Schüler der Ordnungs- und Schönheitssinn geweckt und gefördert werden, wenn ihm unzweckmäßig construierte, verrostete oder schmutz-bedeckte und bestaubte Apparate vorgeführt werden? Der Lehrer vergesse nie, dass er zugleich Erzieher ist.

Vor jedem Versuche müssen die Schüler mit den wesentlichen Bestandtheilen der dabei verwendeten Apparate vertraut gemacht werden, wenn sie es nicht schon sind. Kommen an Apparaten Theile vor, welche von der Ferne nicht deutlich gesehen werden können, so lasse man die Schüler aus je einer oder zwei Bänken an den Apparat herantreten, oder es kann ihn der Lehrer, wenn er leicht tragbar ist, den Schülern ·in geeigneter Weise vor Augen führen. Ist dies geschehen, so werden die Schüler aufmerksam gemacht, worauf sie bei dem zu veranstaltenden Versuche zu achten haben. Nach dem Versuche lässt der Lehrer von einem Schüler das Wahrgenommene angeben und mit entsprechender Anleitung das dadurch gewonnene Naturgesetz in Worten ausdrücken. Natürlich wird man diese ganze Arbeit nicht mit einem und demselben Schüler vornehmen, sondern möglichst häufig wechseln, um dadurch sämmtliche Schüler der Classe, da sie sich auf eine etwaige Fortsetzung gefasst machen müssen, zum Mitarbeiten zu zwingen. In ähnlicher Weise sind die Schüler auch bei mathematischen Deductionen mitzubeschäftigen. Nur dann ist der Lehrer jederzeit imstande sich zu überzeugen, ob ihn die Schüler verstehen, ja auch, da sie häufig Gelegenheit finden, das bereits Gelernte in ihren Antworten zu verwenden, ob sie den durchgenommenen Lehrstoff inne haben.

Beim Mitbeschäftigen der Schüler wird der Lehrer thunlichst zu berücksichtigen haben, dass nicht jeder Schüler sogleich gefasst und fähig ist, rasch zu antworten. Während einige stets mehr oder weniger schlagfertig sind, brauchen andere einige Zeit, um einen Denkprocess durchzuführen. In einem solchem Falle kann der Lehrer durch Geduld und Ruhe oft mehr erzielen als durch hastiges Drängen.

Nur bei geschichtlichen Bemerkungen, wenn aus ihnen keine Schlüsse zu ziehen sind, wird der Lehrer allein activ sein können. Da kann er aber sicher sein, dass, wofern er es nur versteht in gedrängter Kürze die Schwierigkeiten zu schildern, die Irrthümer anzuführen, welche überwunden und beseitigt werden mussten, um nach vieljähriger Arbeit oft der hervorragendsten Geister endlich zum Ziele zu gelangen, die Schüler seinen Ausführungen mit gespannter Aufmerksamkeit folgen werden. Derartige Schilderungen haben ihren eigenen Reiz für die Schüler; ja man merkt es ihren Mienen an, dass sie sich versucht fühlen, selbst derartige Schwierigkeiten zu bekämpfen, um nach Überwindung derselben der hehren Freude theilhaftig zu werden, welche das Bewusstsein einer hervorragenden Leistung gewährt.

Bei solchen Ausführungen werden häufig die historischen Ausgangspunkte, welche in den Werken der grundlegenden Forscher enthalten sind, mit Vortheil benutzt werden können. Bei den Experimenten möge man nach dem Beispiele dieser Forscher alles überflüssige Beiwerk vermeiden und dafür die Aufmerksamkeit auf den Verlauf und die wesentlichen Umstände der Erscheinung lenken.

In dieser Beziehung ist zu wünschen, dass in den Lehrbüchern mehr als bisher historische Notizen Berücksichtigung fänden. Sie könnten entweder, wie in Heis' Aufgabensammlung, unter dem Striche, oder als Anhang — in ähnlicher Weise, wie es Matthiessen am Schlusse seines Schlüssels zu den Aufgaben von Heis gethan hat — angebracht werden.

Die Zeichnungen an der Tafel, mit welchen der Lehrer den Unterricht erläutert, sollen stets mit einer gewissen Sorgfalt, übrigens aber möglichst einfach, sehr deutlich und in hinreichend großem Maßstabe ausgeführt sein. Wenn es sich um complicierte Zeichnungen handelt, welche sich ohne allzugroßen Zeitaufwand während des Unterrichtes nicht mit der erforderlichen Präcision ausführen lassen, ist es zweckmäßig, den Schülern außer der Skizze an der Tafel noch eine Wandtafel, welche diese Zeichnung in vollkommener Ausführung darstellt, vorzuzeigen. In keinem Falle aber darf das Vorzeigen von Wandtafeln regelmäßig anstatt des Zeichnens an der Tafel platzgreifen. Der Schüler muss, um dem Unterrichte gehörig folgen zu können, die erläuternden Zeichnungen vor seinen Augen entstehen sehen. In vielen Fällen kann man, wenn es sich um die Einrichtung eines Apparates handelt, diese den Schülern am Apparate selbst verständlich machen und dann ist dieser Vorgang dem Vorzeigen einer Wandtafel jedenfalls vorzuziehen.

Wo neue Begriffe zu entwickeln sind, sollen dieselben nicht einfach durch Definition fertig gegeben und nachher auf die Thatsachen wie auf Beispiele angewendet werden. Vielmehr sollen die Begriffe an den Thatsachen gewonnen werden. Es sollen die Gedanken des Schülers gedrängt werden, jene Wege zu suchen, welche zur Darstellung der Thatsachen genügen.

Prüfen. Im Untergymnasium wird es zweckmäßig sein, soweit als es möglich ist, in jeder Stunde, bevor weiter gegangen wird, eine kleine Recapitulation der letzten Lectionen vorzunehmen. Theils darum, um etwaige irrthümliche Auffassungen zu beseitigen, hauptsächlich aber, um die Schüler zu regelmäßigem Studieren anzuhalten und ihre Leistungen zu censieren. Hat man einen ganzen Abschnitt absolviert, so kann überdies eine Wiederholung vorgenommen werden.

Im Obergymnasium ist es nicht möglich jede Stunde zu prüfen, es ist aber auch nicht mehr nöthig; denn einerseits hat der Lehrer beim Unterrichte vielfach Gelegenheit, sich durch die Antworten der Schüler zu überzeugen, ob sie das bereits Durchgenommene inne haben; nur muss er dieses Mittel mit entsprechendem Nachdrucke dazu verwenden, die Schüler zu einem regelmäßigen häuslichen Wiederholen der letzten Lectionen anzuhalten; andererseits muss ja der Schüler in den oberen Classen der Mittelschule daran gewöhnt werden, auch ohne dass jede Stunde geprüft wird, dem Unterrichte zu folgen, bei dem er selbst mitthätig war, da er sich nur so die nöthige Reife für den Unterricht an der Hochschule erwerben kann, an der er vielleicht schon im folgenden Jahre einem freien Vortrage wird folgen sollen, ohne sich während des ganzen Semesters durch irgend ein Examinieren zum Mitarbeiten gedrängt zu sehen. Es muss daher dem Lehrer frei gestellt bleiben, auch mehrere Stunden, je nachdem der Zusammenhang des Lehrstoffes es zweckmäßig erscheinen lässt, ohne ein förmliches Prüfen fortzuschreiten, bis ein kleines Capitel, wie z. B. die Centralbewegung, der Wurf u. s. w., zum Abschlusse gebracht ist. Gerade bei der Wiederholung eines solchen Capitels und noch vielmehr bei der Wiederholung eines ganzen Abschnittes, — zu welcher sich der Lehrer selbst gewissenhaft vorzubereiten hat, um nicht planlos vorzugehen, — bietet sich Gelegenheit, die Schüler zu Vergleichen und Combinationen anzuregen, welche geeignet sind, deren Gesichtskreis ungemein zu erweitern. Erst bei der Wiederholung eines ganzen Abschnittes ist es an der Zeit, Bemerkungen über die Systematik und zweckmäßige Aufeinanderfolge des Lehrstoffes einzustreuen, die früher, solange dem Schüler der Überblick gefehlt hat, gar nicht verstanden worden wären. Die Verwendung von Apparaten beim Prüfen ist sehr nutzbringend. Dabei kann in der Weise vorgegangen werden, dass man den Schüler den Namen, Zweck, die Einrichtung und Anwendung eines solchen Apparates angeben lässt. Hierauf kann man ihn eine Durchschnittszeichnung, wobei aber strenge auf die Zweckmäßigkeit des durch die Zeichnung versinnlichten Apparates zu sehen ist, entwerfen lassen, wenn eine derartige Zeichnung zur Erklärung des Principes oder zu einer mathematischen Deduction für nöthig erachtet wird. Bei complicierteren Apparaten, von denen sich eine Durchschnittszeichnung nur schwer oder mit größerem Zeitaufwande herstellen lässt, ist es besser, sich mit der Demonstration am Apparate selbst zu begnügen.

Sowohl beim Vortrage als auch beim Prüfen hat sich der Lehrer einer correcten und präcisen Ausdrucksweise zu bedienen und auch von den Schülern eine solche ernstlich zu verlangen. Es werden dadurch die Schüler zugleich zu streng logischem Denken angeleitet und kommen nicht in Versuchung, eine etwaige Unwissenheit durch unbestimmt gehaltene Antworten zu verdecken.

Eine schriftliche Prüfung ist nur ausnahmsweise (einmal im Semester) dort zulässig, wo sie wegen großer Schülerzahl, theilweise als Ersatz für das mündliche Examinieren, behufs Zeitersparnis nothwendig erscheint.

Auswahl und Vertheilung des Lehrstoffes. Wenn auch über die Auswahl und Vertheilung des Lehrstoffes aus den besonderen Bemerkungen hinreichend Auskunft geschöpft werden kann, dürfte es doch nicht überflüssig sein, Einzelnes schon hier anzuführen, um den späteren Bemerkungen die richtige Auffassung zu sichern.

Da am Gymnasium zwischen dem physikalischen Unterrichte auf der Unter- und Oberstufe ein langer Zeitraum liegt, der für einige Partien sogar vier Jahre ausmacht, kann man sich beim Unterrichte in der Physik im Obergymnasium nicht ohne weiters auf das Untergymnasium berufen. In jedem Falle, in dem es sich um Anknüpfung an den im Untergymnasium durchgenommenen Lehrstoff handeln wird, wird der Lehrer sich zuerst zu überzeugen haben, wie viel er voraussetzen darf, um darauf gestützt weiter bauen zu können. Da nun beim Unterrichte im Obergymnasium die Kenntnis des auf der unteren Stufe durchgenommenen Lehrstoffes nicht ohneweiters vorausgesetzt werden darf, wird der Lehrer mit der knapp zugemessenen Zeit in kluger Weise haushalten müssen, um das vorgesteckte Ziel zu erreichen. Er wird sich, sollte einmal die Versuchung an ihn herantreten, etwas wenn auch Interessantes aber doch Unwesentliches in den Unterricht einzuflechten, vor Augen zu halten haben, dass er dafür vielleicht Wesentliches beim Abschlusse des Unterrichtes in der achten Classe opfern müsste.

Dafür ob eine Erscheinung oder ein physikalisches Gesetz beim Unterrichte an der Mittelschule erörtert werden soll, ist außer der Wichtigkeit des Gegenstandes auch der Umstand maßgebend, ob nach der Vorbildung, welche die Schüler dieser Unterrichtsstufe im Durchschnitte aufweisen, Aussicht vorhanden ist, dass sie die Erklärung der Erscheinung oder die Entwicklung des Gesetzes fassen können.

Fertige Gleichungen aus der mathematischen Physik zu bieten, bringt mehr Schaden als Nutzen. Dem Schüler bliebe nichts Anderes übrig, als eine derartige Gleichung gedankenlos nachzusagen, wodurch seine Selbständigkeit sehr geschädigt würde. Nur im äußersten Nothfalle, wenn es sich um ein Gesetz handelt, das für den weiteren Unterricht unentbehrlich ist, wird der Lehrer zu diesem Auskunftsmittel greifen dürfen, jedoch wird er dann wenigstens durch experimentelle Bestätigung derjenigen Discussionsfälle, die eine solche zulassen, dem Schüler die Richtigkeit des Gesetzes annehmbar zu machen haben.

Kann ein Ausdruck auf elementarem Wege nicht abgeleitet werden, so hüte man sich, eine solche Ableitung durch Erschleichung u. dgl. zu versuchen.

Im allgemeinen wird der Lehrer gut thun, sich so genau als es angeht an das eingeführte Lehrbuch zu halten, um den Schülern die häusliche Wiederholung zu erleichtern. Hinsichtlich der Vertheilung des Lehrstoffes ist zu erwähnen, dass, um die Freizügigkeit der Schüler nicht zu beeinträchtigen, die einer Classe zugewiesenen Partien eben nur in dieser Classe vorgenommen werden dürfen. Wohl aber kann der Lehrer den einer Classe zugewiesenen Lehrstoff in einer anderen als der angeführten Reihenfolge behandeln, nur muss er sich der Gründe bewusst sein, welche ihn dazu veranlassen, und sich zugleich die Sicherheit verschafft haben, dass er nicht Sätze benöthigt, welche erst in dem später zu behandelnden Abschnitte zur Entwicklung gelangen.

Obgleich man nicht nachdrücklich genug dafür eintreten kann, dass der Lehrer seinen Unterricht maßvoll beschränke, um das Wesentliche desto vielseitiger und gründlicher zu behandeln und die Schüler in den Anfangsgründen der Wissenschaft klar zu orientieren, so muss dennoch die Instruction, weil über die untere Grenze, bis zu welcher der Unterricht auf alle Fälle zu führen ist, kein Zweifel bestehen dürfte, vornehmlich die obere Grenze ins Auge fassen, bis zu welcher der Unterricht unter den günstigsten Verhältnissen noch geführt werden kann und darf. In diesem Sinne sind die folgenden Bemerkungen über den Betrieb des Unterrichtes aufzufassen.

Die besonderen Bemerkungen sollen endlich namentlich dem Anfänger im Lehramte Rath schaffen; darum war es nöthig, dort, wo Schwierigkeiten zu bewältigen sind, ins Detail einzugehen. Es soll aber damit nicht gemeint sein, dass man nur auf dem angegebenen Wege zum Ziele gelangen könne. Überhaupt wäre es sehr verfehlt, wenn man dem Lehrer keinen Spielraum beim Unterrichte gewähren wollte, dadurch würde nicht bloß dem Lehrer die Freude am Unterrichte benommen, sondern auch jeder Fortschritt in der Unterrichtsmethode unmöglich gemacht.

Besondere Bemerkungen.

1. Der Unterricht im Untergymnasium.

Der Unterricht in der Physik soll nicht etwa mit einer Reihe von Definitionen, die unvermittelt aufeinander folgen, beginnen. Man kann sich vorläufig mit der Entwicklung des physikalischen Begriffes eines Körpers begnügen und darauf sogleich die allgemeinen Eigenschaften der Körper vornehmen, wobei sich der Lehrer auf dasjenige wird beschränken müssen, was in anschaulicher Weise durch das Experiment demonstriert oder wenigstens durch Hinweisung auf bekannte Erscheinungen begreiflich gemacht werden kann. Auf diese Art kann die Ausdehnung, Undurchdringlichkeit, die Theilbarkeit, Porosität, Ausdehnbarkeit und Zusammendrückbarkeit und das Beharrungsvermögen der Körper klar gemacht werden.

Die zur Demonstration der Undurchdringlichkeit anzustellenden Versuche bieten bereits Gelegenheit, die Begriffe Erscheinung, Beobachtung, Versuch und Naturgesetz zu erörtern. Bei der Besprechung der Theilbarkeit kann der Begriff des Moleculs entwickelt werden, wenn man sich damit begnügt, dieses als das kleinste durch mechanische Theilung eines Körpers darstellbare Theilchen eines solchen zu bezeichnen. Der Begriff des Atomes soll erst in der Chemie entwickelt werden. Im Anschlusse an den Begriff des Moleculs ist die empirische Charakteristik der

Aggregationszustände vorzunehmen. An die Demonstration der Ausdehnbarkeit der Körper können die Begriffe Wärme, Temperatur, dann das Nothwendigste über Wärmeleitung sowie die Thermometrie angereiht werden. In dieser hat man sich bloß auf die Beschreibung der Verfertigung eines Quecksilberthermometers (die Thermometerablesung seitens der Schüler) und die Umrechnung der Grade einer jeden der Scalen nach Celsius, Réaumur und Fahrenheit in jede der beiden anderen zu beschränken.

An die Besprechung des Beharrungsvermögens lassen sich die Begriffe Kraft und Naturlehre anreihen.

Gestützt auf die Thatsache, dass Körper, welche ihrer Unterlage beraubt werden, fallen, kann nun die Eigenschaft der Schwere und die Schwerkraft besprochen werden. Auch die Begriffe „vertical" und „horizontal", „absolutes Gewicht" (Druck eines Körpers auf eine horizontale, ruhende Unterlage), „specifisches Gewicht" (Gewicht der Volumeinheit) und „Dichte" werden schon hier erörtert werden können.

An die Erläuterung der Molecularanziehung durch Versuche über Cohäsion, Adhäsion, Lösung und Mischung (die Absorption soll erst in der Chemie besprochen werden) kann die Besprechung der allgemeinen Massenanziehung (Gravitation), jedoch ohne auf deren Gesetz einzugehen, angeschlossen werden. Da im nächsten Capitel, d. i. der Wärmelehre, bereits vom Luftdrucke die Rede ist, wird es gut sein, das Nothwendige hievon schon hier vorzunehmen.

Endlich sollen den Schülern einige besondere Eigenschaften der Körper, wie die Elasticität, die Sprödigkeit und die Zähigkeit an entsprechenden Objecten anschaulich gemacht werden. Andere dieser Eigenschaften, wie z. B. die Härte, sind aus der Mineralogie schon als bekannt vorauszusetzen.

Wärme. Das bei der Ausdehnbarkeit der Körper Gesagte soll nun durch entsprechende Versuche erweitert und ergänzt werden.

Zunächst ist zu zeigen, dass sich im allgemeinen

1. verschiedene Körper bei gleicher Temperaturerhöhung ungleich stark ausdehnen und bei gleicher Temperaturerniedrigung ungleich stark zusammenziehen;

2. dass sich bei gleicher Temperaturerhöhung die flüssigen stärker als die festen und die gasförmigen Körper wieder stärker als die tropfbar flüssigen ausdehnen, wobei nicht unerwähnt bleiben soll, dass, während bei den festen Körpern die Ausdehnung innerhalb des Fundamentalabstandes der Temperaturzunahme nahezu proportional ist, dieses nur bei einigen tropfbar flüssigen Körpern zutrifft (thermometrische Substanz). Insbesondere ist die abnorme Volumsänderung des Wassers bei Temperaturänderungen desselben durch passende Versuche zu veranschaulichen, auch sind die Schüler auf die Wichtigkeit dieser Eigenschaft für den Haushalt der Natur aufmerksam zu machen.

Ebenso soll gezeigt werden, dass alle Gase bei gleicher Temperaturzunahme sich nahezu gleich stark ausdehnen und der Zuwachs ihres Volumens dem Temperaturzuwachs proportional ist. Einige wichtige Anwendungen der Ausdehnung der Körper im praktischen Leben; Strömungen in Flüssigkeiten und Gasen infolge verschiedener Wärmeverhältnisse der einzelnen Schichten.

Ohne auf die Methoden zur Bestimmung der specifischen Wärme einzugehen, kann hier doch der Begriff der specfiischen Wärme eines Körpers und der Wärme einheit den Schülern durch Versuche und passende Zahlenbeispiele begreiflich gemacht werden, wobei nicht zu vergessen ist, auf die Verschiedenheit der specifischen Wärme verschiedener Körper aufmerksam zu machen.

Bei der Besprechung der Änderung des Aggregatzustandes der Körper durch Wärme ist durch Versuche zu zeigen, dass verschiedene Körper im allgemeinen bei verschiedenen Temperaturen ihren Aggregatzustand ändern und dass beim Übergange eines Körpers aus dem festen in den tropfbar flüssigen oder aus diesem in den gasförmigen Zustand Wärme „gebunden" und umgekehrt beim Übergange aus dem gasförmigen in den flüssigen oder aus letzterem in den festen Aggregations- zustand Wärme „frei" wird. Die Abhängigkeit des Siedepunktes einer Flüssigkeit von dem auf ihr lastenden Drucke ist durch einen oder den anderen Versuch zu veranschaulichen.

Das in der Einleitung über die Wärmeleitung Durchgenommene ist hier noch zu ergänzen. Namentlich ist durch entsprechende Versuche zu zeigen, dass die tropfbaren Flüssigkeiten und die Gase schlechte Wärmeleiter sind, und auf die Anwendungen schlechter Wärmeleiter im praktischen Leben hinzuweisen.

Von der Wärmestrahlung wird hier nur ihr Vorhandensein aus einigen alltäg- lichen Erscheinungen darzuthun sein. Eingehenderes darüber kann erst im Anschlusse an die Optik gelehrt werden.

Von den Wärmequellen sind besonders die chemischen und mechanischen durch instructive Versuche zu beleuchten. Im Anschluss an die Versuche, in welchen auf mechanischem Wege Wärme erzeugt wird, ist auf das Wesen der Wärme auf- merksam zu machen, ohne sich jedoch auf das mechanische Äquivalent der Wärme einzulassen.

Chemie. Die Kenntnisse aus der Chemie, welche im Untergymnasium von den Schülern erworben werden sollen, sind denselben ohne Zuhilfenahme von chemischen Theorien und Hypothesen lediglich auf Grund von Thatsachen zu vermitteln, aus welchen sich die Fundamentalgesetze als nothwendige Folgerungen ergeben.

Als Anknüpfungspunkte werden die aus der Naturgeschichte des Mineralreiches bekannten Körper (Marmor, Spateisenstein, Steinsalz, Braunstein, Quarz, Schwefel, Anthracit, Quecksilber u. a.), sowie der aus der Naturlehre bereits vorgenommene Lehrstoff dienen.

Gestützt auf den physikalischen Begriff „Molecül", der durch Versuche über Lösung, Krystallisation, Sublimation u. s. f. näher erläutert werden kann, und gestützt auf dasjenige, was die Schüler über die allgemeinen Eigenschaften der Körper bereits wissen, soll nun zunächst gezeigt werden, dass bei physikalischen Natur- erscheinungen die Substanz der Körper weder ihrer Qualität noch ihrer Quantität nach eine Veränderung erleidet, dass also mit Änderungen im Aggregatzustande, im Volumen, in der Temperatur u. s. f. oder mit der Annahme besonderer Eigenschaften, wie beim Elektrisch- und Magnetischwerden, keine Veränderung der Substanz verbunden ist; ferner soll demonstriert werden, dass mechanische

Mischungen von Körpern auch wieder durch mechanische Mittel in ihre Gemeng-theile geschieden werden können; so kann man z. B. bei einem innigen Gemenge von Quarz und Pottasche die letztere durch Behandlung mit Wasser vom Quarze trennen, — oder aus einem Gemenge von Eisenfeile und Schwefelblumen das Eisen mit einem Magnete ausziehen oder den Schwefel durch Behandlung mit Schwefel-kohlenstoff entfernen; endlich soll auch gezeigt werden, dass viele Körper solche Gemenge sind, ohne dass man äußerlich dies leicht erkennen kann, wie z. B. Milch, Luft, Erde, Mineralwässer u. a.; behandelt man rothes Siegellack mit Alkohol, so löst sich das Harz, während das Färbemittel, der Zinnober ungelöst bleibt.

Nach Erörterung solcher physikalischer Naturerscheinungen, bei welchen die Substanz der Körper, mit welchen operiert wurde, keine Veränderung erlitt, wird es leicht sein zu beweisen, dass bei chemischen Naturerscheinungen stets die Substanz der Körper eine Veränderung erleidet und dass stets neue Körper mit ganz anderen Eigenschaften entstehen.

Erhitzt man z. B. das früher erwähnte Gemenge von Quarz und Pottasche in einem Tiegel, so wird man beobachten, dass sich die pulverige Masse erweicht, zu schäumen beginnt und bei gesteigerter Temperatur zu einer klaren, wasserhellen Flüssigkeit schmilzt; gießt man dieselbe aus, so erstarrt sie zu einem Glase, Wasserglas genannt, welches weder mit dem Quarze noch mit der Pottasche in seinen Eigenschaften übereinstimmt — oder erwärmt man ein Gemenge von Eisen-feile und Schwefel, so erhält man unter lebhaftem Erglühen e i n e n neuen Körper, der weder die Eigenschaften des Eisens noch die des Schwefels besitzt; man wird also in beiden Fällen das Hauptkennzeichen für chemische Naturerscheinungen constatieren können.

Um nun das Wesen derselben genauer darzulegen und die chemischen Gesetze sowie einige Begriffe abzuleiten, ist eine Anzahl von Experimenten in einer logischen Reihenfolge durchzuführen, — es ist ein Lehrgang zu entwerfen, der den Anforderungen des zu erreichenden Lehrzieles entspricht. Bei dem großen Umfange des chemischen Lehrstoffes und den vortrefflichen Hilfsmitteln für Experimentierkunde (Arendt, Bauer, Heumann) wird es leicht sein, nicht bloß e i n e n solchen Lehrgang zu entwerfen; die folgende Aufzählung von Experimenten kann als Beispiel dienen, wozu nur noch bemerkt wird, dass es u n e r l ä s s l i c h ist, vor jedem Experimente Einrichtung, Zweck und Gebrauchsweise jedes Apparates, sowie überhaupt die ganze Disposition für die Ausführung desselben genau zu erklären. —

Vom K a l k s p a t, als einem bekannten Minerale, ausgehend, erhält man durch Glühen den gebrannten Kalk, der mit Wasser gelöscht unter Erwärmen sich mit diesem verbindet und gelöst das klare Kalkwasser bildet; dieses wirkt ätzend auf die Haut und zeigt eine alkalische Reaction (Base). Da hundert Gewichtstheile Kalkstein stets 56 Gewichtstheile gebrannten Kalk liefern, so müssen sich während des Glühens 44 Gewichtstheile eines Körpers verflüchtigt haben, der gasförmig ist und welchen man als Kohlensäure nachweisen kann.

An diesen Versuch schließen sich zweckmäßig drei andere an und zwar 1. Einblasen von Luft aus den Lungen in klares Kalkwasser, 2. Verbrennen eines

Wachskerzchens in einem Glasballon bis es von selbst erlischt und hierauf folgendes Eingießen und Umschütteln von klarem Kalkwasser und 3. Übergießen von Marmorstücken mit einer Säure (z. B. Essig) und Auffangen des sich entwickelnden Gases in klarem Kalkwasser; in diesen drei Fällen zeigt sich stets die gleiche Wirkung auf das Kalkwasser, nämlich die Trübung, von der Bildung des Calciumcarbonates (Salz) herrührend, welches eben nichts anderes ist als die Substanz des Kalksteines.

Diese Versuche zeigen auch, auf welch' verschiedene Weise die Kohlensäure sich bilden und in die Luft gelangen kann, sie zeigen auch, dass im menschlichen Organismus dasselbe Gas gebildet und sodann ausgeathmet wird, welches beim Kalkbrennen entweicht, bei der Verbrennung von Wachs sich bildet, beim Übergießen von Marmor mit einer Säure sich entwickelt und, wie noch hinzugefügt werden kann, beim Schmelzen des Quarzes mit Pottasche das Aufschäumen verursacht. — Hieran reihen sich weitere Demonstrationen über die Eigenschaften der Kohlensäure und über ihre Verwandlung in das giftige Kohlenoxydgas (Kohlendampf), wenn sie über rothglühende Kohlen geleitet wird; Eigenschaften dieses Gases; man zeigt auch, dass beim Verbrennen dieses Gases wieder Kohlensäure gebildet wird.

Um nun zur Kenntnis der Gemengtheile der Luft zu gelangen, wird dieselbe über glühendes Kupfer geleitet; man beobachtet hierbei, dass das Kupfer seine Farbe und sein Gewicht verändert (Synthese, bestimmte Gewichtsverhältnisse), dass ungefähr $^1/_5$ des Luftvolumens verschwindet und die übrigbleibenden $^4/_5$ Volumen sich in ihren Eigenschaften von denen der angewandten Luft unterscheiden; man gelangt so zur Erkenntnis, dass die Luft ein Gas enthält, welches sich mit Kupfer verbindet (Sauerstoff), und ein solches, welchem diese Eigenschaft fehlt (Stickstoff); letzteres fängt man bei diesem Versuche in einem Gasometer auf, der als Aspirator wirkt. Eigenschaften des Stickstoffes und des Kupferoxydes, Lösen desselben in Essig, Grünspan (Salz).

Dieselbe Veränderung wie Kupfer erleiden auch andere Metalle beim Erhitzen mit Luft wie z. B. das Quecksilber, dessen Oxyd roth ist; der Versuch mit diesem Metall nimmt jedoch längere Zeit in Anspruch, auch darf es nur auf 300° erhitzt werden; denn erhitzt man es auf eine höhere Temperatur, so gibt das Quecksilberoxyd den aus der Luft aufgenommenen Bestandtheil wieder ab, zersetzt sich also in Quecksilber und in ein Gas, welches aufgefangen sich als Sauerstoff erweist (Analyse, constante Gewichtsverhältnisse, Atome). Eigenschaften des Sauerstoffes; Holzkohle, Anthracit oder Diamant verbrennen in Sauerstoff zu Kohlensäure (Synthese), Eisen verbrennt im Sauerstoffgas zu einem rothbraunen, festen Körper, zu Eisenoxyd, Magnesium verbrennt an der Luft zu weißem Magnesiumoxyd. Da nun die Gemengtheile der Luft: Stickstoff, Sauerstoff, Kohlensäure erwiesen sind und das stete Vorhandensein von Wasserdampf und Staub keines besonderen Nachweises bedarf, so kann nun schon eine Schilderung „der Atmosphäre" platzgreifen. — Eigenschaften des Phosphors, Verbrennung desselben in Sauerstoff, Lösung des entstandenen festen, weißen Körpers in Wasser, Phosphorsäure, deren saure Reaction, Neutralisierung mit Kalkwasser, neutrale Reaction, phosphorsaurer Kalk (Säure, Base, Salz). —

Nun soll das W a s s e r einer chemischen Betrachtung unterzogen werden. Leitet man Wasserdämpfe über erhitzte Eisenfeile, so werden jene zersetzt, denn es entwickelt sich reichlich ein Gas, welches brennbar ist, nämlich Wasserstoff, während das Eisen eine bestimmte Gewichtszunahme zeigt, die nur von einem Bestandtheile des Wasserdampfes herrühren kann.

Eigenschaften des Wasserstoffes. Um nun zu beweisen, dass dieser andere Bestandtheil des Wasserdampfes Sauerstoff ist, leitet man über das bei einem früheren Versuche erhaltene erhitzte Kupferoxyd vollkommen trockenes Wasserstoffgas; man beobachtet sehr leicht, dass sich Wasser bildet und dass das Kupferoxyd zu metallischem Kupfer wird (Reduction).

Den gleichen Versuch kann man mit dem bei der Verbrennung des Eisens in Sauerstoffgas erhaltenen Eisenoxyd machen, wobei noch gezeigt werden kann, dass das reducirte Eisen, an die Luft gebracht, lebhaft erglüht und wieder sich in ein Oxyd umwandelt (Pyrophor).

Schließlich kann man die Synthese des Wassers durch Entzünden einer Mischung von 2 Vol. Wasserstoff und 1 Vol. Sauerstoff (bestimmte Raumverhältnisse) vornehmen (Knallgas), auch kann, wenn eine vollkommen trockene Glasglocke über eine Wasserstoffflamme gehalten wird, das gebildete Wasser sichtbar gemacht werden. —

Das aus der Naturgeschichte bekannte Mineral S c h w e f e l bildet ebenfalls den Ausgangspunkt für eine Reihe von instructiven Experimenten; das Schmelzen und Destilliren des Schwefels, die Darstellung der Schwefelblumen, das rasche Abkühlen des geschmolzenen Schwefels durch Gießen in kaltes Wasser, die Auflösung in Schwefelkohlenstoff u. s. w. sind zwar nur physikalische Naturerscheinungen, aber für das Folgende eine passende Vorbereitung.

Der schon eingangs erwähnte Versuch der Synthese des Schwefeleisens kann neuerdings vorgenommen und nicht nur der Unterschied zwischen mechanischer Mischung und chemischer Verbindung, sondern auch die Gesetze der bestimmten Gewichtsverhältnisse und der Erhaltung der Masse nochmals erklärt, weiterhin mit Zuhilfenahme der Synthesen von Schwefelquecksilber und Schwefelwasserstoff, die sich auf ebenso einfache Weise bewerkstelligen lassen, die Zusammensetzung der Moleküle aus Atomen bewiesen und mit Benützung des bereits behandelten Lehrstoffes die Begriffe: Grundstoff, Atom, Atomgewicht, Atomzeichen begründet werden.

Nun kann zur Synthese der wichtigsten Mineralsäure, nämlich der S c h w e f e l - s ä u r e aus ihren Elementen übergegangen werden, indem man 1. Schwefel in Sauerstoffgas verbrennt, 2. die gebildete schwefelige Säure mit Hilfe eines porösen Körpers und unter Zutritt von Sauerstoff in wasserfreie Schwefelsäure überführt und 3. die letztere mit Wasser zusammenbringt, wobei englische Schwefelsäure entsteht. Bei diesen Versuchen können nebenbei die Eigenschaften der schwefeligen Säure: ihre Löslichkeit im Wasser, ihr Geruch, ihre Reaction, ihre bleichende Wirkung u. a. erörtert werden.

An die Synthese der Schwefelsäure hat sich eine Schilderung der physikalischen und chemischen Eigenschaften derselben anzureihen; unter den letzteren gibt besonders die Einwirkung der Schwefelsäure auf verschiedene Körper Anlass zu lehrreichen Experimenten. So z. B. bildet sie mit den Oxyden des Calcium, Magnesium, Kupfer und Zink Salze (Sulfate), — mit Zink und Wasser Wasserstoff, — mit Schwefeleisen Schwefelwasserstoff, — mit Spateisenstein Eisenvitriol unter Entwicklung von Kohlensäure und mit Steinsalz Chlorwasserstoff. —

Der Chlorwasserstoff, wie er durch die Einwirkung von Schwefelsäure auf Kochsalz entsteht, ist ein Gas, welches an der Luft Nebel bildet, einen sauren Geruch besitzt und vom Wasser sehr begierig absorbiert wird; die entstehende Lösung heißt Salzsäure; sie bildet mit Metalloxyden Chlormetalle und Wasser, — sie entwickelt mit Zink Wasserstoff und mit Braunstein Chlor, dessen Eigenschaften zu erörtern sind. Der Chlorwasserstoff kann auch aus seinen Elementen synthetisch dargestellt werden; denn gleiche Volumina Wasserstoff und Chlor vereinigen sich beim Entzünden sowie im Sonnenlicht oder im Licht des verbrennenden Magnesium unter Explosion, im zerstreuten Tageslichte dagegen langsam zu Chlorwasserstoff, dessen Volumen dann der Summe der angewandten Volumina beider Gase gleicht.

Von den zahlreichen Verbindungen des Chlor soll nur das Chlorammonium vorgenommen und zwar soll gezeigt werden, dass es sublimierbar und in Wasser unter Temperaturerniedrigung leicht löslich ist; von den chemischen Veränderungen, die es erleiden kann, ist besonders die bemerkenswert, dass Chlorammonium mit gebranntem Kalk innig gemischt und erwärmt ein leichtes, farbloses, stechend riechendes Gas, das Ammoniak, entwickelt, welches eine alkalische (basische) Reaction besitzt und in Wasser sehr leicht löslich ist; die Lösung heißt wässeriges Ammoniak oder Salmiakgeist. —

Als einer der wichtigsten chemischen Processe kann der Verbrennungsprocess unter Zugrundelegung der schon erworbenen chemischen Kenntnisse einer Betrachtung unterzogen werden; brennbare Körper, Luft, Entzündungstemperatur, Verbrennungsproducte, Licht- und Wärmeentwicklung.

Der Unterricht in der Mechanik in den unteren Classen der Mittelschulen ist mit großen methodischen Schwierigkeiten verbunden, die aus der Neuheit und Abstractheit der Grundbegriffe erwachsen, er erheischt deshalb besondere Sorgfalt und Umsicht. Nach Erläuterung des Begriffes der Kraft als Zug oder Druck, und der Bestimmungsstücke derselben, wobei vorderhand nur auf die statische Messung der Kräfte eingegangen werden kann, soll an der Atwood'schen Fallmaschine die gleichförmige, gleichförmig beschleunigte Bewegung, die Geschwindigkeit bei der gleichförmigen Bewegung, die Geschwindigkeit in irgend einem Zeitpunkte bei der gleichförmig beschleunigten Bewegung und die Beschleunigung selbst den Schülern zum Verständnisse gebracht werden. Hat man für einen speciellen Fall an der Fallmaschine die Geschwindigkeit am Ende der 1., 2., 3., 4. und 5. Secunde und die bis zu diesen Zeitpunkten zurückgelegten Wege ermittelt, so kann man daraus die Gleichungen für die Endgeschwindigkeit und den Weg bei der gleichförmig beschleunigten Bewegung und die Gesetze des freien Falles ableiten. Acceleration der Schwerkraft.

Durch Verfolgung des Beweglichen an der Fallmaschine nach Abnahme des Übergewichtes lässt sich die Gleichung für den Weg bei der gleichförmigen

Bewegung und die Entstehungsweise einer solchen Bewegung klar machen. Endlich soll aus den bei verschiedenen Übergewichten, aber derselben Gesammtbelastung sich ergebenden verschiedenen Beschleunigungen der Zusammenhang zwischen einer constanten Kraft und der Beschleunigung, welche sie einer bestimmten Masse zu ertheilen vermag, abgeleitet werden.

Der Zusammensetzung und Zerlegung von Kräften kann mit Vortheil die dem Verständnisse der Schüler näher liegende Zusammensetzung und Zerlegung gleichartiger Bewegungen vorausgeschickt werden und zwar sollen zunächst gleich und entgegengesetzt gerichtete Bewegungen zusammengesetzt und zerlegt werden. Die Zusammensetzung von Bewegungen, deren Richtungen einen von 0^0, 180^0 und 360^0 verschiedenen Winkel einschließen, lassen sich ganz gut durch den bekannten Versuch mittelst Kugel und Rinne demonstrieren. Hat man die Zusammensetzung von Bewegungen an passenden Beispielen gehörig eingeübt, so kann man zur Zusammensetzung und Zerlegung von Kräften übergehen. Zur Demonstration des Kräfteparallelogrammes leistet der Frick'sche Apparat gute Dienste.

Mittelst des Hebelmodells lässt sich nun die Zusammensetzung von Kräften, welche in verschiedenen Punkten eines starren Systems angreifen, demonstrieren. Es ist nicht überflüssig, die Schüler dabei aufmerksam zu machen, dass die Fälle, welche hier erörtert werden, sich nur auf solche Kräfte erstrecken, deren Richtungen in derselben Ebene liegen. Drehungsmoment. Hieran lässt sich der Begriff des Schwerpunktes, seine experimentelle Bestimmung und die Erklärung der Arten des Gleichgewichtes der Körper zweckmäßig anreihen. Sodann können die einfachen Maschinen sammt ihren wichtigsten Anwendungen vorgenommen werden. Es versteht sich von selbst, dass man beim Hebel verwerten wird, was bei Gelegenheit der Zusammensetzung von Kräften, welche in verschiedenen Punkten eines starren Systems angreifen, gewonnen worden ist. Zahleubeispiele sammt experimenteller Bestätigung der durch Rechnung gewonnenen Resultate werden das Verständnis der Schüler ungemein fördern.

Bezüglich der Wage genügt es, die Bedingungen einer guten gleicharmigen Schalenwage, ihre Aufstellung, die Correctur ihrer Empfindlichkeit und ihrer Wagearme, ferner die Wägung mittelst derselben den Schülern klar zu machen. Von der beweglichen Rolle ist nur die Gleichgewichtsbedingung für den Fall durch Versuche abzuleiten, dass die Theile der Schnur, welche die Rolle trägt, soweit sie nirgends anliegen, der Richtung der Last parallel sind. Rollenzug. Flaschenzug. Wellrad. Die Gleichgewichtsbedingungen für die schiefe Ebene sollen nur für die beiden speciellen Fälle, wenn die Kraft parallel der Länge und wenn sie parallel der Basis der schiefen Ebene wirkt, abgeleitet und experimentell bestätigt werden. Die Thatsache, dass auch ein etwas größeres Gewicht als das berechnete der auf der schiefen Ebene aufgelegten Last Gleichgewicht hält, lässt sich als Gelegenheit benützen, die Reibung, wobei die schiefe Ebene als Tribometer verwendet werden kann, und die Bewegungshindernisse zu besprechen. Keil. Bei der Ableitung der Gleichgewichtsbedingung an der Schraube leistet ein Cylinder, an dem ein mit seiner Mantelfläche gleich großes Papier mit der entsprechenden Zeichnung befestigt ist, ganz gute Dienste. An die Maschinen kann naturgemäß die Ableitung des

19

Begriffes der Arbeit angereiht und an einer der Maschinen, etwa der schiefen Ebene, das Princip der Erhaltung der Arbeit gezeigt werden.

Zusammensetzung und Zerlegung zweier ungleichartiger Bewegungen. Wurf. Beim horizontalen und schiefen Wurf wird man sich hauptsächlich auf die Construction der Bahn beschränken müssen. Bei der Centralbewegung wird man zunächst zu zeigen haben, dass, wenn auf einen Körper, der irgend eine Geschwindigkeit in irgend einer Richtung hat, eine continuierliche Kraft einwirkt, welche ihn beständig gegen einen fixen Punkt zu ziehen strebt, eine krummlinige Bahn entsteht. An der construierten Bahn kann das Vorhandensein der Tangentialkraft begreiflich gemacht und das Flächengesetz abgeleitet werden, mit dem Hinweise, dass dieses mit dem zweiten Kepler'schen Gesetze identisch ist. Im Anschlusse daran können das erste und dritte Kepler'sche Gesetz mit einigen historischen Notizen, namentlich über die Auffindung des letzteren den Schülern mitgetheilt werden. Das Auftreten der Fliehkraft bei der krummlinigen Bewegung lässt sich hier nur für eine kreisförmige Bewegung mit der Centrifugalmaschine zeigen. Endlich kann durch den bekannten Versuch die Entstehungsweise der Abplattung der Erde demonstriert und an einer guten Zeichnung die Änderung der Acceleration der Schwerkraft gegen die Pole zu anschaulich gemacht werden, ohne dass natürlich auf das Gesetz dieser Änderung eingegangen würde.

Hinsichtlich der Pendelbewegung wird den Schülern vor Allem an einer entsprechenden Zeichnung die Entstehungsweise der schwingenden Bewegung eines mathematischen Pendels, die Änderung der in der Richtung der Bahn wirkenden Componente der Schwerkraft, sowie die Art der dadurch bewirkten Bewegung (ungleichförmig beschleunigt, beziehungsweise verzögert) klar zu machen sein. Hierauf kann zur experimentellen Ermittlung der Gesetze der Pendelschwingungen für sehr kleine Amplituden geschritten und die Formel für die Schwingungsdauer eines mathematischen Pendels bei unendlich kleiner Amplitude den Schülern mitgetheilt werden.

Die Darstellung des physischen Pendels als einer Reihe mathematischer Pendel, die Definition und experimentelle Ermittlung der reducierten Pendellänge und die Erklärung des Principes der Penduluhr können das Capitel über Pendelbewegung abschließen.

Da auf dieser Unterrichtsstufe eine mathematische Deduction der Lehre vom Stoß unstatthaft ist, kann man sich bloß auf jene Fälle beschränken, welche direct durch den Versuch gezeigt werden können. Von diesen sind als wichtig hervorzuheben der Stoß eines unelastischen Körpers gegen eine Wand (Erwärmung der Wand), der Stoß eines elastischen Körpers gegen einen gleich großen, kleineren und größeren ruhenden elastischen Körper und endlich der senkrechte und schiefe Stoß eines elastischen Körpers gegen eine elastische Wand. Letzterer ist wegen der Gesetze der Reflexion, die daraus abzuleiten sind, wichtig.

In der Hydromechanik sind zunächst die charakteristischen Eigenschaften der tropfbaren Flüssigkeiten zu zeigen, für deren Anwendung die hydraulische Presse als Beispiel vorgenommen werden kann.

An der Hand einer einfachen Zeichnung lässt sich dann die Eigenschaft der Niveauflächen den Schülern begreiflich machen. Bodendruck. Auftrieb. Seitendruck. Gleichgewichtsbedingung für eine und für zwei sich nicht mischende Flüssigkeiten in Communicationsgefäßen. Archimedisches Gesetz. Bezüglich des Schwimmens der Körper dürfte es genügen, aus der Resultierenden der beiden auf einen in eine Flüssigkeit getauchten Körper wirkenden Kräfte, Auftrieb und Gewicht, darzuthun, wann der Körper auf, wann er in der Flüssigkeit schwimmt und wann er untersinkt. Dichtenbestimmung fester und tropfbar flüssiger Körper mittelst der hydrostatischen Wage und der flüssigen mittelst des Densimeters und Volumeters.

Von den Capillarerscheinungen können höchstens die Elevation einer die Gefäßwand benetzenden und die Depression einer nicht benetzenden Flüssigkeit in engen Röhrchen, sowie die Form der Oberfläche einer benetzenden und einer nicht benetzenden Flüssigkeit durch Versuche gezeigt werden.

Die Endosmose und ihre Bedeutung für die Ernährung der Pflanzen.

Die Mechanik der Gase kann in der üblichen Weise mit dem Torricellischen Versuche beginnen, dessen Ergebnis zur Erläuterung des „Druckes einer Atmosphäre" verwendet werden kann. Besprechung der gebräuchlichsten Barometer, jedoch mit Ausschluss aller unwesentlichen Details. Ungenauigkeit des Birnbarometers wegen Außerachtlassung der Schwankungen des unteren Niveaus.

Um die Abnahme des Luftdruckes mit der Erhebung über die Erdoberfläche zu zeigen, kann man die Schüler am Ende einer Unterrichtsstunde mit einem Barometer den Luftdruck im obersten Stockwerke des Schulgebäudes und gleich darauf den Luftdruck im Erdgeschoße bestimmen lassen, und auf die Verwendung dieser Thatsache zur barometrischen Höhenmessung aufmerksam machen.

Hat man die Demonstration des Mariotte'schen Gesetzes nicht schon in der Einleitung vorgenommen, so kann sie hier Platz finden. Dasselbe gilt von den Manometern, wenn sie nicht in der Chemie schon berücksichtigt worden sind.

Beschreibung und Demonstration einiger Apparate, deren Wirkungen sich durch den Luftdruck erklären lassen, wie z. B. der Heber, der Pumpen, der Feuerspritze, der Verdichtungsluftpumpe mit dem Heronsball und der Verdünnungsluftpumpe.

Gute Durchschnittszeichnungen tragen zum klaren Verständnisse dieser Apparate ungemein viel bei; es dürfen aber dabei nicht so grobe Fehler gemacht werden, wie man sie hie und da in Lehrbüchern findet. So z. B. steht das Verhältnis der Längen- und Querdimensionen einer solchen Zeichnung oft in schreiendem Widerspruche mit jenem an den gebräuchlichen Apparaten selbst, die Ventile, welche der Einfachheit halber fallthürartig gezeichnet sind, haben oft keine Widerlager, so dass sie durchschlagen können, oder sie sind am unrechten Orte angebracht. Kurz der gezeichnete Apparat darf den Anforderungen der Zweckmäßigkeit und Brauchbarkeit nicht widersprechen. Was erhält der Schüler z. B. für einen Begriff vom schädlichen Raume bei der Verdünnungsluftpumpe, wenn das Kolbenventil statt an der unteren Grundfläche (natürlich von oben mit Widerlager) an der oberen Grundfläche anschließt und der Stöpsel des Stöpselventils selbst beim Schlusse weit über den Boden des Stiefels emporragt? Gewichtsverlust der Körper in der Luft (Aerostaten).

Kurze Erwähnung der Dämpfe und ihres mit den Gasen analogen Verhaltens. Das genauere Eingehen auf die Lehre von den Dämpfen und deren Anwendungen, (Hygrometrie u. s. w.) fällt dem Unterrichte in den oberen Classen anheim; doch kann das Princip und die Einrichtung der Dampfmaschine, wenn dies nicht schon bei einer früheren Gelegenheit geschehen ist in den allgemeinsten Umrissen besprochen und demonstriert werden. Aërodynamisches Paradoxon.

Im **Magnetismus** wird man sich auf die experimentelle Behandlung der Fundamentalerscheinungen zu beschränken haben. Insbesondere kommen in Betracht: natürliche und künstliche Magnete, die Wechselwirkung zweier Magnete, Magnetisierung durch Vertheilung und Streichen, Armierung, Erdmagnetismus, Begriff der Declination, Orientierungsboussole, Inclination.

Bei Gelegenheit der Erzeugung von Stahlmagneten kann sehr instructiv das Verhalten der Bruchstücke eines magnetisierten Stahlstabes gezeigt und hieraus die Hypothese von den Elementarmagneten abgeleitet und zur Erklärung des Magnetisierens durch Vertheilung und Streichen verwendet werden.

Eine, wenn auch nur rohe, Bestimmung der Declination, wozu man sich die Mittagslinie mittelst eines Gnomons bestimmen kann, und der Inclination ist im Interesse eines klaren Verständnisses dieser zwei Begriffe sehr wünschenswert.

Elektricität. Die elektrische Anziehung und Abstoßung, das Elektrisieren durch Mittheilung und Vertheilung, die Charakteristik der positiven und negativen Elektricität, sowie das Elektroskop sind mit keinerlei Schwierigkeiten verbunden.

Die Demonstration des Sitzes der Elektricität misslingt sehr leicht wegen der Unzweckmäßigkeit der gewöhnlichen Apparate. Für diesen Versuch eignet sich eine Kugel auf gut isolierendem Glasfuße und zwei auf sie genau passende hohle Halbkugeln mit langen gefirnissten gläsernen Handhaben, welche keinen scharfen Rand haben dürfen, viel besser als der in den Lehrbüchern gewöhnlich für diesen Zweck dargestellte Apparat. Ebenso ist der Risz'sche Apparat für die Demonstration der Erscheinungen der Influenz insofern, mangelhaft, als das oberste Hollundermarkkügelchen viel zu weit vom oberen Ende des Leiters absteht. Man kann diesen Übelstand dadurch beseitigen, dass man am Träger des Leiters einen längeren Draht befestigt, der dazu bestimmt ist, das oberste Pendelchen zu tragen, so dass dessen Kügelchen am oberen Ende des Leiters anliegt, oder dass man am oberen Ende des Leiters selbst ein Ebonitstäbchen befestigt und an diesem das oberste Pendelchen anbringt. Besonderes Gewicht ist darauf zu legen, dass den Schülern die Wirkung der sogenannten Saugspitzen beim Elektrisieren durch Vertheilung klar ist, damit sie sich nicht, durch die unpassende Bezeichnung irregeführt, eine unrichtige Vorstellung von dem Vorgange machen. Sehr gut lässt sich diese Wirkung der Spitzen an der Elektrisiermaschine zeigen. Hierher gehören noch der Elektrophor, die Winter'sche Elektrisiermaschine, mit der sich die verschiedenen Wirkungen der Reibungselektricität zeigen lassen (die Demonstration darf aber nicht in Spielerei ausarten), die Franklin'sche Tafel, die Leidnerflasche, der Condensator. Die Erklärung des Gewitters, des Wesens und der Wirkungen des Blitzableiters sollen dieses Capitel beschließen.

Nach einer kurzen historischen Skizze der Beobachtungen der bekannten Erscheinungen an den Froschschenkeln durch Galvani und der Erklärung dieser Erscheinungen durch Volta ist der Volta'sche Grundversuch vorzunehmen. Auf die Hypothesen über den Ursprung der elektromotorischen Kraft ist nicht einzugehen. Spannungsreihe. Durch den Versuch von Buff kann der Übergang zu den Leitern der zweiten Classe vermittelt werden.

Wichtig für die constanten Ketten ist die Ermittlung des positiven und negativen Poles einer einfachen, offenen Volta'schen Kette und der Richtung des Stromes, wenn sie geschlossen ist; denn darnach lässt sich leicht die Stromrichtung in einer jeden anderen Kette bestimmen.

Will man zu den weiteren Versuchen oder wenigstens zu denjenigen, zu welchen ein stärkerer Strom nöthig ist, den Strom einer dynamoelektrischen Maschine verwenden, so braucht man nur mit Hilfe der in Verwendung stehenden Kette die Ampère'sche Ablenkungsregel abzuleiten und mittelst dieser die Stromrichtung der dynamoelektrischen Maschine ein für allemal zu bestimmen.

Nun können die chemischen Wirkungen des galvanischen Stromes gezeigt werden. Namentlich soll hier die Wasserzersetzung und die Zersetzung einer Salzlösung, wie z. B. des Kupfervitriols, vorgenommen werden. Chemischer Vorgang in der Volta'schen Kette und in derjenigen constanten Kette, welche man beim Unterrichte verwendet, Demonstration eines galvanoplastischen Apparates einfachster Art. Bei der Behandlung der Licht- und Wärmewirkungen des galvanischen Stromes ist das Wichtigste über deren praktische Verwendung zu besprechen. Nach den mechanischen und physiologischen Wirkungen ist zur Ergänzung der magnetischen Wirkungen des galvanischen Stromes der Multiplicator als Anwendung derselben zu demonstrieren. Zusammenhang zwischen der Ampère'schen Ablenkungsregel und der Polarität eines Elektromagnetes. Die große Tragkraft eines Elektromagnetes, sowie der remanente Magnetismus lassen sich durch einen entsprechenden Versuch veranschaulichen. Morse'scher Telegraph. Motor (Page oder Ritchie).

In sehr einfacher Weise können die Erscheinungen der Induction anschaulich gemacht werden. Hat man ein richtiges Verständnis dieser Vorgänge in ihrer einfachsten Form erzielt, so mag die Vorführung eines oder des anderen Inductionsapparates und einiger Versuche mit ihm nachfolgen, ohne dass es nöthig oder rathsam wäre, auf die constructiven Details dieser complicierten Apparate einzugehen. Die Selbstunterbrechung des primären Stromes durch den Wagner'schen Hammer oder den Foucault'schen Unterbrecher wird sich durch Angabe des Principes mit Hilfe einer Durchschnittszeichnung leicht begreiflich machen lassen. Schließlich soll durch einen Versuch die Erzeugung eines elektrischen Stromes durch Wärme gezeigt werden.

Akustik. Sind an einem schwingenden Stabe, der an einem seiner Enden eingeklemmt ist, oder an einer schwingenden Saite die Grundbegriffe einer schwingenden Bewegung, von der Manches schon aus der Lehre von der Pendelbewegung bekannt ist, erläutert, so können mittelst der Mach'schen Wellenmaschine die fortschreitenden und stehenden Transversal-, sowie die fortschreitenden und stehenden Longitudinalschwingungen demonstriert werden. Auch der Begriff der Welle, der Wellenlänge und die Gleichung: „Wellenlänge = Schwingungsdauer eines Theilchens × Fortpflanzungs- geschwindigkeit der Welle" können daran begreiflich gemacht werden. Hat der Schüler diese Grundbegriffe gehörig inne, so wird es nicht schwer fallen, ihm auch die Schallwellen zum klaren Verständnisse zu bringen.

Begriff des Schalles. Bedingungen für die Wahrnehmung des Schalles. Ton. Tonhöhe (Sirenen von Seebeck und Savart). Die diatonische, chromatische und harmonische Tonleiter. Mittelst des Monochords kann die Abhängigkeit der Ton- höhe einer Saite von deren Länge, Dicke und Spannung demonstriert und die Abhängigkeit von der Dichte der Saite wenigstens erwähnt werden. Außerdem kann aber auch noch gezeigt werden, dass den Grundton harmonische Obertöne begleiten.

Bei den Stäben wird man sich darauf beschränken können, zu zeigen, dass sie sowohl in Longitudinal- als in Transversalschwingungen versetzt werden können, ohne jedoch darauf einzugehen, wovon die Tonhöhe eines Stabes abhängig ist. Stimmgabel. Princip des Phonographen und dessen Verwendung zur Bestimmung der Tonhöhe einer Stimmgabel. Chladni's Klangfiguren.

Besprechung der Lippenpfeife mit Demonstration der einzelnen Bestandtheile derselben an einem Durchschnittsmodelle. Erklärung der Entstehung des Tones der Lippenpfeife. Nachweis der Schwingungsknoten nach Hopkins. Offene und gedeckte Pfeifen.

Zungenpfeifen. Stimmorgan des Menschen. Resonanz. Analyse des Klanges einer Pfeife mittelst der Resonatoren von Helmholtz. Klangfarbe.

Gesetz der Abnahme der Schallintensität, wenn die Entfernung vom Schallerreger wächst, Fortpflanzungsgeschwindigkeit des Schalles. Die Gesetze der Reflexion eines Schallstrahles lassen sich mit Hinweisung auf die Gesetze der Reflexion einer elastischen Kugel an einer elastischen Wand begreiflich machen. Nachhall. Echo. Das Gehörorgan.

In der Optik wird man sich auf diejenigen Partien beschränken müssen, welche ohne eingehende Benützung der Undulationstheorie verständlich gemacht werden können. Damit soll aber nicht gesagt sein, dass auf das Wesen des Lichts nach der Undulationstheorie gar nicht eingegangen werden darf. Die geradlinige Fortpflanzung des Lichtes lässt sich aus einer Reihe bekannter Erscheinungen darthun, so z. B. aus dem Strahlenkegel, welchen uns die beleuchteten Staubtheilchen sichtbar machen, wenn man directes Sonnenlicht durch eine kleine runde Öffnung in ein dunkles Zimmer eintreten lässt. Schatten.

Bezüglich der Fortpflanzungsgeschwindigkeit des Lichtes wird man sich auf die Aufzählung der Mittel, welche zu ihrer Bestimmung geführt haben, verbunden mit einigen historischen Notizen und mit schließlicher Angabe des Resultates nach dem heutigen Stande der Wissenschaft begnügen müssen, ohne auf irgend eine Methode ihrer Berechnung näher einzugehen. Abnahme der Lichtintensität mit zunehmender Entfernung von der Lichtquelle. Photometer von Rumford.

Nachdem durch den Versuch dargethan worden, dass die in der Mechanik entwickelten Gesetze der Reflexion auch für das Licht gelten, kann zur Bestimmung des virtuellen Bildes eines leuchtenden Punktes in einem Planspiegel übergegangen werden, nur bleibe man nicht bei der geometrischen Lösung dieser Aufgabe stehen, sondern gebe zugleich an, warum das Auge das Bild in den Durchschnittspunkt der in dasselbe gelangenden Strahlen verlegt. Bild eines Gegenstandes. Winkelspiegel. Kaleidoskop.

Nachdem in der üblichen Weise das Bild, welches durch einen sphärischen Hohlspiegel erzeugt wird, für die in Betracht kommenden Fälle durch Construction gewonnen und diese Art der Bestimmung des Bildes mit den Schülern eingeübt worden ist, sollen diese Fälle auch durch den Versuch bestätigt werden. Würde man den Versuch v o r der theoretischen Betrachtung zeigen, so wäre die Mehrzahl der Schüler nicht imstande, alle diese Fälle im Gedächtnisse zu behalten; und jeden einzelnen Fall zuerst experimentell, dann theoretisch zu behandeln, würde allzu zeitraubend sein. Beim sphärischen Convexspiegel kann man allerdings den Versuch vorangehen lassen, weil nur ein, höchstens zwei Fälle in Betracht kommen, dies nämlich dann, wenn man die Änderung der Größe des Bildes mit der Änderung der Entfernung des Gegenstandes vom Spiegel zeigen will.

In der Lehre von der Brechung des Lichtes wird zunächst, ohne auf das Brechungsgesetz einzugehen, zu zeigen sein, dass sich ein Strahl, der senkrecht auf die Trennungsfläche zweier Medien auffällt, im zweiten Medium ungebrochen fortpflanzt, ein schief auffallender Strahl aber gebrochen wird. Optisch dünnere und optisch dichtere Medien. Totale Reflexion des Lichtes nebst einigen Erscheinungen in der Natur, welche darauf beruhen. Brechung des Lichtes durch planparallele Platten und Prismen.

Dadurch, dass man eine Linse verwendet, um zu zeigen, dass die Spectralfarben vereinigt wieder Weiß geben und somit weißes Licht zusammengesetzes Licht ist, sollte man sich nicht abhalten lassen, die Farbenzerstreuung früher als die Linsen vorzunehmen. Man kann ja übrigens die Vereinigung der Spectralfarben zu Weiß auch durch Rotation einer Scheibe, auf welcher die Spectralfarben in entsprechender Weise aufgetragen sind, zeigen. Man gewinnt dadurch einige Vortheile, die bei der Aufsuchung des Bildes einer Linse zur Sprache kommen sollen. Außer der üblichen Demonstration der einfachen Farben, der complementären Farben und Mischfarben, der natürlichen Farben der Körper und der Erklärung der Wirkung farbiger Gläser sollte man mit Rücksicht darauf, dass viele Schüler aus der IV. Classe ins praktische Leben übertreten, wo sie vielleicht Kenntnisse aus der Spectralanalyse brauchen werden, das Nothwendigste aus dieser vornehmen. Es dürfte sich empfehlen, zu diesem Zwecke ein oder das andere continuierliche Spectrum, dann das Spectrum der Natriumflamme zu zeigen. Hat man nicht die Mittel zur objectiven Darstellung dieser Spectra, so kann man, um nicht zu viel Zeit zu verbrauchen, andere Spectra an einer guten Spectraltafel zeigen. Will man ein Übriges thun, so kann man noch die Umkehrung der Natriumlinie und, als Beispiel eines Absorptionsspectrums, das Sonnenspectrum mit den Fraunhofer'schen Linien zeigen. Kurze Bemerkungen über die Verwendung dieser Erscheinung in der Spectralanalyse können dann diesen Gegenstand abschließen. In der Lehre von den Linsen wird man wohl die sechs Linsenarten an der Hand guter Durchschnittszeichnungen charakterisieren können; im Weiteren wird man aber, um nicht zu bewältigenden Schwierigkeiten (da man ja auf dieser Unterrichtsstufe auf den allgemeinen Begriff des optischen Mittelpunktes ˙uicht eingehen kann) zu entgehen, sich bloß mit der gleichseitigen biconvexen und der gleichseitigen biconcaven Linse zu befassen haben. Für die Construction des Bildes, welches durch eine Sammellinse erzeugt wird, ist die Giltigkeit z w e i e r G e s e t z e darzuthun, nämlich, dass Centralstrahlen, welche auf eine Linse parallel zu deren Hauptachse auffallen, im Brennpunkte derselben vereinigt werden, und dass Strahlen, welche den Mittelpunkt einer (gleichseitigen) Linse passieren, durch die Linse, bei geringer Dicke derselben, wohl eine nicht zu berücksichtigende parallele Verschiebung, aber keine Ablenkung erfahren. Um den e r s t e n Satz durch den Versuch zu gewinnen, lässt man Sonnenstrahlen auf eine Sammellinse parallel zu deren Achse auffallen. Stellt man nun im Brennpunkte hinter der Linse einen Schirm auf, so wird man finden, dass dort sämmtliche Strahlen nach ihrem Durchgange durch die Linse nahezu in einem Punkte vereinigt sind; wodurch also der erste Satz begründet ist. Bei der Aufsuchung des Brennpunktes mit dem Schirme wird man aber auch noch auf eine andere Erscheinung aufmerksam machen können. Ist nämlich die Entfernung des Schirmes von der Linse kleiner als deren Brennweite, so hat das helle Scheibchen, welches man auf dem Schirme sieht, einen rothen (nahezu orangefarbenen), und ist die Entfernung des Schirmes von der Linse größer als deren Brennweite, einen blauen Saum, und ist der Schirm in der Brennweite selbst, nahezu gar keinen Saum. Chromatische Abweichung. Zur Begründung des z w e i t e n Satzes wird man darzuthun haben, dass die Oberflächenelemente der Linse an der Ein- und Austrittsstelle eines durch den optischen Mittelpunkt der Linse gehenden Strahles parallel sind. Nun hat man nur noch durch den entsprechenden Versuch zu zeigen, dass sich auch von einem außerhalb der optischen Achse (aber nicht zu weit von ihr entfernt) liegenden Punkte ausgehende Strahlen nach ihrem Durchgange durch die Linse (wenigstens nahezu) in e i n e m Punkte schneiden, um schließen zu können, dass, wo sich zwei Strahlen eines leuchtenden Punktes nach ihrem Durchgange durch eine Linse schneiden, sich auch seine übrigen, die Linse durchsetzenden Strahlen schneiden müssen. Die Construction der Bilder bietet keine Schwierigkeit. Bei der Demonstration derselben kann man wieder auf die Farbenränder, welche die Bilder haben, wenn der Schirm nicht richtig eingestellt ist, aufmerksam machen.

Concavlinse. Sphärische Abweichung bei Linsen. Das Wesen und die praktische Möglichkeit des Achromatismus kann man an einem Beispiele ˙einfachster Art (zerlegbares achromatisches Prisma) veranschaulichen. Auf die Erklärung kann erst im Obergymnasium eingegangen werden. -

Hinsichtlich des Regenbogens wird man sich damit begnügen können, die Entstehung und Aufeinanderfolge der Farben im Haupt- und Nebenregenbogen an einer entsprechenden Zeichnung zu erklären und das Auftreten der wirksamen Strahlenbündel experimentell an einer mit Wasser gefüllten Glaskugel zu demonstrieren.

An der Hand eines zerlegbaren Modells sind die Hauptbestandtheile des Auges zu demonstrieren und zu beschreiben. Hierauf ist eine Durchschnittszeichnung herzustellen und für einen angenommenen Gegenstand das Netzhautbild zu construieren. Das Aufrecht-, Einfach- und Doppeltsehen. Stereoskop. Bedingungen des deutlichen Sehens (Gesichtswinkel als Maß der scheinbaren Größe, Grenze der Sichtbarkeit, Schätzen der Entfernungen, stroboskopische Scheiben, Nachbilder). Accommodationsfähigkeit. Kurzsichtigkeit. Weitsichtigkeit. Brillen.

Bei der Zeichnung der optischen Instrumente lasse es sich der Lehrer angelegen sein, so weit als möglich vollständige, richtige und den Dimensionenverhältnissen der dargestellten Instrumente möglichst angepasste Zeichnungen zu entwerfen. Bei allen vorzunehmenden Instrumenten wird man sich auf die Zeichnung und Demonstration des Apparates und die Construction des erzeugten Bildes beschränken können. Das einfache Mikroskop, das Princip des Sonnenmikroskopes und der Laterna magica dürften dabei keinerlei Schwierigkeiten verursachen. Beim zusammengesetzten Mikroskope und astronomischen Fernrohr hat man das vom Objectiv erzeugte Bild des Objectes als Object für das Ocular zu betrachten. Das Ocular fungiert dann in Bezug auf dieses (angenommene) Object als einfaches Mikroskop. Augenpunkt. Dass die Combination mehrerer Linsen beim Objectiv des zusammengesetzten Mikroskopes wie eine einzige Linse von kleinerer Brennweite, als die einzelnen Linsen dieser Combination aufweisen, wirkt, kann man sehr einfach veranschaulichen. Man fange das von einer Linse erzeugte Bild auf einem Schirme auf und stelle nun zwischen diese Linse und den Schirm eine zweite Linse so auf, dass ihre optische Achse mit der der ersteren Linse möglichst genau zusammenfällt, so wird man den Schirm diesen Linsen nähern müssen, um das durch die Verbindung beider Linsen erzeugte Bild deutlich zu haben, und nimmt man die erste Linse weg, so wird man zu demselben Zwecke auch den Schirm von der zurückbleibenden Linse entfernen·müssen. Terrestrisches Fernrohr. Galilei'sches Fernrohr. Die katoptrischen Fernröhre kann man übergehen.

An die Camera obscura können einige Bemerkungen über die chemischen Wirkungen des Lichtes und die Photographie angeschlossen werden. Als Nachtrag zur Wärmestrahlung soll nun durch entsprechende Versuche die Reflexion und Brechung der Wärmestrahlen demonstriert werden. Abhängigkeit des Ausstrahlungsvermögens von der Temperatur· Beschaffenheit und Oberfläche der ausstrahlenden Körper. Abhängigkeit der Absorption von der Beschaffenheit der Oberfläche der absorbierenden Körper. Diathermane und athermane Körper.

2. Der Unterricht im Obergymnasium.

Im Obergymnasium soll das in den unteren Classen Gelehrte nicht bloß erweitert und ergänzt werden, sondern es sollen die physikalischen Lehren, soweit es die Zeit und die mathematischen Vorkenntnisse der Schüler gestatten, auch in wissenschaftlicherer Form und Strenge, als dies am Untergymnasium geschehen kann, entwickelt und begründet werden.

Nach einer kurzen Einleitung, in welcher die zum weiteren Unterrichte erforderlichen Begriffe zu erörtern sind, kann zur Ergänzung der im Untergymnasium über die allgemeinen Eigenschaften der Körper gewonnenen Vorstellungen geschritten werden.

Bei der Besprechung der Ausdehnung der Körper dürfte es sich nicht empfehlen, ein Reihe von Messinstrumenten vorzunehmen, weil das die Schüler nur ermüden würde. Es genügt, wenn an dieser Stelle der Nonius genommen wird, dieser soll aber sowohl an einem größeren Modelle für Strecken- als auch an einem solchen für Bogenmessungen erläutert und seine Anwendung mit den Schülern praktisch eingeübt werden. Benöthigt man später einmal eines der übrigen Messinstrumente zu einem Messversuche, so ist nichts versäumt, wenn die Schüler unmittelbar vor diesem Versuche mit der Einrichtung und dem Gebrauche dieses Instrumentes vertraut gemacht werden. Der Lehrer wird dann hiefür stets ein reges Interesse bei den Schülern finden. Ganz verfehlt wäre es aber, den Schülern Messinstrumente zu erklären, von denen man kein Modell zur Hand hat. Im Anschlusse an die Theilbarkeit der Körper können die Begriffe „Molecül" und „Atom" und „moleculare Anziehung und Abstoßung" erörtert werden.

Bei der Besprechung der Schwere kann wohl die allgemeine Gravitation erwähnt werden; auf das Gravitationsgesetz ist aber hier nicht einzugehen. Absolutes und specifisches Gewicht. Relative Dichte.

Aus der Wirkung der Molecularkräfte lassen sich die Cohäsion und Adhäsion und mit Berücksichtigung der Molecularbewegung auch die drei Aggregationszustände erklären. Die Feststellung der Begriffe „Elasticität", „Elasticitätscoefficient", „Festigkeit", „Mischung", „Lösung" und „Absorption" gehört ebenfalls hierher. Das Wesen der Krystallisation kann aus dem vorangegangenen Unterrichte der Mineralogie als bekannt vorausgesetzt werden.

In der Mechanik wird es nicht rathsam sein, auf dieser Unterrichtsstufe, wie es noch in manchen Lehrbüchern geschieht, die Statik der Dynamik vorauszuschicken, da ja viele Sätze der Dynamik schon in der Statik ihre Anwendung finden. Die Anordnung des Lehrstoffes wird eine solche sein müssen, dass die Schüler für jede neue Lection das mitbringen können, was zu einem klaren Verständnisse derselben nöthig ist.

In dem Folgenden soll beispielsweise angedeutet werden, durch welche Anordnung des Lehrstoffes man dieser Aufgabe gerecht werden könnte: Begriff der Ruhe und der Bewegung. Geradlinige, krummlinige Bewegung eines materiellen Punktes. Begriff der progressiven und der drehenden Bewegung eines Körpers. Nach Feststellung dieser Begriffe kann nun auf die geradlinige gleichförmige Bewegung eines materiellen Punktes, deren Entstehungsweise und Bestimmung eingegangen werden.

Die Entstehungsweise der ungleichförmigen Bewegung dürfte sich in folgender Weise klar machen lassen: Da wegen des Beharrungsvermögens kein Körper, also auch kein materieller Punkt, wenn er sich in gleichförmiger Bewegung befindet, ohne eine äußere Ursache in eine ungleichförmige Bewegung übergehen kann, so muss man das Vorhandensein einer solchen Ursache oder Kraft annehmen, welche continuierlich wirkt, wenn sich die Bewegung continuierlich ändert. Wirkt die Kraft im Sinne der Bewegung, so ensteht eine beschleunigte, im entgegengesetzten Falle eine verzögerte Bewegung.

Bestimmungsstücke und statische Messung einer Kraft.

Ist die Bewegung auch eine ungleichförmige, so können wir sie doch von einem beliebigen Zeitpunkte an verfolgen und annehmen, dass sie von diesem Momente an durch eine unendlich kurze Zeit τ gleichförmig bleibt. Somit können wir auch aus dem während dieser Zeit τ zurückgelegten Wege und τ die Geschwindigkeit für diesen Moment der Bewegung finden. Daraus ergibt sich der Begriff der Geschwindigkeit für irgend einen Zeitpunkt bei der ungleichförmigen Bewegung. Gleichförmig beschleunigte Bewegung. Beschleunigung bei der gleichförmig beschleunigten Bewegung. Gleichförmig verzögerte Bewegung. Da sich sowohl bei der gleichförmig beschleunigten als auch bei der gleichförmig verzögerten Bewegung die Geschwindigkeit continuierlich und in gleichen Zeiten um gleich viel ändert, so muss man annehmen, dass die diese Änderung der Geschwindigkeit bewirkende Ursache während der ganzen beobachteten Bewegung mit unveränderter Intensität vorhanden sein muss, d. h. wir müssen schließen, dass zu einer gleichförmig beschleunigten und gleichförmig verzögerten Bewegung eine constante Kraft nöthig ist, welche im ersteren Falle mit der Bewegung gleich und im letzteren entgegengesetzt gerichtet ist. Geschwindigkeit und Weg bei der gleichförmig beschleunigten Bewegung. Ähnlich lässt sich die Ursache, die Geschwindigkeit und Beschleunigung für irgend einen Moment bei einer ungleichförmig beschleunigten und ungleichförmig verzögerten Bewegung bestimmen. Freier Fall, als Beispiel einer gleichförmig beschleunigten, progressiven Bewegung eines Körpers.

Zur Demonstration der Entstehungsweise und der Gesetze der gleichförmigen und der gleichförmig beschleunigten Bewegung eignet sich besonders die Atwood'sche Fallmaschine. Mit dieser lässt sich auch zeigen, dass bei unveränderter zu bewegender Masse auch das Verhältnis zwischen der bewegenden Kraft und der dadurch erzielten Beschleunigung ein constantes ist. Dynamische Messung der Kräfte.

Nun kann der verticale Wurf aufwärts und abwärts vorgenommen und zur Ableitung des Begriffes der Arbeit und der (potentiellen und kinetischen) Energie benutzt werden. Princip der Erhaltung der Energie.

Zusammensetzung und Zerlegung gleichartiger und ungleichartiger Bewegungen. Zusammensetzung und Zerlegung von Kräften, welche einen gemeinschaftlichen Angriffspunkt haben. Momentsatz bezüglich eines Punktes in der Kräfteebene. Zusammensetzung und Zerlegung von Kräften, welche an zwei verschiedenen Punkten eines starren Systems angreifen, deren Richtungen aber in derselben Ebene liegen, und zwar:

a) wenn die Kräfte nicht parallel sind und ihre Richtungen auf dieselbe Seite der Geraden fallen, welche durch ihre Angriffspunkte geht;

b) wenn die Kräfte nicht parallel sind und ihre Richtungen auf die entgegengesetzten Seiten der Geraden fallen, welche durch ihre Angriffspunkte geht.

Es dürfte genügen, den bereits für einen beliebigen Punkt in der Kräfte-ebene abgeleiteten Momentsatz in diesen zwei Fällen für einen Punkt der Richtung der Resultierenden zu specialisieren. Die bezüglichen speciellen Ableitungen könnten dann wegfallen;

c) wenn die Kräfte parallel und gleichgerichtet sind und

d) wenn die Kräfte parallel und entgegengesetzt gerichtet sind. Kräftepaar. Moment eines Kräftepaares. Damit soll aber nicht gesagt sein, dass alle Lehr-sätze über das Kräftepaar zu nehmen sind. Es genügt, wenn der Schüler weiß, was man unter einem Kräftepaare und was unter dem Momente eines Kräftepaares versteht, und wenn er die zum Verständnisse der Lehre vom Magnetismus nöthigen Bedingungen der Äquivalenz von Kräftepaaren kennt.

Für c und d kann der Momentsatz zunächst für einen Punkt in der Kräfteebene abgeleitet und dann für einen beliebigen Punkt in der Richtung der Resultierenden specialisiert werden.

Zusammensetzung mehrerer paralleler Kräfte, deren Angriffspunkte in einer Geraden liegen. Für diesen Fall, welcher bei den Wagen Anwendung findet, lassen sich die für c und d abgeleiteten Momentsätze sehr leicht erweitern.

Moment einer Kraft in Bezug auf eine Ebene. Die Summe der Momente zweier oder mehrerer paralleler gleichgerichteter Kräfte bezüglich einer Ebene ist gleich dem Momente ihrer Resultierenden bezüglich derselben Ebene.

Um die Richtung der Schwerkraft an einem Punkte der Erdoberfläche zu bestimmen, wird gewöhnlich gezeigt, dass die Richtung der Resultierenden aller Anziehungskräfte der Punkte einer aus concentrischen Schalen zusammengesetzten Kugel, welche auf einen außerhalb derselben oder auf ihrer Oberfläche liegenden Punkt wirken, durch den Mittelpunkt der Kugel geht. Hiebei dürfte es doch angezeigt sein, den Schülern an einer entsprechenden Zeichnung begreiflich zu machen, dass bei unserer Erde, da sie keine Kugel, sondern ein Rotationsellipsoid ist, strenge genommen nur an den Polen und am Äquator die Schwerkraft gegen den Mittelpunkt der Erde gerichtet ist. Die Richtung der aus der Massenanziehung und Fliehkraft für irgend einen Punkt der Erdoberfläche resultierenden Lothrechten lässt sich erst nach Feststellung des Begriffes der Niveaufläche mathematich bestimmen. Deshalb dürfte es am besten sein, sich hier darauf zu beschränken, die Lothrechte für einen Punkt der Erdoberfläche mit dem Senkel zu bestimmen und zu zeigen, dass die Lothrechten zweier benachbarter Punkte der Erdoberfläche (sehr nahe) parallel sind, und im Übrigen auf den späteren Unterricht hinzuweisen. Schwerpunkt. Experimentelle Bestimmung desselben. Für die theoretische Bestimmung des Schwerpunktes ist es vollkommen ausreichend, den Schwerpunkt des Dreieckes und der dreiseitigen Pyramide in der üblichen Weise zu bestimmen. Die Bestimmung der Coordinaten des Schwerpunktes mit Hilfe des oben angeführten Momentsatzes kann wohl allgemein angedeutet werden, weil man hievon in der Folge mit Nutzen Gebrauch machen kann, die Durchführung der Rechnung für specielle Fälle aber ist Sache der Hochschule.

Eine Kraft, die im Schwerpunkte eines Körpers angreift, bewegt ihn (wenn keine zweite Kraft auf ihn gleichzeitig einwirkt) progressiv. Ist der Angriffspunkt der wirkenden Kraft außerhalb des Schwerpunktes des Körpers, auf den sie einwirkt, so kann sie ersetzt werden durch eine im Schwerpunkte angreifende, ebensogroße gleichgerichtete Kraft und ein Kräftepaar. Die drei Gleichgewichtslagen sollen wirklich charakterisiert und nicht etwa bloß diejenigen Gleichgewichtslagen in Betracht gezogen werden, in denen sich ein Körper befindet, wenn ein Punkt oder zwei Punkte (feste Achse) desselben festgehalten werden. Standfestigkeit der Körper.

Einfache Maschinen nebst einigen Anwendungen derselben. Es wird niemandem einfallen, die Gleichgewichtsbedingungen der einfachen Maschinen (höchstens den Hebel ausgenommen) experimentell abzuleiten; es hieße aber den Wert des Experimentes verkennen, wenn man die Gleichgewichtsbedingungen für die vorzunehmenden Maschinen den Schülern nicht durch entsprechende Versuche demonstrieren wollte. Hat man für irgend eine Maschine, beispielsweise für die schiefe Ebene und zwar etwa für den Fall, dass die Kraft, welche der aufgelegten Last das Gleichgewicht zu halten hat, parallel zur Länge der schiefen Ebene wirkt, die Gleichgewichtsbedingung theoretisch abgeleitet, so stelle man das den Schülern vorgeführte Modell der schiefen Ebene auf irgend einen Elevationswinkel (am besten ist es, den Winkel $= 30^0$ zu wählen, weil dann sin $a = \frac{h}{l} = 1/2$ ist und man dann weder zu rechnen noch zu messen hat, also Zeit gewinnt) ein, lasse einen Schüler für die verfügbare Last die der Gleichgewichtsbedingung entsprechende Kraft bestimmen und anbringen. Haben nun die Schüler gesehen, dass unter der theoretisch gefundenen Bedingung wirklich Gleichgewicht stattfindet, so lässt man den Schüler zu dem als Kraft benützten Gewichte noch ein kleines Gewichtchen zulegen. Ist dasselbe klein genug, so wird auch jetzt noch Gleichgewicht stattfinden. Man hat nun den bequemsten Anknüpfungspunkt, um die Reibung und den Widerstand des Mittels zu besprechen, wobei man zugleich das Modell der schiefen Ebene als Tribometer verwenden kann.

Ähnlich kann man auch die für die übrigen Maschinen theoretisch gewonnenen Gleichgewichtsbedingungen experimentell bestätigen. Dabei ist nicht zu vergessen, den Schülern schon am Hebel das Princip der Erhaltung der Arbeit zu demonstrieren. Die Schüler werden dann selbst in der Lage sein, die Giltigkeit dieses Principes für die übrigen Maschinen nachzuweisen. Bezüglich der Anwendungen der einfachen Maschinen wird es gut sein, sich auf das Nothwendigste zu beschränken.

Von der drehenden Bewegung kann nun nachgetragen werden: der Begriff der Winkelgeschwindigkeit und der Winkelbeschleunigung und die Ableitung der Gleichung. Winkelbeschleunigung $= \dfrac{\text{Drehungsmoment.}}{\text{Trägheitsmoment.}}$

Gestattet es die Zeit, so kann man vielleicht das Trägheitsmoment einer materiellen Linie in Bezug auf eine durch einen ihrer Endpunkte gehende und zu ihrer Längenachse senkrechte Achse berechnen.

Herabgleiten eines Körpers längs einer schiefen Ebene unter alleiniger Einwirkung der Schwerkraft (wenn man von der Reibung absieht). Übergang zur Bewegung auf einer krummen, in einer Verticalebene liegenden Bahn und Nachweis, dass auch für diese das Princip der Erhaltung der lebendigen Kraft gilt,

Pendelbewegung. Es ist aus didaktischen Gründen rathsam, sich hier auf die kreisförmig schwingende Bewegung zu beschränken und ihre Gesetze in engem Anschlusse an die Form der Bewegung abzuleiten. Ist ja doch bei der Wellenbewegung Gelegenheit genug, sich mit der geradlinigschwingenden Bewegung eingehend zu befassen. Dort wird man auch für diese passende Erscheinungen zur Verfügung haben.

Bei der Ableitung der Formel für die Schwingungsdauer eines mathematischen Pendels sind die Schüler aufmerksam zu machen, von welchem Momente an die Rechnung eine angenäherte ist und warum sie bloß angenähert ist.

Wird ihnen dann die vollständige Gleichung für die Schwingungsdauer mitgetheilt, so können sie sich selbst ein Urtheil bilden, wie weit die in der Ableitung gemachten Annahmen zulässig sind. Schwingungsdauer eines physischen Pendels. Anwendungen des Pendels (Foucault's Pendelversuch). Horizontaler und schiefer Wurf.

Centralbewegung. Nach der Construction der Bahn, die ein Körper beschreibt, welcher im Momente des Beginnes der Beobachtung eine gegebene Geschwindigkeit in einer bestimmten Richtung besitzt und den eine continuierliche Kraft (Centripetalkraft) gegen einen fixen Punkt zu ziehen strebt, kann sofort der Flächensatz abgeleitet werden. In den Lehrbüchern wird dieser Satz gewöhnlich nur für zwei aufeinander folgende unendlich kleine, gleiche Zeittheilchen bewiesen. Daher ist es nöthig hinzuzufügen, dass der Flächensatz auch für nicht aufeinander folgende, endliche, gleiche Zeiten giltig ist. Das Gesetz für die Geschwindigkeit in verschiedenen Punkten der Bahn schließt sich organisch diesem Satze an.

Die Centralbewegung gibt auch Anlass, die bei jeder krummlinigen Bewegung auftretende Fliehkraft zu erörtern und zwar dürfte es angezeigt sein, die für jede krummlinige Bahn giltige Gleichung, nach welcher die Fliehkraft durch den Quotienten aus dem Quadrate der Geschwindigkeit und dem Krümmungsradius der Bahn in einem Punkte derselben bestimmt wird, abzuleiten.

Betrachtet man nun z. B. eine Centralbewegung mit elliptischer Bahn, so findet man, dass eine Componente der Fliehkraft in irgend einem Punkte der Bahn der diesem Punkte entsprechenden Centripetalkraft das Gleichgewicht hält, während die andere Componente (Tangentialkraft) die Änderung der Geschwindigkeit des Beweglichen bewirkt. Fliehkraft bei einer kreisförmigen Bewegung. Kepler'sche Gesetze.

Mit Hilfe des dritten Kepler'schen Gesetzes ist nun unter der Annahme, dass die Bahnen der Planeten Kreise sind, das Newton'sche Gravitationsgesetz abzuleiten. Da die Schüler aus dem ersten Kepler'schen Gesetze wissen, dass die gemachte Supposition nicht oder wenigstens nicht genau zutrifft, so ist zu rathen, denselben, um die Zulässigkeit dieser Annahme darzuthun, die Maßzahlen der Achsen einzelner Planetenbahnen mitzutheilen. Schließlich kann hinzugefügt werden, dass in der analytischen Mechanik dieses Problem auch für elliptische Bahnen der Planeten, wie sie es wirklich sind, gelöst wird. Gesetz der Änderung der Acceleration der Schwerkraft vom Äquator gegen die Pole zu. Freie Achse.

Die Poggendorff'sche Erklärung der Präcessionsbewegung lässt sich am bequemsten mittelst des Fessel'schen Apparates geben. Lässt man den Schüler bei der Wiederholung ebenfalls den Apparat benutzen, so wird er keine Schwierigkeit daran finden, während er sich mit einer bloßen Zeichnung schwer zurechtfindet. Die Präcession der Nachtgleichen und die Nutation der Erdachse dürften in der Astronomie, sobald den Schülern die hiezu nöthigen Vorbegriffe geläufig sind, leichter verstanden werden.

Stoß unelastischer und elastischer Körper. Die Ableitung der Geschwindigkeit zweier sich stoßender unelastischer Körper nach dem Stoße mit Anwendung des Principes der Gleichheit von Wirkung und Gegenwirkung dürfte den Schülern keine Schwierigkeit bereiten. Beim Stoße elastischer Körper vergesse man nicht die Fälle zu berücksichtigen, dass ein elastischer Körper einen gleichgroßen, einen größeren oder kleineren elastischen Körper stoße, da diese Fälle für die Erklärung der Fortpflanzung und für die Reflexion und Brechung einer Welle von Wichtigkeit sind.

In der Hydromechanik wird zunächst die geringe Zusammendrückbarkeit tropfbarflüssiger Körper, beispielsweise für Wasser, mit dem Piezometer von Oerstedt zu demonstrieren sein. Aufstellung des Begriffes des Compressionscoëfficienten nebst Erläuterung des Principes der Methode seiner Auswertung. Leichte Verschiebbarkeit der Theilchen tropfbar flüssiger Körper. Niveauflächen. Jetzt erst kann die Bestimmung der Richtung, welche die Schwerkraft an der Oberfläche der Erde hat, vorgenommen werden. Sind nämlich x und y die Coordinaten eines Punktes der Erdoberfläche, dessen geographische Breite φ ist, und bildet die Normale zu diesem Punkte den Winkel ψ mit der Abscissenachse, mit der die große Achse des durch diesen Punkt gelegten Meridians zusammenfällt, so findet man leicht $\operatorname{tg}\varphi = \dfrac{b^2}{a^2} \operatorname{tg}\psi$, wenn a und b beziehungsweise die große und die kleine Halbachse der Erde bedeuten. Die Discussion dieser Gleichung wird dem Schüler ein richtiges Bild von der Richtung der Schwerkraft an verschiedenen Punkten der Erdoberfläche geben.

Fortpflanzung des Druckes nach allen Seiten. Da im Untergymnasium das hydrostatische Paradoxon experimentell bewiesen worden ist, kann man sich hier auf den theoretischen Beweis beschränken. Seitendruck. Gleichgewicht einer, beziehungsweise zweier, sich nicht mischender Flüssigkeiten in nicht zu engen Communicationsgefäßen. Auftrieb. Archimedisches Princip. Letzteres braucht ebenfalls nur theoretisch bewiesen zu werden, da der experimentelle Beweis in der IV. Classe geliefert worden ist.

Schwimmen der Körper. Bei der Entwicklung des Begriffes „Metacentrum" dürfte es nicht überflüssig sein, zu beweisen, dass, wenn ein schwimmender Körper ein wenig aus seiner Gleichgewichtslage herausgebracht wird, die Richtung des Auftriebes die Schwimmachse wirklich schneidet. Bestimmung der relativen Dichte von festen und tropfbar flüssigen Körpern, a) mittelst der hydrostatischen Wage, b) mittelst des Pyknometers, c) mittelst des Volumeters und d) mittelst des Dichtemessers. Die Methoden nach Brisson und Schmidt zur Verfertigung der Scala eines Densimeters können wegbleiben. Die Dichtenbestimmung mittelst des Gewichtsaräometers kann als minder genau weggelassen werden.

Einfluss der Molecularkräfte auf das Gleichgewicht von Flüssigkeiten.

Die Erscheinungen der Oberflächenspannung und die darauf beruhenden Capillarphänomene können unter Voraussetzung einer Anziehungs- und Abstoßungssphäre der Moleciile durch geometrische Construction leicht qualitativ erklärt werden. Auf diese Weise kann nach Ableitung des Gesetzes für die Oberflächenspannung an einer ebenen, concaven und convexen Oberfläche die Elevation benetzender und die Depression nicht benetzender Flüssigkeiten an den Gefäßwänden und in Capillarröhren sowie die Bewegung von Flüssigkeiten in conischen Capillarröhren erklärt und durch Versuche bestätigt werden.

Diffusion zweier Flüssigkeiten. Endosmose. Will man das Torricelli'sche Ausflussgesetz mittelst der Mariotte'schen Flasche prüfen, so kann dies erst nach Vornahme der Aërostatik stattfinden.

Die **Aëromechanik** wird man, wenn das Verständnis der Schüler nicht beeinträchtigt werden soll, nicht ganz von der Wärmelehre trennen können. Es soll daher hier zunächst dasjenige aus der Wärmelehre vorgenommen werden, was zu einem gründlichen Verständnisse der Aëromechanik unbedingt nöthig ist.

Begriff und Wesen der Wärme. Bei der Besprechung des Wesens der Wärme kann man an die aus der Lehre vom Stoße bekannte Thatsache anknüpfen, dass ein Amboß durch Schläge mit einem Hammer erwärmt wird.

Temperatur. Es ist besser, die Schüler schon jetzt statt erst am Schlusse der Wärmelehre mit dem Wesen der Wärme nach mechanischer Wärmetheorie vertraut zu machen, weil man nach dieser jede Erscheinung der Wärme sofort erklären kann und zugleich den Schüler in den Stand setzt, die Zuverlässigkeit dieser Theorie Schritt für Schritt zu erproben. Die Erscheinungen der Wärme und ihre Gesetze gewinnen für den Schüler auch mehr Leben und Interesse, wenn er in der Lage ist, sie in ungezwungener Weise zu erklären, während ihn eine nackte Aufeinanderfolge von Erscheinungen ohne Erklärung nur ermüden würde.

Kurze Erörterung der Ursache des Druckes eines Gases auf die Wand des Gefäßes, in welchem es eingeschlossen ist, gemäß der Ansicht von Krönig über die Constitution der Gase. Mariotte'sches (Boyle'sches) Gesetz.

Ebenso dürfte es vortheilhaft sein, die Schüler schon hier mit dem Wesen der Wärmeleitung und der Ursache der Volumänderung der Körper bei einer Temperaturänderung vertraut zu machen.

Quecksilber- und Weingeistthermometer. Ausdehnungscoëfficient der Körper. Gay-Lussac'sches Gesetz. Absolute Temperatur. Proportionalität des Volumens einer und derselben Gasmenge und ihrer absoluten Temperatur.

Es ist nicht nöthig, dass alle Methoden zur Bestimmung des Ausdehnungscoëfficienten vorgeführt werden. Aber für jede Aggregationsform sollte je eine Methode ausführlich erläutert werden.

Torricelli's Versuch. Druck einer Atmosphäre. Quecksilberbarometer. Die Wichtigkeit dieses Apparates macht es dem Lehrer zur Pflicht, nicht bloß das Princip der verschiedenen Arten dieses Barometers vorzunehmen, sondern wenigstens eines derselben (in jedem physikalischen Cabinette sollte doch mindestens ein gutes Gefäß- oder Heberbarometer vorhanden sein) den Schülern am Apparate selbst ausführlich zu erklären und das Ablesen mit ihnen einzuüben.

Bei der Zeichnung der Barometer auf der Tafel ist das wirkliche Verhältnis der einzelnen Dimensionen der gebräuchlichen Barometer genauer zu berücksichtigen, als dies in manchen Lehrbüchern der Fall ist.

Am ehesten kann man die Aneroidbarometer weglassen, wenn man keines für die Demonstration zur Verfügung hat; namentlich dürften die Schüler von einem Aneroidbarometer nach Vidi, ohne dasselbe gesehen zu haben, kaum eine richtige Vorstellung bekommen. Was die Anwendungen des Barometers in der Physik anbelangt, hat der Lehrer im Laufe des physikalischen Unterrichtes Gelegenheiten genug, die Schüler wenigstens mit den wichtigsten derselben bekannt zu machen. Es wird daher ausreichen, an dieser Stelle bloß darauf hinzuweisen. Wohl aber ist die Anwendung des Barometers zu meteorologischen Zwecken zu besprechen und der Zusammenhang zwischen Barometerstand, Windrichtung und Witterung nach den neuesten Ergebnissen der Meteorologie darzuthun.

Das combinierte Mariotte-Gay-Lussac'sche Gesetz. Hierauf kann nach der Demonstration der Einrichtung einer Luftpumpe am Apparate selbst das Gesetz und die Grenze der Verdünnung abgeleitet werden. Die Barometerprobe als Manometer.

Es gibt kaum einen zweiten Apparat in der Physik, mit dem man so viele instructive Versuche machen kann, wie mit der Luftpumpe, nur müssen die Versuche im weiteren Unterrichte auch ausgenützt werden. Dagegen sind alle Versuche, die man im weiteren Unterrichte nicht nutzbringend zu verwerten gedenkt, auszuschließen, damit das Experimentieren nicht in leere Tändelei ausarte.

Das Princip der Quecksilberluftpumpe ist so einfach, dass es den Schülern auch ohne Modell an der Hand einer guten Zeichnung klar gemacht werden kann.

Als eine sehr instructive Anwendung des Mariotte-Gay-Lussac'schen Gesetzes kann nun die Bestimmung der Dichte der trockenen Luft für 760 mm Druck und 0^0 Temperatur vorgenommen werden. Um dabei nicht unnöthig Zeit zu verlieren, hat der Lehrer schon vor dem Unterrichte das Volumen des dazu verwendeten Ballons zu bestimmen und den Schülern bloß mitzutheilen, wie es bestimmt wird. Die übrigen Daten sind vor den Augen der Schüler zu ermitteln. Hierauf ist allgemein die Bestimmung der Dichte der trockenen Luft für Normalzustände theoretisch durchzuführen und den Schülern als Hausaufgabe die besondere Auswertung für die in der Schule ermittelten Daten zu überlassen.

Für die barometrische Höhenmessung ist es nicht angezeigt, die mit allen Correctionsfactoren versehene Gleichung zu entwickeln, zumal sie ja ohnehin nicht exact ist. Es dürfte genügen, die Gleichung $H = A (\log B_0 - \log B_n)$ abzuleiten und anzugeben, wie man A für den Ort und Tag der Beobachtung -- beständiges, ruhiges und trockenes Wetter vorausgesetzt -- trigonometrisch bestimmen könnte. Hierauf kann den Schülern die die Correctionsfactoren enthaltende Gleichung und die Bedeutung der einzelnen darin vorkommenden Größen mitgetheilt werden. Es versteht sich dabei von selbst, dass man darauf bedacht sein wird, den die Feuchtigkeit der Luft berücksichtigenden Factor zu umgehen, weil ihn die Schüler noch nicht begreifen würden. Hat man Gelegenheit, mit den Schülern eine barometrische Höhenmessung außerhalb der Unterrichtszeit vorzunehmen, so kann man die dabei

gewonnenen Daten dazu benützen, die Schüler zu veranlassen, durch deren Substitution in der vollständigen Gleichung als Hausaufgabe die Höhe des beobachteten
Objectes zu berechnen.

Die auf dem Luftdrucke beruhenden Apparate: Druckpumpe, Saugpumpe, die
verschiedenen Heber, der Heronsball u. dgl. können aus dem Untergymnasium als
bekannt vorausgesetzt werden.

Die Mariotte'sche Flasche ist wegen ihrer vielseitigen Verwendbarkeit vorzunehmen.

Reduction der Wägungen auf den leeren Raum. Luftballon.

Nunmehr kann das Torricelli'sche Ausflussgesetz nebst der Gleichung für die
Ausflussmenge in der üblichen Weise abgeleitet und mittelst der Mariotte'schen Flasche
experimentell bestätigt werden.

Der hydraulische Druck und Stoß kann übergangen werden.

Ausströmen von Gasen. Die Besprechung der Absorption der Gase kann man
in der Chemie vornehmen.

Aërodynamisches Paradoxon.

Die Entstehung des Windes. Passatwinde. Drehungsgesetze von Dove und von
Buys-Ballot.

Wärmelehre. Zur Thermometrie ist hier das Princip des Luftthermometers
nachzutragen. Ein Pyrometer soll den Schülern gleichfalls vorgeführt und erklärt
werden. Maximum- und Minimumthermometer. Zur Wärmeleitung kann noch gezeigt
werden, dass verschiedene Körper die Wärme verschieden leiten (Anwendung
schlechter Wärmeleiter), dann dass die tropfbaren Flüssigkeiten sowohl, als auch
die Gase schlechte Wärmeleiter sind.

Von der Wärmestrahlung soll hier nur der Begriff erörtert werden. Die
Gesetze der Wärmestrahlung können am Schlusse der Optik vorgenommen werden.

In der Calorimetrie sind zunächst die Begriffe „Wärmemenge", „specifische
Wärme" und „Wärmecapacität" festzustellen. Bei den Gasen ist das Verhältnis der
specifischen Wärme bei constantem Druck zu jener bei constantem Volumen hervorzuheben. Lässt sich auch auf dieser Unterrichtsstufe die Auswertung dieses Verhältnisses nicht zeigen, so kann man doch den Schülern leicht begreiflich machen,
wieso es kommt, dass für ein und dasselbe Gas jene größer ist als diese.

Hinsichtlich der Methoden zur Bestimmung der specifischen Wärme ist es
wünschenswert, dass vor den Schülern wenigstens eine angenäherte Bestimmung der
specifischen Wärme, z. B. des Quecksilbers nach der Mischungsmethode vorgenommen
werde. Die übrigen Methoden können dann nur kurz skizziert werden.

Das für die Chemie so wichtige Dulong-Petit'sche Gesetz darf nicht übergangen
werden.

Die Lehre von der Änderung des Aggregationszustandes der Körper kann nun
den Anschauungen der mechanischen Wärmetheorie gemäß leicht durchgeführt
werden, insofern die Verwandlung der dabei in Betracht kommenden latenten
Wärme in Arbeit nunmehr ohne Schwierigkeit verständlich ist. Kältemischungen.

Auch die Abhängigkeit des Schmelzpunktes eines Körpers von dem auf ihm lastenden Drucke kann den Schülern in genügender Weise klar gemacht werden. Instructiv ist der bezügliche Versuch mit dem Eiszapfen.

Von großer Wichtigkeit ist eine klare Darlegung des Verhaltens gesättigter Dämpfe im Vergleiche mit überhitzten Dämpfen und mit Gasen. Insbesondere kommt es darauf an, einleuchtend und anschaulich zu machen, dass Druck und Dichte eines gesättigten Dampfes Functionen der Temperatur allein sind, und dieses Verhalten beim Wasserdampfe durch Zahlenbeispiele zu erläutern.

Beim Sieden ist die Abhängigkeit des Siedepunktes von dem auf der Flüssigkeit lastenden Drucke (Thermohypsometrie) zu erklären und durch einen oder den anderen Versuch zu veranschaulichen. — Leidenfrost's Versuch. —

Verdunsten von Flüssigkeiten.

Condensation von Dämpfen und Gasen. In der Hygrometrie kann man sich mit der Erläuterung des Begriffes „Feuchtigkeitsgrad" und dessen Bestimmung mittelst des Psychrometers von August begnügen. Erlaubt es die verfügbare Zeit, so kann außerdem noch die Bestimmung des Feuchtigkeitsgrades mittelst des Regnault'schen Hygrometers erläutert werden. Hydrometeore. Von der Dampfmaschine soll nur das Princip genommen werden.

Wärmequellen. Die Demonstration der Erzeugung von Wärme durch mechanische Arbeit (pneumatisches Feuerzeug, Versuch von Tyndall) bietet eine passende Gelegenheit, den Schülern die Beziehung zwischen Arbeit und Wärme, das mechanische Äquivalent der Wärme, klar zu machen.

Chemie. So wenig Zeit auch dem Unterrichte aus der Chemie eingeräumt werden kann, so soll doch der im Untergymnasium auf elementare Weise behandelte Lehrstoff, namentlich die experimentelle Begründung der chemischen Fundamental-Gesetze, neuerdings in einer der geistigen Reife der Schüler entsprechenden Weise vorgenommen und dann auch ergänzt und erweitert werden.

Zur Erreichung dieses Zieles wird es sich empfehlen, einige der einfachen Experimente, welche schon im Untergymnasium ausgeführt wurden, z. B. Glühen von Kupfer in Luft, Leiten von Wasserdampf über glühendes Eisen, Zersetzung von Quecksilberoxyd in der Hitze, Verbindung von Schwefel mit Eisen u. a. nochmals vorzuführen, die aus diesen Versuchen sich ergebenden Thatsachen und Begriffe in Erinnerung zu bringen und überhaupt auf die Belebung des Gedächtnisses hinzuwirken.

Da die Schüler durch die aus der Wärmelehre erworbenen Kenntnisse, sowie durch jene über die Eigenschaften der Gase, über das Mariotte'sche Gesetz u. s. f. in den Stand gesetzt sind, die Hypothese von Avogadro leicht und richtig aufzufassen, ohne die Kenntnis dieser Hypothese aber der Begriff Moleculargewicht, sowie die Volumsverhältnisse gasförmiger Körper bei chemischen Verbindungen und Zersetzungen nicht einfach und klar dargelegt werden können, so möge nun die Erläuterung jener Eigenschaften der Gase, auf welche Avogadro seine Hypothese stützte, und sodann diese selbst vorgenommen werden; — hierbei wird sich die Gelegenheit darbieten, auch die Methode, wie man die Dichten von Gasen und Dämpfen bestimmt, vorzunehmen und die Zweckmäßigkeit der Annahme zu begründen, die Dichten aller Körper, die sich in den gasförmigen Zustand umsetzen lassen, auf die Dichte des Wasserstoffes = 2 zu beziehen, womit dann ein Molecül Wasserstoffgas = 2 Gewichtstheilen = 2 Raumtheilen zur Basis der Moleculärverhältnisse der Körper gemacht wird.

Ist dies vorausgeschickt, so kann nunmehr die Analyse des Wassers durch den galvanischen Strom und die Synthese des Wassers aus seinen Elementen im Eudiometer vorgeführt und aus diesen Experimenten durch eingehende Discussion derselben mit den Schülern all dasjenige abgeleitet werden, was sich aus denselben an Begriffen und an Gesetzmäßigkeit ergibt. — Ist auf solche Weise ein Verständnis für die ausgeführten Versuche erzielt, so wird auch die chemische Theilbarkeit des Wasser- und Sauerstoffmolecüls und die Zusammensetzung dieser Molecüle aus Atomen leicht deduciert werden können. — Die chemische Theilbarkeit der Molecüle der Grundstoffe ergibt sich auch aus der Betrachtung der Moleculargewichte des Schwefels und der schwefeligen Säure, beide Körper haben das Moleculargewicht 64; da man nun weiß, dass Schwefel und Sauerstoff sich stets in gleichen Gewichtsmengen verbinden (z. B. 32+32), so ergibt sich von selbst, dass in einem Molecül schwefeliger Säure 32 Gewichtstheile Schwefel enthalten sein müssen; diese Gewichtsmenge ist aber die Hälfte eines Molecüls Schwefel und da man in keinem Molecüle einer Schwefelverbindung weniger als 32 Gewichtstheile Schwefel aufgefunden hat, so ist diese geringste Menge ein Atom und das Schwefelmolecül besteht demnach aus zwei Atomen.

Die Synthese des Wassers kann auch einfach durch Reduction des Kupferoxydes mit Wasserstoff gezeigt werden; denn der Gewichtsverlust, welchen das Kupferoxyd erleidet, verhält sich stets zum Gewichte des gebildeten Wassers wie 16 (ein Atom Sauerstoff) zu 18 (ein Molecül Wasser). — Das zu diesem Versuche erforderliche und vorher auf das sorgfältigste von Wasserdämpfen befreite Wasserstoffgas wird man aus Wasser mit Zink und Schwefelsäure entwickeln; das hiebei gebildete Zinksulfat kann aus der erhaltenen Flüssigkeit durch Eindampfen leicht in Krystallen erhalten werden, wobei man noch zur Erkenntnis kommt, dass Zinksulfat sich von der Schwefelsäure nur dadurch unterscheidet, dass Wasserstoff durch Zink ersetzt wurde (Substitution). —

Um nun die Zusammensetzung des Chlorwasserstoffes zu demonstrieren, ist dieser Körper zunächst durch Einwirkung von Schwefelsäure auf Kochsalz darzustellen, wobei auf eine nähere Erklärung dieses chemischen Processes nicht eingegangen werden soll. Hierauf können die Eigenschaften des Chlorwasserstoffes sowohl im gasförmigen Zustande als auch in seiner wässerigen Lösung als Salzsäure erläutert werden; sein Verhalten gegen Metalle, Oxyde, Sulfide und Carbonate gibt Gelegenheit zu lehrreichen Versuchen. Die Einwirkung der Salzsäure auf Braunstein führt nun zu dem Grundstoff Chlor, dessen Eigenschaften (Lösung im Wasser, Verhalten dieser Lösung gegen Farben, gegen Sonnenlicht, gegen Metalle u. s. f.) zu erörtern sind; immerhin wird es aber von der Einrichtung des Lehrzimmers abhängen, ob und welche Experimente mit Chlor den Schülern vorgeführt werden können, da dieses Gas höchst nachtheilige Wirkungen hervorbringt; jedenfalls

wird es sich empfehlen, die Versuche mit diesem Gase gegen Ende der Lehrstunde vorzunehmen.

Da nun die Schüler mit den zwei Grundstoffen Chlor und Wasserstoff bekannt
gemacht sind, so lässt sich die Synthese des Chlorwasserstoffes sowohl durch directe
Verbrennung von Wasserstoff in Chlorgas (Analogie mit der Verbrennung in Luft)
als auch durch Mischen der beiden Gase zu gleichen Raumtheilen im Dunkeln und
Entzünden des Gemenges zeigen; um jedoch nachzuweisen, dass das Volumen des
gebildeten Chlorwasserstoffes gleich ist der Summe der angewandten Volumina von
Wasserstoff und Chlor, füllt man eine auf beiden Seiten mit Hähnen absperrbare
Glasröhre in dem angegebenen Verhältnis mit den beiden Gasen und setzt sie dem
zerstreuten Tageslichte oder mit Beobachtung der nöthigen Vorsichtsmaßregeln dem
directen Sonnenlichte aus; der entstandene Chlorwasserstoff kann durch Absorption
desselben mit Wasser nachgewiesen werden.

Die Analyse von Chlorwasserstoff kann am zweckmäßigsten durch Elektrolyse
concentrierter Salzsäure vorgenommen werden. —

Hieran schließe man die Bereitung von Ammoniakgas durch Erhitzen eines
Gemenges von Salmiak und Ätzkalk, ohne auf den Process selbst näher einzugehen;
hingegen sollen die Eigenschaften dieses Gases einer Besprechung unter Ausführung
von Versuchen unterzogen werden, von denen einige hier genannt werden mögen.

1. Ammoniak und Chlorwasserstoff, zwei farblose und durchsichtige Gase, vereinigen sich direct zu einem weißen und festen Körper, dem Salmiak; 2. ein Stück
Eis absorbiert mehr als das 800fache seines Volumens Ammoniakgas unter Schmelzen
und Erwärmen; 3. eine mit Ammoniakgas vollkommen gesättigte concentrierte
Kochsalzlösung liefert, wenn der galvanische Strom durch dieselbe geleitet wird,
als Zersetzungsproducte Wasserstoff und Stickstoff; 4. zur Ermittlung der Volumen-
verhältnisse, in welchen diese beiden Gase im Ammoniak enthalten sind, lässt man
den elektrischen Funken solange durch ein mit Quecksilber abgesperrtes Ammoniak-
volumen durchschlagen, bis sich das letztere verdoppelt hat, es sind eben aus
2 Volumen Ammoniak 3 Vol. Wasserstoff und 1 Vol. Stickstoff entstanden, was
man auch qualitativ leicht nachweisen kann; 5. gießt man wässeriges Ammoniak in
einen mit Sauerstoff gefüllten Kolben, hängt ein sehr dünnes Platinblech hinein und
erwärmt ein wenig, so geräth das Platinblech ins Glühen und es entstehen roth-
braune oder weiße Dämpfe, je nachdem gerade der Sauerstoff oder das Ammoniak
im Überschuss vorhanden war; die restierende Flüssigkeit enthält Salpetersäure an
Ammoniak gebunden. — .

Die Salpetersäure kann auch aus Salpeter mit Schwefelsäure bereitet und an
ihr gezeigt werden, dass sie mit Zinn zusammengebracht die vorher erwähnten
rothbraunen Dämpfe gibt und durch wässeriges Ammoniak neutralisiert werden
kann (Säure, Base, Salz, saure und alkalische Reaction). —

Aus der Zusammensetzung der drei Körper: Chlorwasserstoff, Wasser und
Ammoniak kann nunmehr die Wertigkeit der Atome und aus den bis jetzt vorge-
nommenen chemischen Verbindungen auch die chemische Zeichensprache und der
Ausdruck chemischer Vorgänge durch dieselbe erläutert werden. Auch das, was

man als Affinität bezeichnet, kann nun, da eine größere Anzahl von Fällen bekannt ist, erklärt werden, aber unter Hinweis, dass dieselbe auch von äußeren Umständen abhängig ist, ja sogar in das Gegentheil sich verkehren kann.

Nunmehr sind die Grundsätze anzugeben, nach welchen die wichtigeren und häufiger vorkommenden Grundstoffe in Gruppen zusammengestellt wurden, und ist, je nach Umständen, von jeder Gruppe wenigstens ein Repräsentant nach seinen Eigenschaften und wichtigeren Verbindungen zu schildern, wobei der schon behandelte Lehrstoff einbezogen werden kann; es wird auf diese Weise die Charakteristik der Gruppen am sichersten von den Schülern aufgefasst werden.

Aus der organischen Chemie sollen zunächst die in der Natur fertig gebildeten Kohlenhydrate: Cellulose, Stärke und die Zuckerarten und sodann, durch Experimente versinnlicht,, der Process der trockenen Destillation, also die Bereitung der Holzkohle, des Spodiums, des Leuchtgases und Theers angeschlossen werden. Hier ist auch die Gelegenheit geboten, den schon im Untergymnasium vorgenommenen Verbrennungsprocess zu wiederholen und durch Ausführung instructiver Experimente dem richtigen Verständnis näher zu bringen.

Von den Zuckerarten ausgehend ist der Gährungsprocess zu erläutern, indem die Bildung der zwei wichtigsten Gährungsproducte, Aethylalkohol und Kohlensäure, erklärt und die Bedingungen, unter welchen die geistige Gährung stattfindet, sowie die Umstände, welche sie verzögern oder verhindern können, besprochen werden. Schließlich kann noch gezeigt werden, dass der Aethylalkohol bei der Behandlung mit Schwefelsäure, je nach ihrer Concentration, Schwefeläther oder Elaylgas und durch Oxydation Aldehyd und Essigsäure liefert. An diese vier Derivate des Aethylalkohols kann wieder eine Erörterung über das Moleculargewicht, über die Zusammensetzung der Molecüle aus Atomen, über die Vierwertigkeit des Kohlenstoffatomes, über organische Basen und Säuren u. a. angeschlossen und so der Unterricht mit einer Wiederholung zu Ende geführt werden.

Im **Magnetismus** wird man zunächst das im Untergymnasium über die natürlichen und künstlichen Magnete, Magnetpole, die Anziehung ungleichnamiger und Abstoßung gleichnamiger Pole und das Magnetisieren durch Induction Vorgenommene zu wiederholen haben. Hierauf kann gezeigt werden, dass die Stücke eines zerbrochenen Magnetstabes wieder vollständige Magnete sind und zwar dass die mittleren Stücke kräftiger sind als die Endstücke. Diese Thatsache soll als Ausgangspunkt für die Aufstellung der Hypothese von den Elementarmagneten benutzt werden. Mit Hilfe dieser Hypothese lässt sich die Vertheilung des freien Magnetismus in einem Magnetstabe erklären und der Begriff der Magnetpole vervollständigen.

Magnetisieren durch Streichen und Bestimmung der Polarität des gestrichenen Stahlstabes nach der Hypothese.

Erdmagnetismus. Begriff und Bestimmung der Declination. Es ist viel besser, mittelst eines Gnomons den astronomischen Meridian und mittelst einer Boussole den magnetischen Meridian, also auch die Declination vor den Schülern wirklich zu bestimmen, als ihnen das Gauss'sche Magnetometer zu beschreiben, wenn man es ihnen nicht vorführen kann. Auch eine angenäherte Bestimmung der Inclination soll vor den Schülern ausgeführt werden. Hierbei unterlasse man nicht, auf die Schwierigkeiten hinzuweisen, welche der Construction eines Inclinatoriums entgegenstehen, und deute an, wie man die aus diesen Schwierigkeiten entspringenden Fehler zu beseitigen sucht.

Gute Karten mit den magnetischen Curven sind sehr geeignet, das Verständnis dieser · Partie zu unterstützen. Intensität des Erdmagnetismus. Krafteinheit nach absolutem Maße. Schwingungsdauer eines unter Einwirkung der Horizontalcomponente des Erdmagnetismus schwingenden Magnetstabes. Der Begriff des magnetischen Momentes eines Magnetstabes ist dabei nicht zu umgehen. Ableitung des Coulomb'schen und des Gauss'schen Distanzgesetzes.

Eine wirkliche Bestimmung der Horizontalcomponente des Erdmagnetismus könnte hier nur mit dem Weber'schen Apparate vorgenommen werden. Sollte man aber mit der Zeit ins Gedränge kommen, so ist es besser, von einer solchen Bestimmung abzusehen.

Das Wesen und die Erscheinungen des Diamagnetismus kann man in der Lehre vom Elektromagnetismus vornehmen.

In der **Elektricitätslehre** wird man, so lange nicht die Erklärung der Erscheinungen der Reibungselektricität und des Galvanismus von einem einheitlichen Gesichtspunkte aus in einer für die Mittelschule ausreichend fasslichen Weise allgemein durchgeführt ist, noch immer die beiden Partien getrennt behandeln müssen. Es kann nicht Aufgabe· der Mittelschule sein, sämmtliche Phasen einer sich entwickelnden inductiven Wissenschaft durchzumachen. Das muss der Hochschule überlassen werden. Nach einer kurzen historischen Skizze werden die Grunderscheinungen der Reibungselektricität in der üblichen Weise zu behandeln und zu demonstrieren sein. Namentlich soll auf ein klares Verständnis der Erscheinungen der Influenz, des Coulomb'schen Distanzgesetzes, der Apparate zur Erzeugung und jener zur Ansammlung der Elektricität gesehen werden. Der Begriff des Potentials bleibt der Hochschule vorbehalten.

Fortpflanzungsgeschwindigkeit der Elektricität. Gewitter. Blitzableiter. Polarlicht.

Nach der Demonstration des Volta'schen Grundversuches und der Besprechung der über die Ursachen der „Berührungselektricität" herrschenden Hypothesen können die Eigenschaften der Spannung und Differenz der freien Elektricitäten zweier sich berührender Leiter gezeigt werden. Spannungsreihe. Elektromotoren erster und . zweiter Classe.

Die Bestimmung der Stromrichtung in der einfachen geschlossenen Volta'schen Kette ist für das Verständnis der constanten Ketten wichtig. Volta'sche Säule. Von den constanten Ketten kann nun die Zusammensetzung der wichtigsten demonstriert werden, auf ihre Theorie kann aber erst später eingegangen werden.

Wirkungen des galvanischen Stromes.

Hat man einen stärkeren Strom zur Verfügung, so ist es sehr lohnend, seine Intensität mit dem Voltameter zu bestimmen.

Die galvanische Polarisation gibt Anlass die Accumulatoren zu erklären. Chemischer Vorgang in den constanten Ketten.

Aus der Galvanoplastik soll nach Erklärung ihres Principes ein oder der andere instructive Versuch ausgeführt werden. Bei den magnetischen Wirkungen des galvanischen Stromes wird man sich auf die Ampère'sche Ablenkungsregel, die Tangenten- und Sinusboussole und den Multiplicator beschränken können. Als Demonstrationsapparat für die Boussolen ist die Sinusboussole zu empfehlen, weil sie genauere Resultate liefert als die Tangentenboussole und sich ohneweiters auch zur Demonstration der letzteren verwenden lässt.

Nach der Ableitung der Gesetze des Leitungswiderstandes mittels eines Rheostaten unter Anwendung der Substitutionsmethode (Demonstration und Copierung der Siemens'schen Widerstandseinheit) ist das Ohm'sche Gesetz aufzustellen, zu discutieren und experimentell zu bestätigen. Dabei bietet sich Gelegenheit zu zeigen, wie man die elektromotorische Kraft, bezogen auf die chemische Einheit der Stromstärke und die Widerstandseinheit von Siemens, und den Leitungswiderstand eines Elementes bestimmen kann. (Ohm, Volt, Ampère.)

Die einfachen Gesetze der Stromverzweigung sind wohl abzuleiten: die Kirchhoff'schen Gesetze aber sollen dem Unterrichte an der Hochschule überlassen werden.

Im Elektromagnetismus kann man sich darauf beschränken, das im Untergymnasium über diesen Gegenstand Gelehrte zu wiederholen und daran eine experimentelle Demonstration der diamagnetischen Erscheinungen nebst allgemeinen Andeutungen ihrer hypothetischen Erklärung anzuknüpfen.

Aus der Elektrodynamik hat man mittelst des Ampère'schen Gestells die gegenseitige Einwirkung zweier Ströme (Anziehung oder Abstoßung) zu demonstrieren, ohne sich auf irgend welche mathematische Deduction oder gar auf die Discussion einer fertig hingeschriebenen Gleichung einzulassen. Mit demselben Apparate sollen auch die Wirkungen eines Magnets auf einen Strom gezeigt werden. Solenoid. Ampère's Theorie des Magnetismus (ohne Mathematisches).

Die einzelnen Arten der Induction sind den Schülern in einfachster Weise anschaulich zu machen. Statt durch das Lenz'sche Gesetz kann man die Richtung eines durch einen Magnet inducierten Stromes auch dadurch bestimmen, dass man sich den Magnet durch ein Solenoid von gleicher Polarität ersetzt denkt und die Richtung des durch dieses Solenoid inducierten Stromes bestimmt. Dieselbe Richtung hat auch der vom Magnete inducierte Strom. Daran kann die Demonstration eines Inductionsapparates und einiger Versuche, die mit ihm anzustellen sind, angereiht werden. Der dabei vorkommende Stromunterbrecher wird zuerst am Apparate selbst erklärt und dann durch eine entsprechende Durchschnittszeichnung, in der alle unwesentlichen Details zu vermeiden sind, für die Schüler fixiert.

Telephon.

Endlich kann das Princip der dynamoelektrischen Maschinen in leicht fasslicher Weise erläutert werden. Ein Modell eines Gramme'schen Ringes, aus dem ein Sector zur Bloßlegung der inneren Einrichtung herauszunehmen ist, würde bei der Erklärung wesentliche Dienste leisten.

Aus der Thermoelektricität soll der Grundversuch und eine Thermosäule demonstriert werden. Will man zu den Versuchen über Wärmestrahlung die Seebeck'sche Thermosäule verwenden, so wähle man diese auch hier.

Thierische Elektricität.

Wellenbewegung. Nach Ableitung der Grundbegriffe einer schwingenden Bewegung an einer schwingenden Saite sind die Gleichungen für die Schwingungsdauer, die Elongation und die Geschwindigkeit eines geradlinig schwingenden materiellen Punktes abzuleiten und zu discutieren. Darnach kann das Fortschreiten der Transversalschwingungen einer materiellen Punktreihe graphisch dargestellt werden, wobei man Gelegenheit findet, die Begriffe Welle, Wellenberg, Wellenthal, Wellenlänge, sowie den Satz, dass die Wellenbewegung während einer Schwingung eines Theilchens der Punktreihe um eine Wellenlänge fortschreitet, klar zu machen. Mit Zuhilfenahme der Mach'schen Wellenmaschine kann dasselbe auch an fortschreitenden Longitudinalschwingungen demonstriert werden.

In ähnlicher Weise kann man auch die Reflexion einer Welle graphisch verfolgen und die durch Interferenz der reflectierten Wellen mit den nachfolgenden gebildeten stehenden Schwingungen zur Anschauung bringen.

Ebenso kann hinsichtlich der Interferenz der Wellen von gleicher Schwingungs- und Fortpflanzungsrichtung, und derjenigen Wellen, deren Schwingungsrichtungen auf einander senkrecht stehen, verfahren werden und zwar sind hier nur die Hauptfälle zu berücksichtigen. Von einer mathematischen Behandlung dieser Probleme ist abzusehen.

Schließlich kann die Entstehung einer Kugelwelle in einem isotropen Medium nebst deren Ausbreitung, dann die Reflexion und die Brechung einer ebenen und einer Kugelwelle an einer ebenen Trennungsfläche zweier Medien nach dem Principe von Huyghens erläutert werden.

Die **Akustik** kann mit der üblichen Einleitung, in welcher die Begriffe Schall, Geräusch, Ton und Klang, sowie die Bedingungen des Schalles behandelt werden, beginnen. Hierauf kann mittelst einer Sirene gezeigt werden, dass das, was wir Tonhöhe nennen, einzig und allein abhängig ist von der Schwingungszahl, die dem Tone entspricht.

Mittelst einer Seebeck'schen Sirene mit acht concentrischen Löcherreihen, welche den Tönen einer diatonischen Durscala entsprechen, können die relativen Tonhöhen der einzelnen Töne ermittelt werden. Daran lässt sich das Nähere über die Tonleiter und deren Arten anschließen.

Die Schwingungsdauer und Schwingungszahl (Tonhöhe) einer Saite können in einfacher Weise abgeleitet und die durch die Gleichung für die Schwingungszahl ausgedrückten Gesetze experimentell bestätigt werden, wozu sich das Monochord vorzüglich eignet.

An der Hand entsprechender Zeichnungen der Schwingungsformen, welche eine Saite eingeben kann, ist es nicht schwer darzuthun, welche harmonischen Obertöne den Grundton einer tönenden Saite begleiten.

Bei den tönenden Stäben hat man die Fälle, wenn beide Enden frei, ein Ende frei und beide Enden fest sind mit Hinweisung auf einige Anwendungen dieser Fälle zu unterscheiden und in derselben Weise wie bei den Saiten die Obertöne zu bestimmen, welche den Grundton begleiten.

Stimmgabel. Phonograph. Chladni'sche Klangfiguren. Princip des Phonautographen.

An die Besprechung der Töne longitudinal schwingender Stäbe reiht sich naturgemäß die der Lippenpfeifen an, deren Obertöne die Schüler bereits selbst zu bestimmen imstande sein werden. Zungenpfeifen. Stimmorgan.

Bei der Besprechung und Demonstration des Mittönens der Körper sollen in populärer Weise die Bedingungen dargelegt werden, unter denen ein Körper mittönen kann. Analyse des Klanges einer Pfeife mittelst der Resonatoren von Helmholtz.

Nach einer einfachen Ableitung der Gleichung für die Fortpflanzungsgeschwindigkeit eines longitudinalen Impulses in einer Punktreihe lässt sich die Gleichung für die Fortpflanzungsgeschwindigkeit des Schalles in einer Flüssigkeit ableiten (Zahlenbeispiel für Wasser als Hausaufgabe) und die Laplace'sche Formel für die Fortpflanzungsgeschwindigkeit des Schalles in der Luft annähernd begreiflich machen. Experimentelle Bestimmung der Fortpflanzungsgeschwindigkeit des Schalles in der Luft.

Abnahme der Intensität des Schalles mit der Zunahme der Entfernung vom Schallerreger. Reflexion des Schalles.

Die Interferenz der Schallwellen von gleicher Wellenlänge lässt sich sehr leicht und einfach mittelst des bekannten Interferenzrohres mit einer Membrane und einer Chladni'schen Platte demonstrieren. Die Entstehung der Schwebungen und der Combinationstöne kann durch eine Zeichnung veranschaulicht werden. (Sehr billige Pfeifen zur Erzeugung von Differenztönen erhält man von dem Mechaniker S c h m i d t, der auch durch seine Kreisel bekannt ist.)

Gehörorgan.

In der **Optik** kann die Reihenfolge, in der die Lehrbücher den Stoff dieses Abschnittes behandeln, größtentheils beibehalten werden. Nach dieser ist also zunächst das Wesen der Emissionshypothese und der Undulationstheorie zu besprechen.

Aus dem Theile der Optik, welcher von der geradlinigen Fortpflanzung, der Fortpflanzungsgeschwindigkeit des Lichtes und der Photometrie mit den ihr zugrunde liegenden Gesetzen handelt, ist bloß zu erwähnen, dass die Aberration des Lichts gewöhnlich in einer Weise behandelt wird, welche den Schüler unbefriedigt lassen muss. Die Erklärung der Aberration aus der Richtung, welche ein Beobachter seinem Fernrohr geben muss, damit ein von einem Fixsterne kommender Lichtstrahl dasselbe ungehindert passieren kann, während der Beobachter sich sammt dem Fernrohre mit der Erde fortbewegt, kann beibehalten werden. Daran soll aber die Verfolgung der scheinbaren Bewegung eines in der Ekliptik liegenden Fixsternes während eines Umlaufes der Erde geknüpft und gezeigt werden, wie man auch ohne die Fortpflanzungsgeschwindigkeit des Lichtes zu kennen, den Aberrationswinkel bestimmen kann. Verfolgt man noch graphisch die scheinbare Bewegung eines an einem Pole der Ekliptik befindlich gedachten Sternes während eines Umlaufes der

Erde, so wird der Schüler bereits selbst imstande sein, die Form der scheinbaren Bahn eines zwischen der Ekliptik und deren Polen befindlichen Fixsternes anzugeben. Jetzt erst kann der von Bradley gefundene Wert des Aberrationswinkels und seine Benutzung zur Bestimmung der Fortpflanzungsgeschwindigkeit des Lichtes an die Reihe kommen.

Zu der üblichen Behandlung der Lehre von der Reflexion des Lichtes ist zu bemerken, dass außer der geometrischen Construction der Spiegelbilder auch die physikalische Erklärung derselben zu geben ist.

Da das Brechungsgesetz bereits aus der Wellenlehre bekannt ist, kann hier sogleich mit dessen experimenteller Bestätigung begonnen werden. Totale Reflexion, Camera lucida. Kosmische Erscheinungen, welche auf der totalen Reflexion beruhen.

Durchgang eines Lichtstrahles durch planparallele Platten. Atmosphärische Strahlenbrechung. Wenn es die Zeit gestattet, sind die Bedingungen für das Minimum der Ablenkung eines Lichtstrahls durch ein Prisma abzuleiten. Hiefür gibt es eine Auswahl einfacher Ableitungen.

Die wirkliche Bestimmung des Brechungsexponenten einer Flüssigkeit mit einem einfachen Spectrometer ist sehr zu empfehlen, wenn es die verfügbare Zeit und die vorhandenen Mittel gestatten. Man kann dabei anlässlich der Bestimmung des brechenden Winkels des Hohlprismas gleichzeitig die Verwendung des Spectrometers als Goniometer demonstrieren.

Im experimentellen Theile der Lehre von der Dispersion des Lichtes wird man denselben Vorgang einhalten können wie im Untergymnasium, nur wird außer dem Spectrum des Natriumdampfes wenigstens noch ein Linienspectrum zu zeigen sein. Umkehrung der Natriumlinie.

Hat man gezeigt, dass verschiedenfarbiges Licht verschieden stark gebrochen wird, und dargethan, dass die Lichtstrahlen aller Farben sich im leeren Raume und (wenigstens sehr nahe) in der Luft mit gleicher Geschwindigkeit fortpflanzen, so kann man mit Berücksichtigung des Umstandes, dass, wie aus den Erscheinungen der Beugung und Interferenz hervorgeht, verschiedenfarbigen Lichtstrahlen auch verschiedene Wellenlängen entsprechen, den Zusammenhang zwischen Schwingungsdauer und Wellenlänge einer Farbe darthun und eine populäre Erklärung der Dispersion geben.

Fluorescenz. Phosphorescenz. Absorption des Lichtes, Körperfarben.

Chemische Wirkung des Lichts. Von der Photographie soll nur das Princip mitgetheilt werden. Haupt- und Nebenregenbogen.

In der Linsentheorie auf die Haupt- und Knotenpunkte einzugehen, hätte auf dieser Unterrichtsstufe durchaus keinen Zweck. Wohl aber soll gezeigt werden, wie man den optischen Mittelpunkt der verschiedenen Linsengattungen durch einfache geometrische Construction finden kann (Müller-Pfaundler's Physik, 2. Bd., S. 101 u. ff.)

Auch hier ist zur geometrischen Construction der Bilder die physikalische Erklärung ihrer Entstehung zu geben. Um die Beseitigung der chromatischen Abweichung bei Linsen begreiflich zu machen, genügt es, sie durch Zeichnung des

Ganges der Lichtstrahlen durch ein achromatisches Prisma zu veranschaulichen und mit einem solchen Prisma zu demonstrieren. Der Übergang vom Prisma zur Linse ist dann leicht hergestellt.

Die Correctur der sphärischen Abweichung muss dem Unterrichte an der Hochschule vorbehalten bleiben; doch kann die „Linse bester Form" ohne Beweis angegeben und die planconvexe Linse als die gewöhnlich in Anwendung kommende Annäherung an jene hervorgehoben werden. Vom Auge sind außer der Beschreibung desselben an der Hand eines zerlegbaren Modells die Construction des Netzhautbildes, das Aufrecht-, Einfach- und Doppelsehen, das Körperlichsehen (Stereoskop), die Bedingungen des deutlichen Sehens und die Accommodationsfähigkeit vorzunehmen. Dann kann der Scheiner'sche Versuch mit einigen Schülern vorgenommen und durch eine entsprechende Zeichnung erklärt werden. Ebenso soll die Wirkung der Brillen durch eine Zeichnung veranschaulicht werden.

Bei den Mikroskopen kann der in den Lehrbüchern übliche Vorgang beibehalten werden. Eine experimentelle Bestimmung der Vergrößerung eines Mikroskopes nach der Methode von Jaquin durch die Schüler sollte der Lehrer nicht unterlassen. Wenn das Mikroskop, das Spiegelchen und der Maßstab eingestellt sind, so geht ja die Beobachtung ziemlich rasch von statten. Die Rechnung soll erst nach der Beobachtung durch sämmtliche Schüler vorgenommen werden.

Die gewöhnliche Behandlungsweise der Fernröhre lässt manches zu wünschen übrig. Wenn man auch bei der Construction des Bildes, das man von einem Gegenstande in einem Fernrohre sieht, nicht die wirkliche, große Entfernung des Gegenstandes vom Fernrohr zur Darstellung bringen kann, so kann man doch die Dimensionen des Fernrohrs so klein nehmen, als es die Forderung der Deutlichkeit der Zeichnung zulässt, und die Entfernung des Gegenstandes so groß als es die Tafel gestattet. Zur Construction des Objectivbildes wähle man außer den Hauptstrahlen diejenigen, welche durch den äußeren Brennpunkt des Objectivs gehen. Die Construction soll wenigsten beim astronomischen und Galilei'schen Fernrohre vollständig durchgeführt werden. Die übliche Construction des Bildes beim Galilei'schen Fernrohre ist unrichtig. Auch sollte man den Umstand berücksichtigen, dass die Galilei'schen Fernröhre gewöhnlich kürzer sind als die normale Sehweite (Operngucker).

Statt der gewöhnlichen Gleichungen $l = P + p$ fürs astronomische und $l = P - p$ fürs Galilei'sche Fernrohr, und $v = \dfrac{P}{p}$, welche nur gelten, wenn sowohl die Entfernung des Gegenstandes vom Fernrohr als auch die Sehweite des Beobachters unendlich groß sind, ist es angezeigt, die vollständigen Gleichungen abzuleiten, welche auch die Abhängigkeit der Länge und Vergrößerung eines Fernrohrs von der Gegenstandsweite und Sehweite des Beobachters darstellen. Die Vornahme einer praktischen Bestimmung der Vergrößerung ist wünschenswert. Das Gesichtsfeld und die Helligkeit sollen insoweit berücksichtigt werden, dass das Wesen dieser Eigenschaften klar gemacht wird. Von den katoptrischen Fernröhren ist bloß das Gregory'sche zu demonstrieren und der Gang der Lichtstrahlen in demselben durch eine Zeichnung zu veranschaulichen.

Aus der **physischen** Optik ist zunächst der Fresnel'sche Spiegelversuch, die Erklärung der Farben dünner Plättchen und die Ausführung einiger Beugungsversuche vorzunehmen. Diese Versuche geben zugleich Gelegenheit anzudeuten, wie es möglich ist, die Wellenlänge des Lichts zu bestimmen und wie man aus den Wellenlängen der verschiedenfarbigen Lichtstrahlen auf die Aufeinanderfolge der Farben bei den Beugungs- und Interferenzerscheinungen schließen kann und umgekehrt.

Aus der Lehre von der Polarisation und Doppelbrechung des Lichtes sind nach Erörterung der hieher gehörigen Grundbegriffe mit dem einfachen Polarisationsapparate die Grunderscheinungen der Polarisation durch Reflexion zu demonstrieren und zu erklären.

Das Gesetz von Brewster soll hiebei nur als Erfahrungssatz angeführt werden Daran kann die Demonstration der entsprechenden Erscheinungen der Polarisation durch einfache Brechung angereiht und darauf aufmerksam gemacht werden, dass unter übrigens gleichen Umständen diese Erscheinungen den vorhergehenden complementär sind.

In der Lehre von der Doppelbrechung wird man sich auf die Anführung der wichtigsten Thatsachen beschränken und die Verwendung doppelt brechender Körper bei den Polarisationsapparaten hervorheben und durch möglichst anschauliche Versuche erläutern können. Die Grunderscheinungen der Doppelbrechung und der damit verbundenen Polarisation sollen mittelst eines etwa parallel zur optischen Achse geschliffenen Kalkspatprismas, wenn möglich unter Anwendung des Sonnenlichtes, demonstriert und an der Hand entsprechender Zeichnungen erläutert werden. Auf die Theorie der Doppelbrechung selbst kann jedoch nicht eingegangen werden.

Von den Erscheinungen, welche doppelt brechende Körper im Polarisationsapparate zeigen, können allenfalls diejenigen an senkrecht zur optischen Achse geschliffenen Krystallplatten unter Anwendung des Nörrenberg'schen Polarisationsapparates gezeigt und erklärt werden. Die Drehung der Polarisationsebene soll durch Versuche mit einer rechts und einer links drehenden Quarzplatte unter Anwendung homogenen und weißen Lichts demonstriert werden, ohne dass jedoch auf die Erklärung eingegangen würde. Hierauf kann man zu dem Verhalten von Zuckerlösungen und dessen Ausnützung in der Saccharimetrie übergehen.

Bei der Bestimmung dessen, was aus dem Gebiete der **Astronomie** zu behandeln ist, muss dem Lehrer schon deshalb ein weiterer Spielraum gewahrt bleiben, weil dieses Capitel die Reihe der physikalischen Disciplinen abschließt und die zur Verfügung stehende Zeit häufig knapp bemessen ist. Unter allen Umständen aber soll der Schüler zu einer wohlbegründeten Vorstellung von der rotierenden und progressiven Bewegung der Erde und den hiemit zusammenhängenden Erscheinungen gelangen.

Nach Erläuterung der Begriffe Horizont, Zenith, Nadir kann die scheinbare Bewegung eines Fixsternes in Betracht gezogen und erklärt werden. Bei der Erklärung dieser Erscheinung kann man sich mit Vortheil einer Kugel (Erde) mit einer elliptischen Scheibe, deren Umfang die Erdbahn darstellen soll, bedienen. Nimmt man dazu noch einen entfernten Punkt des Lehrzimmers als Fixstern an, so kann man, nachdem der Beobachtungsort auf der die Erde vorstellenden Kugel mit Kreide bezeichnet worden ist, die Richtungen der Strahlen verfolgen, welche von jenem Fixsterne gegen den Beobachtungsort ausgesendet werden, während die Erde eine Umdrehung macht, und so gelangt man in einfacher Weise zur Erklärung der scheinbaren Bewegung der Fixsterne. Dabei hat man Gelegenheit, die Begriffe Aufgangspunkt, Culmination, Meridian, Süd-, Nord-, Ost- und Westpunkt, Untergangspunkt, Tag- und Nachtbogen, Sterntag, Himmelsäquator und dessen Pole zu erklären.

Nunmehr kann die Bestimmung der Lage eines Sternes durch die Coordinaten Azimuth und Höhe, sowie jene durch die Declination und den Stundenwinkel an der Hand einer entsprechenden Zeichnung verständlich gemacht werden.

Die oben angeführten Demonstrationsmittel sind auch bei der Erklärung der scheinbaren Bewegung der Sonne verwendbar. Ekliptik, Pole und Schiefe der Ekliptik. Äquinoctial- und Solstitialpunkte. Siderisches Jahr. Ungleichheit der Sonnentage (wahrer und mittlerer Sonnentag) und deren Beziehung zu den Sterntagen. Tages- und Nachtlänge. Wechsel der Jahreszeiten. Bestimmung des Frühlingspunktes und Einführung der Coordinaten: Rectascension und Declination, Länge und Breite.

Zur Veranschaulichung der Präcession dürfte ein Kreisel, dessen Scheibe den Äquator vorstellt, gute Dienste leisten. Taucht man diesen bis zur Mitte der Kreisscheibe so in ein in einem weiten Gefäße befindliches Wasser, dass der Neigungswinkel der Kreisscheibe gegen die Wasserfläche (Ebene der Ekliptik) der Schiefe der Ekliptik gleich ist, und ahmt man nun langsam die aus der Mechanik bekannte Präcessionsbewegung des Kreisels nach, so kann man die Präcession der Nachtgleichen sehr gut beobachten. Bürgerliches Jahr.

Die Bewegung des Mondes möge soweit erörtert werden, als es zum Verständnisse der Finsternisse, ferner der Ebbe und Flut erforderlich ist.

Ist das Planetensystem nicht schon in der Mechanik erörtert worden, so möge es hier geschehen. Die scheinbaren Bewegungen der Planeten lassen sich an der Hand einer entsprechenden Zeichnung sehr einfach erklären.

Hat man noch etwas verfügbare Zeit, so kann man die Bestimmung des Meridians, der Polhöhe, aus der die wahre geographische Breite des Ortes in einfacher Weise berechnet werden kann, und eine Zeitbestimmung vornehmen. Ebenso ist anzudeuten, auf welche Weise die geographische Länge eines Ortes bestimmt werden kann.

H. Philosophische Propädeutik.

Im Sinne der Reform, welche in der den abgeänderten Lehrplan einführenden Verordnung kurz angedeutet ist, müsste das Lehrziel für den Unterricht in der philosophischen Propädeutik folgendermaßen formuliert werden:

Systematische Kenntnis der allgemeinsten Formen des Denkens überhaupt und der wissenschaftlichen Erkenntnisgewinnung insbesondere als Abschluss der gesammten Gymnasialbildung und als Vorbereitung für den strengeren Unterricht der Hochschule. Vorbedingung und Hilfsmittel hiefür ist eine übersichtliche Kenntnis der Erscheinungen des Seelenlebens überhaupt, die Classification und Distinction derselben zum Zwecke schärferer Charakteristik und Unterscheidung des Denkens und der Objecte des Denkens. Somit: Psychologie und Logik in der obersten Classe durch wöchentlich 2 Stunden.

Dass die Aufnahme eines philosophisch-propädeutischen Unterrichtes in den Kreis der Lehrthätigkeit des Gymnasiums erwünscht sei, darüber herrscht gegenwärtig in den Kreisen derer, die am meisten berufen sind, darüber zu urtheilen, keinerlei Zweifel, mögen immerhin in Betreff der Art und Weise der Ertheilung eines solchen Unterrichtes sowie seines Verhältnisses zu den übrigen Unterrichtsfächern die Anschauungen beträchtlich auseinandergehen oder für seine selbständige Ertheilung bald diese, bald jene — nicht immer zu erzwingenden — äußerlichen Vorbedingungen als unerlässlich hingestellt werden. Mag der Gymnasialunterricht in der Vermittlung einer relativ abgeschlossenen Bildung sich Selbstzweck sein oder aber als Vorbereitungsschule für die strengwissenschaftlichen Fachstudien der Universität oder anderer Hochschulen gelten wollen, in beiden Fällen wird zugegeben werden müssen, dass in der obersten Classe das bis dahin gelernte bunte Vielerlei von Wissen des zusammenfassenden Abschlusses, der Concentration durch eine solche Disciplin bedarf, welche die nach so vielen Richtungen hin ins Spiel gesetzte Geistesthätigkeit selbst zum Gegenstande ihrer Betrachtung macht. Und nicht nur das Denken und Erkennen ist ins Auge zu fassen, sondern ebenso alle anderen Classen von psychischen Phänomenen. Je schärfer die Eigenart dieser anderen aufgefasst wird, desto schärfer wird sich das Gebiet des erstgenannten innerhalb des gesammten Seelenlebens abgrenzen. Der volle Reichthum der Erscheinungen des seelischen Lebens ist dem gereiften Schüler begrifflich-systematisch zu erschließen und so zu seiner die linguistischen, literaturgeschichtlichen, historischen und naturwissenschaftlichen Erscheinungen umfassenden Bildung die nothwendige Ergänzung zu liefern.

Diese Aufgabe wird zu lösen sein mittelst eines Elementarcurses der Psychologie und Logik. Der ersteren brauchte eigentlich im Lehrplane neben der Logik keine selbständige Rolle eingeräumt zu werden, da alle jene psychologischen Lehren, welche als gesicherte und von keiner Seite bestrittene Ergebnisse zu betrachten sind, zusammengenommen kaum einen Semestercurs in Anspruch nehmen. Jede umfassendere und eingehendere Behandlung der Psychologie aber muss darauf ausgehen, das empirisch gesammelte Material von psychischen Thatsachen einer Theorie unterwürfig zu machen, und wird dadurch so schwierig, dass ihr die Fassungskraft der Schüler selbst auf der obersten Stufe des Gymnasiums nicht gewachsen ist. Hiezu kommt, dass es zur Zeit überhaupt gar keine psychologische Theorie oder theoretische Psychologie gibt, die sich im Kreise der Berufenen allgemeine oder doch nahezu allgemeine Anerkennung erworben hätte und nicht durch entgegengesetzte Theorien bekämpft würde. Darüber aber kann kein Streit sein, dass an der Mittelschule, wo gelernt und nicht geforscht wird, von jeder Wissenschaft nur völlig Gesichertes und Bewährtes, nur was als gemeinsamer Wissensstamm über den Streit der Theorien und Schulen erhaben ist, geboten werden darf. Ebenso wenig gibt es dermalen eine empirische Psychologie in demselben strengen Sinne, als etwa die Kenntnis der Fauna Australiens eine empirische genannt werden muss. Übrigens wird auf diesen Punkt weiter unten noch zurückgekommen.

Dass die Psychologie unter dem Gesammttitel der philosophischen Propädeutik in den Dienst der Logik gestellt wird, findet auch darin seine Rechtfertigung, dass es eben nur das Denken ist, welches die Objecte der Psychologie, die als solche nur erlebt werden können, in begrifflicher Fassung der wissenschaftlichen Reflexion zugänglich macht. Es erscheint daher angemessen, dass man die Formen und Gesetze jenes allumfassenden Denkens kennen lerne, ehe man die schwierigen Pfade der psychologischen Reflexion betritt, die häufig genug nur zu Irrthümern und Einbildungen geführt haben.

Wenn nun Logik als Hauptangelegenheit der philosophischen Propädeutik hingestellt wird, so bedarf es zunächst einer kurzen Rechtfertigung, weshalb hier die weit verbreitete Bezeichnung „formale Logik" verlassen wurde. Das Attribut „formal" kann in doppeltem Sinne verstanden werden: entweder erinnert es daran, dass diese Wissenschaft es mit den „Formen" des Denkens zu thun hat, oder es will den dürren und gedankenleeren Formalismus ankündigen, der, schon im Mittelalter zu hoher Ausbildung gebracht, in den unnützen Weitläufigkeiten der Syllogistik seine Hauptstärke sucht. In jenem Falle ist das Attribut „formal" entbehrlich, da sich eben jede Logik mit den — allgemeineren oder specielleren — „Formen" des Denkens befasst und der Gegensatz einer „materialen" Logik lediglich in den einzelnen Specialwissenschaften, mit der Mathematik an der Spitze, gefunden werden kann. Den Formalismus dagegen, welcher der zweiten Auffassung entspricht, muss die Schule als einen für sie wertlosen Anachronismus ablehnen.

Die nun folgende Instruction beschränkt sich darauf, dasjenige im Einzelnen hervorzuheben, was entweder von besonderer Wichtigkeit zu sein scheint, oder worin die in den gangbarsten Lehrbüchern übliche Behandlung des Gegenstandes nicht ganz angemessen erachtet wird.

Die psychologische Einleitung zur Logik hat die Classification und Distinction der von jedem Menschen an sich selbst erfahrungsmäßig zu beobachtenden psychischen Phänomene, ferner die Darlegung der allgemein anerkannten Gesetze der Association und Reproduction der Vorstellungen und Gefühle und der davon abhängigen Erscheinungen, insbesondere der Apperception zu umfassen. In der Lehre von den Empfindungen ist das anatomisch-physiologische Beiwerk auf das Allernothwendigste zu beschränken, da ohnehin alles Dahingehörige im naturwissenschaftlichen Unterrichte (Zoologie, Physik) der oberen Classen ausführlicher behandelt werden muss.

Erscheint es bei der Vermittlung aller dieser psychologischen Vorbegriffe unausweichlich, Redewendungen zu gebrauchen, die den Schein erwecken können, als wollte man vom Boden der Erfahrung aus metaphysische Aufschlüsse über die Entstehung oder den gemeinsamen Quellpunkt der psychischen Thatsachen ertheilen, so sind die Schüler in angemessener schlichter Weise darüber zu belehren, dass es eben nur die Natur unseres in ganz bestimmten Formen, z. B. in dem Schema von Ding — Eigenschaft (Subject — Prädicat), sich bewegenden Denkens ist, welche jenen unvermeidlichen Schein erzeugt. Der Schüler darf durchaus keine irrigen Vorstellungen über die Tragweite der unmittelbaren (beobachtenden) Erfahrung gewinnen.

Was die Logik selbst anbelangt, so ist durch die psychologische Einleitung zunächst ein verlässlicher Boden geschaffen für die Lehre vom Begriff. Diese hat, soweit die Verständnisbedingungen vorhanden sind, außer der sorgfältigsten Classification der Begriffe, welche allerdings in den meisten gangbaren Lehrbüchern der propädeutischen Logik nur unvollständig geboten wird, auch auf die Entstehung des Begriffes näher einzugehen; denn nur so lassen sich die Operationen der Abstraction und Determination in anderem als bloß mechanischem Sinne erläutern. Hand in Hand mit der Aufführung der Begriffsclassen geht natürlich die Demonstration der Begriffsverhältnisse, beziehungsweise Begriffsgegensätze, indem sich naturgemäß eine ganze Reihe von contradictorischen Gegensatzpaaren darbietet. Besondere Beachtung erheischen die wichtigen Grundbegriffe der Naturwissenschaft, wie z. B. Raum, Zeit, Zahl, Veränderung, Bewegung, Kraft, auf welche auch bei der Lehre vom Definieren zurückzukommen ist, ferner die überaus mannigfaltige Classe der Relationsbegriffe (z. B. links — rechts, heute — gestern, klein — groß, Nutzen — Schaden, Ursache — Wirkung, Grund — Folge, Vater — Sohn u. dgl. m.).

Wie es überhaupt erwünscht ist, dass der Unterricht in der Logik sich ergänzend und vertiefend an das grammatische Wissen der Schüler anschließe, so sind auch schon in der Lehre vom Begriffe ungezwungene Anknüpfungen herzustellen. So werden z. B. bei der Lehre von der Determination die höchst mannigfaltigen Functionen einer und derselben grammatischen Attributspecies, etwa des attributiven Genitiv, vom logischen Standpunkte aus zu würdigen sein, und dies veranlasst zugleich zu zeigen, wie nicht selten Sprache und Grammatik weit hinter dem logischen Gehalte der Gedanken zurückbleibt, wogegen freilich wieder auch jene Fälle zu beleuchten sind, wo das umgekehrte Verhältnis stattfindet. Bei den Classenbegriffen ist die Veranschaulichung der Umfangsverhältnisse gegebener Begriffe durch Kreisflächen sehr zweckmäßig. Ob die Lehre von der Definition und Division (Partition, Disposition) unmittelbar an die Lehre vom Begriff anzuschließen

21

oder in die sogenannte Systematik zu verweisen sei, darüber mag die Wahl und der Takt des Lehrers, beziehungsweise des Lehrbuches entscheiden; beide Wege haben eben ihre eigenthümlichen Vortheile.

Bei der Lehre vom Urtheil kommt alles auf die scharfe und wahrheitsgetreue Kennzeichnung des Urtheilsactes in seiner typischen, stets wiederkehrenden Gestalt an. Der Lehrer hüte sich vor der zwar herkömmlichen, aber gänzlich leeren Redensart, das Urtheil sei die Aussage über die ¦„Verknüpfbarkeit" oder „Nichtverknüpfbarkeit" der Urtheilselemente, da sich dabei die ungelöste Schwierigkeit nur hinter den Tropus des „Verknüpfens" verbirgt. Die herkömmliche Eintheilung der Urtheile (A, I, E, O), die nur das Subsumtionsurtheil ins Auge fasst, ist unzureichend. Hier hat sich die Logik an der Mannigfaltigkeit des concreten Sprechens zu orientieren und über diese gleichmäßig Rechenschaft zu geben. Die Lehre vom Urtheil stehe in innigster Wechselbeziehung zur Lehre vom Satz und ihr Fachwerk muss für jeden beliebigen Satz ein Unterkommen bieten. Auch das Objectverhältnis und seine Arten bedürfen eingehender Erörterung, die um so fruchtbarer ausfallen kann, als das grammatische Wissen des Schülers hiefür besonders bequeme Anknüpfungspunkte bietet. Endlich ist nicht bloß der einfache nackte Satz heranzuziehen, der Schüler muss vielmehr auch ein reicher entwickeltes Satzgebilde zu analysieren und dessen Bestandtheile unter logische Kategorien zu bringen verstehen. Von der Satzlehre ausgehend, möge der Lehrer, sobald er über den einfachen Satz hinausgekommen ist, die ganze Reihe von Nebensätzen, beziehungsweise Periodenarten auf ihren logischen Gehalt zurückführen. Unter den Periodenformen erheischt die hypothetische Periode wegen ihres besonderen logischen Gehaltes und als wichtige und vielfältig angewandte Ausdrucksform für Erkenntnisse des täglichen Lebens sowohl als der strengen Wissenschaft eingehende Behandlung.

Dass nach diesen Vorarbeiten die Lehre vom Schluss, mit welcher die Darstellung der Lehre vom Beweis unmittelbar verwoben werden kann, auf die übliche ausführliche Ableitung und Ausspinnung der Figuren des einfachen kategorischen Schlusses oder etwa der möglichen Arten zweigliedriger Schlussketten verzichten muss, ergibt sich wohl schon aus der für diesen Unterricht im Ganzen verfügbaren Zeit. Wenn schon auf einigen wenigen Seiten des Lehrbuches die giltigen Modi des kategorischen Schlusses, durch ungezwungene, sinnvolle Beispiele illustriert, in kurzen Strichen vorgeführt werden sollen, so sind hiefür wenigstens die einsichtsvollen Erörterungen in H. Lotze's Logik (2. Aufl. 1880), sowie in W. Schuppe's Erkenntnistheoretischer Logik (1878) und bezüglich der Beispiele namentlich Fr. Alb. Lange's Logische Studien zurathe zu ziehen. Sorgfältige Erörterung verdient der Analogie- und der Inductionsschluss und im Zusammenhange hiemit das inductive Beweisverfahren. Die Methode des Nachweises eines Causalnexus zwischen zwei gleichzeitigen oder succedierenden Thatsachen sind für die oberste Gymnasialstufe ein sehr dankbarer und instructiver Stoff. Dass hier freilich mehr als irgendwo die glückliche Wahl der Beispiele den Erfolg bedingt, ist für den einsichtigen Lehrer wohl selbstverständlich.

Überhaupt ist die unermüdliche Beibringung angemessener Beispiele für den gesammten Unterricht in der philosophischen Propädeutik eine Lebensbedingung.

Die naturgemäß sehr abstracten logischen Lehren selbst erfordern, wenn anders sie nicht den jugendlichen Geist ermüden und abstoßen sollen, stete Beleuchtung durch Beispiele; ja in sehr vielen Fällen wird der Schüler das erste Verständnis überhaupt nur aus den Beispielen gewinnen. Aus diesem Grunde wird der didaktisch erfahrene Lehrer, wenn nicht immer, so doch öfters bei Beginn einer neuen Materie die Beispiele an die Spitze der Erörterung stellen und die Schüler zu selbstthätigem Vergleichen und Abstrahieren anleiten. Allein auch abgesehen von dieser wesentlichen Mithilfe der Beispiele für das Gedeihen des Gegenstandes selbst stellen dieselben, wenn sie nicht einseitig, sondern mit combinatorischer Verwertung sämmtlicher Unterrichtsstoffe gewählt sind, die nach dem Princip des Gymnasialunterrichtes wünschenswerte Verbindung mit den übrigen Disciplinen her. Wird diese Verbindung nicht unausgesetzt durch lebendige und wechselvolle Exemplification aufrecht erhalten, so verliert der Schüler trotz der vorausgegangenen Belehrung doch den obersten Zweck des logischen Unterrichtes aus den Augen.

Es ist schon erwähnt worden, dass die übliche Zweitheilung der Logik in Elementarlehre und Systematik (Wissenschaftslehre) ohne Schaden für die Sache aufgegeben werden kann. Jedenfalls aber muss die Lehre vom Definieren, Eintheilen und Beweisen — man vergesse nicht den wichtigen begrifflichen Unterschied zwischen „beweisen" und „erklären" gehörig verständlich zu machen — den Schülern gründlich eingeprägt und mit ihnen praktisch eingeübt werden. Die Darlegung der Erfordernisse eines giltigen Beweises führt von selbst auf die wichtigsten Beweisfehler.

Aus diesem praktisch wichtigsten Capitel der Logik soll der Schüler die Fähigkeit schöpfen, sich über die Quellen der Evidenz, über die Kriterien der Wahrheit eines Satzes in jedem besonderen Falle Rechenschaft zu geben. Vermag er dies, dann kann ihn die Schule mit Beruhigung in das Getriebe des Weltlebens hinaus entlassen; als besonnen und klar denkender Mann wird er sich in dem Kampfe der einander widerstreitenden Interessen, Tagesmeinungen und Theorien sein selbständiges Urtheil zu bilden und zu erhalten wissen. Für den philosophischen Unterricht der Mittelschule so umfassende Gesichtspunkte geltend zu machen, scheint um so nothwendiger, als die Mittelschule den Anschluss von Universitätsstudien keineswegs principiell voraussetzen darf und an der Universität selbst nur die wenigsten jungen Leute Zeit, Lust und Gelegenheit finden, neben ihren Fachstudien einen Cursus der Logik durchzumachen, der die oben bezeichneten Ziele verfolgt; und doch wird schwerlich bestritten werden, dass logische Schulung für jeden geistig Arbeitenden wünschenswert und ersprießlich ist, welchem Berufsfache immer er sich zuwenden mag.

Dass bei dem Unterrichte in der philosophischen Propädeutik, wo es sich vor allem anderen darum handelt, in dem Schüler das selbständige Denken über sein Denken nachhaltig anzuregen und überhaupt das philosophische Interesse zu wecken, die Persönlichkeit des Lehrers, die Lebendigkeit und Eindringlichkeit seines Wortes weit mehr in Betracht kommt, als bei anderen Fächern mit handgreiflicherem Object und weniger hoher Abstraction, liegt auf der Hand, so zwar dass man anderwärts von dieser Überzeugung ausgehend die Ertheilung eines solchen Unter-

richtes geradezu von dem — immerhin zufälligen — Vorhandensein eines völlig
geeigneten Lehrers abhängig gemacht hat. Um so eindringlicher ergeht daher an
die jüngere Lehrerwelt die Aufforderung, sich die nothwendige Qualification zu
erwerben, soweit sie sich eben e r w e r b e n lässt, damit dieser Unterricht jederzeit
und überall in die Hände eines berufenen Lehrers gelegt werden könne.

Diese specielle Schwierigkeit sowie die geringe Stundenzahl, die dem keineswegs
stoffarmen Gegenstande eingeräumt werden kann, lassen als zweite Bedingung für
das Gedeihen des Unterrichtes ein geeignetes Lehrbuch erscheinen, welches, eben
so knapp in der Form als gediegen im Inhalt, dem Lehrer zum Lehren, dem
Schüler zum Lernen als Anhaltspunkt dienen kann. Augenblicklich besteht kein
Leitfaden, welcher nach Stoffauswahl und Anordnung den hier vorgetragenen
Intentionen entspräche. Indessen ist bei der in neuester Zeit so lebhaften Thätigkeit
auf dem Felde der wissenschaftlichen Logik nicht zu bezweifeln, dass in nicht allzu
langer Zeit berufene Kräfte an die Abfassung eines den Gymnasialzwecken ange-
passten Grundrisses schreiten werden. Nebst der deutschen Fachliteratur (Sigwart,
Lotze, Schuppe, Wundt, Überweg) gewährt wohl auch die englische (Mill, Bain,
Jevons) manche wertvolle Ausbeute. Insolange aber ein in jeder Hinsicht passender
Lehrbehelf fehlt, wird sich der Lehrer der Logik in der VII. Classe immerhin mit
einer von den vorhandenen Darstellungen der „formalen“ Logik behelfen können,
indem er dieselbe in den angegebenen Punkten einerseits ergänzt und erweitert,
andererseits verdichtet und verkürzt. Übrigens sei ihm die Verhandlung der ersten
Directorenversammlung der preußischen Rheinprovinz 1881 über „systematischen
Unterricht in der philosophischen Propädeutik in Prima“ (enthalten im 9. Bande
der ganzen Folge (seit 1879), Berlin, Weidmann, 1881) zu eingehender Würdigung
empfohlen.

Beilage zum Verordnungsblatte
für den
Dienstbereich des Ministeriums für Cultus und Unterricht.

Personalnachrichten.

Seine k. u. k. Apostolische Majestät haben mit Allerhöchster Entschließung vom 17. December 1883 dem Ministerialrathe im Ministerium für Cultus und Unterricht J o s e f Ritter von **Krumhaar** aus Anlass der von ihm erbetenen Versetzung in den dauernden Ruhestand in Anerkennung seiner vieljährigen, sehr ersprießlichen Dienstleistung d a s R i t t e r k r e u z d e s L e o p o l d - O r d e n s taxfrei a. g. zu verleihen geruht.

Seine k. u. k. Apostolische Majestät haben mit Allerhöchster Entschließung vom 11. December 1883 in Anerkennung vieljährigen und verdienstlichen Wirkens dem Personaldechante und Pfarrer in P e r u c F r a n z **Daneš** und dem Dechante und Pfarrer z u E m m e r s d o r f A n t o n **Zwölfer** d a s R i t t e r k r e u z d e s F r a n z J o s e p h - O r d e n s a. g. zu verleihen geruht.

Seine k. u. k. Apostolische Majestät haben mit Allerhöchster Entschließung vom 14. December 1883 dem Religionsprofessor am k. k. Staats-Gymnasium in Z a r a J a k o b **Boglić** gelegentlich der von ihm angesuchten Versetzung in den dauernden Ruhestand in Anerkennung seiner vieljährigen ausgezeichneten Dienstleistung d a s g o l d e n e V e r d i e n s t k r e u z m i t d e r K r o n e a. g. zu verleihen geruht.

Seine k. u. k. Apostolische Majestät haben mit Allerhöchster Entschließung vom 17. December 1883 dem Kunsttischler J o s e f **Trenkwalder** in M ü h l a u in Anerkennung seiner hervorragenden Leistungen auf dem Gebiete des Kunstgewerbes d a s g o l d e n e V e r d i e n s t k r e u z m i t d e r K r o n e a. g. zu verleihen geruht.

Seine k. u. k. Apostolische Majestät haben mit Allerhöchster Entschließung vom 8. December 1883 dem pensionierten Finanzrathe und Präsidenten der internationalen Stiftung „Mozarteum" in S a l z b u r g K a r l **Daublebsky** F r e i h e r r n v o n S t e r n e k in huldreicher Anerkennung seiner verdienstlichen Leistungen und aufopfernden Thätigkeit auf dem Gebiete der Kunst d i e g o l d e n e M e d a i l l e f ü r K u n s t u n d W i s s e n s c h a f t a. g. zu verleihen geruht.

Seine k. u. k. Apostolische Majestät haben mit Allerhöchster Entschließung vom 14. December 1883 dem Bischofe von K r a k a u A l b i n R i t t e r v o n **Dunajewski** taxfrei d i e W ü r d e e i n e s g e h e i m e n R a t h e s a. g. zu verleihen geruht.

Seine k. u. k. Apostolische Majestät haben mit Allerhöchster Entschließung vom 13. December 1883 den ordentlichen Universitätsprofessoren in W i e n Dr. J o s e f **Späth** und Dr. K a r l **Stellwag** v o n C a r i o n in Anerkennung ihrer vieljährigen ausgezeichneten lehramtlichen und wissenschaftlichen Thätigkeit d e n T i t e l u n d C h a r a k t e r v o n H o f r ä t h e n taxfrei a. g. zu verleihen geruht.

Seine k. u. k. Apostolische Majestät haben mit Allerhöchster Entschließung vom 8. December 1883 dem Geologen der k. k. geologischen Reichsanstalt in W i e n Dr. E m i l **Tietze** in Anerkennung der auf dem Gebiete der Wissenschaft geleisteten vorzüglichen Dienste d e n T i t e l u n d C h a r a k t e r e i n e s C h e f - G e o l o g e n a. g. zu verleihen geruht.

Seine k. u. k. Apostolische Majestät haben mit Allerhöchster Entschließung vom 3. December 1883 den außerordentlichen Professor des Hochbaues, der Baubuchhaltung und der Bau- und Eisenbahn-Gesetzkunde an der k. k. technischen Höchschule in Lemberg Gustav **Bisanz** zum ordentlichen Professor dieser Fächer a. g. zu ernennen geruht.

———

Bei den in Gemäßheit der Ministerial-Verordnung vom 12. Juli 1878, R.-G.-Bl. Nr. 94, an der k. k. technischen Hochschule in Wien vorzunehmenden II. Staatsprüfungen (Fachprüfungen) werden im Studienjahre 1883/84 fungieren:

I. für das Ingenieur-Baufach

als Präses

Georg Ritter **Rebhann** von Aspernbruck, k. k. o. ö. Professor;

als Präses-Stellvertreter

Mathias Ritter **Waniek** von Domyslow, k. k. Ministerialrath i. P.,

als Prüfungscommissäre

Anton **Beyer**, k. k. Ministerialrath,
Wilhelm Ritter von **Doderer**, k. k. o. ö. Professor,
Dr. Josef **Herr**, k. k. Ministerialrath und o. ö. Professor,
Mathias Ritter von **Pischof**, k. k. Hofrath,
Karl **Prenninger**, Baudirector der k. k. ausschl. priv. Südbahn-Gesellschaft,
Johann **Rössler**, k. k. Oberbaurath,
Franz Ritter von **Rziha**, k. k. o. ö. Professor,
Johann Georg **Schön**, k. k. Regierungsrath und o. ö. Professor,
Wilhelm **Tinter**, k. k. o. ö. Professor,
Eduard Ritter **Verida** von Wellenbann, k. k. Hofrath.
Moriz **Wappler.** k. k. o. ö. Professor,
Gustav Ritter von **Wex**, k. k. Ministerialrath i. P.;

II. für das Hochbaufach

als Präses

Moriz **Wappler**, k. k. o. ö. Professor,

als Präses-Stellvertreter

August Ritter **Schwendenwein** von Lanauberg, k. k. Oberbaurath und Hofarchitekt,

als Prüfungscommissäre

Hermann **Bergmann**, k. k. Oberbaurath,
Wilhelm Ritter von **Doderer**, k. k. o. ö. Professor,
Wilhelm Ritter von **Flattich**, vormals Director der Hochbau-Abtheilung der k. k. ausschl. priv. Südbahn-Gesellschaft,
Karl **König**, k. k. o. ö. Professor,
Josef Ritter von **Winterhalder**, k. k. Ministerialrath;

III. für das Maschinenbaufach

als Präses

Karl **Jenny**, k. k. o. ö. Professor.

als Prüfungscommissäre

Friedrich **Arzberger**, k. k. Regierungsrath und o. ö. Professor,
Wilhelm Freiherr von **Engerth**, k. k. Hofrath,
Leopold Ritter von **Hauffe**, k. k. o. ö. Professor,
Johann **Radinger**, k. k. Regierungsrath und o. ö. Professor,
Eduard **Redlhammer**, kaiserl. Rath und Director der Spinn- und Weberei-Manufactur in Cosmanos,
Emil **Tilp**, Centralinspector der k. k. ausschl. priv. Kaiser Ferdinand-Nordbahn,
Oskar **Wolf**, Director der Kammgarnfabrik in Vöslau;

IV. für das chemisch-technische Fach

als Präses

Dr. Alexander **Bauer**, k. k. Regierungsrath und o. ö. Professor,

als Präses-Stellvertreter

Dr. Franz **Schneider**, k. k. Ministerialrath,

als Prüfungscommissäre

Michael **Matscheko**, gewesener Präsident des niederösterreichischen Gewerbevereines,

Dr. Ignaz Ritter **Moser** von Moosbruck, Director der k. k. landwirtschaftlichen chemischen Versuchsanstalt,

Dr. Johann **Oser**, k. k. o. ö. Professor,

Dr. Josef **Pohl**, k. k. o. ö. Professor,

Dr. Eduard **Priwoznik**, k. k. Regierungsrath und Director des k. k. General-Probieramtes,

Karl **Sarg**, kaiserl. Rath und Fabriksbesitzer,

Paul **Seybel**, Fabriksbesitzer,

Friedrich **Suess**, kaiserl. Rath und Fabriksbesitzer,

Dr. Philipp **Weselsky**, k. k. Regierungsrath und o. ö. Professor i. P.

Vom Minister für Cultus und Unterricht wurden ernannt:

an der k. k. geologischen Reichsanstalt in Wien

zum Chef-Geologen

der Geologe, Bergrath Karl Maria **Paul**,

zum Geologen

der Adjunct Dr. Oskar **Lenz** und

zum Adjuncten dieser Anstalt

der Praktikant Dr. Alexander **Bittner**,

zu Bezirksschulinspectoren

für die böhmischen Schulbezirke Senftenberg und Reichenau der Director der Knaben-Bürgerschule in Polička Vincenz **Podhajsky**,

für den Schulbezirk Hotzenplotz der Director der Bürgerschule in Hotzenplotz Josef **Bříza**,

zu Bezirksschulinspectoren in Schlesien

für die deutschen Schulen der Stadt Teschen der Director der Lehrerbildungsanstalt in Teschen Schulrath Anton **Peter**,

für den Stadt- und Landschulbezirk Bielitz der Professor an der Staats-Oberrealschule in Bielitz Victor **Terlitza**,

für den Schulbezirk Teschen (mit Ausnahme der deutschen Schulen in der Stadt Teschen und der Schulen des Friedeker Gerichtsbezirkes), **für den Stadtbezirk Friedek und für die polnischen Schulen des Schulbezirkes Freistadt** der Professor am Staats-Gymnasium in Teschen Armand **Karell**.

Der Minister für Cultus und Unterricht hat den Beschluss des Professoren-Collegiums der medicinischen Facultät der k. k. Universität mit böhmischer Vortragssprache in Prag

auf Zulassung

des Dr. Josef **Thomayer** als Privatdocent für specielle medicinische Pathologie und Therapie an der gedachten Facultät bestätigt.

Der Minister für Cultus und Unterricht hat

mit der Inspection der böhmischen Schulen des Schulbezirkes Freistadt den Bezirksschulinspector Valentin **Koschut** und mit jener für den Stadtschulbezirk Troppau den Bezirksschulinspector Leopold **Rewig** betraut.

Concurs-Ausschreibungen.

Am **astronomisch-meteorologischen Observatorium an der k. k. Handels- und nautischen Akademie in Triest** kommt mit Beginn dieses Jahres eine Adjunctenstelle zur Besetzung.

Mit dieser Stelle der IX. Rangsclasse ist der Bezug eines Gehaltes von 1100 fl. und einer Activitätszulage von 300 fl. verbunden (R.-G.-Bl. Nr. 47 vom 15. April 1873).

Bewerber um diese Stelle müssen den Nachweis einer Lehramtsprüfung aus mathematisch-physikalischen Gegenständen und einer mehrjährigen Praxis in astronomischen Arbeiten und Rechnungen beibringen und haben die Verpflichtung sich nach Bedürfnis auch an dem Unterrichte im Institute zu betheiligen.

Die Kenntnis der italienischen und englischen Sprache ist erwünscht.

Die Bewerber um diese Stelle haben ihre an das k. k. Ministerium für Cultus und Unterricht zu stilisierenden Gesuche bei der Direction der k. k. Handels- und nautischen Akademie in Triest, Leipziger-Platz Nr. 1 bis 15. Jänner d. J. einzureichen.

Am **deutschen Staats-Obergymnasium in Kremsier** kommt die Stelle eines für die katholische Religion am ganzen Gymnasium lehrbefähigten Religionslehrers zur Besetzung.

Bewerber um diese Stelle, mit welcher die durch das Gesetz vom 15. April 1873 systemisierten Bezüge verbunden sind, haben ihre vorschriftsmäßig instruierten Gesuche im vorgeschriebenen Wege bis 10. Jänner d. J. bei dem k. k. Landesschulrathe in Brünn einzubringen.

Nach diesem Termine einlangende Gesuche werden nicht berücksichtigt.

An der **böhmischen Staats-Oberrealschule in Prag** kommt eine Lehrstelle für das Freihandzeichnen zur Besetzung.

Mit derselben sind die durch die Gesetze vom 9. April 1870 und 14. April 1873 normierten Activitäts-Bezüge verbunden.

Bewerber um diese Stelle haben ihre gehörig instruierten, an das k. k. Ministerium für Cultus und Unterricht gerichteten Gesuche im Wege ihrer vorgesetzten Behörde bis 31. Jänner d. J. beim k. k. Landesschulrathe für Böhmen in Prag einzubringen.

Verlag des k. k. Ministeriums für Cultus und Unterricht. — Druck von Karl Gorischek in Wien.

Beilage zum Verordnungsblatte

für den

Dienstbereich des Ministeriums für Cultus und Unterricht.

Personalnachrichten.

Seine k. u. k. Apostolische Majestät haben mit Allerhöchster Entschließung vom 28. December 1883 dem Verweser der Pfarre zu Unserer Lieben Frau bei den Schotten in Wien, Benedictiner-Ordenspriester Hieronymus **Hofbauer** und dem Pfarrer zu St. Elisabeth im IV. Wiener Gemeindebezirke Franz **Schindlauer** in Anerkennung ihres vieljährigen berufseifrigen und verdienstlichen Wirkens das Ritterkreuz des Franz Joseph-Ordens a. g. zu verleihen geruht.

Seine k. u. k. Apostolische Majestät haben mit Allerhöchster Entschließung vom 25. December 1883 dem Pfarrer und Personaldechante in Rosenberg, Cistercienser-Ordenspriester Eberhard **Wagner** in Anerkennung seines vieljährigen, berufseifrigen und verdienstlichen Wirkens das Ritterkreuz des Franz Joseph-Ordens a. g. zu verleihen geruht.

Seine k. u. k. Apostolische Majestät haben mit Allerhöchster Entschließung vom 26. December 1883 dem Stadtbaumeister Ferdinand **Oberwimmer** in Anerkennung seiner Verdienste bei der Erbauung der Wiener Sternwarte das Ritterkreuz des Franz Joseph-Ordens a. g. zu verleihen geruht.

Aus demselben Anlasse haben Seine k. und k. Apostolische Majestät dem Architekten Ferdinand **Fellner** den Titel eines Baurathes taxfrei a. g. zu verleihen und huldvollst zu gestatten geruht, dass dem Architekten Hermann **Helmer** die Allerhöchste Anerkennung ausgesprochen werde.

Seine k. u. k. Apostolische Majestät haben mit Allerhöchster Entschließung vom 22. December 1883 dem Bürgermeister in Steyr Georg **Pointner** in Anerkennung seiner besonderen Verdienste um das gewerbliche Unterrichtswesen den Titel eines kaiserlichen Rathes taxfrei und dem Realschulprofessor Josef **Wurzinger** in Anerkennung seines ersprießlichen Wirkens an der Fachschule für Eisen- und Stahlindustrie in Steyr das goldene Verdienstkreuz mit der Krone a. g. zu verleihen geruht.

Seine k. u. k. Apostolische Majestät haben mit Allerhöchster Entschließung vom 29. December 1883 dem Organisten des Cistercienser-Ordensstiftes Heiligenkreuz Ferdinand **Borschitzky** in Anerkennung seines vieljährigen, pflichttreuen Wirkens das goldene Verdienstkreuz a. g. zu verleihen geruht.

Seine k. u. k. Apostolische Majestät haben mit Allerhöchster Entschließung vom 25. December 1883 dem Schriftsteller Dr. Leopold **Kompert** in Wien, in Anerkennung seiner literarischen Thätigkeit und seines gemeinnützigen Wirkens den Titel eines Regierungsrathes taxfrei a. g. zu verleihen geruht.

Seine k. u. k. Apostolische Majestät haben mit Allerhöchster Entschließung vom 16. December 1883 a. g. zu gestatten geruht, dass dem Professor am Staats-Gymnasium in Laibach Dr. Josef **Nejedli** bei Gelegenheit der von demselben angesuchten Versetzung in den bleibenden Ruhestand die Allerhöchste Anerkennung für seine vieljährige verdienstliche Wirksamkeit im Lehramte ausgedrückt werde.

―――――――

Seine k. u. k. Apostolische Majestät haben mit Allerhöchster Entschließung vom 29. December 1883 den fürsterzbischöflichen geistlichen Rath und Pfarrer in Zell am See Johann **Hacksteiner** zum Domherrn des Metropolitancapitels in Salzburg a. g. zu ernennen geruht.

Seine k. u. k. Apostolische Majestät haben mit Allerhöchster Entschließung vom 31. December 1883 den Domherrn des Kathedralcapitels in Spalato Anton **Vuškovic** zum Domdechant dieses Capitels a. g. zu ernennen geruht.

―――――――

Seine k. u. k. Apostolische Majestät haben mit Allerhöchster Entschließung vom 15. December 1883 den Docenten an der theologischen Facultät in Wien Dr. Laurenz **Müllner** zum außerordentlichen Professor der christlichen Philosophie an der theologischen Facultät der k. k. Universität in Wien a. g. zu ernennen geruht.

Seine k. u. k. Apostolische Majestät haben mit Allerhöchster Entschließung vom 14. December 1883 den Privatdocenten Dr. Miroslav **Tyrš** zum außerordentlichen Professor der Kunstgeschichte an der k. k. Universität mit böhmischer Vortragssprache in Prag a. g. zu ernennen geruht.

Seine k. u. k. Apostolische Majestät haben mit Allerhöchster Entschließung vom 16. December 1883 den Gymnasialprofessor und Privatdocenten in Prag Dr. Josef **Král** zum außerordentlichen Professor der classischen Philologie an der k. k. Universität mit böhmischer Vortragssprache in Prag a. g. zu ernennen geruht.

Seine k. u. k. Apostolische Majestät haben mit Allerhöchster Entschließung vom 23. December 1883 den Privatdocenten Dr. Otto von **Zallinger** zum außerordentlichen Professor des deutschen Rechtes und der österreichischen Rechtsgeschichte an der k. k. Universität in Innsbruck a. g. zu ernennen geruht.

Seine k. u. k. Apostolische Majestät haben mit Allerhöchster Entschließung vom 24. December 1883 den kaiserlich russischen Bezirksarzt Dr. Benedict **Nałęcz Dybowski** zum ordentlichen Professor der Zoologie an der k. k. Universität in Lemberg a. g. zu ernennen geruht.

Seine k. und k. Apostolische Majestät haben mit Allerhöchster Entschließung vom 1. Jänner d. J. den Gutsbesitzer Dr. Stanislaus Grafen **Badeni** zum Mitgliede des galizischen Landesschulrathes a. g. zu ernennen geruht.

Vom Minister für Cultus und Unterricht wurden ernannt:

zum zweiten Vice-Präses
der staatswissenschaftlichen Staatsprüfungscommission in Wien der Ministerialrath im Präsidium des k. k. Ministerrathes, Dr. jur. et phil. Karl Ritter von **Jaeger,**

zum Vice-Präses
der staatswissenschaftlichen Staatsprüfungscommission in Innsbruck der außerordentliche Universitätsprofessor Dr. Eugen **Böhm** Ritter von Bawerk und

zu Mitgliedern dieser Commission
der außerordentliche Universitätsprofessor Dr. Franz Ritter von **Juraschek** und der k. k. Bezirkscommissär Dr. August **Schenk,**

zum Director
der k. k. deutschen wissenschaftlichen Gymnasial-Prüfungscommission in Prag der k. k. Universitätsprofessor Dr. Eugen **Petersen,**

zum Fachvorstande
der mechanisch-technischen Abtheilung an der Staats-Gewerbeschule in Pilsen der Professor dieser Anstalt Vincenz **Simerka,**

definitiv für seinen Dienstesposten
der bisher vertragsmäßig bestellte Lehrer und Leiter der k. k. Fachschule für Musik-instrumenten-Fabrikation in Schönbach Josef **Wilfer.**

Der Professor an der k. k. technischen Hochschule in Wien Dr. Victor **Pierre** ist auf eigenes Ansuchen seiner Function als Examinator der Physik in der k. k. Wiener Realschul-Prüfungscommission enthoben und an seiner Stelle der Professor an der k. k. technischen Hochschule in Wien Regierungsrath Dr. Leander **Ditscheiner** zum Fachexaminator für Physik ernannt worden.

Der Minister für Cultus und Unterricht hat auf Grund der Beschlüsse der betreffenden Professoren-Collegien
die Zulassung
des Dr. Heinrich **Swoboda** als Privatdocent für alte Geschichte
an der philosophischen Facultät der k. k. Universität mit deutscher Vortragssprache in Prag und

des Dr. Karl **Schwing** als Privatdocent für Geburtshilfe und Gynäkologie und
des Dr. Franz **Michl** als Privatdocent für Chirurgie
an der medicinischen Facultät der k. k. Universität mit böhmischer Vortragssprache in Prag bestätigt.

Der Minister für Cultus und Unterricht hat

den k. k. Hofrath, Universitätsprofessor Dr. Constantin Ritter von **Höfler** auf sein Ansuchen von dem Amte des Directors der k. k. deutschen wissenschaftlichen Gymnasial-Prüfungscommission zu Prag mit dankender Anerkennung seiner vieljährigen, eifrigen und verdienstlichen Mühewaltung enthoben.

Concurs-Ausschreibungen.

An der **Staats-Oberrealschule im II. Gemeindebezirke Wiens** gelangt eine Lehrstelle für Chemie in Verbindung mit Physik zur Besetzung.

Bewerber um diese Lehrstelle, mit welcher die gesetzlich normierten Bezüge (1200 fl. Gehalt, 500 fl. Activitätszulage und Quinquennalzulagen à 200 fl.) verbunden sind, haben ihre mit den erforderlichen Documenten gehörig instruierten Gesuche auf dem vorschriftsmäßigen Wege bis 15. Februar d. J. bei dem n. ö. Landesschulrathe in Wien zu überreichen.

An der **böhmischen Staats-Oberrealschule in Prag** kommt eine Lehrstelle für Naturgeschichte und Mathematik zur Wiederbesetzung.

Mit derselben sind die durch die Gesetze vom 9. April 1870 und 14. April 1873 normierten Activitätsbezüge verbunden.

Bewerber um diese Lehrstelle haben ihre gehörig instruierten, an das k. k. Ministerium für Cultus und Unterricht gerichteten Gesuche im Wege ihrer vorgesetzten Behörde bis 10. Februar d. J. beim k. k. Landesschulrathe für Böhmen in Prag einzubringen.

An dem **k. k. Taubstummen-Institute in Wien** gelangt die Stelle eines Stipendisten zur Besetzung, dessen Aufgabe es ist, sich für den Unterricht der Taubstummen auszubilden und sich im Institute sowohl bei dem Unterrichte, als auch bei der Beaufsichtigung und Erziehung der Zöglinge zu betheiligen.

Bewerber um diese auf die Dauer von drei Jahren zu verleihende Stelle, mit welcher ein Bezug von jährlich 300 fl. sammt voller Verpflegung im Institute und dem Genusse eines Wohnzimmers verbunden ist, haben ihre mit den erforderlichen Documenten und Nachweisen gehörig instruierten Gesuche, in welchen überdies der Nachweis über die Absolvierung einer Lehrerbildungsanstalt zu liefern ist, bis 15. Februar d. J. bei der Direction des k. k. Taubstummen-Institutes in Wien einzureichen.

An der **k. k. Lehrerbildungsanstalt in Salzburg** kommt mit Beginn des Schuljahres 1884/85 die Lehrstelle für Mathematik und Physik mit dem Genusse der gesetzlich normierten Bezüge zur Besetzung.

Bewerber haben ihre mit dem Lehrbefähigungs-Zeugnis für Mittelschulen versehenen und sonst gehörig belegten Gesuche bis Ende Februar d. J. bei dem k. k. Landesschulrathe in Salzburg einzureichen.

Verlag des k. k. Ministeriums für Cultus und Unterricht. — Druck von Karl Gorischek in Wien.

Jahrgang 1884. Stück III.

Beilage zum Verordnungsblatte
für den
Dienstbereich des Ministeriums für Cultus und Unterricht.

Personalnachrichten.

Seine k. und k. Apostolische Majestät haben mit Allerhöchster Entschließung vom 5. Jänner d. J. dem Mitgliede des Ortsschulrathes in Böhmisch-Leipa, Kaufmann Ferdinand Posselt in Anerkennung seines sehr eifrigen und ersprießlichen Wirkens im Interesse des Volksschulwesens das goldene Verdienstkreuz mit der Krone a. g. zu verleihen geruht.

Seine k. u. k. Apostolische Majestät haben mit Allerhöchster Entschließung vom 22. December 1883 dem außerordentlichen Professor an der Hochschule für Bodencultur in Wien Gustav Henschel in Anerkennung seiner wissenschaftlichen und lehrämtlichen Leistungen den Titel und Charakter eines ordentlichen Professors a. g. zu verleihen geruht.

Mit derselben Allerhöchsten Entschließung haben Seine k. und k. Apostolische Majestät den außerordentlichen Professor des Pflanzenbaues und der Encyclopädie der Landwirtschaft an der k. k. Hochschule für Bodencultur Dr. Adolf Ritter von Liebenberg zum ordentlichen Professor dieser Fächer a. g. zu ernennen geruht.

Seine k. u. k. Apostolische Majestät haben mit Allerhöchster Entschließung vom 22. December 1883 den Dechant und Pfarrer in Peuerbach Albert Edlen von Pflügl, den Dechant und Stadtpfarrer in Grieskirchen Josef Hangl, den Spiritual im Diöcesan-Priesterseminare zu Linz Karl Freiherrn von Eberl, den Dechant und Stadtpfarrer in Schwanenstadt Josef Kratschmer und den Dechant und Pfarrer in Andorf Roman Neisser zu Ehrendomherren des Linzer Kathedralcapitels a. g. zu ernennen geruht.

Seine k. und k. Apostolische Majestät haben mit Allerhöchster Entschließung vom 13. Jänner d. J. den Religionsprofessor an der I. deutschen Oberrealschule in Prag Hermann Pitschmann zum Canonicus des Collegiatcapitels zu Allen Heiligen in Prag a. g. zu ernennen geruht.

Seine k. und k. Apostolische Majestät haben mit Allerhöchster Entschließung vom 4. Jänner d. J. den Primararzt in der Landes-Findelanstalt zu Prag Privatdocenten Dr. Alois Epstein zum außerordentlichen Professor für Kinderheilkunde an der k. k. Universität mit deutscher Vortragssprache in Prag a. g. zu ernennen geruht.

Mit Allerhöchster Genehmigung Seiner k. und k. Apostolischen Majestät vom 7. Jänner d. J. hat der Herr Fürsterzbischof von Wien den fürsterzbischöflichen geistlichen Rath und Pfarrer zu St. Elisabeth im IV. Wiener Gemeindebezirke Franz Schindlauer zum Ehrendomherrn des Metropolitancapitels bei St. Stephan in Wien ernannt.

Der Minister für Cultus und Unterricht hat die Ministerial-Concipisten Dr. Johann Sontag und Dr. Franz Hye zu Ministerial-Vicesecretären und den Concipisten der Statthalterei für Steiermark Alfred Grafen zur Lippe zum Ministerial-Concipisten im Ministerium für Cultus und Unterricht ernannt.

Vom Minister für Cultus und Unterricht wurden ernannt:

zu Mitgliedern der Commission zur Vornahme der strengen Prüfungen behufs Erlangung eines Diplomes für die Fachabtheilung der Chemie an der k. k. deutschen technischen Hochschule in Prag für das laufende Studienjahr

die Professoren dieser Anstalt
Dr. Wilhelm Gintl,
Dr. Erwin Willigk,
Dr. Wilhelm Waagen,
dann die Supplenten
Dr. Augustin Krell,
Dr. Johann Smita,
Wilhelm Peukert;
ferner die außer dem Verbande der Hochschule stehenden Fachmänner
Paul Rademacher, Fabrikant in Karolinenthal bei Prag und
Wilhelm Brosche, Fabrikant in Pelc und Tyrolka bei Prag;

zum Mitgliede
der staatswissenschaftlichen Staatsprüfungs-Commission in Wien der Sectionsrath im k. k. Handelsministerium Dr. Adalbert Hofmann,

zum Bezirksschulinspector
für den Schulbezirk Rudolfswerth der Bürgerschuldirector in Gurkfeld Johann Lapajne,

zum Hauptlehrer
an der k. k. Lehrerbildungsanstalt in Krakau der Supplent dieser Lehranstalt Franz Preisendanz,

zum wirklichen Religionslehrer
an der Staats-Realschule im III. Bezirke Wiens der Supplent dieser Anstalt P. Franz Weimar,

zum Religionslehrer
am Staats-Untergymnasium zu Trebitsch der Supplent dieser Anstalt P. Franz Kvitek,

zum griechisch-katholischen Religionslehrer
am Staats-Gymnasium in Sambor der Pfarrer in Manió w Miron Pedoliński,

zur Übungsschullehrerin
an der k. k. Lehrerinnenbildungsanstalt bei St. Anna in Wien die Übungsschul-unterlehrerin Rosa Paumann,

definitiv für seinen Dienstesposten
der bisher vertragsmäßig bestellte Werkmeister in Hallein Johann Jageditsch.

Der Minister für Cultus und Unterricht hat auf Grund der Beschlüsse der betreffenden Professoren-Collegien

die Zulassung

des Finanzconcipisten beim k. k. Central-Tax- und Gebürenbemessungsamt Dr. Friedrich Ritter von **Wieser** als Privatdocent für politische Ökonomie und

des Steuerinspectors Dr. Robert **Meyer** als Privatdocent für Finanzwissenschaft

an der k. k. rechts- und staatswissenschaftlichen Facultät der k. k. Universität in Wien, dann

des Primararztes Dr. Alexander **Zarewicz** als Privatdocent für Diagnostik der syphilitischen Krankheiten

an der medicinischen Facultät der k. k. Universität in Krakau bestätigt.

Vom Minister für Cultus und Unterricht wurde verliehen:

die erledigte Religionslehrerstelle am deutschen Staats-Untergymnasium in Prag dem Religionslehrer am deutschen Staats-Untergymnasium in Smichow P. Anton **Wohlmann** und die hiedurch erledigte Religionslehrerstelle am Staats-Untergymnasium in Smichow dem Religionslehrer an der deutschen Mädchen-Volks- und Bürgerschule in Budweis P. Josef **Bernhard**,

der Directorstitel dem Oberlehrer an der Volksschule zu Deutsch-Landsberg in Steiermark Lorenz **Strohmayer**, in Anerkennung seiner vieljährigen vorzüglichen Wirksamkeit im Volksschullehramte und

der Lehrertitel dem Unterlehrer Johann **Schubert** zu Alexanderfeld in Schlesien.

Der Minister für Cultus und Unterricht hat

den Bezirksschulinspector Jakob **Vodeb** mit dem Amte eines Bezirksschulinspectors für den Schulbezirk Gurkfeld betraut,

den Bezirksschulinspector Johann **Matějček** von der Inspection der böhmischen Schulen des Schulbezirkes Karolinenthal enthoben und demselben die Inspection der böhmischen Schulen des Schulbezirkes Smichow übertragen und

den Bildhauer Franz **Souček** zum Werkmeister für Schnitzerei und Bildhauerei an der Fachschule in Zakopane,

den Tischler Anton **Matyaš** zum Werkmeister an der Fachschule in Chrudim und

den Glasgraveur in Steinschönau Franz **Ullmann** zum Werkmeister für Glasschnitt und Glasätzung an der Fachschule für Glas- und Metall-Industrie in Steinschönau bestellt.

Concurs-Ausschreibungen.

Am I. böhmischen Staats-Real- und Obergymnasium in Prag gelangt mit Beginn des Schuljahres 1884/85 die Stelle eines Lehrers der classischen Philologie in Verbindung mit dem böhmischen oder deutschen Sprachfache zur Besetzung.

Bewerber um diese Stelle, mit welcher die mit den Gesetzen vom 9. April 1870 und 15. April 1873 normierten Bezüge verbunden sind, haben ihre wohlinstruierten, besonders mit dem Nachweise ihrer Lehrqualifikation aus der classischen Philologie und dem böhmischen oder deutschen Sprachfache, sowie auch mit dem Nachweise ihrer bisherigen Verwendung im Lehramte belegten, an das k. k. Ministerium für Cultus und Unterricht zu stilisierenden Gesuche bis 15. März d. J. im Wege ihrer vorgesetzten Behörde beim k. k. Landesschulrathe für Böhmen in Prag einzubringen.

Am deutschen Staats-Gymnasium in Kremsier kommt mit Beginn des Schuljahres 1884/5 eine Lehrstelle für philosophische Propädeutik in Verbindung mit Geographie und Geschichte am ganzen Gymnasium zur Besetzung.

Bewerber um diese Stelle, mit welcher die durch das Gesetz vom 15. April 1873 systemisierten Bezüge verbunden sind, haben ihre vorschriftsmäßig instruierten Gesuche im vorgeschriebenen Wege bis Ende Februar d. J. beim k. k. Landesschulrathe für Mähren in Brünn einzubringen.

Nach diesem Termine einlangende Gesuche werden nicht berücksichtigt.

Am deutschen Staats-Gymnasium in Nikolsburg ist eine Lehrstelle für deutsche Sprache in Verbindung mit classischer Philologie zu besetzen.

Mit dieser Lehrstelle sind die im Gesetze vom 15. April 1873 normierten Bezüge verbunden. Die vorschriftsmäßig instruierten Gesuche sind bis 15. März d. J. beim k. k. Landesschulrathe für Mähren in Brünn einzubringen.

Am Staats-Realgymnasium in Prachatitz kommt mit Beginn des Schuljahres 1884/85 die Stelle des katholischen Religionslehrers mit den gesetzlich normierten Bezügen zur Besetzung.

Bewerber haben die gehörig instruierten Gesuche auf dem vorgeschriebenen Wege bis 20. März d. J. beim k. k. Landesschulrathe für Böhmen in Prag einzureichen.

An der Staats-Oberrealschule im VII. Bezirke Wiens gelangt mit Beginn des Schuljahres 1884/85 eine Lehrstelle für deutsche und französische Sprache zur Besetzung.

Bewerber um diese Lehrstelle, mit welcher die gesetzlich normierten Bezüge (1200 fl. Gehalt, 500 fl. Activitätszulage, sowie Quinquennalzulagen à 200 fl.) verbunden sind, haben ihre mit den erforderlichen Dokumenten und Nachweisen gehörig instruierten Gesuche auf dem vorschriftsmäßigen Wege bis 1. März d. J. bei dem k. k. n. ö. Landesschulrathe in Wien zu überreichen.

—◆–┼●┼–◆—

Verlag des k. k. Ministeriums für Cultus und Unterricht. — Druck von Karl Gorischek in Wien.

Jahrgang 1884.   Stück IV.

Beilage zum Verordnungsblatte

für den

Dienstbereich des Ministeriums für Cultus und Unterricht.

Personalnachrichten.

Seine k. und k. Apostolische Majestät geruhten mit Allerhöchster Entschließung vom 10. Jänner d. J. in Würdigung der anlässlich der internationalen elektrischen Ausstellung in Wien 1883 zur Allerhöchsten Kenntnis gebrachten, in Bezug auf diese Ausstellung wie auch durch sonstige erspriessliche Wirksamkeit auf anderen Gebieten erworbenen Verdienste a. g. zu gestatten, dass dem außerordentlichen Professor an der Universität in Graz Dr. Albert von **Ettingshausen**, dem Professor an der technischen Hochschule in Wien Leopold Ritter von **Hauffe**, dem Lehrer an der II. deutschen Oberrealschule in Prag Dr. Eduard **Maiss** und dem Professor an der böhmischen Universität in Prag Dr. Vincenz **Strouhal** der Ausdruck der Allerhöchsten Zufriedenheit bekannt gegeben werde, dann dem Professor am technologischen Gewerbemuseum in Wien Karl **Pfaff** und dem Universitätsprofessor in Wien, Hofrathe Dr. Josef **Stefan** den Orden der eisernen Krone III. Classe taxfrei, dem Professor an der technischen Hochschule in Wien Dr. Leander **Ditscheiner** den Titel eines Regierungsrathes taxfrei, dem Professor an der Staats-Gewerbeschule in Reichenberg Josef **Pechan** das Ritterkreuz des Franz Joseph-Ordens und dem Privatdocenten an der Wiener Universität Dr. Josef **Haubner** das goldene Verdienstkreuz mit der Krone a. g. zu verleihen.

Seine k. und k. Apostolische Majestät haben mit Allerhöchster Entschließung vom 5. Februar d. J. dem ordentlichen Professor des deutschen Rechtes an der Universität in Graz Dr. Ferdinand **Bischoff** in Anerkennung seines eifrigen und erspriesslichen Wirkens in der Wissenschaft und im Lehramte den Titel eines Regierungsrathes taxfrei a. g. zu verleihen geruht.

Seine k. u. k. Apostolische Majestät haben mit Allerhöchster Entschließung vom 30. Jänner d. J. dem Gymnasialprofessor in Prag und Privatdocenten an der k. k. Universität mit deutscher Vortragssprache daselbst Dr. Hans **Lambel** in Anerkennung seiner verdienstlichen Wirksamkeit den Titel eines außerordentlichen Universitätsprofessors a. g. zu verleihen geruht.

Seine k. und k. Apostolische Majestät haben mit Allerhöchster Entschließung vom 30. Jänner d. J. dem Professor am k. k. deutschen Staats-Gymnasium auf der Kleinseite in Prag Anton **Ullrich** anlässlich der von ihm angesuchten Versetzung in den bleibenden Ruhestand in Anerkennung seiner vieljährigen ausgezeichneten Wirksamkeit im Lehramte taxfrei den Titel eines Schulrathes a. g. zu verleihen geruht.

Seine k. und k. Apostolische Majestät haben mit Allerhöchster Entschließung vom 1. Februar d. J. dem Director der Lehrer- und Lehrerinnen-Bildungsanstalt in Linz Eduard **Kittel**, dem Director der Lehrerinnenbildungsanstalt in Troppau Dr. Richard **Rotter** und dem Director der evangelischen Lehrerbildungsanstalt in Bielitz Heinrich **Jaap** in Anerkennung ihrer hervorragenden Verdienste um das Lehrerbildungswesen taxfrei den Titel von Schulräthen a. g. zu verleihen geruht.

Seine k. und k. Apostolische Majestät haben mit Allerhöchster Entschließung vom 30. Jänner d. J. den Privatdocenten an der Universität mit deutscher Vortragssprache in Prag Dr. Jakob **Minor** zum außerordentlichen Professor der deutschen Sprache und Literatur und den Privatdocenten an der k. k. Universität in Wien Dr. Alois **Brandl** zum außerordentlichen Professor der englischen Philologie, und zwar beide an der Universität mit deutscher Vortragssprache in Prag a. g. zu ernennen geruht.

Seine k. und k. Apostolische Majestät haben mit Allerhöchster Entschließung vom 16. Jänner d. J. den Privatdocenten Dr. Emerich **Maixner** zum außerordentlichen Professor der internen Medicin an der k. k. Universität mit böhmischer Vortragssprache in Prag a. g. zu ernennen geruht.

Seine k. und k. Apostolische Majestät haben mit Allerhöchster Entschließung vom 29. Jänner d. J. den Superintendenten-Stellvertreter und evangelischen Pfarrer helvetischer Confession in Rovečín Benjamin **Fleischer** zum Mitgliede des mährischen Landesschulrathes a. g. zu ernennen geruht.

———————

Vom Minister für Cultus und Unterricht wurden ernannt:

zu Mitgliedern der k. k. Prüfungscommissionen für das Lehramt an Gymnasien und Realschulen

in Wien

zum Director

der Universitätsprofessor, Hofrath Dr. Robert **Zimmermann**;

zum Director-Stellvertreter

der Universitätsprofessor, Hofrath Dr. Karl **Schenkl**;

zu Fachexaminatoren

für classische Philologie die Universitätsprofessoren, Hofrath Dr. Karl **Schenkl** und Dr. Wilhelm Ritter von **Hartel,**

für griechische Sprache der Universitätsprofessor Dr. Theodor **Gomperz,** -

für deutsche Sprache die Universitätsprofessoren Dr. Richard **Heinzel** und Dr. Erich **Schmidt,**

für italienische und rumänische Sprache der Universitätsprofessor, Hofrath Dr. Adolf **Mussafia,**

für slavische Sprachen der Universitätsprofessor, Hofrath Dr. Franz Ritter von **Miklosich,**

für englische Sprache der Universitätsprofessor Dr. Jakob **Schipper,**

für französische Sprache die Universitätsprofessoren, Hofrath Dr. Adolf **Mussafia** und Dr. Ferdinand **Lotheisen,**

für Geschichte die Universitätsprofessoren Dr. Ottokar **Lorenz,** Dr. Max **Büdinger,** Dr. Heinrich Ritter von **Zeißberg** und Dr. Otto **Hirschfeld,**

für Geographie der Universitätsprofessor Dr. Friedrich **Simony,**

für Philosophie und Pädagogik die Universitätsprofessoren, Hofrath Dr. Robert **Zimmermann** und Dr. Theodor **Vogt,**

für Mathematik der Universitätsprofessor, Hofrath Dr. Leo **Königsberger** und der Professor an der technischen Hochschule Dr. Josef **Kolbe,**

für darstellende Geometrie der Professor an der technischen Hochschule Dr. Rudolf **Staudigl,**

für Physik der Universitätsprofessor, Hofrath Dr. Josef **Stefan,** der Professor an der technischen Hochschule Dr. Victor **Pierre** und der Universitätsprofessor Dr. Victor von **Lang,**

für Zoologie der Universitätsprofessor, Hofrath Dr. Karl **Claus** und der Professor an der technischen Hochschule Dr. Andreas **Kornhuber,**

für Botanik die Universitätsprofessoren Dr. Julius **Wiesner** und Dr. Heinrich **Reichhardt,**

für Mineralogie die Universitätsprofessoren, Hofrath Dr. Gustav **Tschermak** und Dr. Albrecht **Schrauf,**

für Chemie der Professor an der technischen Hochschule Regierungsrath Dr. Alexander **Bauer** und der Universitätsprofessor Dr. Ludwig Ritter **Barth** von **Barthenau;**

in Prag (mit deutscher Unterrichtssprache)

zum Director
der Universitätsprofessor Dr. Eugen **Petersen;**

zum Director-Stellvertreter
der Universitätsprofessor Dr. Karl **Stumpf;**

zu Fachexaminatoren
für classische Philologie die Universitätsprofessoren Dr. Eugen **Petersen,** Dr. Otto **Keller** und Dr. Karl Ritter von **Holzinger,**

für deutsche Sprache die Universitätsprofessoren Dr. Johann **Kelle** und Dr. Jakob **Minor,**

für französische Sprache der Universitätsprofessor Dr. Julius **Cornu** und der Universitätslector Anselm **Ricard,**

für englische Sprache der Universitätsprofessor Dr. Alois **Brandl** und der Universitätslector Josef **Helzamer,**

für italienische Sprache der Universitätsprofessor Dr. Julius **Cornu** und der Universitätslector Dr. Romeo **Vielmetti,**

für Geschichte die Universitätsprofessoren Dr. August **Fournier,** Dr. Julius **Jung** und Dr. Adolf **Bachmann,**

für Geographie der Universitätsprofessor Dionys Ritter von **Grün,**

für Philosophie und Pädagogik die Universitätsprofessoren Dr. Otto **Willmann** und Dr. Karl **Stumpf,**

für Mathematik der Universitätsprofessor Dr. Heinrich **Durège** und der Professor an der k. k. deutschen technischen Hochschule Dr. Moriz **Allé,**

für darstellende Geometrie der Professor an der k. k. deutschen technischen Hochschule Josef K. **Küpper,**

für Physik die Universitätsprofessoren, Regierungsrath Dr. Ernst **Mach** und Dr. Ferdinand **Lippich,**

für Zoologie der Universitätsprofessor, Hofrath Dr. Friedrich Ritter von **Stein,**

für Botanik die Universitätsprofessoren, Regierungsrath Dr. G. Adolf **Weiss** und Dr. Moriz **Willkomm,**

für Mineralogie der Universitätsprofessor, Hofrath Dr. Victor Ritter von **Zepharovich** und der Professor an der k. k. deutschen technischen Hochschule Dr. Wilhelm **Waagen,**

für Chemie der Professor an der k. k. deutschen technischen Hochschule Dr. Wilhelm **Gintl;**

in Prag (mit böhmischer Unterrichtssprache)

zum Director

der Universitätsprofessor, Regierungsrath W. **Tomek**;

zum Director-Stellvertreter

der Universitätsprofessor Dr. Franz **Studnička**;

zu Fachexaminatoren

für classische Philologie der Universitätsprofessor Dr. Johann **Kvičala** und der Gymnasialprofessor Dr. Eduard **Kastner**,

für böhmische Sprache die Universitätsprofessoren Dr. Martin **Hattala** und Dr. Johann **Gebauer**,

für französische Sprache der Universitätsprofessor Dr. Johann **Jarník**,

für Geschichte die Universitätsprofessoren, Regierungsrath W. **Tomek** und Dr. Jaroslav **Goll**,

für Geographie der Universitätsdocent Dr. Johann **Palacký**,

für Philosophie und Pädagogik die Universitätsprofessoren Dr. Josef **Durdík** und Dr. Gustav **Lindner**,

für Mathematik der Universitätsprofessor Dr. Franz **Studnička**,

für darstellende Geometrie der Professor an der k. k. technischen Hochschule Dr. Josef **Šolín**,

für Physik die Universitätsprofessoren Dr. Vincenz **Strouhal** und Dr. August **Seydler**,

für Zoologie der Universitätsprofessor Dr. Anton **Fryč**,

für Botanik der Universitätsprofessor Dr. Ladislaus **Čelakovský**,

für Mineralogie der Universitätsprofessor Dr. Karl **Vrba**,

für Chemie der Universitätsprofessor Dr. Adalbert **Šafařík** und der Professor an der k. k. technischen Hochschule Dr. Karl **Preis**;

in Graz

zum Director

der Universitätsprofessor, Regierungsrath Dr. Max Ritter von **Karajan**,

zum Director-Stellvertreter

der Universitätsprofessor Dr. Johann **Frischauf**,

zu Fachexaminatoren

für classische Philologie die Universitätsprofessoren, Regierungsrath Dr. Max Ritter von Karajan und Dr. Alois **Goldbacher**,

für deutsche Sprache der Universitätsprofessor, Regierungsrath Dr. Anton **Schönbach**,

für französische und italienische Sprache der Universitätsprofessor Dr. Hugo **Schuchart**,

für slovenische und serbo-croatische Sprache der Universitätsprofessor Dr. Gregor **Krek**,

für Geschichte die Universitätsprofessoren, Regierungsrath Dr. Johann Bapt. **Weiß** und Dr. Franz **Krones** Ritter von Marchland,

für Geographie der Universitätsprofessor Dr. Wilhelm **Tomaschek**,

für Philosophie und Pädagogik der Universitätsprofessor Dr. Alexius Ritter von **Meinong**, für **Mathematik** der Universitätsprofessor Dr. Johann **Frischauf** und der Professor an der technischen Hochschule Dr. Gustav Edler von **Escherich,**

für **darstellende Geometrie** der Professor an der technischen Hochschule Karl **Pelz,**

für **Physik** die Universitätsprofessoren, Regierungsrath Dr. Ludwig **Boltzmann** und Dr. Heinrich **Streintz,**

für **Zoologie** der Universitätsprofessor Dr. Franz Eilhard **Schulze,**

für **Botanik** der Universitätsprofessor Dr. Hubert **Leitgeb,**

für **Mineralogie** der Universitätsprofessor Dr. Cornelius **Doelter,**

für **Chemie** der Universitätsprofessor Dr. Leopold von **Pébal** und der Professor an der technischen Hochschule Dr. Richard **Maly;**

in Innsbruck

zum Director

der Universitätsprofessor, Regierungsrath Dr. Bernhard **Jülg,**

zum Director-Stellvertreter

der Universitätsprofessor Dr. Camill **Heller,**

zu Fachexaminatoren
die Universitätsprofessoren

für **classische Philologie** Regierungsrath Dr. Bernhard **Jülg,** Dr. Johann **Müller** und Dr. Anton **Zingerle,**

für **deutsche Sprache** Dr. Ignaz **Zingerle,**

für **italienische Sprache** Dr. Fortunat **Demattio,**

für **Geschichte** Dr. Alfons **Huber** und Dr. Arnold **Busson,**

für **Geographie** Dr. Franz **Wieser,**

für **Philosophie und Pädagogik** Dr. Tobias **Wildauer** Ritter von Wildhausen und Dr. Karl Sigmund **Barach-Rappaport,**

für **Mathematik** Dr. Otto **Stolz** und Dr. Leopold **Gegenbauer,**

für **Physik** Dr. Leopold **Pfaundler** und Dr. Leopold **Gegenbauer,**

für **Zoologie** Dr. Camill **Heller,**

für **Botanik** Dr. Johann **Peyritsch,**

für **Mineralogie** Dr. Adolf **Pichler** Ritter von Rautenkar,

für **Chemie** Dr. Karl **Senhofer;**

in Lemberg

zum Director

der Universitätsprofessor Dr. Eusebius **Czerkawski,**

zum Director-Stellvertreter

der Universitätsprofessor Dr. Sigismund **Węclewski,**

zu Fachexaminatoren

für **classische Philologie** die Universitätsprofessoren Dr. Sigismund **Węclewski** und Dr. Ludwig **Cwikliński,**

für **deutsche Sprache** der Universitätsprofessor Dr. Richard Maria **Werner,**

für **polnische Sprache** der Universitätsprofessor Dr. Roman **Pilat,**

für **ruthenische Sprache** der Universitätsprofessor Dr. Ämilian **Ogonowski,** für **Geschichte** die Universitätsprofessoren Dr. Franz **Liske**, Dr. Isidor **Szaraniewicz** und Dr. Thaddäus **Wojciechowski**,

für **Geographie** der Universitätsprofessor Dr. Anton **Rehmann**,

für **Philosophie und Pädagogik** der Universitätsprofessor Dr. Eusebius **Czerkawski**,

für **Mathematik** der Universitätsprofessor Dr. Lorenz **Żmurko** und der Professor an der k. k. technischen Hochschule Dr. Ladislaus **Zajączkowski**,

für **darstellende Geometrie** der Professor an der k. k. technischen Hochschule Johann **Franke**,

für **Physik** die Universitätsprofessoren Dr. Thomas **Stanecki** und Dr. Oskar **Fabian**,

für **Botanik** und (vertretungsweise) für **Zoologie** der Universitätsprofessor Dr. Theophil **Ciesielski**,

für **Mineralogie** der Universitätsprofessor Dr. Felix **Kreutz** und der Professor an der k. k. technischen Hochschule Julian **Niedzwiedzki**,

für **Chemie** der Professor an der k. k. technischen Hochschule August **Freund** und der Universitätsprofessor Dr. Bronislaus **Radziszewski**;

in Krakau

zum Director
der Universitätsprofessor Dr. Alois von **Alth**,

zum Director-Stellvertreter
der Universitätsprofessor Dr. Franz **Mertens**,

zu Fachexaminatoren
die Universitätsprofessoren

für **lateinische Sprache** Dr. Casimir **Morawski**,

für **griechische Sprache** Maximilian **Iskrzycki**,

für **deutsche Sprache** Dr. Wilhelm **Creizenach**,

für **polnische Sprache** Dr. Stanislaus Graf **Tarnowski** und Dr. Lucian **Malinowski**,

für **Philosophie** Dr. Moriz **Straszewski**,

für **allgemeine Geschichte** Dr. Vincenz **Zakrzewski**,

für **österreichische Geschichte** Dr. Stanislaus **Smolka**,

für **Geographie** Dr. Franz **Schwarzenberg-Czerny**,

für **Mathematik** Dr. Franz **Mertens**,

für **Physik** Dr. Sigmund **Wroblewski**,

für **Zoologie** Dr. Maximilian **Nowicki**,

für **Botanik** Dr. Josef **Rostafinski**,

für **Mineralogie** Dr. Alois von **Alth**,

für **Chemie** Dr. Emil **Czerniański**;

in Czernowitz

zum Director
der Universitätsprofessor Dr. Johann **Wrobel**,

zum Director-Stellvertreter
der Universitätsprofessor Dr. Alois **Handl**,

zu Fachexaminatoren
die Universitätsprofessoren

für **classische Philologie** Dr. Johann **Wrobel** und Dr. Isidor **Hilberg**,

für **deutsche Sprache** Dr. Josef **Strobl**,

für ruthenische Sprache als Unterrichtsgegenstand, ferner für das Polnische und Ruthenische als Unterrichtssprache Emil Kałużniacki,

für rumänische Sprache Johann Sbiera,

für Geschichte Dr. Ferdinand Zieglauer von Blumenthal und Dr. Johann Loserth,

für Geographie Dr. Alexander Supan,

für Philosophie und Pädagogik Dr. Karl Ueberhorst,

für Mathematik Dr. Adolf Migotti,

für Physik Dr. Alois Handl und Anton Wassmuth,

für Zoologie Dr. Vitus Graber,

für Botanik Dr. Eduard Tangl,

für Mineralogie Dr. Friedrich Becke,

für Chemie Dr. Richard Přibram;

zum Mitgliede

der staatswissenschaftlichen Staatsprüfungscommission in Graz den Statthaltereirath a. D. Josef Edler von Schiwitzhofen,

zum wirklichen Lehrer

am deutschen Staats-Gymnasium auf der Kleinseite in Prag der Nebenlehrer an dieser Anstalt Josef Masařík.

Der Minister für Cultus und Unterricht hat auf Grund der Beschlüsse der betreffenden Professoren-Collegien

die Zulassung

des Dr. Gustav Grosz als Privatdocenten für politische Oekonomie
an der rechts- und staatswissenschaftlichen Facultät der k. k. Universität in Wien und

die Erweiterung der venia legendi

des Privatdocenten für allgemeine Geschichte Dr. Emil von Ottenthal auf das Gebiet der historischen Hilfswissenschaften
an der philosophischen Facultät der k. k. Universität in Innsbruck bestätigt.

Concurs-Ausschreibungen.

Am I. deutschen Staats-Gymnasium in Brünn kommt die Stelle für Geographie und Geschichte am ganzen Gymnasium zur Besetzung.

Bewerber um diese Lehrstelle, mit welcher die durch das Gesetz vom 15. April 1873 systemisierten Bezüge verbunden sind, haben ihre mit den vorgeschriebenen Belegen, durch welche auch nachzuweisen ist, ob dieselben der Militärpflicht, beziehungsweise dem einjährigen Präsenzdienste Genüge geleistet haben, instruierten Gesuche bis 10. März d. J. bei dem k. k. Landesschulrathe für Mähren in Brünn einzubringen.

Hiebei wird bemerkt, dass nebst dem Nachweise obiger Lehrbefähigung die für das deutsche Sprachfach am ganzen Gymnasium erworbene Qualification unter übrigens gleichen Umständen mehr Anspruch auf Berücksichtigung gewähren würde.

Am Staats-Untergymnasium in Krainburg kommt eine Lehrstelle für die mathematisch-naturwissenschaftliche Fachgruppe mit slovenischer und deutscher Unterrichtssprache zur Besetzung.

Bewerber um diese Stelle, mit welcher die durch die Gesetze vom 9. April 1870 und 14. April 1873 systemisierten Bezüge verbunden sind, haben ihre vorschriftsmäßig instruierten Gesuche im Wege ihrer vorgesetzten Behörde bis Ende März d. J. beim k. k. Landesschulrathe für Krain in Laibach einzubringen.

An der Staats-Oberrealschule im III. Bezirke Wiens gelangt mit Beginn des Schuljahres 1884/85 eine Lehrstelle für Naturgeschichte als Hauptfach zur Besetzung.

Bewerber um diese Stelle, mit welcher die gesetzlich normierten Bezüge (1200 fl. Gehalt, 500 fl. Activitätszulage und Quinquennalzulagen à 200 fl.) verbunden sind, haben ihre mit den erforderlichen Documenten gehörig instruierten Gesuche auf dem vorschriftsmäßigen Wege bis 10. März d. J. bei dem k. k. n. ö. Landesschulrathe in Wien zu überreichen.

—◆—┼—●—┼—◆——— —

Verlag des k. k. Ministeriums für Cultus und Unterricht. — Druck von Karl Gorischek in Wien.

Beilage zum Verordnungsblatte

für den

Dienstbereich des Ministeriums für Cultus und Unterricht.

Personalnachrichten.

Seine k. und k. Apostolische Majestät haben mit Allerhöchster Entschließung vom 19. Februar d. J. dem mit dem Titel und Charakter eines Hofrathes bekleideten, als Vorstand des statistischen Departement im Handelsministerium in außerordentlicher Verwendung stehenden Professor der technischen Hochschule in Wien Dr. Hugo Franz **Brachelli** den Orden der eisernen Krone III. Classe taxfrei a. g. zu verleihen geruht.

Seine k. u. k. Apostolische Majestät haben mit Allerhöchster Entschließung vom 18. Februar d. J. dem ordentlichen Professor der gerichtlichen Medicin an der Universität in Wien Dr. Eduard **Hofmann** in Anerkennung seiner vorzüglichen, lehramtlichen und wissenschaftlichen Leistungen den Orden der eisernen Krone III. Classe taxfrei a. g. zu verleihen geruht.

Seine k. und k. Apostolische Majestät haben mit Allerhöchster Entschließung vom 10. Februar d. J. dem Director des Staats-Gymnasiums in Ragusa P. Anton **Matas** in Anerkennung seiner vorzüglichen Dienstleistung das Ritterkreuz des Franz Joseph-Ordens a. g. zu verleihen geruht.

Seine k. u. k. Apostolische Majestät haben mit Allerhöchster Entschließung vom 10. Februar d. J. in Anerkennung vieljährigen, berufseifrigen und verdienstlichen Wirkens dem Dechante in Karlstein Anton **Burka** das Ritterkreuz des Franz Joseph-Ordens und dem Pfarrverweser in Alland, Cistercienserordenspriester Florian **Erritz** das goldene Verdienstkreuz mit der Krone a. g. zu verleihen geruht.

Seine k. und k. Apostolische Majestät haben mit Allerhöchster Entschließung vom 14. Februar d. J. dem ordentlichen Universitätsprofessor in Innsbruck Dr. Ferdinand **Schott** in Anerkennung seiner ersprießlichen Thätigkeit auf dem Gebiete des Lehramtes und der Wissenschaft, wie auf dem der öffentlichen Sanitätspflege den Titel eines Regierungsrathes taxfrei a. g. zu verleihen geruht.

Seine k. und k. Apostolische Majestät haben mit Allerhöchster Entschließung vom 20. Februar d. J. a. g. zu gestatten geruht, dass dem Domcapitular und gegenwärtigen Praelatus Archidiaconus des Prager Metropolitancapitels Anton **Jandaurek** anlässlich der von ihm erbetenen Enthebung von der Function eines Mitgliedes des böhmischen Landesschulrathes für sein vieljähriges, ersprießliches Wirken in dieser Function die Allerhöchste Zufriedenheit ausgesprochen werde.

Seine k. und k. Apostolische Majestät haben mit Allerhöchster Entschließung vom 20. Februar d. J. den Canonicus und Religionsprofessor am Kleinseitner Gymnasium in Prag Dr. Ferdinand **Hecht** zum Mitgliede des Landesschulrathes für Böhmen a. g. zu ernennen geruht.

Seine k. und k. Apostolische Majestät haben mit Allerhöchster Entschließung vom 7. Februar d. J. den mit dem Titel eines außerordentlichen Universitätsprofessors ausgezeichneten Gymnasialprofessor und Privatdocenten Dr. Alois **Rzach** zum außerordentlichen Professor der classischen Philologie an der k. k. Universität mit deutscher Vortragssprache in Prag a. g. zu ernennen geruht.

Seine k. und k. Apostolische Majestät haben mit Allerhöchster Entschließung vom 10. Februar d. J. den Präsidenten des bulgarischen Unterrichtsrathes Dr. Constantin **Jireček** zum ordentlichen Professor der allgemeinen Geschichte an der k. k. Universität mit böhmischer Vortragssprache in Prag a. g. zu ernennen geruht.

Der Minister für Cultus und Unterricht hat den Hilfsämter-Directions-Adjuncten Karl **Hackensellner** zum Director der Hilfsämter und den Official Thomas **Bauer** zum Hilfsämter-Directions-Adjuncten ernannt.

Vom Minister für Cultus und Unterricht wurden ernannt:

zum zweiten Vice-Präses

der judiciellen Staatsprüfungscommission in Graz der Oberlandesgerichtsrath Dr. Rudolf **Schwach**,

zu Bezirksschulinspectoren

für den Schulbezirk Przemyśl der Übungsschullehrer an der k. k. Lehrerbildungsanstalt in Tarnow Mieczisław **Baranowski** und

für den Schulbezirk Mielec der für Bürgerschulen lehrbefähigte Realitätenbesitzer zu Drohobycz Xenophont **Ochrymowicz**,

zu wirklichen Lehrern

für die chemisch-physikalischen Lehrgegenstände an der Staats-Gewerbeschule in Bielitz der Supplent dieser Anstalt Ferdinand **Breial** und

für die mechanisch-physikalischen Lehrgegenstände der genannten Anstalt der Supplent daselbst Josef **Rusche**.

Der Minister für Cultus und Unterricht hat

eine erledigte Lehrstelle am Staats-Gymnasium zu St. Hyacinth in Krakau dem Professor am Staats-Gymnasium zu Przemyśl Wladimir **Alexandrewicz** verliehen,

den Bezirksschulinspector in Mielec Josef **Chmielewski** in gleicher Eigenschaft nach Wadowice und

den Bezirksschulinspector in Przemyśl Eladius **Petrika** in gleicher Eigenschaft nach Jaroslau versetzt und

zum Leiter der in Bechin zu errichtenden Fachschule für Töpferei den Fachlehrer Josef **Mašek** bestellt.

Der Minister für Cultus und Unterricht hat den Beschluss des Professoren-Collegiums der philosophischen Facultät der k. k. Universität mit deutscher Vortragssprache in Prag

auf Zulassung

des Professors an der deutschen Lehrerbildungsanstalt daselbst Dr. Theodor **Tupetz** als Privatdocent für neuere deutsche Geschichte an der genannten Facultät bestätigt.

Concurs-Ausschreibungen.

Am II. deutschen Staats-Gymnasium in Brünn kommt die Stelle für classische Philologie am ganzen Gymnasium zur Besetzung.

Bewerber um diese Lehrstelle, mit welcher die durch das Gesetz vom 15. April 1873 systemisierten Bezüge verbunden sind, haben ihre mit den vorgeschriebenen Belegen, durch welche auch nachzuweisen ist, ob dieselben der Militärpflicht, beziehungsweise dem einjährigen Präsenzdienste Genüge geleistet haben, instruierten Gesuche bis 20. März d. J. bei dem k. k. Landesschulrathe für Mähren in Brünn einzubringen.

Nach diesem Termine einlangende Gesuche werden nicht berücksichtigt.

Am **Staats-Gymnasium in Laibach** mit deutscher und slovenischer Unterrichtssprache kommt mit Beginn des Schuljahres 1884/85 eine Lehrstelle für **Mathematik und Physik** in Verbindung mit Propädeutik zur Besetzung.

Bewerber um diese Stelle, mit welcher die systemisierten Bezüge verbunden sind, haben ihre vorschriftsmäßig instruierten Gesuche im vorgeschriebenen Wege bis 15. April d. J. beim k. k. Landesschulrathe für Krain in Laibach einzubringen.

Am **Staats-Obergymnasium in Mitterburg in Istrien** mit deutscher Unterrichtssprache kommt mit Beginn des Schuljahres 1884/85 eine Lehrstelle für Latein und Griechisch mit den durch das Gesetz vom 15. April 1873 systemisierten Bezügen zur Besetzung.

Bewerber, welche nebenbei die Lehrbefähigung aus der philosophischen Propädeutik oder der deutschen Sprache wenigstens für das Untergymnasium und die eventuelle Kenntnis der Landessprachen (italienisch und croatisch) nachweisen, erhalten den Vorzug.

Die gehörig documentierten Gesuche sind im vorgeschriebenen Dienstwege bis 15. April d. J. an das Präsidium des k. k. Landesschulrathes für Istrien in Triest einzusenden.

An der **Staats-Oberrealschule im VII. Bezirke Wiens** kommt mit Beginn des Schuljahres 1884/85 die Stelle eines katholischen Religionslehrers zur Besetzung.

Bewerber um diese, hiemit zum zweiten Male kundgemachte Stelle, mit welcher ein Gehalt von jährlich 525 fl. und die Activitätszulage von jährlich 500 fl., sowie bei zufriedenstellender Dienstleistung der Anspruch auf Decennalzulagen à 105 fl. verbunden ist, haben ihre mit den erforderlichen Documenten und Nachweisen gehörig instruierten Gesuche bis 1. April d. J. beim k. k. n. ö. Landesschulrathe in Wien einzubringen.

Schließlich wird bemerkt, dass nach §. 6 des Gesetzes vom 20. Juni 1872 (R.-G.-Bl. Nr. 86) nur solche Bewerber angestellt werden können, welche die betreffende confessionelle Oberbehörde als zur Ertheilung des Religionsunterrichtes für hiezu befähigt erklärt hat.

An der **Staats-Oberrealschule in Sechshaus** kommt mit Beginn des Schuljahres 1884/85 eine Lehrstelle für Mathematik und darstellende Geometrie zur Besetzung.

Bewerber um diese Stelle, mit welcher die gesetzlich normierten Bezüge (1000 fl. Gehalt, 300 fl. Activitätszulage und 5 Quinquennalzulagen à 200 fl.) verbunden sind, haben ihre mit den erforderlichen Documenten gehörig instruierten Gesuche auf dem vorschriftsmäßigen Wege bis 20. März d. J. beim k. k. n. ö. Landesschulrathe in Wien einzubringen.

An der **Staats-Oberrealschule in Pardubic** mit böhmischer Unterrichtssprache kommt eine Lehrstelle für Geographie und Geschichte in Verbindung mit dem böhmischen oder dem deutschen Sprachfache zur Wiederbesetzung.

Mit derselben sind die durch die Gesetze vom 9. April 1870 und 14. April 1873 normierten Activitätsbezüge verbunden.

Bewerber um diesen Lehrposten haben ihre gehörig instruierten an das k. k. Ministerium für Cultus und Unterricht gerichteten Gesuche unter Nachweis ihrer vollständigen Lehrbefähigung für Geographie und Geschichte an Oberrealschulen und für das böhmische oder das deutsche Sprachfach wenigstens an Unterrealschulen im Wege ihrer vorgesetzten Behörde bis 30. April d. J. bei dem k. k. Landesschulrathe für Böhmen in Prag einzubringen.

An dem k. k. **Taubstummen-Institute in Wien** ist mit Beginn des Schuljahres 1884/85 eine Lehrstelle zu besetzen.

Mit dieser Stelle ist der Gehalt jährlicher 1000 fl. und der Anspruch auf Quinquennal-zulagen von 200 fl. verbunden.

Ferner erhalten die ledigen Lehrer Naturalwohnungen im Institutsgebäude, insoferne hiefür Räumlichkeiten vorhanden sind, während den im Institutsgebäude nicht untergebrachten Lehrern ein Quartiergeld von 300 fl. gebürt.

Für die Anstellung als Lehrer wird vor Allem der Nachweis der Lehrbefähigung für Taub-stummenschulen und der Nachweis einer praktischen Verwendung beim Unterrichte taubstummer Kinder und in der Regel der Nachweis der gesetzlichen Lehrbefähigung für Bürgerschulen gefordert. Übrigens können beim Abgange von Bewerbern, welche die letztere Bedingung nicht nachzuweisen vermögen, auch solche berücksichtiget werden, welche sich verpflichten die Bürgerschullehrerprüfung binnen Jahresfrist abzulegen.

Die Competenten haben ihre vorschriftsmäßig instruierten Gesuche auf dem vorgezeichneten Dienstwege bis 1. April d. J. beim k. k. n. ö. Landesschulrathe in Wien einzubringen.

———◆┤●├◆———

Verlag des k. k. Ministeriums für Cultus und Unterricht. — Druck von Karl Gorischek in Wien.

Beilage zum Verordnungsblatte

für den

Dienstbereich des Ministeriums für Cultus und Unterricht.

Personalnachrichten.

Seine k. und k. Apostolische Majestät haben mit Allerhöchster Entschließung vom 2. März d. J. dem Landesschulinspector J o s e f Webr in Anerkennung seiner ausgezeichneten Dienstleistung d e n O r d e n d e r e i s e r n e n K r o n e III. C l a s s e taxfrei a. g. zu verleihen geruht.

Seine k. und k. Apostolische Majestät haben mit Allerhöchster Entschließung vom 29. Februar d. J. dem Gymnasialprofessor und Stiftscapitular in S e i t e n s t e t t e n P. R o b e r t Weißenhofer in Anerkennung seines verdienstlichen Wirkens im Lehrfache d a s g o l d e n e V e r d i e n s t k r e u z m i t d e r K r o n e a. g. zu verleihen geruht.

Seine k. und k. Apostolische Majestät haben mit Allerhöchster Entschließung vom 25. Februar d. J. dem ordentlichen Professor der Augenheilkunde an der Universität mit deutscher Vortragssprache in P r a g, Regierungsrathe Dr. J o s e f R i t t e r Hasner von Artha aus Anlass des von ihm nachgesuchten Übertrittes in den bleibenden Ruhestand in neuerlicher Anerkennung seiner vieljährigen ausgezeichneten Wirksamkeit auf dem Gebiete des Lehramtes und der Wissenschaft d e n T i t e l u n d C h a r a k t e r e i n e s H o f r a t h e s taxfrei a. g. zu verleihen geruht.

Seine k. und k. Apostolische Majestät haben mit Allerhöchster Entschließung vom 22. Februar d. J. dem ordentlichen Professor an der k. k. böhmischen technischen Hochschule in P r a g V i n c e n z Haussmann aus Anlass der von ihm nachgesuchten Übernahme in den bleibenden Ruhestand in Anerkennung seines erfolgreichen lehramtlichen Wirkens d e n T i t e l e i n e s R e g i e r u n g s - r a t h e s taxfrei a. g. zu verleihen geruht.

Seine k. und k. Apostolische Majestät haben mit Allerhöchster Entschließung vom 10. Februar d. J. dem Privatdocenten an der medicinischen Facultät der k. k. Universität in K r a k a u, Primararzte Dr. S t a n i s l a u s Pareński in Anerkennung seiner erspriesslichen lehramtlichen Thätigkeit d e n T i t e l e i n e s a u ß e r o r d e n t l i c h e n U n i v e r s i t ä t s p r o f e s s o r s a. g. zu verleihen geruht.

Seine k. und k. Apostolische Majestät haben mit Allerhöchster Entschließung vom 22. Februar d. J. den mit dem Titel und Charakter eines Hofrathes ausgezeichneten bisherigen Director für administrative Statistik Dr. K a r l T h e o d o r v o n Inama-Sternegg zum w i r k l i c h e n H o f r a t h e u n d P r ä s i d e n t e n d e r k. k. s t a t i s t i s c h e n C e n t r a l - C o m m i s s i o n a. g. zu ernennen und zu gestatten geruht, dass dem bisher mit der zeitweiligen Leitung der erwähnten Commission betrauten Ministerialrathe Dr. J o s e f R i t t e r Lorenz von Liburnau anlässlich seiner Enthebung von dieser Function d i e A l l e r h ö c h s t e A n e r k e n n u n g seiner in dieser Eigenschaft geleisteten vorzüglichen Dienste ausgesprochen werde.

Seine k. und k. Apostolische Majestät haben mit Allerhöchster Entschließung vom 23. Februar d. J. a. g. zu gestatten geruht, dass dem Director des II. Staats-Gymnasiums in Graz, Schulrath Philipp Pauschitz aus Anlass der über sein Ansuchen erfolgten Versetzung in den dauernden Ruhestand die Allerhöchste Anerkennung für seine vieljährige treue und verdienstliche Thätigkeit ausgedrückt werde.

Seine k. und k. Apostolische Majestät haben mit Allerhöchster Entschließung vom 22. Februar d. J. den Pfarrer in Rzeszów Johann Gruszka zum Ehrendomherrn des Przemysler Kathedralcapitels rit. lat. a. g. zu ernennen geruht.

Seine k. und k. Apostolische Majestät haben mit Allerhöchster Entschließung vom 20. Februar d. J. den Chorvicar und Pfarrcooperator bei der Conkathedralkirche in Capodistria Sebastian Marchio zum Curatchorherrn des Collegiatcapitels in Pirano a. g. zu ernennen geruht.

Seine k. und k. Apostolische Majestät haben mit Allerhöchster Entschließung vom 17. Februar d. J. den provisorischen Güterinspector der Theresianischen Akademie Hugo Freiherrn von Sommaruga definitiv zum Güterinspector dieser Akademie a. g. zu ernennen geruht.

Seine k. und k. Apostolische Majestät haben mit Allerhöchster Entschließung vom 17. Februar d. J. die Unterlehrerin an der Mädchen-Volksschule in Penzing Maria Bankowska zur Unter-vorsteherin an dem k. k. Civil-Mädchen-Pensionate in Wien a. g. zu ernennen geruht.

Der Minister für Cultus und Unterricht hat auf Grund des §. 14 der Verordnung vom 8. December 1881, R.-G.-Bl. Nr. 1 ex 1882 in die Commissionen für Abhaltung der I. (allgemeinen) Staatsprüfung für das land- und für das forstwirtschaftliche Studium an der k. k. Hochschule für Bodencultur in Wien für die Studienjahre 1883/84 bis inclusive 1885/86 berufen:

I. Für das landwirtschaftliche Studium:

als Präses

Dr. Philipp Zöller, k. k. Regierungsrath und ordentlichen Professor der k. k. Hochschule für Bodencultur ;

als Präses-Stellvertreter

Dr. Gustav Marchet, ordentlichen Professor der k. k. Hochschule für Bodencultur ;

als Prüfungscommissäre

Dr. Josef Böhm, ordentlichen Professor der k. k. Hochschule für Bodencultur und der k. k. Universität,

Dr. Jakob Breitenlohner, außerordentlichen Professor der k. k. Hochschule für Bodencultur,

Dr. Friedrich Brauer, außerordentlichen Professor der k. k. Universität,

Dr. Leander Ditscheiner, k. k. Regierungsrath und ordentlichen Professor der k. k. technischen Hochschule,

Dr. Franz Exner, außerordentlichen Professor der k. k. Universität,

Dr. Karl Grobben, Privatdocenten an der k. k. Universität,

Dr. Franz Ritter von **Hauer**, k. k. Hofrath und Director der k. k. geologischen Reichsanstalt,

Dr. Josef Roman Ritter **Lorenz** von Liburnau, Ministerialrath im k. k. Ackerbau-Ministerium,

Dr. Ernst **Ludwig**, ordentlichen Professor der k. k. Universität,

Dr. Franz Xaver Ritter **Neumann** von Spallart, k. k. Hofrath und ordentlichen Professor der k. k. Hochschule für Bodencultur,

Dr. Ignaz Ritter **Moser** von Moosbruch, Professor und Leiter der k. k. landwirt-schaftlich-chemischen Versuchsanstalt in Wien,

Dr. Heinrich Wilhelm **Reichardt**, außerordentlichen Professor der k. k. Universität,

Dr. Oskar **Simony**, außerordentlichen Professor der k. k. Hochschule für Bodencultur,

Franz **Toula**, außerordentlichen Professor der k. k. technischen Hochschule,

Dr. Julius **Wiesner**, ordentlichen Professor der k. k. Universität;

II. Für das forstwirtschaftliche Studium:

als **Präses**

Josef **Schlesinger**, ordentlichen Professor der k. k. Hochschule für Bodencultur;

als **Präses-Stellvertreter**

Dr. Josef **Böhm**, ordentlichen Professor der k. k. Hochschule für Bodencultur und der k. k. Universität,

als **Prüfungscommissäre**

Dr. Jakob **Breitenlohner**, außerordentlichen Professor der k. k. Hochschule für Bodencultur,

Dr. Leander **Ditscheiner**, k. k. Regierungsrath und ordentlichen Professor der k. k. technischen Hochschule,

Dr. Franz **Exner**, außerordentlichen Professor der k. k. Universität,

Josef **Friedrich**, k. k. Forstrath und Vorstand des Forsteinrichtungs-Bureau's im k. k. Ackerbau-Ministerium,

Dr. Franz Ritter von **Hauer**, k. k. Hofrath und Director der k. k. geologischen Reichsanstalt,

Dr. Josef Roman Ritter **Lorenz** von Liburnau, Ministerialrath im k. k. Ackerbau-Ministerium,

Dr. Ernst **Ludwig**, ordentlichen Professor der k. k. Universität,

Dr. Gustav **Marchet**, ordentlichen Professor der k. k. Hochschule für Bodencultur,

Dr. Ignaz Ritter **Moser** von Moosbruch, Professor und Leiter der k. k. landwirt-schaftlich-chemischen Versuchsanstalt in Wien,

Dr. Franz Xaver Ritter **Neumann** von Spallart, k. k. Hofrath und ordentlichen Professor der k. k. Hochschule für Bodencultur,

Dr. Heinrich Wilhelm **Reichardt**, außerordentlichen Professor der k. k. Universität,

Dr. Oskar **Simony**, außerordentlichen Professor der k. k. Hochschule für Bodencultur,

Franz **Toula**, außerordentlichen Professor der k. k. technischen Hochschule,

Dr. Emil **Weyr**, ordentlichen Professor der k. k. Universität,

Dr. Julius **Wiesner**, ordentlichen Professor der k. k. Universität,

Dr. Philipp **Zöller**, k. k. Regierungsrath und ordentlichen Professor der k. k. Hochschule für Bodencultur.

. **Vom Minister für Cultus und Unterricht wurden ernannt:**

zu Mitgliedern

der k. k. **Central-Commission für Erforschung und Erhaltung der Kunst- und historischen Denkmale** der ordentliche Professor der k. k. technischen Hochschule in Wien Franz Ritter von **Rziha** und der Baurath Josef **Hlávka,**

zu Bezirksschulinspectoren

für die Schulbezirke **Plan und Tepl in Böhmen** der Director der Bürgerschule in Plan Adolf **Schneider,**

für den Schulbezirk **Radmannsdorf** der Professor an der k. k. Oberrealschule in Laibach Andreas **Senekovič** und

für den Schulbezirk **Gottschee** der Director der k. k. Lehrer- und Lehrerinnen-Bildungsanstalt in Laibach Blasius **Hrovath,**

zum Adjuncten

an der k. k. **Centralanstalt für Meteorologie und Erdmagnetismus** der Assistent dieser Anstalt Dr. Josef **Pernter,**

zum zweiten Adjuncten

an dem **astronomisch-meteorologischen Observatorium der Handels- und nautischen Akademie in Triest** der bei dem Gradmessungs-Bureau als Observator in Verwendung stehende beurlaubte k. k. Telegrafenamts-Assistent Dr. Ferdinand **Anton,**

zum Director

der **Staats-Gewerbeschule in Innsbruck** der bisherige Leiter dieser Anstalt, Architekt Professor Johann **Deininger,**

der zu activierenden **Fachschule für Holzbearbeitung in Bozen** der Architekt Leopold **Theyer** unter Einreihung desselben in die VIII. Rangsclasse,

zum provisorischen Werkmeister

an derselben **Fachschule** der Wenzel **Kolitsch** und

zum Fachlehrer

an derselben **Anstalt** der Bildhauer Franz **Larch,**

zum Lehrer

für das Gravierfach an der k. k. **Fachschule für Gewehrindustrie in Ferlach** der Graveur und Medailleur Josef **Stransky,**

zum Webelehrer

an der **Webeschule in Warnsdorf** der Dirigent und Manipulant einer mechanischen Weberei Franz **Marschner.**

Der Minister für Cultus und Unterricht hat

den Bildhauer Josef **Jiříček** in Hořic zum Werkmeister an der dortigen Fachschule vorläufig im Vertragsverhältnisse bestellt.

Der Minister für Cultus und Unterricht hat auf Grund der Beschlüsse der betreffenden Professoren-Collegien

die Zulassung

des Dr. Josef **Moeller** als Privatdocent für mikroskopische Untersuchung der Droguen mit besonderer Berücksichtigung der Nahrungs- und Genussmittel
an der medicinischen Facultät der k. k. Universität in Wien,

des Gymnasialprofessors Dr. Wenzel **Mourek** als Privatdocent für deutsche Philologie
an der philosophischen Facultät der k. k. Universität mit böhmischer Vortragssprache in Prag,

des Dr. Eduard **Nessel** als Privatdocent für Zahnheilkunde,

des Dr. Karl **Chodounský** als Privatdocent für Klimatologie und Balneotherapie und

des Dr. Johann **Janošik** als Privatdocent für Histologie und Embryologie
an der medicinischen Facultät der k. k. Universität mit böhmischer Vortragssprache in Prag,

des Privatdocenten an der k. k. Universität mit böhmischer Vortragssprache und Professors am Communal-Realgymnasium in Prag Dr. Karl **Domalip** als Privatdocent für Electrotechnik
an der k. k. böhmischen technischen Hochschule in Prag und

des Übungsschullehrers in Lemberg Dr. Max **Kawczyński** als Privatdocent für deutsche Sprache und Literatur
an der philosophischen Facultät der k. k. Universität in Lemberg bestätigt.

Concurs-Ausschreibungen.

Am **k. k. akademischen Obergymnasium in Prag**, dessen Unterrichtssprache die böhmische ist, gelangt mit Beginn des Schuljahres 1884/85 die Stelle eines Lehrers des geografisch-historischen Faches zur Besetzung.

Die Bewerber um diese Stelle, mit welcher die mit dem Gesetze vom 9. April 1870 und 15. April 1873 normierten Bezüge verbunden sind, haben ihre wohlinstruierten, besonders mit dem Nachweise ihrer Lehrqualification aus dem geographisch-historischen Fache für Obergymnasien, sowie auch mit dem Nachweise ihrer bisherigen Verwendung im Lehramte belegten, an das k. k. Ministerium für Cultus und Unterricht zu stilisierenden Gesuche bis 15. April d. J. im Wege ihrer vorgesetzten Behörde beim k. k. Landesschulrathe für Böhmen in Prag einzubringen.

Am **Staats-Gymnasium in Czernowitz** kommen mit Beginn des Schuljahres 1884/85
eine Lehrstelle für Geographie und Geschichte, und
eine Lehrstelle für deutsche Sprache in Verbindung mit Latein und Griechisch
zur Besetzung.

Mit diesen Lehrstellen sind die im Gesetze vom 15. April 1873 normierten Bezüge verbunden.

Die vorschriftsmäßig instruierten Gesuche sind bis 15. April d. J. bei dem k. k. Landesschulrathe für die Bukowina in Czernowitz einzureichen.

Am **Staats-Gymnasium in Villach**, dessen Unterrichtssprache die deutsche ist, kommt mit Beginn des Schuljahres 1884/85 eine Lehrstelle für Latein, Griechisch und Slovenisch zur Besetzung

Mit dieser Stelle sind die durch das Gesetz vom 15. April 1873 normierten Bezüge verbunden.

Die Bewerber haben ihre gehörig instruierten Gesuche im vorgeschriebenen Wege bis 15. April d. J. bei dem k. k. Landesschulrathe für Kärnten in Klagenfurt einzureichen und zugleich, falls sie das 26. Lebensjahr noch nicht überschritten haben, den Nachweis zu erbringen, dass sie der Militärpflicht Genüge geleistet haben

Am **Staats-Gymnasium in Kremsier** mit böhmischer Unterrichtssprache kommt eine Lehrstelle für altclassische Philologie mit den gesetzlich normierten Bezügen zu besetzen.

Die vorschriftsmäßig instruierten Gesuche sind bis 30. April d. J. beim k. k. Landesschulrathe für Mähren in Brünn einzubringen.

Am **Staats-Gymnasium in Mährisch-Weißkirchen** kommt eine Lehrstelle für classische Philologie zur Besetzung.

Bewerber um diese Stelle, mit welcher die durch das Gesetz vom 15. April 1873 systemisierten Bezüge verbunden sind, haben ihre mit den vorgeschriebenen Belegen, durch welche auch nachzuweisen ist, ob dieselben der Militärpflicht Genüge geleistet haben, instruierten Gesuche bis 10. April d. J. bei dem k. k. Landesschulrathe für Mähren in Brünn einzubringen.

Nach diesem Termin einlangende Gesuche werden nicht berücksichtigt.

Am **Staats-Obergymnasium in Neuhaus**, dessen Unterrichtssprache die böhmische ist, kommt mit Beginn des Schuljahres 1884/85 die Stelle eines Lehrers der böhmischen Sprache als Hauptfach und der classischen Philologie als Nebenfach zur Besetzung.

Bewerber um diese Stelle, mit welcher die mit den Gesetzen vom 9. April 1870 und 15. April 1873 normierten Bezüge verbunden sind, haben ihre wohlinstruierten, besonders mit dem Nachweise ihrer Lehrqualification aus der böhmischen Sprache für Obergymnasien und aus der classischen Philologie wenigstens für Untergymnasien, sowie auch mit dem Nachweise ihrer bisherigen Verwendung im Lehramte belegten, an das k. k. Ministerium für Cultus und Unterricht zu stilisierenden Gesuche bis 15. April d. J. im Wege ihrer vorgesetzten Behörde beim k. k. Landesschulrathe für Böhmen in Prag einzubringen.

An der **Staats-Oberrealschule in Linz** kommt eine Lehrstelle für französische und deutsche Sprache zu besetzen.

Bewerber um diesen Posten, mit welchem die durch das Gesetz vom 15. April 1873 festgesetzten Bezüge verbunden sind, haben ihre mit den Lehrbefähigungs- und Verwendungszeugnissen, sowie mit den Belegen bezüglich Erfüllung der Militärpflicht versehenen Gesuche bis 15. April d. J. im Wege der vorgesetzten Schulbehörden bei dem k. k. Landesschulrathe für Oberösterösterreich in Linz einzubringen.

Bewerber, welche zur Ertheilung des Unterrichtes im Englischen geeignet sind, erhalten unter übrigens gleichen Umständen den Vorzug.

An der **Staats-Oberrealschule in Salzburg** kommt eine Lehrstelle für französische und deutsche Sprache zu besetzen.

Bewerber um diesen Posten, mit welchem die durch das Gesetz vom 15. April 1873 festgesetzten Bezüge verbunden sind, haben ihre mit den vorgeschriebenen Belegen und dem Nachweise ihrer etwaigen Verpflichtungen gegenüber dem Militärdienst versehenen Gesuche im Wege der vorgesetzten Schulbehörde bis 15. April d. J. bei dem k. k. Landesschulrathe in Salzburg einzubringen.

Verlag des k. k. Ministeriums für Cultus und Unterricht. — Druck von Karl Gorischek in Wien.

Beilage zum Verordnungsblatte
für den
Dienstbereich des Ministeriums für Cultus und Unterricht.

Personalnachrichten.

Seine k. und k. Apostolische Majestät haben mit Allerhöchster Entschließung vom 16. März d. J. dem Professor an der Staats-Realschule zu Innsbruck Kaspar Jele bei seiner Versetzung in den bleibenden Ruhestand in Anerkennung seiner vieljährigen ersprießlichen, lehramtlichen und künstlerischen Thätigkeit das goldene Verdienstkreuz mit der Krone a. g. zu verleihen geruht.

Seine k. und k. Apostolische Majestät haben mit Allerhöchster Entschließung vom 9. März d. J. a. g. anzuordnen geruht, dass dem ordentlichen Professor der Zoologie und vergleichenden Anatomie an der k. k. Universität in Graz Dr. Franz Eilhard Schulze aus Anlass seines Abganges von dieser Universität die Allerhöchste Anerkennung seiner ausgezeichneten Wirksamkeit auf dem Gebiete des öffentlichen Unterrichtes und der Wissenschaft ausgesprochen werde.

Seine k. und k. Apostolische Majestät haben mit Allerhöchster Entschließung vom 10. März d. J. dem Privatdocenten für Balneologie an der medicinischen Facultät der k. k. Universität mit deutscher Vortragssprache in Prag Dr. Heinrich Enoch Kisch den Titel eines außerordentlichen Universitätsprofessors a. g. zu verleihen geruht.

Seine k. und k. Apostolische Majestät haben mit Allerhöchster Entschließung vom 12. März d. J. den Consistorialrath und Ordinariatskanzler Theol. Dr. Franz Volarić zum Domherrn am Kathedralcapitel in Veglia a. g. zu ernennen geruht.

Seine k. und k. Apostolische Majestät haben mit Allerhöchster Entschließung vom 8. März d. J. den ordentlichen Professor an der k. k. Universität mit deutscher Vortragssprache in Prag Dr. Karl Toldt zum ordentlichen Professor der Anatomie an der k. k. Universität in Wien a. g. zu ernennen geruht.

Der Minister für Cultus und Unterricht hat auf Grund des §. 14 der Verordnung vom 8. December 1881, R.-G.-Bl. Nr. 1 ex 1882 zu Mitgliedern der Commissionen zur Abhaltung der II. Staatsprüfung (Fachprüfung) für das land- und das forstwirtschaftliche Studium an der k. k. Hochschule für Bodencultur in Wien für das Studienjahr 1883/84 ernannt, und zwar:

I. Für das landwirtschaftliche Studium:

als Präses

Wenzel Hecke, k. k. Regierungsrath und o. ö. Professor an der k. k. Hochschule für Bodencultur;

als Präses-Stellvertreter

Dr. Emil Perels, o. ö. Professor an der k. k. Hochschule für Bodencultur;

als Prüfungscommissäre

Rudolf Freiherrn von Doblhoff, Gutsbesitzer in Tribuswinkel,

Dr. Karl Theodor von Inama-Sternegg, k. k. Hofrath, Präsidenten der k. k. statistischen Central-Commission,

Dr. Guido Krafft, außerordentlicher Professor an der k. k. technischen Hochschule in Wien,

Dr. Adolf Ritter von **Liebenberg**, o. ö. Professor an der k. k. Hochschule für Bodencultur,
Dr. Gustav **Marchet**, o. ö. Professor an der k. k. Hochschule für Bodencultur,
Eduard **Markus**, Meliorations-Ingenieur im k. k. Ackerbau-Ministerium,
Dr. Stanislaus **Polansky**, Adjuncten am k. k. Thierarznei-Institute in Wien,
Franz **Schwackhöfer**, o. ö. Professor an der k. k. Hochschule für Bodencultur,
Eduard **Siegl**, Fabriksdirector,
Dr. Martin **Wilckens**, o. ö. Professor an der k. k. Hochschule für Bodencultur;

II. Für das forstwirtschaftliche Studium:
als Präses
Adolf Ritter von **Guttenberg**, k. k. Forstrath, o. ö. Professor an der k. k. Hochschule für Bodencultur;
als Präses-Stellvertreter
Gustav **Hempel**, o. ö. Professor an der k. k. Hochschule für Bodencultur;
als Prüfungs-Commissäre
Wilhelm Franz **Exner**, k. k. Hofrath, o. ö. Professor an der k. k. Hochschule für Bodencultur,
Gustav **Henschel**, o. ö. Professor an der k. k. Hochschule für Bodencultur,
Dr. Karl Theodor von **Inama-Sternegg**, k. k. Hofrath, Präsidenten der k. k. statistischen Central-Commission,
Christian **Lippert**, Ministerialrath im k. k. Ackerbau-Ministerium,
Dr. Gustav **Marchet**, o. ö Professor an der k. k. Hochschule für Bodencultur,
Robert **Micklitz**, Ober-Land-Forstmeister und Ministerialrath im k. k. Ackerbau-Ministerium,
Arthur **Oelwein**, Ingenieur und Bauinspector der k. k. Direction für Staats-Eisenbahnbetrieb,
Johann **Salzer**, k. k. Ober-Forstrath im k. k. Ackerbau-Ministerium,
Arthur Freiherrn von **Seckendorff-Gudent**, k. k. Regierungsrath, o. ö. Professor an der k. k. Hochschule für Bodencultur und Leiter des forstlichen Versuchswesens.

Der Minister für Cultus und Unterricht hat aus dem für das Jahr 1883 für Künstler-unterstützungen zur Verfügung stehenden Credite den Nachbenannten Stipendien zugewendet:

dem Schriftsteller Jakob **Arbes**,
dem Schriftsteller Karl Erdmann **Edler**,
dem Maler Alfred **Friedländer**,
dem Schriftsteller Franz **Herites**,
dem Maler Adolf **Liebscher**,
dem Schriftsteller Dr. Theodor **Löwy**,
der Schriftstellerin Maria Theresia **May**,
dem Tonkünstler Richard von **Perger**,
dem Maler Jacob **Schikaneder**,
dem Dichter Thomas **Schlegel**,
dem Tonkünstler Felix **Weingartner** Edlen von Münzberg und
dem Tonkünstler Julius **Zellner**.

Vom Minister für Cultus und Unterricht wurden ernannt:
zum Conservator
der k. k. Central-Commission für Erforschung und Erhaltung der Kunst- und historischen Denkmale, und zwar
für Böhmen
der k. k. Gymnasialprofessor in Jičin Karl **Stéttina**,
für Dalmatien
der Domherr Andreas **Alibrandi** in Curzola,
zum Vice-Präsidenten
der k. k. judiciellen Staatsprüfungs-Commission in Innsbruck der Oberlandesgerichtsrath Ferdinand Freiherr von **Czoernig** und

zum Mitgliede
dieser Staatsprüfungs-Commission der Staatsanwalt Ferdinand Ritter von Reinisch,

zum Professor
für Geometrie, geometrisches Zeichnen, Projectionslehre, graphische Statik und Buchhaltung an der Staats-Gewerbeschule in Innsbruck der Professor an der Staats-Oberrealschule in Graz Josef Menger,

zu Lehrern
für Kunstschlosserei und Schmiedearbeiten an der k. k. Fachschule für Kunstschlosserei in Königgrätz der Kunstschlosser Johann Walter in Wien,

an der k. k. Fachschule für Holzindustrie in Wallern der Werkmeister an dieser Anstalt Josef Stiny, in der Eigenschaft eines definitiven Staatsbeamten unter Einreihung in die X. Rangsclasse und

an der Fachschule für Holzbearbeitung in Bozen der Bildhauer Franz Haider.

Der Minister für Cultus und Unterricht hat auf Grund der Beschlüsse der betreffenden Professoren-Collegien

die Zulassung
des Dr. Ludwig Mitteis als Privatdocenten für römisches Privatrecht
an der rechts- und staatswissenschaftlichen Facultät der k. k. Universität in Wien,

des Dr. Salomon Klein als Privatdocenten für Augenheilkunde
an der medicinischen Facultät der k. k. Universität in Wien und

des Dr. Eduard Grafen Mostowski als Privatdocenten für österreichisches Civilrecht
an der rechts- und staatswissenschaftlichen Facultät der k. k. Universität in Krakau bestätigt.

Concurs-Ausschreibungen.

Am II. Staats-Gymnasium in Graz ist die Directorsstelle mit den durch die Gesetze vom 9. April 1870 und 15. April 1873 systemisierten Bezügen zu besetzen.

Die Bewerber haben ihre gehörig instruierten Gesuche im vorgeschriebenen Dienstwege bis Ende April d. J. an den Landesschulrath für Steiermark in Graz einzureichen.

An der Staats-Oberrealschule in Sechshaus gelangt mit Beginn des Schuljahres 1884/85 die Stelle eines katholischen Religionslehrers zur Besetzung.

Bewerber um diese Stelle, mit welcher die gesetzlichen Bezüge (525 fl. Gehalt, 300 fl. Activitäts-zulage und Decennalzulagen à 105 fl.) verbunden sind, haben ihre mit den erforderlichen Documenten gehörig instruierten Gesuche bis 15. April d. J. auf dem vorschriftsmäßigen Wege bei dem k. k. niederösterreichischen Landesschulrathe in Wien einzubringen.

Hiebei wird bemerkt, dass nach §. 6 des Gesetzes vom 20. Juni 1872 (R.-G.-Bl. Nr. 86) nur solche Bewerber angestellt werden können, welche die betreffende confessionelle Oberbehörde als zur Ertheilung des Religionsunterrichtes befähigt erklärt hat.

An der Staats-Oberrealschule in Innsbruck ist mit Beginn des Schuljahres 1884/85 eine Lehrstelle für Mathematik und Physik zu besetzen.

Mit dieser Stelle sind die gesetzlich normierten Bezüge verbunden.

Bewerber um diese Stelle haben ihre vorschriftsmäßig belegten Gesuche im vorgeschriebenen Wege bis 20. April d. J. beim k. k. provisorischen Landesschulrathe für Tirol in Innsbruck einzubringen.

An der deutschen k. k. Lehrerbildungsanstalt in Leitmeritz ist eine Haupt-lehrerstelle für Naturgeschichte, Naturlehre und Landwirtschaftslehre zu besetzen.

Mit dieser Stelle ist ein Jahresgehalt von 1000 fl., die Activitätszulage von 250 fl. und der Anspruch auf die Quinquennalzulagen von je 200 fl. verbunden.

Der Minister für Cultus und Unterricht hat auf Grund der Beschlüsse der betreffenden Professoren-Collegien

auf Zulassung

des Dr. Eugen von **Philippovich** als Privatdocenten für politische Ökonomie
an der rechts- und staatswissenschaftlichen Facultät der k. k. Universität in Wien,

des Dr. Ernst **Mischler** als Privatdocenten für Statistik
an der rechts- und staatswissenschaftlichen Facultät der k. k. Universität mit deutscher
Vortragssprache in Prag und

des Friedrich **Procházka** als Privatdocenten für die Vorträge über die
geometrale Beleuchtung und Construction der Curven von bestimmten Intensitäten
an der k. k. böhmischen technischen Hochschule in Prag bestätigt.

Concurs-Ausschreibungen.

Am Staats-Gymnasium im IX. Bezirke Wiens kommt mit Beginn des Schuljahres 1884/85 eine Lehrstelle für classische Philologie zur Besetzung, wobei die Lehrbefähigung für philosophische Propädeutik den Vorzug begründet.
Bewerber um diese Stelle, mit welcher die systemmäßigen Bezüge (1200 fl. Gehalt, 500 fl. Activitätszulage und Quinquennalzulagen à 200 fl.) verbunden sind, haben ihre mit den erforderlichen Documenten gehörig instruierten Gesuche im vorgeschriebenen Dienstwege bis 30. April d. J. bei dem k. k. Landesschulrathe für Niederösterreich in Wien einzureichen.

Am I. Staats-Gymnasium in Graz gelangen mit Beginn des Schuljahres 1884/85 vier Lehrstellen mit den durch das Gesetz vom 15. April 1873 normierten Bezügen zur Besetzung, und zwar:
eine Lehrstelle für Naturgeschichte in Verbindung mit Mathematik und Physik und
drei Lehrstellen für classische Philologie, wovon eine mit philosophischer Propädeutik, die zweite und dritte mit deutscher, beziehungsweise slovenischer Sprache in Verbindung steht.
Bewerber haben ihre gehörig instruierten Gesuche im vorgeschriebenen Dienstwege bis 10. Mai d. J. beim k. k. Landesschulrathe für Steiermark in Graz einzubringen.

An nachbenannten deutschen Staats-Gymnasien Böhmens kommen mit Beginn des Schuljahres 1884/85 folgende Lehrstellen zur Besetzung, und zwar:
a) am Staats-Gymnasium auf der Kleinseite in Prag
eine Lehrstelle für Geographie und Geschichte und
eine Lehrstelle für Latein und Griechisch;
b) am Staats-Gymnasium in Saaz
eine Lehrstelle für Deutsch, Latein und Griechisch;
c) am Staats-Gymnasium in Arnau
eine Lehrstelle für Deutsch, Latein und Griechisch,
eine Lehrstelle für Latein und Griechisch in Verbindung mit philosophischer Propädeutik und
eine Lehrstelle für Mathematik und Physik.
Bewerber haben die gehörig instruierten Gesuche auf dem vorgeschriebenen Wege bis 8. Mai d. J. beim k. k. Landesschulrathe für Böhmen in Prag einzureichen und ausdrücklich zu erklären, ob sie auch, eventuell im Transferierungswege an anderen Gymnasien freiwerdende Lehrstellen gleicher Kategorie anstreben.

Am **böhmischen Staats-Obergymnasium in Budweis** gelangt mit Beginn des Schuljahres 1884/85 die Stelle eines Lehrers der böhmischen Sprache in Verbindung mit classischer Philologie zur Besetzung.

Bewerber um diese Stelle, mit welcher die mit den Gesetzen vom 9. April 1870 und 15. April 1873 normierten Bezüge verbunden sind, haben ihre wohlinstruierten, besonders mit dem Nachweise ihrer Lehrbefähigung aus dem böhmischen Sprachfache für's Obergymnasium und jenem aus der classischen Philologie, wenigstens für Unter-Gymnasien, sowie auch mit dem Nachweise ihrer bisherigen Verwendung im Lehramte belegten, an das k. k. Ministerium für Cultus und Unterricht zu stilisierenden Gesuche bis 15. Mai d. J. im Wege ihrer vorgesetzten Behörde beim k. k. Landesschulrathe für Böhmen in Prag einzubringen.

An der **Staats-Mittelschule in Reichenberg** kommt mit Beginn des Schuljahres 1884/85 eine Lehrstelle für Mathematik und Physik zur Besetzung.

Bewerber um diesen Posten, mit welchem der Jahresgehalt von 1000 fl. und die Activitätszulage jährlicher 250 fl' verbunden ist, haben ihre gehörig instruierten Gesuche auf dem vorgeschriebenen Wege bis 20. Mai d. J. beim k. k. Landesschulrathe für Böhmen in Prag einzureichen.

Am **Staats-Gymnasium in Brünn** mit böhmischer Unterrichtssprache ist eine Lehrstelle für alt-classische Philologie mit den gesetzlich normierten Bezügen zu besetzen.

Die vorschriftsmäßig instruierten Bewerbungsgesuche sind bis Ende April d. J beim k. k. Landesschulrathe für Mähren in Brünn einzubringen.

An den **nachbenannten Mittelschulen Schlesiens** mit deutscher Unterrichtssprache kommen zu Beginn des Schuljahres 1884/85 folgende erledigte Lehrstellen zur Besetzung, und zwar:

an dem Staats-Gymnasium zu Teschen

eine Lehrstelle für Geographie und Geschichte mit Verwendbarkeit für das böhmische Sprachfach;

an dem Staats-Gymnasium zu Weidenau

eine Lehrstelle für classische Philologie mit Verwendbarkeit für das deutsche Sprachfach;

an der Staats-Realschule zu Teschen

eine Lehrstelle für französische und deutsche Sprache;

an der Staats-Realschule zu Jägerndorf

eine Lehrstelle für englische und französische Sprache und eine Lehrstelle für Mathematik und darstellende Geometrie.

Bewerber um einen dieser Posten haben ihre mit den vorgeschriebenen Belegen und dem Nachweise ihrer etwaigen Verpflichtungen gegenüber dem Militärdienste versehenen Gesuche im Wege der vorgesetzten Behörde bis 15. Mai d. J. bei dem k. k. Landesschulrathe für Schlesien in Troppau einzubringen.

Am **Staats-Obergymnasium in Ragusa** mit serbo-croatischer Unterrichtssprache ist eine Lehrstelle für Latein und Griechisch für das ganze Gymnasium zu besetzen.

Bewerber um diese Stelle, mit welcher die mit den Gesetzen vom 9. April 1870 und 15. April 1873 normierten Bezüge verbunden sind, haben ihre vorschriftsmäßig belegten Gesuche im Wege ihrer vorgesetzten Behörde bis 15. Mai d. J. beim k. k. Landesschulrathe für Dalmatien in Zara einzubringen.

An der **Staats-Oberrealschule in Innsbruck** kommt mit Beginn des Schuljahres 1884/85 eine Lehrstelle für das Freihandzeichnen zur Besetzung.

Mit derselben sind die durch die Gesetze vom 9. April 1870 und 15. April 1873 normierten Bezüge verbunden.

Bewerber um diese Stelle haben ihre gehörig belegten, an das k. k. Ministerium für Cultus und Unterricht gerichteten Gesuche im Wege ihrer vorgesetzten Behörde bis 15. Mai d. J. beim k. k. provisorischen Landesschulrathe für Tirol in Innsbruck einzureichen.

An der **Landes-Oberrealschule in Mährisch-Ostrau** mit deutscher Unterrichtssprache, kommt mit dem Beginne des Schuljahres 1884/85 eine Lehrstelle für französische und deutsche Sprache zur Besetzung.

Bewerber um diese Stelle, mit welcher die durch das Gesetz vom 15. April 1873 systemisierten Bezüge verbunden sind, haben ihre an den mährischen Landesausschuss gerichteten und vorschriftsmäßig instruierten Gesuche bis 15. Mai d. J. bei dem k. k. Landesschulrathe für Mähren in Brünn einzubringen.

An der **k. k. Lehrer-Bildungsanstalt in Teschen** kommt mit Beginn des Schuljahres 1884/85 eine Hauptlehrerstelle für Mathematik und Naturwissenschaften mit den durch die Reichsgesetze vom 19. März 1872 und 15. April 1873 (R.-G.-Bl. 1872 Nr. 29 und 1873 Nr. 25) normierten Bezügen zur Besetzung.

Bewerber um diese Stelle wollen ihre mit den erforderlichen Belegen (und zwar insbesondere mit dem Nachweise über die Lehrbefähigung für Mittelschulen und über ihre Sprachkenntnisse) versehenen Gesuche im Dienstwege bis 8. Mai d. J. bei dem k. k. Landesschulrathe für Schlesien in Troppau einbringen.

An den **neuactivierten allgemeinen Volksschulen in Zvornik, Bosnisch-Samac und Modrič** ist je eine Lehrstelle zu besetzen.

Mit diesen Lehrerstellen sind Jahresgehalte von je 600 fl., nebst freier Naturalwohnung, Garten und 60 fl. als Relutum für Brennholz in Zvornik; Naturalwohnung, Garten und 6 Klafter Brennholz in Bosnisch-Samac und 120 fl. Quartierrelutum, oder aber eventuell Naturalwohnung mit Garten und 10 Klafter Brennholz in Modrič verbunden.

Bewerber um diese Stellen mögen ihre instruierten Gesuche im Wege der zuständigen Behörden an die Landesregierung für Bosnien und die Hercegovina in Sarajewo bis 20. April d. J. einsenden.

Außerdem werden in Bosnien und der Hercegovina binnen kurzer Zeit noch einige Lehrerstellen an allgemeinen Volksschulen mit Jahresgehalten von 600 und 500 fl. nebst Naturalwohnung oder entsprechendem Quartierrelutum, Garten und Brennholz zur Besetzung gelangen, für welche in gleicher Weise wie oben einzuschreiten ist.

Die Gesuche um diese Stellen sind unter Nachweisung der Sprachkenntnisse der Bewerber, entsprechend instruiert, im Wege der zuständigen politischen Behörden erster Instanz an die Landesregierung in Sarajewo einzusenden.

———+·+·+·+———

Verlag des k. k. Ministeriums für Cultus und Unterricht. — Druck von Karl Gorischek in Wien.

Beilage zum Verordnungsblatte

für den

Dienstbereich des Ministeriums für Cultus und Unterricht.

Personalnachrichten.

Seine k. und k. Apostolische Majestät haben mit Allerhöchster Entschließung vom 3. April d. J. a. g. anzuordnen geruht, dass dem ordentlichen Professor der Mathematik an der Universität Wien, Hofrath Dr. Leo **Königsberger** aus Anlass seines Abganges von dieser Universität die Allerhöchste Anerkennung seiner ausgezeichneten lehramtlichen und wissenschaftlichen Leistungen ausgesprochen werde.

———

Seine k. und k. Apostolische Majestät haben mit Allerhöchster Entschließung vom 13. April d. J. dem Lehrer der Stenographie und Mitgliede der Stenographie-Prüfungscommission in Wien Karl **Faulmann** den Titel eines Professors a. g. zu verleihen geruht.

———

Seine k. und k. Apostolische Majestät haben mit Allerhöchster Entschließung vom 7. April d. J. den Superior des Olmützer Priesterseminars, Ignaz **Haas**, zum Nichtresidenzial-Canonicus des Metropolitancapitels in Olmütz a. g. zu ernennen geruht.

Seine k. und k. Apostolische Majestät haben mit Allerhöchster Entschließung vom 16. April d. J. am Domcapitel in Budweis den Domcustos Johann **Kubiček** zum Domdechant und den Canonicus-Senior Emanuel **Roth** zum Domcustos; ferner den Rector des dortigen bischöflichen Clericalseminars, Theol.-Dr. Peter **Spelina** zum Domherrn a. g. zu ernennen geruht.

———

Seine k. und k. Apostolische Majestät haben mit Allerhöchster Entschließung vom 3. April d. J. den außerordentlichen Professor, k. k. Hofrath Dr. Hermann **Widerhofer** zum ordentlichen Professor der Kinderheilkunde an der k. k. Universität Wien a. g. zu ernennen geruht.

Seine k. und k. Apostolische Majestät haben mit Allerhöchster Entschließung vom 3. April d. J. die Privatdocenten Dr. Isidor **Soyka** und Dr. Max **Gruber** zu außerordentlichen Professoren für Hygiene, und zwar den ersteren an der k. k. Universität mit deutscher Vortragssprache in Prag, den letzteren an der k. k. Universität in Graz a. g. zu ernennen geruht.

Seine k. und k. Apostolische Majestät haben mit Allerhöchster Entschließung vom 3. April d. J. den Privatdocenten Dr. Franz **Vejdovský** zum außerordentlichen Professor der Zoologie an der k. k. Universität mit böhmischer Vortragssprache in Prag a. g. zu ernennen geruht.

Seine k. und k. Apostolische Majestät haben mit Allerhöchster Entschließung vom 9. April d. J. den außerordentlichen Professor Dr. Johann **Wieser** zum ordentlichen Professor der philosophischen Vorbereitungswissenschaften für Theologen an der k. k. Universität in Innsbruck a. g. zu ernennen geruht.

Seine k. und k. Apostolische Majestät haben mit Allerhöchster Entschließung vom 10. April d. J. a. g. zu genehmigen geruht, dass der ordentliche Professor an der Hochschule für Bodencultur, Hofrath Dr. Franz Ritter von Neumann-Spallart an der k. k. Wiener-Universität in der Eigenschaft eines Honorar-Professors Vorlesungen über österreichische Statistik ankündige und abhalte.

———————

Vom Minister für Cultus und Unterricht wurden ernannt:

zu Fachexaminatoren

für Mathematik bei der k. k. Prüfungscommission für das Lehramt an Gymnasien und Realschulen in Wien der Universitätsprofessor Emil **Weyr**,

für deutsche Sprache bei der k. k. böhmischen Prüfungscommission für das Lehramt an Gymnasien und Realschulen in Prag der Universitätsprofessor Dr. Johann **Gebauer** und der Privatdocent an der k. k. Universität mit böhmischer Vortragssprache in Prag Gymnasialprofessor Dr. Wenzel **Mourek**,

zum Examinator

für Zoologie bei der k. k. Prüfungscommission für das Lehramt an Gymnasien und Realschulen zu Krakau der Privatdocent an der k. k. Universität und Professor am Staats-Gymnasium St. Hyacinth zu Krakau Dr. Anton **Wierzejski**,

für die k. k. Prüfungscommission für allgemeine Volks- und Bürgerschulen in Görz

zum Director-Stellvertreter

der Gymnasial-Religionsprofessor Andreas **Marušič** und

zu Mitgliedern dieser Commission

der Director-Stellvertreter an der k. k. Lehrerinnen-Bildungsanstalt, Ehrendomherr Josef **Marušič** und der Realschulprofessor Justus **Hendrych**,

zu Religionslehrern

am Staats-Gymnasium in Zara der Supplent, Weltpriester Dr. Vincenz **Pulišić** und der Domchorvicar und Katechet der Mädchen-Volksschule in Zara, Weltpriester Johann **Berzatti von Löwenstern**,

zum Lehrer

an der k. k. Fachschule in Riva der vertragsmäßig bestellte Lehrer Josef **Moser** in der Eigenschaft eines definitiven Staatsbeamten unter Einreihung in die X. Rangsclasse,

zum Webemeister

an der k. k. Webeschule zu Polička der Weber Josef **Studený**.

———————

Der Minister für Cultus und Unterricht hat auf Grund der Beschlüsse der betreffenden Professoren-Collegien

die Zulassung

des Dr. Marcus **Abeles** als Privatdocenten für interne Medicin an der medicinischen Facultät der k. k. Universität in Wien und

des Dr. Franz **Hauke** als Privatdocenten für österreichisches Staatsrecht an der rechts- und staatswissenschaftlichen Facultät der k. k. Universität in Innsbruck bestätiget.

Concurs-Ausschreibungen.

An der **k. k. Handels- und nautischen Akademie** in Triest ist die Stelle eines Professors für National-Ökonomie, Handels- und Wechselrecht und Seerecht zu besetzen, mit welcher die in dem Gesetze vom 17. März 1872, R.-G.-Bl. Nr. 27 festgesetzten Bezüge (1200 fl. Gehalt, 360 fl. Activitätszulage und fünf Quinquennalzulagen à 200 fl.) verbunden sind.

Bewerber um diese Stelle haben ihre mit den erforderlichen Documenten, sowie dem Nachweise der österreichischen Staatsbürgerschaft und der Kenntnis der italienischen Sprache gehörig instruierten Gesuche im vorgeschriebenen Dienstwege bis Ende Mai d. J. bei der k. k. Statthalterei in Triest einzubringen.

Am **Staats-Gymnasium in Mährisch-Trübau** mit deutscher Unterrichtssprache sind zwei Lehrstellen, und zwar:

eine Lehrstelle für altclassische Philologie und

eine Lehrstelle für Mathematik und Phisik mit den gesetzlich normierten Bezügen zu besetzen.

Die vorschriftsmäßig instruierten Bewerbungsgesuche sind bis 31. Mai d. J. beim k. k. Landesschulrathe für Mähren in Brünn einzubringen.

Am **Staats-Untergymnasium in Gottschee** mit deutscher Unterrichtssprache kommt für das Schuljahr 1884/85 eine Lehrstelle für Latein, Griechisch und Slovenisch zur Besetzung.

Bewerber um diese Stelle, mit welcher die durch das Gesetz vom 9. April 1870 und 14. April 1873 systemisierten Bezüge verbunden sind, haben ihre vorschriftsmäßig instruierten Gesuche im Wege ihrer vorgesetzten Behörde bis 31. Mai d. J. beim k. k. Landesschulrathe für Krain in Laibach einzubringen.

An der **Staats-Realschule in Brünn** mit böhmischer Unterrichtssprache ist eine Lehrstelle für Geographie und Geschichte mit den gesetzlich normierten Bezügen zu besetzen.

Bewerber, welche nebstbei für die philosophische Propädeutik lehrbefähigt sind, erhalten den Vorzug.

Die vorschriftsmäßig instruierten Gesuche sind bis 20. Mai d. J. beim k. k. Landesschulrathe für Mähren in Brünn einzubringen.

Am **Communal-Realgymnasium in Teplitz** (Öffentlichkeitsrecht und Reciprocität) kommt mit Beginn des Schuljahres 1884/85 eine Lehrstelle für Naturgeschichte in Verbindung mit Mathematik und Physik zur Besetzung.

Die Stelle ist vorläufig mit 600 fl. Substitutionsgebühr und 120 fl. Theuerungszulage normiert.

Bewerber haben ihre vorschriftsmäßig instruierten Gesuche bis 31. Mai d. J. beim Magistrat der Badestadt Teplitz einzubringen.

An der **Landes-Oberrealschule in Graz** kommen mit 1. September d. J. nachstehende Lehrstellen zur Besetzung, und zwar:

eine Lehrstelle für darstellende Geometrie als Hauptfach und Mathematik als Nebenfach,

eine Lehrstelle für Physik als Hauptfach und Mathematik als Nebenfach und

eine Lehrstelle für Geographie und Geschichte als Hauptfach und deutsche Sprache als Nebenfach.

Mit jeder dieser Stellen ist ein Jahresgehalt von 1000 fl., eine Activitätszulage von 300 fl. und bei zufriedenstellender Dienstleistung der Anspruch auf fünf Quinquennalzulagen à 200 fl. verbunden.

Die Bewerber um diese Stellen haben ihre gehörig documentierten Gesuche, und zwar solche, welche bereits angestellt sind, im Wege ihrer vorgesetzten Behörde bei dem Landesausschusse für Steiermark in Graz bis 15. Mai d. J. einzubringen, wozu schließlich noch bemerkt wird, dass unter den Bewerbern um die Stelle für darstellende Geometrie und Mathematik diejenigen den Vorzug haben, welche die Befähigung für den Unterricht aus der Kalligraphie nachweisen können.

An der **Landes-Bürgerschule in Cilli** ist die Stelle des Directors zugleich Lehrers in Erledigung gekommen.

Mit dieser Stelle ist ein Jahresgehalt von 1000 fl. mit dem Anspruche auf fünfmalige in den Ruhegehalt einzurechnende Zulagen von je 100 fl. nach in der Eigenschaft eines Lehrers an einer Bürger- oder Mittelschule zurückgelegter fünf-, beziehungsweise zehn-, fünfzehn-, zwanzig- und fünfundzwanzigjähriger zufriedenstellender Dienstleistung (Quinquennalzulagen), ferner der Bezug einer Funktionszulage jährlicher 200 fl. und der Genuss einer freien Dienstwohnung verbunden.

Die definitive Bestätigung kann jedoch erst nach zurückgelegtem Probetriennium erfolgen.

Bewerber um diese Stelle haben ihre Befähigung durch das Zeugniss über die mit gutem Erfolge bestandene Lehramts-Candidaten-Prüfung für Bürgerschulen nachzuweisen, und ihre mit den Belegen über das Alter, die zurückgelegten Studien, die bisherige Verwendung im Lehrfache, so wie die Befähigung zur Leitung von Unterrichts-Anstalten versehenen Gesuche, und zwar im Lehrfache bereits angestellte Bewerber im Wege ihrer unmittelbar Vorgesetzten bis 31. Mai d. J. bei dem steiermärkischen Landesausschusse in Graz einzubringen.

----◆--|-◆-|--◆----

Verlag des k. k. Ministeriums für Cultus und Unterricht. — Druck von Karl Gorischek in Wien.

Beilage zum Verordnungsblatte
für den
Dienstbereich des Ministeriums für Cultus und Unterricht.

Personalnachrichten.

Seine k. und k. Apostolische Majestät haben mit Allerhöchster Entschließung vom 22. April d. J. in Anerkennung verdienstlichen und patriotischen Wirkens dem römisch-katholischen Pfarrer und Dechante in Castelnuovo Triphon **Radoničić** und dem gewesenen griechisch-orientalischen Pfarrer in Budua, Protopresbyter Peter **Midžor** das Ritterkreuz des Franz Joseph-Ordens; ferner dem römisch-katholischen Pfarrer in Sušan, Johann **Slak** und dem griechisch-orientalischen Pfarrer in Podi Peter **Abramovič** das goldene Verdienstkreuz mit der Krone a. g. zu verleihen geruht.

Seine k. und k. Apostolische Majestät haben mit Allerhöchster Entschließung vom 27. April d. J. in Anerkennung vieljähriger verdienstlicher Wirksamkeit als Leiter von Realschulprüfungs-Commissionen dem pensionirten Professor der technischen Hochschule in Wien, Regierungsrathe Johann **Hönig** den Titel und Charakter eines Hofrathes und dem Professor an der technischen Hochschule in Graz Johann **Rogner** den Adel, beiden taxfrei, a. g. zu verleihen geruht.

Seine k. und k. Apostolische Majestät haben mit Allerhöchster Entschließung vom 20. April d. J. den Professor der Moraltheologie an der Brünner theologischen Lehranstalt, Consistorialrath Johann **Vojtěch** zum Ehrendomherrn des dortigen Kathedralcapitels a. g. zu ernennen geruht.

Seine k. und k. Apostolische Majestät haben mit Allerhöchster Entschließung vom 17. April d. J. den Privatdocenten Dr. Franz **Storch** zum außerordentlichen Professor des österreichischen Strafrechtes und Strafprocesses an der k. k. Universität mit böhmischer Vortragssprache in Prag a. g. zu ernennen geruht.

Vom Minister für Cultus und Unterricht wurden ernannt:

zu Mitgliedern
der staatswissenschaftlichen Staatsprüfungscommission in Prag der Kanzleidirector der k. k. Universität mit deutscher Vortragssprache in Prag Dr. Johann **Scherer** und der Landesadvocat Dr. Albert **Werunský**,

zum zweiten Fachexaminator
für deutsche Sprache bei der k. k. Prüfungscommission für das Lehramt an Gymnasien und Realschulen in Graz der außerordentliche Universitätsprofessor Dr. August **Sauer**,

zu Bezirksschulinspectoren

für die Schulbezirke Leibnitz, Arnfels, Wildon, Deutschlandsberg, Eibiswald und Stainz der Lehrer an der Knaben-Volksschule im Münzgraben zu Graz Alexander **Kratky** und

für den Schulbezirk Mielec der Oberlehrer an der Volksschule in Drohobycz Jose **Szymánski,**

zum provisorischen Bezirksschulinspector

für den Stadtbezirk Innsbruck der Professor an der k. k. Lehrerbildungsanstalt in Innsbruck Lorenz **Hammerle.**

Der Minister für Cultus und Unterricht hat den im Ministerium für Cultus und Unterricht in Verwendung stehenden Telegrafenamts-Official Johann **Gruber** zum administrativen Controlor der gewerblichen Fachschulen ernannt.

Der Minister für Cultus und Unterricht hat

die Inspection der Schulen in dem böhmischen Schulbezirke Trautenau dem Bezirksschulinspector Johann **Hraše** übertragen,

mit der Inspection der Volksschulen im Gerichtsbezirke Hall den Bezirksschulinspector. Gymnasialprofessor Johann **Schuler** und

mit der Inspection der böhmischen Volksschule zu Böhmisch-Schumburg im Schulbezirke Gablonz und der böhmischen Privat-Volksschule zu Bösching im Land-Schulbezirke Reichenberg den k. k. Bezirksschulinspector für die Schulbezirke Turnau und Semil Franz **Streit** betraut,

die erledigte Religionslehrerstelle am deutschen Staats-Gymnasium zu Kremsier dem Professor am Staats-Untergymnasium in Freudenthal Dr. Franz **Jacksche** verliehen; ferner

den gegenseitigen Dienstpostentausch des Professors am II. deutschen Staats-Gymnasium zu Brünn Wenzel **Kratky** und des Professors am Staats-Gymnasium zu Leitmeritz Gottfried **Vogrinz** gestattet.

Concurs-Ausschreibungen.

An der **Wiener Handels-Akademie** ist die Stelle eines Professors für die englische Sprache zu besetzen, mit welcher folgende Bezüge verbunden sind: Gehalt 1200 fl., 5 Quinquennalzulagen à 200 fl. und 500 fl. Activitätszulage, welch' letztere sich jedoch bis zum vollendeten 15. Dienstjahre successive auf 800 fl. erhöht.

Bewerber um diese Stelle haben ihre gehörig instruierten Gesuche, welchen auch ein ausführliches curriculum vitae beizuschließen ist, bis 15. Juni d. J. bei der Akademie-Direction (Wien, I., Akademiestraße 12) einzubringen.

Am **Staats-Obergymnasium in Königgrätz**, dessen Unterrichtssprache die böhmische ist, gelangt mit Beginn des Schuljahres 1884/85 die Stelle eines Lehrers der classischen Philologie zur Besetzung.

Bewerber um diese Stelle, mit welcher die mit den Gesetzen vom 9. April 1870 und 15. April 1873 normierten Bezüge verbunden sind, haben ihre wohlinstruierten, besonders mit dem Nachweise ihrer Befähigung für classische Philologie am Obergymnasium und ihrer bisherigen Verwendung im Lehrfache belegten Gesuche im Wege ihrer vorgesetzten Behörde bis 15. Juni d. J. beim k. k. Landesschulrathe für Böhmen in Prag einzubringen.

Am **Staats-Untergymnasium in Freudenthal** mit deutscher Unterrichtssprache ist mit Beginn des Schuljahres 1884/85 die Stelle eines katholischen Religionslehrers mit den systemisierten Bezügen zu besetzen. Die Verwendbarkeit für die Ertheilung des Unterrichtes in der Geographie und Geschichte begründet einen Vorzug.

Bewerber um diese Lehrstelle haben ihre gestempelten, an das k. k. Ministerium für Cultus und Unterricht in Wien gerichteten, mit den Nachweisen über Alter, Studien und Lehrbefähigung belegten Gesuche, wenn sie zur Zeit in öffentlichen Diensten stehen, durch ihre vorgesetzte Behörde, sonst unmittelbar bis 15. Juni d. J. bei dem k. k. Landesschulrathe für Schlesien in Troppau einzubringen.

An dem **steiermärkischen Landes-Obergymnasium in Leoben**, an welcher Anstalt die Reciprocität mit den Staats-Mittelschulen besteht, ist mit Beginn des Schuljahres 1884/85 eine Lehrstelle für philosophische Propädeutik in Verbindung mit classischer Philologie oder Mathematik zu besetzen.

Mit dieser Stelle ist ein Jahresgehalt von 1000 fl., eine Activitätszulage von jährlichen 200 fl. und der Anspruch auf fünf Quinquennalzulagen von je 200 fl. verbunden.

Bewerber um diese Stelle haben ihre vorschriftsmäßig documentierten Gesuche, und falls dieselben schon angestellt sind, im Wege ihrer unmittelbar vorgesetzten Behörde bis 31. Mai d. J. bei dem steiermärkischen Landesausschusse in Graz einzubringen.

Am **Communal-Realgymnasium in Teplitz** (Öffentlichkeitsrecht und Reciprocität) kommt mit Beginn des Schuljahres 1884/85 eine Lehrstelle für deutsche Sprache in Verbindung mit Latein und Griechisch zur Besetzung.

Die Stelle ist vorläufig mit 600 fl. Substitutionsgebür und 120 fl. Theuerungszulage normiert.

Bewerber haben ihre vorschriftsmäßig instruierten Gesuche bis 15. Juni d. J. beim Magistrate der Badestadt Teplitz einzubringen.

An der **böhmischen Staats-Realschule in Prag** kommt eine Lehrstelle für den katholischen Religionsunterricht zur Wiederbesetzung.

Mit derselben sind die gesetzlich normierten Bezüge verbunden.

Bewerber um diese Lehrstelle haben ihre gehörig instruierten, an das k. k. Ministerium für Cultus und Unterricht gerichteten Gesuche im Wege ihrer vorgesetzten Behörde bis 20. Juni d. J. beim k. k. Landesschulrathe für Böhmen in Prag einzubringen.

Bewerber, welche außer der Religionslehre auch für einen weltlichen Gegenstand an Mittelschulen lehrbefähigt sind, werden besonders berücksichtigt.

An der **in D. Tuzla neu zu creierenden dreiclassigen Bürgerschule** ist die Stelle eines Bürgerschullehrers zu besetzen, welcher im ersten Jahre den Unterricht in sämmtlichen Fächern der ersten Classe zu ertheilen haben wird.

Mit dieser Stelle ist ein Jahresgehalt von 800 fl. nebst 200 fl. Quartiergeld und 200 fl. Zulage verbunden.

Bewerber um diese Stelle haben ihre wohlinstruierten Competenzgesuche im Wege ihrer zuständigen politischen Behörde erster Instanz bis 31. Mai d. J. an die Landesregierung in Sarajevo einzusenden.

Bei der Auswahl des zu ernennenden Lehrers werden aus der mathematisch-technischen Gruppe geprüfte Bürgerschullehrer den Vorzug haben.

An der **k. k. Lehrerinnenbildungsanstalt in Görz** kommt mit Beginn des Schuljahres 1884/85 die Directorsstelle zur Besetzung.

Bewerber um diese Stelle, mit welcher die durch das Gesetz vom 15. April 1873, R.-G.-Bl. Nr. 48 festgesetzten Bezüge verbunden sind, haben die Befähigung, die Pädagogik zu lehren und die praktischen Übungen zu leiten, sowie die Kenntnis der deutschen, slovenischen und italienischen Sprache nachzuweisen.

Überdies sind an der mit der genannten Anstalt **verbundenen k. k. Knaben-Übungsschule** mit dem gleichen Termine **zwei Übungsschulunterlehrer-Stellen** und die Stelle eines **Aushilfslehrers** mit dem Range und den Bezügen eines Übungsschulunterlehrers zu besetzen.

Bewerber um die Unterlehrer-Stelle haben den Nachweis der Lehrbefähigung für allgemeine Volksschulen , und zwar jene um die Stelle an der italienisch-deutschen Abtheilung mit italienischer und deutscher Unterrichtssprache; jene um die Stelle an der slovenisch-deutschen Abtheilung aber mit slovenischer und deutscher Unterrichtssprache beizubringen. Für eine dieser beiden Stellen wird überdies die Kenntnis der croatischen Sprache verlangt und ist der bezügliche Nachweis beizubringen.

Bewerber um die Aushilfslehrer-Stelle haben den Nachweis der Lehrbefähigung für die dritte Gruppe der Lehrgegenstände an Bürgerschulen, insbesondere aber die Befähigung zur Ertheilung des Zeichenunterrichtes an Lehrerbildungsanstalten und der Kenntnis der deutschen, dann der italienischen oder slovenischen Unterrichtssprache beizubringen.

Die vorschriftsmäßig documentierten Gesuche sind im Wege der vorgesetzten Behörde bis Ende Juni d. J. beim Präsidium des k. k. Landesschulrathes für Görz-Gradisca in Triest einzubringen.

Verlag des k. k. Ministeriums für Cultus und Unterricht. — Druck von Karl Gorischek in Wien.

Beilage zum Verordnungsblatte
für den
Dienstbereich des Ministeriums für Cultus und Unterricht.

Personalnachrichten.

Seine k. und k. Apostolische Majestät haben mit Allerhöchster Entschließung vom 10. Mai d. J. dem Dechante und Pfarrer in Czernielów Karl Ryńkiewicz in Anerkennung seines vieljährigen erfolgreichen Wirkens das Ritterkreuz des Franz Joseph-Ordens a. g. zu verleihen geruht.

Seine k. und k. Apostolische Majestät haben mit Allerhöchster Entschließung vom 21. Mai d. J. dem Pfarrer in Auer Johann Clauser in Anerkennung seines vieljährigen verdienstlichen Wirkens das goldene Verdienstkreuz mit der Krone a. g. zu verleihen geruht.

Seine k. und k. Apostolische Majestät haben mit Allerhöchster Entschließung vom 16. Mai d. J. dem außerordentlichen Universitätsprofessor in Wien, k. k. Regierungsrathe Dr. Karl Ritter von Cessner aus Anlass der von ihm nachgesuchten Versetzung in den bleibenden Ruhestand, in neuerlicher Anerkennung seiner ersprießlichen lehramtlichen Thätigkeit sowie seiner vieljährigen verdienstvollen humanitären Wirksamkeit den Titel und Charakter eines Hofrathes taxfrei a. g. zu verleihen geruht.

Seine k. und k. Apostolische Majestät haben mit Allerhöchster Entschließung vom 10. Mai d. J. dem Professor an der Staats-Oberrealschule in Krakau und Privatdocenten für Zoologie und vergleichende Anatomie an der k. k. Universität daselbst Dr. Anton Wierzejski den Titel eines außerordentlichen Universitätsprofessors a. g. zu verleihen geruht.

Seine k. und k. Apostolische Majestät haben mit Allerhöchster Entschließung vom 30. April d. J. in Anerkennung vieljährigen verdienstlichen Wirkens im Volksschullehramte a. g. zu verleihen geruht:

das goldene Verdienstkreuz mit der Krone:

dem pensionierten Director der Knaben-Bürgerschule zu Eger P. Johann W. Reichelt,
dem Rector des Piaristen-Collegiums und Katecheten an der KnabenVolksschule zu Leipnik in Mähren P. Achaz Dornkreil;

das goldene Verdienstkreuz:

dem pensionierten Lehrer der Volksschule zu Böhmisch-Leipa Karl Czernitzky,
dem pensionierten Oberlehrer der Volksschule zu Weißwasser in Böhmen Anton Popper,
dem Director der Knabenschule zu Tarnów Johann Szubowicz,
dem Oberlehrer der Volksschule in Cittavecchia und Bezirksschulinspector in Cattaro Vincenz Maroević,
dem pensionierten Lehrer der Volksschule zu Reichenberg in Böhmen Ambros Knesch,
dem Oberlehrer der Mädchen-Volksschule zu Währing in Niederösterreich Lorenz Gleissner,

dem Director der Knaben-Volksschule am Münzgraben in Graz Franz X. **Furreg,**
dem pensionierten Lehrer der Knabenschule zu Marburg in Steiermark Johann **Krainz** und
dem Oberlehrer am Taubstummen-Institute in Klagenfurt Johann **Pscharzer;**

das silberne Verdienstkreuz mit der Krone:

dem Oberlehrer der Volksschule zu Ziersdorf in Niederösterreich Josef **Edlhofer,**
dem pensionierten Oberlehrer der Volksschule zu Welperschitz in Böhmen Martin **Matz,**
dem Schulleiter an der Volksschule zu Merkersdorf in Niederösterreich Josef **Rauchmann,**
dem pensionierten Lehrer an der Volksschule in Alt-Bohorodczany in Galizien Michael **Czerepaszyński,**
dem pensionierten Oberlehrer der Volksschule zu Mesič in Böhmen Johann **Hejda,**
dem pensionierten Lehrer der Volksschule zu Klopotowitz in Mähren Josef **Štěpánek,**
dem Lehrer der Volksschule zu Welka in Mähren Johann **Hapala,**
dem Oberlehrer an der Volksschule zu Königsfeld in Mähren Anton **Plch,**
dem Oberlehrer an der Volksschule zu Heiligenberg in Mähren Johann **Schmidt,**
dem Oberlehrer an der Volksschule zu Knihnitz in Mähren Johann **Kruschina,**
dem Lehrer an der Volksschule zu Truden in Tirol Franz **Egarter,**
dem Leiter der Volksschule zu Lissa in Dalmatien Stephan **Stazić,**
dem Leiter der Volksschule zu Arbe in Dalmatien Matthäus **Pezelj,**
dem Oberlehrer an der Volksschule zu Preßnitz in Böhmen Josef **Göhler,**
dem pensionierten Oberlehrer zu Turnau in Böhmen Josef **Kaucky,**
dem pensionierten Oberlehrer zu Protivin in Böhmen Josef **Brůžek,**
dem Oberlehrer der Volksschule zu Persenbeug in Niederösterreich Dominik **Pürgy,**
dem Oberlehrer an der Volksschule zu Annaberg in Niederösterreich Johann **Wallner,**
dem Oberlehrer an der Volksschule zu Gresten in Niederösterreich Josef **Kotter,**
dem Lehrer an der Volksschule zu Kurowitz in Mähren Nikolaus **Nowák,**
dem Oberlehrer an der Volksschule zu Tainach in Kärnten Johann **Tschernuth,**
dem pensionierten Oberlehrer der Volksschule zu Milin in Böhmen Josef **Mařik,**
dem Oberlehrer der Volksschule zu Gmünd in Kärnten Ignaz **Stiegler** und
dem Oberlehrer an der Volksschule zu Dobrotitz in Mähren Vincenz **Čech.**

Seine k. und k. Apostolische Majestät haben mit Allerhöchster Entschließung vom 10. Mai d. J. den Professor des Bibelstudiums des alten Testamentes und der orientalischen Sprachen am theologischen Central-Seminare in Zara Matthäus **Dvornik** zum Domherrn des Kathedralcapitels in Spalato a. g. zu ernennen geruht.

Seine k. und k. Apostolische Majestät haben mit Allerhöchster Entschließung vom 10. Mai d. J. den Consistorialrath, Hauptpfarrer und Dechant Martin **Strainschak** in Kötsch, den Consistorialrath und Dechant bei der Vorstadtpfarre St. Magdalena in Marburg Thomas **Roschanz** und den fürstbischöflichen geistlichen Rath, Dechant und Pfarrer Martin **Ivanc** in St. Marein bei Erlachstein zu Ehrendomherren des fürstbischöflichen Lavanter Kathedralcapitels a. g. zu ernennen geruht.

Seine k. und k. Apostolische Majestät haben mit Allerhöchster Entschließung vom 10. Mai d. J. den Professor und provisorischen Leiter des Staats-Gymnasiums in Leitmeritz Alois **Langer** zum Director dieser Anstalt a. g. zu ernennen geruht.

Seine k. und k. Apostolische Majestät haben mit Allerhöchster Entschließung vom 14. Mai d. J. die Verzichtleistung des Dr. Julius Wilhelm **Brühl** auf die Lehrkanzel der chemischen Technologie an der k. k. technischen Hochschule in Lemberg a. g. zu genehmigen und in Anerkennung seiner wissenschaftlichen und lehramtlichen Thätigkeit a. g. zu gestatten geruht, dass derselbe den Professorstitel auch fernerhin führe.

Vom Minister für Cultus und Unterricht wurden ernannt:

auf Grund der Ministerial-Verordnung vom 24. Februar 1883, Z. 3674 und der Verordnung vom 17. Mai 1884, Z. 5972

zu Ministerial-Commissären für gewerbliche Fortbildungsschulen

für die gewerblichen Fortbildungsschulen im Handelskammerbezirke von Reichenberg der Director Franz **Richter**, der Professor Karl **Genauck** und der Fachlehrer Emil **Blaha** an der Staats-Gewerbeschule daselbst,

für die gewerblichen Fortbildungsschulen im Handelskammerbezirke von Prag der Director Johann **Tille** und der Fachvorstand Franz **Scheda** an der Staats-Gewerbeschule in Prag,

für die gewerblichen Fortbildungsschulen in den Handelskammerbezirken von Pilsen, Budweis und Eger der Director Sigmund **Gottlob** und der Fachvorstand Vincenz **Simerka** an der Staats-Gewerbeschule in Pilsen, und zwar ersterer für die deutschen letzterer für die böhmischen,

zu Mitgliedern der Prüfungscommission für das Lehramt des Freihandzeichnens an Mittelschulen in Wien für die Studienjahre 1883/84 und 1884/85

zum Director

der emeritierte Professor der technischen Hochschule Hofrath Johann **Hönig**,

zu Fachexaminatoren

für Projectionslehre und für allgemeine pädagogisch-didactische Fragen der Realschuldirector, Regierungsrath Eduard **Walser**,

für ornamentales Zeichnen der Director an der Staats-Gewerbeschule Camillo **Sitte**,

für figurales Zeichnen der Professor an der Akademie der bildenden Künste August **Eisenmenger**,

für Kunstgeschichte und Stillehre der Professor an der technischen Hochschule Dr. Karl von **Lützow**,

für Anatomie des menschlichen Körpers der Professor an der Akademie der bildenden Künste Dr. Anton Ritter von **Frisch**,

für Modellieren der Lehrer an der technischen Hochschule Rudolf **Weyr**,

für die Unterrichtssprache der Director des Theresianischen Gymnasiums Dr. Alois **Egger** Ritter von Möllwald, der Universitätsprofessor, Hofrath Dr. Franz Ritter von **Miklosich** und der Docent an der technischen Hochschule Dr. Philipp **Zamboni**;

zu Mitgliedern der Prüfungscommission für das Lehramt der Handelsfächer in Wien für das Studienjahr 1883/84:

zum Director

der emeritierte Professor der technischen Hochschule Hofrath Johann **Hönig**,

zu Fachexaminatoren

für Handels- und Wechselrecht der emeritierte Professor der technischen Hochschule Regierungsrath Dr. Hermann **Blodig**,

für Handelsarithmetik der Director der Handelsakademie Regierungsrath Rudolf **Sonndorfer**,

für Buchführung und Handelscorrespondenz der emeritierte Professor der Handelsakademie Ferdinand Kitt,

für Handelsgeographie und Geschichte der Professor an der Handelsakademie
Dr. Karl Zehden,

für die Unterrichtssprache der Director des Theresianischen Gymnasiums Dr. Alois
Egger Ritter von Möllwald, der Universitätsprofessor Hofrath Dr. Franz Ritter von
Miklosich und der Docent an der technischen Hochschule und Akademieprofessor Dr. Philipp
Zamboni;

zu Mitgliedern der k. k. Prüfungscommission für allgemeine Volks- und Bürgerschulen für die Periode vom Schuljahre 1884/85 an bis zum Schlusse des Schuljahres 1886/87:

in Klagenfurt

zum Director
der k. k. Landesschulinspector Dr. Josef Gobanz,

zu dessen Stellvertreter
der Director der Lehrerbildungsanstalt in Klagenfurt Dr. Josef Brandl,

zu Mitgliedern dieser Commission
die Professoren der Lehrerbildungsanstalt daselbst Bezirksschulinspector Josef Palla,
Raimund Sauer und Johann Seidel, ferner
die Übungsschullehrer Bezirksschulinspector Ferdinand Unterwandling und Josef
Wüstner;

in Troppau

zum Director
der k. k. Landesschulinspector Gustav Ritter von Zeynek,

zu dessen Stellvertreter
der Director der Lehrerbildungsanstalt in Troppau Dr. Josef Mich,

zu Mitgliedern dieser Commission
der Director der Lehrerbildungsanstalt in Teschen Schulrath Anton Peter,
der Oberrealschuldirector in Troppau Rudolf Bartelmus,
der Bezirksschulinspector und Realschulprofessor in Troppau Leopold Rewig,
der Bezirksschulinspector und Professor an der Lehrerbildungsanstalt in Troppau Valentin
Koschut,
der Bezirksschulinspector und Realschulprofessor in Teschen Armand Karell, ferner
die Professoren an der Lehrer- und Lehrerinnenbildungsanstalt in Troppau Tobias
Kienel, Dr. Hugo Pawlik, Alois Meixner, Reinhold Czasch, Heinrich Petřina,
Anton Eder,
der Director der Knaben-Bürgerschule in Troppau Alois Steuer und
die Übungsschullehrer an der Lehrerbildungsanstalt in Troppau Gustav Metzner,
Karl Hradecky, Hubert Wondra und Josef Hanel;

zu Mitgliedern der k. k. Prüfungscommission für das Lehramt der Musik an
Mittelschulen und Lehrerbildungsanstalten in Prag für das Triennium 1883/84—1885/86:

zum Vorsitzenden
der Statthaltereirath Gregor Smolař Ritter von Dobiaschowsky,

zu Examinatoren
für Musikgeschichte und Clavier der Universitätsprofessor Dr. Eduard Gundling,
für Harmonielehre, für die Lehre vom Contrapunkte und von der Fuge der
Director der Orgelschule Franz Skuhersky,
für Gesang der Professor am Conservatorium Johann Vogl,
für Orgelspiel der Professor am Conservatorium Josef Förster,
für Violin das Mitglied des deutschen Landestheater-Orchesters Eduard Wittich,

Director Skuhersky hat zugleich als Examinator bezüglich der Erprobung
der allgemeinen und pädagogischen Bildung der Candidaten zu fungieren.

zum Prüfungscommissär

für Musik bei der k. k. Prüfungscommission für allgemeine Volks- und Bürgerschulen in Capo d'Istria für den Rest der laufenden Functionsperiode der Professor der Triester Handelsakademie Josef **Accurti**,

zum Director

des Staats-Museums in Spalato der Gymnasialdirector daselbst Franz **Bulić**,

zum Conservator

der k. k. Centralcommission für Erforschung und Erhaltung der Kunst- und historischen Denkmale, und zwar für Istrien der Gymnasialprofessor in Capo d'Istria Stephan **Petris**,

zum Lehrer

am akademischen Staats-Gymnasium in der Altstadt zu Prag der Supplent daselbst Karl **Pánek**,

zur Übungsschullehrerin

an der k. k. Lehrerinnen-Bildungsanstalt in Innsbruck die Übungsschul-Unterlehrerin daselbst Marie von **Ottenthal**.

Der Minister für Cultus und Unterricht hat dem Oberlehrer an der Volksschule zu Smiřitz in Böhmen Peter **Skořepa** den Directorstitel verliehen.

Der Minister für Cultus und Unterricht hat auf Grund der Beschlüsse der betreffenden Professoren-Collegien

die Zulassung

des Assistenten am k. k. botanischen Hofkabinete Dr. Günther **Beck** als Privatdocent für systematische Botanik

an der philosophischen Facultät der k. k. Universität in Wien,

des Dr. Eduard **Schiff** als Privatdocenten für Hautkrankheiten und Syphilis

an der medicinischen Facultät der k. k. Universität in Wien und

des Dr. Oscar Freiherrn von **Dumreicher** als Privatdocenten für anorganische Chemie

an der k. k. technischen Hochschule in Wien bestätigt.

Der Minister für Cultus und Unterricht hat den Assistenten des technologischen Gewerbe-Museums in Wien Ernst **Pliwa** zum Director der k. k. Fachschule in Villach vertragsmäßig bestellt, den bisherigen Leiter dieser Fachschule Karl **Schellhorn** als Leiter an die k. k. Fachschule in Würbenthal und den dortigen Leiter Anton **Henke** als Lehrer für das Schnitzen an die k. k. Fachschule in Villach versetzt.

Concurs-Ausschreibungen.

An der k. k. böhmischen technischen Hochschule in Prag gelangen folgende Stellen zur Besetzung, und zwar:

eine Assistentenstelle bei der Lehrkanzel für die anorganische und analytische Chemie mit einer Jahresremuneration von 700 fl.,

eine Aushilfs-Assistentenstelle bei der Lehrkanzel für analytische Chemie mit einer Jahresremuneration von 600 fl. und

eine Assistentenstelle bei der I. Lehrkanzel für Mathematik mit einer Jahresremuneration von 700 fl.

Die Anstellung der Assistenten ist keine dauernde, sondern nur auf 2 Jahre festgesetzt, kann aber nach deren Ablauf auf weitere 2 Jahre erstreckt werden.

Bewerber um diese Stellen haben ihre mit den entsprechenden Belegen, sowie auch dem Nachweise der bereits abgelegten Militär-Dienstpflicht versehenen Gesuche bis 15. Juni d. J. bei dem Rectorate der k. k. böhmischen technischen Hochschule in Prag einzubringen.

An der **Handels-Akademie in Chrudim** kommt mit Beginn des Schuljahres 1884/85 eine Supplentenstelle für Mathematik und Physik zur Besetzung. Jährliche Substitutionsgebür 600 fl.

Bewerber, welche die Lehrbefähigung für Oberclassen an Mittelschulen mit böhmischer Unterrichtssprache besitzen, wollen ihre gehörig documentierten Gesuche bis 30. Juni d. J. an die Direction der Handels-Akademie in Chrudim einsenden.

Besondere Rücksicht wird auf jenen Candidaten genommen werden, der zugleich befähigt ist, Stenographie zu lehren.

Am **deutschen Staats-Gymnasium in Budweis** kommt mit Beginn des Schuljahres 1884/85 die Stelle des Directors mit den gesetzlichen Bezügen zur Besetzung.

Bewerber haben die gehörig instruierten Gesuche auf dem vorgeschriebenen Wege bis Ende Juni d. J. beim k. k. Landesschulrathe für Böhmen in Prag einzureichen.

Nach diesem Termine einlangende Gesuche werden keine Berücksichtigung finden.

An dem **Staats-Realgymnasium in Smichov** mit böhmischer Unterrichtssprache kommen mit Beginn des Schuljahres 1884/85 zwei Lehrstellen zur Besetzung, und zwar:

eine Lehrstelle für classische Philologie in Verbindung mit dem böhmischen oder deutschen Sprachfache und

eine Lehrstelle für Geographie und Geschichte, wobei auf Bewerber, die außer der zunächst erforderlichen, normalmäßigen Lehrbefähigung für das geographisch-historische Fach auch noch jene für das französische Sprachfach nachweisen, besondere Rücksicht genommen werden wird.

Bewerber um eine dieser beiden Lehrstellen, mit denen die durch das Gesetz vom 9. April 1870 und 17. April 1873 normierten Activitätsbezüge verbunden sind, haben ihre gehörig instruierten, an das k. k. Ministerium für Cultus und Unterricht gerichteten Gesuche im Wege ihrer vorgesetzten Behörde bis 10. Juli d. J. bei dem k. k. Landesschulrathe für Böhmen in Prag einzubringen.

An der **Landes-Oberrealschule in Proßnitz** mit b ö h m i s c h e r Unterrichtssprache kommen mit Beginn des Schuljahres 1884/85 z w e i L e h r s t e l l e n zur Besetzung, und zwar:

eine Lehrstelle für katholische Religionslehre und
eine Lehrstelle für das deutsche und böhmische Sprachfach.

Bewerber um diese Stellen, mit denen die durch das Gesetz vom 15. April 1873 systemisierten Bezüge verbunden sind, haben ihre an den mährischen Landesausschuss gerichteten, mit dem Lehrbefähigungszeugnisse für vollständige Realschulen und den übrigen vorschriftsmäßigen Documenten belegten Gesuche bis 20. Juni d. J. bei dem k. k. Landesschulrathe für Mähren in Brünn einzubringen.

An den **n.-ö. Landes-Lehrer-Seminarien zu Wiener-Neustadt und St. Pölten,** welche die Aufgabe haben, a l s v o l l s t ä n d i g e L e h r e r b i l d u n g s a n s t a l t e n v o n 5 J a h r- g ä n g e n, die den Vorbereitungsclasse und den 4 Jahrgängen der staatlichen Lehrerbildungsanstalten gleichstehen, die Heranbildung von, den Anforderungen des Reichsvolksschulgesetzes vollkommen entsprechenden Lehrkräften für die n.-ö. Volks- und Bürgerschulen zu erzielen, kommen mit Beginn des Schuljahres 1884/85 in der Vorbereitungsclasse eine Anzahl von Ganz- und Halb-Stipendien, beziehungsweise Ganz- und Halb-Freiplätzen zur Besetzung, und zwar werden aufgenommen:

a) in W i e n e r - N e u s t a d t 15 Schüler mit Landes-Stipendien von je jährlichen 200 fl.;
b) „　　　　　„　　　　15　„　　　„　　　　„　　　　„　„　„　100 fl.;
c) „ St. P ö l t e n 15 Schüler mit Landes - Freiplätzen im Internate, welche den Betreffenden unentgeltliche Wohnung und Verköstigung sichern;
d) „　　　„　　　15 Schüler mit Landes-Halbfreiplätzen im Internate, welche gegen Einzahlung des Betrages von 100 fl. beim Eintritte in das Internat zu Beginn eines jeden Schuljahres, oder von je 50 fl zu Beginn 'edes Semesters an die Anstalts- cassa, Wohnung und Verköstigung sichern.

Außerdem werden in W i e n e r - N e u s t a d t und St. P ö l t e n eine Anzahl Schüler als Externisten auf i h r e Kosten in die Vorbereitungsclasse zugelassen.

Die Lehramtszöglinge in W i e n e r - N e u s t a d t und die Zöglinge mit ganzen Freiplätzen in St. P ö l t e n haben keinerlei Zahlung an die Anstalt zu leisten.

Die Aufnahmsbedingungen sind:

1. das zurückgelegte 14. Lebensjahr, oder die Erreichung desselben im Kalenderjahre 1884 (Geburtsjahr 1870); Altersdispensen sind unzulässig;
2. physische Tüchtigkeit;
3. sittliche Unbescholtenheit;
4. das Entlassungszeugnis der Volksschule.

Aufnahmsbewerber haben ihre mit dem Taufscheine oder Geburtszeugnisse, Impfungszeugnisse, ärztlichen Gesundheitszeugnisse, Entlassungszeugnisse aus der Volksschule, Heimatschein und dem Nachweise über die Vermögensverhältnisse versehenen Gesuche bis 20. Juli d. J. bei dem k. k. Bezirksschulrathe, in dessen Bezirk die Bewerber die Schule besuchten, zu überreichen.

In dem Gesuche ist anzugeben, ob der Bewerber nur auf einen ganzen oder auch auf einen halben Freiplatz reflectiert.

Zugleich haben alle Diejenigen, welche sich um ein Landes-Stipendium oder einen Landes- Freiplatz bewerben, sich zur Unterzeichnung eines Reverses bereit zu erklären, durch welchen sie verpflichtet sind, sich nach dem Austritte aus der Anstalt durch mindestens s e c h s J a h r e dem öffentlichen Schuldienste in N i e d e r ö s t e r r e i c h zu widmen.

Insoferne Jünglinge als Schüler in einen der 4 höheren Jahrgänge einer der beiden Lehranstalten auf ihre Kosten aufgenommen werden wollen, was jedoch in St. Pölten nur als Externist zulässig wäre, haben sie sich mit ihren ordnungsmäßig belegten Gesuchen an die betreffende Schuldirection zu wenden und sich eventuell einer Aufnahmsprüfung zu unterziehen.

Insbesondere muss noch hervorgehoben werden, dass jene Bewerber, welche die für den Eintritt in die Landes-Lehrer-Seminare zur Bedingung gemachte körperliche oder geistige Eignung thatsächlich nicht besitzen sollten, des etwa erlangten Stipendiums oder Freiplatzes sofort verlustig erklärt werden müssten.

An der k. k. **Staats-Gewerbeschule in Czernowitz** kommen mit Beginn des Schuljahres 1884/85 folgende Lehrstellen zur Besetzung, und zwar

eine Lehrstelle für deutsche Sprache und Geographie und
eine Lehrstelle für die Baufächer und das Freihandzeichnen.

Mit jeder dieser Stellen ist ein Gehalt von 1200 fl., die Activitätszulage der IX. Rangsclasse, sowie der Anspruch auf fünf Quinquennalzulagen von je 200 fl. verbunden.

Die Bewerber um diese Stellen haben ihre an das k. k. Ministerium für Cultus und Unterricht stilisierten, mit einem curriculum vitae, den Studienzeugnissen, ferner für die erstgenannte Stelle mit dem Lehrbefähigungszeugnis für Mittelschulen und für die zweitgenannte Stelle mit dem Nachweisen über eine theoretische und praktische Befähigung belegten Gesuche bis 20. Juni d. J. bei der Direction der k. k. Staats-Gewerbeschule in Czernowitz einzureichen.

An der k. k. **Lehrerbildungsanstalt in Wien** ist mit Beginn des Schuljahres 1884/85 eine Hauptlehrerstelle für Mathematik und Physik zu besetzen.

Mit dieser Stelle sind die in den Gesetzen vom 19. März 1872, R.-G.-Bl. Nr. 29 und vom 15. April 1873, R.-G.-Bl. Nr. 48 normierten Bezüge verbunden.

Bewerber um diese Stelle haben ihre vorschriftsmäßig belegten Gesuche auf dem vorgeschriebenen Wege bis 1. Juli d. J. bei dem k. k. Landesschulrathe für Niederösterreich in Wien einzubringen.

An der k. k. **Lehrerinnenbildungsanstalt zu Innsbruck** kommt mit Beginn des Schuljahres 1884/85 die Stelle einer Übungsschullehrerin, eventuell im Falle der Vorrückung die einer Übungsschulunterlehrerin zur Besetzung.

Bewerberinnen um diese Stelle, mit welcher die gesetzlich normierten Bezüge verbunden sind, haben ihre an das k. k. Ministerium für Cultus und Unterricht gerichteten und mit den Lehrbefähigungszeugnisse, sowie den sonst erforderlichen Nachweisen instruierten Gesuche im vorgeschriebenen Dienstwege bis 24. Juni d. J. beim k. k. provisorischen Landesschulrathe für Tirol in Innsbruck einzubringen.

Verlag des k. k. Ministeriums für Cultus und Unterricht. — Druck von Karl Gorischek in Wien.

Beilage zum Verordnungsblatte
für den
Dienstbereich des Ministeriums für Cultus und Unterricht.

Personalnachrichten.

Seine k. und k. Apostolische Majestät haben mit Allerhöchster Entschließung vom 25. Mai d. J. dem fürstbischöflichen Cameral-Director in Johannesberg Josef Limmer in Anerkennung seines vieljährigen ersprießlichen Wirkens das Ritterkreuz des Franz Joseph-Ordens a. g. zu verleihen geruht.

Seine k. und k. Apostolische Majestät haben mit Allerhöchster Entschließung vom 9. Mai d. J. dem Obmanne des Ortsschulrathes von Mooskirchen in Steiermark Josef Tapler in Anerkennung seines schulfreundlichen verdienstlichen Wirkens das silberne Verdienstkreuz mit der Krone a. g. zu verleihen geruht.

Seine k. und k. Apostolische Majestät haben mit Allerhöchster Entschließung vom 7. Mai d. J. den in den dauernden Ruhestand versetzten Saaldienern der k. k. Akademie der bildenden Künste in Wien Lorenz Holzer und Franz Josefek in Anerkennung ihrer vieljährigen treuen und eifrigen Dienstleistung das silberne Verdienstkreuz a. g. zu verleihen geruht.

Seine k. und k. Apostolische Majestät haben mit Allerhöchster Entschließung vom 20. Mai d. J. an dem Kathedralcapitel in Triest den Domherrn Dr. Johann Sust zum Domdechante und die Pfarrer Franz Cerne und Johann Koman zu Ehrendomherren a. g. zu ernennen geruht.

Seine k. und k. Apostolische Majestät haben mit Allerhöchster Entschließung vom 20. Mai d. J. den Domherrn, Erzpriester und Dompfarrer in Trient Peter Zoanetti zum Archidiacon des Domcapitels in Trient a. g. zu ernennen geruht.

Seine k. und k. Apostolische Majestät haben mit Allerhöchster Entschließung vom 29. Mai d. J. den Sectionsrath im Ministerium für Cultus und Unterricht Dr. Rudolf Franz zum Präsidenten des evangelischen Oberkirchenrathes Augsburger und Helvetischer Confession a. g. zu ernennen geruht.

Seine k. und k. Apostolische Majestät haben mit Allerhöchster Entschließung vom 21. Mai d. J. den Privatdocenten Dr. Karl Janka zum außerordentlichen Professor des Strafrechtes an der k. k. Universität mit deutscher Vortragssprache in Prag a. g. zu ernennen geruht.

Seine k. und k. Apostolische Majestät haben mit Allerhöchster Entschließung vom 18. Mai d. J. den Privatdocenten Dr. jur. et philos. Lothar Ritter von Dargun zum außerordentlichen Professor des deutschen Rechtes an der k. k. Universität in Krakau a. g. zu ernennen geruht.

Vom Minister für Cultus und Unterricht wurden ernannt:

zum Conservator

der k. k. Centralcommission für Erforschung und Erhaltung der Kunst- und historischen Denkmale für Galizien der Universitätsprofessor in Krakau Dr. Michael Bobrzyński,

zu Bezirksschulinspectoren
für den Schulbezirk Zaleszczyki der Leiter der Volksschule in Brzezany Stanislaus **Kostecki** und
       für den Schulbezirk Kolomea der Bürgerschullehrer in Sambor Adrian **Łolocki,**
       zum wirklichen Lehrer
       am Staats - Gymnasium in Krumau der provisorische Lehrer dieser Anstalt Julius **Gilhofer,**
       zum Lehrer
für Weberei an der k. k. Webeschule in Brünn der Weber-Obermeister J o s e f L a š e k in K ö n i g i n h o f.

———————

Der Minister für Cultus und Unterricht hat den Beschluss des Professoren-Collegiums der k. k. technischen Hochschule in G r a z
       auf Erweiterung der venia legendi
       des Privatdocenten der theoretischen Mechanik F e r d i n a n d **Wittenbauer** auf das Gebiet der graphischen Statik bestätigt.

———————

Der Minister für Cultus und Unterricht hat
       den Lehrer an der k. k. Webeschule in B r ü n n Karl **Tajfr** zum Lehrer an der zu eröffnenden Webeschule in H u m p o l e c ernannt und denselben mit der Leitung dieser Fach lehranstalt betraut und
       dem k. k. Bezirksschulinspector, Director der Lehrer- und Lehrerinnen-Bildungsanstalt in Laibach Blasius **Hrovath** den Stadt-Schulbezirk Laibach und dem Bezirks-schulinspector, Professor an der Lehrerbildungsanstalt in Laibach Leopold Ritter von **Gariboldi** den Schulbezirk Gottschee übertragen.

———————

Concurs-Ausschreibungen.

An der k. k. deutschen technischen Hochschule in Prag sind für das laufende Studienjahr die in Erledigung gelangenden Assistentenstellen bei den Lehrkanzeln für technische Mechanik, Maschinenbau, Mineralogie und Geologie, Straßen-Eisenbahn- und Brückenbau, Hochbau I. Curs nebst Encyclopädie des Hochbaues und Steinschnitt, mit welchen eine jährliche Remuneration von je 700 fl. Ö. W. verbunden ist, zu besetzen.
       Diese Anstellungen sind keine stabilen, sondern dauern nur 2 Jahre, nach deren Ablauf über Ansuchen der Betheiligten und Antrag des Professoren-Collegiums die Belassung derselben in diesen Stellungen auf weitere 1 oder 2 Jahre erfolgen kann.
       Bewerber um diese Stellen haben ihre an das Rectorat der k. k. deutschen technischen Hochschule gerichteten und classenmäßig gestempelten Gesuche, welche mit den ihre Befähigung, und betreffend die Assistentenstelle für Maschinenbau noch über eine entsprechende praktische Verwendung, — und bezüglich der Assistentenstelle für Straßen-Eisenbahn- und Brückenbau, eine Praxis im Tracieren, nachweisenden Documenten und dem Nachweise der erfüllten Militär-pflicht belegt sein müssen, bis 30. Juni d. J. beim Rectorate der k. k. deutschen technischen Hochschule in Prag einzubringen.

Am Staats - Gymnasium in Cilli kommt mit Beginn des Schuljahres 1884/85 eine Lehrstelle für Geschichte und Geographie in Verbindung mit philosophischer Propädeutik mit den durch das Gesetz vom 15. April 1873 systemisierten Bezügen zur Besetzung.
       Bewerber um diese Stelle haben ihre gehörig instruierten Gesuche im vorgeschriebenen Wege bis 10. Juli d. J. bei dem k. k. Landesschulrathe für Steiermark in Graz einzubringen und zugleich, falls sie das 26. Lebensjahr noch nicht überschritten haben, den Nachweis zu liefern, dass sie der Militärpflicht genügt geleistet haben.

Am **Staats-Gymnasium in Znaim** kommt die Directorsstelle zur Besetzung.

Bewerber um diese Stelle, mit welcher ein Naturalquartier und die durch das Gesetz vom 15. April 1873 systemisierten Bezüge verbunden sind, haben ihre mit den vorgeschriebenen Belegen instruierten Gesuche bis 15. Juli d. J. bei dem k. k. Landesschulrathe für Mähren in Brünn einzubringen.

Nach diesem Termine einlangende Gesuche werden nicht berücksichtigt.

An den **Staats-Mittelschulen der Bukowina** kommen mit Beginn des Schuljahres 1884/85 nachstehende Lehrstellen zur Besetzung, und zwar:

   a) an dem Staats-Gymnasium in Radautz

      eine Lehrstelle für classische Philologie,

      eine Lehrstelle für deutsche Sprache als Hauptfach in Verbindung mit classischer Philologie und

      eine Lehrstelle für rumänische Sprache als Hauptfach in Verbindung mit Geographie und Geschichte:

   b) an der Staats-Unterrealschule in Sereth

      eine Lehrstelle für französische Sprache und

      eine Lehrstelle für das Freihandzeichnen.

Mit diesen Stellen sind die durch die Gesetze vom 9. April 1870 und 14. April 1873 normierten Activitätsbezüge verbunden.

Bewerber um die Verleihung dieser Stellen haben ihre gehörig instruierten Gesuche im Wege der vorgesetzten Behörde bis 30. Juni d. J. bei dem k. k. Landesschulrathe für die Bukowina in Czernowitz einzubringen.

An dem **griech.-oriental. Obergymnasium in Suczawa** ist mit Beginn des Schuljahres 1884/85 eine Lehrstelle für classische Philologie mit der deutschen und rumänischen Unterrichtssprache zu besetzen.

Mit dieser Stelle sind die durch die Gesetze vom 9. April 1870 und 14. April 1873 normierten Activitätsbezüge verbunden.

Bewerber um diese Stelle haben ihre gehörig instruierten Gesuche im Wege ihrer vorgesetzten Behörde bis 30. Juni d. J. bei dem k. k. Landesschulrathe für die Bukowina in Czernowitz einzubringen.

An der **böhmischen Staats-Realschule in Prag** kommt eine Lehrstelle für das böhmische und das deutsche Sprachfach zur Wiederbesetzung.

Bewerber um diesen Dienstposten, mit dem die durch das Gesetz vom 9. April 1870 und vom 14. April 1873 normierten Activitätsbezüge verbunden sind, haben ihre instruierten, an das k. k. Ministerium für Cultus und Unterricht gerichteten Gesuche im Wege ihrer vorgesetzten Behörde bis 25. Juli d. J. beim k. k. Landesschulrathe für Böhmen in Prag einzubringen.

An der **Staats-Oberrealschule in Rovereto** mit italienischer Unterrichtssprache kommt mit Beginn des Schuljahres 1884/85 die Lehrstelle für deutsche Sprache als Hauptfach zur Besetzung.

Bewerber um diese Stelle, mit welcher die gesetzlich normierten Bezüge verbunden sind, haben ihre mit dem Nachweis über Lehrbefähigung, allfällige bisherige Dienstleistung und erfüllte militärische Dienstpflicht versehenen Gesuche im vorgeschriebenen Wege bis 30. Juni d. J. bei dem k. k. provisorischen Landesschulrathe für Tirol in Innsbruck einzubringen.

Am **Communal-Obergymnasium in Brüx** mit deutscher Unterrichtssprache kommt mit Beginn des Schuljahres 1884/85 eine Lehrstelle für classische Philologie zur definitiven Besetzung.

Die Bezüge sind die gleichen wie an Staatsgymnasien, mit welchen die Anstalt die Reciprocität besitzt.

Die Gesuche sind bis 30. Juni d. J. beim Bürgermeisteramte der königl. Stadt Brüx einzubringen.

An der **k. k. Lehrerbildungsanstalt in Linz** ist mit Beginn des Schuljahres 1884/85 die Stelle eines Musiklehrers zu besetzen.

Bewerber um diese Stelle, mit welcher der Rang, die Pflichten und die durch die Gesetze vom 19. März 1872, R.-G.-Bl. Nr. 28, und vom 15. April 1873, R.-G.-Bl. Nr. 25, normierten

Bezüge eines Übungsschullehrers, sowie die Verpflichtung, im Bedarfsfalle auch an der
k. k. Lehrerinnenbildungsanstalt in Linz Lehrdienste zu leisten, verbunden sind, haben
ihre vorschriftsmäßig documentierten und im besonderen mit dem Nachweise der erworbenen
Befähigung für das Musiklehramt an Lehrerbildungsanstalten belegten, an das k. k. Ministerium
für Cultus und Unterricht zu stilisierenden Gesuche bis 5. Juli d. J., und zwar, falls sie
bereits in Lehrverwendung stehen, im vorgeschriebenen Dienstwege, sonst unmittelbar bei dem
k. k. Landesschulrathe für Oberösterreich in Linz einzubringen.

An der böhmischen k. k. Lehrerinnenbildungsanstalt in Brünn ist mit Beginn
des Schuljahres 1884/85 die Stelle einer Übungsschullehrerin zu besetzen.

Mit dieser Stelle ist der Jahresgehalt von 800 fl., die nach der X. Rangsclasse entfallende
Activitätszulage von 240 fl., sowie der Anspruch auf fünf Quinquennalzulagen von 100 fl. verbunden.

Bewerberinnen um diese Stelle, für welche der Nachweis der Befähigung für die I. Gruppe
an Bürgerschulen gefordert wird, haben ihre vorschriftsmäßig instruierten Gesuche im vorgeschriebenen
Dienstwege bis 5. Juli d. J. beim k. k. Landesschulrathe für Mähren in Brünn
einzubringen.

An der k. k. Lehrerinnenbildungsanstalt in Trient mit italienischer Unterrichtssprache kommt mit Beginn des Schuljahres 1884/85 die Stelle eines Hauptlehrers für
Geographie und Geschichte als Hauptfach und italienische Sprache als Nebenfach
zu besetzen.

Bewerber um diese Stelle, mit welcher die gesetzlich normierten Bezüge verbunden sind, haben
ihre mit dem Nachweise über Lehrbefähigung, allfällige bisherige Dienstleistung und erfüllte militärische
Dienstpflicht versehenen Gesuche im vorgeschriebenen Wege bis 30. Juni d. J. bei dem
k. k. provisorischen Landesschulrathe für Tirol in Innsbruck einzureichen.

An der Staats-Gewerbeschule in Prag gelangt eine Lehrstelle für Maschinenbau und Maschinenzeichnen mit dem Gehalte jährlicher 1200 fl. und der Activitätszulage
der IX. Rangsclasse zur Besetzung.

Die Bewerber haben den Nachweis der absolvierten technischen Studien, die Kenntnis beider
Landessprachen und eine entsprechende Praxis nachzuweisen, wobei in Aussicht genommen wird,
dass eine besonders hervorragende praktische Verwendung bis zu fünf Jahren in die Dienstzeit
eventuell eingerechnet wird.

Die mit dem curriculum vitae und den sonstigen Dokumenten versehenen Gesuche sind bis
10. Juli d. J. bei der Direction der Staats-Gewerbeschule in Prag einzureichen.

An der Staats-Gewerbeschule in Reichenberg gelangt mit Beginn des Schuljahres 1884/85
eine Assistentenstelle für Freihand- und kunstgewerbliches Zeichnen mit einer
jährlichen Remuneration von 600 fl. zur Wiederbesetzung.

Die Competenzgesuche sind mit den erforderlichen Documenten und Proben der zeichnerischen
Arbeiten belegt bis 15. Juli d. J. bei der Direction der Staats-Gewerbeschule
in Reichenberg einzureichen.

An der allgemeinen Zeichnenschule im IX. Bezirke Wiens gelangt im Schuljahre 1884/85 die Stelle eines Assistenten zur Besetzung.

Bewerber um diese Stelle, mit welcher eine Jahresremuneration von 360 fl. verbunden ist,
haben ihre mit den erforderlichen Documenten versehenen Gesuche, in welchen insbesondere der
Nachweis über die Zurücklegung eines vierjährigen Studien-Curses an einer Kunstschule zu liefern
ist, bis 30. Juni d. J. im vorschriftsmäßigen Wege beim k. k. Landesschulrathe für
Niederösterreich in Wien einzureichen.

An der städtischen allgemeinen Volksschule in Bihać ist eine Lehrerstelle
mit 800 fl. Jahresgehalt und 200 fl. Quartiergeld zu besetzen.

Bewerber um diese Stelle, welche neben ihrer sonstigen Befähigung die genaue Kenntnis
der bosnischen Landessprache in Wort und Schrift nachzuweisen haben, mögen ihre instruierten
Competenzgesuche bis 15. Juli d. J. im Wege der zuständigen politischen Behörden an die
Landesregierung in Sarajevo richten.

Geprüfte Bürgerschullehrer haben den Vorzug.

Verlag des k. k. Ministeriums für Cultus und Unterricht. — Druck von Karl Gorischek in Wien.

Beilage zum Verordnungsblatte
für den
Dienstbereich des Ministeriums für Cultus und Unterricht.

Personalnachrichten.

Seine k. und k. Apostolische Majestät haben mit Allerhöchster Entschließung vom 18. Juni d. J. dem ordentlichen Professor der Anatomie an der Universität in Wien, Hofrathe Dr. Karl Langer in Anerkennung seiner vorzüglichen und verdienstvollen Wirksamkeit das Ritterkreuz des Leopold-Ordens taxfrei a. g. zu verleihen geruht.

Seine k. und k. Apostolische Majestät haben mit Allerhöchster Entschließung vom 18. Juni d. J. dem Statthaltereirathe und Referenten für die administrativen und ökonomischen Schulangelegenheiten bei dem Landesschulrathe in Mähren Josef Januschka in Anerkennung seiner vorzüglichen Dienstleistung den Orden der eisernen Krone III. Classe taxfrei a. g. zu verleihen geruht.

Seine k. und k. Apostolische Majestät haben mit Allerhöchster Entschließung vom 22. Mai d. J. a. g. zu gestatten geruht, dass dem außerordentlichen Professor der gerichtlichen Medicin an der k. k. Universität mit deutscher Vortragssprache in Prag Dr. Franz Güntner anlässlich seines Übertrittes in den bleibenden Ruhestand die Allerhöchste Anerkennung für sein langjähriges sehr ersprießliches lehramtliches Wirken bekannt gegeben werde.

Seine k. und k. Apostolische Majestät haben mit Allerhöchster Entschließung vom 2. Juni d. J. dem Privatdocenten der Hochschule für Bodencultur in Wien Theodor Tapla in Anerkennung seiner Leistungen im Lehramte den Titel eines außerordentlichen Professors der genannten Hochschule a. g. zu verleihen geruht.

Seine k. und k. Apostolische Majestät haben mit Allerhöchster Entschließung vom 14. Juni d. J. dem Professor am akademischen Gymnasium in Wien Heinrich Ficker in Anerkennung seiner vieljährigen ausgezeichneten Dienstleistung den Titel eines Schulrathes taxfrei a. g. zu verleihen geruht.

Seine k. und k. Apostolische Majestät haben mit Allerhöchster Entschließung vom 11. Juni d. J. den außerordentlichen Professor Dr. Josef Ulbrich zum ordentlichen Professor des österreichischen öffentlichen Rechtes an der k. k. Universität mit deutscher Vortragssprache in Prag a. g. zu ernennen geruht.

Seine k. und k. Apostolische Majestät haben mit Allerhöchster Entschließung vom 11. Juni d. J. den außerordentlichen Professor Dr. Georg Pražák zum ordentlichen Professor des österreichischen öffentlichen Rechtes an der k. k. Universität mit böhmischer Vortragssprache in Prag a. g. zu ernennen geruht.

Seine k. und k. Apostolische Majestät haben mit Allerhöchster Entschließung vom 26. Mai d. J. den außerordentlichen Professor Dr. Friedrich Schauta zum ordentlichen Professor der Geburtshilfe und Gynäkologie an der k. k. Universität in Innsbruck a. g. zu ernennen geruht.

Seine k. und k. Apostolische Majestät haben mit Allerhöchster Entschließung vom 25. Mai d. J. den Adjuncten an der theologischen Facultät in Lemberg Dr. phil. Thaddäus Gromnicki zum außerordentlichen Professor des Kirchenrechtes an der k. k. Universität in Krakau a. g. zu ernennen geruht.

Vom Minister für Cultus und Unterricht wurden ernannt:

im Einvernehmen mit dem k. k. Ministerium des Innern

zum Regierungscommissär

für die bis zum Schlusse des laufenden Studienjahres **an der k. k. Universität in Wien abzuhaltenden medicinischen Rigorosen** den beim k. k. Ministerium des Innern in außerordentlicher Verwendung stehenden Hofrath Dr. Moriz Röll, emeritierten Director des Wiener Thierarzenei-Institutes und außerordentlichen Professor der Seuchenlehre an der k. k. Universität in Wien,

im Einvernehmen mit dem Minister des Innern

zum Mitgliede

der II. Staatsprüfungscommission für das Hochbaufach an der k. k. technischen Hochschule in Lemberg, sowie zum Präses - Stellvertreter bei dieser Prüfungscommission der Baurath Karl Setti,

zum Amanuensis

der k. k. Universitätsbibliothek in Wien der Phil.-Dr. Anton Hittmair,

zu Bezirksschulinspectoren

für die böhmischen Schulen des Schulbezirkes Karolinenthal der bisherige Bezirksschulinspector für die Schulbezirke Pisek und Mühlhausen Anton Madiera und der Professor an der k. k. böhmischen Oberrealschule in Prag Prokop Procházka,

für die böhmischen und utraquistischen Schulen des Schulbezirkes Wischau der Professor an der k. k. böhmischen Lehrerinnenbildungsanstalt in Brünn Anton Vorel,

zum Examinator

für Zoologie bei der k. k. Prüfungscommission für das Lehramt an Gymnasien und Realschulen in Lemberg der Universitätsprofessor Dr. Benedict Nałęcz-Dybowski,

zum Adjuncten

an der k. k. Versuchsanstalt für Lederindustrie in Wien bei gleichzeitiger Übernahme in den definitiven Staatsdienst der Assistent an dieser Anstalt Ferdinand Simand.

zum Religionslehrer

an der Staats-Realschule in Sechshaus der Supplent daselbst P. Josef **Pascher,**

zum wirklichen Lehrer

an der I. deutschen Staats-Oberrealschule in Prag der Supplent daselbst Johann **Houžvička,**

zu Lehrern

an der I. deutschen Staats-Oberrealschule in Prag der Privatdocent und Assistent an der k. k. Universität in Graz Dr. Karl **Garzarolli** Edler von Thurnlackh,

am Staats-Gymnasium in Königgräts der Supplent am akademischen Staats-Gymnasium in Prag Karl **Kučera,**

am Staats-Gymnasium in Neuhaus der Supplent am böhmischen Real- und Obergymnasium in Prag Josef **Štefek,**

am Staats-Gymnasium in Teschen der Supplent daselbst Josef **Feder,**

am Staats-Gymnasium in Kremsier der Supplent am Staats-Gymnasium in Nikolsburg Dr. Rudolf **Löhner,**

am Staats-Gymnasium in Iglau der Supplent daselbst Paul **Schenk,**

am Staats-Gymnasium in Nikolsburg der Supplent am Staats-Gymnasium zu Marburg Josef **Mayr,**

am griechisch-orientalischen Obergymnasium in Suczawa der Supplent daselbst Constantin **Prokopowicz,**

zum wirklichen Turnlehrer

an der k. k. deutschen Lehrerbildungsanstalt in Prag der supplierende Turnlehrer Theodor **Grohmann,**

zum Werkmeister

an der Webeschule in Nachod der Geschäftsführer Stanislaus **Rohel** in Neuhaus,

zu definitiven Staatsbeamten

unter Belassung in ihrer bisherigen Stellung und unter Einreihung in die X., respective XI. Rangsclasse der vertragsmäßig bestellte Fachlehrer an der k. k. Fachschule in Znaim Georg **Bächer** und der vertragsmäßig bestellte Werkmeister an der k. k. Fachschule in Wallachisch-Meseritsch Gustav **Krause.**

Der Minister für Cultus und Unterricht hat auf Grund der Beschlüsse der betreffenden Professoren-Collegien

die Zulassung

des Assistenten am physikalischen Kabinete der k. k. Universität in Wien Dr. Ernst **Lecher,** als Privatdocenten für Experimentalphysik und

des Dr. Wolfram **Zingerle** als Privatdocenten für romanische Philologie an der philosophischen Facultät der k. k. Universität in Wien,

des Privatdocenten an der Universität in Bern Dr. Vincenz **John als Privatdocenten**
für politische Ökonomie und Statistik
an der rechts- und staatswissenschaftlichen Facultät der k. k. Universität mit deutscher
Vortragssprache in **Prag,**

des Dr. Emil **Schütz** als Privatdocenten für interne Medicin
an der medicinischen Facultät der k. k. Universität mit deutscher Vortragssprache in
Prag und

des Dr. Bronislaus **Lachowicz** als Privatdocenten für organische Chemie
an der philosophischen Facultät der k. k. Universität in Lemberg bestätigt.

————————

Vom Minister für Cultus und Unterricht wurde verliehen:

der Directorstitel dem Oberlehrer an der Volksschule zu Křeschitz in Böhmen
Josef **Hoppe,**

der Lehrertitel dem Unterlehrer an der deutschen Volksschule zu Raudnitz in Böhmen
Philipp **Neumann,**

eine erledigte Lehrstelle an der Staats-Oberrealschule im II. Bezirke
Wiens dem Professor an der I. deutschen Staats-Oberrealschule in **Prag** Cyrill **Reichl,**

die Religionslehrerstelle an der Staats-Realschule im VII. Bezirke Wiens
dem Religionslehrer an der Staats-Unterrealschule in Elbogen Anton **Richter,**

je eine Lehrstelle am akademischen Staats-Gymnasium in Prag dem
Professor am Staats-Gymnasium in Königgrätz Johann **Miltner** und dem Professor an der
Communal-Realschule in Rakonitz Dr. Sigmund **Winter,**

eine erledigte Lehrstelle am böhmischen Staats-Real- und Obergymnasium in Prag dem Professor am Staats-Untergymnasium in Freudenthal Franz **Hajek,**

eine Lehrstelle an der Staats-Realschule zu Innsbruck dem Professor am
I. Staats-Gymnasium zu Graz Alois **Sänger,**

eine Lehrstelle am Staats-Gymnasium in Laibach dem dieser Anstalt zuge-
theilten Gymnasialprofessor Vincenz **Borstner,**

eine erledigte Hauptlehrerstelle an der k. k. böhmischen Lehrerinnenbildungsanstalt in Prag dem Professor an der Lehrerbildungsanstalt in Přibram P. Gilbert
Blažek und

eine erledigte Lehrstelle am Franz Joseph-Gymnasium in Lemberg dem
an dieser Anstalt in Verwendung stehenden Professor des Staats-Gymnasiums in Złoczów
Dr. Ludwig **Kubala.**

Der Minister für Cultus und Unterricht hat

den Hauptlehrer der deutschen Lehrerbildungsanstalt in Budweis Professor August Wester dem Gymnasium in Laibach zur Dienstleistung zugewiesen,

den gegenseitigen Dienstpostentausch des Professors an der Staats-Realschule in Pardubitz Adalbert Paulus und des Lehrers an der böhmischen Staats-Realschule in Prag Anton Kodet mit Beginn des Schuljahres 1884/85, dann

des Professors am deutschen Staats-Gymnasium auf der Altstadt zu Prag Wenzel Eymer und des Professors am Staats-Gymnasium zu Leitmeritz Wenzel Kratky bewilligt.

Concurs-Ausschreibungen.

An der k. k. technischen Hochschule in Lemberg ist die Lehrkanzel für chemische Technologie zu besetzen.

Mit dieser Lehrkanzel ist der systemisierte Gehalt von jährlich 1800 fl. und die Activitätszulage der VI. Rangsclasse verbunden.

Die an das k. k. Ministerium für Cultus und Unterricht zu richtenden, mit den nöthigen Documenten, sowie mit dem Nachweise einer genauen Kenntnis der polnischen Sprache belegten Gesuche sind bis 31. Juli d. J. an das Rectorat der k. k. technischen Hochschule in Lemberg einzusenden.

Am Staats-Gymnasium in Freudenthal mit deutscher Unterrichtssprache kommt mit Beginn des Schuljahres 1884/85 eine Lehrstelle für Latein und Griechisch zur Besetzung.

Bewerber um diese Stelle haben ihre mit den vorgeschriebenen Belegen und dem Nachweise ihrer etwaigen Verpflichtungen gegenüber dem Militärdienste versehenen Gesuche im Wege ihrer vorgesetzten Behörde bis 12. Juli d. J. bei dem k. k. Landesschulrathe für Schlesien in Troppau einzubringen.

Am Communal-Real-Obergymnasium in Příbram mit böhmischer Unterrichtssprache, welche mit den Staats-Mittelschulen im Reciprocitätsverhältnisse steht, kommt mit 1. August d. J. eine Lehrstelle für die deutsche Sprache, Geographie und Geschichte zur Besetzung.

Die Bezüge sind die für Staats-Mittelschulen normierten, die Activitätszulage beträgt jährlich 250 fl.

Bewerber um diese Stelle haben ihre gehörig instruierten Gesuche, wobei besonders die Approbation für Obergymnasium ausgewiesen werden muss, bis 20. Juli d. J. bei dem Stadtrathe der k. Bergstadt Příbram einzubringen.

Am deutschen Communal-Gymnasium in Komotau kommt mit Beginn des Schuljahres 1884/85 eine Lehrstelle für classische Philologie zur Besetzung.

Bewerber um diese Stelle, mit welcher die gesetzlich normierten Bezüge verbunden sind, haben ihre mit den vorgeschriebenen Belegen und dem Nachweise ihrer etwaigen Verpflichtungen zum Militärdienste versehenen Gesuche bis 15. Juli d. J. beim Bürgermeisteramte der Stadt Komotau einzureichen.

Am k. k. **Blinden-Erziehungs-Institute in Wien** ist die Stelle des Directors zu besetzen, mit welcher ein Jahresgehalt von 1200 fl., eine Functionszulage jährlicher 400 fl. die halbe Activitätszulage der VII. Rangsclasse (350 fl.) und der Anspruch auf fünf Quinquennalzulagen à 200 fl., sowie der Genuss der Naturalwohnung im Institutsgebäude verbunden sind.

Für die Bemessung der Quinquennalzulagen werden jedoch nur jene Dienste anrechenbar, sein, welche entweder im Institute selbst geleistet wurden oder die für die Gewährung der Quinquennalzulagen an staatlichen Mittelschulen und Lehrerbildungsanstalten anrechenbar sind.

Bewerber um diese Stelle haben ihre mit den Nachweisen über die Heimatszuständigkeit, erworbene Lehrbefähigung und bisherige Verwendung, sowie mit einem Moralitätszeugnisse belegten Gesuche im vorschriftsmäßigen Wege bis 1. August d. J. beim k. k. n. ö. Landesschulrathe in Wien einzubringen.

Erfahrungen im Blinden-Unterrichte und Kenntnisse in der Musik sind erwünscht.

An der **böhmischen k. k. Lehrerbildungsanstalt in Příbram** kommt mit Beginn des Schuljahres 1884/85 eine Hauptlehrerstelle für Geographie und Geschichte als Hauptfach und für deutsche Sprache, eventuell auch für die böhmische Sprache als Nebenfach zu besetzen.

Mit dieser Stelle ist der Jahresgehalt von 1000 fl., die Activitätszulage von 250 fl. und der Anspruch auf die gesetzlichen Quinquennalzulagen von 200 fl. verbunden.

Bewerber um diese Stelle haben ihre gehörig instruierten Gesuche im vorgeschriebenen Dienstwege bis 24. Juli d. J. beim k. k. Landesschulrathe für Böhmen in Prag einzubringen.

Jene Bewerber, welche sich unter übrigens gleichen Umständen mit noch einer anderen außer der oben bezeichneten Lehrqualifikation ausweisen können, erhalten den Vorzug.

An der **böhmischen k. k. Lehrerbildungsanstalt in Kuttenberg** kommt die Hauptlehrerstelle für Geographie, Geschichte und deutsche Sprache zur Besetzung.

Mit dieser Stelle ist der Jahresgehalt von 1000 fl., die Activitätszulage von 250 fl. und der Anspruch auf Quinquennalzulagen à 200 fl. verbunden.

Bewerber um diese Stelle haben ihre gehörig instruierten Gesuche bis 15. Juli d. J. beim k. k. Landesschulrathe für Böhmen in Prag einzubringen, wobei auf diejenigen, welche Unterricht, sei es im Violin-, Orgel- oder Clavierspiele bei den Candidaten ertheilen könnten, besonders Rücksicht genommen werden wird.

Verlag des k. k. Ministeriums für Cultus und Unterricht. — Druck von Karl Gorischek in Wien.

Jahrgang 1884. **Stück XIV.**

Beilage zum Verordnungsblatte
für den
Dienstbereich des Ministeriums für Cultus und Unterricht.

Personalnachrichten.

Seine k. und k. Apostolische Majestät haben mit Allerhöchster Entschließung vom 22. Juni d. J. dem Prior und Conventvorstande des Prämonstratenserstiftes Tepl Hugo **Karlik** in Anerkennung seines vieljährigen ersprießlichen Wirkens das Ritterkreuz des Franz Joseph-Ordens a. g. zu verleihen geruht.

Seine k. und k. Apostolische Majestät haben mit Allerhöchster Entschließung vom 2. Juli d. J. dem Diener an der Staats-Realschule im VII. Bezirke von Wien Franz **Kugelweih** in Anerkennung seiner vieljährigen pflichttreuen Dienstleistung das silberne Verdienstkreuz a. g. zu verleihen geruht.

Seine k. und k. Apostolische Majestät haben mit Allerhöchster Entschließung vom 28. Juni d. J. dem außerordentlichen Professor der Zoologie an der k. k. Universität in Wien Dr. Friedrich **Brauer** in Anerkennung seiner vorzüglichen Leistungen auf dem Gebiete des Lehramtes und der Wissenschaft den Titel und Charakter eines ordentlichen Professors a. g. zu verleihen und den Privatdocenten Dr. Karl **Grobben** zum außerordentlichen Professor der Zoologie an der k. k. Universität in Wien a. g. zu ernennen geruht.

Seine k. und k. Apostolische Majestät haben mit Allerhöchster Entschließung vom 14. Juni d. J. den Generalvicar in Vorarlberg, Bischof von Sebaste Dr. Simon **Aichner** zum Fürstbischof von Brixen a. g. zu ernennen geruht.

Seine k. und k. Apostolische Majestät haben mit Allerhöchster Entschließung vom 14. Juni d. J. den Domherrn des Seckauer-Domcapitels Dr. Jakob **Missia** zum Fürstbischof von Laibach a. g. zu ernennen geruht.

Seine k. und k. Apostolische Majestät haben mit Allerhöchster Entschließung vom 21. Juni d. J. den Religionslehrer und erzbischöflichen Ordinariats-Secretär, Ehrendomherrn Philipp **Nakić** zum Domherrn des Metropolitancapitels in Zara a. g. zu ernennen geruht.

Seine k. und k. Apostolische Majestät haben mit Allerhöchster Entschließung vom 22. Juni d. J. den Pfarrer Dionys Ritter von **Bejan** zum Consistorialrathe der Bukowinaer griechisch-orientalischen Erzdiöcese mit den systemmäßigen Bezügen a. g. zu ernennen geruht.

Seine k. und k. Apostolische Majestät haben mit Allerhöchster Entschließung vom 2. Juli d. J. den außerordentlichen Professor der reinen Mechanik und graphischen Statik an der k. k. technischen Hochschule in Wien Dr. Josef **Finger** zum ordentlichen Professor an derselben Anstalt a. g. zu ernennen geruht.

Seine k. und k. Apostolische Majestät haben mit Allerhöchster Entschließung vom 27. Juni d. J. den Director der böhmischen Staats-Realschule in Prag-Karolinenthal Bartholomäus Pavlíček zum Landesschulinspector a. g. zu ernennen geruht.

Der Minister für Cultus und Unterricht hat im Einvernehmen mit dem Ministerium des Innern für die im Studienjahre 1884/85 an der Universität in Innsbruck abzuhaltenden medicinischen Rigorosen folgende Functionäre ernannt:

1. als Regierungscommissär
   den Landes-Sanitätsreferenten, Statthaltereirath Dr. Anton Heinisch,

2. als Coëxaminator für das zweite medicinische Rigorosum
   den außerordentlichen Universitätsprofessor Dr. Eduard Lang,

3. als Coëxaminator für das dritte medicinische Rigorosum
   den Landes-Sanitätsrath, Titularprofessor Dr. Ludwig Lantschner.

Vom Minister für Cultus und Unterricht wurden ernannt:

zum Mitgliede
der k. k. judiciellen Staatsprüfungscommission in Wien der Privatdocent an der k. k. Universität in Wien Dr. Adolf Menzel,

zum Vice-Präses
der rechtshistorischen Staatsprüfungscommission in Graz der ordentliche Universitätsprofessor Dr. Emil Strohal,

für die k. k. Prüfungscommission für allgemeine Volks- und Bürgerschulen in Salzburg für die Functionsperiode bis Ende des Schuljahres 1886/87

zum Director
der k. k. Landesschulinspector Karl Werner,

zu dessen Stellvertreter
der Director der k. k. Lehrerbildungsanstalt, Schulrath Dr. Adolf Bekk,

zu Mitgliedern dieser Commission
die Professoren der Lehrerbildungsanstalt Rudolf Ekhardt, Hermann Wagner und Karl Vogt,
der Gymnasialprofessor Eduard Kunz,
der Realschulprofessor Hermann Lukas und
die Übungsschullehrer Josef Wörnhart, Josef Hohenwarter und Josef Klingar, sämmtlich in Salzburg,

zu Lehrern
an der Staats-Realschule in Sechshaus der Supplent dieser Anstalt, Michael Gaubatz,

am Staats-Gymnasium in Hernals der Supplent am Staats-Gymnasium im IX. Bezirke Wiens, zugleich Privatdocent an der k. k. Universität in Wien Dr. Heinrich Schenkl, am Staats-Gymnasium in Villach der Supplent am I. Staats-Gymnasium in Graz Josef Lendeviek,

an der Staats-Oberrealschule in Pardubitz der Supplent an der Communal-Mittelschule in Prag Josef Weger,

am Staats-Gymnasium in Weidenau der Supplent dieser Anstalt Franz Grasel,

zur wirklichen Übungsschullehrerin

an der Lehrerinnenbildungsanstalt in Troppau die Titular-Lehrerin Adele Reinscher.

Vom Minister für Cultus und Unterricht wurde verliehen:

eine Lehrstelle an der Staats-Realschule im VII. Bezirke Wiens dem Professor an der Staats-Realschule in Sechshaus Alois Würzner,

eine Lehrstelle am Staats-Gymnasium im IX. Bezirke Wiens dem Lehrer am Staats-Gymnasium in Hernals Dr. Heinrich Sedlmayer,

eine Lehrstelle an der Staats-Realschule in Linz dem Professor an der Staats-Realschule in Marburg Oscar Langer,

eine Lehrstelle am böhmischen Staats-Real- und Obergymnasium in Prag dem Lehrer am Staats-Gymnasium in Wallachisch-Meseritsch Dr. Johann Novak,

je eine Lehrstelle am I. Staats-Gymnasium in Graz dem Professor an der Staats-Realschule in Graz Dr. Karl Reissenberger und dem Lehrer an derselben Anstalt Dr. Hanns König,

eine Lehrstelle an der Staats-Realschule in Innsbruck dem Professor an der Staats-Unterrealschule in Bozen Karl Ritter Grimus von Grimburg und

eine Lehrstelle an der Staats-Unterrealschule in Bozen dem Professor an der Staats-Unterrealschule in Imst Alfred Walther.

Der Minister für Cultus und Unterricht hat

den vertragsmäßig bestellten Lehrer an der k. k. Fachschule in Chrudim Wilhelm Čapek zum Lehrer an dieser Anstalt in der Eigenschaft eines definitiven Staatsbeamten der IX. Rangsclasse ernannt und dem Director der Lehranstalt für Textilindustrie in Wien Ferdinand Lieb unter Belassung in dieser Stellung die Eigenschaft eines definitiven Staatsbeamten der VIII. Rangsclasse verliehen und

den Landesschulinspector Bartholomäus Pavliček dem Landesschulrathe für Böhmen für die realistischen Fächer der slavischen Mittelschulen mit dem Amtssitze in Prag zugewiesen.

Der Minister für Cultus und Unterricht hat auf Grund der Beschlüsse der betreffenden Professoren-Collegien

die Zulassung

des Assistenten an der Wiener Sternwarte Dr. Josef von Hepperger als Privatdocenten für Astronomie

an der philosophischen Facultät der k. k. Universität in Wien,

des Dr. **Maximilian Herz** als Privatdocenten für **Kinderkrankheiten** und des Dr. **Eduard Zillner** als Privatdocenten für **gerichtliche Medicin**
an der medicinischen Facultät der k. k. Universität in **Wien**, dann

des Adjuncten der k. k. Centralanstalt für Meteorologie und Erdmagnetismus **Josef Liznar** als Privatdocenten für **Meteorologie und Erdmagnetismus**
an der k. k. technischen Hochschule in **Wien** und

des Dr. **Max Freiherrn von Waldberg** als Privatdocenten für **neuere deutsche Sprache und Literatur**
an der philosophischen Facultät der k. k. Universität in **Czernowitz** bestätigt.

Concurs-Ausschreibungen.

An der **Staats-Oberrealschule in Sechshaus** ist mit Beginn des Schuljahres **1884/85** eine **Lehrstelle für deutsche Sprache** in Verbindung mit **Französisch oder Englisch** mit dem Gehalte von jährlichen 1000 fl., der Activitätszulage jährlicher 300 fl. und dem Anspruche auf fünf Quinquennalzulagen à 200 fl. zu besetzen.

Gesuche, mit den erforderlichen Documenten belegt, sind auf dem vorschriftsmäßigen Wege bis 1. August d. J. beim k. k. Landesschulrathe für **Niederösterreich** zu überreichen.

An der **n. ö. Landes-Taubstummenschule zu Oberdöbling bei Wien** kommt mit 15. September d. J. die Stelle eines **provisorischen Unterlehrers**, zugleich **Präfecten-Stelle** zu besetzen.

Mit dieser Stelle ist eine Jahresremuneration von 400 fl. nebst freier Wohnung und Verpflegung in der Anstalt mit der Verpflichtung des Unterrichtes und der Beaufsichtigung der taubstummen Zöglinge verbunden.

Bewerber um diese Stelle haben ihre mit dem Geburtsscheine, mit dem Lehrbefähigungs- oder Reifezeugnisse, allfälligen Verwendungszeugnissen und sonstigen Nachweisen belegten Gesuche bis 16. August d. J. bei dem n. ö. Landesausschusse in Wien (I. Bezirk, Herrengasse Nr. 13) einzubringen.

Verlag des k. k. Ministeriums für Cultus und Unterricht. — Druck von Karl Gorischek in Wien.

Beilage zum Verordnungsblatte

für den

Dienstbereich des Ministeriums für Cultus und Unterricht.

Personalnachrichten.

Seine k. und k. Apostolische Majestät haben mit Allerhöchster Entschließung vom 13. Juli d. J. dem beim k. k. Landesschulrathe für Böhmen in Verwendung stehenden Gymnasialdirector, Schulrath Wenzel Jandečka aus Anlass der auf eigenes Ansuchen erfolgten Versetzung in den bleibenden Ruhestand in Anerkennung seiner vieljährigen belobten und erfolgreichen Thätigkeit das Ritterkreuz des Franz Joseph-Ordens a. g. zu verleihen geruht.

Seine k. und k. Apostolische Majestät haben mit Allerhöchster Entschließung vom 5. Juli d. J. dem Pfarrer und Dechante zu Pottenstein in Niederösterreich Franz Mahler und dem Pfarrer in Penzing Anton Wayss in Anerkennung ihres vieljährigen berufseifrigen und verdienstlichen Wirkens das goldene Verdienstkreuz mit der Krone a. g. zu verleihen geruht.

Seine k. und k. Apostolische Majestät haben mit Allerhöchster Entschließung vom 10. Juli d. J. in Anerkennung vieljährigen verdienstlichen Wirkens dem Pfarrer zu Bisko in Böhmen Martin Klouček und dem Vicar zu Maria-Zell bei Canale in Görz Anton Ukmar das goldene Verdienstkreuz mit der Krone, ferner dem Curaten zu Ohrensdorf in Mähren Titularpfarrer Franz Bayer und der Oberin der barmherzigen Schwestern vom heiligen Vincenz de Paula in Steyr Schwester Alfonsa Maria Döschl das goldene Verdienstkreuz a. g. zu verleihen geruht.

Seine k. und k. Apostolische Majestät geruhten mit Allerhöchster Entschließung vom 5. Juli d. J. die Wahl des geheimen Rathes Hans Grafen Wilczek zum Ehrenmitgliede der kaiserlichen Akademie der Wissenschaften in Wien im Inlande, sowie die Wahl der bisherigen auswärtigen correspondierenden Mitglieder: Sir William Thomson, Professors der Physik an der Universität in Glasgow und des Charles Hermite, Mitgliedes der Académie française zu Paris zu Ehrenmitgliedern der kaiserlichen Akademie der Wissenschaften im Auslande zu genehmigen; ferner zum wirklichen Mitgliede dieser Akademie für die philosophisch-historische Classe den ordentlichen Professor der egyptischen Sprache und Alterthumskunde an der k. k. Universität in Wien Dr. Leo Reinisch zu ernennen und die nachfolgenden von der kaiserlichen Akademie getroffenen Wahlen der correspondierenden Mitglieder huldvollst zu bestätigen, und zwar in der philosophisch-historischen Classe: die Wahl des ordentlichen Professors der allgemeinen Geschichte an der k. k. Universität in Innsbruck Dr. Arnold Busson zum correspondierenden Mitgliede im Inlande; in der mathematisch-naturwissenschaftlichen Classe: die Wahlen des ordentlichen Professors der Mineralogie an der k. k. Universität in Wien Dr. Albrecht Schrauf und des ordentlichen Professors der Mathematik an der k. k. Universität in Innsbruck Dr. Leopold Gegenbauer zu correspondierenden Mitgliedern im Inlande; die Wahlen des geheimen Hofrathes und Professors in Leipzig Dr. R. Leukart, des Professors F. Edward Frankland in London und des Conservators der botanischen Sammlungen in München Dr. Karl Wilhelm von Nägeli zu correspondierenden Mitgliedern im Auslande.

Seine k. und k. Apostolische Majestät haben mit Allerhöchster Entschließung vom 2. Juli d. J. den ordentlichen Professor an der k. k. technischen Hochschule in Graz Dr. Gustav Ritter von **Escherich** zum ordentlichen Professor der Mathematik an der k. k. Universität in Wien a. g. zu ernennen geruht.

Der Minister für Cultus und Unterricht hat im Einvernehmen mit dem k. k. Ministerium des Innern für die im Studienjahre **1884/85 abzuhaltenden medicinischen Rigorosen** folgende Functionäre ernannt:

an der k. k. Universität in Wien

1. als Regierungscommissäre

den Ministerialrath im Ministerium des Innern Dr. Franz **Schneider,**

den Landes-Sanitätsreferenten, Statthaltereirath Dr. Ludwig von **Karajan,**

den Director des allgemeinen Krankenhauses, Obersanitätsrath Dr. Josef **Hoffmann** und

den emeritierten Director des Wiener Thierarznei-Institutes, Hofrath Dr. Moriz **Röll,**

2. als Coëxaminator für das zweite medicinische Rigorosum

den ordentlichen Universitätsprofessor, Hofrath Dr. Hermann **Widerhofer** und

als dessen Stellvertreter

den ordentlichen Universitätsprofessor, Regierungsrath Dr. Theodor **Meynert,**

3. als Coëxaminator für das dritte medicinische Rigorosum

den außerordentlichen Universitätsprofessor Dr. Josef **Weinlechner** und

als dessen Stellvertreter

den außerordentlichen Universitätsprofessor Dr. Friedrich **Salzer;**

an der k. k. Universität in Graz

1. als Regierungscommissär

den Landes-Sanitätsreferenten, Statthaltereirath Dr. Ferdinand Ritter von **Scherer,**

als dessen Stellvertreter

den landschaftlichen Primararzt Dr. Karl **Platzl,**

2. als Coëxaminator für das zweite medicinische Rigorosum

den außerordentlichen Universitätsprofessor und Director des landschaftlichen allgemeinen Krankenhauses Dr. Eduard **Lipp,**

als dessen Stellvertreter

den praktischen Arzt in Graz Dr. Julius **Richter,**

3. als Coëxaminator für das dritte medicinische Rigorosum

den Landes-Sanitätsrath Dr. Gustav Ritter von **Köppel** und

als dessen Stellvertreter

den Privatdocenten an der k. k. Universität in Graz Dr. Rudolf **Quass.**

Vom Minister für Cultus und Unterricht wurden ernannt:

zum Vice-Präses

der k. k. judiciellen Staatsprüfungscommission in **Krakau** der ordentliche öffentliche Universitätsprofessor Dr. Max Ritter von **Zatorski,**

zum Mitgliede

der k. k. judiciellen Staatsprüfungscommission in **Czernowitz** der k. k. Landesgerichtsrath Isidor Ritter von **Zotta,**

für die k. k. Prüfungscommission für allgemeine Volks- und Bürgerschulen

für die Functionsperiode bis Ende des Schuljahres 1886/87

in Wien

zum Director

der k. k. Landesschulinspector Dr. Julius **Spängler,**

zu dessen Stellvertretern

der Director der k. k. Lehrerbildungsanstalt, Schulrath Robert **Niedergesäß** und
der Director der k. k. Lehrerinnenbildungsanstalt, Schulrath Dr. Franz **Kretschmeyer,**

zu Mitgliedern dieser Commission

die Bezirksschulinspectoren und Bürgerschuldirectoren Raimund **Hofbauer** und Laurenz **Mayer,**

die Professoren an den Lehrer- und Lehrerinnen-Bildungsanstalten Josef **Lehmann,** Alois **Jelinek,** Gustav **Rusch,** Andreas **Weiss,** Franz **Branky,** Dr. Wilhelm **Zenz** und Richard **Kümmel;** ferner

der Übungsschullehrer an der Lehrerbildungsanstalt Johann **Sommert,**
der Gymnasialprofessor Josef **Mik** und
der Realschulprofessor Dr. Karl **Rothe,**

sämmtlich in Wien;

in Krems

zum Director

der Director der k. k. Lehrerbildungsanstalt in Krems Eduard **Sacher,**

zu dessen Stellvertreter

der Professor der Lehrerbildungsanstalt und Bezirksschulinspector Karl **Wegzwalda,** dann

zu Mitgliedern dieser Commission

die Professoren der Lehrerbildungsanstalt Karl **Labola,** Emanuel **Pawlick** und Karl **Pitra,** sowie

der Übungsschullehrer Josef **Vogl** und
der Bürgerschuldirector Johann **Pfeiler,**

sämmtlich in Krems;

zum Bezirksschulinspector

für die Schulen mit ungarischer Unterrichtssprache in der Bukowina der Pfarrer zu Hadikfalva Maximilian **Vass,**

zum provisorischen Bezirksschulinspector

für den Bezirk Lienz in Tirol der Lehrer an der Volksschule zu Brunek Augustin **Kolp,**

zu Hauptlehrern

an der k. k. Lehrerbildungsanstalt in Salzburg der Gymnasiallehrer in Ried Josef **Schuhmeister**,

an der k. k. Lehrerbildungsanstalt in Leitmeritz der Bürgerschullehrer Wenzel **Reichelt**,

zum wirklichen Lehrer

am k. k. Taubstummen-Institute in Wien der Unterlehrer Anton **Druschba**,

zu Lehrern

an der Staats-Realschule in Salzburg der Supplent an der Communal-Realschule im I. Bezirke Wiens Josef **Adametz**,

an der Staats-Realschule in Jägerndorf der Supplent dieser Anstalt Robert **Frenzel**,

am Staats-Gymnasium in Teschen der Supplent dieser Anstalt Anton **Landsfeld**,

am Staats-Gymnasium in Stryj der Supplent am Staats-Gymnasium in Kołomea Johann **Warchoł**,

am Staats-Gymnasium in Drohobycz der Zeichnungsassistent an der Staats-Oberrealschule in Lemberg Anton **Stefanowicz**.

Vom Minister für Cultus und Unterricht wurde verliehen:

eine Lehrstelle an der Staats-Realschule im III. Bezirke Wiens dem Professor an der Staats-Realschule in Sechshaus Conrad **Twrdy** und

je eine Lehrstelle am I. Staats-Gymnasium in Graz dem Lehrer am deutschen Staats-Gymnasium in Kremsier Albin **Nager**, dem Professor am Staats-Gymnasium in Kruman Dr. Anton **Mayr**, dem Professor und provisorischen Leiter des Landes-Untergymnasiums in Pettau Franz **Hubad** und dem Professor an der Staats-Realschule in Graz Dr. Franz **Standfest**.

Der Minister für Cultus und Unterricht hat

die Wahl des Professors Josef Mathias **Trenkwald** zum Rector der k. k. Akademie der bildenden Künste in Wien für die Dauer der Schuljahre 1884/85 und 1885/86, ferner

die Lehrer an der Kunstgewerbeschule des k. k. österreichischen Museums für Kunst und Industrie in Wien Hans **Macht**, Stephan **Schwartz**, August **Kühne** und Hermann **Klotz** unter Zuerkennung des Professortitels im Lehramte bestätigt.

Concurs-Ausschreibungen.

An der k. k. böhmischen technischen Hochschule in Prag ist eine Assistenten-stelle bei der Lehrkanzel für technische Mechanik und theoretische Maschinenlehre mit einer Jahresremuneration von 700 fl. zu besetzen.

Die Anstellung der Assistenten ist keine dauernde, sondern nur auf 2 Jahre festgesetzt, kann aber nach deren Ablauf auf weitere 2 Jahre erstreckt werden.

Bewerber um diese Stelle haben ihre mit dem entsprechenden Belegen, sowie auch dem Nachweise der bereits abgelegten Militärdienstpflicht versehenen Gesuche bis 15. August d. J. bei dem Rectorate der k. k. böhmischen technischen Hochschule in Prag einzubringen.

An der k. k. deutschen technischen Hochschule in Prag sind die im laufenden Studienjahre in Erledigung gekommenen Assistentenstellen bei den Lehrkanzeln für allgemeine und technische Physik, Straßen-, Eisenbahn- und Brückenbau, Hochbau I. Curs nebst Encyclopädie des Hochbaues und Steinschnitt, mit welchen eine jährliche Remuneration von je 700 fl. verbunden ist, zu besetzen.

Die Anstellungen sind keine stabilen, sondern dauern nur zwei Jahre, nach deren Ablauf über Ansuchen der Betheiligten und Antrag des Professoren-Collegiums die Belassung derselben in diesen Stellungen auf weitere ein oder zwei Jahre erfolgen kann.

Bewerber um diese Stellen haben ihre classenmäßig gestempelten Gesuche, welche mit den ihre Befähigung und betreffend die Assistentenstelle für Straßen-, Eisenbahn- und Brückenbau eine Praxis im Tracieren nachweisenden Documenten und dem Nachweise der erfüllten Militärpflicht belegt sein müssen, bis 30. September d. J. bei dem Rectorate der k. k. deutschen technischen Hochschule in Prag einzubringen

An der k. k. technischen Hochschule in Brünn ist die Assistentenstelle bei der Lehrkanzel für Brückenbau und Baumechanik mit einer Jahresremuneration von 600 fl. zu besetzen.

Die Ernennung erfolgt auf zwei Jahre und kann auf weitere zwei Jahre verlängert werden. In besonders berücksichtigungswerten Fällen jedoch kann eine nochmalige Verlängerung der Verwendung auf weitere zwei Jahre stattfinden.

Bewerber um diese Stelle haben ihre an das Professoren-Collegium zu richtenden, mit einer 50 kr.-Stempelmarke versehenen Gesuche mit den Belegen über zurückgelegte Studien, sowie ihre bisherige Verwendung bis Ende September d. J. bei dem Rectorate der k. k. technischen Hochschule in Brünn einzubringen.

Am Obergymnasium in Sarajevo kommen mit Beginn des Schuljahres 1884/85 die Directorsstelle, sowie je eine Lehrerstelle für classische Philologie und für bosnische und deutsche Sprache, mit subsidiarischer Verwendung für andere Lehrfächer, zur Besetzung.

Mit der Directorsstelle ist ein Jahresgehalt von 1400 fl., Zulage von 400 fl., dann freie Wohnung im Gymnasialgebäude, eventuell ein Quartiergeld im Betrage von 300 fl., zusammen 1800, eventuell 2100 fl. verbunden.

Die Jahresbezüge der Gymnasiallehrer betragen an Jahresgehalt 1000 fl., Quartiergeld im Betrage von 200 fl., Zulage im Betrage von 300 fl., zusammen 1500 fl.

Bewerber um diese Stellen mögen ihre wohlinstruierten Gesuche, in welchen die gesetzliche Befähigung, sich beim Unterrichte der bosnischen (serbo-croatischen) Landessprache bedienen zu können, nachzuweisen ist, im Wege der betreffenden Landesstelle bis 15. August d. J. an die k. k. Landesregierung für Bosnien und die Herzegowina in Sarajevo einsenden.

An der **böhmischen Staats-Realschule in Karolinenthal** kommt die erledigte **Directors-stelle**, mit welcher die durch das Gesetz vom 9. April 1870 und 14. April 1873 normierten Bezüge verbunden sind, zur Wiederbesetzung.

Bewerber um diese Stelle haben ihre gehörig instruierten Gesuche im Wege ihrer vorgesetzten Behörde bis 15. August d. J. bei dem k. k. Landesschulrathe für Böhmen in Prag einzubringen.

Am **or.-orth. Seminare in Reljevo bei Sarajevo** gelangen mit 1. October d. J. folgende **zwei Stellen** zur Besetzung, und zwar:

> 1. die Stelle eines Professors theologischer Disciplinen, mit welcher ein jährlicher Gehalt von 1500 fl., nebst freier Wohnung in der Anstalt und gemeinsamer Beköstigung mit den Clerikern verbunden ist.

Die Competenten müssen bosnisch-herzegowinische Landes- oder österr.-ungar. Staatsangehörige, Priester or.-orth. Religion sein und ihre theologisch-wissenschaftliche Eignung für diese Stelle nachweisen können ;

> 2. die Stelle eines Hilfslehrers für weltliche Gegenstände mit einem Jahresgehalte von 1000 fl, freier Wohnung in der Anstalt und gemeinsamer Beköst.gung mit den Clerikern.

Berücksichtigt werden nur Angehörige Bosniens und der Herzegowina oder der österr.-ungar. Monarchie or.-orth. Religion und erhalten solche Competenten den Vorzug, welche die Lehrbefähigung für Mittel- oder Bürgerschulen nachweisen können.

Die Competenzgesuche für beide Stellen sind entsprechend den obigen Bedingungen instruiert, im Wege der vorgesetzten Behörde bis 15. August d. J. an die k. k. Landesregierung für Bosnien und die Herzegowina in Sarajevo zu leiten.

An der **k. k. Staats-Gewerbeschule in Wien** wird für den Specialcurs für Kesselheizer, Maschinenwärter, Locomotivführer und Schiffsmaschinisten die **zweite Lehrstelle** pro 1884/85 neu besetzt. Dieser Curs dauert vom 1. November bis 30. April bei wöchentlich 4 Unterrichtsstunden, welche auf zwei Abende von $^1/_27 — ^1/_29$ Uhr fallen. Collegien-Heft und alle Lehrbehelfe stehen von Seite der Schule zur Verfügung.

Am Ende des Curses sind die Schüler (circa 60) zu prüfen.

Die Remuneration beträgt 120 fl.

Bewerber um diese Stelle haben ihre mit den erforderlichen Documenten, durch welche der Nachweis über die Absolvierung der maschinentechnischen Studien einer technischen Hochschule und einer entsprechenden Praxis im Maschinenfache zu liefern ist, bis 1. September d. J. an die Direction der k. k. Staats-Gewerbeschule in Wien (I., Annagasse Nr. 3) zu richten.

Verlag des k. k. Ministeriums für Cultus und Unterricht. — Druck von Karl Gorischek in Wien.

Beilage zum Verordnungsblatte

für den

Dienstbereich des Ministeriums für Cultus und Unterricht.

Personalnachrichten.

Seine k. und k. Apostolische Majestät haben mit Allerhöchster Entschließung vom 2. August d. J. dem Abte des Cistercienserstiftes in Wilhering Alois Dorfer in Anerkennung seines vieljährigen verdienstlichen und patriotischen Wirkens das Comthurkreuz des Franz Joseph-Ordens mit dem Sterne a. g. zu verleihen geruht.

Seine k. und k. Apostolische Majestät haben mit Allerhöchster Entschließung vom 25. Juli d. J. dem ordentlichen Professor der Histologie an der k. k. Universität in Wien Dr. Karl Wedl aus Anlass des bevorstehenden Übertrittes in den bleibenden Ruhestand in Anerkennung seiner vieljährigen verdienstlichen Wirksamkeit im Lehramte und in der Wissenschaft den Titel und Character eines Hofrathes taxfrei a. g. zu verleihen geruht.

Seine k. und k. Apostolische Majestät haben mit Allerhöchster Entschließung vom 27. Juli d. J. dem Director des Wiener k. k. Schulbücherverlags Hermann Igl in Anerkennung seiner vieljährigen verdienstlichen Amtsthätigkeit taxfrei den Titel und Character eines Regierungsrathes a. g. zu verleihen geruht.

Seine k. und k. Apostolische Majestät haben mit Allerhöchster Entschließung vom 24. Juli d. J. dem Secretär der Akademie der bildenden Künste in Wien Theodor Lott in Anerkennung seiner vorzüglichen Dienstleistung den Titel eines Regierungsrathes taxfrei a. g. zu verleihen geruht.

Seine k. und k. Apostolische Majestät haben mit Allerhöchster Entschließung vom 26. Juli d. J. dem außerordentlichen Professor und Vorstande des histologischen Institutes an der k. k. Universität mit deutscher Vortragssprache in Prag Dr. Sigmund Mayer den Titel und Character eines ordentlichen Professors a. g. zu verleihen geruht.

Seine k. und k. Apostolische Majestät haben mit Allerhöchster Entschließung vom 13. Juli d. J. die Verzichtleistung des Dr. Michael Dietl auf die Stelle eines außerordentlichen Professors der experimentellen Pathologie an der k. k. Universität in Innsbruck a. g. zu genehmigen und in Anerkennung seiner verdienstlichen Wirksamkeit zu gestatten geruht, dass derselbe auch fernerhin den Titel eines Universitätsprofessors führe.

Seine k. und k. Apostolische Majestät haben mit Allerhöchster Entschließung vom 16. Juli d. J. den Regens des Priesterseminars in Brünn, Consistorialrath Josef **Schrefl** zum Ehrendomherrn des dortigen Kathedralcapitels a. g. zu ernennen geruht.

Seine k. und k. Apostolische Majestät haben mit Allerhöchster Entschließung vom 22. Juli d. J. den Canonicus-Senior Gregor **Schellander** zum Domscholasticus und den Consistorialkanzler und Canonicus des Collegiatstiftes St. Nicolaus zu Straßburg Lambert **Einspieler** zum Domherrn des Gurker Kathedralcapitels a. g. zu ernennen geruht.

Seine k. und k. Apostolische Majestät haben mit Allerhöchster Entschließung vom 21. Juli d. J. den Privatdocenten Dr. Wilhelm **Biedermann** zum außerordentlichen Professor der Physiologie an der k. k. Universität mit deutscher Vortragssprache in Prag a. g. zu ernennen geruht.

Seine k. und k. Apostolische Majestät haben mit Allerhöchster Entschließung vom 22. Juli d. J. den Weltpriester Dr. Ämilian **Wojutzki** zum außerordentlichen Professor der Moraltheologie an der griechisch-orientalisch theologischen Facultät in Czernowitz a. g. zu ernennen geruht.

Der Minister für Cultus und Unterricht hat im Einvernehmen mit dem k. k. Ministerium des Innern für die im Studienjahre 1884/85 **an der k. k. Universität in Krakau abzuhaltenden medicinischen Rigorosen** folgende Functionäre ernannt:

1. als Regierungscommissär
den außerordentlichen Universitätsprofessor und Primararzt des allgemeinen Krankenhauses in Krakau Dr. Stanislaus **Pareński**,

als dessen Stellvertreter
den ordentlichen Universitätsprofessor Dr. Thaddäus **Browicz**,

2. als Coëxaminator für das zweite medicinische Rigorosum
den außerordentlichen Universitätsprofessor Dr. Leon **Jakubowski**,

als dessen Stellvertreter
den außerordentlichen Universitätsprofessor Dr. Stanislaus **Domański**,

3. als Coëxaminator für das dritte medicinische Rigorosum
den außerordentlichen Universitätsprofessor Dr. Anton **Rosner** und

als dessen Stellvertreter
den außerordentlichen Universitätsprofessor Dr. Alfred **Obaliński**.

Vom Minister für Cultus und Unterricht wurden ernannt:

für die II. Staatsprüfungscommission für das Ingenieurbaufach an der böhmischen k. k. technischen Hochschule in Prag im Einvernehmen mit den Ministern des Innern und des Handels auf Grund des §. 17 der Verordnung vom 12. Juli 1878, R.-G.-Bl Nr. 94

zum Vicepräses
der k. k. Oberbaurath Wenzel **Hlásek** und

zum Mitgliede dieser Commission
der Oberinspector der k. k. priv. österr.-ungarischen Staatsbahn in Prag Johann **Ludwig,**

für die k. k. Prüfungscommission für allgemeine Volks- und Bürgerschulen in Graz für die Functionsperiode bis Ende des Schuljahres 1886/87

zum Director
der k. k. Landesschulinspector Johann Alexander **Rožek,**

zu dessen Stellvertretern
der Director der k. k. Lehrer- und Lehrerinnen-Bildungsanstalt in Graz Dr. Karl **Hirsch** und
der pensionierte Gymnasialprofessor daselbst Wenzel **Marek,** ferner

zu Mitgliedern dieser Commission
der Religionsprofessor an der k. k. Lehrerbildungsanstalt in Marburg Franz **Janežič,**
der Professor an der k. k. Lehrer- und Lehrerinnen-Bildungsanstalt Albert **Gauby,**
die Professoren an der k. k. Lehrerbildungsanstalt Franz **Ferk** und Karl **Koschatzky,**
der Professor an der k. k. Lehrerinnenbildungsanstalt Franz **Hauptmann,**
der Professor an der Staats-Realschule Karl **Jauker,**
der Professor an der Landes-Oberrealschule Dr. Eduard **Hoffer,**
der Übungsschullehrer an der k. k. Lehrerbildungsanstalt Josef **Gauby** und
der Bürgerschuldirector Ignaz **Gugl,**
      sämmtlich in Graz;

zum Hauptlehrer
an der k. k. Lehrerbildungsanstalt in Teschen der Supplent Eduard **Sykora,**

zu Lehrern
am Staats-Gymnasium in Arnau der Supplent am deutschen Staats-Gymnasium in der Altstadt in Prag Dr. Josef **Kohm** und der Supplent am Staats-Gymnasium in Arnau Andreas **Trum,**

am böhmischen Staats-Gymnasium in Budweis der Supplent an dieser Anstalt Adalbert **Hrnčíř,**

am Staats-Untergymnasium in Krainburg der Lehrer an der Privat-Oberrealschule im VIII. Bezirke Wiens Josef **Hubad,**

am Staats-Gymnasium in Spalato der Supplent dieser Anstalt Milan Ritter von **Rešetar,**

für die Merkantilfächer an der Webeschule in Schluckenau der Buchhalter Eduard Wiedmann,

zum Werkmeister

an der k. k. Webeschule in Rochlitz der Warenübernehmer Franz Mohr in Gablonz,

zum Webelehrer und Leiter

der Webeschule in Haslach der Webemeister Heinrich Kutzer.

Der Minister für Cultus und Unterricht hat

eine Lehrstelle am Staats-Gymnasium in Ragusa dem Lehrer am Staats-Gymnasium in Spalato Josef Posedel verliehen.

Der Minister für Cultus und Unterricht hat auf Grund der Beschlüsse der betreffenden Professoren-Collegien

die Zulassung

des Dr. Ludwig Dalla Rosa als Privatdocenten für normale Anatomie des Menschen

an der medicinischen Facultät der k. k. Universität mit deutscher Vortragssprache in Prag,

des Dr. Anton Bleichsteiner als Privatdocenten für theoretische und praktische Zahnheilkunde

an der medicinischen Facultät der k. k. Universität in Graz und

die Erweiterung der venia legendi

des Privatdocenten für Paläontologie an der k. k. böhmischen technischen Hochschule in Prag Dr. Alfred Slavík auf das Gebiet der Pedologie

an der genannten Hochschule bestätigt.

Concurs-Ausschreibungen.

An der k. k. technischen Hochschule in Wien ist die Assistentenstelle bei der Lehrkanzel für praktische Geometrie mit einer Jahresremuneration von 700 fl. zu besetzen.

Die Ernennung erfolgt auf zwei Jahre und kann auf weitere zwei Jahre verlängert werden. In besonders rücksichtswürdigen Fällen kann eine nochmalige Verlängerung der Verwendung auf weitere zwei Jahre erfolgen.

Bewerber um diese Stelle haben ihre an das Professoren-Collegium zu richtenden, mit einer 50 kr.-Stempelmarke versehenen Gesuche mit den Belegen über zurückgelegte Studien, sowie ihre bisherige Verwendung bis 16. September d. J. bei dem Rectorate der k. k. technischen Hochschule in Wien einzubringen.

An der k. k. Marine-Mädchen-Volks- und Bürgerschule in Pola kommt mit 1. September d. J. die Stelle einer Volksschullehrerin zu besetzen.

Die Unterrichtssprache ist die deutsche.

Mit dieser Stelle ist ein Jahresgehalt von 800 fl. und ein jährliches Quartieräquivalent von 284 fl., ferner der Anspruch auf 6 Dienstalterszulagen im Betrage von je 80 fl. und im Falle eintretender Dienstuntauglichkeit auf Pensionierung nach dem Militär-Pensionsgesetze verbunden. Diesem Gesetze entsprechend beträgt die Dienstzeit nur 30 Jahre.

Bewerberinnen um diese Stelle werden mit allen erworbenen Ansprüchen übernommen und haben ihre an das k. k. Reichs-Kriegsministerium (Marine-Section) in Wien gerichteten Gesuche im vorgeschriebenen Wege bis 20. August d. J. beim k. k. Militär-Hafen-Commando in Pola einzubringen und den Gesuchen, die das Alter, die Studien, die Lehrbefähigung für allgemeine Volks- und Bürgerschulen und die bisherige Lehrthätigkeit und Verwendung ausweisenden Documente beizuschließen.

Die Kosten für die Übersiedlung der ernannten Bewerberin von ihrem gegenwärtigen Anstellungs- oder Aufenthaltsorte nach Pola trägt das Marineärar.

Der Betreffenden wird auch ein entsprechender Reisevorschuss gegen nachträgliche Verrechnung bewilligt.

An der **k. k. Staats-Gewerbeschule in Graz** kommen mit 1. October d. J. folgende Stellen zur Besetzung und zwar:

1. die Stelle eines wirklichen Lehrers für Ciselieren, Galvanoplastik und Metallguss, eventuell Modellieren,

2. die Stelle eines wirklichen Lehrers für Freihandzeichnen, kunstgewerbliche Formenlehre und Fachzeichnen für Kunststickerei,

3. die Stelle einer Lehrerin für das Weißsticken,

4. die Stelle einer Lehrerin für das Buntsticken,

5. eine Supplentenstelle für Bauwissenschaften und Bauzeichnen, eventuell Freihandzeichnen,

6. eine Supplentenstelle für mechanisch-technische Wissenschaften, Maschinenzeichnen, beziehungsweise geometrisches Zeichnen und Naturlehre,

7. eine Supplentenstelle für Modellieren,

8. eine Supplentenstelle für deutsche Sprache, Geographie und gewerbliche Buchführung,

9. eine Werkmeisterstelle für Bauschlosserei und

10. eine Werkmeisterstelle für Kunstschlosserei.

Mit den sub 1 und 2 genannten Stellen ist der Gehalt jährlicher 1200 fl. und die Activitätszulage der IX. Rangsclasse im Betrage jährlicher 300 fl., ferner der Anspruch auf 5 Quinquennalzulagen à 200 fl. verbunden.

Hierbei wird bemerkt, dass eine hervorragende gewerbliche Praxis bis zu 5 Jahren systemmäßig als Dienstzeit in Anrechnung gebracht, sowie eventuell auch der Professortitel sofort verliehen werden kann.

Mit den sub 3 und 4 erwähnten Stellen ist eine Jahresremuneration von 1000 fl. verbunden.

Mit den sub 5, 6, 7 und 8 angeführten Supplentenstellen ist die Substitutionsgebür jährlicher 720 fl. verbunden. Die erwähnten Supplenten sind gehalten, sich innerhalb des normalmäßigen Stundenausmaßes, abgesehen von den Fachgegenständen, für welche sie ernannt wurden, auch in anderer Weise nach Weisung des Directors verwenden zu lassen.

Mit den sub 9 und 10 angeführten Werkmeisterstellen ist eine Jahresremuneration von je 700 fl. verbunden.

Die Stellen sub 3, 4, 9 und 10 werden mit dem Vorbehalte einer vierteljährigen Kündigungsfrist besetzt.

Bewerber um eine dieser Stellen haben ihre ordnungsmäßig gestempelten, an das k. k. Ministerium für Cultus und Unterricht stilisierten, mit dem Geburtsscheine, den Studienzeugnissen und Zeugnissen über eine eventuelle praktische Verwendung belegten Gesuche sammt dem curriculum vitae bis Ende August d. J. bei der Direction der k. k. Staats-Gewerbeschule in Graz einzureichen.

An der k. k. Staats-Gewerbeschule in Reichenberg gelangen mit Beginn des nächsten Schuljahres nachfolgende Stellen zur Besetzung, und zwar:

1) eine Lehrstelle für deutsche Sprache, Geographie und Geschichte.

Die Bezüge bestehen in dem Jahresgehalte von 1200 fl., der Activitätszulage der IX. Rangsclasse von 250 fl., mit dem Anspruche auf Quinquennalzulagen von je 200 fl.;

2) eine Supplentenstelle für deutsche Sprache, Geographie und Geschichte,

Mit dieser Stelle ist die gesetzmäßige Substitutionsgebür von 720 fl. verbunden.

Bewerber um eine dieser Stellen haben ihre vorschriftsmäßig instruierten Gesuche im geeigneten Dienstwege bis Ende August d. J. bei der Direction der k. k. Staats-Gewerbeschule in Reichenberg einzureichen.

Mit Beginn des Schuljahres 1884/85, beziehungsweise vom 1. October d. J. an werden zur Einführung in das Lehramt an den gewerblichen Fachschulen, respective zur Vorbildung für dasselbe, Probecandidaten, und zwar zunächst je 1 Candidat

a) für Chemie (Keramik),
b) für Mechanik,
c) für Freihand- und kunstgewerbliches Zeichnen,
d) für die Zeichenfächer an Holzindustrieschulen,
e) für Manufacturzeichnen

aufgenommen.

Diese Candidaten erhalten während ihrer Probepraxis, das ist, bis zu dem Zeitpunkte, wo sie zur selbständigen Führung des bezüglichen Lehramtes vollkommen geeignet erscheinen, oder bis ihre Nichteignung zutage getreten, ein Adjutum jährlicher 600 fl. in monatlichen Raten à 50 fl. angewiesen. Dieselben haben keinen Anspruch auf Reiseauslagen, welche ihnen anlässlich des Antrittes der Probepraxis erwachsen, und wird der Candidat sub a) der Staats-Gewerbeschule in Bielitz, jener sub b) der Staats-Gewerbeschule in Reichenberg, jene sub c) und d) der Staats-Gewerbeschule in Graz und jener sub e) der Webeschule in Warnsdorf zugewiesen werden.

Für die Erlangung der sub a) genannten Stelle ist der Nachweis über die mit gutem Erfolge absolvierte chemisch-technische Fachschule einer inländischen technischen Hochschule, für die sub b) erwähnte Stelle der Nachweis über die mit eben solchem Erfolge absolvierte Maschinenbauschule einer österreichischen technischen Hochschule und für die Stellen sub c) bis e) der Nachweis der erlangten Lehrbefähigung für die Zeichenfächer an Mittelschulen, beziehungs-weise einer künstlerischen Vorbildung und kunstgewerblichen Praxis, ferner für alle diese Stellen den Nachweis der österreichischen Staatsbürgerschaft erforderlich.

Bewerber um eine der obigen Probecandidaten-Stellen haben ihre gestempelten und mit den bezüglichen Documenten, sowie einem curriculum vitae belegten Gesuche, im Falle sie noch in keiner amtlichen Verwendung stehen, unmittelbar, sonst aber im vorgeschriebenen Dienstwege bis 10. September d. J. an das k. k. Ministerium für Cultus und Unterricht in Wien einzubringen.

An dem k. k. Taubstummen-Institute in Wien gelangt die Stelle eines Stipendisten zur Besetzung, dessen Aufgabe es ist, sich für den Unterricht der Taubstummen auszubilden und sich im Institute sowohl bei dem Unterrichte, als auch bei der Beaufsichtigung und Erziehung der Zöglinge zu betheiligen.

Bewerber um diese, auf die Dauer von drei Jahren zu verleihenden Stelle, mit welcher ein Bezug von jährlichen 300 fl., sammt voller Verpflegung im Institute und dem Genusse eines Wohnzimmers verbunden ist, haben ihre mit den erforderlichen Documenten und Nachweisen gehörig instruierten Gesuche, in welchen überdies der Nachweis über die Absolvierung einer Lehrerbildungsanstalt zu liefern ist, bis 1. September d. J. bei der Direction des k. k. Taubstummen-Institutes in Wien einzureichen.

—◦—|—◦—

Verlag des k. k. Ministeriums für Cultus und Unterricht. — Druck von Karl Gorischek in Wien.

Beilage zum Verordnungsblatte

für den

Dienstbereich des Ministeriums für Cultus und Unterricht.

Personalnachrichten.

Seine k. und k. Apostolische Majestät haben mit Allerhöchster Entschließung vom 20. August d. J. a. g. anzubefehlen geruht, dass dem Chefarzte der Theresianischen Akademie, Regierungsrathe Dr. Andreas Ritter Pleniger von Heilbrunn, anlässlich seines Austrittes aus dem activen Dienste in Anerkennung seines vieljährigen ersprießlichen Wirkens der Ausdruck der Allerhöchsten Zufriedenheit bekannt gegeben werde.

Seine k. und k. Apostolische Majestät haben mit Allerhöchster Entschließung vom 21. Juli d. J. a. g. zu gestatten geruht, dass dem Professor der Architektur an der k. k. Akademie der bildenden Künste in Wien Oberbaurathe Theophil Freiherrn von Hansen anlässlich seiner Versetzung in den bleibenden Ruhestand für seine ausgezeichnete lehramtliche und künstlerische Thätigkeit die Allerhöchste Anerkennung ausgesprochen werde.

Seine k. und k. Apostolische Majestät haben mit Allerhöchster Entschließung vom 7. August d. J. den Sectionsrath Lucas Ritter von Führich zum Ministerialrath im Ministerium für Cultus und Unterricht a. g. zu ernennen und dem Sectionsrathe in diesem Ministerium Dr. Benno Ritter von David in Anerkennung seiner ausgezeichneten Dienstleistung taxfrei den Titel und Character eines Ministerialrathes huldvollst zu verleihen geruht.

Seine k. und k. Apostolische Majestät haben mit Allerhöchster Entschließung vom 21. Juli d. J. den Professor Karl Freiherrn von Hasenauer zum Professor der Architektur an der k. k. Akademie der bildenden Künste in Wien a. g. zu ernennen geruht.

Seine k. und k. Apostolische Majestät haben mit Allerhöchster Entschließung vom 8. August d. J. den Privatdocenten der Wiener Universität und Leiter des electrotechnischen Etablissements der Firma Werndl in Steyr Dr. Johann Puluj zum ordentlichen Professor der Lehrkanzel für experimentelle und technische Physik an der k. k. deutschen technischen Hochschule in Prag a. g. zu ernennen geruht.

Seine k. und k. Apostolische Majestät haben mit Allerhöchster Entschließung vom 7. August d. J. den Professor und Leiter des II. Staats-Gymnasiums in Graz Dr. P. Ferdinand Maurer zum Director dieser Anstalt a. g. zu ernennen geruht.

Seine k. und k. Apostolische Majestät haben mit Allerhöchster Entschließung vom 30. Juli d. J. den Docenten an der k. k. technischen Hochschule in Lemberg und an der landwirtschaftlichen Lehranstalt in Dublany August Witkowski zum außerordentlichen Professor der Physik an der k. k. technischen Hochschule in Lemberg a. g. zu ernennen geruht.

Der Minister für Cultus und Unterricht hat im Einvernehmen mit dem k. k. Ministerium des Innern für die im Studienjahre 1884/85 abzuhaltenden medicinischen, beziehungsweise pharmaceutischen Rigorosen folgende Functionäre ernannt, und zwar:

I. an der k. k. deutschen Carl Ferdinand-Universität in Prag

1. als Regierungscommissär
den k. k. Regierungsrath, Professor Dr. Ferdinand Ritter Weber von Ebenhof,

2. als Coëxaminator für das zweite medicinische Rigorosum
den außerordentlichen Professor Dr. Johann Kaulich und

als dessen Stellvertreter
den außerordentlichen Professor Dr. Friedrich Ganghofner,

3. als Coëxaminator für das dritte medicinische Rigorosum
den außerordentlichen Professor Dr. Philipp Pick und

als dessen Stellvertreter
den außerordentlichen Professor Dr. Emanuel Zaufal, endlich

4. als Coëxaminator für die dritte pharmaceutische strenge Prüfung
den Apotheker August Rzehořz und

als dessen Stellvertreter
den Apotheker Josef Zink;

II. an der k. k. böhmischen Carl Ferdinand-Universität in Prag

1. als Regierungscommissär
den k. k. Statthaltereirath Dr. Moriz Smoler,

2. als Coëxaminator für das zweite medicinische Rigorosum
den außerordentlichen Professor Dr. Emerich Maixner und

als dessen Stellvertreter
den Privatdocenten Dr. Josef Thomayer,

3. als Coëxaminator für das dritte medicinische Rigorosum
den außerordentlichen Professor Dr. Victor Janevský und

als dessen Stellvertreter
den Privatdocenten Dr. Franz Michl.

Vom Minister für Cultus und Unterricht wurden ernannt:

zum Mitgliede

der Commission für die Abhaltung der II. Staatsprüfung (Fachprüfung) im Maschinenbaufache an der k. k. deutschen technischen Hochschule in Prag (auf Grund des §. 17 der Verordnung vom 12. Juli 1878, R.-G.-Bl. Nr. 94) der Director der Baron Ringhoffer'schen Waggonfabrik in Smichow bei Prag Wenzel **Eckerth**,

zu Conservatoren

der k. k. Centralcommission zur Erforschung und Erhaltung der Kunst- und historischen Denkmale für Böhmen der Architekt und Lehrer an der k. k. Fachschule zu Königgrätz Emanuel **Pippich** und der Professor am Real-Gymnasium in Pilsen Josef **Strnad**,

für die k. k. Prüfungscommission für allgemeine Volks- und Bürgerschulen in Linz für die Functionsperiode vom Beginne des Schuljahres 1884/85 bis Ende des Schuljahres 1886/87

zum Director

der k. k. Landesschulinspector Eduard **Schwammel**,

zu dessen Stellvertreter

der Director der k. k. Lehrer- und Lehrerinnen-Bildungsanstalt, Schulrath Eduard **Kittel**, dann

zu Mitgliedern dieser Commission

der Realschuldirector Karl **Klekler**,
der pensionierte Professor der Lehrerbildungsanstalt Josef **Sadtler**,
der Gymnasialprofessor und Bezirksschulinspector Dr. Johann **Rupp**,
der Realschulprofessor und Bezirksschulinspector Julian **Timmel**,
der Professor an der Lehrerbildungsanstalt Julius **Gartner**,
der Turnlehrer an der Lehrerbildungsanstalt Wilhelm **Buley** und
die Übungsschullehrer Engelbert **Lanz** und Johann **Ortner**,

sämmtlich in Linz;

zum Director-Stellvertreter

bei der k. k. deutschen Prüfungscommission für das Lehramt an Gymnasien und Realschulen in Prag der Professor an der k. k. deutschen technischen Hochschule in Prag Dr. Moriz **Allé**,

zum wirklichen Lehrer

für die mechanisch-technischen Fächer an der Staats-Gewerbeschule in Pilsen der Supplent an dieser Anstalt Emil **Vezmar**,

zum Religionslehrer

an der böhmischen Staats-Realschule in Prag der Weltpriester und Supplent dieser Anstalt Johann **Ježek**,

zu Lehrern

an der böhmischen Staats-Realschule in Karolinenthal der Supplent dieser Anstalt Josef **Přibík**,

am Staats-Gymnasium in Mitterburg der Gymnasialsupplent in Görz Robert **Drexl**,

am Staats-Gymnasium in Landskron der Supplent am deutschen Staats-Gymnasium in der Neustadt zu Prag Josef **Wiethe**,

an der Staats-Unterrealschule in Sereth der Supplent dieser Anstalt Medard **Maly**,

am Staats-Gymnasium in Czernowitz der Supplent an der öffentlichen Oberrealschule im VIII. Bezirke Wiens Peter **Passler**,

an der k. k. Probieranstalt für Gewehrläufe in Ferlach

zum ersten Probiermeister

der Laufvisitiermeister Wenzel **Eimer** und

zum Laufvisitiermeister

der Büchsenmacher Johann **Smely**,

zu Übungsschullehrerinnen

an der k. k. Lehrerinnenbildungsanstalt in Innsbruck die Übungsschul-Unterlehrerin Friederike **Schneller**,

an der Übungsschule der slavischen k. k. Lehrerinnenbildungsanstalt in Brünn die Unterlehrerin an dieser Lehranstalt Elisabeth **Mach** und

zur Übungsschul-Unterlehrerin

an der k. k. Lehrerinnenbildungsanstalt in Innsbruck die Supplentin Marie **Lechleitner**.

Vom Minister für Cultus und Unterricht wurde verliehen:

je eine Lehrstelle am deutschen Staats-Gymnasium auf der Kleinseite in Prag dem Professor an der II. deutschen Staats-Realschule in Prag Dr. Heinrich **Retter** und dem Professor am Staats-Gymnasium in Landskron Emil **Johne**,

eine Lehrstelle an der II. deutschen Staats-Realschule in Prag dem Supplenten am Altstädter deutschen Gymnasium zu Prag Josef **Linhart**,

eine Lehrstelle an der böhmischen Staats-Realschule in Prag dem Professor am Staats-Gymnasium zu Wallachisch-Meseritsch Mathias **Strejček** und

eine Lehrstelle am Staats-Gymnasium in Czernowitz dem Professor am griech.-orientalischen Gymnasium in Suczawa Stephan von **Repta**.

Der Minister für Cultus und Unterricht hat auf Grund der Beschlüsse der betreffenden Professoren-Collegien

die Zulassung

des Dr. Victor **Mataja** als Privatdocenten für politische Oeconomie
an der rechts- und staatswissenschaftlichen Facultät der k. k. Universität in Wien,

des Dr. Josef **Sklenář** als Privatdocenten für vergleichende Sprachforschung der indo-europäischen Sprachen
an der philosophischen Facultät der k. k. Universität in Wien,

des Dr. Richard **Wittelshöfer** als Privatdocenten für Chirurgie
an der medicinischen Facultät der k. k. Universität in Wien,

des Assistenten der Lehrkanzel für darstellende Geometrie an der k. k. technischen Hochschule in Wien Adolf **Ameseder** als Privatdocenten für projective Geometrie der höheren Gebilde
an der genannten Hochschule und

des Dr. Emil Ritter von **Habdank-Dunikowski** als Privatdocenten für historische Geologie
an der philosophischen Facultät der k. k. Universität in Lemberg,

die Erweiterung der venia legendi

des Privatdocenten für öffentliche Gesundheitspflege an der medicinischen Facultät der k. k. Universität in Graz Dr. Julius **Kratter** auf das Gebiet der gesammten Staats-Arzneikunde
an der genannten Hochschule bestätigt.

———

Der Minister für Cultus und Unterricht hat

den Lehrer Heinrich **Röver** von der mechanisch-technischen Lehrwerkstätte in Komotau an die Staats-Gewerbeschule in Reichenberg und den Professor Josef **Reichl** von der Staats-Gewerbeschule in Bielitz an die genannte Lehrwerkstätte übersetzt.

Concurs-Ausschreibungen.

Am **Staats-Obergymnasium in Pisek**, dessen Unterrichtssprache die böhmische ist, gelangt die Stelle eines Gymnasialdirectors zur Wiederbesetzung.

Bewerber um diese Stelle, mit welcher die mit den Gesetzen vom 9. April 1870 und 15. April 1873 normierten Bezüge verbunden sind, haben ihre an das k. k. Ministerium für Cultus und Unterricht zu stilisierenden, mit dem Nachweise ihrer Lehrbefähigung für das Gymnasiallehramt und jener ihrer bisherigen Verwendung im Lehramte belegten Gesuche im Wege ihrer vorgesetzten Behörde bis 15. September d. J. beim k. k. Landesschulrathe für Böhmen in Prag einzubringen.

Am **Staats-Gymnasium in Arnau** kommt die Stelle des Directors mit den normalmäßigen Bezügen zur Besetzung.

Bewerber haben die gehörig instruierten Gesuche auf dem vorgeschriebenen Wege bis 30. September d. J. beim k. k. Landesschulrathe für Böhmen in Prag einzureichen.

Nach diesem Termine einlangende Gesuche werden nicht berücksichtigt.

An der **Communal-Oberrealschule in Leitmeritz** gelangt mit Beginn des Schuljahres 1884/85 eine Hilfslehrerstelle für französische und deutsche oder französische und englische Sprache zur Besetzung.

Bewerber um diese Stelle, mit welcher eine Substitutionsgebür von 720 fl. verbunden ist, haben ihre Gesuche bis 10. September d. J. an den Stadtrath in Leitmeritz zu richten.

An der **k. k. Lehrerinnenbildungsanstalt in Wien** gelangt eine Hauptlehrstelle für Mathematik und Physik zur Besetzung.

Bewerber um diese Stelle, mit welcher die in den Gesetzen vom 19. März 1872, R.-G.-Bl. Nr. **29** und 15. April 1873, R.-G.-Bl. Nr. 47 normierten Bezüge verbunden sind, haben ihre gehörig instruierten Gesuche auf dem vorschriftsmäßigen Wege bis 25. September d. J. bei dem k. k. niederösterreichischen Landesschulrathe in Wien einzubringen.

An der **k. k. Staats-Gewerbeschule in Bielitz** kommt mit Beginn des nächsten Schuljahres für die Maschinenbaufächer vorläufig eine Supplentenstelle zur Besetzung.

Mit dieser Stelle ist die gesetzmäßige Substitutionsgebür von jährlichen 720 fl. verbunden.

Bewerber um diese Stelle haben sich über die Absolvierung der Maschinenbauabtheilung an einer technischen Hochschule und über ihre bisherigen Leistungen in der Praxis auszuweisen.

Die mit Zeugnissen und einem ausführlichen Curriculum vitae belegten an das k. k. Ministerium für Cultus und Unterricht adressierten Gesuche sind bis 10. September d. J. bei der Direction der k. k. Staats-Gewerbeschule in Bielitz einzureichen. Die Bewerber müssen in der Lage sein, schon am 16. September d. J. ihren Posten antreten zu können.

An der **k. k. Staats-Gewerbeschule in Pilsen** gelangt vom 1. October d. J. an eine Supplentenstelle für die Fächer Mechanik, Maschinenbau und Maschinenzeichnen zur Besetzung.

Bewerber um diese Stelle, mit welcher eine jährliche Substitutionsgebür von 720 fl. verbunden ist, haben ihre an das k. k. Ministerium für Cultus und Unterricht stilisierten, mit dem curriculum vitae, den Studienzeugnissen einer technischen Hochschule und dem Nachweise über die bisherige praktische, eventuell lehrämtliche Verwendung belegten Gesuche bis 10. September d. J. bei der Direction der k. k. Staats-Gewerbeschule in Pilsen zu überreichen.

An der **vierclassigen deutschen Staats-Volksschule für Knaben und Mädchen in Trient** kommt mit Beginn des Schuljahres 1884/85 die Stelle eines Lehrers und einer Lehrerin, eventuell eines Unterlehrers und einer Unterlehrerin zu besetzen.

Bewerber (Bewerberinnen) um diese Lehrstellen, mit welchen die Bezüge eines Übungsschullehrers (Übungsschulunterlehrers), beziehungsweise einer Übungsschullehrerin (Übungsschulunterlehrerin) verbunden sind, haben ihre an das k. k. Ministerium für Cultus und Unterricht zu richtenden, vorschriftmäßig belegten und gestempelten Gesuche, in welchen insbesondere auch die Kenntnis der italienischen Sprache und die Befähigung zur Ertheilung des Gesangunterrichtes nachzuweisen ist bis 13. September d. J. an den k. k. provisorischen Landesschulrath für Tirol in Innsbruck einzubringen.

Verlag des k. k. Ministeriums für Cultus und Unterricht. — Druck von Karl Gorischek in Wien.

Beilage zum Verordnungsblatte
für den
Dienstbereich des Ministeriums für Cultus und Unterricht.

Personalnachrichten.

Seine k. und k. Apostolische Majestät haben mit Allerhöchster Entschließung vom 22. August d. J. a. g. zu gestatten geruht, dass dem Director des Staats-Gymnasiums in Bielitz, Schulrath Friedrich Wilhelm Schubert aus Anlass seiner Übernahme in den bleibenden Ruhestand für seine vieljährige ersprießliche Dienstleistung die Allerhöchste Anerkennung ausgesprochen werde.

Seine k. und k. Apostolische Majestät haben mit Allerhöchster Entschließung vom 8. August d. J. das von dem Professor am Franz Joseph-Gymnasium in Wien Dr. Robert Latzel überreichte Werk: „Die Myriopoden der österreichisch-ungarischen Monarchie" a. g. anzunehmen und dem Autor bei diesem Anlasse die goldene Medaille für Kunst und Wissenschaft huldreichst zu verleihen geruht.

Seine k. und k. Apostolische Majestät haben mit Allerhöchster Entschließung vom 29. August d. J. den ordentlichen Professor der alttestamentlichen Exegese an der evangelisch-theologischen Facultät in Wien, Regierungsrathe Dr. Georg Gustav Roskoff anlässlich seiner Versetzung in den bleibenden Ruhestand in Anerkennung seines langjährigen und verdienstvollen Wirkens im Lehramte taxfrei den Titel eines Hofrathes a. g. zu verleihen geruht.

Seine k. und k. Apostolische Majestät haben mit Allerhöchster Entschließung vom 16. August d. J. dem Honorar-Docenten an der k. k. technischen Hochschule in Wien Franz Ritter von Höhnel den Titel und Charakter eines außerordentlichen Professors a. g. zu verleihen geruht.

Seine k. und k. Apostolische Majestät haben mit Allerhöchster Entschließung vom 22. August d. J. den ordentlichen Professor an der Universität in Bern Dr. Christoph Aeby zum ordentlichen Professor der Anatomie an der k. k. Universität mit deutscher Vortragssprache in Prag a. g. zu ernennen geruht.

Seine k. und k. Apostolische Majestät haben mit Allerhöchster Entschließung vom 25. August d. J. den Finanzconcipisten und Privatdocenten an der k. k. Universität in Wien Dr. Friedrich Ritter von Wieser zum außerordentlichen Professor der politischen Ökonomie an der k. k. Universität mit deutscher Vortragssprache in Prag a. g. zu ernennen geruht.

Seine k. und k. Apostolische Majestät haben mit Allerhöchster Entschließung vom 27. August d. J. den Professor an der Staats-Realschule in Budweis Dr. Mathias Koch zum Director des deutschen Staats-Gymnasiums daselbst a. g. zu ernennen geruht.

An der **k. k. Lehrerinnenbildungsanstalt in Wien** gelangt eine Hauptlehrstelle für **Mathematik und Physik** zur Besetzung.

Bewerber um diese Stelle, mit welcher die in den Gesetzen vom 19. März 1872, R.-G.-Bl. Nr. 29 und 15. April 1873, R.-G.-Bl. Nr. 47 normierten Bezüge verbunden sind, haben ihre gehörig instruierten Gesuche auf dem vorschriftsmäßigen Wege bis 25. September d. J. bei dem k. k. niederösterreichischen Landesschulrathe in Wien einzubringen.

An der **k. k. Staats-Gewerbeschule in Bielitz** kommt mit Beginn des nächsten Schuljahres für die **Maschinenbaufächer** vorläufig eine Supplentenstelle zur Besetzung.

Mit dieser Stelle ist die gesetzmäßige Substitutionsgebür von jährlichen 720 fl. verbunden.

Bewerber um diese Stelle haben sich über die Absolvierung der Maschinenbauabtheilung an einer technischen Hochschule und über ihre bisherigen Leistungen in der Praxis auszuweisen.

Die mit Zeugnissen und einem ausführlichen Curriculum vitae belegten an das k. k. Ministerium für Cultus und Unterricht adressierten Gesuche sind bis 10. September d. J. bei der Direction der k. k. Staats-Gewerbeschule in Bielitz einzureichen. Die Bewerber müssen in der Lage sein, schon am 16. September d. J. ihren Posten antreten zu können.

An der **k. k. Staats-Gewerbeschule in Pilsen** gelangt vom 1. October d. J. an eine Supplentenstelle für die Fächer Mechanik, Maschinenbau und Maschinenzeichnen zur Besetzung.

Bewerber um diese Stelle, mit welcher eine jährliche Substitutionsgebür von 720 fl. verbunden ist, haben ihre an das k. k. Ministerium für Cultus und Unterricht stilisierten, mit dem curriculum vitae, den Studienzeugnissen einer technischen Hochschule und dem Nachweise über die bisherige praktische, eventuell lehrämtliche Verwendung belegten Gesuche bis 10. September d. J. bei der Direction der k. k. Staats-Gewerbeschule in Pilsen zu überreichen.

An der **vierclassigen deutschen Staats-Volksschule für Knaben und Mädchen in Trient** kommt mit Beginn des Schuljahres 1884/85 die Stelle eines Lehrers und einer Lehrerin, eventuell eines Unterlehrers und einer Unterlehrerin zu besetzen.

Bewerber (Bewerberinnen) um diese Lehrstellen, mit welchen die Bezüge eines Übungsschullehrers (Übungsschulunterlehrers), beziehungsweise einer Übungsschullehrerin (Übungsschulunterlehrerin) verbunden sind, haben ihre an das k. k. Ministerium für Cultus und Unterricht zu richtenden, vorschriftmäßig belegten und gestempelten Gesuche, in welchen insbesondere auch die Kenntnis der italienischen Sprache und die Befähigung zur Ertheilung des Gesangunterrichtes nachzuweisen ist bis 13. September d. J. an den k. k. provisorischen Landesschulrath für Tirol in Innsbruck einzubringen.

—————•-|-•-|-•-•—————

Verlag des k. k. Ministeriums für Cultus und Unterricht. — Druck von Karl Gorischek in Wien.

Beilage zum Verordnungsblatte

für den

Dienstbereich des Ministeriums für Cultus und Unterricht.

Personalnachrichten.

Seine k. und k. Apostolische Majestät haben mit Allerhöchster Entschließung vom 22. August d. J. a. g. zu gestatten geruht, dass dem Director des Staats-Gymnasiums in Bielitz, Schulrath Friedrich Wilhelm Schubert aus Anlass seiner Übernahme in den bleibenden Ruhestand für seine vieljährige ersprießliche Dienstleistung die Allerhöchste Anerkennung ausgesprochen werde.

Seine k. und k. Apostolische Majestät haben mit Allerhöchster Entschließung vom 8. August d. J. das von dem Professor am Franz Joseph-Gymnasium in Wien Dr. Robert Latzel überreichte Werk: „Die Myriopoden der österreichisch-ungarischen Monarchie" a. g. anzunehmen und dem Autor bei diesem Anlasse die goldene Medaille für Kunst und Wissenschaft huldreichst zu verleihen geruht.

Seine k. und k. Apostolische Majestät haben mit Allerhöchster Entschließung vom 29. August d. J. den ordentlichen Professor der alttestamentlichen Exegese an der evangelisch-theologischen Facultät in Wien, Regierungsrathe Dr. Georg Gustav Roskoff anlässlich seiner Versetzung in den bleibenden Ruhestand in Anerkennung seines langjährigen und verdienstvollen Wirkens im Lehramte taxfrei den Titel eines Hofrathes a. g. zu verleihen geruht.

Seine k. und k. Apostolische Majestät haben mit Allerhöchster Entschließung vom 16. August d. J. dem Honorar-Docenten an der k. k. technischen Hochschule in Wien Franz Ritter von Höhnel den Titel und Charakter eines außerordentlichen Professors a. g. zu verleihen geruht.

Seine k. und k. Apostolische Majestät haben mit Allerhöchster Entschließung vom 22. August d. J. den ordentlichen Professor an der Universität in Bern Dr. Christoph Aeby zum ordentlichen Professor der Anatomie an der k. k. Universität mit deutscher Vortragssprache in Prag a. g. zu ernennen geruht.

Seine k. und k. Apostolische Majestät haben mit Allerhöchster Entschließung vom 25. August d. J. den Finanzconcipisten und Privatdocenten an der k. k. Universität in Wien Dr. Friedrich Ritter von Wieser zum außerordentlichen Professor der politischen Ökonomie an der k. k. Universität mit deutscher Vortragssprache in Prag a. g. zu ernennen geruht.

Seine k. und k. Apostolische Majestät haben mit Allerhöchster Entschließung vom 27. August d. J. den Professor an der Staats-Realschule in Budweis Dr. Mathias Koch zum Director des deutschen Staats-Gymnasiums daselbst a. g. zu ernennen geruht.

Vom Minister für Cultus und Unterricht wurden ernannt:

zu Mitgliedern

der k. k. staatswissenschaftlichen Staatsprüfungscommission in **Graz** der
k. k. Finanzsecretär und Privatdocent an der k. k. Universität in Graz Dr. Franz Freiherr
von **Myrbach**,

der k. k. staatswissenschaftlichen Staatsprüfungscommission in **Zara** der
k. k. Statthaltereirath Johann **Avoscani** und der k. k. Finanzrath Dr. Vladimir **Vuletta**,

für die deutsche k. k. Prüfungscommission für allgemeine Volks- und Bürgerschulen in **Prag** für die Functionsperiode vom Beginne des Schuljahres 1884/85 bis Ende
des Schuljahres 1886/87

zum Director

der Director der deutschen k. k. Lehrerbildungsanstalt Eduard **Seewald**,

zu dessen Stellvertreter

der Director der deutschen k. k. Lehrerinnenbildungsanstalt, Schulrath Ferdinand
Bachmann und

zu Mitgliedern dieser Commission

der Privatdocent an der k. k. deutschen Universität in Prag und Professor an der deutschen
k. k. Lehrerbildungsanstalt Dr. Theodor **Tupetz**,
die Professoren dieser Lehranstalt Andreas **Wendra** und Anton **Hönl**,
die Professoren an der deutschen k. k. Lehrerinnenbildungsanstalt Donat **Hübner** und
Augustin **Löffler**,
die Übungsschullehrer an der deutschen k. k. Lehrerbildungsanstalt Josef **Sellner** und
Josef **Mann**,
der Bürgerschullehrer Franz **Fieger**,
der Musiklehrer Wenzel **Krchan** und
der Turnlehrer an der deutschen k. k. Lehrerbildungsanstalt Theodor **Grohmann**,
        sämmtlich in Prag;

für die böhmische k. k. Prüfungscommission für allgemeine Volks- und Bürgerschulen in Prag

zum Director

der Director der böhmischen k. k. Lehrerinnenbildungsanstalt Dr. Emanuel **Hrys**,

zu dessen Stellvertreter

der Professor an der böhmischen k. k. Lehrerbildungsanstalt Jaroslav **Zdeněk**,

zu Mitgliedern dieser Commission

der Bezirksschulinspector und Professor der böhmischen k. k. Lehrerbildungsanstalt Josef
Pilař,
die Professoren an der böhmischen k. k. Lehrerbildungsanstalt Karl **Vorovka**, Dr. Gustav
Müller und P. Dr. Franz **Blanda**,
der Professor der böhmischen k. k. Lehrerinnenbildungsanstalt Vincenz **Biba**,
der Gymnasialprofessor Dr. Franz **Sembera**,
der Bürgerschuldirector Johann **Bukovský**,
der Bürgerschullehrer Nikolaus **Benda**,
der Übungsschullehrer Franz **Beneš** und
der Musiklehrer an der böhmischen k. k. Lehrerbildungsanstalt Johann **Wobořil**,
        sämmtlich in Prag;

für die k. k. Prüfungscommission für allgemeine Volks- und Bürgerschulen in Budweis

zum Director

der als Landesschulinspector fungierende Gymnasialdirector Dr. Gustav **Bozděch**,

zu dessen Stellvertreter

der Director der k. k. Lehrerbildungsanstalt in Budweis Dr Adalbert **Ruschka** und

zu Mitgliedern dieser Commission

a) für die Prüfungen in deutscher Sprache

die Professoren der Staats-Oberrealschule Heinrich **Otto** und Dr. Mathias **Koch**,
der Professor der Lehrerbildungsanstalt Emanuel **Schulz**,
der Übungsschullehrer Johann **Schauer**,
der Musiklehrer an der Lehrerbildungsanstalt Karl **Lapaček**,
der Bürgerschuldirector Josef **Havelka** und
der Turnlehrer Ferdinand **Straube**,
     sämmtlich in Budweis;

b) für die Prüfungen in böhmischer Sprache

die k. k. Gymnasialprofessoren Dr. Josef **Kubišta**, Gustav **Vestrý**, Wenzel **Pošusta** und Johann **Krystufek**,
der Realschulprofessor Franz **Smolik**,
der Volksschul-Oberlehrer Wenzel **Novotný** und
die Volksschullehrer Wilhelm **Johanek** und Adolf **Stoctnik**,
     sämmtlich in Budweis;

für die deutsche k. k. Prüfungscommission für allgemeine Volks- und Bürgerschulen in Eger

zum Director

der Director der k. k. Lehrerbildungsanstalt in Eger Franz **Heisinger**,

zu dessen Stellvertreter

der k. k. Gymnasialdirector Johann **Nassl** und

zu Mitgliedern dieser Commission

der Gymnasialprofessor Dr. Othmar Ritter **Stainhäußl** von Stainhaußen,
die Professoren der k. k. Lehrerbildungsanstalt Karl **Waas** und Josef **Bubeniček**,
die Übungsschullehrer Josef **Saatzer**, Josef **Czerny** und Karl **Retzl**, dann
der Volksschul-Oberlehrer Anton **Bittner**,
     sämmtlich in Eger;

für die böhmische k. k. Prüfungscommission für allgemeine Volks- und Bürgerschulen in Königgrätz

zum Director

der Director der k. k. Lehrerbildungsanstalt in Königgrätz Adalbert **Lešeticky**,

zu dessen Stellvertreter

der k. k. Gymnasialdirector Johann **Klumpar** und

zu Mitgliedern dieser Commission

die Professoren der Lehrerbildungsanstalt Johann **Panyrek**, Josef **Letošnik**, Eduard **Beranek** und P. Raimund **Vychodil**,
der k. k. Bezirksschulinspector und Volksschuldirector Karl **Jelinek**,
der Oberlehrer Wenzel **Styblik** und
die k. k. Übungsschullehrer Anton **Přybik** und Josef **Vacek**,
     sämmtlich in Königgrätz;

**für die böhmische k. k. Prüfungscommission für allgemeine Volks- und Bürger-
schulen in Kuttenberg**

  zum Director

der Director der k. k. Lehrerbildungsanstalt in Kuttenberg Franz **Kalina,**

  zu dessen Stellvertreter

der Professor an dieser Lehranstalt P. Johann **Partisch** und

  zu Mitgliedern dieser Commission

die Professoren der k. k. Lehrerbildungsanstalt Karl **Domin,** Josef **Jicha** und
Dr. Wilhelm **Kurz,**
die k. k. Übungsschullehrer Wenzel **Knižek** und Alois **Schröck,**
der Oberlehrer Mathias **Kmeniček** und
der Hilfslehrer an der Lehrerbildungsanstalt Johann **Laciny,**
  sämmtlich in Kuttenberg;

**für die deutsche k. k. Prüfungscommission für allgemeine Volks- und Bürger-
schulen in Leitmeritz**

  zum Director

der Director der k. k. Lehrerbildungsanstalt in Leitmeritz Franz **Wiedemann,**

  zu dessen Stellvertreter

der k. k. Gymnasialdirector Alois **Langer** und

  zu Mitgliedern dieser Commission

der k. k. Gymnasialprofessor Robert **Klučák,**
die Professoren an der k. k. Lehrerbildungsanstalt Josef **Novák,** Moriz **Kerschner**
und Franz **Wischohlid,**
der Schuldirector Josef **Meißner,**
der Volksschullehrer Ludwig **Kadleček** und
der Supplent an der Oberrealschule Josef **Zeidler,**
  sämmtlich in Leitmeritz;

**für die deutsche k. k. Prüfungscommission für allgemeine Volks- und Bürger-
schulen in Komotau**

  zum Director

der Director der k. k. Lehrerbildungsanstalt Adam **Werner,**

  zu dessen Stellvertreter

der Gymnasialdirector Dr. Clemens **Salzer** und

  zu Mitgliedern dieser Commission

der Professor und Bezirksschulinspector August **Weymann,**
die Professoren der k. k. Lehrerbildungsanstalt Johann **Neubauer,** Josef **Haase,**
Theodor **Kopetzky** und Alois **Schmidt,**
der Bürgerschuldirector Karl **Heinrich,**
die Übungsschullehrer Josef **Proksch** und Josef **Zindulka** und
der Volksschullehrer Josef **Graf,**
  sämmtlich in Komotau;

**für die deutsche k. k. Prüfungscommission für allgemeine Volks- und Bürger-
schulen in Trautenau**

  zum Director

der Director der k. k. Lehrerbildungsanstalt Franz **Gaksch,**

  zu dessen Stellvertreter

der Director der Staats-Oberrealschule Josef **Wurm** und

zu Mitgliedern dieser Commission

die Professoren der Oberrealschule Franz Friesel und Josef Kirschner,
die Professoren der k. k Lehrerbildungsanstalt Franz Mimler und Franz Papsch und
die Übungsschullehrer Johann Schneider und Ottomar Klement,

sämmtlich in Trautenau;

für die böhmische k. k. Prüfungscommission für allgemeine Volks- und Bürgerschulen in Jičín

zum Director

der Director der k. k. Lehrerbildungsanstalt Ferdinand Machaček,

zu dessen Stellvertreter

der k. k. Bezirksschulinspector und Professor Franz Rosicky und

zu Mitgliedern dieser Commission

die Professoren der k. k. Lehrerbildungsanstalt Thomas Kasbunda, Josef Wünsch,
Karl Novotný und Franz Schüller,
der Bürgerschuldirector Josef Klos und
die Übungsschullehrer Johann Patha und Adolf Housa,

sämmtlich in Jičín;

für die böhmische k. k. Prüfungscommission für allgemeine Volks- und Bürgerschulen in Příbram

zum Director

der Director der k. k. Lehrerbildungsanstalt Franz Tomec,

zu dessen Stellvertreter

der Professor Franz Loskot und

zu Mitgliedern dieser Commission

der k. k. Bezirksschulinspector und Professor Josef Bisek,
der Professor am Real-Obergymnasium Karl Grüner,
die Professoren der k. k. Lehrerbildungsanstalt Josef Vacek, Franz Slerka und
Johann Klos,
der Übungsschullehrer Alois Kučera und
der Volksschullehrer Dominik Čurda,

sämmtlich in Příbram;

für die k. k. Prüfungscommission für allgemeine Volks- und Bürgerschulen
in Innsbruck

zum Director

der Director der k. k. Lehrer- und Lehrerinnen-Bildungsanstalt in Innsbruck Josef
Durig und

zu Mitgliedern dieser Commission

die Professoren der k. k. Lehrer- und Lehrerinnen-Bildungsanstalt, k. k. Bezirksschulinspector
Martin Jochum, Lorenz Hämmerle und Dr. Karl von Dalla-Torre,
der Gymnasialprofessor Dr. Josef Egger,
der pensionierte Gymnasialprofessor Michael Lisch,
der Übungsschullehrer und k. k. Bezirksschulinspector Johann Nigg,
die Übungsschullehrer Martin Spechtenhauser und Wenzel Skop,
sämmtlich in Innsbruck, endlich
der Professor der k. k. Lehrerbildungsanstalt in Bozen Heinrich Schreiner;

für die k. k. Prüfungscommission für allgemeine Volks- und Bürgerschulen in Görz

zum Director

der mit den Functionen eines Landesschulinspectors betraute Oberrealschuldirector, Schulrath Dr. Egid **Schreiber,**

zu dessen Stellvertreter

der Gymnasial-Religionsprofessor und Mitglied des Landesschulrathes Andreas **Marusić** und

zu Mitgliedern dieser Commission

der Director-Stellvertreter an der k. k. Lehrerinnenbildungsanstalt, Ehrendomherr Josef **Marusić,**

die Gymnasialprofessoren Matthäus **Lazar** und Josef **Culot,**

die Professoren der k. k. Lehrerinnenbildungsanstalt, Bezirksschulinspector Franz **Vodopivec.** Josef **Motz,** Johann **Trojanšek** und Franz **Kos** und

die Übungsschullehrer Josef **Dittrich** und Franz **Mereina,**
         sämmtlich in Görz,

für die k. k. Prüfungscommission für allgemeine Volks- und Bürgerschulen in Capodistria

zum Director

der k. k. Landesschulinspector Anton Ritter **Klodič** von Sabladoski in Triest,

zu dessen Stellvertreter

der Director der k. k. Lehrerbildungsanstalt in Capodistria Johann **Revelante** und

zu Mitgliedern dieser Commission

die Professoren der k. k. Lehrerbildungsanstalt in Capodistria Josef **Bellusić,** Johann **Bennati,** Josef **Kristan** und Alois Spincić, k. k. Bezirksschulinspector,

die Supplenten an dieser Lehranstalt Josef **Markelj** und Franz **Orožan,**

die Übungsschullehrer Anton **Marinković,** Anton **Orbanić** und Benedict **Poniz** und

der Professor am Staats-Obergymnasium daselbst Orestes **Gerosa;**

zu Bezirksschulinspectoren in Niederösterreich

für den Schulbezirk Wien, und zwar

für den I. und III. Bezirk der Bürgerschuldirector Raimund **Hofbauer,**

für den II. Bezirk der Bürgerschuldirector Josef **Goldhann,**

für den IV., V. und X. Bezirk der Bürgerschuldirector Laurenz **Mayer,**

für den VI. und VII. Bezirk der Professor am Staats-Gymnasium im VIII. Bezirke Wiens Josef **Gugler,**

für den VIII. und IX. Bezirk der Volksschuldirector Paul **Bernhard,**

für den Stadt-Schulbezirk Waidhofen a. d. Ybbs und für den Schulbezirk Amstetten der Bürgerschuldirector in Amstetten Hieronymus **Friedl,**

für den Schulbezirk Baden der Professor der k. k. Lehrerinnenbildungsanstalt bei St. Anna in Wien Wenzel **Wolf,**

für den Schulbezirk Bruck a. d. Leitha der Professor am Staats-Gymnasium zu Oberhollabrunn Heribert **Bouvier,**

für den Schulbezirk Groß-Enzersdorf der Oberlehrer an der Mädchen-Volksschule in Hernals Josef **Holletschek,**

für den Schulbezirk Hernals der Professor am Staats-Gymnasium im II. Bezirke Wiens Max **Hinterwaldner,**

für den Schulbezirk Horn der Bürgerschuldirector in Horn Philipp **Wagenhütter.**

für den Schulbezirk Korneuburg der Bürgerschuldirector in Stockerau Franz **Nozička,**

für den Schulbezirk Krems der Professor an der k. k. Lehrerbildungsanstalt in Krems Karl **Wegzwalda,**

für den Schulbezirk Lilienfeld der Oberlehrer an der Volksschule in St. Veit an der Gölsen Josef **Löffler,**

für den Schulbezirk Mistelbach der Bürgerschullehrer in Mistelbach Josef **Glier,**

für den Schulbezirk Neunkirchen der Bürgerschuldirector in Neunkirchen Josef **Eckhardt,**

für den Schulbezirk Oberhollabrunn der Professor am Staats-Gymnasium zu Oberhollabrunn Dr. Theodor **Rellig,**

für den Schulbezirk St. Pölten der Director des nied.-österr. Landes-Lehrerseminars in St. Pölten Franz **Wimmerer** und der Professor am dortigen Landes-Real- und Obergymnasium Josef **Hoschek,**

für den Schulbezirk Scheibbs der Oberlehrer zu St. Leonhard am Forste Engelbert **Schmidt,**

für den Schulbezirk Sechshaus der Bürgerschuldirector in Untermeidling Adalbert **Schmidt,**

für den Schulbezirk Waidhofen a. d. Thaya der Bürgerschuldirector in Waidhofen a. d. Thaya Sebastian **Bodo,**

für den Stadt-Schulbezirk Wiener-Neustadt der Director des nied.-österr. Landes-Lehrerseminars daselbst Dr. Josef **Lukas,**

für den Land-Schulbezirk Wiener-Neustadt der Bürgerschuldirector in Wiener-Neustadt Anton **Kaufmann,**

für den Schulbezirk Zwettl der Bürgerschuldirector in Zwettl Adalbert **Mauritz;**

zu Lehrern

am Staats-Gymnasium in Königgrätz der Gymnasialsupplent in Jungbunzlau Josef **Wiedemann,**

an der Staats-Realschule in Budweis der Supplent an der Staats-Mittelschule in Reichenberg Reinhold **Huyer,**

am Staats-Gymnasium in Jičín der Gymnasialsupplent in Leitomischl Gustav **Zába,**

am Staats-Gymnasium in Kolin der Gymnasialsupplent in Klattau Jaroslav **Petr,**

am deutschen Staats-Gymnasium in Kremsier der Supplent dieser Anstalt Dr. Karl **Lechner,**

am Staats-Gymnasium in Weißkirchen der Gymnasialsupplent in Trebitsch Johann **Żelina** und der Gymnasialsupplent in Brünn Stephan **Schmidberger,**

am Staats-Gymnasium in Przemysl der Gymnasialsupplent in Lemberg Kasimir **Gorski,**

an der Staats-Mittelschule in Stryj der Gymnasialsupplent in Lemberg Meleton **Gładyszowski,**

am Staats-Gymnasium zu Sanok der Supplent am II. Staats-Gymnasium in Lemberg Franz **Majchrowicz** und der Supplent am Staats-Gymnasium zu Sanok Roman **Vetulani,** am **Staats-Gymnasium in Drohobycz** der Supplent am Staats-Gymnasium zu Przemysl Ladislaus **Dadej**,

am **Staats-Gymnasium in Wadowice** der Supplent am Staats-Gymnasium in Tarnow Ludwig **Tota**,

am **Staats-Gymnasium in Jasło** der Supplent am Staats-Gymnasium zu Przemysl Franz **Pawłowicz**.

Vom Minister für Cultus und Unterricht wurde verliehen:

eine erledigte Hauptlehrstelle an der Lehrerbildungsanstalt in Wien dem Professor an der Lehrer- und Lehrerinnen-Bildungsanstalt in Czernowitz Conrad **Kraus**,

eine Lehrstelle am I. deutschen Staats-Gymnasium zu Brünn dem Gymnasialprofessor in Znaim Dr. Konrad **Jarz**,

eine Lehrstelle am II. deutschen Staats-Gymnasium in Brünn dem Professor am Staats-Gymnasium in Weißkirchen Wilhelm **Perathoner**,

eine Lehrstelle am Staats-Gymnasium in Znaim dem Realschulprofessor in Imst Franz **Katholnigg**,

eine Lehrstelle an der Staats-Mittelschule in Reichenberg dem Realschulprofessor in Imst Dr. August **Dorfwirth**,

eine Religionslehrerstelle am IV. Staats-Gymnasium zu Lemberg dem Professor am Staats-Gymnasium zu Brzezany Erasmus **Neuburg**,

eine Lehrstelle am IV. Staats-Gymnasium in Lemberg dem Professor an der Staats-Mittelschule in Stryj Johann **Frydrych**,

eine Lehrstelle am Staats-Gymnasium in Tarnow dem Lehrer am Staats-Gymnasium zu Wadowice Stanislaus **Bednarski**,

eine Lehrstelle am Staats-Gymnasium in Neusandez dem Professor am Staats-Gymnasium zu Jasło Theodor **Czuleński**,

je eine Lehrstelle am böhmischen Staats-Realgymnasium in Smichow dem Gymnasialprofessor in Jičín Anton **Jelínek** und dem Gymnasialprofessor Dr. Jaroslav **Vlach**,

eine Lehrstelle an der böhmischen Staats-Realschule in Prag dem Professor an der k. k. Lehrerbildungsanstalt in Kuttenberg Dr. Wilhelm **Kurz**.

Der Minister für Cultus und Unterricht hat auf Grund der Beschlüsse der betreffenden Professoren-Collegien

die Zulassung

des Dr. Gustav **Kohn** als Privatdocenten für Mathematik und

des Dr. Stephan **Smal-Stocki** als Privatdocenten für slavische Philologie an der philosophischen Facultät der k. k. Universität in Wien bestätigt.

Concurs-Ausschreibungen.

Laut Zuschrift des k und k. Reichs-Kriegsministeriums vom 25. August 1884, Z. 6061 ist in der k. k. Kriegs-Marine die Stelle eines Kaplans mit dem Gehalte jährlicher 900 fl., dem Quartiergelde der IX. Diätenclasse, der Dienergebür und dem Vorrückungsrechte in die höhere Gehaltsclasse jährlicher 1200 fl. erledigt.

Bewerber, die das 35. Lebensjahr nicht überschritten haben, der deutschen und einer slavischen oder der italienischen Sprache mächtig sind und die Befähigung zur Ertheilung des Religionsunterrichtes in deutscher Sprache nachweisen können, haben ihre an das k. und k. Reichs-Kriegsministerium, Marine-Section, gerichteten, mit dem Taufscheine, den Studien- und anderen Zeugnissen belegten Gesuche bis 30. September d. J. dem k. k. Marine-Pfarramte in Pola einzusenden und erhalten jene Competenten den Vorzug, welche zur Ertheilung des Sprachunterrichtes im Deutschen, Französischen, Englischen oder Italienischen an Mittelschulen der deutschen Unterrichtssprache qualificiert sind.

An der k. k. böhmischen technischen Hochschule in Prag gelangt die erledigte ordentliche Lehrkanzel für Maschinenbau zur Besetzung.

Mit dieser ordentlichen Professur ist nach dem Gesetze vom 30. Juli 1877 die VI. Rangsclasse und der systemmäßige Gehalt von 2000 fl., ferner der Anspruch auf die im Gesetze vom 17. März 1872 festgesetzten fünf Quinquennalzulagen von je 200 fl. und endlich eine (bei der Pensionierung entfallende) Activitätszulage von 480 fl. verbunden.

Bewerber um diese Stelle haben ihre an das k. k. Ministerium für Cultus und Unterricht gerichteten Gesuche bis 5. October d. J. bei dem Rectorate der k. k. böhmischen technischen Hochschule in Prag zu überreichen und demselben nebst einem curriculum vitae die nöthigen Nachweisungen über Alter, zurückgelegte Studien, gegenwärtige Stellung, bisherige wissenschaftliche, lehrämtliche oder praktische Thätigkeit, endlich vollständige Kenntnis der böhmischen Sprache beizufügen.

An der k. k. böhmischen technischen Hochschule in Prag ist eine Assistentenstelle bei der Lehrkanzel für Wasserbau, Tunnelbau und Encyklopädie der Ingenieur-Bauwissenschaft mit einer Jahresremuneration von 700 fl. zu besetzen.

Die Anstellung der Assistenten ist keine dauernde, sondern nur auf zwei Jahre festgesetzt, kann aber nach deren Ablauf auf weitere zwei Jahre erstreckt werden.

Bewerber um diese Stelle haben ihre mit den entsprechenden Belegen, sowie auch dem Nachweise der bereits abgelegten Militär-Dienstpflicht versehenen Gesuche bis 1. October d. J. bei dem Rectorate der k. k. böhmischen technischen Hochschule in Prag einzubringen.

An der k. k. böhmischen technischen Hochschule in Prag ist vom 1. October d. J eine Assistentenstelle bei der Lehrkanzel für Mathematik mit einer Jahresremuneration von 700 fl. zu besetzen.

Bewerber um diese Stelle haben ihre mit den entsprechenden Belegen versehenen Gesuche bis 30. September d. J. bei dem Rectorate der k. k. böhmischen technischen Hochschule in Prag einzubringen.

An dem **k. k. Taubstummen-Institute in Wien** gelangt die Stelle eines Stipendisten zur Besetzung, dessen Aufgabe es ist, sich für den Unterricht der Taubstummen auszubilden und sich im Institute sowohl bei dem Unterrichte, als auch bei der Beaufsichtigung und Erziehung der Zöglinge zu betheiligen.

Bewerber um diese, auf die Dauer von drei Jahren zu verleihende Stelle, mit welcher ein Bezug von jährlichen 300 fl., sammt voller Verpflegung im Institute und dem Genusse eines Wohnzimmers verbunden ist, haben ihre mit den erforderlichen Documenten und Nachweisen gehörig instruierten Gesuche, in welchen überdies der Nachweis über die Absolvierung einer Lehrerbildungsanstalt zu liefern ist, bis 20. October d. J. bei der Direction des k. k. Taubstummen-Institutes in Wien einzureichen.

—·—+|+·+•—·——

Verlag des k. k. Ministeriums für Cultus und Unterricht. — Druck von Karl Gorischek in Wien.

Beilage zum Verordnungsblatte

für den

Dienstbereich des Ministeriums für Cultus und Unterricht.

Personalnachrichten.

Seine k. u. k. Apostolische Majestät haben mit Allerhöchster Entschließung vom 5. September d. J. dem ordentlichen öffentlichen Professor für Land- und Forstwirtschaftslehre an der k. k. technischen Hochschule in Wien Dr. Adalbert **Fuchs** anlässlich seiner Versetzung in den bleibenden Ruhestand in Anerkennung seiner vieljährigen verdienstvollen Wirksamkeit im Lehramte den Titel und Charakter eines Hofrathes taxfrei a. g. zu verleihen geruht.

Seine k. u. k. Apostolische Majestät haben mit Allerhöchster Entschließung vom 8. September d. J. den Canonicus des Lavanter Kathedralcapitels Ignaz **Orožen** zum Domdechant dieses Capitels a. g. zu ernennen geruht.

Seine k. u. k. Apostolische Majestät haben mit Allerhöchster Entschließung vom 8. September d. J. den Pfarrcooperator an der Neustadt-Pfarre in Triest Michael **Debelak** zum Domherrn des Triester Kathedralcapitels a. g. zu ernennen geruht.

Seine k. u. k. Apostolische Majestät haben mit Allerhöchster Entschließung vom 6. September d. J. den bischöflichen Bezirksvicar und Pfarrdechant in Dux Anton **Pichler** zum Ehrendomherrn des Kathedralcapitels in Leitmeritz a. g. zu ernennen geruht.

Seine k. u. k. Apostolische Majestät haben mit Allerhöchster Entschließung vom 9. September d. J. den Bezirksdechant und römisch-katholischen Pfarrer in Jodłowa Johann **Kolbuszewski** zum Ehrendomherrn des Przemysler Domcapitels ritus latini a. g. zu ernennen geruht.

Seine k. u. k. Apostolische Majestät haben mit Allerhöchster Entschließung vom 13. September d. J. den mit dem Titel eines außerordentlichen Universitätsprofessors ausgezeichneten Privatdocenten Dr. Josef Freiherrn von **Schey** zum außerordentlichen Professor des österreichischen und römischen Privatrechtes an der k. k. Universität in Wien a. g. zu ernennen geruht.

Seine k. u. k. Apostolische Majestät haben mit Allerhöchster Entschließung vom 7. September d. J. den Privatdocenten Dr. Jaroslav **Hlava** zum außerordentlichen Professor der pathologischen Anatomie an der k. k. Universität mit böhmischer Vortragssprache in Prag a. g. zu ernennen geruht.

Vom Minister für Cultus und Unterricht wurden ernannt:

zum **Mitgliede**

der systematisch-praktischen Abtheilung der Prüfungscommission für Studierende der griechisch-orientalischen Theologie in Czernowitz der außerordentliche Professor an der griechisch-orientalischen theologischen Facultät in Czernowitz Dr. Emilian **Wojutzki**,

zu Mitgliedern der k. k. Prüfungscommissionen für das Lehramt der Stenographie
für das Studienjahr 1884/85

in Wien

zum Präses
Rudolf Beyager, k. k. Oberrechnungsrath,

zu Examinatoren
Karl Faulmann, Lehrer der Stenographie,
Wilhelm Stern, k. k. Landwehr-Hauptmann,
Dr. Karl Kummer, Gymnasialprofessor,
Johann Halmschlag, Gymnasialprofessor;

in Prag

zum Präses
Dr. Wilhelm Kögler, k. k. Schulrath und Realschuldirector,

zu Examinatoren
Josef Guckler, Gymnasialprofessor,
Georg Krouský, Universitätslehrer,
Karl von Ott, Realschuldirector,
Johann Ottokar Pražak, Professor an der böhmischen Handelsakademie;

in Graz

zum Präses
Dr. Max Ritter von Karajan, k. k. Regierungsrath und Universitätsprofessor,

zu Examinatoren
Heinrich Noë, k. k. Schulrath und Realschuldirector,
Ignaz Wolf, Lehrer der Stenographie,
Julius Riedl, Lehrer der Stenographie;

in Lemberg

zum Präses
Eusebius Czerkawski, k. k. Universitätsprofessor,

zu Examinatoren
Josef Polinski, Lehrer der Stenographie,
Dr. Ernest Till, Privatdocent an der k. k. Universität;

in Innsbruck

zum Präses
Christian Schneller, k. k. Landesschulinspector,

zu Examinatoren
Dr. Adolf Nitsche, Gymnasialprofessor,
P. Hubert Riedl, Gymnasialprofessor;

zum Director
an der böhmischen Staats-Realschule in Karolinenthal der Vicedirector der Staats-Mittelschule in Tabor Franz Šanda,

zu Hauptlehrern
an der k. k. Lehrerbildungsanstalt in Budweis der Gymnasialsupplent in Ober-hollabrunn Peter Hribernigg,

an der k. k. Lehrerbildungsanstalt in Kuttenberg der Supplent an der k. k. böhmischen Lehrerinnenbildungsanstalt in Prag Anton Votruba,

zu wirklichen Lehrern
für Maschinenbau, mechanische Technologie und Maschinenzeichnen an der k. k. Staats-Gewerbeschule in Brünn der Supplent an der k. k. Staats-Gewerbeschule in Wien Victor Horwatitsch,

an der böhmischen Staats-Realschule in Brünn der Supplent dieser Anstalt Dr. F r a n z Kameníček,

für landwirtschaftliche Baukunde, Straßen- und Wasserbau und Vermessungskunde an der k. k. Staats-Gewerbeschule in Innsbruck der Ingenieur-Adjunct der Donauregulierungs-Commission für Niederösterreich A l b e r t v o n Moné,

zu Lehrern
am Staats-Gymnasium in Wallachisch-Meseritsch der Supplent am böhmischen Gymnasium in Olmütz Victor Navrátil,

am böhmischen Staats-Gymnasium in Kremsier der Supplent dieser Anstalt F r i e d r i c h Fialka,

am Staats-Untergymnasium in Freudenthal der Supplent am Stiftsgymnasium in Melk P e t e r Maresch,

am Staats-Gymnasium in Mährisch-Trübau der Supplent am deutschen Staats-Gymnasium in Olmütz Gustav Spengler,

am Staats-Untergymnasium in Gottschee der Gymnasialsupplent in L a i b a c h A n d r e a s Kragelj,

am Staats-Gymnasium zu Radautz der Supplent dieser Anstalt Elias Karausch,

zum Werkmeister
an der k. k. Webeschule in Humpoletz der Weber K a r l Tomandl in B r ü n n,

zum Webelehrer
an der Webeschule in Bennisch der Manufacturzeichner und Weber H u g o Gerstung und demselben provisorisch die Leitung dieser Webeschule übertragen.

— — — — —

Vom Minister für Cultus und Unterricht wurde verliehen:

eine Lehrstelle an der Staats-Realschule in Sechshaus dem Professor an der deutschen Staats-Realschule in Karolinenthal Raimund Halatschka,

eine Lehrstelle am böhmischen Staats-Gymnasium in Brünn dem Professor am Staats-Untergymnasium zu Freudenthal Franz Hajek,

eine Lehrstelle am Staats-Gymnasium in Mährisch-Trübau dem Professor am Landes-Realgymnasium in Mährisch-Neustadt Josef Smekal,

eine Lehrstelle für deutsche Sprache und Geographie an der k. k. Staats-Gewerbeschule in Czernowitz dem Supplenten an der k. k. Staats-Gewerbeschule in Salzburg Adolf Waneck,

eine Lehrstelle am Staats-Gymnasium in Cilli dem Director der bisher bestandenen Staats-Unterrealschule in Imst Hermann Röck,

eine Lehrstelle an der nautischen Schule in Ragusa dem provisorischen Lehrer am Staats-Gymnasium in Spalato Valentin Pregelj.

— — — — —

Der Minister für Cultus und Unterricht hat

den Professor am Franz Joseph-Gymnasium in Wien Theodor Schneider aus Dienstesrücksichten an das Staats-Gymnasium im IX. Bezirke Wiens und an dessen Stelle den für letztere Anstalt neuernannten Professor Dr. Heinrich Sedlmayer an das F r a n z J o s e p h - G y m n a s i u m in Wien und

den Professor an der nautischen Schule in Ragusa Andreas Barić aus Dienstesrücksichten in gleicher Eigenschaft an das Staats-Gymnasium in Spalato übersetzt.

Der Minister für Cultus und Unterricht hat auf Grund der Beschlüsse der betreffenden Professoren-Collegien

die Zulassung

des Dr. Moriz Baštýř als Privatdocenten für Zahnheilkunde an der medicinischen Facultät der k. k. Universität mit böhmischer Vortragssprache in Prag und

des Dr. Gustav Schacherl als Privatdocenten für Chemie an der philosophischen Facultät der k. k. Universität in Graz bestätigt.

Concurs-Ausschreibungen.

An der **k. k. technischen Hochschule in Wien** ist die Assistentenstelle bei der Lehrkanzel für Straßen- und Wasserbau mit einer Jahresremuneration von 700 fl. zu besetzen.

Die Ernennung erfolgt auf zwei Jahre und kann nach Ablauf derselben auf weitere zwei Jahre verlängert werden. In besonders rücksichtswürdigen Fällen kann eine nochmalige Verlängerung der Verwendung auf weitere zwei Jahre erfolgen.

Bewerber um diese Stelle haben ihre an das Professoren-Collegium zu richtenden, mit einer 50 Kreuzer-Stempelmarke versehenen Gesuche mit den Belegen über zurückgelegte Studien sowie ihre bisherige Verwendung bis 15. October d. J. in der Rectoratskanzlei der k. k. technischen Hochschule in Wien einzubringen.

Am **Communal-Obergymnasium in Kaaden** mit deutscher Unterrichtssprache kommt eine Lehrstelle für classische Philologie in Verbindung mit philosophischer Propädeutik zur Besetzung.

Die Bezüge sind dieselben wie an Staats-Gymnasien, mit welchen die Anstalt die Reciprocität besitzt.

Bewerber um diese Stelle haben ihre gehörig instruierten Gesuche bis 20. October d. J. beim Stadtrathe der königl. Stadt Kaaden einzubringen.

Verlag des k. k. Ministeriums für Cultus und Unterricht. — Druck von Karl Gorischek in Wien.

Jahrgang 1884. **Stück XX.**

Beilage zum Verordnungsblatte

für den

Dienstbereich des Ministeriums für Cultus und Unterricht.

Personalnachrichten.

Seine k. u. k. Apostolische Majestät haben mit Allerhöchster Entschließung vom 30. September d. J. dem Dechant Paul **Kohlmayr** in Berg ob Greifenburg in Anerkennung seines pflichteifrigen priesterlichen Wirkens, sowie der durch seine vieljährige erspriessliche Thätigkeit als Beobachter der k. k. meteorologischen Central-Anstalt erworbenen Verdienste das Ritterkreuz des Franz Joseph-Ordens a. g. zu verleihen geruht.

Seine k. u. k. Apostolische Majestät haben mit Allerhöchster Entschließung vom 27. September d. J. a. g. anzuordnen geruht, dass dem ordentlichen Professor der Philosophie an der k. k. Universität mit deutscher Vortragssprache in Prag Dr. Karl **Stumpf** aus Anlass seines Abganges von dieser Universität die Allerhöchste Anerkennung seines ausgezeichneten Wirkens auf dem Gebiete des Lehramtes und der Wissenschaft bekannt gegeben werde.

Seine k. u. k. Apostolische Majestät haben mit Allerhöchster Entschließung vom 26. September d. J. dem ordentlichen Professor der österreichischen Geschichte an der Universität in Czernowitz Dr. Ferdinand **Zieglauer** von Blumenthal in Anerkennung seiner vorzüglichen Wirksamkeit auf dem Gebiete des Lehramtes und der Wissenschaft den Titel eines Regierungsrathes taxfrei a. g. zu verleihen geruht.

Seine k. u. k. Apostolische Majestät haben mit Allerhöchster Entschließung vom 21. September d. J. den Privatdocenten an der Universität in Erlangen, Dr. phil. und lic. theol. Wilhelm **Lotz** zum außerordentlichen Professor für alttestamentliche Exegese und biblische Archäologie an der k. k. evangelisch-theologischen Facultät in Wien a. g. zu ernennen geruht.

Seine k. u. k. Apostolische Majestät haben mit Allerhöchster Entschließung vom 28. September d. J. den außerordentlichen Professor der Mineralogie und Geologie an der k. k. technischen Hochschule in Wien Franz **Toula** zum ordentlichen Professor a. g. zu ernennen geruht.

Seine k. u. k. Apostolische Majestät haben mit Allerhöchster Entschließung vom 17. September d. J. den außerordentlichen Professor Dr. Julius **Jung** zum ordentlichen Professor der alten Geschichte an der k. k. Universität mit deutscher Vortragssprache in Prag a. g. zu ernennen geruht.

Seine k. u. k. Apostolische Majestät haben mit Allerhöchster Entschließung vom 30. September d. J. den Assistenten und Privatdocenten Dr. Ottomar **Novák** zum außerordentlichen Professor der Paläontologie an der k. k. Universität mit böhmischer Vortragssprache in Prag a. g. zu ernennen geruht.

Seine k. u. k. Apostolische Majestät haben mit Allerhöchster Entschließung vom 2. October d. J. den Professor an der Forstlehranstalt in A s c h a f f e n b u r g D r. L u d w i g **Graff** zum ordentlichen P r o f e s s o r der Zoologie an der k. k. Universität in G r a z a. g. zu ernennen geruht.

Seine k. u. k. Apostolische Majestät haben mit Allerhöchster Entschließung vom 30. September d. J. den Professor und provisorischen Leiter des k. k. Staats-Gymnasiums zu K o l i n A d a m **Fleischmann** zum Director dieser Anstalt a. g. zu ernennen geruht.

Vom Minister für Cultus und Unterricht wurden ernannt:

zu Mitgliedern der k. k. Prüfungscommission für das Lehramt des Freihandzeichnens an Mittelschulen in Prag für das Studienjahr 1884/85

zum Director

der ordentliche Professor an der k. k. deutschen technischen Hochschule in P r a g D r. K a r l R i t t e r v o n **Kořistka**,

zu Fachexaminatoren

für Projectionslehre und für allgemeine pädagogisch-didaktische Fragen der ordentliche Professor an der k. k. deutschen technischen Hochschule K a r l **Küpper**, der ordentliche Professor an der k. k. böhmischen technischen Hochschule J o s e f **Šolin** und der ordentliche Professor an der k. k. böhmischen technischen Hochschule F r a n z **Tilšer**,

für das ornamentale Zeichnen der Architect und Conservator der Centralcommission für Erforschung und Erhaltung der Kunst- und historischen Denkmale A n t o n **Barvitius**,

für das figurale Zeichnen der Professor an der Akademie der bildenden Künste A n t o n **Lhota**,

für Kunstgeschichte und Stillehre der ordentliche Professor an der k. k. deutschen Universität D r. A l w i n **Schulz** und der außerordentliche Professor an der k. k. böhmischen Universität D r. O t t o k a r **Hostinský**,

für Anatomie des menschlichen Körpers der Professor an der k. k. böhmischen Universität und an der Akademie der bildenden Künste D r. W e n z e l **Steffal**,

für Modellieren der Bildhauer und Lehrer an der k. k. böhmischen technischen Hochschule T h o m a s **Seidan**,

zu Mitgliedern der k. k. Prüfungscommission für das Lehramt der Handelsfächer in Prag für das Studienjahr 1884/85

zum Director

der ordentliche Professor an der k. k. deutschen technischen Hochschule in P r a g D r. K a r l R i t t e r v o n **Kořistka**,

zu Fachexaminatoren

für die Unterrichtssprachen der ordentliche Professor an der k. k. deutschen Universität D r. J o h a n n **Kelle**, der ordentliche Professor an der k. k. böhmischen Universität D r. J o h a n n **Gebaur**,

für Geschichte der außerordentliche Professor an der k. k. deutschen Universität D r. A d o l f **Bachmann** und der außerordentliche Professor an der k. k. böhmischen Universität D r. J a r o s l a v **Goll**,

für Handelsgeographie der ordentliche Professor an der k. k. deutschen technischen Hochschule D r. K a r l R i t t e r v o n **Kořistka**,

für Handelsarithmetik der ordentliche Professor an der k. k. böhmischen Universität Dr. Franz **Studnička** und der ordentliche Professor an der k. k. deutschen technischen Hochschule Dr. Moriz **Allé**,

für Buchhaltung, Handels- und Wechselrecht der ordentliche Professor an der k. k. deutschen Universität Dr. Dominik **Ullmann** und der Advocat und Docent an der k. k. böhmischen technischen Hochschule und Professor an der slavischen Handelsakademie Dr. Josef **Beneš**.

für die k. k. Prüfungscommission für allgemeine Volks- und Bürgerschulen für die Functionsperiode vom Beginne des Schuljahres 1884/85 bis Ende des Schuljahres 1886/87

in Bregenz

zum Director
der Director der Lehrerbildungsanstalt Johann **Billek**,

zu dessen Stellvertreter
der Professor an der Lehrerbildungsanstalt Franz **Leitzinger**, dann

zu Mitgliedern dieser Commission
die Professoren an der Lehrerbildungsanstalt Franz **Hanzliček**, Anton **Seibert** und Friedrich **Holzinger**, ferner
die Volksschullehrer Adalbert **Jaksch** und Michael **Heinzle**,
sämmtlich in Bregenz,

in Zara

zum Director
der k. k. Landesschulinspector Karl Anton **Bakotić**,

zu dessen Stellvertreter
der Director der k. k. Lehrerbildungsanstalt in Borgo Erizzo Stephan **Buzolić**, ferner

zu Mitgliedern dieser Commission
die Professoren der genannten Lehrerbildungsanstalt Matthäus **Nekić**, Vincenz **Danilo** und Franz **Haračić**, dann
die Übungsschullehrer in Borgo Erizzo Anton **Nimira**, Johann **Cabrić** und Michael **Zglav**,

zu Professoren
an der Kunstgewerbeschule des österreichischen Museums für Kunst und Industrie der Xylograph Wilhelm **Hecht** in München, unter gleichzeitiger Übertragung der Leitung des zu activirenden Specialcurses für Xylographie an dieser Anstalt, dann

des Handels-, Wechsel- und Seerechts und der Nationalöconomie an der k. k. Handels- und nautischen Akademie in Triest der Advocat Dr. Angelo **Cavazzani** in Triest,

zu wirklichen Lehrern
für Bauwissenschaften und Bauzeichnen an der k. k. Staats-Gewerbeschule in Graz der Supplent dieser Anstalt Architect Leopold **Beer** und

für darstellende Geometrie, geometrisches Zeichnen und Mathematik an der genannten Anstalt der Supplent Gustav **Leinauer**,

zum Lehrer
für die technologischen Fächer an der Webeschule in Jägerndorf der Textil-Techniker Alfons **Flögel**.

zu Unterlehrern
an der Knaben-Übungsschule in Görz der Supplent Franz **Sivec** und der Leiter der Volksschule in Lucenico Josef **Budan**,

zum Werkmeister
an der k. k. Webeschule in Neubistritz der Weberei-Manipulant Moriz **Schmidt** in Römerstadt.

Der Minister für Cultus und Unterricht hat

eine Lehrstelle am Staats-Gymnasium zu Saaz dem Realschulprofessor in Imst Cajetan von **Vogl** verliehen und

den Director der k. k. Lehrerinnenbildungsanstalt in Krakau Ladislaus **Seredyński** an die k. k. Lehrerbildungsanstalt in Rzeszów,

den Director der letzteren Anstalt Andreas **Niziol** an die k. k. Lehrerbildungsanstalt in Krakau und

den Director der letztgenannten Anstalt Vincenz **Jabłoński** an die k. k. Lehrerinnenbildungsanstalt in Krakau aus Dienstesrücksichten versetzt.

Der Minister für Cultus und Unterricht hat auf Grund der Beschlüsse der betreffenden Professoren-Collegien

die Zulassung

des Dr. Rudolf **Dvořák** als Privatdocenten für orientalische Sprachen
an der philosophischen Facultät der k. k. Universität mit böhmischer Vortragssprache in Prag und

des Scriptors an der Universitätsbibliothek in Lemberg Dr. Alexander **Semkowicz** als Privatdocenten für allgemeine Geschichte
an der philosophischen Facultät der k. k. Universität in Lemberg bestätigt.

Concurs-Ausschreibung.

An den **allgemeinen Volksschulen zu Zabrgje** (Kreis D. Tuzla, Bezirk Bjelina) **und Blagaj** (Kreis und Bezirk Mostar) ist je eine Lehrstelle zu besetzen und zwar mit je 500 fl. Jahresgehalt nebst Naturalwohnung, Garten, und in Zabrgje 10 metrische Klafter, in Blagaj 50 Tovar Brennholz.

Bewerber um die genannten Stellen mögen ihre instruierten Competenzgesuche im Wege ihrer zuständigen politischen Behörden erster Instanz bis 20. October d. J. an die Landesregierung in Sarajewo einbringen.

Verlag des k. k. Ministeriums für Cultus und Unterricht. — Druck von Karl Gorischek in Wien.

Beilage zum Verordnungsblatte

für den

Dienstbereich des Ministeriums für Cultus und Unterricht.

Personalnachrichten.

Seine k. u. k. Apostolische Majestät haben mit Allerhöchster Entschließung vom 28. September d. J. dem ordentlichen Professor der technischen Hochschule in Graz, k. k. Regierungsrathe Karl Scheidtenberger aus Anlass der von ihm erbetenen Versetzung in den Ruhestand in Anerkennung seiner lehramtlichen Erfolge den Orden der eisernen Krone III. Classe taxfrei a. g. zu verleihen geruht.

Seine k. und k. Apostolische Majestät haben mit Allerhöchster Entschließung vom 18. October d. J. dem Protokollisten der Rectoratskanzlei der technischen Hochschule in Wien Albert Keller in Anerkennung seiner eifrigen und erspriesslichen Dienstleistung das goldene Verdienstkreuz a. g. zu verleihen geruht.

Seine k. und k. Apostolische Majestät haben mit Allerhöchster Entschließung vom 16. October d. J. den Consistorialrath, Dechant und Stadtpfarrer in Freistadt Jacob Schmidinger zum Domherrn des Linzer Kathedralcapitels a. g. zu ernennen geruht.

Seine k. und k. Apostolische Majestät haben mit Allerhöchster Entschließung vom 15. October d. J. am griechisch-katholischen Domcapital in Przemyśl den Canonicus Senior Benedict Lityński zum Domcustos und den Domherrn Paul Ritter von Matkowski zum Domscholaster, ferner den Ordinariatskanzler und Professor der Pastoraltheologie am Przemyśler griechisch-katholischen Diöcesan-Seminare Karl Wołoszyński und den Religionsprofessor am Obergymnasium in Sambor Miron Podoliński zu Domherren a. g. zu ernennen geruht.

Seine k. u. k. Apostolische Majestät haben mit Allerhöchster Entschließung vom 4. October d. J. den Subsidiarpriester in Cittanuova Simon Sfecich zum Curat-Chorherrn am Collegiatcapitel zu Cittanuova a. g. zu ernennen geruht.

Seine k. und k. Apostolische Majestät haben mit Allerhöchster Entschließung vom 18. October d. J. die Ministerial-Vicesecretäre Karl Freiherrn Jakobi d'Ekholm und Dr. August Latscher zu Ministerial-Secretären im Ministerium für Cultus und Unterricht a. g. zu ernennen geruht.

Seine k. und k. Apostolische Majestät haben mit Allerhöchster Entschließung vom 15. October d. J. den ordentlichen Professor der Mathematik an der k. k. Universität in Krakau, Regierungsrath Dr. Franz Mertens zum ordentlichen Professor dieses Faches an der k. k. technischen Hochschule in Graz a. g. zu ernennen geruht.

Seine k. u. k. Apostolische Majestät haben mit Allerhöchster Entschließung vom 25. September d. J. den Privatdocenten Dr. Gottlieb Haberlandt zum außerordentlichen Professor der Botanik an der k. k. Universität in Graz a. g. zu ernennen geruht.

Seine k. u. k. Apostolische Majestät haben mit Allerhöchster Entschließung vom 10. October d. J. den Director des Staats-Untergymnasiums in Trebitsch Bezirksschulinspector Ferdinand **Kremser** zum Director des Staats-Gymnasiums in Znaim a. g. zu ernennen geruht.

Seine k. und k. Apostolische Majestät haben mit Allerhöchster Entschließung vom 8. October d. J. den Professor am griechisch-orientalischen Obergymnasium in Suczawa Stephan **Draczyński** zum Director dieser Anstalt a. g. zu ernennen geruht.

Seine k. und k. Apostolische Majestät haben mit Allerhöchster Entschließung vom 10. October d. J. die Verzichtleistung des Dr. Alexander **Supan** auf die außerordentliche Lehrkanzel der Geographie an der k. k. Universität in Czernowitz a. g. zu genehmigen und in Anerkennung seiner verdienstlichen Wirksamkeit zu gestatten geruht, dass derselbe auch fernerhin den Titel eines Universitätsprofessors führe.

Vom Minister für Cultus und Unterricht wurden ernannt:

zum Bezirksschulinspector
für die böhmischen Schulen der Schulbezirke Kuttenberg und Ledeč der Professor an der Staats-Mittelschule in Leitomischl Dr. Johann **Plašil**,

zum Mitgliede
der judiciellen Staatsprüfungscommission in Prag der Privatdocent an der k. k. Universität mit deutscher Vortragssprache in Prag Dr. Otto **Frankl**,

der k. k. Prüfungscommission für allgemeine Volks- und Bürgerschulen in **Innsbruck** der Oberrealschulprofessor und Bezirksschulinspector Dr. Adolf **Hueber**,

der k. k. Prüfungscommission für allgemeine Volks- und Bürgerschulen in **Rovereto** für die Functionsperiode bis Ende des Schuljahres 1886/87

zum Director
der k. k. Landesschulinspector in Innsbruck Gustav **Herr**,

zu dessen Stellvertreter
der Director der k. k. Lehrerbildungsanstalt in Rovereto Albin **Bertamini**; ferner

zu Mitgliedern dieser Commission
der Director der Staats-Oberrealschule daselbst Dr. Peter **Rella**,
der Director der k. k. Lehrerinnenbildungsanstalt in Trient Franz **Holzer**,
der Realschulprofessor und Bezirksschulinspector Bartholomäus **Affini** in Rovereto,
die Professoren der Lehrerbildungsanstalt in Rovereto Franz **Masera** und Peter **Moser**,
der Gymnasialprofessor Cyprian **Leonardi** ebendaselbst und
der Übungsschullehrer und Bezirksschulinspector Vincenz **Paissani** in Trient,

der k. k. Prüfungscommission für allgemeine Volks- und Bürgerschulen in **Komotau** für die Functionsperiode bis Ende des Schuljahres 1886/87 der Übungsschullehrer Ferdinand **Lande** in Komotau,

zu Hauptlehrern
an der k. k. Lehrerbildungsanstalt in Kuttenberg der Supplent an der Staats-Mittelschule in Leitomischl Josef **Šimek**,

an der k. k. Lehrerinnenbildungsanstalt in Trient der Lehrer an der städtischen Knaben-Bürgerschule daselbst Urbino **Colombini**,

zu wirklichen Lehrern
für Freihandzeichnen, kunstgewerbliche Formenlehre und Fachzeichnen für Kunststickerei an der k. k. Staats-Gewerbeschule in Graz der artistische Leiter des Ateliers Schönbrunner in Wien Paul **Scholz**,

für die bautechnischen Fächer, insbesondere Bautechnologie an der k. k. Staats-Gewerbeschule in Prag der Ingenieur der Bauunternehmung C. Korte und Comp. in Prag Lambert Pável,

für Chemie und chemische Technologie an der k. k. Staats-Gewerbeschule in Reichenberg der Supplent dieser Anstalt Robert Kämpf,

an der deutschen Staats-Volksschule für Knaben und Mädchen in Trient der provisorische Lehrer Josef Pechriggl,

zum Lehrer
an der Staats-Realschule in Rovereto der Supplent an der Staats-Realschule im III. Bezirke Wiens Anton Laharner,

zum Aushilfslehrer
für die mercantilen Unterrichtsfächer an der k. k. Webeschule in Frankstadt der Bürgerschullehrer daselbst Wenzel Kozel,

zum Werkmeister
an der k. k. Webeschule in Schluckenau der Fabriks-Webemeister daselbst Julius Martin,

zur wirklichen Lehrerin
an der deutschen Staats-Volksschule für Knaben und Mädchen in Trient die provisorische Lehrerin Julie Koch und

zur wirklichen Unterlehrerin
an derselben Anstalt Josefine Redl.

Vom Minister für Cultus und Unterricht wurde verliehen:

eine Fachvorstandsstelle an der baugewerblichen Abtheilung der k. k. Staats-Gewerbeschule in Prag dem fürstlich Clary'schen Ingenieur in Teplitz Fridolin Vetrovec,

eine Lehrstelle für Baukunde, Bauzeichnen und architektonische Formenlehre an der baugewerblichen Abtheilung der k. k. Staats-Gewerbeschule in Prag dem Architekten und dermaligen Bauleiter beim Baue des Nationaltheaters in Prag Anton Kusý,

eine Lehrstelle für Maschinenbau und Maschinenzeichnen an der k. k. Staats-Gewerbeschule in Prag dem Ingenieur bei der Gesellschaft John Cockerill in Seraing Karl Kordina,

eine Lehrstelle für Maschinenbau-Technologie an der k. k. Staats-Gewerbeschule in Prag dem Ingenieur in der I. böhmisch-mährischen Maschinen-Fabrik in Prag Franz Vyrazil,

eine Lehrstelle an der Staats-Realschule in Görz dem Professor an der Staats-Realschule in Pirano Nicolaus Ravalico und

eine Lehrstelle für die Baufächer und das Freihandzeichnen an der k. k. Staats-Gewerbeschule in Czernowitz dem Leiter der Fachschule in Bergreichenstein Architekt Karl Romstorfer.

Der Minister für Cultus und Unterricht hat

dem Bezirksschulinspector für den böhmischen Schulbezirk Pilsen Julius Korab die Inspection der böhmischen Schulen im Schulbezirke Mies übertragen.

Concurs-Ausschreibungen.

An der k. k. technischen Hochschule in Wien kommt die erledigte Stelle eines Bibliothekars zur Wiederbesetzung.

Die Stelle begründet den Anspruch auf die VI. Rangsclasse mit dem Gehalte jährlicher 2200 fl. mit dem Vorrückungsrechte in zwei Quinquennalzulagen von je 150 fl. und die Activitätszulage im Betrage von jährlichen 800 fl.

Die Bewerber haben ihre an das Ministerium für Cultus und Unterricht gerichteten Competenzgesuche unter Nachweisung ihrer Eignung zum Staats- und Bibliothekarsdienste, sowie ihrer bisherigen Dienstleistung unmittelbar, diejenigen Bewerber aber, die bereits im Staatsdienste stehen, im Wege ihrer vorgesetzten Behörde bis 20. November d. J. bei dem Rectorate der k. k. technischen Hochschule in Wien zu überreichen.

Dem Gesuche ist eine biographische Skizze beizuschließen, aus welcher der Gang und Erfolg der Studien des Bewerbers, etwa erlangte akademische Grade, der Umfang der sprachlichen, literarischen und bibliographischen Kenntnisse, eventuell auch in den für die technische Hochschule wichtigen Wissenszweigen entnommen werden können.

An der Staats-Oberrealschule in Sechshaus kommt eine Lehrstelle für Naturgeschichte als Hauptfach, in Verbindung mit einem Nebenfache zur Besetzung.

Bewerber um diese Stelle, mit welcher die gesetzlich normierten Bezüge (1000 fl. Gehalt, 300 fl. Activitätszulage und 5 Quinquennalzulagen à 200 fl.) verbunden sind, haben ihre mit den erforderlichen Documenten gehörig instruierten Gesuche auf dem vorschriftsmäßigen Wege bis 30. November d. J. bei dem k. k. Landesschulrathe für Niederösterreich in Wien einzubringen.

An der böhmischen k. k. Lehrerbildungsanstalt in Sobieslau kommt die Stelle eines Übungsschul-Unterlehrers mit dem Jahresgehalte von 600 fl. und der Activitätszulage von 120 fl. zur Besetzung.

Bewerber um diese Stelle haben ihre vorschriftsmäßig instruierten Gesuche im vorgeschriebenen Dienstwege bis 15. December d. J. beim k. k. Landesschulrathe für Böhmen in Prag einzubringen.

Nur jene Bewerber, welche zur Ertheilung des Musikunterrichtes an die Zöglinge der Lehrerbildungsanstalten befähigt sind, können berücksichtigt werden.

Verlag des k. k. Ministeriums für Cultus und Unterricht. — Druck von Karl Gorischek in Wien.

Beilage zum Verordnungsblatte

für den

Dienstbereich des Ministeriums für Cultus und Unterricht.

Personalnachrichten.

Seine k. und k. Apostolische Majestät haben mit Allerhöchster Entschließung vom 25. October d. J. dem Bischofe von Sebenico Anton **Fosco** und dem Bischofe von Lesina Dr. Andreas **Illich** in Anerkennung ihres berufseifrigen und verdienstlichen Wirkens das Comthurkreuz des Franz Joseph-Ordens mit dem Sterne a. g. zu verleihen geruht.

Seine k. und k. Apostolische Majestät haben mit Allerhöchster Entschließung vom 19. October d. J. dem Hauptlehrer und Rechnungsführer am Blinden-Erziehungsinstitute in Wien Joseph **Glötzl** in Anerkennung seines vieljährigen, verdienstvollen Wirkens an diesem Institute das goldene Verdienstkreuz mit der Krone a. g. zu verleihen geruht.

Seine k. und k. Apostolische Majestät haben mit Allerhöchster Entschließung vom 19. October d. J. a. g. zu gestatten geruht, dass dem Professor am Staats-Gymnasium in Rudolfswerth P. Bernhard **Vovk** bei Gelegenheit der von demselben angesuchten Versetzung in den bleibenden Ruhestand die Allerhöchste Anerkennung für seine vieljährige vorzügliche Wirksamkeit im Lehramte ausgedrückt werde.

Seine k. und k. Apostolische Majestät haben mit Allerhöchster Entschließung vom 28. October d. J. den Professor der Theologie am theologischen Central-Seminar in Görz Dr. Johann **Flapp** zum Bischof von Parenzo-Pola a. g. zu ernennen geruht.

Seine k. und k. Apostolische Majestät haben mit Allerhöchster Entschließung vom 20. October d. J. den Dechant und Pfarrer in Wysocko wyżne Julian Ritter von **Jasienicki**, den Dechant und Pfarrer in Kamionka lasowa Johann **Hawryszkiewicz**, den Pfarrer in Bełz Plato **Pasławski**, den Dechant und Pfarrer in Rozbórz okrągły Jakob Ritter von **Neronowicz**, den Dechant und Pfarrer in Stebnik Basil **Haponowicz**, sowie den Dechant und Pfarrer in Remenów Roman **Kowszewicz** zu Ehrendomherren am Przemyśl'er Domcapitel ritus graeci a. g. zu ernennen geruht.

Seine k. und k. Apostolische Majestät haben mit Allerhöchster Entschließung vom 21. October d. J. die Wahl des evangelischen Pfarrers in Ingrowitz Josef **Totušek** zum Superintendenten der mährischen Superintendenz helvetischer Confession a. g. zu bestätigen geruht.

Seine k. u. k. Apostolische Majestät haben mit Allerhöchster Entschließung vom 3. October d. J. den Professor und provisorischen Leiter des Staats-Gymnasiums in Přibram Vincenz **Vyhnis** zum Director dieser Anstalt a. g. zu ernennen geruht.

Bei den in Gemäßheit der Ministerial-Verordnung vom 12. Juli 1878, R.-G.-Bl. Nr. 94 an der k. k. technischen Hochschule in Wien vorzunehmenden II. Staatsprüfungen (Fachprüfungen) werden im Studienjahre 1884/85 in Wien fungieren:

I. für das Ingenieur-Baufach

als Präses

Georg Ritter **Rebhann** von Aspernbruck, k. k. ordentlicher Professor,

als Präses-Stellvertreter

Mathias Ritter **Waniek** von Domyslow, k. k. Ministerialrath i. P.,

als Prüfungscommissäre

Anton **Beyer**, k. k. Ministerialrath,
Wilhelm Ritter von **Doderer**, k. k. ordentlicher Professor,
Mathias Ritter von **Pischof**, k. k. Hofrath, Generalinspector der österr. Eisenbahnen,
Karl **Prenninger**, k. k. Oberbaurath, Baudirector der k. k. priv. Südbahn-Gesellschaft,
Johann **Rössler**, k. k. Oberbaurath,
Franz Ritter von **Rziha**, k. k. ordentlicher Professor,
Johann Georg **Schön**, k. k. Regierungsrath, ordentlicher Professor,
Wilhelm **Tinter**, k. k. ordentlicher Professor, derzeit Rector,
Eduard Ritter **Verida** von Wellenbann, k. k. Hofrath,
Moriz **Wappler**, k. k. ordentlicher Professor,
Gustav Ritter von **Wex**, k. k. Hofrath i. P.;

II. für das Hochbaufach

als Präses

Moriz **Wappler**, k. k. ordentlicher Professor,

als Präses-Stellvertreter

August Ritter **Schwendenwein** von Lanauberg, k. k. Hof-Architekt und Oberbaurath,

als Prüfungscommissäre

Hermann **Bergmann**, k. k. Oberbaurath,
Wilhelm Ritter von **Doderer**, k. k. ordentlicher Professor,
Wilhelm Ritter von **Flattich**, vormals Director der Hochbau-Abtheilung der k. k. priv. Südbahn-Gesellschaft,
Karl **König**, k. k. ordentlicher Professor,
Josef Ritter von **Winterhalder**, k. k. Ministerialrath;

III. für das Maschinenbaufach

als Präses

Karl **Jenny**, k. k. ordentlicher Professor,

als Präses-Stellvertreter

Eduard **Redlhammer**, kais. Rath und Director der Spinn- und Weberei-Manufactur in Cosmanos,

als Prüfungscommissäre

Friedrich **Arzberger**, k. k. Regierungsrath, ordentlicher Professor,
Leopold Ritter von **Hauffe**, k. k. ordentlicher Professor,
Johann **Langer**, kais. Rath, Maschinendirector der k. k. priv. österr. Nordwestbahn,
Johann **Radinger**, k. k. Regierungsrath, ordentlicher Professor,
Wenzel **Rayl**, Inspector und Leiter des Maschinenwesens und der Zugförderung der k. k. ausschl. priv. Kaiser Ferdinands-Nordbahn,
Oscar **Wolf**, Director der Kammgarn-Fabrik in Vöslau;

IV. für das chemisch-technische Fach

als Präses

Dr. Alexander Bauer, k. k. Regierungsrath, ordentlicher Professor,

als Präses-Stellvertreter

Dr. Franz Schneider, k. k. Ministerialrath,

als Prüfungscommissäre

Michael Matscheko, k. k. Commercialrath,

Dr. Ignaz Ritter Moser von Moosbruch, Leiter der k. k. landwirtschaftlich-chemischen Versuchs-Station in Wien,

Dr. Johann Oser, k. k. ordentlicher Professor,

Dr. Josef Pohl, k. k. ordentlicher Professor,

Dr. Eduard Priwoznik, k. k. Regierungsrath, Director des k. k. General-Probieramtes,

Karl Sarg, kais. Rath, Fabriksbesitzer,

Paul Seybel, Fabriksbesitzer,

Friedrich Suess, kais Rath, Fabriksbesitzer.

Vom Minister für Cultus und Unterricht wurden ernannt:

zum Mitgliede

der k. k. Centralcommission für Erforschung und Erhaltung der Kunst- und historischen Denkmale der Director der II. Gruppe der kunsthistorischen Sammlungen des Allerhöchsten Kaiserhauses Dr. Albert Ilg,

der k. k. judiciellen Staatsprüfungscommission in Wien der k. k. Bezirksgerichts-Adjunct Dr. Max Burckhard,

zum Bezirksschulinspector

für den Schulbezirk Tarnow der Gymnasialprofessor Roman Wimpeller,

zu wirklichen Lehrern

für Baumechanik, Vermessungskunde und darstellende Geometrie an der k. k. Staats-Gewerbeschule in Prag der Supplent an der k. k. Staats-Gewerbeschule in Bielitz Wilhelm Homme,

für deutsche Sprache, Geographie und Geschichte an der k. k. Staats-Gewerbeschule in Reichenberg der Supplent an der Communal-Oberrealschule in Brünn Josef Schwarz,

für Weberei an der k. k. Staats-Gewerbeschule in Bielitz der provisorische Lehrer an dieser Anstalt Ignaz Heide,

zum Lehrer

am Staats-Gymnasium in Złoczów der Supplent an dieser Anstalt Johann Sanocki,

zum provisorischen Religionslehrer

am Staats-Untergymnasium in Freudenthal der Weltpriester Adolf Beiling in Wien,

zum Zeichenlehrer

an der k. k. Fachschule für Gewehrindustrie in Ferlach der absolvierte Hörer der k. k. technischen Hochschule in Wien Hans Mikesch und

zum Werkmeister

an dieser Fachschule der Graveur Josef Radolph in Wien.

Der Minister für Cultus und Unterricht hat den Religionslehrer der aufgelassenen Staats-Unterrealschule in Imst Johann Wimpissinger in gleicher Eigenschaft an die Staats-Volksschule in Trient versetzt.

Der Minister für Cultus und Unterricht hat auf Grund der Beschlüsse der betreffenden Professoren-Collegien

die Zulassung

des Dr. Adolf **Lorenz** als Privatdocenten für Chirurgie

an der medicinischen Facultät der k. k. Universität in Wien,

des Dr. Georg **Polívka** als Privatdocenten für Grammatik der slavischen Sprachen

an der philosophischen Facultät der k. k. Universität mit böhmischer Vortragssprache in Prag und

des Assistenten Dr. Julian **Schramm** als Privatdocenten für analytische Chemie

an der philosophischen Facultät der k. k. Universität in Lemberg bestätigt.

Concurs-Ausschreibungen.

Am **Staats-Untergymnasium in Trebitsch** mit 4 deutschen und 5 böhmischen Abtheilungen kommt die Directorstelle zur Besetzung.

Bewerber um diese Stelle, mit welcher die durch das Gesetz vom 15. April 1873 systemisierten Bezüge verbunden sind, haben ihre mit den vorgeschriebenen Belegen instruierten Gesuche bis 20. December d. J. bei dem k. k. Landesschulrathe für Mähren in Brünn einzubringen.

Nach diesem Termine einlangende Gesuche werden nicht berücksichtigt.

An der k. k. **Lehrerbildungsanstalt in Troppau** kommt eine Unterlehrerstelle mit den durch die Reichsgesetze vom 19. März 1872 und 15. April 1873 (R.-G.-Bl. Nr. 29 vom Jahre 1872 und Nr. 48 vom Jahre 1873) normierten Bezügen zur Besetzung.

Bewerber um diese Stelle wollen ihre mit den erforderlichen Belegen versehenen Gesuche im vorgeschriebenen Dienstwege bis 10. December d. J. beim k. k. Landesschulrathe für Schlesien in Troppau einbringen.

An der k. k. **Staats-Gewerbeschule in Salzburg** ist die Stelle eines Supplenten für Freihandzeichnen, Geometrie und geometrisches Zeichnen zu besetzen.

Bewerber um diesen Posten, mit welchem eine Remuneration von jährlich 720 fl. verbunden ist, haben ihre ordnungsmäßig gestempelten, an das k. k. Ministerium für Cultus und Unterricht stilisierten, mit einem curriculum vitae, dem Studiengange und allfälligen Verwendungszeugnissen belegten Gesuche bei der Direction der k. k. Staats-Gewerbeschule in Salzburg bis 9. December d. J. einzureichen. Solchen Competenten, welche eine erfolgreiche Thätigkeit im kunstgewerblichen Zeichnen erbringen, wird besondere Berücksichtigung zutheil.

An der k. k. **Staats-Gewerbeschule in Bielitz** kommt mit 1. December d. J. die Stelle eines Supplenten für mathematische Fächer und darstellende Geometrie zu besetzen.

Bewerber um diese Stelle, mit welcher eine jährliche Substitutionsgebür von 720 fl. verbunden ist, haben ihre an das k. k. Ministerium für Cultus und Unterricht stilisierten, mit dem curriculum vitae, den Studienzeugnissen und dem Nachweise über ihre bisherige lehrämtliche Thätigkeit belegten Gesuche bei der Direction der k. k. Staats-Gewerbeschule in Bielitz bis 20. November d. J. einzureichen.

—--—◆-|-◆-|-◆-◆——

Verlag des k. k. Ministeriums für Cultus und Unterricht. — Druck von Karl Gorischek in Wien.

Beilage zum Verordnungsblatte
für den
Dienstbereich des Ministeriums für Cultus und Unterricht.

Personalnachrichten.

Seine k. u. k. Apostolische Majestät haben mit Allerhöchster Entschließung vom 16. November d. J. dem Generalvicar der Wiener Erzdiöcese, Weihbischofe Dr. Eduard **Angerer** die Würde eines geheimen Rathes taxfrei a. g. zu verleihen geruht.

Seine k. u. k. Apostolische Majestät haben mit Allerhöchster Entschließung vom 19. November d. J. dem Director der Lehrer- und Lehrerinnen-Bildungsanstalt in Troppau Dr. Josef **Mich** in Anerkennung seines ausgezeichneten Wirkens im Lehramte taxfrei den Titel eines Schulrathes a. g. zu verleihen geruht.

Seine k. u. k. Apostolische Majestät haben mit Allerhöchster Entschließung vom 7. November d. J. dem Privatdocenten an der k. k. technischen Hochschule in Wien und Professor der mechanischen Technologie an der k. k. Staats-Gewerbeschule Johann **Hauptfleisch** den Titel und Charakter eines außerordentlichen Professors der gedachten Hochschule a. g. zu verleihen geruht.

Seine k. u. k. Apostolische Majestät haben mit Allerhöchster Entschließung vom 25. October d. J. den Privatdocenten Dr. Adolf **Bauer** zum außerordentlichen Professor der alten Geschichte an der k. k. Universität in Graz a. g. zu ernennen geruht.

Seine k. u. k. Apostolische Majestät haben mit Allerhöchster Entschließung vom 15. November d. J. den außerordentlichen Professor Dr. Franz **Hofmeister** zum ordentlichen Professor der Pharmakologie und Pharmakognosie an der k. k. Universität mit deutscher Vortragssprache in Prag a. g. zu ernennen geruht.

Seine k. u. k. Apostolische Majestät haben mit Allerhöchster Entschließung vom 15. November d. J. den außerordentlichen Professor Dr. Johann **Horbaczewski** zum ordentlichen Professor der angewandten medicinischen Chemie an der k. k. Universität mit böhmischer Vortragssprache in Prag a. g. zu ernennen geruht.

Seine k. und k. Apostolische Majestät haben mit Allerhöchster Entschließung vom 5. November d. J. den Bezirksschulinspector und Volksschullehrer zu Klagenfurt Karl **Preschern** zum Mitgliede des Landesschulrathes für Kärnten a. g. zu ernennen geruht.

Seine k. und k. Apostolische Majestät haben mit Allerhöchster Entschließung vom 4. November d. J. den außerordentlichen Professor an der k. k. böhmischen technischen Hochschule in Prag Christian **Petrlík** zum ordentlichen Professor der Ingenieurwissenschaften an dieser Hochschule a. g. zu ernennen geruht.

Seine k. u. k. Apostolische Majestät haben mit Allerhöchster Entschließung vom 11. November d. J. a. g. zu gestatten geruht, dass der Director des deutschen Staats-Gymnasiums in Kremsier Philipp **Klimscha** auf sein Ansuchen der bisher bekleideten Stelle enthoben werde.

Der Minister für Cultus und Unterricht hat die Ministerial-Concipisten Dr. Franz Ritter von **Le Monnier** und Edmund **Helenia** zu Ministerial-Vicesecretären im Ministerium für Cultus und Unterricht ernannt.

Der Minister für Cultus und Unterricht hat

den bisherigen Director des deutschen Staats-Gymnasiums in Kremsier Philipp Klimscha dem Staats-Gymnasium im VIII. Bezirke Wiens zur Dienstleistung als Professor zugewiesen,

den Bezirksschulinspector Martin Sedlák von der Inspection der böhmischen Schulen in den Schulbezirken Budweis, Prachatitz und Moldautein enthoben und demselben die Inspection der böhmischen Schulen in den Schulbezirken Pisek und Mühlhausen und

den Bezirksschulinspector P. Josef Šimek von der Inspection der böhmischen Schulen in den bisherigen Schulbezirken Deutschbrod und Polna enthoben, und demselben die Inspection der böhmischen Schulen in dem Schulbezirke Chotěboř zugewiesen; ferner

eine Lehrstelle an der baugewerblichen Abtheilung der k. k. Staats-Gewerbeschule in Prag dem Assistenten an der k. k. deutschen technischen Hochschule in Prag Josef Lhota verliehen.

Der Minister für Cultus und Unterricht hat auf Grund der Beschlüsse der betreffenden Professoren-Collegien
die Zulassung

des Dr. Oskar Freiherrn Peithner von Lichtenfels als Privatdocenten für algebraische Analysis und für analytische Geometrie der Ebene und des Raumes
an der k. k. technischen Hochschule in Wien und

des Dr. Heinrich Wielowiejski als Privatdocenten für Embryologie und vergleichende Anatomie
an der philosophischen Facultät der k. k. Universität in Lemberg bestätigt.

Concurs-Ausschreibungen.

An der k. k. deutschen technischen Hochschule in Prag ist die erledigte Assistentenstelle bei der Lehrkanzel für Geodäsie, mit welcher eine jährliche Remuneration von 700 fl. verbunden ist, zu besetzen.

Diese Anstellung ist keine stabile, sondern dauert nur 2 Jahre, nach deren Ablauf aber auf Ansuchen des Betheiligten und Antrag des Professoren-Collegiums die Belassung desselben auf weitere 1 oder 2 Jahre erfolgen kann.

Bewerber um diese Stelle haben ihre an das Rectorat der k. k. deutschen technischen Hochschule gerichteten, classenmäßig gestempelten Gesuche, welche mit den ihre Befähigung nachweisenden Documenten und dem Nachweise der erfüllten Militärpflicht belegt sein müssen, bis 14. December d. J. beim genannten Rectorate einzubringen.

An der k. k. technischen Hochschule in Brünn ist die Assistentenstelle bei der Lehrkanzel für Wasser-, Straßen- und Eisenbahnbau mit einer Jahresremuneration von 600 fl. zu besetzen.

Die Ernennung erfolgt auf zwei Jahre und kann auf weitere zwei Jahre verlängert werden. In besonders berücksichtigungswerten Fällen jedoch kann eine nochmalige Verlängerung der Verwendung auf weitere zwei Jahre stattfinden.

Bewerber um diese Stelle haben ihre an das Professoren-Collegium zu richtenden, mit einer 50 kr.-Stempelmarke versehenen Gesuche mit den Belegen über zurückgelegte Studien, sowie ihre bisherige Verwendung bis 15. December d. J. bei dem Rectorate der k. k. technischen Hochschule in Brünn einzubringen.

Am Staats-Realgymnasium in Prachatitz mit deutscher Unterrichtssprache kommt mit Beginn des zweiten Semesters 1884/85 die Stelle des katholischen Religionslehrers mit den normalmäßigen Bezügen zur Besetzung.

Bewerber haben ihre gehörig instruierten Gesuche auf dem vorgeschriebenen Wege bis 31. December d. J. beim k. k. Landesschulrathe für Böhmen in Prag einzureichen. Nach diesem Termine einlangende Gesuche werden nicht berücksichtigt.

Verlag des k. k. Ministeriums für Cultus und Unterricht. — Druck von Karl Gorischek in Wien.

Beilage zum Verordnungsblatte

für den

Dienstbereich des Ministeriums für Cultus und Unterricht.

Personalnachrichten.

Seine k. u. k. Apostolische Majestät haben mit Allerhöchster Entschließung vom 4. December d. J.
dem Vorstande des Rechnungs-Departements der k. k. Theresianischen Akademie, Rechnungsrathe
Josef Schlettauer in Anerkennung seiner vieljährigen ersprießlichen Dienstleistung den Titel
und Character eines Oberrechnungsrathes taxfrei a. g. zu verleihen geruht.

―――――

Seine k. u. k. Apostolische Majestät haben mit Allerhöchster Entschließung vom 1. December d. J.
den Domherrn des Kathedralcapitels in Capodistria Peter Sincich zum Domdechant
dieses Capitels a. g. zu ernennen geruht.

Seine k. u. k. Apostolische Majestät haben mit Allerhöchster Entschließung vom 21. November d. J.
den Religionsprofessor am Staats-Gymnasium in Görz Andreas Marušić zum Ehrendomherrn des Metropolitancapitels in Görz a. g. zu ernennen geruht.

―――――

Seine k. u. k. Apostolische Majestät haben mit Allerhöchster Entschließung vom 28. November d. J.
den mit dem Titel eines außerordentlichen Professors bekleideten Privatdocenten der k. k. technischen
Hochschule in Wien Guido Krafft zum außerordentlichen Professor der Land-
und Forstwirtschaftslehre an dieser Hochschule a. g. zu ernennen geruht.

Seine k. u. k. Apostolische Majestät haben mit Allerhöchster Entschließung vom 18. November d. J.
den Privatdocenten Dr. Edmund Krzymuski zum außerordentlichen Professor des
Strafrechtes und Strafprocesses an der k. k. Universität in Krakau a. g. zu ernennen
und dem Privatdocenten an der k. k. Universität in Krakau Dr. Josef Rosenblatt den
Titel eines außerordentlichen Universitätsprofessors a. g. zu verleihen geruht.

Seine k. u. k. Apostolische Majestät haben mit Allerhöchster Entschließung vom 28. November d. J.
den Primararzt im Franz Joseph-Kinderspitale in Prag Dr. Theodor Neureutter zum
außerordentlichen Professor der Kinderheilkunde an der k. k. Universität mit
böhmischer Vortragssprache in Prag a. g. zu ernennen geruht.

Seine k. u. k. Apostolische Majestät haben mit Allerhöchster Entschließung vom 20. November d. J.
den außerordentlichen Professor Dr. Moriz Ritter von Straszewski zum ordentlichen
Professor der Philosophie an der k. k. Universität in Krakau a. g. zu ernennen geruht.

Seine k. u. k. Apostolische Majestät haben mit Allerhöchster Entschließung vom 22. November d. J.
den Assistenten an der Landes-Gebäranstalt in Czernowitz Dr. Johann Ritter von
Wolczyński zum Professor der Geburtshilfe an der k. k. Hebammenschule in
Czernowitz a. g. zu ernennen geruht.

Seine k. u. k. Apostolische Majestät haben mit Allerhöchster Entschließung vom 20. November d. J. den Director der Landes-Realschule in Sternberg Victor **Leschanofsky** zum Director des Staats-Gymnasiums in Mitterburg a. g. zu ernennen geruht.

Seine k. u. k. Apostolische Majestät haben mit Allerhöchster Entschließung vom 27. November d. J. den Director des Staats-Realgymnasiums in Prachatitz Dr. Theodor **Stieglitz** zum Director des Staats-Gymnasiums in Arnau a. g. zu ernennen geruht.

———————

Vom Minister für Cultus und Unterricht wurden ernannt:

zum Fachexaminator

für **Mathematik** bei der k. k. Prüfungscommission für das Lehramt an Gymnasien und Realschulen in Wien der Universitätsprofessor Dr. Gustav Ritter von **Escherich**,

zu Bezirksschulinspectoren

für den Gerichtsbezirk Imst der Professor der k. k. Lehrerinnenbildungsanstalt in Innsbruck Vincenz **Murr**,

für die böhmischen Schulen in den Schulbezirken Časlau und Deutschbrod der Professor an der k. k. Staats-Mittelschule in Tabor Franz **Schafranek**,

zum Werkmeister

an der Webeschule in Lomnitz der Weber Wenzel **Kobrle** in Lomnitz.

———————

Der Minister für Cultus und Unterricht hat den Beschluss des Professoren-Collegiums der philosophischen Facultät der k. k. Universität in Lemberg

auf Zulassung

des Dr. Rudolf **Zuber** als Privatdocenten für dynamische Geologie und Geologie der Karpathen an der genannten Facultät bestätigt.

———————

Der Minister für Cultus und Unterricht hat laut Erlass vom 24. November 1884, Z. 21134 nachbenannte Fachschul-Lehrkräfte als definitive Staatsbeamte eingereiht, und zwar:

in die VIII. Rangsclasse: Ladislaus **Haněl**, Director der k. k. Fachschule für Kunstschlosserei in Königgrätz,

in die IX. Rangsclasse: Emanuel **Pippich**, Lehrer an derselben Anstalt,

in die X. Rangsclasse: Alois **Serda**, Lehrer an der Webeschule in Reichenberg.

Concurs-Ausschreibungen.

Am **deutschen Staats-Obergymnasium in Kremsier** kommt die Directorstelle zur Besetzung.

Bewerber um diese Stelle, mit welcher die durch das Gesetz vom 15. April 1873 systemisierten Bezüge verbunden sind, haben ihre mit den vorgeschriebenen Belegen instruierten Gesuche bis 31. December d. J. bei dem k. k. Landesschulrathe für Mähren in Brünn einzubringen.

Nach diesem Termine einlangende Gesuche werden nicht berücksichtigt.

Am **Staats-Obergymnasium in Spalato** mit serbo-croatitcher und italienischer Unterrichtssprache ist eine Lehrstelle für Naturgeschichte für das ganze und für Mathematik und Physik für das Untergymnasium zu besetzen.

Bewerber um diese Stelle, mit welcher die mit den Gesetzen vom 9. April 1870 und 15. April 1873 normierten Bezüge verbunden sind, haben ihre vorschriftsmäßig belegten Gesuche im Wege ihrer vorgesetzten Behörde bis Ende Jänner 1885 beim k. k. Landesschulrathe für Dalmatien in Zara einzubringen.

Am **Communal-Obergymnasium in Triest** mit italienischer Unterrichtssprache (Öffentlichkeitsrecht und Reciprocität), kommt mit Beginn des Sommersemesters 1885 eine Lehrstelle für Geographie und Geschichte zur Besetzung.

Mit derselben ist ein Gehalt von 1300 fl., ein Quartiergeld von 300 fl. und der Anspruch auf fünf Quinquennalzulagen à 200 fl. verbunden.

Bewerber um diese Stelle haben ihre mit den erforderlichen Documenten und Nachweisen versehenen Gesuche, und zwar solche, die bereits angestellt sind, im Wege ihrer vorgesetzten Behörde, sonst aber unmittelbar bis Ende December d. J. beim städtischen Magistrate in Triest einzubringen.

—●—|—●—|—●——

In Commission des k. k. Schulbücherverlages in Wien (L, Johannesgasse Nr. 4) sind soeben erschienen und durch denselben zu beziehen:

Instructionen für den Unterricht an den Gymnasien
in Österreich.

Einzige, vom k. k. Ministerium für Cultus und Unterricht autorisierte Ausgabe.

Inhalt: Verordnung vom 26. Mai 1884, Z. 10128, durch welche der Lehrplan der
Gymnasien in mehreren Punkten abgeändert wird. — Lehrplan. — Instructionen
für den Unterricht in den einzelnen Disciplinen. *A.* Die classischen Sprachen.
B. Deutsche Sprache. *C.* Geographie. *D.* Geschichte. *E.* Mathematik. *F.* Naturgeschichte. *G.* Physik. *H.* Philosophische Propädeutik. *I.* Zeichnen.

Preis eines Exemplars, XXVI und 316 Seiten in Lexicon-Octav, broschiert, 1 fl. 50 kr.

NORMALIEN
für die
Gymnasien und Realschulen in Österreich. *)

Im Auftrage und mit Benützung der amtlichen Quellen des k. k. Ministeriums für Cultus und
Unterricht redigiert von

Dr. Edmund Edlen von Marenzeller,
k. k. Ministerial-Concipisten.

I. Theil. II. Band. (Im Anschlusse an den I. Band (siehe Ministerial-Verordnungsblatt
vom Jahre 1884, Seite 148) Seite 381—830 sammt dem chronologischen Normalien-
Register und dem alphabetischen Sach-Register.

Preis dieses II. Bandes, broschiert, 2 fl. 20 kr.

---

*) Ministerial-Verordnungsblatt vom Jahre 1884, Seite 148.

Handbuch der Reichsgesetze und Ministerial-Verordnungen
für das Volksschulwesen
in den im Reichsrathe vertretenen Königreichen und Ländern.
Vierte, neu redigierte Auflage.

Wien 1884. Preis eines Exemplars, XXVIII und 468 Seiten, steif gebunden, 1 fl. 30 kr.

Verlag des k. k. Ministeriums für Cultus und Unterricht. — Druck von Karl Gorischek in Wien.